उर्दू-हिन्दी-अंग्रेजी
त्रिभाषी कोश

URDU–HINDI–ENGLISH

Trilingual Dictionary

उर्दू–हिन्दी–अंग्रेजी

त्रिभाषी कोश

URDU–HINDI–ENGLISH

Trilingual Dictionary

संपादक

आचार्य रामचंद्र वर्मा

संशोधन एवं पुनर्संपादन

डॉ० बदरीनाथ कपूर

लोकभारती प्रकाशन

लोकभारती प्रकाशन
पहली मंजिल, दरबारी बिल्डिंग, महात्मा गाँधी मार्ग
प्रयागराज-211 001
वेबसाइट : www.lokbhartiprakashan.com
ईमेल : info@lokbhartiprakashan.com

शाखाएँ : 1-बी, नेताजी सुभाष मार्ग, दरियागंज
नयी दिल्ली-110 002
अशोक राजपथ, साइंस कॉलेज के सामने
पटना-800 006 (बिहार)
1, अनमोल सोराबजी संतुक लेन, मरीन लाइंस
मुम्बई-400002

पहला संस्करण : 2012
छठवाँ संस्करण : 2024

मूल्य : ₹ 750

आस्था पेपर कन्वर्टर
प्रयागराज द्वारा मुद्रित

URDU-HINDI-ENGLISH
Trilingual Dictionary
Edited by Acharya Ramchandra Verma
Dr. Badrinath Kapoor

ISBN : 978-81-8031-630-2

प्रस्तुत त्रिभाषी संस्करण

पिछले ७५ वर्षों से आचार्य रामचंद्र वर्मा कृत 'उर्दू-हिंदी कोश' उर्दू और हिन्दी के प्रेमियों के लिए समान रूप से उपयोगी, संतोषजनक तथा लोकप्रिय सिद्ध हुआ है। विगत दो संस्करणों से इसमें अनेक उपयोगी शब्दों और अर्थों का समावेश हुआ है तथा त्रुटियों के संशोधन का कार्य भी होता रहा है।

अनेक आदरणीय पाठकों के सुझावों से प्रेरित होकर प्रस्तुत संस्करण को दो महत्त्वपूर्ण विशेषताओं से युक्त किया गया है। पहली विशेषता यह है कि मुख्य प्रविष्टि के ठीक बाद उसका फारसी लिपि में अंकन और दूसरी विशेषता है, हिन्दी में अर्थ देने के बाद अंग्रेजी में भी अर्थों का दिया जाना। आशा है इन दोनों विशेषताओं से इस कोश की उपयोगिता में और वृद्धि होगी और साथ ही अंग्रेजी प्रेमी भी इस कोश से लाभ उठा सकेंगे।

इस बार सैकड़ों शब्द इस कोश में बढ़ाए गए हैं और अनेक शब्दों के अर्थों में संशोधन तथा परिवर्धन भी किए गए हैं।

अवस्था और दृष्टिदोष के फलस्वरूप जो भूलें और त्रुटियाँ रह गई हों, उनके लिए क्षमाप्रार्थी हूँ।

फारसी लिपि में प्रविष्टियों के लेखन, संशोधन तथा संपादन में निरंतर आदरणीय प्रो० जियाउल रहमान से मुझे बहुमूल्य सहायता मिली है। अनेक कठिनाइयों के बाद भी वे पिछले तीन वर्षों तक इस काम से जुड़े रहे हैं। मैं उनका हृदय से आभारी हूँ। श्री अनिल कुमार सिंह को नयनाभिराम अक्षर संयोजन के लिए आशीर्वाद देना कैसे भूल सकता हूँ, जिन्होंने मुझे फारसी लिपि में भी अंकन करने के लिए प्रोत्साहित किया और अन्त तक इस कार्य से जुड़े रहे।

—बदरीनाथ कपूर

चैत्र शुक्ल प्रतिपदा,
४ अप्रैल, २०११

प्रस्तावना

कोई डेढ़ वर्ष पूर्व जब मेरे प्रिय मित्र श्रीयुत् नाथूराम जी प्रेमी मद्रास की ओर भ्रमण करने गये थे, तब वहाँ के अनेक हिन्दी-प्रेमियों तथा प्रचारकों ने उनसे एक ऐसा कोश प्रकाशित करने के लिए कहा था जिसमें उर्दू भाषा में प्रयुक्त होनेवाले अरबी, फारसी आदि के सब शब्दों के अर्थ हिन्दी में हों। वहाँ से लौटकर प्रेमी जी ने मुझे ऐसा कोश प्रस्तुत करने के लिए लिखा। मैंने इसकी तैयारी में हाथ तो प्रायः उसी समय लगा दिया था, परन्तु बीच में कई और आवश्यक काम आ जाने के कारण इसकी तैयारी में लगभग एक वर्ष का समय लग गया और तब छह सात मास का समय छपाई में लगा, क्योंकि इसका एक प्रूफ बम्बई से मेरे पास काशी आता था और इसलिए एक फार्म के छपने में आठ दस दिन लग जाते थे। अन्त में अब जाकर यह कोश प्रस्तुत हुआ है और हिन्दी पाठकों के सामने उपस्थित किया जाता है।

जैसा कि मैं ऊपर कह चुका हूँ यह कोश वास्तव में उन दक्षिणी भाइयों की आवश्यकताएँ पूरी करने के लिए बनाने का विचार था जिनमें इधर बारह वर्षों से हिन्दी भाषा का प्रचार खूब जोरों से हो रहा है और जिनमें अब लाखों हिन्दी जनानेवाले उत्पन्न हो गये हैं। तमिल, तेलगू और मलयालम आदि भाषाएँ बोलनेवाले जब हिन्दी पढ़ते हैं तब स्वभावतः उन्हें फारसी, अरबी आदि के भी बहुत से ऐसे शब्द मिलते हैं, जिनका ठीक-ठीक अर्थ जानने में उन्हें बहुत कठिनता होती है। अतः आरम्भ में विचार केवल यही था कि उर्दू कवियों की कविताओं में जितने शब्द आते हैं केवल उन्हीं शब्दों का एक छोटा-सा कोश बनाया जाए। पर जब मैंने इस कोश के लिए शब्द संग्रह का काम आरम्भ किया, तब मुझे ऐसा जान पड़ा कि उर्दू पद्य के अतिरिक्त उर्दू गद्य में प्रयुक्त होनेवाले शब्द भी सम्मिलित कर लिए जाएँ तो इस कोश से दक्षिण भारत के हिन्दी प्रेमियों की आवश्यकता के साथ-साथ उत्तर भारत के भी पाठकों की एक बहुत बड़ी आवश्यकता पूरी हो जायगी। पहले से कोई हिन्दी-उर्दू कोश वर्तमान नहीं था और इस प्रकार के कोश बार-बार नहीं बनते, इसलिए मेरे कई मान्य और विद्वान मित्रों ने भी यही सम्मति दी कि उर्दू में व्यवहृत होनेवाले सभी प्रकार के शब्द इस कोश में लिए जाएँ और यह कोश सर्वांगपूर्ण कर दिया जाए। इसीलिए इस कोश में उर्दू कवियों की ग़ज़लों में मिलनेवाले शब्दों के सिवा साहित्यिकी के अन्यान्य अंगों, तथा—व्याकरण, गणित, धर्मशास्त्र और कानून आदि के सब शब्द भी सम्मिलित करने पड़े। इस प्रकार जो कोश छोटे आकार के दो ढाई सौ पृष्ठों में पूरा करने का विचार था, वह अन्त में बड़े आकार के प्रायः सवा चार सौ पृष्ठों में जाकर पूरा हुआ और इसकी तैयारी में पाँच छह महीने के बदले डेढ़ वर्ष लग गया। पर मेरे लिए सन्तोष का विषय यही है कि उर्दू का एक सर्वांगपूर्ण कोश—अनेक प्रकार की त्रुटियों के रहते भी—तैयार हो गया।

यदि वास्तविक दृष्टि से देखा जाए तो उर्दू कोई स्वतन्त्र भाषा नहीं। वह हिन्दी का ही एक ऐसा रूप है [illegible]धा अरबी, फारसी, तुर्की आदि की ही अधिकांश संज्ञाएँ, और विशेषण आदि रहते हैं। उर्दू भाषा [illegible] स्वरूप आदि के सम्बन्ध में हिन्दी में यथेष्ट चर्चा हो चुकी है, अतः यहाँ विस्तारपूर्वक उसका [illegible]आवश्यकता नहीं प्रतीत होती।

[illegible]षा का है और उसका मूल अर्थ है—लश्कर या छावनी का बाजार। बाद में इस [illegible] लिए भी होने लगा था जिनमें सब तरह की चीजें बिकती थीं। भारत की

अन्यान्य विशेषताओं और विलक्षणताओं में एक यह उर्दू भी है। भाषाशास्त्र की दृष्टि से इसके जोड़ की भाषा शायद सारे संसार में ढूँढ़ें न मिलेगी। भाषा का मुख्य लक्षण 'क्रिया' है और उर्दू एक ऐसी भाषा है जो अपनी स्वतन्त्र और निजी क्रियाओं से रहित है और इसीलिए कहना पड़ता है कि उर्दू कोई स्वतंत्र भाषा नहीं है। परन्तु फिर भी यह भाषा मानी जाती है और इसके कई कारण हैं। एक तो इसकी एक स्वतन्त्र लिपि है जो अरबी और फारसी लिपियों के योग से बनी है। दूसरे उत्तर भारत के कुछ विशिष्ट प्रान्तों की कचहरी की भाषा है और इन्हीं सब बातों से उर्दू एक स्वतन्त्र भाषा गिनी जाती है।

उर्दू का आरम्भ तो लश्करों और बाजारों में बोली जानेवाली मिश्रित भाषा से हुआ था, पर आगे चलकर उसे मुसलमान बादशाहों, नवाबों और सरदारों आदि का आश्रय प्राप्त हो गया और उसमें प्रायः फारसी और अरबी कविताओं के अनुकरण पर यथेष्ट कविताएँ होने लगीं और वह राजदरबारों तथा महलों आदि में बोली जाने लगी। इसका परिणाम यह हुआ कि सैकड़ों वर्षों के इस प्रकार के व्यवहार से वह एक बहुत घुटी-मँजी और पालिशदार बढ़िया भाषा हो गई। उसमें अनेक ऐसे गुण आ गए जिन गुणों के योग से कोई भाषा चलती हुई, सुन्दर और चटकीली हो जाती है। मुसलमानी काल में तो इसे राजाश्रय मिल गया, जिससे मुसलमानों के सिवा बहुत से हिन्दुओं के लिए भी इसकी शिक्षा प्राप्त करना आवश्यक और अनिवार्य हो गया। इसलिए उन्नीसवीं शताब्दी के अन्त तक इसकी दिन दूनी और रात चौगुनी उन्नति होती रही और मुसलमानों के सिवा बहुत से हिन्दू कवियों और लेखकों ने भी अपनी रचनाओं द्वारा इस भाषा का साहित्य यथेष्ट अलंकृत और उन्नत किया। पर इधर पन्द्रह-बीस वर्षों से सारे भारत में राष्ट्रीयता की जो नई लहर उठी है, उससे उर्दू को बहुत बड़ा धक्का पहुँच रहा है जिससे इसके पक्षपाती और पोषक बहुत-कुछ सशंकित हो रहे हैं। परन्तु इन सब बातों से हमारा कोई मतलब नहीं है। हमारा मतलब सिर्फ इस बात से है कि उर्दू एक स्वतंत्र भाषा बन गई है और उसमें बहुत-सा अच्छा साहित्य भी वर्तमान है और इसलिए उर्दू भाषा और साहित्य भी बहुत-कुछ अध्ययन करने की चीजें हैं।

हम ऊपर कह चुके हैं कि उर्दू एक बहुत मँजी हुई और चलती भाषा है और अब तक कुछ लोगों का यह विचार है और एक बड़ी सीमा तक ठीक-ठीक विचार है कि शुद्ध बढ़िया और मुहावरेदार हिन्दी लिखने में उर्दू भाषा के ज्ञान से बहुत बड़ी सहायता मिलती है। जिस हिन्दी को हम राष्ट्रभाषा मानकर अपना अभिमान प्रकट करते हैं, दुर्भाग्यवश अभी तक उसका ठीक-ठीक स्वरूप ही हम लोग निश्चित नहीं कर पाए हैं। सब लोग अपने-अपने ढंग से और मनमाने तौर पर जो कुछ जी में आता है, वह सब हिन्दी के नाम से लिख चलते हैं और शुद्ध चलती हुई मुहावरेदार भाषा लिखने की आवश्यकता का अनुभव कुछ इने-गिने मान्य लेखकों को ही होता है और नहीं तो हिन्दी के क्षेत्र में भाषा के विचार से अधिकांश स्थलों में केवल धाँधली ही मची हुई दिखाई देती है। यह ठीक है कि हिन्दी का प्रचार बहुत तेजी के साथ और दूर-दूर के प्रान्तों में हो रहा है और अनेक भिन्न भाषा-भाषी लोग हिन्दी की ओर प्रवृत्त हो रहे हैं और उन सब लोगों से हम अभी यह आशा नहीं कर सकते कि वे शुद्ध और बढ़िया हिन्दी लिखेंगे। परन्तु फिर भी हम हिन्दी-भाषियों का यह कर्तव्य है कि हम अपनी भाषा का स्वरूप स्थिर करने में उर्दू भाषा से भी बहुत-कुछ शिक्षा और सहायता ले सकते हैं।

पर शायद कुछ विषयान्तर हो गया। खैर, उर्दू, साहित्य का पद्य बहुत बड़ा तथा पुराना और गद्य अपेक्षाकृत छोटा और हाल का है। आरम्भ में सैकड़ो वर्षों तक उर्दू में केवल ग़ज़लें ही कही जाती थीं और उनका ढंग बिल्कुल अरबी-फारसी की कविताओं का-सा होता था। उसके अधिकांश गद्य-साहित्य की रचना बीसवीं शताब्दी के आरम्भ अथवा अधिक से अधिक उन्नीसवीं शताब्दी के अन्त से होने लगी है और शृंगार-रस की कविताओं को छोड़कर नए ढंग की और नए विषयों की कविताएँ तो और भी हाल में होने लगी हैं। विशेषतः जब से दक्षिण हैदराबाद के उस्मानिया विश्वविद्यालय में उर्दू भाषा शिक्षा का माध्यम बनी है, तबसे उच्चकोटि के गद्य-साहित्य का निर्माण और भी अच्छे ढंग से और तेजी के साथ होने लगा है।

उर्दू भाषा बहुत ही मँजी और चलती हुई होती है और इसलिए हम हिन्दी-भाषियों से अनुरोध करते हैं कि उर्दू का अध्ययन करके उससे अपनी भाषा का स्वरूप स्थिर करने में सहायता लें। इसके सिवा उर्दू काव्यों में सुन्दर और सूक्ष्म विचारों तथा कल्पनाओं की भी बहुत अधिकता है। उर्दू में बहुत से बड़े-बड़े और उच्चकोटि के कवि हो गए और चाहे तुलनात्मक दृष्टि से उनके विचार तथा कल्पनाएँ कुछ लोगों को उतनी उच्चकोटि की न जँचें, जितनी उच्चकोटि के हिन्दी कविताओं के विचार और कल्पनाएँ जँचती हैं, तो भी उर्दू काव्यों में काव्योचित गुण यथेष्ट मात्रा में मिलते हैं, उनके पढ़ने में एक विशेष प्रकार का आनन्द आता है और इस दृष्टि से भी हम हिन्दी पाठकों से उर्दू साहित्य का अनुशीलन करने का अनुरोध करते हैं।

उर्दू भाषा और साहित्य के सम्बन्ध में इस प्रकार संक्षेप में कुछ बातें बतलाकर अब हम कुछ ऐसी बातें भी बतला देना चाहते हैं जिनका जानना इस कोश का उपयोग करनेवालों के लिए आवश्यक है। उर्दू वर्णमाला में ऋ, घ, छ, झ, ठ, ढ, थ, ध, भ और ष के लिए कोई स्थान नहीं है और इसीलिए इस कोश में इन अक्षरों से आरम्भ होनेवाले शब्द भी नहीं मिलेंगे। इनके सिवा ट और ड के सूचक वर्ण तो उसमें हैं, परन्तु इन वर्णों से आरम्भ होनेवाले शब्दों का ही अभाव है और वे भी इस कोश में नहीं मिलेंगे। उर्दू वाले अल्पप्राण वर्णों के साथ 'ह' या 'हे' (४) लगाकर ही उनसे महाप्राण अक्षर बना लेते हैं। महाप्राण अक्षरों में से केवल 'ख' के लिए उनके यहाँ 'खे' और 'फ' के लिए 'फ़े' है।

जिस समय मेरे सामने यह प्रश्न उपस्थित हुआ कि अरबी-फारसी आदि के शब्द इस कोश में किस प्रकार लिखकर रखे जाएँ तो कई विचारणीय बातें मेरे सामने आईं। मुझे अनेक कठिनाइयों का सामना करना पड़ा। मैं चाहता था कि कोई ऐसा सिद्धान्त निकल आए जो सब जगह समान रूप से काम दे। परन्तु इस प्रकार कोई ऐसा सिद्धान्त मैं स्थिर नहीं कर सका। सबसे बड़ी कठिनाई मेरे सामने यह थी कि अक्षरों के साथ अनुस्वार का प्रयोग किया जाए या पंचम वर्ण का। 'अङ्गुश्त', 'अन्सर' और 'हिन्दसा' लिखा जाए या 'अंगुश्त', 'अंसर' या हिंदसा। बहुत-कुछ सोच-विचार करने पर अन्त में मैंने यही उचित समझा कि जो शब्द हिन्दी में अधिकतर जिस रूप में लिखे जाते हों और जिन रूपों से शब्दों के प्रचिलत उच्चारणों का ठीक-ठीक ज्ञान हो सके, वही रूप रखे जाएँ और इसीलिए मैने स्थिर किया कि 'क' वर्ग और 'च' वर्ग के साथ तो अनुस्वार रखा जाए और शेष वर्णों के साथ आधा 'न्' अर्थात् '-' रखा जाए और अधिकतर इसी सिद्धान्त के अनुसार शब्दों के रूप रखे गए हैं। पर इसमें भी कहीं-कहीं अपवाद है। 'अंक़रीब', 'इंकसार' या 'अंका' लिखने से काम नहीं चल सकता था और इनसे पाठकों को शब्दों के ठीक-ठीक उच्चारणों का पता नहीं लग सकता। इसीलिए विवश होकर 'अन्करीब', 'इन्कसार' और 'अन्का' आदि रूप भी रखने पड़े हैं। इसके विपरीत 'शहन्शाह' लिखा गया है, क्योंकि साधारणत: लोग 'शहन्शाह' ही लिखते हैं। पंचम वर्ण और अनुस्वार-सम्बन्धी कठिनता के अतिरिक्त शब्दों के रूप स्थिर करने में और भी कठिनाइयाँ थीं और उन सब कठिनाइयों से भी तभी बचत हो सकती थी, जब शब्दों के वही रूप लिए जाते जो अधिकतर हिन्दी में लिखे जाते हैं। इसके सिवा इसमें एक और लाभ भी था। अरबी-फारसी के बहुत से शब्द ऐसे भी हैं जिनका हिन्दी में बहुत कम प्रयोग होता है अथवा अभी तक बिल्कुल नहीं हुआ है। पर फिर भी ऐसे शब्दों को इस कोश में स्थान देना आवश्यक था और इस सिद्धान्त का पालन करने से यह लाभ है कि उन शब्दों के सम्बन्ध में हिन्दी पाठक यह जान जाएँगे कि इन्हें किस रूप में लिखना चाहिए। इसीलिए आरम्भ में तो शब्दों के प्रचलित रूप रखे गए हैं और तब कोष्ठक में जहाँ व्युत्पत्ति बतलाई गई है, वहाँ यथा-साध्य शुद्ध रूप देने का प्रयत्न किया गया है। अरबी-फारसी में जहाँ शब्दों के अन्त में 'हे' (४) या 'ह' होता है, वहाँ हिन्दी में विसर्ग रखा गया है और जहाँ अन्त में 'ऐन' या 'अ' होता है, वहाँ अथवा जहाँ हम्ज़ा होती है, वहाँ लुप्ताकार (ऽ) रखा गया है। परन्तु जहाँ प्रचलित रूप दिखलाए गए हैं, वहाँ इन दोनों के स्थान पर केवल आकार की मात्रा (ा) का प्रयोग किया गया है। जैसे आरम्भ में 'जमुआ' रूप दिया है और व्युत्पत्ति के साथ 'जमअ' रूप रखा है। अरबी-फारसी के जिन शब्दों के अन्त में 'नून' या 'न' होता है, उनमें कुछ का उच्चारण तो पूरे 'न' के समान

होता है और कुछ आधा अर्थात् अर्धचन्द्रवाले उच्चारण के समान होता है। फिर फारसी का एक प्रत्यय 'गीं' है जो शब्दों के अन्त में लगता है। पर इसका उच्चारण कहीं तो 'गीं' होता है, जैसे—अन्दोहगीं और कहीं 'गींन' भी होता है, जैसे ग़मगींन।

अरबी-फारसी शब्दों को हिन्दी में लिखने में एक और कठिनता होती है। हिन्दी में ऐसे बहुत से शब्द प्राय: अक्षरों के नीचे बिन्दी लगाकर लिखे जाते हैं, जैसे—क़ानून, महफ़ूज आदि। पर छापे में कहीं-कहीं और विशेषत: कुछ संयुक्त अक्षरों के नीचे इस प्रकार बिन्दी लगाना कठिन हो जाता है। छापे में बिन्दी लगा हुआ 'ग' अर्थात् 'ग़' तो होता है, पर आधा 'ग़्' अर्थात 'ग़्' बिन्दी लगा हुआ नहीं होता और इसीलिए 'इग़्लाम' आदि शब्द लिखने में कठिनता होती है और युक्ति से 'ग्' के नीचे बिन्दी लगाई जाती है। जहाँ तक हो सका है, ऐसे अक्षरों के नीचे भी बिन्दी लगाने का प्रयत्न किया गया है, पर यदि कहीं भूल से बिन्दी छूट गई हो, तो छापेखानेवालों की कठिनता और असमर्थता का ध्यान रखकर पाठकों को स्वयं ही प्रसंग से ऐसे शब्दों के ठीक उच्चारण समझ लेना चाहिए।

एक बात और है। मुख्य शब्द के साथ तो व्युत्पत्तिवाले कोष्ठक में उसका शुद्ध रूप दे दिया गया है, परन्तु यौगिक शब्दों के साथ इसलिए ऐसा नहीं किया गया है कि इससे विस्तार बहुत कुछ बढ़ जाता है। उदाहरण के लिए 'नज़ारा' शब्द के आगे शुद्ध अरबी रूप 'नज़्ज़ार:' तो दे दिया गया है, पर 'नज़ाराबाजी' में व्युत्पत्तिवाले कोष्ठक में केवल 'अ०+फा०' ही लिख दिया गया है। ऐसे अवसरों पर पाठकों को यह नहीं समझ लेना चाहिए कि शुद्ध रूप 'नज़ारा' ही है, बल्कि 'नज़ारा' शब्द का शुद्ध रूप जानने के लिए स्वयं उस शब्द का व्युत्पत्तिवाला कोष्ठक देखना चाहिए जहाँ लिखा है—'अ० नज़्ज़ार:।'

कुछ शब्द ऐसे हैं जो अरबी के हैं और अरबी में उनका स्वतन्त्र अर्थ होता है। पर वही शब्द फारसी में भी प्रचलित हैं और फारसी में उनका अर्थ बिलकुल अलग और अरबीवाले अर्थ से भिन्न होता है। ऐसे शब्द आरम्भ में तो एक ही स्थान पर लिखे गए हैं, पर जहाँ एक भाषा का अर्थ समाप्त हो जाता है। वहाँ फिर से संज्ञा, विशेषण आदि लिखकर व्युपत्तिवाले कोष्ठक में मूल भाषा का संकेत कर दिया गया है। इससे पाठक समझ सकेंगे कि यह शब्द अरबी में इस अर्थ में और फारसी भाषा में उस अर्थ में प्रयुक्त होता है।

किसी भाषा के जीवित होने के और लक्षणों में से एक लक्षण यह भी है कि वह दूसरी भाषाओं के शब्दों को लेकर उन्हें अपनी भाषा की प्रकृति के अनुरूप बना सके—उन्हें हज़म कर सके। यह बात अरबी, फारसी और उर्दू में भी अनेक स्थलों पर पाई जाती है। अरबी ने तुर्की, यूनानी और इब्रानी आदि भाषाओं के अनेक शब्द ग्रहण कर लिए हैं और उन्हें अपने साँचे में ढाल लिया है। कीमिया, क़ैमूस और उस्तुरलाब आदि ऐसे शब्द हैं जो यूनानी से लेकर अरबी बनाए गए हैं। फारसी भाषा से भी कुछ शब्द लेकर अरबी बनाए गए हैं। शब्दों के व्युपत्तिवाले कोष्ठकों में इस प्रकार की बातें, जहाँ तक हो सका है, स्पष्ट कर दी गई हैं। इसी प्रकार फारसीवालों ने भी अरबी के कुछ शब्दों को लेकर अपने साँचे में ढाल लिया है। अरबी कुछ शब्दों में फारसी के प्रत्यय भी लगे हुए दिखाई देते हैं। जैसे अरबी 'ख़्वान' से फारसी 'ख़्वानचा' और 'ख़ैर' से 'ख़ैरियत'। इसी प्रकार शुद्ध हिन्दी के कुछ शब्दों को भी उर्दूवालों ने ऐसा रूप दे दिया है कि वे देखने में फारसी-अरबी के जान पड़ते हैं। हिन्दी 'देग' से 'देग़' और 'कन्नौज' से 'क़न्नौज'। संस्कृत के 'सम्मुख' शब्द से उर्दूवालों ने 'सरमुख' बना लिया है और इसका प्रयोग अधिकतर लोग करते हैं। कुछ शब्द ऐसे भी हैं जो फारसी और संस्कृत में समान रूप से लिखे और बोले जाते हैं और उनके अर्थ भी समान ही होते हैं, जैसे 'कमल' और कलम' और कुछ शब्द ऐसे भी हैं जिनके फारसी और संस्कृत रूपों में बहुत ही थोड़ा अन्तर होता है, जैसे हफ़्ता' और 'सप्ताह'। और इसका कारण यही है कि दोनों का मूल एक ही है। जिस प्रकार हिन्दी में देशज शब्द होते हैं, उसी प्रकार उर्दू में भी कुछ देशज शब्द हैं उनका व्यवहार अधिकतर उर्दूवाले ही करते हैं, और प्राय: ऐसे रूप में करते हैं कि साधारणत: वे शब्द देखने में अरबी-फारसी के ही जान पड़ते हैं। इस प्रकार के शब्दों में लाले, हवेली, रकाब और रफ़ी आदि हैं। अरबी-फारसी के कुछ शब्द ऐसे भी हैं जिनसे हिन्दीवालों

ने शब्द बना लिए हैं और जिनका प्रयोग अधिकतर हिन्दीवाले ही करते हैं। जैसे 'नज़र' से 'नज़रहाया' और 'नफ़र' से 'नफ़री'। इस प्रकार के शब्दों को भी इस कोश में स्थान दिया गया है।

अरबी-फारसी के कुछ शब्द ऐसे भी हैं जिनमें सिर्फ ज़ेर-ज़बर या स्वरसूचक चिह्नों के लगने से ही अर्थ में बहुत-कुछ अन्तर हो जाता है। साधारण उर्दू जाननेवाले भी बहुत से ऐसे लोग मिलेंगे जो 'मुमतहन' और 'मुमतहिन' का अन्तर न जानते हों। पर वास्तव में 'मुमतहन' का अर्थ है—परीक्षा या इम्तहान देनेवाला अर्थात् परीक्षार्थी और 'मुमतहिन' का अर्थ है—परीक्षा या इम्तहान लेनेवाला अर्थात् परीक्षक। इसी प्रकार 'मुअद्दब' का अर्थ है वह जिसका अदब किया जाए और 'मुअद्दिब' का अर्थ है वह जो अदब करे। अतः हिन्दीवालों को इस प्रकार के शब्दों का प्रयोग बहुत सावधानी से करना चाहिए। इसी प्रकार एक और कठिनता लिंग के सम्बन्ध में भी हो सकती है। कई ऐसे शब्द होते हैं जिनका एकवचन में कुछ और लिंग रहता है और बहुवचन में कुछ और। अरबी का 'फ़ज़ीलत' शब्द स्त्रीलिंग हैं, परन्तु उसका बहुवचन फ़ज़ायल पुल्लिंग है। इस प्रकार के शब्दों के प्रयोगों में भी बहुत-कुछ सावधानता की आवश्यकता है।

इस कोश में शब्दों के अर्थ देते समय इस बात का ध्यान रखा गया है कि अर्थ जहाँ तक हो सके ऐसे हों, जिनसे पाठकों को उनके ठीक-ठीक आशय के अतिरिक्त यह भी ज्ञात हो जाए कि उनका मूल क्या है अथवा वे किस शब्द से बने हैं? जैसे 'फ़िदाई' शब्द है—फ़िदा होने या जान देनेवाला। इससे पाठक सहज में समझ सकते हैं कि 'फ़िदाई' शब्द 'फ़िदा' से बना है। इसी प्रकार 'मतलूब' का अर्थ दिया है—जो तलब किया या माँगा गया हो। 'मतरूक' का अर्थ दिया है—जो तर्क या अलग कर दिया गया हो। 'मुलक्कब' का अर्थ दिया है—जिसको कोई लक़ब या नाम दिया गया हो। इस प्रकार और शब्दों के सम्बन्ध में भी समझ लेना चाहिए। इसके सिवा प्रायः विशेषणों के साथ उनसे सम्बन्ध रखनेवाली भाववाचक संज्ञाएँ भी उनके आगे इसलिए कोष्ठक में दे दी गई हैं कि जिसमें व्यर्थ का विस्तार न हो। जैसे 'खबरगीर' के साथ ही उसकी संज्ञा 'खबरगीरी', 'खिदमतगार' के साथ संज्ञा 'ख़िदमतगारी', 'गिलकार' के साथ 'गिलकारी', 'दिलचस्प' के साथ संज्ञा 'दिलचस्पी', 'फ़िक्रमन्द' के साथ संज्ञा 'फ़िक्रमन्दी' आदि। प्रायः बहुत से शब्द अरबी और फारसी के योग से बनते हैं। ऐसे शब्दों के बीच में एक छोटी लकीर (जिस रेखिका या हाइफ़न कहते हैं और जिसका रूपः '-' (यह है) दे दी गई है और व्युपत्तिवाले कोष्ठक में बतला दिया गया है कि इस शब्द का पहला अंश किस भाषा का और दूसरा किस भाषा का है? जैसे—'कानून-दाँ' के आगे लिखा है—अ०+फा०। इसका अभिप्राय यह है कि इसमें का कानून शब्द तो अरबी का है और 'दाँ' शब्द फारसी का है जो प्रत्यय के रूप में उसके साथ लगा है यह व्यवस्था इसलिए रखी गई है जिसमें पाठकों को प्रत्येक शब्द के सम्बन्ध में थोड़े से स्थान-व्यय से ही अधिक से अधिक ज्ञान प्राप्त हो जाए।

अब हम संक्षेप में उर्दू और फारसी के व्याकरणों के सम्बन्ध की कुछ ऐसी मुख्य-मुख्य बातें भी बतला देना चाहते हैं जो अनेक अवसरों पर पाठकों के लिए बहुत-कुछ उपयोगी हो सकती हैं। यह तो सिद्ध ही है कि हिन्दी से उर्दू कोई स्वतन्त्र भाषा नहीं और इसीलिए हिन्दी से स्वतन्त्र उसका कोई व्याकरण नहीं हो सकता और आज-कल तो अधिकांश भाषाओं के व्याकरण प्रायः अंग्रेजी व्याकरण के ही साँचे में ढलने लग गए हैं, इसलिए एक भाषा के व्याकरण की बहुत-सी बातें दूसरी भाषाओं की उन्हीं बातों से बहुत कुछ मिलती-जुलती होती है। संज्ञा, विशेषण, क्रिया और क्रिया-विशेषण आदि के प्रकार और उप-प्रकार आदि प्रायः सभी बातों में समान होते हैं। फिर ऐसी अवस्था में जबकि उर्दू वास्तव में हिन्दी का ही एक विशिष्ट प्रकार हो और उसमें केवल हिन्दी की ही समस्त क्रियाओं का ज्यों-का-त्यों उपयोग होता हो, तब उसका कोई हिन्दी से स्वतन्त्र व्याकरण भी नहीं हो सकता। परन्तु फिर भी जिस प्रकार हिन्दी में संस्कृत व्याकरण की कुछ बातें थोड़े बहुत परिवर्तन के साथ आवश्यक और अनिवार्य रूप से लेनी पड़ती हैं, उसी प्रकार उर्दूवालों को भी अपने व्याकरण में अरबी और फारसी के व्याकरणों की कुछ बातें रखनी पड़ती हैं और यहाँ हम संक्षेप में उन्हीं में से कुछ मुख्य बातों का उल्लेख कर देना चाहते हैं।

पहली बात एकवचन से बहुवचन बनाने के सम्बन्ध की है। फारसी में शब्दों के बहुवचन बनाने के दो नियम हैं। प्राणिवाचक शब्दों के अन्त में 'आन' प्रत्यय बढ़ाने से उसका बहुवचन बनता है, जैसे—'मुर्ग़' से 'मुर्ग़ान' 'जन' से 'जनान', 'दोस्त' से 'दोस्तान'। निर्जीव जड़ पदार्थों के अन्त में उनका बहुवचन बनाने के लिए 'हा' प्रत्यय लगाते हैं, जैसे—'बार' से 'बारहा', 'सद' से 'सदहा' आदि। परन्तु उर्दूवाले फारसी के इन प्रत्ययों का प्रयोग कभी-कभी फारसी शब्दों के अतिरिक्त अरबी शब्दों के अतिरिक्त अरबी शब्दों के साथ भी कर देते हैं। जैसे—'साहब' से 'साहबान' और 'अज़ीज़' से 'अज़ीज़हा' आदि।

उर्दू में अरबी के बहुवचनों का भी बहुधा प्रयोग होता है। अरबी में बहुवचन को 'जमा' कहते हैं और फारसी में भी बहुवचन के लिए इसी शब्द का प्रयोग होता है। अरबी में जमा या बहुवचन दो प्रकार के होते हैं—जमा सालिम और जमा मुकस्सर। जमा सालिम वह है जिसमें मूल शब्द का रूप सालिम या ज्यों-का-त्यों रहता है और उसके अन्त में केवल बहुवचन का सूचक कोई प्रत्यय लगा देते हैं। इसमें प्राणिवाचक पुल्लिंग शब्दों के अन्त में 'ईन' प्रत्यय लगा देते हैं, जैसे—'मुसलिम' से 'मुसलमीन', 'हाज़िर' से 'हाज़रीन', 'नाज़िर' से 'नाज़िरीन' आदि। प्राणिवाचक स्त्री-लिंग शब्दों के अन्त में और अप्राणिवाचक शब्दों में 'आत' प्रत्यय लगाने से उनका बहुवचन बनता है, जैसे—'मस्तूर' से 'मस्तूरात', 'खयाल' से 'खयालात', 'महकमा' से 'महकमात'।

जमा मुकस्सर वह जिसमें वाहिद या एकवचन के रूप में कुछ परिवर्तन हो जाता है, जैसे—

एकवचन	**बहुवचन**	**एकवचन**	**बहुवचन**
हाकिम	हुक्काम	सफ़ी	असफ़िया
किताब	कुतुब	वली	औलिया
मसजिद	मसाजिद	हर्फ़	हुरूफ़
मकतब	मकातिब	शेर	अशआर
हुक्म	अहकाम	क़िस्म	अक़साम
शरीफ	अशराफ़	अमीर	उमरा
ख़बर	अख़बार	तालिब	तुलबा
अमर	उमूर	वज़ीर	वुज़रा
मक़बरा	मक़ाबिर		

परन्तु यह नहीं समझना चाहिए कि इस प्रकार एकवचन शब्दों से बहुवचन बनाने के अरबी में कोई विशेष नियम नहीं हैं और ये सब बहुवचन मनमाने ढंग पर लिए जाते हैं। वास्तव में इनके सम्बन्ध में बँधे हुए नियम हैं, परन्तु विस्तार भय से वे सब नियम यहाँ नहीं दिए गए हैं। यहाँ संक्षेप में बतला देना यथेष्ट होगा कि बहुवचन 'वज़न' के आधार पर बनते हैं। अरबी में शब्दों के बहुत से 'वज़न' जो हमारे यहाँ के पिंगल के गणों से बहुत-कुछ मिलते-जुलते हैं और यह निश्चय कर दिया गया कि यदि एकवचन शब्द अमुक 'वज़न' का हो उसका बहुवचन अमुक वज़न का होगा। जैसे यदि एकवचन 'फ़ाइल' के वज़न का हो तो उसका बहुवचन फ़ुअला के वज़न पर होगा ज़ैसे—'ख़बर' से 'अख़बार' और 'शजर' से 'अशजार' आदि।

इसके सिवा अरबी के कुछ शब्द ऐसे भी हैं जो वास्तव में बहुवचन हैं, पर उर्दू तथा हिन्दी में जिनका प्रयोग एकवचन के रूप में होता है, जैसे—कायनात, ख़ैरात, वारदात, तहक़ीक़ात, औलाद, रिआया, अख़बार, उसूल आदि। और कुछ शब्द ऐसे भी हैं जो वास्तव में हैं तो एकवचन, पर जिनका प्रयोग बहुवचन के रूप में होता है, जैसे—दाम, दस्तख़त आदि।

अरबी-फारसी के बहुवचनों के सम्बन्ध में एक विशेषता यह भी है कि उनमें कुछ शब्दों के बहुवचन के भी बहुवचन बना लिए जाते हैं जिन्हें जमा-उल्जमा कहते हैं; जैसे 'दवा' का बहुवचन 'अदाविया' होता है और फिर उसका भी बहुवचन 'अदवियात' बना लिया जाता है। इसी प्रकार 'लाज़िमा' से 'लवाज़िमा' और

फिर 'लवाज़िमात' भी बना लेते हैं। इसी प्रकार 'जौहर' से 'जवाहिर' और 'जवाहिर' से 'जवाहिरात' तथा 'इस्म' से 'इस्मा' और 'इस्मा' से 'आसामी' भी बना लेते हैं। और विलक्षणता यह है कि जो आसामी शब्द जमा की भी जमा है उसका प्रयोग हिन्दी और उर्दू में एकवचन के समान होता है।

इसी प्रकार क्रियाओं या क्रियात्मक संज्ञाओं से जो कर्तृवाचक तथा कर्मवाचक शब्द बनते हैं, उनके लिए वज़नों के आधार पर ही नियम बने हैं। साधारणतः क्रियाओं से जो कर्तृवाचक शब्द बनते हैं, वे 'फ़ाइल' के वज़न पर होते हैं और कर्मवाचक शब्द 'मफ़ऊल' के वज़न पर होते हैं जैसे 'तलब' से कर्तृवाचक 'तालिब' और कर्मवाचक 'मतलूब' शब्द बनता है। इसी प्रकार 'इश्क' से क्रमशः 'आशिक' और 'माशूक' बनते हैं। क्रियात्मक संज्ञाओं से जिसे अरबी में 'मसदर' कहते हैं, इसी प्रकार के नियमों के अनुसार कर्तृवाचक शब्द बनते हैं, जैसे 'इमतहान' से 'मुमतहिन, 'इन्तज़ाम' से 'मुन्तज़िम', 'इन्तज़ार' से 'मुन्तज़िर' आदि। परन्तु इन सब नियमों का पूरा-पूरा विवेचन करने के लिए एक स्वतन्त्र पुस्तक की आवश्यकता होगी, इसलिए हम इस दिग्दर्शन मात्र से ही संतोष करते हैं।

प्रायः व्यंजनांत पुंलिंग शब्दों के अन्त में 'हे' या 'ह' लगाकर स्त्रीलिंग रूप बनाते हैं। हिन्दी में इसका उच्चारण वस्तुतः विसर्ग (:) के समान होना चाहिए, पर हिन्दीवाले उसके स्थान पर प्रायः 'ा' का प्रयोग करते है । जैसे 'वालिद' से वालिदः या 'वालिदा', 'साहब' से 'साहबः' या 'साहबा' आदि। कुछ विशिष्ट शब्दों के अन्त में 'म' प्रत्यय लगाने से भी उनका स्त्रीलिंग रूप बन जाता है, जैसे 'ख़ान' से 'ख़ानम' और 'बेग' से 'बेगम' आदि।

अरबी-फारसी के कुछ शब्द ऐसे भी हैं जिनका अर्थभेद से लिंग भेद हो जाता है। जैसे—'अर्ज़' शब्द 'चौड़ाई' अर्थ में तो पुल्लिग है और 'निवेदन' के अर्थ स्त्रीलिंग। 'आब' शब्द पानी के अर्थ में पुल्लिग है और 'चमक' के अर्थ में स्त्रीलिंग।

अरबी के जिन मसदरों या क्रियात्मक संज्ञाओं के अन्त में 'त' होता है उनका प्रयोग स्त्रीलिंग के रूप में होता है, जैसे—इनायत, शफ़कत, कुदरत आदि। इसी प्रकार फारसी के शकारान्त शब्द भी स्त्रीलिंग होते हैं, जैसे—ख़्वाहिश, कोशिश, रंजिश, परिख़्शश आदि।

हिन्दी की भाँति अरबी-फारसी में भी बहुत से प्रत्यय तथा उपसर्ग होते हैं। प्रत्यय को 'लाहिक़ा' कहते हैं और इसका बहुवचन 'लवाहिक' होता है। उपसर्ग को 'साबिका' कहते हैं और इसका बहुवचन 'सवाबिक़' होता है। इन सबके सम्बन्ध में अनेक नियम भी हैं। यहाँ प्रत्ययों और उपसर्गों की सूची देने के लिए स्थान नहीं है और न उनके पूरे नियम ही दिये जा सकते हैं। यह विषय व्याकरण का है और इसके लिए व्याकरणों से सहयता ली जा सकती है। पं० कामता प्रसाद गुरु कृत 'हिन्दी व्याकरण' में फारसी-अरबी के समस्त प्रत्ययों और उपसर्गों की एक विस्तृत सूची और उनसे सम्बन्ध रखनेवाले सब नियम आदि भी दिए गए हैं। इस कोश में भी यथास्थान बहुत से प्रत्ययों और उपसर्गों के अर्थ तथा प्रयोग आदि दिए गए हैं। यहाँ केवल यही बतला देना यथेष्ट होगा कि अरबी की अपेक्षा फारसी में उपसर्गों और प्रत्ययों आदि की संख्या बहुत अधिक है और उर्दू में अधिकतर फारसी के ही प्रत्यय और उपसर्ग देखने में आते हैं। अरबी उपसर्गों में अल, गैर, बिल और ला आदि मुख्य हैं और इनके उदाहरण क्रमशः अलविदा, ग़ैर-कानूनी, बिलजब्र और ला-वारिस आदि हैं। फारसी उपसर्गों में कम, ख़ुश, दर, ना, बर, बा, बे, हम आदि हैं। अरबी प्रत्ययों में अन और आत मुख्य हैं और इनके उदाहरण हैं—अमूमन, तक़रीबन, इरादतन तथा खयालात, सवालात, लवाज़िमात आदि। फारसी में प्रत्ययों की संख्या बहुत अधिक है और उनसे अनेक प्रकार के अर्थ और भाव सूचित होते हैं। जैसे आना (जनाना, मालिकाना), आवर (ज़ोरावर), ईन (संगीन), ईना (देरीना, रोज़ीना), नाक (ग़मनाक, खौफ़नाक), गीर (आलमगीर, जहाँगीर), दार (दुकानदार, मकानदार), बान (दरबान, बाग़वान), नामा (इकरारनामा, सुलहनामा), मन्द (अक्लमन्द, दौलतमन्द), वार (माहवार, तारीखवार),

कुन (कारकुन), ख़ोर (हलालख़ोर, हरामख़ोर), नुमा (कुतुबनुमा, किबलानुमा), नवीस (अरज़ीनवीस), नशीन (तख़्तनशीन, बालानशीन), बन्द (कमरबन्द, इज़ारबन्द), पोश (ज़ीनपोश, पापोश, सरपोश), बरदार (हुक्मबरदार, फरमांबरदार), बाज़ (इश्कबाज़, नशेबाज़), बीन (दूरबीन, तमाशबीन), ख़ाना (कारख़ाना, दौलतख़ाना), गाह (ईदगाह, चारागाह, बन्दरगाह), ज़ार (गुलज़ार, बाज़ार), आदि आदि।

अन्त में मैं उन कोशकारों को हार्दिक बधाई देता हूँ और उनके प्रति अपनी कृतज्ञता प्रकट करता हूँ जिनके रचे हुए कोशों से मुझे इस कोश के संकलन में सहायता मिली है। इन कोशों में फरहंग आसफ़िया (चार भाग, रचयिता स्वर्गीय मौलवी सैयद अहमद साहब देहलवी), लुगाते किशोरी (रचयिता मौलवी सैयद तसद्दुक हुसेन रिज़वी), न्यू हिन्दुस्तानी इंग्लिश डिक्शनरी (New Hindustani English Dictionary) रचयिता डा० एस० डब्लू० फ़ैलन, पी-एच०डी० का मैं विशेष रूप से आभारी हूँ। इसके अतिरिक्त समय-समय पर ग़यास उल् लुग़ात और करीम उल् लुग़ात से भी मुझे विशेष सहायता मिलती रही है और उनके रचयिताओं के प्रति कृतज्ञता प्रगट करना भी मैं कर्तव्य समझता हूँ। स्व-संकलित संक्षिप्त हिन्दी शब्दसागर से भी इस कोश के प्रणयन में बहुत-कुछ सहायता ली गई है।

३, सरस्वती फाटक, काशी। —**रामचंद्र वर्मा**
२४ मई, १९३६

दूसरे संस्करण की प्रस्तावना

उर्दू-हिन्दी कोश का यह दूसरा संस्करण पाठकों के सामने रखा जाता है। हर्ष का विषय है कि इसके पहले संस्करण का हिन्दी जगत में यथेष्ट आदर हुआ और चार ही वर्षों बाद उसका यह दूसरा संस्करण प्रकाशित करने की आवश्यकता हुई। हिन्दी में किसी पुस्तक का और विशेषत: इस प्रकार के कोश का पहला संस्करण चार वर्षों में समाप्त हो जाना कुछ कम सन्तोष की बात नहीं। इसी से एक तो इस कोश की उपयोगिता सिद्ध होती है और दूसरे यह सिद्ध होता है कि उर्दू भाषा और उसके शब्दों से परिचित होने की वृत्ति लोगों में दिन पर दिन बढ़ रही है। भाषा के क्षेत्र में इसे एक शुभ लक्षण ही समझना चाहिए।

इस दूसरे संस्करण में बहुत-कुछ संशोधन और परिवर्धन किया गया है। पहले संस्करण में समय-समय पर जो त्रुटियाँ दिखाई दी थीं अथवा जिनकी सूचनाएँ मित्रों और पाठकों से मिली थीं, उन सबको दूर करने का प्रयत्न किया गया है। और इस प्रकार इस कोश की प्रामाणिकता और शुद्धता का मान बढ़ाया गया है। परिवर्तन के क्षेत्र में भी बहुत-कुछ काम किया गया है और इस संस्करण में पहले से लगभग एक हजार और अधिक नए शब्द बढ़ाए गए हैं।

यह तो किसी प्रकार कहा ही नहीं जा सकता कि यह कोश सभी दृष्टियों से पूर्ण और निर्दोष हो गया है। कोश तो एक ऐसी इमारत है जिसे हमेशा बढ़ाते रहने की ज़रूरत होती है और जो हमेशा पूरी-पूरी मरम्मत भी माँगती रहती है। इसलिए कोश निर्दोष भले हो जाए पर वह कभी पूर्ण नहीं हो सकेगा। नित्य नए-नए शब्द बनते और प्रचलित होते रहते हैं। अत: जीवित भाषा के कोश के हर संस्करण में कुछ-न-कुछ वृद्धि की सदा गुंजाइश बनी रहती है। अब रही शुद्धता और प्रामणिकता। उसका दावा इसलिए नहीं किया जा सकता है कि एक मनुष्य के काम में और वह भी विशेषत: मेरे जैसे सामान्य मनुष्य के काम में त्रुटियों का रह जाना कोई आश्चर्य की बात नहीं। साथ ही कोई दृढ़तापूर्वक अपनी सर्वज्ञता भी प्रतिपादित नहीं कर सकता। भ्रम या अज्ञानवश भूल कर बैठना मनुष्य का धर्म-सा ही है।

पर साथ ही एक निवेदन और है। कई सज्जनों और विशेषत: दक्षिण भारत के कुछ उत्साही हिन्दी-प्रेमियों ने गत तीन-चार वर्षों में समय-समय पर मेरे पास इस कोश के सम्बन्ध में कई तरह की शिकायतें भेजी थीं। उनमें वाज़िब शिकायतें तो शायद ही एक दो थीं बाकी अधिकांश शिकायतों का कारण यही था कि वे सज्जन या तो कोश का ठीक तरह से उपयोग करना नहीं जानते थे और या उन्होंने पहले संस्करण की प्रस्तवना ध्यानपूर्वक नहीं पढ़ी थी। एक सज्जन ने तो कोई दो सौ शब्दों की एक लम्बी सूची बनाकर मेरे पास भेजी थी। लिखा था कि ये सब शब्द आपके कोश में नहीं हैं। आप इनके अर्थ मुझे लिख भेजिए। परन्तु उनकी उस सूची के मिलान करने पर मुझे पता चला कि उनमें से केवल पाँच या छह शब्द कोश में नहीं हैं। बाकी सब-के-सब यथास्थान मौजूद निकले। दो-तीन शब्द ऐसे थे जो किसी कारण से अपने स्थान से ऊपर-नीचे हो गए थे। इस बार वे सब शब्द भी और कुछ दूसरे शब्द भी जो आगे-पीछे हो गए थे यथास्थान कर दिए गए हैं।

इस कोश का उपयोग करनेवालों के सामने एक बहुत बड़ी कठिनता इस कारण आती है कि दुर्भाग्यवश हिन्दी लिखनेवाले अपनी भाषा और अपने शब्दों का ठीक-ठीक स्वरूप स्थिर नहीं कर सके हैं। हिन्दी में

ऐसे सैकड़ों शब्द हैं जो दो-दो और तीन-तीन प्रकार से लिखे जाते हैं। फिर अरबी और फारसी शब्दों का तो पूछना ही क्या? मुझे प्रथम श्रेणी के कई लेखकों के लेखों और ग्रन्थों में एक ही शब्द दो-दो, तीन-तीन रूपों में और कुछ शब्द चार-चार रूपों में भी लिखे हुए मिले हैं। किसी शब्द के इस प्रकार के सभी रूपों का संग्रह न तो सम्भव ही है और न वांछनीय ही। यहाँ आकर मैं अपनी पूरी-पूरी असमर्थता प्रकट किए बिना नहीं रह सकता। निवेदन यही है कि चटपट और बिना समझे-बूझे यह निश्चय नहीं कर लेना चाहिए कि अमुक शब्द इसमें नहीं है। जहाँ तक हो सकता है, प्राय: प्रयुक्त होनेवाले सभी शब्द इसमें ले लिए गए हैं और फिर भी यदि कुछ शब्द रह गए होंगे तो अगले संस्करण में बढ़ा दिए जाएँगे।

हैदराबाद उस्मानिया यूनिवर्सिटी के श्री वंशीधर विद्यालंकार ने इस कोश के पहले संस्करण की भूमिका में यह सूचना उपस्थित की थी कि 'अलिफ' और 'ऐन' तथा 'ते', 'तोए' सरीखे कुछ अक्षरों का पार्थक्य दिखलाने के लिए कुछ नए संकेत निश्चित किए जाने चाहिए। सूचना है तो बहुत उपयोगी, पर इसे कार्यक्रम में परिणत करने में बहुत-सी कठिनाइयाँ हैं। देवननागरी में जो उच्चारण 'स' का है, वह या उससे मिलता-जुलता उच्चारण सूचित करनेवाले उर्दू में तीन अक्षर हैं—से, सीन और साद। 'ज' के उच्चारण सूचित करनेवाले अक्षर हैं—ज़ाल, ज़े, ज़ाद और ज़ो। और साधारण 'ज' के लिए जो जीम है, वह तो है ही। यदि ये संकेत नए बनाए जाएँ तो इनके लिए टाइप भी नए बनवाने पड़ेंगे। अथवा एक-दूसरा उपाय यह हो सकता था कि जहाँ कोष्ठक में उर्दू शब्दों की व्युत्पत्ति दी गई है, वहाँ एक कोष्ठक में उर्दू लिपि में उनके मूल रूप भी दिए जाते। यह बात पहले ही संस्करण में मेरे ध्यान में आई थी। परन्तु प्रकाशक महोदय उसके लिए तैयार नहीं हुए और मैंने भी कई कारणों से ऐसा करना बिल्कुल निरर्थक समझा। क्योंकि मैं जानता था कि जो सज्जन इन अक्षरों के भेद जानना चाहेंगे, वे अवश्य ही उर्दू लिपि से परिचित होने चाहिए और वे अरबी-फारसी के कोश देखकर अपना भ्रम दूर कर सकते हैं। जो लोग उर्दू लिपि से परिचित नहीं हैं, उनके लिए इस प्रकार का भ्रमजाल खड़ा करना मुनासिब नहीं।

अन्त में मैं यह भी निवेदन कर देना चाहता हूँ कि अपनी भूलों का सुधार करने के लिए मैं सदा तैयार हूँ और रहूँगा। जिन सज्जनों को इस कोश में कोई त्रुटि या न्यूनता दिखाई दे वे कृपया मुझे सूचित करें। अगले संस्करण में उनका सुधार हो जाएगा। स्वयं मेरी दृष्टि में ही अब भी इसमें कुछ बातों की कमी है। अगले संस्करण में वह कमी भी पूरी करने का प्रयत्न किया जाएगा।

२२ अगस्त, १९४०

—रामचंद्र वर्मा

समय और क्या हुआ, इसका पूर्ण विस्तार और उसके प्रमाणों द्वारा सरलता के साथ विवेचन करने का प्रयत्न किया जाता है। जिसमें उस शब्द के स्वरूप का स्पष्टता और विस्तार के साथ परिचय प्राप्त होता है। इस प्रकार इस पद्धति पर प्रस्तुत किये गए कोशों में प्रत्येक शब्दों का पूर्ण इतिहास मिल जाता है। इस तरह के कोशों को बनाने में कितना परिश्रम करना पड़ता है,कितना समय और धन इसमें खर्च होता है इसकी सहज में ही कल्पना की जा सकती है। परन्तु इस प्रकार के कोशों से शब्दों के स्वरूप का पूर्ण शुद्धता और विस्तार के साथ जो सुस्पष्ट और पूरा परिचय प्राप्त होता है वह वैज्ञानिक होता है और उसमें किसी प्रकार के सन्देह की गुंजाइश नहीं रहती।

किसी कोश में शुद्धता और प्रमाणिकता न हो वह शब्दों के यथार्थ स्वरूप को नहीं समझा सकता। पहले शब्दों का शुद्ध, प्रामणिक और विज्ञानसंगत संग्रह और फिर उनका शुद्ध और प्रामणिक समझने में आनेवाला सरल अर्थ व्यवहार अन्य समस्त विस्तारों को छोड़कर भी इतने अधिक जरूरी है कि उनकी किसी प्रकार उपेक्षा नहीं की जा सकती। इसी प्रामणिकता और शुद्धता के कारण कोशकार का कार्य बड़ा ही उत्तरदायित्वपूर्ण है और यदि वह सतत अध्यवसाय, कठोर परिश्रम, गहन अध्ययन और अनुशीलन के द्वारा इस अपने उत्तरदायित्व को पूर्णतया निभाता है तो स्वयं एक प्रामणिक कोशकार हो जाता है जिसका प्रमाण सन्देह के अवसरों पर विश्वास के साथ दिया जा सकता है।

प्रसन्नता की बात है कि हिन्दी और इससे सम्बद्ध भाषाओं के कोशों की तरफ हमारा ध्यान आकर्षित होने लगा है। यह इस बात की पहचान है कि हम लोग अपनी भाषा तथा उससे सम्बद्ध भाषाओं के स्वरूप को अच्छी तरह जानना चाहते हैं। इसके परिणामस्वरूप पहले जो कोश तैयार हो रहे हैं उनमें बहुत-सी त्रुटियाँ होनी अनिवार्य हैं परन्तु ज्यों-ज्यों प्रामणिकता और शुद्धता को माँग बढ़ती जाएगी त्यों-त्यों कोशों द्वारा ऐसे शुद्ध और प्रामणिक कोश तैयार होंगे जो शब्दों का सही और पूर्ण परिचय दे सकेंगे और इस तरह वे हमारी भाषा की एक स्थिर सम्पत्ति बनकर हमारे साहित्य की प्रगति और उन्नति में सहायक हो सकेंगे।

उर्दू और हिन्दी का सम्बन्ध पुराना है। हम यहाँ दोनो भाषाओं के ऐतिहासिक विस्तार मे नहीं जाना चाहते। यद्यपि उर्दू जबान का समस्त ढाँचा हिन्दी का है और पुरानी उर्दू में हिन्दी के शब्दों का बहुत कसरत से प्रयोग किया गया है, तो भी इस बात से इन्कार नहीं किया जा सकता है कि वर्तमान हिन्दी के आधुनिक रूप के विकास में उर्दू का बड़ा हाथ है। दोनो भाषाओं के रूप पूरी समानता होते हुए भी उनमें धीमे-धीमे इतना फर्क पड़ गया है और पड़ता जा रहा है कि दोनो भाषाओं को बिल्कुल एक कर देना आज-कल की अवस्थाओं में कुछ असाध्य-सा प्रतीत हो रहा है। जो लोग इन दोनो भाषाओं में एकरूपता उत्पन्न करने का प्रयत्न कर रहे हैं उनका विश्वास है कि यदि हिन्दी-उर्दू मिलवा ज़बान लिखी जाए अर्थात् यदि उर्दूवाले हिन्दी के शब्दों का और हिन्दीवाले प्रचलित उर्दू का बिना तकल्लुफ इस्तेमाल करें तो सम्भव है कि इन दोनो जबानों में यकसानियत पैदा हो जाए जिससे हिन्दी और उर्दू का झगड़ा हमेशा के लिए मिट जाए। इस उद्देश्य को सामने रखकर कई व्यक्तियों और संस्थाओं ने इस बात को अमल में लाने का प्रयत्न भी आरम्भ कर दिया है। परन्तु इसके लिए सबसे ज्यादह जरूरी चीज है दो भाषाओं का प्रामणिक ज्ञान और इस प्रकार के आयोजन जिनके द्वारा ये दोनों भाषाएँ निकट आ सकें और इस निकटता को लाने के लिए कोश एक बहुत बड़ा साधन है। जबसे इन बातों का आग़ाज़ हुआ है बहुत से हिन्दी से अनभिज्ञ उर्दू जाननेवाले लोग इस तरह के हिन्दी शब्दकोश की तलाश में हैं जो हो तो उर्दू लिपि में परन्तु जिसके द्वारा हिन्दी शब्दों का ज्ञान हो सके और इसी प्रकार उर्दू से अनभिज्ञ हिन्दी जाननेवाले इस तरह के उर्दू की खोज में हैं जो नागरी लिपि में परन्तु जिसके द्वारा उन्हें उर्दू के शब्दों का यथार्थ परिचय प्राप्त हो सके। इस बात में तो कोई सन्देह नहीं कि इस प्रकार दोनो भाषाओं का पारस्परिक ज्ञान दोनो भाषाओं को जहाँ निकट ला सकेगा वहाँ शायद उपर्युक्त प्रवृत्ति को जाग्रत करने और फैलाने में भी सिद्ध हो सकेगा शायद रफ्ता रफ्ता दोनों भाषाओं की दूरी और पृथकता मिट सकेगी।

भूमिका

किसी भाषा के शब्दकोश उसकी साहित्यिक सर्वांगीण उन्नति में वही स्थान रखते हैं जो किसी राज्य की उन्नति और विकास में अर्थ विभाग रखता है। जिस प्रकार किसी राज्य की सुदृढ़ता उसके प्रत्येक विभाग की स्वास्थ्यपूर्ण प्रगति, शक्ति और आधार बहुत-कुछ उसके कोश की अवस्था पर अवलम्बित है उसी प्रकार किसी भाषा का विकास, निर्माण, उसके समस्त अंगों की ताज़गी, सुडौलपन, चिरकाल स्थिरता और विस्तार बहुत-कुछ उसके शब्द-भण्डारों या शब्द-कोशों पर ही निर्भर करता है। किसी भाषा की वास्तविक स्थिति और उन्नति जितनी पूर्णता से एक शब्दकोश में प्रतिबिम्बित होती है, उतनी भाषा के किसी अन्य क्षेत्र में नहीं। समस्त प्रकाशमय ज्ञान शब्दरूप ही है और किसी भाषा के शब्दों के रूप का परिचय उसके कोशों द्वारा ही मिलता है, इसलिए किसी भाषा के स्वरूप का ज्ञान जितनी आसानी से शब्दकोश द्वारा हो सकता है उतना अन्य किसी साधन से नहीं हो सकता।

कोश लिखने की कला किस प्रकार प्रारम्भ हुई, भिन्न-भिन्न भाषाओं में पहले-पहल कोश किस प्रकार तैयार किए गए, इस कला का विस्तार किन रेखाओं पर हुआ और होता जा रहा है, यदि इसका क्रमबद्ध इतिहास लिखा जाए तो जहाँ वह बहुत मनोरंजक होगा वहाँ उसके द्वारा हमें उन सिद्धान्तों और पद्धतियों का भी परिचय प्राप्त हो सकेगा जिनके आधार पर इसका निर्माण और विकास हुआ है। हमारे यहाँ संस्कृत के जो प्राचीन कोश मिलते हैं उनमें किसी शब्द का पता लगाने के लिए सबसे पूर्व उसके अन्तिम अक्षर को देखना पड़ता है। इस प्रकार के कोशों के अन्त में शब्दों की कोई अनुक्रमणिका नहीं है और न कोई उसकी विशेष आवश्यकता प्रतीत होती है। इन कोशों में वर्णमाला के क्रम से शब्दों को इस प्रकार लिया गया है कि वे जिस शब्द के अन्त में आते हैं उनको अक्षरक्रम से लिखा गया है। इनमें वर्णक्रम से पहले एक अक्षर के शब्द, फिर दो अक्षर के, फिर तीन अक्षर के और फिर इसी प्रकार शब्दों का उल्लेख किया गया है। जहाँ एकाक्षर शब्द समाप्त हो जाते हैं वहाँ उनकी समाप्ति लिख दी जाती है। और द्वयक्षर-शब्दों के प्रारम्भ की सूचना दे दी जाती है और आगे भी इसी प्रकार किया जाता है। उदाहरणार्थ, यदि आप अमृत शब्द को देखना चाहें तो वह आपको त के त्र्यक्षरों में अ में मिलेगा। मेदिनी कोश, विश्व प्रकाश कोश, अनेकार्थ संग्रह इसी प्रकार के कोश हैं। अमर कोश में इससे भिन्न पद्धति को अख्तियार किया गया है। उसमें विषयानुसार शब्दों का विभाग और क्रम रखा गया है और बाद में वर्णमाला के अक्षरक्रम से शब्दों की सूची दे दी गयी है जिसमें सुगमता के साथ शब्दों का पता लगाया जा सकता है।

यह तो है संस्कृत के प्राचीन कोशों की कथा। इसी तरह अन्य भाषाओं के कोशों की भिन्न पद्धतियाँ हैं। इस समय कोश-निर्माण की जिस पद्धति का अद्भुत विन्यास हुआ है उसका नाम है ऐतिहासिक पद्धति। इसके अनुसार प्रत्येक शब्द का सिलसिलेवार पूरा इतिहास देना पड़ता है। अक्षर-क्रम से पहले शब्द, फिर उसका उच्चारण, उसके बाद उसकी व्युत्पत्ति या वह स्रोत जिसके कारण शब्द का प्रादुर्भाव हुआ, फिर उसके अर्थपूर्ण उद्धरणों के साथ इस प्रकार दिये जाते हैं कि अमुक सन् में इस शब्द का यह अर्थ था, फिर अमुक सन् में यह हुआ—इस तरह क्रमशः सामयिक निर्देश देते हुए उसके समस्त अर्थों का प्रामाणिक प्रदर्शन किया जाता है। एक शब्द भाषा में किस समय प्रविष्ट हुआ, किस प्रकार प्रविष्ट हुआ और उसके अर्थो का विकास किस

यह उर्दू-हिन्दी कोश भी एक इसी तरह का साहसपूर्ण प्रयत्न हैं। हो सकता है कि इस कोश में बहुत-सी त्रुटियाँ हों क्योंकि कोश का कार्य सरल और स्वल्प परिश्रमसाध्य नहीं है। तो भी इस विषय में दो सम्मतियाँ नहीं हो सकतीं कि इस कोश के द्वारा उर्दू शब्दों के जानने का एक ऐसा आधार प्रस्तुत कर दिया गया है जिसमें आवश्यकतानुसार परिवर्धन और संशोधन हो सकते हैं और जिसे एक प्रामणिक उर्दू-कोश के रूप में परिणत किया जा सकता है। हर एक भाषा की कुछ न कुछ अपनी विशेषताएँ होती हैं और जब एक भाषा का कोश दूसरी भाषा में लिखा जाता है तो उन विशेषताओं का ज्ञान कराने की भी आवश्यकता होती हैं। उर्दू की बहुत-सी विशेषताओं के विषय में सम्पादक महोदय ने अपनी प्रस्तावना में बहुत-कुछ लिखा है। हमारी सम्मति में अच्छा होता यदि कोशकार महोदय 'अलिफ' और 'ऐन' का जो हिन्दी में 'अ' के अन्तर्गत हो जाते हैं, भेद बतलाने के लिए कोई ऐसा सांकेतिक चिह्न दे देते जिससे यह स्पष्टतः मालूम पड़ जाता कि अमुक शब्द 'अलिफ' से और अमुक 'ऐन' से लिखा जाता है। इसी प्रकार 'सीन', 'स्वाद', 'ते' और 'तोए' आदि के शब्दों में भी भेद रखने के लिए सांकेतिक चिह्नों की आवश्यकता थी। यद्यपि कोश के सिवा अन्यत्र इन शब्दों को सांकेतिक चिह्नों के साथ लिखने की कोई आवश्यकता नहीं अनुभव होती तो भी इस भाषा के कोश में हर शब्द के साथ इस तरह के भेदों को बतलाना जरूरी है। इससे एक तो भाषा के शुद्ध रूप से परिचिति हो जाती है, दूसरे भाषा की बनावट और उसमें जो हमारी भाषा से पृथकता और विशेषता है उसका भी अच्छी तरह ज्ञान हो जाता है। इसके साथ कहीं-कहीं शब्दों के उच्चारण को भी लिखने की आवश्यकता थी। आशा है कि अगले संस्करणों में इन सब बातों की ओर ध्यान दिया जाएगा।

हिन्दी को समस्त भारत की राष्ट्रभाषा बनाने का प्रयत्न हो रहा है। इसमें जिस तरह उर्दू में से अरबी-फारसी शब्दों का सम्मिश्रण हो रहा है—क्योंकि इन दोनो भाषाओं में बहुत-कुछ समानताएँ हैं—उसी प्रकार ज्यों-ज्यों हिन्दी भाषा का भारतीय व्यापक रूप विस्तृत होगा त्यों-त्यों इसमें गुजराती, मराठी, बंगाली आदि भाषाओं के शब्द भी मिश्रित होंगे। यदि उर्दू की हिन्दी के साथ एक तरह की समानता है तो इन भाषाओं की भी हिन्दी के साथ दूसरी तरह की समानता है। इसलिए इन भाषाओं के शब्दों का मिलना भी हिन्दी में अनिवार्य है क्योंकि ज्यों-ज्यों भिन्न प्रान्तों के लोग हिन्दी अपनाएँगे उसमें कुछ न कुछ उसका प्रान्तीय असर अवश्य मिलेगा। क्या ही अच्छा हो यदि इसी प्रकार इन भाषाओं के प्रामाणिक कोश भी हिन्दी में सुलभ हो जाएँ। इससे वे भाषाएँ भी हिन्दी के निकट आ जाएँगी, और यदि नागरी द्वारा एक लिपि का प्रश्न हल हो गया तो इससे उन भाषाओं के ज्ञान में भी सुभीता हो जाएगा और उन भाषाओं का उत्तम साहित्य भी हिन्दी में आसानी से प्रविष्ट होकर हिन्दी में भारतीयता के अंश की वृद्धि के साथ उसके क्षेत्र को विस्तृत और व्यापक बना सकेगा।

—वंशीधर विद्यालंकार

उस्मानिया कालेज
औरंगाबाद सिटी
जून २५, १९३९

संकेताक्षरों की सूची

अ०	अरबी भाषा
अनु०	अनुकरण शब्द
अल्पा०	अल्पार्थक रूप
अव्य०	अव्यय
इब०	इबरानी भाषा
उप०	उपसर्ग
क्रि०	क्रिया
क्रि०अ०	क्रिया अकर्मक
क्रि०स०	क्रिया सकर्मक
क्रि०वि०	क्रिया-विशेषण
तु०	तुर्की भाषा
दे०	देखो
देश०	देशज
नि०	निपात
पु०, पुं०	पुल्लिंग
पुर्त०	पुर्तगाली भाषा
फा०	फारसी भाषा
बहु०	बहुवचन
भाव०	भाववाचक
मि०	मिलाओ
मुहा०	मुहावरा
यु०	यूनानी भाषा
यो०	योजक
यौ०	यौगिक
वि०	विशेषण
विस्मय०	विस्मयादिक
सं०	संस्कृत
सर्व०	सर्वनाम
स्त्रि०	स्त्रियों द्वारा प्रयुक्त
स्त्री०	स्त्रीलिंग
हि, हिं०	हिन्दी भाषा

Abbreviations

abbrev.	abbreviation
adj.	adjective
adv.	adverb
conj.	conjunction
esp.	especially
etc.	etcetera
fem.	feminine
fig.	figurative
interj.	interjection
lit.	literary
m.	masculine
ph.	phrase
plu.	plural
poet.	poetical
p.p.	past participle
pref.	prefix
pron.	pronoun
p.t.	past tense
sing.	singular
suf.	suffix
v.	verb
v.i.	verb intransitive
v.t.	verb transitive

उर्दू-हिंदी-अंग्रेजी शब्दकोश

अ

अंगबी انگبی स्त्री०[फा० अंग्बी] शहद, मधु।
fem. honey.

अंगार انگار प्रत्य०[फा०] करने, चाहने या सोचनेवाला।
suffix. doing, thinking or loving.

अंगुश्त انگشت पु० [फा०] उँगली।
m. finger.

अंगुश्तनुमा انگشت نما वि० [फा०] जिसकी ओर लोगों की उँगलियाँ उठें, किसी काम में, विशेष्तः किसी बुरे काम में प्रसिद्ध।
adj. ill-famed.

अंगुश्तनुमाई انگشت نمائی स्त्री० [फा०] १. किसी की ओर उँगली उठाना। २. किसी की ओर, विशेषतः कोई बुरा काम करनेवाले की ओर, लोगों का उँगलियाँ उठना।
fem. 1. act of putting the blame on someone. 2. criticism for doing wrong.

अंगुश्तरी انگشتری स्त्री० [फा०] अँगूठी, मुद्रिका।
fem. a ring., worn on a finger.

अंगुश्ताना انگشتانہ पु० [फा० अंगुश्तानः] १. उँगली पर पहनने की लोहे या पीतल की एक टोपी जिसे दर्जी सीते समय एक उँगली में पहन लेते हैं। २. हाथ के अँगूठे की एक प्रकार की मुँदरी, आरसी।
m. 1. a thimble. 2. a ring like ornament fitted with a mirror.

अंगूर انگور पु० [फा०] १. एक लता और उसके फल का नाम जो बहुत मीठा और रसीला होता है, दाख, द्राक्षा। २. ज़ख्म भरने के समय उसमें दिखाई पड़नेवाले दाने।
***मुहा०* अंगूर का मड़वा या अंगूर की टट्टी**=अंगूर की बेल के चढ़ने और फैलने के लिए बाँस की फट्टियों का मंडप।
m. 1. grapes, 2. healing signs of an ulcer.
ph. a structure of bamboo strips for expansion of the grape creeper.

अंगूरी انگوری वि० [फा०] १. अंगूरों से बना हुआ। २. अंगूर के रंग का।
adj. 1. made of grapes. 2. having the colour of grapes.

अंगेज़ انگیز प्रत्य० [फा०] उत्पन्न या उत्तेजित करनेवाला, भड़कानेवाला; जैसे—हैरतअंगेज।
suffix. producing, causing or exciting.

अंजबार انجبار पुं० दे० "अंजुवार।"

अंजाम انجام पुं० [फा०] १. अंत, समाप्ति। २. परिणाम, फल।
***मुहा०* अंजाम देना**=(काम) पूरा करना, समाप्ति तक पहुँचाना।
m. 1. end, termination. 2. result consequence.
id. to complete, to make something whole or perfect.

अंजामकार انجامکار क्रि० वि० [फा०] अंत में, आखिर, अंततोगत्वा।
adv. in the end, finally, consequently.

अंजीदा انجیدہ वि० [फा० अंजीदः] घायल, ज़ख्मी।
adj. injured, wounded.

अंजीर انجیر पु० [फा० इंजीर] १. गूलर की जाति का एक पेड़। २. उक्त का दस्तावर फल।
m. 1. a fig tree. 2. fruit of above tree.

अंजुम انجم पु० [अ० 'नज़्म' का बहुवचन] सितारे, तारे।
m. (plu.) stars.

अंजुमन انجمن पु० [फा०] १. सभा, मजलिस। २. संस्था।
m. 1. assembly. 2. institution.

अंजुवार انجوار पुं० [फा०] एक प्रकार का पौधा जिसकी पत्तियाँ दवा के काम आती हैं।
m. a medicinal plant.

अंदर اندر क्रि० वि० [फा०] भीतर, में।
पुं० १. घर के अंदर का कमरा। २. पेट।
adv. in, inside.
m. 1. inside room in a house. 2. belly, stomach.

अंदरूनी اندرونی वि० [फा०] अंदर का, भीतरी।
adj. inner, internal.

अंदलीब اندلیب स्त्री० [अ०] बुलबुल।
fem. a nightingale.

अंदाख़्ता انداختہ वि० [फा० अन्दाख़्तः] १. फेंका हुआ। २. छितराया हुआ। ३. छोड़ा हुआ, त्यक्त।
adj. 1. thrown away, 2. scattered, 3. abandoned.

अंदाज़ انداز पुं० [फा०] १. अटकल, अनुमान, कूत, तखमीना, मान, नाप-जोख। २. ढब, ढंग, तौर, तर्ज। ३. मटक, भाव, चेष्टा।
प्रत्य० फेंकनेवाला, जैसे—तीरअंदाज़।
m. 1. guess, opinion formed by guessing. 2. a way, method. 3. a gesture.

suffix. that throws.

अंदाज़न् انداز اً क्रि० वि० [फा०] अंदाज़ या अनुमान से।
adv. based on conjecture, conjecturally.

अंदाज़ा اندازه पुं० [फा० अन्दाज़ः] अटकल, अनुमान, कूत, तखमीना।
m. guess, conjecture.

अंदाम اندام पुं० [अ०] शरीर, बदन, जिस्म।
m. physical structure, body.

अंदेश اندیش प्रत्य० [फा०] चिंता करनेवाला, ध्यान रखने-वाला (यौगिक शब्दों के अन्त में) जैसे—दूरअंदेश।
suffix. careful, attentive.

अंदेशा اندیشه पुं० [फा० अन्देशः] १. भय, आशंका। २. चिंता, सोच, फिक्र। ३. शक, संदेह, दुविधा।
m. 1. fear, apprehension. 2. anxiety, worry. 3. doubt, suspicion.

अंदेशानाक اندیشه ناک वि० [फा०] चिताजनक।
adj. serious, grave.

अंदोह اندوه पुं० [फा०] दुख, रंज, ग़म।
m. sorrow, grief.

अंदोहगीं اندوہگیں वि० [फा०] दुखी, रंज में पड़ा हुआ।
adj. grieved, grief-ridden, distressed.

अंदोहनाक اندوہناک वि० दे० 'अंदोहगीं'।

अकड़बाज़ اکڑباز वि० [हिं० अकड़ना + फा० बाज़] १. अभिमानी, घमंडी, २. लड़ाका।
adj. 1. (one) who talks affectedly, swaggerer. 2. quarrelsome.

अक़दस اقدس वि० [अ० अक़्दस] १. पवित्र। २. श्रेष्ठ।
adj. 1. pious, sacred. 2. great.

अक़ब عقب पुं० [अ०] पिछला भाग, पीछा।
पद अक़ब में=पीछे, अंत में।
m. the last part, back.
ph. in the end.

अकबर اکبر वि० [फा० अक्बर, बहु० अकाबिर] बहुत बड़ा, महान, श्रेष्ठ।
adj. great, most excellent.

अकबरी اکبری स्त्री० [फा० अक्बरी] एक प्रकार की मिठाई।
वि० अकबर-संबंधी।
fem. a kind of sweet.
adj. great, most excellent.

अक़रक़रहा اقرقرہا पुं० [अ०] अकरकरा नामक प्रसिद्ध औषधि।
m. a type of medicine.

अक़रब[१] اقرب वि० [अ०] बहुत करीबी।
adj. closely related.

अक़रब[२] عقرب पुं० [अ० अक़्रब] १. बिच्छू। २. वृश्चिक राशि।
m. 1. a scorpion. 2. The eighth sign of zodiac, Scorpio.

अक़रिबा اقربا पुं० [अ० अक़्रिबा, 'अक़रब' का बहु०] रिश्तेदार, संबंधी।
m. (plu) relatives.

अक़रुबा اقربا पुं० दे० 'अक़रिबा'।

अक़लीम اقلیم स्त्री० [अ० अक़्क़लीम] [बहु० अक़ालीम] देश।
m. a country.

अक़ल्ल اقل वि० [अ०] थोड़ा, कम।
adj. less, few.

अक़ल्लियत اقلیت स्त्री० [अ०] १. अल्पमत। २. अल्प-संख्यक वर्ग।
f. (plu.) 1. minority, 2. the minority.

अक़वाम اقوام पुं० [अ० अक़्वाम, 'क़ौम' का बहुवचन] जातियाँ।
m. (plu.) races.

अक़सर اکثر क्रि० वि० दे० 'अक्सर'।

अक़साम اقسام पुं० (बहु०) [अ० अक़्साम] १. क़िस्म का बहुवचन, प्रकार। २. कसम का बहुवचन, शपथ।
m. (plu.) 1. kinds. 2. oaths.

अकसीर اکسیر वि० दे० 'अक्सीर'।

अकाबिर اکابر पुं० [अ० 'अक्बर' का बहु०] बड़े लोग।
m. (plu.) great people.

अक़ायद عقائد पुं० [अ० 'अक़ीदा' का बहु०] बहुत से मत या विश्वास।
m. (plu.) beliefs, faiths.

अक़ारिब اقارب पुं० [अ० 'क़रीब' का बहु०] रिश्तेदार, संबंधी।
m. (plu.) relatives.

अक़ालीम اقالیم स्त्री० [अ० 'अक़्क़लीम' का बहु०] बहुत से राज्य।
m. (plu.) countries.

अकीक علیک वि० [अ०] उष्ण, गरम।
adj. hot.

अक़ीक़ عقیق पुं० [अ०] एक प्रकार का पत्थर जिसे पहनने से धड़कन दूर होती है।
m. a sort of stone ment to ward off palpitation and nervousness.

अक़ीक़ा عقیقہ पुं० [अ० अक़ीक़ः] नवजात शिशु का मुंडन तथा नामकरण संस्कार जो मुसलमानों में जन्म से छठे दिन होता है।
m. a ceremony of naming and hair-cutting of a child when he is six days old.

अक़ीद عقید वि० [अ०] दृढ़, मज़बूत।
adj. firm, steady.

अक़ीदत عقیدت स्त्री० [अ०] १. किसी धर्म विशेषत: इस्लाम की वह मूल बात जिसे मान लेने पर मनुष्य उस धर्म में सम्मिलित हो जाता है। २. धार्मिक विश्वास।
पद ख़िराजे अक़ीदत=श्रद्धांजलि।

fem. 1. fundamental formula of Islam as pronounced in the Quran. 2. a religious belief.
ph. tributes for a dead person.

अक़ीदा عقیدہ पुं० [अ० अक़ीद:, बहु० अक़ायद] १. मन में होनेवाला दृढ़ विश्वास। २. धर्म, मज़हब।
m. 1. firm belief. 2. religion.

अक़ीम عقیم वि० [अ०] [स्त्री० अक़ीमा] निस्संतान, बाँझ।
adj. childless, issuless, barren.

अक़ील عقیل वि० [अ०] [स्त्री० अक़ीला] अक्लमंद, बुद्धिमान।
adj. wise.

अक़ूवत اکوت स्त्री० [अ० उक़ूवत] दंड, सज़ा।
fem. fine, punishment, penalty.

अक़्द عقد पु० [अ०] १. संबंध स्थापित करना, जोड़ना। २. विवाह, शादी। ३. विक्रय, बेचना। ४. इकरार।
1. act of connecting or uniting. 2. marriage, wedlock. 3. sale. 4. agreement.

अक़्दनामा عقدنامہ पुं० [अ०+फा० नाम:] विवाह का इकरारनामा।
m. deed of marriage.

अक़्दबंदी عقدبندی स्त्री० [अ०+फा०] १. करार। २. निश्चय। ३. विवाह-संबंध।
fem. 1. agreement. 2. decision. 3. matrimonial relationship.

अक़्दस اقدس वि० [अ०] परम पवित्र।
adj. holy, sacred.

अक़्दह عقدہ वि० [अ०] अत्यन्त दूषित।
adj. defiled, polluted.

अक्रम اکرم वि० [अ०] दानशील।
adj. very generous.

अक्राम اکرام पुं० [अ० 'करम' का बहु०] कृपाएँ।
m. (plu.) favours, kindness.

अक्ल اکل पुं० [अ०] खाना, भोजन।
पद अक्ल-व-शुब=खाना-पीना।
m. food, meal.
ph. eating and drinking.

अक़्ल عقل स्त्री० [अ०] बुद्धि, समझ।
fem. mental ability, intelligence.

अक़्लमंद عقلمند वि० [अ०+फा०] [भाव० अक़्लमंदी] समझदार, बुद्धिमान।
adj. wise, sensible.

अक़्लमंदी عقلمندی स्त्री० [अ०+फा०] समझदारी, बुद्धिमत्ता।
fem. wisdom, rationality.

अक़्ली عقلی वि० [अ०] १. अक्ल या बुद्धि-संबंधी। २. तर्कसिद्ध, उचित, वाजिब।
adj. 1. pertaining to wisdom, 2. right logical.

अक्स عکس पुं० [अ०] १. प्रतिबिंब, छाया, परछाँही। २. चित्र, तस्वीर।
m. 1. reflection, reflected image, 2. picture.

अक्सर اکثر क्रि० वि० [अ०] प्रायः, बहुधा, अधिकतर।
adv. often, usually.

अक्सरीयत اکثریت स्त्री० [अ०] १. बहुमत। २. बहु-संख्यक समाज।
fem. 1. majority, 2. people in majority.

अक़्साम[1] اقسام पुं० [अ० 'क़िस्म' का बहु०] किस्में।
m. (plu.) kinds.

अक़्साम[2] اقسام पुं० [अ० 'क़सम' का बहु०] कसमें।
m. (plu.) oaths.

अक्सी عکسی वि० [अ० अक्स] छाया-संबंधी, जैसे—अक्सी तस्वीर= छायाचित्र, फोटो।
adj. of or pertaining to reflection or reflected image.

अक्सीर اکسیر स्त्री० [अ०] १. वह रस या धातु जो किसी धातु को सोना या चाँदी बना दे, रसायन, कीमिया। २. सब रोगों को नष्ट करनेवाली दवा।
वि० बहुत गुणकारी।
fem. 1. a powder or mixture that turns other metals into gold (or silver), 2. a remedy of all diseases.
adj. beneficial, curative.

अख़गर اخگر पुं० [फा० अख़्गर] आग की चिनगारी।
m. a spark from the fire.

अख़ज اخذ पुं० [अ०] १. ले लेना, ग्रहण करना। २. उद्धृत करना।
m. 1. act of taking, receiving or grabbing. 2. act of quoting or citing.

अख़ज़र اخضر वि० [अ० अख़्ज़र] हरा।
adj. green.

अख़नी اخنی स्त्री० [फा० यख़्नी] मांस का रसा, शोरबा।
m. soup, broth.

अख़बार اخبار पुं० [अ० अख़्बार; 'ख़बर' का बहु०] समाचारपत्र।
m. a newspaper.

अख़बारनवीस اخبارنویس पुं० [अ० अख़्बार+फा०] पत्रकार।
m. a journalist.

अख़लाक़ اخلاق पुं० [अ० अख़्लाक़; 'ख़ुल्क़' का बहु०] १. शिष्टाचार। २. आदत, ढंग। ३. स्वभाव, शील। ४. नीति।
m. 1. good manners, etiquette. 2. a habit. 3. disposition. 4. policy.

अख़लाक़ी اخلاقی वि० [अ० अख़्लाक़ी] १. अखलाक़ या शील-सम्बन्धी। २. नीति-संबंधी, नैतिक।
adj. 1. of or relating to one's disposition or temperament. 2. ethical, moral.

अख़वाल اخوال पुं० [अ० अख़्वाल; 'ख़ाल' का बहु०] भाई-बंधु।
m. brothers, relatives and friends.

अख़ीर اخیر पुं० [अ०] १. अंत। २. सीमा।
m. 1. end, 2. border, limit.

अख़्तर اختر पुं० [अ०] तारा, सितारा।
m. a star.
पद अख़्तरे-सहर=सुबह का तारा।
ph. a morning star.

अख़्तियार اختیار पुं०=इख़्तियार (अधिकार)।

अगर اگر यो० [फा०] यदि, जो।
conj. if.

अगरचे اگرچہ यो० [फा० अगरचिः] यद्यपि, यदि।
conj. though, if.

अग़राज اغراض स्त्री० [अ० अग़्राज; 'ग़रज' का बहु०] १. मतलब। २. आवश्यकताएँ। ३. उद्देश्य, अभिप्राय।
fem. 1. meaning. 2. necessities. 3. aim, motive.

अग़लब اغلب क्रि० वि० [अ० अग़्लब] बहुत करके, बहुत संभव है कि।
adv. quite often, generally.

अग़ल-बग़ल اغل بغل क्रि० वि० [अ० बग़ल] इधर-उधर, आस-पास।
adv. to the right and left, on either side.

अग़ियार, अग़्यार اغیار पुं० [अ० 'ग़ैर' का बहु०] १. ग़ैर लोग। २. शत्रु।
m. (plu.) 1. persons other than one's group, clan etc. 2. enemies.

अज़ از पूर्वसर्ग [फा०] से, जैसे—अज़ जानिब = की तरफ़ से, अज़ तरफ़ = की तरफ़ से, अज़ रूए = के अनुसार, अज़ रूए क़ानून = विधि के अनुसार।
prep. from, according to.

अज़कार اذکار पुं० [अ० 'ज़िक्र' का बहु०] १. ईश्वर की प्रशंसा। २. उपासना।
m. 1. praise of God. 2. worship.

अज़ख़ुद ازخود क्रि०वि० [फा०] १. स्वयं। २. आपसे आप।
adv. 1. myself/yourself/himself. 2. automatically.

अज़ग़ैबी ازغیبی वि० [फा०] १. छिपा हुआ। २. रहस्यपूर्ण।
adj. 1. hidden. 2. mysterious.

अजज़ा اجزا पुं० [अ० अज्ज़ा; जुज़' का बहु०] १. किसी चीज़ के टुकड़े या भाग। २. भाग, टुकड़ा।
m. 1. parts or components of something. 2. a part, bit.

अज़दहा اژدہا पुं० [फा० अज़्दहा] बहुत बड़ा साँप, अजगर।
m. a large snake, python.

अज़दहाम اژدہام पुं० [अ० इज़्दिहाम] लोगों का झुंड, भीड़।
m. multitude, crowd.

अजदाद اجداد पुं० [अ० अज्दाद] १. बाप-दादा। २. पूर्वज, पुरखे।
m. 1. eldery people. 2. forefathers, ancestors.
पद आबा-व-अजदाद=पूर्वज।
ph. forefathers.

अजनबी اجنبی पुं० [अ० अज्नबी] १. परदेसी। २. दूसरे शहर या देश से आया हुआ आदमी।
वि० १. अज्ञात। २. अपरिचित, अनजान, नावाकिफ।
m. 1. a stranger. 2. an immigrant.
adj. 1. unknown. 2. unfamiliar, unacquainted.

अजनास اجناس स्त्री० [अ० अज्नास; 'जिन्स' का बहु०] १. अनेक प्रकार की वस्तुएँ। २. घर-गृहस्थी की सामग्री। ३. असबाब।
m. 1. goods. 2. household commodities. 3. luggage.

अजब عجب वि० [अ०] विलक्षण, अद्भुत, विचित्र, अनोखा।
adj. strange, peculiar.

अज़बर ازبر क्रि० वि० [फा०] केवल स्मरण-शक्ति से, जबानी; जैसे—अज़बर सारी ग़ज़ल कहे।
वि० कंठस्थ।
adv. orally, verbally.
adj. committed to memory, memorized.

अज़बस ازبس क्रि०वि० [फा०] बहुत अधिक।
adv. too much, too.

अजम عجم पुं० [अ० अज्म] अरब के आस-पास के ईरान, तूरान आदि देश।
m. (plu.) countries of the Middle East other than Arab.

अज़मत عظمت स्त्री० [अ० अज़्मत] १. बड़प्पन, बुजुर्गी। २. महत्ता।
f. 1. elderliness, magnanimity. 2. greatness, dignity.

अजमी عجمی पुं० [अ० अज्मी] अजम देश का निवासी, ईरानी।
वि० अजम देश का।
m. a person other than Arab, Persian, Iranian.
adj. Iranian, of Iran.

अजर اجر पुं० [अ०] प्रत्युपकार।
m. requital of obligations, service in return.

अज़रक ازرق वि० [अ० अज़्रक] नीला।
adj. blue.

अजराम اجرام पुं० [अ० 'जिर्म' का बहु०] १. शरीर। २. पिंड।
पद अजरामे फ़लकी=आकाश में घूमनेवाले पिंड (ग्रह, नक्षत्र आदि)।
m. (plu.) 1. physical structure, body.

2. framework.
ph. any celestial body, planet.

अज़रूए ازروئے पूर्वसर्ग [फा०] के अनुसार; जैसे—अज़रूए ईमान = ईमान से।
prep. in accordance with, according to.

अजल اجل स्त्री० [अ०] मृत्यु, मौत।
पद अजल रसीदा या अजल गिरिफ़्ता = (क) जिसकी मौत आई हो। (ख) शामत का मारा।
f. the end of life, death.
ph. a. a person about to die. b. a victim of ill-luck.

अज़ल ازل पुं० [अ०] १. सृष्टि की उत्पत्ति। २. किसी के जन्म का दिन जिसमें उसके भाग्य का निश्चय होता है।
पद रोज़े अज़ल=सृष्टि की उत्पत्ति का दिन।
m. 1. the Creation. 2. the day of one's birth when his fate was ordained.
ph. the day of the Creation.

अज़ला اضلاع पुं० अ० 'ज़िला' का बहुवचन।
m. (plu.) districts.

अज़ली ازلی वि० [अ०] अनादि, शाश्वत।
adj. eternal.

अजल्ल اجل वि० [अ०] १. बड़ा, बुजुर्ग। २. सुप्रतिष्ठित। ३. बहुत नीच या घृणित।
adj. 1. elder. 2. respected, distinguished. 3. mean, hated.

अज़-सरे-नौ ازسرِنو क्रि० वि० [फा०] नए सिरे से, बिल्कुल आरंभ से।
adv. afresh, from the beginning, abinitio.

अजसाम اجسام पुं० [अ० 'जिस्म' का बहु०] कायाएँ।
m. (plu.) physical bodies.

अज़हद ازحد वि० [फा०] हद से ज्यादा, बहुत अधिक, असीम।
adj. very much.

अज़हर اظہر वि० [अ० अज़्हर] १. जाहिर, प्रकट। २. उज्ज्वल।
adj. 1. obvious, apparant. 2. bright.

अज़ाँ ازاں क्रि० वि० [फा० अज़+आँ] इससे, इसलिए।
पद बाद अज़ाँ=इसके बाद।
adv. for, therefore.
ph. afterwards.

अज़ाज़ील ازازیل पुं० [अ०] दुष्ट आत्मा, शैतान।
m. an evil spirit, Satan.

अज़ान اذان स्त्री० [अ०] नमाज़ की पुकार जो मस्जिदों में होती है, बाँग।
fem. the prayer-call given from a mosque.

अज़ाब عذاب पुं० [अ०] १. दुख, कष्ट। २. संकट, विपत्ति। ३. पाप, दुष्कर्म।
m. 1. grief, distress. 2. crisis, trouble. 3. sin, misdeed.

अजायब عجائب पुं० [अ० 'अजीब' का बहु०] विचित्र चीजें या बातें।
m. (plu.) amazing or curious things.

अजायबख़ाना عجائب خانہ पुं० [अ०+फा० ख़ान:] संग्रहालय।
m. a museum.

अज़ीज़ عزیز वि० [अ०] प्रिय, प्यारा।
पुं० संबंधी, रिश्तेदार।
adj. very intimate, dear.
m. a relative.

अजीब عجیب वि० [अ०] विलक्षण, अद्‌भुत।
पद अजीबोग़रीब=अद्‌भुत, परम विलक्षण।
adj. strange, peculiar.
ph. very strange.

अज़ीम عظیم वि० [अ०] १. वृद्ध और पूज्य। २. बहुत बड़ा, विशालकाय, महान।
पद अज़ीम-उश्शान=बहुत शानदार।
adj. 1. elderly and respected. 2. grand, splendid.
ph. very splendid.

अज़ीयत اذیت स्त्री० [अ०] १. किसी को पहुँचाई जानेवाली पीड़ा। २. अत्याचार।
fem. 1. infliction. 2. tyranny.

अज़ूक़ा آذوقہ पुं० [अ० अज़ूक़:] १. खाने की सामग्री, भोजन। २. अल्प वेतन।
m. 1. food. 2. a meager salary.

अजूज़ عجوز स्त्री० [अ०] बुढ़िया।
fem. an old woman.

अजूबा عجوبہ पुं० [अ० अजूब:] १. विलक्षण पदार्थ या जीव। २. करामात।
वि० विलक्षण, अद्‌भुत।
m. 1. something unbelievable. 2. a skilful act, feat.
adj. strange.

अज़ो عضو पुं० [अ० अज़्ब] १. शरीर का अंग, अवयव। २. अंश, हिस्सा।
m. 1. a part of a body, limb. 2. a part.

अज्ज़ عجز पुं० [अ०] १. नम्रता २. लाचारी।
m. 1. meekness. 2. helplessness.

अज्म اجم पुं० = अजम; ईराम, तूरान आदि देश, अजम।
m. see अजम।

अज़्म[1] ازم पुं० [अ०] अक्षरों पर नुक़्ते या बिंदियाँ लगाना।
m. act of placing points or dots on the letters of alphabet.

अज़्म[2] عزم पुं० [अ०] संकल्प, पक्का निश्चय।
पद अज़्म-बिल्जज़्म=दृढ़ निश्चय।
m. determination, resolve.

ph. firm decision, resolution.

अज़्मत عزمت स्त्री० [अ०] दे० 'अज़मत'।
fem. see अज़मत।

अज़्ल عزل पुं० [अ०] १. पदच्युति। २. बेकारी।
m. 1. dismissal. 2. unemployment.

अतगा اتگہ पुं० [तु० अतगः] दाई या धाय का पति।
m. the husband of a midwife.

अतफ़ाल اطفال पुं० [अ० 'तिफ़्ल' का बहु०] लड़के, बालक, सन्तान।
पद अयाल व अतफ़ाल=स्त्री, पुत्र आदि।
m. (plu.) issues, children.
ph. wife, children and others.

अतराफ़ اطراف पुं० [अ० अत्राफ़] 'तरफ़' का बहु०।
m. (plu.) of तरफ, sides.

अतलस اطلس स्त्री० [अ० अत्लस] एक प्रकार का बहुत मुलायम रेशमी कपड़ा।
m. a kind of silken cloth.

अतवार اطوار पुं० [अ० अत्वार, 'तौर' का बहु०] १. तौर-तरीका, रंग-ढंग। २. चाल-चलन। ३. रहन-सहन।
m. 1. ways, method. 2. conduct. 3. way of living.

अता عطا वि० [अ०] दिया हुआ; जैसे—अता करना = प्रदान करना।
पुं० १. दान। २. प्रदान।
adj. given, paid.
m. 1. donation. 2. act of giving.

अताई عطائی पुं० [अ०] वह जो अपने ईश्वरदत्त गुणों के कारण आप-से-आप कोई काम सीख ले, बिना किसी शिक्षक की सहायता से स्वयं कोई काम करनेवाला।
m. a person with god-gifted qualities, superman.

अतानामा عطانامہ पुं० [अ०+फा० नामः] दानपत्र।
m. a deed of gift.

अताब عطاب पुं० दे० 'इताब'।

अताबुक عطابک पुं० [फा०] १. स्वामी, मालिक। २. राजा या प्रधानमंत्री की एक उपाधि।
m. 1. a lord. 2. an epithet of a king or prime minister.

अतालीक़ اتالیق पुं० [तु०] शिष्टाचार सिखानेवाला, उस्ताद, गुरु, शिक्षक।
m. one who teaches the formal rules of polite behaviour, teacher.

अतालीक़ी اتالیقی स्त्री० [तु०] अतालीक या शिक्षक का कार्य या पद।
fem. the post or functions of a teacher.

अतिब्बा اطبّا पुं० [अ० 'तबीब' का बहु०] हकीम, वैद्य।
m. (plu.) of 'तबीब', group of medical practioners.

अतीया عطیہ पुं० [अ० अतीयः] [बहु० अतैयात] प्रदान की हुई वस्तु।
fem. anything given as a gift.

अतूफ़त عطوفت स्त्री० [अ०] दया, मेहरबानी।
fem. kindness, favour.

अत्तार عطار पुं० [अ०] १. इत्र बनाने और बेचनेवाला। २. औषधियाँ आदि बेचनेवाला।
m. 1. a perfumer. 2. one who sells medicines.

अत्तारी عطاری स्त्री० [अ०] अत्तार का काम या पेशा।
fem. the work or profession of a perfumer, perfumery.

अत्फ़ عطف पुं० [अ०] १. इच्छा, ख्वाहिश। २. कृपा, मेहरबानी।
यो० और।
m. 1. a desire. 2. a favour.
conj. and

अदक़ ادق वि० [अ०] बहुत कठिन, मुश्किल।
adj. very difficult, hard to solve.

अदख़ाल ادخال पुं० दे० 'इदख़ाल'।

अदद عدد पुं० [अ०] १. संख्या, गिनती। २. संख्या का चिह्न या संकेत, अंक।
m. 1. number. 2. figure, digit.

अददी عددی वि० [अ०] संख्या-संबंधी।
adj. relating to number, numeral.

अदन ادن पुं० [अ०] एक द्वीप।
m. the name of an island.

अदना ادنیٰ वि० [अ० अद्ना] १. निचले दरजे का। २. निम्न, तुच्छ। ३. छोटा। ४. बहुत सामान्य।
पद अदना व आला=छोटे और बड़े सब।
adj. 1. of low grade. 2. low, mean. 3. small, short. 4. very ordinary.
ph. everybody, all.

अदब ادب पुं० [अ०] १. शिष्टाचार, कायदा। २. बड़ों का आदर-सम्मान।
m. 1. manners, etiquette, rules of behaviour. 2. respect shown to elders.

अदम عدم पुं० [अ०] १. न होना, अभाव, अनस्तित्व। २. मृत्यु।
वि० परलोक का।
पद (i) अदम इक़रार=करार या अनुबंध का अभाव। **(ii) अदम तामील**=निष्पादन का अभाव, अनिष्पादन। **(iii) अदम पैरवी**=पैरवी का अभाव। **(iv) अदम मौजूदगी**=मौजूदगी का अभाव, अनुपस्थिति। **(v) अदम हाज़िरी फ़रीक़ैन**=पक्षकारों की अनुपस्थिति में।
m. 1. absence, non-existence. 2. death.

adj. heavenly.
ph. (i) absence of an agreement. (ii) non-execution. (iii) non conduction of a suit in a law court. (iv) absence. (v) in the absence of both parties in the law court.

अदरक ادرک पुं० [फा०, मि० सं० आर्द्रक] एक पौधा जिसकी तीक्ष्ण और चरपरी जड़ या गाँठ औषध और मसाले के काम में आती है।
m. ginger.

अदल عدل पुं० [अ०] न्याय, इंसाफ।
वि० न्यायशील।
m. justice.
adj. just, reasonable and fare.

अदवात ادوات स्त्री० [अ० 'अदात' का बहु०] यंत्र, औजार।
fem. (plu.) tools, equipments.

अदविया ادویہ स्त्री० [अ० अदविय:; 'दवा' का बहु०]
fem. plu. of 'दवा', medicines.

अदवियात ادویات स्त्री० [अ०] 'दवा' का बहु०।
fem. (plu.) medicines.

अदा[१] ادا स्त्री० [फा०] १. हाव-भाव, नखरा। २. ढंग, तर्ज।
fem. 1. pleasing gesture or pose. 2. way, method.

अदा[२] वि० [अ०] जो चुका दिया गया हो, चुकता।
मुहा० अदा करना = (क) पालन करना, जैसे—फर्ज अदा करना। (ख) पूरा करना। (ग) भुगतान करना।
adj. paid up, settled.
id. a. to observe. b. to fulfil. c. to pay out, to disburse.

अदाबंदी ادابندی स्त्री० [फा०] प्रेमिका के हाव-भावों का चित्रण।
fem. vivid description of a beloved's pleasing poses.

अदायगी ادائگی स्त्री० [अ०] अदा होना या करना, भुगतान; जैसे—कर्ज़ की अदायगी=ऋण का भुगतान।
fem. payment, defrayel.

अदालत عدالت स्त्री० [अ०] न्यायालय, कचहरी।
fem. court of justice.
पद (i) **अदालते आलिया** = उच्च न्यायालय; (ii) **अदालते इब्तिदाई** = आरंभिक न्यायालय; (iii) **अदालते खफ़ीफ़ा** = लघुवाद न्यायालय; (iv) **अदालते दीवानी** = दीवानी न्यायालय; (v) **अदालते फ़ौजदारी** = फौजदारी न्यायालय; (vi) **अदालते मातहत** = अधीनस्थ न्यायालय; (vii) **अदालते माल** = राजस्व न्यायालय।
Ph. (i) high court, (ii) elementary court, (iii) court for small matters, (iv) civil court, (v) criminal court, (vi) subordinate court, (vii) revenue court.

अदालती عدالتی वि० [अ०] अदालत-संबंधी, अदालत का।
adj. concerning to a court of justice.

अदावत عداوت स्त्री० [अ०] [वि० अदावती] दुश्मनी, शत्रुता।
***पद* अदावते बिलक़स्द**=जानबूझकर लिया हुआ वैर।
fem. enmity.
ph. harbouring enmity without any reason.

अदावती عداوتی वि० [अ०] शत्रुतापूर्ण।
adj. inimical, hostile.

अदीद عدید वि० [अ०] समान, जैसा।
adj. equal, like.

अदीब ادیب पुं० [अ०] साहित्यकार।
m. a literary person.

अदीम ادیم वि० [अ०] १. नष्ट-प्राय। २. अप्राप्य। ३. रहित।
adj. 1. destroyed, ruined. 2. unavailable, unobtainable. 3. devoid of, bereft.

अदू عدو पुं० [अ०] दुश्मन, वैरी, शत्रु।
m. an enemy.

अद्ल عدل पुं० = अदल (इंसाफ)।

अनवर انور वि० [अ० अन्वर] १. बहुत चमकीला, चमकदार। २. शोभायमान।
adj. 1. brilliant, 2. beautiful.

अनवाअ انواع पुं० [अ० अन्वाअ; 'नौअ' का बहु०] प्रकार, भेद, किस्में।
m. (plu.) of नौअ; kinds.

अनवार انوار पुं० [अ० अन्वार; 'नूर' का बहु०] रोशनी।
m. light.

अनादिल انادل स्त्री० [अ० 'अन्दलीब' का बहु०] बुलबुलें।
fem. (plu.) nightingales.

अनायत عنایت स्त्री० [अ० इनायत] कृपा, दया, मेहरबानी।
fem. kindness, favour, mercy.

अनार انار पुं० [फा०] एक पेड़ और उसके फल का का नाम, दाड़िम।
m. pomegranate.

अनारदाना اناردانہ पुं० [फा० अनारदान:] खट्टे अनार का सुखाया हुआ दाना।
m. dried seed of sour pomegranate.

अनास اناس पुं० [अ०] १. दोस्त, मित्र। २. प्रेम करने या सहानुभूति दिखलानेवाला।
m. 1. a friend. 2. a lover or sympathiser.

अनासिर عناصر पुं० [अ०; 'अन्सर' का बहु०] तत्त्व।
m. (plu.) olomonts.

अनीस انیس पुं० [अ०] १. प्रेमी। २. मित्र।
m. 1. a lover. 2. a friend.

अन्क़रीब انقریب क्रि० वि० [अ०] १. क़रीब-क़रीब, प्रायः। २. बहुत थोड़े समय में, निकट भविष्य में।
adv. 1. almost, about. 2. in near future.

अन्क़ा عنقا पुं० देखो 'उन्का'।

अन्ना انّا स्त्री० [तु०] माता, माँ।
fem. mother.

अन्वान عنوان पुं० दे० 'उन्वान'।

अन्सब انسب वि० [अ०] बहुत उचित, बहुत वाजिब।
adj. proper, appropriate,just.

अन्सुर عنصر पुं० [अ०] मूल तत्त्व।
m. an element.

अन्सार انصار पुं० [अ०] सहायता करनेवाला।
m. helper.

अन्सारी انصاری वि० [अ०] सहायता-संबंधी।
adj. a helping.

अफ़आल افعال पुं० [अ० 'फ़ेल' का बहु०] १. विभिन्न या तरह-तरह के कार्य, कार्य-समूह, कृत्य। २. प्रभाव।
m. (plu.) 1. works of many kinds, functions. 2. effect.

अफ़ई افعی पुं० [अ० अफ़ई] काला नाग, विषधर सर्प।
m. a black cobra.

अफ़कार افکار स्त्री० [अ०; 'फ़िक्र' का बहु०] चिंताएँ।
fem. (plu.) worries.

अफ़गन افگن वि० [फा० अफ़गन] गिरानेवाला, जैसे—शेरे-अफ़गन।
adj. destroyer, killer.

अफ़ग़ान افغان पुं० [फा० अफ़ग़ान] अफगानिस्तान का रहनेवाला, काबुली।
m. an inhabitant of Afganistan.

अफ़गार افگار वि० [फा० अफ़गार] घायल, जख्मी।
adj. injured, wounded.

अफ़ज़ल افضل वि० [अ० अफ़ज़ल] सबमें अच्छा, सर्वश्रेष्ठ, बहुत उत्तम।
adj. most excellent, best or highest.

अफ़ज़ा افزاء वि० [फा० अफ़ज़ा] बढ़ाने या वृद्धि करनेवाला। (यौगिक शब्दों के अंत में, जैसे—रौनक-अफ़ज़ा, दर्दे-अफ़ज़ा।
adj. increasing, raising or intensifying.

अफ़ज़ा श افزائش स्त्री० [फा० अफ़ज़ाइश] वृद्धि, अधिकता, बढ़ोत्तरी।
fem. increase, advancement.

अफ़ज़ूँ افزوں वि० [फा० अफ़ज़ूँ] बढ़ा हुआ।
***पद* रोज़ अफ़ज़ूँ**=नित्य बढ़नेवाला।
adj. increased or increasing.
ph. ever increasing.

अफ़ज़ूनी افزونی स्त्री० [फा० अफ़्ज़ूनी] बढ़ने की क्रिया या भाव, वृद्धि।
fem. increase, expansion.

अफ़यून افیون स्त्री० [अ० अफ़्यून] अफीम नामक प्रसिद्ध मादक वस्तु।
fem. opium.

अफ़राज़ افراز वि० [फा० अफ़्राज़] शोभा आदि बढ़ानेवाला।
adj. beautifying, embellishing

अफ़राज़ी افرازی स्त्री० [फा० अफ़्राज़ी] शोभा आदि बढ़ाने की क्रिया।
fem. act of beautifying.

अफ़राद افراد पुं० [अ० अफ़्राद; 'फ़र्द' का बहु०] १. सूचियाँ। २. पत्रक, पत्र।
m. (plu.) 1. lists. 2. circular letters.

अफ़रोख़्ता افروختہ वि० [फा० अफ़्रोख़्त:] १. उग्र रूप में आया हुआ, भड़का हुआ। २. प्रज्वलित, जलता हुआ।
adj. 1. acrimonious, violent, 2. flamed up, lighted.

अफ़लाक افلاک पुं० [अ० अफ़्लाक; 'फ़लक' का बहु०] आकाश।
m. plu. of फलक, sky.

अफ़लातून افلاطون पुं० [अ० अफ़्लातून] १. सुप्रसिद्ध यूनानी दार्शनिक प्लेटो का अरबी नाम। २. बहुत अधिक अभिमान करनेवाला व्यक्ति।
m. 1. Plato, the philosopher. 2. a vain or arrogant person.

अफ़वाज افواج स्त्री० [अ० अफ़्वाज; 'फ़ौज' का बहु०]
m. (plu. of फौज़) armies.

अफ़वाह افواہ स्त्री० [अ० अफ़्वाह] उड़ती खबर, बाजारू खबर, किंवदंती।
fem. rumour, gossip, chit-chat.

अफ़शाँ افشاں स्त्री० [फा० अफ़्शाँ] १. जलकण, पानी की बूँदें। २. बादले के कटे हुए छोटे-छोटे टुकड़े जो स्त्रियों के मुख पर शोभा के लिए छिड़के जाते हैं।
m. 1. drops of water. 2. strips of tinsel spinkled on a woman's face.

अफ़शा افشا वि० दे० 'इफ़शा' (प्रकट)।
adj. apparant, obvious.

अफ़शानी افشانی स्त्री० [फा० अफ़्शानी] छिड़कने की क्रिया या भाव, छिड़काव।
fem. act of spinkling.

अफ़सर افسر पुं० [फा० अफ़्सर] १. हाकिम, अधिकारी। २. सरदार, प्रधान।
m. 1. an officer. 2. a chief, head, leader.

अफ़सान افسان स्त्री० [फा०] सान।
fem. grindstone.

अफ़साना افسانہ पुं० [फा० अफ़्सान:] कहानी, किस्सा।
m. a story, novel.

अफ़सुरदा افسردہ वि० [फा० अफ़्सुर्द:] १. मुरझाया हुआ, कुम्हलाया हुआ। २. खिन्न, उदास।
adj. 1. faded, withered. 2. sad, dejected.

अफ़सूँ افسوں पुं० [फा० अफ़्सूँ] जादू, इंद्रजाल।
m. magic, black magic.

अफ़सोस افسوس पुं० [फा० अफ़्सोस] १. शोक, रंज, दुख। २. पश्चात्ताप, खेद, पछतावा।
पद **अफ़सोस-सद-अफ़सोस**=बहुत ही अधिक अफसोस, बहुत दुख।
m. 1. sorrow, grief. 2. regret, remorse.
ph. dejection and remorse.

अफ़ाक़ा افاقہ पुं० [फा० इफ़ाक़:] रोग आदि में होनेवाली कमी।
m. recovery from sickness.

अफ़ीफ़ عفیف वि० [अ०] [स्त्री० अफ़ीफ़ा] दुष्कर्मों से बचनेवाला, सदाचारी।
adj. having good character and good reputation, noble.

अफ़ू عفو पुं० [अ०] क्षमा, माफी।
m. mercy, pardon.

अफ़ूनत عفونت स्त्री० [अ० उफ़ूनत] बदबू, सड़ायँध, दुर्गंध।
fem. bad smell.

अबख़रा ابخرہ पुं० [अब्खर:] पानी की भाप।
m. steam.

अबजद ابجد स्त्री० [अ०] वर्णमाला।
fem. alphabate.

अबतर ابتر वि० [अ० अब्तर] १. दुर्दशाग्रस्त, खराब। २. अव्यवस्थित। ३. बदचलन।
adj. 1. troubled, tormented. 2. disordered, chaotic. 3. depraved.

अबतरी ابتری स्त्री० [अ० अब्तरी] १. दुर्दशा, खराबी। २. अव्यवस्था। ३. बदचलनी।
fem. 1. plight, sad condition. 2. disorder, lawlessness. 3. depravity.

अबद ابد स्त्री० [अ०] अनंत या असीम होने का भाव, अनंतता।
fem. infinity.

अबदन् ابدن क्रि० वि० [अ०] सदा, हमेशा।
adv. always, ever.

अबदी ابدی वि० [अ०] सदा बना रहनेवाला, अमर या अविनश्वर।
adj. immortal, eternal, endless.

अबयात ابیات स्त्री० [अ० अब्यात, 'बैत' का बहु०] १. शेरों या कविताओं का समूह। २. फारसी कविता का एक छंद।
fem. 1. a collection of poems. 2. a metre (in poetry).

अबर ابر पुं० दे० 'अब्र'।

अबरस ابرص पुं० [अ०] कोढ़ी।
m. a leper.

अबरा ابرہ पुं० [फा० अब्र:] पहनने के दोहरे कपड़ों में ऊपर रहनेवाला कपड़ा, अस्तर का उलटा।
m. upper part of a double stiched cloth.

अबराज़ ابراز पुं० [अ० अब्राज़] १. प्रकट करना। २. रहस्य खोलना।
m. 1. act of making something known or bringing to light. 2. act of divulging a secret.

अबरार ابرار पुं० [अ०] धर्मभीरु व्यक्ति।
m. a god-fearing person, very religious person.

अबरी ابری स्त्री० [फा० अब्री] एक प्रकार का बहुत चिकना और रंगीन काग़ज।
fem. a kind of multi-coloured smooth paper.

अबरेशम ابریشم पुं० [फा०] १. कच्चा रेशम। २. रेशम के कीड़े का कोया।
m. 1. raw silk. 2. a cocoon.

अबलक़ ابلق वि० [अ० अब्लक़] जिसमें दो रंग हों, चितकबरा, दोरंगा।
पुं० वह घोड़ा जिसका रंग सफेद और काला हो।
adj. of two colours.
m. a black and white horse.

अबलह ابلہ वि० [अ० अब्लह] मूर्ख।
adj. foolish, stupid.

अबवाब ابواب पुं० [अ० 'बाब' का बहु०] १. परिच्छेद, अध्याय। २. लगान। ३. शुल्क।
m. 1. parts of a book, chapters. 2. rent of land. 3. a kind of tax.

अबस عبث क्रि० वि० [अ०] व्यर्थ, बेफायदा, नाहक।
वि० जिसका कोई फल न हो, व्यर्थ, निरर्थक।
adv. & *adj.* useless, meaningless.

अबसार ابصار पुं० [अ० 'बसर' का बहु०] १. आँखें। २. ज्ञान।
m. (plu.) 1. eyes. 2. knowledge.

अबहार ابہار पुं० [अ० अब्हार 'बह्र' का बहु०] नदियाँ, समुद्र।
m. (plu.) rivers, oceans.

अबा عبا स्त्री० [अ०] एक प्रकार का बड़ा चोगा।
fem. a kind of long kurta type uper male-garment.

अबातील اباطیل पुं० [अ० 'बातिल' का बहु०] गलत बातें।
m. foolish ideas, nonsense.

अबाबील ابابیل स्त्री० [अ०] काले रंग की एक चिड़िया, जो उजड़े मकानों में रहती है।
fem. a small black coloured swallow.

अबीयात ابیاط स्त्री० [अ०] 'बैत' का बहु०।

अबीर ابیر पुं० [अ०] [वि० अबीरी] एक प्रकार की रंगीन बुकनी या अबरक का चूर्ण जिसे लोग होली में इष्ट-मित्रों पर डालते हैं।

m. mica-powder.

अबू ابو पुं० [अ०] पिता, बाप।
m. a male parent, father.

अब्जद ابجد पुं० [अ०] १. वर्णमाला। २. अरबी वर्णमाला का एक विशिष्ट क्रम। ३. अरबी में वर्णमाला के अक्षरों द्वारा अंक सूचित करने की प्रणाली।

m. 1. alphabate, 2. Arabian alphabate. 3. system in which letters express numbers.

अब्द عبد पुं० [अ०] दास, गुलाम।
m. a servant, slave.

अब्दाल ابدال पुं० [अ० 'बदील' का बहु०] १. धार्मिक व्यक्ति। २. एक प्रकार के मुसलमान वली या महात्मा।

३. मुहम्मद साहब के उत्तराधिकारी।

m. (plu.) 1. religious persons. 2. a sect of muslim saints. 3. heirs of Mohammad Sahib.

अब्बा ابّا पुं० [फा० बाबा] पिता।
m. a male parent, father.

अब्बाजान ابّاجان पुं० देखो 'अब्बा'।

अब्बास عبّاس पुं० [अ०] १. शेर, सिंह। २. मुहम्मद साहब के चाचा का नाम।

m. 1. a tiger, 2. name of Mohammad Sahib's uncle.

अब्बासी عبّاسی पुं० [अ०] नीलापन लिए एक प्रकार का लाल रंग।

वि० उक्त रंग का।
m. a type of red colour with blue tinge.
adj. red with blue tinge.

अब्यात ابیات स्त्री० [अ०] 'बैत' का बहु०।

अब्र ابر पुं० [फा०] बादल, मेघ।

पद अब्रे जंग=जंग के बादल।
m. clouds.
ph. clouds of war.

अब्र आलूद ابرآلود वि० [फा०] मेघाच्छादित।
adj. clouded.

अब्रू ابرو स्त्री० [फा०] आँखों के ऊपर के बाल, भौंह।
fem. eye-brow.

अब्रेमुरदा ابرمردہ पुं० [फा० अब्रेमुर्द:] मुरदाबादल, स्पंज।
m. sponge.

अब्लक़ा ابلقہ स्त्री० [अ० अब्लक़:] मैना की तरह की एक चिड़िया।

fem. a sort of bird.

अम عم पुं० [अ०] पिता का भाई, चाचा।
m. the brother of one's father, uncle.

अमजद امجد वि० [अ०] बड़ा और विशेष, पूज्य।
adj. eldery & respected.

अमज़ाद عمزاد वि० [अ० अमज़ाद:] चचेरा।

adj. pertaining to a paternal uncle.

अमदन् عمداً क्रि० वि० दे० 'अम्दन'।

अमन امن पुं० [अ० अम्न] १. शांति, चैन, आराम। २. रक्षा, बचाव।

पद अमनो अमान=सुख-शांति।
m. 1. peace. 2. safeguard.
ph. law and order and peace

अमनीयत امنیت स्त्री० [अ० अम्नीयत] शांति, आराम।
m. peace.

अमर امر पुं० दे० 'अम्र'

अमराज़ امراض पुं० [अ० अम्राज़; 'मर्ज़' का बहु०]।
m. (plu.) diseases.

अमरूद امرود पुं० [फा० अम्रूद] एक प्रसिद्ध फल, प्यारा।

m. a tropical fruit, guava.

अमल عمل पुं० [अ०] १. कार्य। २. आचरण। ३. अधिकार, शासन, हुकूमत। ४. नशा। ५. आदत, बान, लत। ६. प्रभाव, असर। ७. समय, वक्त।

पद अमल दर आमद=(क) कार्रवाई। (ख) व्यवहार।
m. 1. work, deed. 2. conduct. 3. right, privilege or reign. 4. intoxication. 5. habit. 6. effect. 7. time.
ph. a. action. b. dealings.

अमलदारी عملداری स्त्री० [अ०+फा०] १. राज्य। २. शासन।
fem. 1. state, region. 2. reign, government.

अमला عملہ पुं० [अ० अम्ल:] १. कर्मचारी वर्ग। २. टूटे हुए मकान की ईंटें, पत्थर और लकड़ी आदि।

पद अमला-फ़ेला=कचहरी के कर्मचारी।
m. 1. the employees of a firm or institution. 2. debris, rubble.
ph. persons working at court of justice.

अमलाक املاک पुं० दे० 'इमलाक'।

अमली عملی वि० [अ०] १. क्रियात्मक, व्यावहारिक। २. नशा करनेवाला।

adj. 1. practical. 2. drug-addict.

अमवाज امواج स्त्री० [अ० अम्वाज; 'मौज' का बहु०] लहरें।

fem. (plu.) waves.

अमवात اموات स्त्री० [अ० अम्वात, 'मौत' का बहु०] मौतें।

fem. (plu.) deaths.

अमान امان पुं० [अ०] १. विपत्तियों आदि से रक्षा। २. शरण। ३. शांति।

पद अमन-अमान=शांति।

m. 1. safety. 2. refuge. 3. peace.
ph. peace.

अमानत امانت स्त्री० [अ०] १. अपनी वस्तु किसी दूसरे के पास कुछ काल के लिए रखना। २. वह वस्तु जो इस प्रकार रखी जाए, थाती, धरोहर।
मुहा० अमानत में ख़यानत करना=किसी की धरोहर बेईमानी से अपने काम में लाना।
m. 1. act of giving something in trust. 2. something given in trust.
id. act of commiting a breach of trust, misappropriation.

अमानतनामा امانت نامہ पुं० [अ०+फा० नामः] वह पत्र जिस पर लिखा हो कि अमुक वस्तु अमुक व्यक्ति को अमानत के तौर पर दी गई है।
m. deed of trust.

अमानी امانی स्त्री० [अ०] १. दैनिक मजदूरी देकर काम कराना। २. इस प्रकार कराया जानेवाला काम।
वि० (काम) जो दैनिक मजदूरी पर कराया जाए।
fem. 1. getting work being done on daily wages basis. 2. work being done on daily wages basis.
adj. being done on daily wages basis.

अमामा امامہ पुं० दे० 'अम्मामा'।

अमारी اماری स्त्री० दे० 'अम्मारी'।

अमीक़ عمیق वि० [अ०] गहरा, गंभीर।
adj. deep, grave.

अमीन امین पुं० [अ०] वह अदालती कर्मचारी जिसके सुपुर्द जमीन की नाप-जोख और कुर्की आदि होती है।
m. a bailiff.

अमीनी امینی पुं० [अ०] अमीन का काम या पद।
m. profession or post of a bailiff.

अमीर امیر पुं० [अ०] १. शासक, २. सरदार।
वि० १. धनाढ्य, दौलतमंद। २. उदार।
m. 1. a ruler, 2. a leader.
adj. 1. rich. wealthy. 2. liberal.

अमीर-उल्-उमरा امیرالعمرہ पुं० [अ०] अमीरों का सरदार।
m. leader of the rulers.

अमीर-उल्-बह्र امیرالبحر पुं० [अ०] जलसेना का सेनापति, नौसेनापति।
m. the senior most commander of navy, admiral.

अमीरज़ादा امیرزادہ पुं० [अ०+फा० ज़ाद:] १. बड़े अमीर का लड़का। २. शाहज़ादा, राजकुमार।
m. 1. son of a wealthy person or ruler. 2. a prince.

अमीराना امیرانہ वि० [अ० 'अमीर' से फा० अमीरान:] अमीरों का-सा, धनवानों का-सा।
adj. rich-like, aristocratic.

अमीरी امیری स्त्री० [अ०] १. धनाढ्यता, दौलतमंदी। २. उदारता।
fem. 1. richness, wealthiness. 2. generosity.

अमूद امود पुं० [अ०] १. सीधी खड़ी लकीर। २. खंभा।
m. 1. a vertical line. 2. a post.

अमूम اموم वि० [अ० उमूम] साधारण, आम।
adj. general, usual.

अमूमन् عموماً क्रि० वि० [अ० उमूमन्] साधारणतः, आम तौर पर।
adv. generally.

अमूर امور पुं० [अ०] 'अम्र' का बहु०।

अम्द امد पुं० [अ०] १. विचार। २. इरादा।
m. 1. an idea, thought. 2. intention.

अम्दन् عمداً क्रि० वि० [अ०] जानबूझकर, इच्छापूर्वक, इरादे से।
adv. willingly, intentionally.

अम्न امن पुं० [अ०] अमन, शांति।
m. peace.

अम्बर عنبر पुं० [अ०] एक प्रकार का इत्र।
m. a kind of scent.

अम्बार عمبار पुं० [फा०] ढेर, राशि, अटाला।
m. a heap, pile.

अम्बारखाना عمبارخانہ पुं० [फा० अम्बारख़ान:] १. भण्डार। २. कोश।
m. 1. a store. 2. a treasure.

अम्बारी عماری स्त्री० दे० 'अम्मारी'।

अम्बिया ابیاء पुं० [अ० 'नबी' का बहु०] नबी और पैगम्बर लोग।
m. prophets as a group.

अम्बोह امبوہ पुं० [फा०] जनसमूह, भीड़।
m. 1. ordinary people, masses. 2. crowd.

अम्म عم पुं० [अ०] चाचा।
m. the brother of one's father, uncle.

अम्मज़ादा عم زادہ पुं० [अ०+फा० ज़ाद:] चचेरा भाई।
m. a cousin.

अम्मामा عمامہ पुं० [अ० अम्माम:] बड़ी पगड़ी।
m. a large turban.

अम्मारा عمارہ वि० [फा० अम्मार:] १. उग्र, कठोर। २. स्वेच्छाचारी।
adj. 1. violent, hard. 2. self-seeker.

अम्मारी عماری स्त्री० [अ०] ऊँट या हाथी की पीठ पर कसा जानेवाला हौदा।
fem. a seat on the back of an elephant or camel.

अम्मी امی स्त्री० [अ०] माता।
fem. a female parent, mother.

अम्मू عمو पुं० [अ०] पिता का भाई, चाचा।
m. a brother of one's father, uncle.

अम्र امر पुं० [अ०] १. काम, कार्य। २. विषय। ३. समस्या। ४. विधि। ५. आज्ञा।
पद (i) अम्र तनक़ीह तलब=विचारणीय विषय या बात। **(ii) अम्रो निही**=विधि-निषेध।
m. 1. work, deed. 2. subject, matter. 3. a problem. 4. a law. 5. an order.
ph. (i) issue. (ii) do's and don'ts.

अम्साल امثال पुं० [अ०; 'मिसाल' का बहु०] उदाहरण।
fem. (plu.) examples.

अयाँ عیاں वि० [अ०] साफ दिखाई पड़नेवाला, स्पष्ट, ज़ाहिर।
adj. obvious, apparent.

अया آیا स्त्री० दे० 'आया'।
fem. a wet-nurse.

अयादत عیادت स्त्री० [अ०] किसी रोगी के पास जाकर उसके स्वास्थ्य का हाल पूछना, बीमारपुरसी।
fem. visiting a sick person and ask him how he is feeling.

अयाल[1] ایال पुं० [फा०] घोड़े या सिंह की गरदन पर के बाल, केसर।
m. the long hair on the neck of a horse, tiger etc. mane.

अयाल[2] عیال पुं० [अ०] परिवार के लोग, बाल-बच्चे आदि।
पद अयाल व इत्फ़ाल=परिवार के लोग और बाल-बच्चे।
m. members of a family, children etc.
ph. a group consisting of the parents and their children.

अयालदार عیالدار पुं० [अ०+फा०] बाल-बच्चेवाला आदमी।
m. a person having a wife and children.

अयालदारी عیالداری स्त्री० [अ०+फा०] घर-गृहस्थी।
fem. household.

अयूब ایوب पुं० [अ० अय्यूब] एक पैगम्बर का नाम।
m. name of a prophet.

अय्याम ایام पुं० [अ० 'यौम' का बहु०] १. दिन। २. काल, समय। ३. स्त्रियों का रजकाल।
पद यादे-अय्याम=उन दिनों की याद।
मुहा० अय्याम से होना=रजस्वला होना।
m. (plu.) 1. days. 2. time. 3. women's period.
ph. the memory of old days.
id. to have a period.

अय्याम-गुज़ारी ایام گذاری स्त्री० [अ०] दिन काटना।
fem. act of passing time (somehow).

अय्यार عیار वि० [अ०] चालाक, धूर्त।
adj. clever, shrewd.

अय्यारी عیاری स्त्री० [अ०] चालाकी, धूर्तता।
fem. cleverness, shrewdness.

अय्याश عیاش वि० [अ०] व्यभिचारी, लंपट।
adj. lewd.

अय्याशी عیاشی स्त्री० [अ०] लंपटता, व्यभिचार-वृत्ति।
fem. lewdness.

अय्यूब ایوب पुं० [अ०] एक पैगंबर जो अत्यंत सहनशील और ईश्वर-निष्ठ थे।
पद सब्रे अय्यूब=हजरत अय्यूब का-सा चरम सीमा का सब्र या संतोष।
m. name of a prophet who was very tolerant.
ph. tolerance like that of Ayoob.

अरक़ عرق पुं० [अ०] १. भभके आदि से खींचा हुआ किसी पदार्थ का रस जो औषध के काम में आता है, आसव। २. रस। ३. पसीना।
m. 1. distilled liquid, extract. 2. juice. 3. sweat.

अरक़गीर عرق گیر पुं० [अ०+फा०] अरक खींचने का भभका।
m. an apparatus for distilling.

अरक़चीं عرقچیں पुं० [अ०+फा०] कुलाह।
m. a long cap.

अरक़रेज़ी عرقریزی पुं० [अ०+फा०] ऐसा परिश्रम जिसमें पसीना आ जाए, घोर परिश्रम।
m. hard work, toil.

अरकान ارکان पुं० [अ० अर्कान; 'रुक्न' का बहु०] १. स्तंभ, खंभे। २. तत्त्व। ३. चरण।
पद अरकाने दौलत=राज्य के स्तंभ या प्रमुख व्यक्ति।
m. (plu.) 1. poles. 2. elements. 3. feet.
ph. pioneers.

अरगजा ارگجا पुं० [फा० अर्गजः] एक सुगन्धित द्रव्य जो केसर, चन्दन, कपूर आदि को मिलाने से बनता है।
m. a compound having a sweet flavour.

अरग़नूँ ارغنوں पुं० [फा० अर्ग़नूँ] एक प्रकार का बाजा जो अंग्रेजी अरगन बाजे की तरह का होता है।
m. a type of musical instrument, organ.

अरग़वान ارغوان पुं० [फा० अर्ग़वान] एक पौधा जिसके फूल और फल बैंगनी रंग के होते हैं।
m. a type of plant.

अरग़वानी ارغوانی वि० [फा० अर्ग़वानी] बैंगनी रंग।
adj. purple.

अरगून ارگون पुं० दे० 'अरग़नूँ'।

अरज़ ارض स्त्री० दे० 'अर्ज़'।

अरजल ارجل पुं० [अ० अर्जल] वह घोड़ा जिसके अगले पैर का नीचेवाला भाग सफेद हो। (ऐसा घोड़ा ऐबी माना जाता है।)
m. a horse whose front feet are white in colour.

अरज़ाल عرضال पुं० [अ० अर्ज़ाल; 'रज़ील' का बहु०] छोटे दरजे के और खराब आदमी।
m. (plu.) mean and vulgar people.

अरज़ी عرضی स्त्री० दे० 'अर्ज़ी'।

अरब عرب पुं० [अ०] १. एशिया खंड का एक प्रसिद्ध मरुदेश। २. इस देश का निवासी।
m. 1. the Arabian Peninsula, Arabia. 2. it's inhabitant.

अरबा اربعہ वि० [अ० अर्बअ:] चार, तीन और एक।
पद हद्द अरबा=चौहद्दी।
पुं० घनफल।
adj. four (4).
ph. a line marking the limits of an area.
m. cubic area.

अरबाब ارباب पुं० [अ० अर्बाब; 'रब्ब' का बहु०] स्वामी, मालिक।
पद (i) अरबाबे चमन=उपवनवासी। **(ii) अरबाबे मयख़ाना**=मयखाने के लोग। **(iii) अरबाबे-सुखन**=कवि लोग।
m. a lord, owner, master.
ph. (i) people living in a grove. (ii) those who gather in a pub. (iii) poets.

अरबिस्तान عربستان पुं० [अ०] अरब देश।
m. the countries of the Arabian Peninsula.

अरबी عربی वि० [अ०] अरब देश का, अरब-संबंधी।
स्त्री० अरब देश की भाषा।
adj. of Arabia, Arabian.
fem. the language of the Arbs, Arabic.

अरबीख़्वानी عربی‌خوانی स्त्री० [अ०] अरबी भाषा पढ़ना।
fem. study of Arabic.

अरबीदानी عربی‌دانی स्त्री० [अ०] अरबी भाषा जानना।
fem. knowledge of Arabic.

अरम ارم पुं० दे० 'इरम'।

अरमग़ान ارمغان पुं० [फा० अर्मग़ान] भेंट, उपहार।
m. a present, gift.

अरमान ارمان पुं० [तु० अर्मान] इच्छा, लालसा, चाह, हौसला।
m. a longing, yearning, wish.

अरवाह ارواح स्त्री० [अ० 'रूह' का बहु०] १. आत्माएँ। २. फरिश्ते, देवदूत।
fem. 1. the spirits. 2. angels.

अरसलान ارسلان पुं० [तु० अर्सिलान] १. सिंह। २. सेवक, दास, गुलाम।
m. a tiger. 2. a servant, slave.

अरसा عرصہ पुं० [अ० अर्स:] १. समय, काल। २. विलंब, देर।
पद अरसे दराज़ से=बहुत समय से, लंबे समय से।
m. 1. period of time. 2. long duration, delay.
ph. since long.

अरस्तू ارسطو पुं० [यू०] यूनान का एक प्रसिद्ध विद्वान और दार्शनिक, अरिस्टॉटल।
m. a great philosopher, Aristotle.

अराज़ी اراضی स्त्री० [अ० आराज़ी] १. भूमि। २. जोती-बोई जानेवाली जमीन, खेत।
पद (i) अराज़ीए काश्त=खेती करने की भूमि; **(ii) अराज़ीए ख़ालिसा**=सरकारी भूमि; **(iii) अराज़ीए खिराज़ी**=लगानी खेत; **(iv) अराज़ीए चाही**=कुएँ से सींची जानेवाली भूमि; **(v) अराज़ीए दर्माबुर्द**=जलमग्न भूमि; **(vi) अराज़ीए मुतनाज़ा**=झगड़े की जमीन।
fem. 1. land. 2. agricultural land.
ph. (i) agricultural land; (ii) the land belonging to the government; (iii) rented land; (iv) land irrigated by the water of a well; (v) flooded land; (vi) disputed land.

अराबची عرابچی पुं० [फा०] गाड़ीवान।
m. a driver of a cart, coachman.

अराबा عرابہ पुं० [फा० अराब:] बैलगाड़ी, छकड़ा आदि।
m. a bullock-cart.

अरायज़ عرائض स्त्री० [अ० अराइज़; 'अर्ज़' का बहु०] निवेदन-पत्र, अर्जियाँ।
fem. (plu.) applications.

अरीज़ عریض वि० [अ०] जो अर्ज़ किया गया हो, निवेदित।
पुं० निवेदन-पत्र, अरजी।
adj. submitted, prayed for.
m. an application.

अरीज़ा عریضہ पुं० [अ० अरीज़:] वह पत्र जो छोटे व्यक्ति द्वारा बड़े को लिखा गया हो।
m. letter written by junior to the senior.

अर्ज ارج पुं० [फा०] १. मूल्य, दाम। २. सम्मान, प्रतिष्ठा।
m. 1. value, price. 2. prestige, respect.

अर्ज़ عرض पुं० [अ०] १. भूमि, जमीन। २. चौड़ाई।
पद अर्ज़ व तूल=चौड़ाई और लंबाई।
स्त्री० विनती, निवेदन, प्रार्थना।

m. 1. land. 2. width.
ph. width and length.
fem. submission, prayer.

अर्ज़क عرضق वि० [अ०] नीला, नील वर्ण का।
पद अर्ज़क-चश्म=वह जिसकी आँखें नीली हों।
adj. blue.
ph. blue-eyed.

अर्ज़दाश्त عرضداشت स्त्री० [अ०+फा०] याचिका।
fem. a petition.

अर्ज़मंद عرضمند वि० [फा०] संपन्न और अच्छे पद पर प्रतिष्ठित।
adj. wealthy and of high rank.

अर्जल ارجل पुं० दे० 'अरजल'।

अर्ज़ाँ عرضاں वि० [फा०] सस्ता; उदा० जिन्दगी भी अर्ज़ां है, मौत भी फ़रावाँ है।
adj. cheap.

अर्ज़ानी ارزانی स्त्री० [फा०] १. सस्ती, सस्तापन। २. मंदी।
fem. 1. cheapness. 2. slump, recession.

अर्ज़ी[1] عرضی स्त्री० [अ०] निवेदन-पत्र, प्रार्थना-पत्र।
fem. an application or petition.

अर्ज़ी[2] ارضی वि० [अ०] १. पृथ्वी-संबंधी। २. लौकिक।
adj. 1. of land. 2. worldly.

अर्ज़ीदावा عرضی دعویٰ पुं० [अ०] वह पत्र जो अदालत में दावा दायर करने के लिए दिया जाता है, वाद-पत्र।
m. a complaint made to a court of law against someone.

अर्ज़ीनवीस عرضی نویس पुं० [अ०+फा०] वह जो दूसरों की अर्जियाँ या प्रार्थनापत्र लिखता हो।
m. a petition-writer.

अर्ज़ुकुनिंदा عرض کنندہ पुं० [अ०] प्रार्थी, आवेदक।
m. an applicant.

अर्श عرش पुं० [अ०] १. मुसलमानों के अनुसार आठवाँ या सबसे ऊँचा स्वर्ग जहाँ खुदा रहता है। २. आकाश।
***मुहा०* (i) अर्श पर चढ़ाना**=(क) बहुत बढ़ाना, (ख) बहुत तारीफ करना। **(ii) अर्श पर दिमाग़ होना**=बहुत अभिमान होना।
m. 1. heaven. 2. sky.
id. (i) a. to extend greatly, b. to praise excessively. (ii) to be proudy.

अर्शेमुअल्ला عرش معلا पुं० [अ०] सबसे ऊँचा और आठवाँ स्वर्ग, अर्श।
m. a name of a heaven.

अर्सा عرصہ पुं०=अरसा।

अल ال उप० [अ० अल्] एक उपसर्ग जो शब्दों के पहले लगकर उनपर जोर देता है, जैसे—अलग़रज़।
prefix used for emphasis.

अलक़ाब القاب पुं० [अ० अल्क़ाब] १. उपाधि। २. पदवी। ३. प्रशस्ति-पत्र।
m. 1. a title. 2. a rank, post. 3. an eulogical citation.

अलक़िस्सा القصہ क्रि० वि० [अ० अल्+फा० क़िस्सः] १. सारांश यह है कि। २. संक्षेप में।
adv. 1. in a nut-shell. 2. briefly.

अलग़रज़ الغرض क्रि० वि० [अ०] तात्पर्य यह कि।
adv. that is to say, in other words.

अलग़ोजा الغوضہ पुं० [अ० अलग़ोज़ः] एक प्रकार की बाँसुरी।
m. a kind of flute.

अलत़फ़ा التفا वि० [फा०] लुच्चा, दुष्ट।
adj. wicked, rogue.

अलफ़ाज़ الفاظ पुं० [अ० अल्फ़ाज़; 'लफ़्ज़' का बहु०] १. शब्द-समूह। २. पारिभाषिक शब्द।
m. (plu.) 1. words. 2. technical words.

अलबत्ता البتہ योज० [अ० अल्बत्तः] १. निस्संदेह, बेशक। २. हाँ, बहुत ठीक। ३. लेकिन, परंतु।
conj. 1. surely. 2. well, all right. 3. but.

अलम الم पुं० [अ०] १. सेना के आगे रहनेवाला सबसे बड़ा झंडा। २. पहाड़, पर्वत। ३. दुख, शोक।
m. 1. the flag of a military unit, standard. 2. a mountain. 3. grief.

अलमनाक الم ناک वि० [अ०+फा०] खेदजनक।
adj. regrettable, deplorable.

अलमबदार المبردار पुं० [अ०+फा०] ध्वजवाहक।
m. a flag-hoister.

अलमस्त المست वि० [फा० अल्मस्त] निश्चित।
adj. carefree.

अलमास الماس पुं० [फा० अल्मास] हीरा।
m. a diamond.

अलल्ख़ुसूस بالخصوص क्रि० वि० [अ०] खास करके, विशेष रूप से।
adv. especially, particularly.

अलल्हिसाब للحساب क्रि० वि० [अ०] बिना हिसाब किए, उचित में, यों ही (धन देना)।
adv. casually.

अलविदा الوداع स्त्री० = अल्विदा।

अलवी علوی पुं० [अ०] वे सैयद जो अली की संतान हों।
m. the off-springs of Ali.

अलस्सबाह علی الصباح क्रि० वि० [अ०] बहुत सबेरे, तड़के।
adv. early in the morning.

अलहदगी علیحدگی स्त्री० [अ० अलाहदगी] अलहदा या जुदा होने का भाव, पार्थक्य।
fem. separation.

अलहदा علیحدہ वि० [अ० अलाहद:] [भाव० अलहदगी] अलग, जुदा, पृथक्।
adj. separate, different.

अलाक़ा علاقہ पुं० दे० 'इलाक़ा'।

अलानिया اعلانیہ क्रि०वि० [अ० अलानिय:] १. खुल्लम-खुल्ला, खुले आम। २. स्पष्ट रूप से।
adv. 1. publicly, openly. 2. clearly.

अलामत علامت स्त्री० [अ०] १. निशानी, चिह्न। २. पहचान।
fem. 1. a mark. 2. identification.

अलालत علالت स्त्री० [अ० 'अलील' का भाव] बीमारी, रोग।
fem. disease. illness.

अलावा علاوہ क्रि० वि० दे० 'इलावा'।

अलीम علیم वि० [अ०] इल्म या जानकारी रखनेवाला, जानकार।
adj. having knowledge or information.

अलील علیل वि० [अ०] रुग्ण, बीमार, रोगी।
adj. ill, diseased.

अल्अब्द العبد पुं० [अ०] ईश्वर का सेवक (प्राय: पत्रों की समाप्ति पर लोग अपने हस्ताक्षर से पहले लिखते हैं)।
m. God's servant.

अल्अमान الامان पद [अ०] ईश्वर हमारी रक्षा करे, परमात्मा हमें बचाए।
ph. God protect us.

अल्क़त القط वि० [अ०] १. काटा हुआ। २. रद्द किया हुआ। ३. समाप्त किया हुआ।
adj. 1. that has been cut. 2. cancelled. 3. finished.

अल्कन الکن वि० [अ०] हकलानेवाला।
adj. stutterer, stammerer.

अल्क़ाब القاب पुं० [अ० 'लक़ब' का बहु०] उपाधियाँ।
m. (plu.) titles.

अल्क़िस्सा القصہ क्रि० वि० [अ० अल्क़िस्स:] तात्पर्य यह कि, मतलब यह कि।
adv. in nutshell, in brief.

अल्ग़रज़ الغرض क्रि० वि०=अलक़िस्सा।

अल्तमिश التمش पुं० [तु०] सेनानायक, फौज का अफसर।
m. the general of an army.

अल्ताफ़ الطاف पुं० [अ० 'लुत्फ़' का बहु०] मेहरबानियाँ, कृपाएँ, अनुग्रह।
m. (plu.) acts of kindness, favours.

अल्फ़ाज़ الفاظ पुं० [अ०, 'लफ़्ज़' का बहु०] शब्द-समूह।
m. words.

अल्मस्त الست वि० [फा०] १. नशे में चूर। २. मस्त, मत्त।
adj. 1. drunk. 2. carefree.

अल्मस्ती الستی स्त्री० [फा०] मत्तता, मस्ती।
fem. inebriation.

अल्लामा علامہ पुं० [अ० अल्लाम:] बहुत बड़ा बुद्धिमान और विद्वान।
m. a great scholar.

अल्लाह اللہ पुं० [अ०] ईश्वर, परमात्मा।
पद (i) अल्लाह ताला=सर्वश्रेष्ठ ईश्वर। **(ii) अल्लाह-बेली**=ईश्वर सहायक है। (प्राय: विदाई या अड़चन के समय) **(iii) अल्लाहो-अकबर** ईश्वर महान् है। (प्राय: प्रार्थना और आश्चर्य के समय इसका उपयोग होता है।)
m. God.
ph. (i) The God is best. (ii) The God is helpful. (iii) the God is great.

अल्विदा الوداع पुं० [अ० अल्विदाअ] १. रमजान मास का अंतिम शुक्रवार। २. विदाई के समय की जाने-वाली शुभकामना।
m. 1. last Friday of Ramadan month. 2. good wishes given at the time of parting.

अल्हक़ الحق क्रि० वि० [अ०] वस्तुत:, सचमुच।
adv. really, actually, as a matter of fact.

अल्हमद الحمد स्त्री० [अ० अल्हम्दु] कुरान का आरंभिक अध्याय।
पद अल्हम्दोलिल्लाह=ईश्वर धन्य है, परमात्मा को धन्यवाद है।
fem. first chapter of the holy Quran.
ph. Thanks to the God.

अल्हासिल الحاصل क्रि० वि० [अ०] अंत में।
adv. in the end, at last.

अवाक़िब عواقب पुं० [अ०, 'अक़िब:' का बहु०] परिणाम।
m. (plu.) results, consequences.

अवाख़िर اواخر पुं० [अ० 'आख़िर' का बहु०] १. अंतिम भाग। २. सीमा।
m. 1. last part. 2. limit.

अवातिफ़ عواطف स्त्री० [फा० 'आतिफ़त' का बहु०] (अनेक) कृपाएँ, अनुग्रह उपकार।
fem. favours.

अवाम عوام पुं० [अ०] आम लोग, जनसाधारण, सर्वसाधारण।
m. people in general.

अवामिल عوامل पुं० [अ० 'आमिल' का बहु०] काम करनेवाले लोग।
m. the working class.

अवामुन्नास عوام الناس पुं० [अ०] दे० 'अवाम'।

अवायल اوائل वि० [अ० अवाइल; 'अव्वल' का बहु०] प्राथमिक, आरंभिक, जैसे—अवायल उम्र = आरंभिक जीवन।

adj. elementary, primary.

अवारजा اوارجہ पुं० [फा० अवारिज:] १. रोज की बातें या जमा-खर्च आदि लिखने की बही, रोजनामचा। २. खाता।

m. 1. a cash book. 2. an account book.

अवारिज़ عوارض पुं० [अ० आरज़ा का बहु०] बीमारियाँ।

m. diseases.

अवासत اواسط स्त्री० [अ० 'औसत' का बहु०] मध्यमान।

fem. averages.

अव्वल اوّل वि० [अ०] १. पहला। २. प्रधान, मुख्य। ३. सर्वश्रेष्ठ, सर्वोत्तम।

adj. 1. first. 2. chief. 3. best.

अव्वलन् اوّلاً क्रि० वि० [अ०] सबसे पहले, आरंभ में।

adv. firstly, in the beginning.

अव्वलीन اوّلین वि० बहु० [अ०] १. पहलेवाले। २. प्राचीन, पुराने।

adj. 1. former. 2. ancient.

अशआर اشعار पुं० [अ० अश्आर, 'शअर' या 'शेर' का बहु०] कविताओं के चरण, पद्य-समूह।

m. a group of stanzas.

अशकाल اشکال स्त्री० [अ० अश्काल, 'शक्ल' का बहु०] शक्लें।

fem. figures.

अशख़ास اشخاص पुं० [अ० अश्ख़ास; 'शख़्स' का बहु०] मनुष्यों का समूह, लोग, जनसमूह।

m. people, public, gentery.

अशजार اشجار पुं० [अ० अश्जार; 'शजर' का बहु०] वृक्षसमूह, पेड़ों या दरख़्तों का झुंड।

m. a group of trees.

अशद اشد वि० [अ०] अत्यंत कठोर।

adj. very hard, difficult or strict.

अशफ़ाक़ اشفاق पुं० [अ० अश्फ़ाक़; 'शफ़क़' का बहु०] अनुग्रह, उपकार।

m. acts of kindness, favour.

अशया اشیا स्त्री० [अ० अश्या] वस्तुएँ, चीजें।

fem. things, items.

अशर عشر पुं० [अ० अश्र्] दसवाँ भाग।

पद अशरे अशीर=(१) सौवाँ भाग। (२) बहुत कम, अत्यल्प।

m. one tenth part.

ph. (i) one hundredth part. (ii) very little.

अशरफ़ اشرف पुं० [फा० अश्रफ़] बहुत बड़ा शरीफ, सज्जन।

m. a noble person, gentleman.

अशरफ़ी اشرفی स्त्री० [फा० अश्रफ़ी] सोने का सिक्का, स्वर्ण-मुद्रा, मोहर।

m. a gold coin.

अशरा عشرہ पुं० [अ० अश्र:] दस दिन; जैसे—अशरा मुहर्रम=मुहर्रम के दस दिन।

m. period of ten days.

अशराफ़ اشراف पुं० [अ० अश्राफ़, 'शरीफ़' का बहु०] सज्जन लोग।

m. (plu.) gentlemen.

अशराफ़त اشرافت स्त्री० [अ० अश्राफ़त] भलमनसाहत, सज्जनता, शराफत।

fem. gentlemanliness.

अशरार اشرار पुं० [अ० अश्रार, 'शरीर' का बहु०] (अनेक) शरीर।

m. (plu.) bodies.

अशिया اشیا स्त्री० [अ० अश्या; 'शै' का बहु०] चीजें, वस्तुएँ।

fem. (plu.) things, items.

अश्क اشک पुं० [फा०] आँसू, अश्रु।

m. tear(s).

अश्कफ़िशाँ اشک‌فشاں वि० [फा०] आँसू बहानेवाला।

adj. weeping, wailing.

अश्कबार اشکبار वि० [फा०] जिसके आँसू बह रहे हों।

adj. tearful, weeping.

अश्ग़ाल اشغال पुं० [अ० 'शग़्ल' का बहु०] शौक।

m. (plu.) pastimes.

असग़र اصغر वि० [अ० असग़र] बहुत छोटा।

adj. very small.

असद اسد पुं० [अ०] १. सिंह, शेर। २. सिंह राशि।

m. 1. a tiger. 2. fifth sign of the Zodiac, Leo.

असना اثنا क्रि० वि० [अ० अस्ना] बीच में, दौरान में।

adv. in the middle, during the course of.

असनाद اسناد स्त्री० [अ० अस्नाद; 'सनद' का बहु०] प्रमाणपत्र।

fem. (plu.) certificates.

असब عصب पुं० [अ०] स्नायु, पट्ठा।

m. a nerve, sinew.

असबात اسباط पुं० [अ० अस्बात; 'सिब्त' का बहु०] नाती-पोते।

m. (plu.) grand-son and grand-daughters.

असबाब اسباب पुं० [अ० अस्बाब, 'सबब' का बहु०] १. कारण-समूह, बहुत से सबब। २. समान, सामग्री; जैसे—**असबाबे ख़ाना-दारी**=गृहस्थी का सामान; **असबाबे जंग**=युद्ध-सामग्री।

m. 1. causes. 2. articles.

असम عسم पुं० [अ० अस्म] लोभ, लालच।

m. greed.

असमत عصمت स्त्री० [अ० इस्मत] सतीत्व।
fem. chastity.

असमार اسمار पुं० [अ० अस्मार; 'समर' का बहु०] फल, मेवे।
m. fruit, dry fruit.

असर اثر पुं०[अ० अस्र] प्रभाव।
m. influence.

असरदार اثروار वि० [अ०] प्रभावकारी।
adj. effective.

असरार اسرار पुं० [अ० अस्रार; 'सिर' का बहु०] भेद, रहस्य।
m. secret, mystery.

असल اصل पुं० [अ० अस्ल] १.जड़। २. बुनियाद। ३. मूलधन।
***पद* असल मय सूद**=मूल धन और ब्याज।
वि० दे० 'असली'।
m. 1. a root. 2. foundation. 3. capital.
ph. principal amount and interest.
adj. real, pure.

असलह اسلحہ पुं० [अ० अस्लिह:; 'सिलाह' का बहु०] हथियार, अस्त्र-शस्त्र।
m. (plu.) weapons, armaments.

असलहख़ाना اسلحہ خانہ पुं० [अ० अस्लिह: + फा० ख़ान:] शस्त्रागार।
m. store of weapons, arsenal.

असला اصلا क्रि० वि० [अ० अस्ला] जरा भी, कुछ भी।
adv. a little bit.

असली اصلی वि० [अ० अस्ली] १. खरा। २. मूल, प्रधान। ३. बिना मिलावट का, शुद्ध।
adj. 1. honest. 2. main. 3. pure.

असलीयत اصلیت स्त्री० [अ० अस्लीयत] 'असल' का भाव, वास्तविकता।
fem. reality, truth.

असवद اسود वि० [अ० अस्वद] बहुत काला।
adj. very black.

असवब اسوب वि० [अ० अस्वब] सही, शुद्ध।
adj. correct, right.

असहाब اصحاب पुं० [अ० अस्हाब; 'साहब' का बहु०]।
m. (plu.) gentlemen.

असा عصا पुं० [अ०] १. सोंटा, डंडा। २. चाँदी या सोने का मढ़ा हुआ डंडा।
m. 1. a stick, rule. 2. a stick with a gold or silver plated handle.

असामी اسامی पुं० [अ०] १. व्यक्ति, प्राणी। २. जिससे किसी प्रकार का लेन-देन हो। ३. वह जिसने लगान पर जोतने के लिए जमींदार से खेत लिया हो, काश्तकार। ४. मुद्दालेह, देनदार। ५. अपराधी, मुलज़िम। ६. वह जिससे किसी प्रकार का मतलब गाँठना हो।
m. 1. a person, human being. 2. a customer. 3. a farmer, agriculturist. 4. a defendant, accused. 5. an offender, culprit. 6. a client, victim.

असालत اصالت स्त्री० [अ०] 'असल' का भाव, वास्तविकता, असलियत।
***मुहा०* असालत में फ़र्क होना**=दोगला होना, वर्णसंकर होना।
fem. reality, truth.
id. to be a bastard.

असालतन् اصالتاً क्रि० वि० [अ०] स्वयं, खुद।
adv. oneself.

असास[1] اساس पुं० [अ०] आधार, बुनियाद।
m. base, foundation.

असास[2] اثاث पुं० [अ०] सामान।
m. goods.

असास-उल्-बैत اثاث البیت पुं० [अ०] घर-गृहस्थी का सामान।
m. household goods.

असासा اثاثہ पुं० [अ० असास:] १. सामान। २. पूँजी।
m. 1. luggage. 2. capital.

असीफ़ اسیف वि० [अ०] दुखी।
adj. grieved.

असीम اثیم वि० [अ०] दोषी, अपराधी।
adj. at fault, guilty.

असीर اسیر पुं० [फा०] वह जो क़ैद में हो, बंदी, कैदी।
m. a prisoner.

असीरी اسیری स्त्री० [फा०] १. असीर या कैद होने की अवस्था, क़ैद। २. बंदी जीवन। ३. गुलामी।
m. 1. imprisonment, confinement. 2. life in a prison. 3. slavery.

असील اصیل वि० [अ०] १. उच्चवंश का, बड़े खानदान का, कुलीन। २. सुशील, शांत स्वभाव का।
adj. 1. of a high family. 2. calm, of good disposition, affable.

असीलत اصیلت स्त्री० [अ०] पैतृक अधिकार, मौरूसी कब्जा।
fem. heredity.

असूल اصول पुं० दे० 'उसूल'।

अस्कर عسکر पुं० [अ०] [वि० अस्करी] १. सेना, फौज, लश्कर। २. रात का अंधकार।
m. 1. military, armed forces. 2. darkness of the night.

अस्करी عسکری वि० [अ०] जिसका संबंध सेना से हो, सैनिक, सामरिक।
adj. relating with armed forces, military.

अस्तबल اصطبل पुं० [अ०] घोड़ों के रहने की जगह, अश्वशाला।

m. a stable.

अस्तर استر पुं० [फा०] १. दोहरे कपड़े में नीचे का कपड़ा, भितल्ला। २. भितल्ले के रूप में प्रयुक्त कपड़ा।

m. 1. a piece of material covering the inner surface of a garment. 2. the layer of different material attached to the inside of a garment, lining.

अस्तरकारी استرکاری स्त्री० [फा०] १. कपड़े में अस्तर लगाना। २. दीवार पर पलस्तर लगाना।

m. 1. act of stitching lining in a garment. 2. act of plastering.

अस्तुरा استرا पुं० दे० 'उस्तुरा'।

अस्नाय اسنائے पुं० [अ०] बीच का समय, दो घटनाओं के मध्य का काल।

m. the time between the two periods or events.

अस्प اسپ पुं० [फा० मि० सं० अश्व] घोड़ा।

m. a horse.

अस्पग़ोल اسپغول पुं० दे० 'इस्पग़ोल'।

अस्फ़ंज اسفنج पुं० [अ० इस्फ़ंज] मुरदा बादल, स्पंज।

m. sponge.

अस्म عسم पुं० [अ०] लोभ।

m. greed.

अस्मत عصمت स्त्री० [अ० इस्मत] [वि० अस्मतदार] स्त्री का पातिव्रत।

fem. chastity.

अस्मतदार عصمت‌دار वि० [अ० + फा०] पातिव्रत धर्म का पालन करनेवाली।

adj. chaste, pure.

अस्र عصر पुं० [अ०] १. काल, समय। २. युग; रुहे-अस्र=युग की आत्मा। ३. दिन का चौथा पहर। ४. इस समय की नमाज़।

पद हम अस्र=समकालीन।

m. 1. time. 2. epoch. 3. afternoon. 4. afternoon prayer.

ph. contemporary.

अस्ल اصل पुं० दे० 'असल'।

अस्लम اسلم वि० [अ०] १. बचा हुआ। २. सुरक्षित। ३. पूरा, पूर्ण। ४. सहनशील।

adj. 1. remained or saved. 2. safe. 3. full, complete. 4. tolerant.

अस्ली اصلی वि० [अ०] १. शुद्ध। २. अकृत्रिम।

adj. 1. pure. 2. real.

अस्लीयत اصلیت स्त्री० [अ०] सच्चाई, वास्तविकता।

fem. reality, truth.

अहक़र احقر वि० [अ० अहक़र] बहुत तुच्छ (अत्यंत विनम्रता दिखलाने के लिए अपने संबंध में प्रयुक्त)।

adj. meek, humble.

अहकाम احکام पुं० [अ० अहकाम; 'हुक्म' का बहु०] आदेश।

m. orders.

अहक़, अहक़्क़ احق वि० [अ०] हकदार।

adj. rightful claimant.

अहद عہد पुं० [अ० अह्द] १. पक्का निश्चय, करार। २. प्रतिज्ञा। ३. शासन, राज्य। ४. समय, वक्त। ५. समय, युग।

m. 1. final decision, resolve, agreement. 2. a vow. 3. governance, rule. 4. time, 5. epoch.

अहदनामा عہدنامہ पुं० [अ० अह्द+फा० नामः] प्रतिज्ञापत्र।

m. written pledge, covenant.

अहदशिकन عہدشکن पुं० [अ० अह्द + फा०] वह जो कोई करार करके उसके मुताबिक काम न करे, प्रतिज्ञा तोड़नेवाला।

m. one who fails to honour one's promise, welsher.

अहदशिकनी عہدشکنی स्त्री० [अ० अह्द + फा०] करार के मुताबिक काम न करना, प्रतिज्ञा तोड़ना।

fem. breach of promise.

अहदी احدی पुं० [अ० अहदी] बहुत बड़ा आलसी।

m. lazy.

अहदीयत احدیت स्त्री० [अ० अहदीयत] इकाई, एकत्व, एक होना।

fem. oneness, unity.

अहबाब احباب पुं० [अ० अह्बाब, 'हबीब' का बहु०] दोस्त, मित्र, यार लोग।

m. (plu.) friends.

अहम, अहम्म اہم वि० [अ०] महत्त्वपूर्ण।

adj. important.

अहमक़ احمق पुं० [अ० अह्मक़] बेवकूफ, मूर्ख।

m. a stupid person, fool.

अहमक़ाना احمقانہ वि० [अ०+फा० आनः] मूर्खतापूर्ण।

adj. foolish, stupid.

अहमद احمد वि० [अ० अह्मद] प्रशंसा करनेवाला। पुं० हजरत मुहम्मद का नाम।

adj. admirer.

m. the name of Hazrat Mohammad.

अहमदी احمدی पुं० [अ० अहमदी] मिर्ज़ा गुलाम अहमद कादियानी का अनुयायी।

m. the follower of Mirza Gulam Ahmed Kadiyani.

अहमीयत اہمیت स्त्री० [अ०] महत्त्व।

fem. importance.

अहरन اہرن स्त्री० [फा० अह्रन] निहाई जिसपर रखकर सुनार, लोहार आदि कोई चीज पीटते हैं।

fem. an anvil.

अहरम اہرم पुं० [फा० अह्रम] शैतान।
m. Satan.

अहरार احرار वि० [अ० अह्रार] १. उदार। २. दाता, दानी।
adj. 1. liberal. 2. munificent.

अहल اہل वि० [अ० अह्ल] १. मुख्य। २. योग्य, लायक।
पुं० १. व्यक्ति, आदमी। २. लोग। ३. परिवार या साथ के लोग। ४. मालिक, स्वामी।
पद (i) अहले-दर्द=दुखी व्यक्ति। **(ii) अहले-नज़र**=पारखी। **(iii) अहले-हवस**=लोलुप।
adj. 1. main, chief. 2. able, fit for.
m. 1. a person. 2. people. 3. family members. 4. owner.
ph. (i) distressed. (ii) connoisseur. (iii) greedy.

अहल-अल्लाह اہل اللہ पुं० [अ० अह्ल+....] ईश्वरनिष्ठ व्यक्ति, धर्मात्मा।
m. a religious person.

अहलकार اہلکار पुं० [अ० अह्ल+फा०] कार्यकर्ता, कारिंदा।
m. an agent.

अहलमद اہلمد पुं०[अ० अह्लमद] अदालत के किसी विभाग का प्रधान मुंशी या कर्मचारी।
m. the head clerk of a court.

अहलीयत اہلیت स्त्री०[अ० अह्लीयत] योग्यता।
fem. ability, capacity.

अहलीया اہلیہ स्त्री० [अ० अह्लियः] पत्नी, जोरू।
fem. the wife.

अहाता احاطہ पुं० [अ० इहातः] घेरा हुआ खुला स्थान या मैदान, बाड़ा।
m. a compound, enclosure.

अहाली اہالی पुं० [अ० 'अह्ल' का बहु०] परिवार के अथवा साथ रहनेवाले लोग, बंधु- बांधव।
पद अहाली-मवाली=साथ रहनेवाले और नौकर-चाकर आदि लोग।
m. members of a family and friend circle.
ph. attendants.

अह्ले-कलाम اہل کلام पुं० [अ०+फा०] १. लिखने-पढ़नेवाले लोग। २. साहित्यसेवी।
m. 1. educated persons. 2. literary persons.

अह्ले-किताब اہل کتاب पुं० [अ०] १. धर्मग्रंथ। २. वह जो किसी धर्म का अनुयायी हो, जिसका उल्लेख कुरान में हो।
m. 1. the scripture Quran, 2. the follower of some scripture i.e. Quran.

अह्ले-ख़ाना اہل خانہ पुं० [अ०+फा० ख़ानः] घर के लोग, बाल-बच्चे।
स्त्री० घर की मालिक, गृहस्वामिनी।
m. members of a family.
fem. the lady of a house.

अह्ले-ज़बान اہل زبان पुं० [अ०+फा०] भाषा का पंडित, भाषाविज्ञ।
m. a linguist.

अह्ले-ज़िम्मा اہل ذمہ पुं० [अ०... + ज़िम्मः] १. वे काफिर या विधर्मी जो किसी मुसलमान बादशाह के राज्य में रहते हों और अपने धार्मिक कृत्य छिपाकर करते हों। २. प्रजा, रिआया।
m. (plu.) 1. heretics. 2. subjects, citizens.

अह्ले-रोज़गार اہل روزگار पुं० [अ०+फा०] १. रोज़गार या व्यवसाय करनेवाले, व्यवसायी लोग। २. नौकरी करनेवाले लोग।
m. (plu.) 1. businessmen, traders. 2. service-men, employees.

अह्ले-वतन اہل وطن पुं० [अ०] देश के लोग।
m. (plu.) countrymen.

अह्लो-अयाल اہل وایال पुं० [अ०] स्त्री और बच्चे, पूरा परिवार।
m. (plu.) wife and children, whole family.

अह्वाल احوال पुं० [अ० 'हाल' का बहु०] विवरण।
m. (plu.) descriptions, particulars.

अह्सन احسن वि० [अ०] बहुत नेक, बहुत अच्छा।
adj. very good, noble.

अह्सास احساس पुं० दे० 'एहसास'।

आ

आँ آں सर्व० [फा०] वह।
pron. he.
पद आँकि=वह जो।
ph. the person that.

आँब آنب पुं० [फा० मि० सं० आम्र] १. आम नामक वृक्ष २. उसका फल।
m. 1. a mango tree. 2. the fruit of this tree.

आइना آئینہ पुं० [फा० आईन:] १. शीशा, दर्पण। २. शीशे का झाड़-फानूस।
m. 1. a looking glass, mirror. 2. a chandelier.

आइनाख़ाना آئینہ خانہ पुं० [फा०] शीशमहल।
m. the house of mirrors.

आइनासाज़ آئینہ ساز पुं० [फा०] वह जो आईना या शीशे बनाता हो।
m. the maker of mirrors.

आइनासाज़ी آئینہ سازی स्त्री० [फा०] आईने या शीशे बनाने का काम।
fem. occupation of making mirrors.

आइन्दा آئندہ वि० [फा० आइन्द: या आयन्द:] आगामी। पुं० भविष्यकाल, भविष्य।
क्रि० वि० आगे, भविष्य में।
adj. belonging to the time after the present.
m. time yet to come, future.
adv. in future.

आईन آئین पुं० [अ०] १. कायदा, नियम। २. कानून। ३. सजावट, शृंगार।
m. 1. a rule. 2. a law. 3. decoration.

आईनबंदी آئین بندی स्त्री० [अ०+फा०] (किसी राजा आदि के आगमन के समय) नगर में होनेवाली सजावट।
m. ornamentation of a city with festoons.

आईनसाज़ آئین ساز पुं० [अ०+फा०] १. कानून बनानेवाला। २. विधायक।
m. 1. a law maker. 2. a member of a legislature.

आईनी آئینی वि० [फा०] १. कानूनी। २. वैधानिक।
adj. 1. legal. 2. constitutional.

आईमा آیمہ पुं० [अ० आईम:] दान में मिली हुई भूमि जिसका कर न देना पड़े।
m. freehold land sply. received as a donation.

आक़, आक़्क़ عاق वि० [अ०] माता-पिता का विरोध या द्रोह करनेवाला (पुत्र)।
adj. disobedient (son).
मुहा० आक़ करना=पुत्र को उत्ताधिकार से वंचित करना।
id. to debar one's son to inherit one's property.

आक़नामा عاقنامہ पुं० [अ०+फा० नाम:] वह लेख जिसके अनुसार कोई व्यक्ति अपने किसी (अयोग्य पुत्र) को उत्तराधिकार से वंचित करता है।
m. a document debarring someone from inheritence.

आक़बत عاقبت स्त्री० [अ० आक़िबत] १. मरने के पीछे की अवस्था। २. यमलोक। ३. परिणाम।
fem. 1. the condition after death. 2. the infernal world. 2. result.

आक़बत-अंदेशी عاقبت اندیشی स्त्री० [अ०+फा०] दूरदर्शिता।
fem. far-sightedness.

आका آکا पुं० [तु०] बड़ा भाई।
m. an elder brother.

आक़ा آقا पुं० [तु०] १. साहब, मालिक, स्वामी। २. ईश्वर।
m. 1. a master, owner. 2. the God.

आक़िफ़ عاقف वि० [अ०] एकांतवासी।
adj. living in solitude.

आक़िब عاقب वि० [अ०] १. पीछे आनेवाला, परवर्ती। २. सहायक। ३. स्थानापन्न।
adj. 1. that follows, next. 2. helping, helper. 2. substitute.

आक़िबत عاقبت स्त्री० दे० 'आक़बत'।

आक़िल عاقل वि० [अ०] [स्त्री० आक़िला] अक्लवाला, अक्लमन्द, बुद्धिमान।
adj. wise, sagacious

आक़िलाना عاقلانہ वि० [अ०+फा० आन:] बुद्धिमत्तापूर्ण।
adj. wise, discerning.

आख़िज़ ماخذ वि० [अ०] लेनेवाला, ग्रहण करनेवाला या पकड़नेवाला।
adj. one who receives or holds.

आख़िर آخر वि० [अ०] अन्तिम।
पद हर्फ़े आख़िर=अन्तिम शब्द।
क्रि० वि० अंत में, अंत को।
पुं० १. अंत, समाप्ति। २. परिणाम, फल।
adj. last, previous.
ph. last word.

adv. in the end, lastly, finally.
m. 1. end, completion. 2. result, outcome.

आख़िर-उल्-ज़माँ آخرالزماں पुं० [अ०] ज़माने का अंत।
m. the end of the world.

आख़िरकार آخرکار क्रि० वि० [अ०+फा०] अन्त में, अन्ततोगत्वा।
adv. at last.

आख़िरत آخرت स्त्री० [अ०] १. मृत्यु का दिन, अन्त का दिन। २. सृष्टि के अन्त का समय, क़यामत, प्रलय। ३. परलोक।
m. 1. the day one breathes one's last. 2. day of judgement. 3. the other world.

आख़िरश آخرش क्रि० वि० [अ०] आखिरकार, अन्ततः।
adv. in the end, at last.

आख़िरी آخری वि० [अ०] अन्तिम, पिछला।
adj. last, previous, final.

आख़ून آخون पुं० [तु० आख़ुंद] शिक्षक, उस्ताद।
m. a teacher, master.

आख़ोर آخور पुं० [फा० आख़ूर] १. घोड़ों के रहने की जगह। २. कूड़ा-करकट।
वि० बेकार।
m. 1. a stable, 2. rubbish.
adj. useless.

आख़्ता آختہ वि० [फा० आख़्तः] जिसके अण्डकोश चीरकर निकाल लिए गए हों।
adj. castrated.

आगही آگہی स्त्री० [फा०] ज्ञान, जानकारी।
पद ज़ौके आगही=ज्ञान का आनन्द।
fem. knowledge, information.
ph. bliss of knowledge.

आग़ा آغا पुं० [तु०] १. बड़ा भाई, अग्रज। २. साहब, महाशय। ३. मालिक, स्वामी। ४. काबुल की तरफ़ के मुगलों की एक उपाधि।
m. 1. an elder brother. 2. a gentleman. 3. a master, owner. 4. a title of Moguls.

आग़ाज آغاز पुं० [अ०] शुरू, आरम्भ।
m. beginning, commencement.

आगाह آگاہ वि० [फा०] १. ज्ञात। २. जानकार, वाक़िफ।
adj. 1. known. 2. having knowledge, familiar.

आगाही آگاہی स्त्री० [फा०] १. पहले से मिलनेवाली सूचना। २. जानकारी, परिचय, ज्ञान।
fem. 1. prior information. 2. knowledge.

आग़ोश آغوش स्त्री० [फा०] गोद।
fem. lap.

आग़ोशकुशा آغوش کشا वि० [फा०] जिसने गोद फैला रखी हो।
adj. ready to embrace.

आग़ोशी آغوشی स्त्री० [फा० आग़ोशीदन्] १. गोद में लेना। २. गले लगाना।
fem. 1. taking someone into one's lap. 2. act of embracing.

आचा آچا स्त्री० [तु०] बूढ़ी सेविका।
fem. an old lady servant.

आचार آچار पुं० [फा०] मसालों आदि के साथ रखा हुआ फल।
m. pickles.

आज عاج पुं० [फा०] हाथी दाँत।
m. ivory.

आज़म عازم वि० [अ० अज़िम] इच्छुक।
adj. desirous.

आज़मा آزما वि० [फा० आज़्मा] आज़मानेवाला।
पद सब्र-आज़मा=धैर्य को आज़मानेवाला।
adj. (one) who tries.
ph. bearing patiently.

आज़माइश آزمائش स्त्री० [फा० आज़्माइश] १. परीक्षा, जाँच, परख। २. कोशिश, चेष्टा।
fem. 1. examination. 2. endeavour.

आज़माना آزمانا क्रि० जाँचना, परखना, परीक्षण करना।
v. to try and test.

आज़माया آزمایا वि० जाँचा या परखा हुआ, परीक्षित।
adj. tried, tested.

आज़मूदा آزمودہ वि० [फा० आज़्मूदः] आजमाया हुआ, परीक्षित।
adj. tried and tested.

आज़मूदाकार آزمودہ کار वि० [फा० आज़्मूदःकार] १. अनुभवी। २. चतुर, चालाक।
adj. 1. experienced. 2. clever, shrewd.

आज़ा اعضاء पुं० [अ० आअज़ा अज़ू या अज़ो का बहु०] [वि० आज़ाई] शरीर का अंग या जोड़।
m. a part or joint of the body.

आज़ाए-तनासुल اعضائے تناسل पुं० [अ०] पुरुष की इन्द्रिय, लिंग।
m. male organ, penis.

आज़ाए-रईसा اعضائے رئیسہ पुं० [अ०+रईसः] शरीर का कोई मुख्य अंग; जैसे—हृदय, मस्तक, यकृत आदि।
m. main part of the body as heart, brain, lever etc.

आज़ाद آزاد पुं० [फा०] १. जो बद्ध न हो, छूटा हुआ, मुक्त, बरी। २. बेफिक्र, बेपरवाह। ३. स्वतन्त्र, स्वाधीन। ४. निडर, निर्भय। ५. स्पष्टवक्ता, हाजिर-जवाब। ६. खुले दिमागवाला।
adj. 1. released, unshackled. 2. carefree. 3. free, independent, autonomous. 4. fearless. 5. ready-witted. 6. open minded.

आज़ादगी آزادگی स्त्री० [फा०] मुक्ति, स्वतंत्रता।

fem. independence, freedom.

आज़ादाना آزادانہ वि० [फा० आज़ादान:] स्वतन्त्र, स्वाधीन।

adj. independent, free.

आज़ादी آزادی स्त्री० [फा०] १. स्वतन्त्रता, स्वाधीनता। २. रिहाई, छुटकारा।

fem. 1. independence, freedom. 2. riddance, relief.

आज़ादीपसंद آزادی پسند वि० [फा०] जिसे आज़ादी पसन्द हो।

adj. (one) who loves freedom.

आज़ार آزار पुं० [फा०] १. दुख, कष्ट। २. बीमारी, रोग। प्रत्य० दुख देनेवाला।

m. 1. distress, grief. 2. illness, disease.
suffix troublesome, trouble-maker.

आज़ारी آزاری स्त्री० [फा०] बीमारी।

fem. disease.

आजिज़ عاجز वि० [अ०] १. परेशान, तंग। २. दीन, दीनहीन।

adj. 1. vexed, harassed, 2. poor.

आजिज़ी عاجزی स्त्री० [अ०] १. प्रार्थना, विनती। २. दीनता। ३. विवशता।

fem. 1. prayer. 2. humility. 3. helplessness.

आज़िम عازم वि० [अ०] अज़म या इरादा करनेवाला, निश्चय करनेवाला।

adj. (one) who decides or resloves.

आज़िर عاذر वि० [अ०] १. उज्र करनेवाला। २. क्षमा माँगनेवाला।

adj. 1. (one) who objects or disapproves. 2. (one) who apologizes.

आज़ुर آزر पुं० [फा०] फारसी वर्ष का नवाँ महीना।

m. the ninth month of Iranian year.

आज़ुर्दगी آزردگی स्त्री० [फा०] १. अप्रसन्नता, नाराज़गी। २. मानसिक क्लेश, दुख।

fem. displeasure, unhappiness. 2. anguish, mental suffering.

आज़ुर्दह, आर्ज़ुदा آزردہ पुं० [फा० आर्ज़ुद:] १. सताया हुआ। २. दुखी। ३. चिन्तित।

adj. 1. oppressed, tortured. 2. unhappy, distressed. 3. worried.

आतश آتش स्त्री० दे० 'आतिश'।

आतिफ़ عاطف वि० [अ०] कृपा करनेवाला, अनुग्रह करनेवाला, दयालु।

adj. benevolent, gracious, kind.

आतिर عاطر वि० [अ०] सुगंधित।

adj. fragrant.

आतिश آتش स्त्री० [फा० आतश] आग।

पद आतिश का परकाला=बहुत चलता हुआ और तेज आदमी।

fem. fire.
ph. very smart.

आतिशअंगेज़ آتش انگیز वि० [फा०] आग लगानेवाला।

adj. (one) who ignities fire, arsonist.

आतिशकदा آتش کدہ पुं० [फा०+कद:] वह मंदिर जिसमें पवित्र अग्नि पूजा के लिए रहती हो, अग्नि मंदिर।

m. a temple, where fire is worshipped.

आतिशख़ाना آتش خانہ पुं० [फा०+ख़ान:] वह मन्दिर जिसमें अग्नि प्रतिष्ठित हो।

m. the holy place of fire.

आतिशख़ू آتش خو वि० [फा०] क्रोधी।

adj. hot-tempered, ferocious.

आतिशख़्वार آتش خوار पुं० [फा०] अग्निभक्षक।

m. one who eats fire.

आतिशगीर آتش گیر पुं० [फा०] चिमटा।

m. pincers.

आतिशज़दगी آتش زدگی स्त्री० [फा०] आग लगाना, अग्निकाण्ड।

m. 1. arson. 2. conflagration.

आतिशज़न آتش زن वि० [फा०] आग लगानेवाला।

adj. (one) who sets on fire.

आतिशज़बान آتش زبان वि० [फा०] १. आग उगलने वाला। २. जोशीला। ३. गर्म मिजाज।

adj. 1. spitting fire. 2. full of spirits, enthusiastic. 3. hot-tempered.

आतिशदान آتشدان पुं० [फा०] अँगीठी, जिसमें आग रखते हैं।

m. a fire-pot.

आतिशपरस्त آتش پرست पुं० [फा०] अग्निपूजक।

m. a fire-worshipper.

आतिशपरस्ती آتش پرستی स्त्री० [फा०] अग्निपूजा।

m. fire-worship.

आतिशफ़िशाँ آتش فشاں वि०[फा०] चिनगारियाँ छोडनेवाला।

adj. emitting sparks.

आतिशबयान آتش بیان वि० [फा०] तेज़ जबान।

adj. spitting fire.

आतिशबाज़ آتش باز पुं० [फा०] वह जो आतिशबाज़ी बनाता हो।

m. one who makes and deals in fireworks.

आतिशबाज़ी آتش بازی स्त्री० [फा०] १. आग से खेलना।

२. बारूद के बने खिलौने जिन्हें जलाने से तरह-तरह की और रंग-बिरंगी चिनगारियाँ निकलती हैं।
fem. 1. playing with the fire. 2. fireworks.

आतिशबार آتش بار वि० [फा०] [भाव० आतिशबारी] आग बरसानेवाला।
adj. emitting or showering fire.

आतिशमिज़ाज آتش مزاج वि० [फा०] बहुत तेज या गरम मिज़ाजवाला, क्रोधी।
adj. ferocious, wrathful.

आतिशीं آتشیں वि० [फा०] १. आतिश या आग से सम्बन्ध रखनेवाला। २. आग जैसा लाल।
adj. 1. relating to fire. 2. red-hot.

आतिशी शीशा آتشی شیشہ पुं० [फा०] वह शीशा जिसपर सूर्य की किरणों के पड़ने से अग्नि उत्पन्न होती है, सूरजमुखी शीशा।
m. a piece of glass which ignites fire concentrating sun-rays.

आतू آتو स्त्री० [फा०] अध्यापिका, शिक्षिका।
fem. a lady teacher.

आतून آتون स्त्री० दे० 'आतू'।

आदत عادت स्त्री० [अ०] १. स्वभाव, प्रकृति। २. अभ्यास, बान, टेव।
fem. 1. nature. 2. habit.

आदतन् عادتاً क्रि० वि० [अ०] आदत या अभ्यास के कारण।
adv. habitually, by nature.

आदम آدم पुं० [अ०] १. मुसलमानी धर्म के पहले पैगम्बर [अवतार] जो मनुष्य-मात्र के आदि पुरुष माने जाते हैं। २. पहला आदमी। ३. मनुष्य।
***पद* चश्मे-आदम**=आदमी की आँख।
m. 1. the first prophet. 2. the first man, Adam. 3. a man.
ph. man's eye.

आदमक़द آدم قد वि० [अ०] मनुष्य की लंबाई के समान लंबा।
adj. human-size.

आदमख़ोर آدم خور पुं० [अ०+फा०] वह जो मनुष्यों को खाता हो, नरभक्षक।
m. a man-eater, cannibal.

आदमज़ाद آدم زاد पुं० [अ० + फा०] १. मनुष्य। २. मानव जाति।
m. 1. a man. 2. the human race, mankind.

आदमी آدمی पुं० [अ०] १. आदम की सन्तान, मनुष्य। २. मानव जाति। ३. नौकर, सेवक।
***मुहा०* (i) आदमी होना**=युवा होना। **(ii) आदमी बनना**=सभ्यता सीखना, अच्छा व्यवहार सीखना।
m. 1. son of the Adam, man. 2. mankind. 3. a servant.
id. (i) to come of age. (ii) to become civilized.

आदमगरी آدم گری स्त्री० [फा०] मनुष्यता।
fem. humanity.

आदमीयत آدمیت स्त्री० [अ०] १. मनुष्यता, मनुष्यत्व। २. भलमनसत।
fem. 1. humanity. 2. gentleness.

आदा عادہ पुं० [अ० 'अदू' का बहु०] शत्रु लोग।
m. (plu.) enemies.

आदात عادات पुं० [फा०, 'आदत का बहु०'] आदतें।
m. (plu.) habits.

आदाद اعداد स्त्री० [अ० 'अदद' का बहु०] अंक।
fem. (plu.) figures.

आदाब آداب पुं० [अ० 'अदब' का बहु०] १. अच्छे ढंग, शिष्टाचार। २. नियम। ३. अभिवादन, सलाम, बन्दगी। क्रि० प्र०—बजा लाना।
***मुहा०* आदाब अर्ज़ करना**=नम्रतापूर्वक अभिवादन करना।
***पद* आदाब अलक़ाब**=पद और मर्यादा आदि के सूचक शब्द।
m. 1. etiquette. 2. rule. 3. greetings.
ph. to salute.
id. to greet.
ph. salutation.

आदाबे-शाही آداب شاہی पुं० [अ०] राजदरबार के नियम।
m. rules of the royal court.

आदिल عادل वि० [अ०] अदल या न्याय करनेवाला, न्यायशील।
adj. just, upright.

आदी عادی वि० [अ०] जिसे किसी बात की आदत हो, अभ्यस्त।
adj. habitual, accustomed.

आन آن स्त्री० [अ० मि० सं० आणि] १. समय। २. क्षण, पल। ३. ढंग, तर्ज। ४. अकड़, ऐंठ, ठसका, अदा।
***पद* आन-बान**=(i) शोभा। (ii) ठसक, अदा।
m. 1. time. 2. a minute. 3. a way, manner. 4. affected manners, vainglory.
ph. (i) splendour, (ii) vainglory.

आनन्-फ़ानन् آناً فاناً क्रि० वि० [अ०] तत्काल, एकाएक।
adv. at once, without delay.

आफ़त آفت स्त्री० [अ०] १. विपत्ति। २. कष्ट, दुख।
***मुहा०* (i) आफ़त उठाना** = (क) दुख सहना, विपत्ति भोगना। (ख) हलचल मचाना। **(ii) आफ़त खड़ी करना** = विपदा उपस्थित करना। **(iii) आफ़त मचाना** = हलचल करना, ऊधम करना, दंगा करना।

(iv) आफ़त लाना = विपदा उपस्थित करना।

***पद* आफ़त का परकाला** = हलचल मचानेवाला।

fem. 1. a mishap, clamity. 2. distress.
id. (i) to suffer to experience something bad. (ii) to start a trouble going. (iii) to make haste. (iv) to cause distress to.
ph. doing or acting with haste, hasty.

आफ़ताब آفتاب पुं० [फा० आफ़्ताब] १. सूरज, सूर्य। २. धूप।
m. 1. the Sun. 2. sunshine.

आफ़ताबा آفتابہ पुं० [फा० आफ़्ताब:] पानी रखने का टोटीदार लोटा, आबताबा।
m. a small vessel with a tape.

आफ़ताबी آفتابی स्त्री० [फा० आफ़्ताबी] १. एक प्रकार का क्षुप, सूरजमुखी। २. एक प्रकार की आतिशबाज़ी।
fem. 1. a plant. 2. a kind of fireworks.

आफ़ते-जान آفت جان पुं० [फा०] १. जान का दुश्मन। २. माशूक।
m. a staunch enemy. 2. a beloved.

आफ़ते-दहर آفت دہر वि० [फा०] चालाक, धूर्त।
adj. clever, crafty.

आफ़रीं آفریں विस्मयादि० [फा० आफ़्रीं] शाबाश, साधु-साधु।
***पद* जुरअत-आफ़रीं**=साहस प्रशंसनीय है।
inter. shouted to express approval, bravo.
ph. the guts are laudable.

आफ़री آفری विस्मय० [फा०] = आफ़रीन।
interj. bravo.

आफ़रीदगार آفریدگار पुं० [फा० आफ़्रीदगार] सृष्टिकर्ता, ईश्वर।
m. the Creator, God.

आफ़रीदा آفریدہ वि० [आफ़्रीदः] उत्पन्न, जात।
adj. born.

आफ़रीन آفرین विस्मय० [फा० आफ़्रीं] शाबाश, वाह-वाह, धन्य हो।
interj. bravo.

आफ़रीनिश آفرینش स्त्री० [फा० आफ़्रीनिश] सृष्टि करना, उत्पन्न करना।
fem. act of creating or giving birth.

आफ़ाक़ آفاق पुं० [अ० 'उफ़ुक़' का बहु०] १. क्षितिज। २. संसार।
***पद* राज़े-आफ़ाक़**=संसार का रहस्य।
m. 1. horizon. 2. world.
ph. the mystery of the world.

आफ़ात آفات स्त्री० [अ० 'आफ़त' का बहु०] आफतें, मुसीबतें, विपत्तियाँ।
fem. (plu.) troubles, calamaties.

आफ़ियत عافیت स्त्री० [अ०] आराम, सुख-चैन।
***पद* ख़ैरआफ़ियत**=कुशल-मंगल।
fem. comfort, relief, happiness.
ph. welfare.

आब آب पुं० [फा० मि० सं० अप्] पानी, जल।
स्त्री० १. चमक, तड़क-भड़क, कान्ति, पानी। २. शोभा, रौनक, छवि। ३. तलवार का पानी। ४. इज्जत, प्रतिष्ठा।
m. water, acqua.
fem. 1. luster. 2. beauty. 3. sharpness of the sword. 4. prestige.

आबकार آبکار पुं० [फा०] मदिरा बेचनेवाला।
m. one who deals in alcohol.

आबकारी آبکاری स्त्री० [फा०] १. वह स्थान जहाँ शराब बनाई या बेची जाती है, शराबख़ाना, कलवरिया। २. मादक वस्तुओं से सम्बन्ध रखनेवाला सरकारी महकमा, मद्यविभाग।
fem. 1. a place where alcohol is made or sold. 2. excise department.

आबख़ाना آبخانہ पुं० [फा० आबख़ान:] शौच त्याग करने का स्थान, पाखाना।
m. a lavatory.

आबख़ोरद آبخورد पुं० [फा०] १. अन्न-जल। २. खाने-पीने की चीजे।
m. 1. mean of subsistence. 2. an edible thing.

आबख़ोरा آب خورہ पुं० [फा० आबख़ोर:] पानी पीने का कुल्हड़, पुरवा।
m. a small earthen pot for drinking water.

आबगीना آبگینہ पुं० [फा० आबगीन:] १. दर्पण, शीशा। २. हीरा। ३. प्रिया का हृदय।
m. 1. a mirror. 2. a diamond. 3. beloved's heart.

आबगीर آبگیر पुं० [फा०] १. पानी का गड्ढा। २. तालाब।
m. 1. a waterpool. 2. a tank, pool.

आबचशी آب چشی स्त्री० [फा०] बच्चे को पहली बार पानी चखाना।
fem. giving drink to a child first time.

आबजोश آبجوش पुं० [फा०] १. माँस आदि का शोरबा, रसा। २. एक प्रकार का मुनक्का।
m. 1. soup (of meat, fish or vegetables). 2. currant.

आबतल्ख آب تلخ पुं० [फा०] शराब।
m. alcohol.

आबताब آب تاب स्त्री० [फा०] १. चमक-दमक,

तड़क-भड़क। २. शोभा, वैभव, रौनक।
m. 1. glitter, glamour. 2. splendour, grandeur.

आबदस्त آبدست पुं० [फा०] १. पानी से हाथ-पैर धोना। २. मलत्याग के उपरान्त जल से गुदा धोना, पानी छूना।
मुहा० **आबदस्त लेना** = मलत्याग के बाद गुदा को धोना।
m. 1. act of cleaning hands and feet with water. 2. cleaning oneself with water after defecation.
id. to wash the anus after evacuation.

आबदान آبدان पुं० [फा० आबदानः] १. पानी रखने का बर्तन। २. तालाब।
m. 1. water-pot. 2. tank, pool.

आबदाना آبدانہ पुं० [फा० आबदानः] १. अन्न-जल। २. जीविका, रोज़ी। ३. जीवन।
m. 1. means of subsistence. 2. livlihood. 2. life, existence.

आबदार آبدار पुं० [फा०] पानी रखनेवाला नौकर।
वि० चमकदार, जिसमें आब हो।
m. a servant, who serves water.
adj. shining, bright, polished.

आबदारी آبداری स्त्री० [फा०] १. चमक-दमक, शोभा। २. आबदार का पद या काम।
fem. 1. shine, brightness, brilliance, beauty. 2. the state of being आबदार, the profession of a water-server.

आबदीदा آبدیدہ वि० [फा० आबदीदः] जिसकी आँखों में आसूँ भरे हों, रुआँसा, अश्रुपूर्ण।
adj. tearful, in tears.

आबनाए آبنائے पुं० [फा०] जलडमरू-मध्य।
m. an isthmus.

आबनूस آبنوس पुं० [फा०] [वि० आबनूसी] एक प्रसिद्ध वृक्ष जिसकी लकड़ी काली, बहुत मजबूत और भारी होती है।
m. a tree and its hard black wood.

आबपाशी آبپاشی स्त्री० [फा०] १. खेत में पानी देना, सिंचाई। २. पानी का छिड़काव करना।
fem. 1. irrigation. 2. act of sprinkling water, sprinkling.

आबबाराँ آب باراں पुं० [फा०] बारिश का पानी।
m. rain-water.

आबरवाँ آب رواں पुं० [फा० आबे रवाँ] बहता हुआ पानी।
स्त्री० एक प्रकार की महीन और बढ़िया मलमल।
m. running water.
fem. muslin.

आबरू آبرو स्त्री० [फा०] इज्ज़त, प्रतिष्ठा।
fem. prestige, honour.

आबरूदार آبرودار वि० [फा०] प्रतिष्ठित।
adj. respectable, honourable.

आबला آبلہ पुं० [फा० आब्लः] फफोला, छाला।
m. a blister.

आबशार آبشار पुं० [फा०] १. पानी का झरना, सोता। २. जलप्रपात।
m. 1. a spring of water. 2. a waterfall.

आबहवा آب ہوا स्त्री० [फा० आबोहवा] सरदी-गरमी या स्वास्थ्य आदि के विचार से किसी देश की प्राकृतिक स्थिति, जलवायु।
fem. climate.

आबा آبا पुं० (बहु०) [अ०] बाप-दादा।
m. (plu.) forefathers, ancestors.

आबाद آباد वि० [फा०] १. बसा हुआ। २. सब प्रकार से सुखी और प्रसन्न।
adj. 1. inhabited. 2. happy and satisfied.

आबादकार آبادکار पुं० [फा०] पड़ती जमीन को आबाद करनेवाला।
m. one who ploughs barren land.

आबादानी آبادانی स्त्री० [फा० आबाद] १. बसा हुआ और सुखी-संपन्न स्थान। २. सभ्यता, संस्कृति। ३. सम्पन्नता और वैभव। ४. आबादी।
m. 1. inhabitation, colony. 2. civilization, culture. 3. people living in a colony. 4. population.

आबादी آبادی स्त्री० [फा०] १. जनसंख्या। २. वह भूमि जिस पर खेती होती हो।
fem. 1. population. 2. agricultural land.

आबान آبان पुं० [फा०] फारसी वर्ष का आठवाँ महीना।
m. eighth month of the Persian year.

आबा-व-इजदाद آباواجداد पुं० [अ०] १. बाप-दादा, पूर्वज, पुरखे। २. कुल, वंश।
m. 1. forefathers, ancestors. 2. dynasty.

आबिद عابد पुं० [अ०] इबादत या पूजा करनेवाला, पूजक, भक्त।
m. one who prays, devotee.

आबिदा عابدہ स्त्री० [अ० आबिदः] भक्तिन, तपस्विनी।
fem. a female devotee.

आबिस्त آبست स्त्री० [फा०] गर्भवती स्त्री।
fem. a woman having a child developing in the womb.

आबिस्तगी آبستگی स्त्री० [फा०] गर्भवती होना, गर्भावस्था।
fem. pregancy.

आबिस्तनी آبستنی स्त्री० दे० 'आबिस्तगी'।

आबिस्ता آبستہ वि० स्त्री० [फा० आबिस्त:] गर्भवती।
adj. pregnant.

आबी آبی वि० [फा०] आब या जल-सम्बन्धी, जल का। स्त्री० एक प्रकार की रोटी।
adj. relating to water.
fem. a kind of loaf.

आबे-अंगूरी آبِ انگوری पुं० [फा०] अंगूर की बनी शराब।
m. wine.

आबे-इशरत آبِ عشرت पुं० [फा०+अ०] शराब, मद्य।
m. alcohol.

आबे-क़ौसर آبِ کوثر पुं० [फा०] बहिश्त या स्वर्ग की कौसर नामक नदी का जल जो सबसे अच्छा और स्वादिष्ट माना जाता है।
m. the holy water of Kausar a river of heaven.

आबेखिज़्र آبِ خضر पुं० [फा०] अमृत।
m. nectar, ambrosia.

आबेचश्म آبِ چشم पुं० [फा०] आँसू।
m. tears.

आबेबक़ा آبِ بقا पुं० [फा०] मदिरा।
m. alcohol.

आबेबाराँ آبِ باراں पुं० [फा०] वर्षा का जल।
m. rain water.

आबेरवाँ آبِ رواں पुं० [फा०] बहता हुआ पानी।
m. running water.

आबेशोर آبِ شور पुं० [फा०] १. खारा पानी। २. समुद्र का पानी।
m. 1. saline water. 2. water of the sea.

आबेहयात آبِ حیات पुं० [फा०] अमृत।
m. nectar, ambrosia.

आबेहराम آبِ حرام पुं० [फा०+अ०] १. अपवित्र और अपेय जल। २. शराब, मद्य।
m. 1. forbidden or unholy water. 2. alcohol.

आबोताब آب وتاب स्त्री० [फा०] आबताब, चमक-दमक।
m. glitter, shine.

आम عام वि० [अ०] १. साधारण, मामूली। २. सर्वव्यापक। पुं० जनसाधारण, जनता।
adj. 1. ordinary. 2. all-prevading, wide-ranging.
m. folk, people.

आमद آمد स्त्री० [फा०] १. आगमन, आना। २. आमदनी।
fem. 1. coming, advent. 2. income.

आमदनी آمدنی स्त्री० [फा०] १. आय, प्राप्ति, आनेवाला धन। २. व्यापार की वे वस्तुएँ जो और देशों से अपने देश में आएँ, आयात।
fem. 1. income. 2. import, imported things.

आमदोख़र्च آمدوخرچ पुं० [फा०] आमदनी और खर्च।
m. income and expenditure, income and expenses.

आमदोरफ़्त آمدورفت स्त्री० [फा०] आना और जाना।
m. traffic.

आमफ़हम عام فہم वि० [अ०+फा०] जनसाधारण के समझने योग्य, सरल।
adj. easy, simple.

आमादगी آمادگی स्त्री० [फा०] आमादा या तैयार होना, तत्परता, सन्नद्धता।
fem. readiness, promptness.

आमादा آمادہ वि० [फा० आमाद:] [भाव० आमादगी] १. तैयार, उद्यत। २. तत्पर, सन्नद्ध।
adj. 1. prepared for an activity or situation, ready. 2. equipped.

आमाल اعمال पुं० [अ० 'अमल' का बहु०] १. कार्य, कार्यकलाप। २. आचरण, चरित्र।
m. (plu.) 1. deeds, acts. 2. behaviour, conduct, character.

आमालनामा اعمال نامہ पुं० [अ०+फा० नाम:] चरित्रपंजी।
m. a character-book.

आमास آماس पुं० [फा०] सूजन, शोथ।
m. swelling, inflammation.

आमिद آمد वि० [अ०] उलटकर आनेवाला।
adj. that returns back violently.

आमिन آمن वि० [अ०] निर्भय।
adj. fearless, dauntless.

आमिल عامل पुं० [अ०] १. अमल या पालन करनेवाला। २. हाकिम, अधिकारी। ३. कारीगर। ४. जादू-टोना करनेवाला।
m. 1. a worker. 2. an official. 3. a skilled person. 4. one who practises black magic, enchanter.

आमीन آمین पद [अ०] १. ईश्वर करे ऐसा ही हो, तथास्तु। २. ईश्वर हमारी रक्षा करे।
ph. 1. So be it. 2. God save us.

आमेज़िश آمیزش स्त्री० [फा०] १. मिलाने की क्रिया, मिलाना। २. मिश्रण, मिलावट।
fem. 1. act of mixing. 2. misture.

आमोख़्ता آموختہ पुं० [फा० आमोख़्त:] पढ़ा हुआ पाठ।
मुहा० आमोख़्ता करना या पढ़ना=पढ़ा हुआ पाठ फिर से दोहराना।
m. the lesson already learnt.
ph. to repeat the lesson.

आम्मह عامہ वि० [अ० आम्म:] १. आम, सार्वजनिक। २. प्रसिद्ध, मशहूर।
adj. 1. general, common. 2. famous.

आयत آیت स्त्री० [अ०] १. निशान, चिह्न, संकेत। २. कुरान का कोई वाक्य।
fem. 1. a mark. 2. any sentence of holy Quran.

आयद آید वि० [फा०] १. प्रवृत्त। २. प्रयुक्त होने योग्य।
adj. inclined. 2. practical.

आयंदा آئندہ वि० [फा० आयंद:] दे० 'आइन्दा'।

आया[१] آیا योज० [फा०] क्या, जैसे—आप बतलाएँ कि आया आप जाएँगे या नहीं।
conj. used to ask for information.

आया[२] آیا स्त्री० [पुर्त०] बच्चों की देख-रेख करनेवाली स्त्री, दाई, धाय।
fem. maid servant, nurse.

आर آر पुं० [अ०] १. लज्जा। २. प्रतिष्ठा। ३. बदनामी।
m. 1. shyness. 2. prestige. 3. ill-fame.

आरज़ा عارضہ पुं० [अ० आरिज़:] बीमारी, रोग।
m. illness.

आरज़ी عارضی वि० [अ०] अस्थायी, अल्पकालिक।
adj. temporary, short-lived.

आरजू آرزو स्त्री० [फा० आर्जू] १. इच्छा, आकांक्षा। २. अनुनय, विनय, विनती।
fem. 1. a desire. 2. a prayer, entreaty.

आरज़ूमंद آرزومند वि० [फा० आर्ज़ूमंद] आरजू या कामना रखनेवाला, इच्छुक।
adj. desirous.

आरज़ूमंदी آرزومندی स्त्री० [फा० आर्ज़ूमंदी] इच्छा का होना।
fem. desirability.

आरद آرد पुं० [फा०] आटा।
m. powder produced by grinding grain, flour.

आरा آرا प्रत्य० [फा०] सजानेवाला, शोभा बढ़ानेवाला [यौगिक शब्दों के अंत में, जैसे जहान-आरा]।
suffix enhancing beauty, embellishing.

आराइश آرائش स्त्री० [फा०] १. सजावट, सज्जा। २. शृंगार।
fem. 1. decoration. 2. make-up.

आराई آرائی स्त्री० [फा०] १. सजाने की क्रिया। २. सजावट।
m. 1. adornment. 2. decoration.

आराज़ियात آراضیات स्त्री० [अ० 'अराज़ी' का बहु०] १. जमीनें। २. खेती-बारी।
fem. 1. plots of land, fields. 2. agriculture.

आराज़ी آراضی स्त्री० [अ०] १. जमीन, भूमि। २. वह जमीन जिसमें खेती-बारी होती हो।
fem. 1. land. 2. agricultural land.

आराबा آرابہ पुं० [फा० आराब:] बैलगाड़ी, छकड़ा।
m. a bullock-cart, trolly.

आराम آرام पुं० [फा०] १. चैन, सुख। २. चंगापन, सेहत, स्वास्थ्य। ३. विश्राम, थकावट मिटाना।
मुहा० **(i) आराम करना**=सोना। **(ii) आराम लेना**=विश्राम करना।
पद आराम से=फुरसत में, धीरे-धीरे।
m. 1. peace, happiness. 2. good health. 3. rest.
id. (i) to sleep. (ii) to rest.
ph. in leasure time, slowly.

आरामगाह آرامگاہ स्त्री० [फा०] १. आराम करने की जगह, विश्रान्ति-गृह।
fem. a rest-house.

आरामतलब آرام طلب वि० [फा०] १. जो हर तरह का आराम चाहता हो। २. सुस्त, निकम्मा।
adj. 1. relaxing, easy-going. 2. lazy, slothful, inactive.

आरामतलबी آرام طلبی स्त्री० [फा०] हर तरह का आराम चाहना।
m. relaxation, ease, comfort.

आरामपसंद آرام پسند वि० [फा०] आराम चाहनेवाला।
adj. comfort-seeking, easy-going.

आरामी آرامی वि० दे० 'आरामतलब'।

आरास्तगी آراستگی स्त्री० [फा०] १. सजावट, सज्जा। २. शृंगार।
m. 1. decoration. 2. make-up.

आरास्ता آراستہ वि० [फा० आरास्त:] सजाया हुआ, सुसज्जित।
adj. decorated, well-decorated.

आरिंदा آرندہ वि० [फा० आरिन्द:] लानेवाला।
पुं० भारवाहक, मज़दूर।
adj. that brings.
m. a labourer, coolie.

आरिज़ عارض पुं० [अ०] गाल।
वि० १. घटित होनेवाला, होनेवाला; जैसे—मर्ज आरिज़ हुआ। २. बाधक, रोकनेवाला।
m. cheek.
adj. 1. taking place. 2. obstructive.

आरिज़ी عارضی वि० [अ०] कुछ दिनों के लिए होनेवाला, अस्थायी।
adj. lasting for only a short time.

आरिफ़ عارف वि० [अ०] [स्त्री० आरिफ़ा] [बहु० उरफ़ा] १. जानने या पहचाननेवाला। २. सब्र या सन्तोष करनेवाला।
पुं० ब्रह्मज्ञानी।
adj. 1. who knows. 2. contented.
m. a one who has acquired knowledge of the Supreme.

आरिफ़ाना عارفانہ वि० [अ० आरिफ़ + फा० आन:] साधुओं का-सा।
adj. saintly.

आरियत عاریت स्त्री० [अ०] कोई चीज कुछ समय के लिए मँगनी माँगना।
fem. act of borrowing something for a period of time.

आरियतन् عاریتاً क्रि० वि० [अ०] मँगनी के तौर पर, माँगकर।
adv. by borrowing.

आरियती عاریتی वि० [अ०] १. कुछ दिनों के लिए माँगा हुआ। २. अस्थायी।
adj. 1. being used as a loan. 2. temporary.

आरी عاری वि० [अ०] १. नंगा, नग्न। २. खाली, रिक्त। ३. थका हुआ। ४. निस्सहाय, दीन।
पुं० वह गद्य जिसमें न अनुप्रास हो और न शब्द एक वजन के हों।
adj. 1. naked, nude. 2. empty, vacant. 3. tired. 4. helpless.
m. ordinary piece of prose.

आरे-बले عارےبلے पुं० [फा०] 'हाँ हाँ' कहना, पर काम न करना, टाल-मटोल।
m. procrastination, delaying tactics.

आरोग़ آروغ पुं० [फा०] डकार।
m. act of belching, belch.

आर्ज़ू آرزو स्त्री० [फा०] मनोकामना, इच्छा।
fem. a longing, wish.

आल[१] آل स्त्री० [अ०] १. सन्तान। २. वंशज। ३. वंश, कुल।
fem. 1. issues, children. 2. the descendants. 3. dynasty.

आल[२] آل पुं० [फा०] १. लाल रंग। २. खेमा। ३. एक प्रकार की शराब।
m. 1. red colour, 2. a tent. 3. alcohol.

आलऔलाद آل اولاد स्त्री० [अ०] बाल-बच्चे, संतति।
fem. offsprings, children.

आलत آلت स्त्री० [अ०] १. औजार, उपकरण। २. पुरुष की इन्द्रिय।
m. 1. a tool or instrument. 2. the male organ, penis.

आलम عالم पुं० [अ०] १. दुनिया, संसार। २. अवस्था, दशा। ३. जनसमूह।
m. 1. world. 2. state, condition. 3. mass, crowd.

आलम-अफ़रोज़ عالم افروز पुं० [अ०] सूर्य।
m. the Sun.

आलमगीर عالمگیر वि० [अ०+फा०] १. संसार-विजयी, विश्वविजयी। २. संसारव्यापी।
पुं० औरंगजेब बादशाह की पदवी।
adj. 1. having conquered, the world. 2. world-wide.
m. title of Aurangzeb, a Mogul king.

आलम-पनाह عالم پناہ पुं० [अ०+फा०] राजा।
m. a king.

आलमे-ख़ाक عالم خاک पुं० [अ०+फा०] संसार।
m. the world.

आलमे-ग़ैब عالم غیب पुं० [अ०+फा०] परलोक।
m. heaven.

आलमे-फ़ानी عالم فانی पुं० [अ०] यह लोक जो नश्वर है।
m. (our) mortal world.

आलमे-बाला عالم بالا पुं० [अ०] स्वर्ग, बहिश्त।
m. heaven.

आलमे-बेदारी عالم بیداری स्त्री० [अ०+फा०] जाग्रत अवस्था, जागने की हालत।
fem. wakefulness.

आलमे-सिफ़ली عالم سفلی स्त्री० [अ०] यह तुच्छ संसार।
fem. this object world.

आला[१] آلہ पुं० [अ० आल:] १. औज़ार। २. उपकरण।
m. 1. a tool. 2. an instrument.

आला[२] اعلیٰ वि० [अ० अअला] सबसे बढ़िया, श्रेष्ठ।
adj. best, excellent.

आलाइश, आलायश آلائش स्त्री० [फा०] शरीर में रहनेवाला मल और कोई दूषित पदार्थ।
m. polluted matter in the body.

आलात آلات पुं० [अ० 'आल:' का बहु०] औजार।
m. tools, instruments.

आलिम عالم वि० [अ०] इल्मवाला, विद्वान, पण्डित।
m. a scholar, learned person.

आलिमाना عالمانہ वि० [अ० आलिमा+फा० आन:] आलिमों या विद्वानों का-सा।
adj. scholary, learned.

आलिया عالیہ वि० [अ०] ऊँचा, श्रेष्ठ।
adj. high, highest, excellent.

आली عالی वि० [अ०] बड़ा, उच्च, श्रेष्ठ।
adj. high, lofty.

आलीजनाब عالی جناب पुं० [अ०] उच्च पद पर होनेवाले, व्यक्ति के लिए संबोधन; महोदय।
m. Respected Sir.

आलीजाह عالی جاہ पुं [अ०] राजा के लिए संबोधन।
m. Respected Sir.

आलीशान عالی شان वि० [फा०] भव्य, महान।
adj. grand, great, splendid.

आली-हज़रत اعلیٰ حضرت पुं० [अ०] उच्च पद पर होनेवाले व्यक्ति के लिए संबोधन, परम श्रेष्ठ।
m. Respected Sir.

आलुफ़्ता آلفتہ पुं० [फा० आलुफ़्त:] १. स्वतन्त्र प्रकृति का व्यक्ति। २. बाहरी व्यक्ति, पराया, ग़ैर।
m. 1. a freebooster, freeman. 2. an alien, foreigner.

आलूचा آلوچہ पुं० [फा० आलूच:] १. एक पेड़ जिसका फल पंजाब इत्यादि में ज्यादा खाया जाता है। २. इस पेड़ का फल, मोटिया बादाम, गर्दालू।
m. a tree and its fruit.

आलूद آلود वि० [फा०] १. लिबड़ा हुआ। 2. लिप्त।
adj. 1. smeared. 2. involved.

आलूदगी آلودگی स्त्री० [फा०] १. अपवित्रता, मलिनता, गन्दगी। २. लिप्तता।
fem. 1. impurity, pollution. 2. involvement, embroilment.

आलूदा آلودہ वि० [फा० आलूद:] लिप्त।
पद ख़्वाब-आलूदा = स्वप्नमय, स्वप्निल।
adj. involved in, embroiled in.
ph. experiencing dreams.

आलूबुख़ारा آلوبخارہ पुं० [फा०] अलूचा नामक वृक्ष का सुखाया हुआ फल।
m. a dried plum.

आवाज़ آواز स्त्री० [फा०] १. शब्द, नाद, ध्वनि। २. बोली। ३. वाणी, स्वर।
मुहा० **(i) आवाज़ उठाना**=विरोध करना, विरुद्ध कहना। **(ii) आवाज़ देना**=जोर से पुकारना। **(iii) आवाज़ बैठना**=कफ के कारण स्वर का साफ न निकलना, गला बैठना। **(iv) आवाज़ भारी होना**=कफ के कारण कण्ठ का स्वर विकृत होना।
fem. 1. sound, voice. 2. a dialect. 3. tone.
id. (i) to express opposition. (ii) to call loudly. (iii) to have a hoarse voice. (iv) to have a rough and harsh voice.

आवाज़ा آوازہ पुं० [फा० आवाज़:] १. नामवरी, प्रसिद्धि। २. ताना, व्यंग्य। ३. जनश्रुति, अफवाह।
मुहा० **आवाज़ा कसना**=व्यंग्य करना।
m. 1. fame, repute. 2. a taunt, satire. 3. rumour.
id. to taunt.

आवारगी آوارگی स्त्री० [फा०] आवारापन, शोहदापन।
fem. loafing, vagabondage.

आवारा آوارہ पुं० [फा० आवार:] व्यर्थ इधर-उधर फिरनेवाला निकम्मा व्यक्ति।
वि० दुश्चरित्र, लुच्चा।
m. a loafer, vagabond.
adj. of bad character, depraved.

आवारागर्द آوارہ گرد वि० [फा० आवार:+गर्द] [भाव० आवारागर्दी] आवारा।
adj. of bad character, depraved.

आवारगर्दी آوارہ گردی स्त्री० [फा०] आवारापन, आवारगी।
fem. loafing, vagabondage.

आवुर्द آورد वि० [फा० आवर्द] कृत्रिम।
adj. artificial, unnatural.

आवुर्दा آوردہ वि० [फा० आवर्द:] १. लाया हुआ। २. कृपापात्र।
adj. 1. that has been brought. 2. favoured.

आवेज़ آویز वि० [फा०] लटकता हुआ (यौगिक शब्दों के अन्त में)।
adj. hanging, hung.

आवेज़ آویزاں वि० [फा०] लटकता या झूलता हुआ।
adj. hanging or swinging.

आवेज़ा آویزاں पुं० [फा० आवेज़:] कानों में पहनने का एक प्रकार का लटकन।
m. an ornament of the ears.

आश آش स्त्री० [फा०] १. पेय। २. भोजन।
m. 1. a drink. 2. food.

आशकार آشکار वि० [फा०] प्रकट, ज़ाहिर।
adj. apparant, obvious.

आशना آشنا पुं० [फा० आश्ना] १. मित्र, दोस्त, यार, ज़ार। २. प्रेमी या प्रेमिका।
वि० परिचित, ज्ञात।
पद निगाहें आशना=परिचित दृष्टि।
m. 1. friend. 2. a lover or beloved.
adj. familiar, known.
ph. familiar glance.

आशनाई آشنائی स्त्री० [फा० आश्नाई] १. मित्रता, दोस्ती। २. परिचय, जान-पहचान। ३. स्त्री और पुरुष में होनेवाला अवैध सम्बन्ध।
fem. 1. friendship. 2. acquaintance, familiarity. 3. adultery.

आशिक़ عاشق पुं० [अ०] इश्क या प्रेम करनेवाला, प्रेमी, अनुरक्त।
m. a lover.

आशिक़-मिज़ाज عاشق مزاج वि० [अ०] जिसके मिज़ाज या स्वभाव में ही आशिकी हो, सदा इश्क या प्रेम करनेवाला, विलासी।
adj. having a romantic nature, indulging in love-affairs.

आशिक़-मिज़ाजी عاشق مزاجی स्त्री० [अ०] प्रेम-प्रपंचों में पड़ने का स्वभाव।
fem. nature of having love-affairs.

आशिक़ाना عاشقانہ वि० [अ० आशिक़ + फा० आन:] आशिकों का-सा, प्रेमपूर्ण।

adj. of lovers or like lovers.

आशिक़ी عاشقی स्त्री० [अ०] आशिक होने की अवस्था या भाव, प्रेम, आसक्ति।
fem. love, attachment.

आशियाँ آشیاں पुं० दे० 'आशियाना'।

आशियाना آشیانہ पुं० [फा० आशियान:] १. पक्षी का घोंसला। २. प्रेमियों के मिलने की जगह। ३. निवास।
m. 1. a nest. 2. a love-nest. 3. a residence.

आशिर عاشر वि० [फा०] दसवाँ।

आशुफ़्तगी آشفتگی स्त्री० [फा०] १. दुर्दशा। २. घबराहट, विकलता, बेचैनी।
fem. 1. sad condition, plight. 2. uneasiness.

आशुफ़्ता آشفتہ वि० [फा० आशुफ़्त:] [भाव० आशुफ़्तगी] १. दुर्दशाग्रस्त। २. घबराया हुआ, विकल (प्रेमी)।
adj. 1. having a sad condition. 2. feeling uneasiness.

आशूर, आशूरा عاشور/عاشورہ पुं० [अ० आशूर:] मुहर्रम का दसवाँ दिन।
m. the tenth day of Moharram.

आशोब آشوب पुं० [फा०] १. घबराहट, विकलता। २. सूजन। ३. उपद्रव।
m. 1. feeling of uneasiness, perplexity. 2. inflammation. 3. disturbance, trouble.

आश्कार آشکار वि० [फा०] प्रत्यक्ष, खुला हुआ, स्पष्ट, प्रकाशित।
adj. apparent, obvious.

आश्कारा آشکارا क्रि० वि० [फा०] खुले आम, सबके सामने।
वि० दे० 'आश्कार'।
adv. openly.
adj. apparent obvious.

आसफ آصف पुं० [अ०] हज़रत सुलेमान का वज़ीर।
m. a minister of Prophet Suleman.

आसफ़जाह آصف جاہ पुं० [अ०] हैदराबाद के पूर्व निज़ाम की पदवी।
m. the epithet of ex-rulers of Hydrabad.

आसफ़ीया آصفیہ वि० [अ०] आसफ़जाह-संबंधी।
adj. pertaining to आसफ-जाह।

आसमान آسمان पुं० दे० 'आस्मान'।

आसाइश آسائش स्त्री० [फा०] आराम, सुख, आनन्द।
fem. happiness, comfort, bliss.

आसान آسان वि० [फा०] सहज, सरल, मुश्किल या कठिन का उलटा।
adj. easy, simple.

आसानियत آسانیت स्त्री० दे० 'आसानी'।

आसानी آسانی स्त्री० [फा०] सरलता, सुगमता।
fem. easiness, simplicity.

आसाम آسام पुं० [अ० 'असम' का बहु०] १. पाप, गुनाह। २. अपराध।
m. (plu.) 1. sins. 2. offences.

आसामी آسامی पुं० [अ० असामी] १. पापी लोग। २. अपराधी। ३. काश्तकार।
m. 1. sinners. 2. offenders. 3. ploughers, farmers.

आसार آثار पुं० [अ० 'असर' का बहु०] १. निशान, चिह्न। २. लक्षण। ३. इमारत की नींव। ४. दीवार की चौड़ाई।
m. (plu.) 1. signs, marks. 2. traits. 3. foundation of a building. 3. width of a wall.

आसिम عاصم वि० [अ०] [स्त्री० आसिमा] सदगुणी, सदाचारी, सुशील।
adj. goody, virtuous.

आसिया آسیہ स्त्री० [फा०] आटा पीसने की चक्की।
fem. a grinding device.

आसिया-ए-आब آسیہ آب स्त्री० [फा०] पनचक्की।
fem. a water-mill.

आसी عاصی पुं० [अ०] १. गुनहगार, पापी। २. अपराधी, मुजरिम।
m. 1. a sinner. 2. a culprit.

आसीमा آسیمہ वि० [फा० आसीम:] चकित, भौंचक्का।
adj. amazed.

आसूदगी آسودگی स्त्री० [फा०] १. सुख और शान्ति। २. सम्पन्नता। ३. तुष्टि।
fem. 1. peace and happiness. 2. wealthiness. 3. contentment.

आसूदा آسودہ वि० [फा० आसूद:] १. सुखी और सम्पन्न। २. बेफिक्र, निश्चिन्त।
adj. 1. living in peace and plenty. 2. carefree.

आसेब آسیب पुं० [फा०] १. भूत-बाधा। २. विपत्ति, कष्ट। ३. हानि, क्षति।
m. 1. obstruction caused by spirits. 2. a trouble. 3. loss, damage.

आस्ताँ آستاں पुं०=आस्तान।

आस्तान آستان पुं० [फा० मि० सं० स्थान] १. ड्योढ़ी, दहलीज। २. प्रवेशद्वार। ३. फकीरों के रहने का स्थान।
m. threshold, 2. entrance. 3. a place where saints live.

आस्ताना آستانہ पुं० [फा० आस्तान:] दे० 'आस्तान'।

आस्तीन آستین स्त्री० [फा०] पहनने के कपड़े का वह भाग जो बाँह को ढकता है, बाँह।
मुहा० आस्तीन का साँप=वह व्यक्ति जो मित्र होकर शत्रुता करे।

fem. an arm of a shirt, sleeve.
id. a treacherous fellow.

आस्माँ آسماں पुं०=आस्मान।

आस्मान آسمان पुं० [फा०] १. आकाश, गगन। २. स्वर्ग, देवलोक।

***मुहा०* (i) आस्मान के तारे तोड़ना**=कोई कठिन या असम्भव कार्य करना। **(ii) आस्मान टूट पड़ना**=किसी विपत्ति का अचानक आ पड़ना, वज्रपात होना। **(iii) आस्मान पर चढ़ना**=ग़रूर करना, घमण्ड दिखाना। **(iv) आस्मान सिर पर उठाना**=ऊधम मचाना। **(v) दिमाग़ आस्मान पर होना**=बहुत अभिमान होना।

m. 1. sky. 2. heaven.
id. (i) to do something impossible. (ii) to have a bolt from the blue. (iii) to be haughty. (iv) to make too much noise. (v) to be haughty.

आस्मानी آسمانی वि० [फा०] १. आस्मान का, आकाशीय। २. देवीय; जैसे—आस्मानी ग़ज़ब। ३. आकस्मिक। ४. आस्मान के रंग का, नीला।

पुं० आस्मान का-सा रंग, नीला रंग।

स्त्री० ताड़ी।

adj. 1. of or relating to the sky. 2. heavenly. 3. happing by chance, accidental. 4. blue.
m. blue colour.
fem. a drink, toddy.

आहंग آہنگ पुं० [फा०] १. विचार, इरादा। २. उद्देश्य। ३. ढंग, तरीका। ४. संगीत।

m. 1. a thought, idea. 2. aim, goal. 3. way, method. 4. music.

आह آہ स्त्री० [अ०] कष्टसूचक निःश्वास।

***पद* आहे-ग़रीबाँ**=गरीबों की आह।

***मुहा०* किसी की आह पड़ना**=किसी की ठंडी साँस का दुखद प्रभाव पड़ना।

fem. a sigh.
ph. the sigh of a poor.
id. to be in trouble because of giving a trouble to someone else.

आहन آہن पुं० [फा०] लोहा।

m. iron.

आहनगर آہنگر पुं० [फा०] लोहे का काम करनेवाला, लुहार, लोहार।

m. an ironsmith.

आहनी آہنی वि० [फा०] लोहे का।

adj. of iron.

आहिरा آہرہ स्त्री० [अ० आहिरः] कुलटा।

fem. an unchaste woman.

आहिल آہل स्त्री० [अ०] विधवा, पतिविहीना।

m. a widow.

आहिस्तगी آہستگی स्त्री० [फा०] १. 'आहिस्ता' का भाव, धीमापन। २. मुलायमियत, कोमलता।

fem. 1. slowness. 2. tenderness.

आहिस्ता آہستہ क्रि०वि० [फा० आहिस्तः] १. धीरे-धीरे। २. कोमलता से, मुलायमियत से। ३. क्रम-क्रम से।

वि० १. धीमा, मद्धिम। २. कोमल, मुलायम।

adv. 1. slowly. 2. tenderly. 3. gradually.
adj. 1. slow, sloth. 2. tender.

आहू آہو पुं० [फा०] हिरन।

m. a deer.

आहूचश्म آہوچشم वि० स्त्री० [फा०] हिरन जैसी आँखोंवाली, मृगनयनी।

adj. fem. deer-eyed. (a woman) having very attractive eyes.

◆

इ

इंक़िज़ा انقضا स्त्री० [अ०] समाप्ति।

पद इंक़िज़ा-ए-मीआद=अवधि की समाप्ति।
fem. end, finish. completion.
ph. end of a period or limit.

इंजील انجیل स्त्री० [यू०] ईसाइयों की धर्म-पुस्तक।
fem. Bible.

इंतक़ाम انتقام पुं० [अ० इन्तिक़ाम] बदला।
m. revenge.

इंतकाल انتقال पुं० [अ० इन्तिकाल] १. एक स्थान से दूसरे स्थान पर ले जाना, स्थान-परिवर्तन। २. इस लोक से दूसरे लोक में जाना। ३. मरण, मृत्यु।
m. 1. migration. 2. transmigration. 3. death.

इंतख़ाब انتخاب पुं० [अ० इन्तिख़ाब] १. चुनाव, चयन। २. निर्वाचन। ३. पसन्द।
m. 1. choice, option, selection. 2. election. 3. liking, pick.

इंतज़ाम انتظام पुं० [अ० इंतिज़ाम] प्रबन्ध, व्यवस्था।
m. management.

इंतज़ामकार انتظام کار पुं० [अ०+फा०] इन्तज़ाम या प्रबन्ध करनेवाला, व्यवस्थापक, प्रबन्धकर्ता।
m. a manager, executor.

इंतज़ार انتظار पुं० [अ० इंतिज़ार] प्रतीक्षा।
m. wait.

इंतशार انتشار पुं० [अ० इन्तिशार] १. इधर-उधर फैलना, बिखरना। २. परेशानी। ३. दुर्दशा।
m. 1. the state being scattered. 2. harassment. 3. plight.

इंतहा انتہا स्त्री० [अ० इंतिहा] १. चरम सीमा। २. समाप्ति, अन्त। ३. परिणाम, फल।
वि० बहुत अधिक
fem. 1. limit. 2. end. 3. result.
adj. too much.

इंदमाल اندمال पुं० [अ० इंदिमाल] १. घाव का भरना। २. सुधार।
m. healing of a wound. 2. improvement.

इंदराज اندراج पुं० [अ० इन्दिराज] प्रविष्टि।
m. an entry, item.

इंदिया اندیہ पुं० [अ० इन्दियः] १. विचार। २. अभिप्राय।
m. 1. an idea. 2. purport, sense.

इंदोख़्ता اندوختہ वि० [फा० इन्दोख़तः] मिला हुआ, प्राप्त। पुं० प्राप्ति, लाभ।
adj. received.
m. money received, profit.

इंफ़ाज़ انفاذ पुं० [अ०] १. जारी करना, प्रचलित करना। २. रवाना करना, भेजना।
m. 1. the action of issuing. 2. act of sending or dispatching.

इंफ़िकाक انفکاک पुं० [अ०] मुक्ति, विमुक्ति।
m. release, freedom.

इंफ़िसाल انفصال पुं० [अ०] मुकदमे का फैसला, निर्णय।
m. court's decision.

इंशा انشاء स्त्री० [अ०] १. लेख आदि लिखना, लेखन-क्रिया। २. लेखन-शैली।
fem. 1. act of writing. 2. style of writing.

इंशा-अल्लाह-तआला انشاءاللہ تعالیٰ पद [अ०] यदि ईश्वर ने चाहा तो, यदि ईश्वर की इच्छा हुई तो।
ph. if God permits.

इंशा-परदाज़ انشاءپرداز पुं० [अ०+फा०] लेखक।
m. a writer.

इंशा-परदाज़ी انشاءپردازی स्त्री० [अ०+फा०] लेख आदि लिखने की क्रिया अथवा कला।
fem. act, art or style of writing.

इंसदाद انسداد पुं० = इन्सिदाद।

इंसराम انصرام पुं० [अ० इन्सिराम] १. कटना, अलग होना। २. पूर्णता या समाप्ति को पहुँचना। ३. व्यवस्था।
m. 1. act of cutting or state of being cut. 2. completion. 3. management.

इंसान انسان पुं० [अ०] मनुष्य।
m. a human being, man.

इंसानियत انسانیت स्त्री० [अ०] १. मनुष्यता, मनुष्यत्व, भलमनसाहत। २. मानवता।
fem. 1. the quality of state of being human, humanity. 2. human race.

इंसानी انسانی वि० [अ० इन्सान] मनुष्य-सम्बन्धी, मानवीय।
adj. human, humane.

इंसाफ़ انصاف पुं० [अ०] १. न्याय, अदल। २. फैसला, निर्णय।
m. 1. justice, 2. decision, award.

इंसिदाद انسداد पुं० [अ०] रोकथाम, निवारण।

पद इंसिदादे जरायम=अपराधों की रोकथाम।
m. prevention, check.
ph. prevention of crimes.

इआदत عیادت स्त्री० [अ०] १. दोहराना। २. रोगी को देखने और उसका हाल पूछने के लिए उसके पास जाना।
fem. 1. repetition. 2. act of attending an ill one.

इआनत اعانت स्त्री० [अ०] १. मदद, सहायता। २. दया कृपा, अनुग्रह।
fem. 1. help, assistance. 2. kindness, favour.

इक़तदार اقتدار पुं० [अ० इक़्तिदार] १. अधिकार, इख़्तियार। २. सामर्थ्य, शक्ति।
m. 1. right, privilage. 2. capacity, power.

इक़तबास اقتباس पुं० [अ० इक़्तिबास] १. प्रज्वलित करना, जलाना। २. किसी से ज्ञान प्राप्त करना। ३. किसी का लेख या वचन बिना उसके नाम के उल्लेख के उद्धृत करना।
m. 1. act of lightening or igniting. 2. act of learning. 3. act of quoting something without referring the actual author.

इक़तिसाम اقتصام पुं० [अ० इक़्तिसाम] विभाजन, बँटवारा
m. partition, division.

इक़दाम اقدام पुं० [अ०] प्रयत्न, चेष्टा।
m. an attempt.

इकबारगी اکبارگی क्रि० वि० [फा० यकबारगी] एक साथ, एकाएक, एकदम से, अचानक, सहसा।
adv. at once, all of a sudden.

इक़बाल اقبال पुं० [अ० इक़्बाल] [वि० इक़बाली] १. किस्मत, भाग्य। २. प्रताप। ३. धन, सम्पत्ति, दौलत। ४. कबूल करना, मानना। स्वीकार।
m. 1. fate. 2. glory. 3. wealth, property. 4. act of confessing or admitting.

इक़बालमंद اقبال مند वि० [अ० इक़्बाल + फा०] [भाव० इक़बालमंदी] इक़बालवाला, प्रतापशाली।
adj. august.

इकराम اکرام पुं० [अ० इक्राम] १. प्रदान। २. बख्शिश। ३. पुरस्कार, इनाम।
पद इनाम व इकराम=पारितोषिक और पुरस्कार।
m. 1. act of giving. 2. a small amount of money given as a gift. 3. prize, award.
ph. prize and gift.

इक़रार اقرار पुं० [अ० इक़्रार] १. प्रतिज्ञा, वचन, वादा। २. कोई काम करने की स्वीकृति।
m. 1. a promise, commitment, 2. acceptance.

इक़रारनामा اقرارنامہ पुं० [अ० इक़्रार+फा० नाम:] वह पत्र जिसपर किसी प्रकार का इकरार और उसकी शर्तें लिखी हों, प्रतिज्ञापत्र।
m. a formal agreement, contract.

इक़रारी اقراری वि० [अ० इक़्रारी] इक़रार-संबंधी।
पुं० १. इक़रार करनेवाला। २. अपना अपराध आदि मान लेनेवाला।
adj. pertaining to agreement, contractual.
m. 1. one who gives a word. 2. one who confesses his guilt or sin.

इक्तफ़ा اقتفا पुं० [अ० इक्तिफ़ा] १. काफी समझना, यथेष्ट समझना। २. सन्तुष्ट रहना।
m. 1. an act of grasping. 2. the state of being contended.

इक़्साम اقسام पुं० [अ०] १. विभाजन, अनुभाजन। २. हिस्से लगाना।
m. 1. division. 2. an act of dividing or separating into parts.

इक्सीर اکسیر स्त्री० [अ०] रसायन, कीमिया।
वि० अमोघ, अचूक।
fem. alchemy.
adj. unfailing, infallible.

इख़ततामा اختتام पुं० [अ० इख़्तिताम] खातमा, अन्त।
m. end, extinction.

इख़्फ़ा اخفا पुं० [अ० आख़्तिफ़ा] गोपन, छिपाना।
m. concealment, hiding.

इख़राज اخراج पुं० [अ० इख़्राज] ख़ारिज या अस्वीकृत कर देना।
m. 1. act of dismissing or rejecting. 2. act of spending.

इख़राजात اخراجات पुं० [अ० इख़्राज 'खर्च' का बहु०] खर्च, व्यय।
m. expenses, expenditure.

इख़लाक़ اخلاق पुं० दे० 'अख़लाक़'।

इख़लाक़ी اخلاقی वि० दे० 'अख़लाक़ी' (नैतिक)।

इख़लास اخلاص पुं० [अ० इख़्लास] १. दोस्ती, मित्रता। २. निश्छल या सच्चा प्रेम।
m. 1. friendship. 2. true love.

इख़लासमंद اخلاص مند वि० [अ०+फा०] शुद्ध हृदय।
पुं० १. प्रेम करनेवाला। २. मिलनसार व्यक्ति।
adj. pure hearted.
m. 1. loving person. 2. an affable person.

इख़्तराअ اختراع पुं० [अ० इख़्तिराअ] १. कोई नई बात निकालना या पैदा करना, आविष्कार करना। २. ईजाद, आविष्कार।
m. 1. an act of inventing or discovering. 2. invention, discovery.

इख़्तलाज اختلاج पुं० [अ० इख़्तिलाज] दिल की धड़कन।
m. palpitation.

इख़्तलात اختلات पुं० [अ० इख़्तिलात] १. मेल-जोल, दोस्ती, घनिष्ठता। २. प्रेम, अनुराग।
m. 1. intimacy, friendship. 2. love.

इख़्तलाफ़ اختلاف पुं० [अ० इख़्तिलाफ़] १. खिलाफ़ होने की अवस्था या भाव, विरोध। २. बिगाड़, अनबन।
m. 1. opposition. 2. rift, dissention.

इख़्तसार اختصار पुं० [अ० इख़्तिसार] संक्षेप, खुलासा।
m. abbreviated form, abbreviation.

इख़्तिमाम اختمام पुं० [अ०] समाप्ति।
m. end, extinction.

इख़्तियार اختیار पुं० [अ०] १. अधिकार। २. अधिकार-क्षेत्र। ३. सामर्थ्य, काबू। ४. प्रभुत्व, स्वत्व।
m. 1. right. 2. domain, jurisdiction. 3. capacity, control. 4. sway, possession.

इख़्तियारी اختیاری वि० [अ०] १. जो अपने इख्तियार में हो। २. ऐच्छिक।
adj. 1. under control. 2. voluntary.

इख़्तिलात اختلات पुं० [अ०] इख़्तलात।

इख़्तिसार اختصار पुं० दे० 'इख़्तसार'।

इख़्तिसास اختصاص पुं० [अ०] विशेषता।
m. speciality, virtue or trait.

इख़्राज اخراج पुं० = इख़राज

इग़माज़ اغماز पुं० [अ० इग़माज़] ध्यान न देना, उपेक्षा।
m. neglect, disregard.

इग़माज़ी اغمازی वि० [अ०] उपेक्षा करनेवाला।
adj. giving or paying no attention.

इग़लाम اغلام पुं० [अ० इग़लाम] अप्राकृतिक रीति से लड़कों के साथ व्यभिचार करना, लौंडेबाज़ी।
m. a sodomy.

इग़लामी اغلامی पुं० [अ० इग़लाम] [वि० इग़लामी] इग्लाम या लौंडेबाजी करनेवाला।
m. sodomite.

इग़वा اغوہ पुं० [अ० इग़वा] १. बहकाना। २. भ्रम में डालना। ३. अपहरण।
m. 1. act of misleading or alluring. 2. an act of creating confusion. 3. abduction.

इजतनाब اجتناب पुं० [अ० इज्तिनाब] १. परहेज करना, बचना, दूर रहना। २. संयम। ३. नफरत।
m. 1. avoidance. 2. abstinence. 3. hate.

इजतमाअ اجتماع पुं० [अ० इज्तिमाअ] १. इकट्ठा होना, जमा होना। २. जन-समूह।
m. 1. an act of gathering. 2. gathering, throng, mass.

इज़्तराब اضطراب पुं० [अ० इज़्तिराब] विकलता, बेचैनी।
m. restlessness, perturbation.

इजतहाद اجتہاد पुं० [अ० इज्तिहाद] 'जहद' का बहुवचन। १. कोई नई बात सोचना। २. चेष्टा करना।
adj. 1. act of forming new ideas. 2. act of attempting.

इज़्दहाम ازدہام पुं० [फा० इज़्दिहाम] बहुत बड़ी भीड़, जनसमूह।
m. huge crowd, throng.

इज़्दिवाज ازدواج पुं० [अ० इज़्दिवाज] विवाह।
m. a marriage, wedding.

इज़्न اذن पुं० [अ० इज़्न] आज्ञा।
m. an order.

इज़्माअ ازماع पुं० [अ० इज़्माअ] १. इकट्ठा होना। २. एकमत होना।
m. 1. the state of being gathered. 2. the state of being of same opinion.

इजमाल اجمال पुं० [अ० इज्माल] १. बिखरी हुई चीजों को मिलाकर इकट्ठा और ठीक करना। २. संक्षेपण करना। ३. संक्षिप्त रूप। ४. किसी जमीन आदि पर होनेवाला बहुत से लोगों का सम्मिलित अधिकार।
m. 1. act of gathering or collecting. 2. abridgement. 3. abridged form. 4. collective ownership.

इजमाली اجمالی वि० [अ० इज्माली] बहुत से लोगों का, मिला-जुला, सम्मिलित।
adj. mixed, combined, included.

इजरा اجراء स्त्री० [अ० इज्रा] १. जारी करना, प्रचलित करना। २. कार्य का निष्पादन।
पद **इजराए डिग्री**=डिगरी का निष्पादन।
m. 1. an act issuing. 2.execution of a work.
ph. execution of a court's order.

इज़राईल عزرائیل पुं० [अ० इज्राईल] प्राण लेनेवाले फरिश्ते का नाम, मृत्यु का देवदूत।
m. name of a messenger of death.

इजलत اجلت स्त्री० [अ०] = उजलत।

इजलाल اجلال पुं० [अ० इज्लाल] १. बुजुर्गी, बड़प्पन। २. प्रतिष्ठा, सम्मान। ३. शान।
m. 1. elderliness, magnanimity. 2. prestige, honour. 3. grandeur, glory.

इज़लाल اضلال पुं० [अ० इज़्लाल] गुमराह करना।
m. act of misleading.

इजलास اجلاس पुं० [अ० इज्लास] १. न्यायालय, कचहरी। २. सभा, अधिवेशन।
m. 1. court of justice. 2. meeting, session.

इज़हार اظہار पुं० [अ० इज़्हार] १. जाहिर या प्रकट करना। २. वर्णन करना। ३. वक्तव्य, बयान।
m. 1. an act of expressing. 2. an act of narrating. 3. a statement.

इजाज़त اجازت स्त्री० [अ०] १. अनुमति। २. आज्ञा, आदेश।
m. 1. permission. 2. order, command.

इज़ाफ़त اضافت स्त्री० [अ०] १. संबंध स्थापित करना। २. अपना काम ईश्वर पर छोड़ना। ३. शरण देना।
fem. 1. an act of establishing relationship. 2. dependence on God. 3. act of giving shelter or refuse.

इज़ाफ़ा اضافہ पुं० [अ०] वृद्धि, बढ़ोतरी।
m. increase, increment.

इज़ाफ़ी اضافی वि० [अ०] ऊपर से बढ़ाया हुआ।
adj. increased, extended.

इजाबत اجابت स्त्री० [अ०] १. स्वीकृति। २. मंजूरी। ३. मल-त्याग।
m. 1. acceptance. 2. sanction. 3. evacuation.

इज़ार ازار स्त्री० [फा०] पाजामा।
m. a pair of trousers.

इज़ारबंद ازاربند पुं० [फा०] नाड़ा जो पाजामे के नेफे में डाला जाता है और जिससे उसे कमर में बाँध लेते हैं।
मुहा० इज़ारबंद का ढीला=पर-स्त्री से सम्भोग करने के लिए तैयार रहनेवाला, ऐयाश।
m. a string of a pajama.
id. a libidinous person, libertine.

इजारा اجارہ पुं० [अ० इजार:] १. किसी पदार्थ को उजरत या किराए पर देना। २. ठेका। ३. अधिकार, इख्तियार, स्वत्व।
m. 1. an act of hiring something on payment of a sum or money. 2. contract. 3. right.

इजारादार اجارہدار पुं० [अ०+फा०] १. वह जिसने कोई जमीन आदि इजारे या ठेके पर ली हो, काश्तकार। २. ठेकेदार। ३. पट्टेदार।
m. 1. a farmer, agriculturist. 2. a contractor. 3. a lease-holder.

इजारानामा اجارہنامہ पुं० [अ०+फा० नाम:] वह काग़ज़ जिसपर इजारे की शर्तें आदि लिखी हों।
m. a contract deed.

इज़ाला ازالہ पुं० [अ० इज़ाल:] १. नष्ट करना। २. न रहने देना, दूर करना; जैसे—इज़ालै बिक करना= कुमारी का कौमार्य नष्ट करना।
***पद* इज़ालै हैसियते उरफी**=हतक, मान-भंग।
m. 1. an act of destroying, destruction. 2. act of breaking or crushing.
ph. humiliation, disgrace.

इज़्ज़ عز पुं० [अ०] इज्जत, प्रतिष्ठा।
***पद* इज़्ज़ ओ जाह/शान**=प्रतिष्ठा और शान।
m. respect, honour.
ph. prestige and glory.

इज़्ज़त عزت स्त्री० [अ०] प्रतिष्ठा, मान, सम्मान।
fem. prestige, honour.

इज़्ज़तदार عزتدار वि० [अ०+फा०] प्रतिष्ठित, सम्मानित।
adj. respected, honooured.

इज़्न عذر पुं० [अ०] १. मालिक का अपने गुलाम को कोई व्यापार करने की आज्ञा देना। २. विवाह के सम्बन्ध में वर और कन्या की स्वीकृति।
***पद* इज़्न आम**=मुरदे की नमाज पढ़ने के बाद लोगों को अपने-अपने घर जाने की आज्ञा।
m. 1. an act of giving permission to a servant or slave to do some business. 2. acceptance given to get married.
ph. an order to leave after paying tribute to the dead.

इज़्ननामा عذرنامہ पुं० [अ० इज़्न+फा० नाम:] वसीयत-नामा।
m. (written) will.

इतमीनान اطمینان पुं० [अ० इत्मीनान] १. विश्वास। २. सन्तोष।
m. 1. belief. 2. satisfaction.

इतरत عترت स्त्री० [अ० इत्रत] संतान।
fem. an offspring, progeny.

इतराफ़ اطراف स्त्री० [अ० इत्राफ़; 'तरफ़' का बहु०] दिशाएँ।
fem. (plu.) directions.

इतलाक़ اطلاق पुं० [अ० इत्लाक़] १. मुक्त करना। २. प्रयुक्त करना, लगाना। ३. तलाक़ देना।
m. 1. liberation. 2. use. 3. divorce.

इतलाफ़ اطلاف पुं० [अ० इत्लाफ़] नष्ट करना।
m. act of destroying.

इताअत اطاعت स्त्री० [अ०] ताबेदारी करना, हुक्म मानना, आज्ञापालन।
fem. obedience, compliance.

इताब عطاب पुं० [अ०] १. कोप, अप्रसन्नता। २. डाँट-फटकार।
m. 1. displeasure. 2. rebuke.

इत्तफ़ाक़ اتفاق पुं० [अ० इत्तिफ़ाक़, बहु० इत्तफ़ाक़ात] १. आपस में मिलना। २. एकता। ३. संयोग।
***पद* इत्तफ़ाक़ से**=संयोग से।
m. 1. act of meeting. 2. unity. 3. chance.
ph. by chance, by accident.

इत्तफ़ाक़न् اتفاقاً क्रि० वि० [अ० इत्तिफ़ाक़न] इत्तफाक़ से, संयोग से।
adv. by chance, suddenly.

इत्तफ़ाक़िया اتفاقیہ क्रि० वि० [फा० इत्तिफ़ाक़िय:] १. इत्तफ़ाक़ से, संयोग से। २. आकस्मिक रूप से।
adv. 1. by chance. 2. accidently.

इत्तफ़ाक़ी اتفاقی वि० [अ० इत्तिफ़ाक़ी] इत्तफाक़ या संयोग से होनेवाला।
adj. happening by chance, accidental.

इत्तला اطلاع स्त्री० [अ० इत्तिला] सूचना।
fem. information, notice.

इत्तलाअन् اطلاعاً क्रि० वि० [अ०] इत्तला के तौर पर।
adv. for information.

इत्तसाल اتصال पुं० [अ० इत्तिसाल] १. संयुक्त या सलग्न होना, मिलना। २. किसी काम का लगातार होना। ३. सम्बन्ध, लगाव।
m. 1. the state of being joined or met,

meeting. 2. continuance. 3. attachment, relation.

इत्तहाद اتحاد पुं० [अ० इत्तिहाद] १. एका, एकता। २. मित्रता, दोस्ती।
m. 1. unity. 2. friendship.

इत्तहाम اتہام पुं० [अ० इत्तिहाम] १. तोहमत लगाना, दोष लगाना, व्यर्थ बदनाम करना। २. भ्रम में डालना।
m. 1. accusation, blame. 2. act of confusing.

इत्तिला اطلاع स्त्री० [इत्तिलाअ] १. खबर। २. सूचना। ३. विज्ञप्ति।
fem. 1. news. 2. information. 3. bulletin.

इत्तिलाकुनिंदा اطلاع کنندہ वि० [अ०+फा० कुनिंद:] सूचना देनेवाला।
m. one who gives information, reporter.

इत्तिलानामा اطلاع نامہ पुं० [अ० इत्तिला+फा० नाम:] वह पत्र जिसके द्वारा कोई इत्तिला या सूचना दी जाए, सूचनापत्र।
m. a letter giving information.

इत्तिहाद اتحاد पुं० [अ०] १. एकता। २. संघटन।
m. 1. unity. 2. organization.

इत्र عطر पुं० [अ०] फूलों की सुगंधि का सार, पुष्पसार।
m. a scent, perfume.

इत्रदान عطردان पुं० [अ०+फा०] इत्र रखने का पात्र।
m. scent-case.

इत्रयात عطریات स्त्री० [अ०] सुगंधित वस्तुएँ, खुशबूदार चीजें।
fem. (plu.) perfumes.

इदख़ाल ادخال पुं० [अ० इद्ख़ाल] १. दाख़िल होने या करने की क्रिया ता भाव। २. जमा करने की क्रिया या भाव। ३. प्रस्तुतीकरण।
m. 1. act of admitting or enrolling. 2. act of depositing. 3. presentation.

इदबार ادبار पुं० [अ० इद्बार] १. बदकिस्मती, दुर्भाग्य। २. दरिद्रता।
m. 1. bad luck, misfortune. 2. poverty.

इदराक ادراک स्त्री० [अ० इद्राक] १. समझ। २. अक्ल, बुद्धि। ३. पूछताछ।
fem. 1. understanding. 2. intellect, intelligence. 3. enquiry.

इद्दत عدت स्त्री० [अ०] १. गिनती, गणना। २. विधवाओं और परित्यक्ता स्त्रियों के लिए वह निश्चित काल जिसके पहले वे दूसरा विवाह नहीं कर सकतीं।
fem. 1. counting. 2. a period in which a divorcee or widow is not allowed to marry again.

इनकार انکار पुं० [अ० इन्कार] अस्वीकार।
m. denial, refusal.

इनसान انسان पुं० [अ० इन्सान] मनुष्य।
m. a human being, man.

इनसाफ़ انصاف पुं० [अ० इन्साफ] न्याय।
m. justice.

इनसिदाद انسداد पुं० [अ० इन्सिदाद] रोकथाम, निवारण।
m. check, prevention.

इनहदाम انہدام पुं० [अ० इन्हिदाम] १. उजड़ जाना। २. ढहना, मटियामेट होना, नष्ट होना।
m. 1. devastation, ruination, 2. demolition, annihilation.

इनहराफ़ انحراف पुं० [अ० इन्हिराफ़] बगावत, विद्रोह।
m. rebellion.

इनहसार انحصار पुं० [अ० इन्हिसार] १. चारो ओर से घेर लिया जाना। २. बन्धन। ३. निर्भरता।
m. 1. encirclement, gherao. 2. binding. 3. dependence.

इनाद عناد पुं० [अ०] वैर, शत्रुता, दुश्मनी।
m. enmity, hostility.

इनादाम انادام पुं० [अ०] नाश।
m. devastation, annihilation.

इनान عنان स्त्री० [अ०] लगाम, बाग।
fem. bridle, rein.

इनाबत انابت स्त्री० [अ०] पश्चात्तापपूर्वक ईश्वर की ओर प्रवृत्त होना।
fem. tendency towards god due to remorse.

इनाम انعام पुं० [अ० इन्आम] पुरस्कार, उपहार, बख्शिश।
***पद* इनाम इकराम**=इनाम जो कृपापूर्वक दिया जाए।
m. a reward, prize.
ph. kindly given reward, gift.

इनामदार انعام دار पुं० [अ०+फा०] वह जिसे माफी ज़मीन मिली हो।
m. one having got a piece of land as a gift.

इनायत[1] عنایت स्त्री० [अ०] दूसरे के कार्य के लिए स्वयं कष्ट भोगना।
fem. trouble-taking.

इनायत[2] انایت स्त्री० [अ० अनायत] कृपा, दया, मेहरबानी।
fem. kindness, favour.

इनायतनामा عنایت نامہ पुं० [अ०+फा०] कृपापत्र।
m. a letter containing message.

इन्अफ़ाल انفعال पुं० [अ०] पश्चात्ताप।
***पद* अर्क़-इन्अफाल**=पश्चात्ताप के आँसू।
m. remorce.
ph. tears of remorce.

इन्क़ज़ा انقضا पुं० [अ० इन्क़िज़ा] समाप्ति, जैसे—इन्कज़ाए मीयाद=मीयाद या अवधि का बीत जाना।
m. completion, conclusion.

इन्क़लाब انقلاب पुं० [अ० इन्क़िलाब] जमाने का उलट-फेर, समय का फेर, बहुत बड़ा परिवर्तन, क्रान्ति।
m. revolution, upheaval, great change.

इन्क़लाबी انقلابی वि० पुं० [अ०] क्रान्तिकारी।
adj & m. revolutionary.

इन्कशाफ़ انکشاف पुं० [अ० इन्किशाफ़] रहस्य आदि खुलना, उद्घाटन।
m. revelation of a mystery.

इन्कसार انکسار पुं० [अ०] १. नम्रता। २. दीनता, आजिज़ी।
m. 1. humility. 2. indigence.

इन्कार انکار पुं० [अ०] अस्वीकृति, नामंजूरी।
m. denial, refusal.

इन्क़िसाम انقسام पुं० [अ०] बँटवारा, विभाजन।
m. division, partition.

इन्ज़माद انجماد पुं० [अ० इन्ज़िमाद] जमने की क्रिया, जमना (जल आदि का)।
m. an act of freezing or state of being freezed.

इन्ज़ाल انزال पुं० [अ०] वीर्यपात।
m. discharge of semen.

इन्तक़ाम انتقام पुं० [अ० इन्तिक़ाम] बदला, प्रतिशोध।
m. revenge.

इन्तक़ाल انتقال पुं० [अ० इन्तिक़ाल] १. स्थान-परिवर्तन। २. मृत्यु।
m. 1. change of place, transfer. 2. death.

इन्तख़ाब انتخاب पुं० [अ० इन्तिख़ाब] १. चुनाव। २. निर्वाचन।
m. 1. selection. 2. election.

इन्तज़ाम انتظام पुं० [अ० इन्तिज़ाम] प्रबंध, व्यवस्था।
m. management.

इन्तज़ामकार انتظام کار पुं० [अ० इन्तिज़ाम+फा० कार] प्रबंधक, व्यवस्थापक।
m. manager, organiser.

इन्तज़ार انتظار पुं० [अ० इन्तिज़ार] प्रतीक्षा।
m. wait & waiting.

इन्तफ़ा انتفا पुं० [अ० इन्तिफ़ा] मिट जाना, बुझ जाना।
m. the state of being extinguished, extinction.

इन्तफ़ाअ انتفاع पुं० [अ० इन्तिफ़ाअ] लाभ।
m. profit.

इन्तबाक़ انطباق पुं० [अ० इन्तिबाक़] आपस में मिलना।
m. act of meeting.

इन्तशार انتشار पुं० [अ० इन्तिशार] १. बिखराव। २. परेशानी।
m. 1. an act of scattering or the state of being scattered. 2. a trouble.

इन्तसाब انتساب पुं० [अ० इन्तिसाब] संबंध, नाता।
m. relation, relationship.

इन्तहा انتہا स्त्री० [अ० इन्तिहा] १. सीमा। २. चरम सीमा।
पद इन्तहा का=पहले सिरे का।
m. 1. limit. 2. extremity.
ph. without limit, extreme.

इन्दिमाल اندمال पुं० [अ०] घाव का पुजना।
m. healing of a wound.

इन्दिया اندیا पुं० [अ०] अभिप्राय, विचार।
m. purport, motive.

इन्दिराज اندراج पुं० [अ०] १. दर्ज करना। २. प्रविष्टि।
m. 1. act of entering or state of being entered. 2. an entry.

इन्दुल اندل क्रि०वि० [अ०] (उपसर्ग की तरह प्रयुक्त) १. के समय। २. के बाद।
adv. 1. at the time of. 2. after, following.

इन्दुल-ज़रूरत اندل ضرورت क्रि० वि० [अ०] ज़रूरत होने पर, आवश्यकता पड़ने पर।
adv. in accordance with need.

इन्दुल-तलब اندل طلب क्रि०वि० [अ०] माँगने पर।
adv. as per demand.

इन्दुल-मुलाक़ात اندل ملاقات क्रि०वि० [अ०] मुलाकात होने पर।
adv. at the time of meeting.

इन्फ़ाज़ انفاذ पुं० [अ०] जारी करना, प्रचलित करना।
m. an act of issuing or making public.

इन्फ़ास انفاس पुं० [अ०] १. उत्तमता। २. निर्मलता।
m. 1. excellence. 2. cleanliness.

इन्फ़िकाक انفکاک पुं० [अ०] संपत्ति का रेहन से छूटना।
m. redemtion.

इन्फ़िराग़ انفراغ पुं० [अ०] छुटकारा।
m. acquittal, release, discharge.

इन्फ़िराद انفراد पुं० [अ०] अकेले होने की अवस्था या भाव।
m. lonliness.

इन्फ़िरादी انفرادی वि० [अ०] वैयक्तिक।
adj. personal, private.

इन्फ़िसाख़ انفساخ पुं० [अ०] टूटने की अवस्था या भाव।
m. act of breaking or the state of being broken.

इन्फ़िसाल انفصال पुं० [अ०] निर्णय।
m. decision, judgement.

इन्शा انشا पुं० [अ०] १. लेखन। २. लेखन-शैली। ३. पत्र-लेखन।
m. 1. act of writing. 2. style of writing. 3. the art of writing letters, letter-writing.

इन्शा अल्लाह انشاءاللہ पद [अ०] यदि ईश्वर ने चाहा (तो)।
ph. If the God desired (then)....

इन्शा-परदाज़ انشاپرواز पुं० [अ०] लेखक, मुंशी।
m. a writer or clerk.

इन्शा-परदाज़ी انشاپروازی स्त्री० [अ०] लेखन-कला।
fem. art of writing.

इन्स انس पुं० [अ०] लोग, इन्सान।
m. (plu.) human beings, people.

इन्सान انسان पुं० [अ०] मनुष्य।
m. a human being, man.

इन्सानीयत انسانیت स्त्री० [अ०] मनुष्यता।
fem. humanity.

इन्साफ़ انصاف पुं० [अ०] न्याय।
m. justice, judgement.

इन्सिराम انصرام पुं० [अ०] १. प्रबंध। २. समाप्ति।
m. 1. management. 2. completion.

इफ़तताह افتتاح पुं० [अ० इफ़्तिताह] १. शुरू या जारी करना। २. खोलना। ३. उद्घाटन।
m. 1. act of issuing. 2. act of opening. 3. inauguration.

इफ़तिराक़ افتراق पुं० [अ० इफ़्तिराक़] १. फूट, विग्रह। २. पृथकता।
m. 1. rift, split. 2. separation.

इफ़रात افراط स्त्री० [अ० इफ़्रात] अत्यधिकता, विपुलता।
m. abundance, plenty.

इफ़लास افلاس पुं० [अ० इफ़्लास] दरिद्रता, गरीबी।
m. poverty.

इफ़लाह افلاح पुं० [अ० इफ़्लाह] भलाई, उपकार।
m. act of kindness, the good.

इफ़शा افشا वि० [फा० इफ़्शा] प्रकट, जाहिर।
पद इफ़्शाए राज=रहस्य का उद्घाटन।
adj. apparant, obvious.
ph. revealing of a mystery.

इफ़हाम افہام पुं० [अ० इफ़्हाम] समझाना।
m. act of making (someone) wise.

इफ़ाक़त افاقت स्त्री० दे० 'इफ़ाक़ा'।

इफ़ाक़ा افاقہ पुं० [अ० इफ़ाक़:] रोग आदि में कमी।
m. act of regaining health.

इफ़ादत افادت स्त्री० [अ०] हित करना, लाभ पहुँचाना।
fem. act of doing good (to someone).

इफ़ादा افادہ पुं० [अ०] १. लाभ। २. राहत।
m. 1. profit. 2. the good, kindness, benefit.

इफ़्तख़ार افتخار पुं० [अ० इफ़्तिख़ार] १. फ़ख्र या अभिमान करना। २. प्रतिष्ठा, इज्जत।
m. 1. egotisim, conceit. 2. prestige, honour.

इफ़्तरा افترا पुं० [अ० इफ़्तिरा] झूठा कलंक, तोहमत।
m. a blame, accusation.

इफ़्तराक़ افتراق पुं०=इफ़्तिराक़।

इफ़्तार افطار पुं० [अ०] दिन-भर रोज़ा रखने या उपवास करने के उपरान्त सन्ध्या को जलपान करना।
m. an act of breaking fast.

इफ़्तारी افطاری स्त्री० [अ०] रोज़ा खोलने या इफ़्तार करने के समय खाई जानेवाली चीज़ें।
m. food taken after breaking fast.

इफ़्तिराक़ افتراق स्त्री० [अ०] १. फूट, विग्रह। २. पृथकता।
fem. 1. rift, split. 2. separation.

इफ़्फ़त عفت स्त्री० [अ०] १. बुरे कामों से बचना, सदाचार। २. पर-स्त्रीगमन या पर-पुरुषगमन से बचना।
fem. 1. good conduct. 2. righteousness.

इफ़्फ़त-मआब عفت معاب वि० [अ०] सदाचारी।
adj. of good conduct.

इफ़्रात افراط स्त्री० = इफ़रात।

इफ़्रीत عفریت पुं० [अ०] भूत-प्रेत।
m. an evil spirit, ghost.

इफ़्लास افلاس पुं० = इफ़लास।

इफ़्हाम افہام पुं० = इफ़हाम।

इबरत عبرت स्त्री० [अ० इब्रत] १. बुरे काम से मिलने-वाली शिक्षा, नसीहत। २. भय।
fem. 1. a thing learned, lesson. 2. dread, fright.

इबरत-अंगेज़ عبرت انگیز वि० [अ० इब्रत+फा०] जिससे कुछ इबरत या शिक्षा मिले।
adj. educative.

इबरा عبرہ पुं० [अ० इबर:] पथकर।
m. toll-tax.

इबरीक़ عبریق पुं० [अ०] पानी पीने का लोटा।
m. a pot for drinking water.

इबलाग़ ابلاغ क्रि० स० [अ० इब्लाग़] पहुँचाना या भेजना।
m. act of sending or conveying.

इबलीस ابلیس पुं० [अ० इब्लीस] शैतान।
m. a devil, evil spirit.

इबहाम ابہام पुं० [अ० इब्हाम] स्पष्टीकरण या व्याख्या करना।
m. act of explaining, explanation.

इबादत عبادت स्त्री० [अ०] ईश्वर की उपासना, पूजा।
fem. worship.

इबादतकदा, इबादतख़ाना عبادت کدہ/عبادت خانہ पुं० [अ०+फा० ख़ान:] इबादतगाह, मन्दिर।
m. place of worship, temple.

इबारत عبارت स्त्री० [अ०] १. लेख, मजमून। २. लेखन-शैली।
fem. 1. an article. 2. style of writing.

इबारत-आराई عبارت آرائی स्त्री० [अ०] लेखन-कौशल।
fem. art or skill of writing.

इब्कार ابکار पुं० [अ०] प्रात:काल।
m. an early morning.

इब्तिदा ابتداء स्त्री० [अ०] १. आरम्भ, प्रारम्भ। २. उद्गम, विकास।
fem. 1. beginning. 2. origin, development.

इब्तिदाई ابتدائی वि० [अ०] आरंभिक।
adj. elementary or initial.

इब्तिसाम ابتسام पुं० [अ०] १. हँसना, मुस्कराना। २. फूलों का खिलना।
m. 1. act of laughing or smilling. 2. act of flowering.

इब्न ابن पुं० [अ०] बेटा, पुत्र।
m. a son.

इब्ना ابنا स्त्री० [अ०] बेटी, पुत्री, कन्या।
fem. a daughter.

इमकान امکان पुं० [अ० इम्कान] १. हो सकने की अवस्था या भाव, सम्भावना। २. शक्ति, सामर्थ्य।
***पद* हत्तुल इमकान**=यथा-साध्य, यथासम्भव।
m. 1. possibility. 2. might, strength, power.
ph. in all probability.

इमदाद امداد स्त्री० [अ० इम्दाद] सहायता।
fem. help, aid.

इमरोज़ امروز क्रि०वि० [फा० इम्रोज़] आज के दिन, आज।
adv. today.

इमला املا स्त्री० [अ० इम्ला] शुद्ध-लेखन, वर्ण-विचार।
m. the conventional spelling system of a language, orthography.

इमलाक املاک पुं० [अ० इम्लाक] १. सम्पत्ति, जायदाद। २. भू-सम्पत्ति।
***पद* (i) इमलाक ग़ैरमनक़ूला**=अचल सम्पत्ति। **(ii) इमलाक मनक़ूला**=चल सम्पत्ति।
m. 1. property. 2. landed property.
ph. (i) unmovable property, (ii) movable property.

इमशब امشب क्रि० वि० [अ० इम्शब] आज की रात।
adv. tonight, on the approaching night.

इमसाक امساک पुं० [अ० इम्साक] १. बन्द करना, रोकना। २. वीर्य को स्खलित न होने देना, स्तम्भन।
m. 1. an act of stopping, cessation. 2. retention of one's semen.

इमसाल امسال क्रि० वि० [अ० इम्साल] इस वर्ष।
adv. in this year.

इमाद عماد पुं० [अ०] खंभा, स्तंभ।
m. a pillar, post

इमाम امام पुं० [अ०] १. नेता। २. वह जो नमाज़ पढ़ाता हो।
m. 1. a leader. 2. a religious person.

इमाम-ज़ामिन امام ضامن पुं० [अ०] संरक्षक, इमाम।
***पद* इमाम ज़ामिन का रुपया**=वह रुपया या सिक्का जो इमाम ज़ामिन के नाम पर किसी विदेश जानेवाले के हाथ में इसलिए बाँधा जाता है कि वह सब विपत्तियों से बचा रहे।
m. a patron, leader.
ph. a coin fastened on the arm of a person for safety while he was journeying.

इमामत امامت स्त्री० [अ०] १. नेतृत्व। २. नमाज़ पढ़ाने का काम।
m. 1. leadership. 2. act of leading the worshippers.

इमामबाड़ा امامباڑہ पुं० [अ०+हिं०] वह स्थान जहाँ मुसलमान ताजिए दफन करते या मुहर्रम का उत्सव मनाते हैं।
m. the place where the models of the tomb of Imam Hussain are burried or Muharram is celebrated.

इमामा عمامہ पुं० [अ०] एक प्रकार की पगड़ी।
m. a kind of turban.

इमारत[1] عمارت स्त्री० [अ०] बड़ा और पक्का मकान, भवन।
fem. a building.

इमारत[2] امارت स्त्री० [अ०] १. वह प्रदेश जो किसी अमीर के शासन में हो। २. शासन या राज्य। ३. अमीरी, सम्पन्नता। ४. वैभव, शान-शौकत।
m. 1. the region ruled by a chieftain. 2. government or state. 3. wealthiness, richness. 4. grandeur, glory.

इम्काँ امکاں पुं० = इम्कान।

इम्कान امکان पुं० [अ०] सम्भावना।
m. possibility.

इम्तना امتناع पुं० [अ० इम्तिनाअ] मना करना, मनाही, रोक।
m. forbiddence, prohibition.

इम्तनाई امتناعی वि० [अ० इम्तिनाई] मनाही से सम्बन्ध रखनेवाला, जैसे—हुक्म इम्तनाई=मनाही की आज्ञा।
adj. relating to forbiddance or prohibition.

इम्तिनान امتنان पुं० [अ०] उपकार, एहसान।
m. an obligation, favour.

इम्तियाज़ امتیاز पुं० [अ०] १. तमीज़। २. गुण-दोष का विचार, विवेक। ३. भेदभाव।
m. 1. etiquette, manners. 2. power of discrimination, discernment. 3. discrimination.

इम्तिहान امتحان पुं० [अ०] परीक्षा।
m. examination, test.

इम्दाद امداد स्त्री० [अ०] १. मदद या सहायता करने की क्रिया या भाव। २. सहायता, सहयोग। ३. वह धन जो सहायता के रूप में दिया जाए।
fem. 1. act of helping. 2. help, aid, cooperation. 3. grant.

इम्बिसात انبساط पुं० [अ०] १. प्रसन्नता, आनन्द। २. फूल आदि का खिलना।
m. 1. happiness, joy, 2. blossoming of flowers.

इयाँ عیاں वि० [अ०] प्रकट।
adj. apparent, obvious.

इयादत عیادت स्त्री० [अ०] बीमार का हाल पूछना।
fem. paying a visit to know about a person who is ill.

इयाल عیال पुं० [अ०] परिवार।
m. a family.

इयालदार عیالدار पुं० [अ०] गृहस्थ।
m. a householder.

इयालदारी عیالداری स्त्री० [अ०] गृहस्थी।
fem. household.

इरक़ाम ارقام पुं० [अ० इर्क़ाम] लेखन, लेखन-कार्य।
m. act of writing.

इरजाअ ارجاع पुं० [अ०] दाखिल करना।
पद इरजाए नालिश = दावा दायर करना।
m. admission.
ph. act of filing a law-suit.

इरफ़ान عرفان पुं० [अ० इर्फ़ान] १. बुद्धि, विवेक। २. ज्ञान। ३. विज्ञान।
m. 1. intellect, wisdom. 2. knowledge, information. 3. science.

इरम ارم पुं० [अ०] स्वर्ग, बहिश्त।
m. heaven.

इरशाद ارشاد पुं० [अ० इर्शाद] १. हिदायत। २. आदेश, हुक्म; जैसे—इरशाद करना या फरमाना=हुक्म देना, कहना।
पद हस्बे इरशाद=आदेशानुसार।
m. 1. advice. 2. order.
ph. by order of

इरसाल ارسال पुं० [अ० इर्साल] प्रेषण, भेजने की क्रिया, रवाना करना।
m. act of sending, dispatching or consigning.

इराक़ عراق पुं० [अ०] [वि० इराक़ी] अरब का एक देश।
m. name of an Arabian country, Iraq.

इराक़ी عراقی वि० [अ०] इराक का, इराक संबंधी।
पुं० इराक का निवासी।
adj. of Iraq.
m. an inhabitant of Iraq.

इरादत ارادت स्त्री० [अ०] आस्था।
fem. faith.

इरादतन् ارادتاً क्रि० वि० [अ०] जान-बूझकर।
adv. intentionally.

इरादा ارادہ पुं० [अ० इरादः] विचार, संकल्प।
m. intention, resolve.

इराफ़ عراف पुं० [अ०] स्वर्ग और नरक के बीच का लोक।
m. the region between the heaven and hell.

इर्तकाब ارتکاب पुं० [अ० इर्तिकाब] १. ग्रहण करना, पसन्द करके लेना। २. पापकर्म करना।
m. 1. act of taking, accepting or choosing. 2. act of committing sins.

इर्तबात ارتباط पुं० [अ० इर्तिबात] रब्त या मेल-जोल, दोस्ती।
m. friendship, intimacy, alliance.

इर्दगिर्द اردگرد क्रि० वि० [अ०] आस-पास, चारो ओर, इधर-उधर।
adv. nearby, here and there.

इर्फ़ान عرفان पुं० = इरफ़ान।

इलक़ा علقا पुं० [अ०] आत्मज्ञान।
m. enlightenment, revelation.

इलज़ाम الزام पुं० [अ० इल्ज़ाम] १. दोष। २. अपराध। ३. अभियोग, दोषारोपण।
m. 1. a blame. 2. an offence. 3. an accusation.

इलतजा التجا स्त्री० [अ० इल्तिजा] १. प्रार्थना, विनय। २. निवेदन।
fem. 1. entreaty. 2. submission.

इलतफ़ात التفات स्त्री० [अ० इल्तिफ़ात] १. दया। २. कृपा। ३. प्रवृत्ति। ४. अनुराग।
fem. 1. pity 2. kindness. 3. tendency. 4. affection.

इलतबास التباس पुं० [अ० इल्तिबास] पेचीदापन, कठिनाई।
m. complication, complicity, difficulty.

इलमास الماس पुं० [फा० इल्मास] हीरा।
m. a diamond.

इलहाक़ الحاق पुं० [अ० इल्हाक़] सम्मिलित करना, मिलाना।
m. act of combining or mingling.

इलहान الحان पुं० [अ० 'लहन' का बहु०] १. उत्तम स्वर। २. संगीत। ३. गाना।
m. 1. fine tone. 2. music. 3. a song.

इलहाम الہام पुं० [अ० इल्हाम] १. मन में ईश्वर की ओर से कोई बात प्रकट होना। २. देववाणी, आकाशवाणी।
m. 1. godly revelation. 2. voice from heaven.

इलहाह الحاح स्त्री० [अ०] खुशामद।
fem. excessive praise, flattery.

इलाक़ा علاقہ पुं० [अ० इलाक़:] क्षेत्र, प्रदेश।

पद इलाक़ाए अदालत=न्यायालय का अधिक्षेत्र।
m. area, region.
ph. court's jurisdiction.

इलाक़ादार علاقہ دار पुं० [अ० इलाक:दार] जमींदार।
m. a landlord.

इलाज علاج पुं० [अ०] १. चिकित्सा। २. औषध। ३. उपाय, तरकीब।
m. 1. medical treatment. 2. drug. 3. way, means.

इलावा علاوہ क्रि० वि० [अ० इलाव:] सिवा, अतिरिक्त।
adv. besides, in addition to.

इलाह الہ पुं० [अ०] ईश्वर।
m. the God.

इलाही الٰہی पुं० [अ०] ईश्वर, परमात्मा।
पद इलाही-तौबा=ईश्वर, पापों से हमारी रक्षा कर।
m. the God.
ph. God save us from the sins.

इलाहीयात الٰہیات स्त्री० [अ०] अध्यात्म।
fem. spirituality.

इलियास الیاس पुं० [अ०] एक पैगम्बर जो हजरत खिज्र के भाई थे।
m. name of a prophet.

इल्ज़ाम الزام पुं० [अ०] = इलज़ाम।

इल्तजा التجاء स्त्री० = इलतजा।

इल्तबास التباس पुं० इलतबास।

इल्तमास التماس पुं० [अ० इल्तिमास] १. प्रार्थना। २. निवेदन।
m. 1. entreaty, prayer. 2. submission.

इल्तवा التویٰ पुं० [अ० इल्तिवा] मुलतवी होना, स्थगित होना।
m. postponement.

इल्तिमास التماس पुं० = इल्तमास।

इल्तियाम التیام पुं० [अ०] मित्रता।
m. friendship, fellowship, companionship.

इल्तिवा التویٰ पुं० [अ०] = इल्तवा।

इल्म علم पुं० [अ०] १. ज्ञान, जानकारी। २. विद्या। ३. विज्ञान।
m. 1. knowledge. 2. education, learning. 3. science.

इल्मदाँ علمداں पुं० [अ०+फा०] १. इल्म या विद्या जाननेवाला, विद्वान। २. विज्ञानवेत्ता।
m. 1. a scholar. 2. a scientist.

इल्मी علمی वि० [अ०] इल्म या विद्या-सम्बन्धी।
adj. educational, academic.

इल्मीयत علمیت स्त्री० [अ०] विद्वत्ता, पाण्डित्य।
fem. scholarship, erudition.

इल्मे-अख़लाक़ علم اخلاق पुं० [अ०] नीतिशास्त्र, नीति।
m. logic, good reasoning.

इल्मे-अदब علم ادب पुं० [अ०] साहित्य।
m. literature.

इल्मे-इलाही علم الٰہی पुं० [अ०] ब्रह्मविद्या, अध्यात्म।
m. spirituality.

इल्मे-उरूज़ علم عروض पुं० [अ०] छन्दशास्त्र।
m. prosody.

इल्मे-क़ियाफ़ा علم قیافہ पुं० [अ०] सामुद्रिक शास्त्र।
m. palmistry, chiromancy.

इल्मे-कीमीया علم کیمیہ पुं० [अ०] रसायन शास्त्र।
m. chemistry.

इल्मे-ग़ैब علم غیب पुं० [अ०] १. गैब या परोक्ष की विद्या, अध्यात्म। २. ज्योतिष।
m. 1. spirituality. 2. astrology.

इल्मे-जिमादात علم جمادات पुं० [अ०] १. धातु-विद्या। २. खनिज-विज्ञान।
m. 1. metallurgy. 2. mineralogy.

इल्मे-तबई علم طبعی पुं० [अ०] पदार्थ विज्ञान।
m. physics.

इल्मे-तवारीख علم تواریخ पुं० [अ०] इतिहास विद्या।
m. historiography.

इल्मे-दीन علم دین पुं० [अ०] धर्मशास्त्र।
m. theology, scripture.

इल्मे-नबातात علم نباتات पुं० [अ०] वनस्पति विज्ञान।
m. botany.

इल्मे-नुजूम علم نجوم पुं० [अ०] ज्योतिष शास्त्र।
m. astronomy.

इल्मे-फ़िक्क़ा علم فقہ पुं० [अ०] मुसलमानी धर्मशास्त्र।
m. Islamic theology.

इल्मे-बहस علم بحث पुं० [अ०] तर्कशास्त्र।
m. logic.

इल्मे-मजलिस علم مجلس पुं० [अ०] समाज में व्यवहार करने की विद्या, सभा-चातुरी।
m. art of public dealing, practical wisdom.

इल्मे-मंतिक़ علم منطق पुं० [अ०] न्यायशास्त्र।
m. jurisprudence.

इल्मे-मादनियात علم معدنیات पुं० [अ०] खनिज विज्ञान।
m. mineralogy.

इल्मे-मौसीक़ी علم موسیقی पुं० [अ०] संगीत शास्त्र।
m. musicology.

इल्मे-हिंदसा علم ہندسہ पुं० [अ०-हिंदस:] गणित शास्त्र।
m. mathematics.

इल्मे-हैयत علم ہیئت पुं० [अ०-हैअत] खगोल शास्त्र।
m. astronomy.

इल्लत علّت स्त्री० [अ०] १. कारण, सबब। २. अभियोग। ३. बुरी आदत। ४. दोष, अपराध। ५. त्रुटि, कमी। ६. रद्दी और वाहियात चीज़।
m. 1. reason, 2. accusation. 2. bad habbit. 4. flaw, defect. 5. shortage, shortcoming.

6. nonsense.

इल्लती علّتی वि० [अ० इल्लत] जिसे कोई बुरी आदत या लत लग गई हो।
adj. habituated, prone to something.

इल्ला اِلّا योज० [अ०] १. परन्तु, लेकिन। २. नहीं तो। ३. के अतिरिक्त, सिवा।
conj. 1. but. 2. otherwise. 3. in addition to.

इल्लिल्लाह اِلّاللہ ***पद*** [अ०] हे ईश्वर, सहायता कर।
ph. God, help us.

इवज़ عوض वि० [अ० एवज़] स्थानापन्न।
***पद* बइवज़**=के स्थान पर।
adj. substitute.
ph. in place of.

इशरत عشرت स्त्री० [अ० इश्रत] १. आनन्द-मंगल। २. सुख-भोग।
***पद* ऐश व इशरत**=भोग और आनन्द।
m. 1. happiness. 2. enjoyment.
ph. indulgence in luxury.

इशवा عشوہ पुं० [फा० इश्व:] नाज़-नखरा, चोचला, अदा।
m. coquetish behaviour.

इशवाकार عشوہ کار पुं० [अ० इश्व:+फा० कार] प्रेमिका।
m. a beloved.

इशा عشاء स्त्री० [अ०] १. रात का पहला पहर। २. रात का अन्धकार।
***पद* इशा की नमाज़**=वह नमाज जो रात के पहले प्रहर में पढ़ी जाती है।
fem. 1. first part of the night. 2. darkness of night.
ph. night prayer.

इशाअत اشاعت स्त्री० [अ०] १. प्रचार। २. प्रकाशन।
fem. 1. publicity. 2. act of publishing, publication.

इशारत اشارت स्त्री० [अ०] इशारा या संकेत करना।
fem. making a hint.

इशारतन् اشارتاً क्रि० वि० [अ०] इशारे या संकेत से।
adv. by giving a hint.

इशारा اشارہ पु० [अ० इशार:] १. सैन, संकेत। २. संक्षिप्त कथन। ३. बारीक सहारा, सूक्ष्म आधार। ४. गुप्त प्रेरणा।
m. 1. a hint, indication. 2. brief statement. 3. secret inspiration.

इशारा-फ़हम اشارہ فہم पुं० [अ०] इशारा समझनेवाला।
m. one who understands a hint or indication.

इश्क़ عشق पुं० [अ०] मुहब्बत, प्रेम, चाह।
m. love, philandering.

इश्क़-पेचाँ عشق پیچاں पुं० [अ०] लाल फूल की एक लता।
m. a creeper with red flowers.

इश्क़बाज़ عشق باز पुं० [अ०+फा०] इश्क़ करनेवाला, आशिक, प्रेमी।
m. a lover, philanderer.

इश्क़बाज़ी عشق بازی स्त्री० [अ०] १. प्रेम करना। २. व्यभिचार करना।
fem. 1. philandering, love. 2. adultery.

इश्क़-मज़ाजी عشق مزاجی स्त्री० [फा०] सांसारिक प्रेम।
fem. wordly love.

इश्क़-हकीकी عشق حقیقی स्त्री० [फा०] ईश्वरीय प्रेम।
fem. love toward God.

इश्क़ी عشقی वि० [अ० इश्क़] इश्क़-सम्बन्धी।
adj. amorous.

इश्तबाह اشتباہ पुं० [अ० इश्तिबाह] संदेह, शक।
m. doubt, suspicion.

इश्तराअ اشتراع पुं० [अ०] खरीदने की क्रिया या भाव।
m. act of purchasing.

इश्तराक اشتراک पुं० [अ० इश्तिराक] १. हिस्सा, साझा, शिरकत। २. संग-साथ।
m. 1. partnership. 2. companionship, intimacy, closeness.

इश्तहा اشتہا पुं० [अ० इश्तिहा] १. भूख। २. इच्छा।
m. 1. appetite. 2. desire.

इश्तहार اشتہار स्त्री० [अ० इश्तिहार] १. विज्ञापन। २. सूचना। ३. नोटिस।
fem. 1. advertisement. 2. information. 3. notice.

इश्तिआलक़ اشتعاق पुं० [अ०] १. शौक। २. विशेष, अभिलाषा। ३. अनुराग।
m. 1. hobby. 2. ambition. 3. affection.

इश्तिदाद اشتداد पुं० [अ०] अधिकता।
m. abundance, excess.

इश्तिमाल اشتمال पुं० [अ०] मिलाना।
m. act of connecting or uniting.

इश्तियाक़ اشتیاق पुं० [अ०] १. शौक। २. उत्कंठा, लालसा।
m. 1. hobby. 2. longing.

इश्तियाल اشتعال पुं० [अ० इश्तिआल] जोश, प्रेरणा।
m. incitement, instigation.

इश्तिहा اشتہا स्त्री० [अ०] इच्छा।
fem. desire.

इसपंद اسپند पुं० दे० 'इसबंद'।

इसबंद اسپند पुं० [फा० इस्बंद] काला दाना नामक बीज जो प्राय: भूत, प्रेत आदि को भगाने के लिए जलाते हैं।
m. a kind of seed.

इसबात اثبات पुं० [अ० इस्बात] १. प्रमाणित करना। २. प्रमाण।
m. 1. act of certifying or giving proof. 2. proof.

इसम اسم पुं० [अ०] नाम, संज्ञा।
m. name, noun.

इसराईल اسرائیل पुं० [अ० इस्राईल] याकूब पैगम्बर का एक नाम।
m. name of a prophet.

इसराफ़ اسراف पुं० [अ० इस्राफ़] धन का अपव्यय, फजूलखर्ची।
m. extravagance.

इसराफ़ील اسرافیل पुं० [अ० इस्राफ़ील] वह फरिश्ता जो कयामत के दिन तूर या नरसिंहा बजाएगा।
m. name of an angel.

इसरार اسرار पुं० [अ० इस्रार] हठ, आग्रह।
m. insistence, haughtiness.

इसलाह اصلاح स्त्री० दे० 'इस्लाह'।

इसहाल اسہال पुं० [अ० इस्हाल] बार-बार पाखाना होना, दस्त आना।
m. loose motions.

इसाबा عصابہ पुं० [अ० इसाब:] औरतों के सिर पर बाँधने का कपड़ा।
m. a piece of cloth used as head-cover.

इसियाँ عصیاں पुं० [अ०] गुनाह, अपराध, पाप।
m. an offence.

इस्क़ात اسقاط पुं० [अ०] गिराना।
***पद* इस्क़ाते हमल**=गर्भपात, पेट गिराना।
m. act of demolishing or dismantling.
ph. abortion.

इस्तआनत استعانت स्त्री० [अ०] सहायता, मदद।
fem. help, aid.

इस्तआरा استعارہ पुं० [अ० इस्ताआर:] रूपक नाम का अर्थालंकार, उपमेय में उपमान के साधर्म्य का आरोप करके उपमान के रूप में उसका वर्णन करना।
m. metaphor.

इस्तक़बाल استقبال पुं० [अ० इस्तिक़बाल] १. स्वागत, अगवानी। २. (व्याकरण में) भविष्यत्काल।
m. 1. reception. 2. (gram.) future tense.

इस्तक़रार استقرار पुं० [अ० इस्तिक़्रार] १. स्थिरता। २. शान्तिपूर्वक या सुख से रहना। ३. निश्चित करना, पक्का करना। ४. पुष्टि।
m. 1. stability. 2. peaceful living. 3. act of decicing. 4. affirmation.

इस्तकराह استکراہ पुं० [अ०] घृणा करना।
m. act of hating or disliking, aversion.

इस्तक़लाल استقلال पुं० [अ० इस्तिक़लाल] १. दृढ़ता, मज़बूती। २. धैर्य। ३. दृढ़ निश्चय। ४. अध्यवसाय।
m. 1. firmness, steadiness. 2. patience. 3. firm decision. 4. perseverance, diligence.

इस्तक़ामत استقامت स्त्री० [अ० इस्तिक़ामत] १. दृढ़ता, मजबूती। २. स्थिरता, ठहराव। ३. सरलता।
fem. 1. firmness. 2. stability. 3. simplicity.

इस्तख़ारा استخارہ पुं० [अ० इस्तिख़ार:] १. ईश्वर से मंगल-कामना करना और किसी विषय में मार्ग दिखलाने के लिए कहना। २. शकुन-विचार।
m. 1. a prayer to request the God to show the right way and protect us. 2. augury.

इस्तग़ना استغنا स्त्री० [अ० इस्तिग़न:] निश्चिंतता।
fem. freedom from worrying, carefree-ness.

इस्तग़फ़ार استغفار पुं० [अ० इस्तिग़फ़ार] दया या क्षमा के लिए प्रार्थना करना, त्राण चाहना।
m. prayer for getting absolved.

इस्तग़ासा استغاثہ पुं० [अ० इस्तिग़ास:] १. फरियाद, न्याय की प्रार्थना। २. अभियोग। ३. दावा।
m. 1. appeal for justice. 2. accusation. 3. law-suit.

इस्तदलाल استدلال पुं० [अ० इस्तिदलाल] दलील, तर्क।
m. an argument.

इस्तदुआ استدعا स्त्री० [अ० इस्तिदुआ] निवेदन, प्रार्थना।
fem. prayer, submission.

इस्तफ़सार استفسار पुं० [अ० इस्तिफ़सार] १. हाल पूछना, अवस्था आदि के सम्बन्ध में प्रश्न करना। २. पूछना, प्रश्न करना।
m. 1. act of enquiring. 2. act of questioning.

इस्तफ़हाम استفہام पुं० [अ० इस्तिफ़हाम] पूछना, दरियाफ्त करना।
m. act of asking or enquiring.

इस्तफ़हामिया استفہامیہ वि० [अ० इस्तफ़्हामिय:] प्रश्न-संबंधी।
पुं० प्रश्नचिह्न,जो इस प्रकार लिखा जाता है (?)।
adj. relating to a question.
m. a question mark.

इस्तमरार استمرار पुं० [अ० इस्तिम्रार] १. स्थायी होने का भाव, स्थायित्व। २. निरन्तर रहनेवाला अधिकार। ३. वह निश्चित लगान जिसमें कमीबेशी न हो सके।
m. 1. permanence. 2. birth right. 3. fixed rent of a plot of land.

इस्तमरारी استمراری वि० [अ० इस्तिम्रारी] १. सदा एक-सा रहनेवाला, स्थायी। २. जिसमें कमी-बेशी न हो सके।
***पद* इस्तमरारी बन्दोबस्त**=भूमि के लगान की वह व्यवस्था जिसमें कमी-बेशी न हो सके।
adj. 1. permanent. 2. fixed.

ph. permanent settlement.

इस्तमाअ استماع पुं० [अ० अस्तिमाअ] श्रवण, सुनना।
m. act of hearing.

इस्तमालत استمالت पुं० [अ० अस्तिमालत] खुशामद।
m. flattery.

इस्तरदाद استرداد पुं० [अ० इस्तिरदाद] निरसन, निरस्त या रद्द करना।
m. cancellation.

इस्तराहत استراحت स्त्री० [अ० इस्तिराहत] १. आराम। २. सुख।
fem. 1. comfort. 2. happiness.

इस्तलाह اصطلاح स्त्री० = इस्तिलाह।

इस्तवा استوا पुं० [अ० इस्तिवा] समानता।
m. equality.

इस्तस्ना استثنا स्त्री० [इस्तिस्ना] १. अपवाद। २. अस्वीकार, न मानना।
fem. 1. exception. 2. refusal.

इस्तहक़ाक़ استحقاق पुं० [अ० इस्तिहक़ाक़] १. हक़, अधिकार। २. स्वत्व।
m. 1. right. 2. rightful claim.

इस्तहक़ाम استحکام पुं० [अ० इस्तिहक़ाम] १. मजबूती, पुष्टता, दृढ़ता। २. समर्थन।
m. 1. firmness, steadiness. 2. support, backing.

इस्तादगी استادگی स्त्री० [फा०] खड़े होने या ऊपर उठने की क्रिया या भाव, उत्थान।
fem. act of rising, rise.

इस्तादा استادہ वि० [फा० इस्तादः] खड़ा या ऊपर उठता हुआ।
adj. standing or rising.

इस्तिंजा استنجا पुं० [अ०] १. पानी से धोकर अपवित्रता दूर करना, धोकर शुद्ध करना। २. मूत्रत्याग। ३. मूत्रत्याग के उपरान्त इन्द्रिय को जल से धोना या मिट्टी के ढेले से पोंछना।
m. 1. act of washing and making neat and clean. 2. urination. 3. washing of a male organ after urination.

इस्तितार استتار पुं० [अ०] छिपाना।
m. act of hiding or concealing.

इस्तिरदाद استرداد पुं० [अ०] रद्द करने की क्रिया, निरसन।
m. cancellation.

इस्तिलाह اصطلاح स्त्री० [अ०; बहु० इस्तिलाहत] १. किसी शब्द का साधारण अर्थ से भिन्न और विशिष्ट अर्थ में प्रयुक्त होना। २. लक्षणार्थ। ३. परिभाषा।
fem. 1. act of connoting. 2. connotation. 3. definition.

इस्तिलाही اصطلاحی वि० [अ०] १. इस्तिलाह या परिभाषा-सम्बन्धी। २. पारिभाषिक।
adj. 1. definable. 2. technical.

इस्तिस्ना استثناء स्त्री० दे० 'इस्तस्ना'।

इस्तीफ़ा استعفا पुं० [अ०] १. नौकरी छोड़ना, पदत्याग। २. त्यागपत्र।
m. 1. relinquishment of a post or office. 2. resignation.

इस्तीसाल استیصال पुं० [अ०] १. जड़ से उखाड़ना, नष्ट करना। २. उन्मूलन।
m. 1. act of destroying or uprooting, destruction. 2. abolition.

इस्तेदाद استعداد स्त्री० [अ० इस्तिअदाद] १. सामर्थ्य, शक्ति। २. विद्या-सम्बन्धी योग्यता, ज्ञान। ३. दक्षता, निपुणता।
fem. 1. capacity, strength. 2. ability, knowledge. 3. adroitness, dexterity.

इस्तेमाल استعمال पुं० [अ० इस्तअमाल] प्रयोग, उपयोग, सेवन।
m. use.

इस्तेमाली استعمالی वि० [अ० इस्तअमाली] १. इस्तेमाल किया हुआ, पुराना। २. काम में लाया जानेवाला। ३. प्रचलित।
adj. 1. used. 2. usable. 3. current, prevalent.

इस्नाम اصنام पुं० [अ० 'सनम' का बहु०] मूर्तियाँ।
m. (plu.) idols.

इस्पगोल اسپگول पुं० [फा० अस्पग़ोल] एक पौधे के गोल बीज जो दवा के काम में आते हैं, इसबगोल।
m. psyllium seed.

इस्म اسم पुं० [अ०] १. नाम। २. (व्याकरण में) संज्ञा।
***पद* इस्म-बा-मुसम्मा**=यथा नाम, तथा गुण।
m. 1. name. 2. noun.
ph. having the quality as depicted by name.

इस्मत عصمت स्त्री० [अ०] पातिव्रत्य, सतीत्व।
fem. chastity, modesty.

इस्मतदर عصمت در पुं० [अ०+फा०] सतीत्व हरण करने-वाला, बलात्कारी।
m. one who spoils sameone's chastity, rapist.

इस्मतदरी عصمت دری स्त्री० [अ०+फा०] सतीत्वहरण, बलात्कार।
fem. spoilation of someone's chastity, rape.

इस्मतफ़रोश عصمت فروش वि० [अ०+फा०] इस्मत बेचनेवाली (वेश्या)।
adj. (a woman) who has sexual intercourse for payment.

इस्मनवीसी اسم نویسی स्त्री० [अ०+फा०] १. लोगों के नाम लिखना। २. अदालत में अपने गवाहों की सूची उपस्थित करना।
fem. 1. act of noting down the name or names. 2. act of presenting a list of witnesses in the court.

इस्मवार اسم وار वि०, क्रि० वि० [अ०+फा०] एक-एक नाम के साथ (दिया हुआ विवरण आदि)।
adj. & adv. namewise.

इस्मा اسماء पुं० [अ० 'इस्म' का बहु०] नाम।
m. (plu.) names.

इस्मेअदद اسم عدد पुं० [अ०] संख्यावाचक विशेषण।
m. numerical adjective.

इस्मे-आज़म اسم اعظم पुं० [अ०] ईश्वर का नाम जिसके उच्चारण से शैतान और भूत-प्रेत दूर रहते हैं।
m. the greatest name, God.

इस्मे-ज़मीर اسم ضمیر पुं० [अ०] व्याकरण में सर्वनाम।
m. pronoun (gram.)

इस्मे-जलाली اسم جلالی पुं० [अ०] ईश्वर का नाम।
m. God.

इस्मे-फ़रज़ी اسم فرضی पुं० [अ०+फा० फ़र्ज़ी] फरज़ी या कल्पित नाम।
m. false or imaginary name.

इस्मे-फ़ायल اسم فاعل पुं० [अ० -फ़ाअल] व्याकरण में कर्ता।
m. the subject (gram.)

इस्मे-सिफ़त اسم صفت पुं० [अ०] व्याकरण में विशेषण।
m. adjective (gram.)

इस्लाम اسلام पुं० [अ०] १. ईश्वर के मार्ग में प्राण देने को प्रस्तुत होना। २. मुसलमानों का मत या धर्म।
m. 1. act of sacrificing oneself in the name of God. 2. the religion of the Muslims, Islam.

इस्लामी اسلامی वि० [अ०] इस्लाम-संबंधी।
adj. Islamic.

इस्लाह اصلاح स्त्री० [अ०] १. किसी लेख, काव्य या इसी प्रकार के दूसरे कामों में किया जानेवाला सुधार, संशोधन। २. गाल और ठोड़ी पर के बाल।
मुहा० इस्लाह बनाना=हजामत बनाना।
fem. 1. amendment, improvement. 2. hair of one's cheeks and chin, beard.
id. to shave.

इहतमाम اہتمام पुं० [अ०] प्रबंध, व्यवस्था।
m. management, settlement.

◆

ई

ई ای सर्व० [फा०] यह।
pron. this.

ईज़ा ایذا स्त्री० [अ०] दुख, कष्ट, पीड़ा, तकलीफ़।
fem. grief or pain.

ईजाद ایجاد स्त्री० [अ०] नई चीज या बात पैदा करना या पता लगाकर निकालना, आविष्कार।
fem. invention, discovery.

ईजानिब ایجانب सर्व० [फा०] हम।
pron. we.

ईज़ाब ایجاب पुं० [अ०] १. प्रस्ताव। २. प्रार्थना।
***पद* ईजाब व क़बूल**=प्रार्थना और उसकी स्वीकृति।
m. 1. a proposal. 2. a prayer.
ph. the prayer and its acceptance.

ईजार ایجار पुं० [अ०] किराए पर उठाना।
m. act of hiring.

ईजाल ایجال पुं० [अ०] भय दिखलाना।
m. act of frightening.

ईजास ایجاس पुं० [अ०] भयभीत होना।
m. the state of being frightened.

ईज़िद ایزد पुं० [फा०] ईश्वर।
m. God.

ईज़िदी ایزدی वि० [फा०] ईश्वरीय।
adj. godly. divine.

ईद عید स्त्री० [अ०] १. मुसलमानों का एक प्रसिद्ध त्योहार। २. प्रसन्नता और आनन्द का दिन। ३. शुभ दिन।
***मुहा०* ईद का चाँद होना**=बहुत कम दिखाई पड़ना या भेंट करना।
fem. 1. a festival of Muslims. 2. a day of rejoicing. 3. an auspicious day.
id. appearing once in a long time.

ईद-उल्-जुहा عیدالضحیٰ स्त्री० [अ०] मुसलमानों का बकरीद नामक त्योहार।
fem. a Muslim festival in which sacrifices are made.

ईद-उल्-फ़ित्र عیدالفطر स्त्री० [अ०] ईद (नामक त्योहार)।

ईदगाह عیدگاہ स्त्री० [अ०+फा०] वह विशिष्ट स्थान जहाँ ईद के दिन सब मुसलमान एकत्र होकर नमाज़ पढ़ते हैं।
fem. the mosque where prayers are offered on the festival day.

ईदी عیدی स्त्री० [अ०] ईद के दिन दिया जानेवाला उपहार या पुरस्कार।
fem. some money or gift given at the time of Id.

ईफ़ा ایفا पुं० [अ०] १. पालन। २. भुगतान, देना, चुकाना।
***पद* ईफ़ाए क़ौल**=वचन का पालन।
m. 1. act of fulfilling or complying. 2. payment.
ph. act of fulfilling one's promise.

ईमा ایما पुं० [अ०] इशारा, संकेत।
m. a hint, suggestion.

ईमान ایمان पुं० [अ०] १. ईश्वर में विश्वास, आस्तिक बुद्धि। २. चित्त की उत्तम वृत्ति, अच्छी नीयत। ३. धर्म। ४. सत्य।
m. 1. faith in God, theism. 2. benign behaviour. 3. religion. 4. truth.

ईमानदार ایماندار पुं० [अ०+फा०] १. धर्म पर विश्वास रखनेवाला। २. विश्वासपात्र, दयानतदार। ३. लेन-देन या व्यवहार में सच्चा। ४. सत्य और न्याय का पक्षपाती।
m. 1. a theist. 2. a trusted person, trustworthy. 3. honest person. 4. a truthful and just person.

ईमानदारी ایمانداری स्त्री० [अ०+फा०] ईमानदार होने की अवस्था या भाव।
fem. honesty, uprighteousness.

ईरान ایران पुं० [फा०] प्राचीन फारस देश का आधुनिक नाम।
m. name of a country, Iran.

ईरानी ایرانی पुं० [फा०] ईरान का निवासी।
स्त्री० ईरान की भाषा।
वि० ईरान का।
m. an inhabitant of Iran.
fem. Persian language.
adj. of or relating to Iran.

ईसवी عیسوی वि० [अ०] ईसा-सम्बन्धी, ईसा का।
पद ईसवी सन्।
adj. of Christ.
ph. A.D. (Anno Domini)

ईसा عیسیٰ पुं० [अ०] एक प्रसिद्ध महात्मा जो ईसाई धर्म के प्रवर्तक थे, क्राइस्ट।
m. Christ.

ईसाई عیسائی पुं० [अ०] ईसा के चलाए हुए धर्म को माननेवाला, क्रिस्तान।
m. a Christian.

ईसार ایثار पुं० [अ०] १. ग्रहण करना। २. बुजुर्गी, बड़प्पन। ३. तपस्या। ४. स्वार्थत्याग।
m. 1. act of receiving or accepting. 2. elderliness, seniority. 3. penance. 4. self-sacrifice.

उ

उक़बा عقبیٰ पुं० [अ० उक़्बा] १. सृष्टि का अंतिम काल। २. परलोक।
m. 1. deluge, end of all existence. 2. heaven, the other world.

उक़ला عقلا पुं० [अ० उक़्ल:, अक़ील का बहु०] बुद्धिमान लोग।
m. (plu.) wise persons, intellectuals.

उक़ाब عقاب पुं० [अ०] गिद्ध (पक्षी)।
m. a vulture.

उक़्दा عقدہ पुं० [अ० उक़्द:] १. गिरह, गाँठ। २. गूढ़ विषय, मुश्किल बात जो जल्दी समझ में न आए, कठिन समस्या।
m. 1. a knot. 2. something difficult to understand, difficult problem.

उक़्दा-कुशा عقدہ کشاء वि० [अ० उक़्द:+फा०] [भाव० उक्दा-कुशाई] कठिन समस्याओं का निराकरण करनेवाला।
पुं० ईश्वर का एक नाम।
adj. (one) who solves difficult problems.
m. name of the God.

उख़्त اُخت स्त्री० [अ०; बहु० अख़्वात] बहन।
fem. a sister.

उज़बक ازبک पुं० [तु० उज़्बक] तुर्कों की एक जाति।
वि० मूर्ख, उजड्ड, गँवार।
m. a tribe of Turks.
adj. stupid, foolish.

उजरत اُجرت स्त्री० [अ० उज्रत] मजदूरी, पारिश्रमिक।
पद उजरते नक़्ल=नकल (प्रतिलिपि) का पारिश्रमिक।
m. wages, remuneration.
ph. charges for copying.

उजलत عجلت स्त्री० [अ० उज्लत] शीघ्रता, जल्दी।
fem. hurry, haste.

उज़्लत عزلت स्त्री० [अ०] १. एकान्तवास। २. एकान्त।
m. 1. act of living in solitude. 2. solitude.

उज़्व عضو पुं० [अ०] शरीर का कोई अंग।
m. any part of the body, organ.

उजूबा عجوبہ पुं० [अ० उजूब:] चमत्कार।
m. a miracle

उज़्म عظم पुं० [अ०] बड़प्पन, बुजुर्गी, बड़ापन।
m. elderliness, seniority, greatness.

उज़्मा عظمیٰ पुं० [अ० 'अज़ीम' का बहु०] बुज़ुर्ग या बड़े लोग।
m. (plu.) elderly or great people.

उज़्र عذر पुं० [अ०; बहु. उज़्रात] १. आपत्ति, विरोध। २. इन्कार। ३. बहाना। ४. क्षमा-याचना।
पद उज़्र माज़रत=क्षमा-प्रार्थना।
m. 1. an objection. 2. denial. 3. an excuse. 4. an apology.
ph. prayer for forgiveness.

उज़्रदार عذردار वि० [अ०+फा०] उज़्र करनेवाला, आपत्ति कर्ता।
m. one who objects, objector.

उज़्रदारान عذرداران पुं० [अ०+फा० 'उज़्रदार' का बहु०] आपत्ति करनेवाले लोग।
m. (plu.) objectors.

उज़्रदारी عذرداری स्त्री० [अ० + फा०] १. आपत्ति। २. आपत्ति-पत्र।
m. 1. an objection. 2. a letter of objections, complaint.

उज़्रा عذرہ पुं० [अ० उज़्र:] बाल्यावस्था।
m. boyhood.

उत्तू عتّو पुं० [फा०] कपड़े पर छपाई करने का लोहे का ठप्पा।
m. an iron block used in printing.

उत्लत اتلت स्त्री० [अ०] १. निकम्मापन। २. बेकारी।
fem. 1. idleness. 2. unemployment.

उदूल عدول पुं० [अ०] १. मार्गच्युत होना। २. विमुख होना। ३. अवहेलना करना।
पद उदूल-हुक्मी=आज्ञा न मानना, आज्ञा का उल्लंघन।
m. 1. act of deviating, deviation. 2. act of turning away one's face, aversion. 3. act of showing disregard, neglect.
ph. disobedience, violation.

उनवान عنوان पुं० [अ० उन्वान] १. शीर्षक। २. आरंभ।
m. 1. heading, headline. 2. beginning.

उन्क़ा عنقا पुं० [अ०] एक कल्पित पक्षी।
वि० १. अप्राप्य। २. दुष्प्राप्य।
m. an imaginary bird.
adj. 1. unobtainable, unavailable. 2. scarce, rare.

उन्नाब عنّاب पुं० [अ०] एक प्रकार का बेर जो औषधों के काम में आता है।
m. a kind of fruit used in medicines.

उन्नाबी عنّابی पुं० [अ०] एक प्रकार का गहरा लाल रंग।
वि० गहरे लाल रंग का।
m. light maroon colour.
adj. light maroon.

उन्वान عنوان पुं० [अ०] १. शीर्षक। २. आरम्भ।
m. 1. heading. 2. beginning, advent.

उन्स انس पुं० [अ०] प्यार, प्रेम।
m. love.

उन्सर عنصر पुं० [अ०] मूलतत्त्व।
m. an element.

उन्सरी عنصری वि० [अ०] मूलतत्त्व-सम्बन्धी।
adj. of or relating to an element or elements.

उफ़ اف विस्मय० [अ०] दुख या कष्टसूचक शब्द।
मुहा० उफ़ तक न करना=बहुत कष्ट पहुँचने पर भी चूँ तक न करना।
interj. expressing sorrow or regret, alas.
ph. not to say a single word, to endure in silence.

उफ़क़ افق पुं० दे० 'उफ़ुक़'।

उफ़नूत عفونت स्त्री० [अ०] दुर्गन्ध।
fem. bad or unpleasant smell, stink.

उफ़ुक़ افق पुं० [अ०] आसमान का किनारा, क्षितिज।
m. the horizon.

उफ़्ताँ व खेज़ाँ افتاں وخیزاں क्रि० वि० [फा०] १. बहुत कठिनता से उठते-बैठते हुए। २. गिरते-पड़ते।
adv. 1. with great difficulty. 2. staggeringly.

उफ़्ताद افتاد स्त्री० [फा०] १. विपत्ति, मुसीबत। २. दुर्घटना।
fem. 1. a calamity, trouble. 2. an accident.

उफ़्तादगी افتادگی स्त्री० [फा०] दीनता।
fem. humility.

उफ़्तादा افتادہ वि० [अ० उफ़्ताद:] [भाव० उफ़्तादगी] १. खाली पड़ा हुआ। २. बिना जोता-बोया (खेत आदि) ३. दीन-हीन। ४. विपत्तिग्रस्त, मुसीबत का मारा।
adj. 1. empty, vacant, 2. uncultivated. 3. miserable. 4. distressed, struck by misfortune.

उबूर عبور पुं० [अ०] १. किसी रास्ते से होकर जाना। २. नदी या समुद्र आदि को पार करना। ३. पारंगतता।
पद उबूर दरियाए शोर=द्वीपान्तर, कालापानी।
m. 1. act of passing through. 2. act of crossing a river or sea. 3. expertise, adriot ness.
ph. act of going from one island to another.

उब्बाद عبّاد पुं० [अ०] उपासक, पुजारी।
m. a worshipper.

उमक़ عمق पुं० [अ० उमुक़] गहराई, गम्भीरता।
m. depth, deepness.

उमर عمر पुं० [अ०] एक पैगंबर।
m. name of a prophet.

उमरा عمرہ पुं० [अ० 'अमीर' का बहु०]। १. अमीर लोग। २. मन्त्रीगण।
m. (plu.) 1. the rich. 2. ministers.

उमीद امید स्त्री० = उम्मीद।

उमुक़ امق पुं०=उमक़।

उमूम عموم पुं० [अ०] आम होना।
m. the state of being available or known.

उमूमन् عموماً क्रि० वि० दे० 'अमूमन्'।

उमूमियत عمومیت स्त्री० [अ०] साधारणता, सामान्यता।
fem. generality.

उमूर عمور पुं० [अ० 'अम्र' का बहु० रूप] विषय।
पद उमूरे अहम्=आवश्यक विषय।
m. a subject.
ph. an essential subject.

उमूरात عمورات पुं० [अ० 'उम्र' का बहु०]।

उम्दगी عمدگی स्त्री० [अ०] उम्दा होने का भाव, अच्छाई, बढ़ियापन।
fem. excellence.

उम्दा عمدہ वि० [अ० उम्द:] अच्छा, बढ़िया, उच्चकोटि का।
adj. excellent, nice, splendid.

उम्म امّ स्त्री० [अ०] माता, माँ।
fem. a female parent, mother.

उम्म-उल्-सिबियाँ ام الصبیاں स्त्री० [अ०] १. बच्चों की माता। २. शैतान की पत्नी। ३. एक प्रकार की मिरगी (रोग)।
fem. 1. a female person. 2. devils's spouse. 3. mental disorder, hysteria.

उम्मत امّت स्त्री० [अ०] किसी धर्म विशेषतः पैगम्बरी धर्म के समस्त अनुयायी; जैसे—मुसलमान, यहूदी आदि।
पद छोटी उम्मत=(क) वर्णसंकर जाति। (ख) नीच जाति।
fem. the follower of a prophet.
ph. (a) mixed race. (b) low caste.

उम्मती امّتی पुं० [अ०] किसी उम्मत या पैगम्बरी धर्म का अनुयायी।
पद ताउम्मती=वह जो किसी धर्म को न मानता हो, नास्तिक।
fem. a follower of a prophet.
ph. an atheist.

उम्मी امّی पुं० [अ०] १. वह जिसका पिता बचपन में मर गया हो और जिसका पालन-पोषण माता या दाई ने किया हो। २. अशिक्षित व्यक्ति। ३. मुहम्मद साहब जिन्होंने किसी से शिक्षा नहीं पाई थी। ४. वह जो किसी उम्मत में हो, किसी धर्म विशेषतः पैगम्बरी धर्म का अनुयायी।
m. 1. one who nurtured by the mother

or nurse. 2. uneducated person. 3. the prophet Mohammad who had not received education from anyone. 4. a follower of a prophet.

उम्मीद امید स्त्री० [फा०] १. आशा। २. भरोसा, आसरा।
fem. 1. expectation. 2. faith, dependence, support.

उम्मीदवार امیدوار पुं० [फा०] १. आशा या आसरा रखनेवाला। २. काम सीखने या नौकरी पाने की आशा से किसी दफ्तर में बिना तनख्वाह काम करनेवाला। ३. किसी पद पर चुने जाने के लिए खड़ा होनेवाला आदमी, प्रत्याशी।
m. 1. one who is hoping something to happen. 2. an apprentice. 3. a candidate.

उम्मीदवारी امیدواری स्त्री० [फा०] १. आशा, आसरा। २. काम सीखने या नौकरी पाने की आशा से बिना तनख्वाह काम करना। ३. स्त्री के गर्भवती होने की अवस्था।
m. 1. expectation, hope. 2. apprenticeship. 3. pregnancy.

उम्मेद امید स्त्री० [फा०] = उम्मीद।

उम्मेदवारी امیدواری स्त्री० [फा०] = उम्मीदवारी।

उम्र عمر स्त्री० [अ०] १. अवस्था, वय। २. जीवनकाल, आयु।
fem. 1. age. 2. life-span, the time for which something lasts.

उम्रक़ैद عمرقید स्त्री० [अ०] आजीवन कारावास।
fem. life imprisonment.

उम्रक़ैदी عمرقیدی पुं० [अ०] वह जिसे आजीवन कारावास का दंड मिला हो।
m. a lifer.

उम्रतबई عمرطبعی स्त्री० [अ०] मनुष्य का स्वाभाविक जीवन-काल जो अरब देशों में १२० वर्ष माना जाता था।
fem. life-span.

उम्र-रसीदा عمررسیدہ वि० [अ० उम्र-रसीद:] लंबी उम्रवाला।
adj. aged.

उरदाबेगनी اردابیگنی स्त्री० [तु०] वह सशस्त्र स्त्री जो राजमहलों में पहरा दे।
fem. a female armed watchman.

उरफ़ा عرفہ पुं० [अ०; 'आरिफ़' का बहु०] संत लोग।
m. saints.

उरफ़ी عرفی वि० [अ०] साधारण, मामूली।
adj. ordinary.

उरियाँ عریاں वि० [अ०] नंगा, नग्न।
adj. naked, nude.

उरियानी عریانی स्त्री० [फा०] नंगापन, नग्नता।
fem. nakedness, nudity.

उरूज عروج पुं० [अ०] १. ऊपर की ओर चढ़ना, उत्थान। २. उन्नति। ३. शीर्षबिन्दु। ४. विकास।
m. 1. act of rising, rise. 2. progress, betterment. 3. the top or highest point, apex. 4. development.

उरूस عروس पुं० [अ०] दूल्हा।
स्त्री० दुलहिन, वधू (अधिकतर वधू के अर्थ में ही प्रयुक्त होता है।)
m. a bridegroom.
fem. a bride.

उरूसी عروسی स्त्री० [अ०] निक़ाह की पद्धति से होनेवाला विवाह।
fem. marriage performed according to Islamic traditions.

उरेब اوریب वि० [फा०] १. टेढ़ा। २. तिरछा। ३. धूर्तता-पूर्ण, चालाकी-भरा।
adj. 1. bent. 2. slanting, oblique. 3. crafty.

उर्दी اردی स्त्री० [फा०] फारसी वर्ष का दूसरा महीना।
fem. second month of the Persian year.

उर्दू اردو स्त्री० [तु०] १. लश्कर या छावनी का बाज़ार। २. वह बाज़ार जहाँ सब तरह की चीजें बिकती हों। ३. हिन्दी भाषा का वह रूप जिसमें अरबी, फारसी और तुर्की आदि के शब्द अधिक हों और जो फारसी लिपि में लिखी जाए।
fem. 1. soldiers' market. 2. a market, market-place. 3. Urdu (language)

उर्दू-ए-मुअल्ला اردوئےمعلّیٰ स्त्री० [तु०+अ०] परिष्कृत उर्दू भाषा।
fem. refined or standard Urdu.

उर्फ़ عرف पुं० [अ०] उपनाम।
m. alias.

उर्फ़ी عرفی वि० [अ०] प्रसिद्ध, मशहूर।
adj. famous, well-known.

उर्स عرس पुं० [अ०] १. पुण्यतिथि पर होनेवाला उत्सव। २. विवाह आदि अवसरों पर होनेवाला भोजन। ३. वह भोजन जो किसी की पुण्यतिथि पर लोगों को दिया जाए।
m. any celebration organized at the time of someone's death anniversary. 2. the meal arranged at the time of a marriage or anyother auspicious occasion. 3. the meal arranged at the death anniversary of a saint.

उलफ़त اُلفت स्त्री० [अ० उल्फ़त] १. प्रेम, प्यार, मुहब्बत। २. दोस्ती, मित्रता।
fem. 1. love. 2. friendship.

उलफ़ती اُلفتی वि० [अ० उल्फ़ती] प्यार करनेवाला।

adj. loving.

उलमा علماء पुं० [अ० उल्मा; 'आलिम' का बहु०] विद्वान लोग।
m. scholars.

उलवी علوی वि० [अ०] १. स्वर्ग से संबंध रखनेवाला। २. आकाश से संबंध रखनेवाला।
adj. 1. heavenly. 2. relating to the sky.

उलुग़ علوغ पुं० [अ०] १. महापुरुष। २. बड़ा बुजुर्ग।
m. 1. a great person. 2. an old person.

उलूम علوم पुं० [अ०; 'इल्म' का बहु०] विद्याएँ।
m. arts and sciences.

उलूम-उल्-अज़्म علوم الازم वि० [अ०] हौसलेमंद, साहसी।
adj. courageous, daring.

उलूम-उल् अज़्मी علوم الازمی स्त्री० [अ०] ऊँचा हौसला, बड़ा साहस।
fem. courage, boldness.

उल्फ़त اُلفت स्त्री० [अ०] प्रेम, प्यार, मुहब्बत।
fem. love.

उशर عشر पुं० [अ०] दसवाँ हिस्सा।
m. tenth part.

उश्तुर عشتر पुं० [फा०, मि० सं० उष्ट्र] ऊँट।
m. a camel.

उश्शाक़ عُشّاق पुं० [अ०; 'आशिक़' का बहु०]।
m. (plu.) lovers.

उसलूब اسلوب पुं० [अ० उस्लूब] तरीका , ढंग।
पद ख़ुश उसलूब=जिसके तौर या ढंग अच्छे हों।
m. method, way.
ph. well-mannered.

उसूल اصول पुं० [अ०] सिद्धान्त।
m. a principle, doctrine.

उस्तख़्वाँ اُستخواں पुं० [फा०] हड्डी, अस्थि।
m. a bone.

उस्तवा اُستویٰ पुं० [अ० इस्तिवा] समतल होने का भाव, हमवारी, बराबरी।
पद ख़ते उस्तवा=भूमध्य-रेखा, विषुवत्-रेखा।
fem. eveness, smoothness.
ph. the Equator.

उस्तवार اُستوار वि० [फा० उस्तुवार] १. पक्का, दृढ़, स्थायी। २. समतल, हमवार। ३. सीधा, सरल।
adj. 1. strong, firm, stable. 2. smooth, flat. 3. sample, easy.

उस्तवारी اُستواری स्त्री० [फा० उस्तुवारी] १. दृढ़ता, मज़बूती। २. समतल होने का भाव, हमवारी। ३. सरलता, सिधाई।
fem. 1. strength, firmness, stability. 2. the state of being level. 3. simplicity.

उस्ताद اُستاد पुं० [फा०] गुरु, शिक्षक, अध्यापक।
m. a teacher, master.

उस्तादी اُستادی स्त्री० [फा०] १. शिक्षक की वृत्ति, गुरुआई। २. चतुराई। ३. विज्ञता। ४. चालाकी, धूर्तता।
fem. 1. profession of a teacher. 2. cleverness. 3. scholarship. 3. cunningness.

उस्तानी اُستانی स्त्री० [फा०] शिक्षिका, अध्यापिका।
fem. a female teacher, teacheress.

उस्तुरलाब اُسترلاب स्त्री० [यू०] नक्षत्रों को मापने का एक यंत्र।
m. an instrument for measuring the distance between the planets.

उस्तुरा اُسترا पुं० [फा० उस्तुरः] बाल मूँड़ने का औज़ार, छुरा, उस्तरा।
m. a type of razor for shaving purposes.

उस्तुवार اُستوار वि० [फा०] स्थायी।
adj. stable, permanent.

उस्तुवारी اُستواری स्त्री० [फा०] स्थायित्व।
fem. stability, permanance.

उस्तून اُستون पुं० [अ०] खंभा।
m. a pillar.

उस्लूब اسلوب पुं० [अ०] ढंग, तरीका।
m. a method, manner.

◆

ऊ

ऊद عود पुं० [अ०] अगर नामक सुगंधित लकड़ी।
m. aloe-wood.

ऊदा عودا वि० [अ०] ऊद या अगर-सम्बन्धी, अगर का।
adj. of or pertaining to the aloe-wood.

ऊदासोज़ عوداسوز पुं० [अ०+फा०] वह पात्र जिसमें रखकर सुगन्धि के लिए ऊद या अगर जलाते हैं।
m. an incense-pot.

ऊदी عودی वि० [अ०] = ऊदा।

ऊर اُر वि० [फा०] नंगा।
adj. naked, uncovered.

ऊरी اُری स्त्री० वि० [फा०] नंगापन।
fem. nakedness.

◆

ए

एआनत اعانت स्त्री० [अ०] सहायता, मदद।
fem. aid, help.

एजाज़ اعجاز पुं० [अ०] चमत्कार।
m. a miracle.

एतक़ाद اعتقاد पुं० [अ० एतिक़ाद] पक्का विश्वास, पूरा एतबार।
m. full confidence.

एतक़ाफ़ اعتقاف पुं० [अ० एतिक़ाफ़] संसार को छोड़कर मसज़िद में एकान्तवास करना।
m. act of living in a mosque i.e. in solitude, the state of living alone.

एतदाल اعتدال पुं० [अ० एतिदाल] १. मध्यम मार्ग। २. संयम। ३. परहेज़।
m. 1. middle path. 2. restraint. 3. abstinence.

एतना اعتنا स्त्री० [अ०] १. सहानुभूति। २. दया।
पद बे-एतना = (क) सहानुभूति का अभाव, उदासीनता। (ख) लापरवाही।
fem. 1. sympathy. 2. pity, kindness.
ph. (a) lack of sympathy, indifference. (b) negligence.

एतनाई اعتنائی स्त्री० [अ०] = एतना।

एतबार اعتبار पुं० [अ० एतिबार] विश्वास, प्रतीति।
m. faith, confidence.

एतबारी اعتباری वि० [अ०] जिस पर एतबार किया जाए, विश्वसनीय।
adj. reliable, trustworthy.

एतमाद اعتماد पुं० [अ० एतिमाद; वि० एतमादी] १. विश्वास, भरोसा। २. निर्भरता।
m. 1. confidence, faith. 2. dependence.

एतराज़ اعتراض पुं० [अ० एतिराज़; बहु० एतराज़ात] आपत्ति, उज्र।
m. an objection.

एतराफ़ اعتراف पुं० [अ० एतिराफ़] मानना, मान लेना।
m. acceptance.

एलची ایلچی पुं० [तु०] राजदूत।
m. an ambassador, envoy.

एलचीगीरी ایلچی گیری स्त्री० [तु०+ फा०] एलची का काम या पद।
m. ambassdorship.

एलान اعلان पुं० [अ० इअलान] घोषणा, उद्घोष।
m. announcement.

एलानिया اعلانیہ क्रि० वि० [अ० इअलानिय:] सबके सामने।
adv. publicly, in public, openly.

एवज़ عوض वि० [अ०] जो किसी के बदले में या स्थान पर हो, स्थानापन्न।
पुं० प्रतिफल।
पद एवज़-मुआवज़ा = (क) अदला-बदली। (ख) बदला, प्रतिकार।
adj. substitute.
m. reward.
ph. (a) exchange, barter. (b) revenge.

एवज़ी عوضی वि० [अ०] किसी के एवज़ में या स्थान पर काम करनेवाला, स्थानापन्न।
adj. substituting for someone or something.

एहतज़ाज़ احتزاز पुं० [अ० एहतिज़ाज़] मजा लेना, आनंद लेना।
m. act of enjoying, recreation.

एहतज़ार احتضار पुं० [अ० एहतिज़ार] मौत आना।
m. the act or fact of dying.

एहतमाम اہتمام पुं० [अ० एहतिमाम] १. प्रयत्न, कोशिश। २. प्रबन्ध, व्यवस्था, इन्तज़ाम। ३. निरीक्षण, देखरेख। ४. अधिकार-क्षेत्र।
m. 1. endeavour, attempt. 2. management. 3. inspection. 4. jurisdiction, field.

एहतमाल احتمال पुं० [अ० एहतिमाल; वि० एहतमाली] १. बरदाश्त करना। २. बोझ उठाना। ३. गुमान। ४. आशंका। ५. भय।
m. 1. act of enduring, endurance. 2. act of carrying a load. 3. pride. 4. apprehension. 5. fear.

एहतराज़ احتراز पुं० [अ० एहतिराज़] १. अलग या दूर रहना, बचना। २. परहेज करना। ३. घृणा करना।
m. 1. act of refraining from or avoiding someone or something. 2. abstinence. 3. hate, dislike, aversion.

एहतराम احترام पुं० [अ० एहतिराम] आदर, सम्मान।
m. respect, honour.

एहतलाम احتلام पुं० [अ० एहतिलाम] स्वप्नदोष।
m. nocturnal emission.

एहतशाम احتشام पुं० [अ० एहतिशाम] १. प्रतिष्ठा। २. वैभव। ३. शान-शौकत।
m. 1. prestige. 2. glory, splendour.
m. display of ones' importance or wealth.

एहतसाब احتساب पुं० [अ० एहतिसाब] १. हिसाब लगाना, गणना करना। २. प्रजा की रक्षा की व्यवस्था। ३. परीक्षा। ४. आज़माइश करना।
m. 1. act of counting or calculation. 2. security measures for public safety. 3. examination. 4. act of testing.

एहतियाज़ احتیاز पुं० [अ० इहतियाज़] एकत्र होना, इकट्ठा होना।
m. act of gathering.

एहतियात احتیاط स्त्री० [अ० अहतियात] १. सचेत रहने की क्रिया, सतर्कता, चौकसी २. रक्षा, बचाव।
m. 1. precaution. 2. defence, safety.

एहतियातन् احتیاطاً क्रि० वि० [अ०] एहतियात के खयाल से, सतर्कता के विचार से।
adv. by the way of precaution.

एहमाल اہمال पुं० [अ० एहतिमाल] ध्यान न देना, उपेक्षा करना।
m. lack of proper case, neglect, negligence.

एहमाली اہمالی वि० [अ०] १. ध्यान न देनेवाला। २. निकम्मा, सुस्त।
adj. 1. negligent. 2. idle, lazy.

एहसान احسان पुं० [अ०] १. नेकी, उपकार। २. कृतज्ञता, निहोरा।
m. 1. favour, obligation. 2. gratitude.

एहसानफ़रामोश احسان فراموش पुं० [अ०+फा०] कृतघ्न।
m. thankless, ungrateful.

एहसानफ़रामोशी احسان فراموشی स्त्री० [अ०+फा०] कृतघ्नता।
fem. ungratefulness.

एहसानमंद احسان مند वि० [अ०+फा०] एहसान या उपकार माननेवाला, कृतज्ञ।
adj. grateful.

एहसास احساس पुं० [अ०] १. अनुभव। २. अनुभूति। ३. ज्ञान।
m. 1. experience. 2. feeling. 3. knowledge.

ऐ

ऐज़न् ایضاً वि० [अ०] १. जैसा ऊपर है, वैसा ही, उक्त। २. वैसा ही, वही।
adj. 1. above-mentioned. 2. same.

ऐजाज़ اعجاز पुं० [अ० इअजाज़] १. आजिज़ करना, परेशान करना। २. चमत्कार।
m. 1. act of teasing. 2. a miracle.

ऐज़ाज़ اعزاز पुं० [अ० इअज़ाज़] इज्जत, सम्मान, आदर।
m. prestige, respect.

ऐतबार اعتبار पुं० = एतबार।

ऐतबारी اعتباری वि० = एतबारी।

ऐदाद اعداد स्त्री० [अ० अअदाद; 'अदद' का बहु०] संख्याएँ।
fem. (plu.) figures.

ऐन عین स्त्री० [अ० मि० सं० अयन] आँख, नेत्र। वि० [अ०] ठीक, उपयुक्त, सटीक।
m. an eye.
adj. right, appropriate.

ऐनउल्माल عین المال पुं० [अ०] १. मूलधन, पूँजी। २. खर्च आदि बाद देकर होनेवाला लाभ। ३. भूमिकर, मालगुज़ारी।
m. 1. principal amount, capital. 2. profit. 3. rent (of land).

ऐनक عینک स्त्री० [अ०] आँखों पर लगाने का चश्मा।
fem. a pair of glasses, spectacles.

ऐन-ग़ैन عین غین वि० [अ०] एक जैसी शक्लवाले, एक समान, हमशक्ल।
adj. having the same figure.

ऐनवक्त عین وقت क्रि० वि० [अ०] ठीक समय पर।
adv. at a right time.

ऐनी عینی वि० [अ०] आँखों-देखा।
adj. seen, live, running.

ऐब عیب पुं० [अ०] [बहु० अयूब] १. दोष, अवगुण। २. बुराई, खराबी।
m. 1. a defect, flaw. 2. an evil, fault.

ऐबक ایبک पुं० [फा०] १. प्रिय, प्यारा। २. दास, सेवक। ३. दूत, हरकारा।
m. 1. a loved one, beloved. 2. a servant or slave. 3. an envoy or messenger.

ऐबगो عیب گو पुं० [अ०+फा०] दूसरों की निंदा करनेवाला।
m. a faultfinder.

ऐबगोई عیب گوئی स्त्री० [अ०+फा०] दूसरों की निंदा करना।
m. act of faultfinding.

ऐबजो عیب جو पुं० [अ०+फा०] दूसरों के ऐब ढूँढ़नेवाला, छिद्रान्वेषी।
m. a faultfinder.

ऐबजोई عیب جوئی स्त्री० [अ०+फा०] दूसरों के ऐब ढूँढ़ना, छिद्रान्वेषण।
m. faultfinding.

ऐबदार عیبدار वि० दे० 'ऐबी'।

ऐबपोश عیب پوش पुं० [अ०+फा०] किसी के दोषों को छिपानेवाला।
m. one who deliberately conceals someone's faults or wrongdoings.

ऐबपोशी عیب پوشی स्त्री० [अ०+फा०] दूसरों के दोषों को छिपाना।
fem. a deliberate concealment of someone's faults or wrongdoings, whitewash.

ऐबी عیبی वि० [अ० ऐब] १. जिसमें कोई ऐब या दोष हो। २. दुष्ट।
adj. 1. defective, faulty. 2. wicked.

ऐमाल اعمال पुं० [अ०; 'अमल' का बहु०] कार्य-समूह, कृत्य, कार्रवाइयाँ।
m. (plu.) acts, actions.

ऐमालनामा اعمالنامہ पुं० [अ०+फा० नाम:] वह बही या सूची जिसमें लोगों के भले और बुरे कार्यों का विवरण हो।
m. a character-roll or the list of one's merits-demerits.

ऐयाम ایام पुं० = अय्याम।

ऐयार, ऐय्यार عیار पुं० [अ०] १. बहुत बड़ा धूर्त और चालाक। २. वह जो भेस बदलकर चालाकी से काम निकाले।
m. 1. very clever person. 2. an imposter.

ऐयारी, ऐय्यारी عیاری स्त्री० [अ०] १. ऐयार का काम या पेशा। २. धूर्तता।
fem. 1. prefession of an imposter. 2. cunningness.

ऐयाश, ऐय्याश عیاش पुं० [अ०] १. वह जो बहुत ऐश करे। २. कामुक व्यक्ति, लंपट।
m. 1. one given to sensual pleasures. 2. a lewd person.

ऐयाशी, ऐय्याशी عیاشی स्त्री० [अ०] १. भोग-विलास। २. कामुकता, लंपटता।
fem. 1. comfortable and expensive living. 2. lewdness.

ऐराफ़ اعراف पुं० [अ०] एक दीवार जो मुसलमान स्वर्ग और नरक के बीच में मानते हैं।
m. the wall that devides heaven and hell.

ऐराब اعراب पुं० [अ० इअराब] अरबी लिपि में अ, इ, उ के सूचक चिह्न या मात्राएँ जो अक्षरों के ऊपर-नीचे लगती हैं, लगमात।

m. (plu.) signs used in Arabic script as vowel marks.

ऐलान اعلان पुं० [अ० इअलान] १. घोषणा, मुनादी। २. राजाज्ञा।

m. 1. announcement. 2. king's order.

ऐलाम اعلام पुं० [अ० अअलाम] घोषणा।

m. announcement.

ऐलामनामा اعلام نامہ पुं० [अ०+फा० नाम:] घोषणापत्र।

m. proclamation.

ऐवान ایوان पुं० [फा०] राजभवन, महल।

m. a palace.

ऐश عیش पुं० [अ०] १. भोग-विलास, सुख-भोग। **पद ऐश व इशरत**=भोग-विलास।

m. enjoyment.

ph. indulgance in luxury.

ऐशगाह عیش گاہ स्त्री० [अ०] विलास-स्थल, विलास-भवन।

fem. a place for enjoyment.

ऐसर ایسر वि० [अ०] अति सरल।

adj. very easy, too simple.

ऐसार ایثار पुं० [अ०] संपन्नता, समृद्धि।

m. prosperity, richness.

ओ

ओ و यो० [फा०] और; जैसे—मशरिक़-ओ-मग़रिब = मशरिक और मग़रिब अर्थात् पूर्व और पश्चिम।

conj. and.

ओहदा عہدہ पुं० [अ० ओहद:] पद।

m. rank.

ओहदादार عہدہ دار पुं० [अ० ओहद:+फा०] किसी अच्छे पद पर काम करनेवाला अधिकारी।

m. a high-ranking officer.

औ

औक़ात اوقات स्त्री० [अ० ''वक़्त'' का बहु०] १. वक्त। २. पद, स्थिति। ३. सामर्थ्य। ४. मर्यादा।
***मुहा०* औक़ात बसर करना**=जीविका चलाना।
fem. 1. time. 2. status. 3. capacity, capability. 4. limit.
ph. to earn a livehood.

औक़ातबसरी اوقات بسری स्त्री० [अ०+फा०] १. समय व्यतीत करना। २. जीविका का साधन।
fem. 1. passing of time. 2. means of livelihood.

औज اوج पुं० [अ०] १. शीर्ष बिन्दु। २. सबसे ऊँचा पद। ३. ऊँचाई।
m. 1. apex. 2. highest rank or title. 3. height.

औज़ान اوزان पुं० [अ० 'वज़न' का बहु०] १. तौल। २. बाट।
m. 1. weight. 2. a piece of metal used to weigh.

औज़ार اوزار पुं० [अ०] १. वह उपकरण जिसके द्वारा मिस्त्री कार्य करता हो। २. साधन।
m. 1. a tool. 2. means.

औबाश اوباش पुं० [अ०] कमीना व्यक्ति, लुच्चा।
m. a mean fellow.

औबाशी اوباشی स्त्री० [अ०] कमीनापन, लुच्चापन।
fem. meanness.

औरंग اورنگ पुं० [फा०] १. राजसिंहासन। २. बुद्धि, समझ। ३. छल, कपट। ४. दीपक।
m. 1. a throne. 2. intellect. 3. deceit, deception. 4. a lamp.

औरंगज़ेब اورنگزیب पुं० [फा०] १. वह जिससे राज-सिंहासन की शोभा हो। २. एक प्रसिद्ध मुगल सम्राट्।
m. 1. one who occupies the throne. 2. a Mogul king.

औरत عورت स्त्री० [अ०] १. स्त्री, महिला। २. पत्नी, जोरू।
fem. 1. a woman. 2. a wife.

औराक़ اوراق पुं० [अ० 'वर्क़' का बहु०] पृष्ठ।
m. (plu.) pages.

औरात عورات स्त्री० [अ० 'औरत' का बहु०] औरतें।
fem. (plu.) women.

औला اولٰی वि० [अ०] सबसे बढ़कर होनेवाला, श्रेष्ठ।
adj. excellent.

औलाद اولاد स्त्री० [अ०] १. सन्तान, संतति। २. वंश-परम्परा। ३. नस्ल।
fem. 1. an offspring, progeny. 2. a family tradition, lineage. 3. race.

औलिया اولیاء पुं० [अ० 'वली' का बहु०] संत और महात्मा लोग।
m. (plu.) saints.

औवल اوّل वि० दे० 'अव्वल'।

औसत اوسط स्त्री० [अ०] बराबर का परता, समष्टि का समविभाग।
***पद* औसत दरजे का**=सामान्य।
fem. average.
ph. ordinary.

औसान اوسان पुं० [अ०] १. शान्ति। २. समझ। ३. होश-हवास।
***मुहा०* औसान ख़ता होना**=होश-हवास ठिकाने न रह जाना।
m. 1. peace. 2. understanding. 3. senses, consciousness.
id. to be out of senses.

औसाफ़ اوصاف पुं० [अ० 'वस्फ़' का बहु०] १. गुण, खासियत। २. खूबियाँ।
m. (plu.) 1. good qualities. merits. 2. specialities.

क

कंगूरा کنگورہ पुं० [फा० कंगूर:] १. शिखर, चोटी। २. किले की दीवार में थोड़ी-थोड़ी दूरी पर बने हुए ऊँचे स्थान जहाँ से सिपाही खड़े होकर लड़ते हैं, बुर्ज।
m. 1. a top, apex. 2. a turret, parapet.

कंद کند पुं० [फा० क़न्द] १. चीनी, शक्कर। २. जमाई हुई चीनी, शर्करा।
वि० बहुत मीठा।
m. 1. sugar. 2. solidified sugar.
adj. very sweet.

कंदन کندن पुं० [अ० कन्दन] १. खोदने का कार्य। २. नक्काशी।
m. 1. act of digging. 2. act of engraving.

कंदा کندہ वि० [फा० कन्द:] १. खोदा हुआ। २. खोदकर बेल-बूटों के रूप में बनाया हुआ। ३. छीला हुआ; जैसे—पोस्ते-कन्दा=जिसका छिलका उतारा गया हो।
पुं० खाई, खंदक।
adj. 1. dug. 2. engraved. 3. peeled.
m. a ditch.

कंदाकार کندہ کار पुं० [फा० कन्द:कार] खोदकर बूलबूटे बनानेवाला।
m. an engraver.

क़ंदील قندیل स्त्री० [अ० क़न्दील] १. मिट्टी, अबरक या काग़ज आदि की बनी हुई लालटेन जिसका मुँह ऊपर की ओर होता है। २. दीपक।
fem. 1. a lantern or candle-stick. 2. a lamp.

कअब کعب पुं० [अ०] १. किसी अंक को उसी अंक से दो बार गुणा करने से आनेवाला गुणन-फल, घन। २. लम्बाई, चौड़ाई और गहराई या मुटाई का विस्तार। ३. जुआ खेलने का पासा।
m. 1. act or result of cubing. 2. dimension. 3. a dice.

कअबा کعبہ पुं० = काबा।

क़अर قعر पुं० [अ०] १. गहराई, गम्भीरता। २. खाड़ी। ३. गड्ढा।
m. 1. deepness, depth. 2. a bay. 3. a pit.

क़ऊद قعود पुं० [अ०] बैठने विशेषत: नमाज़ के लिए बैठने की क्रिया या भाव।
m. act of sitting sply. for a prayer.

कचकोल کچکول पुं० दे० 'कजकोल'।

कज کج पुं० [फ़ा०] १. टेढ़ापन, वक्रता। २. छल।
वि० १. टेढ़ा, वक्र; २. छली; जैसे—कज कुलाही= टेढ़ी टोपी।
m. 1. bend. 2. crookedness.
adj. 1. bent. 2. crooked.

कजक کجک पुं० [फा०] हाथी चलाने का अंकुश।
m. an iron hook for driving an elephant.

कजकोल کجکول पुं० [फा०] १. भिक्षापात्र। २. वह पुस्तक जिसमें दूसरों की अच्छी उक्तियों का संग्रह हो।
m. 1. a begging bowl. 2. a collection of wise sayings.

कजखुल्क़ کج خلق वि० [फा०] कठोर स्वभाववाला, खराब मिज़ाज का।
adj. bad-tempered.

कजखुल्क़ी کج خلقی स्त्री० [फा०] कठोर या बुरा स्वभाव।
m. bad temperament.

कजनज़र کج نظر वि० [फा०] भेंगा।
adj. squint-eyed.

कजनिहाद کج نہاد वि० [फा०] दुष्ट स्वभाववाला।
adj wicked.

कजनिहादी کج نہادی स्त्री० [फा०] बुरा स्वभाव।
fem. wickedness.

कजफ़हम کج فہم वि० [फा०] हर बात का उलटा अर्थ लगानेवाला।
adj. purporting a wrong meaning.

कजफ़हमी کج فہمی स्त्री० [फा०] गलत अर्थ लगाना।
fem. expression of a wrong meaning.

कजबहस کج بحث वि० [फा०+अ०] व्यर्थ हुज्जत या बहस करनेवाला, कठहुज्जती।
स्त्री० व्यर्थ की बहस, हुज्जत।
adj. given to wrangling.
fem. wrangling.

कजबीं کج بیں वि० [फा०] [भाव० कजबीनी] हर बात को टेढ़ी या बुरी दृष्टि से देखनेवाला।
adj. casting an eye of bitterness.

कजबीनी کج بینی स्त्री० [फा०] टेढ़ी निगाह।
fem. frowning look.

कजमज کج مج वि० [फा०] ठीक से बात न करनेवाला।
adj. not talking properly.

कजमिज़ाज کج مزاج वि० [फा०+अ०] टेढ़े स्वभाववाला।
adj. bad-tempered.

कजरफ़्तार کجرفتار वि० [फा०] टेढ़ा-मेढ़ा चलनेवाला, वक्र गतिवाला, वक्रगति।
adj. taking a crooked path.

कजरफ़्तारी کجرفتاری स्त्री० [फा०] टेढ़ी-मेढ़ी चाल,

वक्र गति।
fem. zigzag movement.

कजरवी کجروی स्त्री० दे० "कजरफ़्तारी"।

कजरौ کجرو वि० दे० "कजरफ़्तार"।

क़ज़लबाश قزلباش पुं० [तु० क़िज़िलबाश] सैनिक, योद्धा।
m. a soldier.

क़ज़ा قضا स्त्री० [अ०] १. मौत। २. भाग्य, किस्मत। ३. सम्पन्न अथवा पालन करना। ४. नागा।
पद क़ज़ा व क़दर=भाग्य, किस्मत।
m. 1. death. 2. fate, fortune. 3. execution, fulfilment. 4. absence.
ph. fate, fortune.

क़ज़ा-ए-इलाही قضاءالہی स्त्री० [अ०] स्वाभाविक मृत्यु।
fem. natural death.

क़ज़ा-ए-नागहानी قضاءناگہانی स्त्री० [अ० + फा०] आकस्मिक मृत्यु।
fem. accidental death.

क़ज़ा-ए-हाजत قضاءحاجت स्त्री० [अ०] मल-मूत्र आदि का परित्याग।
fem. discharging of excrement and urine, evacuation and urination.

क़ज़ाकार قضاکار क्रि० वि० [अ०+फा०] अकस्मात्।
adv. suddenly.

क़ज़ात قضات स्त्री० [अ०] १. काजी का कार्य या पद। २. झगड़ा, टंटा। ३. विवाह।
fem. 1. the post or position of a काज़ी. 2. a wrangle. 3. a wedding.

क़ज़ादम قضادم वि० [फा०] तेज।
adj. fast, sharp.

क़ज़ाया قضایا पुं० [अ०] १. वाक्य। २. अर्थ। ३. आज्ञा।
m. 1. a sentence. 2. a meaning. 3. an order.

क़ज़ारा قضارا क्रि० वि० [फा०] १. अचानक, सहसा। २. संयोग से, इत्तिफाक से।
adv. 1. all of a sudden, suddenly. 2. accidentally, by chance.

कजावा کجاوہ पुं० [फा० कजाव:] ऊँट की काठी।
m. a saddle put on the back of a camel.

क़ज़िया قضیہ पुं० [अ० कज़ीय:] १. विवादास्पद विषय, झगड़ा। २. मुकदमा, व्यवहार।
मुहा० क़ज़िया पाक होना-विवाद का अन्त होना।
m. 1. a wrangle. 2. a law-suit.
id. end of a wrangle or law-suit.

क़ज़िर قذر वि० [अ०] १. अपवित्र। २. गंदा।
adj. 1. unholy. 2. dirty, filthy.

कजी کجی स्त्री० [फा० कज] टेढ़ापन, वक्रता।
fem. crookedness.

क़ज़ीब قضیب पुं० [अ०] १. वृक्ष की शाखा। २. तलवार। ३. कोड़ा। ४. पुरुष की इन्द्रिय, लिंग।
m. 1. branch of a tree. 2. a sword. 3. a flagellum. 4. penis.

क़ज़्ज़ाक़ قزاق पुं० [तु०] डाकू, लुटेरा।
m. a robber, bandit.

क़ज़्ज़ाक़ी قزاقی स्त्री० [अ०] लुटेरापन।
वि० लुटेरों का-सा।
fem. robbery, banditry.
adj. of or like robbers.

क़ज़्ज़ाक़े-अज़ल قزاق ازل पुं० [तु०] यमदूत।
m. the messenger of death.

कज़्ज़ाब کذاب वि० [अ०] १. झूठा। २. वाचाल।
adj. 1. false. 2. talkative.

क़त قط पुं० [अ०] कोई चीज़ विशेषत: कलम की नोक तिरछी काटना। २. कलम का अगला भाग।
m. 1. act of cutting something sply. the Indian pen. 2. the fore part of the Indian pen.

क़तअ قطع स्त्री० [अ० क़ताअ] १. खण्ड, भाग। २. काटना। ३. बनावट।
पद क़ता-बुरीद=काँट-छाँट।
fem. 1. a part, division. 2. act of cutting. 3. a structure.
ph. trimming, pruning.

क़तअन् قطعاً क्रि० वि० [अ० क़त्अन्] हरगिज़, कदापि।
adv. surely.

क़तई قطعی वि० [अ०] अन्तिम, आखिरी; जैसे—क़तई फैसला, क़तई हुकुम।
क्रि० वि० [अ०] बिल्कुल।
adj. final, last.
adv. totally.

क़तईगज़ قطعی گز पुं० [अ०+फा०] दरज़ियों का गज़।
m. a yard-stick.

कतख़ुदा کتخدا पुं० [फा०] घर का मालिक, गृहस्वामी।
वि० विवाहित।
m. a householder.
adj. married.

कतख़ुदाई کتخدائی स्त्री० [फा०] विवाह, शादी, ब्याह।
fem. marriage, wedding.

कतबा کتبہ पुं० [अ० कत्ब:] शिलालेख।
m. words engraved on a monument, inscription.

क़तरा قطرہ पुं० [अ० कत्र:, बहु० कत्रात] पानी या ख़ून की बूँद।

m. a drop of water or blood.

क़तल قتل पुं० दे० "क़त्ल"।

क़तला قتلہ पुं० [अ० क़त्ल:] १. टुकड़ा, खंड। २. फाँक।
m. 1. a rectangular piece of something sply a sweat. 2. a slice of some fruit.

क़ता قطع वि० [अ० क़ताअ:] १. कटा या काटा हुआ।
स्त्री० १. काटना। २. टुकड़ा, खंड। ३. बनावट। ४. शैली।
adj. (the part) that is cut out.
fem. 1. act of cutting. 2. a part or portion. 3. structure. 4. style.

कताइब کتائب पुं० [अ० 'कतीब' का बहु०] सेनाएँ, फौजें।
m. (plu.) armies.

क़ता-कलाम قطع کلام पुं० [अ० क़ताअ: + कलाम] बात काटना, किसीको बोलने से रोककर स्वयं कुछ कहने लगना।
m. unwelcome interrogation, interruption.

क़ता-ताल्लुक़ قطع تعلق पुं० [अ०] संबंध या मतलब न रखना।
m. act of having no concern.

क़तादार قطع دار वि० [अ०+फा०] जिसकी क़ता या बनावट अच्छी हो।
adj. having a good structure.

कतान کتان पुं० [फा०] १. अलसी नामक पौधा। २. एक प्रकार की बहुत महीन मलमल। ३. ढंग। ४. एक प्रकार का सिल्क का कपड़ा।
m. 1. a plant of linseed. 2. muslin. 3. a way, method. 4. silken cloth.

क़तानज़र قطع نظر क्रि० वि० [अ०] अलावा, सिवा, अतिरिक्त।
मुहा० क़तानजर करना = ध्यान हटा लेना, छोड़ देना।
adv. apart from, besides.
id. to leave out.

क़तार قطار स्त्री० [अ०] १. पंक्ति। २. श्रेणी।
fem. 1. a line. 2. series.

क़ता-रहम قطاع رحم पुं० [फा०] संबंध-विच्छेद।
m. separation.

कतारा کتارہ पुं० [फा० कतार:] कटार।
m. a dagger.

क़ता-राह قطع راہ पुं० [फा०] रास्ता तय करना।
m. act of covering a distance.

क़ता-सख़ुन قطع سخن पुं० [फा०] बात काटना।
m. act of cutting one short.

कतीब کتیب वि० [अ०] लिखित।
m. written.

क़तील قتیل वि० [अ०] जो कत्ल किया या मार डाला गया हो, निहत।
पुं० शहीद।
adj. murdered.
m. a martyr.

क़त्तामा قطامہ स्त्री० [अ० कत्ताम:] १. बहुत अधिक विलासिनी स्त्री। २. दुश्चरित्रा, कुलटा।
fem. 1. a luxuriant woman. 2. an unchaste woman.

क़त्ताल قتال वि० [अ०] बहुत से लोगों को क़त्ल करने या मार डालनेवाला।
पुं० प्रेमी।
adj. that murders, murderer.
m. a lover.

क़त्ल قتل पुं० [अ०] हत्या, वध।
m. assassination, murder, unlawful killing.

क़त्लगाह قتل گاہ स्त्री० [अ०+फा०] वह स्थान जहाँ लोग क़त्ल किए या फाँसी चढ़ाए जाते हों।
m. the place of murder, slaughter or execution.

क़त्लेअम्द قتل عمد पुं० [अ०] सोच-विचार कर किया हुआ वध।
m. a deliberate murder.

क़त्लेआम قتل عام पुं० [अ०] सर्वसाधारण का वध, सर्वसंहार।
m. a general massacre, mass murder.

कद کد स्त्री० [अ०] १. परिश्रम। २. आग्रह। ३. वैर, दुश्मनी।
पद कद्दो जह्=बहुत अधिक परिश्रम।
fem. 1. hard work, labour. 2. insistence. 3. enmity.
ph. hard work.

क़द قد पुं० [अ०] ऊँचाई, डील।
पद (i) क़दे आदम=आदमी के बराबर ऊँचा। **(ii) क़द व क़ामत**=डील-डौल। **(iii) पस्ता क़द**=नाटा, ठिगना।
m. height, a man's height, size.
ph. (i) height of an ordinary man. (ii) structure of the body. (iii) short-statured, dwarfish.

क़दआवर قدآور वि० [अ०+फा०] लम्बे क़दवाला, लम्बा।
adj. tall, lanky.

क़दख़ुदा قدرخدا पुं० [फा० क़दख़ुदा] घर का मालिक, गृहस्वामी।

m. a house-holder.

क़दख़ुदाई قدخدائی स्त्री० [फा०] विवाह, शादी।
fem. marriage, wedding.

क़ददार قددار वि० [फा०] लम्बा।
adj. tall, lanky.

क़दम قدم पुं० [अ०; बहु० अक़दाम] १. पैर, पाँव। २. पग।
मुहा० **(i) क़दम उठाना**=(क) तेज चलना, (ख) उन्नति करना। **(ii) क़दम चूमना**=अत्यंत आदर करना। **(iii) क़दम छूना**=(क) प्रणाम करना। (ख) शपथ खाना। **(iv) कदम बढ़ाना या क़दम आगे बढ़ाना**=तेज़ चलना। **(v) कदम-ब-क़दम चलना**=(क) अनुकरण करना। (ख) उन्नति करना। **(vi) क़दम रंजा फ़रमाना**=पदार्पण करना, आना। **(vii) क़दम रखना**=प्रवेश करना, आना।
पद **सब्ज़ क़दम**=वह जिसके कहीं जाने पर खराबी ही खराबी हो, जिसका पौरा अच्छा न हो।
m. 1. a foot. 2. a step, footstep.
id. (i) (a) to walk briskly. (b) to progress. (ii) to respect with full honour. (iii) (a) to salute by touching someone's feet. (b) to swear. (iv) to walk briskly or go ahead. (v) (a) to imitate. (b) to progress. (vi) to arrive. (vii) to enter.
ph. whose entry has been inauspicious.

क़दमचा قدمچہ पुं० [अ० क़दम+फा० (प्रत्यय) च:] पाखाने आदि में बना हुआ पैर रखने का स्थान।
m. a foot hold.

क़दमबाज़ قدمباز वि० [अ०+फा०] (वह घोड़ा) जो तेज चले।
adj. going fast, speedy.

क़दमबोस قدمبوس वि० [अ०] बड़ों के पैर चूमनेवाला।
adj. showing full respect to the elders.

क़दमबोसी قدمبوسی स्त्री० [अ०] १. बड़ों के पैर चूमना। २. बड़ों की सेवा में उपस्थित होना।
fem. 1. act of paying full respect to the elders. 2. service done for the elders.

क़दम-रसूल قدم‌رسول पुं० [अ०] मुहम्मद साहब के पद-चिह्न।
m. foot-prints of Mohammad.

क़दम-शरीफ़ قدم‌شریف पुं० [अ०] १. क़दम-रसूल। २. शुभ चरण।
m. 1. foot-prints of Mohammad. 2. a person whose incoming is regarded as auspicious.

क़दर قدر स्त्री० [अ० क़द्र; बहु० क़दरें] १. मान, मात्रा, मिक़दार। २. मान, प्रतिष्ठा, बड़ाई। ३. मूल्य। ४. महत्त्व।
पद **क़दर मंज़िलत**=प्रतिष्ठा और उत्तम स्थिति।
fem. 1. quantity, measure. 2. respect, dignity, prestige. 3. value. 4. importance.
ph. prestige and prestigious state.

क़दरदाँ قدرداں वि० [अ० क़द्र+फा० दाँ] क़दर जानने या करनेवाला, गुणग्राहक।
adj. appreciative, admirer.

क़दरदानी قدردانی स्त्री० [अ० क़द्र+फा० दानी] क़दर जानना या करना, गुणग्राहकता।
fem. aappreciativeness.

क़दर-शनास قدرشناس वि० [अ० क़द्र-शिनास] [भाव० क़द्र-शनासी] क़दर समझनेवाला, गुणग्राहक।
adj. appreciative, admirer.

क़दरे قدرے वि० [अ० क़द्रे] किसी क़दर, थोड़ा सा, अल्प।
adj. little, in small quantity.

क़दरे-क़लील قدرِقلیل वि० [अ० क़द्रेक़लील] थोड़ा-सा, अल्प।
adj. little, in small quantity.

क़दह قدہ पुं० [अ०] १. प्याला। २. भिक्षापात्र। ३. जिरह। ४. खंडन।
पद **(i) क़दहे-शराब** = शराब का प्याला। **(ii) रद व क़दह**=तर्क-वितर्क, कहा-सुनी, तकरार।
m. 1. a cup. 2. beggar's bowl, begging bowl. 3. contradiction. 4. repudiation.
ph. (i) a wine cup. (ii) an argument and counter-argument, quarrel.

क़दह-नोश قدہ‌نوش वि० [फा०] शराब पीनेवाला।
adj. drunk.

कदा کدہ पुं० [फा० कद:] मकान, घर, शाला। (यौगिक शब्दों के अन्त में; जैसे—बुतकदा, मैकदा।)
m. a house, residence.

क़दामत قدامت स्त्री० [अ०] क़दीम या पुराना होने का भाव, प्राचीनता।
fem. the state of being old, antiquity.

क़दावर قداور वि० [फा०] ऊँचे कदवाला।
adj. having more than average height.

क़दीम قدیم वि० [अ०] पुराना, पुरातन।
adj. old, ancient.

क़दीमी قدیمی वि० [अ०] १. पुराना, पुरातन। २. पैतृक।
adj. 1. old, ancient. 2. ancestral.

क़दीर قدیر वि० [अ०] बलवान, शक्तिशाली।
adj. powerful, mighty.

कदू کدو पुं० [फा०] कद्दू या घीया नाम की तरकारी।
m. a pumkin, gourd.

कदूकश کدوکش पुं० [फा०] कद्दूकस।
m. a gadget for turning a pumpking into parings.

कदूरत كدورت स्त्री० [अ०] १. गंदापन, मैलापन। २. मन-मुटाव, वैमनस्य।
fem. 1. dirtiness, filthiness. 2. bad blood, estrangement.

क़दूस قدوس पुं० [अ०] वह जो तलवार लेकर किसी का सामना करे।
m. a person who retaliates with a sword.

क़दे-आदम قدآدم वि० [अ०] आदमी के बराबर ऊँचा, पुरसा-भर।
adj. having height of an ordinary or average man, of man's size.

क़द्दावर قدآور वि० [फा०] लम्बा-तड़ंगा।
adj. having more than average height.

क़द्र قدر स्त्री० [अ०; बहु० क़द्रें] दे० 'क़दर'।

कन کن वि० [फा०] खोदनेवाला। (प्रायः यौगिक शब्दों के अन्त में) जैसे—गोरकन, कानकन।
adj. (one) who digs.

कनआन كنعان पुं० [अ०] १. हजरत नूह के पुत्र का नाम जो काफ़िर था। २. एक प्राचीन नगर का नाम जहाँ हज़रत याकूब रहते थे।
m. 1. the son of prophet Nooh who was an infidle. 2. an old city.

कनाअत قناعت स्त्री० [अ०] संतोष, सब्र।
fem. satisfaction, contenment.

क़नात قنات स्त्री० [अ०] मोटे कपड़े की वह दीवार जिससे किसी स्थान को घेरकर आड़ करते हैं।
fem. side screen usually of a thick cloth.

क़नादील قنادیل स्त्री० [अ० 'किंदील' का बहु०] कंदीलें।
fem. (plu.) candle-sticks.

कनाया کنایہ पुं० दे० ''किनाया''।

कनार کنار स्त्री० [फा०] १. बग़ल। २. बगल में सोना।
fem. 1. an armpit. 2. act of enjoying the same bed.

कनारा کنارہ पुं० [अ० कनारः] १. किनारा। २. एकांत।
m. 1. bank, shore. 2. solitude.

कनाराकश کنارہ کش वि० [फा० कनारःकश] एकांतवासी।
adj. living in solitude.

कनाराकशी کنارہ کشی स्त्री० [फा०] तन्हाई, एकांतवास।
fem. aloofness, solitude.

कनिश्त کنشت पुं० [?] मन्दिर।
m. a temple, shrine.

कनीज़ کنیز स्त्री० [फा०] दासी, सेविका।
fem. a she-servant, slave-girl.

क़न्नाद قناد पुं० [अ०] हलवाई।
m. a confectioner.

कन्नास کناس पुं० [अ०] १. जल्लाद। २. मेहतर।
m. 1. a hangman. 2. a scavenger.

कफ़ کف पुं० [फा०] १. झाग, फेन। २. श्लेष्मा।
m. 1. foam. 2. phlegm.

कफ़क کفک स्त्री० [फा० कफ़्फ़] १. हाथ की हथेली। २. पैर का तलवा।
fem. 1. palm of a hand. 2. the underside of a person's foot, sole.

कफ़गीर کفگیر पुं० [फा०] कलछी।
fem. a ladel.

कफ़चा کفچہ पुं० [फा० कफ़चः] १. साँप का फन। २. कलछी।
m. 1. hood of a snake. 2. a ladel.

कफ़न کفن पुं० [अ०] वह कपड़ा जिसमें मुर्दा लपेटकर गाड़ा या फूँका जाता है।
***मुहा०* (i) कफ़न को कौड़ी न होना या न रहना**=अत्यंत दरिद्र होना। **(ii) कफ़न को कौड़ी न रखना**=जो कमाना, वह सब खा लेना। **(iii) कफ़न सर से बाँधना**=मरने के लिए तैयार होना। **(iv) कफ़न फाड़कर बोलना**=बहुत ज़ोर से चिल्लाकर बोलना।
m. a shroud.
id. (i) to be a pauper. (ii) to have nothing left. (iii) to be ready to face death. (iv) to shriek.

कफ़नचोर کفن چور पुं० [अ०+फा०] कब्र खोदकर कफ़न चुरानेवाला।
m. an ambulance chaser.

कफ़नी کفنی स्त्री० [फा०] १. वह कपड़ा जो मुर्दे के गले में डालते हैं। २. साधुओं के पहनने का कपड़ा।
m. 1. a piece of cloth used to wrap around the neck of a death body. 2. wrapper of a mendicant.

क़फ़स قفس पुं० [अ०] १. पिंजड़ा जिसमें पक्षी रखे जाते हैं। २. मनुष्य का शरीर।
m. 1. bird's cage. 2. a human body.

कफ़ा کفا पुं० [फा०] परिश्रम।
***पद* जफ़ा-कफ़ा**=मुश्किल से।
m. hard work, toil.
ph. hardly.

कफ़ारा کفارہ पुं० दे० ''कफ़्फ़ारा''।

कफ़ालत کفالت स्त्री० [अ०] जमानत।
***पद* (i) कफ़ालत बिन नफ़्स**=वैयक्तिक ज़मानत। **(ii) कफ़ालत बिन माल**=जायदाद की ज़मानत।
fem. bail.
ph. (i) personal bail. (ii) bail for property.

कफ़ालतनामा کفالتنامہ पुं० [अ०+फा० नामः] ज़मानतनामा।
m. deed of bail.

कफ़ील كفيل [अ०] जमानत करनेवाला, ज़ामिन।
m. a bailor.

कफ़ेपाई كفِ پائی स्त्री० [फा०] जूता।
fem. a pair of shoes.

कफ़्फ़ारा كفّاره पुं० [अ० कफ़्फ़ार:] पापों का प्रायश्चित।
m. atonement for one's sins.

कफ़्श كفش पुं० [फा०] जूता, उपानह, पादत्राण।
m. a pair of shoes.

कफ़्शख़ाना كفشخانہ पुं० दे० ''ग़रीबखाना''।

कफ़्शे-पा كفشِ پا स्त्री० [फा०] जूता।
fem. a pair of shoes.

कबक کبک पुं० दे० ''कब्क''।

क़बर قبر स्त्री० दे० ''क़ब्र''।

क़बरिस्तान قبرستان पुं० [अ० क़ब्रिस्तान] वह स्थान जहाँ मुरदे गाड़े जाते हैं।
m. a grave-yard, burial ground, cemetry.

क़बल قبل वि० [अ० क़ब्ल] पहले का, पूर्व का।
क्रि० वि० पहले, पूर्व में।
adj. earlier, prior, previous.
adv. in earlier times, formerly.

क़बा قبا पुं० [अ०] एक प्रकार का लम्बा ढीला पहनावा।
मुहा० क़बा करना=टुकड़े-टुकड़े करना।
m. a kind of loose shirt.
id. to cut or divide into pieces.

कबाब کباب पुं० [फा०] सीखों पर भूना हुआ माँस।
m. meat grilled over a charcoal fire, sply. roasted meat, barbecue.

कबाबी کبابی पुं० [फा०] १. वह जो कबाब बनाता या बेचता हो। २. मांसाहारी; जैसे—शराबी-कबाबी।
वि० कबाब-सम्बन्धी।
m. 1. one who sells कबाब or is given to eat कबाब. 2. a non-vegetarian.
adj. of or relating to कबाब.

क़बायल قبائل पुं० [अ० 'क़बीला' का बहुवचन] परिवार के लोग, बाल-बच्चे।
m. members of a family, wife and children.

क़बाला قبالہ पुं० [अ० क़बाल:] वह दस्तावेज जिसके द्वारा किसी जायदाद पर हक प्राप्त हो, विक्रयपत्र, विपत्र।
m. a sale-deed or title-deed.

क़बाहत قباحت स्त्री० [अ०] १. बुराई, खराबी। २. दिक़्क़त, तरद्दुद।
fem. 1. a flaw or defect, imperfection. 2. a difficulty, discomfort.

कबीर كبير वि० [अ०] बड़ा, श्रेष्ठ।
adj. great, eminent.

कबीरा كبيره पुं० [अ० कबीर:] बहुत बड़ा पाप।
m. a grave sin.

क़बील قبيل पुं० [अ०] जाति, वर्ग।
m. a clan or tribe.

क़बीला قبيلہ पुं० [अ० क़बील:] १. एक पूर्वज के सब वंशजों का समूह, एक ख़ानदान के सब लोगों का वर्ग, कुंबा। २. जोरू, पत्नी। ३. समूह।
m. 1. a tribe, 2. a wife. 3. a group.

कबीसा كبيسہ पुं० [अ० कबीस:] मलमास।
पद साले कबीसा=वह वर्ष जिसमें अधिक मास हो, लौंद का साल।
adj. central, middle.
ph. intercalary month.

क़बीह قبيح वि० [अ०] बुरा, खराब।
adj. bad, evil. faulty.

कबूतर كبوتر पुं० [फा०] एक प्रसिद्ध पक्षी, कपोत।
m. a pigeon.

कबूतरख़ाना كبوترخانہ पुं० [फा० कबूतर+ख़ान:] १. वह जो कबूतर पालता और उड़ाता हो। २. छोटे-छोटे कमरोंवाला घर।
m. 1. a pigeonhouse. 2. a house with many small rooms.

कबूद كبود पुं० [फा०] नीला रंग।
m. blue colour.

कबूदी كبودی वि० [फा०] नीला।
adj. blue.

क़बूल قبول वि० [अ०] स्वीकार, अंगीकार, मंजूर।
adj. accepted.

क़बूलना قبولنا क्रि० स० [अ० क़बूल] स्वीकार करना।
vi. to accept or confess.

क़बूलसूरत قبولصورت वि० [अ०] सुन्दर आकृतिवाला।
adj. beautiful, charming, attractive.

कबूली قبولی स्त्री० [अ० क़बूल] १. कबूल करने की क्रिया या भाव। २. चने की दाल और चावल की एक प्रकार की खिचड़ी।
m. 1. act of accepting or confessing. 2. a preperation of rice and pulse mixed together.

क़बूलीयत قبوليت स्त्री० [अ०] वह दस्तावेज़ जो पट्टे की स्वीकृति में ठेका लेनेवाला जमींदार को लिखकर दे।
m. a letter of acceptance written by a leaseholder.

क़बूले-आम قبولِ عام वि० [अ०] सबकी पसंद, सर्वप्रिय।
adj. popular.

कब्क کبک पुं० [फा०] चकोर पक्षी।
m. a red-legged partrige.

कब्केदरी کبکِ دری पुं० दे० ''कब्क''।

कब्करफ़्तार کبک رفتار वि० [फा०] चकोर की तरह सुन्दर चाल से चलनेवाला।
adj. moving like a partrige.

क़ब्ज़ قبض पुं० [अ०] १. मल का रुकना, मलरोध। २. अधिकार।
m. 1. constipation. 2. a right, prerogative.

क़ब्ज़-उल्-वसूल قبض الوصول पुं० [अ०] प्राप्ति का सूचक पत्र, रसीद।
m. a receipt.

क़ब्ज़ा قبضہ पुं० [अ० क़ब्ज़:] १. मूठ, दस्ता। २. किवाड़ या सन्दूक में जड़े जानेवाले लोहे या पीतल की चद्दर के बने हुए दो चौखूँटे टुकड़े। ३. अधिकार। ४. काबिज होने का भाव।
***मुहा०* कब्जे पर हाथ डालना**=तलवार खींचने के लिए मूठ पर हाथ ले जाना।
***पद* कब्जाए-बिल-जब्र** = बलपूर्वक किया हुआ क़ब्ज़ा, नाजायज कब्ज़ा।
m. 1. a handle. 2. a hinge. 3. a right or prerogative. 4. possession.
id. to hold a sword.
ph. illegal possession.

कब्ज़ादारी قبضہ داری स्त्री० [अ० क़ब्ज़:+फा०] कब्जा होने की अवस्था।
fem. the state of having something in one's own possession.

क़ब्ज़ियत قبضیت स्त्री० [अ०] मल का पेट में रुकना, मलावरोध, कोष्ठबद्धता।
fem. constipation.

क़ब्र قبر स्त्री० [अ०] १. वह गड्ढा जिसमें मुसलमानों और ईसाइयों आदि के मुर्दे गाड़े जाते हैं। २. वह चबूतरा जो ऐसे गड्ढे के ऊपर बनाया जाता है।
***मुहा०* क़ब्र में पैर लटकाना**=मरने के करीब होना।
fem. 1. a grave. 2. raised floor over a grave.
id. to have one foot in a grave, to be very old.

क़ब्रिस्तान قبرستان पुं० [अ०+फा०] वह स्थान जहाँ शव गाड़े जाते हैं।
m. a burial ground, graveyard, cemetry.

क़ब्ल قبل क्रि० वि० [अ०] पहले, पूर्व।
वि० पहला।
adv. in the past, formerly.
adj. previous.

कमंगर کمنگر स्त्री० [फा० कमानगर] कमान या धनुष बनानेवाला।
m. a bow-maker.

कमंगरी کمنگری स्त्री० [फा० कमानगरी] १. कमान बनाने का पेशा या हुनर। २. हड्डी बैठाने का काम।
fem. 1. art or skill of making bows. 2. act of setting a bone.

कमंद کمند स्त्री० [फा०] रस्सी की सीढ़ी।
fem. a ladder made of cord.

कम کم वि० [फा०] थोड़ा, अल्प।
***पद* कम से कम**=अधिक नहीं तो इतना अवश्य।
adj. less, few.
ph. at the very least.

कमअक़्ल کم عقل वि० [फा०] अल्पबुद्धि, मूर्ख।
adj. foolish, stupid.

कमअस्ल کم اصل वि० दे० "कमज़ात"।

कमउम्र کم عمر वि० दे० "कमसिन"।

कमक़ीमत کم قیمت वि० [फा०] थोड़े मूल्य का, सस्ता।
adj. cheap.

कमख़र्च کم خرچ वि० [फा०] थोड़ा खर्च करनेवाला, मितव्ययी।
adj. thrifty.

कमख़ाब کمخاب पुं० [फा०] एक प्रकार का रेशमी कपड़ा जिसपर कलाबत्तू के बेल-बूटे बने होते हैं।
m. brocade.

कमख़्वाब کمخواب स्त्री० दे० 'कमख़ाब'।

कमगो کم گو वि० दे० "कमसख़ुन"।

क़मची قمچی स्त्री० [तु०] १. वृक्ष की टहनी, शाखा। २. छड़ी।
fem. 1. branch of a tree. 2. a stick.

कमज़र्फ़ کم ظرف वि० [फा०] ओछा, कमीना।
adj. low, mean.

कमज़ात کم ذات वि० [फा०] नीच, कमीना।
adj. low, mean.

कमज़ोर کمزور वि० [फा०] दुर्बल।
adj. feeble, weak.

कमज़ोरी کمزوری स्त्री० [फा०] निर्बलता, दुर्बलता, नाताकती।
fem. weakness, feebleness.

कमतर کمتر वि० [फा०] कम की अपेक्षा कुछ और कम, अल्पतर।
adj. much less.

कमतरीन کمترین पुं० [फा०] बहुत ही तुच्छ सेवक। (प्रार्थनापत्र के नीचे प्रार्थी अपने नाम के साथ लिखा जाता है।)
वि० बहुत ही कम।
m. your's most obedient.
adj. much less.

कमनसीब کم نصیب वि० [फा०] अभागा।
adj. unlucky, unfortunate.

कमनिगाही کم نگاہی स्त्री॰ [फा॰] अल्पदृष्टि।
fem. short sightedness.

कमफ़हम کم فہم वि॰ दे॰ ''कमअक़्ल''।

कमबख़्त کمبخت वि॰ [फा॰] अभागा।

कमबख़्ती کمبختی स्त्री॰ [फा॰] अभाग्य, दुर्भाग्य।
fem. bad luck, misfortune.

कमयाब کمیاب वि॰ [फा॰] जो कम मिलता हो, दुष्प्राप्य।
adj. scarce, rare.

कमर کمر स्त्री॰ [फा॰] १. शरीर का मध्य भाग जो पेट और पीठ के नीचे और पेड़ू तथा चूतड़ के ऊपर होता है। २. किसी लम्बी वस्तु के बीच का पतला भाग; जैसे—कोल्हू की कमर। ३. शेरवानी, अँगरखे आदि का वह भाग जो कमर पर पड़ता है, लपेट।
***मुहा॰* (i) कमर कसना या बाँधना**=(क) तैयार होना, उद्यत होना। (ख) चलने की तैयारी करना।
(ii) कमर टूटना=निराश होना।
fem. 1. waist. 2. middle part. 3. middle part of a sherwani.
id. (i) a. to gird up one's lions. b. to prepare for journeying. (ii) to become dispirited.

क़मर قمر पुं॰ [अ॰] चन्द्रमा, चाँद।
m. moon.

कमरबंद کمربند पुं॰ [फा॰] १. वह लम्बा कपड़ा जिससे कमर बाँधते हैं। २. पेटी। ३. इज़ारबन्द, नाड़ा।
m. 1. a waistband. 2. a belt. 3. an umbilical cord.

कमरबंदी کمربندی स्त्री॰ [फा॰] किसी काम के लिए कमर कसना, तैयारी, कटिबद्धता।
fem. resolve, resolution.

कमरबस्ता کمربستہ वि॰ [फा॰ कमरबस्त:] जो किसी काम के लिए कमर बाँधे हो, कटिबद्ध, तैयार।
adj. ready, prepared.

कमरी کمری स्त्री॰ [फा॰] १. एक प्रकार की कुरती। २. कम्बल।
fem. 1. a blouse. 2. a blanket.

क़मरी قمری वि॰ [अ॰] क़मर या चन्द्रमा सम्बन्धी, चन्द्रमा का; जैसे—क़मरी महीना।
adj. lunar.

कम-व-कास्त کم وکاست वि॰ [फा॰] (किसी बात में कुछ) कम और (किसी बात में कुछ) ज्यादा।
adj. little less or little more.

कमसख़ुन کم سخن वि॰ [फा॰] [भाव॰ कमसख़ुनी] कम बोलनेवाला।
adj. saying little, taciturn.

कमसाल کم سال वि॰ [फा॰] कमउम्र, अल्पवयस्क।
adj. minor.

कमाँ کماں स्त्री॰ [फा॰] कमान।
fem. a bow.

कमांगर کماں گر पुं॰ [फा॰] तीर चलानेवाला, धनुर्धर।
m. an archer.

कमांदार کماں دار पुं॰ [फा॰] तीर चलानेवाला, धनुर्धर।
m. an archer.

कमात کمات पुं॰ [अ॰] कुकुरमुत्ता।
m. a mushroom, fungus.

कमान کمان स्त्री॰ [फा॰] १. धनुष। २. इन्द्रधनुष। ३. मेहराब। ४. तोप। ५. बन्दूक।
***मुहा॰* कमान चढ़ना**=क्रुद्ध होना।
fem. 1. a bow. 2. a rainbow. 3. an arch. 4. a cannon. 5. a gun.
id. to frown.

कमानगर کمانگر दे॰ ''कमंगर''।

कमानचा کمانچہ पुं॰ [फा॰ कमानच:] १. छोटी कमान या धनुष। २. एक प्रकार का बाजा। ३. मेहराबदार छत। ४. बड़ी इमारत के साथ का छोटा कमरा या मकान।
m. 1. a small bow. 2. a kind of playing instrument. 3. the roof, supported on arches. 4. an annexe.

कमानदार کماندار पुं॰ [फा॰] कमान चलानेवाला, धनुर्धर।
वि॰ धनुषाकार।
m. an archman, archer.
adj. having the shape of a bow, bow-like.

कमानी کمانی स्त्री॰ [फा॰] १. धातु का लचीला तार या पत्तर जो दाब पड़ने पर दब जाए और फिर अपनी जगह पर आ जाए। २. एक प्रकार की चमड़े की पेटी जो आँत उतरने पर कमर में बाँधी जाती है। ३. कमान के आकार की वस्तु।
fem. 1. a spring. 2. a kind of belt. 3. a bow-like apparatus.

कमाल کمال पुं॰ [अ॰] १. परिपूर्णता, पूरापन। २. अद्‌भुत कर्म, अनोखा कार्य, चमत्कार। ३. कारीगरी।
m. 1. perfectness. 2. a miracle, remarkable deed, feat. 3. craftsmanship.

कमालात کمالات पुं॰ 'कमाल' का बहु॰।

कमालीयत کمالیت स्त्री॰ [अ॰] कमाल का भाव, पूर्णता, दक्षता।
fem. perfectness.

कमाहक़्क़ा کماحقہ क्रि॰ वि॰ [अ॰] सही-सही, ठीक-ठीक।
adv. in fact or really, truly.

कमी کمی स्त्री० [फा०] १. न्यूनता, कोताही, अल्पता। २. हानि। ३. अभाव।
fem. 1. shortage, reduction. 2. loss. 3. lack.

क़मीज़ قمیص स्त्री० [अ० क़मीस] एक प्रकार का कुरता।
fem. a shirt.

कमीन کمین स्त्री० [अ०] १. शिकार की ताक में किसी जगह छिपकर बैठना। २. इस प्रकार छिपकर बैठने का स्थान।
fem. 1. an ambush. 2. the place where the attackers hide.

कमीनगाह کمینگاہ स्त्री० [अ०+फा०] वह स्थान जहाँ शिकार की ताक में कोई छिपकर बैठता है।
fem. an ambush.

कमीना کمینہ पुं० [फा० कमीनः] नीच, ओछा, क्षुद्र।
adj. mean, ignoble, wretched.

कमीनापन کمینہ پن पुं० [फा० कमीनः+(प्रत्य०) पन] नीचता, ओछापन, क्षुद्रता।
m. meanness, wretchedness.

क़मीस قمیص स्त्री० [अ०] एक प्रकार का कुरता, कमीज़।
fem. a kind of shirt.

कमोबेश کم و بیش वि० [फा०] थोड़ा-बहुत, कम या ज्यादा।
adj. a little more or little less.

कमोबेशी کم و بیشی स्त्री० [फा०] कम होना अथवा अधिक होना, घटती-बढ़ती।
fem. shortage or excess.

कम्बख़्त کمبخت वि० [फा०] अभागा, बदक़िस्मत।
adj. unlucky, unfortune.

कम्बख़्ती کمبختی स्त्री० [फा०] बदक़िस्मती, दुर्भाग्य।
fem. bad luck, misfortune.

कम्मून کمون पुं० [अ०] जीरा।
m. cummin seed.

क़यादत قیادت स्त्री० [अ० क़ियादत] मार्गदर्शन, पथप्रदर्शन।
fem. guidance.

क़याफ़ा قیافہ पुं० [अ० क़ियाफ़ः] आकृति, सूरत, शक्ल।
m. apperance, countenance.

क़याफ़ाशिनास قیافہ شناس वि०, पुं० [अ० क़याफ़ः+फा०] आकृति देखकर मन का भाव समझनेवाला।
adj. & m. expert in face-reading.

क़याफ़ाशिनासी قیافہ شناسی स्त्री० [अ० क़याफ़ः+फा०] किसी की आकृति देखकर ही उसके मन का भाव समझ लेना।
fem. face-reading.

क़याम قیام पुं० [अ० क़ियाम] १. ठहराव, ठिकाना। २. ठहरने की जगह, विश्राम-स्थान। ३. ठौर-ठिकाना। ४. स्थिरता।
m. 1. act of staying. 2. place of staying. 3. whereabouts. 4. stability.

क़यामत قیامت स्त्री० [अ० क़ियामत] १. मुसलमानों, ईसाइयों और यहूदियों के अनुसार सृष्टि का वह अंतिम दिन जब सब मुर्दे उठकर खड़े होंगे और ईश्वर के सामने उनके कर्मों का लेखा रखा जाएगा। २. प्रलय। ३. हलचल, खलबली।
fem. 1. dooms-day. 2. deluge. 3. commotion, disturbance.

क़यास قیاس पुं० [अ० क़ियास] १. अनुमान, अटकल। २. सोच-विचार, ध्यान।
m. 1. guess, conjecture. 2. deliberation.

क़यासन् قیاساً क्रि० [अ० क़ियासन्] अंदाज से।
adj. by guessing.

क़यासी قیاسی वि० [अ० क़ियासी] अनुमान किया हुआ, अनुमित, आनुमानित।
adj. estimated, conjectured.

क़यूम, क़य्यूम قیوم वि० [अ० क़य्यूम] १. स्थायी, दृढ़, पक्का।
पुं० ईश्वर की एक उपाधि।
adj. permanent, firm.
m. an epithet of God.

कर کر पुं० [फा०] १. शक्ति, बल। २. वैभव।
पद कर-व-फ़र=शान-शौकत।
m. 1. strength, power. 2. grandure.
ph. pomp and show.

करख़्त کرخت वि० [फा०] [भाव० करख़्ती] कड़ा। कठोर।
पुं० वह अंग जो सुन्न हो जाए।
adj. strict, hard, tough.
m. the part of the body devoid of sensation.

करख़्तगी کرختگی स्त्री० [फा०] कठोरता।
fem. strictness, hardness.

करगदन کرگدن पुं० [फा०] गेंडा।
m. a rhinoceros.

करगस کرگس पुं० [फा०] गिद्ध।
m. a vulture.

करगह کرگہ पुं० [फा०] कपड़ा बुनने का यंत्र, करघा।
m. a handloom.

क़रज़, क़रज़ा قرض/قرضاء पुं० [अ० कर्ज़] ऋण, उधार, कर्ज़।
m. debt, loan.

करदनी کردنی स्त्री० [फा०] कर्म।
fem. a deed, action.

करदा کردہ वि० [फा०] १. किया हुआ, कृत। २. बनाया हुआ।
adj. 1. done, performed. 2. made.

करनफ़ुल کرن پھول पुं० [अ० करन्फ़ुल] नाक का आभूषण।
m. a nose-ring.

क़रनबीक़ قرنبیق पुं० [अ०] अर्क खींचने का छोटा भभका।
m. distilation apparatus.

करबला کربلا पुं० [अ० कर्बला] १. अरब में वह स्थान जहाँ अली के छोटे लड़के हुसैन मारे और गाड़े गए थे। २. वह स्थान जहाँ मुसलमान मुहर्रम में ताजिए दफन करते हैं।
m. 1. the place where Hasan the son of Ali sacrified his life. 2. the place where the models of the tomb of Hasan are burried during Moharam.

करम کرم पुं० [अ०] १. कृपा, अनुग्रह। २. उदारता।
m. 1. kindness, favour. 2. generosity.

करमकल्ला کرمکلا पुं० [फ़ा० करमकल्ल:] एक प्रकार की गोभी, बन्दगोभी।
m. cabbage.

करमपरवर کرم پرور वि० [फ़ा०] कृपालु।
adj. kind.

क़रमबीक़ قرمبیق पुं० दे० ''क़रनबीक़''।

करश्मा کرشمہ पुं० [फ़ा० करश्म:] १. अद्‌भुत कार्य। २. मंत्र, तावीज़। ३. चिह्न।
m. 1. a miracle. 2. a sacred formula. 3. a mark, sign.

क़रहा قرحہ पुं० [अ० क़र्ह:] घाव, ज़ख्म।
m. a wound.

क़राबत قرابت स्त्री० [अ०] १. करीब या समीप होने का भाव, सामीप्य, निकटता। २. रिश्तेदारी।
fem. 1. nearness. 2. relationship.

क़राबतदार قرابتدار पुं० [अ०+फ़ा०] रिश्तेदार, सम्बन्धी।
m. a relative.

क़राबतदारी قرابتداری स्त्री० [अ०+फ़ा०] रिश्तेदारी, सम्बन्ध।
fem. relationship, relation.

क़राबती قرابتی वि० [अ०] जिसके साथ निकट का सम्बन्ध हो।
adj. related.

क़राबा قرابہ पुं० [अ० क़राब:] शीशे का वह बड़ा बर्तन जिसमें अर्क आदि रखते हैं।
m. a large bottle or container of liquids.

क़राबीन قرابین स्त्री० [तु०] एक प्रकार की छोटी बन्दूक।
fem. a type of small gun.

करामत کرامت स्त्री० [अ०] १. खूबी। २. बड़प्पन, महत्ता, बुजुर्गी। ३. अद्‌भुत कार्य।
fem. 1. a speciality. 2. a miracle. 3. a wonderful deed.

करामात کرامات स्त्री० [अ० 'करामत' का बहु०]।

करामाती کراماتی वि० [अ०] जो करामात दिखलाए, अद्‌भुत कार्य करनेवाला।
adj. performing miracles.

क़रायन قرائن पुं० [अ० 'क़रीना' का बहु०]।

क़रार قرار पुं० [अ०] १. समझौता। २. वचन। ३. संतोष। ४. चैन।
m. 1. an agreement. 2. a promise. 3. satisfaction. 4. peace.

क़रारगाह قرارگاہ स्त्री० [फ़ा०] ठहरने की जगह।
fem. a place for staying.

क़रारदाद قرارداد पुं० [अ०+फ़ा०] लेने-देने के सम्बन्ध में होनेवाला निश्चय।
m. an agreement relating to sale and purchase of something.

क़रारी قراری वि० [अ०] निश्चित किया हुआ, ठहराया हुआ।
adj. agreed, worked out.

क़रारेवाक़ई قرارواقعی क्रि० वि० [अ०] वास्तविक या निश्चित रूप में, वस्तुतः।
adv. in fact.

क़रावल قراول पुं० [तु० क़रावुल] १. बंदूकची। २. सैनिक। ३. सैनिकों का अग्रिम दस्ता।
m. 1. a gunman. 2. a soldier. 3. foremost row of marching troops.

कराहत کراہت स्त्री० [अ०] = कराहियत।

कराहीयत کراہیت स्त्री० [अ०] १. अप्रसन्नता। २. अरुचि। ३. अनुचित या निन्दनीय कार्य। ४. घृणा या नफरत।
fem. 1. unhappiness. 2. dislike. 3. a wrong act. 4. hate, hatred.

क़रिया قریہ पुं० [अ० क़रिय:] गाँव।
m. a village.

करिश्मा کرشمہ पुं० दे० ''करश्मा''।

क़रीं قریں क्रि० वि० [अ०] करीब, समीप, निकट।
adv. near.

क़रीन قرین वि० [अ० क़रीन:] १. पास का, निकट। २. संगत; जैसे—क़रीन इन्साफ़=न्याय-संगत; क़रीन मसलहत=युक्तिसंगत।
adj. 1. nearest. 2. appropriate, consistent.

क़रीना قرینہ पुं० [अ०] [बहु० क़रायन] १. ढंग, तर्ज़, तरीका, चाल। २. क्रम, तरतीब। ३. शऊर, सलीका।
m. a method, way, system. 2. order. 3. manners.

क़रीब قریب क्रि० वि० [अ०] १. समीप, पास, निकट।

२. लगभग।
adv. 1. near, near by. 2. about, approximate.

क़रीबन् قریباً क्रि० वि० [अ०] लगभग।
adv. about, approximately.

करीम کریم वि० [अ०] [बहु० किराम] १. दयालु, कृपालु। २. उदार, दाता।
पुं० ईश्वर का एक विशेषण।
adj. 1. kind. 2. liberal.
m. an epithet of God.

करीमी کریمی स्त्री० [अ०] कृपा।
fem. kindness.

करीह کریہہ वि० [अ०] जिसे देखकर घृणा हो, घृणास्पद, घृणित।
***पद* करीह मंज़र**=भद्दा, कुरूप।
adj. despicable, hated.
ph. ugly.

करोली, करौली کرولی स्त्री० [तु०] १. शिकार के घात में बैठना। २. एक प्रकार का छुरा जिससे जानवरों का शिकार करते या शत्रु को मारते हैं।
fem. 1. an ambush. 2. a big knife, dagger.

कर्ग کرگ पुं० [फा०] गैंडा।
m. a rhinoceros.

क़र्ज़ قرض पुं० [अ०] ऋण, उधार।
m. loan, debt.

क़र्ज़दार قرضدار पुं० [अ०+फा०] वह जो किसी से क़र्ज़ ले, ऋणी।
m. a debtor.

क़र्ज़ा قرضہ पुं० दे० ''क़र्ज़''।

क़र्ज़ी قرضی वि० [अ०] क़र्ज़ के रूप में लिया हुआ।
पुं० दे० ''क़र्ज़दार''।
adj. taken as a loan.
m. a debtor.

कर्द کرد पुं० [फा०] काम, कार्य।
m. work.

कर्दगार کردگار पुं० [फा०] करनेवाला अर्थात् ईश्वर।
m. God.

कर्दा کردہ वि० [फा०] किया हुआ।
adj. done.

क़र्न قرن पुं० [अ०] १. सींग। २. युग।
m. 1. a horn. 2. an epoch.

क़र्ना قرنا स्त्री० [अ०, मि० सं० करनाल] एक प्रकार की बड़ी तुरही या भोंपू।
fem. a trumpet or bugle.

कर्ब کرب पुं० [अ०] १. बेचैनी। २. यातना।
m. 1. restlessness. 2. torture.

कर्र کرر पुं० [अ०] १. शत्रुओं को पीछे हटना। २. वैभव, शान।
***पद* कर्र-फ़र्र**=शान-शौकत, वैभव और शोभा।
m. 1. retreat of the enemy. 2. splendour.
ph. pomp and show, grandeur.

कर्रार کرار वि० [अ०] शत्रुओं को परास्त करनेवाला, विजयी।
पुं० मुहम्मद साहब की एक उपाधि।
adj. victorious.
m. the epithet of Mohammad.

क़र्हा قرحہ पुं० दे० ''क़रहा''।

क़लंदर قلندر पुं० [फा०] १. एक प्रकार के मुसलमान साधु और त्यागी। २. मस्त और स्वतन्त्र व्यक्ति। ३. रीछ और बन्दर आदि नचानेवाला मदारी।
***पद* मर्दे-कलंदर**=निश्चिंत व्यक्ति।
m. 1. a Muslim mendicant. 2. a carefree person. 3. a juggler.
ph. a carefree person.

क़लई قلعی स्त्री० [अ० क़ल्ई] १. राँगा। २. राँगे का पतला लेप जो बर्तनों इत्यादि पर लगाते हैं, मुलम्मा। ३. बाहरी चमक- दमक, तड़क-भड़क।
***मुहा०* (i) क़लई खुलना**=वास्तविक रूप का प्रकट होना। **(ii) क़लई न लगना**=युक्ति न चलना।
m. 1. tin. 2. coating of tin. 3. outward show.
id. (i) exposing of someone's plan. (ii) to become helpless.

क़लईगर قلعی‌گر पुं० [अ०+फा०] जो कलई या राँगे का लेप चढ़ाता हो।
m. a tinman.

क़लक़ قلق पुं० [अ० क़ल्क़] १. बेचैनी, घबराहट। २. रंज, पश्चात्ताप।
m. 1. restlessness. 2. remorse.

कलग़ी کلغی स्त्री० [तु० कलग़ी] १. शुतुरमुर्ग आदि चिड़ियों के सुन्दर पंख जिन्हें पगड़ी या ताज पर लगाते थे। २. मोती या सोने का एक गहना। ३. सिर पर की चोटी। ४. इमारत का शिखर।
fem. 1. a bunch of feathers tucked in a cap or turban. 2. a kind of ornament. 3. a braid of hair. 4. the top of a building.

कलफ़ کلف पुं० [अ०, मि० सं० कल्प] १. वह पतली लेई जो कपड़ों पर उनकी तह कड़ी और बराबर करने के लिए लगाई जाती है, माँड़ी। २. काला धब्बा। ३. झाँईं।
m. 1. starch. 2. a black spot. 3. loss of consciousness for a short time.

क़लम قلم पुं० [अ०] १. लेखनी। २. किसी पेड़ की

टहनी जो दूसरी जगह बैठाने या दूसरे पेड़ में पैबन्द लगाने के लिए काटी जाय। ३. काटने की क्रिया। ४. सिर के वे बाल जो कानों के पास होते हैं।
पद तेग़े क़लम=कलम रूपी तलवार।
मुहा० (i) क़लम चलना=लिखाई होना। **(ii) क़लम चलाना**=लिखना। **(iii) क़लम तोड़ना**=लिखने की हद कर देना, अनूठी उक्ति कहना।
fem. 1. a pen. 2. a graft. 3. act of cutting. 4. the hair on the temple.
ph. the pen as a sword.
id. (i) act of writing. (ii) to write. (iii) to write something miraculous.

क़लम-अंदाज़ قلم انداز वि० [अ०+फा०] जो लिखने में छूट गया हो।
adj. (something) omitted.

क़लमकश قلمکش वि०, पुं० [अ०+फा०] कलम से लिखनेवाला, मसिजीवी।
adj. & m. a writer.

क़लमकार قلمکار पुं० [अ०+फा०] नक्काशी आदि करनेवाला।
m. an engraver.

क़लमकारी قلمکاری स्त्री० [अ०+फा०] क़लम से नक्काशी करना, बेल-बूटे बनाना।
fem. act of engraving.

क़लमज़द قلم زد वि० [अ०+फा०] कलम से काटा हुआ, रद्द, निरस्त।
adj. cancelled.

क़लमज़न قلم زن वि०, पुं० [फा०] १. लिखनेवाला, लेखक। २. चित्रकार।
adj. & m. 1. (one) who writes, writer. 2. (one) who paints.

क़लमतराश قلم تراش पुं० [अ०+फा०] कलम बनाने का चाकू।
m. a knife used to make an Indian type of pen.

क़लमदस्त قلمدست पुं० [अ०+फा०] १. लेखक। २. चित्रकार।
m. 1. a writer. 2. a painter.

क़लमदान قلمدان पुं० [अ०+फा०] कलम, दावात आदि रखने का डिब्बा या छोटा सन्दूक।
m. an inkstand, penstand.

क़लमबंद قلمبند वि० [अ०+फा०] १. लिखा हुआ, लिखित। २. ठीक, पूरा।
adj. 1. written. 2. appropriate, full.

क़लमरौ قلم رو स्त्री० [अ०+फा०] राज्य, सल्तनत।
fem. kingdom.

कलमा کلمہ पुं० [अ० कलिम:] १. वाक्य। २. वह वाक्य जो मुसलमानी धर्म का मूल मंत्र है। यथा-ला इला लिल्लिल्लाह मुहम्मद उर्रसूलिल्लाह।
m. 1. a sentence. 2. a fundamental formula of Quran.

कलमात کلمات पुं० [अ० कलिमात] 'कलमा' का बहु०।

क़लमी قلمی वि० [अ०] १. कलम से लिखा हुआ, लिखित २. कलम काटकर लगाया हुआ (पौधा या वृक्ष आदि)।
adj. 1. written. 2. grafted.

कलां کلاں वि० [फा०] बड़ा, बुलंद।
adj. huge, great, high.

क़लाकन्द قلاقند स्त्री० [फा०] एक तरह की मिठाई।
fem. a sweet.

कलाग़ کلاغ पुं० [फा०] जंगली कौआ।
m. a wild crow.

क़लाबाज़ قلاباز पुं० [फा०] कलैया लगानेवाला।
m. an acrobat.

क़लाबाज़ी قلابازی स्त्री० [फा०] सिर नीचे करके उलट जाना, कलैया।
fem. acrobatics, somersault.

कलाम کلام पुं० [अ०] १. वाक्य। २. कथन। ३. वादा, प्रतिज्ञा। ४. उज्र, एतराज़।
m. 1. a sentence. 2. a statement. 3. a promise. 4. an objection.

कलारा کلارا पुं० [अ०] कौआ, काक।
m. a crow.

कलाल کلال पुं० [अ०] ग्लानि।
m. remose.

क़लावतून قلاوتون पुं० [तु०] कलाबत्तू।
m. silk thread covered with gilded silver.

कलावा کلاوہ पुं० [फा० कलाव:] १. सूत का लच्छा जो तकले पर लिपटा रहता है। २. हाथी की गरदन।
m. 1. untwisted thread. 2. neck of an elephant.

क़लिया قلیہ पुं० [अ० क़लीय:] भूनकर रसेदार पकाया हुआ मांस।
m. meat-curry.

क़लियान قلیان पुं० [फा०] एक प्रकार का हुक्का।
m. a type of hubble-bubble.

क़लीच قلیچ पुं० [फा०] तलवार, खड्ग।
m. a sword.

कलीद کلید स्त्री० [फा०] चाबी, कुंजी।
fem. a key

कलीम کلیم पुं० [अ०] कहनेवाला, वक्ता।
पद कलीम उल्लाह=(क) वह जो ईश्वर की बातें करता हो। (ख) हज़रत मूसा।

m. a speaker, orator.
ph. a. one who talks about the God. b. Hazrat Moosa.

कलील كليل वि० [अ०] १. सुस्त, शिथिल। २. मांदा। ३. भोथरा।
adj. 1. lazy, lethargic. 2. ill, sick. 3. blunt.

क़लील قليل वि० [अ०] थोड़ा, अल्प।
adj. in small quantity.

कलीसा كليسا पुं० [यू०] यहूदियों और ईसाइयों का प्रार्थना मन्दिर, गिरजा आदि।
m. a church.

कलीसाई كليسائى वि० [यू०] कलीसा-संबंधी।
adj. of church.

कलीसिया كليسيا पुं० [यू०] ईसाइयों का एक संप्रदाय।
m. a christian sect.

क़ल्क قلك पुं० दे० 'क़लक'।

क़ल्ब قلب पुं० [अ०] १. हृदय, दिल। २. सेना का मध्य भाग। ३. किसी वस्तु का मध्य भाग। ४. बुद्धि। ५. नकली चाँदी या सोना।
पद **क़ल्बे मुज़्तर**=दुखी और विकल हृदय।
m. 1. heart. 2. the middle part of the army. 3. middle part of anything. 4. intellect. 4. artificial silver or gold.
ph. distressed or sad.

क़ल्बसाज़ قلب ساز पुं० [अ०+फा०] खोटे या जाली सिक्के बनानेवाला।
m. one who makes counterfeit coins.

क़ल्बसाज़ी قلب سازى स्त्री० [अ०+फा०] नकली या जाली सिक्के बनाना।
fem. act or art of making counterfeit coins.

क़ल्बी قلبى वि० [अ० क़ल्ब] १. हृदय-सम्बन्धी, हार्दिक। २. नकली, झूठा।
adj. 1. pertaining to the heart. 2. fake, counterfeit.

कल्ला كله पुं० [फा० कल्लः] १. गाल के अन्दर का अंश, जबड़ा। २. जबड़े के नीचे गले तक का स्थान, गला। ३. स्वर, आवाज़। ४. सिर (भेड़ों आदि का)।
m. 1. jaw. 2. throat. 3. sound. 4. head (of sheep).

क़ल्लाँच قلانچ वि० [तु० कल्लाश] निर्धन, ग़रीब, दरिद्र।
adj. poor, pauper.

कल्लादराज़ كله دراز वि०, पुं० [फा० कल्लःदराज] १. बहुत चिल्लानेवाला। २. बहुत-बढ़-बढ़कर बोलनेवाला।
adj. & m. 1. crying too much, shouting. 2. a braggart.

कल्लेदराज़ كلے دراز वि० दे० 'कल्लादराज़'।

क़वानीन قوانين पुं० [अ० 'कानून' का बहु०]।

क़वायद قواعد पुं० [अ० 'क़ायदा' का बहु०] १. कायदे, नियम, व्यवस्थाएँ। २. व्याकरण। ३. सैनिक अभ्यास।
m. (plu.) 1. rules. 2. grammer. 3. training in military exercises.

क़वी قوى वि० [अ०] बलवान, शक्तिशाली।
adj. powerful, mighty.

क़व्वाल قوال पुं० [अ०] कव्वाली गानेवाला।
m. one one sings कव्वाली।

क़व्वाली قوالى स्त्री० [अ०] १. एक प्रकार का भगवत्प्रेम सम्बन्धी गीत जो सूफियों की मजलिसों में होता है। २. कव्वालों का पेशा।
fem. 1. a type of poem which is usually sung by a group. 2. profession of singers.

कश كش वि० [फा०] खींचनेवाला, आकर्षक; जैसे—दिलकश।
पुं० १. खिंचाव। २. हुक्के या चिलम का दम, फूँक।
adj. that draws.
m. 1. attraction. 2. a puff.

क़शक़ा قشقه स्त्री० [फा० क़श्क़ः] माथे पर लगाया जानेवाला टीका, तिलक।

कशकोल كشكول पुं० [फा० कश्कोल] भिक्षापात्र।
m. begger's bowl.

कशनीज़ كشنيز पुं० [फा० कश्नीज़] धनिया।
m. corriander seed.

कशमकश كشمكش स्त्री० [फा०] १. खींचातानी। २. धक्का-धक्का। ३. आगा-पीछा, सोच-विचार, असमंजस, दुविधा। ४. संघर्ष।
fem. 1. a tussle. 2. pushing and jostling. 3. fix, uncertainty. 4. struggle.

कशाकश كشاكش स्त्री० दे० 'कशमकश'।

कशावर्ज़ كشاورز पुं० [फा०] किसान।
m. a farmer.

कशावर्ज़ी كشاورزى स्त्री० [फा०] खेती।
fem. agriculture

कशिश كشش स्त्री० [फा०] १. खिंचाव। २. रोचकता। ३. रुझान।
fem. 1. attraction. 2. interest, liking. 3. inclination.

कशीदगी كشيدگى स्त्री० [फा०] मनमुटाव, वैमनस्य।
fem. estrangement, animosity.

कशीदा كشيده पुं० [फा० कशीदः] कपड़े पर सुई और तागे से बनाए हुए बेल-बूटे।
वि० खिंचा या खींचा हुआ, आकृष्ट।

पद कशीदा ख़ातिर=अप्रसन्न, असन्तुष्ट।
m. embroidery.
adj. attracted.
ph. dissatisfied, disgruntled.

क़श्क़ा قشقہ पुं० [अ०] तिलक।
m. a mark on the forehead.

कश्ती کشتی स्त्री० [फा०] १. नाव, नौका, किश्ती। २. एक प्रकार की बड़ी चौड़ी थाली।
fem. 1. a boat. 2. a large plate.

कश्तीबान کشتی بان पुं० [फा०] नाव चलानेवाला, मल्लाह।
m. a boatman.

कश्तीबानी کشتی بانی स्त्री० [फा०] नाव चलाना।
fem. the occupation of a boatman.

कश्नीज़ کشنیز पुं० [फा०] धनिया।
m. corriander seed.

कश्फ़ کشف स्त्री० [फा०] १. सामने या ऊपर से परदा हटाना, खोलना। २. ईश्वरीय प्रेरणा।
fem. 1. act of removing the veil, unveiling. 2. god's inspiraiton.

कश्फ़ी کشفی वि० [फा०] १. खुला हुआ। २. स्पष्ट।
adj. 1. open, 2. clear.

कश्वर کشور पुं० [फा०] नाव चलानेवाला, मल्लाह।
m. a boatman.

कश्शाफ़ کشاف वि० [फा०] सामने लानेवाला।
adj. making apparant.

कस کس पुं० [फा०] १. व्यक्ति, मनुष्य। २. साथी, सहायक, मित्र।
पद कस-व-नाकस=छोटे-बड़े, सभी।
m. 1. a person. 2. a companion, assistant or friend.
ph. small and big, all.

क़सद قسد पुं० [फा० कस्द] संकल्प।
m. a resolve.

कसब کسب पुं० दे० 'कस्ब'।

क़सब قصب पुं० [अ०] १. एक प्रकार की बढ़िया मलमल। २. नली। ३. हड्डी।
m. 1. a kind of muslin. 2. a tube. 3. a bone.

क़सबा قصبہ पुं० [अ० क़स्बा:] छोटा शहर।
m. a town.

क़सम قسم स्त्री० [अ०] १. शपथ, सौगंध।
***मुहा०* (i) क़सम देना, दिलाना या रखना**=किसी को शपथ द्वारा बाध्य करना। **(ii) क़सम खाने को**=नाम मात्र को।
fem. oath.
id. (i) to force someone to swear. (ii) for namesake, nominally.

क़सर قصر स्त्री० [अ० क़स्र] १. कमी, न्यूनता। २. टोटा, घाटा, हानि। ३. नुक्स, दोष, विकार। ४. किसी वस्तु के सूखने या उसमें से कूड़ा-करकट निकालने से होनेवाली कमी। ५. द्वेष, वैर, मनमुटाव।
***मुहा०* कसर निकालना**=बदला लेना।
fem. 1. deficiency. 2. loss. 3. defect. flaw, shortage. 3. animosity, enstrangement.
id. to inflict injury in return for injury.

कसरत[१] کسرت स्त्री० [अ० कस्रत] शरीर को पुष्ट और बलवान् बनाने के लिए दंड, बैठक आदि परिश्रम के काम, व्यायाम, मेहनत।
fem. physical exercise.

कसरत[२] کثرت स्त्री० [अ० कस्रत] अधिकता, ज्यादती।
***पद* कसरते राय**=बहुमत।
fem. excess, plenty.
ph. the greater number, majority.

कसरती کسرتی वि० [अ० कस्रत] १. कसरत या व्यायाम करनेवाला। २. स्वस्थ।
adj. 1. doing physical exercises regularly. 2. healthy, stout.

कसरा کسرہ पुं० [अ० कस्र:] ज़ेर या इकार का चिह्न।
m. a mark denoting i(vowel).

कसल کسل पुं० [अ०] १. रोगी होने की अवस्था, बीमारी। २. थकावट, शिथिलता।
m. 1. sickness, illness. 2. fatigue, laxity.

कसलमंद کسلمند वि० [अ०+फा०] १. बीमार, रोगी। २. थका हुआ, क्लान्त, शिथिल।
adj. 1. sick, ill. 2. fatigued.

क़सा قسا स्त्री० [अ०] निर्दयता।
fem. cruelty.

क़साई قسائی पुं० [अ०] वधिक, बूचड़।
वि० निर्दय, बेरहम।
m. a butcher.
adj. cruel.

कसाफ़त کثافت स्त्री० [अ०] १. मोटाई। २. भद्दापन। ३. गन्दगी।
fem. 1. fatness. 2. awkwardness. 3. filth- or filthiness.

क़साब قصاب पुं० [अ० क़स्साब] दे० 'क़स्साब'।

क़साबा قصابہ पुं० [अ० क़साब:] स्त्रियों का सिर पर बाँधने का रूमाल।
m. a scarf worn by ladies.

क़सामत قسامت स्त्री० [फा०] गुण।
fem. a virtue.

क़सीदा قصیدہ वि० [अ० क़सीदः] १. खिंचा हुआ। २. अप्रसन्न।
पुं० वह कविता या ग़ज़ल जिसमें पन्द्रह से अधिक चरण हों और जिसमें किसी की प्रशंसा अथवा निन्दा, उपदेश या ऋतु-वर्णन आदि हो।
adj. 1. tightened. 2. unhappy, disgruntulled.
m. a type of Urdu poetry.

क़सीदाकारी قصیدہ‌کاری स्त्री० [अ० क़सीदः+फा०] बेल-बूटे काढ़ने का काम।
fem. emboridery.

क़सीदाख़्वाँ قصیدہ‌خواں वि०, पुं० [अ० क़सीदः+फा०] १. कसीदा पढ़नेवाला। २. खुशामदी, चापलूस।
adj. & m. 1. one who recites कसीदा (a type of poem) 2. a flatterer.

कसीफ़[१] کیف वि० [अ०] १. गुप्त। २. दुर्दशाग्रस्त।
adj. 1. secret. 2. in bad condition.

कसीफ़[२] کثیف वि० [अ०] १. मोटा, स्थूल। २. भद्दा, बेढंगा। ३. मैला, गन्दा।
adj. 1. fat. 2. awkward, ugly. 3. dirty. fithy.

कसीर کثیر वि० [अ०] बहुत अधिक।
adj. very much.

कसीर-उल्-औलाद کثیرالاولاد वि० [अ०] जिसके बहुत से बाल-बच्चे हों।
adj. having many children.

कसीर-उल्-मानी کثیرالمعانی वि० [अ०] अनेकार्थी।
adj. (a word) having many meanings.

क़सूर قصور पुं० [अ०] अपराध, दोष।
m. an offence, crime.

क़सूरमंद قصورمند वि० [अ+फा०] = कसूरवार।

क़सूरवार قصوروار वि०, पुं० [अ० क़ुसूर+फा०] कसूर या अपराध करनेवाला, दोषी।
adj. & m. guilty, a culprit.

कसे کسے वि० [फा०] कोई (व्यक्ति)।
पद कसे बाशद=चाहे कोई व्यक्ति हो।
adj. someone, anyone.
ph. who may be.

क़स्द قصد पुं० [अ०] इरादा, संकल्प।
पद क़स्दे ख़ुदशुदी=आत्महत्या का संकल्प।
m. intention, resolve, determination.
ph. resolve to end one's life.

क़स्दन قصداً क्रि० वि० [अ०] जान-बूझकर, विचार-पूर्वक।
adv. knowingly, thoughtfully.

कस्ब کسب पुं० [अ०] १. कमाई, उपार्जन। २. हुनर, कला। ३. पेशा, व्यवसाय। ४. वेश्यावृत्ति।
पद कस्बे ज़र=धन का उपार्जन करना, धनोपार्जन।
m. 1. act of earning. 2. art, skill. 3. profession. 4. prostitution.
ph. earning of money.

क़स्बा قصبہ पुं० [अ० क़स्बः] [बहु० क़स्बात] साधारण गाँव से बड़ी और शहर से छोटी बस्ती, बड़ा गाँव।
m. a town, township.

क़स्बात قصبات पुं० 'क़स्बा' का बहु०।
m. plu. of 'क़स्बा', towns.

क़स्बाती قصباتی वि० [अ० क़स्बः] क़स्बे से संबद्ध।
पुं० क़स्बे या छोटे शहर में रहनेवाला।
adj. or relating to a town.
m. an inhabitant of a town.

कस्बी کسبی स्त्री० [अ०] वेश्या, रंडी।
fem. a prostitute.

क़स्मिया قسمیہ क्रि० वि० [अ० क़स्मियः] क़सम खाकर, शपथपूर्वक।
adv. on oath.

कस्र قصر स्त्री० [अ०] न्यूनता, कमी।
पुं० प्रासाद, महल।
fem. deficiency, shortage.
m. a palace.

कस्रत کسرت स्त्री० [अ०] व्यायाम।
fem. physical exercise.

क़स्साब قصاب पु० [अ०] पशुओं को जबह करने या मारनेवाला, क़साई।
वि० क्रूर।
m. a butcher.
adj. cruel.

क़स्साबा قصابہ पुं० दे० 'क़साबा'।

क़स्साबी قصابی स्त्री० [अ०] कस्साब का काम या पेशा।
fem. profession of a butcher.

क़स्साम قسام वि० [अ०] बाँटनेवाला।
adj. (one) who distributes.

क़स्सार قصار पुं० [अ०] धोबी।
m. a washerman.

कह کہ स्त्री० [फा० 'काह' का संक्षिप्त रूप] सूखी घास।
fem. dry grass.

कहकशाँ کہکشاں स्त्री० [फा०] आकाश-गंगा।
fem. the milkyway.

क़हक़हा قہقہہ पुं० [फा० क़हक़हा] जोर की हँसी, ठहाका, अट्टहास।
m. a loud laugh, guffaw.

कहगिल کہگل स्त्री० [फा०] दीवार में लगाने का मिट्टी

का गारा।
fem. mud used as plaster.

क़हत قحط पुं० [अ० क़ह्त] १. दुर्भिक्ष, अकाल। २. किसी वस्तु का बहुत अधिक अभाव।
m. 1. famine. 2. scarcity, lack.

क़हतज़दा قحط زدہ पुं० [अ० क़ह्त + फा० ज़द:] १. कहत या अकाल का मारा, भूखों मरनेवाला। २. बहुत अधिक भूखा।
adj. 1. famine-striken. 2. very hungry, famished.

क़हतसाली قحط سالی स्त्री० [अ० कह्त+फा०] अकाल का वर्ष, दुष्काल।
fem. the year of famine.

क़हबा قحبہ स्त्री० [अ० क़ुह्ब:] १. दुश्चरित्रा स्त्री, पुंश्चली। २. वेश्या।
fem. 1. a womn of easy morls. 2. a prostitute.

क़हर قہر पुं० [अ० क़ह्र] घोर विपत्ति, आफत।
पद क़हर का = अति सुन्दर।
m. calamity, disaster.
ph. very beautiful.

क़हरन् قہراً क्रि० वि० [अ०] बलपूर्वक, जबरदस्ती।
adv. forcibly.

कहरुबा کہروبا पुं० [फा०] एक प्रकार का पत्थर जिसे कपड़े आदि पर रगड़कर यदि घास या तिनके के पास रखें तो उसे चुम्बक की तरह पकड़ लेता है।
m. a kind of stone.

क़हवा قہوہ पुं० [अ० कह्व:] १. एक पेड़ या झाड़ का बीज जिसके चूरे को चाय की तरह पीते हैं, काफी। २. इसके बीज।
m. 1. a tree or bush. 2. its seeds, coffee.

कहालत کہالت स्त्री० [फा०] काहिली, सुस्ती।
fem. laziness, idleness.

कहील کحیل वि० [अ०] सुरमेदार।
adj. decorated with collyrium.

क़ा قا स्त्री० [अ०] कौए की आवाज।
fem. a harsh call of a crow.

क़ाआन قاآن वि० [तु०] न्यायशील।
adj. just, fair.

क़ाइदा قاعدہ पुं० दे० 'क़ायदा'।

काइनात کائنات स्त्री० [अ०] दे० 'कायनात'।

काक کاک पुं० [फा०] एक प्रकार की रोटी।
m. a kind of bread.

क़ाक قاق वि० [फा०] १. सूखा या सुखाया हुआ। २. दुर्बल, कमजोर।
adj. 1. dry, dried. 2. weak.

काकरेज़ी کاکریزی वि० [फा०] ऊदे रंग का, ऊदा।
adj. purple-coloured.

काकुल کاکل स्त्री० [फा०] कनपटी पर लटकते हुए लम्बे बाल, जुल्फ़।
fem. a lock of hair.

काख़ کاخ पुं० [अ०] महल।
पद काख़-ए-उमरा=अमीर का महल।
m. a palace.
ph. rich man's palace.

काग़ज़ کاغذ पुं० [फा०] १. सन, रुई, पटुए घास, लकड़ी आदि को सड़ाकर बनाया हुआ महीन पत्र जिसपर अक्षर लिखे या छापे जाते हैं। २. प्रामाणिक लेख, दस्तावेज। ३. अखबार।
***मुहा०* (i) कागज़ काला करना**=कुछ लिखना या छापना। **(ii) कागज़ की नाव**= क्षणभंगुर वस्तु, न टिकनेवाली चीज। **(iii) काग़जी घोड़े दौड़ाना**= लिखा-पढ़ी करना।
m. 1. paper. 2. a document, deed. 3. a newspaper.
id. (i) to write or print. (ii) a paper boat. (iii) to do paper work.

काग़ज़गर کاغذگر वि०, पुं० [अ०+फा०] काग़ज बनानेवाला।
adj. & m. one who makes paper.

काग़ज़ात کاغذات पुं० [अ० 'काग़ज़' का बहु०] काग़ज़पत्र।
m. (plu.) documents, papers.

काग़ज़ी کاغذی वि० [फा०] १. काग़ज़ का बना हुआ। २. जिसका छिलका काग़ज़ की तरह पतला हो; जैसे—काग़ज़ी बादाम, काग़ज़ी नींबू। ३. काग़ज़ पर लिखा हुआ, लिखित।
adj. 1. made of paper. 2. having a thin rind. 3. written on paper, existing on paper.

काग़द کاغد पुं०=काग़ज़।

क़ाज़ قاز पुं० [तु०] एक पक्षी, कूँज।
m. a bird of heron family.

काज़ा کازہ पुं० [फा० क़ाज़:] वह गड्ढा जिसमें शिकारी शिकार की ताक़ में छिपकर बैठते हैं।
m. a pit in which a hunter takes ambush.

काज़िब کاذب पुं० [अ०] झूठ बोलनेवाला, मिथ्याभाषी। वि० झूठा।
m. a liar.
adj. untruthful.

क़ाज़िब قاذب वि० [अ०] लालची।
adj. greedy.

क़ाज़ी قاضی पुं० [अ०] मुसलमानों के धर्म और रीति-

नीति के अनुसार न्याय की व्यवस्था करनेवाला अधिकारी।
m. a Muslim judge.

क़ातअ قاطع वि० [अ० क़ातेअ] काटनेवाला, कर्तक।
adj. that cuts.

कातिब کاتب पुं० [अ०] लिखनेवाला, लेखक, मुंशी, मुहर्रिर।
m. one who writes, writer or clerk.

क़ातिल قاتل वि० [अ०] १. क़त्ल या हत्या करनेवाला। २. प्राणनाशक, घातक।
पुं० १. हत्यारा। २. प्रेमिका के लिए प्रयुक्त होनेवाली एक उपाधि।
adj. 1. that kills. 2. fatal.
m. 1. an assassin, murderer. 2. an epithet used for a beloved.

क़ातेय قاطع वि० दे० 'क़ातअ'।

क़ादिर قادر वि० [अ०] सर्वशक्तिमान।
adj. almighty, all-powerful.

क़ादिर मुतलक़ قادر مطلق पुं० [अ०-मुत्लक़] परमात्मा का एक नाम, सर्वशक्तिमान।
m. God, the almighty.

कान کان स्त्री० [फा०] खान, जिससे धातुएँ निकलती हैं, खानि, खदान।
fem. a mine.

क़ानअ قانع वि० [अ०] क़नायत या सन्तोष करनेवाला, सन्तोषी।
adj. having satisfaction, satisfied, contended.

कानकन کان کن पुं० [फा०] खान में काम करनेवाला मजदूर।
m. a labour working in a mine.

क़ानून قانون पुं० [अ०] [बहु० क़वानीन] १. राज्यों में शांति रखने का नियम, राजनियम, आईन, विधि। २. किसी प्रकार का नियम।
मुहा० कानून पर चलना=विधि का पालन करना।
m. 1. a legislative act, law. 2. a rule.
id. to act according to law.

क़ानूनगो قانون گو पुं० [अ०+फा०] माल विभाग का एक अधिकारी जो पटवारियों के काग़ज़ों की जाँच करता है।
m. an officer of the revenue department.

क़ानूनदाँ قانون داں पुं० [अ०+फा०] कानून जाननेवाला, विधिवेत्ता।
m. a legal expert, jurist.

क़ानूनदानी قانون دانی स्त्री० [अ०+फा०] कानून का ज्ञान।
fem. expertise in law.

क़ानूनन् قانوناً क्रि० वि० [अ०] क़ानून के अनुसार, विधानतः।
adv. legally, lawfully, constitutionally.

क़ानूनी قانونی वि० [अ०] क़ानून-सम्बन्धी, क़ानून का।
adj. legal, lawful.

क़ाने قانع वि० दे० 'क़ानअ'।

क़ाफ़ قاف पुं० [अ०] १. एक कल्पित पर्वत जो संसार के चारों ओर माना जाता है। कहते हैं कि परियाँ इसी पर्वत पर रहती हैं। २. कृष्ण सागर के पास का एक बहुत बड़ा पर्वत।
m. 1. a mythological mountain, home of fairies. 2. a mountain near by Black Sea.

क़ाफ़िया قافیہ पुं० [अ० क़ाफ़िय:] अन्त्यानुप्रास, तुक।
मुहा० काफ़िया तंग होना=परेशान होना।
m. rhyme.
id. to confuse or perplex.

काफ़िर کافر पुं० [अ०] १. मुसलमानों के अनुसार उनसे भिन्न धर्म को माननेवाला। २. ईश्वर को न मानने-वाला, नास्तिक। ३. निर्दय व्यक्ति। ४. दुष्ट व्यक्ति। ५. एक देश का नाम जो अफ़्रीका में है। ६. उस देश के निवासी।
m. 1. an infidel. 2. an atheist. 3. a cruel person. 4. a wicked person. 5. a country in Africa. 6. its inhabitant.

काफ़िरा کافرہ स्त्री० [अ० काफ़िर:] नास्तिक स्त्री।
fem. a female athiest.

काफ़िराना کافرانہ वि० [फा० काफ़िरान:] क़ाफ़िरों का-सा
adj. of or pertaining to the infidels.

काफ़िरे नेमत کافر نعمت पुं० [अ०] कृतघ्न।
adj. ungrateful.

क़ाफ़िला قافلہ पुं० [अ० क़ाफ़िल:] कहीं जानेवाले यात्रियों का समूह, यात्री-दल।
m. a carvan, convoy.

काफ़ी[1] کافی वि० [अ०] जितना आवश्यक हो, उतना, पर्याप्त, बहुत।
adj. enough.

काफ़ी[2] کافی स्त्री० [अं०] एक पेय।
fem. a drink, coffee.

काफ़ूर کافور पुं० [अ० मि० सं० कर्पूर] कपूर, कर्पूर।
m. camphor.

काफ़ूरी کافوری वि० [अ०] १. काफूर का, कपूर-सम्बन्धी। २. कपूर के रंग का, कपूरी। ३. स्वच्छ और पारदर्शी।
adj. 1. of camphor. 2. whitish. 3. clear and transparent.

काब[1] کاب पुं० दे० 'कअब'।

क़ाब[2] قاب स्त्री० [तु०] बड़ी तश्तरी या थाली, थाल।
fem. a large plate.

काबक کابک पुं० दे० "काबुक"।

काबतैन کابتین पुं० [अ० कआब: का बहु०] १. मक्का और जेरुसलम दोनों पवित्र स्थल। २. दो पाँसों से खेला जानेवाला एक प्रकार का जुआ।
m. 1. the holly place of Makka and Jerusalam. 2. gambling.

क़ाबलीयत قابلیت स्त्री० [अ० क़ाबिलीयत] १. क़ाबिल या योग्य होने का भाव, योग्यता। २. विद्वत्ता, पाण्डित्य।
fem. 1. ability. 2. scholarship.

काबा کعبہ पुं० [अ० कआब:] अरब के मक्का शहर का एक स्थान जहाँ मुसलमान लोग हज करने जाते हैं।
m. a holly place in Makka.

क़ाबिज़ قابض वि० [अ०] १. कब्जा या अधिकार रखनेवाला, जिसका कब्जा हो। २. कब्जियत पैदा करनेवाला, मलरोधक।
पुं० वह जिसका कब्जा हो।
adj. 1. possessing. 2. constipative.
m. a possesor, occupant.

क़ाबिल قابل वि० [अ०] क़ाबिलीयत या योग्यता रखनेवाला, योग्य।
पद **(i) क़ाबिले इनाम**=इनाम के काबिल। **(ii) क़ाबिले एतबार**=एतबार के काबिल, विश्वसनीय। **(iii) क़ाबिले एतराज**=एतराज के काबिल, आपत्तिजनक। **(iv) क़ाबिले बरदाश्त**=बरदाश्त के योग्य। **(v) क़ाबिले-सज़ा**=सज़ा के योग्य, दंडनीय। **(vi) क़ाबिले समाअत**=सुनवाई के योग्य।
adj. 1. able, capable, worthy, competent.
ph. (i) fit for reward. (ii) that can be trusted, trustful. (iii) objectionable. (iv) bearable. (v) punishable. (vi) fit for hearing.

क़ाबिला قابلہ स्त्री० [अ० क़ाबिल:] दाई।
fem. a midwife.

क़ाबिलीयत قابلیت स्त्री० [अ०] योग्यता।
fem. ability capacity.

काबीन کابین पुं० [फा०] वह धन जो पति विवाह के समय पत्नी को देना मंजूर करता है।
m. the money the bridegroom promises to pay the bride at the time of marriage ceremony.

काबुक کابک पुं० [फा०] वह दरबा या खाना जिसमें पक्षी और विशेषत: कबूतर रखे जाते हैं।
m. a pigeon house, dovecote.

क़ाबू قابو पुं० [तु०] वश, अधिकार, इख्तियार।
पद **क़ाबू से बाहर**=नियंत्रण से परे।
m. hold, possession, right.
ph. out of control.

क़ाबूची قابوچی पुं० [तु०] १. द्वारपाल, दरबान। २. तुच्छ व्यक्ति।
m. 1. a doorkeeper. 2. a mean fellow.

काबूस کابوس पुं० [अ०] भीषण स्वप्न, डरावना ख्वाब।
m. a dreadful dream.

काम کام पुं० [फा०] १. उद्देश्य। २. कामना, इच्छा।
m. 1. aim, goal. 2. desire.

कामगार کامگار वि० [फा०] १. जिसकी इच्छा पूरी हो गई हो, सफल। २. भाग्यवान।
adj. 1. gratified, successful. 2. lucky, fortunate.

क़ामत قامت स्त्री० [अ०] १. कद, आकार। २. शरीर।
पद **क़द व क़ामत**=डील-डौल।
fem. 1. height. 2. body.
ph. size and shape, structure of the body.

कामदार کامدار पुं० [फा०] १. व्यवस्थापक, प्रबन्ध-कर्ता। २. कर्मचारी।
वि० जिस पर किसी तरह का विशेषत: कारचोबी का काम किया हो।
m. 1. a manager, organizer. 2. an employee, worker.
adj. embroidered.

काम-ना-काम کامناکام क्रि० वि० [फा०] लाचारी की हालत में, विवश होकर।
adv. under compulsion, desperately.

कामयाब کامیاب वि० [फा०] जिसका अभिप्राय सिद्ध हो गया हो, सफल।
adj. successful.

कामयाबी کامیابی स्त्री० [फा०] उद्देश्य की सिद्धि, सफलता।
fem. success.

कामराँ کامراں वि० = कामरान।

कामरान کامران वि० [फा०] जिसका उद्देश्य सिद्ध हो गया हो, सफल।
adj. successful.

कामरानी کامرانی स्त्री०[फा०] उद्देश्य की सिद्धि, सफलता।
fem. success.

कामिल کامل वि० [अ०] [बहु० कुमला] १. पूरा, पूर्ण, कुल, समूचा। २. योग्य, दक्ष।
पद **कामिले फ़न**=किसी फन या कला में निपुण।
adj. 1. full, entire. 2. able, adroit.
ph. skilful, expert in some kind of work.

क़ामूस قاموس पुं० [अ०] समुद्र।
m. sea.

क़ायज़ा قائزہ पुं० [अ० क़ायज़:] घोड़े की लगाम की डोरी जिसे दुम तक ले जाकर बाँधते हैं।
m. bridle, rein.

क़ायदा قاعدہ पुं० [अ० क़ाइद:] १. नियम। २. चाल, दस्तूर, रीति, ढंग। ३. विधि, विधान। ४. क्रम,

व्यवस्था।
पद क़ायदे से=ढंग से।
m. 1. a rule. 2. a method, way. 3. a law. 4. an order, arrangement.
ph. in a right way, methodically.

क़ायदादाँ قاعدہداں वि० पुं० [अ० क़ाइद: + फा०] क़ायदा या नियम जाननेवाला।
adj. & *m.* expert in law.

कायनात کائنات स्त्री० [अ० काइनात] १. सृष्टि, जगत। २. विश्व। ३. पूँजी। ४. मूल्य, महत्त्व।
पद पयामे-कायनात=सृष्टि का सन्देश।
fem. 1. the Creation. 2. world. 3. capital. 4. importance.
ph. the message of the Creation.

कायनाते-ज़्रम کائناتِ زم पुं० [अ०] जगत का दुख।
m. sorrow of the world.

क़ायम قائم वि० [अ० क़ाइम] १. ठहरा हुआ, स्थिर। २. स्थापित, निर्धारित। ३. निश्चित, मुकर्रर।
m. 1. stable, firm. 2. stablished. 3. fixed.

क़ायम मिज़ाज قائم مزاج वि० [अ०] जिसका मिज़ाज ठहरा हुआ हो, शान्त स्वभाववाला, धैर्यवान।
adj. calm.

क़ायम मुक़ाम قائم مقام वि०, पुं० [अ०] किसी के स्थान पर काम करनेवाला, स्थानापन्न, प्रतिनिधि।
adj & *m.* a substitute, representative.

क़ायमा قائمہ पुं० [अ० क़ाइम:] खंभा, पाया।
m. a pillar, column.

क़ायल قائل वि० [अ० क़ाइल] जो तर्क-वितर्क से सिद्ध बात को मान ले, कबूल करनेवाला।
adj. fully convinced.

कार کار पुं० [फा०, मि० सं० कार्य] काम, कार्य।
प्रत्य० करनेवाला, कर्ता; जैसे—जफाकार, पेशकार, काश्तकार।
m. work.
suffix doer.

कार-आज़मूदा کارآزمودہ वि० [फा०] अनुभवी।
adj. experienced.

कारआमद کارآمد वि० [फा०] काम में आनेवाला, उपयोगी।
adj. useful, profitable.

कारकरदा کارکردہ वि० [फा० कारकद:] जिसने अच्छी तरह काम किया हो, अनुभवी।
adj. e.perienced.

कारकिश्त کارکشت स्त्री० [फा०] खेती-बारी।
fem. agriculture.

कारकुन کارکن पुं० [फा०] १. इन्तजाम करनेवाला, प्रबन्धकर्ता, कारिंदा।
m. an organizer, agent.

कारख़ाना کارخانہ पुं० [फा० कारख़ान:] १. वह स्थान जहाँ व्यापार के लिए कोई वस्तु बनाई जाती हो। २. कारबार, व्यवसाय। ३. घटना, दृश्य, मामला। ४. क्रिया।
m. 1. factory, mill. 2. business. 3. incident, scene. 4. action.

कारख़ानादार کارخانہدار पुं० [फा० कारख़ान:दार] किसी कारखाने का मालिक, कारखानेदार।
m. a factory-owner.

कारख़ास کارخاص पुं० [फा०] खास काम, विशेष कार्य।
m. special work or duty.

कारख़ैर کارخیر पुं० [फा०] शुभ कार्य, पुण्य का काम।
m. a holy or sacred act.

कारगर کارگر वि० [फा०] अपना काम या प्रभाव दिखलाने-वाला, प्रभावशाली; जैसे—दवा कारगर हो गई।
adj. effective, effectual.

कारगाह کارگاہ स्त्री० [फा०] १. कोई काम करने का स्थान। २. कार्यालय। ३. कारखाना।
पद कारगाहे-शीशागरी=शीशे का कारखाना।
fem. 1. a workplace. 2. an office. 3. a factory.
ph. glass-works.

कारगुज़ार کارگزار वि० [फा०] अपने कर्तव्य का भली भाँति पालन करनेवाला।
adj. having or showing a sense of duty, dutiful.

कारगुज़ारी کارگزاری स्त्री० [फा०] १. आज्ञा पर ध्यान रखकर ठीक तरह से काम करना, कर्तव्यपालन। २. कार्यपटुता, होशियारी, कर्मण्यता।
fem. 1. fulfilment of duty. 2. efficiency, competence.

कारचोब کارچوب पुं० [फा०] १. लकड़ी का वह चौखटा जिसपर कपड़ा तानकर जरदोजी का काम बनाया जाता है, अड्डा। २. ज़रदोज़ी या कसीदे का काम करनेवाला।
m. 1. a wooden frame used by an embroider. 2. an embroider.

कारचोबी کارچوبی वि० [फा०] जरदोजी का।
स्त्री० जरदोजी।
adj. embroidered.
fem. embroidery.

कारज़ार کارزار पुं० [फा०] युद्ध, लड़ाई।
m. a battle, war.

कारज़ारी کارزاری वि०, पुं० [फा०] योद्धा।
adj. & *m.* a soldier, warrior.

कारद کارد स्त्री० [फा०] चाकू, छुरी।
m. a knife.

कारदाँ کارداں वि० [फा०] १. किसी काम को अच्छी

तरह जाननेवाला, दक्ष, कुशल। २. अनुभवी।
adj. 1. skilled, expert. 2. experienced.

कारदानी کاردانی स्त्री० [फा०] १. काम करने की कुशलता। २. अनुभव।
fem. 1. skilfulness. 2. experience.

कारनामा کارنامہ पुं० [फा० कारनाम:] १. किसी के किए हुए कार्यों, विशेषत: युद्ध-सम्बन्धी कार्यों का विवरण।
m. an account of one's actions or deeds.

कारपरदाज़ کارپرداز पुं० [फा०] १. काम करनेवाला, कारकुन। २. प्रबन्धकर्ता।
m. 1. a worker, agent. 2. an organizer, manager.

कारपरदाज़ी کارپردازی स्त्री० [फा०] १. अच्छा काम करके दिखलाना। २. कारपरदाज का काम या पद।
fem. 1. execution of a feat or deed. 2. management.

कारफ़रमा کارفرما वि०, पुं० [फा० कारफ़र्मा] हुकुम देनेवाला।
adj. & *m.* one who gives orders.

कारफ़रमाई کارفرمائی स्त्री० [फा० कारफ़र्माई] आज्ञानुसार काम करना।
fem. obedience.

कारबंद, कारबन्द کاربند वि० [फा०] आज्ञाकारी।
adj. obedient.

कारबरारी کاربراری स्त्री० [फा०] काम का पूरा होना।
fem. completion of work.

कारबार کاربار पुं० [फा० कारोबार] १. काम-काज। २. व्यापार, पेशा, व्यवसाय।
m. 1. routine work. 2. business, trade.

कारबारी کارباری पुं० [फा० कारोबारी] काम-धंधा करनेवाला, जो कुछ काम करता हो।
m. a businessman, trader.

कारमंद کارمند पुं० [फा०] नौकर, सेवक।
m. a servant.

कारवाँ کارواں पुं० [फा० कार्वां] यात्रियों का दल या समूह, काफ़िला।
m. a group of travellers sply. traders, convoy, carvan.

कारवाँ सरा کارواں سرا स्त्री० [फा० कार्वां....] कारवाँ या यात्रियों के ठहरने का स्थान, सराय।
fem. an inn, tavern.

कारसाज़ کارساز वि० [फा०] कार्य बनाने या सँवारनेवाला; जैसे—अल्लाह बड़ा कारसाज़ है।
adj. skilful, dextrous.

कारसाज़ी کارسازی स्त्री० [फा०] १. काम बनाना या सँवारना। २. भीतरी या छिपी हुई कार्रवाई, चालाकी।
fem. 1. skilfulness, dexterity. 2. a trick, trickery.

कारस्तानी کارستانی स्त्री० दे० 'कारिस्तानी'।

कारिंदा کارندہ पुं० [फा० कारिन्द:] किसी की ओर से काम करनेवाला कर्मचारी, गुमाश्ता।
m. one who work for someone, agent.

क़ारिज़ قارض पुं० [अ०] ऋण देनेवाला, ऋणदाता।
m. a creditor.

कारिस्तानी کارستانی स्त्री० [फा० कारिस्तानी] १. कृत्य, कार्रवाई। २. चालबाजी।
fem. 1. an act, action. 2. a trick, trickery.

कारी کاری वि० [फा०] १. जो अपना काम ठीक तरह से कर दिखलाए, प्रभावशाली। २. घातक; जैसे—कारी तीर, कारी ज़ख़्म।
adj. 1. effective. 2. fatal.

क़ारी قاری वि०, पुं० [अ०] पढ़नेवाला, विशेषत: कुरान पढ़नेवाला।
adj. & *m.* a reader sply, one who reads or recites Quran.

कारीगर کاریگر पुं० [फा०] धातु, लकड़ी, पत्थर इत्यादि से सुन्दर वस्तुओं की रचना करनेवाला व्यक्ति, शिल्पकार।
m. a skilled workman, craftsman, artisan.

कारीगरी کاریگری स्त्री० [फा०] १. अच्छे-अच्छे काम बनाने की कला, निर्माण-कला। २. सुन्दर कृति, मनोहर रचना। ३. मूर्खता।
fem. 1. artistic skill, craftsmanship, workmanship. 2. a work of art. 3. foolishness.

क़ारून قارون पुं० [अ० क़ारून] एक बहुत अधिक धनवान राजा जो बहुत बड़ा कंजूस माना जाता था।
m. a rich but stingy king of olden times.

क़ारूरा قارورہ पुं० [अ० क़ारूर:] १. वह शीशी जिसमें पेशाब रखकर हकीम को दिखलाते हैं। २. पेशाब, मूत्र।
***मुहा०* क़ारूरा मिलना**=बहुत अधिक मेल-जोल होना।
m. 1. bottle containing urine. 2. urine.
id. to have a close association with someone.

कारे दारद کاردارد पद [फा०] मुश्किल है।
ph. It is difficult.

कार्रवाई کاروائی स्त्री० [फा० काररवाई] १. काम, कृत्य, करतूत। २. तत्परता, कर्मण्यता। ३. अभियान।
fem. 1. an action, step, measure. 2. application, intenseness. 3. operation.

क़ाल قال पुं० [अ०] १. उक्ति, कथन। २. डींग, शेखी।
m. 1. an utterance, statement, saying. 2. bragging, boasting.

कालबुद کالبد पुं० [फा०] १. शरीर, तन, बदन। २. वह ढाँचा जिसपर रखकर मोची जूता सीते हैं, कलबूत।
m. 1. a body. 2. the mould on which a shoe-maker shapes the shoes.

क़ाल-मकाल قال‌مقال स्त्री० [अ०] १. बहुत बड़ी चालाकी। २. लम्बी चौड़ी बातचीत। ३. कहासुनी, तकरार।
fem. 1. cunningness, deceptive trick. 2. a long talk. 3. quarrel, altercation.

क़ालिब قالب पुं० [अ०] १. साँचा या ढाँचा। २. शरीर, देह।
m. 1. a mould or frame. 2. a body.

क़ालीन قالین पुं० [तु०] मोटे तागों का बुना हुआ बहुत मोटा और भरी बिछावन जिसमें बेल-बूटे रहते हैं, ग़लीचा।
m. a carpet.

कावाक کاواک वि० [फा०] १. खाली, छूछा। २. बेडौल।
adj. 1. an empty. 2. disproportionate, ugly.

काविश کاوش स्त्री० [फा०] १. प्रयत्न। २. अनुसन्धान, तलाश, खोज। ३. दुश्मनी, बैर, शत्रुता।
fem. 1. an attempt. 2. search, investigation. 3. enmity.

काश[1] کاش *पद* [फा०] ईश्वर करे, ऐसा हो जाए। (प्रार्थना और आकांक्षासूचक)
ph. May this be true.

क़ाश[2] قاش स्त्री० [तु०] फल आदि का कटा हुआ लम्बा टुकड़ा, फाँक।
fem. a thin flat piece cut from something.

काशाना کاشانہ पुं० [फा० काशान:] १. झोपड़ा, कुटी। २. घर, मकान। (नम्रतासूचक)
m. 1. a hut, cottage. 2. a house.

काशिफ़ کاشف वि०,पुं० [अ०] प्रकट या स्पष्ट करनेवाला।
adj. & *m.* one who unfolds or exposes.

काशूर قاشور वि० [अ०] अशुभ।
adj. inasupicious.

काश्त کاشت स्त्री० [फा०] १. खेती, कृषि। २. जोती-बोई जानेवाली ज़मीन।
fem. 1. farming, agriculture. 2. cultivated field.

काश्तकार کاشتکار पुं० [फा०] १. किसान, कृषक, खेतिहर। २. वह जिसने जमींदार को लगान देकर उसकी जमीन पर खेती करने का स्वत्त्व प्राप्त किया हो।
m. 1. a farmer, aggriculturist, peasant. 2. a tenant farmer.

कास کاس पुं० [अ०] शराब पीने का प्याला।
m. a wine-cup.

काश्तकारी کاشتکاری स्त्री० [फा०] १. खेती-बारी, किसानी। २. काश्तकार का हक़।
fem. 1. farming, aggriculture. 2. the right of a farmer.

कासनी کاسنی स्त्री० [फा०] १. एक पौधा जिसकी जड़, डंठल और बीज दवा के काम आते हैं। २. कासनी का बीज। ३. एक प्रकार का नीला रंग जो कासनी के फूल के समान होता है।
fem. 1. a medicinal plant. 2. seed of this plant. 3. violet colour.

कासा کاسہ पुं० [फा० कास:] प्याला, कटोरा।
पद (i) कासए गदाई=भिक्षापात्र। **(ii) कासए सर**=खोपड़ी।
m. a cup.
ph. (i) begger's bowl. (ii) skull.

कासाबाज़ी کاسہ‌بازی स्त्री० [फा० कास:बाज़ी] छल, धोखा।
fem. deception, deceit.

क़ासिद قاصد पुं० [अ०] १. क़सद या इरादा करनेवाला। २. पत्रवाहक, हरकारा।
m. 1. one who resolves to do or stop doing. 2. a messenger.

क़ासिम قاسم वि०, पुं० [अ०] तक़सीम करने या बाँटनेवाला, विभाजक।
adj. & *m.* one who divides.

क़ासिर قاصر वि० [अ०] १. जिसमें कोई कमी या त्रुटि हो। २. असमर्थ।
adj. 1. having a shortcoming. 2. unable.

क़ासी قاسی वि० [अ०] कठोर हृदयवाला।
adj. hard-hearted.

कास्त کاست स्त्री० [फा०] कमी।
fem. deficiency, shortage.

काह کاہ स्त्री० [फा०] १. सूखी हुई घास। २. तिनका।
fem. 1. dry grass. 2. a straw.

काहकशाँ کاہکشاں स्त्री० [फा०] आकाश-गंगा।
fem. Milky Way.

क़ाहिर قاہر वि० [अ०] १. कहर ढानेवाला, बहुत बड़ा अत्याचारी। २. विजेता।
adj. 1. tyrannical. 2. victorious.

काहिल کاہل वि० [अ०] सुस्त, आलसी।
adj. lazy, letheragic.

काहिली کاہلی स्त्री० [अ०] सुस्ती, आलस्य।
fem. laziness, lethargy.

क़ाहिश کاہش स्त्री० [फा०] १. ह्रास, कमी। २. अवनति।
fem. 1. a shortcoming, loss. 2. decline.

काही کاہی वि० [फा०] घास के रंग का, कालापन लिए हुए हरा।
adj. blackish green.

काहीदगी کاہیدگی स्त्री० [फा०] १. दुबलापन। २. लघुता।
fem. 1. leanness. 2. smallness.

काहीदा کاہیدا वि० [फा० काहीद:] १. दुबला। २. लघु।
adj. 1. lean. 2. small.

काहू کاہو पुं० [अ०] एक पौधा जिसके बीज दवा के काम में आते हैं।
m. a medicinal plant.

कि کہ योज० [फा०, मि० सं० किम्] मुख्य उपवाक्य से आश्रित उपवाक्य को जोड़नेवाला योजक।
क्रि० वि० १. तत्क्षण, इतने में। २. या, अथवा। ३. क्योंकि। ४. जैसा कि।
conj. that.
adv. 1. at once, instantly. 2. or. 3. because. 4. as.

किज़्ब کذب पुं० [अ०] १. झूठ, मिथ्या बात। २. गप।
m. 1. untruth, lie. 2. gossip.

क़िता قطعہ पुं० [अ० कित्अ:] १. खंड, टुकड़ा। २. जमीन का टुकड़ा। ३. ऐसी जमीन पर बना हुआ मकान। ४. एक प्रकार की कविता, जिसमें दो चरणों से कम न हों, मतला न हो और सम चरणों में अनुप्रास हो।
m. 1. a part, piece. 2. a piece of land, plot. 3. a house built on a plot. 4. a type of verse.

किताब کتاب स्त्री० [अ०] ग्रंथ, पुस्तक।
***पद* किताबे क़वाइद**=नियमावली।
fem. 1. a book.
ph. a manual.

किताबत کتابت स्त्री० [अ०] लिखना।
***पद* ख़त-किताबत**=पत्र-व्यवहार।
fem. act of writing.
ph. correspondance.

किताबा کتابہ पुं० [अ० किताब:] लेख।
m. a piece of writing, article, essay.

किताबी کتابی वि० [अ०] १. किताब या पुस्तक-सम्बन्धी। २. पुस्तक-जैसा। ३. लंबोतरा।
adj. 1. of or pertaining to a book or books. 2. like a book. 3. longish.

किताबुल्लाह کتاب اللہ स्त्री० [अ०] कुरान शरीफ।
m. Quran, the holly book of Muslims.

किताबे आसमानी کتابِ آسمانی स्त्री० दे० 'किताबे इलाही'।
fem. Quran.

किताबे इलाही کتابِ الٰہی स्त्री० [अ०] मुसलमानों की धर्म पुस्तक, कुरान।
fem. Quran.

क़ितार قطار स्त्री० [अ०] १. पंक्ति। २. श्रेणी।
fem. 1. a line. 2. a queue, row. 2. series.

क़िताल قتال स्त्री० [अ०] मारकाट, हत्या।
fem. carnage, killing.

किनायत کنایت स्त्री० [अ०] इशारा।
fem. an indication, hint.

किनायतन् کنایتاً क्रि० वि० [अ०] इशारे से, संकेत द्वारा।
adv. suggesting indirectly.

किनाया کنایہ पुं० [अ० किनाय:] इशारा, संकेत।
m. an indication, hint.

किनार کنار स्त्री० [फा०] १. बगल। २. चूमना और गले लगाना।
पुं० किनारा, पार्श्व।
***पद* दर किनार**=एक तरफ, जैसे—खाना-पीना दर किनार एक पान भी न पूछा।
fem. 1. an armpit. 2. act of kissing and hugging.
m. a bank, shore.
ph. at a distance, away.

किनारा کنارہ पुं० [फा० कनार:] १. अधिक लम्बाई और कम चौड़ाईवाली वस्तु के वे दोनो भाग जहाँ चौड़ाई समाप्त होती है, लम्बाई के बल की कोर। २. नदी या जलाशय का तट, तीर। ३. लम्बाई, चौड़ाईवाली वस्तु के चारो ओर का वह भाग जहाँ से उसके विस्तार का अन्त होता हो, प्रान्त, भाग, हाशिया, गोट। ४. पार्श्व, बगल।
***मुहा०* (i) किनारा खींचना**=दूर होना। **(ii) किनारे न जाना**=अलग रहना। **(iii) किनारे बैठना**=अलग होना, छोड़कर दूर हटना। **(iv) किनारे लगना**=यात्रा आदि पूर्ण होना, मंजिल तक पहुँचना।
m. 1. a boarder. 2. a bank, shore. 3. an edge, brim. 4. side.
id. (i) to break off. (ii) to sit aside. (iii) to reach the destination. (iv) to reach the goal.

किनाराकश کنارہ کش वि० [फा० किनार:कश] अलग या दूर रहनेवाला, कुछ सम्बन्ध न रखनेवाला।
adj. having broken relations, aloof.

किनाराकशी کنارہ کشی स्त्री० [फा० किनार:कशी] अलग या दूर रहना।
fem. aloofness.

किनारी کناری स्त्री० [फा० कनार:] सुनहला या रुपहला पतला गोटा जो कपड़ों के किनारे पर लगाया जाता है।
fem. hem, border.

किन्न کن पुं० [अ०] पहनने के वस्त्र, पोशाक।
m. a dress, apparel, uniform.

किफ़ायत کفایت स्त्री० [अ०] १. कमखर्ची, थोड़े में काम चलाना। २. बचत। ३. काफी या यथेष्ट होने का भाव।
m. 1. economy. 2. saving. 3. plenty.

किफ़ायत-शिआर کفایت شعار वि० [अ० -श्आर] मितव्ययी।
adj. thrifty.

किफ़ायत-शिआरी کفایت شعاری स्त्री० [अ० -श्आरी] मितव्ययिता।
fem. thriftiness.

किफ़ायती کفایتی वि० [अ०] १. कम खर्च करनेवाला, सँभालकर खर्च करनेवाला। २. सस्ता।
adj. 1. thrifty. 2. cheap.

क़िबला قبلہ पुं० [अ० क़िब्ल:] १. पश्चिम दिशा जिस ओर मुख करके मुसलमान लोग नमाज़ पढ़ते हैं। २. काबा, मक्का। ३. पूज्य व्यक्ति। ४. पिता, बाप।
पद (१) क़िबला कौनेन=पिता। **(२) क़िबला हाजात**=दूसरों की आवश्यकताएँ पूरी करनेवाला।
m. 1. the West. 2. Mecca. 3. a revered person. 4. a male parent, father.
ph. (i) father. (ii) one who fulfils others wishes.

क़िबला-आलम قبلہ عالم पुं० [अ० क़िब्ल:-ए-आलम] १. ध्रुवतारा। २. मुसलमान बादशाहों के प्रति सम्बोधन का शब्द।
m. 1. the North star. 2. a form of addressing a king.

क़िबलागाह قبلہ گاہ पुं० [अ० क़िबल:+फा०] पूज्य या बड़े भाई के लिए सम्बोधन।
m. an address for an elderly person or elder brother.

किब्र کبر पुं० [अ०] १. बड़प्पन, बुजुर्गी, बड़ाई। २. वृद्धावस्था।
m. 1. elderliness. 2. old age.

किब्रिया کبریا स्त्री० [अ०] बड़प्पन, बुजुर्गी, महत्ता।
fem. elderliness, greatness.

क़िमार قمار पुं० [अ०] वह बाजी या खेल जिसमें धन की हार-जीत हो, जुआ, द्यूत।
m. an act of gambling.

क़िमारख़ाना قمار خانہ पुं० [अ०+फा० ख़ान:] जुआ खेलने की जगह।
m. gambling den.

क़िमारबाज़ قمار باز पुं० [अ०+फा०] जुआरी।
m. a gambler.

क़िमारबाज़ी قمار بازی स्त्री० [अ०+फा०] द्यूतक्रीड़ा, जुआ।
fem. gambling.

क़िमारिया قماریا वि० [अ० किमार] चालाक।
adj. clever, crafty.

क़िमाश قماش स्त्री० [तु०] १. ढंग, प्रकार। २. ताश की गड्डी।
fem. 1. a method, way. 2. a pack of cards.

क़ियम قیم स्त्री० [अ०, 'क़ीमत' का बहु०] कीमतें।
fem. prices.

क़ियाम قیام पुं० [अ०] अस्थायी निवास।
m. temporary residence.

क़ियामत قیامت स्त्री० [अ०] महाप्रलय।
***पद* क़ियामत का**=अत्यन्त सुंदर।
fem. deluge.
ph. very beautiful.

क़ियास قیاس पुं० [अ०; बहु० अक़्सिया] १. विचार। २. अनुमान।
m. 1. an idea, 2. guess.

क़िरतास قرطاس पुं० [अ० किर्तास] कागज।
m. paper.

किरदार کردار स्त्री० [फा० किर्दार] १. कार्य, काम। २. ढंग, शैली। ३. आचरण। ४. चरित्र।
fem. 1. work. 2. style. 3. conduct. 4. a role played by an actor, character.

क़िरमिज़ قرمز पुं० [अ०] एक प्रकार का लाल रंग का कीड़ा।
m. a kind of red insect.

क़िरमिजी قرمزی पुं० [अ०] एक प्रकार का लाल रंग।
वि० उक्त रंग का।
m. red colour.
adj. of red colour.

किराएदार کرائیدار पुं० दे० 'किरायादार'।

क़िरात قرأت स्त्री० [अ०] पठन, पढ़ना।
fem. act of reading.

क़िरान قران पुं० [अ०] १. दो ग्रहों का एक राशि में पहुँचना, युति। २. कोई शुभ संयोग या अवसर।
***पद* साहब-ए-क़िरान**=भाग्यवान, सौभाग्यशाली।
m. 1. junction of stars or planets in a particular zodiac sign. 2. auspicious time.
ph. lucky, fortunate.

किराम کرام वि० [अ०] 'करीम' का बहु०।

किराया کرایہ पुं० [अ० किराय:] १. वह दाम जो दूसरे की कोई वस्तु के काम में लाने के बदले में उसके मालिक को दिया जाए। २. भाड़ा।
m. 1. rent, rental. 2. fare, hire.

किरायादार کرایہ دار पुं० [अ० किराय:+फा०] किराएदार।
m. a tenant.

किरायानामा کرایہ نامہ पुं० [अ० किराय:+फा० नाम:] किराएदार और मालिक मकान के बीच में लिखा हुआ पत्र।
m. a rent-deed.

किरिश्मा کرشمہ पुं० = करिश्मा।

किर्दगार کردگار पुं० [फा०] सृष्टि का कर्ता, विधाता, परमात्मा।
m. the Creator.

किर्म کرم पुं० [फा०] कीड़ा, कीट।
m. a worm, insect.

किर्म-ख़ुदा کرم‌خدا वि० [फा०] १. कीड़ों के द्वारा खाया हुआ, जिसमें कीड़े लगे हों। २. पुराना।
adj. 1. eaten by warms. 2. old.

किलक کلک स्त्री० [फा०] एक प्रकार का नरकट जिसकी कलमें बनती हैं।
fem. 1. a kind of reed. 2. a piece of reed used for writing.

क़िला قلعہ पुं० [अ० क़िल्अ:] दुर्ग, गढ़।
m. a fort.

क़िलादार قلعدار पुं० [अ० क़िल्अ:+फा०] दुर्गपति, गढ़पति।
m. a commander of a fort.

क़िल्लत قلت स्त्री० [अ०] १. कम होने का भाव, अभाव, कमी, न्यूनता। २. कठिनता, दिक्कत।
fem. 1. shortage, lack. 2. difficulty, hardship.

क़िवाम قوام पुं० [अ०] शहद के समान गाढ़ा किया हुआ अवलेह जिसमें तंबाकू मिला रहता है।
m. a kind of jelly mixed with tobacco powder.

किशमिश کشمش स्त्री० [फा०] सुखाई हुई छोटी दाख, सुखाया हुआ अंगूर।
fem. a sweet dried fruit, raisin.

किशमिशी کشمشی वि० [फा०] १. जिसमें किशमिश हो। २. किशमिश के रंग का।
adj. 1. mixed with raisin or made of raisin. 2. of the colour of raisin.

किशवर کشور पुं० [फा० किश्वर] देश, मुल्क।
m. a country.

किश्त کشت स्त्री० [अ०] १. खेती। २. शतरंज में बादशाह का किसी मोहरे की घात में पड़ना, शह।
fem. 1. agriculture. 2. check in chess.

किश्तज़ार کشت‌زار पुं० [फा०] खेतों का समूह।
m. a group of fields.

किश्ती کشتی पुं० [फा० कश्ती] १. नाव, नौका। २. एक प्रकार की थाली।
m. 1. a boat. 2. a kind of plate.

किश्तीवान کشتیوان पुं० [फा० कश्तीवान] मल्लाह।
m. a boatman.

क़िश्र قشر पुं० [अ०] १. छाल। २. छिलका। ३. भूसी।
m. 1. bark. 2. peel. 3. a husk.

किश्वर کشور पुं० [फा०] देश।
पद किश्वर सतानी=देश जीतना।
m. a country.
ph. the act of conquering a country.

किसबत کسبت स्त्री० दे० 'किस्बत'।

किसरा کسرا पुं० [फा०] फारस के बादशाहों की उपाधि।
m. an epithet of the kings of Iran.

क़िसास قصاص पुं० [अ०] हत्या का बदला चुकाने के लिए किसी की हत्या करना, प्रतिकार।
m. punishment given to someone in return for harm, revenge.

क़िस्त قسط स्त्री० [अ०] किसी ऋण या देने का वह भाग जो किसी निश्चित समय पर दिया जाए।
fem. an instalment.

क़िस्तबंदी قسطبندی स्त्री० [अ०+फा०] थोड़ा-थोड़ा करके कई बार में रुपया अदा करने का ढंग।
fem. a way of repaying money in instalments.

क़िस्तवार قسطوار क्रि० वि० [अ०+फा०] किस्त के ढंग से, किस्तों में।
adj. in instalments.

किस्बत کسبت स्त्री० [अ०] १. पहनने के कपड़े। २. वह थैली जिसमें हज्जाम उस्तरे और कैंची आदि रखता है।
fem. 1. dress,clothes for wearing. 2. the bag of a barber.

क़िस्म قسم स्त्री० [अ०; बहु० अक़्साम] १. प्रकार, भेद, भाँति, तरह। २. ढंग, तर्ज।
fem. 1. a kind, sort. 2. a way, method.

क़िस्मत قسمت स्त्री० [अ०] प्रारब्ध, भाग्य, नसीब, करम, तकदीर।
***मुहा०* (i) क़िस्मत आज़माना**=किसी कार्य को हाथ में लेकर देखना कि उसमें लाभ या सफलता होती है या नहीं। **(ii) क़िस्मत चमकना या जागना**=भाग्य प्रबल होना, बहुत भाग्यवान होना। **(iii) क़िस्मत फूटना**=भाग्य बहुत मन्द हो जाना।
fem. fate, luck.
id. (i) to try ones luck. (ii) advent of goodluck. (iii) annhilation of one's luck.

क़िस्मत आज़माई قسمت‌آزمائی स्त्री० [अ०+फा०] भाग्य की परीक्षा।
fem. test of ones luck.

क़िस्मतवर قسمت‌ور वि० [अ० + फा०] भाग्यवान, सौभाग्यशाली।
adj. lucky, fortunate.

क़िस्सा قصّہ पुं० [अ० क़िस्स:] १. कहानी, कथा,

आख्यान। २. वृत्तान्त, समाचार, हाल। ३. कांड, झगड़ा, तकरार।
m. 1. a story. 2. an account of an event. 3. an incident or event.

क़िस्सा-कोताह قصہ کوتاہ क्रि० वि० [अ०+फा०] संक्षेप में यह कि, तात्पर्य यह कि।
adv. in brief, in a nutshell.

क़िस्साख़्वाँ قصہ خواں पुं० [अ०+फा०] वह जो लोगों को किस्से-कहानियाँ सुनाता हो।
m. a story-teller.

क़िस्साख़्वानी قصہ خوانی स्त्री० [अ०+फा०] दूसरों को किस्से या कहानियाँ सुनाने का काम।
fem. telling of stories, story-telling.

कीना کینہ पुं० [फा० कीनः] द्वेष, शत्रुता, वैर, दुश्मनी।
m. malice, animosity.

कीनावर کینہ ور वि० [फा० कीनःवर] मन में कीना या शत्रुता रखनेवाला।
adj. having dislike or hatred for someone, intended to harm someone, malicious.

क़ीफ قیف स्त्री० [अ०] वह चोंगी जिसके द्वारा तंग मुँह के बर्तन में तेल आदि डालते हैं, छुच्छी, कीप।
fem. a funnel.

क़ीमत قیمت स्त्री० [अ०] दाम, मूल्य।
fem. price, value.

क़ीमती قیمتی वि० [अ०] अधिक दाम का, बहुमूल्य।
adj. precious, expensive.

क़ीमा قیمہ पुं० [अ० क़ीमः] बहुत छोटे-छोटे टुकड़ों में कटा हुआ गोश्त।
m. meat cut into small pieces, hash.

कीमिआ کیمیا स्त्री० [अ०] रासायनिक क्रिया, रसायन।
fem. alchemy.

कीमियागर کیمیاگر पुं० [अ०+फा०] रसायन बनाने-वाला, रासायनिक परिवर्तन में प्रवीण।
m. an alchemist.

कीमियागरी کیمیاگری स्त्री० [अ०+फा०] रसायन-विद्या।
fem. alchemy

कीमुख़्त کیمخت पुं० [फा०] [वि० कीमुख़्ती] घोड़े या गधे का चमड़ा।
m. hide of a horse or ass.

क़ीर قیر पुं० [अ०] काला रोगन।
m. a kind of black paint.

क़ीरात قیراط पुं० [अ०] चार जौ की तौल।
m. an Indian weight approximately equal to four grains of barley.

क़ील قیل पुं० [अ०] १. वचन। २. वार्ता।

पद क़ील-ओ-क़ाल (१) बात-चीत। (२) वाद-विवाद, बहस।
m. 1. an utterance. 2. conversation.
ph. (i) conversation. (ii) discussion.

कीसा کیسہ पुं० [अ० कीसः] १. थैली। २. जेब।
m. 1. a small bag. 2. a pocket.

कुंज کنج पुं० [फा०] १. कोना। २. किनारा।
m. 1. a corner. 2. a border.

कुंजद کنجد पुं० [फा०] तिल (अन्न)।
m. oil seed.

कुंजिश्क کنجشک स्त्री० [फा०] चिड़ा नामक पक्षी, नर-गौरैया।
fem. a he-sparrow.

कुंद کند वि० [फा०] १. कुंठित, गुठला। २. मन्द, जैसे—कुन्द जेहन=मंदबुद्धि।
adj. 1. obstruse. 2. dull, feeble.

कुंदा کندہ पुं० [फा० कुन्दः] १. लकड़ी का बड़ा, मोटा और बिना चीरा हुआ टुकड़ा। २. बन्दूक का चौड़ा पिछला भाग।
पद कुंदा नातराश=निरा मूर्ख, पूरा बेवकूफ।
m. 1. a log, beam. 2. a butt.
ph. stupid, idiot.

क़ुक़नुस ققنس पुं० [अ० क़ुक़्नुस] एक कल्पित पक्षी जो बहुत मधुर गाता है तथा जिसके गाने से आग लगती है।
m. a mythological bird, phoenix.

कुजा کجا क्रि० वि० [फा०] कहाँ, किस जगह?
adv. where?

कुतका کتکہ पुं० [तु० कुत्कः] १. मोटा और बड़ा डंडा। २. पुरुष की इन्द्रिय।
m. 1. a club or staff. 2. male organ, penis.

कुताबा کتابہ पुं० [अ० कुत्बः] लेख।
m. an article or essay.

कुतुब کتب पुं० [अ०; 'किताब' का बहु०] पुस्तकें।
m. (plu.) books.

कुतुबख़ाना کتب خانہ पुं० [अ०+फा० ख़ानः] १. किताबों की दुकान। २. पुस्तकालय।
m. 1. a bookshop. 2. a library.

कुतुबनुमा قطب نما पुं० दे० 'कुत्बनुमा'।

कुतुबफ़रोश کتب فروش पुं० [अ०+फा०] पुस्तक-विक्रेता।
m. a bookseller.

कुतुर قتر पुं० [अ०] शिकारी का जाल।
m. hunter's net.

कुत्न کتن स्त्री० [अ०] रुई।
fem. cotton.

क़ुत्ब قطب पुं० [अ०] १. ध्रुव तारा। २. वह कीली जिस पर कोई चीज घूमती हो ३. नायक, नेता, सरदार।
m. 1. the pole star. 2. an axis. 3. a leader, chief.

क़ुत्बनुमा قطب نما पुं० [अ०+फा०] दिग्दर्शक यंत्र।
m. a compass.

क़ुत्बी قطبی वि० [अ०] कुत्ब या ध्रुव-संबंधी।
adj. polar.

क़ुत्र قطر पुं० [अ०] वृत्त का व्यास या मध्य रेखा।
m. a diametre.

क़ुदरत قدرت स्त्री० [अ० क़ुद्रत] १. शक्ति, प्रभुत्व, इख्तियार। २. प्रकृति, माया या ईश्वरीय शक्ति। ३. कारीगरी, रचना।
fem. 1. power, might. 2. nature, physical world or divine power. 3. workmanship, artfulness.

क़ुदरती قدرتی वि० [अ०] १. प्राकृतिक। २. स्वाभाविक। ३. ईश्वरीय।
adj. 1. natural. 2. habitual. 3. divine, heavenly.

क़ुदस قدس पुं० [अ० कुद्स] पवित्रता।
adj. sacredness, holiness.

क़ुदसियाँ قدسیاں पुं० [अ० कुद्सियाँ] फरिश्ते।
m. (plu.) angels.

क़ुदसिया قدسیہ वि० स्त्री० [अ० कुद्सियः] पवित्र, पाक।
adj. holy, sacred.

क़ुदसी قدسی पुं० [अ० क़ुद्सी] देवता।
m. a deity.

कुद्दूस قدوس वि० [अ०] १. पवित्र। २. शुद्ध।
adj. holy, sacred.

कुदमा کدمہ वि० अ० 'क़दीम' का बहु०।

कुन کن प्रत्य० [फा०] करनेवाला।
suffix doer, maker.

कुनह[1] کنہ स्त्री० [फा०] १. तत्त्व। २. तथ्य। ३. बारीकी।
fem. 1. an element. 2. a fact. 3. fineness, keenness.

कुनह[2] کنہ स्त्री० [फा० कीनः] [वि० कुनही] १. द्वेष, मनोमालिन्य। २. पुराना वैर।
fem. 1. malice. 2. enmity, hostility.

कुनही کنہی वि० [फा०] द्वेषी।
adj. imical, hostile.

कुनार کونار पुं० [फा०] बेरी।
m. jujube tree.

कुन्नियत کنّیت स्त्री० [अ० कुन्यत] १. कुल या वंश का नाम, कुलनाम। २. नाम का वह रूप जिससे नामी का वंश भी सूचित होता है, जैसे—अबुल हसन=हसन का पुत्र।
fem. 1. family name. 2. a name shared by many members of a family.

क़ुफ़ुल قفل पुं०=क़ुफ़्ल।

कुफ़्फ़ार کفار पुं० [अ०; 'काफ़िर' का बहु०]।

कुफ़्र کفر पुं० [अ०] १. ईश्वर को न मानकर बहुत से देवी-देवताओं की उपासना करना। २. इस्लाम की आज्ञाओं के विरुद्ध आचरण। ३. जिद, हठ।
***मुहा०* (i) किसी का कुफ़्र तोड़ना**=किसी को अपने अनुकूल करना। **(ii) कुफ़्र का फ़तवा देना**=किसी को धर्मविरोधी या दोषी ठहराना, किसी के अधर्मी होने की व्यवस्था देना।
m. 1. atheism. 2. repudiation of Islam. 3. stubbornness, obstinacy.
id. (i) to bring round, to persude into a change of opinion. (ii) to declare hostile.

क़ुफ़्ल قفل पुं० [अ०] ताला।
m. a lock.

क़ुबूल قبول वि० दे० 'क़बूल'।

क़ुब्बा قبہ पुं० [अ० क़ुब्बः] १. गुम्बद। २. कलश।
m. 1. a dome. 2. a roundish water-pot.

क़ुब्ल قبل स्त्री० [अ०] औरत की योनि।
fem. the female organ, vagina.

क़ुब्ह قبح पुं० [अ०] दोष।
m. a fault.

कुमक کمک स्त्री० [तु० कुमुक] १. सहायता, मदद। २. पक्षपात, तरफदारी।
fem. 1. help, aid. 2. favouritism, partiality.

क़ुमक़ुमा قمقمہ पुं० [अ० क़ुम्क़ुमः] १. लाख का बना हुआ एक प्रकार का पोला गोला जिसमें अबीर और गुलाल भरकर होली में एक-दूसरे पर मारते हैं। २. एक प्रकार का तंग मुँह का छोटा लोटा।
m. 1. a ball like object filled with colour. 2. a small water-pot.

क़ुमरी قمری स्त्री० [अ० क़ुम्री] पंडुक नामक चिड़िया।
fem. a small bird of a sparrow family.

कुमुक کمک स्त्री० [तु०] १. सहायता, मदद। २. पक्षपात।
fem. 1. help, aid. 2. partiality.

कुमैत کمیت पुं० [अ०] १. घोड़े का एक रंग जो स्याही लिए लाल होता है, लाखी। २. इस रंग का घोड़ा।
m. 1. colour made of lac. 2. a horse of such colour.

क़ुरआ قرعہ पुं० [अ० कुरअ] जुआ खेलने या रमल आदि फेंकने का पासा।

m. a dice used in gambling.

क़ुरक़ قرق वि० [तु० क़ुर्क़] १. रोका हुआ। २. जब्त।
adj. 1. detained, checked, stopped. 2. forfeited, confiscated, attached.

क़ुरक़ी قرقی स्त्री० [तु० क़ुर्क़ी] कर्ज़दार या अपराधी की जायदाद को ऋण या जुरमाने की वसूली के लिए सरकार द्वारा जब्त किया जाना।
fem. the seizure of property, attachment.

कुरता کرتا पुं० [तु० कुर्तः] [स्त्री० अल्पा० कुरती] एक प्रसिद्ध पहनावा जो सिर में डालकर पहना जाता है।
m. a type of India shirt.

क़ुरतास قرطاس पुं० [अ०] काग़ज़।
m. paper.

क़ुरबत قربت स्त्री० [अ० क़ुर्बत] १. सामीप्य, नज़दीकी। २. सहवास।
fem. 1. proximity, nearness. 2. sexual intercourse.

क़ुरबान قربان वि० [अ० क़ुर्बान] जो निछावर या बलिदान किया गया हो।
मुहा० क़ुरबान जाना=निछावर होना, बलि जाना।
adj. offered as a sacrifice, sacrified.
id. to opt for some good purpose or belief, to sacrifice.

क़ुरबानगाह قربان‌گاہ स्त्री० [अ० क़ुर्बान+फा०] कुरबानी करने का स्थान, वेदी।
fem. sacrificial place.

क़ुरबानी قربانی स्त्री० [अ० क़ुर्बानी] बलिदान।
fem. sacrifice.

कुरसी کرسی स्त्री० [अ० कुर्सी] १. एक प्रकार की ऊँची चौकी जिसमें पीछे की ओर सहारे के लिए पटरी लगी रहती है। २. वह चबूतरा जिसके ऊपर इमारत बनाई जाती है। ३. पीढ़ी, पुश्त।
पद आराम कुरसी=एक प्रकार की बड़ी कुरसी जिसपर आदमी लेट सकता है।
fem. 1. a chair. 2. plinth. 3. a generation.
ph. an arm-chair.

कुरसीनामा کرسی‌نامہ पुं० [अ० कुर्सी+फा० नामः] लिखी हुई वंश परम्परा, वंशवृक्ष, शजरा।
m. a family tree.

क़ुरहा قرحہ पुं० [अ० क़ुर्हः] वह ज़खम जिसमें पीब पड़ गई हो।
m. a wound filled with pus.

क़ुरान قرآن पुं० [अ० क़ुआंन] अरबी भाषा की प्रसिद्ध पुस्तक जो धर्मग्रन्थ है।
m. the sacred book of the Mahommedans.

क़ुरान-ख़्वाँ قرآن‌خواں पुं० [अ०] कुरान पढ़नेवाला।
m. one who reads Quran.

कुरीज़ کریز स्त्री० [फा०] पक्षियों का पुराने पर झाड़ना और नए पर निकालना।
fem. the process of moulting.

कुरेज़ी کریزی वि० [फा०] कपटी।
adj. cunning, crafty.

क़ुरैश قریش पुं० [अ०] अरब का एक क़बीला या वर्ग, मुहम्मद साहब इसी कबीले या वर्ग के थे।
m. a tribe of Arbs.

क़ुरैशी قریشی वि० [अ०] कुरैश कबीले का।
adj. belonging or relationg to the क़ुरैश tribe.

क़ुर्आन قرآن पुं० [अ०] इस्लामी धर्मग्रंथ।
m. the sacred book of Muslims, Quran.

क़ुर्क़ قرق वि० [अ०] १. रोका हुआ। २. जब्त।
adj. 1. detained. 2. attached.

क़ुर्क़-अमीन قرق‌امین पुं० [अ०] वह सरकारी कर्मचारी जो अदालत के आज्ञानुसार जायदाद की क़ुर्क़ी करता है।
m. a baillif.

क़ुर्क़ी قرقی स्त्री० दे० 'कुरकी'।

क़ुर्ब قرب पुं० [अ०] नज़दीकी, सामीप्य, निकट या पास होना।
पद कुर्ब व जवार=आस-पास के स्थान या प्रदेश।
m. proximity, nearness.
ph. neighbourhood, the area around a particular place.

क़ुर्बत قربت स्त्री० [अ०] १. निकट संबंध। २. निकटता। ३. सहवास।
fem. 1. close relationship. 2. closeness. 3. sexual intercourse, cohabitation.

क़ुर्बान قربان वि० दे० 'क़ुरबान'।

क़ुर्बानी قربانی स्त्री०=क़ुरबानी।

क़ुर्र-ए-अर्ज़ قرۂ‌عرض पुं० [अ०] पृथ्वी का गोला, पृथ्वी।
m. the globe.

क़ुर्रत قرت स्त्री० [फा०] प्रसन्नता, खुशी।
पद क़ुर्रत-उल्-ऐन=१. आँखों का ठंडा होना। २. प्रसन्नता।
fem. happiness, joy.
ph. 1. cooling of eyes. 2. happiness.

क़ुर्रा قرہ पुं० [अ०] १. ठंडक। २. सुख-चैन। ३. ज्योति।
m. 1. coolness. 2. happiness. 3. light.

क़ुर्स قرص पुं० [अ०] १. सूर्यबिम्ब। २. टिकिया, बटी, बटिका। ३. चाँदी का एक छोटा सिक्का।
m. 1. the reflection of Sun. 2. a tiny ball,

globule. 3. a small silver coin.

कुर्सी کرسی स्त्री० [अ०] बैठने का आसन।
fem. a chair.

कुर्सीनशीं کرسی نشیں वि०,पुं० [अ०+फा०] पदस्थ, पदासीन।
adj. & m. an office-bearer.

कुर्सीनामा کرسی نامہ पुं० [अ०+फा० नाम:] वंशवृक्ष।
m. a family-tree.

कुलंग کلنگ पुं० [फा०] एक प्रकार का सारस, क्रौंच पक्षी।
m. a crane.

कुल کل पुं० [अ०] १. समस्त, सब, सारा। २. केवल, मात्र।
पद कुल जमा=सब मिलाकर।
adj. 1. entire, total, all. 2. only.
ph. in total.

क़ुल قل पुं० [अ०] १. कुरान का वह सूरा पढ़ना जो 'कुल हो अल्लाह' से आरम्भ होता है। यह उर्स के अन्त में पढ़ा जाता है।
मुहा० कुल होना=समाप्त होना।
m. reading of a particular passage of Quran for the peace of a departed soul.
id. to end, finish or make something finish.

क़ुलक़ुल قلقل स्त्री० [अ०] कुलकुल शब्द जो जल आदि को उँड़ेलने के समय होता है।
fem. a continous deep sound, rumble.

कुलचा کلچہ पुं० [फा० कुलीच:] १. एक प्रकार की छोटी रोटी। २. एक प्रकार की मिठाई।
m. 1. a kind of a loaf of bread. 2. a sweet.

क़ुलज़ुम قلزم पुं० [अ० कुल्ज़ुम] १. लाल सागर या अरब की खाड़ी। २. नदी।
m. 1. the Red Sea or Arbian bay. 2. a river.

कुलफ़त کلفت स्त्री० [अ० कुल्फ़त] १. संताप। २. चिन्ता, फिक्र।
पद कुलफ़ते-गम=गम का संताप।
m. 1. grief, agony. 2. anxiety, worry.
ph. remorse.

क़ुलफ़ा قلفا पुं० [अ० ख़ुर्फ़:] एक प्रकार का साग, बड़ी अमलोनी।
m. green leaves used as vegetable.

कुलाफ़ी کلفی स्त्री० दे० 'कुल्फ़ी'।

कुल-मुख़्तार کل مختار पुं० [फा०] वह प्रतिनिधि जिसे सब बातों का पूरा अधिकार दिया गया हो।
m. a legal agent.

कुलह کلہ स्त्री० दे० 'कुलाह'।

क़ुलांच قلانچ स्त्री० [तु० क़ुल्लान्च] कूदने की क्रिया, कुदान।
fem. a long jump, leap.

क़ुलाबा قلابہ पुं० [अ० क़ुल्लाब:] लोहे का वह उपकरण जिसके द्वारा किवाड़ बाजू से जकड़ा रहता है, पायजा।
m. a hingh, hook, hasp.

कुलाल کلال पुं० [फा०] कुम्हार।
m. a potter.

कुलाह کلاہ स्त्री० [फा०] १. टोपी, २. राजमुकुट।
fem. 1. a cap. 2. a crown.

क़ुली قلی पुं० [तु०] बोझ ढोनेवाला, मज़दूर।
m. a porter, labourer.

कुलूख़ کلوخ पुं० [फा०] मिट्टी का ढेला।
m. a lump of earth.

क़ुलूब قلوب पुं० [अ०] 'क़ल्ब' का बहु०।

क़ुल्फ़ा قلفا पुं० [अ० ख़ुर्फ़:] एक साग।
m. a leafy vegetable.

क़ुल्फ़ी قلفی स्त्री० [अ०] १. जमा हुआ दूध, मलाई या कोई शरबत। २. टीन आदि का चोंगा जिसमें दूध आदि भरकर बर्फ जमाते हैं।
fem. 1. frozen cream. 2. a small containner for preparing ice cream.

क़ुल्बा قلبہ पुं० [अ० कुल्ब:] हल।
पद क़ुल्बा रानी=हल जोतना।
m. a farming implement, plough.
ph. to dig and turn over the surface of land with a plough, to plough.

कुल्लियात کلّیات पुं० [अ० कुल्लिय: का बहु०] किसी ग्रन्थकार या कवि की समस्त कृतियों का संग्रह।
m. a collection, compilation.

कुल्ली کلی वि० [अ०] कुल, सब, पूरा।
स्त्री० समष्टि।
adj. all, total, entire.
fem. aggregate, totality.

कुल्लुहुम کلہم क्रि० वि० [अ०] कुल, बिल्कुल।
adv. totally, completely.

क़ुव्वत قوت स्त्री० [अ०] शक्ति, बल।
fem. power, might.

कुश کش प्रत्य० [फा०] मार डालनेवाला।
suffix that kills.

कुशा کشا प्रत्य० [फा०] १. खोलने या फैलानेवाला, जैसे—दिलकुशा=दिल को फैलाने (अर्थात् प्रसन्न करने) वाला। २. सुलझानेवाला, जैसे—मुश्किल-कुशा=कठिनाई दूर करनेवाला।

suffix 1. that opens, develops or expands. 2. that disentangles or resolves.

कुशादगी کشادگی स्त्री० [फा०] १. कुशादा का भाव। २. खुला और लम्बा-चौड़ा होना। ३. विस्तार।
fem. 1. width, extensiveness. 2. openness, colossalness. 3. extensiveness, extention.

कुशादा کشادہ वि० [फा० कुशादः] लम्बा-चौड़ा और खुला हुआ, जैसे—कुशादा मैदान, कुशादा दिल। क्रि० वि० अलग, दूर।
adj. wide, extensive.
adv. away.

कुश्त کشت स्त्री० [फा०] मार डालना, हत्या।
पद कुश्त व ख़ून=हत्या।
m. act of killing, murder.
ph. murder.

कुश्ता کشتہ वि० [फा० कुश्तः] जो मार डाला गया हो, निहत। पुं० १. धातु आदि की भस्म, रस। २. आशिक, प्रेमी।
पद सितम-कुश्ता=अत्याचार का मारा हुआ।
adj. killed, murdered.
m. 1. the ash of metal, calx. 2. a lover.
ph. oppressed, victimitized, tortured.

कुश्ती کشتی स्त्री० [फा०] दो आदमियों का परस्पर एक-दूसरे को बलपूर्वक पछाड़ने या पटकने के लिए लड़ना, मल्लयुद्ध, पकड़।
***मुहा०* (i) कुश्ती मारना**=कुश्ती में दूसरे को पछाड़ना। **(ii) कुश्ती खाना**=कुश्ती में हार जाना।
fem. wrestling.
id. (i) to win a wrestling bout. (ii) to lose a wrestling bout.

कुश्तीबाज़ کشتی باز पुं० [फा०] कुश्ती लड़नेवाला।
m. a wrestler.

कुस کس स्त्री० [फा०] भग, योनि।
m. the female organ, vagina.

कुसूफ़ کسوف पुं० [अ०] १. दुर्दशाग्रस्त होना। २. ग्रहण। ३. सूर्यग्रहण।
m. 1. the state of being in a plight. 2. eclipse. 3. solar eclipse.

क़ुसूर قصور स्त्री० 'क़स्र' का बहु०।
पुं० दे० 'क़सूर'।

कुहन کہن वि० [फा०] पुराना।
पद (i) दाग़े-कुहन=पुराना दाग़। **(ii) नक़्शे-कुहन**=पुराने निशान।
adj. old, ancient.
ph. (i) long standing stain. (ii) old marks.

कुहना کہنہ वि० दे० 'कोहना'।

कुहराम کہرام पुं० दे० 'कोहराम'।

कुहल کحل पुं० [अ० कुहूल] १. अकाल का वर्ष। २. सुरमा।
m. 1. a year of famine. 2. collyrium.

कुहसार کہسار पुं० [फा० कुह्सार] पर्वतमाला।
m. a mountain range.

कू کو पुं० [फा० 'कूचः' का अल्प०] गली, कूचा।
पद कू-ब-कू=गली-गली, दर-दर, इधर-उधर।
m. a street.
ph. street after street, in every streets, here and there.

कूई کوئی पुं० [फा०] गली, कूचा।
m. a street.

कूच کوچ पुं० [फा०] प्रस्थान, रवानगी।
***मुहा०* (i) कूच कर जाना**=मर जाना। **(ii) देवता कूच कर जाना**=होश-हवास जाते रहना, भय या किसी और कारण से भौंचक्का हो जाना। **(iii) कूच बोलना**=प्रस्थान करना।
m. march, departure.
id. (i) to die. (ii) to be flabbergasted. (iii) to march forward.

कूचक کوچک वि० दे० 'कोचक'।

कूचा کوچہ पुं० [फा० कूचः] कुछ छोटा रास्ता, गली।
पद कूचा-गर्द=गलियों में मारा-मारा फिरनेवाला, आवारा।
m. a small lane.
ph. a vagrant, tramp.

कूज़ کوز वि० [फा०] टेढ़ा, वक्र।
पद कूज़-पुश्त=कुबड़ा, कुब्ज।
adj. bent. twisted, crooked.
ph. hunch-backed.

कूज़ा کوزہ पुं० [फा० कूज़ः] १. मिट्टी का कुल्हड़। २. मिट्टी के मटके में जमाई हुई अर्ध गोलाकार मिश्री।
m. 1. a small earthen pot. 2. sugar candy.

क़ूत قوت पुं० [अ०] भोजन, खुराक।
m. a meal, diet.

कून کون स्त्री० [फा०] गुदा।
fem. anus.

कूनी کونی पुं० [फा०] गुदा-मैथुन करानेवाला।
m. one indulges in pederasty, pederast.

क़ूरची قورچی पुं० [तु० क़ोरची] हथियारबन्द सिपाही, सशस्त्र सैनिक।

m. an armed soldier.

क़ूलिंज قولنج पुं० [यू०] एक प्रकार का उदरशूल।
m. colic pain.

क़ूवत قوت स्त्री० [अ० क़ुव्वत] १. ताक़त, बल, शक्ति। २. सामर्थ्य; जैसे—क़ूवत हाजमा।
fem. 1. strength, might, power. 2. capacity.

केर کیر पुं० [फा०] पुरुष की इंद्रिय, लिंग।
m. a male organ, penis.

क़ैंची قینچی स्त्री० [तु०] १. बाल, कपड़े आदि कतरने का एक औजार, कतरनी। २. दो सीधी तीलियाँ या लकड़ियाँ जो क़ैंची की तरह एक दूसरी के ऊपर तिरछी रखी या जड़ी हों।
fem. 1. a pair of scissors. 2. any contrivance in the shape of a pair of scissors.

क़ै قے स्त्री० [अ०] वमन, उल्टी।
fem. matter vomited, vomit.

क़ैतून قیطون स्त्री० [अ०] एक प्रकार की सुनहली या रूपहली डोरी जो कपड़ों पर टाँकी जाती है।
fem. a string stiched to the clothes.

क़ैद قید स्त्री० [अ०] १. बन्धन। २. अवरोध। ३. पहरे में बन्द स्थान में रखना, कारावास।
m. 1. bondage. 2. an obstacle. 3. imprisonment.

क़ैदख़ाना قیدخانہ पुं० [अ०+फा० ख़ानः] कारागार, जेल, कारागार।
m. a prison.

क़ैद-तनहाई قیدتنہائی स्त्री० [अ० क़ैद-तन्हाई] वह क़ैद जिसमें क़ैदी एक कोठरी में अकेला रखा जाता है, काल-कोठरी की सज़ा।
fem. solitary imprisonment.

क़ैद-बा-मशक़्क़त قیدبامشقت स्त्री० [अ०] सपरिश्रम कारावास, कड़ी सज़ा।
fem. rigorous imprisonment.

क़ैद-बे-मशक़्क़त قیدبےمشقت स्त्री० [अ०] बिना परिश्रम का कारावास, सादी सज़ा।
fem. simple imprisonment.

क़ैद-महज़ قیدمحض स्त्री० [अ०] बिना परिश्रम का कारावास, सादी सज़ा।
fem. simple imprisonment.

क़ैद-सख़्त قیدسخت स्त्री० [अ०] सपरिश्रम क़ारावास, कड़ी सज़ा।
fem. rigorous imprisonment.

क़ैदी قیدی पुं० [अ०] वह जिसे क़ैद की सज़ा दी गई हो, बन्दी।
m. a prisoner.

कैफ़ کیف पुं० [अ०] १. नशा। २. आनंद। ३. सरूर।
m. 1. intoxication. 2. joy, bliss. 3. tipsiness.

कैफ़ी کیفی वि० [अ०] मदोन्मत्त।
adj. intoxicated, drunk.

कैफ़ीयत کیفیت स्त्री० [अ० कैफ़ीयत] १. समाचार। २. हाल, वर्णन। ३. विवरण, ब्यौरा। ३. आश्चर्यजनक या हर्षोत्पादक घटना।
***मुहा०* कैफ़ीयत तलब करना**=नियमानुसार विवरण माँगना, कारण पूछना।
fem. 1. information about recent events, news. 2. description. 3. details, explanation. 4. an exciting event.
id. to ask for an explanation.

कैमूस کیموس पुं० [अ०] भोजन आदि के कारण शरीर में उत्पन्न होनेवाला रस।
m. a type of harmone.

क़ैरात قیراط पुं० दे० 'क़ीरात'।

क़ैरूती قیروطی स्त्री० [अ०] मोम से बनाई हुई एक प्रकार की मालिश करने की दवा।
fem. a kind of ointment.

क़ैवान قیوان पुं० [अ०] १. शनि ग्रह। २. सातवाँ आस्मान जिसमें शनि ग्रह का निवास माना जाता है।
m. 1. a planet, Saturn. 2. the seventh sky.

क़ैसर قیصر पुं० [अ०] सम्राट, बादशाह।
m. a king or emperor.

कोकब کوکب पुं० [फा०] चमकता हुआ तारा।
m. a bright star.

कोकलताश کوکلتاش पुं० [तु०] दूध-भाई।
m. anyone of several male children suckled by the midwife.

कोका کوکہ पुं० [फा० कोकः] = कोकलताश।

कोकी کوکی स्त्री० [फा०] दूध-बहन।
fem. anyone of several female children suckled by the midwife.

कोचक کوچک वि० [फा०] छोटा।
adj. small.

कोतल کوتل पुं० [अ० कुतल] १. सजा-सजाया घोड़ा जिसपर कोई सवार न हो, जलूसी घोड़ा। २. वह घोड़ा जो जरूरत के वक्त के लिए साथ रखा जाता है।
m. 1. a decorated horse in a procession. 2. a horse kept in reserve.

कोताह کوتاہ वि० [फा०] १. छोटा। २. कम।
adj. 1. small, short. 2. less, scanty.

कोताह-अंदेश کوتاہ اندیش वि० [फा०] अदूरदर्शी।
adj. shortsighted.

कोताह-गरदन کوتاہ گردن वि० [फा०] १. जिसकी गरदन छोटी हो। २. धोखेबाज, धूर्त।
adj. 1. having a short neck. 2. cunning, treacherous.

कोताही کوتاہی स्त्री० [फा०] १. छोटाई। २. कमी, त्रुटि। ३. लापरवाही।
fem. 1. smallness. 2. shortage, deficiency. 3. negligence.

कोफ़्त کوفت स्त्री० [फा०] १. कष्ट, पीड़ा। २. दुख।
fem. 1. pain, distress. 2. grief.

कोफ़्ता کوفتہ वि० [फा० कोफ़्त:] कूटा हुआ।
पुं० १. कूटा हुआ मांस, कीमा। २. कूटे हुए मांस का बना हुआ एक प्रकार का कबाब।
adj. thrashed, pounded.
m. 1. meat chopped into minute pieces, hash. 2. a preparation of roasted hash.

कोब کوب पुं० [फा०] मारना-पीटना।
***पद* ज़दो कोब**=मार-पीट।
m. act of beating or thrashing.
ph. beating, thrashing.

कोबा کوبا पुं० [फा० कोब:] काठ की मोंगरी जिससे कोई चीज़ कूटते या पीटते हैं।
m. a wooden pestle.

कोबाकारी کوباکاری स्त्री० [फा० कोब:कारी] मोंगरी से कूटने की क्रिया।
fem. act of pounding with a pestle.

कोर کور वि० [फा०] १. अन्धा। २. न देखनेवाला या न ध्यान रखनेवाला, जैसे—कोरनमक=कृतघ्न।
adj. 1. blind. 2. giving or paying no attention, unattentive.

क़ोर قور स्त्री० [अ०] हथियार, अस्त्र।
fem. a weapon, arm.

क़ोरची قورچی पुं० [फा०] अस्त्रागार का अधिकारी।
m. an official of arsenal.

कोरनिश کورنش स्त्री० [तु० कुरनुश से फा०] झुककर सलाम या बन्दगी करना।
fem. respectful salutation.

कोरबख़्त کوربخت वि० [फा०] अभागा, बदकिस्मत।
adj. unlucky, unfortunate.

कोरमग़्ज़ کورمغز वि० [फा०] मंदबुद्धि।
adj. stupid.

कोरमा کورمہ पुं० [तु० कोरम:] शोरबे से रहित मांस।
m. a dish of fried or roasted meat.

कोराना کورانا वि० [फा० कोरान:] अन्धों का-सा।
adj. blind-like.

कोरी کوری स्त्री० [फा०] अंधापन।
fem. blindness.

कोरोकर کوروکر वि० [फा०] अन्धा और बहरा।
adj. blind and deaf.

कोशाँ کوشاں वि०, पुं० [फा०] कोशिश करनेवाला।
adj. & *m.* one who attempts or tries.

कोशिश کوشش स्त्री० [फा०] प्रयत्न, उद्योग, चेष्टा।
m. endeavour, attempt.

कोस کوس पुं० [फा०] बड़ा नगाड़ा।
m. a large drum.

कोह کوہ पुं० [फा०] पहाड़, पर्वत।
m. a mountain.

कोहकन کوہکن पुं० [फा०] १. पहाड़ खोदनेवाला। २. फरहाद का उपनाम जिसने शीरीं के प्रेम में बे-सतून नामक पहाड़ खोदकर नहर बनाई थी।
m. 1. one who digs a mountain. 2. Pharhed a legend lover of Sheerean, who made a canal after digging a mountain to meet her.

कोहकनी کوہکنی स्त्री० [फा०] १. पहाड़ खोदना। २. बहुत अधिक परिश्रम का काम।
fem. 1. act of digging. 2. a hard or stupendous work.

कोहन کوہن वि० [फा० कुहन] पुराना।
(यौगिक शब्दों के आरम्भ में। जैसे—कोहन साल=वृद्ध।)
adj. old.

क़ोहना کوہنہ वि० [फा० कूह्न:] पुराना, प्राचीन।
adj. old, ancient.

कोहनूर کوہ نور पुं० [फा० कोहेनूर] १. प्रकाश का पर्वत। २. एक प्रसिद्ध और बहुत बड़ा हीरा।
m. 1. the mountain of light. 2. a precious Indian diamond.

कोहराम کوہرام पुं० [अ० कुह्राम] १. हाहाकार, रोना-पीटना, विलाप। २. शोरगुल।
m. 1. tumult. 2. ballyhoo.

कोहसार کوہسار पुं० [फा० कुहसार] पर्वतमाला।
m. a mountain range.

कोहान کوہان पुं० [फा०] ऊँट की पीठ पर का डिल्ला या कूबड़।
m. the hump of a camel.

कोहिस्तान کوہستان पुं० [फा०] पहाड़ी देश, पार्वत्य प्रदेश।
m. a mountainous region.

कोहिस्तानी کوہستانی वि० [फा०] पहाड़ी, पार्वत्य।
adj. having many mountains, mountainous.

कोही کوہی वि० [फा०] पहाड़ी, पार्वत्य, पर्वत का।
adj. mountainous.

कोहेक़ाफ़ کوہ‌قاف पुं० [अ०] १. काकेशिया का एक पहाड़। २. दूर स्थित स्थान।
m. 1. the name of a mountain range. 2. a very distant place.

कोहेतूर کوہ‌طور पुं० [अ०] वह पहाड़ जिसपर हजरत मूसा को अल्लाह के दर्शन हुए थे।
m. the name of a mountain where prophet Moosa realised God.

कोहेनूर کوہ‌نور पुं० [फा०+अ०] १. प्रकाश का पर्वत। २. एक प्रसिद्ध हीरा।
m. 1. the mountain of light. 2. a famous Indian diamond.

कौकब کوکب पुं० [अ०] बड़ा और चमकता हुआ तारा।
m. a bright star.

कौदन کودن पुं० [अ०] दुबला-पतला और मरियल घोड़ा। वि० मूर्ख, बेवकूफ।
m. a lean and thin horse.
adj. stupid, foolish.

कौन کون पुं० [अ०] १. सत्ता, अस्तित्व। २. प्रकृति। ३. विश्व।
पद **कौन व मकान**=संसार, सृष्टि।
m. 1. reality. 2. nature. 3. the world.
ph. the Creation.

कौनेन کونین पुं० [अ० 'कौन' का बहु०] दोनो लोक अर्थात् इहलोक और परलोक।
m. this world and the other.

क़ौम قوم स्त्री० [अ०; बहु० अक़वाम] १. जाति, प्रजाति। २. राष्ट्र।
fem. 1. a community having ethnic origin, race. 2. nation.

क़ौमी قومی वि० [अ०] १. जातीय। २. राष्ट्रीय।
adj. 1. racial, ethnic. 2. national.

क़ौमीयत قومیت स्त्री० [अ०] क़ौम, जाति।
fem. a community, race.

क़ौल قول पुं० [अ०] [बहु० अक़वाल] कथन, वचन, वादा।
m. a word, promise.

क़ौवाल قوال पुं० दे० 'क़व्वाल'।

कवाली قوالی स्त्री० दे० 'क़व्वाली'।

कौस کوس स्त्री० [अ०] धनुष, कमान।
fem. a bow.

क़ौस-ए-क़ुज़ह قوس‌قزح स्त्री० [अ०] इन्द्रधनुष।
fem. rainbow.

कौसर کوثر पुं० [अ०] १. बहुत बड़ा दाता। २. जन्नत या स्वर्ग की एक नहर का नाम।
m. 1. a very generous person. 2. a canal in the heaven.

ख़

ख़ंजर خنجر पुं० [अ०] कटार।
m. a dagger.

ख़ंजरी خنجری स्त्री० [फ़ा०] डफली।
fem. a tamborine.

ख़ंदक़ خندق स्त्री० [अ० ख़न्दक़] शहर या किले के चारो ओर की खाई।
fem. a ditch around a palace or city.

ख़ंदा خندہ पुं० [फ़ा० ख़न्दः] मुस्कराहट, हँसी।
m. smile.

ख़ंदापेशानी خندہ پیشانی वि० [फ़ा०. ख़ंद:पेशानी] हँसमुख।
adj. good-humoured, jolly, cheerful.

ख़ंदारू خندہ رو वि० दे० 'ख़ंदापेशानी'।

ख़ंदालब خنداب वि० [फ़ा० ख़न्दालब] जिसके होंठों पर मुस्कराहट हो, मुस्कराता हुआ।
adj. smiling.

ख़ंदी خندی स्त्री० [फ़ा० ख़न्द:] दुश्चरित्र स्त्री, कुलटा।
fem. a woman of easy morals.

ख़ज़फ़ خزف पुं० [अ०] ठीकरा।
m. a potshred.

ख़जल خجل वि० [अ०] शरमिंदा।
adj. ashamed.

ख़जलत خجلت स्त्री० [सं०] शरमिंदगी।
fem. shame.

ख़ज़ानची خزانچی पुं० [फ़ा०] खज़ाने का अफसर, कोषाध्यक्ष।
m. a treasurer.

ख़ज़ाना خزانہ पुं० [अ० ख़ज़ान:] १. वह स्थान जहाँ धन या और कोई चीज़ संग्रह करके रखी जाए, धनागार। २. राजस्व, कर।
m. 1. a treasure. 2. revenue, tax.

ख़ज़ीना خزینہ पुं० [अ० ख़ज़ीन:] ख़ज़ाना।
m. a treasure.

ख़त خط पुं० [अ०] [बहु० ख़ुतूत] १. पत्र, चिट्ठी। २. लिखावट। ३. रेखा, लकीर। ४. दाढ़ी के बाल। ५. हजामत।
m. 1. a letter. 2. writing. 3. a line. 4. hair of the beard. 5. shave.

ख़तना ختنہ पुं० [अ० ख़त्न:] लिंग के अगले भाग का बढ़ा हुआ चमड़ा काटने की मुसलमानी रस्म, सुन्नत, मुसलमानी।
m. the ceremony of circumcising someone, circumcision.

ख़तम ختم वि० [अ० ख़त्म] पूर्ण, समाप्त।
मुहा० **ख़तम करना**=मार डालना।
adj. finished, ended.
id. to kill.

ख़तमी ختمی स्त्री० [अ० ख़त्मी] गुलखैरू की जाति का एक पौधा जिसकी पत्तियाँ दवा के काम आती हैं।
fem. a medicinal plant.

ख़तर خطر पुं० [अ०] भय, डर।
m. fear, fright.

ख़तरनाक خطرناک वि० [अ०+फ़ा०] भीषण, भयानक।
adj. fearful, frightening.

ख़तरा خطرہ पुं० [अ० ख़तर:] १. डर, भय, खौफ। २. आशंका।
m. 1. fear, danger. 2. apprehension.

ख़ता خطا स्त्री० [अ०] १. भूल, ग़लती। २. कसूर, अपराध। ३. धोखा।
पुं० तुर्किस्तान के पास का एक नगर।
fem. 1. an error, mistake. 2. a crime, offence. 3. deceit, deception.
m. name of a city near Turkistan.

ख़ताई خطائی वि० [अ०] खता नगर का, खता नगर सम्बन्धी। जैसे—नान-खताई।
adj. of or pertaining to ख़ता The City.

ख़ताग़र خطاگر वि०, पुं० [अ०+फ़ा०] = ख़तावार।
adj. & m. an offender.

ख़तावार خطاوار वि०, पुं० [अ०+फ़ा०] अपराधकर्ता, अपराधी, दोषी।
adj. & m. an offender, culprit.

ख़तीब خطیب पुं० [अ०] १. खुतबा पढ़नेवाला, घोषणा करनेवाला। २. लोगों को सम्बोधन करके कुछ कहनेवाला।
m. 1. an announcer, 2. one who addresses.

ख़तीर خطیر वि० [अ०] महान, श्रेष्ठ।
adj. great, excellent.

ख़ते-इस्तिवा خطِ استوا पुं० भूमध्य रेखा।
m. the Equator.

ख़तेजदी خطِ جدی पुं० [अ०] मकर रेखा।
m. Tropic of Capricorn.

ख़ते-नक़्शा خطِ نقشہ पुं० [अ०] अरबी लेखन शैली।
m. Arabic writing style.

ख़ते-नस्तालीक़ خطِ نستعلیق पुं० [अ०] साफ और सुन्दर अक्षर।
m. distinct and beautiful letters.

ख़ते-मुतवाज़ी خطِ متوازی पुं० [अ०] समानान्तर रेखा।

m. a parallel line.

ख़ते-मुस्तदीर خطِ مستدیر पुं० [अ०] गोल रेखा।
m. a line shaped like a circle.

ख़ते-शिकस्ता خطِ شکستہ पुं० [अ०+फा० शिकस्त:] फारसी की बहुत घसीट और खराब लिखावट।
m. illegible handwriting.

ख़ते-सरतान خطِ سرطان पुं० [अ०] कर्क रेखा।
m. Tropic of Cancer.

ख़तोकिताबत خط وکتابت स्त्री० [अ०] पत्राचार।
fem. correspondence, letters sent or received.

ख़त्म ختم वि० दे० 'ख़तम'।

ख़दंग خدنگ पुं० [फा०] तीर।
m. an arrow.

ख़द, ख़द्द خد पुं० [अ०] कपोल।
m. cheeks.

ख़दशा خدشہ पुं० [अ० ख़द्श:] अन्देशा, डर।
m. apprehension, fright.

ख़दीव خدیو पुं० [फा०] १. खुदाबन्द, मालिक। २. बहुत बड़ा बादशाह। ३. मिस्र के बादशाहों की उपाधि।
m. 1. the master, god, 2. an emperor, 3. epithet of the kings of Egypt.

ख़नाज़ीर خنازیر पुं० [अ० ख़िन्ज़ीर का बहु०] कंठमाला नामक रोग।
m. a disease with glandular swelling, goitre.

ख़न्नास خناس पुं० [अ०] १. भूत-प्रेत। २. शैतान।
m. 1. an evil spirit. 2. a devil, satan.

ख़फ़क़ान خفقان पुं० [अ० खफ़्क़ान] [वि० खफक़ानी] १. दिल की धड़कन का रोग जिसमें बहुत बेचैनी होती है। २. पागलपन।
m. 1. palpitation of the heart. 2. madness.

ख़फ़गी خفگی स्त्री० [फा०] अप्रसन्नता, नाराज़गी।
m. annoyance, displeasure.

ख़फ़ा[1] خفا वि० [अ०] अप्रसन्न, नाराज़, क्रुद्ध, रुष्ट।
adj. angry, displeased, unhappy.

ख़फ़ा[2] خفا स्त्री० [अ० ख़िफ़ा] छिपाने की क्रिया या भाव, दुराव।
fem. act of hiding, concealment.

ख़फ़ी خفی नि० [अ०] १. गुप्त। २. मद्धिम।
adj. 1. secret, hidden. 2. medium.

ख़फ़ीफ़ خفیف वि० [अ०] १. थोड़ा, कम। २. हलका, तुच्छ। ३. छोटा। ४. लज्जित, शरमिन्दा।
adj. 1. in small quantity, short. 2. mean. 3. small. 4. ashamed.

ख़फ़ीफ़ा خفیفہ स्त्री० [अ० ख़फ़ीफ़:] एक प्रकार की छोटी दीवानी अदालत।
fem. a lower court

ख़बर خبر स्त्री० [अ०] १. समाचार, वृत्तान्त, हाल। २. सूचना, ज्ञान, जानकारी। ३. भेजा हुआ समाचार, संदेशा। ४. चेत, सुधि। ५. पता, खोज।
मुहा० **(i) ख़बर उड़ना**=चर्चा फैलना, अफवाह होना। **(ii) ख़बर लेना**=(क) सहायता करना, सहानुभूति दिखलाना। (ख) सजा देना।
fem. 1. news. 2. knowledge, notice. 3. message. 4. awareness, consciousness.
id. (i) disemination of the news, (ii) (a) to help or sympathise, (b) to punish.

ख़बरगीर خبرگیر पुं० [अ०+फा०] [भाव० ख़बरगीरी] १. जासूस, भेदिया। २. पालन-पोषण करनेवाला, संरक्षक।
m. 1. a spy, detective. 2. a guardian, patron.

ख़बरदार خبردار वि० [अ०+फा०] होशियार, सजग, सतर्क।
adj. watchful, attentive, alert.

ख़बरदारी خبرداری वि० [अ०+फा०] सावधानी, होशियारी।
fem. watchfulness, alertness.

ख़बररसाँ خبررساں पुं० [अ०+फा०] ख़बर पहुँचानेवाला, हरकारा, दूत।
m. a messenger, postman.

ख़बीस[1] خبیث वि० [अ०] १. दुष्ट। २. कंजूस। ३. चालाक।
adj. 1. wicked. 2. stingy. 3. clevers.

ख़बीस[2] خبیس वि० [अ०] विनोदप्रिय, विनोदी।
adj. witty, humorous.

ख़ब्त خبط पुं० [अ०] पागलपन, सनक, झक्क।
m. whim, fad, craze.

ख़ब्ती خبطی पुं० [अ०] सनकी, पागल।
adj. whimsical, mad, crazy.

ख़ब्तुल हवास خبط الحواس वि० [अ०] = ख़ब्ती।

ख़म خم पुं० [अ०] १. वक्रता, टेढ़ापन, झुकाव, दबना। २. हारना, पराजित होना।
मुहा० **(i) ख़म ठोंकना**=(क) लड़ने के लिए ताल ठोंकना। (ख) दृढ़ता दिखलाना। **(ii) ख़म ठोंककर**=जोर देकर। **(iii) ख़म व चम**=(क) चमक-दमक। (ख) नाज-नखरा।
m. 1. the state or quality of being bend or oblique, obliqueness, bent. 2. the state of being defeated, defeat.
id. (i) (a) to be ready to fight. (b) to show firmness. (ii) in a state of preparedness. (iii) a. glitter, b. coquettishness.

ख़मदार خمدار वि० [अ०+फा०] झुका हुआ, टेढ़ा।
adj. bent, twisted.

ख़मसा خمسہ पुं० दे० ''ख़म्सा''।

ख़मियाज़ा خمیازہ पुं० [फा० ख़म्याज़:] १. शिथिलता के समय अंग तोड़ना, अँगड़ाई। २. जँभाई। ३. बुरे काम का परिणाम, फलभोग।
मुहा० **ख़ामियाज़ा उठाना** = हानि उठाना।
m. 1. streaching of the limbs. 2. yawning. 3. unpleasant result, hurting consequence.
id to suffer.

ख़मीदा خمیدہ वि० [फा० ख़मीद:] [भाव० ख़मीदगी] झुका हुआ, नत, टेढ़ा, वक्र।
adj. slanting, oblique, crooked.

ख़मीर خمیر पुं० [अ०] गूँधे हुए आटे का सड़ाव। २. गूँधकर उठाया हुआ खमीरा आटा। ३. कटहल, अनन्नास आदि का सड़ाव जो तम्बाकू में डाला जाता है। ४. स्वभाव, प्रकृति।
m. 1. a substance added to dough to make it ferment, leaven. 2. dough fermented by adding leaven. 3. fermented pulp. 4. nature.

ख़मीरा خمیرہ पुं० [अ० ख़मीर:] एक प्रकार का पीने का तम्बाकू।
m. a kind of tobacco.

ख़मीरी خمیری वि० [अ० ख़मीर] जिसमें खमीर मिला हो। स्त्री० एक प्रकार की रोटी जो खमीर उठाए हुए आटे से बनती है।
adj. leavened.
fem. leavened bread.

ख़मोश خموش वि० दे० ''ख़ामोश''।

ख़म्याज़ा خمیازہ पुं० [फा० ख़म्याज:] = ख़मियाज़ा।

ख़म्स خمس पुं० [अ०] शराब, मद्य।
m. alcohol, wine.

ख़म्सा خمسہ वि० [अ० ख़म्स:] पाँच, चार और एक। पुं० पाँच चरणों की एक प्रकार की कविता।
adj. five.
m. a stanza of five lines.

ख़यानत خیانت स्त्री० [अ०] दूसरे की धरोहर को अनुचित रूप से अपने काम में लाना, विश्वासघात।
m. misappropriation, breach of trust.

ख़याल خیال पुं० [अ०] १. ध्यान। २. स्मरण, स्मृति, याद। ३. विचार, भाव, सम्मति। ४. आदर। ५. एक प्रकार का गाना।
मुहा० **(i) खयाल रखना**=ध्यान रखना, देखते-भालते रहना। **(ii) ख़्याल से उतरना**=भूल जाना।
m. 1. care, 2. rememberance, 3. an idea, sense. 4. respect. 5. a kind of राग।
id. (i) to take care, (ii) to forget.

ख़यालात خیالات पुं० [अ०] 'ख़याल' का बहु०।

ख़याली خیالی वि० [अ०] कल्पित, काल्पनिक।
adj. imaginary, fanciful, unreal.

ख़य्यात خیاط पुं० [अ०] दरजी।
m. a tailor.

ख़य्याम خیام पुं० [अ०] वह जो खेमे बनाता हो।
m. a tent-maker.

ख़र خر पुं० [फा० मि० सं० खर] १. गधा, गर्दभ। २. मूर्ख व्यक्ति।
m. 1. an ass. 2. a stupid person.

ख़रक़ خرق पुं० [अ०] गुदड़ी।
m. stiched quilt.

ख़रख़शा خرخشہ पुं० [फा० ख़रख़श:] १. झगड़ा, बखेड़ा, झंझट, लड़ाई। २. आशंका, डर।
m. 1. a quarrel, dispute, dissension. 2. apprehension, fright.

ख़रगाह خرگاہ स्त्री० [फा०] खेमा।
m. a tent.

ख़रगोश خرگوش पुं० [फा०] खरहा।
m. a hare, rabbit.

ख़रचना خرچنا क्रि० स० [फा० ख़र्च] खर्च करना, व्यय करना।
v.t. to spend.

ख़रचा خرچا पुं० दे० ''ख़र्च''।

ख़रची خرچی स्त्री० [फा० ख़र्च] व्यभिचार करने पर कुलटा या वेश्या को मिलनेवाला धन।
fem. remuneration received by a prostitute.

ख़रतूम خرطوم पुं० [अ०] हाथी की सूँड़।
m. the trunk of an elephant.

ख़रदल خردل पुं० [अ०] राई।
m. oil seed.

ख़रदिमाग़ خردماغ वि० [फा०] गधों की-सी बुद्धि रखनेवाला, मूर्ख।
adj. foolish.

ख़रनफ़्स خرنفس वि० [फा०] १. जिसकी इंद्रिय बहुत बड़ी हो। २. लम्पट, दुराचारी, कामुक।
adj. 1. having a large penis. 2. lewd, lecherous, lustful.

ख़रबूज़ा خربوزہ पुं० [फा० ख़रबुज़:] ककड़ी की जाति का एक प्रसिद्ध गोल फल।
m. a melon.

ख़रमस्त خرمست वि० [फा०] १. मूर्ख। २. अवज्ञाकारी।
adj. 1. stupid. 2. disobedient.

ख़रमस्ती خرمستی स्त्री० [फा०] दुष्टता, पाजीपन, शरारत।
fem. wickedness, naughtiness.

ख़रमोहरा خرمہرہ पुं० [फा० ख़रमोहरः] कौड़ी, कपर्दिका।
m. a cowrie.

ख़रसंग خرسنگ पुं० [फा०] १. भारी पत्थर। २. प्रतिद्वन्द्वी।
m. 1. a huge stone. 2. a rival.

ख़राह خراہ पुं० दे० "ख़रगोश"।

ख़राज خراج पुं० [अ०] १. लगान। २. राजस्व।
m. 1. land revenue. 2. revenue.

ख़राद خراد पुं० [फा०] एक उपकरण जिस पर चढ़ाकर लकड़ी या धातु आदि की सतह चिकनी और सुडौल की जाती है।
m. a lathe machine.

ख़राब خراب वि० [अ०] १. बुरा, निष्कृष्ट। २. दुर्दशा-ग्रस्त। ३. पतित, मर्यादाभ्रष्ट।
पद ख़राब व ख़स्ता=निष्कृष्ट और दुर्दशाग्रस्त।
adj. 1. bad, wicked. 2. in difficult and sad condition. 3. degraded.
ph. awfully appalling.

ख़राबा خرابہ पुं० [अ० ख़राबः] विनाश, बरबादी।
m. ruination, wreck, destruction.

ख़राबात خرابات स्त्री० [अ०] १. मदिरालय। २. कुलटा स्त्रियों का अड्डा।
m. 1. a building in which alcohol is served, pub. 2. a brothel.

ख़राबी خرابی स्त्री० [अ०] १. बुराई, दोष, अवगुण। २. दुर्दशा, दुरवस्था।
fem. 1. a defect, flaw. 2. plight.

ख़राश خراش स्त्री० [फा०] खरोंच, रगड़।
पद दिलख़राश=हृदयविदारक।
fem. scratch.
id. heartrending.

ख़रास خراس स्त्री० [फा०] १. आटा पीसने की चक्की। २. कोल्हू।
fem. 1. a flour mill. 2. a crusher.

ख़रीता خریطہ पुं० [अ० ख़रीतः] १. थैली, खीसा। २. जेब। ३. वह बड़ा लिफाफा जिसमें आज्ञापत्र आदि भेजे जाएँ।
m. 1. a bag. 2. a pocket. 3. a large envelop.

ख़रीद خرید स्त्री० [फा०] १. मोल लेने की क्रिया, क्रय। २. खरीदी हुई वस्तु।
पद (i) ख़रीद-फ़रोख़्त=क्रय-विक्रय, खरीदी हुई चीज़। **(ii) ज़रख़रीद**=वह चीज जो धन देकर खरीदी गई हो और जिस पर स्वामित्व का पूरा अधिकार हो।
fem. 1. act of purchasing. 2. something purchased, a thing bought.
ph. (i) sale-purchase, (ii) a thing purchased, got by payment.

ख़रीददार, ख़रीदार خریدار पुं० [फा०] खरीदने या मोल लेनेवाला, ग्राहक।
m. a purchaser.

ख़रीददारी, ख़रीदारी خریداری स्त्री० [फा०] १. खरीदने की क्रिया या भाव। २. खरीदी हुई वस्तु।
fem. 1. act of purchasing, action of buying. 2. a thing bought.

ख़रीदना خریدنا क्रि० स० [फा० ख़रीद] मोल लेना, क्रय करना।
v.t. to purchase, to buy.

ख़रीदोफ़रोख़्त خریدوفروخت पुं० [फा०] क्रय-विक्रय।
m. sale-purchase.

ख़रीफ़ خریف स्त्री० [अ०] कार्तिक मास की फ़सल।
fem. the autumnal crop.

ख़रीफ़ी خریفی वि० [अ०] खरीफ-सम्बन्धी, शारदीय।
adj. autumnal.

ख़रोश خروش पुं० [फा०] कोलाहल, शोर।
पद जोश व ख़रोश=बहुत आवेश और उत्साह।
m. noise, tumult.
ph. enthusiasm, gusto.

ख़र्च خرچ पुं० [फा०] १. किसी काम में किसी वस्तु का लगना, व्यय। २. खपत। ३. वह धन जो किसी काम में लगाया जाए।
m. 1. expense, expenditure. 2. consumption. 3. investment.

ख़र्चा خرچہ पुं० दे० "ख़र्च"।

ख़र्राच خرّاچ वि० [फा०] १. खूब खर्च करनेवाला, उदार। २. अपव्ययी, फजूल-खर्च।
adj. 1. lavish, liberal. 2. extravagant, spendthrift.

ख़र्राद خرّاد पुं० [फा०] खराद का काम करनेवाला।
m. a lathe-worker.

ख़र्रादी خرّادی स्त्री० [फा०] खराद का काम।
fem. act of working on a lathe machine.

ख़लअत خلعت स्त्री० [अ० ख़िलअत] राजसी वस्त्र।
fem. royal costume.

ख़लजान خلجان पुं० [अ०] १. चिन्ता, फिक्र। २. विकलता, बेचैनी।
m. 1. worry, anxiety. 2. restlessness.

ख़लद خلد पुं० [अ०] हृदय, दिल।
m. a heart.

ख़लल خلل पुं० [अ०] १. अड़चन, बाधा। २. हस्तक्षेप। ३. खराबी।
पद ख़लले दिमाग़=दिमाग का फतूर।
m. 1. an obstacle, hinderance. 2. interference. 3. a flaw.
ph. madness.

ख़लल अंदाज़ خلل انداز वि० [अ०+फा०] खलल या बाधा डालनेवाला, बाधक।
adj. obstructive, hindering, interfering.

ख़लवत خلوت स्त्री० [अ० ख़ल्वत] शून्य या निर्जन स्थान, एकान्त।
fem. solitude.

ख़लवतख़ाना خلوت خانہ पुं० [अ० ख़ल्वत+फा० ख़ानः] १. शून्य और निर्जन स्थान। २. स्त्रियों के रहने, सोने आदि का स्थान।
m. 1. solitude. 2. a harem.

ख़लवती خلوتی पुं० [अ० ख़ल्वती] १. वह जो एकांत-वास करता हो। २. घनिष्ट मित्र या संबंधी जो खलवतखाने में आ सकता हो।
m. 1. one who lives in the solitude. 2. a person having approach to the harem.

ख़ला خلاء पुं० [अ०] १. खाली स्थान। २. आकाश। ३. पाखाना, शौचालय।
m. 1. a deserted or solitary place. 2. a latrine.

ख़लायक़ خلائق स्त्री० [अ० ख़ल्क़ का बहु०] सृष्टि के समस्त प्राणी।
fem. the living beings on the planet.

ख़लास خلاص पुं० [अ०] १. छुटकारा, मोक्ष, मुक्ति। २. वीर्यपात।
वि० १. छूटा हुआ, मुक्त। २. समाप्त। ३. गिरा हुआ, च्युत।
m. 1. emanicipation, riddance, freedom. 2. discharge of semem.
adj. 1. liberated, free. 2. fallen, deviated.

ख़लासी خلاصی स्त्री० [अ० ख़लास] छुटकारा। मुक्ति।
पुं० १. तोप चलानेवाला, तोपची। २. मज़दूर।
fem. emanicipation, release, deliverance.
m. 1. a gunner. 2. a labourer.

ख़लिश خلش स्त्री० [फा०] १. कसक। २. द्वेष। ३. चिंता।
fem. 1. throbbing pain. 2. malice. 3. worry.

ख़लीक़ خلیق वि० [अ०] १. सुशील, उदार। २. मिलनसार।
adj. 1. gentle, of gentle disposition. 2. sociable, companionable.

ख़लीज़ خلیج स्त्री० [अ०] समुद्र का वह टुकड़ा जो तीन ओर से स्थल से घिरा हो, खाड़ी।
fem. a bay.

ख़लीता خلیتا पुं० [फा०] १. थैली। २. जेब।
m. 1. a bag or pouch. 2. pocket.

ख़लीफ़ा خلیفہ पुं० [अ० ख़लीफ़ः] [बहु० ख़ुल्फ़ा] १. उत्तराधिकारी, वारिस। २. मुहम्मद साहब के उत्तराधिकारी जो समस्त मुसलमानों के सर्वप्रधान नेता माने जाते हैं। ३. दरजियों और हज्जामों आदि की उपाधि।
वि० बहुत चतुर और धूर्त।
m. 1. a heir. 2. the heir of Mohammad. 3. the epithet of barbers and tailors.
adj. clever, cunning.

ख़लील خلیل पुं० [अ०] मित्र, दोस्त।
m. a friend, companion.

ख़लीश خلش स्त्री० [अ०] = ख़लिश।

ख़ुलूक़ خلوق पुं० [अ०] सुगंध।
m. fragrance.

ख़लेरा خلیرہ वि० [अ० ख़ालू या ख़लः] खाला या खालू से संबद्ध; जैसे—खलेरा भाई=मौसेरा भाई।
adj. relating to one's खाला or खालू, i.e. being a cousin.

ख़ल्क़ خلق स्त्री० [अ०] १. सृष्टि। २. मानव जाति, सब मनुष्य।
पद ख़ल्क़े ख़ुदा=ईश्वर की रची हुई सृष्टि और सब जीव।
fem. 1. the Creation. 2. the mankind, human beings.
ph. the Creation and all the beings.

ख़ल्त خلط पुं० [अ०] मिलना-जुलना, मिश्रण।
m. mingling, intermingling.

ख़ल्फ़ خلف पुं० [अ०] कुपुत्र, कुपूत।
m. an unworthy or wicked son.

ख़ल्लाक़ خلاق पुं० [अ०] ईश्वर।
m. the God.

ख़वातीन خواتین स्त्री० [अ० ख़ातून का बहु०] महिलाएँ।
fem. (plu.) ladies, women.

ख़वास خواص पुं० [अ०] राजाओं और रईसों का खास खिदमतगार।
m. a male attendant of a king or a nobleman.

ख़वासी خواصی स्त्री० [अ०] १. खवास का काम या पद। २. सहेली।
fem. 1. the occupation or post of a खवास। 2. a female companion.

ख़शख़ाश خشخاش स्त्री० [फा०] पोस्ते का दाना।
fem. poppy seed.

ख़श्म خشم पुं० [फा०] क्रोध, गुस्सा।
m. anger, wrath.

ख़श्मगीं خشمگیں वि० [फा०] गुस्से में भरा हुआ, क्रुद्ध।
adj. angry, enraged.

ख़श्मनाक خشمناک वि० [फा० ख़श्म (क्रोध)+नाक (प्रत्य०)] गुस्से से भरा हुआ, क्रुद्ध।

adj. angry, enraged.

ख़स خس स्त्री० [फा०] गाँडर नामक घास की प्रसिद्ध जड़ जो सुगंधित होती है।
पद ख़स व ख़ाशाक=कूड़ा करकट।
fem. a variety of grass that exhales pleasant smell.
ph. rubbish, waste material.

ख़सम خصم पुं० [अ० ख़स्म] १. शत्रु, दुश्मन, विरोधी। २. स्वामी, मालिक। ३. पति, शौहर।
m. 1. an enmy, opponent. 2. a master, boss. 3. one's husband.

ख़सरा خسره पुं० [अ० ख़स्र:] १. पटवारी का एक रजिस्टर जिसमें प्रत्येक खेत का नम्बर और रक़बा आदि लिखा रहता है। २. हिसाब-किताब का कच्चा चिट्ठा।
m. 1. Patwari's or Lekhpal's survey book. 2. rough account.

ख़सलत خصلت स्त्री० [अ० ख़स्लत] १. प्रकृति, स्वभाव। २. आदत, बान, टेव।
fem. 1. nature. 2. habit.

ख़साँदा خسانده पुं० [फा० ख़साँद:] औषधियों का काढ़ा, क्वाथ।
m. medicinal decoction.

ख़सायल خصائل पुं० [अ०] "ख़सलत" का बहु०।

ख़सारत خسارت स्त्री० [अ०] १. हानि। २. पथ-भ्रष्टता।
fem. 1. loss, 2. deviation from an established course or from an normal standard.

ख़सारा خساره पुं० [अ० ख़सार:] घाटा, हानि, नुकसान।
m. loss, deficit.

ख़सासत خساست स्त्री० [अ० 'ख़सीस' का भाव०] १. दुष्टता। २. अयोग्यता। ३. कृपणता, कंजूसी।
fem. 1. wickedness. 2. disqualification. 3. miserliness, stinginess.

ख़सी خصی पुं० [अ०] १. वह पशु जिसके अण्डकोश निकाल लिए गए हों, बधिया। २. हिजड़ा, नपुंसक। ३. बकरी का नर बच्चा। ४. वह स्त्री जिसकी छातियाँ छोटी हों।
m. 1. a castrated animal. 2. an impotent person or eunuch. 3. a young he-goat. 4. a woman with small breasts.

ख़सीस خسیس वि० [अ०] १. दुष्ट, बुरा। २. अयोग्य। ३. कृपण, कंजूस।
adj. 1. wicked, bad. 2. uncapable. 3. miser, stingy.

ख़सूफ़ خصوف पुं० दे० "ख़ुसूफ़"।

ख़सूर خسور वि० [अ०] दिवालिया।
adj. bankrupt.

ख़सूस خصوص वि० [अ०] = ख़ुसूस।

ख़सूसीयत خصوصیت स्त्री० दे० "ख़ुसूसियत"।

ख़स्तगी خستگی स्त्री० [फा०] खस्ता होने का भाव, खस्तापन।
fem. the state of being ख़स्ता, crispness.

ख़स्ता خستہ वि० [फा० ख़स्त:] १. टूटा हुआ, भग्न। २. दबाने से जल्दी टूट जानेवाला, भुरभुरा। ३. घायल। ४. दुखी, खिन्न।
पद (i) ख़राब व ख़स्ता=दुर्दशाग्रस्त, खस्ता। **(ii) ख़स्ता व ख़्वार**=दुर्दशाग्रस्त।
adj. 1. broken. 2. brittle. 3. wounded. 4. unhappy, distressed.
ph. (i) in a desperate state. (ii) distressed.

ख़स्ताजान خستہ جان पुं० [फा० ख़स्त:जान] दुखी प्रेमी।
m. a grief-striken lover.

ख़स्ताजानी خستہ جانی स्त्री० [फा० ख़स्त:जानी] दुख।
fem. grief.

ख़स्ताहाल خستہ حال वि० [फा० ख़स्त: हाल] दुर्दशाग्रस्त।
adj. in a desperate plight.

ख़स्ताहाली خستہ حالی स्त्री० [फा० ख़स्त:हाली] दरिद्रता।
fem. poverty.

ख़स्म خصم पुं० [अ०] १. स्वामी, मालिक। २. पति। ३. शत्रु।
m. 1. a master, boss. 2. one's husband. 3. an enemy.

ख़ाँ خاں पुं० [फा०]=ख़ान।

ख़ाक خاک स्त्री० [फा०] धूल, मिट्टी।
पद ख़ाके-पा=चरणरज। **ख़ाक़े-वतन**=वतन की खाक़।
***मुहा०* (i) कहीं पर ख़ाक उड़ना**=बरबादी होना, उजाड़ होना। **(ii) ख़ाक उड़ाना या छानना**=मारा-मारा फिरना। **(iii) ख़ाक में मिलना**=बिगड़ना, बरबाद होना।
वि० १. तुच्छ। २. कुछ नहीं।
fem. dirt, dust.
ph. dust of the feet.
id. (i) to be ruined. (ii) to roam about aimlessly. (iii) to be ruined, to come to dust.
adj. 1. mean, meager. 2. nought, nothing.

ख़ाक-आलूदा خاک آلوده वि० [फा०] मिट्टी में छिपा, मिट्टी से ढका।
adj. hiddon in dust. covered with dust.

ख़ाकनाए خاکنائے स्त्री० [फा०] स्थल-डमरूमध्य।
m. an isthmus.

ख़ाकरोब خاکروب पुं० [फा०] झाड़ू देनेवाला, भंगी, चमार।
m. a sweeper.

ख़ाकरोबी خاکروبی स्त्री० [फा०] झाड़ू लगाने का काम।

fem. occupation of a sweeper.

ख़ाकसार خاکسار वि० [फा०] अति दीन, तुच्छ। (प्राय: नम्रता दिखलाने के लिए अपने सम्बन्ध में बोलते हैं, जैसे—यह खाकसार भी वहाँ मौजूद था।)
adj. humble, having a low opinion of oneself.

ख़ाकसारी خاکساری स्त्री० [फा०] बहुत अधिक दीनता या नम्रता।
fem. quality of being humble, humility.

ख़ाका خاکہ पुं० [फा० ख़ाक:] १. चित्र आदि का डौल, ढाँचा, नक़शा। २. वह कागज़ जिसमें किसी काम के खर्च का अनुमान लिखा जाए, चिट्ठा। ३. तखमीना, अंदाज़। ४. मसौदा।
मुहा० ख़ाका उड़ाना=उपहास करना।
m. 1. a sketch, map. 2. the estimate of the cost of doing a job. 3. guess. 4. draft, rough plan.
id. to ridicule.

ख़ाक़ान خاقان पुं० [तु०] १. बादशाह। २. चीनी और चीनी तुर्किस्तान के बादशाहों की पुरानी उपाधि।
m. 1. a king. 2. the epithet of Chinese kings.

ख़ाकिस्तर خاکستر स्त्री० [फा०] राख, भस्म।
fem. ash.

ख़ाकी خاکی वि० [फा०] १. मिट्टी के रंग का, भूरा। २. बिना सींचा हुआ (खेत)।
पुं० मनुष्य।
adj. 1. of or resembling the colour of dust. 2. not irrigated.
m. a man.

ख़ागीना خاگینہ पुं० [फा० ख़ागीन:] १. सूखा अंडा। २. अंडों की बनी तरकारी।
m. 1. a dry egg. 2. egg curry.

ख़ाज़ना خازنہ स्त्री० [फा० ख़ाज़न:] पत्नी की बहन, साली।
fem. wife's sister, sister-in-law.

ख़ातमा خاتمہ पुं० [अ० ख़ातिम:] खतम होना, अन्त, समाप्ति।
***पद* ख़ातमा बिल ख़ैर**=सकुशल समाप्ति।
m. end, cessation, finish.
ph. happy end.

ख़ातिम خاتم वि० [अ०] खत्म करनेवाला।
adj. that brings to an end.

ख़ातिर خاطر स्त्री० [अ०] १. सत्कार। २. आदर, सम्मान।
***पद* (i) किसी की ख़ातिर**=किसी के लिए, किसी के वास्ते। **(ii) किस ख़ातिर**=किस लिए।
fem. 1. hospitality. 2. respect, honour.
ph. (i) for the sake of someone, (ii) why?

ख़ातिरख़्वाह خاطرخواہ क्रि० वि० [अ०] इच्छानुसार।
adv. according to one's desire.

ख़ातिरजमा خاطرجمع स्त्री० [अ० ख़ातिरजम्अ] संतोष, इत्मीनान, तसल्ली।
fem. contentment, satisfaction.

ख़ातिर-तवाज़ा خاطرتواضع स्त्री० [अ० ख़ातिरतवाज़ुअ] आदर-सत्कार, आव-भगत।
fem. hospitality.

ख़ातिरदार خاطردار पुं० [अ०+फा०] खातिर करनेवाला।
m. a host, one who entertains guests.

ख़ातिरदारी خاطرداری स्त्री० [अ०+फा०] आदर-सत्कार, आवभगत।
fem. hospitality.

ख़ातिरन् خاطراً क्रि० वि० [अ०] खातिर या लिहाज़ से।
adv. generously.

ख़ाती خاطی वि० [अ०] खता या गलती करनेवाला।
adj. committing a mistake.

ख़ातून خاتون स्त्री० [तु०] भले घर की स्त्री, भद्र महिला।
***पद* ख़ातूने ख़ाना**=गृहिणी, गृह-स्वामिनी।
fem. a lady.
ph. the mistress of a house.

ख़ादिम خادم पुं० [अ०, बहु० ख़दम] १. खिदमत करनेवाला, सेवक। २. किसी मुसलमानी धर्म-स्थान का पुजारी या अधिकारी।
m. 1. an attendant, servant. 2. worker of a mosque.

ख़ादिमा خادمہ स्त्री० [अ० ख़ादिम:] सेविका, दासी, मजदूरनी।
fem. a female attendant, female servant.

ख़ादिमी خادمی स्त्री० [उर्दू] सेवा।
fem. service.

ख़ान خان पुं० [फा०] १. ईरान, अफगानिस्तान आदि के पठान सरदारों की उपाधि। २. कई गाँवों का मुखिया या सरदार।
m. 1. the epithet of the chieftians and nobles of Iran, Afghanistan etc. 2. a chieftain of the tribe.

ख़ानए-ख़ुदा خانہ خدا पुं० [फा०] मसजिद।
m. a mosque.

ख़ानक़ाह خانقاہ स्त्री० [अ०] मुसलमान साधुओं के रहने का स्थान या मठ।
fem. the place where Muslim mendicants live.

ख़ानख़ानाँ خانخاناں पुं० [अ०] सरदारों का सरदार, बहुत बड़ा सरदार।
m. the leader of the leaders, topmost leader.

ख़ानगी خانگی वि० [फा०] निज का, आपस का, घरेलू, घरू।
स्त्री० बहुत थोड़ा सा धन लेकर व्यभिचार करनेवाली वेश्या।
adj. personal, private.
fem. a lowtype prostitute.

ख़ानदान خاندان पुं० [फा०] १. कुल, वंश। २. परिवार।
m. 1. a dynasty. 2. a family.

ख़ानदानी خاندانی वि० [फा०] १. ऊँचे खानदान का। २. पुश्तैनी, पैतृक।
adj. 1. of a well-to-do family or dynasty, having high traditions. 2. ancestral.

ख़ानम خانم स्त्री० [फा०] १. खान की स्त्री। २. भले घर की स्त्री, भद्र महिला।
fem. 1. the wife of a ख़ान। 2. a woman of a respectful family.

ख़ानमाँ خانماں पुं० [फा०] घर-गृहस्थी का सामान।
m. household goods.

ख़ानसामाँ خانساماں पुं० [फा०] वह जो खाना बनाता हो, रसोइया, बावर्ची।
m. a cook, one who cooks food.

ख़ाना خانہ पुं० [फा० ख़ान:] १. घर, मकान; जैसे—डाक-खाना, दवाखाना। २. किसी चीज के रखने का घर, केस। ३. विभाग। ४. सारिणी या चक्र का विभाग।
पद ख़ाना ख़ाना = घर-घर।
m. 1. a house, residence, place. 2. a case. 3. a compartment. 4. a column.
ph. each and every house.

ख़ानाख़राब خانہ خراب वि० [फा० ख़ान:ख़राब] १. जिसका घर उजड़ गया हो। २. अभागा। ३. आवारा, लफंगा।
adj. 1. having one's family-life ruined. 2. unlucky, unfortunate. 3. vagabond, loafer.

ख़ानाख़राबी خانہ خرابی स्त्री० दे० ''ख़ाना-बरबादी''।

ख़ानाजंगी خانہ جنگی स्त्री० [फा० ख़ान:जंगी] गृहयुद्ध।
fem. civil war.

ख़ानाज़ाद خانہ آزاد वि० [फा० ख़ान:ज़ाद] १. जो दूसरे के घर में उत्पन्न हुआ या पला हो।
adj. born or nurished in someone's else house.

ख़ानातलाशी خانہ تلاشی स्त्री० [फा० ख़ान:तलाशी] किसी खोई या चुराई हुई चीज के लिए मकान के अन्दर छानबीन करना।
fem. search of a place, house-search.

ख़ानादामाद خانہ داماد पुं० [फा० ख़ान:दामाद] ससुराल में रहनेवाला दामाद, घरजँवाई।
m. son-in-law living with the inlaws.

ख़ानादारी خانہ داری स्त्री० [फा० ख़ान:दारी] गृहस्थी का प्रबन्ध या कार्य।
m. household work.

ख़ानानशीं خانہ نشیں वि० [फा० ख़ान:नशीँ] जो सब काम छोड़कर चुपचाप घर में बैठा रहे।
adj. stay-at-home, good-for-nothing.

ख़ानापुरी خانہ پوری स्त्री० [फा० ख़ान:पुरी] १. किसी चक्र या सारिणी के कोठों में यथास्थान संख्या या शब्द आदि लिखना, नक़शा भरना। २. औपचारिकताएँ पूरी करना।
fem. 1. act of filling a form. 2. observance of formalities.

ख़ानाबदोश خانہ بدوش वि०, पुं० [फा० ख़ान:बदोश] अपनी गृहस्थी का सब सामान उठाए यहाँ-वहाँ घूमनेवाला, जिसका घर-बार न हो।
adj. & m. nomad, wanderer.

ख़ानाबदोशी خانہ بدوشی स्त्री० [फा० ख़ान:बदोशी] यहाँ-वहाँ घूम-फिरकर जीवन बिताना।
fem. vagrancy.

ख़ानाबरबादी خانہ بربادی स्त्री० [फा० ख़ान:बरबादी] घर या परिवार का विनाश।
fem. ruination of a family.

ख़ानाशुमारी خانہ شماری स्त्री० [फा० ख़ान:शुमारी] किसी बस्ती के घरों या मकानों की गणना।
fem. counting of the houses of a village, city or locality.

ख़ानासाज़ خانہ ساز वि० [फा० ख़ान:साज़] घर में बना हुआ।
पुं० खाना बनानेवाला।
adj. made or prepred in the house.
m. a cook.

ख़ानासियाह خانہ سیاہ वि० [फा० ख़ान:सियाह] अभागा।
adj. unfortunate.

ख़ानासोज़ خانہ سوز वि० [फा० ख़ान:सोज़] घर को बरबाद करनेवाला।
adj. ruining the family.

ख़ानोमाँ خان وماں पुं० [फा०] गृहस्थी का सामान।
m. the goods of household.

ख़ान्माँ خانماں पुं०=खानोमाँ।
m. a cook.

ख़ान्माँख़राब خانماں خراب वि०=ख़ानाख़राब।

ख़ाफ़ी خافی वि० [अ०] गुप्त।
adj. hidden, secret.

ख़ाब خاب स्त्री० [फा०] प्रसन्नता।
fem. happiness.

ख़ाम خام वि० [फा०] १. जो पका न हो, कच्चा। २. बुरा, खराब।
adj. 1. unripe. 2. bad.

ख़ामअक़्ली خام عقلی स्त्री० [अ०+फा०] १. नासमझी। २. अनुभवहीनता।
fem. 1. lack of understanding. 2. inexperience.

ख़ामकार خام کار वि० [फा०] अनुभवहीन।
adj. inexperienced.

ख़ामख़याल خام خیال वि० [अ०+फा०] गलत सोचनेवाला।
adj. having a wrong notion.

ख़ामख़याली خام خیالی स्त्री० [फा०] व्यर्थ के विचार।
fem. a wrong notion.

ख़ामख़्वाह خواہ مخواہ क्रि० वि० [फा० ख़्वामख़्वाह:] व्यर्थ।
adv. without any purpose.

ख़ामदस्त خام دست वि० [फा०] १. अनभ्यस्त। २. अपव्ययी।
adj. 1. inexperienced. 2. extravagant.

ख़ामपारा خام پارہ स्त्री० [फा० ख़ामपार:] १. मक्कार औरत। २. वह लड़की जो छोटी अवस्था से ही पुरुष से समागम करने लगी हो। ३. दुश्चरित्रा, पुंश्चली।
fem. 1. a cunning woman. 2. a minor girl used to have sex. 3. a woman of easy morals.

ख़ामशी خامشی स्त्री०=ख़ामोशी।

ख़ामराय خام رائے वि० [अ०+फा०] कम-अक्ल।
adj. feeble-minded, foolish.

ख़ामा خامہ पुं० [फा० ख़ाम:] लेखनी, कलम।
m. a pen of Indian type.

ख़ामादान خامہ دان पुं०=कलमदान।

ख़ामी خامی स्त्री० [फा०] १. कच्चापन, कच्चाई। २. त्रुटि, खराबी।
fem. 1. unripeness. 2. a shortcoming, drawback.

ख़ामुश خامش वि० [फा०] खामोश।
adj. silent, quiet.

ख़ामुशी خامشی स्त्री० [फा०] खामोशी।
fem. silence, calm.

ख़ामोश خاموش वि० [फा०] चुप, मौन, शांत।
adj. silent, quiet, calm.

ख़ामोशी خاموشی स्त्री० [फा०] मौन, चुप्पी, शांति।
fem. silence, calm.

ख़ायन خائن वि० [अ०] खयानत करनेवाला, किसी धरोहर को अपने काम में लानेवाला।
adj. dishonest, fraud.

ख़ायफ़ خائف वि० [अ० ख़ाइफ़] कायर, डरपोक।
adj. timid, cowardly.

ख़ाया خایہ पुं० [फा० ख़ाय:] १. मुरगी का अंडा। २. अंडकोश।
m. 1. an egg of a hen. 2. scrotum.

ख़ाया बरदार خایہ بردار वि० पुं० [फा० ख़ाय: बरदार] बहुत अधिक चापलूसी और तुच्छ सेवाएँ करनेवाला।
adj. & m. a flatterer, sycophant.

ख़ार خار पुं० [फा०] १. कंटक, काँटा। २. दाढ़ी, मूँछ आदि। ३. मनोमालिन्य। ४. डाह, ईर्ष्या। ५. खाँग।
m. 1. a thorn. 2. beard, mustache etc. 3. malice. 4. envy, grudge. 5. spike, fin.

ख़ारख़ार خار خار वि० [फा०] चिंतित।
adj. worried.

ख़ारदार خاردار वि० [फा०] काँटोंवाला, कँटीला।
adj. full of thorns, thorny.

ख़ारपुश्त خار پشت पुं० [फा०] साही नामक जन्तु जिसके शरीर पर बड़े-बड़े काँटे होते हैं।
m. a porcupine.

ख़ारबंद خاربند पुं० [फा०] काँटों की बाढ़ या दीवार।
m. a thorny fence.

ख़ार व ख़स خاروخس पुं० [फा०] कूड़ा-करकट।
m. rubbish, waste material.

ख़ारा خارہ पुं० [फा० ख़ार:] १. कड़ा पत्थर। २. एक प्रकार का रेशमी कपड़ा।
m. 1. hard stone. 2. a kind of silken cloth.

ख़ारिज خارج वि० [अ०] १. बाहर किया हुआ, निकाला हुआ, अस्वीकृत, बहिष्कृत। २. भिन्न, अलग। ३. (अभियोग) जिसकी सुनाई न हो।
adj. 1. rejected, disregarded, dropped. 2. different. 3. dismissed.

ख़ारिजन् خارجاً क्रि० वि० [अ०] १. ऊपर से, बाहर से। २. किंवदन्ती के अनुसार।
adv. 1. outwardly, over and above. 2. as a rumour.

ख़ारिजा خارجہ वि० [अ० ख़ारिज:] १. बाहर निकाला या अलग किया हुआ। २. परराष्ट्रीय।
adj. 1. dismissed or separated. 2. foreign.

ख़ारिजी خارجی वि० [अ०] बाहरी, विदेशी।
पुं० [अ०] १. वह जो किसी समाज या सम्प्रदाय से अलग हो जाए। २. वे मुसलमान जो अली को खलीफ़ा नहीं मानते।
adj. 1. outside, foreign.
m. 1. an outcast. 2. a sect of Muslims that does not accept Ali as their prophet.

ख़ारिश, ख़ारिश्त خارش/خارشت स्त्री० [फा०] १. खुजली (रोग)। २. खुजलाहट।
fem. 1. scabies, itch. 2. itchiness.

ख़ारिश्ती خارشتی वि० [फा०] खारिश से पीड़ित।
adj. scabies-ridden, itchy.

ख़ाल خال पुं० [अ०] १. मुख आदि पर का काला गोल चिह्न, तिल। २. डिठोना। ३. मामा। ४. अभिमान।
m. a small dark-brown slighty raised mark on the skin, mole. 2. a black mark made on a child's forehead as protection against an evil eye. 3. maternal uncle. 4. pride.

ख़ालसा خالصہ पुं० [अ० ख़ालिस:] १. वह जमीन जिस पर राज्य का अधिकार हो। २. सिक्ख।
m. 1. land belonging to the state. 2. a person who is a believer in Sikhism.

ख़ाला خالہ स्त्री० [अ० ख़ाल:] माँ की बहन, मौसी।
fem. mother's sister.

ख़ालाज़ाद خالزاد वि० [अ० ख़ाल:ज़ाद] मौसेरा।
adj. of or pertaining to खाला, cousin.

ख़ालिक़ خالق पुं० [अ०] सृष्टिकर्ता, ईश्वर।
m. the Creator, God.

ख़ालिस خالص वि० [अ०] जिसमें कोई दूसरी वस्तु न मिली हो, शुद्ध, विशुद्ध।
adj. pure, unadultrated.

ख़ाली خالی वि० [अ०] १. जिसके अन्दर का स्थान शून्य हो, जो भरा न हो, रीता, रिक्त। २. जिसपर कुछ न हो। ३. जिसे कुछ काम न हो। ४. व्यर्थ, निष्फल।
***मुहा०* (i) निशाना या वार ख़ाली जाना**=वार निष्फल होना। **(ii) हाथ ख़ाली होना**=हाथ में रुपया-पैसा न होना, निर्धन।
***पद* ख़ाली पेट**=बिना कुछ अन्न खाए हुए।
adj. 1. empty. 2. unoccupied. 3. unengaged, unemployed. 4. useless, futile.
id. (i) missing the target. (ii) to be empty handed.
ph. without taking anything as food.

ख़ालू خالو पुं० [अ०] माँ की बहन का पति, मौसा।
m. an uncle.

ख़ावंद خاوند पुं० = ख़ाविंद।
m. a husband.

ख़ावर خاور पुं० [फा०] पूर्व दिशा।
m. the East.

ख़ाविंद خاوند [फा०] १. पति, स्वामी। २. मालिक।
m. 1. a husband. 2. a master, boss.

ख़ाविंदी خاوندی स्त्री० [फा०] १. स्वामी का भाव या गुण। २. पतित्व। ३. कृपा, अनुग्रह।
fem. 1. the state of being a master or boss. 2. the state of being a husband. 3. kindness, favour.

ख़ाशाक خاشاک पुं० [फा०] कूड़ा-करकट।
m. rubbish.

ख़ास خاص वि० [अ०] १. विशेष, मुख्य, प्रधान। २. निज का, निजी।
***पद* ख़ास ओ आम**=सभी।
adj. 1. special. 2. used by a particular person.
ph. all, everyone, without any distinction.

ख़ासकर خاص کر क्रि० वि० [अ०+हिं०] विशेषत:, विशेष रूप से।
adv. for a special purpose, specially.

ख़ासगी خاصگی स्त्री० [अ० ख़ास+फा० गी (प्रत्य०)] ऐसी बाँदी जो रखैल हो।
fem. a female servant being also a sex partner of her boss.

ख़ासदान خاصدان पुं० [अ०+फा०] पानदान, पनडब्बा।
m. a small box for keeping betel leaves betel nuts, tobacco etc.

ख़ासनवीस خاصنویس पुं० [अ०+फा०] बड़े आदमी या राजा का व्यक्तिगत लेखक, प्राइवेट सेक्रेटरी।
m. a personal secretary.

ख़ासबरदार خاص بردار पुं० [अ०+फा०] वह जो किसी राजा या बड़े सरदार के अस्त्र-शस्त्र आदि लेकर चलता हो।
m. one who carries weapons of a king or nobleman.

ख़ास-महल خاص محل पुं० [अ०] १. वह महल जिसमें केवल विवाहिता स्त्रियाँ रहती हों। २. विवाहिता स्त्री या रानी।
m. 1. the palace for a queen or other married women. 2. a married woman or queen.

ख़ास-महाल خاص محال पुं० [अ०] वह जमींदारी जिसका प्रबन्ध सरकार स्वयं करती हो।
m. the land managed by the government.

ख़ास व आम خاص وعام पद [अ०]=ख़ास ओ आम।
ph. all, everyone without distinction.

ख़ासा خاصہ पुं० [अ० ख़ास:] १. राजा या बड़े आदमियों का भोजन। २. एक प्रकार की बढ़िया मलमल। ३. वह अस्तबल जिसमें स्वयं बादशाह की सवारी और पसन्द के हाथी, घोड़े आदि रहते हों। ४. प्रकृति, स्वभाव।
वि० १. अच्छा, बढ़िया। २. स्वस्थ, नीरोग, ३. मध्यम श्रेणी का। ४. सुडौल, सुन्दर। ५. भरपूर, पूरा।
m. 1. king's meal, meal of a richman. 2. fine muslin. 3. a stable where king's horses, elephants were kept and fed. 4. nature, disposition.
adj. 1. good. 2. healthy. 3. second rate. 4. well-proportioned, charming. 5. full.

ख़ासिफ़ خاسف वि० [अ०] कमजोर, दुर्बल।
adj. weak.

ख़ासीयत خاصیت स्त्री० [अ०] १. प्राकृतिक गुण, प्रकृति। २. विशेषता।
fem. 1. natural quality. 2. speciality.

ख़ास्सा خاصہ पुं० [अ० ख़ास्स:] किसी व्यक्ति या वस्तु

का विशेष गुण।
m. special quality.

ख़ाहमख़ाह خواہمخواہ क्रि० वि० दे० 'ख़्वाहमख़्वाह'।

ख़िज़र خضر पुं० दे० 'ख़िज़्र'।

ख़िज़ाँ خزاں स्त्री० [फा०] १. हेमन्त ऋतु जिसमें वृक्षों के पत्ते झड़ जाते हैं, पतझड़। २. ह्रास या पतन के दिन।
fem. 1. season of defoliation, fall. 2. the time of decrease or decay.

ख़िज़ाब خضاب पुं० [अ०] सफेद बालों को काला करने की औषधि, केश-कल्प।
m. a substance (dye) used to colour the hair, hair-dye.

ख़िजाला خجالا वि० [उर्दू०] असभ्य।
adj. uncivilised.

ख़िज़ीना خزینہ पुं० दे० 'ख़ज़ाना'।

ख़िज़्र خضر पुं० [अ०] १. एक प्रसिद्ध पैगम्बर जो वनों और जल के स्वामी तथा भूले-भटकों के मार्गदर्शक माने जाते हैं। २. मार्गदर्शक, नेता।
m. 1. a prophet. 2. a guide, leader.

ख़िता خطا स्त्री० [अ०] = ख़ता।

ख़ितान ختان पुं० [अ०] = ख़तना।

ख़िताब خطاب पुं० [अ०] १. पदवी, उपाधि। २. नामकरण।
m. 1. a word that indicates the rank or profession of a person, title. 2. act of giving a name to, naming.

ख़िताबत خطابت स्त्री० [अ०] १. संबोधन करना। २. भाषण देना।
fem. 1. act of addressing. 2. act of giving a speech.

ख़ित्ता خطہ पुं० [अ० ख़ित्तः] १. जमीन का टुकड़ा। २. प्रदेश।
m. 1. a piece of land, segment. 2. a region.

ख़ित्बत خطبت स्त्री० [अ०] सगाई, मँगनी।
fem. betrothal.

ख़िदमत خدمت स्त्री० [अ० ख़िद्मत] सेवा।
पद बख़िदमत=सेवा में।
fem. service.
ph. towards someone.

ख़िदमतगार خدمتگار पुं० [अ० ख़िद्मत+फा०] [भाव० खिदमतगारी] खिदमत करनेवाला सेवक, टहलुआ।
m. a servant, attendant.

ख़िदमतगुज़ार خدمتگذار पुं० [अ० ख़िद्मत+फा०] [भाव० ख़िदमतगुज़ारी] स्वामिनिष्ठ सेवक।
m. a loyal servant, faithful attendant.

ख़िदमती خدمتی पुं० [अ० ख़िद्मती] खिदमतगार, सेवक।
m. a servant, attendant.

ख़िदमात خدمات स्त्री० [अ० ख़िद्मात] 'ख़िदमत' का बहु०।

ख़िफ़्फ़त خفت स्त्री० [अ०] १. लाज, शर्म। २. अप्रतिष्ठा, हेठी, अपमान।
fem. 1. feeling of shame. 2. insult, affront.

ख़ियार خیار पुं० [अ०] खीरा, ककड़ी।
m. cucumber.

ख़िरक़ा خرقہ स्त्री० [अ० ख़िरक़ः] फकीरों के ओड़ने की गुदड़ी।
पद ख़िरकापोश=(क) भिखमंगा। (ख) साधु और त्यागी।
fem. patchwork quilt.
ph. a. a beggar. b. a mendicant.

ख़िरद خرد स्त्री० [फा०] १. बुद्धि। २. चतुराई।
fem. 1. wisdom, intellect. 2. cleverness.

ख़िरदमंद خردمند वि० [फा०] बुद्धिमान, अक्लमन्द।
adj. wise, thoughtful.

ख़िरमन خرمن पुं० [फा० ख़िर्मन] १. काटी हुई फसल का ढेर। २. खलिहान।
m. 1. reaped and gathered crop, a heap of harvested crop. 2. the place where harvested crop is stored for thrashing.

ख़िराज خراج [अ०] राजकर, राजस्व।
m. revenue.

ख़िराजी خراجی वि० [अ० 'ख़िराज़' से फा०] १. खिराज-सम्बन्धी। २. जिसपर खिराज लगता हो।
पद ख़िराजे अक़ीदत = श्रद्धांजलि।
adj. 1. of or pertaining to the revenue. 2. taxable.
ph. homage.

ख़िराम خرام स्त्री० [फा०] १. गति। २. धीरे-धीरे और नखरे से चलना, मस्तानी चाल।
पद ख़िरामे जाम=शराब के प्यालों का चलना।
fem. 1. motion, speed. 2. coquetish gait.
ph. a course of wine.

ख़िरामाँ خراماں वि० [फा०] मस्तानी चाल से चलनेवाला।
पद ख़िरामाँ-ख़िरामाँ=मस्ती की चाल से, धीरे-धीरे (चलना)।
adj. walking elegantly
ph. slowly and elegantly.

ख़िर्मन خرمن पुं० [फा०]=ख़िरमन।

ख़िर्स خرس पुं० [फा०] भालू, रीछ।
m. a large mammal with a thick fur, bear.

ख़िलअत خلعت पुं० [अ० ख़िल्अत] वह वस्त्र जो राजा की ओर से सम्मानार्थ मिलता है। [हिन्दी में स्त्रीलिंग की तरह प्रयुक्त।]
fem. robe presented by a king.

ख़िलक़त خلقت स्त्री० [अ०]=ख़िल्क़त।

ख़िलवत خلوت स्त्री० [अ०] शून्य या निर्जन स्थान, एकान्त।

m. lonely place, solitude.

ख़िलाफ़ خلاف वि० [अ०] विरुद्ध, उलटा, विपरीत।
पद ख़िलाफ दस्तूर या ख़िलाफ मामूल=प्रचलित प्रणाली या नियमों के विपरीत।
adj. against, opposed to, contrary, reverse.
ph. contrary to the rule or tradition.

ख़िलाफ़गोई خلاف گوئی स्त्री० [अ०+फा०] झूठ बोलना, मिथ्यावादिता।
fem. act of lying, act of giving false impression or misleading.

ख़िलाफ़त خلافت स्त्री० [अ०] १. खलीफ़ा का पद या भाव। २. उत्तराधिकार।
fem. 1. the post or rank of a Khalifa. 2. inheritence.

ख़िलाफ़वर्ज़ी خلاف ورزی स्त्री० [अ०+फा०] १. आज्ञा आदि की अवहेलना, अवज्ञा। २. अनुचित आचरण।
fem. 1. open refusal to obey authority, defiance. 2. wrong conduct.

ख़िलाल خلال पुं० [अ०] १. खेल आदि में होनेवाली हार। २. धातु का वह टुकड़ा जिससे दाँत खोदते हैं। ३. अन्तर, दूरी।
m. 1. defeat, loss. 2. a metal pick. 3. distance, difference.

ख़िल्क़त خلقت स्त्री० [अ०] १. उत्पन्न या सृजन करना। २. प्राकृतिक संघटन। ३. जन-समूह।
fem. 1. creation. 2. natural composition. 3. crowd, mass.

ख़िल्क़ी خلقی वि० [अ०] १. प्राकृतिक। २. जन्मजात, पैदाइशी।
adj. 1. natural. 2. existing from birth, inborn.

ख़िल्त خلط पुं० [अ०] १. शरीर में का कफ। २. प्रकृति।
m. 1. phlegm, mucus. 2. nature.

ख़िश्त خشت स्त्री० [अ०] ईंट।
fem. a brick.

ख़िश्तक خشتک स्त्री० [फा०] पायजामा।
fem. a pair of trousers.

ख़िश्ती خشتی वि० [अ०] ईंटों का बना हुआ।
adj. made of bricks.

ख़िसांदा خسانده पुं० [फा० ख़िसांद:] दवाओं का काढ़ा, क्वाथ।
m. decoction.

ख़िसारा خساره पुं० [अ० ख़सार:] हानि, क्षति।
m. loss, damage.

ख़िसाल خصال पुं० [अ०] 'ख़सलत' का बहु०।

ख़िस्सत خست स्त्री० [अ०] कृपणता कंजूसी।
fem. miserliness, stinginess.

ख़ीमा خیمہ पुं० दे० 'ख़ेमा'।

ख़ीरा خیره वि० [फा० ख़ीर:] १. ढीठ, बेहया। २. चकित। ३. अन्धकारमय।
adj. 1. obstinate, stubborn, shameless. 2. bewildered, amazed. 3. dark, gloomy.

ख़ुतबा خطبه पुं० [अ० ख़ुत्ब:] १. तारीफ, प्रशंसा। २. घोषणा।
मुहा० ख़ुतबा पढ़ा जाना=घोषणा होना।
.. 1. praise, admiration. 2. announcement.
id. to make an announcement.

ख़ुतूत خطوط पुं० [अ०] 'ख़त' का बहु०।

ख़ुत्तामा ختامه स्त्री० [अ० ख़ुत्ताम:] दुश्चरित्रा स्त्री, पुंश्चली, कुलटा।
fem. a woman of easy morals, prostitute.

ख़ुद خود क्रि० वि० [फा०] स्वयं, आप।
adv. oneself.

ख़ुद-आराई خودآرائی स्त्री० [फा०] अपनी शोभा, मान आदि स्वयं बढ़ाने का प्रयत्न करना।
fem. act of be coming rich or successful by one's own efforts.

ख़ुदकरदा خودکرده वि०[फा० ख़ुदकर्द:] अपना किया हुआ।
adj. done by oneself.

ख़ुदकशी خودکشی स्त्री०=ख़ुदकुशी।

ख़ुदकाम خودکام वि० [फा०] १. स्वार्थी, मतलबी। २. निरंकुश।
adj. 1. selfish. 2. unrestrained, absolute.

ख़ुदकाश्त خودکاشت स्त्री० [फा०] ज़मीन जिसे उसका मालिक स्वयं जोते-बोए।
fem. land cultivated by the owner himself.

ख़ुदकुशी خدکشی स्त्री० [फा०] खुद को मार डालना, आत्महत्या।
fem. suicide.

ख़ुदग़रज़ خدغرض वि० [फा०] [भाव० ख़ुदग़रज़ी] स्वार्थी, मतलबी।
adj. selfish, self-centred.

ख़ुदग़रज़ी خدغرضی स्त्री० [फा०] स्वार्थ।
fem. selfishness.

ख़ुददार خوددار वि० [फा०] स्वाभिमानी।
adj. proud.

ख़ुददारी خودداری स्त्री० [फा०] स्वाभिमान, आत्मगौरव।
पद शाने-ख़ुददारी=स्वाभिमान की शान।
fem. pride, self-respect.
ph. self-admiration.

ख़ुदनुमा خودنما वि० [फा०] [भाव० ख़ुदनुमाई] लोगों को अपना बड़प्पन दिखलानेवाला, अभिमानी, घमंडी।

adj. big-headed, conceited.

ख़ुदपरस्त خودپرست वि० [फा०] [भाव० ख़ुदपरस्ती] स्वार्थी, मतलबी।
adj. self-centred, selfish.

ख़ुदपरस्ती خودپرستی स्त्री० [फा०] स्वार्थ।
fem. selfishness.

ख़ुदपसंद خودپسند वि० [फा०] [भाव० ख़ुदपसन्दी] अपने आपको बहुत अच्छा समझनेवाला।
adj. ego-centric, snobbish.

ख़ुदफ़रेब خودفریب वि० [फा०] अपने को धोखा देनेवाला।
adj. deceiving oneself.

ख़ुदफ़रोश خودفروش वि० [फा०] अपने को बेचनेवाला।
adj. deceitful and disloyal, perfidious.

ख़ुदबख़ुद خودبخود क्रि०वि० [फा०] स्वतः, आपसे आप।
adv. involuntarily, automatically.

ख़ुदबीं خودبیں वि० [फा०] [भाव० ख़ुदबीनी] जो अपने समान और किसी को न समझे, जिसे अपने सिवा और कोई दिखाई न पड़े, अभिमानी, घमंडी।
adj. proud, conceited.

ख़ुदबीनी خودبینی स्त्री० [फा०] अभिमान।
fem. pride, conceit.

ख़ुदमुख़्तार خودمختار वि० [फा०] [भाव० ख़ुदमुख़्तारी] स्वतंत्र, आज़ाद।
adj. independent, free.

ख़ुदमुख़्तारी خودمختاری स्त्री० [फा०] स्वतंत्रता।
fem. independence, freedom.

ख़ुदराए خودرائے वि० [फा०] [भाव० ख़ुदराई] स्वेच्छाचारी।
adj. self-willed.

ख़ुदरौ خودرو वि० [फा०] आपसे आप उगनेवाला, जंगली (पौधा या वृक्ष)।
adj. growing in natural conditions, not-cultivated.

खुदसर خودسر वि० [फा०] [भाव० ख़ुदसरी] १. जो किसी के अधीन न हो, स्वतन्त्र। २. मनमानी करनेवाला, स्वेच्छाचारी।
adj. 1. independent, 2. self-willed, wilful.

ख़ुदसिताई خودستائی स्त्री० [फा०] १. अपनी प्रशंसा आप करना। २. आत्मप्रशंसा।
fem. 1. act of praising oneself. 2. self-praise.

ख़ुदा خدا पुं० [फा०] ईश्वर, परमात्मा।
पद (i) ख़ुदा न ख़्वास्ता=खुदा न करे। **(ii) ख़ुदा लगती बात**=बिलकुल सच बात।
m. the God.
ph. (i) God forbid. (ii) biting truth.

ख़ुदाई خدائی स्त्री० [फा०] १. ईश्वरता। २. सृष्टि, संसार। वि० ईश्वरीय।
fem. 1. godliness. 2. the Creation, the world.
adj. divine.

ख़ुदातर्स خداترس वि० [फा०] [भाव० ख़ुदातर्सी] १. मन में ईश्वर का भय रखनेवाला। २. दयालु, कृपालु।
adj. 1. god-fearing, very religious. 2. kind, generous.

ख़ुदाताला خداتعالیٰ पुं० [फा०] ईश्वर।
m. God.

ख़ुदादाद خداداد वि० [फा०] ईश्वर का दिया हुआ, ईश्वरदत्त।
adj. given by the God, God-given.

ख़ुदापरस्त خداپرست वि०,पुं० [फा०] [भाव० ख़ुदापरस्ती] १. ईश्वर की उपासना करनेवाला, आस्तिक। २. दयालु।
adj & m. 1. Godly person, devotee. 2. kind.

ख़ुदापरस्ती خداپرستی स्त्री० [फा०] १. धर्मनिष्ठा, आस्तिकता। २. दयालुता।
fem. 1. godliness, devotedness. 2. kindness.

ख़ुदाबंद خدابند पुं० [फा०] १. मालिक या किसी बड़े व्यक्ति के लिए सम्बोधन।
m. (a form used in addressing a person) O master, O Lord.

ख़ुदाबंदी خدابندی स्त्री० [फा०] ईश्वरता, ईश्वरत्व, खुदाई।
fem. godliness.

ख़ुदाया خدایا पुं० [फा०] हे ईश्वर!
m. O God!

ख़ुदाशनास خداشناس वि० [फा०] दयालु।
adj. kind.

ख़ुदाहाफ़िज़ خداحافظ पद [फा०] ईश्वर तुम्हारी रक्षा करे। (प्राय: विदा होने के समय कहते हैं)।
ph. God save you.

ख़ुदी خدی स्त्री० [फा०] १. 'ख़ुद' का भाव, आपा। २. अहंभाव, अहंमन्यता। ३. स्वार्थपरता।
पद असरारे ख़ुदी=अहं का रहस्य।
fem. 1. egoism. 2. self. 3. selfishness.
ph. mystery of ego.

ख़ुद्दार خدّار वि०=खुददार।

ख़ुद्दारी خدّاری स्त्री० खुददारी।

ख़ुनक خنک वि० [फा० ख़ुनुक] बहुत ठंडा।
adj. very cold, icy.

ख़ुनकी خنکی स्त्री० [फा० ख़ुनुकी] शीतलता, ठंडक।
fem. light cold.

ख़ुन्ना خنہ स्त्री० [अ०] बदमिजाज़ औरत।

fem. a bad-tempered woman.

ख़ुन्नास خناس पुं० [अ०] दुष्ट आत्मा।
m. an evil spirit.

ख़ुन्सी خنثی पुं० [अ०] १. वह कल्पित व्यक्ति जिसके विषय में कहते हैं कि वह छह महीने पुरुष और छह महीने स्त्री रहता है। २. हिजड़ा, नपुंसक। ३. व्याकरण में नपुंसकलिंग।
m. 1. an imaginery person believed to change sex after every six months. 2. impotent person. 3. (gram.) neuter gender.

ख़ुफ़िया خفیہ वि० [अ० ख़ुफ़िय:] छिपा हुआ, गुप्त।
क्रि० वि० गुप्त रूप से।
adj. hidden, secret.
adv. secretly.

ख़ुफ़ियानवीस خفیہ نویس पुं० [अ० ख़ुफ़िय:+फा०] [भाव० ख़ुफ़ियानवीसी] गुप्त रूप से समाचार लिखकर भेजनेवाला।
m. a spy.

ख़ुफ़ियानवीसी خفیہ نویسی स्त्री० [अ० ख़ुफ़िय:+फा०] खुफियानवीस का काम।
m. act of spying.

ख़ुफ़्त: خفتہ वि० [फा०] सोया हुआ, सुप्त।
adj. sleeping.

ख़ुम خم पुं० [फा०] १. घड़ा, मटका। २. मद्य रखने का पात्र।
पद ख़ुमे ग़ैर=अदृश्य लोक का मटका।
m. 1. large earthen pitcher. 2. earthen pitcher used for storing alcohol.
ph. the pitcher of the other world.

ख़ुमकदा خمکدہ पुं० [फा० ख़ुमकद:] मधुशाला, कलवरिया।
m. a bar, pub.

ख़ुमख़ाना خمخانہ पुं० [फा० ख़ुमख़ान:] मधुशाला, कलवरिया।
m. a bar, pub.

ख़ुमरा[१] خمرا पुं० [अ० कंबर] [स्त्री० खुमरी] एक प्रकार के मुसलमान फकीर।
m. a Muslim mendicant.

ख़ुमरा[२] خمرا स्त्री० [अ०] ख़जूर के पत्तों की छोटी चटाई जिसपर नमाज़ पढ़ते हैं।
fem. a mat used in Namaz.

ख़ुमार خمار पुं० [फा०] १. मद, नशा। २. नशा उतरने के समय की हलकी थकावट। ३. रात-भर जागने के कारण होनेवाली थकावट।
m. 1. intoxication. 2. drowsiness. 3. fatigue due to awakening in the night.

ख़ुमार-आलूदा خمارآلودہ वि० [अ०+फा०] खुमार से भरा हुआ।
adj. drowsy.

ख़ुमारी خماری स्त्री० दे० 'ख़ुमार'।

ख़ुम्र خمر स्त्री० [अ०] शराब।
fem. alcohol.

ख़ुरज़ी خرجی स्त्री० [फा० ख़ुर्जी] १. घोड़े, बैल आदि पर सामान रखने का झोला। २. बड़ा थैला।
fem. a large bag for carrying goods on the back of horses, bulls, asses etc. 2. a large bag.

ख़ुरदा خردہ पुं० [फा० ख़ुर्द:] १. छोटी-मोटी चीज। २. छोटे सिक्के, रेज़गी।
क्रि० वि० खुदरा, चुट-फुट।
m. 1. things for sale. 2. coins of low value, change.
adv. in retail.

ख़ुरदाफ़रोश خردہ فروش पुं० [फा० खुर्द:फ़रोश] [भाव० ख़ुरदाफ़रोशी] छोटी-मोटी और फुटकर चीजें बेचनेवाला।
m. one who sells goods in small quantities, retailer.

ख़ुरफ़ा خرفہ पुं० [अ० ख़ुर्फ़:] १. कुलफा नामक साग।
m. a variety of vegetable leaves.

ख़ुरमा خرما पुं० [फा०] १. छुहारा। २. एक प्रकार का पकवान या मिठाई।
m. 1. dry fruit of date-palm. 2. a kind of sweet.

ख़ुरशीद خورشید पुं० [फा०] सूर्य।
m. the Sun.

ख़ुरशैद خورشید पुं०=ख़ुर्शीद।

ख़ुराक خراک स्त्री० [फा०] १. भोजन, विशेषत: पौष्टिक भोजन। २. दवा की मात्रा।
fem. 1. diet. 2. a dose of medicine.

ख़ुराकी خراکی स्त्री० [फा० ख़ुराक] भोजन-व्यय।
fem. an amount of money allowed or given for meals.

ख़ुराफ़त خرافت दे० स्त्री० 'ख़ुराफ़ात'।

ख़ुराफ़ात خرافات स्त्री० [अ०] शरारत।
fem. a mischief, naughtiness.

ख़ुरासान خراسان पुं० [फा०] [वि० ख़ुरासानी] ईरान का एक सूबा जो अफगानिस्तान के पश्चिम में है।
m. name of a province of Iran.

ख़ुरूस خوروس पुं० [फा०] मुरगा, कुक्कुट।
m. a cock.

ख़ुर्द خورد वि० [फा०] छोटा। 'कलाँ' का उलटा।
पद ख़ुर्द व कलाँ=छोटे और बड़े सब।
adj. small.
ph. everyone big or small.

ख़ुर्दबीन خوردبین स्त्री० [फा० ख़ुर्दबीं] सूक्ष्मदर्शक यंत्र।

m. a microscope.

ख़ुर्दबुर्द خوردبرد पुं० [फ़ा०] १. अनुचित रूप से प्राप्त किया हुआ धन। २. अपव्यय। ३. धन का नाश। वि० १. नष्ट। २. अपहृत।
m. 1. money obtained by wrong means. 2. extravagance. 3. loss of money.
adj. 1. destroyed. 2. kidnapped, abducted.

ख़ुर्दमहल خردمحل पुं० [अ०+फ़ा०] १. वह महल जिसमें रखेली स्त्रियाँ रहती हों। २. रखी हुई स्त्री, रखनी।
m. 1. a house used for keeping kept women. 2. a kept woman.

ख़ुर्दसाल خردسال वि० [फ़ा०] [स्त्री० ख़ुर्दसाली] अल्पवयस्क, छोटी उमर का।
adj. minor, under-age.

ख़ुर्दसाली خردسالی स्त्री० [फ़ा०] बचपन।
fem. childhood.

ख़ुर्दा[1] خرده पुं० [फ़ा० ख़ुर्द:] खुदरा, फुटकर।
m. retail.

ख़ुर्दा[2] خرده वि० [फ़ा० ख़ुर्द:] खाया हुआ; जैसे—किर्मख़ुर्दा=कीड़ों का खाया हुआ।
adj. eaten.

ख़ुर्दिया خردیہ पु० [फ़ा०] सर्राफ़।
m. a bullion merchant.

ख़ुर्दी خردی स्त्री० [फ़ा०] छोटापन।
fem. smallness, meagreness, meanness.

ख़ुर्रम خرم वि० [फ़ा०] १. ताजा सींचा हुआ। २. प्रसन्न, बहुत खुश।
adj. 1. just irrigated. 2. happy, jubilant.

ख़ुर्रमी خرمی स्त्री० [फ़ा०] प्रसन्नता, खुशी।
fem. happiness, jubilation.

ख़ुलफ़ा خلفا पुं० 'ख़लीफ़ा' का बहु०।

ख़ुलासा خلاصہ वि० [अ० ख़ुलास:] १. खुला हुआ। २. अवरोध-रहित। ३. साफ़-साफ़, स्पष्ट। पुं० संक्षिप्त विवरण, सारांश।
adj. 1. open. 2. unobstructed. 3. clear, evident.
m. summary, abstract.

ख़ुलूस خلوص पुं० [अ०] १. सरलता और निष्कपटता। २. सच्चाई। ३. निष्ठा।
m. 1. simplicity, ingenuity. 2. truth. 3. faith.

ख़ुलूअ خلع पुं० [अ०] स्त्री में अपने पति से तलाक की इच्छा।
m. the desire to end one's marriage with her husband.

ख़ुल्क़ خلق पुं० [अ०] आदत।
fem. a habit.

ख़ुल्ता خلطہ पुं० [अ० ख़ुल्त:] मेलजोल।
m. closeness, intimacy.

ख़ुल्द خلد पुं० [अ०] बहिश्त, स्वर्ग।
पद ख़ुल्दे दरीं=ऊपर का स्वर्ग।
m. the heaven.
ph. the place where God lives.

ख़ुल्लत خلت स्त्री० [अ०] १. मित्रता। २. घनिष्ठता।
fem. 1. friendship. 2. intimacy.

ख़ुश خوش वि० [फ़ा०] १. प्रसन्न, मगन, आनन्दित। २. अच्छा; जैसे—खुशहाल।
पद ख़ुश व ख़ुर्रम=प्रसन्न और आनन्दित।
adj. 1. happy, jubilant. 2. good.
ph. happy and jubilant.

ख़ुशअतवार خوش‌اطوار वि० [फ़ा०] जिसका तौर-तरीका बहुत अच्छा हो, शिष्ट, सदाचारी।
adj. well-behaved, civilized, righteous.

ख़ुश-अमल خوش‌عمل वि० [फ़ा०+अ०] उत्तम आचरण-वाला, सदाचारी।
adj. of good conduct, righteous.

ख़ुश-असलूब خوش‌اسلوب वि० [फ़ा० ख़ुश-उसलूब] [भाव० ख़ुश-असलूबी] १. सुदर्शन। २. सब तरह से ठीक। ३. सुडौल।
adj. 1. good-looking, charming. 2. alright. 3. well-proportionate.

ख़ुशआमदीद, ख़ुशआमदेद خوش‌آمدید स्त्री० [फ़ा०] सुस्वागत।
fem. rousing welcome.

ख़ुश-इंतिज़ामी خوش‌انتظامی स्त्री० [फ़ा०] उत्तम व्यवस्था।
fem. good management.

ख़ुश-इक़बाल خوش‌اقبال वि० [फ़ा०] भाग्यशाली।
adj. fortunate, lucky.

ख़ुश-इलहान خوش‌الحان वि० [फ़ा० ख़ुश-इल्हान] [भाव० ख़ुशइलहानी] जिसका स्वर बहुत मनोहर हो। पुं० अच्छा गानेवाला।
adj. having sweet voice.
m. a good singer.

ख़ुशक़दम خوش‌قدم वि० [फ़ा०+अ०] जिसके घर में आने पर खुशहाली आए, जिसका घर में पदार्पण शुभ हो।
adj. whose arrival is believed to be auspicious.

ख़ुशक़िस्मत خوش‌قسمت वि० [फ़ा०+अ०] सौभाग्यशाली।
adj. fortunate, lucky.

ख़ुशक़िस्मती خوش‌قسمتی स्त्री० [फ़ा०+अ०] सौभाग्य।
fem. good fortune.

ख़ुशख़त خوش‌خط पुं० [फ़ा०] १. सुन्दर अक्षर लिखने-

वाला। २. सुंदर लिखावट।
m. 1. one who writes beautifully. 2. beautiful handwriting.

ख़ुशख़बर خوش خبر वि० [फा०] शुभ समाचार सुनानेवाला।
adj. giving good news.

ख़ुशख़बरी خوش خبری स्त्री० [फा०] शुभ समाचार।
fem. good news.

ख़ुश-ख़राम خوش خرام वि० [फा०] धीरे-धीरे चलनेवाला।
adj. walking slowly.

ख़ुशख़ुल्क़ خوش خلق वि० [फा०] [भाव० ख़ुश-ख़ुल्क़ी] उत्तम स्वभाववाला।
adj. good-natured.

ख़ुशगुलू خوش گلو वि० [फा०] जिसका स्वर बहुत सुन्दर हो।
adj. having a sweet voice.

ख़ुशगुवार خوش گوار वि० [फा०] १. अच्छा लगनेवाला, प्रिय, मनोहर, रुचिकर। २. स्वादिष्ट।
adj. 1. very pleasing, delightful. 2. tasty, having a pleasant flavour.

ख़ुशचश्म خوش چشم वि० [फा०] देखने में सुन्दर। पुं० प्रेमी।
adj. pleasing to the eyes.
m. a lover.

ख़ुशज़ायक़ा خوش ذائقہ वि० [फा० ख़ुशज़ाइक़:] स्वादिष्ट।
adj. having a pleasant flavour, tasty.

ख़ुशतबा خوش طبع वि० [फा० ख़ुश+अ० तब्अ] ख़ुशमिज़ाज।
adj. good-humoured.

ख़ुशदामन خوش دامن स्त्री० [फा०] सास, पत्नी की माता।
fem. one's mother-in-law.

ख़ुशनवीस خوش نویس वि० [फा०] [भाव० ख़ुशनवीसी] सुंदर अक्षर लिखनेवाला।
adj. having a good hand-writing.

ख़ुशनसीब خوش نصیب वि० [फा०] [भाव० ख़ुशनसीबी] भाग्यवान, किस्मतवर।
adj. fortunate, lucky.

ख़ुशनुमा خوش نما वि० [फा०] [भाव० ख़ुशनुमाई] जो देखने में भला लगे, सुन्दर, खूबसूरत।
adj. good-looking, beautiful, charming.

ख़ुशनूद خوش نود वि० [फा०] प्रसन्न, संतुष्ट।
adj. happy, satisfied.

ख़ुशनूदी خوش نودی स्त्री० [फा०] प्रसन्नता, संतोष।
पद ख़ुशनूदी मिज़ाज=मिज़ाज या तबीयत की प्रसन्नता।
fem. happiness, satisfaction.
ph. delight, exhilaration.

ख़ुशफ़ह्म خوش فہم वि० [फा०+अ०] तीव्रबुद्धि।
adj. intelligent.

ख़ुशफ़ह्मी خوش فہمی स्त्री० [फा०+अ०] बुद्धि की तीव्रता।
adj. intelligence.

ख़ुशबयान خوش بیان पुं० [फा०] [भाव० ख़ुशबयानी] सुन्दर वर्णन करनेवाला, सुवक्ता।
m. an orator.

ख़ुशबू خوش بو स्त्री० [फा०] सुगन्ध।
fem. fragrance.

ख़ुशबूदार خوش بودار वि० [फा०] उत्तम गंधवाला, सुगन्धित।
adj. having a pleasant smell, fragrant.

ख़ुशमिज़ाज خوش مزاج वि० [फा०] [भाव० ख़ुशमिज़ाजी] जिसका मिज़ाज या स्वभाव बहुत अच्छा हो, प्रसन्नचित्त।
adj. happy, cheerful, cheery, lively.

ख़ुशमिज़ाजी خوش مزاجی स्त्री० [फा०+अ०] सदा खुश रहने का स्वभाव, प्रसन्नचित्तता।
fem. delightfulness, cheerfulness.

ख़ुशरंग خوش رنگ वि० [फा०] जिसका रंग बहुत सुन्दर हो।
adj. having beaufiful colour.

ख़ुशरू خوش رو वि० [फा०] सुंदर, रूपवान।
adj. beaufiful, charming.

ख़ुशवक़्त خوش وقت वि० [फा०] [भाव० ख़ुशवक़्ती] प्रसन्न, सुखी।
adj. jubilant, happy.

ख़ुशहाल خوش حال वि० [फा०] [भाव० ख़ुशहाली] १. सुखी। २. सम्पन्न।
adj. 1. happy, 2. well-off.

ख़ुशामद خوش آمد स्त्री० [फा०] प्रसन्न करने के लिए की जानेवाली झूठी प्रशंसा, चापलूसी।
fem. flattery.

ख़ुशामद-पसंद خوش آمد پسند वि०, पुं० [फा०] जिसे चापलूसी पसंद हो।
adj. & m. fond of flattery.

ख़ुशामदी خوش آمدی वि०, पुं० [फा०] ख़ुशामद करने-वाला, चापलूस।
adj. & m. a flatterer.

ख़ुशी خوشی स्त्री० [फा०] १. प्रसन्नता। २. इच्छा; जैसे-जैसी आपकी ख़ुशी।
fem. 1. happiness. 2. a desire will.

ख़ुश्क خشک वि० [फा०] १. जो तर न हो, शुष्क, सूखा। २. जिसमें रसिकता न हो, रूखे स्वभाव का, नीरस।

३. बिना किसी और आमदनी के होनेवाला। ४. केवल, मात्र।
adj. 1. dry, 2. uninterested, boring. 3. without any perks, 4. only.

ख़ुश्कसाली خشک سالی स्त्री० [फा०] वह वर्ष जिसमें वर्षा न हो और अकाल पड़े।
fem. the year of drought.

ख़ुश्का خشکا पुं० [फा० ख़ुश्कः] १. पकाया हुआ चावल, भात।
m. boiled rice.

ख़ुश्की خشکی स्त्री० [फा०] १. सूखापन, शुष्कता। २. अकाल। ३. स्थल या भूभि।
fem. 1. dryness. 2. famine. 3. land.

ख़ुसर خسر पुं० [फा० ख़ुसुर] श्वसुर, ससुर।
m. one's father-in-law.

खुसुरवाना خسروانہ वि० [फा० ख़ुसुरवानः] बादशाहों का, शाही, राजकीय।
adj. royal.

ख़ुसरू خسرو पु० [फा० ख़ुस्रो] बादशाह, सम्राट्।
m. an emperor, king.

ख़ुसिया خصیہ पुं० [अ० ख़ुसियः] अंडकोश।
m. scotrum.

ख़ुसिया-बरदार خصیہ بردار पुं० [अ०+फा०] [भाव० ख़ुसिया-बरदारी] बहुत अधिक खुशामद और तुच्छ सेवाएँ करनेवाला।
m. an attendent who always flatters.

ख़ुसुर خسور पुं० [फा०] श्वसुर।
m. one's father-in-law.

ख़ुसूफ़ خصوف पुं० [अ०] १. जमीन में धँसना। २. चन्द्रग्रहण।
m. 1. thrusting into the land. 2. lunar-eclipse.

ख़ुसूमत خصومت स्त्री० [अ०] शत्रुता, दुश्मनी।
fem. enmity, hostility.

ख़ुसूसन خصوصاً क्रि० वि० [अ०] खास तौर पर, विशेष रूप से, विशेषत:।
adv. particularly, specially.

ख़ुसूसीयत خصوصیت स्त्री० [अ० ख़ुसूसीयत] विशेषता, विशिष्टता।
fem. a speciality, characteristic, trait.

ख़ूँ[1] خوں[1] पुं० [अ०] स्वभाव।
m. nature, habit.

ख़ूँ[2] خوں[2] पुं० [फा०] खून।
m. blood.

खूँख़्वार خونخوار वि० [फा०] [भाव० ख़ूख़्वारी] १. खून पीनेवाला। २. क्रोधी।
adj. 1. blood thirsty. 2. wrathful.

ख़ूँबहा خونبہا पुं० [फा०] वह धन जो किसी की हत्या होने पर व्यक्ति के संबंधियों को दिया जाए।
m. money given to the relatives of a victim having been killed.

ख़ूँरेज़ خوں ریز पुं० [फा०] खून बहानेवाला, रक्तपात करनेवाला।
m. a murderer.

ख़ूँरेज़ी خوں ریزی स्त्री० [फा०] खून बहाना, रक्तपात।
fem. killing, slaying

ख़ू خو स्त्री० [फा०] १. आदत, बान। २. खसलत, गुण।
पद ख़ू-बू= रंग-ढंग, तौर-तरीका।
fem. 1. a habit. 2. a speciality, virtue.
ph. manners.

ख़ूक خوک पुं० [फा०] १. शूकर, सुअर।
m. a pig.

ख़ूगर خوگر वि० [फा०] जिसे किसी बात की खू या आदत पड़ गई हो, अभ्यस्त।
adj. accustomed.

ख़ूगीर خوگیر वि० [फा०] व्यसनी।
adj. habituated.

ख़ून خون पुं० [फा०] [यौ० में 'खूँ रूप होता है'] १. रक्त, रुधिर। २. वध, हत्या।
***मुहा०* (i) ख़ून उबलना या खौलना**=क्रोध से शरीर लाल होना, गुस्सा चढ़ना। **(ii) ख़ून पीना**=मार डालना। **(iii) ख़ून सिर पर चढ़ना या सवार होना**=किसी को मार डालने या इसी प्रकार का कोई अनिष्ट करने पर उद्यत होना। **(iv) ख़ून सफेद होना**=सौजन्य या मुरव्वत का बिल्कुल न रह जाना। **पद (i) ख़ून का प्यासा**=वध का इच्छुक। **(ii) ख़ूने नाहक**=बेवजा किया हुआ खून।
m. 1. blood. 2. murder.
id. (i) boiling of the blood, to become wrathful. (ii) to be out for blood. (iii) to be out for (someone's blood). (iv) to be void of cordial feelings.
ph. (i) blood thirsty. (ii) murder in vain.

ख़ून-आलूदा خون آلودہ वि० [फा० ख़ून+आलूदः] खून से भरा या भीगा हुआ।
adj. soaked in blood, bathed in blood.

ख़ूनी خونی वि०, पुं० [फा०] १. मार डालनेवाला, हत्यारा, घातक। २. अत्याचारी।
adj. & m. 1. a slayer, murderer. 2. a tyrant, oppressor.

ख़ूब خوب वि० [फा०] अच्छा, भला, उम्दा, उत्तम।
adj. good, gentle, fine.

ख़ूबतर خوبتر वि० [फा०] बहुत अच्छा।

adj. very good, excellent.

ख़ूबतरीन خوب‌ترین वि० [फा०] सबसे अच्छा, उत्तम, सर्वोत्तम।
adj. best.

ख़ूबसूरत خوبصورت वि० [फा०] सुंदर, रूपवान।
adj. beautiful, charming.

ख़ूबसूरती خوبصورتی स्त्री० [फा०] सौंदर्य।
adj. beauty.

ख़ूबरू خوبرو वि० [फा०] सुन्दर, खूबसूरत।
स्त्री० प्रियतमा।
adj. beautiful.
fem. one's beloved.

ख़ूब-रूई خوبروئی स्त्री० [फा०] सुन्दरता, खूबसूरती।
fem. beauty.

ख़ूबाँ خوباں पुं० [फा०] सुन्दर स्त्रियाँ, सुन्दरियाँ, नायिकाएँ।
पद शहे-ख़ूबाँ=सुन्दरियों की रानी।
m. beautiful women, beauties.
ph. beauty queen.

ख़ूबानी خوبانی स्त्री० [अ०] ज़रदालू नामक फल।
fem. an apricot.

ख़ूबी خوبی स्त्री० [फा०] १. अच्छाई, अच्छापन। २. विशेषता।
fem. 1. goodness. 2. virtue. quality.

ख़ूबू خوبو स्त्री० [फा०] १. स्वभाव। २. रंग-ढंग।
fem. 1. nature. 2. manners.

ख़ूर[१] خور वि० [फा०] खाने-पीनेवाला।
स्त्री० भोजन।
पद (i) ख़ूर व पोश=खाना-कपड़ा। **(ii) ख़ूर व नोश**=खाना-पीना।
adj. enjoying life.
fem. food.
ph. (i) food and cloth. (ii) eating and drinking.

ख़ूर[२] خور पुं० [फा०] आलस्य।
m. lethargy.

ख़ूरा خورہ पुं० [फा० ख़ूर:] कुष्ट, कोढ़ रोग।
m. leprosy.

ख़ूराक خراک स्त्री० [फा० ख़ुराक] भोजन, खाना।
fem. diet, food.

ख़ूरिश خورش स्त्री० [फा०] खाने-पीने की सामग्री, भोजन।
m. food, meal.

ख़ूलंजान خولنجان पुं० [अ० ख़ूलिंजान] पान की जड़, कुलंजन।
m. the root of a betel-leaf plant.

ख़ेमा خیمہ पुं० [अ० ख़ैम:] तंबू, डेरा।
m. a tent.

ख़ेमागाह خیمہ‌گاہ पुं० [अ०+फा०] वह स्थान जहाँ बहुत से खेमे लगे या लगते हों।
m. the place where tents are usually erected.

ख़ेमादोज़ خیمہ‌دوز पुं० [अ०+फा०] खेमा बनानेवाला।
m. a tent-maker.

ख़ेश خویش वि० [फा० ख़्वेश] अपना।
पुं० १. सम्बन्धी, रिश्तेदार। २. दामाद, जामाता।
पद ख़ेश-व-अक़ारिब=रिश्ते-नाते के लोग।
adj. own, one's own.
m. 1. a relative. 2. a son-in-law.
ph. relatives.

ख़ैमा خیمہ पुं० [अ० ख़ैम:] तंबू।
m. a tent.

ख़ैयाम خیام पुं०=ख़य्याम।

ख़ैर خیر स्त्री० [फा०] कुशल-मंगल, कुशल-क्षेम।
पद ख़ैर-आफ़ियत=कुशल-क्षेम।
विस्मय० १. कुछ चिन्ता नहीं, कुछ परवाह नहीं। २. अस्तु, अच्छा।
fem. welfare.
ph. welfare.
inter. 1. No problem. 2. Well, let to be so.

ख़ैर-अंदेश خیراندیش वि०, पुं० [फा०] [भाव० ख़ैर-अंदेशी] शुभ-चिन्तक।
adj. & m. a well-wisher.

ख़ैर-अंदेशी خیراندیشی स्त्री० [अ० + फा०] दूसरों की भलाई की बात सोचना।
fem. act of desiring happiness for others.

ख़ैर-ख़बर خیرخبر स्त्री० [अ०] शुभ समाचार।
fem. a good news.

ख़ैरख़्वाह خیرخواہ वि० पुं० [अ०+फा०] [भाव० ख़ैरख़्वाही] शुभचिन्तक, हितैषी।
adj. & m. a well-wisher.

ख़ैरबाद خیرباد पद [फा०] कुशल हो, कुशल रहे। (प्राय: बिदाई के समय कहते हैं।)
ph. Good-by.

ख़ैर बाशद خیرباشد पद [फा०] ठीक तो है?
ph. Is everything o.k.?

ख़ैरमक़्दम خیرمقدم पुं० [अ०] शुभागमन, स्वागत। (प्राय: किसी के आने पर कहते हैं।)
m. gracious arrival.

ख़ैरसल्ला خیرسلا स्त्री० [अ०] कुशल-क्षेम।
fem. welfare.

ख़ैरात خیرات स्त्री० [अ०] दान-पुण्य।
fem. charity, alms.

ख़ैराती خیراتی वि० [अ०] खैरात-सम्बन्धी, खैरात या दान का।
adj. charitable.

ख़ैराद خیراد पुं०=ख़राद।
m. a lathe machine.

ख़ैरीयत خیریت स्त्री० [अ०] १. कुशल-क्षेम, राजी-खुशी। २. सुरक्षा।
fem. 1. welfare. 2. safety.

ख़ैल خیل पुं० [अ०] झुण्ड, गिरोह, समूह।
m. a herd, gang, group.

ख़ैला خیلا स्त्री० [फा०] फूहड़ स्त्री।
fem. an uncouth women, slut.

ख़ैलापन خیلاپن पुं० [फा०+हिं०] फूहड़पन।
m. an uncouthness, the state of being a slut.

ख़ो خو स्त्री० दे० 'ख़ू'।

ख़ोगीर خوگیر पुं० [फा०] वह मोटा कपड़ा जिसके ऊपर घोड़े की जीन कसते हैं।
***पद* ख़ोगीर की भर्ती**=व्यर्थ की और रद्दी चीजें।
m. a kind of thick cloth.
ph. useless commodities.

ख़ोजा خوجہ पुं० [फा० ख़ोजः] १. वह जिसे महलों में सेवा करने के लिए हिजड़ा बनाया गया हो, ख़्वाजसरा। २. हिजड़ा।
m. 1. a eunch serving in a harem. 2. a eunch.

ख़ोद خود पुं० [फा०] युद्ध में पहनने का लोहे का टोप, कूँड़, शिरस्त्राण।
m. warrior's iron hat.

ख़ोनचा خونچہ पुं० दे० 'ख़्वानचा'।

ख़ोर خور प्रत्य० [फा० ख़ूर] ख़ानेवाला। (यौगिक शब्दों के अन्त में, जैसे—नशाखोर)
suffix. one who eats or takes.

ख़ोलंजन خولنجن पुं० [फा० ख़ूलिंजन] पान की जड़, कुलंजन।
m. root of a betel-leaf plant.

ख़ोशा خوشہ पुं० [फा० ख़ोशः] १. अनाज की बाल। २. छोटे-छोटे फलों आदि का गुच्छा।
m. 1. an ear of corn. 2. a bunch of flowers or fruit.

ख़ोशाचीं خوشہ‌چیں वि० पुं० [फा० ख़ोशःचीं] अनाज की बालें या फलों के गुच्छे आदि चुननेवाला।
adj. & m. one who pick the ears of corn.

ख़ौज़[1] خوض पुं० [अ०] गहन विचार।
***पद* ग़ौर व ख़ौज़**=चिन्तन और गम्भीर विचार।
m. act of pondering, contemplation.
ph. deliberation, contemplation.

ख़ौज़[2] خوز पुं० [अ०] दुश्मनी।
m. enmity.

ख़ौफ़ خوف पुं० [अ०] डर, भय।
m. fear, fright.

ख़ौफ़नाक خوفناک वि० [फा०] भयंकर, भयानक।
adj. fearful, frightening.

ख़ौश خوش स्त्री० [अ०] चूतड़, नितंब।
fem. a buttock.

ख़्वाँ خواں प्रत्य० [फा०] १. पढ़नेवाला। २. कहने या गानेवाला। (यौगिक शब्दों के अन्त में जैसे—किस्साख़्वाँ।)
suffix. 1. one who reads or recites. 2. one who says or sings.

ख़्वांदगी خواندگی स्त्री० [फा०] शिक्षा।
fem. education.

ख़्वांदाँ خواندہ वि० [फा० ख़्वाँदः] शिक्षित।
***पद* नाख़्वाँदा**=अशिक्षित, अनपढ़।
adj. educated.
ph. uneducated.

ख़्वाजा خواجہ पुं० [फा० ख़्वाजः] १. घर का मालिक, गृहस्वामी। २. सरदार, नेता। ३. सम्पन्न और प्रतिष्ठित व्यक्ति। ४. वह व्यक्ति जो हिजड़ा बनाकर महलों में सेवा आदि के लिए रखा जाए।
m. 1. a householder. 2. a leader, chieftain. 3. a rich or reputed person. 4. an eunuch.

ख़्वाजाख़िज्र خواجہ خضر पुं० दे० 'ख़िज्र'।

ख़्वाज़ासरा خواجہ سرا पुं० [फा० ख़्वाजःसरा] वह जो महलों में सेवा करने के लिए हिजड़ा बनाया गया हो, खोजा।
m. a eunch posted in a harem.

ख़्वातीन خواتین स्त्री० ['ख़ातून' का बहु०] स्त्रियाँ।
fem. (plu.) ladies.

ख़्वान خوان पुं० [फा०] बड़ी थाली या तश्तरी जिसमें भोजन करते हैं।
m. a large plate.

ख़्वानचा خوانچہ पुं० [फा० ख़्वान्वः] वह थाल जिसमें रखकर मिठाई आदि खाने-पीने की चीजें बेचते हैं, खोनचा।
m. the large plate used by pedlars for selling sweets or eatables.

ख़्वानी خوانی स्त्री० [फा०] पढ़ने की क्रिया या भाव; जैसे—कुरानख़्वानी।
fem. act of reading.

ख़्वाब خواب पुं० [फा०] १. स्वप्न, सपना। २. सोना,

निद्रा लेना।
m. 1. a dream. 2. an act of sleeping.

ख़्वाब-आलूदा خواب آلوہ वि० [फा० ख़्वाब-आलूद:] जिसमें नींद भरी हो (आँख)।
adj. sleepy.

ख़्वाबगाह خوابگاہ स्त्री० [फा०] सोने का स्थान, शयनागार।
fem. a sleeping room, bedroom.

ख़्वाबीदा خوابیدہ वि० [फा० ख़्वाबीद:] सोया हुआ, सुप्त।
adj. sleeping, in sleep.

ख़्वार خوار वि० पुं० [फा०] १. खानेवाला; जैसे—नमकख़्वार, शराबख़्वार। २. अनादृत, तिरस्कृत। ३. दुर्दशाग्रस्त।
adj. & m. 1. one who eats. 2. humiliated. 3. in plight.

ख़्वारी خواری स्त्री० [फा०] १. दुर्दशा, खराबी। २. अप्रतिष्ठा, अनादर।
fem. 1. plight. 2. disrespect, humiliation.

ख़्वास्त خواست स्त्री० [फा०] इच्छा, कामना, ख़्वाहिश।
fem. a desire, want.

ख़्वास्तगार خواستگار वि० [फा०] [भाव० ख़्वास्तगारी] किसी बात की इच्छा या आकांक्षा रखनेवाला, इच्छुक।
adj. eager, desirous, anxious.

ख़्वाह خواہ प्रत्य० [फा०] १. चाहनेवाला, इच्छुक; जैसे—ख़ातिरख़्वाह=संतोषजनक, तरक्क़ीख़्वाह=तरक्की चाहनेवाला। २. अनुसार; जैसे—हसबख़्वाह=इच्छानुसार। योज० या, अथवा, या तो।
suffix. 1. eager. 2. accordingly.
con. or

ख़्वाहमख़्वाह خواہمخواہ क्रि० वि० [फा०] १. चाहे इच्छा हो और चाहे न हो, जबरदस्ती। २. अवश्य।
adv. 1. by force. 2. surely.

ख़्वाहाँ خواہاں वि० [फा०] चाहनेवाला, इच्छुक, अभिलाषी।
adj. eager, anxious.

ख़्वाहिश خواہش स्त्री० [फा०] इच्छा, चाह, अभिलाषा, आकांक्षा।
fem. a desire, ambition, aspiration.

ख़्वाहिशमंद خواہشمند वि० [फा०] इच्छुक, अभिलाषी।
adj. eager, desirous, anxious.

ख़्वाहिशात خواہشات स्त्री० [फा०, 'ख़्वाहिश' का बहु०] इच्छाएँ।
fem. (plu.) desires.

ख़्वाहीदा خواہیدہ वि० [फा० ख़्वाहीद:] चाहा हुआ।
adj. desired.

◆

ग

गंग گنگ स्त्री० [फा०] गंगा नदी।
fem. the river Ganges.

गंगोजमन گنگ وجمن स्त्री० [फा०] गंगा और यमुना।
वि० मिला-जुला, साँझा।
fem. Ganga and Yamuna.
adj. made of different parts, composite.

गंज گنج पुं० [फा०] १. खजाना, कोश। २. ढेर, राशि, अटाला। ३. समूह, झुण्ड। ४. गल्ले की मंडी, गोला, हाट।
m. 1. a treasure. 2. a pile, dump. 3. a group, mass. 4. a market.

गंजफ़ा گنجفہ पुं० दे० 'गंजीफ़ा'।

गंजीना گنجینہ पुं० [फा० गंजीनः] खज़ाना, कोश।
m. a treasure.

गंजीफ़ा گنجفہ पुं० [फा० गंजीफ़ः] एक खेल जो आठ रंगों के ९६ पत्तों से खेला जाता है।
m. a game played with a pack of 96 cards.

गंजूर گنجور पुं० [फा०] खजांची।
m. a treasurer.

गंद گند स्त्री० [फा०] दुर्गंध, बदबू।
fem. foul smell.

गंदगी گندگی स्त्री० [फा०] १. बदबू। २. मैलापन, मलिनता। ३. मैला, गलीज, मल।
fem. 1. foul smell, 2. filthiness. 3. filth.

गंदा گندہ वि० [फा० गन्दः] १. मैला, मलिन। २. नापाक, अशुद्ध। ३. घिनौना, घृणित।
adj. 1. dirty, filthy, 2. unholy, 3. nasty.

गंदीदा گندیدہ वि० [फा० गन्दीदः] दुर्गंधयुक्त, बदबूदार।
adj. having nasty smell, smelly.

गंदुम گندم पुं० [फा० मि० सं० गोधूम] गेहूँ।
मुहा० गंदुमनुमा जौफ़रोश=पहले गेहूँ दिखलाकर फिर उसके बदले में जौ तौलनेवाला अर्थात् बहुत बड़ा धूर्त।
m. wheat.
id. a cunning and dishonest person.

गंदुमगूँ گندم گوں वि० [फा०] गेहूँ के रंग का, गेहुँआ।
adj. wheatish.

गंदुमी گندمی वि० [फा०] गेहूँ के रंग का, गेहुआँ।
adj. wheaten.

ग़च्चा غچہ पुं० [फा० ग़च्चः] धोखा।
m. a deceit, deception.

ग़ज़ंद غزند पुं० [फा०] १. कष्ट, तकलीफ। २. हानि, नकसान।
m. 1. grievance, suffering. 2. loss, damage.

गज़ گز पुं० [फा०] १. लम्बाई नापने का एक उपकरण जो सोलह गिरह या तीन फुट का होता है, इसके सिवा इलाही और देशी आदि कई प्रकार के गज़ होते हैं। २. लोहे या लकड़ी का वह छड़ जिससे पुराने ढंग की बन्दूक भरी जाती है। ३. एक प्रकार का तीर।
m. 1. a unit of length equal to three feet, yard. 2. an iron rod used in filling an old type of gun. 3. a kind of arrow.

गज़क گزک स्त्री० [फा०] १. वह चीज़ जो शराब पीने के समय मुँह का स्वाद बदलने के लिए खाई जाती है, चाट। २. तिल-पपड़ी, तिल-शकरी। ३. नाश्ता, जल-पान।
fem. 1. snacks used while taking alcohol. 2. a kind of Indian sweet. 3. light refreshment.

ग़ज़नवी غزنوی पु० [फा० ग़ज़्नवी] ग़ज़नी नगर का निवासी।
m. an inhabitant of Gazni.

ग़ज़न्फ़र غضنفر पुं० [अ०] शेर, बाघ।
वि० वीर।
m. a tiger.
adj. brave.

ग़ज़ब غضب पुं० [अ०] १. कोप, रोष, गुस्सा। २. विपत्ति। ३. अन्याय, जुल्म। ४. विलक्षण बात।
वि० १. बहुत अधिक, बहुत। २. विलक्षण। ३. बहुत खराब, बहुत बुरा।
मुहा० ग़ज़ब का=विलक्षण, अपूर्व।
m. 1. anger, wrath. 2. calamity. 3. injustice, tyranny. 4. a miracle.
adj. 1. too much. 2. strange, peculiar. 3. very bad.
id. miraculous, wonderful, marvellous.

ग़ज़बनाक غضبناک वि० [अ० ग़ज़ब+फा०] बहुत गुस्से में भरा हुआ, बहुत क्रुद्ध।
adj. wrathful.

ग़ज़बी غضبی वि० [अ० ग़ज़ब] क्रोधी और दुष्ट।
adj. ferocious and wicked.

गज़र گزر स्त्री० [फा०] गाजर।
fem. a vegetable, carrot.

ग़ज़ल غزل स्त्री० [अ०] [बहु० ग़ज़लियात] फारसी और उर्दू में एक प्रकार की कविता, जिसमें एक ही वज़न और क़ाफिए के अनेक शेर होते हैं और प्रत्येक

शेर का विषय प्राय: एक-दूसरे से स्वतन्त्र होता है।
fem. a type of poem.

ग़ज़ाला غزالہ पुं० [अ० ग़ज़ाल:] हिरन का बच्चा।
m. a young of a deer.

गज़ी غزی पुं० [फा०] एक प्रकार का मोटा देशी कपड़ा, खादी।
m. a hand-spun or hand-woven coarse cloth.

ग़दर غدر पुं० [अ० ग़द्र] १. उपद्रव। २. बलवा, बग़ावत, विद्रोह।
m. 1. disturbance. 2. revolt, mutiny.

गदा گدا पुं० [फा०] भिक्षुक, भिखमंगा।
***पद* गदा-ए-बेहया**=निर्लज्ज भिखमंगा।
m. a beggar.
ph. a shameles beggar.

गदाई گدائی स्त्री० [फा०] भिखमंगी, भिक्षावृत्ति।
वि० १. नीच, क्षुद्र। २. वाहियात, रद्दी।
fem. calling of a beggar, mendicancy.
adj. 1. mean. 2. useless.

ग़दीर غدیر पुं० [अ०] बाढ़ का पानी।
m. flood-water.

ग़द्दार غدّار वि० पुं० [अ०] १. बहुत बड़ा गदर करनेवाला, भारी विद्रोही। २. बहुत बड़ा बेवफा।
adj. & m. 1. a traitor. 2. a disloyal person.

ग़नी غنی वि०, पुं० [अ०] १. बहुत बड़ा धनवान। २. स्वच्छंद व्यक्ति।
adj. & m. 1. a wealthy person. 2. a self-willed person.

ग़नीम غنیم पुं० [अ०] १. शत्रु, दुश्मन। २. लुटेरा, डाकू। ३. प्रतिद्वंद्वी।
m. 1. an enemy. 2. a looter or dacoit. 3. a rival.

ग़नीमत غنیمت स्त्री० [अ०] [बहु० ग़नायम] १. लूट का माल या वह माल जो बिना परिश्रम किए मिले, मुफ्त का माल। २. सन्तोष की बात।
fem. 1. booty. 2. a consoling factor.

ग़नूदगी غنودگی स्त्री० = गुनूदगी।

ग़प غپ स्त्री० [फा० गप] १. व्यर्थ की बात-चीत। २. बकवाद। ३. अफवाह, किंवदन्ती।
fem. 1. a gossip, 2. a prattle. 3. a rumour.

ग़पबाज़ غپ باز वि०, पुं० [फा० गपबाज़] गप्पें हाँकनेवाला।
adj. & m. one who is fond of gossiping, gossiper.

गफ़ گف वि० [फा०] घना, ठस, घनी बुनावट का।
adj. thick, dense.

ग़फ़लत غفلت स्त्री० [अ० ग़फ़्लत] १. असावधानी। २. बेपरवाही। ३. बेखबरी, चेत या सुध का अभाव। ४. भूल, चूक।
fem. 1. unattentiveness. 2. negligence. 3. inconsciousness. 4. an error, mistake.

ग़फ़लती غفلتی वि० [अ० गफ़्लती] ग़फ़लत या लापरवाही करनेवाला।
adj. careless, unattentive.

ग़फ़ीर غفیر पुं० [अ०] वह जो छिपाता हो।
***पद* जम्मे ग़फ़ीर**=बहुत बड़ा जनसमूह, बहुत भारी भीड़।
m. one who tries to conceal.
ph. huge crowd.

ग़फ़ूर غفور वि० [अ०] क्षमा करनेवाला। (ईश्वर का एक विशेषण)
adj. forgiver, merciful.

ग़फ़्फ़ार غفّار वि० [अ०] बहुत बड़ा दयालु। (ईश्वर का एक विशेषण)
adj. merciful.

ग़फ़्स غفس वि० [अ०] मोटा तथा गफ। (कपड़ा आदि)
adj. rough and thick.

ग़बन غبن पुं० [अ०] किसी दूसरे के सौंपे हुए माल को खा लेना, ख़यानत।
m. misappropriation, embezzlement.

गबर گبر पुं० [फा०] वह जो अग्नि की उपासना करता हो, अग्निपूजक।
m. a fire-worshipper.

ग़ब्बास غبّاس पुं० [अ०] गोताखोर, पनडुब्बा।
m. a diver.

ग़म, ग़म्म غم पुं० [अ०] १. दुख। २. शोक।
m. 1. grief, sorrow. 2. mourning.

ग़म-अंगेज़ غم انگیز वि० [अ०] दुखद, दुखदायी।
adj. distressing.

ग़म-आलूद غم آلود वि० [अ०] दुखी।
adj. grieved, grief-stricken.

ग़म-आशना غم آشنا पुं० [अ०+फा० आश्ना] गम का प्रेमी।
m. who loves sorrow.

ग़मकदा غم کدہ पुं० [अ०+फा० कद:] वह घर जहाँ गम छाया हो।
m. a bereaved house.

ग़मख़ोर غم خور वि० [अ०+फा०] [भाव० ग़मख़ोरी] ग़म खानेवाला, सहिष्णु, सहनशील।

ग़मख़्वार غم خوار वि० [फा०+फा०] [भाव० ग़मख़्वारी]

१. गम खानेवाला, क्रोध को रोकनेवाला। २. सहिष्णु। ३. सहानुभूति रखनेवाला।
adj. 1. suffering patiently. 2. tolerant. 3. sympathetic.

ग़मग़लत غم غلط पुं० [अ०] १. दुखी मन को बहलाने-वाला काम। २. खेल-तमाशा। ३. शराब, मद्य।
m. 1. something that brings tranquility and relief. 2. a pastime. 3. alcohol.

ग़मगीं غمگیں वि० [अ०+फा०] १. दुखी, रंजीदा। २. उदास।
adj. 1. distressed, grief-striken. 2. sad.

ग़मगुसार غمگسار वि० [अ०+फा०] [भाव० ग़मगुसारी] दूसरों का दुख दूर करनेवाला।
adj. showing sympathy, sympathetic.

ग़मज़दा غمزدہ वि० [अ०+फा० ज़द:] दुखी, रंजीदा।
adj. distressed, grief-striken.

ग़मज़ा غمزہ पुं० [अ० ग़म्ज़:] १. आँख का इशारा। २. प्रेमिका का नखरा और हाव-भाव।
m. 1. a wink. 2. armorous gestures and postures of a beloved.

ग़मपरवर غم پرور वि० [फा०] सदा दुखी रहनेवाला।
adj. habitually sorrowful.

ग़मरसीदा غم رسیدہ वि० [अ० ग़म+फा० रसीद:] दे० 'गमज़दा'।

ग़मी غمی स्त्री० [अ०] १. शोक की अवस्था या काल। २. वह शोक जो किसी मनुष्य के मरने पर उसके सम्बन्धी करते हैं, सोग। ३. मृत्यु, मरनी।
fem. 1. bereavement. 2. mourning. 3. death.

ग़मेदिल غمِ دل पुं० [अ०+फा०] दिल का ग़म, मनस्ताप।
m. depondency, sorrow, grief.

ग़म्माज़ غمّاز पुं० [अ०] चुग़लखोर, निन्दक।
m. a backbiter.

ग़म्माज़ी غمّازی स्त्री० [अ०] चुग़ली।
fem. backbiting.

ग़म्स غمس पुं० [अ०] कृतघ्नता।
m. ungratefulness.

ग़यास غیاث स्त्री० [अ० ग़ियास] १. सहायता। २. मुक्ति, छुटकारा। ३. फरियाद।
fem. 1. help, aid. 2. release, freedom. 3. complaint, plaint.

ग़यूर غیور वि० [अ०] १. ईर्ष्या करनेवाला। २. लजीला। ३. स्वाभिमानी।
adj. 1. envious. 2. bashful. 3. proud.

गर گر योः० [फा०] = अगर।

गर گر प्रत्य० [फा०] एक प्रत्यय जो शब्दों के अन्त में लगकर करने या बनानेवाले का अर्थ देता है; जैसे—शीशाग़र, कलईग़र।
suffix. doer, maker.

ग़रक़ غرق वि० [अ०] १. डूबा हुआ। २. मग्न। ३. व्यस्त।
adj. 1. sunk, 2. absorbed, engrossed. 3. busy.

ग़रक़ाब غرقاب वि० [अ०] डूबा हुआ।
पुं० १. गहरा पानी। २. पानी का भँवर।
adj. sunk.
m. 1. deep water. 2. a whirlpool.

ग़रक़ी غرقی स्त्री० [अ० ग़र्क़] १. बाढ़। २. जल-प्लावन।
fem. 1. flood. 2. deluge.

ग़रक़े-फ़िक्र غرقِ فکر वि० [फा०] चिंताग्रस्त।
adj. worried, anxious.

गरचे گرچہ योज० [फा० अगरचि:] यद्यपि।
conj. if, though.

ग़रज़ غرض स्त्री० [अ०] [बहु० अग़राज] १. आशय, प्रयोजन, मतलब। २. आवश्यकता, ज़रूरत। ३. चाह, इच्छा। ४. उद्देश्य।
***पद* अल्-ग़रज़**=१. तात्पर्य यह है कि। २. संक्षेप में यह कि।
fem. 1. import, purport. 2. need, necessity. 3. a desire. 4. aim.
ph. 1. lastly. 2. in other words, in brief.

ग़रज़-आश्ना غرض آشنا वि० [अ०+फा०] मतलब का यार।
adj. selfish.

ग़रज़मंद غرض مند वि० [अ०+फा०] [भाव० ग़रज़मन्दी] जिसे किसी बात की ग़रज़ हो, मतलब से काम रखनेवाला, स्वार्थी।
adj. selfish, self-centered, self-seeking.

ग़रज़े कि غرضےکہ योज० [अ०+फा०] सारांश यह कि।
conj. in brief.

गरदन گردن स्त्री० [फा० गर्दन] १. धड़ और सिर को जोड़नेवाला अंग, ग्रीवा।
***मुहा०* (i) गरदन उठाना**=विरोध करना। **(ii) गरदन काटना**=मार डालना। **(iii) गरदन मारना**=सिर काटना, मार डालना। **(iv) गरदन में हाथ देना**=गरदन पकड़कर बाहर कर देना।
fem. a neck.
id. (i) to protest, to oppose. (ii) to behead, to decapitate. (iii) to behead, to decapitate. (iv) to throw out someone by the scruff of the neck.

गरदनी گردنی स्त्री० [फा० गर्दन] १. घोड़े को ओढ़ाने का कपड़ा। २. कुश्ती का एक पेंच। ३. गले में पहनने की हँसली।
fem. 1. a sheet of cloth hung over the body of a horse for decoration. 2. a trick in wrestling. 3. an ornament worn round the neck.

गरदान گردان स्त्री० [फा० गर्दान] १. घूमना, मुड़ना, लौटना। २. शब्दों का रूप-साधन।
पुं० वह कबूतर जो घूम-फिर कर अपने ही स्थान पर आता हो।
वि० घूम-फिर कर एक ही स्थान पर आनेवाला।
fem. 1. to walk, turn or came back. 2. the systematic inflection of words, declension.
m. a domesticated pigeon.
adj. coming back to the same place.

गरदानना گرداننا क्रि० स० [फा० गर्दान] १. लपेटना। २. दोहराना। ३. शब्द के रूपों की पुनरावृत्ति करना। ४. स्वीकार करना।
vt. 1. to roll up. 2. to repeat or reiterate. 3. to repeat the inflected forms of a word. 4. to accept.

गरदिश گردش स्त्री० दे० 'गर्दिश'।

गरदी گردی स्त्री० [फा० गर्दी] १. घूमना-फिरना। २. भारी परिवर्तन, क्रान्ति। ३. दुर्भाग्य।
fem. 1. act of strolling. 2. a vast change, revolution. 3. a misfortune.

गरदूँ گردوں पुं० [फा० गर्दूं] १. आकाश, आसमान। २. छकड़ा, गाड़ी।
m. 1. the sky. 2. a carrier, vehicle.

ग़रब غرب पुं० [अ० गर्ब] १. पश्चिम। २. सूर्य का अस्त होना।
m. 1. west. 2. setting of the Sun.

ग़रबी غربی वि० [अ० गर्बी] पश्चिमी।
adj. western.

गरम گرم वि० [फा० गर्म] जलता हुआ, तत्ता, तप्त, उष्ण।
adj. hot, burning.

गरमजोशी گرم جوشی स्त्री० [फा० गर्मजोशी] प्रेम या अनुराग का आधिक्य।
fem. enthusiasm, zeal.

गरमा گرما पुं० [फा० गर्मा] ग्रीष्म ऋतु।
m. the summer season.

गरमाई گرمائی स्त्री० [फा० गर्म] १. शरीर को गरम करनेवाली अर्थात् पौष्टिक वस्तु। २. गरमी।
fem. 1. something that nourishes. 2. heat.

गरमागरम گرماگرم वि० [फा० गर्म] तत्ता, उष्ण।
adj. too hot.

गरमागरमी گرماگرمی स्त्री० [फा० गर्मागर्मी] १. धूमधाम। २. वाक्युद्ध।
fem. 1. pomp and show. 2. a quarrel.

गरमाना گرمانا क्रि० अ० [फा० गर्म] १. गरम होना। २. गुस्सा होना। ३. पशु का मस्त होना।
स० गरम करना।
vi. 1. to become hot. 2. to be angry. 3. to become sexually excited.
v.t. to make hot, to heat.

गरमाबा گرمابہ पुं० [फा० गर्माब:] गरम जल से स्नान।
m. a hot bath.

गरमी گرمی स्त्री० [फा० गर्मी] १. उष्णता, ताप, जलन, २. तेजी, उग्रता, प्रचंडता। ३. आवेश, क्रोध, गुस्सा। ४. उमंग, जोश। ५. ग्रीष्म ऋतु की कड़ी धूप के दिन। ६. एक रोग जो प्रायः दुष्ट मैथुन से उत्पन्न होता है, आतशक, फिरंग रोग।
मुहा० गरमी निकालना=गर्व दूर करना।
fem. 1. heat, hotness, 2. intensity. 3. anger, wrath. 4. enthusiasm. 5. hot season. 6. syphilis.
id. to destroy (someone's) haughtiness.

गराँ گراں वि० [फा०] १. भारी। २. महँगा, अधिक मूल्य का, कीमती। ३. बोझिल। ४. कठिन।
adj. 1. heavy, weighty. 2. expensive. 3. burdensome. 4. difficult, hard, complicated.

गराँख़ातिर گراں خاطر वि० [फा०] अप्रिय, नागवार।
adj. unpleasant, intolerable.

गराँजान گراں جان वि० [फा०] १. जो जल्दी न मरे, सख्त जान। २. सुस्त, आलसी। ३. निकम्मा।
adj. 1. not easily going to die. 2. idle, lazy, lathargic. 3. good for nothing, worthless.

गराँबहा گراں بہا वि० [फा०] बहुमूल्य, बेशकीमत।
adj. precious, costly.

गराँमाया گراں مایہ वि० [फा० गराँमाय:] १. बहुमूल्य, अधिक दाम का। २. श्रेष्ठ।
adj. 1. costly, precious. 2. great, excellent.

गराँसर گراں سر वि० [फा०] [भाव० गराँसरी] अभिमानी, घमंडी।
adj. proud, big-headed, conceited.

ग़रायब غرایب वि० [अ० ग़राइब, 'ग़रीब' (अद्‌भुत) का बहु०] विलक्षण; जैसे—अजायब व ग़रायब=अद्‌भुत और विलक्षण वस्तुएँ।
adj. peculiar, strange.

गरानी گرانی स्त्री० [फ़ा०] १. भाव का बहुत चढ़ जाना, महँगी, महार्घता। २. उदासी। ३. भारीपन; जैसे—पेट की गरानी।
fem. 1. dearness. 2. sadness. 3. heaviness.

ग़रारा غرارہ पुं० [फ़ा० ग़रार:] कुल्ला, कुल्ली।
m. act of washing one' mouth and throat, gargle.

ग़रीक़ غریق वि० [अ०] डूबा हुआ, मग्न।
पद ग़रीक़-रहमत=ईश्वर की कृपा में निमग्न।
adj. 1. sunk. 2. engrossed.
ph. enjoying the grace of God.

ग़रीज़ غریض स्त्री० [अ०] १. प्रकृति, स्वभाव। २. सहनशीलता।
fem. 1. nature, disposition. 2. forbearance, tolerance.

ग़रीज़ी غریضی वि० [अ०] १. प्राकृतिक, स्वाभाविक।
adj. natural.

ग़रीब غریب वि० [अ०] १. निर्धन, कंगाल, दरिद्र। २. दीन-हीन। ३. जो घर-बार छोड़कर विदेश में पड़ा हो, परदेशी। ४. विलक्षण, अद्‌भुत; जैसे—अजीब व ग़रीब।
adj. 1. poor. 2. helpless. 3. having gone to foreign country. 4. peculiar, strange.

ग़रीब-उल्-वतन غریب الوطن वि० [अ०] [भाव० ग़रीब-उल्-वतनी] जो घर-बार छोड़कर विदेश में पड़ा हो।
adj. living or staying in a foreign country.

ग़रीबख़ाना غریب خانہ पुं० [अ०+फ़ा० ख़ान:] इस ग़रीब या दीन का मकान, मेरा मकान। (नम्रता सूचित करने के लिए अपने घर के सम्बन्ध में बोलते हैं।)
m. one's abode. (humble expression)

ग़रीब-ग़ुरबा غریب غرباء पुं० (बहु०) [अ०] ग़रीब लोग।
m. (plu.) the poor.

ग़रीबनवाज़ غریب نواز वि० दे० 'ग़रीबपरवर'।

ग़रीबपरवर غریب پرور वि० [अ०+फ़ा०] [भाव० ग़रीब-परवरी] ग़रीबों की परवरिश या पालन-पोषण करनेवाला, दीन-पालक।
adj. ever helping and supporting the poor.

ग़रीबाना غریبانہ वि० [फ़ा० ग़रीबान:] ग़रीबों का-सा।
adj. like the poor.

ग़रीबी غریبی स्त्री० [अ०] दरिद्रता, कंगाली।
fem. poverty, destitution

ग़रूब غروب पुं० दे० 'ग़ुरूब'।

ग़रूर غرور पुं० [अ० ग़ुरूर] अभिमान, घमंड।
m. pride, haughtiness.

गरेबाँ گریباں पुं० दे० 'गरेबान'।

गरेबान گریبان पुं० [फ़ा०] अंगे, कुरते आदि का गले पर का भाग।
m. part of a garment worn round the neck.

गरोह گروہ पुं० [फ़ा० गुरोह] झुंड, जत्था।
m. a group, band, gang.

ग़र्क़ غرق वि० [अ०] १. डूबा हुआ। २. तल्लीन, विचारमग्न।
adj. 1. sunk, 2. engrossed, thoughtful.

गर्द گرد स्त्री० [फ़ा०] धूल, खाक।
पद (i) गर्दे मलाल=मन की मैल। **(ii) गर्दे-सफ़र**=मार्ग की धूल।
मुहा० किसी की गर्द को न पाना=किसी के मुकाबले में कुछ भी न होना।
पुं० एक प्रकार का रेशमी कपड़ा।
m. dust.
ph. (i) malice. (ii) dust of journey.
id. to be a no match for.
m. a kind of silken cloth.

गर्दख़ोर گردخور वि० [फ़ा०] जो गर्द या मिट्टी आदि पड़ने से जल्दी मैला या खराब न हो।
adj. dust-absorbing.

गर्दन گردن स्त्री० दे० 'गरदन'।

गर्दबाद گرد باد पुं० दे० 'गिर्दबाद'।

गर्दिश گردش स्त्री० [फ़ा०] १. घुमाव, चक्कर। २. विपत्ति।
मुहा० गर्दिश में आना=विपत्ति में पड़ना।
fem. 1. round, revolution. 2. calamity.
id. to be in plight.

गर्दूं گردوں पुं० [फ़ा०] आकाश।
m. the sky.

ग़र्ब غرب पुं० [अ०] १. पश्चिम। २. सूर्य का अस्त होना।
m. 1. the West. 2. setting of the sun.

गर्म گرم [फ़ा०] तप्त, उष्ण।
adj. hot.

गर्ममिज़ाज گرم مزاج वि० [फ़ा०] क्रोधी।
adj. hot-tempered, wrathful.

गर्मा گرما पुं० [फा०] गर्मी का मौसम।
m. summer, summer season.

गर्मागर्मी گرماگرمی स्त्री० [फा०] १. धूमधाम। २. बात-चीत में होनेवाली तेज़ी या उग्रता।
fem. 1. pomp and show. 2. quarrel.

गर्मी گرمی स्त्री० [फा०] १. गर्म होने की अवस्था या भाव। २. ताप। ३. उपदंश नामक रोग।
fem. 1. the state of being hot. 2. heat. 3. syphilis.

ग़र्रा غرہ पुं० [अ० ग़र्र:] अकड़, घमंड, शेखी।
m. vanity, vainglory.

ग़लत غلط वि० [अ०] १. अशुद्ध। २. असत्य, झूठ।
adj. 1. wrong, incorrect. 2. false, untrue.

ग़लतकार غلطکار वि० [अ०+फा०] गलतियाँ करनेवाला।
adj. doing wrong, mistaken.

ग़लतगो غلطگو वि०, पुं० [अ०+फा०] झूठ बोलनेवाला।
adj. & m. a lier.

ग़लतनामा غلطنامہ पुं० [अ०+फा० नाम:] ग़लतियों या अशुद्धियों की सूची, अशुद्धि-पत्र।
m. a list of mistakes or errors.

ग़लत-फ़हमी غلط فہمی स्त्री० [अ०+फा०] भ्रम में कुछ का कुछ समझना।
fem. misunderstanding.

ग़लतबीं غلط بیں वि, पुं० [अ०+फा०] जो दूसरों की गलतियाँ ही देखता रहता हो, छिद्रान्वेषी।
adj. & m. a fault-finder.

ग़लतबीनी غلط بینی स्त्री० [अ०+फा०] दोषदर्शन, छिद्रान्वेषण।
fem. act of fault-finding.

ग़लता غلطہ पुं० [फा० ग़ल्ताँ] एक प्रकार का कपड़ा।
m. a kind of cloth.

ग़लती غلطی स्त्री० [अ०] १. चूक, धोखा। २. अशुद्धि, भूल।
fem. 1. a folly, error, 2. a mistake.

ग़लबा غلبہ पुं० [अ० ग़ल्ब:] १. प्रभुत्व, प्रधानता। २. अधिकता। ३. प्रभाव का आधिक्य।
m. 1. supermacy, superiority. 2. abundance. 3. dominance.

ग़लाज़त غلاظت स्त्री० दे० 'ग़िलाज़त'।

ग़लीज़ غلیظ वि० [अ०] १. मोटा, दलदार। २. गन्दा, मलिन।
पुं० मल, विष्ठा।
adj. 1. fat, bulky. 2. dirty, filthy.
m. excreta.

गल्ला گلّہ पुं० [फा० गल्ल:] पशुओं का समूह, झुण्ड।
m. a herd, flock.

ग़ल्ला غلّہ पुं० [अ० ग़ल्ल:] १. फल-फूल आदि की उपज, अनाज। २. गोलक।
m. 1. grain, corn. 2. a cash-box.

गल्लाबान گلّہ بان पुं० [फा० गल्ल:बान] गड़ेरिया, भेड़ें चरानेवाला।
m. a shephard.

गल्लाबानी گلہ بانی पुं० [फा० गल्ल:बानी] पशुओं का पालना और चराना।
m. animal husbandry.

गवार گوار प्रत्य० [फा० गुवार] अच्छा लगनेवाला, प्रिय; जैसे—खुशगवार।
suffix pleasant.

गवारा گوارا [फा० गुवार:] १. सह्य। २. अंगीकार करने योग्य।
adj. 1. tolerable. 2. acceptable, admissible.

गवाह گواہ पुं० [फा०] १. वह मनुष्य जिसने किसी घटना को साक्षात् देखा हो। २. वह जो किसी मामले या विषय में जानकारी रखता हो, साक्षी।
m. 1. an eyewitness. 2. a witness.

गवाही گواہی स्त्री० [फा०] किसी घटना के विषय में ऐसे मनुष्य का कथन जिसने वह घटना देखी हो या जो उसके विषय में जानता हो, साक्षी का प्रमाण, साक्ष्य।
fem. evidence.

ग़श, ग़श्श غش पुं० [अ०] मूर्च्छा।
m. fainting.

गश्त گشت पुं० [फा०] १. पहरे के लिए किसी स्थान के चारों ओर या गली-कूचों आदि में घूमना, गिरदावरी, दौरा। २. भ्रमण। ३. चक्कर।
m. 1. an act of patroling an area. 2. roaming. 3. a round.

गश्ता گشتہ वि० [फा० गश्त:] फिरा या घूमा हुआ।
adj. having travelled or taken rounds.

गश्ती گشتی वि० [फा०] घूमनेवाला, फिरनेवाला, चलता।
पुं० गश्त लगानेवाला, पहरेदार।
adj. roaming, touring.
m. one who patrols.

ग़सब غصب पुं० [अ० ग़स्ब] १. बलपूर्वक किसी की वस्तु ले लेना, अपहरण। २. बेईमानी से किसी का धन खा जाना।
m. 1. act of taking forcefully. 2. embezzlment.

ग़स्साल غسال पुं० [अ०] वह जो गुस्ल या स्नान कराता हो।
m. one who helps in taking a bath.

गह گہ स्त्री० दे० 'गाह'।

गहवारा گہوارہ पुं० [फा० गह्वार:] पालना, झूला, हिंडोला।

m. a swing.

गाज़ा گازہ पुं० [फा० गाज़:] झूला।
m. a swing.

ग़ाज़ा غازہ पुं० [फा० ग़ाज़:] मुँह पर मलने का एक प्रकार का सुगन्धित चूर्ण या रोगन।
m. cosmetic powder or cream.

गाज़ी گازی पुं० [फा०] नट।
m. a rope-dancer.

ग़ाज़ी غازی पुं० [अ०] १. वह जो काफिरों या विधर्मियों पर विजय प्राप्त करे, धर्मवीर। २. वीर, योद्धा।
m. 1. a Muslim crusader. 2. a warrior.

ग़ाज़ी मियाँ غازی میاں पुं० [अ०] सुलतान महमूद के भतीजे सैयद सालार जो मुसलमानों में बहुत बड़े वीरों के समान पूजे जाते हैं।
m. a revered Muslim warrior.

गान گان प्रत्य० [फा०] एक प्रत्यय जो फारसी के संख्यावाचक शब्दों के अन्त में लगकर 'गुणित' या 'बार' का अर्थ देता है; जैसे—दोगान=दूना।
suffix. denoting manifoldness.

गाना گانا प्रत्य० दे० 'गान'।

ग़ाफ़िल غافل वि० [अ०] १. बेसुध। २. बेखबर, असावधान।
adj. 1. unconscious. 2. heedless, careless.

ग़ाबा غابہ पुं० [अ० ग़ाब:] १. शेर की माँद। २. जंगल।
m. 1. the den of a tiger. 2. a forest, wood.

गाम گام प्रत्य० [फा०] चलनेवाला, तेजगाम = तेज चलनेवाला।
suffix walking.

गायंदा گایندہ वि० [फा०] १. मैथुन करनेवाला। २. मैथुन-संबंधी।
adj. 1. indulging in sex. 2. relating to sexual intercourse.

ग़ायत غایت वि० [अ०] १. बहुत अधिक, अत्यन्त। २. चरम सीमा का, हद दरजे का। ३. असाधारण। स्त्री० १. चरम सीमा। २. उद्देश्य
पद लग़ायत=तक।
adj. 1. abundant, ample. 2. unlimited, limitless. 3. extraordinary.
fem. 1. extreme limit. 2. an aim.
ph. upto.

ग़ायब غائب वि० [अ० ग़ाइब] १. लुप्त, अन्तर्धान, अदृश्य। २. खोया हुआ।
पुं० १. भविष्य। २. व्याकरण में अन्य पुरुष या वह व्यक्ति जिसके सम्बन्ध में कुछ कहा जाए; जैसे—यह, वह।
adj. 1. disappeared, vanished. 2. lost.
m. 1. future. 2. third person (gram.)

ग़ायबाना غائبانہ क्रि० वि० [अ० ग़ाइब + फा० आन:] पीठ पीछे, अनुपस्थिति में।
adv. in absence, behind someone's back.

गार گار प्रत्य० [फा०] करनेवाला, कर्ता। (यौगिक शब्दों के अन्त में; जैसे—ख़िदमतग़ार, सितमग़ार, गुनहग़ार)।
suffix doer.

ग़ार غار पुं० [अ०] १. गहरा गड्ढा। २. गुफा, कंदरा।
m. 1. a deep pit. 2. a cave.

ग़ारत غارت वि० [अ०] नष्ट, बरबाद।
पुं० १. लूट-पाट तथा मार-काट। २. विनाश।
adj. ruined, destroyed.
m. 1. plundering and massacring. 2. devastation, ruination.

ग़ारतगार غارتگار वि०, पुं० [अ०+फा०] [भाव० ग़ारतगरी] १. लूट-पाट तथा मार-काट करनेवाला, लुटेरा, हत्यारा। २. विनाश करनेवाला।
adj. & m. 1. a plunderer and murderer. 2. a destroyer.

ग़ालिब غالب वि० [अ०] १. जबरदस्त, बलवान। २. दूसरों को दबाने या उनका दमन करनेवाला। ३. विजयी। ४. जिसकी सम्भावना हो, सम्भावित।
adj. 1. powerful, mighty. 2. overpowering. 3. victorious. 4. expected.

ग़ालिबन् غالباً क्रि० वि० [अ०] बहुत सम्भव है कि, सम्भवत:।
adv. probably, perhps.

ग़ालिबाना غالبانہ वि० [फा०+अ० आन:] शक्तिशालियों के जैसा।
adj. mighty, vigorous.

ग़ालीचा غالیچہ पुं० [फा० ग़ालीच:] एक प्रकार का बहुत मोटा बुना हुआ बिछौना जिसपर रंग-बिरंगे बेल-बूटे बने रहते हैं, कालीन।
m. a carpet.

गाव گاؤ स्त्री० [फा० मि० सं० गो] १. गौ, गाय। २. बड़ा तकिया।
fem. 1. a cow. 2. a large pillow.

गावकुशी گاؤکشی स्त्री० [फा०] गोवध, गोहत्या।
fem. slaughter of a cow.

गावख़ुर्द گاؤخرد वि० [फा०] नष्ट-भ्रष्ट, विनष्ट।
adj. destroyed, devastated.

गाव-ज़बान گاؤزبان स्त्री० [फा०] एक बूटी जो ईरान देश में होती है।
fem. a kind of herb.

गावतकिया گاؤتکیہ पुं० [फा० गावतक्य:] बड़ा तकिया जिससे कमर लगाकर लोग फर्श, चौकी आदि पर बैठते हैं, मसनद।

m. a large pillow.

गावदी گاودی वि० [फा०] मूर्ख, बेवकूफ।
adj. foolish, stupid.

गावदुम گاودم वि० [फा०] १. जो ऊपर से बैल की पूँछ की तरह पतला होता आया हो। २. चढ़ाव-उतारवाला, ढालुवाँ।
adj. 1. tapering. 2. steep.

गावमेश گاومیش स्त्री० [फा०] भैंस, महिष।
fem. a bufallow.

गावशीर گاوشیر पुं० [फा०] एक प्रकार का गोंद।
m. a sort of gum.

ग़ाशिया غاشیہ पुं० [अ० ग़ाशियः] घोड़े का जीनपोश।
m. a piece of cloth that covers the saddle.

गाह گاہ स्त्री० [फा०] १. जगह, स्थान। (यौगिक शब्दों के अन्त में; जैसे—इबादत-गाह=प्रार्थना का स्थान)। २. वक्त, समय।
क्रि० वि० कभी।
fem. 1. a place. 2. time.
adv. at any time.

गाह-गाह گاہ گاہ क्रि० वि० [फा०] दे० 'कभी-कभी'।
adv. sometimes.

गाह-ब-गाह گاہ بگاہ क्रि० वि० दे० 'गाहे-गाहे'।

गाहे-गाहे گاہے گاہے क्रि० वि० [फा०] कभी-कभी।
adv. sometimes.

गाहे-ब-गाहे گاہے بگاہے क्रि० वि० देखो 'गाहे-गाहे'।

ग़िज़ा غذا स्त्री० [अ०] १. भोजन, खाद्य पदार्थ। २. पौष्टिक भोजन।
fem. 1. a diet. 2. a nutritive diet.

ग़िज़ाफ़ غذاف पुं० [फा०] १. झूठी बात, व्यर्थ की बात। ३. डींग, शेखी।
पद लाफ़ व ग़िज़ाफ़=व्यर्थ की डींग, झूठमूठ की और निरर्थक बातें।
m. 1. a false assertion. 2. a brag, boast.
ph. useless talk.

ग़िज़ाल غزال पुं० दे० 'ग़ज़ाल'।

ग़िना غنیٰ पुं० [अ०] १. समृद्धि। २. धनाढ्यता।
m. 1. prosperity. 2. riches.

ग़ियाब غیاب वि० [अ०] गुप्त।
adj. hidden.

ग़ियास غیاث पुं० [अ०] सहायता।
m. aid, help.

गियाह گیاہ स्त्री० [फा०] हरी घास।
fem. green grass.

गिरदा گردہ पुं०[फा० गिर्दः] १. गोल टिकिया। २. चक्र। ३. एक प्रकार का पकवान। ४. गोल थाली या तश्तरी। ५. हुक्के के नीचे रखा जानेवाला दरी का गोल टुकड़ा। ६. तकिया, गेंदुआ।
m. 1. a round tablet. 2. a wheel. 3. a round sweet. 4. a kind of dish. 5. a small piece of carpet put beneath the hubble-bubble. 6. a pillow.

गिरदबाद گردباد पुं० [फा०] बवंडर, वातचक्र।
m. a whirlpool.

गिरदावर گرداور पुं० [फा० गिर्दावर] १. घूमनेवाला। २. घूम-घूमकर काम की जाँच करनेवाला।
m. 1. a loafer. 2. a pedlar.

गिरदावरी گرداوری स्त्री० [फा० गिर्दावरी] गिरदावर का कार्य या पद।
fem. pedlar's occupation.

गिरफ़्त گرفت स्त्री० [फा० गिरिफ़्त] १. पकड़ने की क्रिया या भाव, पकड़। २. आपत्तिजनक बात।
fem. 1. an act of holding, grip. 2. anything objectionable.

गिरफ़्ता گرفتہ वि० [फा० गिरिफ़्तः] १. पकड़ा हुआ। २. पंजे में फँसा हुआ; जैसे—अजल-गिरफ़्ता=मौत के पंजे में फँसा हुआ।
adj. 1. held, arrested. 2. caught in someone's paw.

गिरफ़्तार گرفتار वि० [फा० गिरिफ़्तार] १. जो पकड़ा, कैद किया या बाँधा गया हो। २. कसा हुआ। ३. ग्रस्त।
adj. 1. arrested. 2. tightened. 3.inflicted.

गिरफ़्तारी گرفتاری स्त्री० [फा० गिरिफ़्तारी] १. गिरफ्तार होने का भाव। २. गिरफ्तार करने की क्रिया।
fem. 1. arrest. 2. act of arresting.

गिरवी گروی वि० [फा० गिरौ] गिरों रखा हुआ, बंधक, रेहन।
adj. mortgaged, pledged, hypothicated.

गिरवीदा گرویدہ वि० [फा० गिरवीदः] मोहित, लुभाया हुआ, आसक्त।
adj. fascinatd, charmed, infatuated.

गिरह گرہ स्त्री० [फा० गिरिह] १. गाँठ, ग्रन्थि। २. जेब, खीसा, खरीता। ३. दो पोरों के जोड़ का स्थान। ४. गज का सोलहवाँ भाग। ५. कलैया, कलाबाजी।
fem. 1. a knot. 2. a pocket. 3. a finger-joint. 4. 1/16 of a yard. 5. acrobatics.

गिरहकट گرہ کٹ पुं० [फा० गिरिह+हिं०] जेब का या गाँठ में बँधा हुआ माल काट लेनेवाला, जेबकतरा।
m. a pick-pocket.

गिरहदार گرہدار वि० [फा० गिरिहदार] जिसमें गिरह या गाँठें हों, गँठीला।
adj. full of knots, knotty.

गिरहबाज़ گرہباز पुं० [फा० गिरिहबाज़] वह कबूतर जो उड़ते-उड़ते उलटकर कलैया खाता हो।
m. a somersaulting pigeon.

गिराँ گراں वि० [फा०] १. कीमती, बहुमूल्य। २. महँगा। ३. भारी।
पद कोहे-गिराँ=बहुत बड़ा पहाड़।
adj. 1. precious, expensive. 2. costly. 3. weighty.
ph. a huge mountain.

गिराँबारी گراں‌باری स्त्री० [फा०] बोझ।
fem. a burden.

गिरानी گرانی स्त्री० [फा०] १. महँगी। २. भारीपन।
fem. 1. dearness, costliness. 2. the state of being weighty.

गिरामी گرامی वि० [फा०] पूज्य, बुजुर्ग।
पद नामी-गिरामी=(१) बहुत प्रसिद्ध। (२) महान।
adj. eldery, revered.
ph. (i) famous. (ii) great.

गिरिफ़्त گرفت स्त्री० दे० 'गिरफ़्त'।

गिरियाँ گریاں वि०, पुं० [फा०] जो रोता हो, रोनेवाला।
adj. & m. one who weeps, wailing.

गिरिया گریہ पुं० [फा० गिर्य:] रोना-धोना, रुलाई।
पद गिरिया-व-ज़ारी=रोना-धोना, रोना-कलपना।
m. act of wailing, moaning.
ph. giving to complaining

गिरेबान گریبان पुं० [फा० गिरीबाँ] दे० 'गरेबान'।

गिरो گرو पुं० [फा० गिरौ] १. शर्त। २. गिरवी रखना, रेहन।
m. 1. a condition. 2. act of mortgaging.

गिर्द گرد क्रि० वि० [फा०] आस-पास, चारों ओर।
पद (i) इर्द-गिर्द=चारों ओर। **(ii) गिर्द-व-नवाह**=आस-पास के स्थान।
adv. near, about.
ph. (i) around, here and there (ii) a area near a particular place.

गिर्दबाद گردباد पुं० [फा०] हवा का बगूला, बवंडर, चक्रवात।
m. a whirlwind.

गिर्दबालिश گردبالش पुं० [फा०] लम्बा गोल तकिया गावतकिया।
m. a long roundish pillow.

गिर्दावर گرداور पुं० [फा०] गश्त लगानेवाला।
m. one who patrols.

गिर्दावरी گرداوری स्त्री० [फा०] गश्त लगाने का काम।
fem. act of patroling.

गिल گل स्त्री० [फा०] मिट्टी का गारा।
fem. mud plaster.

ग़िल غل पुं० [अ०] द्वेष।
m. malice.

गिलकार گل‌کار वि० [फा०] [भाव० गिलकारी] गारा या पलस्तर करनेवाला (व्यक्ति)।
m. a plasterer.

ग़िलमाँ غلماں पुं० [अ० ग़िल्माँ, 'गुलाम' का बहु०] वे सुन्दर बालक जो बहिश्त में धर्मात्माओं की सेवा और भोग के लिए रहते हैं। (मुसल०)
m. beautiful children who serve saints in the heaven.

गिलमाला گل‌مالہ पुं० [फा०] प्लास्टर करने की करनी।
m. a mason's trowel.

गिला گلہ पुं० [फा० गिल:] १. उलहना, उपालंभ। २. शिकायत, निंदा।
m. 1. an accusation. 2. a complaint.

ग़िलाज़त غلاظت स्त्री० [अ०] १. गन्दगी। २. गन्दापन। ३. मल, विष्ठा।
fem. 1. filth. 2. filthiness. 3. excreta.

ग़िलाफ़ غلاف पुं० [अ०] १. कपड़े की बड़ी थैली जो तकिए या लिहाफ आदि के ऊपर चढ़ा दी जाती है, खोल। ३. म्यान।
m. 1. a pillow-case. 2. a sheath.

गिलाबा گلابہ पुं० [फा० गिल+आब:] गारा।
m. mud-plaster.

गिलावा گلاوا पुं० दे० 'गिलाबा'।

गिली گلی वि० [फा०] मिट्टी का।
adj. earthen.

ग़िलूल غلول पुं० [फा०] गुलेला मारने का उपकरण, गुलेल।
m. a kelt-bow.

ग़िल्लीम غلیم वि० [अ०] कामातुर, कामुक।
adj. amorous, lustful.

गीं گیں प्रत्य० [फा०] एक प्रत्यय जो शब्दों के अन्त में लगकर प्रभावित या पूर्ण आदि का अर्थ देता है। जैसे—ग़मगीं=दुखी, सुरमगीं=जिसमें सुरमा लगा हो, शर्मगीं=लज्जाशील।
suffix filled with, filled by.

ग़ीज़ غیض पुं० [अ०] १. कली। २. गुच्छा।
m. 1. a bud. 2. a bunch.

गीती گیتی स्त्री० [फा०] दुनिया, संसार।
fem. the world.

गीदी گیدی वि० [फा०] १. कायर, डरपोक। २. मूर्ख, बेवकूफ। ३. निर्लज्ज। ४. नपुंसक।
adj. 1. timid, cowardly. 2. stupid, foolish. 3. shameless. 4. impotent.

गीन گین प्रत्य० दे० 'गीं'।

गीर گیر प्रत्य० [फा०] पकड़ने, लेने या रखनेवाला; जैसे—जहाँगीर, आलमगीर।
suffix holding, receiving or placing.

गुंग گنگ पुं० [फा०] गूँगापन, मूकता।
वि० गूँगा, मूक।
m. dumbness, muteness.
adj. dumb, mute.

गुंचा غنچہ पुं० [फा०] कली।
m. a bud.

गुंजाइश گنجائش स्त्री० [फा०] १. अटने या समाने की जगह, अवकाश। २. समाई।
fem. 1. space, room. 2. capacity.

गुंजान گنجان वि० [फा०] घना, सघन।
adj. thick, dense.

गुंदा گندہ वि० [फा०] मोटा।
adj. fat.

ग़ुंदा غندہ पुं० [फा० गुंदः] लुच्चा, बदमाश।
m. a hooligan, ruffian.

गुंबद گنبد पुं० [फा०] = गुम्बद।

गुज़र گذر पुं० [फा०] १. निकास। २. पैठ, पहुँच। ३. निर्वाह। ४. कालक्षेप।
m. 1. exit. 2. excess, approach, reach. 3. maintenance, sustenance. 4. spending of time.

गुज़रना گذرنا क्रि० अ० [फा० गुज़रान] १. बीतना, कटना, व्यतीत होना। २. पहुँचना। ३. पेश होना।
vi. 1. to pass, spend, 2. to reach. 3. to be present.

गुज़र-बसर گذربسر पुं० [फा०] जीवनयापन, निर्वाह।
m. sustenance, maintenance.

गुज़रान گذران स्त्री० [फा०] गुज़र-बसर, निर्वाह।

गुज़री گذری स्त्री० [फा० गुज़र] वह बाजार जो प्रायः तीसरे पहर सड़कों के किनारे लगता है।
fem. an evening market.

गुज़श्ता گذشتہ वि० [फा० गुज़श्तः] बीता हुआ, गत, व्यतीत, भूत।
adj. past, previous, former.

गुज़ाफ़ گذاف स्त्री० [फा०] भद्दी और वाहियात बात।
पद लाफ़-व-गुज़ाफ़=डींग भरी बातें।
fem. ugly or obscene talk.
ph. bragging, boasting.

गुज़ार گذار प्रत्य० [फा०] १. देनेवाला; जैसे—मालगुज़ार। २. करनेवाला; जैसे—खिदमतगुज़ार।
suffix 1. giver. 2. doer.

गुज़ारना گذارنا क्रि० स० [फा० गुज़र] १. बिताना, काटना। २. पहुँचाना, पेश करना।
vt. 1. to pass, to spend. 2. to convey, to present.

गुज़ारा گذارہ पुं० [फा० गुज़ारः] १. गुज़र, निर्वाह। २. वह वृत्ति जो जीवननिर्वाह के लिए दी जाए। ३. महसूल लेने का स्थान।
m. 1. subsistence. 2. subsistence allowance. 3. a check-post.

गुज़ारिश گذارش स्त्री० [फा०] निवेदन, प्रार्थना।
fem. submission, request, prayer.

गुज़ारिशगर گذارش گر पुं० [फा०] प्रार्थी।
m. an applicant, petitioner.

गुज़ाश्त گذاشت स्त्री० [फा०] १. छोड़ना, परित्याग। २. दान की हुई या माफी ज़मीन।
fem. 1. act of giving up, abandonment or sacrifice. 2. donated or freehold land.

गुज़ाश्तनी گذاشتنی वि० [फा०] त्यागने योग्य।
adj. fit to be forsaken.

गुज़ीं گزیں प्रत्य० [फा०] पसन्द करनेवाला।
पद गोशा-गुज़ीं=एकांत पसन्द करनेवाला।
suffix admirer, selector.
ph. living is seclusion.

गुज़ीदा گزیدہ वि० [फा० गुज़ीदः] पसंद किया हुआ।
adj. according to one's choice, chosen, acceptable.

गुज़ीर گزیر पुं० [फा०] १. बचाव, छुटकारा। २. उपाय, साधन। ३. इलाज।
पद ना-गुज़ीर=जिसका कोई उपाय न हो।
m. 1. rescue, escape, safety. 2. means, way. 3. treatment, cure.
ph. without any remedy, having no way out.

गुता گتہ वि० [फा० गुतः] बड़ा, महान।
adj. large, great.

गुदाज़ گداز वि० [फा०] १. मोटा, स्थूल। २. कोमल, दयालुता-भरा (हृदय)।
प्रत्य० पिघलाने या द्रवित करनेवाला; जैसे—दिलगुदाज़=हृदयद्रावक।
adj. 1. fat, bulky. 2. tender, kind.

suffix arousing sadness or sympathy moving.

ग़ुदूद غدود पुं० [अ०] १. गिलटी। २. ग्रंथि।
m. 1. a knot. 2. a gland.

ग़ुनचगी غنچگی स्त्री० [फ़ा० ग़ुन्चगी] कली होने की अवस्था या भाव।
fem. the state or quality of being a bud.

ग़ुनचा غنچہ पुं० [फ़ा० ग़ुन्चः] कली, कलिका।
m. a bud.

ग़ुनचा-दहन غنچہ دہن वि० [फ़ा० ग़ुन्चःदहन] जिसका मुख गुलाब की कली के समान सुन्दर हो।
adj. having a bud-like face, beautiful.

गुनह گنہ पुं० दे० 'गुनाह'।

गुनहगार گنہگار वि० दे० 'गुनाहगार'।

गुनाह گناہ पुं० [फ़ा०] पाप, दोष, कसूर, अपराध।
मुहा० **गुनाह-बे-लज़्ज़त**=ऐसा दुष्कर्म जिसमें कोई आनन्द या सिद्धि न हो।
m. an offence, sin.
id. a sin or offence which yields no gain or no enjoyment.

गुनाहगार گناہگار वि०, पुं० [फ़ा०] गुनाह करनेवाला, अपराधी।
adj. & m. an offender, sinner.

ग़ुनूदगी غنودگی स्त्री० [फ़ा०] १. नींद। २. ऊँघ।
m. 1. sleep. 2. snooze.

ग़ुन्ना غنہ पुं० [अ० ग़ुन्नः] अनुस्वार।
पद **नून ग़ुन्ना**=वह नून या न जिसका उच्चारण ँ या आँ हो, जैसे—जहाँ के अन्त का नून (न) ग़ुन्ना है।
m. a nasal character.

ग़ुफ़ूर غفور वि० [अ०] क्षमाशील।
adj. forgiving.

गुफ़्त گفت स्त्री० [फ़ा०] कथन।
पद **गुफ़्त व शुनीद**=बातचीत।
fem. something stated, statement.
ph. conversation.

गुफ़्तगू گفتگو स्त्री० [फ़ा०] बातचीत, वार्तालाप।
fem. an informal spoken exchange between two or more persons, conversation.

गुफ़्तनी گفتنی वि० [फ़ा०] कहने योग्य।
adj. fit to be stated.

गुफ़्ता گفتہ वि० [फ़ा० गुफ़्तः] कहा हुआ।
adj. said, stated.

गुफ़्तार گفتار स्त्री० [फ़ा०] बातचीत, बोलचाल।
fem. conversation.

ग़ुफ़रान غفران पुं० [अ०] मुक्ति।
m. salvation.

ग़ुबार غبار पुं० [अ०] १. गर्द, धूल। २. मन में दबाया हुआ क्रोध, दुख या द्वेष, मनोमालिन्य।
m. 1. dirt, cloud of dust. 2. malice, pent-up feeling.

ग़ुबारा غبارہ पुं० [अ० ग़ुब्बारः] वह थैली जिसमें गरम हवा या हलकी गैस भरकर आकाश में उड़ाते हैं।
m. a balloon.

गुम گم वि० [फ़ा०] १. खोया हुआ। २. गुप्त, छिपा हुआ। ३. अज्ञात, अप्रसिद्ध।
m. 1. lost. 2. hidden, secret. 3. unknown, not famous.

गुमकर्दा گمکردہ वि० [फ़ा० गुमकर्दः] भटका हुआ।
adj. having gone astray, misled.

गुमज़दा گمزدہ वि० [फ़ा० गुमज़दः] १. भूला या खोया हुआ। २. गुमराह।
adj. 1. having gone astray, having lost one's way. 2. misled.

गुमनाम گمنام वि० [फ़ा०] १. जिसका नाम कोई न जानता हो, अज्ञात। २. जिसमें किसी का नाम न हो।
adj. 1. unknown. 2. posthumous.

गुमराह گمراہ वि० [फ़ा०] [भाव० गुमराही] १. जो रास्ता भूल गया हो। २. नीति-पथ से हटा हुआ।
adj. 1. having lost one's way. 2. unrighteous, unscrupulous.

गुमशुदगी گمشدگی स्त्री० [फ़ा०] गुमशुदा होने की अवस्था या भाव; खो जाना।
fem. the state of being missing, lost or untraceable.

गुमशुदा گمشدہ वि० [फ़ा० गुमशुदः] जो गुम हो गया हो, खोया हुआ।
adj. missing, lost or untraceable.

गुमाँ گماں पुं० = गुमान।

गुमान گمان पुं० [फ़ा०] १. अनुमान, कयास। २. घमण्ड, अहंकार, गर्व। ३. मिथ्याभिमान, बदगुमानी।
m. 1. guess. 2. pride. 3. vanity.

गुमानी گمانی वि० [फ़ा०] अभिमानी।
adj. proud, arrogant.

गुमाश्तगी گماشتگی पुं० [फ़ा०] गुमाश्ते का काम।
m. the work or occupation of an agent or representative.

गुमाश्ता گماشتہ पुं० [फ़ा० गुमाश्तः] १. बड़े व्यापारी की

ओर से चीजें खरीदने और बेचने पर नियुक्त व्यक्ति। २. प्रतिनिधि।
m. 1. an agent. 2. a representative.

गुम्बद گنبد पुं० [फा०] गोल और ऊँची छत, गुम्बज।
m. a dome.

गुरजी گرجی पुं० [फा० गुर्जी] जारजिया का निवासी।
m. an inhabitant of Jarjiya.

गुरदा گردہ पुं० [फा० गुर्दः] १. शरीर के अन्दर कलेजे के पास का एक अंग। २. साहस, हिम्मत।
m. 1. a kidney. 2. courage.

ग़ुरफ़ा غرفہ पुं० [अ० ग़ुर्फ़ः] १. छत के ऊपर का कमरा, बंगला। २. खिड़की, झरोखा।
पद **ग़ुरफ़ा की बात**=गुप्त बात।
m. 1. a room on the top of a building. 2. a window, ventilator.
ph. a secret matter.

ग़ुरफ़ानशीं غرفہ نشیں स्त्री० [अ० ग़ुर्फ़ः+फा० नशीं] झरोखे में बैठनेवाली स्त्री।
fem. a woman who usually sits in a window.

ग़ुरफ़िश غرفش स्त्री० [अनु०] १. धमकी। २. डराना-धमकाना।
fem. 1. a threat. 2. act of threatening.

ग़ुरबत غربت स्त्री० [अ० ग़ुर्बत] १. विदेश में निवास। २. मुसाफिरी। ३. अधीनता, नम्रता। ४. दरिद्रता।
fem. 1. an act or state of living in a foreign country. 2. an act of travelling. 3. subjugation, humility. 4. poverty.

ग़ुरबतज़दा غربت زدہ वि० [अ० ग़ुर्बत+फा० ज़दः] १. प्रवासी। २. निर्धन, कंगाल।
adj. 1. having gone to a foreign country. 2. poor, pauper.

गुरबा گربہ स्त्री० [फा० गुर्बः] बिल्ली, बिडाल।
fem. a cat.

ग़ुरबा غرباء पुं० [अ० 'ग़रीब' का बहु०] गरीब लोग।
m. the poor.

ग़ुराब غراب पुं० [अ०] १. कौवा। २. एक प्रकार की नाव।
m. 1. a crow. 2. a sort of a boat.

ग़ुरूब غروب पुं० [अ०] किसी ग्रह और विशेषत: सूर्य का अस्त होना।
m. setting of the sun or a star.

ग़ुरूर غرور पुं० दे० 'ग़रूर'।

गुरेज़ گریز स्त्री० [फा०] १. भागना। २. बचना, दूर रहना। ३. नफरत। ४. कविता में एक विषय को छोड़ कर दूसरे विषय का वर्णन करने लगना, विषयांतर।
fem. 1. act of running away. 2. avoidence. 3. hate. 4. diversion.

गुर्ज़ گرز पुं० [फा०] गदा।
m. a mace.

ग़ुर्बत غربت स्त्री० ग़ुरबत।

ग़ुर्रा غرّہ पुं० [अ० ग़ुर्रः] १. घोड़े के माथे का सफेद दाग़। २. लाख के रंग का घोड़ा। ३. श्रेष्ठ वस्तु। ४. चांद्र मास की पहली तिथि। ५. उपवास। ६. दास या दासी।
मुहा० **ग़ुर्रा बताना**=बिना कुछ दिए टाल देना।
m. 1. a white spot on the forehead of a horse. 2. a horse of the colour of lac. 3. an excellent thing. 4. the first day of a lunar month. 5. a fast. 6. a slave.
id. to procrastinate.

ग़ुर्रान غران वि० [फा०] दहाड़नेवाला, गुर्रानेवाला।
adj. growling.

ग़ुर्रिश غرش स्त्री० [फा०] दहाड़, गुर्राहट।
fem. roar, growl.

गुर्स گرس स्त्री० [फा०] १. भूख। २. प्यास।
fem. 1. appetite. 2. thirst.

गुर्सनगी گرسنگی स्त्री० [फा०] १. भूख। २. प्यास।
fem. 1. appetite, hunger. 2. thirst.

गुल[१] گل पुं० [फा०] १. फूल, पुष्प। २. गुलाब। ३. पशुओं के शरीर का रंगीन दाग़। ४. वह गड्ढा जो हँसने के समय गालों में पड़ता है। ५. दीपक की बत्ती के ऊपर का जला हुआ अंश। ६. तमाकू का जला हुआ अंश, जट्ठा। ७. जलता हुआ कोयला।
पद **मौसमे गुल**=वसंत ऋतु, बहार।
मुहा० **(i) (चिराग़) गुल करना**=(चिराग़) बुझाना या ठंडा करना। **(ii) गुल खिलना**=(अ) विचित्र घटना होना। (ब) बखेड़ा खड़ा होना।
m. 1. a flower. 2. a rose flower. 3. a coloured spot on the skin. 4. a pit formed on the cheek while laughing. 5. the burnt portion of a wick. 6. the burnt part of a cigarette. 7. burning coal.
ph. the spring.
id. (i) to extinguish a lamp. (ii) (a) happenning of a strange event. (b) starting of a row.

गुल[२] گل स्त्री० [अ० गुल्ल] हँसुली।
fem. an ornament worn round the neck.

ग़ुल غل पुं० [अ० ग़ुलग़ुल=पक्षियों का कलरव] शोर, हल्ला
m. noise, tumult.

गुलअफ़्शाँ گل افشاں वि० [फा०] फूलों की वर्षा करने-वाला, फूल बरसानेवाला।

adj. showering flowers.

गुलअब्बासी گل عباسی पुं० [फा०+अ०] एक पौधा जिसमें लाल या पीले रंग के फूल लगते हैं, गुलाबबाँस।
m. a plant with red flowers.

गुलक़ंद گل قند पुं० [फा०] मिस्री या चीनी में मिलाकर धूप में सिझाई हुई गुलाब के फूलों की पंखुड़ियाँ जिनका व्यवहार प्राय: पेट साफ करने के लिए होता है।
m. a kind of jam used as purgative, prepared of rose petals.

गुलकारी گل کاری स्त्री० [फा०] बेल-बूटे का काम।
fem. embroidery.

गुलख़न گل خن पुं० [अ०] १. आग जलाने की भट्ठी। २. पत्थर।
m. 1. a furnace. 2. a piece of stone.

गुलगश्त گل گشت पुं० [फा०] बाग में घूमकर सैर करना।
m. act of strollng in a garden.

गुलगीर گلگیر पुं० [फा०] चिराग़ की बत्ती या गुल काटने की कैंची।
m. a pair of scissors used to cut the burnt part of the wick.

गुलगूँ گلگوں वि० [फा०] गुलाब के रंग का, गुलाबी।
adj. pink.

गुलगूना گل گونہ पुं० [फा० गुलगून:] वह चूर्ण जो स्त्रियाँ मुख पर सुन्दरता बढ़ाने के लिए मलती हैं।
m. a cosmatic powder that is put on a person's face.

गुलचेहरा گل چہرہ वि० [फा० गुलचेहर:] जिसका मुख गुलाब के समान सुन्दर हो।
adj. having a beutiful face like a rose.

गुलचीं گل چیں वि०, पुं० [फा०] १. फूल चुननेवाला, माली। २. तमाशा देखनेवाला, तमाशबीन।
adj. & m. 1. one who picks flowers, gardener. 2. ^ spectator.

गुलज़ार گلزار वि० हरा-भरा, शोभायुक्त।
पुं० बाग, वाटिका।
***पद* गुलज़ारे-हस्ती**=संसार रूपी वाटिका।
adj. lush with greenery, beautiful.
m. a garden.
ph. the world as a garden.

गुलदस्ता گل دستہ पुं० [फा० गुलदस्त:] सुन्दर फूलों या पत्तियों का एक में बँधा समूह, गुच्छा।
m. a bunch of flowers, bouquet.

गुलदान گلدان पुं० [फा०] गुलदस्ता रखने का पात्र।
m. a flower-vase.

गुलदार گل دار पुं० [फा०] १. एक प्रकार का सफेद कबूतर। २. एक प्रकार का कसीदा।
m. 1. a kind of white pigeon. 2. a type of embroidery.

गुलदुम گل دم पुं० [फा०] बुलबुल पक्षी।
m. a nightingale.

गुलदोज़ گل دوز वि० [फा०] बेल-बूटेदार।
adj. embriodered.

गुलनार گلنار पुं० [फा०] १. अनार का फूल। २. अनार के फूल का-सा गहरा लाल रंग।
m. 1. flower of a pomegranate. 2. red colour like that of pomegranate.

गुलपाशी گل پاشی स्त्री० [फा०] फूलों की वर्षा।
fem. shower of flowers.

गुलफ़ाम گل فام वि० [फा०] १. जिसका रंग गुलाब के फूल का-सा हो। २. बहुत सुन्दर। ३. सुकुमार।
adj. 1. rose like. 2. very beautiful. 3. tender.

गुलबकावली گل بکاؤلی स्त्री० [फा०] हल्दी की जाति का एक पौधा जिसमें सुन्दर, सफेद, सुगन्धित फूल लगते हैं।
fem. a plant and its flowers.

गुलबदन گل بدن वि० [फा०] जिसका शरीर गुलाब के फूलों के समान सुन्दर और कोमल हो, परम सुन्दर।
पुं० एक प्रकार का धारीदार रेशमी कपड़ा।
adj. having body as beautiful as rose flower.
m. a kind of striped silken cloth.

गुलबर्ग گل برگ पुं० [फा०] फूल की पत्ती।
m. a flower-petal.

गुलबाज़ी گل بازی स्त्री० [फा०] एक दूसरे पर फूल फेंकने की क्रिया या क्रीड़ा।
fem. throwing of flowerpetals at each other.

गुलमेख़ گل میخ स्त्री० [फा०] वह कील जिसका सिरा गोल होता है, फुलिया।
m. a nail.

गुलरुख़ گل رخ वि० दे० 'गुलरू'।

गुलरू گل رو वि० [फा०] जिसका चेहरा गुलाब की तरह हो, बहुत सुन्दर।
adj. having rose-like face, vey beautiful.

गुलरोज़ گل روز पुं० [फा०] फुलझड़ी नाम की आतिश-बाजी।
m. a type of firework.

गुललाला گل لالہ पुं० [फा० गुलाल:] १. एक प्रकार का पौधा। २. इस पौधे का फूल।
m. 1. a sort of plant. 2. its flower.

गुलशकरी گل شکری स्त्री० दे० 'गुलक़ंद'।

गुलशन گلشن पुं० [फा०] बाग, उद्यान।
m. a garden.

गुलशब्बो گل شبو स्त्री० [फा०] लहसुन से मिलता-जुलता एक छोटा पौधा, रजनीगंधा, रात की रानी, सुगंधिराज।
fem. name of a plant.

गुलाब گلاب पुं० [फा०] १. एक कँटीला झाड़ या पौधा जिसमें बहुत सुन्दर सुगन्धित फूल लगते हैं। २. गुलाबजल।
m. 1. a rose plant. 2. rose-water.

गुलाबपाश گلاب پاش पुं० [फा०] झारी के आकार का एक लम्बा पात्र जिसमें गुलाबजल भरकर छिड़कते हैं।
m. a container for sprinkling rose-water.

गुलाबपाशी گلاب پاشی स्त्री० [फा०] गुलाबजल छिड़कने की क्रिया।
fem. act of sprinkling rose-water.

गुलाबी گلابی वि० [फा०] १. गुलाब के रंग का। २. गुलाब-सम्बन्धी। ३. गुलाबजल से बसाया हुआ। ४. वजन में थोड़ा या कम, हलका।
adj. 1. pink. 2. of rose. 3. soaked in rose-water. 4. light in weight.

ग़ुलाम غلام पुं० [अ०] १. मोल लिया हुआ दास, खरीदा हुआ नौकर। २. साधारण सेवक।
m. 1. a slave. 2. an ordinary servant.

ग़ुलामगर्दिश غلام گردش पुं० [अ०+फा०] १. खेमे के आस-पास का वह स्थान जिसमें नौकर रहते हैं। २. महल आदि के सदर फाटक में अन्दर की ओर बनी हुई छोटी दीवार जिसके कारण बाहर के आदमी फाटक खुला रहने पर भी अन्दर के लोगों को नहीं देख सकते।
m. 1. the place near the tent where servants reside. 2. a wall that divides harem from the rest of a place.

गुलामज़ादा غلام زادہ पुं० [अ०+फा० ज़ाद:] दासी-पुत्र।
m. son of a slave, son begotten from a slave girl.

गुलाममाल غلام مال पुं० [अ०+फा०] १. कम्बल। २. बढ़िया पर सस्ती चीज़।
m. 1. a blanket. 2. a cheap but excellent thing.

ग़ुलामी غلامی स्त्री० [अ०] १. गुलाम का भाव, दासता। २. सेवा, नौकरी। ३. पराधीनता, परतंत्रता।
fem. 1. slavery. 2. service. 3. subjugation, dependence.

गुलिस्ताँ گلستاں पुं० [फा०] बाग, वाटिका।
m. a garden.

गुली گلی वि० [फा०] फूल-संबंधी।
adj. relating to a flower or flowers.

गुलू گلو पुं० [फा०] १. गला। २. स्वर।
पद (i) गुलू-ए-तिश्ना=प्यासा गला। **(ii) जेबे-गुलू**=गले की शोभा।
m. 1. throat. 2. voice.
ph. (i) throat that is thirsty. (ii) a neclace.

गुलूबंद گلوبند पुं० [फा०] १. वह लम्बी और प्रायः एक बालिश्त चौड़ी पट्टी जो सरदी से बचने के लिए सिर, गले या कानों पर लपेटते हैं। २. गले का एक गहना।
m. 1. a muffler, scarf. 2. a sort of necklace.

गुलेचश्म گلِ چشم पुं० [फा०] आँख की फूली।
m. a white outgrowth in the pupil of the eye.

गुलेरअना گلِ رعنا पुं० [फा०] १. एक प्रकार का बढ़िया गुलाब। २. प्रेमिका का वाचक शब्द या विशेषण।
m. 1. a kind of rose. 2. a beloved.

ग़ुलेल غلیل स्त्री० [अ०] वह कमान या धनुष जिससे मिट्टी की गोलियाँ चलाई जाती हैं।
fem. a pellet-bow.

ग़ुलेलची غلیل چی पुं० [अ०] गुलेल चलानेवाला।
m. one who shoots with a pellet-bow.

ग़ुलेला غلیلہ पुं० [अ० गुलूल:] १. मिट्टी की गोली जिसको गुलेल से फेंककर चिड़ियों का शिकार किया जाता है। २. गुलेल।
m. 1. shot of a pellet-bow. 2. a large pellet-bow.

गुले लाला گل لالہ पुं० [फा०] पोस्ते का फूल।
m. a poppy flower.

ग़ुल्ला غلہ पुं० [फा० गुलूल:] १. मिट्टी की बनी हुई गोली जो गुलेल से फेंकते हैं। २. शोर, हल्ला।
m. 1. shot of a pellet-bow. 2. noise, tumult.

गुवारा گوارا वि० = गवारा।

गुवाह گواہ वि० = गवाह।

गुश्ता گشتہ स्त्री० [फा०] स्वर्ग।
fem. the Heaven.

ग़ुसल غسل पुं० [अ० ग़ुसुल या ग़ुस्ल] स्नान, नहाना।
m. an act of washing the whole body bath.

गुसार گسار प्रत्य० [फा०] १. खानेवाला। २. सहन करनेवाला; जैसे—ग़मगुसार। ३. दूर करनेवाला। (यौगिक शब्दों के अन्त में।)
suffix 1. one who eats. 2. one who tolerates. 3. one who dispels.

गुस्तर گستر वि०, पुं० [फा०] १. फैलानेवाला। २. देनेवाला। ३. व्यवस्था करनेवाला।
adj. & m. 1. one who spreads. 2. one who gives. 3. one who manages.

गुस्तरी گستری स्त्री० [फा० गुस्तर] बिछौना।
पद हंगामा-गुस्तरी=बिछौने का हंगामा।
fem. bedding.
ph. tumult for bedding.

गुस्ताख़ گستاخ वि० [फा०] बड़ों का संकोच न रखनेवाला, धृष्ट, अशिष्ट।
adj. impudent, rude, impertinent, disrespectful.

गुस्ताख़ाना گستاخانہ क्रि० वि० [फा० गुस्ताख़ान:] गुस्ताखी से।
adv. rudely, impertinently.

गुस्ताख़ी گستاخی स्त्री० [फा०] धृष्टता, ढिठाई, अशिष्टता, बेअदबी।
fem. rudeness, impudence, impertinence.

ग़ुस्ल غسل पुं० [अ०] स्नान।
m. a bath.

ग़ुस्लख़ाना غسل خانہ पुं० [अ०+फा० ख़ान:] स्नानागार, नहाने का घर।
m. a bathroom.

ग़ुस्लेमैयत غسل میت पुं० [अ०] मृत व्यक्ति के शव को कराया जानेवाला स्नान।
m. act of giving a bath to the dead body.

ग़ुस्लेसेहत غسل صحت पुं० [अ०] रोगमुक्त होने पर किया जानेवाला स्नान, आरोग्य-स्नान।
m. act of taking a bath after getting cured.

ग़ुस्सा غصہ पुं० [अ० ग़ुस्स:] क्रोध, कोप, रिस।
मुहा० (i) ग़ुस्सा उतरना या निकलना=क्रोध शांत होना। **(ii) ग़ुस्सा उतारना**=क्रोध में आकर अपने मन की करना। **(iii) ग़ुस्सा चढ़ना**=क्रोध का आवेश होना।
m. anger, wrath.
id. (i) subsidence of anger. (ii) to give vent to one's anger. (iii) to be filled with anger.

ग़ुस्सावर غصہ ور वि० [अ० ग़ुस्स:+फा०] क्रोधी।
adj. hot-tempered, ferocious.

गुहर گہر पुं० [फा०] मोती।
m. a pearl.

गूँ گوں वि० [फा०] रंगवाला, जैसे—गुलगूँ=गुलाब के रंग का; शबगूँ=रात के रंगवाला, काला।
adj. having a colour, coloured.

गून گون पुं० [फा० गून:] रंग, वर्ण।
पद गूनागूँ=(क) अनेक रंगों के। (ख) तरह-तरह के।
m. colour.
ph. a. of many colours. b. variegated.

गूना گونہ पुं० [फा० गून:] १. वर्ण, रंग। २. प्रकार, भाँति, तरह। ३. तौर-तरीका, रंग-ढंग।
m. 1. colour. 2. kind, sort. 3. behaviour.

ग़ूल غول पुं० [अ०] १. राक्षस। २. भूत।
m. 1. a devil, giant, 2. the spirit of a dead person.

गेती گیتی स्त्री० [फा०] दुनिया, संसार।
पद (i) ग़मे गेती=संसार का ग़म। **(ii) गेती आरा**=संसार की शोभा बढ़ानेवाला।
fem. world.
ph. (i) sorow of the world, grief of the world. (ii) making the world more attractive.

गेसू گیسو पुं० [फा०] जुल्फ, बालों की लट।
पद गेसू-ए-दिलदार=प्रेयसी के केश।
m. a curled small bunch of hair, curl of hair.
ph. the curly hair of a beloved.

गेसूदराज़ گیسو دراز वि० [फा०] लंबे बालोंवाला।
adj. having long hair.

ग़ैब غیب पुं० [अ०] १. स्वर्ग। २. भाग्य। ३. अन्य लोक।
adj. 1. the Heaven. 2. fate. 3. another world.

ग़ैबत غیبت स्त्री० [अ०] किसी के पीठ के पीछे की जानेवाली निन्दा, चुगली।
fem. backbiting

ग़ैबदाँ غیب داں वि०, पुं० [अ०+फा०] परोक्ष या अदृश्य जगत की बात जाननेवाला।
m. an astrologer, fortune-teller

ग़ैबानी غیبانی स्त्री० [अ० ग़ैब] १. निर्लज्ज या दुश्चरित्रा स्त्री। २. भारी बला, बड़ी आपत्ति।

fem. 1. a shameless woman, woman of easy morals. 2. a serious calamity.

ग़ैबी غیبی वि० [अ०] १. परोक्ष-सम्बन्धी। २. रहस्यमय।
adj. 1. of unknown world. 2. mysterious.

ग़ैर غیر वि० [अ०] १. अन्य, दूसरा। २. अजनबी, बाहरी। ३. पराया। ४. निषेधवाचक (शब्द); जैसे—गैरवाजिब, गैरमामूली, ग़ैर-मनकूला, ग़ैरमुमकिन।
adj. 1. not one's own, other than one's own. 2. strange. 3. someone else. 4. negative.

ग़ैर अहम غیراہم वि० [अ०] महत्त्वहीन।
adj. of no importance.

ग़ैरआबाद غیرآباد वि० [अ०+फा०] १. जो बसा न हो (स्थान)। २. जो जोता-बोया न हो (खेत)।
adj. 1. non-inhabited. 2. not ploughed, non-tilled.

ग़ैरज़रूरी غیرضروری वि० [अ०] अनावश्यक।
adj. unimportant.

ग़ैरज़िम्मादार غیرذمہ دار वि० [अ० ग़ैरज़िम्म:+फा० दार] अनुत्तरदायी, दायित्वहीन।
adj. irresponsible.

ग़ैरज़ुरूरी غیرضروری वि० = ग़ैरज़रूरी।

ग़ैरत غیرت स्त्री० [अ०] १. लज्जा। २. स्वाभिमान।
fem. 1. bashfulness. 2. self-respect.

ग़ैरतदार غیرت دار वि० [अ०+फा०] स्वाभिमानी।
adj. self-respecting.

ग़ैर-पेशावर غیرپیشہ ور वि० [अ०+फा० पेशे:वर] जिसका पेशा न हो।
adj. non-professional.

ग़ैरतमंद غیرت مند वि० [अ०+फा०] १. जिसे ग़ैरत हो, लज्जाशील। २. स्वाभिमानी।
adj. 1. bashful. 2. self-respecting.

ग़ैर-मनक़ूला غیرمنقولہ वि० [अ०] जिसे एक स्थान से उठाकर दूसरे स्थान पर न ले जा सकें, स्थिर, अचल, स्थावर।
adj. immovable.

ग़ैरमनकूह غیرمنکوح वि० [अ०] अविवाहित (पुरुष)।
adj. unmarried.

ग़ैरमनकूहा غیرمنکوحہ वि० स्त्री० [अ० ग़ैरमन्कूह:] अविवाहिता।
स्त्री० रखनी, उपपत्नी।
adj. unmarried (woman).
fem. a kept woman.

ग़ैरमशरूत غیرمشروط वि० [अ०] बिना शर्त का।
adj. unconditional.

ग़ैरमहदूद غیرمحدود वि० [अ०] असीमित।
adj. unlimited.

ग़ैरमामूल غیرمعمول वि०=ग़ैरमामूली।

ग़ैरमामूली غیرمعمولی वि० [अ०] असाधारण।
adj. extra-ordinary, unique.

ग़ैरमुकम्मल غیرمکمل वि० [फा०] अधूरा, अपूर्ण।
adj. incomplete.

ग़ैरमुक़र्रर غیرمقرر वि० [अ०] अनिश्चित।
adj. uncertain.

ग़ैरमुतनाज़ा غیرمتنازع वि०[अ० ग़ैरमुतनाज़अ] निर्विवाद।
adj. indisputable.

ग़ैरमुनासिब غیرمناسب वि० [अ०] अनुचित।
adj. improper, unjustifiable.

ग़ैरमुमकिन غیرممکن वि० [अ० ग़ैरमुम्किन] असम्भव, नामुमकिन।
adj. impossible.

ग़ैरमुल्की غیرملکی वि० [अ०] विदेशी, वैदेशिक।
adj. alien, foreign.

ग़ैरमौरूसी غیرموروثی वि० [अ०] जो पैतृक न हो।
adj. not heriditary.

ग़ैरराइज غیررائج वि० [अ०] जो प्रचलित में न हो।
adj. not prevalent, not current.

ग़ैरियत غیریت स्त्री० [अ०] बेगानापन।
m. the fact of being other or not one's own.

ग़ैरवाक़िई غیرواقعی वि० [अ०] मिथ्या।
adj. false.

ग़ैरवाजिब غیرواجب वि० [अ०] अनुचित।
adj. improper.

ग़ैरशरई غیرشرعی वि० [अ०] धार्मिक नियम के विरुद्ध।
adj. against the religious law.

ग़ैरहाज़िर غیرحاضر वि० [अ०] अनुपस्थित।
adj. absent.

ग़ैरहाज़िरी غیرحاضری स्त्री० [अ०] अनुपस्थिति।
fem. absence.

गेहान گیہان पुं० [फा०] संसार।
m. the world.

गो گو यो० [फा०] यद्यपि।
पद गो कि=यद्यपि, गो।
प्रत्य० कहनेवाला। (यौगिक शब्दों के अन्त में) जैसे—बदगो=बुराई करनेवाला, कमगो=कम बोलनेवाला।

conj. if.
ph. if.
suffix denoting one who says or speaks.

गोइंदा گوئندہ पुं० [फा० गोइन्द:] १. बोलनेवाला, वक्ता। २. गुप्तचर, भेदिया, जासूस।
m. 1. a speaker. 2. a spy.

गोई گوئی स्त्री० [फा०] कहने की क्रिया, कथन।
प्रत्य० यौगिक शब्दों के अन्त में; जैसे—बदगोई।
पद **चेमेगोइयाँ**=चोज़ की बातें, व्यंग्यपूर्ण विनोद।
fem. act of saying or telling.
ph. witty remarks.

गोज़[1] گوز पुं० [फा० गूज़] पाद, अपानवायु।
m. wind from bowels.

गोज़[2] گوز पुं० [फा०] १. अखरोट का वृक्ष। २. चिलगोज़ा।
m. 1. a walnut tree. 2. the nut of pine tree.

ग़ोता غوطہ पुं० [अ० ग़ोत:] डुबकी लगाने की क्रिया, डुब्बी।
मुहा० **(i) ग़ोता खाना**=धोखे में आना। **(ii) ग़ोता मारना**=(क) डुबकी लगाना, डूबना। (ख) बीच में अनुपस्थित रहना।
m. a dive.
id. (i) to be deceived or deluded. (ii) (a) to plunge into the water, to dive. (b) to be absent.

ग़ोताख़ोर غوطہ خور वि० [अ०+फा०] [भाव० ग़ोताख़ोरी] पानी में डुबकी लगानेवाला, पनडुब्बा।
m. a diver.

गोमगो گومگو वि० [फा०] १. जिसका अर्थ स्पष्ट न हो, गोल-मोल। २. जिसका न कहना ही अच्छा हो।
adj. 1. not clear, confusing. 2. not good enough to say, bad.

गोयंदा گوئندہ पुं० दे० 'गोइन्दा'।

गोया گویا योजक [फा०] मानो, याने।
वि० बोलनेवाला, बोलता हुआ।
con. as if, as it were, in other words.
adj. speaking.

गोयाई گویائی स्त्री० वि० [फा०] १. बोलने की शक्ति, वाक्-शक्ति। २. बोलचाल।
fem. 1. power of speech, eloquence. 2. conversation.

गोर گور स्त्री० [फा०] कब्र, समाधि।
पद **(i) गोरग़रीबाँ**=वह स्थान जहाँ विदेशी या गरीब लोगों के मुर्दे गाड़े जाते हों। **(ii) गोर व कफ़न**=मृतक की अंत्येष्टि क्रिया। **(iii) दरगोर**=जहन्नुम में जाए। **(iv) ज़िंदा-दर-गोर**=जीवित अवस्था में ही मृतक के समान।
fem. a grave.
ph. (i) a graveyard for the foreigner. (ii) funural rites. (iii) go to hell. (iv) losing effectiveness, lifeless.

ग़ोर غور पुं० [फा०] कन्धार के पास के एक प्रदेश का नाम।
m. a region in Afghanistan.

गोरकन گورکن पुं० [फा०] क़ब्र खोदनेवाला।
m. one who digs graves.

गोरकनी گورکنی स्त्री० [फा०] कब्र खोदने का काम।
fem. act or profession of digging graves.

गोरख़र گورخر पुं० [फा०] गधे की जाति का एक जंगली पशु।
m. a wild animal like an ass.

गोरिस्तान گورستان पुं० [फा०] कब्रिस्तान।
m. a graveyard.

ग़ोरी غوری पुं० [फा०] ग़ोर देश का निवासी।
स्त्री० तश्तरी, रिकाबी, थाली।
m. an inhabitant of ग़ोर.
fem. a plate.

ग़ोल غول स्त्री० [अ०] समूह, झुण्ड, गिरोह।
m. a flock, herd.

ग़ोलक غولک स्त्री० [फा०] वह सन्दूक या थैली जिसमें धन संग्रह किया जाए, गुल्लक।
fem. a cash box.

गोला گولہ पुं० [फा० गोल:] १. गोलाकार पिंड। २. तोप का गोला।
m. 1. a round object. 2. a grenade, bomb.

गोलाबारी گولہ باری स्त्री० [फा० गोल:बारी] गोलों का बरसना, गोलों की वृष्टि।
fem. bombing, bombardment.

गोश گوش पुं० [फा०] कान।
m. an ear.

गोशग़ुज़ार گوش گذار वि० [फा०] कहा हुआ।
मुहा० **गोश गुज़ार करना**=निवेदन करना, सुनाना।
adj. stated, said.
id. to tell, recite, relate.

गोशज़द گوشزد वि० [फा०] कानों तक पहुँचा हुआ, सुना हुआ।
adj. heard.

गोशमाली گوشمالی स्त्री० [फा०] १. कान उमेठना। २. ताड़ना, कड़ी चेतावनी।
fem. 1. act of twisting someone's ears. 2. a reprimand, warning.

गोशवारा گوشوارہ पुं० [फा०+वार:] १. खंजन नामक पेड़ का गोंद। २. कान का बाला, कुण्डल। ३. बड़ा

मोती जो सीप में होता है। ४. तुर्रा।
m. 1. a kind of gum. 2. an earing. 3. a large pearl. 4. crest of a turban.

गोशा گوشہ पुं० [फा० गोश:] १. कोना, अन्तराल। २. एकान्त स्थान। ३. तरफ, दिशा, ओर ४. कमान की दोनों नोकें, धनुषकोटि।
m. 1. a corner. 2. solitude. 3. a direction. 4. both ends of a bow.

गोशानशीन گوشہ نشین वि०, पुं० [फा० गोश:नशीन] [भाव० गोशा-नशीनी] एकान्त में रहनेवाला।
adj. & m. one who lives in solitude.

गोश्त گوشت पुं० [फा०] मांस।
m. the flesh of an animal as food, meat.

गोश्तख़ोर گوشت خور पुं० [फा०] गोश्त खानेवाला, मांसभक्षी।
m. a person who eats the flesh of animals, non-vegetarian, meat-eater.

गोस्पंद گوسپند स्त्री० [फा०] बकरी।
fem. a goat.

ग़ौग़ा غوغا पुं० [फा०] शोरगुल, कोलाहल।
m. noise, tumult.

ग़ौग़ाई غوغائی वि० [फा०] १. शोर या कोलाहल मचानेवाला। २. व्यर्थ का, झूठ-मूठ का, जैसे—ग़ौग़ाई खबर।
adj. 1. making noise, noisy. 2. false.

ग़ौज़ غوز पुं० [अ०] संकल्प, इरादा।
m. a resolve.

ग़ौर غور पुं० [अ०] १. सोच-विचार, चिंतन। २. खयाल, ध्यान।
पद ग़ौर परदाख़्त=(क) देख-रेख। (ख) पालन-पोषण।
m. contemplation. 2. consideration.
ph. (a) care. (b) upbringing, nurturing, fostering.

ग़ौरतलब غورطلب वि० [अ०] विचार करने योग्य, विचारणीय।
adj. worth considering.

ग़ौल غول पुं० [अ०] हत्या।
m. murder.

ग़ौवास غواص पुं० [अ०] गोताखोर, पनडुब्बा।
m. a diver.

ग़ौवासी غواصی स्त्री० [अ०] गोताखोरी।
fem. an act of diving.

ग़ौस غوث पुं० [अ०] १. शिकायत, फरियाद, नालिश। २. मुसलमान महात्माओं की एक उपाधि।
m. 1. a complaint, suit. 2. an epithet of Muslim saints.

गौहर گوہر पुं० [फा०] १. किसी वस्तु की प्रकृति। २. मोती। ३. रत्न। ४. बुद्धिमत्ता।
m. 1. nature of something. 2. a pearl. 3. a jewel. 4. wisdom.

गौहरसंज گوہرسنج पुं० [फा०] १. जौहरी। २. आलोचना या समीक्षा करनेवाला।
m. 1. a jeweller. 2. a critic or reviewer.

गौहरी گوہری पुं० दे० 'जौहरी'।

च

चंग چنگ स्त्री० [फा०] १. डफ के आकार का एक बाजा। २. हाथी का अंकुश। ३. बड़ी गुड्डी, पतंग।
मुहा० **(i) चंग चढ़ना**=खूब जोर होना। **(ii) चंग पर चढ़ाना**=(अ) इधर-उधर की बातें करके अपने अनुकूल करना। (ब) मिजाज बढ़ा देना।
fem. 1. a small tambourine. 2. a goad for driving an elephant. 3. a large kite.
id. (i) to be very effective. (ii) (a) to wheedle. (b) to puff up.

चंगुल چنگل पुं० [फा० चन्गुल] १. चिड़ियों या पशुओं का टेढ़ा पंजा। २. हाथ के पंजे की वह स्थिति जो उँगलियों से किसी वस्तु को उठाने या लेने के समय होती है, बकोटा।
***मुहा०* चंगुल में फँसना**=काबू में होना।
m. 1. the claw of a bird. 2. grip of a claw.
id. to take under control.

चंद چند वि० [फा०] थोड़े से, कुछ।
adj. a small number of, few, some.

चंदरोज़ा چندروزہ वि० [फा० चन्दरोज़:] १. थोड़े दिनों का। २. अस्थायी।
adj. 1. lasting for few days. 2. temporary.

चंदाँ چنداں क्रि० वि० [फा०] १. इतना, इस मात्रा में। २. इतनी देर में।
adv. 1. to this degree. 2. in the meantime.

चंदा چندہ पुं० [फा० चन्द:] १. वह थोड़ा-थोड़ा धन जो कई लोगों से किसी कार्य के लिए सहायतार्थ लिया जाए, बेहरी, उगाही। २. किसी सामयिक पत्र या पुस्तक आदि का वार्षिक मूल्य।
m. 1. contribution. 2. subscription.

चंदावल چنداول पुं० [फा०] वे सैनिक जो सेना के पीछे रक्षा के लिए चलते हैं, हरावल का उलटा।
m. rear part of an army.

चंदे چندے क्रि० वि० [फा०] १. थोड़े में। २. थोड़ी देर में।
adv. 1. in a small quantity. 2. immediately after sometime.

चंबर چنبر पुं० [फा० चम्बर] चिलम का ढक्कन।
m. the cover of a चिलम.

चक़मक़ چقمق पुं० [फा०] एक प्रकार का कड़ा पत्थर जिसपर चोट पड़ने से बहुत जल्दी आग निकलती है।
m. a piece of flint used to produce sparks.

चक़माक़ چقماق पुं० [फा०] = चक़मक (पत्थर)।

चकीदा چکیدہ वि० [फा० चकीद:] पेड़ से टपका हुआ।
adj. m. fallen from a tree.

चक्स چکس पुं० [फा०] बुलबुल का अड्डा।
m. a perch.

चख़ چخ स्त्री० [फा०] १. लड़ाई, झगड़ा। २. शोर, कोलाहल।
वि० बुरा, दुष्ट।
fem. 1. a quarrel. 2. noise.
adj. bad, wicked.

चख़चख़ چخ چخ स्त्री० [फा०] कहा-सुनी, लड़ाई-झगड़ा।
fem. noisy exchange of words, quarrel.

चतर چتر पुं० [फा०] १. छत्र। २. छाता, छतरी।
m. 1. a royal umbrella. 2 . an umbrella.

चनार چنار पुं० [फा०] एक प्रकार का वृक्ष जिसकी पत्तियाँ लाल रंग की होती हैं।
m. a tree having red leaves.

चप چپ वि० [फा०] १. बायाँ, वाम। २. अभाग्य का सूचक।
पद चप व रास्त=बाएँ और दाहिने।
adj. 1. left. 2. inauspicious.
ph. left and right, right and left.

चपकन چپکن स्त्री० [फा०] अचकन।
fem. a type of long coat.

चपक़ुलश چپقلش स्त्री० [तु०] १. तलवार की लड़ाई। २. शोर-गुल, कोलाहल। ३. जनसमूह, भीड़। ४. कठिनता, असमंजस। ५. आपाधापी।
fem. 1. fight with swords. 2. noise, tumult. 3. crowd, mass. 4. difficulty, indecision. 5. state of rivalry.

चपक़ुलिश چپقلش स्त्री० दे० 'चपक़ुलश'।

चपरास چپراس स्त्री० [फा० चप व रास्त] अरदली, चौकीदार आदि के द्वारा पहनी हुई वह पेटी जिसमें पीतल के टुकड़े पर दफ्तर या मालिक का नाम खुदा रहता है।
fem. a bronze plate worn by a peon, orderly or gatekeeper.

चपरासी چپراسی पुं० [फा०] वह नौकर जो चपरास पहने हो, अरदली।
m. a peon.

चपाती چپاتی स्त्री० [फा० मि० सं० चर्परी] छोटी पतली रोटी, फुलका।
fem. a kind of small Indian loaf.

चमचा چمچہ पुं० [तु० चम्मच:] १. चम्मच, कलछी। २. चिमटा।

m. 1. a spoon or ladle. 2. a tool or kitchen gaget for gripping things, pincers.

चमन چمن पुं० [फा०] १. हरी क्यारी। २. वाटिका, फुलवारी, छोटा बगीचा। ३. रौनक की जगह।
***पद* चमने-इश्क़**=इश्क की वाटिका।
m. 1. an area of ground where flowers and plants are grown, bed. 2. a small garden. 3. a gay place.
ph. a garden where lovers meet.

चम्बर چمبر पुं० [फा० चम्बर] चिलम के ऊपर का ढकना, चिलमपोश।
m. a cover of a चिलम.

चरख़ چرخ पुं० दे० 'चर्ख़'।

चरख़ा چرخہ पुं० [फा० चर्ख़ः] १. घूमनेवाला गोल चक्कर, चरख। २. लकड़ी का एक यंत्र जिसकी सहायता से ऊन, कपास या रेशम आदि को कातकर सूत बनाते हैं। ३. कुएँ से पानी निकालने का रहँट। ४. सूत लपेटने की गराड़ी, चरखी, रील। ५. गराड़ी, घिरनी। ६. बड़ा या बेडौल पहिया। ७. झगड़े-बखेड़े या झंझट का काम।
m. 1. a wheel. 2. a spinning wheel. 3. a Persian wheel used for drawing water from a well. 4. a reel on which thread can be wound. 5. a pulley. 6. a wheel of a cart. 7. an arduous work.

चरख़ी چرخی स्त्री० [फा० चर्ख़] १. पहिए की तरह घूमनेवाली कोई वस्तु। २. छोटा चरखा। ३. एक प्रकार की आतिशबाज़ी।
fem. 1. a pully. 2. a small spinning wheel. 3. a type of fireworks.

चरपूज़ چرپوز वि० [फा० चर्पूज़] १. बहुत निम्न कोटि का। २. मूर्ख, मूढ़।
adj. 1. depraved, mean. 2. foolish.

चरब چرب वि० दे० 'चर्ब'।

चरबा چربہ पुं० [फा० चर्बः] १. नक़ल। २. खाका।
m. 1. a duplicate copy. 2. a sketch.

चरबी چربی स्त्री० [फा० चर्बी] एक पीला चिकना गाढ़ा पदार्थ जो प्राणियों के शरीर में और बहुत से पौधों और वृक्षों में भी पाया जाता है, मेद, वसा।
***मुहा०* (i) चरबी चढ़ना**=मोटा होना। **(ii) चरबी छाना**=(क) बहुत मोटा हो जाना। (ख) मदान्ध होना।
fem. a natural oily substance found in human and animal bodies, fat.
id. (a) bulky. (b) to be intoxicated with power and pelf.

चरागाह چراگاہ स्त्री० [फा०] वह मैदान या भूमि जहाँ पशु चरते हों, चरनी, चरी।
fem. a pasture.

चरिंद چرند पुं० दे० 'चरिन्दा'।

चरिंदा چرندہ पुं० [फा० चरिन्दः] चरनेवाला जानवर, पशु।
m. the cattle i.e. cows, bulls etc. that graze.

चर्ख़ چرخ पुं० [फा०] १. आकाश, आसमान। २. घूमनेवाला गोल चक्कर, चाक। ३. सूत कातने का चरखा। ४. खराद। ५. कुम्हार का चाक। ६. वह गाड़ी जिस पर तोप चढ़ी रहती है।
m. 1. sky. 2. a rotating wheel. 3. a spinning wheel. 4. a lathe machine. 5. a wheel of a potter. 6. a gun-carriage.

चर्ग़ چرغ पुं० [फा०] एक प्रकार की शिकारी चिड़िया।
m. a kind of bird of prey.

चर्ब چرب वि० [फा०] १. चिकना। २. मोटा, स्थूल। ३. चपल।
adj. 1. oily. 2. fat. 3. agile, nimble.

चर्बज़बान چرب زبان वि०, पुं० [फा०] [भाव० चर्बज़बानी] चिकनी-चुपड़ी बातें बनानेवाला, चापलूस, खुशामदी।
adj. & m. a flatterer.

चर्बी چربی स्त्री० दे० 'चरबी'।

चश چش प्रत्य० [फा०] चखनेवाला।
suffix one who tastes.

चशीदा چشیدہ वि० [फा० चशीदः] चखा हुआ।
adj. tasted.

चश्म چشم स्त्री० [फा०] नेत्र, आँख।
***पद* चश्मे-बद-दूर**=ईश्वर बुरी नज़र से बचाए।
fem. an eye.
ph. God save from an evil eye.

चश्मक چشمک स्त्री० [फा०] १. चश्मा, ऐनक। २. आँख से इशारा। ३. लड़ाई-झगड़ा, कहासुनी।

चश्मदीद چشم دید वि० [फा०] १. आँखों-देखा। २. प्रत्यक्षदर्शी।
adj. 1. seen with one's eyes, firsthand. 2. having seen with one's own eyes.

चश्मदीद गवाह چشم دید گواہ पुं० [फा०] प्रत्यक्षदर्शी गवाह।
m. an eye-witness.

चश्मनुमाई چشم نمائی स्त्री० [फा०] १. डराना-धमकाना। २. आँखें दिखाना।
fem. 1. act of frightening and theatening. 2. to look sternly, to cast angry looks.

चश्मपोशी چشم پوشی स्त्री० [फा०] दोषों की ओर ध्यान न

देना, किसी के दुष्कर्मों के प्रति उपेक्षा दिखाना।
fem. an act of ignoring someone's faults, overlooking.

चश्मा چشمہ पुं० [फा० चश्मः] १. ऐनक। २. पानी का सोता।
m. 1. a pair of spectacles, eye-glasses. 2. a water-spring.

चश्मे-पुरआब چشمِ پُرآب पुं [फा०] आँसुओं से भरी आँखें, डबडबाई आँखें।
m. tearful eyes.

चश्म-स्याह چشم سیاہ पुं० [फा० -सियाह] काला चश्मा।
m. a pair of black glasses.

चस्पाँ چسپاں वि० [फा०] चिपका हुआ।
adj. fastened with a sticky substance.

चस्पीदगी چسپیدگی स्त्री० [फा०] १. चिपकाने की क्रिया। २. चिपकाने की मज़दूरी।
adj. 1. an act or art of pasting. 2. charges for pasting.

चस्पीदा چسپیدہ वि० [फा० चस्पीदः] चिपका या चिपकाया हुआ।
adj. pasted.

चह چہ पुं० [फा०] 'चाह' (कुआँ) का संक्षिप्त रूप।
m. abbreviation of चाह the well.

चहबच्चा چہ بچہ पुं० [फा० चाह+बच्चः] १. पानी भर कर रखने का छोटा गड्ढा या हौज। २. धन गाड़ने या छिपाकर रखने का छोटा तहखाना।
m. 1. a reservior or tank of water. 2. a storage space below ground level, cellar.

चहलक़दमी چہل قدمی स्त्री० [फा०] १. धीरे-धीरे टहलना या घूमना। २. सैर।
fem. 1. act of walking leisurely. 2. a leisurely walk.

चहलुम چہلم पुं० दे० 'चेहलुम'।

चहार چہار वि० [फा०] चार, तीन और एक।
adj. four.

चहारदाँग چہاردانگ स्त्री० [फा०] चारों दिशाएँ।
क्रि० वि० चारों ओर।
fem. the four directions.
adv. in all directions.

चहारशम्बा چہارشنبہ पुं० [फा०] बुधवार।
m. Wednesday.

चहारुम چہارم वि० [फा०] १. चौथाई। २. चौथा।
adj. 1. one fourth. 2. fourth.

चहारुमी چہارمیں वि० [फा०] चौथा।
adj. fourth.

चाक چاک वि० [फा०] १. कटा हुआ। २. फटा हुआ।
adj. 1. cut, incised, lacerated. 2. teared.

चाक़ چاق वि० [तु०] १. स्वस्थ, नीरोग। २. सतर्क।
पद **चाक़ चौबंद**=(क) हट्टा-कट्टा और स्वस्थ। (ख) सब तरह से ठीक।
adj. 1. healthy, sound. 2. alert.
ph. (a) healthy and sound. (b) alright.

चाकर چاکر पुं० [फा०] दास, भृत्य, सेवक, नौकर।
m. a servant, attendant.

चाकरी چاکری स्त्री० [फा०] नौकरी, दासता, सेवा।
fem. service.

चाक़ू چاقو पुं० [फा०] छुरी।
m. a knife.

चादर چادر स्त्री० [फा०] १. कपड़े का लम्बा-चौड़ा टुकड़ा जो बिछाने या ओढ़ने के काम आता है। २. हलका ओढ़ना, चौड़ा दुपट्टा। ३. किसी धातु का बड़ा चौखूँटा पत्तर, चद्दर। ४. पानी की चौड़ी धार जो कुछ ऊपर से गिरती हो। ५. फूलों की राशि जो किसी पूज्य स्थान पर चढ़ाई जाती है।
fem. 1. a large rectangular piece of cloth used as a bedsheet. 2. a piece of cloth used to cover the body. 3. a rectangular broad flat pice of metal, plastic etc. 4. falling mass of water. 5. mass of flowers offered to some sacred place.

चापलूस چاپلوس वि०, पुं० [फा० चाप्लूस] खुशामदी, लल्लो-चप्पो करनेवाला, चाटुकार।
adj. & m. a flatterer.

चापलूसी چاپلوسی स्त्री० [फा० चाप्लूसी] खुशामद।
fem. flattery.

चापाती چاپاتی स्त्री० [फा०] चपाती।
fem. an Indian loaf.

चाबुक़ چابق पुं० [फा०] १. कोड़ा, हंटर। २. जोश दिलानेवाली बात।
m. 1. a horsewhip, flagellum. 2. an action that encourages aggressive behaviour

चाबुक़ज़नी چابق زنی स्त्री० [फा०] १. कोड़े मारने की क्रिया। २. कोड़े की मार।
fem. 1. act of whipping. 2. beating with a whip, whipping.

चाबुक़दस्त چابق دست वि० [फा०] [भाव० चाबुक-दस्ती] १. दक्ष, चतुर। २. फुरतीला।
adj. 1. adroit, clever. 2. agile.

चामा چامہ पुं० [फा० चाम:] कविता।
m. a poem.

चामागो چامہ گو पुं० [फा० चाम:गो] कवि।
m. a poet.

चाय چائے स्त्री० [फा०] १. एक प्रसिद्ध पौधे की सूखी पत्तियाँ जिन्हें उबालकर पेय तैयार किया जाता है। २. चाय का उबला हुआ पानी।
fem. 1. dried leaves of the tea plant. 2. a hot drink made by the dried leaves of the tea plant.

चार چار वि० [फा० 'चहार'] चार का संक्षिप्त रूप (यौगिक में)।
पुं० 'चारा' (वश) का संक्षिप्त रूप। (यौगिक में)
adj. four.
m. control.

चारआईना چارآئینہ पुं० [फा० चारआइन:] एक प्रकार का कवच या बख्तर।
m. a type of armour.

चारख़ाना چارخانہ पुं० [फा० चारख़ान:] चौकोर खानों-वाला कपड़ा।
m. a type of chequered cloth.

चारचश्म چارچشم वि० [फा०] निर्लज्ज, बेशरम।
adj. shameless.

चारजामा چارجامہ पुं० [फा० चारजाम:] एक प्रकार की ज़ीन।
m. the saddle of a horse.

चार-नचार چارنچار क्रि० वि० [फा०] विवश होकर, लाचारी की हालत में।
adv. due to helplessness, helplessly.

चारपा چارپا पुं० [फा०] चौपाया, मवेशी।
m. a four-footed animal.

चारपार چاریار पुं० [फा०] मुहम्मद साहब के चार मित्र—अबुबक्र, उमर, उस्मान और हजरतअली।
m. the four friends of Mohammad.

चारा چارہ पुं० [फा० चार:] १. उपाय, तदबीर, तरकीब। २. वश, अधिकार।
m. 1. a way, remedy, plea. 2. control, subjection.

चाराजोई چارہ جوئی स्त्री० [फा० चार:जोई] कोशिश, प्रयत्न।
fem. an attempt, endeavour.

चालाक چالاک वि० [फा०] १. व्यवहार-कुशल, चतुर, दक्ष। २. धूर्त, चालबाज।
adj. 1. clever, adept, deft, shrewd. 2. cunning, crafty.

चालाकी چالاکی स्त्री० [फा०] १. चतुराई, व्यवहार-कुशलता, दक्षता, पटुता। २. धूर्तता, चालबाज़ी। ३. युक्ति।
fem. 1. cleverness, deftness, shrewdness. 2. cunning artfulness. 3. a device, trick, plea.

चालिश چالش स्त्री० [फा०] आक्रमण।
fem. an attack, assault.

चाशनी چاشنی स्त्री० [फा० चाश्नी] १. चीनी, मिस्री या गुड़ को आँच पर चढ़ाकर गाढ़ा और मधु के समान लसीला किया हुआ रस। २. चसका, मज़ा। ३. नमूने का सोना जो सुनार को गहने बनाने के लिए सोना देनेवाला ग्राहक अपने पास रखता है।
fem. 1. treacle, molasses. 2. fondness, addiction. 3. specimen of metal.

चाश्त چاشت स्त्री० [फा०] १. सूर्योदय के एक पहर बाद का समय; जैसे—चाश्त की नमाज़। २. सबेरे का जलपान।
fem. 1. the period after sunrise. 2. breakfast.

चाह چاہ पुं० [फा० चा:] कुआँ, कूप।
***पद* चाह-कन**=कुआँ खोदनेवाला।
m. a well.
ph. one who digs a well.

चाही چاہی स्त्री० [फा०] वह ज़मीन जो कुएँ के पानी से सींची जाती हो।
fem. the land irrigated with the water of a well.

चाहेज़क़न چاہِ ذقن पुं० दे० 'चाहेज़नख़दाँ'।

चाहेज़नख چاہِ زنخ पुं० दे० 'चाहेज़नख़दाँ'।

चाहेज़नख़दाँ چاہِ زنخداں पुं० [फा०] ठोढ़ी या चिबुक पर का गड्ढा।
m. the pit of a chin.

चिक़ چق स्त्री० [तु०] बाँस या सरकंडे की तीलियों का बना हुआ झँझरीदार परदा, चिलमन।
fem. a screen of bamboo sticks.

चिकन چکن स्त्री० [फा० चिकिन] एक प्रकार का महीन सूती कपड़ा जिस पर उभरे हुए बूटे बने रहते हैं।
fem. a kind of embroidered cloth.

चिरकीं چرکیں वि० [फा० चिर्कीं] मैला, गन्दा।
adj. dirty, filthy.

चिरा چرا क्रि० वि० [फा०] क्यों, किसलिए।
***मुहा०* चूँ व चिरा करना**=आपत्ति करना, उज्र करना।
adv. why?

id. to object, to express disapproval or opposition

चिराग़ چراغ पुं० [फा०] दीपक।
m. a lamp.

चिराग़दाँ چراغداں पुं० [फा०] दीयट।
m. a lamp stand.

चिराग़पा چراغپا वि० [फा०] १. जिसका मुँह नीचे हो गया हो, औंधा। २. (घोड़ा) जो अपने अगले दोनों पैर ऊपर उठा ले।
adj. 1. upside down. 2. (a horse) which can stand on back feet.

चिराग़ाँ چراغاں पुं० [फा०] चिराग़ों की कतार, दीपों की पंक्ति।
***पद* जशने चिराग़ाँ**=दीप-समारोह, प्रकाशोत्सव, दीपावली।
m. a line of lamps.
ph. a festival of lights.

चिराग़ी چراغی स्त्री० [फा० चिराग़] वह धन जो किसी मज़ार पर चिराग जलाने के लिए मुल्ला, मुजाविर आदि को दिया जाता है।
fem. the amount denoted for lightening a lamp at some particular place.

चिराग़ेसहरी چراغ سحری पुं० [फा०] १. सबेरे का दीपक जिसके बुझने में विलम्ब न हो। २. वह जो मृत्यु या अन्त के समीप पहुँच चुका हो।
m. 1. the lamp which is going to be extinguished early in the morning. 2. one who had drawn near the death.

चिर्क چرک स्त्री० [फा०] १. मल, गन्दगी। २. मवाद, पीब।
fem. 1. filth. 2. puss.

चिर्कीन چرکین वि० [फा०] गंदा, मलिन।
adj. dirty.

चिर्म چرم पुं० [फा० मि० सं० चर्म] [वि० चिर्मी] चमड़ा, चर्म।
m. leather.

चिल چل वि० [फा०] मूर्ख।
adj. stupid, foolish.

चिलग़ोज़ा چلغوزہ पुं० [फा० चिलग़ोज़:] एक प्रकार का मेवा, चीड़ या सनोबर वृक्ष का फल।
m. a nut of pine tree.

चिलता چلتہ पुं० [फा० चिलत:] कवच।
m. an armour.

चिलम چلم स्त्री० [फा० चिलिम] कटोरी के आकार का नालीदार मिट्टी का एक बरतन जिस पर तम्बाकू जलाकर उसका धुआँ पीते हैं।
fem. an earthen funnel in which tobacco is placed for smoking.

चिलमची چلمچی स्त्री० [तु०] चौड़े मुँहवाला एक बरतन जिसमें हाथ धोते और कुल्ली आदि करते हैं।
fem. a basin used for washing purposes.

चिलमन چلمن स्त्री० [फा०] बाँस की फट्टियों का परदा, चिक।
fem. a screen of bamboo sticks.

चिली چلی वि० [फा०] मूर्ख।
adj. foolish.

चिल्ला چلہ पुं० [फा० चिल्ल:] १. चालीस दिन का समय। २. चालीस दिन का बंधेज या किसी पुण्य कार्य का नियम। ३. स्त्रियों के लिए प्रसव में चालीस दिन का समय।
***मुहा०* (i) चिल्ला बाँधना**=चालीस दिन का व्रत करना। **(ii) चिल्ला खींचना**= चालीस दिन तक एकान्त में बैठकर ईश्वर की उपासना करना।
m. 1. a period of forty days. 2. activities done or precautions taken in this period. 3. a forty days time after giving birth to a child.
id. (i) to take a vow for forty days. (ii) to mutter the name of a deity for forty days while embrassing solitude.

चीं چیں स्त्री० [फा०] चेहरे पर पड़नेवाली शिकन या बल।
***पद* चीं-ब-जबीं**=माथे का बल, त्योरी।
***मुहा०* चीं-ब-जबीं होना**=चेहरे पर बल लाना, बिगड़ना, नाराज होना।
fem. a small fold or line in the face caused by age, wrinkle.
ph. angry look, frown.
id. to frown.

चीज़ چیز स्त्री० [फा०] १. वस्तु, पदार्थ, द्रव्य। २. आभुषण, गहना। ३. गाने की चीज़, गीत। ४. विलक्षण वस्तु। ५. महत्त्व की वस्तु।
fem. 1. a thing, commodity. 2. an ornament. 3. something to sing. 4. a peculiar thing. 5. an important thing.

चीदा چیدہ वि० [फा० चीद:] १. चुना हुआ। २. बढ़िया।
adj. 1. selected. 2. excellent.

चीरगी چیرگی स्त्री० [फा०] वीरता।
fem. breavery.

चीरा چیرہ वि० [फा० चीर:] शक्तिशाली।
पुं० पगड़ी।
adj. powerful.
m. a turban.

चीस्ताँ چیستاں स्त्री० [फा०] पहेली, बुझौवल।
fem. a puzzle.

चुंग چنگ स्त्री० [फा०] चोंच।
fem. a beak.

चुक़ंदर چقندر पुं० [फा०] गाजर की तरह का एक कन्द जिसकी तरकारी बनती है।
m. a red-beet.

चुग़द چغد पुं० [फा० चुग़द] १. उल्लू, उलूक। २. मूर्ख, व्यक्ति।
m. 1. an owl. 2. a stupid person.

चुग़ल چغل पुं० [तु० चुग़ुल] चुगुलखोर, चुगली खानेवाला।
m. a backbiter.

चुगलख़ोर چغل خور पुं० [अ० चुग़ुलख़ोर] चुगली खानेवाला, पीठ पीछे दूसरों की निन्दा करनेवाला, पिशुन।
m. a backbiter.

चुग़ली چغلی स्त्री० [तु० चुग़ुली] दूसरे की निन्दा जो उसकी अनुपस्थिति में की जाए।
fem. backbiting.

चुग़ा چغا पुं० दे० 'चोग़ा'।

चुनाँ چناں वि० [फा०] इस प्रकार का, ऐसा।
***मुहा०* चुनाँ-चुनीं या चुनीं-चुनाँ करना**=(अ) आपत्ति करना, उज़्र करना। (ब) बढ़-बढ़कर बातें करना।
adj. as, like this.
id. (a) to object. 2. to talk tall, to brag.

चुनाँचे چنانچہ क्रि० वि० [फा०] १. जैसा कि, उदाहरण-स्वरूप। २. इसलिए, इस वास्ते।
adv. 1. as if. 2. therefore.

चुनिंदा چنندہ वि० [फा० चुनीद:] १. चुना हुआ, छँटा हुआ। २. बढ़िया।
adj. 1. selected, choosen. 2. excellent, finest.

चुनीं چنیں वि० [फा०] इस प्रकार का। दे० 'चुनाँ'।
adj. as, like this.

चुनीदा چنیدہ वि० [फा० चुनीद:] चुना हुआ, जिसका चयन हुआ हो।
adj. selected.

चुर्बक چربک पुं० [फा०] झूठ।
m. a lie.

चुस्त چست वि० [फा०] १. कसा हुआ, जो ढीला न हो, संकुचित, तंग। २. जिसमें आलस्य न हो, तत्पर, फुर्तीला, चलता पुर्ज़ा। ३. दृढ़, मजबूत।
***पद* चुस्त व चालाक**-फुरतीला और चतुर।
adj. 1. tight, close-fitting. 2. swift, agile. 3. firm, steady.
ph. agile and shrewd.

चुस्ती چستی स्त्री० [फा०] १. फुरती, तेज़ी। २. कसावट, तंगी। ३. दृढ़ता, मज़बूती।
fem. 1. swiftness, agility. 2. tightness. 3. firmness.

चूँ چوں क्रि० वि० [फा०] १. इसलिए, इस वास्ते। २. अगर।
***मुहा०* चूँ व चिरा करना**= हुज्जत या बहस करना।
वि० तुल्य, समान।
adv. 1. therefore. 2. if.
id. to argue, dispute.
adj. equal, same in size or worth.

चूँकि چونکہ योज० [फा०] इस कारण से, कि, क्योंकि, इसलिए कि।
conj. because.

चू چو क्रि० वि० [फा०] १. समान रूप से। २. अगर।
adv. 1. equally. 2. if.

चूग़ा چوغا पुं० दे० 'चोग़ा'।

चूज़ा چوزہ पुं० [फा० चूज़:] १. मुरग़ी का बच्चा। २. नवयुवक (या नवयुवती)।
m. 1. a young of a domestic fowl (hen). 2. a young person.

चे چہ क्रि० वि० [पुं० चेह] क्या?
adv. what.

चेगूना چگونہ क्रि० वि० [फा० चेगून:] किस प्रकार, किस तरह।
adv. how.

चेचक چیچک स्त्री० [तु०] शीतला नामक रोग।
***पद* चेचक-रू**=जिसके मुँह पर शीतला के दाग हों।
fem. small pox.
ph. having permanent scars spread over his face or body.

चेह چہ पुं० [फा०] 'चेहरा' का संक्षिप्त रूप।
m. the front of the head, face.

चेहरा چہرہ पुं० [फा० चेहर:] १. शरीर के ऊपरी गोल अंग का अगला भाग जिसमें मुँह, आँखें, कान आदि रहते हैं, मुखड़ा, वदन। २. किसी चीज़ का अगला भाग, आगा। ३. देवता, दानव या पशु आदि की आकृति का वह साँचा जो लीला या स्वाँग आदि में चेहरे के ऊपर पहना या बाँधा जाता है।
***मुहा०* (i) चेहरा उतरना**=लज्जा, शोक, चिन्ता या रोग आदि के कारण चेहरे का तेज जाता रहना। **(ii) चेहरा होना**=फौज में नाम लिखना।
m. 1. face, countenance. 2. front of something. 3. mark.
id. (i) missing of hue of the face. (ii) to join the army.

चेहलक़दमी چہل قدمی स्त्री० दे० 'चहलक़दमी'।

चेहलुम چہلم पुं० [फा०] किसी के मरने के दिन से चालीसवाँ दिन।
वि० चालीसवाँ।
m. the fortieth day of someone's death.
adj. fortieth.

चोग़ा چوغہ पुं० [तु० चूग़ा] पैरों तक लटकता हुआ एक ढीला पहनावा, लबादा।
m. a garment like cassock or toga.

चोब چوب स्त्री० [फा०] १. शामियाना खड़ा करने का बड़ा खम्भा। २. नगाड़ा या ताशा बजाने की लकड़ी। ३. सोने या चाँदी से मढ़ा हुआ डंडा। ४. छड़ी।
fem. 1. a tent-pin. 2. a drum-stick. 3. a stick covered with golden or silver plate. 4. a stick.

चोबचीनी چوب چینی स्त्री० [फा०] एक लकड़ी जो दवा के काम आती है।
fem. a kind of wood used as medicine.

चोबदस्ती چوب دستی स्त्री० [फा०] हाथ में रखने की छड़ी।
fem. a hand-stick.

चोबदार چوبدار पुं० [फा०] प्रतिहार, द्वारपाल।
m. a gatekeeper.

चोबा چوبہ पुं० [फा० चोबः] १. बाण, तीर। २. कील।
m. 1. an arrow. 2. a nail.

चौबी چوبی वि० [फा०] लकड़ी या काठ का।
adj. wooden.

चौग़ान چوگان पुं० [फा०] १. एक खेल जिसमें लकड़ी के बल्ले से गेंद पर प्रहार करते हैं। २. चौगान खेलने का मैदान। ३. नगाड़ा बजाने की लकड़ी।
m. 1. a kind of game resembling hockey. 2. its field. 3. a drum-stick.

चौग़ानबाज़ी چوگان بازی स्त्री० [फा०] चौगान खेलना।
fem. act or art of playing चौगान।

चौगिर्द چوگرد क्रि० वि० [हिं० चौ०+फा० गिर्द] चारों ओर।
adv. in all directions.

चौगोशा چوگوشہ वि० [हिं० चौ+फा० गोशः] जिसके चार कोने हो, चौकोर।
adj. having four corners, quadrangular.

चौगोशिया چوگوشیہ स्त्री० [हिं० चौ+फा० गोशा] एक प्रकार की चौकोर टोपी।
fem. a quadrangular cap.

चौबच्चा چوبچہ पुं० दे० 'चहबच्चा'।

ज

जंग جنگ पुं० [फा०] १. लड़ाई, युद्ध, समर। २. शत्रुता।
m. 1. a battle, war. 2. hostility, enmity.

ज़ंग زنگ पुं० [फा०] १. लोहे पर लगनेवाला मोरचा। २. पीतल का छोटा घंटा। ३. एक देश का नाम।
m. 1. rust. 2. a gong of brass. 2. name of a country.

ज़ंगआलूदा زنگ آلودہ वि० [फा० ज़ंग+आलूद:] जिसमें मोरचा लगा हो, मोरचा लगा हुआ।
adj. affected with rust, rusty.

जंगजू جنگ جو पुं० [फा०] [भाव० जंगजूई] लड़ाकू।
m. a warrior.

जंगल جنگل पुं० [फा०] वन।
m. a forest.

जंगली جنگلی वि० [फा०] १. जंगल में होने या रहने-वाला। २. असभ्य, अशिष्ट।
adj. 1. wild. 2. uncivilized.

ज़ंगार زنگار पुं० [फा०] १. ताँबे का कसाव, तूतिया। २. एक दवा जो ताँबे का कसाव है।
m. 1. copper sulphate, blue vitriol. 2. name of a medicine.

ज़ंगारी زنگاری वि०[फा०] नीले रंग का।
adj. blue.

जंगी جنگی वि० [अ०] १. जंग या युद्ध सम्बन्धी; जैसे- जंगी जहाज। २. बहुत बड़ा, विशालकाय।
adj. 1. of or pertaining to war. 2. huge.

ज़ंगी زنگی पुं० [अ०] हब्शी।
m. a Negro.

जंज़बील زنجبیل स्त्री० [अ०] १. सुखाई हुई अदरक, सोंठ। २. स्वर्ग की एक नहर का नाम।
fem. 1. dried ginger. 2. a canal in heaven.

ज़ंजीर زنجیر स्त्री० [फा०] १. साँकल, कड़ियों की लड़ी। २. बेड़ी। ३. किवाड़ की कुंडी।
m. 1. a chain. 2. a shackle. 3. a small hasp.

जंजीरा زنجیرہ पुं० [फा० ज़ंजीर:] १. गले में पहनने की सिकड़ी। २. एक प्रकार की जंजीरदार सिलाई।
m. 1. a necklace. 2. a type of stiching.

ज़ंद زند पुं० [फा०] पारसियों का धर्मग्रंथ।
m. a sacred book of Parsees.

ज़ईफ़ ضعیف वि० [अ०] १. दुर्बल, कमजोर। २. वृद्ध, बुड्ढा।
adj. 1. weak. 2. old.

ज़ईफ़-उल्-अक़्ल ضعیف العقل वि० [अ०] दुर्बल बुद्धि-वाला, कमअक्ल।
adj. foolish.

ज़ईफ़-उल्-एतक़ाद ضعیف الاعتقاد वि० [फा०] जो सहज में एक बात को छोड़कर दूसरी बात पर विश्वास कर ले।
adj. fickle-minded.

ज़ईफ़ी ضعیفی स्त्री० [अ०] १. दुर्बलता, कमजोरी। २. बुढ़ापा।
fem. 1. weakness. 2. old age.

ज़ईम زعیم पुं० [अ०] नेता, रहनुमा।
m. a leader, guide.

ज़क زک स्त्री० [अ०] १. हार, पराजय। २. हानि, घाटा। ३. पराभव। ४. लज्जा।
fem. 1. defeat. 2. loss. 3. downfall. 4. shyness.

ज़क़न زقن पुं० [अ०] ठोढ़ी, ठुड्डी।
पद चाहे ज़क़न=ठोढ़ी पर का गड्ढा।
m. the part of the face below the mouth, chin.
ph. the pit in the chin.

ज़कर ذکر पुं० [अ०] पुरुष की इंद्रिय, लिंग।
m. the male organ, penis.

ज़का ذکا स्त्री०=ज़कावत।

ज़कात زکوٰۃ स्त्री० [अ०] १. दान, खैरात। २. कर, महसूल।
fem. 1. charity. 2. tax.

ज़काब زکاب स्त्री० [अ०] स्याही।
fem. ink.

ज़कावत ذکاوت स्त्री० [अ०] बुद्धि की प्रखरता, बुद्धिमत्ता।
fem. intellect, wisdom.

ज़कीर ذکیر वि० [अ०] स्मरण करनेवाला।
adj. (one) who remembers.

ज़की ذکی वि० [अ०] १. बुद्धिमान। २. पवित्र।
adj. 1. intelligent, wise. 2. holy, sacred.

ज़क़ूम زقوم पुं० [अ०] थूहड़ का पौधा।
m. name of a plant.

ज़ख़ाइर ذخائر पुं० [अ०] 'ज़खीरा' का बहु०।

ज़ख़ामत ضخامت स्त्री० [अ०] १. मोटाई, स्थूलता। २. पुस्तक आदि की मोटाई।
fem. 1. fatness. 2. thickness.

ज़ख़ीम ضخیم वि० [अ०] १. मोटा, स्थूल। २. बड़ा या भारी।

adj. 1. fat. 2. heavy.

ज़ख़ीरा ذخیرہ पुं० [अ० ज़ख़ीरः] १. वह स्थान जहाँ एक ही प्रकार की बहुत सी चीज़ों का संग्रह हो, कोषागार। २. संग्रह। ३. ढेर, समूह। ४. वह स्थान जहाँ तरह-तरह के पौधे, बीज आदि बिकते हों।
m. 1. a treasury. 2. a treasure. 3. a pile, heap, mass. 4. a nursery.

ज़ख़्म زخم पुं० [फा०] १. घाव, क्षत। २. आघात।
***मुहा०* ज़ख़्म ताज़ा या हरा हो जाना**=बीते हुए कष्ट का स्मरण हो जाना।
m. 1. a wound, scar. 2. a blow.
id. to become conscious of an old injury.

ज़ग़न زغن स्त्री० [फा० ज़ग़न्द] १. उछलकर एक स्थान से दूसरे स्थान पर जाना, चौकड़ी भरना। २. उछल-कूद। ३. चील (पक्षी)।
fem. 1. act of hopping, gamboling etc. 2. a gambol, frolic. 3. a kite (bird).

जगह جگہ स्त्री० [फा० जायगाह] १. स्थान। २. मौका, अवसर। ३. पद, ओहदा। ४. नौकरी।
fem. 1. a place, room. 2. an opportunity. 3. a post, rank. 4. a service.

ज़च्चा زچہ स्त्री० [फा० ज़च्चः] वह स्त्री जिसे हाल में बच्चा हुआ हो।
fem. a woman who has recently delivered a baby.

ज़च्चाख़ाना زچہ خانہ पुं० [फा० ज़च्चः+ख़ानः] प्रसूतिगृह।
m. a maternity home, maternity ward.

जज़ब جذب पुं० दे० 'जज़्ब'।

जज़्र جذر पुं० [अ० जज़्रः] वर्गमूल।
m. square root.

जज़ा جزا स्त्री० [अ०] १. बदला, प्रतिकार। २. परिणाम। ३. प्रतिफल।
m. 1. revenge. 2. result, consequence. 3. a reward.

जज़ाक अल्लाह جزاک اللہ पद [अ०] १. ईश्वर तुम्हें इसका शुभ फल दे। २. शाबाश, बहुत अच्छे।
ph. 1. God bless you. 2. Bravo! excellent.

जज़ायर جزائر पुं० [अ० जज़ाइर, 'जज़ीरः' का बहु०] द्वीप, टापू।
m. (plu.) islands.

जज़िया جزیہ पुं० [अ० जज़ियः] १. दण्ड। २. एक प्रकार का कर जो मुसलमानी राज्य में अन्य धर्मवालों पर लगता था।
m. 1. penality. 2. a tax levied on non-Muslims.

जज़ीरा جزیرہ पुं० [अ० जज़ीरः; बहु० जज़ाइर] द्वीप, टापू।
m. an island.

जज़ीरानुमा جزیرہ نما पुं० [अ० जज़ीरः+फा० नुमा] वह स्थल जो तीन ओर जल से घिरा हो, प्रायद्वीप।
m. a peninsula.

जज़्ब جذب पुं० [अ०] १. आकर्षण, खिंचाव। २. शोषण, सोखना।
***पद* जज़्ब-ए-इश्क़** प्रेम का आकर्षण।
m. 1. attraction. 2. absorption.
ph. attraction of love.

जज़्बा جذبہ पुं० [अ० जज़्बः] १. आवेश, जोश। २. भावना।
***पद* (i) जज़्बा-ए-पैदाइश**=पैदा होने की भावना।
(ii) जज़्बा-ए-बाहमी=पारस्परिक भाव।
m. 1 passion, enthusiasm. 2. a desire, emotion.
ph. (i) desire to be born. (ii) reciprocity.

जज़्बात جذبات पुं० [अ० 'जज़्बः' का बहु०] भावनाएँ।
m. (plu.) emotions.

जज़्बाती جذباتی वि० [अ०] भावना-सम्बन्धी, भावुक।
adj. emotional.

जज़्बातीयत جذباتیت स्त्री० [अ०] भावुकता।
fem. emotional feeling.

जज़्म جزم पुं० [अ०] अरबी लिपि में हल् चिह्न। वि० पक्का, दृढ़।
***पद* बिलजज़्म**=दृढ़निश्चयपूर्वक।
m. a stroke to denote the absence of a vowel.
adj. firm.
ph. firmly, resolutely, determindly.

जज़्र جزر पुं० [अ०] १. काटना। २. नदी या समुद्र के पानी का घटना, भाटा। ३. गणित में घनमूल।
***पद* जज़्र व मद**=समुद्र का भाटा और ज्वार।
m. 1. act or process of cutting. 2. act of ebbing, ebb. 3. cube root.
ph. the flow and ebb.

जद جد पुं० [अ०] १. पिता का पिता, दादा। २. माता का पिता, नाना। ३. सौभाग्य। ४. सम्पन्नता।
m. 1. a paternal grandfather. 2. a maternal grandfather. 3. good fortune. 4. affluence, prosperity.

ज़द زد स्त्री० [फा०] १. मार, चोट। २. वह वस्तु जिस पर निशाना लगाया जाए, लक्ष्य। ३. हानि, नुकसान।
fem. 1. a blow, beating. 2. a target. 3. loss.

ज़दगी زدگی स्त्री० [फा०] मारने या लगाने की क्रिया; जैसे—आतिश-ज़दगी।
fem. act of beating or doing.

ज़दन زدن पुं० [फा०] १. मारना, आघात करना। २. खाना-पीना। ३. खोलना। ४. फेंकना। ५. रखना। ६. करना। (प्रायः यौगिक शब्दों के अन्त में आकर

उनकी क्रिया का अर्थ देता है; जैसे—चश्म-ज़दन, क़लम-ज़दन, नमक-ज़दन।)
m. 1. act of beating. 2. act of eating. 3. act of opening. 4. act of throwing. 5. act of keeping. 6. act of doing.

जदल جدل पुं० [अ०] १. लड़ाई, युद्ध। २. झगड़ा।
पद जंग व जदल=युद्ध।
m. 1. a war, battle. 2. a quarrel.
ph. a war.

जदवार جدوار स्त्री० [अ०] निर्विषी नामक ओषधि।
fem. a sort of medicine.

ज़दा زده वि० [फा० ज़द:] १. जिस पर ज़द या आघात लगा हो। २. जिस पर किसी वस्तु या मनोभाव का प्रभाव पड़ा हो, जैसे—ग़मज़दा। (प्रायः प्रत्यय के रूप में शब्दों के अन्त में लगता है।)
adj. 1. struck hard with something. 2. seriously affected, influenced, impressed.

जदाल جدال पुं० दे० 'जदल'।

जदी جدی पुं० [अ०] मकर राशि।
पद ख़त्ते जदी=मकर रेखा।
m. Capricorn, a sign of a zodiac.
ph. Tropic of Capricorn.

जदीद جدید वि० [अ०] १. नया, नवीन, आधुनिक। २. पाश्चात्य।
adj. 1. new, modern. 2. western.

ज़दोकोब زدوکوب स्त्री० [अ० ज़द+कोब] मार-पीट।
fem. exchange of blows, scuffle.

ज़द्द جد स्त्री० [अ०] प्रयत्न, कोशिश।
पद ज़द्द व जहद=प्रयत्न और दौड़-धूप।
fem. a attempt, endeavour.
ph. endeavour and running about.

जद्दा جده स्त्री० [अ० जद्द:] १. दादी। २. नानी।
पुं० अरब का एक प्रसिद्ध नगर।
fem. 1. a paternal grandmother. 2. a maternal grandmother.
m. an Arabian city.

जद्दी جدی वि० [अ०] बाप-दादा का, पैतृक।
adj. ancestral, hereditary.

ज़न زن स्त्री० [फा०] [बहु० ज़नान] १. स्त्री, औरत। २. जोरू, पत्नी।
fem. 1. a woman. 2. a wife.

ज़नख زنخ पुं० [फा०] ठोढ़ी, चिबुक।
m. chin.

ज़नख़दाँ زنخداں पुं० [फा०] ठोढ़ी पर का गड्ढा।
m. a pit on the chin.

ज़नख़ा زنخہ पुं० [फा० ज़नख़:] १. वह जिसके हाव-भाव औरतों के-से हों। २. हिजड़ा।
m. 1. a male person womanish in nature. 2. eunuch, impotent person.

ज़नमुरीद زن مرید वि० [फा०] [भाव० ज़नमुरीदी] अपनी पत्नी का भक्त।
adj. loving one's wife very much.

ज़नाँ زناں स्त्री० (बहु०) [फा०] स्त्रियाँ।
fem. (plu.) women.

ज़नाख़ी زناخی स्त्री० [फा०] १. परम प्रिय सखी, सहेली। २. वह स्त्री जिसके साथ कोई स्त्री अस्वाभाविक रूप से अपनी कामेच्छा पूरी करती हो, दुगाना।
fem. 1. a girlfriend. 2. a homosexual woman, lesbian.

जनाज़ा جنازه पुं० [अ० जनाज़:] १. शव, लाश। २. अरथी या वह संदूक जिसमें लाश को रखकर गाड़ने या जलाने ले जाते हैं। ३. शवयात्रा।
m. 1. a deadbody, corpse. 2. a coffin. 3. journey to the graveyard, funeral procession.

जनाज़ाबरदार جنازه بردار पुं० [अ० जनाज़:+फा०] अरथी या जनाज़ा उठानेवाला, अरथी को कंधा देनेवाला।
m. one who carries a coffin on his shoulders.

ज़नानख़ाना زنانخانہ पुं० [फा० ज़नानख़ान:] स्त्रियों के रहने का स्थान, अंतःपुर।
m. a harem.

ज़नाना زنانہ वि० [फा० ज़नान:] १. स्त्रियों का, स्त्री-सम्बन्धी। २. निर्बल, डरपोक।
पुं० हिजड़ा।
adj. 1. having qualities associated with women, feminine. 2. weak, cowardly.
m. a eunuch.

जनाब جناب पुं० [अ०] १. दरगाह। २. दहलीज। ३. बड़ों के लिए संबोधन।
पद (i) जनाबे मन=आदरणीय, महोदय। **(ii) जनाबे आली**=श्रीमान्, महोदय।
m. a place of worship. 2. a doorsill. 3. Sir, Sire.
ph. (i) respected Sir, (ii) Sir.

ज़नाशोई زناشوئی वि० [फा०] दाम्पत्य, पति और पत्नी की बीच का।
adj. shared by husband and wife, marital.

जनीन جنین पुं० [अ०] भ्रूण।
m. an embryo.

जनून جنون पुं० [अ०] पागलपन, उन्माद।
m. madness, passion.

जनूनी جنونی वि० [अ०] १. पागल। २. भावुक।
adj. 1. mad. 2. emotional.

जनूब جنوب पुं० [अ०] दक्षिण दिशा।
m. the south.

जनूबी جنوبی वि० [अ०] दक्षिण का, दक्षिणी।
adj. situated in the south, coming from the south, facing the south, southern.

ज़न्द زند पुं०=जंद।

ज़न्न ظن पुं० [अ०] १. विचार, खयाल। २. अनुभव। ३. कल्पना। ४. भ्रम, गुमान। ५. शक, संदेह।
पद **जन्नेग़ालिब**=दुष्ट या बुरा विचार।
m. 1. an idea, thought. 2. experience. 3. imagination. 4. false notion. 5. doubt, suspecion.
ph. evil thought.

जन्नत جنت स्त्री० [अ०] स्वर्ग, बहिश्त।
fem. the Heaven.

जन्नती جنتی वि० [अ०] १. जन्नत या स्वर्ग-सम्बन्धी, स्वर्ग का। २. स्वर्ग में रहने या स्थान पानेवाला।
adj. 1. of heaven, heavenly. 2. residing in the heaven.

जन्नी ظنی वि० [अ०] १. काल्पनिक, कल्पित। २. भ्रमपूर्ण।
adj. 1. imaginary. 2. false.

ज़फ़र ظفر पुं० [अ०] १. विजय, जीत। २. प्राप्ति, लाभ।
m. 1. victory. 2. gain, achievement.

ज़फ़रयाब ظفریاب वि० [अ०+फा०] विजयी, विजेता।
adj. victorious.

जफ़ा جفا स्त्री० [फा०] १. सख्ती, कड़ाई। २. जुल्म, अत्याचार। ३. विपत्ति, संकट।
fem. 1. strictness, harshness. 2. tyranny, high-handedness. 3. calamity, crisis.

जफ़ाकश جفاکش वि० [फा०] [भाव० जफ़ाकशी] विपत्तियाँ और कष्ट सहनेवाला, सहिष्णु।
adj. forebearing, tolerant.

जफ़ाजू جفاجو वि० [फा०] नए-नए जुल्म ढानेवाला, जालिम, अत्याचारी।
adj. cruel, oppressive, tyrannt.

जफ़ातलबी جفاطلبی स्त्री० [फा०] अत्याचार सहने की शक्ति।
fem. forebearance, tolerance.

जफ़ाफ़ جفاف पुं० दे० 'जुफ़ाफ़'।

जफ़ाशुआर جفاشعار वि० [फा०] [भाव० जफ़ाशुआरी] त्याचार या उत्पीड़न करनेवाला। (प्राय: प्रेमिकाओं के लिए प्रयुक्त।)
adj. oppressive, tyrannt.

जफ़ाशुआरी جفاشعاری स्त्री० [फा०] उत्पीड़न, अत्याचार।
fem. oppression, tyranny.

ज़फ़ीरी ظفیری स्त्री० [अ०] १. सीटी का शब्द। २. वह उपकरण जिससे सीटी बजाई जाए, सीटी।
fem. 1. the sound of a whistle. 2. an instrument used to produce such a sound.

ज़फ़ील ظفیل स्त्री० दे० 'ज़फ़ीरी'।

ज़बर زبر वि० [अ०] १. बलवान, बली, ताकतवर। २. दृढ़, मजबूत। ३. श्रेष्ठ, उच्च।
पद **ज़बर जंग**=बहुत बड़ा बलवान।
पुं० फारसी लिपि में एक चिह्न जो अक्षरों के ऊपर 'अ' स्वर सूचित करने के लिए लगाया जाता है, अकार की मात्रा।
adj. 1. mighty, forceful. 2. strong. 3. excellent.
ph. too strong.
m. a mark to show 'अ' sound in Persian alphabet.

ज़बरजद زبرجد पुं० [अ०] पुखराज नामक रत्न।
m. a topaz.

ज़बरदस्त زبردست वि० [अ०+फा०] १. बलवान, बली, शक्तिवाला। २. दृढ़, मजबूत।
adj. 1. mighty, forceful. 2. strong, firm.

ज़बरदस्ती زبردستی स्त्री० [अ०+फा०] १. अत्याचार, सीनाज़ोरी, जियादती। २. अन्याय।
fem. 1. cruelty, coercion, excessiveness. 2. injustice.

जबरन جبراً क्रि० वि० [अ० जब्रन] जबरदस्ती, बलात्।
adv. forcefully.

जबल جبل पुं० [अ०] [बहु० जिबाल] पर्वत, पहाड़।
m. a mountain.

ज़बह ذبح पुं० [अ० ज़ब्ह] गला काटकर प्राण लेने की क्रिया, वध, हत्या।
m. act of killing, slaughtering.

ज़बाँ زباں स्त्री० दे० 'ज़बान'। ('ज़बाँ' के पदों के लिए देखो 'ज़बान' के पद)
fem. a tongue.

ज़बाँज़द زباں زد वि० [फा०] (बात) जो सब लोगों की ज़बान पर हो, प्रचलित, प्रसिद्ध।
adj. prevalent, famous.

ज़बाँदराज़ زباں دراز वि० [फा०] [भाव० ज़बाँदराज़ी] १. बहुत बढ़-बढ़कर बातें करनेवाला। २. जो मुँह में आए, बक देनेवाला, अनुचित बातें करनेवाला।
adj. 1. having a nature of bragging. 2. sharp-tongued.

ज़बाँबंदी زباں بندی स्त्री० [फा०] बोलने की मनाही।
fem. restriction or ban on speaking.

ज़बान زبان स्त्री० [फा०] १. जीभ, जिह्वा। २. बात, बोल। ३. प्रतिज्ञा, वादा, कौल। ४. भाषा, बोल-चाल।
मुहा० **(i) ज़बान खींचना या खींच लेना**=धृष्टतापूर्ण बातें करने के लिए कठोर दंड देना। **(ii) ज़बान पकड़ना या पकड़ लेना**=बोलने न देना, कहने से रोकना। **(iii) ज़बान पर आना**=मुँह से निकलना।

(iv) **ज़बान में लगाम न होना**=सोच-समझकर बोलने में अयोग्य होना। (v) **ज़बान हिलाना**=मुँह से शब्द निकालना। (vi) **ज़बान से बोलना या कहना**= अस्पष्ट रूप से बोलना, साफ़-साफ़ न कहना।
पद (i) **बेज़बान**=बहुत सीधा। (ii) **बरज़बान**= कंठस्थ, उपस्थित।
fem. 1. the soft organ in the mouth used in speaking, tasting etc. tongue. 2. promise, word. 3. language, tongue.
id. (i) to deal severely for talking insolently. (ii) to insist on the fulfilment of someone's word. (iii) to say something abruptly. (iv) to have an unbridled tongue. (v) to give expression to, to say. (vi) to speak intelligibly.
ph. (i) very simple. (ii) committed to the memory.

ज़बानी زبانی वि० [फा०] १. जो केवल ज़बान से कहा जाए, किया न जाए, मौखिक। २. जो लिखित न हो मौखिक, मुँह से कहा हुआ।
adj. 1. spoken rather than done. 2. spoken rather than written, oral.

ज़बाबा زبابہ पुं० [अ० ज़बाब:] बड़ा चूहा।
m. a large rat.

जबीं جبیں स्त्री० [अ०] माथा, मस्तक।
पद चीं-ब-जबीं=माथे पर पड़ी हुई शिकन या बल।
fem. forehead.
ph. a wrinkle on the forehead.

ज़बी ظبی पुं० [अ०] हिरण।
m. a dear.

ज़बीन جبین स्त्री० दे० 'ज़बीं'।

ज़बीना جبینہ पुं०=जबीं (माथा)।
पद ज़बीने-कोह=पहाड़ का माथा अर्थात् शिखर।
m. forehead.
ph. crest of a mountain.

ज़बीह ذبیح वि० [अ०] जबह किया हुआ।
adj. slaughtered.

ज़बीहा ذبیحہ पुं० [अ० ज़बीह:] वह पशु जो ज़बह के योग्य हो और जिसका मांस खाने योग्य हो।
m. the animal fit for slaughter.

ज़बून زبون वि० [फा०] [भाव० ज़बूनी] बुरा, खराब।
adj. bad, evil.

ज़बूर زبور स्त्री० [अ०] हजरत दाऊद का लिखा हुआ धर्मग्रन्थ।
fem. a sacred book written by the prophet Daud.

ज़ब्त ضبط वि० [अ०] वह जिसे सरकार ने छीन लिया हो।
adj. confiscated, seized.

ज़ब्ती ضبطی स्त्री० [अ०] ज़ब्त करने की क्रिया या भाव।
fem. seizure, attachment.

जब्बार جبار वि० [फा०] १. जब्र या जबरदस्ती करनेवाला। २. बलवान।
पुं० ईश्वर का एक नाम।
adj. 1. using coercion, coercive. 2. mighty.
m. the epithet of the God.

जब्र جبر पुं० [अ०] १. जबरदस्ती, बलप्रयोग। २. अत्याचार, ज़ुल्म।
पद जब्र व तअद्दी=बलप्रयोग और उत्पीड़न।
m. 1. coercion, use of force. 2. cruelty, tyranny.
ph. coercion and use of force.

जब्रन् جبراً क्रि० वि० [अ०] बलपूर्वक, जबरदस्ती।
पद जब्रन्-कहरन्=मजबूरी से।
adv. by force, forcefully.
ph. helplessly, under compulsion.

जब्र व मुक़ाबला جبرومقابلہ पुं० [अ०+ मुक़ाबल:] बीजगणित।
m. Algebra.

जब्री جبری वि० [अ०] जबरदस्ती करनेवाला।
क्रि० वि० जबरदस्ती।
adj. oppressive.
adv. by force, forcefully.

जम جم पुं० [अ०] भीड़।
m. crowd.

ज़म زم पुं० [अ०] सर्दी।
m. cold, cold season.

ज़मज़म زمزم पुं० [अ० ज़म्ज़म] १. मक्के के पास का एक कुआँ जिसे मुसलमान बहुत पवित्र मानते हैं। २. इस कुएँ का पानी।
m. 1. a sacred well in Makka. 2. its water.

ज़मज़मा زمزمہ पुं० [अ० ज़म्ज़म:] १. संगीत। २. गाना।
m. 1. music. 2. a song.

ज़मज़मासंज زمزمہ سنج पुं० [अ० ज़मज़म:संज] गायक।
m. a singer.

ज़मज़मी زمزمی पुं० [अ०] वह जो ज़मज़म का पानी पिलाता हो।
m. one who gives water of Makka's well to drink.

जमन جمن स्त्री० [फा०] यमुना नदी।
fem. the river Yamuna.

जमल جمل पुं० [अ०] ऊँट।
m. a camel.

जमशेद جمشید पुं० [फा०] ईरान का एक राजा।
m. a king of Iran.

जमहूर جمہور पुं० [अ० जम्हूर] १. जनसमूह, लोग-बाग। २. राष्ट्र।

पद सुलतानी-ए-जमहूर=प्रजा का शासन।
m. 1. crowd, mass, 2. nation.
ph. democratic rule.

जमहूरी جمہوری वि० [अ० जम्हूरी] १. जिसका सम्बन्ध सारे राष्ट्र या सब लोगों से हो। २. प्रजातंत्र-सम्बन्धी; जैसे—जमहूरी सलतनत=वह राज्य जहाँ प्रजातंत्र हो।
adj. 1. of the nation, national. 2. democratic.

ज़माँ زماں पुं० [अ०] जमाना।
पद दौरे ज़माँ=संसार का चक्र।
m. times, ages.
ph. world's cycle.

जमा جمع वि० [अ० जम्अ] १. संग्रह किया हुआ, एकत्र, इकट्ठा। २. सब (मिलाकर)। ३. जो अमानत के तौर पर या किसी के खाते में रखा गया हो।
स्त्री० १. मूलधन, पूँजी। २. धन, रुपया पैसा। ३. भूमिकर, मालगुजारी, लगान। ४. जोड़ (गणित)।
adj. 1. collected, deposited. 2. all. 3. kept as someone's trust.
fem. 1. capital. 2. money, wealth. 3. tax paid or collected as revenue. 4. total.

जमाअ جماع पुं० [अ०] मैथुन, सहवास।
m. sexual intercourse.

जमाअत جماعت स्त्री० दे० 'जमात'।

जमात جمات स्त्री० [अ० जमाअत] १. मनुष्यों का समूह, गिरोह या जत्था। २. कक्षा, श्रेणी, दरजा।
m. 1. a batch, gang. 2. a class.

जमाद جماد पुं० [अ०] १. वह पदार्थ जो निर्जीव हो और बढ़ न सकता हो; जैसे—पत्थर और खनिज द्रव्य आदि। २. वह प्रदेश जहाँ वर्षा न हो, मरुस्थल। ३. कंजूस व्यक्ति।
m. 1. an inorganic object. 2. a desert. 3. a miser.

ज़माद ضماد पुं० [अ०] शरीर पर लगाया जानेवाला लेप या मरहम।
m. oinment.

जमादात جمادات स्त्री० [अ० 'जिमाद' का बहु०] खनिज द्रव्य और पत्थर आदि।
m. (plu.) solid inorganic substances.

जमादार جمعدار पुं० [अ० जम्अ+फा० दार] सिपाहियों या पहरेदारों का प्रधान।
m. a head constable.

जमादारी جمعداری स्त्री० [अ० जम्अ+फा०] जमादार का काम या पद।
fem. the post or occupation of a head constable.

जमादी جمادی वि० [अ०] जिमाद या खनिज पदार्थों से सम्बन्ध रखनेवाला।
adj. of or pertaining to a mineral or minerals.

जमादी-उल्-अव्वल جمادی الاول पुं० [अ०] अरबवालों का पाँचवाँ चान्द्रमास जो मुहर्रम से पहले पड़ता है।
m. the name of the fifth lunar month of the Islamic Year.

ज़मान زمان पुं० दे० 'ज़माना'।

ज़मानए गुज़श्ता زمانۂ گذشتہ पुं० [अ० ज़मानए गुज़श्त:] भूतकाल।
m. the past or the past tense.

ज़मानए हाल زمانۂ حال पुं० [अ०] वर्तमान काल।
m. the present time or present tense.

ज़मानत ضمانت स्त्री० [अ०] वह जिम्मेदारी जो जबानी, कोई कागज लिखाकर अथवा कुछ रुपया जमा करके ली जाती है, जामिनी।
fem. bail, security.

ज़मानतदार ضمانتدار पुं० [अ०+फा०] वह जो किसी की जमानत करे।
m. a bailor.

ज़मानतन् ضمانتاً क्रि० वि० [अ०] जमानत के तौर पर।
adv. promised as a security.

ज़मानतनामा ضمانت نامہ पुं० [अ०+फा० नाम:] वह पत्र जिस पर किसी की जमानत का उल्लेख हो।
m. a bail bond.

ज़माना زمانہ पुं० [अ० ज़मान:] १. समय, काल, वक्त। २. बहुत अधिक समय, मुद्दत। ३. प्रताप या सौभाग्य का समय। ४. दुनिया, संसार, जगत।
m. 1. times, an age or era. 2. long period or time. 3. good days, good times.

ज़मानासाज़ زمانہ ساز वि०, पुं० [अ० ज़मान:+फा०] [भाव० ज़मानासाज़ी] १. जो लोगों का रंग-ढंग देखकर व्यवहार करता हो, दुनियासाज, अवसरवादी। २. धूर्त।
adj. & m. 1. a time-server. 2. a crafty or cunning person.

जमाबंदी جمع بندی स्त्री० [अ० जम्अ+फा०] पटवारी का एक रजिस्टर जिसमें असामियों के लगान की रक़में लिखी जाती हैं।
fem. Patwari's register containing the names of tenants, their holdings and the amount of rent they pay.

जमा-मुकस्सर جمع مکسر स्त्री० [अ०] बहुवचन का वह भेद जिसमें एक वचन का रूप बदल जाता है; जैसे—किताब से कुतुब।
fem. unusual plural form of a noun or pronoun.

जमाल جمال पुं० [अ०] बहुत सुन्दर रूप, सौन्दर्य, खूबसूरती।
m. glamour, splendour, beauty.

जमालिस्तान جمالستان पुं० [अ०+फा०] सुन्दरियों का लोक, परी लोक, सौन्दर्यलोक।
m. a fairy land.

जमाली جمالی वि० [अ०] १. परम रूपवान। २. रूप-सम्बन्धी।
adj. 1. very beautiful, glamourous, splendid. 2. of or pertaining to beauty.

जमालीयात جمالیات स्त्री० [अ०] सौंदर्य या रूप सम्बन्धी बातें।
fem. things related to beauty.

जमासालिम جمع سالم स्त्री० [अ०] बहुवचन का वह भेद जिसमें एकवचन का रूप ज्यों का त्यों रखकर अन्त में बहुवचन का सूचक प्रत्यय लगाते हैं। जैसे—नाज़िर से नाज़िरीन।
fem. usual plural form of a noun or pronoun.

ज़मीं زمیں स्त्री० दे० 'ज़मीन'।

ज़मींदार زمیندار पुं० [फा०] जमीन का मालिक, भूमि का स्वामी।
m. a landlord, owner of the large cultivated fields.

ज़मींदारी زمینداری स्त्री० [फा०] १. जमींदार की वह जमीन जिसका वह मालिक हो। २. जमींदार का पद।
fem. 1. the land owned by a landlord. 2. the post or occupation of a landlord.

ज़मींदोज़ زمیندوز वि० [फा०] १. जो गिरकर जमीन के बराबर हो गया हो। २. ज़मीन पर गिरा हुआ। ३. जो ज़मीन के अन्दर हो, ज़मीन के नीचे का। पुं० एक प्रकार का खेमा।
adj. 1. flattened, destroyed, ruined. 2. fallen, demolished. 3. underground, hidden, burried.
m. a kind of tent.

जमीअ جمیع वि० [अ०] कुल, सब।

ज़मीन زمین स्त्री० [फा०] १. पृथ्वी। २. पृथ्वी का वह ऊपर का भाग जिस पर लोग रहते हैं, भूमि, धरती। ***मुहा०*** **(i) ज़मीन आसमान एक करना**=बहुत बड़े-बड़े उपाय करना। **(ii) ज़मीन-आसमान का फरक़**=बहुत अधिक अन्तर, बहुत बड़ा फरक। **(iii) ज़मीन देखना**=(क) गिर पड़ना, पटका जाना। (ख) नीचा देखना। **(iv) ज़मीन आसमान के क़ुलाबे मिलाना**=(क) बहुत बड़ी-बड़ी बातें सोचना। (ख) बहुत बड़े-बड़े प्रयत्न करना।
fem. 1. earth. 2. land.
id. (i) to make all out effort. (ii) a world of difference. (iii) (a) to be knocked down. (b) to be humiliated. (iv) (a) to talk tall. (b) to make great efforts.

ज़मीम ضمیم वि० [अ०] मिला या मिलाया हुआ।
adj. mingled, combined.

ज़मीनी زمینی वि० [फा०] ज़मीन या भूमि-सम्बन्धी।
adj. of or pertaining to the land.

ज़मीमा ضمیمہ पुं० [अ० ज़मीम:] १. परिशिष्ट। २. अतिरिक्त पत्र, क्रोड़पत्र।
m. 1. an appendix. 2. an addendum.

ज़मीर ضمیر स्त्री० [अ०] [वि० ज़मीरी] १. आत्मा, अन्तःकरण। २. विवेक। ३. व्याकरण में सर्वनाम।
fem. 1. a soul, consciousness. 2. discretion. 3. *gram.* pronoun.

जमील جمیل वि० [अ०] बहुत सुन्दर, रूप-सम्पन्न, खूबसूरत।
adj. very beautiful, charming.

ज़मील زمیل पुं० [अ०] साथी, मित्र।
m. a friend, companion.

जमैयत جمعیت स्त्री० [अ०] १. दे० 'जमात'। २. मन की शान्ति या सन्तोष। ३. सेना, फौज।
fem. 1. group, category. 2. satisfaction. 3. military, army.

ज़म्बील زمبیل स्त्री० [फा०] थैली, विशेषतः वह थैली जिसमें फकीर लोग भीख में मिली हुई चीजें रखते हैं।
fem. mendicant's almsbag.

ज़म्बूर زمبور पुं० [अ०] १. बर्रे या भिड़ नामक उड़नेवाला कीड़ा जो डंक मारता है। २. दाँत उखाड़ने की चिमटी या सँड़सी। ३. दे० 'जम्बूरक'।
m. 1. a wasp. 2. a pair of pincers. 3. a sort of gun.

ज़म्बूरक زمبورک स्त्री० [तु०] १. एक प्रकार की बड़ी बन्दूक। २. एक प्रकार की तोप जो प्रायः ऊँटों पर से चलाई जाती थी।
fem. 1. a sort of gun. 2. a sort of cannon. 3. a cannon carried on the back of a camel.

ज़म्बूरची زمبورچی पुं० [फा०] वह जो ज़म्बूर (बन्दूक या तोप) चलाता हो।
m. a gunner.

ज़म्बूरा زمبورہ पुं० [फा० ज़म्बूर:] जालीदार कपड़ा।
m. kind of meshed cloth.

जम्म جم वि० [अ०] १. बहुत अधिक बड़ा, जैसे—जम्मे ग़फ़ीर=बहुत बड़ी भीड़। २. सब, समस्त।
adj. 1. great in size or length, great. 2. all, total, entire.

ज़म्म ضم पुं० [अ०] अरबी लिपि में वह चिह्न जो किसी शब्द के ऊपर लगकर उकार की मात्रा का काम देता है, पेश। (')
m. a mark indicating u sound in Arabic.

जर جر पुं० [अ०] खींचना।
m. act of pulling.

ज़र زر पुं० [फा०] १. सोना, स्वर्ण। २. धन, दौलत, रुपया। (ज़र के यौगिक शब्दों के लिए दे० 'ज़रे' के अन्तर्गत।)
m. 1. gold. 2. money, wealth, riches.

ज़रकश زركش पुं० [फा०] कलाबत्तू का काम करनेवाला।
m. an embroider who work with golden and silver threads.

ज़रकशी زركشى स्त्री० [फा०] कलाबत्तू का काम।
fem. embroidery done with golden or silver threads.

ज़रकोब زركوب पुं० [फा०] [भाव० ज़रकोबी] सोने या चाँदी के पत्तर बनानेवाला, वरक़साज़।
m. one who makes gold or silver leaves.

ज़रख़रीद زرخريد वि० [फा०] धन देकर खरीदा हुआ, क्रीत।
adj. got by payment, purchased.

ज़रख़ेज़ زرخيز वि० [फा०] [भाव० ज़रख़ेज़ी] उर्वर, उपजाऊ (भूमि)।
adj. fertile, producing abundant crops.

ज़रख़ेज़ी زرخيزى स्त्री० [फा०] उपजाऊपन।
fem. fertility.

ज़रगर زرگر पुं० [फा०] स्वर्णकार, सुनार।
m. a goldsmith.

ज़रगरी زرگرى स्त्री० [फा०] स्वर्णकार का काम, सुनारी।
fem. occupation of a goldsmith, gold smithery.

जरगा جرگہ पुं० [तु० जर्ग:] १. जनसमूह, भीड़। २. पठानों का दल या वर्ग जो जाति के रूप में होता है। ३. इस प्रकार के दलों की सार्वजनिक सभा।
m. 1. crowd, mass. 2. a group or tribe of Pathans. 3. a public meeting of a party.

ज़रतुश्त زرتشت पुं० दे० 'ज़रदुश्त'।

ज़रद زرد वि० [फा० ज़र्द] पीला।
adj. yellow.

ज़रदा زرده पुं० [फा० ज़र्द:] १. चावलों का बनाया हुआ एक प्रकार का व्यंजन। २. पान में खाने की एक प्रकार की सुगंधित सुरती (तम्बाकू)। ३. पीले रंग का घोड़ा।
m. 1. a sweet dish of rice. 2. a scented tobacco used for eating. 3. a yellow coloured horse.

ज़रदार زردار वि० [फा०] [भाव० ज़रदारी] धनवान, सम्पन्न, अमीर।
adj. rich, wealthy.

ज़रदारी زردارى स्त्री० [फा०] रईसी, अमीरी, धनाढ्यता।
fem. richness, wealthiness.

ज़रदालू زردالو पुं० [फा०] खूबानी।
m. an apricot.

ज़रदी زردى स्त्री० दे० 'ज़र्दी'।

ज़रदुश्त زردشت पुं० [फा०] फारस देश के पारसी धर्म का प्रतिष्ठाता आचार्य।
m. the founder of the religion of the Parsees.

ज़रदोज़ زردوز पुं० [फा०] ज़रदोज़ी का काम करनेवाला, कारचोब।
m. an embroider.

ज़रदोज़ी زردوزى स्त्री० [फा०] सिलमे-सितारे लगाने का काम, कारचोबी।
fem. embroidery.

ज़रदोस्त زردوست वि० [फा०] केवल धन को सबसे अधिक प्रिय समझनेवाला, लालची।
adj. very greedy, avaricious.

ज़रनिगार زرنگار वि० [फा०] [भाव० ज़रनिगारी] जिस पर सोने का पानी चढ़ा हो या सोने का काम हुआ हो।
adj. gilded.

ज़रपरस्त زرپرست वि० [फा०] [भाव० ज़रपरस्ती] धन का उपासक, केवल धन को सब-कुछ समझनेवाला, धनलोलुप।
adj. very greedy, avaricious.

ज़रपरस्ती زرپرستى स्त्री० [फा०] लालच।
fem. extreme desire for wealth, greed, avarice.

ज़रब ضرب स्त्री० [अ० ज़र्ब] आघात, चोट।
मुहा० ज़रब देना=(क) चोट लगाना, पीटना। (ख) गुणा करना।
fem. injury.
id. a. to hurt or harm. b. to multiply.

ज़रबफ़्त زربفت पुं० [फा०] वह रेशमी कपड़ा जिसमें कलाबत्तू के बेल-बूटे हों।
m. embroidered silk.

ज़रबाफ़ زرباف पुं० [फा०] ज़रबफ्त या ज़रदोज़ी का काम बनानेवाला।
m. an embrioderer of silk.

ज़रबाफ़ी زربافى स्त्री० [फा०] ज़रदोज़ी।
वि० जिसपर ज़रबफ्त का काम बना हो।
fem. act or art of embriodery of silk.
adj. pertaining to embriodery.

ज़रर ضرر पुं० [अ०] १. चोट, आघात। २. हानि, नुकसान, क्षति।
पद **(i) ज़रर शदीद**=भारी चोट। **(ii) ज़रर ख़रीफ़**=हलकी चोट।
m. 1. an injury. 2. harm, loss.
ph. (i) a minory injury. (ii) a severe injury.

ज़ररसाँ ضررساں वि० [अ०+फा०] १. चोट पहुँचानेवाला। २. हानि पहुँचानेवाला।
adj. 1. causing injury. 2. causing harm.

ज़रररसानी ضرررسانی स्त्री० [अ०+फा०] १. चोट पहुँचाना। २. क्षति पहुँचाना।
fem. 1. act of causing injury. 2. act of causing harm.

जरह جرہ स्त्री० दे० 'जिरह'।

ज़रा ذرا क्रि० वि० [अ०] तनिक, थोड़ा।
adv. in a small quantity, slightly.

ज़राअत زراعت स्त्री० [अ० ज़िराअत] खेती-बारी, कृषिकर्म।
m. agriculture.

ज़राअत पेशा زراعت پیشہ पुं० [अ० ज़िराअत+फा० पेशः] खेती-बारी से जीविका निर्वाह करनेवाला, खेतिहर।
m. an agriculturist, farmer.

ज़राअती زراعتی वि० [अ० ज़िराअती] जोता-बोया हुआ।
adj. cultivated, prepared for crops.

ज़राफ़ زراف पुं० [फा० जिराफ़] ऊँट की जाति का एक पशु जिसकी लंबी टाँगें और लंबी गरदन होती है।
m. a giraffe.

ज़राफ़त ظرافت स्त्री० [अ०] १. परिहास, मसखरी, मजाक। २. बुद्धिमत्ता, अक्लमन्दी।
fem. 1. a jest, joke. 2. wisdom.

ज़राफ़तन् ظرافتاً क्रि वि० [अ०] मज़ाक के तौर पर, हँसी में।
adv. jokingly.

जराब جراب स्त्री० दे० 'जुर्राब'।

ज़राय ذرائع पुं० अ०'ज़रीया' का बहु०।

जरायम جرائم पुं० [अ०जराइम; 'जरीमः' का बहु०] अनेक प्रकार के अपराध।
m. (plu.) crimes, offences.

जरायम-पेशा جرائم پیشہ वि०, पुं० [अ० जराइम+फा० पेशः] वे लोग जो चोरी, डाके आदि से जीविका चलाते हों।
adj. & m. committing crimes as a pro-fession.

जरासीम جراثیم पुं० [अ० जर्सूमः का बहु०] कीटाणु।
m. (plu.) germs.

ज़रिया ذریعہ पुं० दे० 'ज़रीया'।

जरी جری वि० [अ०] बहादुर, वीर।
adj. brave, dauntless.

ज़री زری वि० [फा०] सोने का बना हुआ, स्वर्णिम।
स्त्री० १. ताशा नामक कपड़ा जो बादले से बुना जाता है। २. सोने के तारों आदि से बना हुआ काम।
adj. made of gold, golden.
fem. 1. cloth woven with gold threads. 2. gold thread used in weaving.

जरीद جرید पुं० [अ०] १. पत्रवाहक। २. गुप्तचर।
m. 1. a messenger. 2. a spy.

जरीदा جریدہ वि० [अ० जरीदः] अकेला।
पुं० समाचारपत्र।
adj. alone, lonely.
m. a newspaper.

ज़रीफ़ ظریف पुं० [अ०] १. परिहास या मज़ाक करने-वाला, हँसोड़, दिल्लगीबाज़, ठठोल। २. बुद्धिमान, व्यक्ति।
पद रिन्दे ज़रीफ़=बुद्धिमान मद्यप।
m. 1. a joker, jester. 2. a wise person.
ph. a wise drunkard.

ज़रीफ़ाना ظریفانہ वि० [अ०+फा० आनः] परिहासपूर्ण, विनोदपूर्ण।
adj. ment to cause laughter, jocular,

जरीब جریب स्त्री० [अ०] खेत या ज़मीन मापने की ज़ंजीर।
fem. land measuring chain.

जरीबकश جریبکش वि०, पुं० [अ०+फा०] वह जो ज़मीनों को नापता-जोखता हो।
adj. & m. one who measures land.

जरीबकशी جریبکشی स्त्री० [अ०+फा०] ज़मीन को नापने की क्रिया, पैमाइश।
fem. measuring of land.

ज़रीबाफ़ زربافت पुं० [फा०] ज़री के कपड़े आदि बुननेवाला।
m. one who weaves clothes with golden threads.

ज़रीबाफ़ी زربافی स्त्री० [फा०] ज़री के कपड़े आदि बुनने के काम।
fem. an act or art of weaving cloth with golden thread.

जरीबी جریبی स्त्री० [फा०] जमीन को नापने की मज़दूरी या पारिश्रमिक।
वि० जरीब-सम्बन्धी।
fem. charges for measuring land.
adj. of or pertpaining to land measuring.

ज़रीया ذریعہ पुं० [अ० ज़रीअः] १. संबंध, लगाव। २. हेतु, कारण, सबब।
m. 1. relation. 2. cause or source.

ज़रीह ضریح स्त्री० [अ०] कब्र।
fem. a grave.

ज़रूफ़ ظروف पुं० [अ० 'ज़र्फ़' का बहु०] बरतन।
m. (plu.) utensils.

ज़रूर ضرور क्रि० वि० [अ० ज़ुरूर] अवश्य, निश्चयपूर्वक।
पद बिल ज़रूर=अवश्य ही, निश्चयपूर्वक।
adv. certainly, surely.
ph. certainly, decisively, definately.

ज़रूरत ضرورت स्त्री० [अ० ज़ुरूरत] आवश्यकता, प्रयोजन।
fem. need, urgency, purpose.

ज़रूरतमंद ضرورت مند वि० [अ०] जिसे आवश्यकता हो।
adj. needy, necessitous, poor.

ज़रूरी ضروری वि० [अ० ज़ुरूर] १. जिसके बिना काम न चले, प्रयोजनीय। २. जो अवश्य होना चाहिए।
adj. 1. necessary, needful. 2. which must be done or performed.

ज़रूरीयात ضروریات स्त्री० [अ० 'ज़ुरूरी' का बहु०] १. आवश्यकताएँ। २. आवश्यक वस्तुएँ।
fem. (plu.) 1. needs. 2. necessary things.

ज़रेअमानत زرامانت पुं० [फा०] धरोहर में रखा हुआ धन।
m. money received as a trust.

ज़रेअस्ल زراصل पुं० [फा०] मूलधन जिसपर ब्याज चलता हो।
m. wealth owned or invested, capital.

ज़रेजाफ़री زرجعفری पुं० [फा०] बिल्कुल शुद्ध सोना।
m. pure gold.

ज़रेज़ामिनी زرضامنی पुं० [फा०] जमानत में रखा हुआ धन।
m. money given as a guarantee.

ज़रेतावान زرتاوان पुं० [फा०] हानि के बदले में दिया जानेवाला धन, क्षतिपूर्ति।
m. compensaton, damages.

ज़रेनक़्द زرنقد वि० [फा०] पेशगी दिया जानेवाला धन, बयाना।
m. earnest money.

ज़रेबर्क़ زربرق वि० [अ०] तड़क-भड़कवाला, भड़कीला, चमकीला।
adj. gaudy, showy, glittering.

ज़रेमुतालबा زرمطالبہ पुं० [फा०-मुतालब:] वह धन जो किसी से पावना हो, बाकी रुपया।
m. an amount of money to be received, dues.

ज़रेयाफ़्तनी زریافتنی पुं० दे० 'ज़रेमुतालबा'।

ज़रेसफ़ेद زرسفید पुं०[फा०] चाँदी।
m. silver.

ज़रेसुर्ख़ زرسرخ पुं० [फा०] सोना।
m. gold.

ज़र्द زرد वि० [फा०] पीला, पीत।
adj. yellow, pale.

ज़र्दचोब زردچوب स्त्री० [फा०] हल्दी।
fem. turmeric.

ज़र्दरू زردرو वि० [फा०] १. जिसका मुँह पीला पड़ गया हो। २. लज्जित, शरमाया हुआ।
adj. 1. pale. 2. bashful, blushing.

ज़र्दा زردہ स्त्री० [फा० ज़र्द:] १. पीलापन, पिलाई। २. अंडे के अन्दर का पीला अंश। ३. कमल रोग, पीलिया। ४. स्वर्ण मुद्रा, मोहर।
fem. 1. yellowness. 2. the yellow central part of an egg, yolk. 3. jaundice. 4. a gold coin.

ज़र्दी زردی स्त्री० [फा०] १. पीलापन। २. अंडे के अंदर का पीला अंश।
fem. 1. yellowness. 2. the yellow central part of an egg, yolk.

ज़र्फ़ ظرف पुं० [अ०] [बहु० ज़ुरूफ़] १. बरतन, भाँडा, पात्र। २. समाई। ३. बुद्धिमत्ता। ४. क्रियाविशेषण।
पद (i) आली ज़र्फ़=उदार हृदय। **(ii) कमज़र्फ़**=तुच्छ हृदय, ओछा।
m. 1. a pot, utensil. 2. accomodations. 3. wisdom. 4. an adverb.
ph. (i) liberal. (ii) mean.

ज़र्फ़ेज़माँ ظرف زماں पुं० [अ०] व्याकरण में काल वाचक क्रियाविशेषण, जैसे—कब, जब।
m. an adverb giving information about time.

ज़र्फ़ेमकान ظرف مکان पुं० [अ०] व्याकरण में स्थान-वाचक क्रियाविशेषण; जैसे—यहाँ, वहाँ।
m. an adverb denoting or giving information about some place.

ज़र्ब ضرب स्त्री० [अ०] १. चोट. २. हानि।
पद (i) ज़र्बे ख़फ़ीफ़=हलकी चोट। **(ii) जर्बे शदीद**= गहरी चोट। **(iii) ज़र्बे सियासत**=राजनीति का आघात।
fem. an injury, blow.
ph. (i) a minor injury. (ii) a severe injury. (iii) a political blow.

ज़र्ब-उल्-मसाल ضرب المثال स्त्री० [अ०] १. कहावत। २. लोकोक्ति।
वि० जो सब लोगों की जबान पर हो, प्रसिद्ध।
fem. 1. a proverb. 2. a popular saying.
adj. famous.

ज़र्बत ضربت स्त्री० [अ०] आघात, चोट।
fem. a blow, injury.

ज़र्बात ضربات स्त्री० [अ० 'ज़र्बत' का बहु०] चोटें।
fem. (plu.) injuries, blows.

जर्र جر पुं० [अ०] १. खींचना। २. आकर्षण।
पद जर्रे सक़ील=भारी बोझ खींचने की विद्या।
m. 1. an act of pulling, pull. 2. attraction.
ph. art of pulling heavy objects.

ज़र्र ضرر पुं० [अ०] नुकसान, हानि, क्षति।
m. loss, damage.

ज़र्रा ذرہ पुं० [अ० ज़र्र:] बहुत छोटा टुकड़ा या खंड, अणु, कण।
m. a particle.

जर्रार جرار वि० [अ०] १. वीर, बहादुर। २. बहुत विशाल (सेना आदि)।
adj. 1. brave, dauntless. 2. large, huge.

जर्राह جراح पुं० [अ०] चीर-फाड़ करनेवाला हकीम, शल्य-चिकित्सक।
m. a surgeon.

जर्राही جراحی वि० [अ०] शल्य-चिकित्सा सम्बन्धी। स्त्री० घावों आदि की चीर-फाड़ करना, शल्य-चिकित्सा।
adj. of surgery, surgical.
fem. science of surgery, performing of medical operations.

ज़र्री زریں वि० [फा०] सोने का, सुनहला।
adj. golden.

जर्सूमा جرثومہ पुं० [अ० जर्सूम:] कीटाणु, जीवाणु।
m. a germ, bacteria.

जर्ह جرح स्त्री० [अ०] चोट, आघात।
fem. an injury, blow.

ज़लक़ زلق स्त्री० [अ० ज़ल्क़] हाथ से रगड़कर वीर्यपात करना, हस्तमैथुन, हथरस।
fem. masturbation.

ज़लक़ी زلقی वि०, पुं० [अ०] हस्तमैथुन करनेवाला।
adj. & m. one who indulges in masturbation.

ज़लज़ला زلزلہ पुं० [अ० ज़ल्ज़ल:] [बहु० ज़लाज़िल] भूकम्प, भूचाल।
m. an earthquake.

जलवा جلوہ पुं० दे० 'जल्वा'।

जलसा جلسہ पुं० दे० 'जल्सा'।

जलाल جلال पुं० [अ०] १. तेज प्रकाश। २. प्रभाव। ३. आतंक।
m. 1. lusture, brilliance. 2. effect. 3. terror.

ज़लालत ذلالت स्त्री० [अ०] १. दुर्गति। २. अपमान।
fem. 1. plight. 2. insult.

जलालिया جلالیہ पुं० [अ० जलालिय:] १. वह जो ईश्वर के जलाली रूप का उपासक हो। २. एक प्रकार के फकीर।
m. 1. a devotee of God's lustrous form. 2. a class of mendicants.

जलाली جلالی वि० [अ०] १. जलालवाला, तेजयुक्त। २. भीषण, विकराल। (ईश्वर का एक निशेषण।
adj. 1. lustrous, shining. 2. frightening.

जलावतन جلاوطن वि०, पुं० [अ०] देश से निकाला हुआ, निर्वासित।
adj. & m. exiled.

जलावतनी جلاوطنی स्त्री० [अ०] देश-निकाला, निर्वासन।
fem. a person who lives in exile.

जली جلی वि० [अ०] १. प्रगट, स्पष्ट। २. उज्ज्वल। स्त्री० वह लिपि जिसमें अक्षर मोटे, सुन्दर और स्पष्ट हों।
adj. 1. clear. 2. bright.
fem. a script.

जलील جلیل वि० [अ०] बड़ा, प्रतिष्ठित।
पद जलील-उल्-क़द्र=बहुत प्रतिष्ठित और मान्य।
adj. big, large, great, elderly.
ph. esteemed.

ज़लील ذلیل वि० [अ०] १. तुच्छ, बेक़दर। २. अपमानित।
adj. 1. mean, base. 2. humiliated.

जलीस جلیس वि० [अ०] पास बैठनेवाला, पार्श्ववर्ती। पुं० मित्र।
adj. sitting next to another, adjacent.
m. a friend.

ज़लूम ظلوم वि० [अ०] अत्याचारी।
adj. very cruel.

जलूस جلوس पुं० दे० 'जुलुस'।

जलूसी جلوسی वि० दे० 'जुलूसी'।

जल्क़ جلق पुं० [अ०] = ज़लक़।

जल्द جلد क्रि० वि० [अ०] शीघ्र, चटपट।
पद जल्द अज़ जल्द=शीघ्रातिशीघ्र, फौरन।
adv. soon, at once.
ph. in a jiffy, as soon as possible.

जल्दतर جلدتر क्रि० वि० [फा०] अतिशीघ्र, बहुत जल्दी।
adv. soon, at once.

जल्दबाज़ جلدباز वि० [अ०+फा०] [भाव० जल्दबाज़ी] जो किसी काम में बहुत जल्दी करता हो।
adj. hasty, rash.

जल्दबाज़ी جلدبازی स्त्री० [फा०] शीघ्रता।
fem. hastiness, hurriedness.

जल्दी جلدی स्त्री० [अ०] शीघ्रता, फुरती।
fem. haste, hurry.

ज़ल्ल ظل वि० [अ०] श्रेष्ठ, महान।
पद ज़ल्ले जलालहू=ईश्वरीय वैभव या महत्ता से सम्पन्न।
adj. great.
ph. glorious and prosperous.

जल्लाद جلاد पुं० [अ०] १. वह जो कोड़े मारता या खाल खींचता हो। २. प्राणदंड पानेवालों की हत्या करनेवाला, वधिक। ३. क्रूर व्यक्ति। (प्राय: निर्दय प्रेमिका या प्रिय के लिए प्रयुक्त।)
m. 1. a hangman. 2. an executioner. 3. a cruel person, sply. causing pain to his beloved or her lover.

जल्लादी جلّادی वि० [अ०] घोर अत्याचार करनेवाला। स्त्री० जल्लाद का कार्य या पेशा।
adj. brutal, inhumane, savage.
fem. act or profession of a hangman.

जल्वत جلوت स्त्री० [अ०] १. अपने आपको सबके सामने प्रकट करना। २. भीड़-भाड़, जनसमूह।
fem. 1. an act of appearing before others. 2. crowd, multitude.

जल्वा جلوہ पुं० [अ० जल्व:] १. तड़क-भड़क, शोभा। २. रूप की शोभा। ३. वधू का पहले-पहल अपने पति के सामने मुँह खोलकर होना। (मुसल०) ४. प्रदर्शन।
m. 1. pomp and show, splendour. 2. beauty, charm. 3. first time showing one's looks by a bride to her bridegroom. 4. exhibition.

जल्वागाह جلوہ گاہ स्त्री० [अ० जल्व: + फा०] १. वह स्थान जहाँ बैठकर कोई अपना जलवा दिखलाए। २. संसार।
fem. 1. the place where someone shows her beauty. 2. the world.

जल्सा جلسہ पुं० [अ० जल्स:] १. आनंद या उत्साह का समारोह, जिसमें खाना-पीना, गाना-बजाना आदि हों। २. सभा, समिति। ३. अधिवेशन।
m. 1. a ceremonious or festive occasion. 2. a meeting, public meeting. 3. a session.

जवाँ جواں वि० [फा०] १. जवान, युवा। २. वीर, बहादुर।
adj. 1. young. 2. brave.

जवाँबख़्त جواں بخت वि० [फा०] [भाव० जवाँबख़्ती] अत्यंत भाग्यवान, किस्मतवर।
adj. very lucky, fortunate.

जवाँमर्ग جواں مرگ वि० [फा०] जो जवानी में मरे।
adj. having lost his life in youth.

जवाँमर्गी جواں مرگی स्त्री० [फा०] जवानी में ही आनेवाली मौत, जवानी में मरना।
fem. untimely death.

जवाँमर्द جواں مرد वि०, पुं० [फा०] शूर-वीर, साहसी।
adj. & m. a courageous or brave person.

जवाँमर्दी جواں مردی स्त्री० [फा०] वीरता, बहादुरी, साहस।
fem. courage, bravery.

जवाज़ جواز पुं० [अ०] १. धार्मिक सिद्धान्तों या नियमों आदि के अनुकूल होने का भाव, वैधानिकता। २. औचित्य।
m. 1. aptness, appropriateness, propriety. 2. fairness, decency.

जवान جوان वि० [फा०] १. युवा, तरुण। २. वीर, बहादुर।
adj. 1. young. 2. brave.

जवानाना جوانانہ वि० [फा० जवानान:] जवानों के जैसा।
adj. typical of young people.

जवानिब جوانب स्त्री० [अ०] 'जानिब' का बहु०।

जवानी جوانی स्त्री० [फा०] १. यौवन, तरुणाई। २. युवावस्था।
***मुहा०* जवानी उतरना या ढलना**= यौवन का उतार होना।
fem. 1. youth, adolescence. 2. the period between childhood and adultage.
id. decline of youth.

जवाब جواب पुं० [अ०] १. किसी प्रश्न या बात के समाधान के लिए कही हुई बात, उत्तर। २. वह बात जो किसी बात के बदले में की जाए, बदला। ३. मुकाबले की चीज़, जोड़ा। ४. नौकरी छूटने की आज्ञा, पदच्युति।
m. 1. reply, answer. 2. answer. 3. an exact equivalent, match. 4. order of dismissal.

जवाबतलब جواب طلب पुं० [अ०] १. स्पष्टीकरण करने के लिए कहना। २. पूछताछ।
m. 1. act of demanding clarification. 2. enquiry.

जवाबदावा جواب دعویٰ पुं० [अ०] वह उत्तर जो वादी के निवेदन-पत्र के उत्तर में प्रतिवादी लिखकर अदालत में देता है।
m. a written statement of a defendant.

जवाबदेह جواب دہ वि० [अ०+फा०] उत्तरदायी, जिम्मेदार।
adj. answerable, accountable, responsible.

जवाबदेही جواب دہی स्त्री० [अ०+फा०] उत्तरदायित्व, जिम्मेदारी।
fem. answerability, accountability. responsibility.

जवाबित ضوابط पुं० [अ०] 'ज़ाब्ता' का बहुवचन। नियमावली।
m. (plu.) a manual of rules and regulations.

जवाबी جوابی वि० [अ०] १. जवाब का, जिसका जवाब देना हो। २. प्रतिस्पर्धात्मक।
adj. 1. given, sent or demanded as reply. 2. replied in kind. 3. competitive.

जवायद زوائد पुं० [अ० 'ज़ायद' का बहु०] आवश्यकता से अधिक वस्तुएँ, जरूरत से ज्यादा चीजें।
m. useless or superflous things.

जवार جوار पुं० [अ०] आस-पास का स्थान।
***पद* क़ुर्ब-व-जवार**=आस-पास और चारों ओर के स्थान।
m. the place around.
ph. the place around and near by.

जवारिश جوارش स्त्री० [फा०] पेट के रोगों की एक

प्रकार की स्वादिष्ट दवा।
fem. a kind of digestive jelly used as a medicine.

ज़वाल زوال पुं० [अ०] १. अवनति, उतार, घटाव। २. जंजाल, आफत।
m. 1. decrease, fall, downfall. 2. an embarressing person, thing or situation.

जवाहर جواہر पुं० [अ० जवाहिर] रत्न।
m. a (plu.) jewel.

जवाहिर جواہر पुं० [अ० 'जौहर' का बहु०] रत्न समूह।
m. (plu.) jewels.

जवाहिरनिगार جواہرنگار वि० [अ०+फा०] रत्न-जटित, जड़ाऊ।
adj. studded with jewels.

जवाहिरात جواہرات पुं० [अ० 'जवाहिर' का बहु०] रत्न-समूह।
m. (plu.) jewels.

जशन جشن पुं० दे० 'जश्न'।

जश्न جشن पुं० [फा०] १. उत्सव, समारोह, जलसा। २. आनन्द, हर्ष।
m. 1. a festive event, celebration. 2. pleasure, happiness, joy.

जश्ने अज़ीम جشن عظیم पुं० [अ०+फा०] बहुत बड़ा समारोह।
m. a grand festival.

जश्ने फ़तह جشن فتح पुं० [अ०+फा०] विजयोत्सव।
m. a festival of triump, victory.

जसामत جسامت स्त्री० [अ०] १. मोटा या स्थूल होना, स्थूलता। २. शरीर का आकार-प्रकार, डौल।
fem. 1. fatness, obesity. 2. structure of the body.

जसारत جسارت स्त्री० [फा०] १. दृढ़ता। २. साहस, हिम्मत। ३. वीरता।
fem. 1. firmness. 2. courage. 3. bravery.

जसीम جسیم वि० [अ०] भारी जिस्मवाला, मोटा-ताजा, स्थूल शरीर।
adj. very fat, obese.

जस्त جست स्त्री० [फा०] १. कूदने की क्रिया। २. छलाँग।
fem. 1. act of leaping. 2. a jump.

ज़ह زہ पुं० [फा०] १. प्रसव, बच्चा जनना। २. सन्तान, बच्चा। ३. वीर्य।
***पद* दर्दे ज़ह**=प्रसवकाल की पीड़ा।
m. 1. delivery of a child, begetting of a child. 2. an issue. 3. semen.
ph. labour pains.

जहद جہد स्त्री० [अ० जह्द] १. प्रयत्न, उद्योग। २. परिश्रम, मेहनत।
***पद* जद्द-ओ-जहद**=प्रयत्न और परिश्रम।
fem. 1. an effort, attempt. 2. labour, hardwork.
ph. endeavour.

ज़हन ذہن पुं० दे० 'ज़िहन'।

जहन्नम جہنم पुं० [अ०] नरक, दोज़ख।
***मुहा०* जहन्नम में जाए**=चूल्हे में जाए, हमसे कोई सम्बन्ध नहीं।
m. the hell.
id. Dame it.

जहन्नमी جہنمی वि० [अ०] नारकीय, दोज़खी।
adj. pertaining to or living in hell, hellish.

ज़हब ذہب पुं० [अ०] सोना, स्वर्ण।
m. gold.

ज़हमत زحمت स्त्री० [अ० ज़ह्मत] १. विपत्ति, मुसीबत, आफत। २. झंझट, बखेड़ा।
fem. 1. a trouble, calamity. 2. a bother-ation.

ज़हर زہر पुं० [फा० ज़ह्र] १. विष, गरल। २. अप्रिय बात या काम।
***मुहा०* (i) ज़हर उगलना**=मर्मभेदी या कटु बात कहना। **(ii) ज़हर का घूँट पीना**= किसी अनुचित बात को देखकर क्रोध को मन ही मन दबाए रखना। **(iii) ज़हर का बुझाया हुआ**=बहुत अधिक उपद्रवी या दुष्ट।
m. 1. poison. 2. unpleasant thing or work.
id. (i) to spew venom, to speak in very angry way. (ii) to resist anger. (iii) soaked in a poison.

ज़हर-आलूदा زہرآلودہ वि० [फा० ज़ह्र=आलूद:] जिसमें ज़हर मिला हो, विषाक्त।
adj. poisoned.

ज़हर-क़ातिल زہرقاتل पुं० [फा० ज़ह्र-क़ातिल] प्राण-घातक विष।
m. a poison that is used to kill people.

ज़हरख़ुर्दा زہرخوردہ वि० [फा० ज़ह्रख़ुर्द:] जिसने जहर खाया हो।
adj. having taken a poison.

ज़हरदार زہردار वि० [फा० ज़ह्रदार] १. जिसमें जहर हो, विषाक्त। २. कटु।
adj. 1. poisoned. 2. very unpleasant and harmful, poisonous.

ज़हरबाद زہرباد पुं० [फा० जह्रबाद] एक प्रकार का बहुत भयंकर और ज़हरीला फोड़ा।
m. a sort of swelling under the skin, carbuncle.

ज़हरमार زہرمار वि० [फा० ज़ह्रमार] विष का प्रभाव नष्ट करनेवाला, विषघ्न, विषनाशक।
पुं० तिरयाक नामक ओषधि जो विषघ्न होती है,

ज़हरमोहरा।
adj. that destroys the effects of a poison.
m. a drung that limits the effects of a poison.

ज़हरमोहरा زہرمہرا पुं० [फा० ज़हमुहर:] एक प्रकार का पत्थर जिसमें साँप का विष दूर करने का गुण माना जाता है।
m. a kind of stone which limits the effects of poison.

ज़हरा زہرہ स्त्री० [अ० ज़ह्रः] १. पित्ताशय। २. साहस। ३. वीरता।
fem. 1. gall bladder. 2. courage. 3. bravery.

ज़हरीला زہریلا वि० [फा० ज़ह्र+हिं० ईला] जिसमें ज़हर हो, विषाक्त।
adj. poisonous, very harmful.

जहल جہل पुं० [अ० जह्ल] १. अज्ञान, बेवकूफी। २. असभ्यता, अशिष्टता।
m. 1. ignorance, foolishness. 2. unmannerliness.

जहली جہلی वि० [अ० ज़ह्ली] १. झगड़ालू। २. झक्की।
adj. 1. quarrelsome. 2. crazy.

जहाँ جہاں पुं० [फा०] जहान, संसार, दुनिया।
m. the world.

जहाँआरा جہاں آرا वि० [फा०] जो संसार की शोभा हो।
adj. beautifying the world, very beautiful.

जहाँदार جہاں دار पुं० [फा०] राजा, सम्राट।
m. a king, emperor.

जहाँदीदा جہاں دیدہ पुं० [फा०+दीद:] वह जो संसार के सब ऊँच-नीच देख चुका हो, बहुत बड़ा अनुभवी।
m. experienced, worldly-wise.

जहाँपनाह جہاں پناہ पुं० [फा०] १. वह जो सारे संसार को शरण दे। २. बादशाहों आदि के लिए सम्बोधन।
m. 1. God. 2. the king (used as a address)

ज़हाक ضحاک पुं० [अ० ज़ह्हाक] वह जो बहुत अधिक हँसे।
m. very amusing person.

जहाज़ جہاز पुं० [अ०] १. समुद्र में चलनेवाली बड़ी नाव, समुद्री पोत। २. वायुयान।
m. 1. a ship. 2. an aeroplane.

जहाज़राँ جہازراں पुं० [अ०+फा०] जहाज चलानेवाला, यानचालक, पोत-चालक।
m. a navigator.

जहाज़रानी جہازرانی स्त्री० [अ०+फा०] जहाज चलाने का काम।
fem. the activity of navigating, navigation.

जहाज़ी جہازی वि० [अ०] जहाज़ से सम्बन्ध रखनेवाला। पुं० वह जो जहाज चलाता हो, यानचालक, नाविक।
adj. of or pertaining to ships.
m. a pilot or navigator.

जहाद جہاد पुं० [अ० जिहाद] वह युद्ध जो मुसलमान लोग काफिरों से करते हैं।
m. an organized compaign against infidels, holywar.

ज़हादत زہادت स्त्री० [अ०] संयम, निग्रह।
fem. restraint, discipline.

जहादी جہادی वि० पुं० [अ० जिहादी] जहाद करने या काफिरों से लड़नेवाला।
adj. & m. a warrior engaged in a holy war.

जहान جہان पुं० [फा०] संसार, दुनिया।
पद (i) जहाने फ़ानी=नश्वर संसार। **(ii) जहाने बाक़ी**=शाश्वत संसार।
m. the world.
ph. (i) transitory world. (ii) eternal world.

ज़हानत ذہانت स्त्री० [अ०] १. प्रतिभा। २. सूझ-बूझ।
fem. 1. talent. 2. imagination and wisdom.

ज़हाब ذہاب पुं० [अ०] गमन, प्रस्थान।
m. departure.

जहालत جہالت स्त्री० [अ०] अज्ञान।
fem. ignorance.

ज़हीन ذہین वि० [अ०] जिसका ज़िहन अच्छा हो, बुद्धिमान, समझदार।
adj. intelligent, wise, sharp.

ज़हीर ظہیر पुं० [अ०] १. सहायक, मददगार। २. मित्र।
m. 1. an assistant. 2. a friend.

जहूदी جہودی पुं० [फा०]=यहूदी।
m. a jew.

ज़हूर ظہور पुं० [अ० जुहूर] १. ज़ाहिर या प्रकट होने की क्रिया, प्रकाशन। २. उत्पन्न या आरम्भ होना।
m. 1. manifestation. 2. emergence, advent.

ज़हूरा ظہورا पुं० [अ० ज़हूर] १. प्रताप, इकबाल। २. प्रकाश।
m. 1. glory, dignity. 2. light, splendour.

ज़हे زہے विस्मय० [फा०] वाह, धन्य; जैसे—ज़हे क़िस्मत=धन्य भाग्य।
interj. a word denoting pleasure or bliss.

जहेज़ جہیز पुं० [अ० जिहेज़] वह धन-सम्पत्ति जो विवाह में कन्या पक्ष की ओर से वर को दी जाती है, दहेज।
m. dowry.

ज़ह्र زہر पुं० [फा०] विष।
m. poison.

ज़ह्रखुरानी زہرخورانی स्त्री० [फा०] जहर खिलाना।
fem. act of giving someone poison.

जाँ جاں स्त्री० [फा० 'जान' का अल्पा०] जान, प्राण।

पद आरामे-जाँ=सुखद।
fem. life.
ph. pleasurable, causing happiness.

जाँकन جاں کن वि० [फा०] [भाव० जाँकनी] १. प्राणों पर संकट लानेवाला। २. प्राणघातक।
adj. 1. extremely dangerous. 2. fatal, critical.

जाँकाह جاں کاه वि० [फा०] भीषण, विकट।
adj. dangerous, menancing.

जाँकाही جاں کاہی स्त्री० [फा०] परिश्रम।
fem. hard work, labour.

जाँनवाज़ جاں نواز वि० [फा०] [भाव० जाँनवाज़ी] प्राणों पर दया करनेवाला, दयालु, कृपालु।
adj. kind, benevolent, generous.

जाँनिसार جاں نثار वि० [फा०] अपने प्राण न्योछावर करनेवाला।
adj. ready to sacrifice one's life.

जाँपनाह جاں پناه वि०, पुं० [फा०] प्राणरक्षक।
adj. & m. one who saves someone's life, saviour.

जाँफ़िज़ा جاں فزا पुं० [फा०] अमृत।
m. nectar.

जाँफ़िशाँ جاں فشاں वि० [फा०] = जाँनिसार।

जाँफ़िशानी جاں فشانی स्त्री० [फा०] बहुत अधिक परिश्रम, किसी काम के लिए जान तक लड़ा देना।
fem. utmost toil, straining every nerve.

जाँ-बख़्शी جاں بخشی स्त्री० [फा०] जीवनदान।
fem. clemency, forgiveness.

जाँबलब جاں بلب वि० [फा०] जिसके प्राण होंठों तक आ गए हों, मरणासन्न, मरणोन्मुख।
adj. dying, facing death.

जाँबाज़ جاں باز वि० [फा०] [भाव० जाँबाज़ी] १. बहुत अधिक परिश्रम करनेवाला। २. जान पर खेल जानेवाला, जान देने तक को तैयार रहनेवाला।
adj. 1. brave, gallant. 2. adventerous valliant.

जाँसोज़ جاں سوز वि० [फा०] जान को जलानेवाला।
पद आहे-जाँसोज़=जान को जलानेवाली आह।
adj. very cruel, grievous.
ph. sigh that burns the heart.

जा جا स्त्री० [फा०] जगह, स्थान।
पद जा-बे-जा=मौके पर भी और बे-मौके भी, हर जगह।
fem. place.
ph. everywhere.

ज़ा زا प्रत्य० [फा०] दे० 'ज़ाद' जन्मा हुआ।

ज़ाइक़ा زائقہ पुं० [अ० ज़ाइक़:] = ज़ायका।

जाइज़ा جائزه पुं० [अ०]=जायज़ा।

ज़ाइद زائد वि० [अ०] अधिक, प्रचुर।
adj. more, plenty.

ज़ाइदा زائده वि० [फा० ज़ाइद:] जन्मा हुआ, उत्पन्न।
adj. born.

ज़ाइर زائر पुं० [अ०] तीर्थयात्री।
m. a pilgrim.

ज़ाकिर ذاکر वि०, पुं० [अ०] जिक्र करनेवाला।
adj. & m. one who mentions or narrates.

ज़ाग زاغ पुं० [अ०] कौवा, काक।
m. a crow.

जागीर جاگیر स्त्री० [फा०] राज्य की ओर से मिली हुई करमुक्त भूमि या क्षेत्र, सरकार से मिला हुआ ताल्लुका।
fem. estate received from a ruler, a free-hold.

जागीरदार جاگیردار पुं० [फा०] १. वह जिसे जागीर मिली हो, जागीर का मालिक। २. अमीर, रईस।
m. 1. owner of an estate. 2. a richman.

जाज़म جازم स्त्री० [तु० जाज़िम] फर्श पर बिछाने की रंगीन और बूटेदार चादर, जाजिम।
fem. coloured floor-sheet.

जाज़रूर جازرور पुं० [फा०] मलत्याग करने का स्थान, शौचागार, पाखाना।
m. a lavatory.

जाज़िब جاذب वि० [फा०] [भाव० जाज़िबीयत] १. जज्ब करने या सोखनेवाला। २. आकर्षक।
पद क़ूवते जाज़िबा=**आकर्षण-शक्ति।**
adj. 1. that soaks. 2. attractive.
ph. attraction.

जाज़िबीयत جاذبیت स्त्री० [अ०] आकर्षण।
fem. attraction.

जाज़िम جازم स्त्री० दे० 'जाज़म'।

ज़ात ذات स्त्री० [अ०] १. जाति, कुल, वंश। २. व्यक्तित्व। ३. अस्तित्व। ४. स्वयं, खुद।
fem. 1. caste, family. 2. personality. 3. existence. 4. myself.

ज़ाती ذاتی वि० [अ०] १. व्यक्तिगत। २. अपना, निज का।
adj. 1. personal. 2. one's own.

ज़ाद زاد प्रत्य० [अ०, सं० जात] उत्पन्न, जन्मा हुआ; जैसे—आदमज़ाद-आदम से उत्पन्न, आदमी।
पुं० [अ०] १. भोजन। २. पीढ़ी।
suffix came into existence by birth, born.
m. 1. food, meal. 2. the generation.

ज़ादबूम زادبوم स्त्री० [अ० मि० सं० जात+भूमि] जन्मस्थान।
fem. the place of birth.

ज़ादराह زادراه पुं० [अ०] १. मार्ग व्यय, रास्ते का खर्च।

२. यात्राभत्ता।
m. 1. travelling expenses. 2. travelling allownce.

जादह جادہ पुं० [फा० जाद:] १. पगडंडी। २. मार्ग।
m. 1. a footpath. 2. a road, way.

जादा جادہ पुं० [फा० जाद:] पगडंडी।
पद जादा-ए-तलब=प्रेममार्ग।
m. a footpath.
ph. the way of love.

ज़ादा زادہ प्रत्य० [फा० ज़ाद:] [स्त्री० ज़ादी] (यौगिक शब्दों के अन्त में, उत्पन्न; जैसे—शहज़ादा, अमीर-ज़ादा, हरामजादा आदि।)
suffix born.

जादू جادو पुं० [फा०] १. वह आश्चर्यजनक कृत्य जिसे लोग अलौकिक और अमानवीय समझते हों, इन्द्रजाल, तिलस्म। २. वह अद्‌भुत खेल या कृत्य जो दर्शकों की दृष्टि और बुद्धि को धोखा देकर किया जाए। ३. टोना, टोटका। ४. दूसरे को मोहित करने की शक्ति।
मुहा० जादू जमाना=जादू का प्रयोग या प्रभाव दिखलाना।
m. 1. magic. 2. magical act or play, magical trick. 3. black art, black magic. 4. enchantment.
id. to show magical power.

जादूगर جادوگر पुं० [फा०] जादू दिखलानेवाला, इन्द्रजाली।
m. a magician, having magic powers.

जादूगरी جادوگری स्त्री० [फा०] १. जादू दिखाने की कला। २. जादू का खेल।
fem. 1. magical art. 2. a magical act.

जान جان स्त्री० [फा०] १. जीवन। २. जीवंतता। ३. शक्ति, ऊर्जा। ४. सार। ५. आत्मा।
मुहा० (i) जान आना=शोभा बढ़ना। **(ii) जान के लाले पड़ना**=प्राण बचना कठिन दिखाई देना, जी पर आ बनना। **(iii) जान को जान न समझना**= अत्यन्त अधिक कष्ट या परिश्रम करना। **(iv) जान छुड़ाना या बचाना**=प्राण बचाना, किसी झंझट से छुटकारा पाना। **(v) जान पर खेलना**=प्राणों को संकट में डालना। **(vi) जान जाना**=मरना।
पद जाने-जहाँ=विश्व की जान अर्थात् प्रेयसी।
m. 1. life, 2. liveliness. 3. energy. 4. substance. 5. soul.
id. (i) to make beautiful, to beautify. (ii) to be in hot waters, to be under jaws of death. (iii) to toil utmost. (iv) to try to get rid off. (v) to risk one's life. (vi) to expire or die.
ph. the beauty of the world, one's beloved.

जान-आफ़रीन جان آفرین पुं० [फा० जाँआफ़रीं] १. सृष्टि करनेवाला। २. जीवन देनेवाला।
m. 1. the creator. 2. one who gives life i.e. the God.

जानदार جاندار वि० [फा०] १. जिसमें जीवन हो, सजीव। २. जिसमें जीवनी-शक्ति हो।
adj. 1. having life. 2. full of energy.

जानबख़्शी جاں بخشی स्त्री० [फा०] पूर्ण रूप से क्षमा कर देना, प्राणदंड तक से मुक्त कर देना।
fem. forgiveness, clemency.

जानमाज़ جانماز स्त्री० [फा०] वह छोटी दरी जिसपर बैठकर नमाज़ पढ़ते हैं।
fem. a small carpet used by a Muslim while doing the prayer.

जानवर جانور पुं० [फा०] १. प्राणी, जीव। २. पशु, जंतु, हैवान। ३. अशिष्ट या बर्बर व्यक्ति।
m. 1. a living organism having sense organs. 2. an animal, specially mammal, cattle. 3. an uncivilized or brutal person.

जानशीन جانشین पुं० [फा०] [भाव० जानशीनी] उत्तराधिकारी, वारिस।
m. a person who has the right to inherit an other, heir.

जानाँ جاناں पुं०, स्त्री० [फा०] माशूक, प्रिय या प्रिया।
m. & fem. one's beloved.

जानानाँ جاناناں वि० [फा०] प्यारा।
पुं० दे० 'जाँना'।
पद गमे जानानाँ=प्रेयसी का गम।
adj. dear, beloved, darling.
m. one's beloved.
ph. heartfelt pain for one's beloved.

जानिब جانب स्त्री० [अ०, बहु० जानिबैन, जवानिब] १. ओर, तरफ, दिशा। २. पक्ष।
पद (i) जानिबे मंज़िल=मंज़िल की ओर।
(ii) ईंजानिब='हम'। (बहुत बड़े लोग छोटों से बातें करते वक्त अपने सम्बन्ध में प्राय: 'हम' के स्थान पर 'ईंजानिब' का प्रयोग करते हैं।)
क्रि० वि० तरफ, ओर।
fem. 1. direction. 2. side, party, group,
ph. (i) towards destination. (ii) we, ourselves.
adv. towards.

जानिबदार جانبدار वि० [फा०] [भाव० जानिबदारी] पक्षपाती, तरफदार।
adj. partial, partisan.

जानिबैन جانبین पुं० [अ०] दोनों पक्ष, उभयपक्ष।
m. both sides, both parties.

ज़ानिया زانیہ स्त्री० [अ० ज़ानियः] ज़िना करनेवाली, व्यभिचारिणी।
fem. an adulterous woman.

जानी جانی वि० [फ़ा०] जान से सम्बन्ध रखनेवाला, जान का, जैसे—जानी दुश्मन=जान लेनेवाला दुश्मन, जान का ग्राहक; जानी-दोस्त=परम मित्र।
स्त्री० प्राण-प्यारी, प्रिया।
पुं० प्राण-प्यारा, प्रियतम।
adj. pertaining to life.
fem. one's beloved.
m. one's lover.

ज़ानी زانی वि० [अ०] ज़िना करनेवाला, व्यभिचारी, परस्त्रीगामी।
adj. adulterous, libertine.

ज़ानू زانو पुं० [फ़ा०] घुटना।
पद दोज़ानू या दुज़ानू=घुटने के बल।
m. a knee.
ph. on all fours.

जाने-जहाँ جانِ جہاں पुं० [फ़ा०] संसार का प्राण, ईश्वर।
m. the God.

जाने-जाँ جانِ جاں पुं० [फ़ा०] १. प्रेमी। २. ईश्वर।
m. 1. a lover. 2. the God.

जाने-मन جانِ من पुं०, स्त्री० [फ़ा०] मेरे प्राण। (सम्बोधन)
m. & fem. My Love! (address)

ज़ाफ़र جعفر पुं० [अ० ज़अफ़र] १. बड़ी नदी, नद। २. नदी।
m. 1. a big river. 2. a river.

ज़ाफ़रान زعفران पुं० [अ० ज़अफ़रान] केसर।
m. saffron.

ज़ाफ़रानी زعفرانی वि० [अ० ज़अफ़रानी] १. जाफरान या केसर-सम्बन्धी, केसर का। २. ज़ाफरान के रंग का, केसरिया।
adj. 1. of a pertaing to saffron. 2. orange-yellow.

ज़ाफ़री جعفری स्त्री० [अ० ज़अफ़री] १. बाँस की खपचियों का परदा, चिक। २. एक प्रकार का गेंदा (फूल)।
fem. 1. a screen of bamboo's stripes. 2. a type fo marigold plant.

ज़ाबित ضابط वि०, पुं० [अ०] १. जब्त करनेवाला, सहनशील। २. संयमी। ३. स्वामी, मालिक। ४. प्रबंधक।
adj. & m. 1. forebearig. 2. temperate, disciplined. 3. master, owner. 4. an organiser.

ज़ाबिता ضابطہ पुं० दे० 'ज़ाब्ता'।

जाबिर جابر वि०, पुं० [फ़ा०] जब्र या ज़्यादती करनेवाला, अत्याचारी।
adj. & m. a tyrannt, oppressor.

ज़ाबेह ذابح पुं० [अ०] १. वह जो ज़बह करे। २. कसाई, बूचड़।
m. 1. a slaughterer. 2. a butcher.

ज़ाब्तगी ضابطگی स्त्री० [अ०] नियमानुकूल होने का भाव, नियमानुकूलता।
fem. regularity, methodology.

ज़ाब्ता ضابطہ पुं० [अ० ज़ाबितः] १. नियम, कानून। २. कायदा, व्यवस्था।
पद (i) बा-ज़ाब्ता=नियमानुकूल। **(ii) बेजाब्ता**=नियमविरुद्ध।
m. 1. a rule, law. 2. a method.
ph. (i) according to the rule. (ii) against the rule.

ज़ाब्ता-दीवानी ضابطہ دیوانی पुं० [अ० ज़ाब्तः + फ़ा०] सर्वसाधारण के परस्पर आर्थिक व्यवहार से सम्बन्ध रखनेवाला कानून।
m. civil law.

ज़ाब्ता-फ़ौजदारी ضابطہ فوجداری पुं० [अ० ज़ाब्तः + फ़ा०] दंडनीय अपराधों से सम्बन्ध रखनेवाला कानून।
m. criminal law.

जाम جام पुं० [फ़ा०] १. प्याला, कटोरा। २. मद्य पीने का पात्र।
m. 1. a cup. 2. a wine glass.

जामदानी جامدانی स्त्री० [फ़ा०] एक प्रकार का कढ़ा हुआ फूलदार कपड़ा।
fem. a kind of embroidered cloth.

जामा جامہ पुं० [फ़ा० जामः] विशेष परिधान, पहनावा।
मुहा० जामे से बाहर होना=आपे से बाहर होना, अत्यन्त क्रोध करना।
m. a piece of clothing worn on special occassions.
id. to lose control over oneself in rage.

जामातलाशी جامہ تلاشی स्त्री० [फ़ा० जामः + तलाशी] पहने हुए कपड़ों की तलाशी, नंगाझोरी।
fem. thorough search of a person.

जामा मसजिद جامع مسجد स्त्री० [अ० जाम्आ मस्जिद] किसी नगर की वह बड़ी और प्रधान मसजिद जिसपें सब मुसलमान इकट्ठे होकर नमाज़ पढ़ते हैं।
fem. the large and prominent mosque of a city.

जामावार جامہ وار पुं० [फ़ा० जामःवार] एक प्रकार का बढ़िया बेलबूटेदार वस्त्र।
m. a kind of fine embroidered cloth.

जामिआ جامعہ स्त्री० [अ० जामिअः] विश्वविद्यालय।
fem. a university.

जामिद جامد वि० [फा०] जमा हुआ, ठोस। पुं० व्याकरण के अनुसार वह शब्द जिसकी कोई व्युत्पत्ति न हो, देशज।
adj. frozen, solidified.
m. a word which is not developed from another word, native word.

ज़ामिन ضامن पुं० [अ०] वह जो किसी की जमानत करे। *पद* **(i) फ़ेल ज़ामिन**=वह जो इस बात की जमानत करे कि अमुक व्यक्ति कोई अपराध या अनुचित कार्य न करेगा। **(ii) माल ज़ामिन**=वह जो किसी के ऋण आदि चुकाने की जमानत करे।
m. a surety.
ph. (i) one who accepts the legal responsiblity for another persons behaviour. (ii) one who accepts the legal responsibility for another person's debt, fine or monetary penalty.

ज़ामिनदार ضامن دار वि०, पुं० [अ०+फा०] ज़मानत देनेवाला।
m. a surety.

ज़ामिनी ضامنی स्त्री० दे० 'ज़मानत'।

जामे-जम جامِ جم पुं० दे० 'जामे-जहाँनुमा'।

जामे-जमशेद جامِ جمشید पुं० [फा०] दे० 'जामे जहाँनुमाँ'।

जामे-जहाँनुमाँ جامِ جہاں نما پُں पुं० [फा०] एक कल्पित प्याला। (कहते हैं कि युनानी सम्राट जमशेद ने एक ऐसा बड़ा प्याला बनवाया था जिससे बैठे-बैठे सारे संसार की सब घटनाओं का तुरन्त पता चल जाता था।)
m. an imaginary cup in which the emperor of Greece used to behold future events.

जाय جائے स्त्री० [फा०] जगह, स्थान; जैसे—जाये एतराज़=एतराज या आपत्ति का स्थान।
fem. place.

ज़ायका ذائقہ पुं० [अ० ज़ाइक:] खाने-पीने की चीजों का मज़ा, स्वाद।
m. taste, flavour.

ज़ायचा زائچہ पुं० [फा० ज़ाइच:] जन्मपत्री।
m. a horoscope.

जायज़ جائز वि० [अ० जाइज़] १. उचित, मुनासिब। २. वैध।
adj. 1. right, proper, appropriate. 2. valid, legal, legitimate.

जायज़ा جائزہ पुं० [अ० जाइज़:] १. परीक्षा, जाँच-पड़ताल (विशेषत: हिसाब-किताब या कार्यों की)। २. पुरस्कार, इनाम।
क्रि० प्र० = देना, लेना।
m. 1. a test, appraisal. 2. a reward.

ज़ायद زائد वि० [अ० ज़ाइद] १. जो ज्यादा हो, अधिक। २. बढ़ा हुआ, अतिरिक्त। ३. निरर्थक, व्यर्थ का।

जायदाद جائداد स्त्री० [फा० जाएदाद] भूमि, धन या सामान आदि जिस पर किसी का अधिकार हो, संपत्ति। *पद* **(i) जायदादे आबाई**=बाप-दादा की कमाई हुई संपत्ति। **(ii) जायदादे-ग़ैरमनकूला**=स्थावर संपत्ति। **(iii) जायदादे-मनकूला**=चल संपत्ति।
fem. property, effects.
ph. (i) ancestral property. (ii) immovable property. (iii) movable property.

ज़ायर زائر पुं० [अ० ज़ाइर] यात्री।
m. a passenger, traveller.

ज़ायल زائل वि० [अ०] नष्ट।
adj. destroyed.

ज़ाया ضائع वि० [अ० ज़ायअ] नष्ट, बरबाद।
मुहा० **ज़ाया जाना**=व्यर्थ जाना, बेकार जाना।
adj. wasted, destroyed.
id. to go waste.

जार[1] جار पुं० [अ० जार्र] १. रक्षक। २. व्याकरण में विभक्ति।
m. 1. a saviour. 2. a postpostion.

जार[1] جار पुं० [अ०] पड़ोसी।
m. a neighbour.

ज़ार زار पुं० [फा०] १. स्थान; जैसे—सब्ज़: ज़ार=हरा-भरा मैदान। २. वह स्थान जहाँ कोई चीज बहुत अधिकता से हो।
क्रि०वि० बहुत अधिकता से; जैसे—ज़ार-ज़ार रोना।
पद **ज़ार-व-क़तार**=निरन्तर, लगातार।
m. 1. a place. 2. a place where something is found in abundance.
adv. in abundance.
ph. continuously.

ज़ार-व-निज़ार زارونزار वि० [फा०] १. दुबला-पतला। २. दुर्बल, कमजोर।
adj. 1. lean and thin. 2. weak, feeble.

जारी جاری वि० [अ०] १. बहता हुआ, प्रवाहित। २. चलता हुआ।
adj. 1. set in flow, flowing. 2. continued, current.

ज़ारी زاری स्त्री० [फा०] रोना-धोना, रुदन। *पद* **(i) आह-व-ज़ारी**=रोना-चिल्लाना। **(ii) गिरिया-व-ज़ारी**=रोना-कलपना।
fem. act of weeping, lamentation.
ph. (i) to cry, lament. (ii) to wail, moan.

जारीशुदा جاری شدہ वि० [अ०+फा०] १. जारी किया हुआ। २. प्रचलित।
adj. 1. issued, promulgated. 2. current, prevalent.

जारूब جاروب पुं० [फा० जारोब] झाड़ू।
m. a broom.

जारोब جاروب स्त्री० [फा०] झाड़ू, बुहारी।
fem. a broom.

जारोबकश جاروب کش पुं० [फा०] वह जो झाड़ू देता हो।
m. a sweeper.

जाल جعل पुं० [अ० जअल मि० सं० जाल] १. फरेब, धोखा। २. झूठी कार्रवाई।
m. 1. deception, fraud. 2. mistaken action.

जालसाज़ جعل ساز पुं० [अ० जआल+फा०] [भाव० जालसाज़ी] वह जो दूसरों को धोखा देने के लिए किसी प्रकार की झूठी कार्रवाई करे।
m. a forger, schemer.

ज़ालिम ظالم वि०, पुं० [अ०] जुल्म करनेवाला।
adj. oppressive, cruel.

जाली جعلی वि० [अ० जअली] नकली।
adj. forged, fabricated.

जाविदाँ جاوداں क्रि० वि० [फा०] सदा, हमेशा।
वि० सदा रहनेवाला, अमर।
adv. always, ever.
adj. permanent, immortal.

जाविदानी جاویدانی वि० [फा०] = जाविदाँ।

ज़ाविया زاویہ पुं० [अ० ज़ाविय:] कोण, कोना।
m. an angle, corner.

जावेद جاوید वि० [फा०] सदा बना रहनेवाला, स्थायी।
adj. permanent, eternal, everlasting.

जावेदाँ جاویداں वि० दे० 'जावेद'।

जासूस جاسوس पुं० [अ०] गुप्त रूप से किसी बात, विशेषत: अपराध आदि का पता लगानेवाला, भेदिया, मुखबिर।
m. a spy, informer.

जासूसी جاسوسی स्त्री० [अ०] १. गुप्त रूप से किसी बात का पता लगाना। २. जासूस का काम या पद।
fem. 1. act of spying. 2. the profession of a spy.

जाह جاہ पुं० [अ०] १. ऊँचा पद, मर्तबा, रुतबा। २. प्रतिष्ठा, इज्जत।
***पद* जाह-व-जलाल या जाह-व-हश्म**=पद और वैभव।
m. 1. high rank. 2. prestige, respect.
ph. authority and glory.

जाहलीयत جاہلیت स्त्री० दे० 'जहालत'।

ज़ाहिद زاہد पुं० [अ०] [भाव० ज़ाहिदी] १. सब दुष्कर्मों से बचकर ईश्वर की उपासना करनेवाला। २. जितेन्द्रिय या संयमी व्यक्ति।
m. 1. a godly person. 2. a person who has subdued his senses, temperate.

ज़ाहिर ظاہر वि० [अ०] १. जो सबके सामने हो, प्रकट, प्रकाशित, खुला हुआ। २. जाना हुआ, ज्ञात।
adj. 1. obvious, apparent, evident. 2. known, familiar.

ज़ाहिरदार ظاہردار वि० [अ०+फा०] १. दिखौआ। २. बनावटी।
adj. 1. showy, ostentatious, gaudy. 2. artificial, not natural.

ज़ाहिरदारी ظاہرداری स्त्री० [अ०+फा०] १. दिखावट, ऊपरी तड़क-भड़क। २. बनावटी या दिखौआ व्यवहार।
m. 1. show, display, ostentation. 2. ostentatious or pretentious behaviour.

ज़ाहिरन् ظاہراً क्रि० वि० दे० 'ज़ाहिरा'।

ज़ाहिर-परस्त ظاہر پرست वि० [अ०+फा०] [भाव० ज़ाहिर-परस्ती] केवल ऊपरी तड़क-भड़क पर भूलनेवाला।
adj. ostentatious, vain-glorious.

ज़ाहिरा ظاہرا क्रि० वि० [अ०] ऊपर से देखने में।
adv. apparantly, obviously.

ज़ाहिरी ظاہری वि० [अ०] ऊपर से जाहिर होनेवाला, देखने में जान पड़नेवाला, दृश्य।
adj. visible, perceptible.

जाहिल جاہل वि० [अ०] १. मूर्ख, अज्ञानी, नासमझ। २. अनपढ़, निरक्षर।
adj. 1. foolish, unwise. 2. illitrate, uneducated, unlettered.

ज़िंदगानी زندگانی स्त्री० [फा०] जिन्दगी, जीवन।
fem. life.

ज़िंदगी زندگی स्त्री० [फा०] १. जीवन। २. जीवनकाल, आयु।
fem. 1. life. 2. lifetime, age.

ज़िंदाँ زنداں पुं० [फा०] कैदखाना, बन्दीगृह।
m. a prison.

ज़िंदा زندہ वि० [फा० ज़िन्द:] १. जीवित, जीता हुआ। २. जीवंत।
***पद* ज़िन्दा दरगोर**=जीते-जी कबर में रहने के समान, जीते-जी मृतक के तुल्य।
adj. 1. alive, living. 2. lively.
ph. living dead, low-spirited.

ज़िंदादिल زندہ دل वि० [फा० ज़िन्द: +] १. सदा प्रसन्न रहनेवाला, सहृदय। २. हँसमुख।
adj. 1. cheerful and friendly. 2. jolly, cheery, good-humoured.

जिंदादिली زندہ دلی स्त्री० [फा० ज़िंद: +] १. सहृदयता। २. हँसोड़पन।
fem. 1. cheerfulness. 2. jocularity.

जिंदाबाद زندہ باد पद [फा० ज़िंद:बाद] सदा जिन्दा रहे।

ph. Long live.

ज़िक्र ذکر पुं० [अ०] १. चर्चा। २. प्रसंग। ३. ईश्वर स्मरण। **पद (१) ज़िक्रे मज़कूर**=चर्चा। **(२) ज़िक्रे ख़ैर**= (क) शुभ चर्चा; जैसे—अभी तो यहाँ आपका ही ज़िक्र हो रहा था। (ख) कुरान का पाठ और ईश्वर का गुणानुवाद।
m. 1. mention. 2. topic. 3. remembrance of God.
ph. (i) mention. (ii) auspicious mention. (iii) reading of Quran and the eulogy of God.

जिगर جگر पुं० [फा०] १. कलेजा। २. चित्त, मन। ३. साहस, हिम्मत।
m. 1. liver. 2. heart. 3. courage.

जिगरबंद جگربند पुं० [फा०] १. हृदय, फुफ्फुस आदि। २. पुत्र।
m. 1. heart, lungs etc. 2. a son.

जिगरसोज़ جگرسوز स्त्री० [फा०] १. दिल जलाना। २. सहानुभूति दिखलाना।
fem. 1. act of causing great distress to. 2. act of sympathising.

जिगरी جگری वि० [फा०] १. दिली, भीतरी। २. अत्यन्त घनिष्ठ, अभिन्न-हृदय।
adj. 1. heart-felt, deeply felt. 2. close, intimate.

जिच्च جچ स्त्री० [फा०] १. बेबसी, तंगी, मजबूरी। २. शतरंज में खेल की वह अवस्था जिसमें किसी एक पक्ष को कोई मोहरा चलने की जगह न रह जाए।
fem. 1. helplessness, compulsion. 2. stalemate.

जिद جد स्त्री० [अ०] [वि० जिद्दी] प्रयास।
fem. an attempt, endeavour.

ज़िद, ज़िद्द ضد स्त्री० [अ०] [वि० ज़िद्दी] हठ, दुराग्रह।
fem. stubbornness, obstinacy.

ज़िदाँ زداں पुं० [फा०] कारागार।
m. a prison.

जिदाबदी جدابدی स्त्री० [अ० ज़िद+हिं० बदना] १. प्रतियोगिता, होड़। २. लड़ाई-झगड़ा।
fem. 1. competition, rivalry. 2. altercation.

जिदाल جدال पुं० [अ०] युद्ध, समर। **पद जंग-व-जिदाल**=युद्ध।
m. a battle, war.
ph. a war.

ज़िद्द ضد स्त्री० दे० 'ज़िद'।

जिद्दत جدت स्त्री० [अ०] १. नवीनता, नयापन। २. ताज़गी।
fem. 1. newness, novelty. 2. freshness.

ज़िद्दी ضدی वि० [अ०] जिद करनेवाला, हठी।
adj. stubborn, obstinate.

जिन جن पुं० [अ०] [बहु० जिन्नात] भूत-प्रेत।
m. an evil spirit.

ज़िनहार زنہار स्त्री० [फा० ज़िन्हार] शरण।
fem. refuge.

ज़िनाँ زنا पुं० [अ० ज़िना] परस्त्रीगमन, व्यभिचार।
m. adultery, fornication.

ज़िनाकार زناکار पुं० [अ०+फा०] जिना या पर-स्त्रीगमन करनेवाला, व्यभिचारी।
m. an adulterer, fornicator.

ज़िनाकारी زناکاری स्त्री० [अ०+फा०] जिना, व्यभिचार।
fem. adultery, fornication.

जिनाज़ा جنازہ पुं० [अ०] = जनाज़ा।

ज़िना-बिल्-जब्र زنابالجبر पुं० [अ०] किसी स्त्री के साथ उसकी इच्छा के विरुद्ध और बलपूर्वक किया जानेवाला सम्भोग।
m. sexual intercourse with someone against her will, rape.

जिन्नात جنات पुं० [अ० 'जिन' का बहु०] दुष्ट आत्माएँ।
m. (plu.) evil spirits.

जिन्नी جنّی पुं० [अ०] वह जो जिनों या भूत-प्रेतों को वश में करता हो।
m. one who subdues evil spirits.

जिन्स جنس स्त्री० [अ०] [बहु० अजनास] १. प्रकार, किस्म, भाँति। २. चीज़, वस्तु, द्रव्य। ३. सामग्री, सामान। ४. अनाज, गल्ला। ५. रसद।
fem. 1. kind, sort. 2. a thing, commodity. 3. collection of articles, requisities. 4. grain, corn. 5. provisions.

जिन्सख़ाना جنس خانہ पुं० [अ०+फा० ख़ान:] भंडार, भांडागार।
m. a store, depot.

जिन्सवार جنس وار क्रि० वि० [अ०+फा०] हर एक जिन्स के विचार से अर्थात् अलग-अलग।
पुं० पटवारियों का रजिस्टर जिसमें वे खेतों में बोए अनाजों के नाम लिखते हैं।
adv. separately, not together.
m. a register of a patwari.

ज़िफ़ाफ़ زفاف पुं० [अ०] वर और वधू का पहला मिलन।
m. first time meeting of a bride and a bridegroom.

ज़िबस زبس क्रि० वि० [फा०] १. पूर्ण रूप से। २. बहुत। **पद ज़िबस कि**=इसलिए कि।
adv. 1. fully, completely. 2. too much.
ph. because.

ज़िबह ذبح वि० [अ० ज़िब्ह] जिसका वध किया गया हो।
adj. butchered.

जिबाल جبال पुं० [फा० 'जबल' का बहु०] पर्वतमाला।
m. a mountain's range.

जिब्राईल جبرائیل पुं० [फा०] एक फरिश्ते या देवदूत का नाम।
m. name of an angel.

ज़िमन ضمن पुं० [अ० ज़िम्न] १. भीतरी भाग या अंश। २. खण्ड, विभाग। ३. दफा, धारा। ४. प्रसंग, विषय।
m. 1. the interior part or portion. 2. a part. 3. a section, article. 4. a topic, theme, subject.

ज़िमनी ضمنی वि० [अ० ज़िम्नी] गौण।
adj. secondary, subsidiary.

जिमाअ جماع पुं० [अ०] स्त्रीप्रसंग, संभोग।
m. sexual intercourse, cohabitation.

ज़िमाद ضماد पुं० [अ०] मलहम।
m. oinment.

जिमादात جمادات स्त्री० [अ०] दे० 'जमादात'।

ज़िम्मत ذمت स्त्री० [अ०] प्रतिज्ञा।
fem. a vow.

ज़िम्मा ذمہ पुं० [अ० ज़िम्म:] १. इस बात का दायित्व कि कोई बात या कोई काम अवश्य होगा, और यदि न होगा तो उसका दोष दायित्व करनेवाले पर होगा, दायित्वपूर्ण प्रतिज्ञा, जवाबदेही। २. सुपुर्दगी, देख-रेख।
m. 1. responsibility, obligation. 2. charge, supervision.

ज़िम्मादार ذمہ دار वि० [अ० ज़िम्म:+फा० दार] उत्तरदायी।
adj. responsible.

ज़िम्मादारी ذمہ داری स्त्री० [अ० ज़िम्म:+फा० दारी] उत्तरदायित्व।
fem. responsibility.

जिम्मी ذمی पुं० [अ०] वे काफिर और अन्य धर्मी जिन्हें मुसलमानी राज्य में शरण दी गई हो और जो जजिया देते हों।
m. those infidels who live in a Muslim country and pay taxes.

ज़ियाँ زیاں पुं० [फ०] १. हानि, नुकसान। २. घाटा, टोटा।
***पद* सूदो-जियाँ**=लाभ और हानि।
m. 1. loss, damage. 2. deficit, shortage.
ph. profit and loss.

ज़िया ضیا स्त्री० [अ०] १. सूर्य का प्रकाश। २. प्रकाश, रोशनी।
fem. 1. sunlight, 2. light.

ज़ियादत زیادت स्त्री० [अ०] अधिकता।
fem. abundance, plenty.

ज़ियादा زیادہ वि० [अ० ज़ियाद:] अधिक।
adj. more, surplus or superfluous.

ज़ियान زیان पुं० दे० 'ज़ियाँ'।

ज़ियाफ़त ضیافت स्त्री० [अ०] बड़ी दावत जिसमें बहुत से लोगों को भोजन कराया जाता है, प्रीतिभोज।
fem. a grand dinner party.

ज़ियारत زیارت स्त्री० [अ०] १. दर्शन। २. तीर्थ-दर्शन।
m. 1. action of seeing, sight. 2. seeing of holy places, pilgrimage.

ज़ियारती زیارتی वि०, पुं० [अ०] ज़ियारत के लिए जानेवाला (यात्री)।
adj. & m. one who journeys to holy places, pilgrim.

जिरगा جرگا पुं० दे० 'जरगा'।

जिरह جرح स्त्री० [अ०] १. हुज्जत, खुचुर। २. ऐसी पूछताछ जो किसी से कही हुई बातों की सत्यता के लिए की जाए।
m. 1. act of arguing, wrangling. 2. discussion, debate.

ज़िरह زرہ स्त्री० [फा० ज़िरिह] लोहे की कड़ियों से बना हुआ कवच, वर्म, बख्तर।
fem. an armour.

ज़िरहपोश زرہ پوش वि० [फा० ज़िरिह+पोश] जो ज़िरह पहने हो, कवचधारी।
adj. armoured.

ज़िरही زرہی पुं० दे० 'ज़िरहपोश'।

ज़िराअत زراعت स्त्री० [अ०] कृषि, खेती।
fem. agriculture.

जिराहत جراحت स्त्री० [अ०] घाव।
fem. a wound.

जिरियान جریان पुं० [अ० जिर्यान] १. जल आदि का बहना। २. सूजाक नामक रोग।
m. 1. flow of water etc. 2. gonorrhoea.

ज़िरिह زرہ स्त्री० [फा०] कवच।
fem. an armour.

जिर्म جرم स्त्री० [अ०] [बहु० अजराम] १. शरीर, बदन। २. निर्जीव पदार्थ या पिंड।
fem. 1. a body. 2. mass, body.

जिला جلا स्त्री० [अ०] १. चमक-दमक। २. साफ करके चमकाने की क्रिया।
***मुहा०* जिला देना** = साफ करके चमकाना।
fem. 1. glitter, pomp and show. 2. act of polishing, burnishing.
id. to polish.

ज़िला ضلع पुं० [अ० ज़िलअ] जनपद।
m. a district.

जिलाकार جلاکار स्त्री० [अ०+फा०] किसी चीज को चमकाकर साफ करनेवाला, सिकलीगर।
fem. a burnisher.

ज़िलादार ضلع دار पुं० [अ० ज़िलअ + फा०] किसी ज़िले का अफसर या प्रधान कर्मचारी।
m. a district officer, collector.

ज़िलादारी ضلع داری स्त्री० [अ० ज़िलअ + फा०] जिलेदार का काम या पद।
fem. post or office of a collector.

ज़िल्क़अदा ذلقعدہ स्त्री० [अ० ज़िल्क़अद:] इस्लामी ग्यारहवाँ चान्द्र मास, ज़ीकअदा।
fem. eleventh month of Islamic lunar calendar.

जिल्द جلد स्त्री० [अ०] १. खाल, चमड़ा, २. वह पुट्ठा या दफ्ती जो किसी किताब के ऊपर उसकी रक्षा के लिए लगाई जाती है। ३. पुस्तक की एक प्रति, पुस्तक का वह भाग जो पृथक् सिला हो, भाग, खण्ड।
fem. 1. skin, leather. 2. binding. 2. copy of a book. 3. a volume.

जिल्दबंद جلد بند वि० दे० 'जिल्दसाज़'।

जिल्दसाज़ جلد ساز वि० [अ०+फा०] [भाव०जिल्दसाज़ी] वह जो किताबों की जिल्द बाँधता हो, जिल्द बाँधनेवाला।
m. a book-binder.

जिल्दसाज़ी جلد سازی स्त्री० [अ०+फा०] जिल्दबंदी।
fem. book-binding.

जिल्दी جلدی वि० [अ०] 'जिल्द' सम्बन्धी।
adj. or or relating to the binding of a book.

ज़िल्ल ظل पुं० [अ०] १. छाया, साया; जैसे—जिल्ले इलाहा=ईश्वर की छाया या कृपा। २. विचार, ख्याल। ३. गरमी की अधिकता। ४. रात का अन्धकार।
m. 1. shade, shadow. 2. an idea, thought. 3. exorbitant hot weather. 4. darkness of night.

ज़िल्लत ذلت स्त्री० [अ०] १. अनादर, अपमान, तिरस्कार, बेइज्जती। २. दुर्गति, दुर्दशा।
***मुहा०* ज़िल्लत उठाना या पाना**=अपमानित होना।
fem. 1. humiliation, insult. 2. plight.
id. to be disrespected or humiliated.

ज़िल्हिज्जा ذی الحجہ पुं० [अ०] इस्लामी बारहवाँ चान्द्रमास।
m. twelfth lunar month of the Islamic luna. calander.

जिस्म جسم पुं० [अ०] शरीर।
***पद* जिस्मे फ़ानी**=नश्वर देह।
m. a body.
ph. a mortal body.

जिस्मानी جسمانی वि० [अ०] जिस्म-सम्बन्धी, शारीरिक।
adj. physical, bodily.

जिस्मी جسمی वि० [अ०]=जिस्मानी।

जिस्त्र جسر पुं० [अ०] पुल, सेतु।
m. a bridge.

ज़िह زہ स्त्री० दे० १. 'ज़ेह'। २. 'ज़ह'।

जिहत جہت स्त्री० [अ०] कारण, वजह।
fem. a reason.

ज़िहन ذہن पुं० [अ० ज़िह्न] समझ, बुद्धि।
***मुहा०* (i) ज़िहन खुलना**=बुद्धि का विकास होना। **(ii) ज़िहन लड़ाना**=खूब सोचना। **(iii) ज़िहन नशीन होना**=ध्यान में बैठना, समझ में आना।
m. intellect.
id. (i) developing of intellect. (ii) to think a lot. (iii) to understand, to comprehend.

ज़िहनी ذہنی वि० [अ० जिह्नी] मानसिक, बौद्धिक।
adj. mental, intellectual.

ज़िहल جہل स्त्री० दे० 'जहल'।

ज़िहनीयत ذہنیت स्त्री० [अ० ज़िह्नीयत] स्वभाव, प्रकृति।
fem. nature.

ज़िहमत زہمت स्त्री० [अ० ज़िह्मत] असह्य दुर्गंध।
fem. strong unpleasant smell, stink.

जिहाद جہاد पुं० [अ०] धर्मयुद्ध।
m. a holywar.

जिहालत جہالت स्त्री० दे० 'जहालत'।

जिहेज جہیز पुं० [फा०] दहेज।
m. dowry.

ज़ीं زیں स्त्री० [फा०] ज़ीन।
fem. a saddle.

ज़ी ذی उप० [अ०] वाला, रखनेवाला। (यौगिक शब्दों के आदि में, जैसे—ज़ी-इख़्तियार, ज़ी-रुतबा)।
prefix denoting a doer, keeper.

ज़ीक़ ضیق स्त्री० [अ०] १. संकीर्णता, तंगी। २. मानसिक कष्ट। ३. कठिनता, अड़चन।
fem. 1. narrowness, tightness. 2. mental pain. 3. difficult.

ज़ीक़अदा ذی قعدہ पुं० [अ० ज़ीक़अद:] ग्यारहवाँ चान्द्रमास।
m. eleventh lunar month of Islamic calander.

ज़ीक़-उल्-नफ़्स ضیق النفس पुं० [अ०] श्वासरोग, दमा।
m. asthma.

ज़ीन زین पुं० [फा०] १. घोड़े की पीठ पर रखने की गद्दी, चारजामा, काठी। २. एक प्रकार का मोटा सूती कपड़ा।
m. 1. a seat used on a horse, saddle. 2. a kind of cotton cloth.

ज़ीनत زینت स्त्री० [फा०] १. शोभा। २. शृंगार, सजावट।
fem. 1. beauty. 2. make-up, decoration.

ज़ीनपोश زین پوش पुं० [फा०] घोड़े के जीन के ऊपर बिछाने का कपड़ा।
m. a piece of cloth spread over the saddle.

ज़ीनसवारी زین سواری स्त्री० [फा०] घोड़े की पीठ पर की जानेवाली सवारी।
fem. act of riding a horse.

ज़ीनसाज़ زین ساز पुं० [फा०] [भाव० ज़ीनसाज़ी] घोड़े की ज़ीन आदि बनानेवाला।
m. one who makes saddles.

ज़ीनहार زین ہار क्रि० वि० [फा० ज़ीन्हार] हरगिज़, कदापि।
adv. at anytime.

ज़ीना زینہ पुं० [फा० ज़ीन:] सीढ़ी।
m. a ladder, staircase, flight of stairs.

ज़ीफ़न ضیفن पुं० [अ०] बिना बुलाया मेहमान।
m. an uninvited guest.

ज़ीर زیر पुं० [फा०] संगीत आदि में बहुत मन्द या धीमा स्वर।
***पद* ज़ीर-व-बम**=बहुत धीमा और बहुत ऊँचा स्वर।
fem. very low voice in music.
ph. very low and very high voice.

ज़ीरक زیرک वि० [फा०] १. बुद्धिमान, समझदार। २. प्रवीण।
adj. 1. wise, intelligent. 2. adroit.

ज़ीरा زیرہ पुं० [फा० ज़ीर:] जीरा।
m. cummin seed.

ज़ीस्त زیست स्त्री० [अ०] जिन्दगी, जीवन।
***पद* तल्ख़ी-ए-ज़ीस्त**=जीवन की कटुता।
fem. life.
ph. bitterness of life.

ज़ी-हक़ ذی حق वि०, पुं० [अ०] हकदार।
adj. & m. a rightful claimant.

ज़ी-हयात ذی حیات वि० [अ०] १. जीवित, जिन्दा। २. बड़ी उम्रवाला।
adj. 1. alive, living. 2. having long duration of life.

ज़ी-हुरमत ذی حرمت वि० [अ०] इज्जतदार।
adj. respectable.

ज़ी-होश ذی ہوش वि० [अ०] समझदार।
adj. wise, sensible.

जुंद جند पुं० [अ०] सेना, फौज।
m. an army.

जुंदी جندی पुं० [अ०] सैनिक।
m. a soldier.

जुआफ़ زعاف पुं० [अ०] विष के कारण होनेवाली अचानक मृत्यु।
वि० घातक।
m. sudden death caused by poison.
adj. fatal.

जुका ذکا स्त्री० [अ०] १. सूर्य। २. प्रात:काल।
m. 1. Sun. 2. early morning.

जुकाम زکام पुं० [अ० ज़ुकाम] सरदी से होनेवाली एक बीमारी जिसमें नाक और मुँह से कफ निकलता है, सरदी।
***मुहा०* मेंडकी को जुकाम होना**=किसी छोटे मनुष्य का कोई बड़ा काम करना।
m. cold, catarrh.
id. act of performing a remarkable feat by an ordinary person.

जुग़रात جغرات पुं० [अ० जुग़रात] दही, दधि।
m. curd.

जुग़राफ़िया جغرافیہ पुं० [अ० जुग़राफ़िय:] भूगोल।
m. geography.

जुज़ جز पुं० [अ०] [बहु० अजज़ा] १. टुकड़ा, खंड। २. किसी वस्तु के संयोजक अवयव। ३. काग़ज का ताव जिसके छपने पर ८, १२ या १६ पृष्ठ होते हैं, फारम।
m. 1. a bit, a fragment. 2. part, portion. 3. printed form of a book, magazine etc.

जुज़दान جزدان पुं० [अ०+फा०] पुस्तकें आदि बाँधने का कपड़ा, बस्ता।
m. a piece of cloth used to wrap a book.

जुज़बंदी جزبندی स्त्री० [अ०+फा०] पुस्तकों की वह सिलाई जिसमें प्रत्येक जुज़ या फार्म अलग-अलग सिया जाता है।
fem. form-wise sewing of a book.

जुज़वियात جزویات स्त्री० (बहु०) [अ० जुज़्वियात] १. विवरण की बातें। २. अंग, हिस्से, टुकड़े।
fem. (plu.) 1. details. 2. parts, portions.

जुज़वी جزوی वि० [अ० जुज़्वी] १. बहुत अल्प या सामान्य। २. तुच्छ।
adj. 1. limited in amount or quantity. 2. mean.

जुज़ाम جزام पुं० [अ०] कोढ़ रोग।
m. leprosy.

जुज़ामी جزامی पुं० [अ०] कोढ़ी, कुष्ट-रोग का रोगी।
वि० कुष्ट या कोढ़-सम्बन्धी।
m. a leper.
adj. of leprosy or leper, leprous.

जुज़ो جزو पुं० दे० 'जुज़'।

जुज़्व جزو पुं० दे० 'जुज़'।

जुदा جدا वि० [फा०] १. पृथक्, अलग। २. भिन्न, निराला।
adj. 1. separate. 2. different, strange.

जुदाई جدائی स्त्री० [फा०] जुदा होने का भाव, बिछोह, वियोग।
fem. separation, detachment.

जुदागाना جداگانہ क्रि० वि० [अ० जुदागान:] अलग-अलग।
adv. separately.

जुदायगी جدائگی स्त्री० दे० 'जुदाई'।

जुनूँ جنوں पुं० दे० 'जुनून'।

जुनून جنون पुं० [फा०] १. धुन, लगन। २. पागलपन। ३. क्रोध। ४. इश्क, प्रेम।
m. 1. craze, enthusiasm. 2. mania, madness. 3. anger, wrath. 4. love, fervour.

जुनूनी جنونی वि० [फा०] १. धुन का पक्का। २. पागल। ३. क्रोधी।
adj. 1. crazy. 2. mad. 3. hot-tempered.

ज़ुन्नार زنار पुं० [अ०] यज्ञोपवीत, जनेऊ।
m. the sacred thread.

ज़ुन्नारदार زناردار पुं० [अ०+फा०] यज्ञोपवीतधारी, हिन्दू।
m. one who wears a sacred thread. i.e. Hindu.

ज़ुफ़ाफ़ زفاف पुं० [अ०] वर और वधू का प्रथम समागम।
पद शबे ज़ुफ़ाफ़=सुहागरात।
m. the first time sexual intercourse between newly married people.
ph. night of ceremonious consumations (of marriage).

जुफ़्त جفت पुं० [फा०] १. जोड़ा। २. जूतों का जोड़ा।
m. 1. a pair. 2. a pair of shoes.

जुफ़्ता جفتہ पुं० [फा० जुफ़्त:] १. चूतड़। २. कुआँ। ३. छेद। ४. (जानवर का) लात मारना।
m. 1. buttocks. 2. a well. 3. a hole, pit. 4. kicking with a hind leg.

जुफ़्ती جفتی स्त्री० [अ०] जोड़ा खाना, मैथुन।
fem. copulation (of birds).

ज़ुबान زبان स्त्री० [फा०] दे० 'ज़बान'।

जुब्न جبن पुं० [अ०] कायरता।
m. cowardice.

जुब्बा جبہ पुं० [अ० जुब्ब:] फकीरों का एक प्रकार का लम्बा पहनावा।
m. a loose fitting piece of clothing of saints.

ज़ुमरा زمرہ पुं० [अ० ज़ुम्र:] १. जन-समूह, भीड़। २. सेना, फौज।
m. 1. crowd, mass. 2. army.

जुमल جمل वि० [अ० जुम्ल] कुल।
adj. all.

जुमलगी جملگی स्त्री० [फा० जुम्लगी] कुल या सब का भाव।
fem. entirety.

जुमला جملہ पुं० [अ० जुम्ल:] १. पूरा वाक्य। २. कुल जोड़, सारी जमा।
वि० कुल, सब।
पद (i) फ़िल्-जुमला=सब कुछ होने पर भी तात्पर्य यह कि। **(ii) मिनजुमला**=(अ) सब मिलाकर। (ब) सब या कुल में से।
m. 1. a complete sentence. 2. total.
adj. all, entire.
ph. (i) that is to say. (ii) a. on the whole, over all. b. among the group.

जुमा جمعہ पुं० [अ० जुम्अ:] शुक्रवार।
m. Friday.

जुमूद جمود पुं० [अ०] १. गतिरोध। २. खिन्नता, उदासी।
m. 1. deadlock, stalemate. 2. sadness. melancholy

जुमेरात جمعرات स्त्री० [अ० जुम्अ:रात] बृहस्पतिवार।
fem. Thursday.

जुम्बिश جنبش स्त्री० [फा०] १. हिलना-डुलना, गति, चाल, हरकत। २. कंपन, कम्प।
m. 1. movement. 2. shiver, vibration.

जुम्हूर جمہور पुं० [अ०] जनता, जनसाधारण।
m. the common people, public.

जुम्हूरियत جمہوریت स्त्री० [अ०] जनतंत्र, गणतंत्र।
fem. democracy.

जुम्हूरी جمہوری वि० [अ०] सार्वजनिक।
adj. relating to people in general, available to everyone, public.

जुरअत جرأت स्त्री० [अ० जुर्अत] साहस, हिम्मत।
fem. courage.

ज़ुरफ़ा ظرفا पुं० [अ० 'ज़रीफ़' का बहु०] हँसोड़ लोग।
m. (plu.) jocular persons.

जुरमाना جرمانہ पुं० दे० 'जुर्माना'।

ज़ुरह زرہ स्त्री० दे० 'ज़िरह'।

ज़ुराफ़ زراف पुं० दे० 'ज़ुराफ़ा'।

ज़ुराफ़ा زرافہ पुं० [अ० ज़ुर्राफ़:] अफ़्रीका का एक बहुत ऊँचा जंगली पशु जिसकी टाँगें और गर्दन ऊँट जैसी लम्बी होती है।
m. a giraffe.

ज़ुरूफ़ ظروف पुं० [अ० 'ज़र्फ़' का बहु०] बरतन-भाँड़े।
m. (plu.) utensils, vessels.

ज़ुरूर ضرور क्रि० वि० दे० 'ज़रूर'।
adv. certainly, surely.

ज़ुरूरी ضروری वि० [अ०] आवश्यक।
adj. urgent, necessary.

जुर्अतमंद جرأت مند वि० [अ०] १. धृष्ट। २. साहसी।
adj. 1. impertinent, impudent. 2. courageous.

जुर्म جرم पुं० [अ०] [बहु० जरायम] वह कार्य जिसके दंड का विधान राजनियम में हो, अपराध।
m. a crime, offence.

जुर्माना جرمانہ पुं० [फा० जुर्मानः] वह दंड जिसके अनुसार अपराधी को कुछ धन देना पड़े, अर्थदंड।
m. fine, penalty.

जुर्रात جرأت स्त्री० [अ० जुर्अत] १. धृष्टता, २. साहस।
fem. 1. impudence. 2. courage.

जुर्राफ़ा ظرافہ पुं० दे० 'जुराफ़ा'।

जुर्राब جُرّاب स्त्री० [तु०] पैरों में पहनने का मोजा।
m. stockings, socks.

जुलाब جُلاب पुं० [अ० जुल्लाब] १. रेचन, दस्त। २. रेचक औषध, दस्त लानेवाली दवा।
m. 1. loose motions. 2. a medicine used as purgative.

जुलाल جُلال वि० [अ० जुल्लाल] शुद्ध, स्वच्छ, निथरा हुआ (जल)।
पुं० शुद्ध जल।
adj. clean, pure, wholesome.
m. pure water.

जुलाल नोश جُلال نوش पुं० [फा०] पीने का शुद्ध पानी।
m. pure drinkable water.

जुलूस جلوس पुं० [अ०] १. सिंहासनारोहण। २. किसी उत्सव का समारोह। ३. उत्सव या समारोह की यात्रा, धूमधाम की सवारी।
m. 1. enthronement, crowning. 2. festivity. 3. procession.

जुलूसी جلوسی वि० [अ०] १. (सन् या संवत्) जिसका आरम्भ किसी राजा या बादशाह के राज्यारोहण-तिथि से हो। २. जुलूस-सम्बन्धी।
adj. relating to the enthronement of a king. 3. of procession, processional.

ज़ुलैख़ा زلیخا स्त्री० [अ०] मिस्र के नरेश अज़ीज़ की पत्नी।
fem. the wife of the king Aziz of Egypt.

ज़ुल्क़र-नैन ذوالقرنین पुं० [अ०] सिकन्दर की एक उपाधि।
m. an epithet of Alexander the Great.

ज़ुल्फ़ زلف स्त्री० [फा०] १. सिर के लम्बे बाल जो पीछे की ओर लटकते हैं। २. लट।
पद हम ज़ुल्फ़=(क) पत्नी की बहन का पति, साढ़ू। (ख) प्रेमिका का दूसरा प्रेमी, रक़ीब।
fem. 1. long hair. 2. lock of curled hair.
ph. a. husband of one's wife's sister.
b. another lover of one's beloved.

ज़ुल्फ़क़ार ذوالفقار स्त्री० [अ०] हजरत अली की तलवार का नाम।
fem. name of the sword of the prophet Ali.

जुल्म ظلم पुं० [अ०] अत्याचार, अन्याय।
पद जुल्म व सितम या जुल्म व तअद्दी=अत्याचार और अन्याय।
m. a cruel act, atrocity, injustice, tyranny.
ph. cruelty and injustice.

जुल्मकेश ظلم کیش वि० दे० 'ज़ालिम'।

जुल्मत ظلمت स्त्री० [अ०] अन्धकार, अँधेरा।
fem. darkness.

जुल्मपेशा ظلم پیشہ वि० दे० 'ज़ालिम'।

जुल्म-रसीदा ظلم رسیدہ वि० [अ०+फा० रसीद:] जिस पर जुल्म हुआ हो, अत्याचार-पीड़ित।
adj. persecuted, oppressed, tyrannized.

जुल्मशिआर ظلم شعار वि० दे० 'ज़ालिम'।

जुल्मात ظلمات स्त्री० [अ० 'जुल्मत' का बहु०] विशिष्ट अन्धकारपूर्ण स्थान।
पद बहरे जुल्मात=एटलान्टिक महासागर।
fem. particular dark place.
ph. Atlantic Ocean.

जुल्मानी ظلمانی वि० [फा०] अंधकारमय।
adj. dark, full of darkness.

जुल्मी ظلمی वि० [अ० जुल्म] जुल्म करनेवाला, ज़ालिम, अत्याचारी।
adj. cruel, tyrannical, tyrannous.

जुल्ला ظلہ पुं० [अ० जुल्ल:] सायबान।
m. a shed.

जुल्लाब جُلاب पुं० दे० 'जुलाब'।

ज़ुल्हुज्जा ذوالحجہ पुं० दे० 'ज़िलहिज्जा'।

जुवार زوار पुं० [अ० 'ज़ाइर' का बहु०]

जुस्तजू جستجو स्त्री० [फा०] १. तलाश, अन्वेषण, ढूँढ़, खोज। २. इच्छा, आकांक्षा।

जुस्सा جثہ पुं० [अ० जुस्स:] बदन, शरीर, तन।
m. physical structure of a person, body.

जुहद زہد पुं० [अ० जुह्द] संसार के सब सुखों का त्याग, अनासक्ति।
m. back of attachment.

जुहल زحل पुं० [अ०] शनि ग्रह।
m. Saturan (planet)

जुहा ضحیٰ पुं० [अ०] जलपान का समय।
पद ईद-उल्-जुहा-बकरीद नाम का त्योहार।
m. time of breakfast.
ph. Bakrid festival.

जुहूर ظہور पुं० [अ०] आविर्भाव, प्रकट होना।
m. appearance, manifestation.

जुह्र ظہر पुं० [अ०] दिन ढलने का समय, तीसरा पहर।
पद जुह्र की नमाज=तीसरे पहर की नमाज़।

m. afternoon.
ph. afternoon prayer.

जू جو स्त्री० [फा०] १. नदी, दरिया। २. नहर। ३. जलाशय।
पद जू-ए-रवाँ=बहती नदी।
fem. 1. a river. 2. a canal. 3. a waterpond.
ph. a river flowing without stopping.

ज़ू زو उप० [अ०] वाला, रखनेवाला।
क्रि० वि० जल्दी, शीघ्र।
prefix one who keeps or holds.
adv. quickly.

जूई جوی स्त्री० [फा०] १. नदी, दरिया। २. नहर। ३. जलाशय।
fem. 1. a river. 2. a canal. 3. a water pond.

जूक़ جوق पुं० [तु०] झुंड, गिरोह।
m. a group, gang.

ज़ूद زود क्रि० वि० [फा०] शीघ्र, जल्दी।
adv. quickly, very soon.

ज़ूद-आशना زودآشنا वि० [फा०] मिलनसार।
adj. sociable, companionable.

ज़ूद-नवीस زودنویس वि० [फा०] जल्दी-जल्दी लिखनेवाला।
adj. writing quickly.

ज़ूद-पशेमान زودپشیمان वि० [फा०] जल्दी पश्चात्ताप करनेवाला।
adj. quickly remorseful.

ज़ूदफ़हम زودفہم वि० [फा०] किसी बात को जल्दी समझनेवाला।
adj. quick to understand.

ज़ूदरंज زودرنج वि० [फा०] जल्दी रंज या दुखी हो जानेवाला, तुनक-मिजाज।
adj. becoming angry very easily, quick-tempered.

ज़ूफ़ زوف पुं० [फा०] लानत, थुड़ी, जैसे—ज़ूफ है तेरी सफेद दाढ़ी पर।
m. damnation, reproach.

ज़ूफ़नून ذوفنون वि० [अ०] बहुत से फन या विद्याएँ जाननेवाला।
adj. expert in many fields.

ज़ूमानी ذومعانی वि० [अ० ज़ूमअनी] १. दो मानी या अर्थ रखनेवाला, द्व्यर्थक। २. अस्पष्ट, भ्रामक।
adj. 1. having two meanings, ambiguous. 2. not clear, confusing.

ज़ूर زور पुं० [अ०] १. झूठ। २. अभिमान, दम्भ।
m. 1. a lie, falsehood, 2. conceit, vanity.

जूलान جولان स्त्री० [फा०] बेड़ी।
fem. fetters.

जेब جیب स्त्री० [अ०] पहनने के कपड़े की बगल में या सामने की ओर लगी हुई वह छोटी थैली जिसमें चीजें रखते हैं, खीसा, खरीता, पाकेट।
fem. a pocket of clothing.

ज़ेब زیب वि० [फा०] १. उपयुक्त। २. शोभा बढ़ानेवाला।
स्त्री० शोभा, रौनक।
पद (i) ज़ेब व ज़ीनत=शोभा और शृंगार। **(ii) ज़ेबे-गुलू**=गले की शोभा।
adj. 1. appropriate. 2. embellishing, graceful.
fem. beauty, splendour.
ph. (i) decoration and adornment. (ii) that beautifies the neck.

ज़ेबा زیبا वि० [फा०] १. उपयुक्त, मुनासिब। २. सुंदर, शोभा देनेवाला।
पद रुख़े ज़ेबा=सुन्दर मुखड़ेवाला।
adj. 1. appropriate. 2. embellishing, graceful.
ph. having a charming face.

ज़ेबाइश زیبائش स्त्री० [फा०] १. सजावट, शृंगार। २. शोभा।
fem. 1. decoration, make-up. 2. beauty.

ज़ेबाइशी زیبائشی वि० [फा०] शोभा और सौन्दर्य बढ़ानेवाला।
adj. beautifying, graceful.

ज़ेबारू زیبارو वि० [फा०] सुंदर मुखवाला।
adj. having a beautiful face.

जेबी جیبی वि० [अ० जेब] १. जो जेब में रखा जा सके। २. बहुत छोटा।
adj. 1. which can be kept in the pocket. 2. small.

ज़ेर زیر क्रि० वि० [फा०] नीचे।
वि० निम्न कोटि का, घटिया।
पुं० फारसी लिपि में एक चिह्न जो अक्षरों के नीचे लगकर इकार की मात्रा का काम देता है।
adv. under, beneath.
adj. of low quality, inferior.
m. a sign representing i (as in it) in Persian Script.

ज़ेर-अंदाज زیرانداز पुं० [फा०] कपड़े या दरी आदि का वह टुकड़ा जो हुक्के के नीचे बिछाया जाता है।
m. a piece of cloth placed beneath the Hukka for protection.

ज़ेरजामा زیرجامہ पुं० [फा० ज़ेरजाम:] पाजामा, इजार।
m. a pair of trousers.

ज़ेरदस्त زیردست वि० [फा०] १. मातहत, अधीन। २. परास्त, पराजित।
adj. 1. junior, subordinate. 2. defeated, vanquished.

ज़ेरपाई زیرپائی स्त्री० [फा०] एक प्रकार का हलका जूता।
fem. a kind of shoe.

ज़ेरबंद زیربند पुं० [फा०] घोड़े के पेट पर बाँधा जानेवाला तस्मा या बन्द।
m. a horse-belt.

ज़ेरबार زیربار वि० [फा०] ऋण या व्यय आदि के भार से दबा हुआ।
adj. debt-ridden.

ज़ेरबारी زیرباری स्त्री० [फा०] १. ऋण या व्यय आदि के भार से दबा होना। २. बहुत अधिक व्यय या आर्थिक हानि।
fem. 1. the state of being debt-ridden. 2. heavy expenses, loss of money.

ज़ेरीं زیریں वि० [फा०] नीचेवाला।
adj. underneath.

ज़ेरे तजवीज़ زیرتجویز क्रि० वि० [फा०] विचाराधीन।
adv. under consideration.

ज़ेरेलब زیرلب क्रि० वि० [फा०] बहुत धीरे से (कुछ कहना)।
adv. slowly, in a low voice.

ज़ेरेसाया زیرسایہ क्रि० वि० [फा० ज़ेरेसाय:] १. किसी की छाया के नीचे। २. किसी के संरक्षण में।
adv. 1. under someone's protection. 2. under someone's patronage.

ज़ेरे-हुकूमत زیرحکومت क्रि० वि० [फा०] शासनाधीन।
adv. under rule of law.

ज़ेरोज़बर زیروزبر पुं० [फा०] जमाने का उलट-फेर, संसार का उँच-नीच।
m. complete change of time, upheaval.

ज़ेवर زیور पुं० [फा०] [बहु० ज़ेवरात] १. आभूषण, अलंकार, गहना। २. वह जो शोभा बढ़ाए।
m. 1. an ornament. 2. something that beautifies.

ज़ेवरात زیورات स्त्री० [फा०, 'ज़ेवर' का बहु०] आभूषण।
fem. (plu.) ornaments.

ज़ेह زِہ स्त्री० [फा० ज़िह] १. धनुष की डोरी, प्रत्यंचा। २. किनारा, तट। ३. पार्श्व। ४. सिरा।
स्त्री० दे० 'जह'।
fem. 1. the string of a bow. 2. the bank of a river. 3. side, facet. 4. the end of something.
fem. see 'जह'।

ज़ेहन ذہن पुं० [अ० ज़ेह्न] १. प्रतिभा। २. बुद्धि। ३. स्मरण-शक्ति।
m. 1. talent. 2. intellect. 3. memory.

जेहाद جہاد पुं० [अ० जिहाद] धर्मयुद्ध।
m. a holy-war.

जेहादी جہادی पुं० [अ० जिहादी] धर्मयुद्ध करनेवाला।
वि० धर्मयुद्ध संबंधी।
m. a holly warrior.
adj. of or pertaining to a holy war.

ज़ेहानत ذہانت स्त्री० [अ० ज़हानत] प्रखर बुद्धि।
fem. sharp intellect.

जेहालत جہالت स्त्री० [अ० जहालत] १. अज्ञान। २. मूर्खता।
fem. 1. lack of knowledge, ignorance. 2. foolishness.

ज़ैतून زیتون पुं० [अ०] एक प्रसिद्ध सदाबहार वृक्ष जिसके बीजों से तेल निकलता है।
m. a small evergreen tree, olive.

जैयद جیّد वि० [अ० जैयिद] १. बलवान, मजबूत। २. बहुत बड़ा, विशाल। ३. उपजाऊ। ४. अच्छा, बढ़िया।
adj. 1. powerful, stout. 2. huge, large. 3. fertile. 4. excellent.

ज़ैल ذیل पुं० [अ०] १. दामन, पल्ला। २. नीचे का भाग। ३. आगे आनेवाला अंश।
***मुहा०* (i) ज़ैल में**=नीचे, आगे, जैसे—सब नाम ज़ैल में दर्ज हैं। **(ii) हस्ब ज़ैल**=निम्नलिखित।
m. 1. the skirt of a garment. 2. lower part. 3. following or next part.
id. (i) under, next. (ii) under-mentioned, following.

ज़ैली ذیلی वि० [अ०] अधीनस्थ।
adj. subordinate, junior.

जोई جوئی स्त्री० [फा०] १. ढूँढ़ने की क्रिया। २. संगोपन। ३. तुष्टि, जैसे—दिलजोई।
fem. 1. search. 2. concealment. 3. appeasement.

ज़ोफ़ ضعف पुं० [अ० ज़ुअफ़] १. दुर्बलता, कमजोरी। २. मूर्च्छा।
m. 1. weakness. 2. swoon, fainting.

ज़ोफ़-उल्-अक़्ल ضعف العقل पुं० [अ०] मानसिक दुर्बलता या अशक्तता।
m. mental weakness.

ज़ोफ़ेदिमाग़ ضعفِ دماغ पुं० [अ०] मानसिक दुर्बलता।
m. mental weakness.

जोफ़ेबसारत ضعفِ بصارت पुं० [अ०] नेत्रों की दुर्बलता, आँखों से कम दिखाई पड़ना।
m. weakness of the eyes.

जोफ़ेमेदा ضعفِ میدہ पुं० [अ०] पाचन-शक्ति की दुर्बलता।
m. poor digestion.

जोया جویا वि० [फा०] ढूंढनेवाला।
adj. trying to find something or someone.

ज़ोर زور पुं० [फा०] १. बल, शक्ति। २. आतंक। ३. प्रयत्न।
***मुहा०* (i) ज़ोर देना**=किसी बात को बहुत ही आवश्यक या महत्त्वपूर्ण बतलाना। (किसी बात के

लिए) आग्रह करना। **(ii) ज़ोर मारना या लगाना**=बल का प्रयोग करना।
m. 1. power, force, strength. 2. terror. 3. an attempt.
id. (i) to give special importance to, emphasize. (ii) to make an all out effort.

ज़ोरआज़माई زورآزمائی स्त्री० [फा० ज़ोरआज़माई] ज़ोर या ताक़त आज़माना, बल-परीक्षा।
fem. trial of strength.

ज़ोरदार زوردار वि० [फा०] १. जिसमें बहुत जोर हो, ज़ोरवाला। २. प्रचंड, तेज। ३. जोशीला।
adj. 1. forceful, effective. 2. intense, violent. 3. zealous, enthusiastic.

ज़ोरावर زورآور वि० [फा० जोर+आवर] [भाव० जोरावरी] बलवान, शक्तिशाली।
adj. powerful, mighty.

ज़ोरावरी زورآوری स्त्री० [फा०] बल-प्रयोग।
fem. use of physical strength, use of force.

ज़ोरेबाज़ू زوربازو पुं० [फा०] बाहुबल।
m. physical strength.

ज़ोरोशोर زوروشور पुं० [फा०] १. शोरगुल। २. उत्साह। ३. तेजी।
m. 1. uproar. 2. enthusiasm. 3. swiftness, intensity.

जोश جوش पुं० [फा०] १. आँच या गरमी के कारण उबलना, उफान, उबाल। २. चित्त की तीव्र वृत्ति, मनोवेग।
मुहा० **(i) ख़ून का जोश**=प्रेम का वह वेग जो अपने वंश के किसी मनुष्य के लिए हो। **(ii) जोश खाना**=उबलना, उफनना। **(ii) जोश देना**=पानी के साथ उबालना।
पद **जोश-व-ख़रोश**=उत्साह और आवेश।
m. 1. ebullition. 2. a state of vigorous activity or excitement, enthusiasm, passion.
id. (i) dynastic zeal. (ii) to boil. (iii) to cook in boiling water, boil up.
ph. fervour, great zeal.

जोशन جوشن पुं० [फा०] १. भुजाओं पर पहनने का गहना। २. जिरह-बख्तर, कवच।
m. 1. an armlet. 2. an armour.

जोशाँदा جوشانده पुं० [फा० जोशान्द:] औषधों को उबाल-कर उनका तैयार किया हुआ रस, काढ़ा, क्वाथ।
m. essence of some herbs produced by boiling, decoction.

जोशीदा جوشیده वि० [फा० जोशीद:] औटाया हुआ।
adj. boiled.

ज़ोहरा زہره पुं० [अ० जुहूर:] बृहस्पति ग्रह।
m. the planet Jupiter.

जौ جو पुं० [अ०] १. आकाश। २. आकाश की वायु।
m. 1. sky. 2. air of the sky.

ज़ौ ضو स्त्री० [अ०] चमक।
fem. shine.

जौक़ جوق पुं० [तु० 'जूक' का अरबी रूप] १. सेना, फौज। २. जनसमूह, भीड़।
m. 1. army. 2. crowd, masses.

ज़ौक़ ذوق पुं० [अ०] मज़ा, आनंद।
पद **ज़ौक़ से**=प्रसन्नता से, सुखपूर्वक।
m. pleasure.
ph. happily.

ज़ौक़े-तसव्वुर ذوقِ تصور पुं० [अ०] कल्पना का आनंद।
m. pleasure through imagination.

ज़ौक़े-नज़र ذوقِ نظر पुं० [अ०] खोज का आनंद।
m. pleasure through invention or investigation.

ज़ौज زوج पुं० [अ०] १. युग्म, जोड़ा। २. पति, खसम।
m. 1. a pair. 2. husband.

जौज़ा جوزا पुं० [अ०] मिथुन राशि।
m. Gemini, the sign of zodiac.

ज़ौजा زوجه स्त्री० [अ० ज़ौज:] पत्नी, जोरू।
fem. wife.

ज़ौजियत زوجیت स्त्री० [अ०] १. विवाहित अवस्था। २. पत्नीत्व।
fem. 1. state of being married. 2. the state of being a wife.

जौदत جودت स्त्री० [फा०] १. बुद्धि की कुशाग्रता। २. उत्तमता। ३. भलाई।
fem. 1. keenness of intellect. 2. excellence, fineness. 3. goodness, the good.

जौफ़ جوف पुं० [अ०] १. उदर, पेट। २. खाली जगह, अवकाश। ३. गड्ढा, विवर।
m. 1. stomach. 2. space. 3. a pit, hole.

जौर جور पुं० [अ०] अत्याचार, उत्पीड़न, जुल्म।
पद **(i) दियारे जौर**=जुल्म की वादी। **(ii) शिकवा-ए-जौर**=अत्याचार की शिकायत।
m. atrocity, oppression.
ph. (i) region of atrocities. (ii) complaint of atrocity.

जौलाँ جولاں पुं० [फा०] पाँव में पहनाने की बेड़ियाँ।
पद **पा-ब-जौलाँ**=पैरों में बेड़ियाँ पहने हुए।
m. fetters.
ph. having fetters around the ankles (of a prisoner).

जौलान جولان पुं० [फा०] तेजी से इधर-उधर आना-जाना।
m. act of coming and going speedily.

जौलानी جولانی स्त्री० [फा०] १. तेजी, फुरती। २. बुद्धि

की प्रखरता या तीव्रता। ३. शराब का प्याला।
fem. 1. swiftness, agility. 2. keenness of intellect. 3. a wine-cup.

जौलानी-गाह جولانی گاہ स्त्री० [फा०] सेना या फौज के खेलों का मैदान।
fem. playground for armymen.

जौशन جوشن पुं० दे० 'जोशन'।

जौहर جوہر पुं० [अ०] [बहु० जवाहिर] १. रत्न, बहुमूल्य पत्थर। २. सार वस्तु, सारांश तत्त्व। ३. हथियार की ओप। ४. विशेषता, उत्तमता, खूबी। ५. वीरता।
m. 1. a jewel. 2. substance. gist, sumary. 3. shine of a weapon. 4. speciality, excellence. 5. bravery.

जौहरशनास جوہرشناس पुं० [अ०+फा०] गुणग्राहक, पारखी।
m. a connoisseur.

जौहरी جوہری पुं० [अ०] १. रत्न परखने या बेचनेवाला, रत्न-विक्रेता। २. किसी वस्तु के गुण-दोषों की पहचान रखनेवाला।
m. 1. a jeweller. 2. a connoisseur.

ज़्यादती زیادتی स्त्री० [अ० ज़ियादती] १. अधिकता, बहुतायत। २. क्रूरता, अत्याचार।
fem. 1. abundance, excess. 2. cruelty, atrocity.

ज़्यादा زیادہ वि० [अ० ज़ियाद:] अधिक, बहुत।
adj. greater in sise, amount or quantity, more.

त

तंग تنگ पुं० [फा०] घोड़ों की ज़ीन कसने का तस्मा, कसन।
वि० १. संकीर्ण, संकुचित। २. कसा हुआ। ३. दुखी। ४. निर्धन। ५. कम।
m. a string used to tighten the saddle.
adj. 1. narrow. 2. tight. 3. grieved. 4. poor. 5. not much, less.

तंगख़याल تنگ خیال वि० [फा०+अ०] संकीर्ण विचारोंवाला।
adj. narrow-minded.

तंगचश्म تنگ چشم वि० [फा०+अ०] कमीना।
adj. mean, low.

तंगदस्त تنگ دست वि० [फा०] [भाव० तंगदस्ती] जिसके पास धन न हो, गरीब।
adj. poor.

तंगदस्ती تنگ دستی स्त्री० [फा०] दरिद्रता, ग़रीबी।
fem. poverty.

तंगदहन تنگ دہن वि० [फा०] छोटे मुँहवाला।
adj. having small or narrow mouth.

तंगदिल تنگ دل [फा०] [भाव० तंगदिली] १. संकीर्ण हृदयवाला। २. कंजूस।
adj. 1. narrow-minded, small-hearted. 2. miserly, close-fisted.

तंगनज़री تنگ نظری स्त्री० [फा० अ०] संकुचित दृष्टिकोण।
fem. narrow-mindedness.

तंगबख़्त تنگ بخت वि० [फा०] बदकिस्मत।
adj. unlucky, unfortunate.

तंगसाल تنگ سال पुं० [फा०] दुर्भिक्ष, अकाल।
m. extreme scarcity of food, famine.

तंगहाल تنگ حال पुं० [फा०] [भाव० तंगहाली] जिसकी अवस्था अच्छी न हो, दुर्दशाग्रस्त।
adj. in difficulties, hard-pressed.

तंग-हौसला تنگ حوصلہ वि० [फा० तंग + अ० हौसल:] [भाव० तंग-हौसलगी] संकीर्ण-हृदय।
adj. narrow-minded, illiberal.

तंगा تنگہ पुं० [फा० तंग:] वह सिक्का जो चलता हो, प्रचलित मुद्रा।
m. a coin in use, currently used coin.

तंगिएरिज़्क़ تنگی رزق स्त्री० [फा०+अ०] अन्न की कमी।
fem. shortage of food.

तंगी تنگی स्त्री० [फा०] १. तंग या सँकरे होने का भाव, संकीर्णता, संकोच। २. दुख, तकलीफ। ३. निर्धनता। ४. कमी।
m. 1. narrowness. 2. grief, hardship. 3. poverty. 4. shortage.

तंज़ طنز पुं० [अ०] बोली-ठोली, ताना, व्यंग्य।
m. a taunt, sarcasm.

तंज़ीम تنظیم स्त्री० [अ०] प्रबन्ध, प्रबंधन, व्यवस्था।
fem. management.

तंदुरुस्त تندرست वि० [फा०] जिसे कोई रोग न हो, नीरोग, स्वस्थ।
adj. healthy.

तंदुरुस्ती تندرستی स्त्री० [फा०] आरोग्य, स्वस्थता, नीरोगता।
fem. health, healthiness.

तंदूर تندور पुं० दे० 'तनूर'।

तंदूरी تندوری वि० [हिं०] तन्दूर में पकी हुई (रोटी आदि)।
adj. baked in a tendoor (an eastern oven)

तंदेही تندہی स्त्री० दे० 'तनदेही'।

तअक़्क़ुब تعقب पुं० [फा०] किसी का पीछा करना।
m. persuation, act of persuading.

तअज्जुब تعجب पुं० [फा०] आश्चर्य, विस्मय या अचम्भा।
m. amazement, surprise.

तअज़्ज़ुर تعذر पुं० [अ०] आपत्ति करना।
m. expression of opposition or dislike, raising of an objection.

तअद्दी تعدی स्त्री० [अ०] १. बल-प्रयोग, जबरदस्ती। २. अत्याचार, जुल्म।
fem. 1. use of force, high-handedness. 2. cruelty, atrocity.

तअन طعن पुं० [अ०] ताना, व्यंग्य।
m. a taunt, sarcasm.

तअफ़्फ़ुन تعفن पुं० [अ०] दुर्गन्ध, बदबू।
m. foul smell, stink.

तअफ़्फ़ुफ़ تعفف पुं० [अ०] साधुता।
m. righteousness.

तअब تعب पुं० [अ०] १. परिश्रम। २. कष्ट। ३. थकावट।
m. 1. hard work, perseverance. 2. hardship. 3. fatigue.

तअम्मुक़ تعمق पुं० [अ०] १. गंभीरता। २. गहरापन, गहराई।
m. 1. seriousness, 2. depth.

तअम्मुल تعمل पुं० [अ०] कार्यान्वयन।
m. execution, carrying out.

तअय्युन تعین पुं० [अ०] तैनात या मुकर्रर होना, नियुक्ति।
m. appointment, posting.

तअय्युनात تعینات पुं० [अ० 'तअय्युन' का बहु०] १. नियुक्तियाँ। २. पहरा देनेवाली सेना।

m. (plu.) 1. appoinments. 2. army whose job is to guard.

तअरीफ़ تعریف स्त्री० = तारीफ़।

तअर्रुज़ تعرض पुं० [अ०] १. आपत्ति, उज्र। २. विरोध। ३. रोकटोक।
m. 1. objection. 2. opposition. 3. too much of restriction, proscription.

तअल्लुक़ تعلق पुं० [अ०] सम्बन्ध, लगाव।
m. relation, relationship.

तअल्लुक़ा تعلقہ पुं० [अ० तअल्लुक़:] बहुत से मौजों की ज़मींदारी, बड़ा इलाका।
m. estate, large area.

तअल्लुक़ात تعلّقات पुं० [अ० 'तअल्लुक़' का बहु०] सम्बन्ध।
m. (plu.) relations.

तअल्लुक़ादार تعلقہ دار पुं० [अ० तअल्लुक़:+फा० दार] इलाकेदार, तअल्लुके का मालिक।
m. holder of an estate.

तअल्लुक़ादारी تعلقہ داری स्त्री० [अ० तअल्लुक़:+फा० दारी] तअल्लुकादार का पद या भाव।
fem. estate-ownership

तअश्शुक़ تعشق पुं० [अ०] १. इश्क या प्रेम करना। २. प्रेम।
m. 1. act of loving. 2. love.

तअस्सुफ़ تعسّف पुं० [अ०] पथभ्रष्टता।
m. aberration.

तअस्सुब تعصّب पुं० [अ०] १. पक्षपात। २. धार्मिक पक्षपात या कट्टरपन। ३. विद्वेष।
m. 1. partiality. 2. fanaticism. 3. ill-will, malice.

तआक़ुब تعاقب पुं० [अ०] पीछे पड़ना।
m. persuation.

तआम طعام पुं० [अ०] भोजन, खाद्य पदार्थ।
m. food, food items.

तआरुफ़ تعارف पुं० [अ०] जान-पहचान, परिचय।
m. acquaintance, introduction.

तआला تعالیٰ वि० [अ०] सर्वश्रेष्ठ। (ईश्वर के लिए प्रयुक्त) जैसे—अल्लाह-तआला, खुदा-तआला।
adj. best, supreme.

तआवुन تعاون पुं० [अ०] १. एक दूसरे की सहायता करना। २. सहायता।
adj. 1. act of helping each other. 2. help.

तऐयुन تعیّن पुं० [अ० तअय्युन] १. तैनात या नियुक्त करने की क्रिया। २. नियुक्ति।
m. 1. act of appointing. 2. appointment.

तक़तीअ تقطیع स्त्री० [अ० तक़्तीअ] १. अलग-अलग टुकड़े करना। २. विश्लेषण। ३. छन्दों की मात्राएँ गिनना। ४. सजावट।
m. 1. act of cutting into pieces. 2. analysis. 3. measurement of syllables in poetry. 4. decoration, adoration.

तक़दमा تقدمہ पुं० [अ० तक़्दिम:] किसी चीज़ की तैयारी का वह हिसाब जो पहले से तैयार किया जाए, तखमीना, अन्दाज।
m. guess.

तक़दीम تقدیم पुं० [अ० तक़्दीम] १. अग्रता। २. श्रेष्ठता।
m. 1. priority. 2. excellence.

तक़दीर تقدیر स्त्री० [अ० तक़्दीर] [बहु० तक़ादीर] भाग्य, प्रारब्ध।
fem. fate, luck.

तक़द्दुम تقدّم पुं० [अ०] १. किसी से पहले या किसी से बढ़कर होना, प्रमुखता, प्रधानता। २. श्रेष्ठता।
m. 1. advancement. 2. excellence.

तक़द्दुस تقدّس पुं० [अ०] पवित्रता।
m. sacredness.

तकफ़ीर تکفیر स्त्री० [अ० तक्फ़ीर] १. किसी को काफ़िर कहना या ठहराना। २. पापों का प्रायश्चित।
m. 1. act of treating someone as infidel. 2. atonement of sins.

तकबीर تکبیر स्त्री० [अ० तक्बीर] १. किसी को बड़ा मानना या कहना। २. ईश्वर की प्रशंसा। ३. ईश्वर का नाम जपना।
m. 1. act of recognising someone as great. 2. praise of the God, eulogy. 3. repeating the name of the God.

तकब्बुर تکبّر पुं० [अ०] अभिमान, घमंड, ग़रूर।
m. pride, conceit.

तकमील تکمیل स्त्री० [अ० तक्मील] १. पूरा होने की क्रिया, निष्पादन। २. पूर्णता। ३. पूर्ति।
fem. 1. completion. 2. completeness. 3. supply.

तकरार تکرار स्त्री० [अ० तक्रार] १. किसी बात को बार-बार कहना। २. हुज्जत, विवाद, झगड़ा, टंटा।
m. 1. repetition. 2. quarrel, altercation.

तकरारी تکراری वि० [अ० तक्रारी] १. तकरार या झगड़ा करनेवाला, झगड़ालू। २. विवादास्पद।
adj. 1. argumentative, quarrelsome, querulous. 2. contentious.

तक़रीज़ تقریظ स्त्री० [अ० तक़्रीज़] समीक्षा।
fem. review.

तक़रीब تقریب स्त्री [अ० तक़रीब] १. करीब या पास होना, सामीप्य, नजदीकी। २. कोई ऐसा शुभ अवसर जिस पर बहुत से लोग एकत्र हों; जैसे—शादी की तक़रीब। ३. साधना।
fem. 1. nearness, proximity. 2. occasion of togetherness, social event. 3. perseverance.

तक़रीबन् تقریباً क्रि० वि० [अ० तक़रीबन्] करीब-करीब, प्राय:, लगभग।
adv. approximately, about, almost.

तकरीम تکریم स्त्री० [अ०] १. प्रतिष्ठा करना, सम्मान करना। २. प्रतिष्ठा।
m. 1. act of honouring. 2. prestige.

तक़रीर تقریر स्त्री० [अ० तक़रीर] [बहु० तक़ारीर] वक्तृता, भाषण।
fem. a speech, lecture.

तक़रीरन् تقریراً क्रि० वि० [अ० तक़रीरन्] मौखिक रूप से, जबानी, मुँह से कहकर।
adv. verbally, orally, through the spoken word.

तक़रीरी تقریری वि० [अ० तक़रीरी] १. जिसमें कुछ कहने-सुनने की जगह हो, विवादग्रस्त। २. ज़बानी।
adj. 1. disputable, controversial. 3. verbal, oral.

तक़र्रुब تقرّب पुं० [अ०] निकटता, सामीप्य।
m. proximity, nearness.

तक़र्रुर تقرّر पुं० [अ०] नियुक्ति।
m. appointment.

तक़र्रुरी تقرّری स्त्री० [अ० तक़र्रुर] मुक़र्रर होना, नियुक्ति।
fem. state of being appointed, appointment.

तक़र्रो تقرّو पुं० [अ०] करवटें बदलने की क्रिया या भाव।
m. act of taking turns while lying.

तक़लीद تقلید स्त्री० [अ० तक़लीद] १. नकल या अनुकरण करना। २. किसी के पीछे बिना समझे-बूझे चलना, अन्धानुकरण।
m. 1. imitation, copying. 2. blind following.

तक़लीदी تقلیدی वि० [अ० तक़लीदी] १. नकल किया हुआ, अनुकृत। २. जाली, बनावटी।
adj. 1. imitated, copied. 2. artifical, false.

तकलीफ़ تکلیف स्त्री० [अ० तक़्लीफ़] [बहु० तक़ालीफ़] १. कष्ट, क्लेश, दु:ख। २. विपत्ति, मुसीबत।
fem. 1. pain, sorrow or grief. 2. trouble, hardship.

तकलीफ़देह تکلیف دہ स्त्री० [अ० तक्लीफ़+फा० देह] कष्टप्रद, कष्टकारी, दुख देनेवाला।
m. troublesome, bothersome, distressing.

तक़लीब تقلیب स्त्री० [अ० तक़्लीब] [वि० तक़लीबी] १. उलटना-पलटना। २. अक्षरों में परिवर्तन करना।
fem. 1. substitution, transposition. 2. metathesis.

तक़लीम تقلیم स्त्री० [अ० तक़्लीम] नाखून काटना।
fem. act of cutting nails.

तक़लील تقلیل स्त्री० [अ० तक़्लील] कमी, न्यूनता।
fem. shortage, deficiency.

तकल्लुफ़ تکلّف पुं० [अ०] [बहु० तक़ल्लुफ़ात] १. केवल दिखाने के लिये कष्ट उठाकर कोई काम करना, शिष्टाचार। २. शील-संकोच, लज्जा, शर्म।
m. 1. formality. 2. modesty, shame.

तक़वा تقویٰ पुं० [अ० तक़्व:] दोषों और दुष्कर्मों आदि से दूर रहना, सदाचार। २. संयम।
m. 1. righteousness, good conduct. 2. temperance.

तक़वियत تقویت स्त्री० [अ० तक़्वियत] १. ताकत देना। २. शक्ति। ३. समर्थन। ४. पुष्टि।
fem. 1. making powerful. 2. power, might. 3. support. 4. confirmation.

तकवीन تکوین स्त्री० [अ० तक्वीन] सृजन।
fem. creation.

तक़वीम تقویم स्त्री० [अ० तक़्वीम] १. सीधा करना। २ ज्योतिषियों का पंचांग, जन्तरी।
fem. 1. making right. 2. an almanac.

तक़सीम تقسیم स्त्री० [अ० तक़्सीम] १. बाँटने की क्रिया या भाव, बँटाई। २. गणित में वह क्रिया जिससे कोई संख्या कई भागों में बाँटी जाए, भाग।
fem. 1. act of dividing or partioning. 2. (math) the process of dividing one number by another, division.

तक़सीमनामा تقسیم نامہ पुं० [अ० तक़्सीम+फा० नाम:] वह पत्र जिस पर बँटवारे का विवरण और शर्तें लिखी हों, विभाजन-पत्र।
m. deed of partition or division.

तक़सीमी تقسیمی वि० [अ० तक़्सीमी] जिसकी तक़सीम या विभाग हो सके अथवा होने को हो।
adj. that can be devided, divisible.

तक़सीर تقصیر स्त्री० [अ० तक़्सीर] १. कमी, त्रुटि। २. काम करते समय कोई बात छोड़ देना। ३. भूल.

गलती। ४. दोष। ५. अपराध, गुनाह, खता।
fem. 1. a shortcoming. 2. a slip, lapse. 3. a mistake, error. 4. a defect, fault. 5. an offence, sin.

तक़सीरमंद تقصیرمند वि० दे० 'तक़सीरवार'।

तक़सीरवार تقصیروار वि० पुं० [अ० तक़्सीर+फा० वार] १. जिसमें कोई तक़सीर हो। २. अपराधी, दोषी।
adj. & m. 1. a wrongdoer. 2. an offender, culprit, sinner.

तक़ाज़ा تقاضا पुं० [अ०] १. ऐसी चीज़ माँगना जिसके पाने का अधिकार हो, तगादा। २. ऐसा काम करने के लिए कहना जिसके लिए वचन मिल चुका हो। ***पद* तक़ाज़ा-ए-उम्र**=उम्र का तक़ाज़ा, बढ़ती उम्र की वजह।
m. 1. act of pressing the settlement of a debt, strong request. 2. demand.
ph. demand of age, age factor.

तक़ाज़ाई تقاضائی वि०, पुं० [अ० तक़ाज़:] तक़ाज़ा करनेवाला।
adj. & m. one who makes strong request or repeated demands.

तक़ादीर تقادیر स्त्री० [अ० 'तक़दीर' का बहु०] भाग्य।
fem. fortune, luck

तकान تکان पुं० [फा०] थकावट, थकान।
m. tiredness, fatigue.

तक़ारुब تقارب पुं० [अ०] समीपता।
m. nearness, proximity.

तक़ालीफ़ تکالیف स्त्री० (बहु०) [अ० 'तक़लीफ़' का बहु०] १. कष्ट, क्लेश, दुख। २. विपत्तियाँ।
fem. (plu.) 1. pains, troubles. 2. calamities.

तक़ावी تقاوی स्त्री० [अ०] वह धन जो खेतिहरों को बीज खरीदने या कुआँ आदि बनाने के लिए क़र्ज के रूप में दिया जाए।
fem. money given as advance to peasants for purchasing seed, digging a well etc.

तकिया تکیہ पुं० [फा० तक्य:] १. कपड़े का वह थैला जिसमें रुई, पर आदि भरते हैं और जिसे लेटने के समय सिर के नीचे रखते हैं, बालिश। २. पत्थर की वह पटिया आदि जो रोक या सहारे के लिए लगाई जाती है, मुतक्का। ३. विश्राम करने का स्थान। ४. आश्रय, सहारा, आसरा। ५. वह स्थान जहाँ कोई मुसलमान फकीर रहता हो।
m. 1. a pillow, cushion. 2. a piece of stone used as a support or check. 3. a place for staying and taking rest. 4. shelter, refuge. 5. an abode of a mendicant.

तकिया-कलाम تکیہ کلام पुं० [फा०] वह शब्द या पद जिसका प्रयोग कोई बार-बार परन्तु निरर्थक रूप से करता हो।
m. a prop word used to begin or support a sentence.

तकियादार تکیہ دار पुं० [फा०] तकिए पर रहनेवाला मुसलमान फकीर।
m. mendicant's abode.

तक़ी تقی वि० [अ०] १. धर्मनिष्ठ, परहेज़गार। २. संयमी।
adj. 1. religious, righteous. 2. temperate, self-restrained.

तख़फ़ीफ़ تخفیف स्त्री० [अ० तख़्फ़ीफ़] कमी, न्यूनता। ***पद* तख़फ़ीफ़े लगान**=लगान की कमी या छूट।
fem. deduction, cut.
ph. deduction in rent of land.

तख़मीनन् تخمیناً क्रि० वि० [अ० तख़्मीनन्] १. तखमीने या अन्दाज से, अनुमानतः। २. प्रायः, लगभग।
adv. 1. by a rough estimate, roughly. 2. almost, about.

तख़मीना تخمینہ पुं० [अ० तख़्मीनः] अन्दाज़, अनुमान, अटकल।
m. guess, surmise, conjecture.

तख़मीर تخمیر स्त्री० [अ० तख़्मीर] सड़ाने या खमीर उठाने की क्रिया।
fem. act of leavening or fermenting.

तख़य्युल تخیّل पुं० [अ०] १. सोच-विचार, चिन्तन। २. कल्पना।
m. 1. act of pondering, reflection. 2. imagination.

तख़य्युलात تخیّلات पुं० [अ० तख़य्युल का बहु०] १. विचार। २. कल्पनाएँ।
m. (plu.) 1. thoughts, ideas. 2. imaginations.

तख़रीज تخریج स्त्री० [अ० तख़्रीज] ख़ारिज करना, अलग करना।
fem. 1. to reject or dismiss. 2. to detach or separate.

तख़लिया تخلیہ पुं० [अ० तख़्लीयः] १. खाली करना, रिक्त करना। २. एकान्त स्थान, निर्जन स्थान।
m. 1. act of emptying or vacating. 2. solitude.

तख़लीक़ تخلیق स्त्री० [अ० तख़्लीक़] सृजन, उत्पत्ति।
fem. creation, production, origin.

तख़लीस تخلیص स्त्री० [अ० तख़्लीस] छुटकारा, मुक्ति।

fem. riddance, acquittal, release.

तख़ल्लुफ़ تخلف पुं० [अ०] वचन भंग करना।
m. breach of promise.

तख़ल्लुल تخلل पुं० [अ०] १. खलल। २. विरोध। ३. वैमनस्य।
m. 1. disturbance, interference. 2. opposition. 3. malice.

तख़ल्लुस تخلص पुं० [अ०] कवियों, लेखकों आदि का वह उपनाम जो वे अपनी रचनाओं में रखते हैं।
m. pen-name, pseudonym.

तख़वीफ़ تخویف पुं० [अ० तख़्वीफ़] धमकी।
m. a threat.

तख़सीस تخصیص स्त्री० [अ० तख़्सीस] खास बात, खसूसियत, विशेषता।
fem. special thing, speciality.

तख़ारुज تخارج पुं० [अ०] जायदाद का वारिसों में बँटवारा।
m. division or partition of property among the heirs.

तख़ालुफ़ تخالف पुं० [अ०] वैर, विरोध।
m. enmity, opposition.

तख़ैयुल تخیل पुं० [अ०] विचार करना, ध्यान में लाना, खयाल करना।
m. act of thinking, reflection.

तख़्त تخت पुं० [फा०] १. राजा के बैठने का आसन, सिंहासन। २. तख़्तों की बनी हुई बड़ी चौकी।
m. 1. a seat used by a king. 2. a plank with four legs used as a seat.

तख़्तगाह تخت گاہ स्त्री० [फा०] राजधानी, राजनगर।
fem. the main city of a country used as a centre of government.

तख़्त-ताऊस تخت تاؤس पुं० [फा०+अ०] मोर के आकार का एक प्रसिद्ध राज-सिंहासन जिसे शाहजहाँ ने बनवाया था।
m. a peacock-shaped throne of Shahjahan.

तख़्तनशीं تخت نشیں वि० [अ०] [भाव० तख़्तनशीनी] जो राज-सिंहासन पर बैठा हो, सिंहासनारूढ़।
adj. sitting on the throne, enthroned.

तख़्तपोश تخت پوش पुं० [फा०] १. तख्त या चौकी पर बिछाने की चादर। २. चौकी।
m. 1. a bed-spread. 2. a plank used as a seat.

तख़्तबंदी تخت بندی स्त्री० [फा०] तख़्तों की बनी हुई दीवार।
fem. a wall of planks joined together.

तख़्तरवाँ تخت رواں पुं० [फा०] १. वह तख्त या चौकी जिस पर बादशाह बैठकर मजदूरों के कन्धे पर चलते थे, पालकी।
m. a palanquin.

तख़्ता تختہ पुं० [फा० तख़्त:] १. लकड़ी का लम्बा-चौड़ा और चौकोर टुकड़ा, बड़ा पटरा, पल्ला।
m. a long narrow piece of wood.

तख़्ती تختی स्त्री० [फा०] १. छोटा तख्ता। २. काठ की पटरी जिसपर लड़के लिखने का अभ्यास करते हैं, पटिया।
fem. 1. a small plank. 2. a small plank used by children for writing.

तख़्तेताऊस تختِ تاؤس पुं० [फा०] = तख़्त-ताऊस।

तख़्तोताज تخت وتاج पुं० [फा०] १. सिंहासन और मुकुट। २. शासन का भार।
m. 1. throne and crown. 2. burden of administration.

तग़य्युर تغیر पुं० [अ०] बहुत बड़ा परिवर्तन, क्रांति।
पद तग़य्युर-व-तबद्दुल=बहुत बड़ा परिवर्तन।
m. a great change.
ph. upheaval.

तग़रीब تغریب स्त्री० [अ० तग़्रीब] देश-निकाला।
fem. exile expatriation.

तगापो تگاپو स्त्री० [फा०] १. दौड़-धूप, पैरवी। २. चिन्ता, उधेड़-बुन।
fem. 1. hectic activity, pursuit. 2. anxiety.

तग़ाफ़ुल تغافل पुं० [अ०] ग़फलत, उपेक्षा, बेरुखी।
पद अंदाज़े-तग़ाफ़ुल=बेरुखी का ढंग।
m. carelessness, neglect, indifference.
ph. the way of neglecting.

तग़ार تغار पुं० [अ०] वह स्थान जहाँ इमारत के काम के लिए चूने, सुरखी आदि का गारा बनाया जाए।
m. the place for preparing mortar.

तग़ैयुर تغیر पुं० = तग़य्युर।

तगोदौ تگودو स्त्री० = तगापो (दौड़-धूप)।
fem. hecitc activity.

तज़किरा تذکرہ पुं० [अ० तज़्किर:] चर्चा, बातचीत।
m. mention, discussion.

तज़कीर تذکیر स्त्री० [अ० तज़्कीर] व्याकरण में पुल्लिंग।
fem. masculine. (Grammar)

तजदीद تجدید स्त्री० [अ० तज्दीद] १. फिर से नया करना, नवीनीकरण। २. नवीनता।
m. 1. renovation. 2. newness, novelty.

तजनीस تجنیس स्त्री० [अ० तज्नीस] १. समानता, एक-सा होना। २. ऐसा शब्द जिसका अक्षर और उच्चारण

किसी अन्य शब्द के समान हो, पर अर्थ भिन्न हो।
fem. 1. equality. 2. a word like in form or sound but not in meaning, homonym.

तज़ब्जुब تذبذب पुं० [अ०] १. लटकती हुई चीज का हवा में हिलना। २. असमंजस, आगा-पीछा, सोच-विचार।
m. 1. act of dangling. 2. indecision, hesitation.

तजम्मुल تجمل पुं० [अ०] १. शृंगार, सजावट। २. शोभा, शान-शौकत, वैभव।
m. 1. make up, decoration. 2. glory, grandeur.

तजरबा تجربہ पुं० [अ० तजरुब:] वह ज्ञान जो किसी काम को बराबर या लंबे समय तक करते रहने से प्राप्त होता है, अनुभव।
m. experience.

तजरबाकार تجربہ کار वि० पुं० [अ० तजरुब:+फा०] [भाव० तजरबाकारी] जिसने तजरबा किया हो. अनुभवी।
adj. & m. experienced, experienced person.

तजरुबा تجربہ पुं० दे० 'तजरबा'।

तजर्रुद تجرد पुं० [अ०] १. एकान्तवास। २. ब्रह्मचर्य।
m. 1. act of living in a solitude. 2. celibacy.

तज़लील تذلیل स्त्री० [अ० तज़्लील] १. जलील करना। २. अपमान।
fem. 1. act of humiliating. 2. insult.

तजल्ला تجلی पुं० दे० 'तजल्ली'।

तजल्ली تجلی स्त्री०[अ०] १. प्रकाश, रोशनी। २. चमक-दमक। ३. वह ईश्वरीय प्रकाश जो तूर पर्वत पर हज़रत मूसा को दिखाई पड़ा था।
fem. 1. light. 2. glitter. 3. divine light.

तजवीज़ تجویز स्त्री० [अ० तज्वीज़] १. सम्मति, राय। २. फैसला, निर्णय। ३. बन्दोबस्त।
fem. 1. opinion. 2. judgement, decision. 2. management.

तजवीज़सानी تجویز ثانی स्त्री० [अ० तज्वीज़सानी] अभियोग या दावे पर पुनर्विचार।
fem. revision of a claim or accusation.

तजस्सुस تجسس पुं० [अ०] ढूँढ़ने की क्रिया, तलाश।
m. search, enquiry.

तजहीज़ تجہیز स्त्री० [अ० तज्हीज़] लाश को क़फन आदि पहनाना और उसे गाड़ने की सामग्री एकत्र करना।
पद तजहीज़-व-तकफ़ीन=कफन और अंत्येष्टि क्रिया की व्यवस्था।
fem. arrangement of funeral outfit.
ph. arrangement of funeral outfit and last rights.

तजारत تجارت स्त्री० दे० 'तिजारत'।

तजावुज़ تجاوز पुं० [अ०] १. अपने अधिकार-क्षेत्र या सीमा से आगे बढ़ जाना, सीमा का उल्लंघन। २. अंतर, फ़र्क़।
m. 1. transgression of limits, violation of bounds. 2. difference.

तजाहुल تجاہل पुं० [अ०] जान-बूझकर अनजान बनना।
पद तजाहुल आरिफ़ाना=वह अज्ञानता जो जान-बूझकर और बहुत सीधे-सादे बनकर प्रकट की जाए।
m. act of feigning ignorance.
ph. feigned ignorance.

तज़ीअ تضیع स्त्री० [अ० तज़्ईअ] ज़ाया या नष्ट करना; जैसे-तज़ीअ औक़ात=समय नष्ट करना।
fem. act of wasting.

तज्जार تجار पुं० 'ताजिर' का बहु०।

ततबीक़ تطبیق स्त्री० [अ० तत्बीक़] दो चीजों को सामने रखकर उनकी तुलना करना।
fem. comparison between two things considered similar.

ततरी تتری वि० [फा०] १. तातार देश से सम्बद्ध। २. तातारियों से सम्बद्ध।
adj. 1. of तातार (name of a country). 2. of Tater people.

तत्तिमा تتمہ पुं० [अ० तत्तिम्म:] परिशिष्ट।
m. addendum.

तदबीर تدبیر स्त्री० [अ० तद्बीर] [बहु० तदाबीर] अभीष्ट सिद्ध करने का साधन, उपाय, युक्ति, तरकीब।
fem. a device, plan or means.

तदरीज تدریج स्त्री० [तद्रीज] क्रम-क्रम से घटने या बढ़ने का भाव।
पद तदबीर व-तदरीज=क्रमशः, धीरे-धीरे।
fem. gradual decrease or increase.
ph. gradually, slowly and slowly.

तदरीस تدریس स्त्री० [अ० तद्रीस] १. शिक्षा देना। पढ़ाना। २. शिक्षा।
fem. 1. act of educating. 2. education.

तदाबीर تدابیر स्त्री० [अ० 'तदबीर' का बहु०] युक्तियाँ।
fem. (plu.) arguments.

तदारुक تدارک पुं० [अ०] १. भागे हुए अपराधी आदि की खोज या किसी दुर्घटना के सम्बन्ध में जाँच। २. दुर्घटना को रोकने के लिए पहले से किया हुआ प्रबन्ध, पेशबन्दी। ३. सज़ा, दंड।
m. 1. investigation, probe. 2. pre-arrangement, beforehand arrangement.

3. penalty, fine.

तन تن पुं० [फा० मि० सं० तनु] शरीर, बदन, जिस्म।
m. body.

तनक़ीद تنقید स्त्री० [अ० तन्क़ीद] समीक्षा, आलोचना।
fem. review, criticism.

तनक़ीह تنقیح स्त्री० [अ० तन्क़ीह] १. जाँच, तहकीकात। २. पेट का साफ होना।
fem. 1. investigation, probe. 2. clearing of bowels.

तनक़ीहतलब تنقیح طلب वि० [अ०] विचारणीय।
adj. under consideration.

तनख़ाह تنخواہ स्त्री० दे० 'तनख़्वाह'।

तनख़्वाह تنخواہ स्त्री० [फा०] वेतन, मासिक वेतन।
fem. salary, pay.

तनख़्वाहदार تنخواہدار वि० [फा०] तनख्वाह या वेतन पर काम करनेवाला।
adj. earning a salary, salaried.

तनज़ طنز पुं० [अ० तन्ज़] बोली-ठोली, ताना, व्यंग्य।
m. a sarcasm.

तनज़न् طنزاً क्रि०वि० [अ०] ताने के तौर पर, व्यंग्यपूर्वक।
adv. sarcastically, ironically.

तनज़ीम تنظیم स्त्री० [अ० तन्ज़ीम] १. बिखरी हुई शक्तियों को एकत्र और व्यवस्थित करना। २. संघटन।
fem. 1. act of organizing. 2. an organization.

तनज़्ज़ुल تنزل पुं० [अ०] १. ह्रास, अवनति, अपने पद आदि से नीचे गिरना। २. पदच्युति।
m. 1. decline, degradation. 2. dismissal.

तनज़्ज़ुली تنزلی स्त्री० १. ह्रास। २. पदच्युति।
fem. 1. decline, degradation. 2. dismissal.

तन-तनहा تن تنہا वि० [फा०] अकेला, एकाकी, बिना किसी के साथ।
adj. alone, without companion.

तनतना تنتنہ पुं० [अ०] १. क्रोधपूर्वक अधिकार का प्रदर्शन। २. तेजी, प्रखरता (स्वभाव की)। ३. अभिमान, घमंड।
m. 1. power or influence, sway. 2. acuteness, fierceness. 3. pride, conceit.

तनदुरुस्त تندرست वि०=तंदुरुस्त।

तनदुरुस्ती تندرستی स्त्री०=तंदुरुस्ती।

तनदेह تندہ वि० [फा० तनदिह] खूब जी लगाकर काम करनेवाला।
adj. putting one's heart into the work, hardworking.

तनदेही تندہی स्त्री० [फा० तनदिही] १. परिश्रम, मेहनत। २. प्रयत्न, कोशिश। ३. चेतावनी।
fem. 1. hardwork, labour. 2. an attempt endeavour. 3. a warning.

तनपरवर تن پرور वि० [फा०] [भाव० तनपरवरी] १. केवल अपने शरीर के पालन-पोषण का ध्यान रखनेवाला। २. स्वार्थी, मतलबी।
adj. 1. self-serving. 2. self-centred, self seeking, selfish.

तनपरस्त تن پرست वि० [फा०] आरामतलब।
adj. easy going, comfort-seeking.

तनफ़्फ़ुर تنفر पुं० [अ०] नफरत।
m. hate, aversion.

तनफ़्फ़ुस تنفس पुं० [अ०] १. साँस लेना। २. श्वास-प्रश्वास। ३. भागना।
m. 1. respiration. 2. inhaling and exhaling. 3. running away.

तनवीन تنوین स्त्री० [अ० तन्वीन] फारसी लिपि में दो जबर दो जेर या दो पेश लगाना जिसमें 'नून' या 'न' का उच्चारण होता है। जैसे—मसलन्, तख़्मीनन् आदि के अन्त में जो 'न्' है, वह तनवीन लगाने से हुआ है।
fem. a mark of sound in Persian script.

तनवीर تنویر स्त्री० [अ० तन्वीर] रोशनी, प्रकाश।
fem. light.

तनसीख़ تنسیخ पुं० [अ० तन्सीख़] निरसन, रद्दगी।
m. cancellation.

तनसीफ़ تنصیف स्त्री० [अ० तन्सीफ़] १. निस्फ या आधा-आधा करना, दो समान भागों में विभक्त करना।
fem. act of dividing into equal halves,bifurcation.

तनसीर تنشیر स्त्री० [अ०] प्रसारण।
fem. act of broadcasting or something broadcasted, broadcast.

तनहा تنہا वि० [फा०] जिसके संग कोई न हो, अकेला, एकाकी।
adj. alone, lonely.

तनहाई تنہائی स्त्री० [फा०] १. तनहा होने की दशा या भाव, अकेलापन, एकान्त।
fem. 1. loneliness. 2. solitude.

तना تنہ पुं० [फा० तन:] वृक्ष का जमीन से ऊपर निकला हुआ वह भाग जिसमें डालियाँ न निकली हों, पेड़ का धड़।
m. a stem of the tree.

तनाज़ा تنازعہ पुं० [अ० तनाज़अ:] १. बखेड़ा, झगड़ा। २. शत्रुता। ३. खींचातानी।
m. 1. a quarrel, row. 2. enmity. 3. tussle.

तनाब طناب स्त्री० [अ०] खेमा बाँधने की रस्सी।
fem. a rope used to secure a tent, guy.

तनावर تناور वि० [फा०] १. मोटा-ताजा, हृष्ट-पुष्ट।

२. बलवान।
adj. 1. stout and plump, overweight. 2. powerful. strong.

तनावुल تناول पुं० [अ०] १. लेना, ग्रहण करना। २. भोजन करना।
m. 1. act of accepting, taking or receiving. 2. act of taking a meal.

तनासाँ تن آسان वि० [फा०] आलसी, सुस्त।
adj. lazy, lethargic.

तनासानी تن آسانی स्त्री० [फा०] आलस्य, सुस्ती।
m. laziness, lethargy.

तनासुख تناسخ पुं० [अ०] १. विनाश। २. एक रूप से दूसरे रूप में जाना, परिवर्तन। ३. एक शरीर छोड़कर दूसरा शरीर धारण करना, आवागमन।
m. 1. destruction, annihilation. 2. transformation. 3. transmigration.

तनासुफ़ تناصف पुं० [फा०] न्याय करना।
m. act of delivering justice.

तनासुब تناسب पुं० [अ०] १. सब अंगों का अपने उचित और उपयुक्त रूप में होना। २. मुनासिबत।
m. 1. due proportion of the parts of the body. 2. propriety, appropriateness.

तनासुल تناسل पुं० [अ०] सन्तान उत्पन्न करना, नसल बढ़ाना।
पद आज़ाए-तनासुल=पुरुष की इंद्रिय, लिंग।
m. producing of off-springs.
ph. penis, the male sex organ.

तनूर تنور पुं० [अ०] भट्ठी की तरह का रोटी पकाने का मिट्टी का बहुत बड़ा, गोल पात्र, तन्दूर।
m. an Indian oven.

तनोमंद تنومند वि० [फा०] [भाव० तनोमंदी] १. मोटा-ताजा, हृष्ट-पुष्ट। २. बलवान, ताकतवर। ३. सम्पन्न, धनवान।
adj. 1. stout & plump, sturdy. 2. powerful. 2. rich. wealthy.

तन्क़ीद تنقید स्त्री० [अ०] समालोचना, समीक्षा।
fem. criticism review.

तन्नाज़ طناز वि० पुं० [अ०] व्यंग्य करनेवाला।
adj. & m. habitually using spiteful remarks.

तन्बीह تنبیہ स्त्री० [अ०] १. नसीहत। २. चेतावनी।
fem. 1. an advice. 2. a warning.

तप تپ पुं० [फा० मि० सं० ताप] १. ताप, गर्मी। २. ज्वर, बुखार।
m. 1. heat. 2. fever.

तपक تپک स्त्री० [फा०] व्याकुलता।
fem. impatience, restlessness.

तपाँ تپاں वि० [फा०] १. तपता हुआ, जलता हुआ। २. तड़पता हुआ।
adv. 1. heated, burning. 2. fluttering with pain.

तपाक تپاک पुं० [फा०] १. आवेश, जोश। २. वेग, तेज़ी।
m. 1. enthusiasm, zeal. 2. swiftness, speed.

तपिश تپش स्त्री० [फा० मि० सं० ताप] गरमी, तपन।
fem. heat.

तपेदिक تپ دق पुं० [फा०] क्षयरोग।
m. tuberculosis.

तफ़क़्क़ुद تفقد पुं० [अ०] तलाश, खोज।
m. search, investigation.

तफ़क्कुर تفکر पुं० [अ०] चिंता, फिक्र, सोच।
m. an anxiety, worry.

तफ़ज़ील تفضیل स्त्री० [अ० तफ़्ज़ील] १. श्रेष्ठ मानना या ठहराना। २. तुलना।
fem. 1. act of acknowledging as a best. 2. comparison.

तफ़ज़ीह تفضیح स्त्री० [अ० तफ़्ज़ीह] निंदा, बुराई।
fem. strong criticism, censure.

तफ़ज़्ज़ुल تفضل पुं० [अ०] १. श्रेष्ठता, बड़प्पन, बड़ाई। २. बुजुर्गी।
m. 1. excellence. 2. elderliness, seniority.

तफ़तगी تفتگی स्त्री० [फा० तफ़्तगी] १. गरमी। २. उत्साह।
fem. 1. hotness, heat. 2. enthusiasm.

तफ़ता تفتہ वि० [फा० तफ़्त:] १. बहुत गरम। २. जला हुआ।
adj. 1. very hot. 2. burnt.

तफ़तीश تفتیش स्त्री० [अ० तफ़्तीश] जाँच-पड़ताल, तहक़ीकात।
fem. investigation, search, probe.

तफ़न्नुन تفنن पुं० [अ०] मनोरंजन।
m. entertainment.

तफ़रक़ा تفرقہ पुं० [अ० तफ़्रिक़:] १. अंतर, फर्क़। २. फासला, दूरी। ३. वियोग, बिछोह। ४. शत्रुता।
m. 1. dissention, difference. 2. distance. 3. separation. 4. enmity.

तफ़रीक़ تفریق स्त्री० [अ० तफ़्रीक़] १. बाँटने की क्रिया, विभाजन, बँटवारा। २. वर्गीकरण। ३. अन्तर, फर्क़। ४. गणित में घटाने की क्रिया, बाक़ी।
fem. 1. division, partition. 2. classification. 3. difference. 4. substraction.

तफ़रीह تفریح स्त्री० [अ० तफ़्रीह] १. मनोरंजन, मन-बहलाव। २. दिल्लगी, हँसी, ठट्ठा। ३. हवाखोरी, सैर।
fem. 1. amusement, diversion, entertain-

ment. 2. a fun, joke. 3. a walk for pleasure.

तफ़रीहन् تفریحاً क्रि० वि० [अ० तफ़्रीहन्] मनोरंजन के लिए।
adv. for entertainment, for amusement.

तफ़वीज़ تفویض स्त्री० [अ० तफ़्वीज़] १. सुपुर्द करना, सौंपना। २. हस्तांतरण।
fem. 1. act of entrusting. 2.transference.

तफ़साँ تفساں वि० [फा० तफ़्साँ] बहुत अधिक गर्म।
adv. very hot, burning.

तफ़सीर تفسیر स्त्री० [अ० तफ़्सीर] १. वर्णन। २. टीका (विशेषतः कुरान की टीका)।
m. 1. description, narration. 2. commentary, annotation.

तफ़सील تفصیل स्त्री० [अ० तफ़्सील] विस्तृत वर्णन, ब्योरा।
fem. detailed information about something or someone, details, particulars.

तफ़सीलवार تفصیل‌وار वि० [अ०+फा०] विस्तारपूर्ण, तफ़सील के साथ।
adj. in detail, item by item.

तफ़हीम تفہیم स्त्री० [अ० तफ़्हीम] प्रबोधन, समझाना-बुझाना।
fem. act of enlightening, enlightenment.

तफ़ाख़ुर تفاخر पुं० [अ०] फख्र करना, शेखी करना।
m. act of having excessively high opinion of someone or something.

तफ़ारुक़ تفارق पुं० [अ०] विछोह।
m. separation.

तफ़ावुत تفاوت पुं० [अ०] १. फासला, दूरी। २. अन्तर।
m. 1. distance. 2. difference.

तफ़ावुल تفاول पुं० [अ०] शकुन-विचार।
m. augury.

तफ़ासीर تفاسیر स्त्री० [अ० तफ़सीर का बहु०] टीकाएँ।
fem. (plu.) commentaries.

तफ़ूलियत طفولیت स्त्री० [अ०] बाल्यावस्था, लड़कपन।
fem. childhood, boyhood.

तबंचा تپنچہ पुं०=तमंचा।

तब طب स्त्री० [फा०] बुखार।
fem. fever.

तबअ طبع स्त्री० [अ० तब्अ] १. स्वभाव, प्रकृति, तबीयत। २. मुद्रण, अंकित करना।
fem. 1. nature. 2. printing.

तबअ़-आज़माई طبع آزمائی स्त्री० [अ० तब्अ + फा०] बुद्धि-बल की परीक्षा।

तबई طبعی वि० [अ० तब्ई] प्राकृतिक, असली।
पद इल्मे तबई =(क) प्रकृति-विज्ञान। (ख) दर्शन-शास्त्र।
adj. natural, of nature.
ph. 1. natural science. 2. philosophy.

तबक़ طبق पुं० [अ०] १. आकाश के वे खण्ड जो पृथ्वी के ऊपर और नीचे माने जाते हैं, लोक, तल। २. परत, तह। ३. चाँदी-सोने के पत्तरों को पीटकर काग़ज़ की तरह बनाया हुआ पतला वरक़। ४. चौड़ी और छिछली थाली।
m. 1. any of the celestial or nether world. 2. a layer. 3. a silver or golden leaf. 3. a large plate.

तबक़गर طبق‌گر पुं० [अ०+फा०] [भाव० तबक़गरी] सोने, चाँदी के तबक़ बनानेवाला, तबकिया।
m. one who makes silver or golden leaves.

तबक़ा طبقہ पुं० [अ० तबक़ः] १. खंड, विभाग। २. तह, परत। ३. तल। ४. आदमियों का गिरोह। ५. श्रेणी।
m. 1. a part, division. 2. a layer. 3. surface. 4. a group of people. 5. a class, rank.

तबदील تبدیل वि० दे० 'तब्दील'।

तबद्दुल تبدُّل पुं० [अ०] परिवर्तन।
m. change.

तबनियत تبنیت स्त्री० [अ० तब्नियत] दत्तक-ग्रहण, गोद लेने का कार्य।
fem. act of adoption.

तबनियतनामा تبنیت نامہ पुं० [अ० तब्नियत+फा० नामः] वह पत्र जो किसी को दत्तक लेने के सम्बन्ध में लिखा जाता है।
m. a deed of adoption.

तबन्नी تبنّی स्त्री० [अ०] दत्तक लेने की क्रिया, लड़का गोद लेना, दत्तक-ग्रहण।
fem. adoption ceremony.

तबर تبر पुं० [फा०] कुल्हाड़ी के आकार का एक अस्त्र, फरसा।
m. an axe.

तबरज़न تبرزن पुं० [फा०] लकड़हारा।
m. a wood-cutter.

तबरीद تبرید स्त्री० [अ०] वह ठंडा पेय पदार्थ जो प्रायः जुलाब के बाद पिया जाता है।
fem. a kind of cooling and refreshing drink.

तबर्रा تبرّا पुं० [अ०] घृणा।
m. hate, hatred.

तबर्रुक تبرّک पुं० [अ०] [बहु० तबर्रुकात] १. किसी से बरकत या बरकतवाली कोई चीज़ लेना। २. वह चीज़ जो बरकत के तौर पर ली जाए, प्रसाद।

m. 1. act of receiving something as a boon. 2. something received as a boon.

तबल طبل पुं० [अ० तब्ल] बड़ा ढोल, नगाड़ा, डंका।
m. a huge drum, kettle drum.

तबलची طبلچی पुं० [अ० तब्लची] वह जो तबला बजाता हो, तबलिया।
m. one who plays on a tembourine.

तबला طبلہ पुं० [अ० तब्ल:] ताल देने का एक प्रसिद्ध बाजा। (यह बाजा इसी तरह के और दूसरे बाजे के साथ बजाया जाता है जिसे बायाँ, ठेका या डुग्गी कहते हैं।)
m. a two piece drum.

तबलीग़ تبلیغ पुं० [अ० तब्लीग़] १. प्रचार। २. धर्म का प्रचार करना, दूसरों को अपने धर्म में मिलाना।
m. 1. propoganda. 2. act of spreading religious beliefs among a lot of people.

तबस्सुम تبسم पुं० [अ०] १. मन्दहास, मुस्कराहट। २. कलियों का विकसित होना, खिलना।
m. 1. smile. 2. blooming of buds.

तबस्सुर تبصر पुं० [अ०] ध्यानपूर्वक देखना, गौर करना।
m. act of paying close attention, consideration.

तबह تبہ वि०=तबाह।

तबाक़ طباق पुं० [अ०] एक प्रकार की बड़ी थाली।
m. a kind of large plate.

तबादला تبادلہ पुं० [अ० तबादल:] १. बदला जाना, परिवर्तन। २. किसी कर्मचारी का एक स्थान से हटाकर दूसरे स्थान पर नियुक्त किया जाना।
m. 1. change, exchange. 2. transfer.

तबादुल تبادل पुं० [अ०] परिवर्तन।
m. change, exchange.

तबार تبار पुं० [फा०] १. ख़ानदान। २. परिवार।
m. 1. a dynasty. 2. a family.

तबाशीर تباشیر स्त्री० [अ० मि० सं० तवक्षीर] वंशलोचन नामक औषधि।
fem. a substance used as a medicine produced from the bamboo's stem.

तबाह تباہ वि० [फा०] १. जो उजड़ या ध्वस्त हो गया हो, नष्ट। २. बुरी हालतवाला।
adj. 1. ruined, wretched. 2. very badly off.

तबाही تباہی स्त्री० [फा०] नाश, विनाश।
m. destruction, disaster.

तबीअत طبیعت स्त्री० दे० 'तबीयत'।

तबीब طبیب पुं० [अ०] चिकित्सक, वैद्य, हकीम।
m. 1. medical practioner.

तबीयत طبیعت स्त्री० [अ० तबीअत] १. शारीरिक अवस्था। २. बुद्धि, समझ, ज्ञान।
मुहा० **(i) (किसी पर) तबीयत आना**=(किसी से) प्रेम होना, आशिक़ होना। **(ii) तबीयत फड़क उठना**=चित्त का उत्साहपूर्ण और प्रसन्न हो जाना। **(iii) तबीयत न लगना**=मन न लगना।
fem. 1. bodily condition. 2. intellect, understanding, knowledge.
ph. (i) to get emotionly attracted to someone or something, to be in love. (ii) to become delighted and exhilarated. (iii) to feel bored.

तबीयतदार طبیعتدار वि० [अ०+फा०] [भाव० तबीयत-दारी] १. खुशमिज़ाज। २. भावुक, रसिक।
adj. 1. gay-tempered. 2. emotional, feeling pleasure from doing something.

तब्दील تبدیل वि० [अ०] १. बदला हुआ, परिवर्तित। २. जो एक स्थान से हटाकर दूसरे स्थान पर कर दिया गया हो।
स्त्री० परिवर्तन, बदला जाना, जैसे—तब्दील आब-व-हवा=जल-वायु का परिवर्तन।
adj. 1. changed, altered. 2. transferred.

तब्दीली تبدیلی स्त्री० [फा०] १. बदले जाने की क्रिया, परिवर्तन। २. दे० 'तबादला'।
fem. 1. change, alteration. 2. transfer.

तब्बाख़ طباخ पुं० [अ०] बावर्ची, रसोइया।
m. a cook.

तमंचा طمنچہ पुं० [तु० तमन्च:] १. छोटी बन्दूक, पिस्तौल। २. छोटा-सा माशूक।
m. 1. a revolver. 2. (someone's) diminutive beloved.

तमअ طمع स्त्री० दे० 'तमा'।

तमकनत تمکنت स्त्री० [अ० तम्कनत] १. मान, सम्मान। २. शान-शौकत। ३. अभिमान, घमंड।
fem. 1. respect, honour. 2. pomp and show. 3. pride, conceit.

तमग़ा تمغا पुं० [तु० तम्ग़:] १. पदक। २. मोहर। ३. राजाज्ञा।
m. 1. a medal. 2. a golden coin used a seal. 3. a royal order.

तमद्दुद تمدد पुं० [अ०] १. खिंचाव, तनाव। २. आकर्षण।
m. 1. pull, tenseness. 2. attraction.

तमद्दुन تمدن पुं० [अ०] १. नगर में रहना, नगर-निवास। २. नागरिकता। ३. सभ्यता, संस्कृति।
m. 1. act of risiding in a city. 2. citizenship. 3. civilization, culture.

तमन تمن पुं० दे० 'तुमान'।

तमन्ना تمنا स्त्री० [अ०] कामना, इच्छा, ख़्वाहिश।
पद **ज़ख़्मे तमन्ना**=इच्छाओं का घाव।
fem. a desire, wish.
ph. the wound caused by desires.

तमन्नाई تمنائی वि० [अ०] अभिलाषी।
adj. desirous, ambitious.

तमर تمر पुं० [अ०] सूखी खजूर, छुहारा।
पद **तमरे हिंदी**=इमली।
m. dry palm's fruit.
ph. tamarid.

तमर्रुद تمرد पुं० [अ०] १. उद्दंडता। २. विरोध, विद्रोह। ३. अधिकारियों की आज्ञा का उल्लंघन, कानून का न मानना, नियमों की अवज्ञा।
m. 1. rudeness, impertinence. 2. violation of rules or orders.

तमल्लुक़ تملق पुं० [अ०] चापलूसी।
m. flattery.

तमसील تمثیل स्त्री० [अ० तम्सील] १. मिसाल, उदाहरण। २. उपमा।
fem. 1. example. 2. simile.

तमसीलन् تمثیلاً क्रि० वि० [अ०] मिसाल के तौर पर, उदाहरणार्थ।
adv. as for example.

तमस्ख़ुर تمسخر पुं० [अ०] मस्खरापन, हँसी-ठट्ठा, परिहास।
m. jesting and laughing.

तमस्सुक تمسک पुं० [अ०] १. इकरारनामा। २. दस्तावेज।
m. 1. a formal agreement. 2. a document.

तमहीद تمہید स्त्री० [अ० तम्हीद] १. बिछौना या बिस्तर बिछाना। २. भूमिका, प्रस्तावना।
fem. 1. act of making a bed. 2. introduction, preface.

तमाँचा طمانچہ पुं० [फा० तमान्चः] थप्पड़, तमाचा।
m. a slap.

तमा طمع स्त्री० [अ० तमअ] १. लालच, लोभ। २. इच्छा।
fem. 1. greed. 2. a desire.

तमाचा طماچہ पुं० [फा० तपान्चः] हथेली और उँगलियों से गाल पर किया हुआ प्रहार, थप्पड़, झापड़।
m. a slap.

तमादी تمادی स्त्री० [अ०] किसी बात की मुद्दत या मीयाद गुज़र जाना, कालातीत होना।
fem. the state of being time-barred.

तमानियत طمانیت स्त्री० [अ०] तसल्ली, इतमीनान, सन्तोष।
fem. satisfaction.

तमाम تمام वि० [अ०] १. पूरा, संपूर्ण, कुल। २. समाप्त, खतम।
adj. 1. full, entire, all. 2. finished, ended.

तमामशुद تمام شد वि० [अ०] समाप्त।
adj. finished, ended.

तमामी تمامی स्त्री० [फा०] एक प्रकार का देशी रेशमी कपड़ा।
fem. a kind of silken cloth.

तमाशबीन تماش بین पुं० [अ०+फा०] १. तमाशा देखने-वाला। २. ऐयाश, वेश्यागामी।
m. 1. a spectator. 2. a womanizer, adulterer.

तमाशा تماشا पुं० [अ०] १. वह दृश्य जिसके देखने से मनोरंजन हो, चित्त को प्रसन्न करनेवाला दृश्य। २. अद्भुत व्यापार, अनोखी बात।
m. 1. a show, display. 2. a wonderful or miraculous thing.

तमाशाई تماشائی पुं० [अ० + फा०] तमाशा देखनेवाला।
m. a spectator, looker-on.

तमाशागर تماشاگر पुं० [अ०+फा०] तमाशा दिखानेवाला।
m. a magician, displayer or entertainer.

तमाशागाह تماشاگاہ स्त्री० [अ०+फा०] वह स्थान जहाँ तमाशा होता है, रंगमंच।
m. a theatre or stage.

तमीज़ تمیز स्त्री० [अ०] १. भले और बुरे को पहचानने की शक्ति, विवेक। २. पहचान। ३. ज्ञान, बुद्धि। ४. अदब, कायदा। ५. व्याकरण में क्रिया-विशेषण।
fem. 1. power of discrimination. 2. acquaintance. identificaton. 3. knowledge, intellect. 4. etiquette. 5. an adverb.

तमीज़दार تمیزدار वि० [अ०+फा०] शिष्ट, सभ्य।
adj. mannerly, civilised.

तम्बान تمبان पुं० [फा०] बहुत ढीली मोहरियों का पाजामा।
m. a sort of trousers.

तम्बीह تنبیہ स्त्री० [अ० तन्बीह] १. नसीहत, शिक्षा। २. चेतावनी।
fem. 1. an advice, instruction. 2. a warning, admonition.

तम्बूर تمبور पुं० दे० 'तम्बूरा'।

तम्बूरा تمبورہ पुं० [अ० तम्बूर:] तंबूरा या तानपूरा नामक प्रसिद्ध बाजा।
m. a type of Indian guitar.

तम्बूल تنبول पुं० दे० 'तम्बोल'।

तम्बोल تمبول पुं० [फा० तन्बूल, मि० सं० ताम्बूल] पान, ताम्बूल।

m. a betel-leaf.

तम्माअ طمّاع वि० [अ०] लालची, लोभी।
adj. greedy.

तय طے वि० [अ०] १. निश्चित। २. निर्णीत।
m. 1. fixed. 2. decided, settled.

तयम्मुम تیمّم पुं० [अ०] जल के अभाव में, नमाज़ पढ़ने से पहले, मिट्टी से हाथ-मुँह साफ करना, मिट्टी से वज़ू करना।
m. act of cleaning one's hands and mouth with clay before doing a prayer.

तयशुदा طے شدہ वि० [अ०] निश्चित, निर्णीत।
adj. decided, settled.

तयूर طیور पुं० [अ० 'तैर' का बहु०] चिड़ियाँ, पक्षी-समूह।
m. a flock of birds.

तय्यार تیّار वि० [अ०] १. उद्यत, प्रस्तुत। २. पूर्ण।
adj. 1. ready. 2. complete.

तर تر वि० [फा०] १. भीगा हुआ, आर्द्र, गीला। २. शीतल, ठंडा। ३. जो सूखा न हो, हरा।
पद **(i) तर-बतर**=बिलकुल भीगा हुआ। **(ii) तरो-ताज़ा**=हरा और नया।
प्रत्य० [फा०] एक प्रत्यय जो गुणवाचक शब्दों के अन्त में लगकर दूसरे की अपेक्षा आधिक्य सूचित करता है; जैसे—ख़ुशतर, बेहतर।
m. 1. wet. 2. cool. 3. green, fresh.
ph. (i) soaked in water, drenched. (ii) green and fresh.
suff. forming the comparatives of thc adjectives.

तरक ترک पुं० [अ०] परित्याग।
m. act of deserting, abandonment.

तरकश ترکش पुं० [फा० तर्कश] तीर रखने का चोंगा, भाथा, तूणीर।
m. a case for carrying arrows, quiver.

तरकशबंद ترکش بند वि० [फा०] तूणीरधारी।
adj. keeping a quiver on one's back.

तरका ترکہ पुं० [अ० तर्क:] वह जायदाद जो किसी मृतक के वारिस को मिले।
m. the property of a dead person inherited by someone.

तरकारी ترکاری स्त्री० [फा०] १. सब्जी, साग-भाजी। २. पकाई हुई सब्जी।
fem. 1. a vegetable. 2. a vegetable preparation.

तरकीब ترکیب स्त्री० [अ० तर्कीब] [वि० तरकीबी] १. युक्ति, उपाय, ढंग, ढब। २. रचना-प्रणाली।
fem. 1. a device, manner. 2. a method.

तरकीब-बंद ترکیب بند पुं० [अ०+फा०] एक प्रकार की कविता।
m. a sort of poetry.

तरक़्क़ी ترقّی स्त्री० [अ०] उन्नति, प्रगति।
fem. advancement, progress, promotion.

तरक़्क़ी-पसंद ترقّی پسند वि० [अ०+फा०] प्रगतिशील।
adj. progressive.

तरख़ीम ترخیم स्त्री० [अ० तर्ख़ीम] शब्द का संक्षिप्त रूप।
m. a shorted form of a word, abbreviation.

तरग़ीब ترغیب स्त्री० [अ० तर्ग़ीब] १. उकसाना, भड़काना। २. कह-सुनकर अपने अनुकूल करना।
क्रि० प्र०—देना।
fem. 1. incitement, instigation. 2. act of making someone favourable, inducement.

तरजीह ترجیح स्त्री० [अ० तर्जीह] १. वरीयता। २. प्राथमिकता।
fem. 1. preference. 2. priority.

तरजुमा ترجمہ पुं० [अ० तर्जुम:] अनुवाद, भाषांतर, उल्था।
m. translation.

तरजुमान ترجمان पुं० [अ०] १. तरजुमा या अनुवाद करनेवाला, अनुवादकर्ता। २. अच्छा भाषण करनेवाला, सुवक्ता।
m. 1. a translator. 2. an orator.

तरजुमानी ترجمانی स्त्री० [अ०] १. अनुवाद-कला। २. अनुवाद।
fem. 1. art of translating. 2. translation.

तरतीब ترتیب स्त्री० [अ० तर्तीब] वस्तुओं का अपने ठीक स्थानों पर लगाया जाना, क्रम, सिलसिला।
fem. order, arrangement, sequence.

तरतीबवार ترتیب وار वि० [अ० तर्तीब+फा०] तरतीब या क्रम से होनेवाला, सिलसिलेवार।
adj. in a logical order, sequential.

तरदामन تردامن वि०, पुं० [फा०+अ०] [भाव० तरदामनी] १. अपराधी। २. पापी।
adj. & m. 1. an offender or culprit. 2. a sinner.

तरदिमाग़ تردماغ वि० [फा०] ठंडे दिमागवाला।
adj. cool-headed.

तरदीद تردید स्त्री० [अ० तर्दीद] १. काटने या रद करने की क्रिया, निरसन। २. खंडन। ३. प्रत्युत्तर।
fem. 1. cancellation, rejcction. 2. contradiction. 3. a rejoinder.

तरद्दुद تردّد पुं० [अ०] [बहु० तरद्दुदात] १. उधेड़-बुन, सोच, फिक्र। 2. अंदेशा, चिन्ता, खटका।
m. 1. the state of indecissiveness, fix. 2. anxiety, apprehension.

तरन्नुम ترنّم पुं० [अ०] स्वर-माधुर्य।
m. a way of reciting which is pleasant.

तरफ़ طرف स्त्री० [अ०] १. ओर, दिशा। २. बगल, पक्ष।
fem. 1. a direction. 2. a side.

तरफ़-अव्वल طرف اول पुं० [अ०] मुद्दई, वादी।
m. a plaintiff.

तरफ़दार طرف دار वि० पुं० [अ०+फा०] [भाव० तरफ़दारी] १. समर्थक, हिमायती। २. पक्षपाती।
adj. & m. 1. a supporter. 2. a partisan.

तरफ़दारी طرف داری स्त्री० [अ० + फा०] १. समर्थन। २. पक्षपात।
fem. 1. support, backing. 2. favouritism, partiality.

तरफ़-सानी طرف ثانی पुं० [अ०] प्रतिवादी, मुद्दालेह।
m. a defendant, respondent.

तरफ़ैन طرفین पुं० ['तरफ़' का बहु०] [अ०] दोनों तरफ के लोग, दोनों पक्ष, उभय पक्ष।
m. both the parties engaged in a law-suit.

तरब طرب पुं० [अ०] हर्ष, प्रसन्नता।
m. pleasure, delight.

तरबियत تربیت स्त्री० [अ० तर्बियत] सिखाने-पढ़ाने और सभ्य बनाने की क्रिया, शिक्षा-दीक्षा।
***पद* तालीम व तरबियत**=शिक्षा-दीक्षा।
fem. education, teaching.
ph. education and enlightenment.

तरबुज़ تربز पुं० वि० 'तरबूज'।

तरबूज़ تربوز पुं० [फा० तरबुज़] एक प्रकार का गोल फल जो खाने के काम में आता हैं।
m. a water-melon.

तरमीम ترمیم स्त्री० [अ० तर्मीम] संशोधन, सुधार।
fem. an amendment, improvement.

तरशुह ترشح पुं० [अ०] १. फुहार। २. बूँदाबाँदी। ३. टपकना, चूना।
m. 1. shower. 2. drizzle. 3. act of oozing or seeping out.

तरस ترس पुं० [फा० तर्स] १. भय, डर। २. दया, रहम।
***मुहा०* (किसी पर) तरस खाना**=दया करना, रहम करना।
m. 1. fear, fright. 2. pity, compassion.
id. to have pity on, to feel pity for.

तरसाँ ترساں स्त्री० [फा०] भयभीत, डरा हुआ।
adj. afraid, frightened.

तरसील ترسیل स्त्री० [अ० तर्सील] इरसाल करने की क्रिया या भाव, भेजने की क्रिया या भाव।
fem. act of sending or despatching.

तरह طرح स्त्री० [अ०] १. प्रकार, भाँति, किस्म। २. रचना-प्रकार, ढाँचा, रूप-रंग। ३. ढब, तर्ज़, प्रणाली। ४. युक्ति, उपाय। ५. हाल, दशा। ६. वह पद या चरण जो ग़ज़ल बनाने को दिया जाए, समस्या-पूर्ति का पद।
***मुहा०* तरह देना**=जाने देना, ध्यान न देना।
fem. 1. kind. 2. formation, structure. 3. a way, method. 4. a trick, device. 5. a condition. 6. a line to be used in a stanza.
id. to pay no attention, to neglect.

तरहदार طرحدار वि० [अ०+फा०] बाँका।
adj. fashionalbly elegant, stylish.

तरहदारी طرحداری स्त्री० [अ०+फा०] १. बाँकपन। २. सौंदर्य।
fem. 1. stylishness. 2. beauty.

तराज़ تراز स्त्री० [फा० तिराज़] १. सहमति। २. सिलाई के लिए कपड़ा काटने का एक ढंग।
fem. 1. consent. 2. a style in which a garment is cut.

तराज़ी ترازی स्त्री० [फा०] = तराज़।

तराज़ू ترازو पुं० [फा०] सीधी डाँडी के छोरों से बँधे हुए दो पलड़े जिनसे वस्तुओं की तौल मालूम करते हैं, तुला।
***पद* तराजू-ए-अद्‌ल**=न्याय-तुला।
m. a weighing scale, balance.
ph. a perfect weighing scale.

तरादुफ़ ترادف क्रि० वि० [फा०] आस-पास, निकट। वि० निकटवर्ती।
adv. near.
adj. adjoining.

तराना ترانہ पुं० [फा० तरानः] १. संगीत। २. राग। ३. एक प्रकार का चलता गाना।
m. 1. music. 2. a melody, tune. 3. a kind of song.

तरावत تراوت स्त्री० [अ०] १. आर्द्रता, नमी, तरावट। २. ताजापन, ताजगी।
m. 1. moisture, dampness. 2. freshness.

तराविश تراوش स्त्री० [फा०] टपकना, चूना।
fem. act of oozing or seeping out.

तरावीह تراویح स्त्री० [अ०] एक विशिष्ट प्रकार की नमाज़ या ईश्वर-प्रार्थना जो विशेष धर्मनिष्ठ मुसलमान करते हैं।
m. a special prayer.

तराश تراش स्त्री० [फा०] १. काटने का ढंग या भाव, काट। २. काट-छाँट। ३. बनावट, रचना-प्रकार। ४. ढंग।
***पद* तराश-ख़राश**=काट-छाँट और बनावट।
fem. 1. act of engraving, chiseling etc. 2. trimming. 3. formation, structure. 4. a method, manner.

ph. trimming and style.

तराशना تراشنا क्रि० स० [फा० तराश] काटना, कतरना।
vt. to cut, engrave or chisel.

तराशिंदा تراشنده वि० [फा० तराशिंद:] काटनेवाला।
adj. that cuts.

तराशीदा تراشیده वि० [फा० तराशीद:] १. तराशा हुआ। २. काटा, छीला या कतरा हुआ।
adv. 1. cut, engraved or chiseled. 2. cut, peeled or fragmented.

तरी تری स्त्री० [फा० तर] १. गीलापन, आर्द्रता। २. ठंडक, शीतलता। ३. वह नीची भूमि जहाँ बरसात का पानी इकट्ठा रहता हो, कछार, तराई, तलहटी।
m. 1. wetness, 2. coolness. 3. a valley.

तरीक़ طریق पुं० दे० 'तरीक़ा'।

तरीक़त طریقت स्त्री० [अ०] १. रास्ता, मार्ग। २. आचरण। ३. हृदय की शुद्धता।
fem. 1. a way, road. 2. conduct. 3. purity of heart.

तरीक़ा طریقہ पुं० [अ० तरीक़:] १. ढंग, विधि, रीति। २. चाल, व्यवहार। ३. उपाय, तदबीर।
पद तरीक़-ए-अमल=कार्य-विधि, प्रक्रिया।
m. 1. method, way. 2. behaviour. 3. a device, manner.
ph. procedure.

तरीन ترین प्रत्य० [फा०] एक प्रत्यय जो गुणवाचक शब्दों के अन्त में लगकर सबसे अधिक होने का भाव सूचित करता है; जैसे—ख़ुशतरीन, बेहतरीन।
suff. forming the superlative form of adjectives, -est,

तर्क ترک पुं० [अ०] छोड़ने की क्रिया, परित्याग।
m. act of giving up, desertion.

तर्कश ترکش पुं० दे० 'तरकश'।
m. a quiver.

तर्कीब ترکیب स्त्री० दे० 'तरकीब'।

तर्ज़ طرز स्त्री० [अ०] १. प्रकार, किस्म, तरह। २. रीति, शैली, ढंग, ढब। ३. रचना-प्रकार।
fem. 1. a kind, sort. 2. a method, style, 3. formation, structure.

तर्जी ترجی स्त्री० दे० 'तरजीह'।

तर्जुमा ترجمہ पुं० दे० 'तरजुमा'।

तर्तीब ترتیب स्त्री० दे० 'तरतीब'।

तर्तीबवार ترتیب‌وار वि० दे० 'तरतीबवार'

तर्रा طرہ पुं० [फा० तर्र:] तरकारी, साग-भाजी।
m. a vegetable.

तर्रार طرار वि०[अ०] [भाव० तर्रारी] १. बहुत बोलनेवाला, मुखर। २. होशियार।
पद तेज़-व-तर्रार=तेज़ गतिवाला।
adj. 1. talkative, vociferous. 2. clever.
ph. fast-paced.

तर्रारा طرارہ पुं० [अ० तर्रार:] १. तेज़ी। २. द्रुत गति।
पद तर्रारे भरना=बहुत तेज़ी से चलना या भागना।
m. 1. fastness, quickness. 2. high speed.
ph. to run fast.

तर्राह طراح पुं० [अ०] भवन-निर्माण की विद्या।
m. architecture.

तर्स ترس पुं० [फा०] १. भय, डर। २. दया, रहम।
m. 1. fear, fright. 2. pity, compassion.

तर्सां ترساں वि० [फा०] भयभीत।
adj. afraid.

तर्सा ترسا पुं० [फा०] ईसाई या पारसी।
m. a Christian or Parsee.

तलक़ीन تلقین स्त्री० [अ० तल्क़ीन] १. समझाना-बुझाना। २. शिक्षा देना।
fem. 1. persuation to convince. 2. act of teaching or preaching.

तलख़ تلخ वि० [फा०] दे० 'तल्ख़'।

तलत طلعت स्त्री० [अ० तल्अत] १. चेहरा, आकृति। २. दर्शन। ३. शोभा।
fem. 1. countenance, face, appearance. 2. audience. 3. beauty.

तलफ़ تلف वि० [अ०] नष्ट, बरबाद।
adj. destroyed, wrecked.

तलफ़ी تلفی स्त्री० [अ०] विनाश, बरबादी।
पद हक़्क-तलफ़ी=किसी को उसके हक़ या अधिकार का उपयोग न करने देना।
adj. destroyed, wrecked.
ph. infringement, contravention.

तलफ़्फ़ुज़ تلفظ पुं० [अ०] उच्चारण।
m. pronunciation, accent.

तलब طلب स्त्री० [अ०] १. खोज, तलाश। २. चाह, पाने की इच्छा। ३. आवश्यकता, माँग। ४. बुलावा, बुलाहट। ५. तनख़्वाह।
fem. 1. search. 2. a desire. 3. necessity, demand. 4. call. 5. salary, pay.

तलबगार طلبگار वि० [अ०+फा०] [भाव० तलबगारी] चाहनेवाला।
adj. desirous.

तलबनामा طلبنامہ पुं० [अ०+फा० नाम:] वह पत्र जिसके द्वारा किसी को तलब किया या बुलाया जाए, सम्मन, सफीना।
m. summons.

तलबा طلبا पुं० [अ० 'तालिब' का बहु०] विद्यार्थीगण।
m. (plu.) students.

तलबाना طلبانہ पुं० [फा० तलबान:] वह खर्च जो गवाहों को तलब करने के लिए अदालत में दाखिल किया जाता है।
m. process fee paid for serving summons.

तलबी طلبی स्त्री० [अ०] १. बुलाहट। २. माँग।
fem. 1. a call. 2. a demand.

तलबीस تلبیس स्त्री० [अ०] धोखा।
fem. deception, fraud.

तलमीअ تلمیح स्त्री० [अ० तल्मीअ] लेखक का अपने ग्रंथ में किसी कथानक, पारिभाषिक शब्द या कुरान की आयत का उल्लेख करना।
fem. reference to something.

तलव्वुन تلوّن पुं० [अ०] १. तरह-तरह के रंग बदलना। २. स्वभाव की अस्थिरता।
***पद* तलव्वुन-मिज़ाज**=अस्थिर-चित्त, जिसका मन जल्दी किसी बात पर न जमे।
m. 1. act of changing colour. 2. fickleness.
ph. changing opinion or feelings suddenly or without reason, fickle.

तलाक़ طلاق पुं० [अ०] पति-पत्नी का सम्बन्ध टूटना।
***मुहा०* तलाक़ देना**=पति का पत्नी को या पत्नी का पति को परित्याग करना।
m. divorce.
id. to divorce.

तलाक़त طلاقت स्त्री० [अ०] बकबक करना।
fem. act of prattling.

तलातुम تلاطم पुं० [अ०] १. हिलोर। २. तूफान।
m. 1. a high wave. 2. a storm.

तलाफ़ी تلافی स्त्री० [अ०] १. दोष या अनुचित कृत्य का परिहार। २. क्षतिपूर्ति।
fem. 1. avoidance, shunning. 2. compensation.

तलावत تلاوت स्त्री० दे० 'तिलावत'।

तलाश تلاش स्त्री० [तु०] १. खोज, ढूँढ़-ढाँढ़, अन्वेषण, अनुसंधान। २. आवश्यकता। ३. चाह।
fem. 1. search, quest. 2. a demand. 3. a desire.

तलाशी تلاشی स्त्री० [तु०] गुम हुई या छिपाई हुई वस्तु को पाने के लिए की जानेवाली ढूँढ़-खोज।
fem. act of searching, search.

तलौवन تلوّن पुं० दे० 'तलव्वुन'।

तल्ख़ تلخ वि० [फा०] १. कड़ुवा, कटु। २. अप्रिय, नागवार। ३. कटुभाषी, कड़वी जबानवाला।
adj. 1. bitter, acrimonious. 2. unpleasant, unbearable. 2. speaking bitterly.

तल्ख़-मिज़ाज تلخ مزاج वि० [फा०] [भाव० तल्ख़-मिज़ाजी] जिसका स्वाभाव उग्र और कटु हो।
adj. hot-tempered.

तल्ख़ा تلخہ पुं० [फा० तल्ख़:] १. पित्ताशय। २. पित्त। ३. उबालकर सुखाए हुए चावलों का बनाया हुआ सत्तू, फरवी का सत्तू।
m. 1. a gall bladder. 2. bile, gall. 3. a kind of rice-flour.

तल्ख़ी تلخی स्त्री० [फा०] १. कडवापन, कटुता। २. स्वभाव की उग्रता।
fem. 1. bitterness. 2. hot temperament.

तवंग़र تونگر वि० [फा०] [भाव० तवंगरी] धनवान, सम्पन्न।
adj. rich, wealthy.

तवंगरी تونگری स्त्री० [फा०] रईसी, सम्पन्नता।
fem. richness, prosperity.

तवक़्क़ुफ़ توقف पुं० [अ०] विलम्ब।
m. delay.

तवक़्क़ुल توکل पुं० [अ०] १. ईश्वर पर भरोसा रखना। २. संतोष।
m. 1. faith in God. 2. satisfaction.

तवक़्क़ो توقع स्त्री० [अ० तवक़्क़ुअ] आशा, उम्मीद।
fem. a hope.

तवजह, तवज्जो توجہ स्त्री० [अ० तवज्जुह] १. ध्यान, रुख। २. कृपादृष्टि।
fem. 1. attention. 2. sympathetic outlook.

तवल्लुद تولد पुं० [अ०] १. जन्म, पैदाइश। २. उत्पत्ति।
***मुहा०*-तवल्लुद होना**=पैदा होना।
m. 1. birth. 2. origin.
id. to come into existence.

तवस्सुल توسّل पुं० [अ०] १. जरीया, माध्यम, २. संबंध।
m. 1. medium. 2. relation, relationship.

तवाइफ़ طوائف स्त्री० [अ०] रंडी, वेश्या।
fem. a prostitute.

तवाज़ा تواضع स्त्री० [अ० तवाज़ुअ] १. आदर। २. मेहमानदारी, दावत।
***पद* तवाज़ा समरबंदी**=झूठ-मूठ की खातिरदारी, खिलाना-पिलाना कुछ नहीं, खाली बातों से आव-भगत करना।
m. 1. respect. 2. hospitality.
ph. feigned hospitality.

तवानगर توانگر वि०[फा०] [भाव० तवानगरी] धनवान, सम्पन्न।

adj. rich, wealthy.

तवानगरी توانگری स्त्री०[फा०] रईसी।
fem. richness, wealthiness, prosperity

तवाना توانہ वि० [फा० तवान:] बलवान, ताक़तवर।
adj. powerful, mighty.

तवाफ़ طواف पुं० [अ०] प्रदक्षिणा।
m. circumambulation.

तवाम توام पुं० [अ०] एक साथ उत्पन्न होनेवाले दो बालक, यमज, जुड़ुवाँ बच्चे।
m. two children born at the same birth, twin.

तवायफ़ طوائف स्त्री० [अ० तवाइफ़] वेश्या।
fem. a prostitute.

तवायफ़ज़ादा طوائف‌زادہ स्त्री० [अ० तवाइफ़ + फा० ज़ाद:] वेश्यापुत्र।
m. son of a prostitute.

तवारीख تواریخ स्त्री० [अ०] इतिहास।
fem. history.

तवारीखी تواریخی वि० [अ०] ऐतिहासिक।
adj. historical.

तवालत طوالت स्त्री० [अ०] १. तवील या लंबा होने का भाव, लंबाई, दीर्घता। २. अधिकता। ३. बखेड़ा, झंझट।
fem. 1. length. 2. excess. 3. botheration.

तवाहमात توہمات पुं० [अ०] भ्रम।
m. an illusion.

तवील طویل वि० [अ०] [भाव० तवालत] लम्बा।
***पद* तूल-तवील**=लम्बा-चौड़ा।
adl. long.
ph. long and wide, gigantic.

तवेला طویلہ पुं० [अ० तवेल:] अश्वशाला, घुड़साल।
m. a stable.

तशकीक تشکیک स्त्री० [अ० तश्कीक] शंका, संदेह।
fem. a doubt, suspicion.

तशख़ीस تشخیص स्त्री० [अ० तश्ख़ीस] १. ठहराव, निश्चय। २. मर्ज़ की पहचान, रोग का निदान। ३. नियुक्ति। ४. मूल्यांकन।
fem. 1. determination. 2. diagnosis. 3. appointment. 4. valuation.

तशतरी تشتری स्त्री० [फा० तश्तरी] प्लेट।
fem. a plate.

तशदीद تشدید स्त्री० [अ० तश्दीद] १. कठोर बनाना। २. एक प्रकार का चिह्न जो अरबी-फारसी लिपि में किसी अक्षर के ऊपर लगाकर उसका द्वित्व सूचित करता है।
m. 1. act of hardening. 2. a mark showing duplication of a consonant in a word.

तशद्दुद تشدد पुं० [अ०] कड़ाई, सख्ती (व्यवहार आदि की)।
m. strictness, harshness, severity.

तशनगी تشنگی स्त्री० [फा० तश्नगी] प्यास।
fem. thirst.

तशनीअ تشنیع स्त्री० [अ० तश्नीअ] १. ताना। २. लानत-मलामत।
fem. 1. a taunt. 2. reproach, reproof.

तशन्नुज تشنج पुं० [अ०] शरीर के अंगों की ऐंठन।
m. bodily contortion.

तशफ़्फ़ी تشفی स्त्री०[अ०] १. तसल्ली, ढारस। २. सन्तोष।
fem. 1. consolation, solace. 2. satisfaction, contentment.

तशबीह تشبیہ स्त्री० [अ० तश्बीह] उपमा।
fem. simile.

तशरीफ़ تشریف स्त्री० [अ० तश्रीफ़] १. बुज़ुर्गी। २. इज्जत। ३. महत्त्व। ४. बड़प्पन।
***मुहा०* तशरीफ़ रखना** = विराजना, बैठना। (आदरसूचक)
***पद* तशरीफ़ आवरी** = शुभागमन।
fem. 1. elderliness. 2. respect. 3. importance. 4. generosity.
id. act of taking a seat.
ph. gracious arrival.

तशरीह تشریح स्त्री० [अ० तश्रीह] १. व्याख्या, विस्तृत टीका। २. वह शास्त्र जिसमें शरीर के अंगों और उपांगों आदि की व्याख्या होती है, शरीरशास्त्र।
fem. 1. exposition, explanation, commentary. 2. physiology.

तशवीश تشویش स्त्री० [अ० तश्वीश] १. चिन्ता, फिक्र। २. तरद्दुद, परेशानी।
fem. 1. worry. 2. botheration.

तशहीर تشہیر स्त्री० [अ० तश्हीर] १. किसी के दोषों को सब के सामने प्रकट करना। २. दंडस्वरूप किसी को अपमानित करके सब लोगों के सामने या सारे नगर में घुमाना। ३. ढिंढोरा पीटना।
fem. 1. act of defaming. 2. act of humiliating publicly. 3. act of announcing by beat of drum.

तश्त تشت पुं० [फा०] एक प्रकार का बड़ा थाल।
***मुहा०* तश्त अज़बाम होना**=(क) भेद खुलना। (ख) बदनामी होना।
m. a big plate.
id. (i) the state of being exposed. (ii) the state of being defamed.

तश्तरी تشتری स्त्री० [फा०] थाली के आकार का छोटा छिछला हलका बरतन, रिकाबी।
fem. a small plate.

तश्नगी تشنگی स्त्री० [फा०] १. प्यास। २. तृष्णा।
fem. 1. thirst. 2. craving.

तश्ना تشنہ वि० [फा० तश्न:] प्यासा।
पद–तश्नए ख़ून=खून का प्यासा।
adj. thirsty.
ph. blood-thirsty.

तश्बीह تشبیہ स्त्री० [अ०] दे० 'तशबीह'।

तश्रीफ़ تشریف स्त्री० [अ०] दे० 'तशरीफ़'।

तसकीन تسکین स्त्री० दे० 'तस्कीन'।

तसख़ीर تسخیر स्त्री० दे० 'तस्खीर'।

तसग़ीर تصغیر स्त्री० [अ० तस्गीर] १. छोटा करना, संक्षिप्त करना। २. संक्षिप्त रूप।
fem. 1. abridgement, abbreviation. 2. a shortend form.

तसदिआ تصدیعہ पुं० दे० 'तसदीअ'।

तसदीअ تصدیع स्त्री० [अ० तस्दीअ] १. कष्ट, पीड़ा। २. कठिनता, दिक्कत।
fem. 1. pain, agony, discomfort. 2. difficulty, hardship.

तसदीक़ تصدیق स्त्री० [अ० तस्दीक़] सही बतलाना या ठहराना, यह कहना कि अमुक बात ठीक है, पुष्टि।
fem. confirmation, verification, attestation.

तसद्दुक تصدق पुं० [अ०] १. सदका उतारना, न्योछावर करना। २. दान, खैरात।
m. 1. act of offering something as sacrifice. 2. charity, alms.

तसनिया تثنیہ पुं० [अ० तस्निय:] व्याकरण में द्विवचन।
m. plural form, plurality.

तसनीफ़ تصنیف स्त्री० = तस्नीफ़।

तसन्नो تصنع पुं० [अ० तसन्नुअ] १. नकली या बनावटी चीज़ तैयार करना। २. बनाव–सिंगार। ३. कारीगरी, कला–कौशल। ४. स्त्रियों का अपना शृंगार करके लोगों को दिखलाना।
m. 1. fabrication. 2. make-up. 3. artistry. 4. show of one's beauty.

तसफ़िया تصفیہ पुं० दे० 'तस्फ़िया'।

तसबीह تسبیح स्त्री० दे० 'तस्बीह'।

तसमा تسمہ पुं० दे० 'तस्मा'।

तसमीम تصمیم स्त्री० [अ० तस्मीम] पुष्टि।
fem. confirmation.

तसरीफ़ تصریف स्त्री० [तस्रीफ़] १. व्याकरण में शब्द के भिन्न–भिन्न रूप; जैसे–करना, कराना, करवाना। २. आवृत्ति।
fem. 1. different forms of a word. 2. repitition.

तसरीह تصریح स्त्री० [अ० तस्रीह] १. प्रकट या स्पष्ट करना। २. व्याख्या।
fem. 1. illustration, elucidation, revelation. 2. explanation.

तसर्रुफ़ تصرف पुं० [अ०] १. व्यय, खर्च। २. उपयोग, प्रयोग। ३. अधिकार, स्वत्व। ४. महात्माओं आदि की अलौकिक शक्ति।
m. 1. expenses, expenditure. 2. use, usage. 3. right, claim. 4. mystical power of saints.

तसलसुल تسلسل पुं० [अ० तसल्सुल] १. क्रम, शृंखला। २. सिलसिला।
पद तसलसुले–शामो–सहर = सुबह–शाम का सिलसिला।
m. 1. order, series. 2.squence.
ph. sequence of day and night.

तसलीम تسلیم स्त्री० दे० 'तस्लीम'।

तसलीस تثلیث स्त्री० [अ० तस्लीस] १. तीन भागों में बाँटना। २. तीन वस्तुओं का समूह, त्रयी।
fem. 1. act of dividing into three parts. 2. a set of three things, triplet.

तसल्लल تسلل पुं० [अ०] १. जंजीर। २. शृंखला।
m. 1. a connected chain. 2. series.

तसल्ली تسلی स्त्री० [अ०] १. सांत्वना, आश्वासन। २. शांति। ३. धैर्य, धीरज।
fem. consolation, solace. 2. peace. 3. patience.

तसल्लुत تسلط पुं० [अ०] १. पूर्ण अधिकार। २. शासन, सरकार।
m. 1. ablolute right. 2. government.

तसवीर تصویر स्त्री० दे०'तस्वीर'।

तसव्वुफ़ تصوف पुं० दे० 'तसौवफ़'।

तसव्वुर تصور पुं० दे०'तसौवर'।

तसहीफ़ تصحیف स्त्री० [अ० तस्हीफ़] लिखावट में होनेवाली चूक।
fem. omission, slip.

तसहील تسہیل स्त्री० [अ० तस्हील] सरल या सहज

करना।
fem. act of simplifying, simplification.

तसहीह تصحیح स्त्री०[अ० तस्हीह] १. सही या दुरुस्त करना, शुद्ध करना। २. मिलान करके यह देखना कि ठीक और मूल के अनुसार है या नहीं।
m. 1. the action of correcting, correction. 2. the action of collating, collation.

तसानीफ़ تصانیف स्त्री०[अ०'तस्नीफ़'का बहु०] रचनाएँ।
fem. (plu.) compositions.

तसाबीह تسابیح स्त्री०[अ० 'तस्बीह' का बहु०] मालाएँ।
fem. (plu.) rosaries.

तसावी تساوی स्त्री० [अ०] १. समानता। २. बराबरी।
fem. 1. similarity. 2. equality.

तसावीर تصاویر स्त्री० [अ० 'तस्वीर' का बहु०] तस्वीरें।
fem. (plu.) pictures.

तसाहुल تساہل पुं० [अ०] १. आलस्य, सुस्ती। २. उदासीनता, उपेक्षा। ३. लापरवाही।
m. 1. laziness, lethargy. 2. indifference, neglect. 3. negligence.

तसौवफ़ تصوف पुं० [अ० तसव्वुफ़] सब प्रकार की कामनाओं से रहित और सब वस्तुओं में ईश्वर का अस्तित्व समझना, अध्यात्म।
m. the state of being free from desires and acknowledging the presence of God in everything, spiritualism.

तसौवर تصور पुं० [अ० तसव्वुर] १. विचार, ख्याल। २. कल्पना।
m. 1. a thought, idea. 2. imagination.

तस्कीन تسکین स्त्री० [अ०] १. तसल्ली, ढारस। २. सन्तोष।
fem. 1. solace, consolation. 2. satisfaction.

तस्ख़ीर تسخیر स्त्री०[अ०] १. जीतकर अपने अधिकार में करना (गढ़ या भूत-प्रत आदि)। २. जादू-मन्तर, टोना-टोटका। ३. अपनी ओर अनुरक्त करना। ४. अल्पार्थक रूप।
m. 1. act of conquering and bringing under control, subjugation. 2. black magic. 3. action of captivating, captivation. 4. abbreviated form.

तस्नीफ़ تصنیف स्त्री० [अ०] [बहु० तसानीफ़] १. ग्रन्थ आदि की रचना। २. लिखित या रचित ग्रंथ, रचना।
fem. 1. act of writing a book. 2. a written or composed book.

तस्फ़िया تصفیہ पुं० [अ० तस्फ़िय:] १. निर्णय, फैसला। २. झगड़े का निपटारा, समझौता। ३. शुद्धिकरण।
m. 1. judgement, decision. 2. settlement of a dispute, compromise. 3. purification.

तस्बीह تسبیح स्त्री० [अ०] १. ईश्वर की आराधना। २. सौ दानों की वह माला जिसका प्रयोग मुसलमान जपके लिए करते हैं। ३. जप करना।
fem. 1. act of worshipping. 2. a rosary of 100 beads. 3. repetition of God's name.

तस्मा تسمہ पुं० [फ़ा० तस्म:] जूते का चौड़ा फीता।
m. a sort of shoe-string.

तस्मिया تسمیہ पुं० [अ० तस्मिय:] नामकरण, नाम रखना।
m. act or ceremony of giving somebody a name.

तस्मीत تسمیت स्त्री० [अ०] १. मोती पिरोना। २. अच्छी चीजें चुनकर एकत्र करना, चयन। ३. सुन्दर वस्तुओं का संग्रह।
fem. 1. act of threading pearls. 2. compilation. 3. the action of compiling beautiful things.

तस्लीम تسلیم स्त्री० [अ०] १. सलाम, प्रणाम। २. किसी बात को स्वीकार करना, हामी।
fem. 1. salutation. 2. acceptance.

तस्लीमात تسلیمات स्त्री० [अ० 'तस्लीम' का बहु०]
***मुहा०* तस्लीमात बजा लाना**=सलाम करना।
fem. (plu.) salutations.
id. to salute.

तस्वीर تصویر स्त्री०[अ०] १. रंग, कूँची आदि की सहायता से बनाई हुई वस्तुओं की प्रतिकृति। २. चित्र।
वि० चित्र के समान, बहुत सुन्दर।
fem. 1. a painting. 2. a picture.
adv. picture-like, very beautiful.

तह تہ स्त्री०[फ़ा०] १. किसी वस्तु की मोटाई या फैलाव जो किसी दूसरी वस्तु के ऊपर हो, परत। २. किसी वस्तु के नीचे का विस्तार, तल, पेंदा। ३. पानी के नीचे की ज़मीन, तल, थाह। ४. महीन पटल, वरक, झिल्ली।
***मुहा०* (i) तह करना**=कई परतों में रखना। **(ii) तह की बात**=रहस्य की बात। **(iii) तह तक पहुँचना**=रहस्य जानना। **(iv) तह तोड़ना**=झगड़ा निपटाना।
fem. 1. a layer. 2. bottom. 3. the surface beneath the water. 4. membrane.
id. (i) to layer, to fold. (ii) secret. (iii) to know the truth. (iv) to settle a quarrel.

तहक़ीक़ تحقیق स्त्री० [अ० तह्क़ीक़] जाँच-पड़ताल, अनुसंधान।
वि० १. अच्छी तरह जाँचा हुआ, ठीक। २. निश्चित।
fem. investigation, fact-finding.
adj. 1. tested, corrected. 2. decided, resolved.

तहक़ीक़ात تحقیقات स्त्री० [अ० 'तहक़ीक़' का बहु०]

१. किसी विषय या घटना की ठीक-ठीक बातों की खोज, अनुसन्धान, जाँच। २. पूछताछ।
m. 1. investigation, probe. 2. enquiry.

तहक़ीर تحقیر स्त्री० [अ० तहक़ीर] १. अपमान करना। २. बेइज़्ज़ती, मानहानि।
पद तहक़ीरे अदालत=अदालत की मानहानि।
fem. 1. act of insulting or humiliating. 2. insult, humiliation.
ph. defamation of court.

तहक्कुम تحکم पुं० [अ०] १. प्रभुत्व, आधिपत्य, अधिकार। २. शासन, राज्य।
m. 1. hold, sway, possession. 2. government, reign.

तहख़ाना تہ خانہ पुं० [फा० तहख़ान:] वह कोठरी या घर जो जमीन के नीचे बना हो, भुईंधरा, तलगृह।
m. basement.

तहज़ीब تہذیب स्त्री० [अ० तहज़ीब] १. सभ्यता, संस्कृति। २. भल-मनसाहत। ३. शिष्टाचार।
fem. 1. civilization, culture. 2. generosity. 3. etiquette.

तहज़ीब-याफ़्ता تہذیب یافتہ वि० [अ० तहज़ीब+फा० याफ़्त:] सभ्य, शिष्ट।
adj. civilized, well-behaved, cultured.

तहजीर تحجیر स्त्री० [अ० तहज़ीर] १. धमकी। २. तम्बीह।
fem. 1. a threat. 2. a lesson, teaching.

तहज्जी تہجی स्त्री० [अ०] १. हजो या निन्दा करना। २. निन्दा। ३. हिज्जे।
पद हरफ़े तहज्जी=वर्णमाला के अक्षर।
fem. 1. act of slandering. 2. slander, censure. 3. spelling.
ph. alphabate.

तहज्जुद تہجد पुं० [अ०] एक प्रकार की नामाज़ जो आधी रात के बाद पढ़ी जाती है।
m. a midnight prayer.

तहत تحت पुं० [अ० तहत] १. अधिकार, इख़्तियार। २. अधीनता।
पद के तहत=के नीचे, के अधीन।
m. 1. right, control. 2. subjugation.
ph. under.

तहत-उलसरा تحت الثرا स्त्री० [अ०] पाताल।
fem. the nether regions.

तहती تحتی वि० [अ० तहत] निम्नलिखित।
adj. under-mentioned, following.

तहत्तुक تہتک पुं० [अ०] अपमान, अप्रतिष्ठा।
m. insult, disrespect, humiliation.

तहदर्ज़ تہ درز वि० [फा०] ऐसा नया (कपड़ा) जिसकी तह तक न खुली हो, बिल्कुल नया।
adj. new and not yet unfolded.

तहदार تہ دار वि० [फा०] गूढ़, गंभीर।
adj. abstruse, serious.

तहदेगी تہ دیگی स्त्री० [फा०] देग के नीचे की वह खुरचन जो उसमें से खाद्य पदार्थ निकाल लेने के बाद खुरची जाती है।
fem. small pieces of food scraped from the cooking pot.

तहनशीन تہ نشین वि० [फा०] तह में या नीचे बैठा हुआ। पुं० तलछट, गाद।
adj. sedimentary.
m. sediment.

तहनियत تہنیت स्त्री० [अ०] मुबारकबाद, बधाई।
fem. congratulations.

तहपेच تہ پیچ पुं० [फा०] वह छोटी टोपी या सिर पर लपेटा जानेवाला कपड़ा जो पगड़ी के नीचे रहता है।
m. a piece of cloth or cap beneath the turban.

तहपोश تہ پوش पुं० [फा०] वह छोटा कपड़ा या जाँघिया जिसे स्त्रियाँ पतली साड़ियों के नीचे या अन्दर पहनती हैं, सादा, अस्तर।
m. a piece of cloth worn under the sari.

तहपोशी تہ پوشی स्त्री० [फा०] पेटीकोट।
fem. a petticoat.

तहबंद تہ بند पुं० [फा०] वह कपड़ा जो मुसलमान कमर के चारों तरफ लपेटते हैं, तहमद, लुंगी।
m. a lioncloth.

तहबंदी تہ بندی स्त्री० [फा०] १. पुस्तकों की जुज़-बन्दी। २. कपड़ा रँगने के पहले उसे किसी ऐसे रंग में रँगना जिससे उसपर का दूसरा रंग पक्का और अच्छा हो।
fem. 1. form-wise sewing of a book. 2. act of dying a piece of cloth in such a way so that some fast colour may be put on it.

तहबाज़ारी تہ بازاری स्त्री० [फा०] बाजारों आदि में दुकान लगानेवालों से लिया जानेवाला ज़मीन का किराया।
fem. tax collected from the persons who sell items on pavements.

तहमद تہمد स्त्री० [फा० तहबंद] कमर में लपेटने का कपड़ा या अँगोछा, लुंगी, तहबन्द।
fem. a lioncloth.

तहमीद تحمید स्त्री० [अ० तहमीद] प्रशंसा।
fem. praise.

तहमील تحمیل स्त्री० [अ० तअम्मील] तामील, कार्यान्वयन, अमल में लाना।

fem. execution, carrying out.

तहम्मुल تحمل पुं० [अ०] १. सहिष्णुता, सहनशीलता। 2. धैर्य।
m. 1. tolerance, forbearance. 2. patience.

तहरीक تحریک स्त्री० [अ० तह्‌रीक] १. उत्तेजित करना, भड़काना। २. आन्दोलन।
fem. 1. act of inciting, incitement. 2. movement, agitation.

तहरीफ़ تحریف स्त्री० [अ० तह्‌रीफ़] १. शब्दों या अक्षरों आदि को बदलना। २. लेख या हिसाब वगैरह की जालसाजी। ३. लेख में होनेवाली सामान्य भूल।
fem. 1. alteration. 2. fabrication, forgery. 3. a mistake, error.

तहरीर تحریر स्त्री० [अ० तह्‌रीर] १. लिखावट, लेख। २. लेखन-शैली। ३. लिखी हुई बात। ४. लिखा हुआ प्रमाणपत्र। ५. लिखने की उजरत, लिखाई।
fem. 1. writing. 2. style of writing. 2. a written matter. 3. a written certificate. 4. wages paid for a written work.

तहरीरी تحریری वि० [अ० तह्‌रीरी] लिखा हुआ, लिखित।
adj. written.

तहरीस تحریص स्त्री० [अ० तह्‌रीस] १. लालच देना। २. लालच, प्रलोभन।
fem. 1. act of luring on enticing. 2. lure, inticement.

तहलका تہلکہ पुं० [अ० तह्‌लकः] १. मौत, मृत्यु। २. बरबादी, नाश। ३. खलबली, धूम, हलचल।
m. 1. death. 2. destruction. 3. sensation, flutter, commotion.

तहलील تہلیل स्त्री० [अ० तह्‌लील] स्तुतिगान।
fem. eulogy.

तहवील تحویل स्त्री० [अ० तह्‌वील] १. हवाले करना, सपुर्दगी। २. अमानत, धरोहर। ३. खज़ाना, कोश। ४. रोकड़, जमा।
fem. 1. charge, custody. 2. anything given in trust. 3. treasure. 4. cash, deposit.

तहवीलदार تحویلدار पुं० [अ० तह्‌वील+फा० दार] कोषाध्यक्ष, खज़ानची।
m. a treasurer.

तहसीन تحسین स्त्री० [अ० तह्‌सीन] प्रशंसा, सराहना।
fem. praise.

तहसील تحصیل स्त्री० [अ० तह्‌सील] १. लोगों से रुपया वसूल करने की क्रिया, वसूली, उगाही। २. वह आमदनी जो लगान वसूल करने से इकट्ठी हो। ३. तहसीलदार का दफ्तर या कचहरी। ४. जिले का वह भाग जो तहसीलदार के अधीन रहता है।
fem. 1. realisation of dues. 2. realised dues. 3. the office of a collector. 4. an administrative part of a district under the district officer.

तहसीलदार تحصیلدار पुं० [अ० तह्‌सील + फा० दार] १. वह अफसर जो ज़मीदारों से सरकारी मालगुज़ारी वसूल करता हो। २. वह अधिकारी जो माल के छोटे मुक़दमों का फैसला करता है।
m. 1. an officer whose duty is to realise land revenue. 2. a magistrate.

तहसीलदारी تحصیلداری स्त्री० [अ० तह्‌सील+फा० दारी] १. तहसीलदार का पद। २. तहसीलदार की कचहरी।
fem. 1. the post of a collector. 2. the office of a collector.

तहाइफ़ تحائف पुं० [अ०, 'तोहफ़ा' का बहु०] तोफे।
m. (plu.) gifts.

तहारत طہارت स्त्री० [अ०] १. पवित्रता, शुद्धता। २. नमाज़ पढ़ने से पहले हाथ-पैर और मुँह आदि धोकर शरीर पवित्र करना।
fem. 1. holiness, sacredness. 2. washing of one's face, hands and feet before a prayer.

तही تہی वि० [फा० तिही] खाली, रिक्त; जैसे—तही-दस्त, पहलू-तही।
adj. empty, vaccant.

तहीदस्त تہی‌دست वि० [फा०] [भाव० तहीदस्ती] जिसका हाथ खाली हो, निर्धन, दरिद्र।
adj. poor, pauper.

तहीमग़ज़ تہی‌مغز वि०[फा०] जिसका मग़ज या दिमाग खाली हो, मूर्ख, बेवकूफ।
adj. foolish.

तहूर طہور वि०[अ०] पवित्र।
adj. holy, sacred.

तहेदिल تہ‌دل स्त्री० [फा०] हृदय का भीतरी भाग।
मुहा० **तहेदिल से**=हृदय से।
fem. inner-self.
id. heartily.

तहैया تہیہ पुं० [अ० तहैयः] १. तैयारी। २. तत्परता। ३. नमस्कार करना।
m. 1. preparation. 2. preparedness. 3. salutation.

तहैयुर تحیّر पुं० [अ० तहय्युर] आश्चर्य, अचंभा, अचरज।
m. surprise, amazement.

तहोबाला تہوبالا वि० [फा०] १. नीचे का ऊपर और ऊपर का नीचे, उलटा-पलटा। २. विनष्ट, बरबाद।

adj. 1. upside-down, topsy-turvy. 2. destructed, ruined.

तहौवर تہوّر पुं० [अ०] १. शीघ्रता, जल्दी। २. क्रोध, गुस्सा।
m. 1. promptness, swiftness. 2. anger, wrath.

ता تا क्रिवि० [फा०] तक, पर्यन्त।
adv. upto, until.

ताअत طاعت स्त्री० [अ०] १. उपासना, ईश्वराराधन। २. सेवा। ३. आज्ञापालन।
fem. 1. worship. 2. service. 3. observance of an order.

ताअतगाह طاعت گاہ स्त्री० [अ०] मसजिद।
fem. a mosque.

ताईद تائید स्त्री० [अ०] १. अनुमोदन, समर्थन। २. पक्षपात, तरफ़दारी।
fem. 1. act of seconding (by someone). 2. partiality.

ताईन تائین स्त्री० [अ० तआईन] १. निश्चय। २. नियुक्ति।
fem. 1. resolve, determination. 2. appointment.

ताऊन طاعون पुं० [अ० त्आऊन] १. वह भीषण संक्रामक रोग जिससे बहुत से लोग मरें। २. प्लेग नामक रोग।
m. 1. epidemic. 2. plague.

ताऊस طاؤس पुं० [अ०] मयूर, मोर।
पद तख़्तेताऊस=शाहजहाँ का बनाया हुआ रत्नों का एक प्रसिद्ध बहुमूल्य सिंहासन, मयूर-सिंहासन।
m. a peacock.
ph. throne of the king Shahjahan.

ताक تاک स्त्री० [फा०] अंगूर की बेल।
fem. grapevine.

ताक़ طاق पुं० [अ०] १. चीज़ें रखने के लिए दीवार में बना हुआ खाली स्थान, आला, ताखा। २. जो बिना खंडित हुए दो बराबर भागों में न बँट सके, विषम; जैसे-तीन, सात, ग्यारह। ३. जिसके जोड़ का दूसरा न हो, अद्वितीय, बेजोड़।
पद (i) ताक़ पर रखना=अलग रखना, छोड़ देना। **(ii) ताक़ भरना**=कोई मन्नत पूरी होने पर मसजिद के ताखों में मिठाइयाँ रखना।
m. 1. a niche, alclove. 2. odd i.e. not able to be devided exactly by two. 3. unique, matchless.
id. (i) to keep in abeyance. (ii) to put sweets in the mosque's niches after fulfilment of desires.

ताक़त طاقت स्त्री० [अ०] १. ज़ोर, बल, शक्ति। २. सामर्थ्य।
fem. 1. strength, power. 2. capability.

ताक़त-आज़माई طاقت آزمائی स्त्री० [अ०+फा०] १. शक्ति का प्रयोग। २. शक्ति-परीक्षण।
fem. 1. use of force. 2. trial of strength.

ताक़तवर طاقت ور वि० [अ०+फा०] बलवान, बलिष्ठ, शक्तिमान।
adj. powerful, mighty.

ताक़ा طاقہ पुं० [अ० ताक़:] कपड़े का थान।
m. full length of cloth.

ताकि تاکہ योज० [फा०] जिसमें, इसलिए कि, जिससे।
conj. so that, in order that.

ताक़ी تاقی वि० [अ०] कंजी आँखोंवाला, कंजा।
adj. squint-eyed.

ताकीद تاکید स्त्री० [अ०] १. ज़ोर के साथ किसी बात की दी जानेवाली आज्ञा या किया जानेवाला अनुरोध। २. खूब चेताकर कही हुई बात।
fem. 1. act of enjoying. 2. warning, caution.

ताकीदन् تاکیداً क्रि० वि० [अ०] ताक़ीद के साथ, आग्रहपूर्वक।
adv. with due insistence, insistently.

ताकीदी تاکیدی वि० [अ०] ताक़ीद का, जरूरी; जैसे—ताक़ीदी चिट्ठी, ताकीदी हुक्म।
adj. urgent.

ताख़ीर تاخیر स्त्री० [अ०] देर, विलम्ब।
fem. delay.

ताख़्त تاخت पुं० [फा०] सेना का आक्रमण, फौज की चढ़ाई।
पद ताख़्त-व-ताराज=देश और प्रजा आदि का विनाश।
m. assault, aggression.
ph. destruction of the country and its subject.

ताग़ी طاغی वि०, पुं० [अ०] विद्रोही।
adj. & m. a rebel.

ताग़ूत طاغوت पुं० [अ०] अत्याचारी व्यक्ति।
m. a cruel person.

ताचंद تاچند क्रि० वि० [फा०] कब तक।
adv. how long.

ताज تاج पुं० [अ०] १. बादशाह की टोपी, राजमुकुट। २. कलगी, तुर्रा। ३. पक्षियों के सिर की चोटी, शिखा। ४. मकान के ऊपर शोभा के लिए बनाई हुई ताज के आकार की बुर्जी। ५. आगरा का ताजमहल।
पद ताजे-ज़र = पूँजी रूपी ताज।
m. 1. crown, diadem. 2. tuft of feathers, crest. 3. crest of a bird. 4. a turret. 5. the Tajmahal.

ताज़गी تازگی स्त्री० [फा०] ताज़ा होने का भाव, ताज़ापन।
fem. freshness.

ताजदार تاجدار वि० [अ०+फा०] जिसके सिर पर ताज हो।
adj. crowned.

ताजपोशी تاج پوشی स्त्री० [फा०] राज्याभिषेक।
fem. coronation, enthronement.

ताजवर تاجور पुं० [फा०] राजा, बादशाह।
m. a king.

ताजवरी تاجوری स्त्री० [फा०] बादशाहत।
m. kingdom.

ताज़ा تازہ वि० [फा० ताज़:] १. जो सूखा या कुम्हलाया न हो, जिसे पेड़ से अलग हुए देर न हुई हो। २. जो थका-माँदा न हो, स्वस्थ, प्रफुल्लित। ३. तुरन्त का बना, सद्य:प्रस्तुत।
adj. 1. fresh. 2. healthy, wholesome, 3. newly made or prepared.

ताज़ियत تعزیت स्त्री० [अ० तअज़ियत] १. मातमपुरसी करना, मृतक के सम्बन्धियों को सांत्वना देना। २. रोना-पीटना।
m. 1. an expression of sympathy, condolence. 2. crying and wailing.

ताज़ियत-नामा تعزیت نامہ पुं० [अ० तअज़ियत+फा० नाम:] शोक सूचक पत्र, मातमपुरसी का खत।
m. a letter of condolence.

ताज़िया تعزیہ पुं० [अ० तअज़िय:] बाँस की कमचियों आदि का मक़बरे के आकार का मंडप जिसमें इमाम हुसेन की कब्र होती है। मुहर्रम में शीया मुसलमान इसके सामने मातम करते और तब इसे दफन करते हैं।
m. the model of tomb of Imam Husain.

ताज़ियादारी تعزیہ داری स्त्री० [अ० तअज़िय:+फा०] १. ताज़िए बनाना। २. मुहर्रम में मातम करना।
fem. 1. making of ताज़िया, 2. offering of condolence during the Muhurrum.

ताज़ियाना تازیانہ पुं० [फा० ताज़ियान:] १. चाबुक, कोड़ा। २. कोड़े लगाने की सज़ा।
m. 1. a whip. 2. act of whipping.

ताजिर تاجر पुं० [अ०] तिजारत करनेवाला, व्यापारी, सौदागर।
m. a trader.

ताज़ी تازی पुं० [फा०] १. अरब देश का घोड़ा। २. अरब देश का कुत्ता।
स्त्री० अरबी भाषा।
m. 1. an Arabian horse. 2. an Arabian dog.
fem. Arabian language, Arabic.

ताज़ीक تازیک पुं० [फा०] संकर जाति का घोड़ा।
m. a crossbred horse.

ताज़ीख़ाना تازی خانہ पुं० [फा० ताज़ीख़ान:] वह स्थान जहाँ ताज़ी कुत्ते रखे जाते हों।
m. a stable of Arabian dogs.

ताज़ीम تعظیم स्त्री० [तअज़ीम] बड़े के सामने उसके आदर के लिए उठकर खड़े हो जाना, झुककर सलाम करना इत्यादि।
fem. showing too much respect and attention to someone.

ताज़ीर تعزیر स्त्री० [अ०] दंड, सज़ा।
पद काबिले-ताज़ीर=दंड के योग्य।
fem. punishment, penalty.
ph. deserving punishment.

ताज़ीरात تعزیرات स्त्री० [अ० तअज़ीरात] ताज़ीर का बहु० सज़ाएँ।
पद ताज़ीराते हिंद=भारतीय दण्ड संहिता।
m. plu. of ताज़ीर.
ph. Indian penal code.

ताज़ीरी تعزیری वि० [अ० तअज़ीरी] दंड-संबंधी; जैसे ताज़ीरी पुलिस।
adj. of or connected with punishment, penal.

ताज्जुब تعجب पुं० दे० 'तअज्जुब'।

तातील تعطیل स्त्री० [अ० तअतील] छुट्‌टी का दिन।
fem. a holiday.

तातीलात تعطیلات स्त्री० [अ० 'तअतील' का बहु०] छुट्टियाँ।
fem. (plu.) vacations.

तादाद تعداد स्त्री० [अ० तअदाद] संख्या, गिनती।
fem. number, count, quantity.

तादीब تادیب स्त्री० [अ० तअदीब] १. दोष आदि दूर करके सुधारना। २. भाषा और साहित्य की शिक्षा।
fem. 1. act of improving or correcting. 2. teaching of a language or literature.

तादीबख़ाना تادیب خانہ पुं० [अ०+फा० ख़ान:] वह स्थान जहाँ किसी के दोषों का सुधार किया जाए।
m. a reform-house, reformatory.

तादेर تادیر [फा० ता (तक) + देर] क्रि० वि० देर तक।
adv. for a long time.

ताना طعنہ पुं० [अ० तआन:] आक्षेप, व्यंग्य।
m. a taunt, sarcasm.

तानीस تانیث स्त्री० [अ०] स्त्रीलिंग।
fem. feminine gender.

ताफ़्ता تافتہ पुं० [फा० ताफ़्त:] एक प्रकार का चमकदार रेशमी कपड़ा।
m. a kind of silken cloth.

ताब تاب स्त्री० [फा०] १. ताप, गरमी। २. चमक, आभा, दीप्ति। ३. शक्ति, सामर्थ्य। ४. मन को वश में रखने की शक्ति।
fem. 1. heat, 2. brightness, gloss.

3. strength, power. 4. power of endurance.

ताबईन تابعین पुं० (बहु०) [अ० 'ताबअ' का बहु०] १. आज्ञाकारी लोग। २. वे मुसलमान जिन्होंने मुहम्मद साहब के अनुयायियों से भेंट की हो। *m.* (plu.) 1. obedient persons. 2. those Muslims who met the followers of the Muhammad.

ताबख़ाना تاب خانہ पुं० [फा० ताब:ख़ान:] १. हम्माम। २. रोटी पकाने का तन्दुर। *m.* 1. a large container for keeping water hot. 2. a kind of oven.

ताबदान تابدان पुं० [फा०] १. खिड़की। २. रोशनदान। *m.* 1. a window. 2. a ventilator.

ताबदार تابدار वि० [फा०] चमकदार।
पद **गेसू-ए-ताबदार**=चमकीले बाल।
adj. bright, glossy.
ph. bright or glossy hair.

ताबाँ تاباں वि० दे० 'ताबान'।

ताबान تابان वि० [फा०] प्रकाशमान, चमकदार, चमकीला। *adj.* bright, glossy.

ताबिश تابش स्त्री० [फा०] ग्रीष्म ऋतु, गरमी। *m.* the season of the year between spring and autumn, summer.

ताबीर تعبیر स्त्री० [अ० तअबीर] परिणाम, फल।
पद **ख़्वाबे ताबीर**=स्वप्न का फल।
fem. consequence, result.
ph. consequence of a dream.

ताबूत تابوت पुं० [अ०] १. वह सन्दूक जिसमें लाश रखकर गाड़ने को ले जाते हैं। २. हुसेन के मकबरे की वह प्रतिकृति जिसका मुसलमान लोग मुहर्रम में जलूस निकालते हैं। *m.* 1. a coffin. 2. a model of the tomb of Hussain.

ताबे تابع वि० [अ० ताबेअ] १. वशीभूत, अधीन, मातहत। २. आज्ञानुवर्ती, हुक्म का पाबन्द। *adj.* 1. subdued, submissive. 2. obedient, law-abiding.

ताबेदार تابع دار पुं० [अ० ताबेअ+फा०] [भाव० ताबेदारी] आज्ञाकारी, हुक्म का पाबन्द। *m.* ob dient, dutiful.

ताबेदारी تابع داری स्त्री० [अ०+फा०] आज्ञाकारिता। *fem.* obedience.

ताम طام वि० [अ०] समस्त संपूर्ण, कुल। *adj.* all, total.

तामअ طعمہ पुं० [अ० तअम:] चखकर स्वाद का पता लगाना। *m.* act of tasting.

तामीर تعمیر स्त्री० [अ० तअमीर] [बहु० तामीरात] मकान बनाने का काम, भवन-निर्माण। *m.* act or process of building houses, bridges etc., construction.

तामील تعمیل स्त्री० [अ० तअमील] आज्ञा का पालन। *fem.* act of complying, compliance, observance.

ताम्मुल تأمل पुं० [अ० तअम्मुल] १. सोच-विचार। २. आगा-पीछा, दुविधा, असमंजस। ३. निश्चय का अभाव, संदेह। *m.* 1. deliberation. 2. hesitation 3. doubt.

तायफ़ طائف पुं० [अ० ताइफ़] १. चारों ओर घूमना, परिक्रमा। २. चौकीदारी। ३. सतर्कता। *m.* 1. circumambulation. 2. the calling of a watchman. 3. watchfulness.

तायफ़ा طائفہ पुं० [अ० ताइफ़:] १. वेश्याओं और समाजियों की मंडली। २. वेश्या। ३. यात्रीदल। *m.* 1. the group accompanying a prostitute-cum-singer. 2. a prostitue. 3. a company of travellers.

तायब تائب वि०, पुं० [अ० ताइब] तौबा करनेवाला। *adj. & m.* one who takes a vow to desist from something doing again.

तायर طائر पुं० [अ० ताइर] [बहु० तयूर] परिंदा। *m.* a bird.

तार تار पुं० [फा० मि० सं० तार] १. सूती डोरा। २. तपी हुई धातु को खींच और पीटकर बनाया हुआ तागा।
मुहा० **तार-तार करना** = टुकड़े-टुकडे करना, धज्जियाँ उड़ाना।
वि० अन्धकारपूर्ण, अँधेरा।
m. 1. thread. 2. wire.
id. to tear into shreds.
adj. dark.

तारकश تارکش पुं० [फा०] धातु के तार खींचनेवाला। *m.* one who draws wires.

तारकशी تارکشی स्त्री० [फा०] धातु के तार खींचने का काम। *fem.* calling of a drawer of wire.

तारबरक़ी تاربرقی पुं० [फा०] १. तार की सहायता से समाचार भेजने की पद्धति। २. तार की सहायता से आया हुआ समाचार। *m.* 1. telegraph system. 2. a telegram.

तारम تارم पुं० [अ० तारिम] लकड़ी का घर। *m.* 1. a wooden house.

तारा تارا पुं० [फा०] आकाशीय पिण्ड। *m.* a star.

ताराज تاراج पुं० [फा०] १. लूट-मार। २. विनाश, बरबादी।

m. 1. act of looting and killing. 2. destruction.

तारिक¹ تارک वि० [अ०] त्याग करनेवाला।
adj. (one) who forsakes.

तारिक² طارک वि० [अ०] तर्क करने या छोड़नेवाला, त्यागी।
पद तारीक उल् दुनिया=संसार-त्यागी।
adj. & m. an abandoner.
ph. a recluse.

तारी طاری वि० [अ०] १. प्रकट होनेवाला। २. आच्छादित करनेवाला।
adj. 1. that appears, manifests. 2. that overwhelms.

तारीक تاریک वि० [फा०] १. अन्धकारपूर्ण, अँधेरा। २. काला, स्याह।
adj. 1. full of dark. 2. black.

तारीकी تاریکی पुं०[फा०] अन्धकार, अँधेरा।
m. dark, darkness.

तारीख़ تاریخ स्त्री० [अ०] १. महीने का हर एक दिन (२४ घंटे का), तिथि। २. नियत तिथि, किसी काम के लिए ठहराया हुआ दिन। ३. इतिहास।
मुहा० तारीख़ डालना=तारीख़ मुकर्रर करना, दिन नियत करना।
m. 1. date. 2. fixed or allotted date. 3. history.
id. to fix or allot a date.

तारीख़वार تاریخ وار क्रि० वि० [अ०+फा०] तारीख़ों के क्रम से, कालक्रम से।
adv. date-wise.

तारीफ़ تعریف स्त्री० [अ० तअरीफ़] १. प्रशंसा। २. लक्षण। ३. परिभाषा। ४. वर्णन, विवरण। ५. विशेषता, गुण।
m. 1. praise. 2. a symptom. 3. a definition. 4. description, details. 5. a virtue.

तारीफ़ी تعریفی वि०[अ० तअरीफ़ी] १. तारीफ़-संबंधी। २. प्रशंसनीय।
adj. 1. of or relating to priase. 2. praise-worthy.

तालअ طالع पुं० [अ०] भाग्य।
m. fate, luck.

ताला تعلی पुं० दे० 'तआला'।

तालाब تالاب पुं० [फा०] जलाशय, सरोवर।
m. a water-pond, reservoir.

तालिब طالب वि० पुं० [अ०] [बहु० तालिबान, तुल्बा] १. ढूँढ़ने या तलाश करनेवाला। २. चाहनेवाला।
adj. & m. 1. an investigator. 2. desirous.

तालिब-इल्म طالب علم पुं० [अ०] [भाव० तालिब-इल्मी] विद्यार्थी।
m. a student.

तालीक़ा تعلیقہ पुं० [अ० तअलीक़: मि० सं० तालिका] वस्तुओं या संपत्ति आदि की सूची।
m. a list, catalogue.

तालीफ़ تالیف स्त्री० [अ०] १. ग्रन्थ की रचना या संकलन। २. आकृष्ट करना, खींचना; जैसे-तालीफ़े-क़ुलूब=दूसरों के हृदयों को अपनी ओर आकृष्ट करना।
m. 1. compilation of a book. 2. act of attracting, attraction.

तालीम تعلیم स्त्री० [अ० तअलीम] पढ़ाई, शिक्षा।
fem. education.

तालीम-याफ़्ता تعلیم یافتہ वि० [अ० तअलीम + फा० याफ़्त:] शिक्षित।
adj. educated.

तालील تعلیل स्त्री० [अ० तअलील] १. व्याकरण में सन्धि के नियमों के अनुसार स्वरों का परिवर्तन। २. दलील पेश करना, कारण बतलाना।
fem. 1. change in vowels according to the rules of Grammar. 2. act of giving an argument.

ताले طالع पुं० [अ० तालअ] किस्मत, भाग्य।
m. luck, fortune, fate.

तालेवर طالع ور वि० [अ० तालअ+फा० वर] धनी।
adj. wealthy, rich.

तालेह طالح वि०, पुं० [अ०] दुराचारी।
adj. & m. a rakish person, rack.

ताल्लुक़ تعلق पुं० [अ० तअल्लुक़] सम्बन्ध।
m. relation, relationship.

तावान تاوان पुं० [फा०] वह चीज जो नुकसान भरने के लिए दी जाए, दंड, डाँड।
m. fine, penalty.

तावीज़ تعویذ पुं० [अ० तअवीज़] यंत्र-मंत्र या कवच जो किसी संपुट के भीतर रखकर पहना जाए।
m. an amulet.

तावील تاویل स्त्री० [अ०] १. व्याख्या। २. किसी बात के विशेषत: स्वप्न आदि के शुभाशुभ फल कहना। ३. गलत परिभाषा।
m. 1. explanation. 2. act of explaining the resultant effect of a dream. 2. wrong explanation.

ताश تاش पुं० [उर्दू] १. एक प्रकार का रेशमी कपड़ा, बादला। २. खेलने के लिए मोटे कागज के चौखूँटे टुकड़े जिन पर रंगों की बूटियाँ या तस्वीरें

बनी रहती हैं।
m. 1. a kind of silken cloth. 2. playing cards.

ताशा تاشہ पुं०[अ० ताश:] चमड़ा मढ़ा हुआ एक प्रकार का बाजा।
m. a kettle-drum.

तास تاش पुं० दे०'ताश'।

तासा تاشہ पुं० दे० 'ताशा'।

तासीर تاثیر स्त्री० [अ०] १. असर, प्रभाव। २. किसी ओषधि का गुण।
fem. 1. effect. 2. the property of a medicine.

तासीस تاسیس स्त्री० [अ०] नींव।
fem. the foundation of a building.

तास्सुफ़ تعسّف पुं० [अ० तअस्सुफ़] अफसोस, खेद, दुख।
m. regret.

तास्सुब تعصّب पुं० दे० 'तअस्सुब' (पक्षपात)।

तास्सुर تاثّر पुं० दे०'तासीर'।

ताहम تاہم क्रि० वि० [फा०] तो भी, तिसपर भी, इतना होने पर भी।
adv. even so, even then.

ताहरी طاہری स्त्री० दे०'ताहिरी'।

ताहिर طاہر वि०[अ०] १. शुद्ध। २. पवित्र।
adj. 1. pure, 2. sacred.

ताहिरी طاہری स्त्री०[अ०] एक प्रकार की खिचड़ी।
fem. a dish of rice and pulse.

तिक-व-दौ تگ ودو स्त्री० [फा०] १. दौड़-धूप। २. पैरवी। ३. चिंता।
fem. 1. hectric activity, bustle. 2. act of conducting suit in a law court. 2. anxiety, worry.

तिक्का[1] تکّا पुं०[फा० तिक्क:] मांस का टुकड़ा, बोटी।
***मुहा०* तिक्का-बोटी उड़ाना**=टुकड़े- टुकड़े करना।
m. a slice or piece of flesh.
id. act of slicing or cutting into pieces.

तिक्का[2] تکّا पुं० [अ० तिक्क:] इज़ारबन्द।
m. string or lace of trousers.

तिग़दौ تگدو पुं० दे०'तिक-व-दौ'।

तिजारत تجارت स्त्री०[अ०] व्यापार, रोज़गोर।
fem. trade, business.

तिजारती تجارتی वि०[अ०] तिजारत या रोज़गार-संबंधी, व्यापारिक।
adj. of a pertaining to trade.

तितिम्मा تتمہ पुं०[अ० तितिम्म:] परिशिष्ट।
m. an appendix.

तिफ़्ल طفل पुं०[अ०] [बहु० अतफ़ाल] बच्चा, बालक, लड़का।
m. a child, boy.

तिफ़्ली طفلی स्त्री०[अ०] बचपन।
fem. boyhood.

तिब طب स्त्री० [अ०] युनानी चिकित्सा-शास्त्र।
fem. Greek system of treatment.

तिबाबत طبابت स्त्री० [अ०] तबीब का काम या पेशा, चिकित्सा।
fem. the profession of a medical practioner, medical treatment.

तिब्न تبن स्त्री०[अ०] घास।
fem. grass.

तिब्बी طبی वि० [अ०] तिब्ब या यूनानी चिकित्सा-संबंधी।
adj. or of pertaining to the Greek system of treatment.

तिरयाक़ تریاق पुं० [अ० तिर्याक़] १. ज़हर मोहरा जिससे साँप के विष का प्रभाव नष्ट होता है। २. सब रोगों की रामबाण ओषधि।
m. 1. a kind of stone which absorbs poison. 2. a remedy of all diseases.

तिला[1] تلا पुं० [फा०] मालिश का तेल।
m. an oil for massage.

तिला[2] طلا पुं० [अ०] सोना, स्वर्ण।
m. gold.

तिलाई طلائی वि० [अ०] सोने का।
adj. golden.

तिलाक़ طلاق पुं० दे०'तलाक़'।

तिलाकारी طلاکاری स्त्री० [अ०+फा०] सोने का मुलम्मा चढ़ाने का काम।
fem. act of veneering

तिलादानी تلادانی स्त्री० [फा०] वह थैली जिसमें दर्जी या स्त्रियाँ सुई, तागा आदि रखती हैं।
m. a small bag for keeping thread, needle etc.

तिलावत تلاوت स्त्री० [अ०] १. पढ़ना। २. कुरान का पाठ।
fem. 1. act of reading. 2. study of Quran.

तिलिस्म طلسم पुं० [अ०] १. जादू, इन्द्रजाल। २. अद्‌भुत या अलौकिक व्यापार, करामात।
m. 1. magic. 2. a miracle.

तिलिस्मात طلسمات पुं० [अ० 'तिलिस्म' का बहु०]।

तिलिस्मी طلسمی वि० [अ०] तिलिस्म-संबंधी।
adj. magical.

तिल्ला طلا पुं० [फा०] सोना।
m. gold.

तिश्नगी تشنگی स्त्री० [फा०] प्यास, पिपासा।
fem. thirst.

तिश्ना[१] تشنیع पुं० [अ० तिश्नुअ] व्यंग्य, ताना।
m. a taunt.

तिश्ना[२] تشنہ वि० [फा० तिश्न:] १. प्यासा। २. परम इच्छुक या उत्सुक।
पद तिश्ना-लब=प्यासा।
adj. 1. thirsty. 2. desirous, eager.
ph. thirsty.

तिहाल طحال स्त्री० [अ०] पेट के अन्दर की तिल्ली, प्लीहा।
fem. spleen.

तिही تہی वि० [अ०] रिक्त, खाली।
adj. empty, vacant.

तीनत طینت स्त्री० [अ०] प्रकृति, स्वभाव, आदत।
पद बद-तीनत=दुष्ट स्वभाववाला।
fem. nature, disposition, habit.
ph. ill-tempered.

तीमार تیمار स्त्री० [फा०] बीमार की टहल।
fem. attendance on a patient, nursing.

तीमारदार تیماردار वि० पुं० [फा०] [भाव० तीमारदारी] १. रोगी की सेवा-शुश्रूषा करनेवाला। २. सहानुभूति रखनेवाला।
adj. & m. 1. an attendant on a patient. 2. sympathetic.

तीर تیر पुं० [फा०] बाण, शर।
पद तीर-ब-हदफ़=ठीक निशाने पर, अचूक।
m. an arrow.
id. hitting the thing aimed at, on target.

तीर-अंदाज़ تیرانداز पुं० [फा०] तीर चलानेवाला।
m. an archer.

तीर-अंदाज़ी تیراندازی स्त्री० [फा०] धनुष विद्या।
fem. archery.

तीरग़र تیرگر पुं० [फा०] [भाव० तीरगरी] तीर बनानेवाला।
m. an expert in making arrows.

तीरगी تیرگی स्त्री० [फा०] अंधकार, अँधेरा।
fem. darkness.

तीरा تیرہ वि० [फा० तीर:] अंधकारपूर्ण, अँधेरा।
adj. dark.

तीरादिल تیرہ دل वि० [फा० तीर:] कलुषित हृदयवाला।
adj. sly, cunning.

तीराबख़्त تیرہ بخت वि० [फा० तीर: बख़्त] अभागा।
adj. unlucky, unfortunate.

तुंग تنگ पुं० [फा०] अनाज आदि रखने का बोरा।
m. a sack.

तुंद تند वि० [फा०] १. तेज, तीक्ष्ण। २. उग्र, उत्कट। ३. भीषण, विकट। ४. कडुवा, कटु।
adj. 1. sharp, piercing. 2. aggressive. 3. drastic. 4. bitter.

तुंदख़ू تندخو वि० [फा०] जिसका स्वभाव उग्र हो, कड़े मिजाज का।
adj. hot-tempered, violent.

तुंदबाद تندباد स्त्री० [फा०] आँधी, झक्कड़।
fem. a sudden strong wind, squall.

तुंदी تندی स्त्री० [फा०] १. तेज़ी, तीक्ष्णता। २. उग्रता, उत्कटता। ३. विकटता।
fem. 1. sharpness. 2. intensity. 3. awfulness.

तुकमा تکمہ पुं० [तु० तुकम:] घुंडी फँसाने का फंदा, मुद्धी।
m. a noose.

तुक्का تکہ पुं० [फा०] बिना फर का तीर, बिना नोक का तीर।
m. an arrow without a head.

तुख़्म تخم पुं० [फा०] १. बीज। २. अंडा। ३. औलाद। ४. वीर्य।
m. 1. seed. 2. an egg. 3. an offspring. 4. semen.

तुख़्मा تخمہ पुं० [अ० तुख़्म:] १. अपच, बदहज़मी। २. संग्रहणी रोग।
m. 1. indigestion. 2. chronic diarrhoea.

तुग़यान طغیان पुं० [अ० तुग़्यान] १. अन्याय, जुल्म। २. अवज्ञा।
m. 1. injustice, cruelty. 2. disobedience.

तुग़यानी طغیانی स्त्री० [अ० तुग़्यानी] नदी आदि की बाढ़।
fem. flood.

तुग़रा طغرا पुं० [तु० तुग्रा] एक प्रकार की लेखन-प्रणाली जिसके अक्षर पेचीले होते हैं।
m. a sort of intricate hand-writing.

तुग़लक़ تغلق पुं० [अ०] [वि० तुग़लक़ी] सरदार।
m. a leader, chieftain.

तुजुक تزک पुं० [अ०] १. वैभव, शान। २. नियम, कानून। ३. आत्मचरित्र (विशेषत: किसी बादशाह का लिखा हुआ आत्मचरित्र)। ४. व्यवस्था।
m. 1. glory, grandeur. 2. rule, law. 3. autobiography sply written by a king. 4. management.

तुतुक تتک पुं० [फा०] १. परदा। २. खेमा।
m. 1. a curtain. 2. a tent.

तुनक تنک वि० [फा०] १. दुर्बल, कमजोर। २. नाजुक, कोमल। ३. हलका, सूक्ष्म।

adj. 1. weak. 2. tender, mild. 3. light-weight, minute.

तुनक-मिज़ाज تنک مزاج वि० [फा०] [भाव० तुनक-मिज़ाजी] बात-बात पर बिगड़ने या रंज होनेवाला, चिड़चिड़ा।
adj. quick-tempered.

तुनक-हवास تنک حواس वि० [फा०] [भाव० तुनक-हवासी] जिसके मन पर किसी बात का बहुत जल्दी प्रभाव पड़े।
adj. easily effected or provoked.

तुपक تپک स्त्री० [तु०] तोप।
fem. a cannon, gun.

तुपकची تپکچی पुं० [फा०] तोप चलानेवाला, तोपची।
m. a gunner.

तुफ़ंग تفنگ स्त्री० [फा०] बन्दूक।
fem. a gun.

तुफ़ंगची تفنگچی पुं० [फा०] वह जो बन्दूक चलाता हो।
m. a gunner.

तुफ़ تف विस्मयादि [फा०] थुड़ी है, लानत है, धिक्कार है।
interj. Damn it.

तुफ़ूलियत طفولیت स्त्री० दे० 'तिफ़्ली'।

तुफ़ैल طفیل पुं० [अ०] साधन।
***मुहा०* किसी के तुफ़ैल से**=किसी के द्वारा।
m. means.
id. by or through someone.

तुफ़ैली طفیلی वि० [अ०] १. अनाहूत। २. आश्रित।
adj. 1. uninvited. 2. dependent.

तुफ़्फ़ाह تفاح पुं० [अ०] सेब।
m. an apple.

तुम-तुराक़ طمطراق पुं० [फा०] १. तड़क-भड़क, शान-शौकत। २. ठसक, बनावट।
m. 1. pomp and show. 2. affected manners, artificiality.

तुमान تومان पुं० [अ०] १. भाईचारा। २. सेना।
***मुहा०* तुमान बाँधना**=सेना एकत्र करना।
m. 1. brotherhood. 2. army.
id. to raise army.

तुरंग़बीन ترنگبین पुं० दे० 'तुरंज़बीन'।

तुरंज ترنج पुं० [फा०] चकोतरा।
m. a large fruit of citrus family.

तुरंजबीन ترنجبین पुं० [फा० तरंज़ुबीन] नीबू के रस का शरबत।
m. a sweet drink dashed with lemon.

तुरकी ترکی स्त्री० दे० 'तुर्की'।

तुरफ़गी ترفگی स्त्री० [अ० तुर्फ़गी] बालों की लट।
fem. a lock of hair.

तुरफ़त-उल्-ऐन طرفۃ العین पुं० [अ०] १. एक बार पलक झपकाना। २. उतना कम समय जितना एक बार पलक झपकाने में लगता है।
m. 1. an act of blinking, blink. 2. time used in blinking once.

तुरफ़ा طرفہ वि० [अ० तुर्फ़:] विचित्र, अनोखा, विलक्षण।
adj. unique, peculiar.

तुरबत تربت स्त्री० [अ० तुर्बत] कब्र, समाधि।
fem. a grave or tomb.

तुराब تراب स्त्री० [अ०] १. जमीन। २. मिट्टी, मृत्तिका, खाक।
fem. 1. land, earth. 2. clay, dust.

तुर्क ترک पुं० [तु०] १. तुर्किस्तान का निवासी। २. तुर्की।
m. 1. an inhabitant of Turky. 2. Turkish soldier.

तुर्कमान ترکمان पुं० [फा०] एक जाति का नाम।
वि० तुर्कों के समान वीर।
m. name of a particular race.
adj. brave like a Turkish soldiers.

तुर्कसवार ترک سوار पुं० [तु०+फा०] घुड़सवार, अश्वारोही।
m. a horseman.

तुर्की ترکی स्त्री० [तु०] १. एक देश, तुर्किस्तान। २. तुर्किस्तान की भाषा।
***मुहा०* तुर्की-ब-तुर्की जवाब देना**=जैसे को तैसा उत्तर देना, भरपूर उत्तर देना।
पुं० १. तुर्किस्तान का निवासी, तुर्क। २. तुर्किस्तान का घोड़ा।
fem. 1. a name of a country. 2. its language.
id. to retort.
m. 1. an inhabitant of Turkey. 2. a horse of Turkey.

तुर्रा طرہ पुं० [अ० तुर:] १. घुँघराले बालों की लट जो माथे पर हो, काकुल। २. परों का फूँदना जो पगड़ी में लगाया या खोंसा जाता है, कलगी, गोशवारा।
m. 1. a lock of curly hair. 2. an ornamental tassel worn on turban.

तुर्श ترش वि० [फा०] १. खट्टा, अम्ल। २. कठोर, कड़ा। ३. दुखी।
adj. 1. sour. 2. hard. 3. unhappy.

तुर्शरू ترش رو वि० [फा०] कड़ी और अनुचित बातें कहनेवाला, उग्र स्वभाववाला।

adj. acrimonious, violent.

तुर्शरूई ترش روئی स्त्री० [फा०] कठोर और अनुचित बातें कहना।
fem. act of speaking hard truth.

तुर्शी ترشی स्त्री० [फा०] १. खट्टापन। २. व्यवहार आदि की कठोरता।
fem. 1. sourness. 2. harsh behaviour.

तुलबा طلبہ पुं० [अ० तुलबः; 'तालिब' का बहु०] विद्यार्थी लोग।
m. (plu.) students.

तुलूअ طلوع पुं० [अ०] सूर्य या किसी नक्षत्र का उदय होना।
m. rising of the sun, moon, star etc.

तुवांगर توانگر वि० [फा० तुवंगर] १. धनी। २. शक्तिशाली।
adj. 1. rich. 2. powerful.

तुवांगरी توانگری स्त्री० [फा० तुवंगरी] १. रईसी। २. शक्तिमत्ता।
fem. 1. richness. 2. powerfulness.

तुहूसत تہوست स्त्री० [अ०] १. लांछन, कलंक। २. आरोप।
fem. 1. a stain. stigma. 2. a blame, accusation.

तूग़ طوغ पुं० [तु०] सेना का झंडा, निशान।
m. the flag of an army.

तूज़ुक توزک पुं० दे० 'तुज़ुक'।

तूत توت पुं० दे० 'शहतूत'।

तूतिया توتیا पुं० [अ०] १. सुरमा। २. नीला-थोथा नाम का खनिज द्रव्य।
m. 1. collyrium. 2. copper sulphate, blue vitriol.

तूती توتی स्त्री० [फा०] १. एक चिड़िया जो बहुत सुन्दर बोलती है। २. मुँह से बजाने का एक छोटा बाजा।
***मुहा०* (i) किसी की तूती बोलना**=किसी की खूब चलती होना या प्रभाव जमना। **(ii) नक़्क़ारख़ाने में तूती क़ी आवाज़ क़ौन सुनता है**=(अ) भीड़-भाड़ या शोरगुल में कही हुई बात नहीं सुनाई पड़ती। (ब) बड़े आदमियों के सामने छोटों की बात कोई नहीं सुनता।
fem. 1. a kind of small singing bird. 2. a small mouth-organ.
id. (i) to have sway over others. (ii) a. lonely voice in a uproar remaind unheard. b. No one pays attention to an ordinary person.

तूदा تودہ पुं० [फा० तूदः] १. टीला, ढूह। २. खेत की मेंड़। ३. ढेर, राशि। ४. सीमा का चिह्न, हदबन्दी।
m. 1. a mound. 2. a ridge between two fields. 3. pile, large amount. 4. border.

तुदाबंदी تودہ بندی स्त्री० [फा०] खेतों आदि की हदबंदी करना।
fem. act of preparing a ridge between the two fields.

तूफ़ान طوفان पुं० [अ०] १. ऐसा अंधड़ जिसमें खूब धूल उड़े, पानी बरसे तथा इसी प्रकार के और उत्पात हों, आँधी। २. विपत्ति, आफत। ३. हल्ला-गुल्ला। ४. झगड़ा, बखेड़ा। ५. झूठा दोषारोप, तोहमत।
***मुहा०* तूफ़ान उठाना**=झूठा अभियोग लगाना।
m. 1. a storm. 2. calamity, mishap, 3. uproar, tumult. 4. a quarrel. 5. false accusation.
id. to hold someone falsely responsible for doing wrong.

तूफ़ानी طوفانی वि० [अ० तूफ़ान] १. बखेड़ा करनेवाला, उपद्रवी, फसादी। २. झूठा कलंक लगानेवाला। ३. उग्र, प्रचंड।
adj. 1. quarrelsome. 2. accusing some-one falsely. 3. aggressive, violent.

तूबा طوبیٰ पुं० [अ०] स्वर्ग का एक वृक्ष जिसके फल परम स्वादिष्ट माने जाते हैं।
m. a heavenly tree.

तूमार طومار पुं० [अ०] बात का व्यर्थ विस्तार, बात का बतंगड़।
m. fuss, storm.

तूर تور पुं० [अ०] १. एक पर्वत का नाम। २. सेना।
m. 1. name of a mountain. 2. army.

तूरा تورا पुं० दे० 'तोरा'।

तूरानी تورانی वि० पुं० [फा०] तुर्क।
adj. Turkish.
m. an inhabitant of Turky.

तूल طول पुं० [अ०] लम्बाई, विस्तार।
***मुहा०* तूल खींचना या पकड़ना**=बहुत बढ़ जाना, विस्तार का आधिक्य हो जाना।
पद (i) तूल कलाम=(अ) लम्बी-चौड़ी बातें। (ब) कहा-सुनी, झगड़ा। **(ii) तूल-तवील**=लम्बा चौड़ा, विस्तृत।
m. width.
id. to carry too far.
ph. (i) (a) exaggerated matter. (b) alterca-tion. (ii) large, huge.

तूलानी طولانی वि० [अ०] लम्बा।
adj. long.

तूलुल्बलद طول البلد पुं० [अ०] देशान्तर-रेखा।
m. longitude.

तूस طوس पुं० [फा०] एक प्रकार का बढ़िया ऊनी कपड़ा।
m. a kind of woolen cloth.

तूसी طوسی वि० [फा० तूस] भूरे रंग का (कपड़ा)।
adj. brown.

तेग़ تیغ स्त्री० [फा०] तलवार, खड्ग।
पद तेग़े सितम=सितम की तलवार।
fem. a sword, scimitar.
ph. sword of oppression.

तेग़ा تیغہ पुं० [फा० तेग़:] एक प्रकार की छोटी चौड़ी तलवार।
m. a small scimitar or sowrd.

तेज़ تیز वि० [फा०] १. तीक्ष्ण या पैनी धारवाला। २. जल्दी चलनेवाला। ३. चटपट काम करनेवाला, फुरतीला। ४. महँगा। ५. उग्र, प्रचंड। ६. तीव्र बुद्धिवाला।
adj. 1. sharp-edged, sharp. 2. fast moving. 3. agile. 4. costly. 5.violent. 6. intelligent, sharp.

तेज़दस्त تیزدست वि० [फा०] [भाव० तेज़दस्ती] जल्दी काम करनेवाला, फुरतीला।
adj. agile, nimble.

तेज़मिज़ाज تیزمزاج वि० [फा०] [भाव० तेज-मिज़ाजी] १. उग्र स्वभाववाला। २. क्रोधी।
adj. 1. hot-tempered. 2. wrathful.

तेज़रफ़्तार تیزرفتار वि० [फा०] [भाव० तेज़रफ़्तारी] तेज चलनेवाला, शीघ्रगामी।
adj. quick-moving, fast.

तेज़ाब تیزاب पुं० [फा०] [वि० तेज़ाबी] औषध के काम के लिए किसी क्षार पदार्थ का तरल रूप में तैयार किया हुआ अम्ल-सार जो द्रावक होता है।
m. acid.

तेज़ी تیزی स्त्री० [फा०] १. तेज़ होने की अवस्था या भाव। २. तीव्रता। ३. आक्रामकता। ४. शीघ्रता। ५. महँगी।
fem. 1. sharpness. 2. intensity. 3. aggressiveness. 4. haste. 5. dearness.

तेशा تیشہ पुं० [फा० तेश:] १. बसूला नामक औज़ार। २. कुदाल।
m. 1. an adze. 2. a hoe.

तै طے पुं० [अ०] निबटारा, फैसला।
पद तै-तमाम=अन्त, समाप्ति ।
वि० १. जिसका निबटारा या फैसला हो चुका हो। २. जो पूरा हो चुका हो। ३. जो पार किया जा चुका हो।
m. settlement, decision.
ph. end, completion.
adj. 1. settled, decided. 2. completed. 3. traversed.

तैनात تعینات वि० [अ० तअय्युनात] किसी काम पर लगाया या नियत किया हुआ, मुकर्रर, नियत, नियुक्त।
adj. appointed, posted.

तैनाती تعیناتی स्त्री० [अ० तअय्युनात] १. मुकर्ररी, नियुक्ति। २. किसी विशिष्ट कार्य के लिए पहरेदार सैनिक रखना।
fem. 1. appointment. 2. appointment of watchmen.

तैयार تیار वि० [अ०] १. प्रस्तुत, उपस्थित, मौजूद। २. उद्यत, तत्पर, मुस्तैद। ३. हृष्ट-पुष्ट, मोटा-ताज़ा।
m. 1. ready, ready-made. 2. prepared, willing. 3. hale and hearty.

तैयारा طیارہ पुं० [अ० तैयार:] १. गुब्बारा। २. हवाई जहाज़।
m. 1. a balloon. 2. an aircraft.

तैयारी تیاری स्त्री० [अ०] १. तैयार होने की क्रिया या भाव, दुरुस्ती। २. तत्परता, मुस्तैदी। ३. शरीर की पुष्टता। ४. प्रबन्ध आदि के सम्बन्ध की धूमधाम।
fem. 1. readiness. 2. preparedness. 3. strength of the body. 4. preparation.

तैर طیر पुं० [अ०] [बहु० तयूर] पक्षी, चिड़िया।
m. a bird.

तैश طیش पुं० [अ०] आवेश, क्रोध।
m. wrath, anger.

तोता طوطا पुं० [फा०] एक प्रसिद्ध पक्षी, कीर, सूआ।
m. a parrot.

तोदरी تودری स्त्री० [फा०] एक प्रकार का कँटीला पौधा जिसके बीज दवा के काम में आते हैं।
fem. name of a medicinal plant.

तोदा تودہ पुं० दे० 'तूदा'।

तोप توپ स्त्री० [तु०] एक प्रकार का बहुत बड़ा अस्त्र जो प्रायः दो या चार पहियों की गाड़ी पर रखा रहता है और जिसमें गोले रखकर युद्ध के समय शत्रुओं पर चलाए जाते हैं।
fem. a cannon.

तोपख़ाना توپخانہ पुं० [तु०+फा० ख़ान:] १. युद्ध में प्रयुक्त तोपों का समूह। 2. तोपों को चलानेवाली सेना।
m. 1. large guns used in warfare, artillery. 2. the armed forces that use artillery.

तोपची توپچی पुं० [तु० तोप+ची (प्रत्य०)] तोप चलानेवाला, गोलंदाज।
m. a gunner.

तोबरा توبرہ पुं० [फा० तोबर:] वह थैली जिसमें से घोड़ा दाना खाता है।
m. a bag containing feed fastened around the head of a horse, nosebag.

तोबा توبہ स्त्री० [फा० तौब:] किसी अनुचित कार्य को भविष्य में न करने की शपथपूर्वक दृढ़-प्रतिज्ञा।
***मुहा०* (i) तोबा तिल्ला करना या मचाना**=रोते, चिल्लाते या दीनता दिखलाते हुए तोबा करना। **(ii) तोबा बोलवाना**=पूर्ण रूप से परास्त करना।
fem. a vow to desist from doing some-

thing again.
id. (i) to take such a vow in a crying manner. (ii) to pressurize someone into taking such a bow.

तोरा توره पुं० [तु० तोर:] १. वह थाल जिसमें तरह-तरह के समान रखे हों। २. अभिमान, घमंड। ३. वे सामाजिक नियम आदि जो चंगेजखाँ ने प्रचलित किए थे। ४. नियम।
m. a large plate with so many items of food. 2. pride, conceit. 3. the rules issued by चंगेजखाँ. 4. a rule.

तोला تولہ पुं० [फा० तोल:] कुत्ते का बच्चा, पिल्ला।
m. a puppy.

तोश توش पुं० [फा०] १. छाती, सीना। २. शारीरिक बल।
पद तन व तोश=शरीर का बड़ा आकार और बल।
m. 1. chest. 2. physical strength.
ph. huge body and strength.

तोशक توشک स्त्री० [फा०] गद्दा।
fem. a mattress.

तोशदान توشدان पुं० [फा०] १. वह थैला जिसमें यात्रा के लिए भोजन आदि रखते हैं। २. कारतूस रखने की सिपाहियों की पेटी।
m. 1. a traveller's bag. 2. a belt holding cartridges.

तोशा توشہ पुं० [फा० तोश:] १. वह खाद्य पदार्थ जो यात्री मार्ग के लिए अपने साथ रख लेता है, पाथेय, कलेवा। २. साधारण खाने-पीने की चीज़।
m. 1. the provision for a journey. 2. any food item.

तोशाख़ाना توشہ خانہ पुं० [तु० तोश:+फा० ख़ान:] वह बड़ा कमरा या स्थान जहाँ राजाओं और अमीरों के पहनने के बढ़िया कपड़े, गहने आदि रहते हैं।
m. a store, store-house.

तोहफ़गी تحفگی स्त्री० [अ० तुहफ़: से फ़ा०] उत्तमता, अच्छापन।
fem. excellence, goodness.

तोहफ़ा تحفہ पुं० [अ० तुह्फ़:] [बहु० तहायफ़] सौग़ात, उपहार।
वि० अच्छा, उत्तम, बढ़िया।
m. a gift.
adj. excellent, fine.

तोहमत تہمت स्त्री० [अ० तुह्मत] वृथा लगाया हुआ दोष, झूठा कलंक।
fem. false accusation, stigma.

तोहमती تہمتی वि०, पुं० [अ० तुह्मती] दूसरों पर तोहमत या कलंक लगानेवाला।
adj. & m. one who falsely blames others.

तौ تو पुं० [फा०] परत, तह।
m. a layer.

तौअन-व-करहन طوعن و کرہن क्रि०वि० [अ०] १. आज्ञा-पालन करते हुए। २. बहुत ही कठिनता से, विवश होकर।
adv. 1. obediently. 2. with difficulty, helplessly.

तौअमान توامان पुं० [अ०] १. एक ही गर्भ से एक साथ उत्पन्न होनेवाले दो बच्चे, यमज, जुड़वाँ बच्चे। २. मिथुन राशि।
m. 1. twins. 2. Gemini (sign of the zodiac).

तौक़ طوق पुं० [अ०] १. हँसुली। २. इसी आकार का वह प्राकृतिक चिह्न जो पक्षियों आदि के गले में होता है, हँसुली।
m. 1. an ornament worn around the neck. 2. the neck-ring of a bird, necklet.

तौक़ीर توقیر स्त्री० [अ०] आदर, सम्मान, प्रतिष्ठा।
fem. respect, prestige.

तौज़ीअ توزیع स्त्री० [अ०] १. हिस्से करना। २. हिसाब का चिट्ठा, खर्रा।
fem. 1. division. 2. balance-sheet.

तौफ़ीक़ توفیق स्त्री० [अ०] १. ईश्वर की कृपा। २. श्रद्धा, भक्ति। ३. सामर्थ्य, शक्ति। ४. साधन।
fem. 1. God's favour, grace. 2. devotion. 3. capability, strength. 4. means.

तौफ़ीर توفیر स्त्री० [अ०] १. अधिकता। २. मुनाफा।
fem. 1. excess. 2. profit.

तौबा توبہ स्त्री० [अ० तौब:] दे० 'तोबा'।

तौर طور पुं० [अ०] १. चाल-ढाल, चाल-चालन। २. हालत, दशा, अवस्था। ३. तरीक़ा, तर्ज़, ढंग। ४. प्रकार, भाँति, तरह।
मुहा० तौर-बे-तौर होना=(क) बुरे लक्षण उत्पन्न होना। (क) अवस्था खराब होना।
m. 1. behaviour, conduct. 2. condition. 3. a way, manner, method. 4. kind.
id. (a) emerging of bad symptoms. (b) worsening of the condition.

तौर-तरीक़ طور طریق पुं० [अ०] रंग-ढंग, चाल-ढाल।
m. manners, behaviour.

तौरात تورات पुं० दे० 'तौरेत'।

तौरेत توریت पुं० [इब्रा०] यहूदियों का प्रधान धर्म-ग्रन्थ जो हज़रत मूसा पर प्रकट हुआ था।
m. the sacred book of the jews.

तौसीअ توسیع स्त्री० [अ०] फैलाव, विस्तार।
fem. expansion, extention.

तौसन توسن पुं० [फा०] घोड़ा।

m. a horse.

तौसीक़ توثیق स्त्री० [अ०] १. दृढ़ता। २. समर्थन, पुष्टि।
fem. 1. firmness. 2. confirmation, support.

तौसीफ़ توصیف स्त्री० [अ०] प्रशंसा।
fem. praise.

तौहीद توحید स्त्री० [अ०] यह मानना कि एक ही ईश्वर हैं, एकेश्वरवाद।
m. monotheism.

तौहीदपरस्त توحیدپرست वि० [अ०+फा०] अद्वैतवादी। पुं० अद्वैतवादी।
adj. monotheistic.
m. a monotheist.

तौहीन توہین स्त्री० [अ०] अप्रतिष्ठा, अपमान, बेइज्जती।
fem. insult, disrespect.

तौहीनी توہینی स्त्री० दे० 'तौहीन'।

◆

द

दंग دنگ वि० [फा०] विस्मित, चकित, आश्चर्यान्वित, स्तब्ध।
adj. surprised, amazed, stunned.

दंगल دنگل पुं० [फा०] १. पहलवानों की वह कुश्ती जो जोड़ बदकर हो और जिसमें जीतनेवाले को इनाम आदि मिले। २. अखाड़ा, मल्ल-युद्ध का स्थान। ३. जमावड़ा, समूह, जमात, दल। ४. बहुत मोटा गद्दा या तोशक।
m. 1. wrestling competition. 2. wrestling arena. 3. large gathering, assemblage. 4. a thick mattress.

दंगा دنگا पुं० [फा० दंगल] १. फसाद, उपद्रव। २. गुल-गपाड़ा, शोरगुल।
m. 1. disturbance, roit. 2. tumult.

दंदाँ دنداں पुं० [फा० मि० सं० दन्त] दाँत, दन्त।
m. a tooth.

दंदाँ-शिकन دنداں شکن वि० [फा०] दाँत-तोड़, कठोर।
adj. hard to break with teeth.

दंदाँसाज़ دنداں ساز पुं० [फा०] दाँत का डाक्टर, दंतकार।
m. a dentist, dental practitioner.

दंदाना دندانہ पुं० [फा० दंदान:] दाँत के आकार की उभरी हुई वस्तु, दाँता, जैसे—आरे या कंघी का दन्दाना।
m. a tooth like part of a wheel, comb etc. a tooth.

दकन دکن पुं० [उ० सं० दक्षिण] दक्षिणी भूभाग, दक्षिण।
m. the South.

दक़ाइक़ دقائق स्त्री० [अ० दक़ीक़ का बहु०] सूक्ष्मताएँ।
fem. minute points.

दक़ियानूस دقیانوس पुं० [अ० दक़्यानूस] फारस और अरब का एक पुराना बादशाह जो बहुत बड़ा अत्याचारी था।
वि० १. पुराना, प्राचीन। २. बहुत वृद्ध, बुड्ढा।
m. the name of a king of Iran who was very cruel.
adj. 1. old, ancient. 2. aged, old.

दक़ियानूसी دقیانوسی वि० [अ० दक़्यानूसी] १. अत्यन्त प्राचीन। २. बहुत पुराना।
adj. 1. old, ancient. 2. backward-looking outdated.

दक़ीक़ دقیق वि० [अ०] [बहु० दक़ाइक़] १. बारीक, महीन। २. नाजुक, कोमल। ३. मुश्किल, कठिन।
adj. 1. minute. 2. tender. 3. difficult, hard.

दक़ीक़ा دقیقہ पुं० [अ० दक़ीक़:] १. बारीकी, सूक्ष्मता। २. कठिनता। ३. विपत्ति, कष्ट। ४. क्षण, पल।
मुहा० **दक़ीक़ा बाक़ी न रखना**=कोई परिश्रम या प्रयत्न बाकी न रखना, सब-कुछ कर गुजरना।
m. 1. minuteness, subtlety. 2. a difficulty. 3. a woe, hardship. 4. a minute.
id. to do utmost.

दक़ीक़ारस دقیقہ رس वि० [अ० दक़ीक़:+फा० रस] [भाव० दक़ीक़ारसी] बारीक बातें देखनेवाला, सूक्ष्मदर्शी।
adj. having a keen eye-sight.

दख़ल دخل पुं० [अ० दख़्ल] १. अधिकार। २. कब्जा। ३. हस्तक्षेप। ४. पहुँच, प्रवेश।
m. 1. a right, privilege. 2. occupation possession. 3. interference. 4. reach, entrance.

दख़लअंदाज़ी دخل اندازی स्त्री० [फा० दख़्लअंदाज़ी] हस्तक्षेप।
fem. interference.

दख़लनामा دخل نامہ पुं० [अ० दख़्ल+फा० नाम:] वह पत्र जिसमें यह लिखा हो कि अमुक व्यक्ति को अमुक ज़मीन आदि का दखल दिया गया।
m. an official document empowering someone to occupy some property.

दख़लयाबी دخلیابی स्त्री० [अ० दख़्ल+फा० याबी] दखल या अधिकार पाना।
fem. possession.

दख़ील دخیل वि०, पुं० [अ०] जिसका दख़ल या कब्जा हो, अधिकार रखनेवाला।
adj. & m. an occupant.

दख़ीलकार دخیل کار पुं० [अ०+फा०] वह आदमी जिसने किसी जमींदार के खेत या जमीन पर कम-से-कम बारह वर्ष तक अपना दखल रखा हो।
m. an occupant.

दख़ीलकारी دخیل کاری स्त्री० [अ० + फा०] दखीलकार होने का भाव।
fem. the action of occupying or the state of being occupied, occupation.

दख़ूल دخول पुं० [अ०] दाखिल होना, अन्दर जाना, प्रवेश।
m. entry, admission.

दख़्मा دخمہ पुं० [फा० दख़्म:] पारसियों की वह कुआँनुमा इमारत जिसमें शव रखते हैं।
m. a well type building in which Parsees put corpses.

दख़्ल دخل पुं० [अ०] कब्जा, अधिकार, दखल।
m. possession, occupation.

दख़्लयाब دخلیاب वि० [अ०+फा०] जिसपर कब्जा हुआ हो, अधिकार में लाया हुआ।
adj. under possession.

दग़दग़ा دغدغہ पुं० [अ० दग़दग़:] १. डर, भय। २. सन्देह। ३. एक प्रकार की कंडील।
m. 1. fear, fright. 2 doubt, suspicion. 3. a type of candle.

दग़ल دغل पुं० [अ०] १. छल, कपट, फरेब। २. हीला, बहाना।
पद **दग़ल-फ़सल**=छल-कपट।
वि० दग़ाबाज़, कपटी।
m. 1. deception, treachery, fraud. 2. an excuse.
ph. fradulent deception.
adj. deceitful, treacherous.

दग़ा دغا स्त्री० [अ०] छल-कपट, धोखा। (हिंदी में पुं० है।)
fem. deceit, deception, treachery, fraud.

दग़ादार دغادار वि० दे० 'दग़ाबाज़'।

दग़ाबाज़ دغاباز वि० [फा०] धोखा देनेवाला, छली, कपटी।
adj. deceitful, treacherous.

दग़ाबाज़ी دغابازی स्त्री० [फा०] दगा।
fem. deceitfulness.

दज्जाल دجال वि० [अ०] १. काना, एकाक्ष। २. दुष्ट, पाजी। ३. छली।
adj. 1. one-eyed, 2. wicked. 3. deceitful.

ददा ددا स्त्री० [तु० ददह] बच्चों का पालन-पोषण करनेवाली नौकरानी, दाई।
fem. a midwife, nurse.

दफ़ دف स्त्री० [फा०] डफ नाम का बाजा।
पुं० १. ज़हर, विष। २. जोश, आवेग। ३. क्रोध, गुस्सा। ४. तेजी, उग्रता।
fem. tambourine.
m. 1. poison. 2. enthusiasm, zeal. 3. wrath, anger. 4. intensity, aggressiveness.

दफ़अतन् دفعتاً क्रि० वि० [अ० दफ़्अतन्] अचानक, सहसा, एकाएक।
adv. at once, immediately, suddenly.

दफ़्तर دفتر पुं० दे० 'दफ़्तर'।

दफ़्तरी دفتری पुं० = दफ़्तरी।
m. a book-binder.

दफ़्ती دفتی स्त्री० [अ० दफ़्ती] काग़ज़ के कई तख़्तों को एक में सटाकर बनाया हुआ गत्ता।
fem. cardboard.

दफ़्न دفن पुं० [अ० दफ़्न] किसी चीज को विशेषत: मुरदे को ज़मीन में गाड़ने की क्रिया।
m. act of burying a corpse, burial.

दफ़ा[1] دفعہ स्त्री० [अ० दफ़्अ:] १. बार, बेर। २. किसी कानूनी किताब का वह अंश जिसमें किसी एक अपराध के सम्बन्ध में व्यवस्था हो, धारा।
मुहा० **दफ़ा लगाना**=अभियुक्त पर किसी दफा के नियमों को घटाना।
fem. 1. time. 2. a section.
id. to book someone under a particular section.

दफ़ा[2] دفع पुं० [अ० दफ़:] दूर करना, हटाना।
पद **रफ़ा-दफ़ा करना**=विवाद आदि मिटाना।
m. act of dismissing or rejecting.
ph. to discard or dispose of, to finish (the matter).

दफ़ाइन دفائن पुं० [अ०] 'दफ़ीना' का बहु०।

दफ़ात دفعات स्त्री० [अ० 'दफ़ा' का बहु०] धाराएँ।
fem. (plu.) sections.

दफ़ातन् دفعتاً क्रि० वि० [अ० दफ़्अतन्] अचानक, अकस्मात्।
adv. suddenly, all of a sudden.

दफ़ातर دفاتر पुं० [अ०] 'दफ़्तर' का बहु०।

दफ़ादार دفعدار पुं० [अ०+फा०] फौज़ का वह कर्मचारी जिसकी अधीनता में कुछ सिपाही हों।
m. a military officer of a low rank.

दफ़ान دفان पुं० [अ० दफ़्अ] दूर या अलग करना, हटाना।
m. act of disposing or finishing.

दफ़ाली دفالی पुं० [फा०] डफली, ताशा, ढोल आदि बजानेवाला।
m. a drum-beater.

दफ़ीना دفینہ पुं० [अ० दफ़ीन:] [बहु० दफ़ाइन] गड़ा हुआ धन या खजाना।
m. a buried treasure.

दफ़ैया دفیہ पुं० [अ० दफ़ईय:] १. दफ़ा या दूर करने की क्रिया। २. दफ़ा या दूर करने की युक्ति। ३. दफ़ा या दूर करनेवाली वस्तु।
m. 1. act of disposing of. 2. a way to dispose of something. 3. something to be discarded or disposed of.

दफ़्तर دفتر पुं० [फा०] १. वह स्थान जहाँ किसी कारखाने आदि के सम्बन्ध की कुछ लिखा-पढ़ी और लेन-देन आदि हो, आफिस, कार्यालय। २. लम्बी-चौड़ी चिट्ठी। ३. सविस्तार वृत्तान्त, चिट्ठा।
m. 1. an office. 2. a long letter. 3. a long description.

दफ़्तर-निगार دفترنگار पुं० [अ०+फा०] दफ्तर में काम करनेवाला कर्मचारी, लिपिक, क्लर्क।

m. an employee, worker.

दफ़्तरी دفتری पुं० [फा०] किताबों की जिल्द बाँधने-वाला, जिल्दसाज़, जिल्दबंद।
m. a book-binder.

दफ़्ती دفتی स्त्री० दे० 'दफ़ती'।

दफ़्तीन دفتین स्त्री० [अ०] दफती।
fem. cardboard.

दबदबा دبدبہ पुं० [अ० दब्दब:] रोब-दाब, आतंक।
m. sway, overwhelming influence.

दबिस्ताँ دبستان पुं० [फा०] पाठशाला, मकतब।
m. a school.

दबीज़ دبیز वि० [फा०] १. जिसका दल मोटा हो। २. गफ, गाढ़ा।
adj. 1. bulky, fat. 2. thick.

दबीर دبیر पुं० [फा०] लिपिक, लेखक।
m. a clerk, writer.

दबूब دبوب पुं० [अ०] गड्ढा।
m. a pit.

दबूर دبور स्त्री० [अ०] पश्चिमी हवा, पछवाँ।
fem. western wind.

दम دم पुं० [फा०] १. साँस, श्वास। २. नशे आदि के लिए साँस के साथ धुआँ खींचने की क्रिया। ३. साँस खींचकर जोर से बाहर फेंकने या फूँकने की क्रिया। ४. उतना समय जितना एक बार साँस लेने में लगता है, लहमा, पल। ५. प्राण, जान, जी। 6. जीवनी-शक्ति। 7. व्यक्तित्व। ८. धोखा, छल।
***मुहा०* (i) दम अटकना या अटका होना**=किसी ओर ध्यान लगे रहने के कारण मृत्यु न होना। **(ii) दम उखड़ना या उखड़ जाना**=साँस लेने में कठिनाई होना। **(iii) दम खींचना** = साँस या कश अंदर लेना। **(iv) दम ख़ुश्क होना या ख़ुश्क हो जाना**=भयभीत हो जाना। **(v) दम ग़नीमत होना**=जीवित होना **(vi) दम घुटना या घुट जाना**=आक्सीजन के अभाव में प्राण निकलना। **(vii) दम तोड़ना या तोड़ देना**=मर जाना। **(viii) दम देना**=(क) भाप से पकाना। (ख) धोखा देना। **(ix) दम निकलना**=अत्यन्त कष्ट होना। **(x) दम निकल जाना**=प्राण निकल जाना। **(xi) दम फूलना या फूल जाना**=हाँफने लगना। **(xii) दम भरना**=किसी की सामर्थ्य के प्रति आश्वस्त होना। **(xiii) दम मारना**=कश लेना। **(xiv) दम लगाना**=ताकत लगाना। **(xv) दम लेना**=सुस्ताना। **(xvi) दम साध लेना**=हैरान होकर देखना।
पद (i) **एक दम से**=सदा के लिए। (ii) **दम पर दम** =थोड़ी-थोड़ी देर पर। (iii) **दम भर में**=तुरन्त।
m. 1. a breath. 2. a small amount of smoke inhaled, puff. 3. act of blowing a puff. 4. instant, moment. 5. life. 6. life-force. 7. personality. 8. deception, treachery.
id. (i) lingering of death. (ii) to have difficulty in breathing. (iii) to draw a puff, to inhale. (iv) to be frightened. (v) to be alive. (vi) to die due to suffocation. (vii) to die. (viii) a. to steam, b. to deceit. (ix) to feel uneasiness while giving something away. (x) to die. (xi) to pant. (xii) to show faith in someone's ability. (xiii) to draw a puff. (xiv) to apply force. (xv) to relax. (xvi) to be terror-struk.
ph. (i) forever. (ii) after short intervals. (iii) in a jiffy.

दमक़दम دم قدم पुं० [फा०] जीवन और अस्तित्व।
m. life and existence.

दमख़म دم خم पुं० [फा०] १. जीवनी-शक्ति, प्राण। २. दृढ़ता। ३. तलवार की धार और उसका झुकाव।
m. 1. life force. 2. firmness. 3. sharpness of the edge of a sword and its flexibility.

दमग़नीमत دم غنیمت वि० [फा०+अ०] आदर के योग्य।
adj. repectable.

दमदमा دمدمہ पुं० [फा० दमदम:] वह किलेबंदी जो लड़ाई के समय थैलों में बालू भरकर की जाती है, मोरचा, धुस।
m. a bunker.

दमदार دمدار वि० [फा०] १. जिसमें जीवनी-शक्ति यथेष्ट हो। २. दृढ़, मजबूत। ३. जिसमें दम या श्वास अधिक समय तक रुके। ४. जिसकी धार तेज हो, चोखा।
adj. 1. having life-force. 2. firm. 3. durable. 4. sharp.

दम-दिलासा دم دلاسا पुं० [फा०+हिं०] हिम्मत बनाए रखने के लिए की जानेवाली खाली बातें।
m. consolation.

दमपुख़्त دم پخت वि० [फा०] भाप से पकाया हुआ।
adj. cooked by steam.

दमबख़ुद دم بہ خود वि० [फा०] जो आश्चर्य, दुख आदि के कारण बोल न सके, बिल्कुल चुप, सन्न।
adj. stunned, flabbergasted.

दमबदम دم بہ دم क्रि० वि० [फा०] १. बहुत थोड़ी-थोड़ी देर पर, घड़ी-घड़ी। २. हरदम।
adv. 1. time and again. 2. always.

दमबाज़ دمباز वि० [फा०] [भाव० दमबाज़ी] धूर्त।
adj. cunning.

दमवी دموی वि० [फा०] खून से सम्बन्ध रखनेवाला, खूनी।
adj. pertaining to blood.

दमशुमारी دم شماری स्त्री० [फा०+अ०] अंतिम श्वास।
fem. the last or dying breath.

दमसाज़ دمساز पुं० [फा०] [भाव० दमसाज़ी] घनिष्ठ, मित्र, दिली दोस्त।
m. a fast friend.

दमा دمہ पुं० [फा० दमः] एक प्रसिद्ध रोग जिसमें साँस लेने में बहुत कष्ट होता हो, खाँसी आती हो और कफ बड़ी कठिनता से निकलता हो, साँस, श्वास।
m. asthma.

दमादम دمادم क्रि० वि० [फा०] लगातार।
adv. continuously.

दमान دمان वि० [फा०] १. शक्तिशाली। २. क्रोधी।
adj. 1. powerful. 2. wrathful.

दमामा دمامہ पुं० [फा० दमामः] नगाड़ा, डंका।
m. a large kettledrum.

दमार دمار पुं० [अ०] वध।
m. murder, slaughter.

दमी دمی स्त्री० [फा०] एक प्रकार का छोटा हुक्का।
fem. a small hubble-bubble.

दमीम دمیم वि० [अ०] बदशक्ल, भोंड़ा।
adj. ugly.

दमूर دمور पुं० [अ०] आक्रमण, चढ़ाई।
m. an assault.

दमेनक़्द دمِ نقد क्रि० वि० [फा०] उसी समय।
adv. at the very moment.

दयानत دیانت स्त्री० [अ० दियानत] सत्यनिष्ठा, ईमान।
fem. honesty.

दयानतदार دیانتدار पुं० [अ० दियानत + फा०] ईमानदार, सच्चा।
m. honest.

दयानतदारी دیانتداری स्त्री० [अ० दियानत + फा०] सत्यनिष्ठा, ईमानदारी।
fem. honesty.

दयार دیار पुं० [अ०] १. देश। २. नगर। ३. निवासी।
m. 1. a country. 2. a city. 3. an inhabitant.

दय्यूस دیوس वि० [अ०] निर्लज्ज।
adj. shameless.

दरंग درنگ स्त्री० [फा०] विलंब।
fem. delay.

दर در पुं० [फा०] दरवाजा, द्वार।
मुहा० दर दर या दर बदर मारा फिरना=दुर्दशाग्रस्त होकर घूमना।
क्रि० वि० [फा०] में, अन्दर।
m. a door, entrance.
id. to knock about pillar to post.
adv. in, inside.

दर-अंदाज़ درانداز पुं० [फा०] दो आदमियों में लड़ाई करानेवाला।
m. one who provokes others to clash among themselves.

दर-अंदाज़ी دراندازی स्त्री० [फा०] दो आदमियों में लड़ाई कराना।
fem. act of inciting some persons to clash each-other.

दरअस्ल دراصل क्रि०वि० [फा०+अ०] वस्तुतः, वास्तव में।
adv. really, in fact.

दर-आमद درآمد स्त्री० [फा०] १. अन्दर आने की क्रिया, आगमन। २. विदेश से माल का आना, आयात।
fem. 1. advent, arrival. 2. import.

दरकार درکار वि० [फा०] आवश्यक, अपेक्षित।
स्त्री० आवश्यकता।
adj. necessary, needed.
fem. necessity, need.

दरकिनार درکنار क्रि० वि० [फा०] एक तरफ, दूर, अलग; जैसे—देना-दिलाना तो दर-किनार, उन्होंने सीधी तरह से बात भी नहीं की।
adv. not to mention, let alone.

दरख़शाँ درخشاں वि० [फा०] चमकता हुआ, चमकीला।
adj. glittering, bright.

दरख़ास्त درخواست स्त्री० [फा० दरख़्वास्त] १. किसी बात के लिए प्रार्थना, निवेदन। २. प्रार्थना-पत्र, निवेदन-पत्र।
fem. 1. a request. 2. a written application.

दरख़ास्त-कुनिंदा درخواست کنندہ पुं० [फा० दरख़्वास्त-कुनिंदा] दरख्वास्त देनेवाला, निवेदक, प्रार्थी।
m. an applicant, applier.

दरख़्त درخت पुं० [फा०] वृक्ष, पेड़।
m. a tree.

दरख़्वास्त درخواست स्त्री० दे० 'दरख़ास्त'।

दरगाह درگاہ स्त्री० [फा०] १. चौखट, देहरी। २. दरबार, कचहरी। ३. किसी सिद्ध पुरुष का समाधि-स्थान, मकबरा।
m. 1. a threshold. 2. court, royal court. 3. a tomb of a saint.

दरगुज़र درگزر स्त्री० [फा०] १. अनदेखी। २. क्षमा।
m. 1. act of overlooking or ignoring. 2. pardon.

दरगोर درگور पुं० [फा०] वह रोगी जो कुछ दिनों का मेहमान हो।
m. a dying sick person.

दरज درج वि० दे० 'दर्ज'।

दरज़ درز स्त्री० दे० 'दर्ज़'।

दरजा درجہ पुं० दे० 'दर्जा'।

दरजात درجات पुं० दे० 'दर्जात'।

दरद درد पुं० दे० 'दर्द'।

दरदामन دردامن पुं० [फा०] १. दामन। २. सदरी पर बनाए जानेवाले बेल-बूटे।
m. 1. a part of woman's garment that hangs below the waist. 2. decorative

needle work on jacket.

दरपरदा درپرده क्रि० वि० [फा० दरपर्दः] १. परदे में। २. छिपकर, गुप्त रूप से।
adv. 1. behind a cover. 2. secretly.

दरपेश درپیش क्रि० वि० [फा०] आगे, सामने।
वि० प्रस्तुत।
adv. in front of, before.
adj. present, presented.

दरपेशी درپیشی स्त्री० [फा०] प्रस्तुतीकरण।
fem. presentation.

दरपै درپے क्रि० वि० [फा०] किसी के पीछे, किसी की तलाश में।
मुहा० किसी के दरपै होना=किसी के पीछे पड़ना, किसी को तंग करने की घात में रहना।
adv. following behind someone, in the pursuit of.
id. to go after someone, to wait in ambush.

दरबंद دربند पुं० [फा०] १. किला। २. दरवाजा। ३. पुल, सेतु।
m. 1. a fort. 2. a door. 3. a bridge.

दरबदर دربدر क्रि० वि० [फा०] एक दर से दूसरे दर, घर-घर, गली-गली।
adj. from one door to another, door after door.

दरबहिश्त دربہشت स्त्री० [फा०] एक प्रकार की मिठाई।
fem. a kind of sweet.

दरबा دربا पुं० [फा० दर] कबूतरों और मुरगों के रहने का खानेदार सन्दूक, काबुक।
m. a pigeonhole.

दरबान دربان पुं० [फा०] १. द्वारपाल। २. चौकीदार।
m. 1. a gatekeeper. 2. watchman.

दरबानी دربانی स्त्री० [फा०] दरबान का काम या पद।
fem. watchmanship.

दरबाब درباب क्रि० वि० [फा०] बारे में, विषय में।
adv. about.

दरबार دربار पुं० [फा०] १. वह स्थान जहाँ राजा या सरदार मुसाहिबों के साथ बैठते थे। २. राजसभा। ३. महाराज, राजा (रजवाड़ों में)। ४. दरवाजा, द्वार।
मुहा० (i) दरबार खुलना=दरबार में जाने की आज्ञा मिलना। **(ii) दरबार बंद होना**=दरबार में जाने की रोक होना।
m. 1. a court. 2. a royal court. 3. the king. 4. a door, gate.
id. (i) to have access to the royal court. (ii) to have not any permission to enter the court.

दरबारदारी درباردار ی स्त्री० [फा०] किसी के यहाँ बार-बार जाकर बैठना और खुशामद करना।
m. courtiership.

दरबारी درباری स्त्री० [फा०] दरबार में बैठनेवाला आदमी।
m. a courtier.

दरबारे-आम دربارعام पुं० [फा०+अ०] बादशाहों आदि का वह दरबार जिसमें साधारणतः सब लोग सम्मिलित होते हों।
m. the king's court in which ordinary people have access.

दरबारे-ख़ास دربارخاص पुं० [फा०+अ०] बादशाहों आदि का वह दरबार जिसमें केवल विशिष्ट लोग ही रहते हैं।
m. the king's court in which only distinguished people have access.

दरमाँ درماں पुं० [फा०] उपचार, इलाज।
पद फ़िक्रे-दरमाँ=इलाज की चिंता या तलाश।
m. treatment, cure.
ph. the need for treatment.

दरमाँदगी درماندگی स्त्री० [फा० दर्मांदगी] १. लाचारी, विवशता, २. विपत्ति।
fem. 1. helplessness. 2. a trouble, adversity.

दरमांदा درمانده वि० [फा० दरमांदः] १. थका हुआ, शिथिल। २. जिसके पास कोई साधन न हो, बेचारा।
adj. 1. tired, fatigued, exhausted. 2. helpless, without means.

दरमान درمان पुं० [फा०] १. चिकित्सा, इलाज। २. औषध।
m. 1. cure, treatment. 2. a medicine, drug.

दरमाहा درماہہ पुं० [फा० दरमाहः] मासिक वेतन, तनख्वाह।
m. salary.

दरमियान درمیان क्रि० वि० [फा०] मध्य।
adv. between.

दरमियानी درمیانی वि० [फा०] बीच का।
पुं० दो आदमियों के बीच के झगड़े का निबटारा करनेवाला।
adj. middle.
m. a conciliator

दरयाफ़्त دریافت स्त्री० [फा०] पूछताछ, जाँच।

दरवाज़ा دروازه पुं० [फा० दरवाज़ः] द्वार, किवाड़।
m. a door, gate.

दरवेज़ा دریوزه पुं० [फा० दरवेज़ः] भिक्षावृत्ति।
m. act of begging.

दरवेश درویش पुं० [फा०] १. फक़ीर, भिक्षुक। २. संन्यासी।
m. 1. a beggar. 2. an ascetic.

दरवेशाना درویشانہ वि० [फा० दरवेशान:] फक़ीरों का-सा।
adj. beggar-like.

दरवेशी درویشی स्त्री० [फा०] फकीरी।
fem. the state of being a 'दरवेश', beggarship.

दरसूरत درصورت क्रि० वि० [फा०+अ०] सूरत में, अवस्था में, दशा में।
adv. in that state or condition.

दरहक़ीक़त درحقیقت क्रि० वि० [फा०+अ०] वास्तव में, सचमुच।
adv. really, in fact.

दरहम درہم वि० [फा०] तितर-बितर, अव्यवस्थित।
पद दरहम-बरहम=(अ) विनष्ट। (ब) क्रुद्ध, नाराज़।
adj. scattered, disordered.
ph. (i) destroyed. (ii) angry.

दरा درا पुं० [फा०] घड़ियाल।
m. a crocodile.

दराज़ دراز वि० [फा०] लम्बा, विस्तृत।
पद शबे-दराज़=लम्बी रात।
adj. long, extensive.
ph. a long night.

दराज़दस्त درازدست वि० [फा०] [भाव० दराज़दस्ती] अन्यायी, अत्याचारी।
adj. cruel, tyrant.

दराज़दस्ती درازدستی स्त्री० [फा०] अन्याय, अत्याचार।
fem. injustice, cruelty.

दरामद درآمد स्त्री० [फा० दरआमद] आयात, विदेश से आया हुआ माल।
fem. import.

दरिंदा درندہ पुं० [फा० दरिन्दः] फाड़ खानेवाला जानवर, हिंसक पशु।
m. a wild animal.

दरिया دریا पुं० [फा० दर्या] १. नदी। २. समुद्र, सिंधु।
पद दरिया-ए-दिल=हृदय-सागर, उदार।
m. 1. a river. 2. an ocean.
ph. very liberal.

दरियाई دریائی वि० [फा० दर्याई] १. नदी-संबंधी। २. समुद्र-संबंधी, समुद्री।
स्त्री० एक प्रकार का रेशमी कपड़ा।
adj. 1. of a river. 2. of a ocean.
fem. a kind of silken cloth.

दरियाई-घोड़ा دریائی گھوڑا पुं० [फा० दर्याई+हिं०] गैंडे की तरह का एक जानवर जो अफ्रीका में नदियों के किनारे रहता है।
m. a riverhorse, hippopotamus.

दरियाई नारियल دریائی ناریل पुं० [फा०+हिं०] एक प्रकार का बड़ा नारियल जिसके खोपड़े संन्यासी या फ़क़ीर अपने पास रखते हैं।
m. a large coconut.

दरियाए शोर دریائے شور पुं० [फा०] १. (खारा) समुद्र। २. कालापानी।
m. 1. an ocean. 2. transportation of life.

दरियादिल دریادل वि० [फा०] [भाव० दरियादिली] १. उदार। २. दाता।
adj. 1. liberal. 2. one who donates, donator.

दरियाबरामद دریابرآمد स्त्री० [फा०] वह ज़मीन जो नदी के पीछे हट जाने से निकल आई हो, गंगबरार।
m. alluvial land.

दरियाबुर्द دریابرد स्त्री० [फा०] १. वह ज़मीन जो नदी के बढ़ने के कारण कट या बह गई हो, गंग-शिकस्त।
fem. the area engulfed by a river.

दरीख़ाना دریخانہ पुं० [फा० दरीखानः] १. वह घर जिसमें बहुत से द्वार हों, बारहदरी। २. बादशाही दरबार।
m. 1. a house with many doors. 2. a royal court.

दरीचा دریچہ पुं० [फा० दरीचः] १. खिड़की, झरोखा। २. खिड़की के पास बैठने की जगह।
m. 1. a window. 2. a place for sitting near the window.

दरीदा دریدہ वि० [फा० दरीदः] फटा हुआ।
पद दरीदा-दहन=निःसंकोच होकर बुरी बातें कहनेवाला, मुँहफट।
adj. torned.
ph. very frank and direct, blunt.

दरीबा دریبہ पुं० [फा० दर] पान का बाजार या सट्टी।
m. betel-leaf market.

दरूँ دروں पुं० [फा० 'दरून' का बहु०] हृदय।
m. (plu.) hearts.

दरून درون पुं० [फा०] हृदय।
m. (plu.) hearts.

दरूनी درونی वि० [फा०] भीतरी।
adj. inner, internal.

दरेज़ دریز स्त्री० [फा०] एक प्रकार की छपी मलमल या छींट।
fem. a sort of printed muslin.

दरोग़ دروغ पुं० [फा०] झूठ।
m. something said which is not true, lie.

दरोग़गो دروغ گو वि० पुं० [फा०] [भाव० दरोग़गोई] झूठ बोलनेवाला।
adj. & m. one who tells lies, liar.

दरोग़गोई دروغ گوئی स्त्री० [फा०] असत्य कथन, झूठ बोलना।
fem. act of lying, untruth.

दरोग़हल्फ़ी دروغ حلفی स्त्री० [फा०] हलफ लेकर या कसम खाकर भी झूठ बोलना, झूठी कसम खाना। (विशेषतः न्यायालय में।)
fem. act of lying after taking a vow to

tell the truth.

दरोग़ा دروغہ पुं० [फा० दारोग़:] थाने का अधिकारी।
m. a police officer, inspector of police.

दरोदीवार درودیوار पुं० बहु० [फा०] दीवारें और दरवाज़े।
m. the doors and walls.

दरोबस्त دروبست वि० [फा० दरौबस्त] कुल, पूरा, सब।
adj. all, total.

दर्क درک पुं० [अ०] १. ज्ञान। २. समझ। ३. दखल, हस्तक्षेप।
m. 1. knowledge. 2. understanding. 3. interference.

दर्की درکی वि० [अ०] ज्ञान-संबंधी।
adj. of knowledge.

दर्ज درج वि० [फा०] काग़ज पर लिखा हुआ, लिखित।
adj. noted on the paper, entered, written.

दर्ज़ درز स्त्री० [फा०] दरार, शिगाफ, झरी।
fem. a crevice.

दर्जन درجن पुं० [उर्दू] बारह की संख्या या समूह।
m. a group or set of twelve.

दर्जा درجہ पुं० [अ० दर्ज:] १. ऊँचाई-निचाई के क्रम के विचार से निश्चित स्थान, श्रेणी, कोटि, वर्ग। २. पढ़ाई के क्रम में ऊँचा-नीचा स्थान, श्रेणी, कोटि, वर्ग। ३. पद, ओहदा। ४. किसी वस्तु का वह विभाग जो ऊपर-नीचे के क्रम से हो, खंड।
क्रि० वि० गुणित, गुना।
m. 1. grade. 2. class, standard. 3. rank. 4. division.
adv. multiplied.

दर्जात درجات पुं० [अ० 'दर्जा' का बहु०] वर्ग।
m. (plu.) (different) grades.

दर्जावार درجاوار क्रि० वि० [अ० दर्ज: +फा० वार] १. दर्जे के मुताबिक़। २. सिलसिलेवार।
adv. 1. classwise, gradewise. 2. in due order.

दर्ज़ी درزی पुं० [फा०] वह पुरुष जो कपड़े सीने का व्यवसाय करता हो।
m. a tailor.

दर्द درد पुं० [फा०] १. पीड़ा, व्यथा, तकलीफ। २. दया, करुणा।
m. 1. pain, ache. 2. pity, compassion.

दर्दअंगेज़ دردانگیز वि० दे० 'दर्दनाक'।

दर्दआमेज़ دردآمیز वि० दे० 'दर्दनाक'।

दर्द आलूद دردآلود वि० [फा०] दुखी।
adj. grieved.

दर्दनाक دردناک वि० [फा०] जिसे देख या सुनकर मन में दर्द या करुणा उत्पन्न हो, पीड़ादायक, करुणाजनक।
adj. painful, pitiful, awful.

दर्दनाकी دردناکی वि० [फा०] अत्यंत पीड़ादायक।
adj. painful.

दर्दमंद دردمند वि० [फा०] १. दुखी, पीड़ित। २. सहानुभूति रखनेवाला, दर्दशरीक। ३. दयालु, कोमल-हृदय।
adj. 1. grieved, miserable. 2. sympathetic, compassionate. 3. kind, kind-hearted.

दर्दमंदी دردمندی स्त्री० [फा०] दूसरे के प्रति विपत्ति में होनेवाली सहानुभूति, हमदर्दी।
fem. sympathy, compassion.

दर्दशरीक دردشریک वि० [फा०] विपत्ति के समय साथ देने और सहानुभूति दिखानेवाला, हमदर्द।
adj. feeling of showing sympathy, sympathetic.

दर्देज़ह دردزہ पुं० [फा०] प्रसव की पीड़ा।
m. labour-pains.

दर्देदिल دردِدل पुं० [फा०] हृदय की वेदना।
m. grief, worry.

दर्देसर دردِسر पुं० [फा०] १. सिर की पीड़ा। २. कठिनाई या दिक्क़त का काम।
m. 1. headache. 2. a difficult task.

दर्देसरी دردِسری स्त्री० [फा०] कठिनता, दिक्कत, ज़हमत।
fem. a difficulty, botheration.

दर्मां درماں पुं० [फा०] उपचार, इलाज।
m. treatment, cure.

दर्रा درّہ पुं० [फा० दर्र:] पहाड़ों के बीच का सँकरा मार्ग, घाटी।
m. a route through the mountains, mountain pass.

दर्स درس पुं० [अ०] [वि० दर्सी] १. पढ़ना, अध्ययन। २. वह जो कुछ पढ़ा जाए, पाठ। ३. उपदेश।
***पद* दर्स व तदरीस**=पढ़ना-पढ़ाना।
m. 1. act of studying, study. 2. a lesson. 3. a sermon, teaching.
ph. studying and teaching.

दलायल دلائل स्त्री० [अ० 'दलील' का बहु०] दलीलें।
fem. (plu.) arguments.

दलाल دلال पुं० [अ० दल्लाल] १. वह व्यक्ति जो सौदा मोल लेने-बेचने में सहायता दे, मध्यस्थ। २. कुटना।
m. 1. a commission-agent. 2. a pimp.

दलालत دلالت स्त्री० [अ०] १. रास्ता बतलाना। २. चिह्न, पता। ३. दलील, तर्क। ४. रोब-दाब। ५. शोभा, शान।
m. 1. act of showing the way, guidance. 2. a mark or address. 3. an argument. 4. sway. 5. pomp and show.

दलाली دلالی स्त्री० [अ० दल्लाली] १. दलाल का काम। २. वह द्रव्य जो दलाल को मिलता है, कमीशन।
m. 1. the profession of a commission-

agent. 2. payment to an agent for selling goods, commission.

दलील دلیل स्त्री० [अ०] १. तर्क, युक्ति। २. बहस, वाद-विवाद।
fem. 1. an argument. 2. a debate, controversy.

दल्क़ دلق स्त्री० [अ०] फकीरों के पहनने की गुदड़ी।
fem. begger's bedding.

दल्क़पोश دلق پوش वि०, पुं० [अ०+फा०] [भाव० दल्क़पोशी] दल्क या गुदड़ी पहननेवाला फक़ीर।
adj. & m. a mendicant.

दल्व دَلو पु० [अ०] ज्योतिष में कुम्भ राशि।
m. Sagittarius, the sign of the Zodiac.

दल्लाल دلّال पुं० दे० 'दलाल'।

दल्लाला دلّالہ स्त्री० [अ० दल्लालः] १. स्त्री दलाल। २. कुटनी, दूती।
fem. 1. a female commission agent. 2. a procuress.

दवा دوا स्त्री० [अ०] १. वह वस्तु जिससे कोई रोग या व्यथा दूर हो, औषध। २. रोग दूर करने का उपाय, उपचार, चिकित्सा। ३. दूर करने की युक्ति, मिटाने का उपाय। ४. दुरुस्त करने की तदबीर।
fem. 1. medicine. 2. cure, treatment. 3. a way of solving a problem, remedy. 4. a remedial method.

दवाख़ाना دواخانہ पुं० [अ०+फा० ख़ानः] वह जगह जहाँ दवा मिलती हो, औषधालय।
m. a dispensary, drug-house.

दवात دوات स्त्री० [अ०] लिखने की स्याही रखने का पात्र, मसिपात्र।
fem. an inkpot.

दवाम دوام पुं० [अ०] नित्यता।
क्रि० वि० हमेशा, सदा, नित्य।
m. perpetuity, eternity.
adv. always, ever.

दवामी دوامی वि० [अ०] जो चिरकाल तक के लिए हो, स्थायी।
adj. permanent.

दवामी-बंदोबस्त دوامی بندوبست पुं० [अ०+फा०] ज़मीन का वह बन्दोबस्त जिसमें सरकारी मालगुजारी एक ही बार सदा के लिए मुक़र्रर हो।
m. permanent settlement.

दवायर دوائر पुं० [अ०] 'दाइरः' का बहु०] दायरे।

दश्त دشت पुं० [फा०] [वि० दश्ती] जंगल।
m. a forest, jungle.

दश्तगर्दी دشت گردی स्त्री० [फा०] जंगलों और उजाड़ जगहों में मारे-मारे फिरना।
fem. act of roaming in the forests.

दस्तंदाज़ دست انداز वि० [फा० दस्तअन्दाज़] हस्तक्षेप करनेवाला।
adj. interfering.

दस्तंदाज़ी دست اندازی स्त्री० [फा० दस्तअन्दाज़ी] हस्तक्षेप, दखल देना।
fem. interference, meddling.

दस्त دست पुं० [फा० मि० सं० हस्त] १. पतला पाखाना, विरेचन। २. हाथ।
पद **दस्ते सितम**=अत्याचार का हाथ।
m. 1. loose motion. 2. a hand.
ph. a cruel hand i.e., tyrant.

दस्तअंदाज دست انداز वि० [अ०] हस्तक्षेप करने-वाला।
adj. interfering, meddler.

दस्तअंदाजी دست اندازی स्त्री० [फा०] हस्तक्षेप।
fem. interference, meddling.

दस्तआमोज़ دست آموز वि० [फा०] हाथों पर सधाया हुआ, पालतू (पशु-पक्षी आदि)।
adj. tamed, domesticated.

दस्तक دستک स्त्री० [फा०] १. हाथ से खटखट शब्द करने या खटखटाने की क्रिया। २. बुलाने के लिए दरवाज़े की कुंडी खटखटाने की क्रिया। ३. कुर्की, वसूली का परवाना। ४. कर, महसूल।
fem. 1. a knock (on the door). 2. act of knocking. 3. attachment. 4. a tax.

दस्तक़लम دست قلم वि० [फा०+अ०] पढ़ा-लिखा, शिक्षित।
adj. educated, literate.

दस्तकार دستکار पुं० [फा०] [भाव० दस्तकारी] हाथ से कारीगरी का काम करनेवाला आदमी।
m. a craftsman.

दस्तकारी دستکاری स्त्री० [फा०] हाथ की कारीगरी, शिल्प।
fem. handicraft.

दस्तकी دستکی स्त्री० [फा०] १. वह छोटी बही या कापी जो याददाश्त लिखने के लिए हर दम पास रहे। २. वह दस्ताना जो शिकारी पक्षी पालनेवाले हाथ में पहनते हैं।
fem. 1. a note-book. 2. a hunter's hand glove.

दस्तख़त دستخط पुं० [फा०] अपने हाथ का लिखा हुआ अपना नाम।
m. signature, sign.

दस्तख़ती دستخطی वि० [फा०] १. हाथ का लिखा हुआ। २. हस्ताक्षर किया हुआ, हस्ताक्षरित।
adj. 1. hand-written. 2. signed.

दस्तगरदाँ دستگرداں वि० [फा० दस्तगर्दां] १. फेरीवाले से खरीदा हुआ (पदार्थ)। २. हाथ-उधार लिया हुआ (धन)।

adj. 1. (something) purchased from a peddler. 2. taken as a loan.

दस्तगाह دستگاہ स्त्री० [फा०] १. ताक़त। २. माल-असबाब, सम्पत्ति। ३. योग्यता।
fem. 1. power. 2. property. 3. ability.

दस्तगीर دستگیر वि०, पुं० [फा०] विपत्ति के समय हाथ पकड़नेवाला, रक्षक।
adj. & m. a helper, saviour.

दस्तगीरी دستگیری स्त्री० [फा०] १. विपत्ति के समय हाथ पकड़ना। २. सहायता।
fem. 1. act of giving a helping hand. 2. assistance.

दस्तदराज़ دستدراز वि० [फा०] [भाव० दस्तदराज़ी] १. जरा-सी बात पर मार बैठनेवाला। २. उचक्का, हथलपक।
m. 1. one who slaps even on trifles. 2. a swindler, thief.

दस्तनिगर دست نگر वि० [फा०] किसी के हाथ या दान की अपेक्षा रखनेवाला, मुखापेक्षी, गरीब, दरिद्र।
adj. depending on others, poor, pauper.

दस्तपनाह دست پناہ पुं० [फा०] कोयला आदि उठाने का चिमटा।
m. a pair of pincers.

दस्तपाक دست پاک पुं० [फा०] हाथ पोंछने का अँगोछा, रूमाल।
m. a handkerchief.

दस्तबंद دست بند पुं० [फा०] हाथ में पहनने का एक प्रकार का जड़ाऊ गहना।
m. a sort of armlet.

दस्तबख़ैर دست بخیر पद [फा०+अ०] ईश्वर करे, यह हाथ लगना शुभ हो, हमारे इस हाथ रखने का फल शुभ हो।
ph. May this attempt be auspicious.

दस्त-ब-दस्त دست بدست क्रि० वि० [फा०] हाथों-हाथ।
adv. like hot cakes.

दस्तबरदार دست بردار वि० [फा०] [भाव० दस्तबरदारी] जो किसी वस्तु पर से अपना अधिकार हटा ले।
adj. having relinquished ones' legal right.

दस्तबरदारी دست برداری स्त्री० [फा०] १. किसी काम से हाथ खींच लेना, अलग होना। २. किसी वस्तु या सम्पत्ति से अपना अधिकार या स्वत्व हटा लेना।
fem. 1. act of withdrawing support. 2. act of relinquishment of one's right, relinquishment.

दस्तबस्ता دست بستہ क्रि० वि० [फा० दस्तबस्तः] हाथ बाँधे हुए, हाथ जोड़कर।
adv. with folded hands, reverently.

दस्तबुर्द دست برد वि० [फा०] अनुचित रूप से प्राप्त किया हुआ (धन आदि)।
adj. obtained by unfair means, ill-gotten.

दस्तबोस دست بوس वि० [फा०] हाथ को चूमनेवाला।
मुहा० दस्तबोस होना=किसी बड़े के हाथ चूमकर उसका अभिवादन करना।
adj. kissing someone's palms.
id. to greet someone by kissing his palms.

दस्तबोसी دست بوسی स्त्री० [फा०] किसी बड़े का हाथ चूमकर उसका अभिवादन करने की क्रिया।
fem. act of greeting by kissing someone's palms.

दस्तमबख़ैर دستم بخیر *पद* दे० 'दस्तबख़ैर'।

दस्तमाल دستمال पुं० [फा०] रूमाल।
m. a handkerchief.

दस्तयाब دستیاب वि० [फा०] [भाव० दस्तयाबी] हस्तगत, प्राप्त।
adj. obtained, received.

दस्तयार دستیار पुं० [फा०] १. सहायक। २. उपकरण।
m. 1. an assistant, helper. 2. an instrument.

दस्तयारी دستیاری स्त्री० [फा०] सहायता।
fem. assistance, help.

दस्तरख़्वान دسترخوان पुं० [फा०] वह चादर जिसपर खाना रखा जाता है। (मुसल०)
m. dinning cloth.

दस्तरस دسترس स्त्री० [फा०] १. पहुँच, रसाई। २. सामर्थ्य, शक्ति। ३. हाथ से की जानेवाली क्रिया।
m. 1. approach, reach. 2. strength, capability. 3. masturbation.

दस्तरसी دسترسی स्त्री० दे० 'दस्तरस'।

दस्तसाज़ دست ساز वि० [फा०] हाथ से बनाया हुआ।
adj. hand-made.

दस्ता دستہ पुं० [फा० दस्तः] १. किसी औज़ार आदि का वह हिस्सा जो हाथ से पकड़ा जाता है, मूठ, बेंट। २. फूलों का गुच्छा, गुलदस्ता। ३. सिपाहियों का छोटा दल, गारद। ४. काग़ज के चौबीस या पचीस तावों की गड्डी।
m. 1. the part by which a thing is held, handle. 2. a bunch of flowers. 3. a squad, squadron. 4. a quire of paper.

दस्ताना دستانہ पुं० [फा० दस्तानः] पंजे और हथेली में पहनने का बुना हुआ कपड़ा।
m. a hand-glove.

दस्तार دستار स्त्री० [फा०] पगड़ी।
fem. a turban.

दस्तारबंद دستاربند पुं० [फा०] वह जो पगड़ियाँ बनाकर तैयार करता हो, चीराबन्द।
m. a maker of turbans.

दस्तावर دست آور वि० [फा० दस्त + आवर = लाने-

वाला] जिसके खाने या पीने से दस्त आए, विरेचक।
adj. purgative, cathartic.

दस्तावेज़ دستاویز स्त्री० [फा०] वह काग़ज़ जिसमें कुछ आदमियों के बीच के व्यवहार की बात लिखी हो और जिसपर व्यवहार करनेवालों के दस्तखत हों, व्यवहार-सम्बन्धी लेख।
fem. a document.

दस्तियाब دستیاب वि० दे० 'दस्तयाब'।

दस्ती دستی वि० [फा०] हाथ का।
स्त्री० १. हाथ में लेकर चलने की बत्ती, मशाल। २. छोटी मूठ, छोटा बेंट। ३. छोटा कलमदान। ४. रूमाल।
adj. operated, done or made by hand.
fem. 1. a handy torch. 2. a small handle. 3. a small inkpot. 4. a hankerchief.

दस्तूर دستور पुं० [फा०] १. रीति, रस्म, रिवाज, चाल, प्रथा। २. नियम कायदा, विधि।
पद (i) **दस्तूरे अदालत**=अदालत की प्रथा। (ii) **दस्तूरे मुकामी**=देश की प्रथा।
m. 1. a custom, practice. 2. a rule, law.
ph. (i) a tradition of the court. (ii) a tradition of the country.

दस्तूर-उल्-अमल دستورالعمل पुं० [फा०+अ०] १. प्रायः काम में आनेवाला नियम या परिपाटी। २. नियम, दस्तूर, क़ायदा। ३. शासन-प्रणाली।
m. 1. a convention. 2. a rule, law. 3. system of government.

दस्तूरी دستوری स्त्री० [फा० दस्तूर] वह द्रव्य जो नौकर अपने मालिक का सौदा लेने पर दुकानदारों से हक़ के तौर पर पाते हैं, कमीशन।
fem. a customery discount.

दस्ते-क़ुदरत دست قدرت पुं० [फा०] १. प्रकृति का हाथ। २. सामर्थ्य, शक्ति।
m. 1. hand of the nature i.e. the help given by the nature, 2. power, capability.

दस्तेशफ़ा دست شفا पुं० [फा० दस्तेशिफ़ा] वह जिसके हाथ की चिकित्सा से शीघ्र लाभ हो।
m. a famous and successful physician.

दस्तोपा دست وپا पुं० [फा०] १. हाथ और पैर। २. प्रयास।
m. 1. hands and feet. 2. an attempt.

दह دہ वि० [फा०] दस, नौ और एक।
adj. ten.

दहकाँ, दहक़ान دہقاں/دہقان पुं० [फा० 'देह' से अ०] १. गँवार, देहाती। २. किसान।
m. 1. a villager. 2. a farmer.

दहक़ानियत دہقانیت स्त्री० [फा० दहक़ान] गँवारपन, देहातीपन।
fem. rusticity, foolishness.

दहक़ानी دہقانی वि० [फा० 'देह' से अ०] देहातियों का-सा, गँवारू।
पुं० देहाती।
adj. tycical of the countryside, rustic, boorish.
m. a villager.

दहन دہن पुं० [फा०] मुख, मुँह।
m. a face, countenance.

दहर دہر पुं० [फा० दह्र] ज़माना, समय, युग।
m. an era.

दहरिया دہریہ पुं० [अ० दहरियः] १. वह जो ईश्वर को न मानकर केवल प्रकृति को ही सब-कुछ मानता हो। २. नास्तिक।
m. 1. a naturalist. 2. an atheist.

दहलीज़ دہلیز स्त्री० [फा०] द्वार के चौखट के नीचेवाली लकड़ी जो ज़मीन पर रहती है, देहली, डेहरी।
fem. a doorsill, threshold.

दहशत دہشت स्त्री० [फा०] १. डर, भय, खौफ। २. आतंक।
fem. 1. fear, panic. 2. terror.

दहशत-अंगेज़ دہشت انگیز वि० [फा०] १. दहशत पैदा करनेवाला। २. भयानक।
adj. 1. panicky. 2. frightening.

दहशतगर्द دہشت گرد पुं० [फा०] दहशत फैलानेवाला, आतंकी।
m. a terrorist.

दहशतगर्दी دہشت گردی स्त्री० [सं०] दहशत फैलाना, आतंकवाद।
fem. terrorism.

दहशतज़दा دہشت زدہ वि० [फा० दहशतज़दः] डरा हुआ, भयभीत।
adj. frightened, terrified.

दहशतनाक دہشت ناک वि० [फा०] भीषण, डरावना।
adj. frightening.

दहा دہا पुं० [फा० दह] १. मुहर्रम का महीना। २. मुहर्रम की १ से १० तारीख तक का समय। ३. ताजिया।
m. 1. the tenth month of the Arabian callender. 2. the period between first and tenth of the above month. 3. the model of the tomb of the Imam Husan.

दहान دہان पुं० [फा०] १. मुँह। २. छेद, सुराख। ३. घाव।
m. 1. a mouth. 2. a hole. 3. a wound.

दहाना دہانہ पुं० [फा० दहानः] मुहाना।
m. the mouth of a river.

दहुम دہم वि० [फा० मि० सं० दशम] दसवाँ, दशम।
adj. tenth.

दहे دہے पुं० [फा० दह=दस] मुहर्रम के दस दिन जिनमें

ताजिए बैठाकर मुसलमान हसन तथा हुसेन का मातम मनाते हैं।
m. (plu.) ten days of taking procession of the model of the tomb of Imam Hasan.

दहेज़ دہیز पुं० दे० 'जहेज़'।

दाँ داں प्रत्य० [फा०] जाननेवाला; जैसे—कद्रदाँ, ज़बानदाँ।
suffix knower, well-versed.

दाँग دانگ स्त्री० [फा०] १. किसी चीज़ का छठा भाग। २. दिशा, ओर, तरफ।
fem. 1. one sixth part of something. 2. direction, side.

दाइन دائن पुं० [अ०] ऋण देनेवाला, ऋणदाता।
m. one who lends money, creditor.

दाइम دائم वि० [अ०] नित्य।
adj. daily, eternal.

दाइमी دائمی वि० [अ०] स्थायी।
adj. permanent.

दाइया داعیہ स्त्री० [अ० दाइय:] दावा करनेवाली स्त्री। पुं० दावा, अभियोग।
fem. a female claimant.
m. accusation, charge.

दाइरा دائرہ पुं० [अ० दाइर:] १. दायरा, घेरा। २. मजलिस।
m. 1. a circle. 2. an assemblage.

दाई داعی वि०पुं० [अ०] १. दुआ माँगनेवाला। २. प्रार्थी।
adj. & m. 1. one who prayes, prayerful, devout. 2. an applicant.

दाख़िल داخل वि० [अ०] प्रविष्ट, घुसा हुआ, पैठा हुआ।
adj. entered.

दाख़िल-ख़ारिज़ داخل خارج पुं० [अ०+फा०] किसी सरकारी काग़ज़ पर से किसी जायदाद के पुराने हक़दार का नाम काटकर उसपर उसके वारिस या दूसरे हक़दार का नाम लिखना।
m. mutation.

दाख़िल-दफ़्तर داخل دفتر वि० [अ०+फा०] दफ्तर में इस प्रकार डाल रखा हुआ काग़ज़ जिसपर कुछ विचार न किया जाए।
adj. filed with records i.e. not under consideration.

दाख़िला داخلہ पुं० [अ० दाख़िल:] १. प्रवेश, पैठ। २. संस्था आदि में सम्मिलित किए जाने का कार्य। ३. दाखिल होने का शुल्क।
m. 1. admission. 2. permission to enter a place 3. money paid to enter a place.

दाग़ داغ पुं० [फा०] १. धब्बा, चित्ती। २. निशान, चिह्न, अंक। ३. फल आदि पर पड़ा हुआ सड़ने का चिह्न। ४. कलंक, लांछन। ५. घाव या जलने का चिह्न।
m. 1. a stain, blot. 2. a mark or figure. 3. a spot or mark showing decay. 4. a stigma. 5. a mark left on the skin after the healing of a wound or burn, scar.

दाग़दार داغدار वि० [फा०] जिसपर दाग़ या धब्बा लगा हो।
adj. stained, tainted.

दाग़ना داغنا क्रि० स० [फा० दाग़] रंग आदि से चिह्न या दाग़ लगाना, अंकित करना।
vt. to mark or brand.

दाग़-बेल داغ بیل स्त्री० [फा० दाग़+हिं० बेल] भूमि पर फावड़े या कुदाल से बनाए हुए चिह्न जो सड़क बनाने, नींव खोदने आदि के लिए डाले जाते हैं।
fem. outline for laying the road or foundation of a building.

दाग़ी داغی वि० [फा०] १. जिसपर दाग़ या धब्बा हो। २. जिसपर सड़ने का चिह्न हो। ३. कलंकित, दोषयुक्त, लांछित। ४. जिसको सज़ा मिल चुकी हो।
adj. 1. stained, tanted. 2. having a mark showing decay. 3. stigmatised. 4. having got punishment.

दाज داج पुं० [अ०] १. घोर अंधकार, घना अंधेरा। २. अंधेरी रात।
m. 1. extreme darkness. 2. a dark night.

दाद داد स्त्री० [फा०] १. इन्साफ, न्याय। २. प्रशंसा, तारीफ।
***मुहा०* (i) दाद चाहना**=किसी अन्याय के प्रतिकार की प्रार्थना करना। **(ii) दाद देना**=प्रशंसा करना, नारीफ करना।
वि० दिया हुआ, दत्त; जैसे—ख़ुदादाद।
पद दाद व सितद=लेन-देन, व्यवहार।
fem. 1. justice. 2. praise.
id. (i) to demand justice. (ii) to praise and appreciate.
adj. given, paid.
ph. give and take, social dealing.

दादख़्वाह دادخواہ वि० पुं० [फा०] [भाव० दादख़्वाही] १. अन्याय का प्रतिकार चाहनेवाला। २. प्रार्थना करनेवाला।
adj. & m. 1. one who demands justice, complainant. 2. one who prays.

दाददहिश داددہش स्त्री० [फा०] १. उदारतापूर्वक देना। २. दान।
fem. 1. act of giving liberally. 2. donation, alms.

दादनी دادنی स्त्री० [फा० दादन=देना] १. वह धन जो अन्न आदि खरीदने के लिए कृषकों को पेशगी दिया जाता है। २. ऋण, कर्ज़।
fem. 1. advance payment for purchasing a crop. 2. loan.

दादनीदार دادنی دار वि० [फा०] अनाज आदि बेचने के लिए पेशगी धन लेनेवाला।
adj. having received the money as advance for the delivery of a crop.

दादरस دادرس वि० [फा०] [भाव० दादरसी] न्याय करनेवाला।
adj. giving justice.

दादरसी دادرسی स्त्री० [फा०] १. न्याय करना। २. कष्ट का निवारण।
fem. 1. delivering of justice. 2. prevention of distress or suffering.

दाद-सितद دادستد स्त्री० [फा०] १. लेन-देन, व्यवहार। २. क्रय-विक्रय।
fem. 1. dealings. 2. sale-purchase.

दान دان प्रत्य० [फा०] १. जाननेवाला; जैसे—क़द्रदान। २. आधान, आधार; जैसे—कलमदान, शमादान।
suffix. 1. knowing, knowledge. 2. denoting a container.

दाना[१] دانا वि० [फा०] १. जाननेवाला, ज्ञाता। २. बुद्धिमान।
***पद* दाद दाना**=बुद्धिमान और देखने- समझनेवाला।
adj. 1. knowing. 2. wise.
ph. wise and intelligent.

दाना[२] دانہ पुं० [फा० दान:] १. अनाज का कण। २. अनाज। ३. माल-असबाब।
m. 1.seed from a plant. 2. grain. 3. luggage.

दानाई دانائی स्त्री० [फा०] बुद्धिमत्ता, अक्लमन्दी।
fem. wisdom, intelligence.

दानादार دانہ دار वि० [फा० दान:दार] दानेदार, जिसमें दाने हों।
adj. granular.

दानिंदा دانندہ वि०, पुं० [फा०] ज्ञाता।
adj. & m. a knower, scholar.

दानिश دانش स्त्री० [फा०] समझ, बुद्धि, अक्ल।
fem. understanding, intellect.

दानिशमंद دانشمند वि० [फा०] [भाव० दानिशमन्दी] बुद्धिमान।
adj. wise, sagacious.

दानिशमंदी دانشمندی स्त्री० [फा०] बुद्धिमत्ता।
fem. wisdom.

दानिस्त دانست स्त्री० [फा०] जानकारी, ज्ञान।
fem. knowledge, information.

दानिस्तगी دانستگی स्त्री० [फा०] जानकारी, ज्ञान।
fem. information, knowledge.

दानिस्ता دانستہ क्रि०वि० [फा० दानिस्त:] जान-बूझकर।
***पद* दीदा व दानिस्ता**=देखकर और जानबूझकर।
adv. deliberately, willingly.
ph. intentionally.

दानी دانی प्रत्य० [फा० दान] रखनेवाली (आधान); जैसे—चूहेदानी, सुरमेदानी।
suffix. denoting a small container.

दाफ़ा دافع वि० [फा० दाफ़अ] दफ़ा या दूर करनेवाला।
adj. that forgoes or dismisses.

दाब داب पुं० [अ०] १. रंग-ढंग, तौर-तरीका। २. शान-शौकत, दबदबा।
***पद* रोब-दाब**=धाक, दबदबा।
m. 1. style, method. 2. pomp and show, sway.
ph. feeling of great respect mixed with fear, awe.

दाम دام पुं० [फा०] १. जाल, फन्दा। २. एक पुराना सिक्का जो एक पैसे के लगभग होता था।
***मुहा०* (i) दामन छुड़ाना**=पीछा छुड़ाना। **(ii) दामन फैलाना**=भीख माँगना।
***पद* (i) असीरे दाम**=जाल में फँसा हुआ। **(ii) दामे-मुहब्बत**=प्रेमपाश, मुहब्बत का फन्दा।
m. 1. a net, snare. 2. an old coin equal to one paise.
id. (i) to get rid of. (ii) to beg.
ph. (i) snared, netted. (ii) love-net, bond of love.

दामगाह دامگاہ पुं० [फा०] वह जगह जहाँ जाल बिछा हो।
m. a place where net has been spread.

दामन دامن पुं० [फा०] १. अंगे, कोट, कुरते इत्यादि का निचला भाग, पल्ला। २. पहाड़ों के नीचे की भूमि।
m. 1. the lower part of a upper garment. 2. low area between the hills, valley.

दामनगीर دامن گیر पुं० [फा०] १. वह जो दामन पकड़ ले। २. दावा करनेवाला, दावेदार।
***मुहा०* दामनगीर होना**=न्याय चाहना।
m. 1. one who is anxious to get someone's help. 2. a claimant.
id. to expect justice.

दामाद داماد पुं० [फा०] जामाता, जँवाई, लड़की का पति।
m. a son-in-law.

दामान دامان पुं० दे० 'दामन'।

दायन دائن पुं० [अ० दाइन] १. ऋण देनेवाला, महाजन। २. धनी।
m. 1. a creditor. 2. a richman.

दायम دائم क्रि० वि० [अ० दाइम] सदा।
adv. always, even.

दायम-उल्-मरीज़ دائم المریض वि०दे० 'दायम-उल् मर्ज़'।

दायम-उल्-मर्ज़ دائم المرض वि० [अ० दाइम-उल्-मर्ज़]

सदा बीमार रहनेवाला।
adj. suffering with a chronic disease.

दायम-उल्-हब्स دائم الحبس पुं० [अ० दाइम-उल्-हब्स] आजन्म कारागार में रखने का दंड।
m. an order of imprisonment for whole life., life sentence.

दायमी دائمی वि० [अ० दाइमी] सदा रहनेवाला, स्थायी।
adj. permanent, everlasting.

दायर دائر वि० [अ० दाइर] १. फिरता या चलता हुआ। २. चलता, जारी।
मुहा० दायर करना=मामले, मुकदमे वगैरह को चलाने के लिए पेश करना।
adj. 1. roaming, touring. 2. inforce, issued.
id. to place an application or charge on record.

दायरा دائرہ पुं० [अ० दाइर:] १. वृत्त। २. गोल घेरा, कुंडल, मंडल। ३. कक्षा।
m. 1. a circle. 2. a group of people forming a circle. 3. an orbit.

दाया دایہ स्त्री० [फा० दाय:] दाई, धाय, धात्री।
fem. a nurse.

दायागरी دایہ گری स्त्री० [फा० दाय:गरी] धात्री का काम।
fem. the work or profession of a nurse.

दार[1] دار स्त्री० [फा०] १. सूली। २. फाँसी।
***पद* (i) रसनो-दार**=सूली का फंदा। **(ii) सैरे दार**=सूली की सैर अर्थात् सूली पर चढ़ना।
m. a snare used for hanging a person (in olden times). 2. act of hanging till death.
ph. (i) a nose for hanging a person. (ii) execution by hanging.

दार[2] دار पुं० [अ०] १. स्थान, जगह। २. घर, शाला, मकान।
m. 1. place, room. 2. a house.

दार[3] دار प्रत्य० [फा०] रखनेवाला, जैसे—ईमानदार, दुकानदार।
suffix. denoting possesser.

दारचीनी دارچینی स्त्री० [फा०] सुगंधित छाल जो दवा और मसाले के काम में आती है।
fem. a bark used as a spice and medicine, cinnamon.

दार-मदार دارمدار पुं० [फा० दार व मदार] किसी कार्य का किसी पर अवलंबित रहना।
m. dependence, reliance.

दारा دارا पुं० [फा०] राजा, बादशाह।
m. a king.

दाराई دارائی स्त्री० [फा०] एक प्रकार का रेशमी कपड़ा, दरियाई।
fem. a kind of silken cloth.

दारुल्-अमल دارالعمل पुं० [अ०] प्रयोगशाला।
m. a place for conducting scientific experiments, laboratory.

दारुल्-अमान دارالامان पुं० [अ०] अमन या सुख से रहने का स्थान, शान्तिपूर्ण स्थान।
m. a peaceful place.

दारुल्-आख़िर دارالآخر पुं० [अ०] परलोक़।
m. the next world, heaven.

दारुल्-इमारत دارالعمارت पुं० [अ०] राजधानी।
m. the capital of a state or country.

दारुल्-उलूम دارالعلوم पुं० [अ०] विश्वविद्यालय।
m. a university.

दारुल्-क़रार دارالقرار पुं० [अ०] १. कब्र जहाँ पहुँचकर मनुष्य सुख से रहता है। २. मुसलमानों के सात बहिश्तों या स्वर्गों में से एक।
m. 1. the place where one rests peacefully, grave. 2. one of the seven Heavens according to Muslims.

दारुल्-ख़िलाफ़त دارالخلافت पुं० [अ०] खलीफ़ा के रहने का स्थान, राजधानी।
m. the capital of a country.

दारुल्-ज़र्ब دارالضرب पुं० [अ०] वह स्थान जहाँ सिक्के ढलते हैं, टकसाल।
m. the place where money is coined, mint.

दारुल्-फ़ना دارالفنا पुं० [अ०] वह लोक जहाँ सब चीजें नष्ट हो जाती हैं।
m. the mortal land.

दारुल्-बक़ा دارالبقا पुं० [अ०] परलोक जहाँ पहुँचकर जीव अमर हो जाते हैं।
m. the Heaven.

दारुल्-मुकाफ़ात دارالمکافات पुं० [अ०] १. वह स्थान जहाँ अपने कर्मों के शुभाशुभ फल भोगने पड़ते हैं। २. संसार।
m. 1. the place where one receives the fruits of ones actions. 2. the world.

दारुल्-शफ़ा دارالشفا पुं० [अ०] रोगियों की चिकित्सा का स्थान, अस्पताल।
m. a hospital.

दारुल्-सलाम دارالسلام पुं० [अ०] १. सुखपूर्वक रहने का स्थान। २. स्वर्ग।
m. 1. a peaceful place. 2. the Heaven.

दारुल्-सल्तनत دارالسلطنت पुं० [अ०] राजधानी।
m. the capital of a country.

दारुल्-हुकूमत دارالحکومت पुं० स्त्री० [अ०] राजधानी।
m. the capital of a country.

दारुल्-हरब دارالحرب पुं० [अ०] १. युद्ध-क्षेत्र।

२. काफ़िरों का देश जिसपर आक्रमण करना मुसलमानों के लिए धर्म-विहित है।
m. 1. a battle-field. 2. the land of infidels.

दारू دارو स्त्री० [फा०] १. दवा, औषध। २. शराब। ३. बारूद।
m. 1. drug, medicine. 2. wine. 3. ammunition

दारोग़ा داروغہ पुं० [फा० दारोग़:] १. देख-भाल करनेवाला या प्रबंध करनेवाला व्यक्ति, निरीक्षक। २. थानेदार।
m. 1. an inspector. 2. a police-inspector.

दारोमदार دارومدار पुं० [फा०] निर्भरता।
m. dependence, reliance.

दालान دالان पुं० [फा०] मकान में वह छाई हुई जगह जो एक, दो या तीन ओर से खुली हो, बरामदा, ओसारा।
m. a roofed platform facing the court yard.

दावत دعوت स्त्री० [अ० दअवत] १. ज्योनार, भोज। २. बुलावा, निमंत्रण।
fem. 1. a feast, banquet. 2. an invitation.

दावतनामा دعوت نامہ पुं० [अ० दअवत+फा० नाम:] निमंत्रण-पत्र।
m. a written invitation.

दावर داور पुं० [फा०] १. न्यायकर्ता। २. हाकिम, अधिकारी।
m. 1. a judge. 2. an officer.

दावरी داوری स्त्री० [फा०] १. न्यायशीलता। २. दावर का पद या कार्य।
fem. 1. equity. 2. officialdom.

दावा دعویٰ पुं० [अ० दअवा] १. किसी वस्तु पर अधिकार प्रकट करने का कार्य, किसी चीज़ का हक़ जाहिर करना। २. स्वत्व, हक़। ३. किसी जायदाद या रुपये-पैसे के लिए चलाया हुआ मुकदमा। ४. नालिश, अभियोग। ५. अधिकार, जोर। ६. दृढ़तापूर्ण कथन। *पद* **दावा-ए-मुआवज़ा**=क्षतिपूर्ति का दावा।
m. 1. a claim. 2. a right. 3. a law-suit-filed to obtain something which one has a right. 4. a law-suit. 5. right, power. 6. firm or stiff statement.
ph. a claim for damages.

दावागीर دعویٰ گیر पुं० [अ०+फा०] दावा करनेवाला, अपना हक़ बतानेवाला।
m. one who makes a claim, claimant.

दावात[1] دعوات स्त्री० [अ० 'दअवत' का बहु०] १. पुत्र-तुल्य या छोटे के लिए आशीर्वाद और शुभ कामना का प्रदर्शन। २. दुआएँ।
fem. 1. act of blessing and greeting. 2. blessings.

दावात[2] دوات स्त्री० [अ० दवात] लिखने के लिए स्याही रखने का बरतन, मसिपात्र।
fem. an inkpot.

दावीदार, दावेदार دعویدار पुं० [अ०+फा० दअवीदार] दावा करनेवाला, अपना हक़ जतानेवाला।
m. a claimant.

दाश्त داشت स्त्री० [फा०] १. लालन-पालन। २. देख-रेख।
fem. 1. act of bringing up. 2. look-after, care, supervision.

दास्तान داستان स्त्री० [फा०] १. कथा, कहानी। २. वर्णन।
fem. 1. a tale, story. 2. a spoken or written account, description, narration.

दास्तानगो داستان گو पुं० [फा०] दास्तान या कहानी कहनेवाला।
m. a story-teller.

दास्ताना داستانہ पुं० दे० 'दस्ताना'।

दाह داہ पुं० [फा०] दास।
m. a slave.

दिक़ دق वि० [अ०] १. जिसे बहुत कष्ट पहुँचाया गया हो, हैरान, तंग। २. अस्वस्थ, बीमार। ('तबीयत' शब्द के साथ)
पुं० क्षय रोग, तपेदिक।
adj. 1. harassed, vexed, embarrassed. 2. ill, unhealthy.
m. tuberculosis.

दिक़दारी دق داری स्त्री० [अ०+फा०] कठिनता, विपत्ति, तकलीफ।
fem. hardship, calamity.

दिक़्क़त دقت स्त्री० [अ०] कठिनता, परेशानी, तकलीफ, तंगी।
fem. hardship, calamity, harassment.

दिगर دگر वि० [फा०] दूसरा, अन्य।
adj. other.

दिगरगूँ دگرگوں वि० [फा०] १. जिसका रंग बदल गया हो। २. खराब, शोचनीय। 3. उलटा।
m. 1. faded. 2. bad, deplorable. 3. contrary, adverse.

दिमाग़ دماغ पुं० [अ०] १. सिर का गूदा, मस्तिष्क, भेजा। २. मानसिक शक्ति, बुद्धि, समझ। ३. अभिमान, घमंड, शेखी।
मुहा० **(i) दिमाग़ खाना या चाटना**=व्यर्थ की बातें कहना, बहुत बकवाद करना। **(ii) दिमाग़ खाली करना**=ऐसा काम करना जिससे मानसिक शक्ति का बहुत अधिक व्यय हो, मगज़पच्ची करना। **(iii) दिमाग चढ़ना या आसमान पर होना**=बहुत अधिक घमंड होना। **(iv) दिमाग़ चल जाना**=दिमाग खराब हो जाना, पागल होना। **(v) दिमाग़ लड़ाना**=बहुत अच्छी तरह विचार करना, खूब सोचना।
m. 1. the organ inside the head, brain.

2. intellect. 3. pride, conceit, boasting. *id.* (i) to rack someone's brains. (ii) racking one's brains. (iii) to become very conceited. (iv) to become mad. (v) to try hard to reach a decision.

दिमाग़दार دماغدار वि० [अ०+फा०] १. जिसकी मानसिक शक्ति बहुत अच्छी हो, बहुत बड़ा समझदार। २. अभिमानी।
adj. 1. very intelligent. 2. proud.

दिमाग़-रौशन دماغ روشن स्त्री० [अ०+फा०] सुँघनी, नस्य।
fem. snuff.

दिमाग़ी دماغی वि० [अ०] दिमाग़-सम्बन्धी।
adj. mental, cerebral.

दियानत دیانت स्त्री० दे० 'दयानत'।

दियार دیار पुं० [अ०] भूभाग, प्रदेश।
m. a region or area.

दिरम درم पुं० दे० 'दिरहम'।

दिरहम درہم पुं० [अ०] चाँदी का एक छोटा सिक्का जो प्रायः चवन्नी के बराबर होता था।
m. a small silver coin in olden times.

दिरा درا पुं० [फा०] कारवाँ के साथ चलनेवाला, घड़ियाल।
m. a gong which a company of travellers take with itself in the past.

दिर्म درم पुं० दे० 'दिरहम'।

दिर्रा دِرّہ पुं० [फा० दिर्रः] चाबुक।
m. a horsewhip.

दिल دل पुं० [फा०] १. कलेजा, हृदय। २. मन, चित्त, जी। ३. साहस। ४. प्रवृत्ति।
मुहा० **(i) दिल कड़ा करना**=हिम्मत बाँधना, साहस करना। **(ii) दिल का कँवल खिलना**=चित्त प्रसन्न होना, मन में आनन्द होना। **(iii) दिल का गवाही देना**=मन में किसी बात की सम्भावना या औचित्य का निश्चय होना। **(iv) दिल के फफोले फोड़ना**=भली-बुरी सुनाकर अपना जी ठंडा करना। **(v) दिल जमना**=(क) किसी काम में चित्त लगना, ध्यान या जी लगना। (ख) संतुष्ट होना, जी भरना। **(vi) दिल ठिकाने न होना**=मन में शांति, संतोष या धैर्य न होना। **(vii) दिल बुझना**=चित्त में किसी प्रकार का उत्साह या उमंग न रह जाना। **(viii) दिल में फ़रक़ आना**=सद्भाव में अन्तर पड़ना, मन-मुटाव होना। **(ix) दिल से दूर करना**=भुला देना, विस्मरण करना, ध्यान छोड़ देना।
पद **(i) दिल से**=(क) जी लगाकर, अच्छी तरह, ध्यान देकर। (ख) अपने मन से, अपनी इच्छा से। **(ii) दिल ही दिल में**=चुपके-चुपके, मन ही मन।
m. 1. the organ that pumps the blood around the body. 2. the place of one's feelings and emotions, heart. 3. courage. 4. tendency.
id. (i) to become ready to take a hard decision. (ii) to become extremely happy. (iii) to be encourged to do something. (iv) to have some cooling effect after cursing someone. (v) a. to cause to have a liking for someone or something. b. to become satisfied. (vi) to become impatient. (vii) to lose heart. (viii) to feel estranged. (x) to stop thinking about someone or something.
ph. (i) a. with heart and soul. b. willingly. (ii) stealthily, without giving any outward indication.

दिल-आज़ार دل آزار वि०[फा०] [भाव० दिल-आज़ारी] १. दिल को तकलीफ पहुँचानेवाला। २. अत्याचारी।
adj. 1. causing problems or worries or great sadness. 2. tyrannical, tyrannous.

दिलकश دل کش वि० [फा०] [भाव० दिलकशी] मन को लुभानेवाला, आकर्षक, मनोहर।
adj. charming, captivating.

दिलकुशा دل کشا वि० [फा०] रमणीक, मनोहर, सुन्दर।
adj. good-looking, fascinating.

दिलख़राश دل خراش वि० [फा०] १. दिल तोड़ने या बहुत कष्ट पहुँचानेवाला। २. हृदय-विदारक।
adj. 1. very distressing. 2. heart-rending.

दिलख़्वाह دل خواہ वि० [फा०] दिल के मुताबिक होनेवाला, मनोनुकूल।
क्रि० वि० इच्छानुसार।
adj. favourable, suitable.
adv. according to one's desire.

दिलगीर دل گیر वि० [फा०] १. उदास। २. दुखी।
adj. 1. sad. 2. grief-stricken.

दिलचस्प دلچسپ वि० [फा०] [भाव० दिलचस्पी] १. जिसमें जी लगे, मनोहर, चित्ताकर्षक। २. मनोरंजक।
adj. 1. interesting. 2. amusing.

दिलचस्पी دلچسپی स्त्री० [फा०] रुचि।
fem. interest.

दिलज़दा دلزدہ वि०[फा० दिलज़दः] दुखी, रंजीदा, खिन्न।
adj. grief-stricken, afflicted, sad.

दिलजमई دل جمعی स्त्री० [फा०] इत्मीनान, तसल्ली।
fem. satisfaction, contentment.

दिलजला دل جلا वि० [फा०+हिं०] जिसके दिल को बहुत कष्ट पहुँचा हो।
adj. heart-broken.

दिलजान دل جان स्त्री० [फा०] एक प्रकार का सम्बन्ध

जो मुसलमान स्त्रियाँ आपस में सखियों से स्थापित करती हैं।
fem. friendliness.

दिलजू دل جو वि० [फा०] सुंदर।
adj. beautiful.

दिलजोई دل جوئی स्त्री० [फा०] सांत्वना।
fem. consolation.

दिलदादा دل داده वि० पुं० [फा० दिलदाद:] जिसने किसी को अपना दिल दिया हो, प्रेमी, प्रिय।
m. a lover.

दिलदार دلدار वि० [फा०] [भाव० दिलदारी] १. उदार, दाता। २. प्रेमी, प्रिय।
adj. 1. liberal, generous. 2. affectionate.

दिलदारी دلداری स्त्री० [फा०] १. उदारता। २. अनुराग, प्रेम।
fem. 1. liberality. 2. affection.

दिलदिही دل دہی स्त्री० [फा०] दिलजोई, सांत्वना, ढारस।
fem. consolation.

दिलनवाज़ دل نواز वि० पुं० [फा०] ढारस बँधानेवाला।
adj. & m. one who consoles.

दिलनवाज़ी دل نوازی स्त्री० [फा०] १. मैत्री। २. सांत्वना।
fem. 1. friendship. 2. consolation.

दिलनशीन دل نشین वि०, पुं० [फा०] [भाव० दिल-नशीनी] जो दिल में जम या बैठ जाए, जो मन को ठीक जँचे।
adj. & m. darling of the heart.

दिलपज़ीर دل پذیر वि० [फा०] मनोहर, मोहक, सुन्दर।
adj. attractive, captivating.

दिलपसंद دل پسند वि० [फा०] १. प्रिय। २. मनोहर। ३. रुचिकर।
adj. & m. 1. dear. 2. captivating. 3. interesting.

दिलफ़रेब دل فریب वि० [फा०] [भाव० दिलफ़रेबी] मन को छलनेवाला, मनोहर, मोहक।
adj. charming, captivating, beautiful.

दिलफ़रोश دل فروش पुं० [फा०] दिल बेचनेवाला, प्रेमी, आशिक।
m. a lover.

दिलफ़िगार دل فگار वि० [फा०] जिसका दिल टूट गया हो।
adj. heart-broken.

दिलबर دلبر वि० [फा०] प्यारा, प्रिय।
adj. dear.

दिलबस्तगी دل بستگی स्त्री० [फा०] मनोरंजन।
fem. entertainment.

दिलबस्ता دلبستہ वि०, पुं० [फा० दिलबस्त:] जिसका दिल किसी की तरफ बँधा या लगा हो, प्रेमी।
adj. & m. a lover.

दिलबाज़ دل باز वि० [फा०] १. उत्साही। २. साहसी।
adj. 1. enthusiastic. 2. courageous.

दिलमिला دل ملا पुं० [फा०+हिं०] एक प्रकार का सम्बन्ध जो मुसलमान स्त्रियाँ आपस में सखियों से स्थापित करती हैं।
m. friendliness.

दिलरुबा دل ربا पुं० [फा०] वह जिससे प्रेम किया जाए, प्यारा।
m. a beloved one.

दिलरुबाई دل ربائی स्त्री० [फा०] प्रेम, मुहब्बत।
fem. love.

दिलशाद دلشاد वि० [फा०] जिसका दिल खुश हो, प्रसन्न, आनन्दित।
adj. happy, joyful.

दिलशिकनी دلشکنی स्त्री० [फा०] किसी का दिल तोड़ना, किसी को बहुत दुखी या निराश करना।
fem. act of rending someone's heart.

दिलशिकस्ता دل شکستہ वि०[फा० दिलशिकस्त:] जिसका दिल टूट गया हो, दुखी, खिन्न।
adj. whose heart has been broken.

दिलसाज़ دلساز वि० [फा०] आनंदित, प्रसन्न।
adj. happy, joyous.

दिलसोज़ دلسوز वि० [फा०] [भाव० दिलसोज़ी] १. सहानुभूति रखनेवाला, कृपालु। २. मन में करुणा उत्पन्न करनेवाला, करुण।
adj. 1. sympathetic, kind. 2. moving, touching or tragic.

दिला دلا पुं० [फा०] दिल का सम्बोधन, ऐ दिल, हे मन!
m. O Heart!

दिलाज़ार دل آزار वि०, पुं० [फा०] सतानेवाला।
adj. & m. an oppressor, repressive.

दिलारा دل آرا वि० पुं० [फा०] प्रिय, माशूक।
adj. & m. a beloved one.

दिलाराम دل آرام पुं० [फा०] प्यारा, प्रिय, दिलरुबा।
m. a dear one.

दिलावर دلاور वि० [फा०] [भाव० दिलावरी] १. शूर, बहादुर। २. उत्साही, साहसी।
adj. 1. brave, chivalrous. 2. enthusiastic courageous.

दिलावेज़ دل آویز वि० [फा०] [भाव० दिलावेज़ी] मनोहर, सुन्दर।
adj. charming, beautiful.

दिलासा دلاسا पुं० [फा०] आश्वासन, ढारस, सान्त्वना।

m. solace, consolation.

दिली دلی वि० [फा०] १. दिल-सम्बन्धी। २. हार्दिक।
adj. 1. of or pertaining to the heart. 2. hearty, cordial.

दिलेर دلیر वि० [फा०] [भाव० दिलेरी] १. बहादुर। २. साहसी।
adj. 1. bold, brave. 2. courageous.

दिलेराना دلیرانہ वि० [फा० दिलेरान:] वीरों का-सा, वीरोचित।
m. daring, bold.

दिलेरी دلیری स्त्री० [फा०] १. बहादुरी, वीरता। २. साहस।
m. boldness, bravery. 2. courage.

दिल्लगी دلّگی स्त्री० [फा० दिल+हिं० लगाना] केवल चित्त-विनोद या हँसने-हँसाने की बात, ठट्ठा, ठिठोली, मज़ाक, मखौल।
***मुहा०* किसी बात की दिल्लगी उड़ाना**=(किसी बात को) अमान्य और मिथ्या ठहराने के लिए उसे हँसी में उड़ा देना, उपहास करना।
fem. a jest, joke, fun.
id. to make a fun of.

दिल्लगीबाज़ دلّگی باز पुं० [हिं०+फा०] हँसी-दिल्लगी करनेवाला, मसखरा।
m. a jester, joker, funny fellow.

दिल्लगीबाज़ी دلّگی بازی दे० 'दिल्लगी'।

दिहिश دہش स्त्री० [फा०] दान, ख़ैरात।
***पद* दाद व दिहिश**=दान, पुण्य।
fem. alms, charity, donation.
ph. act of charity.

दिवाना دِوانہ पुं० दे० 'दीवाना'।

दिहंद دہند वि० [फा०] देनेवाला।
adj. one who gives.

दीग़र دیگر वि० [फा०] अन्य, दूसरा।
adj. other.

दीद دید स्त्री० [फा०] १. आँख। 2. देखादेखी, दर्शन, दीदार।
***मुहा०* दीद न शुनीद**=जान न पहचान, न कभी देखा न सुना।
fem. 1. an eye. 2. act of seeing.
id. having nothing known about some-one.

दीद-ओ-दानिस्ता دیدودانستہ क्रि० वि० [फा० दीदोदा-निस्त:] जान- बूझकर।
adv. deliberately, intentionally.

दीदनी دیدنی वि० [फा०] देखने योग्य, दर्शनीय।
adj. fit to be seen, beautiful.

दीदा دیدہ पुं० [फा० दीद:] १. दृष्टि, नज़र। २. आँख, नेत्र।
***मुहा०* (i) दीदा लगाना**=जी लगाना, ध्यान जमना। **(ii) दीदे का पानी ढल जाना**= निर्लज्ज हो जाना। **(iii) दीदे निकालना**= क्रोध की दृष्टि से देखना। **(iv) दीदे फाड़कर देखना**=अच्छी तरह आँख खोलकर देखना।
***पद* (i) दीदाए-तर** = सजल नेत्र, नम आँख। **(ii) दीदा व दानिस्ता**=जान-बूझकर।
m. 1. eye-sight. 2. an eye.
id. (i) to pursue intelligently. (ii) to become shameless. (iii) to look angrily. (iv) to look carefully.
ph. (i) tearful eyes. (ii) deliberately.

दीदाबाज़ دیدہباز वि०, पुं० [फा० दीद:बाज़] आँखें लड़ानेवाला।
adj. & m. a snooper.

दीदाबाज़ी دیدہبازی स्त्री० [फा० दीद:बाज़ी] [भाव० दीद:बाज़ी] १. आँखें लड़ाने की क्रिया। २. ताक-झाँक।
fem. 1. act of exchanging armourous glances. 2. act of snooking.

दीदार دیدار पुं० [फा०] दर्शन, देखादेखी।
***पद* दीदारे-यार**=प्रेयसी या प्रेमी का दर्शन।
m. sight of someone or something.
ph. meeting with one's beloved.

दीदारबाज़ دیدارباز वि०, पुं० [फा०] [भाव० दीदार-बाज़ी] रूप देखने को लोलुप।
adj. & m. very eager to have the sight of his/her beloved.

दीदारू دیدارو वि० [फा०] देखने योग्य, सुन्दर, सुदर्शन।
adj. worth seeing, beautiful, charming.

दीदारेज़ी دیدہریزی स्त्री० [फा० दीद:रेज़ी] ऐसा महीन काम करना जिसमें आँखों पर बहुत जोर पड़े।
fem. act of harming one's eysight by doing fine work.

दीदा-व-दानिस्ता دیدہودانستہ क्रि० वि० [फा० दीद: व दानिस्त:] देख और समझकर, जान-बूझकर।
adv. deliberately, intentionally.

दीदावर دیدہور वि०, पुं० [अ० दीद:वर] पारखी।
adj. & m. a connoisseur.

दीन دین पुं० [अ०] १. धर्म। २. मत, मज़हब।
m. 1. religion. 2. a religious sect.

दीनदार دیندار वि० पुं० [अ०+फा०] अपने धर्म पर विश्वास रखनेवाला।
adj. & m. a devout, religious minded.

दीनदारी دینداری स्त्री० [अ०+फा०] धर्म की आज्ञाओं के अनुसार आचरण, अपने धर्म पर विश्वास रखना, धार्मिकता।
fem. religious mindedness.

दीन-दुनिया دین دنیا स्त्री० [अ० दीन व दुनिया] यह लोक और परलोक।
fem. this world and the next.

दीनपनाह دین پناہ पुं० [अ०+फा०] दीन या धर्म का रक्षक।
m. one who protects religion.

दीनार دینار पुं० [फा०] १. स्वर्णभूषण, सोने का गहना। २. स्वर्ण मुद्रा, मोहर।
m. 1. a golden ornament. 2. a gold coin.

दीनी دینی वि० [अ०] १. दीन-सम्बन्धी, धार्मिक। २. पवित्र।
adj. 1. religious. 2. pious.

दीबाचा دیباچہ पुं० [फा० दीबाच:] भूमिका, प्रस्तावना।
m. an introduction of a book.

दीमक دیمک स्त्री० [फा०] चींटी की तरह का एक छोटा सफेद कीड़ा जो लकड़ी, कागज आदि में लगकर उसे खोखला और नष्ट कर देता है, बल्मीक।
fem. white ant, termite.

दीयत دیت स्त्री० [अ०] वह धन जो हत्या करनेवाला निहत के सम्बन्धियों को क्षतिपूर्ति के रूप में दे, खूँ-बहा।
fem. compensation given to the family of a victim who has been murdered.

दीवान دیوان पुं० [अ०] १. राजा या बादशाह के बैठने की जगह, राजसभा, कचहरी। २. राज्य का प्रबन्ध करनेवाला मंत्री, वजीर, प्रधान। ३. गज़लों का संग्रह।
m. 1. a royal assembly. 2. a minister of the king. 3. a compilation of poems.

दीवान-आम دیوان عام पुं० [अ०] १. ऐसा दरबार जिसमें राजा या बादशाह से सब लोग मिल सकते हों। २. वह स्थान जहाँ आम दरबार लगता हो।
m. a public hall for audience.

दीवानख़ाना دیوان خانہ पुं० [अ०+फा० ख़ान:] घर का वह बाहरी हिस्सा जहाँ बड़े आदमी बैठते और सब लोगों से मिलते हैं, बैठक।
m. a drawing-room.

दीवान ख़ास دیوان خاص पुं० [अ०] १. ऐसी सभा जिसमें राजा या बादशाह मन्त्रियों तथा चुने हुए प्रधान लोगों के साथ बैठता है, खास दरबार। २. वह जगह जहाँ खास दरबार होता हो।
m. 1. a royal assembly. 2. a hall for special audience.

दीवानगी دیوانگی स्त्री० [फा०] पागलपन, उन्माद।
fem. madness, craziness.

दीवाना دیوانہ वि० [फा० दीवान:] [स्त्री० दीवानी] पागल।
adj. mad, crazy.

दीवानागर دیوانہ گر वि० [फा० दीवान:गर] पागल बना देनेवाला।
adj. which make's someone mad.

दीवानापन دیوانہ پن पुं० [फा०+हिं०] पागलपन, सिड़ीपन।
m. madness, craziness.

दीवानी دیوانی स्त्री० [फा०] १. प्यार के लिए पागल स्त्री। २. दीवान का पद। ३. वह न्यायालय जो सम्पत्ति-सम्बन्धी स्वत्वों का निर्णय करे।
fem. 1. a woman mad in love. 2. the post of a Dewan (मंत्री). 3. a civil court.

दीवार دیوار स्त्री० [फा०] १. पत्थर, ईंट, मिट्टी आदि को नीचे-ऊपर रखकर उठाया हुआ परदा जिससे किसी स्थान को घेरकर मकान आदि बनाते हैं, भीत। २. किसी वस्तु का घेरा जो सुरक्षा की दृष्टि से ऊपर उठा हो।
fem. 1. a wall. 2. a protective barrier.

दीवार-क़हक़हा دیوارقہقہہ स्त्री० [अ० दीवारे क़ह-क़ह:] १. चीन की प्रसिद्ध बड़ी दीवार। २. एक कल्पित दीवार जिसे सिकंदर ने बनाया था।
fem. 1. the China wall. 2. an imaginary wall supposed to be built by the Alexander the Great.

दीवारगीर دیوارگیر पुं० [फा०] दिया आदि रखने का आधार जो दीवार में लगाया जाता है।
m. a structure fixed in a wall to hold a lamp.

दीवारगीरी دیوارگیری स्त्री० [फा०] १. वह परदा जो दीवार के आगे शोभा के लिए लटकता है। २. पलस्तर, कहगिल।
fem. 1. a wall-curtain. 2. plaster used for spreading on the wall.

दीवाल دیوال स्त्री० दे० 'दीवार'।

दीह دیہ पुं० [फा०] गाँव।
m. a village.

दु دو वि० दे० 'दो' ('दु' के यौगिक शब्दों के लिये दे० 'दो' के यौगिक)।
adj. double in quantity, twice.

दुआ دعا स्त्री० [अ०] १. प्रार्थना, दरखास्त, विनती, याचना। २. आशीर्वाद, असीस।
***मुहा०* (i) दुआ माँगना**=प्रार्थना करना। **(ii) दुआ लगना** = आशीर्वाद फलीभूत होना।
fem. 1. a prayer, entreaty. 2. blessings.
id. (i) to pray for. (ii) granting of the prayer.

दुआइया دعائیہ वि० [अ० दुआइय:] दुआ या शुभ कामना-सम्बन्धी।
adj. of or relating to a prayer or wish.

दुआए-ख़ैर دعائے خیر स्त्री० [अ०] किसी की भलाई के

लिए ईश्वर से की जानेवाली प्रार्थना, मंगल-कामना।
fem. benediction.

दुआए-दौलत دعائے دولت स्त्री० [अ०] किसी की धन सम्पत्ति की वृद्धि के लिए ईश्वर से की जानेवाली प्रार्थना।
fem. a prayer asking for wealth.

दुआगो دعاگو वि० पुं० [अ०+फा०] १. किसी के लिए दुआ माँगनेवाला। २. शुभचिन्तक।
adj. & m. 1. one who prayes for another person. 2. a well-wisher.

दुआल دوال पुं० [फा० दोआल] १. चमड़ा। २. तसमा।
m. 1. leather. 2. a shoe-string.

दुआली دوالی स्त्री० [अ० दुआल] चमड़े का वह तसमा जिससे कसेरे और बढ़ई खराद घुमाते हैं।
fem. a band of leather.

दुई دوئی स्त्री० [अ०] द्वैत, दो का भाव।
fem. dualism.

दुकान دکان स्त्री० [फा०] वह स्थान जहाँ बेचने के लिए चीजें रखी हों और जहाँ ग्राहक जाकर उन्हें खरीदते हों, सौदा बिकने का स्थान, हट्ट, हट्टी।
***मुहा०* (i) दुकान बढ़ाना**=दुकान बंद करना। **(ii) दुकान लगाना**=(क) दुकान का सामान फैलाकर यथा-स्थान बिक्री के लिये रखना। (ख) बहुत-सी चीजों को इधर-उधर फैलाकर रख देना।
fem. a shop.
id. (i) to close a shop. (ii) a. to spread things for sale. b. to put things in haphazard way.

दुकानदार دکاندار पुं० [फा०] १. दुकान पर बैठकर सौदा बेचनेवाला, दुकानवाला। २. वह जिसने अपनी आय के लिए कोई ढोंग रच रखा हो।
m. 1. a shopkeeper. 2. a person who earns money by a deceitful way.

दुकानदारी دکانداری स्त्री० [फा०] १. दुकान या बिक्री-बट्टे का काम, दुकान पर माल बेचने का काम। २. ढोंग रचकर रुपया पैदा करने का काम।
fem. 1. shopkeeping. 2. a deceitful way of earning money.

दुख़ान دخان पुं० [अ०] १. धुआँ, धूम। २. भाप।
m. 1. smoke. 2. steam.

दुख़ानी دخانی वि० [अ०] भाप के जोर से चलनेवाला; जैसे—दुख़ानी जहाज़।
adj. moving by steam-power.

दुख़्त دخت स्त्री० दे० 'दुख़्तर'।

दुख़्तर دختر स्त्री० [फा०, मि० सं० दुहिता] लड़की, बेटी।
fem. a daughter.

दुख़्तरे-रज़ دختر رز स्त्री० [फा०] १. अंगूर की बेटी अर्थात् अँगूरी शराब। २. मद्य, शराब।
fem. 1. wine. 2. alcohol.

दुगाना دوگانہ स्त्री० दे० 'दोगाना'।

दुचार دوچار पुं० [फा०] आमना-सामना, भेंट।
m. meeting.

दुज़्द دزد पुं० [फा०] चोर।
m. a thief.

दुज़्दी دزدی स्त्री० [फा०] चोरी।
fem. theft.

दुज़्दीदा دزدیدہ वि० [फा० दुज़्दीदः] चोरी का।
adj. stolen.

दुतरफ़ा دوطرفہ वि० [फा० दुतर्फ़ः] द्विपक्षीय।
adj. involving two parties, bilateral.

दुदिला دودلہ वि० [फा० दुदिल:] चिंतित।
adj. worried.

दुनियवी دنیوی वि० [अ० दुन्यवी] दुनिया से सम्बन्ध रखनेवाला, सांसारिक, लौकिक।
adj. worldly.

दुनिया دنیا स्त्री० [अ० दुन्या] १. संसार, जगत। २. संसार के लोग, लोक, जनता। ३. संसार का जंजाल।
***पद* दीन-दुनिया**=लोक-परलोक।
***मुहा०* (i) दुनिया के परदे पर**=सारे संसार में। **(ii) दुनिया की हवा लगना**=सांसारिक अनुभव होना, सांसारिक विषयों का अनुभव होना। **(iii) दुनिया भर का**=बहुत या बहुत अधिक।
fem. 1. the world. 2. all the people of the world.
ph. this world and the next.
id. (i) more than enough. (ii) to have the worldly experience. (iii) too much, very much.

दुनियाई دنیائی वि० [अ० दुन्या] सांसारिक।
स्त्री० संसार।
adj. of or relating to this world.
fem. world.

दुनियादार دنیادار वि० [अ० दुन्या+फा०] सांसारिक प्रपंच में फँसा हुआ। २. ढोंग रचकर अपना काम निकालनेवाला, व्यवहार-कुशल।
adj. 1. engaged or eltangled in worldy affairs. 2. wordly-wise, pragmatic.

दुनियादारी دنیاداری स्त्री० [अ० दुन्या + फा०] १. दुनिया का कारबार, गृहस्थी का जंजाल। २. वह व्यवहार जिससे अपना प्रयोजन सिद्ध हो, स्वार्थ-साधन। ३. बनावटी व्यवहार।
fem. 1. affairs of the world. 2. any selfish act. 3. artificial behaviour.

दुनियावी دنیاوی वि० दे० 'दुनियवी'।

दुनियासाज़ دنیاساز वि०, पुं० [अ० दुन्या+फा०] [भाव० दुनियासाज़ी] १. ढोंग रचकर अपना काम

निकालनेवाला, स्वार्थ-साधक, २. चापलूस।
adj. & m. 1. a self-seeking person. 2. a flatterer.

दुनियासाज़ी دُنیاسازی स्त्री० [अ० दुन्या+फ़ा०] १. स्वार्थ-साधन। 2. चापलूसी।
fem. 1. selfishness. 2. flattery.

दुपाया دوپایہ वि० [फ़ा० दुपायः] दो पैरोंवाला।
adj. two-footed.

दुपैकर دوپیکر वि० [फ़ा०] दुधारी।
adj. double-edged.

दुबारा دُوبارہ क्रि० वि० [फ़ा० दुबारः] फिर, पुनः।
adv. again, once more.

दुमंज़िला دُومنزلہ वि० [फ़ा० दुमंज़िलः] दुतल्ला, दो खंडोंवाला।
adj. double-storyed.

दुम دُم स्त्री० [फ़ा०] १. पूँछ, पुच्छ। २. पूँछ की तरह पीछे लगी या बँधी हुई वस्तु। ३. पीछे-पीछे लगा रहनेवाला आदमी। ४. किसी काम का सबसे अन्तिम थोड़ा-सा अंश।
***मुहा०* (i) दुम दबाकर भागना**=डरपोक कुत्ते की तरह डरकर भागना। **(ii) दुम हिलाना**=कुत्ते का दुम हिलाकर प्रसन्नता प्रकट करना।
fem. 1. a tail. 2. a thing like a tail. 3. a hanger-on. 4. the last or the final part of some work, the tail-end.
id. (i) to take to one's heels. (ii) to hang on.

दुमची دُمچی स्त्री० [फ़ा०] घोड़े के साज़ में वह तसमा जो पूँछ के नीचे दबा रहता है।
fem. a strap that runs beneath the tail of a horse.

दुमदार دُمدار वि० [फ़ा०] १. पूँछवाला। २. जिसके पीछे पूँछ की-सी कोई वस्तु हो।
adj. 1. having a tail, tailed. 2. having a tail like ending.

दुम्बल دُمبل पुं० [फ़ा०] फोड़ा।
m. a boil.

दुम्बा دُنبہ पुं० [फ़ा० दुम्बः] मेढ़ा, मेष।
m. a male sheep, ram.

दुम्बाला دمبالہ पुं० [फ़ा० दुम्बालः] १. पिछला भाग। २. दुम, पूँछ। ३. पतवार।
m. 1. the back part of something, rear. 2. a tail. 3. a rudder.

दुर دُر पुं० [अ०] मोती, मुक्ता।
m. a pearl.

दुर-अफ़शानी دُرافشانی स्त्री० [फ़ा०] १. मोती छिड़कना या बिखेरना। २. सुन्दर और उत्तम बातें कहना।
fem. 1. act of spreading pearls. 2. act of saying good things.

दुरद درد स्त्री० [फ़ा० दुर्द] तलछट।
fem. sediment.

दुरुस्त دُرست वि० [फ़ा०] [भाव० दुरुस्ती] १. ठीक, सही। २. उचित। ३. अखंड।
adj. 1. correct, right. 2. proper. 3. whole.

दुरुस्ती دُرستی स्त्री० [फ़ा०] १. सुधार। २. संशोधन।
fem. 1. improvement, correction. 2. amendment.

दुरूद دُرود स्त्री० [फ़ा०] १. दुआ। २. शुभकामना।
fem. 1. a prayer. 2. good wishes.

दुरेशहवार درِشہوار पुं० [फ़ा०] बहुत बड़ा और बादशाह के योग्य मोती।
m. a large pearl suitable for a king.

दुरोग़ دوروغ पुं० [फ़ा०] झूठ।
वि० झूठा।
m. a lie.
adj. false.

दुर्र دُر पुं० [अ० दुर्रः] १. मोती। २. वह आभूषण जिसमें मोती लगा हो।
m. 1. pearl. 2. an ornament imbed with a pearl.

दुर्रा دُرّہ पुं० [फ़ा० दुर्रः] चाबुक, कोड़ा।
m. a flagellum, whip.

दुर्रानी دُرّانی पुं० [फ़ा०] कानों में मोती पहननेवाला पठानों का एक फ़िरक़ा।
m. a tribe of Pathans whose members wear pearl in their ears.

दुलदुल دُلدُل स्त्री० [अ०] वह खच्चरी जो इसकंदरिया (मिस्र) के हाकिम ने मुहम्मद साहब को दी थी।
fem. a female mule given to Mohammad by the king of इसकंदरिया.

दुशनाम دُشنام स्त्री० [फ़ा०] गाली-गलौज़।
fem. abuses.

दुशमन دُشمن पुं० [फ़ा० दुश्मन] शत्रु।
m. an enemy.

दुशमनी دُشمنی स्त्री० [फ़ा० दुश्मनी] शत्रुता।
m. enmity.

दुशवार دُشوار वि० [फ़ा० दुश्वार] १. कठिन, दुरूह, मुश्किल। २. दुःसह।
adj. 1. difficult, hard. 2. unbearable.

दुशवारी دُشواری स्त्री० [फ़ा० दुश्वारी] कठिनता, मुश्किल, दिक्कत।
fem. a difficulty, hardship.

दुशाला دُشالہ पुं० [फ़ा० दुशालः] एक प्रकार का शाल।
m. a kind of shawl.

दुश्नाम دُشنام स्त्री० [फ़ा०] गाली।

fem. offensive language.

दुश्मन دشمن पुं० = दुशमन।

दुश्मनी دشمنی स्त्री० = दुशमनी।

दुश्वार دشوار वि० = दुशवार।

दुश्वारी دشواری स्त्री० = दुशवारी।

दुसाला دوسالہ वि० [फा० दुसाल:] १. दो बरस चलने-वाला। २. द्विवर्षीय।
adj. 1. lasting two years. 2. occuring after every two years.

दूकान دکان स्त्री० दे० 'दुकान'।

दूद دود पुं० [फा०] धुआँ।
पद दूदे दिल=दीर्घ श्वास।
m. smoke.
ph. a deep breath.

दूदनाम دودنام पुं० [फा०] खानदान, परिवार, वंश।
m. a family, dynasty.

दून دون वि० [अ०] तुच्छ, नीच।
क्रि० वि० सिवा, अतिरिक्त।
स्त्री० १. शेखी। २. घाटी।
adj. mean, trivial.
adv. in addition to.
fem. 1. a bravado. 2. a valley.

दूबदू دوبدو क्रि० वि० [फा०] आमने-सामने।
adv. facing each other.

दूर دور क्रि० वि० [फा०, सं०] देश, काल या सम्बन्ध आदि के विचार से बहुत अंतर पर, बहुत फासले पर, पास या निकट का उलटा।
***मुहा०* (i) दूर करना**=(अ) अलग करना, जुदा करना। (ब) न रहने देना, मिटाना। **(ii) दूर भागना या रहना**=बहुत बचना, पास न जाना, अलग हो जाना। **(iii) दूर की बात**=बारीक बात, कठिन बात।
वि० जो दूर या फासले पर हो।
adv. for away.
id. (i) a. to dispel. b. annihilate. (ii) to keep aloof. to avoid others. (iii) farfetched idea or thing.
adj. remote, distant.

दूर-अंदेश دوراندیش वि० [फा०] [भाव० दूर-अंदेशी] बहुत दूर तक की बात सोचनेवाला, अग्रसोची, दूरदर्शी।
adj. farsighted.

दूर-अंदेशी دوراندیشی स्त्री० [फा०] दूरदर्शिता।
fem. farsight, farsightedness.

दूर-दराज دوردراز क्रि० वि० [फा०] बहुत दूर।
पद दूर-दराज का=दूर का।
adv. far away.
ph. distant, remote.

दूर-दस्त دوردست वि० [फा०] १. बहुत दूर का। २. पहुँच के बाहर। ३. दुर्गम।
adv. 1. distant, remote. 2. unapproachable. 3. impossible, inaccessible.

दूर-पार دورپار विस्मयादि० [फा०] ईश्वर करे, यह मुझसे बहुत दूर रहे, दूर करो, हटाओ।
interj. God keep him away.

दूरबीन دوربین स्त्री० [फा०] गोल नल के आकार का एक काँच लगा हुआ यंत्र जिससे दूर की चीजें बहुत पास, स्पष्ट या बड़ी दिखाई देती हैं।
fem. a binocular.

दूरी دوری स्त्री० [फा०] दो वस्तुओं के मध्य का स्थान, दूरत्व, अंतर, फासला।
fem. distance.

दूरोदराज़ دورودراز क्रि० वि० [फा०] बहुत दूर, काले कोसों।
adv. very far.

देग دیگ स्त्री० [फा०] खाना पकाने का चौड़े मुँह और चौड़े पेट का बड़ा बरतन।
fem. a large cooking pot, cauldron, kettle.

देगचा دیگچہ पुं० [फा० देगच:] छोटा देग।
m. a small kettle.

देर دیر स्त्री० [फा०] १. नियमित, उचित या आवश्यक से अधिक समय, विलम्ब। २. समय, वक्त।
fem. 1. delay. 2. time.

देरपा دیرپا वि० [फा०] देर तक ठहरनेवाला, मजबूत, दृढ़।
adj. durable, firm.

देरमाँ دیرماں वि० [फा०] १. दृढ़। २. स्थायी।
adj. 1. firm. 2. permanent.

देरीना دیرینہ वि० [फा० देरीन:] १. पुराना, प्राचीन। २. पहले का। ३. वृद्ध।
adj. 1. old, ancient. 2. former. 3. having lived for a long time, old.

देव دیو पुं० [फा०] राक्षस, दैत्य।
वि० बहुत हृष्ट-पुष्ट और बलवान।
m. a giant, monster.
adj. stout, mighty.

देवज़ाद دیوزاد वि० [फा०] १. देव से उत्पन्न। २. बहुत हृष्ट-पुष्ट और बलवान।
adj. 1. monster born. 2. stout, mighty.

देवदार دیودار पुं० [फा०] चीड़ का पेड़
m. a pine tree.

देवदिली دیودلی स्त्री० [फा०] बहादुरी।
fem. bravery.

देह دہ पुं० [फा०] गाँव, ग्राम, खेड़ा, मौजा।
वि०, प्रत्य० देनेवाला; जैसे—तकलीफ़-देह।
m. a village.
adj. & suffix. giver.

देहक़ान دہقان पुं० [फा०] गाँववाला, गाँव का निवासी।

m. a villager.

देहक़ानी دہقانی पुं० [फा०] १. ग्रामवासी। २. गँवार व्यक्ति। वि० ग्रामीण।
m. 1. a villager. 2. a rustic fellow.
adj. of a village, belonging to a village.

देहबंदी دهبندی स्त्री० [फा०] गाँवों को हल्कों में बाँटना।
fem. act of dividing a village into circles.

देहलीज़ دہلیز स्त्री० दे० 'दहलीज़'।

देहात دیہات पुं० [फा० 'देह' का बहु०] [वि० देहाती] गाँव।
m. a village.

देहाती دیہاتی वि० [फा०] गाँव का।
पुं० १. गाँव में रहनेवाला। २. गँवार, गँवई।
adj. of a village.
m. 1. a villager. 2. a rustic fellow.

देही دیہی वि० [फा०] ग्रामीण।
पुं० ग्रामवासी।
adj. of a village.
m. a villager.

दैजूर دیجور स्त्री० [फा०] अमावस्या।
fem. the last day of the dark half of a lunar month.

दैन دَین पुं० [अ०] कर्ज़।
m. a loan.

दैनदार دَیندار पुं० [अ०+फा०] कर्ज़दार, ऋणी।
m. a debtor.

दैयूस دیوث पुं० [अ०] पत्नी की कमाई खानेवाला।
m. one who lives on the earnings of his wife.

दैयूसी دیوثی स्त्री० [अ०] अपनी स्त्री की कमाई खाना।
fem. act of living on one's wife's earnings.

दैर دَیر पुं० [अ०] १. वह स्थान जहाँ पूजा के लिए कोई मूर्ति रक्खी हो, मन्दिर। २. गिरजा।
m. 1. a temple. 2. a Church.

दैरोहरम دَیروحرم पुं० [अ०] मन्दिर या मस्जिद।
m. a temple or mosque.

दो دو वि० [फा० मि० सं० द्वि] एक और एक।
मुहा० **(i) दो एक या दो चार**=कुछ, थोड़े। **(ii) दो चार होना**=भेंट होना, मुलाकात होना। **(iii) आँखें दो-चार होना**=सामना होना। **(iv) दो दिन का**=बहुत ही थोड़े समय का।
adj. two
id. (i) a few. (ii) to meet. (iii) to come face to face. (iv) having happened only a short time ago, recent.

दो-अमला دوعملا वि० [फा० दो+अ० अमल] जो दो व्यक्तियों के अधिकार में हो।
adj. being under the subjugation of two persons.

दो-अमली دوعملی स्त्री० [फा०+अ०] १. द्वैध शासन। २. अराजकता, अव्यवस्था।
fem. 1. diarchy. 2. anarchy.

दो-अस्पा دواسپہ पुं० [फा० दोअस्प:] १. वह सैनिक जिसके पास दो निजी घोड़े हों। २. दो घोड़ों की गाड़ी।
m. 1. a soldier having two horses. 2. a carriage run by two horses.

दो-आतशा دوآتشہ वि० [फा० दो आतश:] जो दो बार भभके से खींचा या चुआया गया हो।
adj. twice distled.

दो-आब دوآب पुं० [फा०] किसी देश का वह भाग जो दो नदियों के बीच में हो।
m. the land between the two rivers.

दो-आबा دوآبہ पुं० दे० 'दो-आब'।

दो-आल دوآل स्त्री० दे० 'दुआल'।

दो-आशियाना دوآشیانہ पुं० [फा० दो-आशियान:] एक प्रकार का खेमा या तम्बू जिसमें दो कमरे होते हैं।
m. a tent with two rooms.

दोग़ دوغ पुं० [फा०] मठा, छाछ।
m. butter-milk.

दोग़ला دوغلا वि० [फा० दोग़ल:] [स्त्री० दोग़ली] १. वह मनुष्य जो अपनी माता के यार से उत्पन्न हुआ हो, जारज। २. वह जीव जिसके माता-पिता भिन्न-भिन्न जातियों के हों।
adj. 1. bastered. 2. cross.

दोगाना دوگانہ स्त्री० [फा० दोगान:] १. एक साथ मिली हुई दो चीजें। २. सखी।
fem. 1. combination or mixture of two things. 2. a female-friend.

दोचंद دوچند वि० [फा० दुचंद] दूना, द्विगुण।
adj. double, two-fold.

दोचोबा دوچوبہ पुं० [फा० दोचोब:] वह खेमा जिसमें दो चोबें लगती हों।
m. a kind of tent.

दोज़ دوز प्रत्य० [फा०] १. सिलाई करनेवाला, जैसे—ख़ेमादोज़, जरदोज़। २. मिला हुआ, सटा हुआ, जैसे—जमींदोज़।
suffix. 1. one who stiches or sews. 2. mixed or mingled.

दोज़ख़ دوزخ पुं० [फा०] नरक, जहन्नुम।
m. the Hell.

दोज़ख़ी دوزخی वि० [फा०] दोज़ख़-सम्बन्धी, दोज़ख़ का।
पुं० बहुत बड़ा अपराधी या पापी, नारकी।
adj. relating to or like hell, hellish.

m. an offender or sinner.

दोज़रबा دوزربہ वि० दे० 'दो-आतशा'।

दोज़ानू دوزانو क्रि०वि० [फा०] घुटनों के बल (बैठना)।
adv. on knees.

दोज़ी دوزی स्त्री० [फा०] सीने का काम, सिलाई। जैसे—खेमादोज़ी, ज़रदोज़ी।
fem. stitching work, sewing.

दो-तरफ़ा دوطرفہ वि० [फा० दुतर्फ़ः] दोनों तरफ का, दोनों ओर होनेवाला।
क्रि० वि० दोनों तरफ, दोनों ओर।
adj. two-way, bilateral.
adv. on both sides.

दोपाया دوپایہ वि० [फा० दुपायः] दो पैरोंवाला।
पुं० मनुष्य।
adj. having two feet.
m. a man, human being.

दोपारा دوپارہ वि० [फा० दुपारः] दो टुकड़े किया हुआ।
adj. cut or divided into two parts.

दोप्याज़ा دوپیازہ पुं० [फा० दुपियाज़ः] वह मांस जो प्याज़ मिलाकर बनाया जाता है।
m. a kind of meat curry.

दोफ़सला دوفصلہ वि० दे० 'दोफ़सली'।

दोफ़सली دوفصلی वि० [फा० दुफ़्स्ली] १. वर्ष में दो फसल देनेवाला।
adj. yielding two crops in a year.

दोबाज़ू دوبازو पुं० [फा०] १. वह कबूतर जिसके दोनों पैर सफेद हों। २. एक प्रकार का गिद्ध।
m. 1. a white-footed pigeon. 2. a kind of vulture.

दोबारा دوبارہ क्रि० वि० [फा० दुबारः] एक बार हो चुकने के उपरांत फिर एक बार, दूसरी बार।
adv. again, once more.

दोबाला دوبالا वि० [फा० दुबाला] दूना।
adj. double.

दो-मंज़िला دومنزلہ **वि०** [फा० दु-मंज़िलः] जिसमें दो खंड या मंज़िलें हों (मकान)।
adj. double-storeyed

दोम دوم वि० दे० 'दोयम'।

दोयम دوئم वि० [फा०] १. दूसरा, पहले के बाद का। २. दूसरे दर्जे का।
adj. 1. second. 2. second class, second rate.

दोरुख़ा دورخہ वि० [फा० दुरुख़ः] १. जिसके दोनों ओर समान रंग या बेल-बूटे हों। २. जिसके एक ओर एक रंग और दूसरी ओर दूसरा रंग हो।
adj. 1. having identical both aspects. 2. double-faced.

दोलाब دولاب पुं० [फा० दूलाब] पानी खींचने की चरखी, रहट।
m. the Persian wheel.

दोश دوش पुं० [फा०] कन्धा, स्कन्ध।
m. a shoulder.

दोशमाल دوشمال पुं० [फा०] कन्धे पर रखने का रूमाल या अँगोछा।
m. a piece of cloth worn around neck or shoulders.

दोशम्बा دوشنبہ पुं० [फा० दोशम्बः] सोमवार।
m. Monday.

दोशाखा دوشاخہ वि० [फा० दोशाखः] दो शाखाओंवाला।
adj. having two branches.

दोशाला دوشالہ पुं० दे० 'दुशाला'।

दोशीज़गी دوشیزگی स्त्री० [फा०] दोशीज़ा या कुमारी होने का भाव, कुँआरापन।
fem. the state of being unmarried, virginity, bachelorhood.

दोशीज़ा دوشیزہ वि० [फा० दोशीज़ः] अविवाहित।
adj. unmarried.

दोसाला دوسالہ वि० [फा० दो+सालः] दो साल का, दो वर्ष का पुराना।
adj. of two years, biennial.

दोस्त دوست पुं० [फा०] मित्र, स्नेही।
m. a friend.

दोस्तदार دوستدار वि० [फा०] मित्रता या सहानुभूति रखनेवाला।
adj. friendly, companionable.

दोस्तदारी دوستداری स्त्री० [फा०] दोस्ती, मित्रता।
fem. friendship, intimacy.

दोस्ताना دوستانہ पुं० [फा० दोस्तानः] १. मित्रता। २. मित्रता का व्यवहार।
m. 1. friendship. 2. friendly dealings.

दोस्ती دوستی स्त्री० [फा०] मित्रता।
fem. friendship.

दौर دور पुं० [अ०] १. चक्कर, भ्रमण, फेरा। २. दिनों का फेर, कालचक्र। ३. अभ्युदय काल, बढ़ती का समय।
पद दौर-दौरा=प्रधानता, प्रबलता।
m. 1. a round tour. 2. the wheel of times. 3. time of prosperity.
ph. prominence, dominance, importance.

दौरा دورہ पुं० [अ० दौरः] १. चक्कर, भ्रमण। २. इधर-उधर जाने या घूमने की क्रिया, फेरा, गश्त। ३. अफसर का इलाके में जाँच-पड़ताल के लिए घूमना। ४. किसी ऐसे रोग का लक्षण प्रकट होना जो समय-समय पर होता है।

मुहा० **(असामी या मुक़दमा) दौरा सुपुर्द करना**=(असामी या मुक़दमे को) फैसले के लिए सेशन जज के पास भेजना।
m. 1. a round. 2. act of patroling. 3. a tour, trip. 4. a sudden attack of a disease.
id. to commit to Session Court.

दौरान دوران पुं० [अ०] १. दौरा, चक्र। २. दिनों का फेर। ३. फेरा।
पद **(i) दौराने-खूँ**=रक्त-संचार, खून का दौरा। **(ii) दौराने-सर**=सिर का चक्कर।
क्रि० वि० के बीच।
m. 1. a round, tour. 2. ugly turn of time.
ph. (i) blood-circulation. (ii) dizziness.
adv. during, throughout the course of.

दौलत دولت स्त्री० [अ०] धन, संपत्ति।
पद **दौलते हुस्न**=रूप की संपत्ति।
fem. riches,wealth.
ph. wealth of beauty.

दौलतख़ाना دولت خانہ पुं० [अ०+फा० ख़ान:] निवास स्थान, घर (आदरार्थ)।
m. a residence (euphemistic).

दौलतमंद دولت مند वि० [अ०+फा०] [भाव० दौलतमंदी] धनी, संपन्न।
adj. rich, wealthy.

दौलतमंदी دولت مندی स्त्री० [अ०+फा०] धनी होने की अवस्था या भाव।
fem. wealthiness.

◆

न

नंग ننگ पुं० [फा०] १. प्रतिष्ठा, सम्मान। २. लज्जा, शर्म, हया। ३. कलंक का कारण या साधन।
***मुहा०* (i) नंग व नामूस** = लज्जा, शरम। **(ii) नंगे ख़ानदान**=कुल कलंक।
m. 1. prestige, honour. 2. shame. 3. anyone or anything that brings bad name.
id. (i) honour. (ii) disgrace to one's family.

न نہ निपात [फा० नह मि० सं० न] निषेधावाचक शब्द, नहीं, मत।
adv. no, not

नअत نعت स्त्री० [अ०] १. प्रशंसा, स्तुति। २. मुहम्मद साहब की स्तुति।
fem. 1. praise, eulogy. 2. eulogy of Mohammad.

नअश نعش स्त्री० [अ०] शव।
fem. a corpse.

नईम نعیم स्त्री० [अ०] १. बहिश्त, स्वर्ग। २. नियामत। ३. पहुँच, रसाई। ४. लाड़-प्यार, दुलार। ५. इनाम में दी हुई चीज़।
fem. 1. heaven. 2. blessing, 2. approach. 4. fondness, love. 5. something awarded as a prize.

नऊज़ نعوذ ***पद*** [अ०] ईश्वर हमारी रक्षा करे।
ph. May God protect us.

नक़द نقد पुं० [अ० नक़्द] वह धन जो सिक्कों या नोटों के रूप में हो, रुपया-पैसा।
***पद* (i) नक़दे-गुल**=फूलों का मूल्य। **(ii) नक़दे-हयात**=जीवन रूपी धन।
m. money in coins or notes, cash.
ph. (i) price of flowers. (ii) life as a wealth.

नक़दखाँ نقدخاں पुं० [अ० नक़्द+फा०] १. प्रचलित सिक्का। २. खरा और बढ़िया माल।
m. 1. a coin used as money. 2. genuine thing or item.

नक़दजान نقدجان स्त्री० [अ० नक़्द+फा०] आत्मा, रूह।
fem. soul, spirit.

नक़ददम نقددم क्रि० वि० [अ० नक़्ददम] अकेले, बिना किसी को साथ लिए।
adv. alone, without someone's help.

नक़दमाल نقدمال पुं० [अ० नक़्दमाल] खरा और बढ़िया माल।
m. gnuine item or thing.

नक़दी نقدی [अ० नक़्दी] स्त्री० वि० दे० 'नक़द'।

नक़ब نقب स्त्री० [अ० नक़्ब] चोरी करने के लिए दीवार में किया हुआ छेद, सेंध।
fem. housebreaking.

नक़बज़न نقب زن पुं० [अ० नक़्ब+फा०] वह जो नक़ब या सेंध लगाता हो।
m. a housebreaker.

नक़बज़नी نقب زنی स्त्री० [अ० नक़्ब+फा०] नक़ब या सेंध लगाने की क्रिया।
fem. act of housebreaking.

नक़बत نقبت स्त्री० [अ० नक़्बत] १. दुर्दशा। २. विपत्ति। ३. निर्धनता, दरिद्रता।
fem. 1. plight. 2. calamity. 3. poverty.

नकरा نکرہ पुं० [अ० नक्रः] १. जान-पहचान का अभाव। २. व्याकरण में जातिवाचक संज्ञा।
m. 1. lack of acquaintance. 2. (Gram.) common noun.

नक़ल نقل स्त्री० [अ० नक़्ल] [बहु० नक़्लियात, नुक़ूल] १. वह जो किसी दूसरे के ढंग पर या उसकी तरह तैयार किया गया हो, अनुकृति, कापी। २. एक के अनुरूप दूसरी वस्तु बनाने का कार्य, अनुकरण। ३. लेख आदि की अक्षरशः प्रतिलिपि, कापी। ४. किसी के वेश, हाव-भाव या बातचीत आदि का पूरा-पूरा अनुकरण, स्वाँग। ५. अद्‌भुत और हास्यजनक आकृति। ६. हास्य रस की कोई छोटी मोटी कहानी, चुटकुला।
fem. 1. a copy. 2. imitation. 3. a facsimile. 4. guise of another person. 5. mimicry. 6. a tit-bit.

नक़लची نقلچی वि०, पुं० [अ० नक़्ल + तु० ची] नकल करनेवाला।
adj. & m. immitator.

नक़लनवीस نقل نویس वि०, पुं० [अ० नक़्ल+फा०] [भाव० नक़लनवीसी] वह आदमी, विशेषतः अदालत का मुहर्रिर जिसका काम केवल दूसरों के लेखों की नक़ल करना होता है, प्रतिलिपिकार।
adj. & m. a copyist.

नक़ली نقلی वि० [अ० नक़्ली] १. जो नक़ल करके बनाया गया हो, कृत्रिम, बनावटी। २. खोटा, जाली, झूठा।
adj. 1. artificial. 2. falsc, fake.

नक़लेपरवाना نقلِ پروانہ पुं० [अ० नक़्ल+फा० परवानः] साला, स्त्री का भाई। (परिहास या व्यंग्य)
m. a brother-in-law.

नक़लेमज़हब نقلِ مذہب पुं० [अ० नक़्लमज़्हब] एक धर्म छोड़कर दूसरा ग्रहण करना, धर्म-परिवर्तन।

m. changing of one's religious faith.

नक़शा نقشہ पुं० = नक़्शा।

नकसीर نکسیر स्त्री० [अ० नक्सीर] नाक से खून बहना।

मुहा० **नकसीर फटना**=नाक से खून जाना।
fem. nose-bleed.
id. bleeding of the nose.

नकहत نکہت स्त्री० [अ० नक्हत] सुगंध, महक, खुशबू।
fem. sweet smell, fragrance.

नक़ाब نقاب स्त्री० [अ०] १. वह कपड़ा जो मुँह छिपाने के लिए सिर पर से गले तक डाल लिया जाता है। (मुसलमान) २. साड़ी या चादर का वह भाग जिससे स्त्रियों का मुँह ढका रहता है, घूँघट।
fem. 1. a mask. 2. a veil.

नक़ाबपोश نقاب پوش वि०, पुं० [अ०+फा०] [भाव० नक़ाबपोशी] जिसने मुँह पर नक़ाब डाली हो।
adj. & m. one who is wearing a mask, masked person.

नक़ायस نقایس पुं० [अ० 'नक़ीसः' का बहु०] नुक्स, बुराइयाँ, ऐब।
m. (plu.) faults, defects.

नक़ाहत نقاہت स्त्री० [अ०] निर्बलता, विशेषतः रोग के कारण होनेवाली निर्बलता।
fem. weakness due to illness.

नक़ी نقی वि० [अ०] १. विशुद्ध। २. बहुत बढ़िया।
adj. 1. pure. 2. excellent.

नक़ीज़ نقیض वि० [अ०] १. तोड़ने या गिरानेवाला। २. उलटा, विलोम; जैसे—'सही' का नक़ीज़ 'ग़लत' है।
स्त्री० १. अस्तित्व मिटाने की क्रिया। २. विरोध, उलटापन ३. शत्रुता, दुश्मनी।
adj. 1. that breaks or causes to fall. 2. contrary.
fem. 1. annhilation. 2. opposition, contrariness. 3. enmity.

नक़ीब نقیب पुं० [अ०] चारण, बंदीजन, भाट।
m. a bard, minstrel.

नकीर نکیر पुं० [अ०] उन दो फरिश्तों में से एक जो मुरदे से कब्र में प्रश्न करते हैं। (दूसरे फरिश्ते का नाम मुनकिर है।)
m. one of the angels who puts questions to the person lying in the grave.

नकीरैन نکیرین पुं० [अ० 'नकीर' का बहु०] मुनकिर और नकीर नामक दो फरिश्ते या देवदूत जो कब्र में मुरदे से पूछते हैं कि तुम किसके सेवक या उपासक हो।
m. (plu.) two angels who askes a person lying in the grave whom do you worship.

नक़ीह نقیح वि० [अ०] निर्मल, शुद्ध।
adj. pure.

नक़्क़ाद نقاد वि०, पुं० [अ०] १. खरा-खोटा परखनेवाला, पारखी। २. समीक्षक।
adj. & m. 1. a connoisseur. 2. a critic.

नक़्क़ारख़ाना نقارخانہ पुं० [फा० नक़्क़ारख़ानः] वह स्थान जहाँ पर नक्कारा बजता है, नौबतखाना।
मुहा० **नक़्क़ारख़ाने में तूती की आवाज़**=बड़े-बड़े लोगों की दृष्टि में छोटे आदमियों की बात जो अनसुनी ही रहती है।
m. the place where drums are played.
id. a cry in the wilderness.

नक़्क़ारची نقارچی पुं० [फा०] नगाड़ा बजानेवाला।
m. a drum beater.

नक़्क़ारा نقارہ पुं० [फा० नक़्क़ारः] नगाड़ा, डंका।
m. a huge drum.

नक़्क़ाल نقال पुं० [अ०] १. वह जो नक़ल करता हो। २. बहुरूपिया। ३. भाँड़।
m. 1. an imitator. 2. one who guises oneself. 3. a bard.

नक़्क़ाली نقالی स्त्री० [अ० नक़्क़ाल] १. नक़ल करने का काम। २. भाँड़पन, भँड़ैती।
m. 1. imitation. 2. profession of a bard.

नक़्क़ाश نقاش पुं० [अ०] वह जो नक़्क़ाशी करता हो।
m. an engraver or embroider.

नक़्क़ाशी نقاشی स्त्री० [अ०] [वि० नक़्क़ाशीदार] १. धातु आदि पर खोदकर बेल-बूटे बनाने का काम। २. वे बेल-बूटे जो इस प्रकार बनाए गए हो।
fem. 1. engraving, carving. 2. embroidery.

नक़्ज़ نقض पुं० [अ० नक़्ज़] तोड़ना, जैसे—नक़्ज़े अहद= प्रतिज्ञा तोड़ना।
m. an act of breaking.

नक़्द نقد पुं०, दे० 'नक़द'।

नक़्ल نقل स्त्री० दे० 'नक़ल'।

नक़्श نقش वि० [अ० नक़्श] जो अंकित या चित्रित किया गया हो, बनाया या लिखा हुआ।
मुहा० **मन में नक़्श करना या कराना**=किसी के मन में कोई बात अच्छी तरह बैठाना।
पुं० [बहु० नुक़ुश] १. तसवीर, चित्र। २. खोदकर या कलम से बनाया हुआ बेल-बूटा। ३. मोहर, छाप। ४. वह यन्त्र जो रोगों आदि को दूर करने के लिए काग़ज़ आदि पर लिखकर बाँह या गले में पहनाया जाता है, तावीज। ५. जादू-टोना।
मुहा० **नक़्श बैठाना**=अधिकार जमाना।
adj. marked, written or discribed.

id. to emphasize an idea in someone's mind.
m. 1. a picture. 2. a carved or embroidered design. 3. a stamp. 4. an amulet. 5. blackmagic.
id. to take possession.

नक़्शबंद نقش بند पुं० [फा०] = नक़्क़ाश।

नक़्शबंदी نقش بندی स्त्री० [अ०+फा०] चित्रकारी, चित्रकला।
m. painting.

नक़्श-बरदीवार نقش بر دیوار वि० [अ०+फा०] १. दीवार पर बने हुए चित्र के समान। २. चकित, स्तम्भित।
adj. 1. like a picture on the wall. 2. astonished, amazed.

नक़्शा نقشہ पुं० [अ० नक़्श:] १. मानचित्र। २. आकृति, शक्ल। ३. ढाँचा। ४. किसी पदार्थ का स्वरूप, आकृति। ४. चाल-ढाल। ५. अवस्था, दशा।
m. 1. a map. 2. a figure. 3. a structure. 4. demeanour, deportment. 5. condition, state.

नक़्शाजात نقشہ جات पुं० (बहु०) [अ० नक़्श:जात] नक्शे।
m. (plu.) maps.

नक़्शानवीस نقشہ نویس पुं० [अ० नक़्श:+फा०] [भाव० नक़्शानवीसी] जो किसी तरह के नक्शे बनाता या तैयार करता हो।
m. one who makes maps drawing etc., draftsman.

नक़्शीं, नक़्शी نقشی، نقشیں वि० [अ० नक़्श] जिस पर बेल-बूटे बने हों, नक़्क़ाशीदार।
adj. engraved or embroidered.

नक़्शेआब نقش آب पुं० [अ०+फा०] १. पानी पर बनाया हुआ चिह्न जो तुरन्त मिट जाता है। २. अस्थायी वस्तु।
m. 1. a mark made on water which is short-lived. 2. a short lived or fleeting thing.

नक़्शेकदम نقشِ قدم पुं० [अ०] पदचिह्न।
m. footprint.

नक़्शेदिल نقشِ دل पुं० [अ०+फा०] दिल का चित्र।
m. the picture of the heart.

नक़्शे-पा نقشِ پا पुं० [अ०+फा०] नक्शेकदम, पदचिह्न।
m. a footprint.

नक़्शोनिगार نقش و نگار पुं० [अ०+फा०] फूल-पत्ती, बेल-बूटे।
m. embroidery.

नक़्स نقص पुं० [अ० नक़्स] भूल, त्रुटि।
m. a mistake, error.

नक्हत نکہت स्त्री० [अ०] सुगंध।
fem. fragrance, sweet smell.

नख़ نخ स्त्री० [फा०] वह पतला रेशमी या सूती तागा जिससे गुड्डी या पतंग उड़ाते हैं, डोर।
fem. the string used for kite-flying.

नख़चीर نخچیر पुं० [फा० नख़्वीर] १. वह जंगली जानवर जिसका शिकार किया जाता है। २. शिकार।
m. 1. an animal shot for sport or food. 2. hunting of a wild animal.

नख़चीरगाह نخچیرگاہ स्त्री० [फा०] शिकार-गाह, आखेट-स्थल।
fem. the hunting ground.

नख़रा نخرہ पुं० [फा० नख़र:] १. वह चुलबलापन या चेष्टा जो जवानी की उमंग में अथवा प्रिय को रिझाने के लिए हो, चोंचला। २. चंचलता, चुलबलापन।
m. 1. coquettish behaviour. 2. restlessness.

नख़रा-तिल्ला نخرہ تِلّا पुं० [फा० नख़रा+हिं० तिल्ला अनु०] नखरा, चोंचला।
m. coquetry, flirtation.

नख़राबाज़,नख़रेबाज نخرباز वि० [फा० नख़र:बाज़] [भाव० नख़रेबाज़ी] जो बहुत नखरा करे, नखरा करनेवाला।
adj. coquettish, flirtatious.

नख़ल نخل पुं० दे० 'नख़्ल'।

नख़वत نخوت स्त्री० [अ० निख़्वत] घमंड, अभिमान, शेखी।
fem. conceit, pride, bravado.

नख़ास نخاس पुं० [अ० नख़्ख़ास] गुलामों या जानवरों के बिकने का बाजार।
पद नख़ासवाली=वेश्या, रंडी।
m. slave-market.
ph. a postitute.

नख़ुस्त نخست पुं० [फा०] १. आरम्भ २. प्रधान।
m. 1. start, commencement. 2. the chief, head.

नख़ूद نخود पुं० [फा०] चना नामक अन्न।
m. gram.

नख़्ल نخل पुं० [अ०] १. खजूर या छुहारे का वृक्ष। २. वृक्ष।
m. 1. a palm tree. 2. a tree.

नख़्लबंद نخل بند पुं० [अ०+फा०] १. माली, बागवान। २. मोम के वृक्ष और फूल पत्ते बनानेवाला।
m. 1. a gardener. 2. one who makes wax items.

नख़्लिस्तान نخلستان पुं० [अ०+फा०] १. खजूर के वृक्षों

का वन। २. वन। ३. वाटिका, बाग़।
m. 1. a forest of palm trees. 2. a forest. 3. a garden.

नख़्लेताबूत نخلِ تابوت पुं० [अ०+फा०] ताबूत या अरथी की सजावट जो प्रायः किसी वृद्ध के मरने पर की जाती है।
m. beautification of a coffin of an old person.

नख़्लेतूर نخلِ طور पुं० [अ०] तूर पर्वत का वह वृक्ष जिस पर हज़रत मूसा को ईश्वरीय प्रकाश दिखाई पड़ा था।
m. the tree of a Toor mountain on which prophet Moosa saw the heavenly light.

नख़्लेमरियम نخلِ مریم पुं० [अ०] खजूर का वह सूखा वृक्ष जो उस समय मरियम के स्पर्श से हरा हो गया था जब वह प्रसव वेदना से विकल होकर जंगल में उसके नीचे जा बैठी थी।
m. the dry tree of palm which turned verdant when the pregnant Marry sat beneath it.

नख़्लेमातम نخلِ ماتم पुं० दे० "नख़्लेताबूत।"

नख़्लेमोम نخلِ موم पुं० [अ०] मोम का बनाया हुआ वृक्ष और उसके फल-फूल आदि।
m. a wax-tree and its flowers, fruit, leaves etc.

नग نگ पुं० दे० "नगीना"।

नग़मा نغمہ पुं० दे० "नग़्मा"।

नगहत نگہت स्त्री० [फा० नक्हत] खुशबू।
fem. fragrance, sweet smell.

नगीं نگیں पुं० [फा०] नगीना, हीरा।
m. a gem, diamond.

नगीना نگینہ पुं० [फा० नगीनः] रत्न, मणि।
वि० जड़ा हुआ।
m. a jewel, gem.
adj. embedded.

नगीनासाज़ نگینہ ساز वि०, पुं० [फा० नगीनःसाज़] [भाव० नगीनासाज़ी] वह जो नगीने बनाता या जड़ता हो।
adj. & m. one who makes or embeds jewels.

नग़्ज़ نغز वि० [अ०] श्रेष्ठ, उत्तम, बढ़िया, जैसे—नग़्ज़गुफ़्तार=सुवक्ता।
adj. excellent, fine.

नग़्ज़क نغزک पुं० [अ० "नग़्ज़" से फा०] १. बहुत उत्तम पदार्थ, बढ़िया चीज़। २. आम, आम्र।
m. 1. a fine thing. 2. a mango.

नग़म نغم पुं० (बहु०) [अ० नग़्मः का बहु०] गीत।
m. (plu.) songs.

नग़मा نغمہ पुं० [अ० नग़्मः] १. राग। २. सुरीली और बढ़िया आवाज़, मधुर स्वर।
m. 1. a song. 2. sweet voice.

नग़मात نغمات स्त्री० [अ० 'नग़्मः' का बहु०] १. गीत। २. सुन्दर और सुरीले शब्द।
fem. (plu.) 1. songs. 2. sweet tunes.

नग़मातर نغمہ تر वि० [फा० नग़्मःतर] रोचक।
adj. interesting.

नग़मापरदाज़ نغمہ پرداز पुं० [अ० नग़्मः+फा०] [फा०] अच्छा गानेवाला।
m. a good singer.

नग़मासंज نغمہ سنج पुं० = नग़मापरदाज़।

नग़मासरा نغمہ سرا [अ० नग़्मः+फा०] १. गानेवाला, गायक। २. सुन्दर स्वर निकालनेवाला।
m. 1. a singer. 2. a melodious singer.

नग़मासराई نغمہ سرائی स्त्री० [अ० नग़्मः+फा०] गायन, गाना, अलापना।
fem. act of singing.

नज़अ نزع पुं० [अ० नज़्अ] मरने के समय साँस टूटना।
m. act of breathing one's last.

नज़दीक نزدیک क्रि० वि० [फा० नज़्दीक] निकट, पास, करीब, समीप।
adv. near, at a short distance.

नज़दीकी نزدیکی वि० [फा० नज़्दीकी] नज़दीक या पास का, समीपस्थ।
स्त्री० नज़दीक होने का भाव, समीपता, सामीप्य, निकटता।
adj. near, close.
fem. nearness, closeness.

नजफ़ نجف पुं० [अ०] १. ऊँचा टीला। २. अरब के एक नगर का नाम।
m. 1. a mound. 2. an Arabian city.

नज़म¹ نژم पुं० [फा०] कोहरा।
m. mist, fog.

नज़म² نظم स्त्री० [फा० नज़्म] कविता।
fem. a poem.

नज़र¹ نظر स्त्री० [अ०] [बहु० अन्ज़ार] १. दृष्टि, निगाह। २. कृपादृष्टि, मेहरबानी से देखना। ३. ध्यान, देख-रेख। ४. परख, पहचान, शिनाख़्त। ५. दृष्टि का वह कल्पित प्रभाव जो किसी सुन्दर मनुष्य या अच्छे पदार्थ आदि पर पड़कर उसे खराब कर देनेवाला

माना जाता है, कुदृष्टि।
पद पहली नज़र में = पहली बार देखने पर।
मुहा० (i) नज़र आना=दिखाई देना, दिखाई पड़ना। **(ii) नज़र पर चढ़ना**=पसन्द आ जाना, भला मालूम होना। **(iii) नज़र पड़ना**=दिखाई देना। **(iv) नज़र बाँधना**=जादू या मंत्र आदि के जोर से किसी को कुछ कर दिखाना। **(v) नज़र उतारना**=बुरी दृष्टि के प्रभाव को किसी मंत्र या युक्ति से हटा देना। **(vi) नज़र लगना**=बुरी दृष्टि का प्रभाव पड़ना।
fem. 1. eyesight. 2. sympathetic outlook. 3. care, supervision. 4. the ability to judge correctly. 5. evil eye.
ph. at first glance, at first looking.
id. (i) to come into view. (ii) to undo an evil eye. (iii) to come into view. (iv) to find agreeable. (v) to do as if by magic. (vi) to cast an evil eye.

नज़र² نزر स्त्री० [अ० नज़्र] भेंट, उपहार।
मुहा० नज़र करना=भेंट करना।
fem. a gift, present.
id. to make a gift.

नज़र-अंदाज़ نظرانداز वि० [अ०+फा०] जिस पर नज़र न पड़ी हो, नज़र से चूका या गिरा हुआ।
adj. that has been ignored or overlooked.

नज़रगाह نظرگاہ स्त्री० [अ०+फा०] रंगशाला।
fem. a theatre.

नज़र-गुज़र نظرگذر स्त्री० [अ० नज़र+फा० गुज़र] बुरी नज़र, कुदृष्टि।
fem. an evil eye.

नज़र-फ़रेब نظرفریب वि०[अ०+फा०] सुन्दर, लुभावना।
adj. beautiful, attractive.

नज़रबंद نظربند वि० [अ०+फा०] जिसे दंड-स्वरूप किसी ऐसे स्थान पर कड़ी निगरानी में रोक रखा गया हो जहाँ से वह कहीं आ-जा न सके।
पुं० जादू या इन्द्रजाल आदि का वह खेल जिसके विषय में लोगों का यह विश्वास रहता है कि वह नज़र बाँधकर किया जाता है।
adj. under custody, interned.
m. use of magical power to perform tricks.

नज़रबंदी نظربندی स्त्री० [अ०+फा०] १. राज्य की ओर से वह दंड जिसमें दंडित व्यक्ति किसी सुरक्षित या नियत स्थान पर बंद रखा जाता है। २. जादूगरी, बाजीगरी।
fem. 1. detention, internment. 2. use of a magical trick.

नज़रबाग़ نظرباغ पुं० [अ०] महलों या बड़े-बड़े मकानों आदि के सामने या चारों ओर का बाग।
m. a pleasure garden surrounding a palace, mansion etc.

नज़रबाज़ نظرباز वि० [अ०+फा०] [भाव० नज़र-बाज़ी] १. तेज नज़र रखनेवाला। २. ताड़नेवाला, चालाक। ३. नज़र लड़ानेवाला, आँख लड़ानेवाला।
adj. 1. having sharp eyes. 2. having ability to guess at first sight. 3. exchanging amorous glances.

नज़रबाज़ी نظربازی स्त्री० [अ०+फा०] १. आँखें लड़ाने की क्रिया। २. ताक-झाँक।
fem. 1. act of exchanging amorous glances.. 2. act of snooping.

नज़रसानी نظرثانی स्त्री० [अ० नज़रेसानी] जाँचने के विचार से किसी देखी हुई चीज़ को फिर से देखना।
fem. act of revising, revision.

नज़रहाया نظرہایا वि० [अ० नज़र+हिं० हाया (प्रत्य०)] [स्त्री० नज़रहाई] नज़र लगानेवाला।
adj. evil-eyed.

नज़राना نزرانہ पुं० [अ० नज़्र + फा० आनः (प्रत्य०)] भेंट, उपहार।
क्रि० अ० [अ० नज़र=दृष्टि] नज़र लगना, बुरी दृष्टि के प्रभाव में आना।
क्रि० स० नज़र लगाना।
m. a gift, present.
vi. to be a prey to an evil eye.
vt. to cast an evil eye.

नज़री نظری वि० [अ०] सरसरी।
adj. cursory,

नज़रीया نظریہ पुं० [अ० नज़रीयः] दृष्टिकोण।
fem. a point of view, viewpoint.

नज़रीयात نظریات पुं० [अ० 'नज़रीयः' का बहु०]
m. (plu.) viewpoints.

नज़ला نزلہ पुं० [अ० नज़्लः] जुकाम, सरदी।
m. catarrh.

नज़लाबंद نزلہ بند पुं० [अ०+फा०] १. औषध में तर किया हुआ वह फाहा जो कनपटियों पर नज़ला रोकने के लिए लगाया जाता है। २. सोने के वर्क आदि का वह गोल टुकड़ा जो कुछ स्त्रियाँ शोभा के लिए कनपटियों पर लगाती हैं।
m. 1. a fluffy piece of cotton soaked in medicine used by catarrh patients on their temples. 2. a round piece of gold leaf which ladies keep on their temples.

नजस نجس वि० [अ० नजिस] १. मैला, गंदा। २. अपवित्र।
adj. 1. dirty. 2. unholy, desecrated.

नज़ाकत نزاکت स्त्री० [अ० 'नाजुक' से फा०] नाज़ुक

होने का भाव, सुकुमारता, कोमलता।
fem. tenderness, delicacy.

नजात نجات स्त्री० [अ०] १. मुक्ति, मोक्ष। २. छुटकारा, रिहाई।
fem. 1. freedom, salvation. 2. riddance, release.

नज़ाद نژاد पुं० [अ०] १. मूल। २. वंश, परिवार।
m. 1. origin. 2. a family, dynasty.

नज़ाफ़त نظافت स्त्री० [अ०] पवित्रता।
fem. sacredness.

नज़ाबत نجابت स्त्री० [अ०] १. कुलीनता। २. सज्जनता।
fem. 1. the state of being noble, nobility. 2. gentlemanliness.

नज़ामत نظامت स्त्री० दे० "निज़ामत"।

नज़ायर نظایر स्त्री० [अ० "नज़ीर" का बहु०] नज़ीरें।
fem. (plu.) examples.

नज़ार نزار वि० [फा०] १. दुबला-पतला। २. निर्धन, गरीब।
adj. 1. lean and thin. 2. poor.

नज़ारत نظارت स्त्री० [अ०] १. नजर रखने की क्रिया, देख-भाल, रक्षा। २. नाज़िर का काम, पद या कार्यालय।
fem. 1. care, protection. 2. the post, profession or the office of a नाज़िर.

नज़ारा نظاره पुं० [अ० नज़्ज़ार:] १. दृश्य। २. दृष्टि, नज़र। ३. प्रिय को लालसा या प्रेम की दृष्टि से देखना। ४. तमाशा।
m. 1. a scene. 2. a look. 3. act of seeing one's beloved amorously. 4. a spectacle.

नज़ाराबाज़ी نظاره بازی स्त्री० [अ० नज़्ज़ार:+फा०] आँखें लड़ाने की क्रिया या भाव।
fem. act of exchanging amorous glances.

नजासत نجاست स्त्री० [अ०] १. गन्दगी, मैलापन। २. अपवित्रता।
fem. 1. dirtiness. 2. desecration.

नजिस نجس वि० [अ०] १. मैला, गन्दा। २. अपवित्र, अशुद्ध।
***पद* नजिस-उल्-ऐन**=जो सदा अपवित्र रहे, कभी पवित्र न हो सके, जैसे—कुत्ता, शराब आदि।
adj. 1.dirty, filthy. 2. desecrated, unholy.
ph. dirty and unholy.

नज़ीफ़ نظیف वि० [अ०] १. शुद्ध। २. पवित्र।
adj. 1. pure. 2. holy.

नजीब نجیب पुं० [अ०] [बहु० नुजब] श्रेष्ठ कुलवाला, कुलीन व्यक्ति, सिपाही।
***पद* नजीब-उल्-तरफ़ैन**=वह जिसकी माता और पिता दोनों उत्तम कुल के हों।
m. one belonging to a high social rank, noble.
ph. one whose both father and mother are of high social rank.

नज़ीर نظیر स्त्री० [अ०] (बहु० नज़ायर) उदाहरण, दृष्टान्त, मिसाल।
fem. a precedent, example, illustration.

नज़ील نزیل पुं० [अ०] १. यात्री। २. मेहमान।
m. 1. a traveller. 2. a guest.

नजूम نجوم पुं० दे० 'नुजूम'।

नजूमी نجومی पुं० = नुजूमी।

नज़ूल نزول पुं० [अ० नुज़ूल] १. उतरना, गिरना। २. आकर उपस्थित होना। ३. नजला नामक रोग। ४. नगर की वह भूमि जिसपर सरकार का अधिकार हो।
m. 1. act of descending, descent. 2. presence. 3. catarrh. 4. the land in a city belonging to the government.

नज्जार نجار पुं० [अ०] लकड़ी के सामान बनानेवाला, बढ़ई, तरखान।
m. a carpenter.

नज़्ज़ारगी نظارگی स्त्री० [अ० नज़्ज़ार: से फा०] आँखें लड़ाने की क्रिया, दीदारबाजी।
fem. act of looking intently or intentionally at someone.

नज़्ज़ारा نظاره पुं० दे० 'नज़ारा'।

नज्जारी نجاری स्त्री० [अ०] बढ़ई का काम या पेशा।
fem. the profession of a carpenter.

नज्द نجد पुं० [अ०] १. ऊँची ज़मीन, बाँगर। २. अरब के एक प्रसिद्ध नगर का नाम।
m. 1. high land. 2. name of an Arabian city.

नज्म نجم पुं० [अ०] तारा, सितारा।
***पद* नज्म-उल्-हिंद**=भारत का सितारा, सितारए हिन्द।
m. a star.
ph. the star of India.

नज़्म نظم स्त्री० [अ०] १. कविता। २. प्रबंध, व्यवस्था।
***पद* (i) नज़्म व नस्त्र**=प्रबन्ध और व्यवस्था। **(ii) नज़्मे हयात**=जीवन-व्यवस्था।
fem. 1. a poem. 2. management.
ph. (i) management. (ii) life-management.

नज़्र نظر स्त्री० दे० 'नज़र'।

नतायज نتائج पुं० (बहु०) [अ० नताइज] नतीजे।
m. (plu.) consequences.

नतीजा نتیجہ पुं० [अ० नतीज:] [बहु० नतायज] परिणाम, फल।
m. result, consequence.

नदह ندہ स्त्री० [अ०] चौड़ाई।
fem. width.

नदामत ندامت स्त्री० [अ०] [वि० नादिम] १. लज्जित होने का भाव, शरमिन्दगी, हलकापन। २. पश्चात्ताप।
fem. 1. humilation, shame. 2. remorse.

नदारद ندارد वि० [फा०] १. जो मौजूद या प्रस्तुत न हो, गायब। २. लुप्त।
adj. 1. missing, absent. 2. disappeard.

नदीद ندید वि० [अ०] तुल्य, समान।

नदीदा ندیدہ वि० [फा० नदीदः] [स्त्री० नदीदी] १. बिना देखा हुआ, अनदेखा। २. जिसने कभी कुछ देखा न हो। ३. जो खानेवालों को आतुर दृष्टि से देखता हो, लालची।
adj. 1. unseen. 2. having seen something never. 3. greedy.

नदीम ندیم वि० [अ०] पार्श्ववर्ती।
पुं० [बहु० नुदमा] साथी, सहचर।
adj. next to someone.
m. a friend, companion.

नद्दाफ़ نداف पुं० [अ०] रुई धुननेवाला, धुनिया।
m. a carder.

नद्दाफ़ी ندافی स्त्री० [अ०] रुई धुनने का काम।
m. act of carding.

नफ़क़ा نفقہ पुं० [अ० नफ़क़ः] खाने-पीने का खर्च, भरण-पोषण का व्यय।
***पद* नान नफ़क़ा** = रोटी-कपड़ा या उसका व्यय।
m. family expences, expenditure.
ph. expenditure on food and clothes.

नफ़ख़ نفخ पुं० [अ०] अफरा।
m. accumulation of wind in the stomach.

नफ़द نفد पुं० [अ०] समाप्त हो जाना, अंत।
m. end, finish, expiry.

नफ़र نفر पुं० [अ०] १. दास, सेवक, नौकर। २. व्यक्ति। ३. मज़दूर।
m. 1. a servant. 2. a person. 3. a labour.

नफ़रत نفرت स्त्री० [अ० नफ़्रत] घृणा।
fem. hate, hatred.

नफ़रत-अंगेज़ نفرت انگیز वि० [अ०] नफरत उत्पन्न करने या बढ़ानेवाला।
adj. causing hate.

नफ़रत-आमेज़ نفرت آمیز वि० [अ० नफ़्रत+फा०] जिसे देखकर नफरत पैदा हो, घृणा उत्पन्न करनेवाला।
adj. causing hatred.

नफ़रतज़दा نفرت زدہ वि०[अ० नफ़्रत+फा० ज़दः] घृणित।
adj. abhorrent, hateful.

नफ़रीं نفریں स्त्री० [फा०] १. शाप, बददुआ। २. लानत, धिक्कार।
fem. 1. a curse. 2. reproach, damnation.

नफ़री نفری स्त्री० [अ०] १. मज़दूर की एक दिन की मज़दूरी या काम। २. मज़दूरी का दिन।
m. 1. one day's work of a labourer. 2. one working day of a laourer.

नफ़स نفس पुं० [अ० नफ़्स] [बहु० अन्फ़ास] १. श्वास-प्रश्वास, साँस। २. पल, क्षण।
***पद* नफ़से-वापसीं**=आखिरी साँस।
m. 1. incoming and out-going breath. 2. an instant.
ph. last breath.

नफ़सपरवर نفس پرور वि० [अ०+फा०] मन को प्रसन्न करनेवाला, मनोहर।
adj. beautiful, charming.

नफ़से-वापसीं نفسِ واپسیں पुं० [अ०+फा०] मरने के समय की अन्तिम साँस।
m. last breath.

नफ़हा نفحہ पुं० [नफ़हः] सुगंध।
m. fragrance, sweet smell.

नफ़ा نفع पुं० [अ० नफ़्अ] लाभ।
m. profit.

नफ़ाइस نفائس पुं० [अ० 'नफ़ीस' का बहु०] उत्तम वस्तुएँ।
m. fine things.

नफ़ाक़ نفاق पुं० दे० 'निफ़ाक़'।

नफ़ाज़ نفاذ पुं० [अ०] जारी होना।
m. act of issuing, announcing or promulgating, announcement, promulgation.

नफ़ायस نفائس पुं० = नफ़ाइस।

नफ़ास نفاس पुं० [अ० निफ़ास] १. प्रवृत्ति। २. वह रक्त जो प्रसव के उपरान्त चालीस दिनों तक स्त्रियों की जननेंद्रिय से निकलता रहता है। ३. आँवल, नाल, खेड़ी।
m. 1. tendency, attitude. 2. the blood that flows after the delivery from the vagina. 3. placenta.

नफ़ासत نفاست स्त्री० [अ०] १. सफाई, स्वच्छता। २. नफ़ीस का भाव, उम्दापन, अच्छाई, उत्तमता।
fem. 1. cleanliness, purity. 2. niceness, supermacy.

नफ़ासतपसंद نفاست پسند वि० [अ०।फा०] जो उम्दा वस्तुओं को पसंद करता हो।
adj. of refined taste.

नफ़ी نفی स्त्री० [अ०] १. न होने का भाव, अस्तित्व का अभाव। २. निकालना, दूर करना। ३. इन्कार, अस्वीकृति।
***मुहा०* (i) नफ़ी करना**=(क) घटाना, कम करना।

(ख) दूर करना, हटाना। **(ii) नफ़ी में जवाब देना**=इन्कार करना।
fem. 1. nothingness. 2. act of dispelling. 3. denial, negation.
id. (i) a. to dimnish or decrease. b. to dispell. (ii) to deny, refuse.

नफ़ीर نفیر वि०, पुं० [अ०] नफ़रत या घृणा करनेवाला। स्त्री० रोना चिल्लाना, विलाप।
adj. & m. one who hates.
fem. act of crying or wailing.

नफ़ीरी نفیری स्त्री० [अ०] तुरही नामक बाजा।
fem. a clairnet.

नफ़ीस نفیس वि० [अ०] १. उम्दा, उत्तम, बढ़िया। २. साफ, स्वच्छ। ३. सुन्दर।
adj. 1. fine, excellent. 2. clean. 3. beautiful.

नफ़्फ़ार نفار वि०, पुं० [अ०] नफरत या घृणा करनेवाला।
adj. & m. one who hates.

नफ़्स نفس पुं० [अ०] [बहु० नुफ़ूस] १. आत्मा, रूह, प्राण। २. अस्तित्व। ३. वास्तविक तत्त्व, सत्ता। ४. पुरुष की इंद्रिय, लिंग। ५. काम-वासना। ६. ग्रन्थ में प्रतिपादित विषय या उसका मूल पाठ।
m. 1. the soul. 2. existence. 3. reality. 4. male organ, penis. 5. sexual desire, libido. 6. theme or text.

नफ़्सकुश نفس کش वि० [अ०+फा०] अपनी इंद्रियों का दमन करनेवाला, इंद्रियजित।
adj. having conquered or subdued his/her senses.

नफ़्सपरवर نفس پرور वि० [अ०+फा०] = नफ़्सपरस्त।

नफ़्सपरस्त نفس پرست वि० [अ०+फा०] [भाव० नफ़्स-परस्ती] अपनी इंद्रियों की वासनाएँ तृप्त करनेवाला, इंद्रियलोलुप।
adj. given to sensual pleasures.

नफ़्सानियत نفسانیت स्त्री० [अ०] १. केवल अपने शरीर की चिन्ता, स्वार्थपरता। २. अभिमान, घमंड।
fem. 1. selfishness. 2. conceit, pride.

नफ़्सानी نفسانی वि० [अ०] नफ्स-सम्बन्धी, आत्मा का।
adj. pertaining to the soul.

नफ़्सी نفسی वि० [अ०] १. आत्मा-सम्बन्धी। २. निजी, व्यक्तिगत।
adj. 1. pertaining to the soul. 2. personal.

नफ़्सी-नफ़्सी نفسی نفسی स्त्री० [अ० नफ़्स] अपनी अपनी चिन्ता, आपाधापी।
fem. self-indulgence.

नफ़्सुल्अम्र نفس الامر स्त्री० [अ०] वास्तविकता।
fem. reality, truth.

नफ़्से-अम्मारा نفسِ امّارہ पुं० [अ० नफ़्सेअम्मारः] इन्द्रियों के भोग या दुष्कर्मों की ओर होनेवाली प्रवृत्ति।
m. sexuality.

नफ़्से-नफ़ीस نفسِ نفیس पुं० [अ०] सुन्दर और शुभ व्यक्तित्व। (प्रायः बड़ों के सम्बन्ध में बोलते हैं।)
m. excellent or auspicious personality.

नफ़्से-नबाती نفسِ نباتی पुं० [अ०] वनस्पति आदि में रहनेवाली आत्मा या चेतना।
m. vitality or energy working in vegetation.

नफ़्से-नातिक़ा نفسِ ناطقہ पुं० [अ० नफ़्से-नातिक़ः] १. आत्मा, रुह। २. बहुत प्रिय व्यक्ति।
m. 1. the soul. 2. a dear one.

नफ़्से-बहीमी نفسِ بہیمی पुं० दे० "नफ़्से-अम्मारा"।

नफ़्से-मतलब نفسِ مطلب पुं० [अ०] वास्तविक उद्देश्य या तात्पर्य।
m. real purpose or aim.

नफ़्से-वापसीं نفسِ واپسیں पुं० [अ०] मरने के समय की अन्तिम साँस।
m. the last breath.

नबर्द نبرد स्त्री० [फा०] युद्ध, लड़ाई।
fem. a battle, war.

नबर्द-आज़मा نبردآزما वि० पुं० [फा० नबर्द-आज़्मा] युद्धक्षेत्र का अनुभवी, वीर, योद्धा।
adj. & m. an experienced soldier, warrior.

नबर्दगाह نبردگاہ स्त्री० [फा०] युद्धक्षेत्र, लड़ाई का मैदान।
fem. a battle-field.

नबवी نبوی वि० [अ०] नबी-सम्बन्धी, नबी का।
adv. of or relating to a prophet.

नबात نبات स्त्री० [अ०] १. साग-भाजी, तरकारी। २. मिसरी।
fem. 1. a vegetable. 2. a sugar candy.

नबातात نباتات स्त्री० [अ० 'नबात' का बहु०] वनस्पति, साग, तरकारियाँ।
fem. vegetation.

नबाती نباتی वि० [अ०] वनस्पति-सम्बन्धी।
adj. of vegetation, vegetative.

नबी نبی पुं० [अ०] ईश्वर का दूत, पैगम्बर, रसूल।
m. a devine messenger, prophet.

नबीरा نبیرہ पुं० [अ० नबीरः] पोता, पौत्र।
m. a grand son, son's son.

नबीसा نبیسہ पुं० [अ० नबीसः] नाती, दौहित्र।

m. a grand son, daughter's son.

नबूअत نبوعت स्त्री० दे० "नबूवत"।

नबूवत نبوّت स्त्री० [अ०] नबी या पैगम्बर होने का भाव, पैगम्बरी, नबीपन।
fem. prophethood.

नब्ज़ نبض स्त्री० [अ०] हाथ की वह रक्तवाही नाली जिसकी चाल से रोग की पहचान की जाती है, नाड़ी।
मुहा० **(i) नब्ज़ चलना**=नाड़ी में गति होना। **(ii) नब्ज़ छूटना**=नाड़ी की गति छूट जाना अर्थात् प्राण न रह जाना।
fem. the pulse.
id. (i) running of the pulse. (ii) stopping of the pulse-beat.

नब्बाज़ نبّاض पुं० [अ०] नब्ज़ या नाड़ी देखनेवाला, हकीम, वैद्य।
m. one who feels the pulse, medical practioner.

नब्बाज़ी نبّاضی स्त्री० [अ०] नब्ज़ या नाड़ी देखकर रोग पहचानना, नाड़ी-परीक्षा, नाड़ी-ज्ञान।
fem. act of feeling someone's pulse.

नब्बाश نبّاش पुं० [अ०] [भाव० नब्बाशी] वह जो गड़े हुए मुरदे उखाड़कर उनका कफन आदि चुराता हो।
m. an ambulance-chaser.

नम نم वि० [फा०] [भाव० नमी] भीगा हुआ, आर्द्र, गीला।
स्त्री० गीलापन, आर्द्रता।
adj. wet.
fem. wetness, dampness.

नमक نمک पुं० [फा०] १. एक प्रसिद्ध क्षार पदार्थ जिससे भोज्य पदार्थों में एक प्रकार का स्वाद उत्पन्न होता है, लवण, नोन। 2. लावण्य।
मुहा० **(i) नमक अदा करना**=स्वामी के उपकार का बदला चुकाना। **(ii)** (किसी का) **नमक खाना**=(किसी के द्वारा) पालित होना, (किसी का) दिया खाना। **(iii) नमक मिर्च मिलाना या लगाना**=(किसी बात को) बहुत बढ़ा-चढ़ाकर कहना। **(iv) नमक फूटकर निकलना**=नमक-हरामी होने की सज़ा मिलना, कृतघ्नता का दंड मिलना। **(v) कटे पर नमक छिड़कना**= किसी दुखी को और भी दुख देना।
m. 1. salt. 2. loveliness. charm.
id. (i) to act owing gratitude to someone for something. (ii) to be indebted to someone. (iii) to make larger or more noticable than normal. (iv) to get punishment for ungratefulness. (v) to add insult to injury.

नमक-अफ़्शाँ نمک افشاں वि०, पुं० [फा०] जले पर नमक छिड़कनेवाला।
adj. & m. one who adds insult to injury.

नमक-अफ़्शानी نمک افشانی स्त्री० [फा०] जले पर नमक छिड़कना।
fem. act of adding insult to injury.

नमकख़्वार نمک خوار वि० पुं० [फा०] [भाव० नमक-ख्वारी] नमक खानेवाला, पालित होनेवाला।
adj. & m. one brought up by someone.

नमकचशी نمک چشی स्त्री० [फा० नमक+चशीदन=चखना] १. बच्चे को पहले-पहल नमक खिलाने की रस्म, अन्नप्राशन। २. खाने की चीज़ मुँह में यह देखने के लिए रखना कि उसमें नमक पड़ा है या नहीं। ३. मुसलमानों में मँगनी के बाद होनेवाली एक रसम।
fem. 1. ceremony of administring saltish food to an infant for the first time. 2. act of testing something saltish. 3. a ceremony after betrothal in Muslims.

नमकदान نمکدان पुं० [फा०] नमक रखने का पात्र।
m. a salt cellar, salt-pot.

नमकपरवरदा نمک پرورده वि० [फा० नमकपर्वर्दः] किसी का पालित।
adj. brought up and nurtured by some-one.

नमकसार نمکسار पुं० [फा०] वह स्थान जहाँ नमक निकलता या बनता हो।
m. a place where salt in prepared.

नमकहराम نمک حرام वि०, पुं० [फा०+अ०] [भाव० नमकहरामी] वह जो किसी का दिया हुआ अन्न खाकर उसी का द्रोह करे, कृतघ्न।
adj. & m. ingrate, ungrateful (person).

नमकहरामी نمک حرامی स्त्री० [फा०+अ०] कृतघ्नता।
fem. ingratitude, ungratefulness.

नमकहलाल نمک حلال वि० [फा०+अ०] [भाव० नमक-हलाली] वह जो अपने स्वामी या अन्नदाता का कार्य धर्मपूर्वक करे, स्वामीभक्त।
adj. & m. truely grateful, having proved one's faithfulness towards his well-wisher.

नमकहलाली نمک حلالی स्त्री० [फा०+अ०] स्वामीभक्ति।
fem. loyalty.

नमकीं نمکیں वि० = नमकीन।

नमकीन نمکین वि० [फा०] [भाव० नमकीनी] १. जिसमें नमक का-सा स्वाद हो। २. जिसमें नमक पड़ा हो। ३. सुन्दर, खूबसूरत।
पुं० वह पकवान आदि जिसमें नमक पड़ा हो।
adj. 1. saltish, salty. 2. salted. 3. charming.
m. salty snacks.

नमगीरा نمگیرہ पुं० [फा० नमगीरः] १. ओस रोकने के लिए ऊपर ताना जानेवाला मोटा कपड़ा। २. शामियाना।
m. 1. tarpaulin. 2. a tent.

नमदा نمدہ पुं० [फा० नम्दः] जमाया हुआ ऊनी कंबल या कपड़ा।
m. a type of thick cloth, felt.

नमनाक نمناک वि० [फा०] गीला, तर, आर्द्र।
adj. wet, moist, damp.

नमरूद نمرود वि० [फा०] अत्याचारी।
adj. cruel, tyrant.

नमश, नमश्क نمش/نمشک स्त्री० दे० 'नमिश'।

नमाज़ نماز स्त्री० [फा०] मुसलमानों की ईश्वर-प्रार्थना जो नित्य कई बार होती है।
fem. Muslim's prayer.

नमाज़ी نمازی पुं० [फा०] १. नमाज़ पढ़नेवाला। २. वह वस्त्र जिस पर खड़े होकर नमाज़ पढ़ी जाती है।
m. 1. one who prays, prayer-doer. 2. a piece of cloth on which one stands while doing prayer.

नमाज़े-इस्तस्क़ा نمازِاستسقا स्त्री० [फा०+अ०] वह नमाज़ जो अकाल के दिनों में वृष्टि के उद्देश्य से पढ़ी जाती है।
fem. the prayer performed for rain.

नमाज़े-कुसूफ़ نمازِکسوف स्त्री० [फा०+अ०] सूर्य ग्रहण के समय पढ़ी जानेवाली नमाज़।
fem. the prayer performed at the time of solar eclipse.

नमाज़े-खुसूफ़ نمازِخسوف स्त्री० [फा०+अ०] चंद्रग्रहण के समय पढ़ी जानेवाली नमाज़।
fem. the prayer performed at the time of lunar eclipse.

नमाज़े-जनाज़ा نمازِجنازہ स्त्री० [फा०+अ० जनाज़ः] वह नमाज़ जो किसी के मरने पर उसके शव के पास खड़े होकर पढ़ते हैं।
fem. the prayer performed at the death of somebody.

नमाज़े-पंचगाना نمازِپنجگانہ स्त्री० [फा० नमाज़े पंजगानः] नित्य के पाँचों वक्त की नमाज़।
m. five times daily performed prayer.

नमाज़े-पेशी نمازِپیشی स्त्री० [फा०] सबेरे की पहली नमाज़।
fem. early morning prayer.

नमाज़े-मैयत نمازِمیّت स्त्री० [फा०] दे० 'नमाज़े-जनाज़ा'।

नमिश نمش स्त्री० [फा० नमश] एक विशेष प्रकार से तैयार किया हुआ दूध का फेन।
fem. froth of the milk.

नमी نمی स्त्री० [फा०] गीलापन, आर्दता।
fem. wetness, moisture, dampness.

नमीम نمیم पुं० [अ०] चुग़लखोर।
m. a backbiter.

नमू نمو पुं० [अ०] १. वनस्पति। २. वृद्धि, बाढ़।
m. 1. vegetation. 2. increase, abundance.

नमूद نمود स्त्री० [फा०] १. निकलने या उदित होने की क्रिया। २. स्पष्ट या प्रकट होने का भाव। ३. उभार। ४. तलवार की बाढ़। ५. निशान, चिह्न। ६. अस्तित्व। ७. शान-शौकत। ८. प्रसिद्धि, शोहरत। ९. शेखी, घमंड।
मुहा० नमूद की लेना=शेखी हाँकना।
fem. 1. act of rising, rise. 2. act of explaining in a very detailed way. 3. the state of being increased in size. 4. the sharpness of the edge of a sword. 5. a mark. 6. existence. 7. pomp and show. 8. fame, renown. 9. conceit.
id. act of bragging.

नमूदार نمودار वि० [फा०] [भाव० नमूदारी] १. प्रकट, जाहिर। २. सामने आया हुआ, उदित।
adj. 1. obvious, apparant. 2. appeared, risen, ascended.

नमूना نمونہ पुं० [फा० नमूनः] १. अधिक पदार्थ में से निकला हुआ वह थोड़ा अंश जिससे उस मूल पदार्थ के गुण और स्वरूप आदि का ज्ञान होता है, बानगी। २. विचित्र व्यक्ति। ३. ढाँचा, ठाठ, खाका।
m. 1. a sample. 2. an awkward figure. 3. a structure.

नम्द, नम्दा نمد/نمدہ पुं० दे० 'नमदा'।

नम्माम نمّام वि०, पुं० [अ०] चुगलख़ोर।
adj. & m. backbiter.

नम्मामी نمّامی स्त्री० [अ०] चुगलख़ोरी।
fem. act of backbiting.

नयस्ताँ نیستاں पुं० [फा०] नै या नरसल का जंगल।
m. a large group of tall, stiff, plants i.e. reed grass like.

नर نر वि० [फा० मि० सं० नर] पुरुष जाति का (प्राणी) मादा का उलटा।
m. a man.

नरग़ा نرغہ पुं० [यू० नर्ग़ः] १. आदमियों का वह घेरा जो पशुओं का शिकार करने के लिए बनाया जाता है। २. भीड़, जन-समूह। ३. कठिनाई, विपत्ति।
m. 1. a circle of people to draw out a game at the time of hunting. 2. a crowd, mass. 3. a difficulty, hardship.

नरगाव نرگاو पुं० [फा०] १. साँड़। २. बैल।
m. 1. an ox. 2. a bull.

नरगिस نرگس स्त्री० [फा० नर्गिस] १. प्याज की तरह का

एक पौधा और उसका कटोरी के आकार का सफेद फूल। उर्दू फारसी के कवि इस फूल से आँख की उपमा देते हैं। २. आँख।
fem. 1. a narcissus (flower and plant). 2. an eye.

नरगिसी نرگسی वि० [फा० नर्गिसी] नरगिस-सम्बन्धी, नरगिस का।
पुं० १. एक प्रकार का कपड़ा। २. एक प्रकार का तला हुआ अंडा।
adj. of narcissus, narcissus-like.
m. 1. a kind of cloth. 2. a preparation of fried eggs.

नरगिसे-बीमार نرگسِ بیمار स्त्री० [फा०] (प्रेमिका की) अधखुली आँख।
fem. a half-open eye.

नरगिसे-शहला نرگسِ شہلا स्त्री० [फा०] नरगिस का वह फूल जिसकी कटोरी पीली न होकर काली हो और इसीलिए मनुष्य की आँखों से अधिक मिलती-जुलती हो।
fem. a special kind of narcissus.

नरम نرم वि० दे० 'नर्म'।

नरमा نرمہ पुं० [फा० नर्मः] १. एक प्रकार की कपास, मनवा, देव-कपास, राम-कपास। २. सेमल की रुई। ३. कान के नीचे का लटकता हुआ भाग, लौ। ४. एक प्रकार का रंगीन कपड़ा।
fem. 1. a sort of cotton. 2. silk-cotton. 3. the hanging part of the ear. 4. a kind of coloured cloth.

नरमी نرمی स्त्री० दे० 'नर्मी'।

नरमेश نرمیش पुं० [फा०] मेढा।
m. a ram.

नरी نری स्त्री० [फा०] बकरी की खाल को कमाकर बनाया हुआ चमड़ा।
fem. the leather prepared from goat's skin.

नरीना نرینہ वि० [फा० नरीनः] नर या पुरुष जाति-सम्बन्धी, जैसे—औलादे-नरीना = पुरुष-संतान।
adj. male.

नर्गिस نرگس स्त्री० दे० 'नरगिस'।

नर्द نرد स्त्री० [फा०] १. चौसर, शतरंज आदि की गोटी, मोहरा। २. एक प्रकार का खेल।
fem. 1. a counter. 2. a game played with counters.

नर्दबाज़ نردباز पुं० [फा०] चौसर का खिलाड़ी।
m. a chess-player.

नर्दबान نردبان स्त्री० [फा०] सीढ़ी, ज़ीना।
fem. a staircase.

नर्म نرم वि० [फा०] १. मुलायम, कोमल, मृदु। २. लचकदार, लचीला। ३. मंद, तेज़ का उलटा। ४. धीमा, मद्धिम। ५. सुस्त, आलसी। ६. जल्दी पचनेवाला, लघुपाक। ७. जिसमें पौरुष का अभाव या कमी हो।
adj. 1. soft, tender. 2. flexible. 3. slow. 4. dim. 5. lazy. 6. easily, digestible. 7. impotent.

नर्म-ए-गोश نرمۂ گوش स्त्री० [फा०] कान की लौ।
fem. the hanging part of an ear.

नर्म-गर्म نرم گرم पुं० [फा०] १. भला-बुरा। २. ऊँच-नीच।
m. 1. good and evil. 2. pros and cons.

नर्मतबीयत نرم طبیعت वि० [फा०+अ०] विनम्र, विनीत।
adj. humble, modest.

नर्मदिल نرم دل वि० [फा०] कोमल हृदय, उदार और दयालु।
adj. kind hearted, liberal.

नर्मी نرمی स्त्री० [फा०] नर्म होने का भाव, नरमपन।
fem. mildness, tenderness.

नवा نوا स्त्री० [फा०] १. संगीत, गाना-बजाना। २. गीत। ३. शब्द, आवाज़। ४. धन-सम्पत्ति, दौलत। ५. सामग्री, सामान। ६. रोज़ी, जीविका। ७. भेंट, उपहार। ८. सेना, फौज।
***पद* (i) नवा-ए-दर्द**=दर्द का गीत। **(ii) तलख़ नवा**=कटुभाषी।
fem. 1. music. 2. a song. 3. a word. 4. wealth. 5. goods. 6. livelihood. 7. a gift. 7. an army.
ph. (i) a song of woes. (ii) one who speaks bitterly.

नवाज़ نواز प्रत्य० [फा०] [भाव० नवाज़ी] १. कृपा या दया करनेवाला, जैसे—बंदा-नवाज़, गरीब-नवाज़। २. प्रसन्न या सन्तुष्ट करनेवाला, जैसे—मेहमान-नवाज़।
suffix. 1. kind, gentle. 2. friendly and hospitable to friends.

नवाज़िश نوازش स्त्री० [फा०] कृपा, दया, अनुग्रह, मेहरबानी।
fem. kindness, favour.

नवाज़िशनामा نوازش نامہ पुं० [फा० नवाज़िशनामः] कृपापत्र।
m. a kind letter.

नवाब نواب पुं० [अ० नव्वाब] १. मुगल (काल में) बादशाह का प्रतिनिधि जो किसी बड़े प्रदेश का शासक होता था। २. एक उपाधि जो मुसलमान अमीरों को अंग्रेजी सरकार की ओर से मिलती थी।
वि० बहुत शान-शौकत और अमीरी ढंग से रहनेवाला।
m. 1. a baron. 2. an epithet of a Muslim

feudal lord.
adj. living a luxurious life.

नवाबज़ादा نواب‌زاده पुं० [अ०+फा० ज़ाद:] नवाब का बेटा।
m. a son of Muslim Lord.

नवाबी نوابی स्त्री० [अ० नव्वाबी] १. नवाब का पद। २. रईसी।
fem. 1. the rank of a baron, barony. 2. wealthiness.

नवाला نوالہ पुं० [फा० नवाल:] ग्रास, कौर।
m. a morsel, mouthful.

नवासा نواسہ पुं० [फा० नवास:] [स्त्री० नवासी] बेटी का बेटा, दौहित्र।
m. the son of a daughter, grandson.

नवासी نواسی स्त्री० [फा०] बेटी की बेटी।
fem. a daughter's daughter.

नवासीर نواسیر स्त्री० [अ०] भगंदर।
fem. a sort of ulcer, fistula.

नवाह نواح स्त्री० [अ०] आस-पास के प्रदेश।
***पद* गिर्द व नवाह**=आसपास के स्थान।
fem. near-by regions.
ph. the area surrounding a place.

नविश्त نوشت स्त्री० [फा०] १. लिखा हुआ काग़ज़ या लेख आदि। २. दस्तावेज़, अनुबंध।
fem. 1. a written paper or article. 2. a document, agreement.

नविश्ता نوشتہ वि० [फा० नविश्त:] लिखा हुआ, लिखित। पुं० १. दस्तावलेज या अनुबंध आदि लिखित लेख। २. भाग्य, प्रारब्ध, तकदीर।
adj. written.
m. 1. a document or agreement. 2. fate, fortune.

नविश्तोख़्वाँद نوشتہ‌خواں पुं० [फा०] लिखा-पढ़ी।
m. act of putting something in writing.

नवी نوی वि० [फा०] नया, नवीन।
adj. new.

नवीस نویس वि०, पुं० [फा०] लिखनेवाला, लेखक, कातिब; जैसे—अर्जीनवीस, अखबारनवीस।
adj. & m. a writer, scribe.

नवीसिंदा نویسندہ वि०, पुं० [फा० नवीसिन्द:] लिखनेवाला, लेखक।
adj. & m. one who writes, writer.

नवीसी نویسی स्त्री० [फा०] लिखने की क्रिया या भाव, लिखाई।
fem. act or profession of writing.

नवेद نوید स्त्री० [फा०] १. शुभ समाचार। २. निमंत्रण-पत्र (विशेषत: विवाह आदि का)।
fem. 1. an auspicious news. 2. an invitation.

नवैयत نوعیت स्त्री० [अ० नौईयत] १. प्रकार, किस्म। २. विशेषता, खूबी।
fem. 1. a class, kind, sort. 2. a speciality, virtue.

नव्वाब نواب पुं० दे० 'नवाब'।

नव्वाबी نوابی स्त्री० दे० 'नवाबी'।

नशतर نشتر पुं०=नश्तर।

नशर نشر पुं० [अ० नश्र] खबर फैलाना, प्रसारित करना।
m. act of broadcasting.

नशा[1] نشأ पुं० [अ० नश्आ] १. उत्पन्न करना, बनाना। २. संसार।
m. 1. act of making or giving birth to. 2. the world.

नशा[2] نشہ पुं० [अ० नश्श:] १. वह अवस्था जो शराब, अफीम या गाँजा आदि मादक द्रव्य खाने या पीने से होती है। २. मादक पदार्थ। ३. गर्व।
***मुहा०* (i) नशा उतरना**=घमंड दूर करना। **(ii) नशा किरकिरा हो जाना**=किसी अप्रिय बात के होने के कारण सारा मज़ा बीच में बिगड़ जाना। **(iii) (आँखों में) नशा छाना**=नशा चढ़ना, मस्ती चढ़ना। **(iv) नशा जमना**=अच्छी तरह नशा होना। **(v) नशा हिरन होना**=किसी असम्भावित घटना आदि के कारण नशे का बिल्कुल उतर जाना।
***पद* नशा-पानी**=मादक द्रव्य और उसकी सब सामग्री।
m. 1. inebriation, intoxication. 2. anything that causes intoxication.
id. (i) to get rid of the conceit. (ii) to mar or spoil all the pleasure. (iii) to be fully under the spell of intoxication or joy. (iv) state of having the intoxicating experience. (v) suddenly coming out from the drunken state.
ph. an alcoholic drink and the snacks accompanied by.

नशाख़ोर نشہ‌خور पुं० [अ० नश्श:+फा०] [भाव० नशाख़ोरी] वह जो नशे का सेवन करता हो।
m. a person who habitually takes alcoholic drinks regularly, drunkard.

नशाख़ोरी نشہ‌خوری स्त्री० [अ० नश्श:+फा०] नशा करने की आदत।
fem. haitual drinking.

नशात نشاط स्त्री० [अ०] खुशी, प्रसन्नता।
fem. happiness, mirth.

नशान نشان पुं० [फा०] = निशान।
m. a mark.

नशाबाज़ نشہ باز वि० पुं० [अ० नश्श:+फा० बाज़] [भाव० नशाबाज़ी] = नशाख़ोर।

नशास्ता نشاستہ पुं० [फा० नशास्त:] गेहूँ का सत।
m. essence of wheat.

नशिस्त نشست स्त्री० दे० 'निशस्त'।

नशीं نشیں वि० दे० 'नशीन'।

नशीद نشید पुं० [फा०] दे० 'निशीद'।

नशीन نشین वि०, पुं० [फा०] १. बैठनेवाला। २. बैठा हुआ।
adj. & m. 1. one who takes a seat. 2. sitting.

नशीला نشیلا वि० [अ० नश्श:+हिं० ईला (प्रत्य०)] १. नशा उत्पन्न करनेवाला, मादक। २. जिस पर नशे का प्रभाव हो।
मुहा० नशीली आँखें=वे आँखें जिनमें मस्ती छाई हो।
adj. 1. intoxicating. 2. under the spell of an alcoholic drink, inebriated.
id. inebriated eyes.

नशूर نشور पुं० दे० 'नुशूर'।

निशेद نشید पुं० = निशीद।

नशेमन نشیمن पुं० [फा०] १. विश्राम करने का एकान्त स्थल, आराम करने की जगह, घर, मकान। २. पक्षियों का घोंसला। ३. भवन।
m. 1. a house or home. 2. a net. 3. a building.

नशेमन-गाह نشیمن گاہ स्त्री० [फा०] विश्राम-स्थल, आरामगाह।
fem. a waiting room.

नशो نشو पुं० [अ० नश्व] १. उत्पन्न होना और बढ़ना। २. उन्नति, वृद्धि।
***पद* नशोनुमा** [अ० नश्वोनुमा] = उत्पन्न होकर बढ़ना।
m. 1. act of growing. 2. increase.
ph. to grow and prosper.

नश्अत نشأت स्त्री० [अ०] उत्पत्ति, आविर्भाव।
fem. origin, advent.

नश्तर نشتر पुं० [फा०] एक प्रकार का बहुत तेज़ छोटा चाकू, इसका व्यवहार फोड़े आदि चीरने में होता है।
m. a surgical knife.

नश्र نشر पुं० [अ०] १. प्रसारण। २. प्रसार, फैलाव। ३. चिन्ता, मानसिक कष्ट। ४. सुगन्धि। ५. जीवन।
m. 1. sending out of a programme on radio or television, act of broadcasting. 2. expansion. 3. anxiety, worry. 4. fragrance. 5. life.

नश्रा نشرہ पुं० [अ० नश्र:] बच्चे के कुरान शरीफ याद कर लेने पर होनेवाला संस्कार।
m. the celebration at the time of taking Quran by heart by a child.

नश्व نشو पुं० [अ०] उद्भव, विकास।
m. origin, development.

नसक़ نسق पुं० [अ०] व्यवस्था, प्रबंध।
m. management.

नसतालीक़ نستعلیق पुं० [अ० नस्तअलीक़] १. फारसी या अरबी लिपि लिखने का वह ढंग जिसमें अक्षर खूब साफ और सुन्दर होते हैं; घसीट या 'शिकस्त' का उलटा। २. वह जिसका रंग-ढंग बहुत अच्छा और सुन्दर हो।
वि० शिष्ट, सभ्य।
m. 1. act of writing Arabic or Persian letters in a very elegant way. 2. a civilized person.
adj. civilized

नसनास نسناس पुं० [अ० नस्नास] एक प्रकार का कल्पित वनमानुष, जिसका एक हाथ, एक पाँव तथा एक ही कान होता है।
m. an imaginary chimpanzee with one hand, one leg and one ear.

नसब نسب पुं० [अ०] १. वंश, कुल, खानदान। २. वंशावली।
m. 1. family. 2. genealogy.

नसबनामा نسب نامہ पुं० [अ०+फा० नाम:] १. वंशावली। २. वंशवृक्ष।
m. 1. genealogy. 2. a family-tree.

नसबी نسبی वि० [अ०] वंश या कुल-सम्बन्धी।
adj. of or pertaining to a family.

नसर نثر स्त्री० दे० 'नस्त्र'।

नसरानी نصرانی पुं० [अ०] ईसाई।
m. a Christian.

नसरीन نسرین स्त्री० [फा० नस्तरन] सेवती।
m. a kind of white flower.

नसल نسل स्त्री० दे० 'नस्ल'।

नसाइह نصائح स्त्री० [अ० 'नसीहत' का बहु०] उपदेश।
m. (plu.) sermons, teachings.

नसायम نسائم स्त्री० [अ० 'नसीम' का बहु०] हवाएँ।
fem. (plu.) breezes.

नसारा نصارہ पुं० [अ०] ईसाई।
m. a Christian.

नसीक़ نسیق वि० [अ०] १. सजाया हुआ। २. क्रमबद्ध।
adj. 1. decorated. 2. orderly.

नसीका نسیکہ पुं० [अ०] कुरबानी।

m. sacrifice.

नसीब نصیب पुं० [अ०] भाग्य, प्रारब्ध।

***मुहा०* नसीब होना** = प्राप्त होना, मिलना।

m. fate, fortune.

id. to receive, get.

नसीबवर نصیب ور वि० [अ०+फा०] भाग्यवान, सौभाग्यशाली।

adj. lucky, fortunate.

नसीबा نصیبہ पुं० [अ० नसीबः] दे० 'नसीब'।

नसीबेआदा نصیب اعدا पुं० [अ० नसीबे अअदा] दुश्मनों का नसीब। (जब किसी प्रिय के रोग आदि का उल्लेख करते हैं, तब इस पद का प्रयोग करते हैं, जैसे—नसीबे-आदा उन्हें बुखार हो आया है।)

m. a thing destined for enemy's part.

नसीबेदुश्मनाँ نصیب دشمناں दे० 'नसीबेआदा'।

नसीम نسیم स्त्री० [अ०] [बहु० नसायम] शीतल, मन्द और सुगन्धि वायु।

***पद* (i) नसीमे बहार**=वसंत की हवा। **(ii) नसीमे-सहर या नसीमे सहरी**=प्रातः-काल की सुन्दर वायु।

fem. cool or gentle breeze, light and pleasant wind.

ph. (i) spring breeze. (ii) morning breeze.

नसीर نصیر पुं० [अ०] १. सहायक, मददगार। २. ईश्वर का एक नाम।

m. 1. an assistant, helper. 2. the God.

नसीहत نصیحت स्त्री० [अ०] १. उपदेश, सीख। २. अच्छी सम्मति।

fem. 1. a sermon, teaching. 2. good piece of advice.

नसीहत-आमेज़ نصیحت آمیز वि० [अ०+फा०] जिसमें नसीहत भी शामिल हो।

adj. full of advice.

नसीहत-गो نصیحت گو पुं० [अ०+फा०] नसीहत या उपदेश देनेवाला, उपदेशक।

m. one who gives sermon or piece of advice, adviser.

नसीहत-पज़ीर نصیحت پذیر वि० [फा०] सीख माननेवाला।

adj. ready to take advice.

नसूह نصوح पुं० [अ०] कुरान का वाक्य।

वि० शुद्ध, साफ, निर्मल।

m. a sentence of Quran.

adj. pure, holy, clean.

नस्क़ نسق पुं० [अ०] १. प्रणाली। २. दस्तूर। ३. व्यवस्था, इन्तज़ाम।

***पद* नज़्म व नस्क़**=प्रबन्ध और व्यवस्था।

m. 1. a method. 2. practice. 3. management.

ph. management and organisation.

नस्ख نسخ पुं० [अ०] १. प्रतिलिपि, नक़ल। २. किसी चीज़ से अच्छी चीज़ बनाकर उस पुरानी चीज़ को रद्द या नष्ट कर देना। ३. अरबी की एक लिपि-प्रणाली जिसके प्रचलित होने पर पहले की पाँच लिपि प्रणालियाँ रद्द हो गई थीं।

m. 1. a copy. 2. rejection of an old thing after preparing a new one. 3. an Arabian Script which was adopted after rejecting five old scripts.

नस्तरन نسترن पुं० [फा०] १. सफेद गुलाब। २. एक तरह का कपड़ा।

m. 1. a white rose. 2. a kind of cloth.

नस्तालीक़ نستعلیق वि० [अ०] शिष्ट, सभ्य।

adj. civilized, cultured.

नस्ब نصب पुं० [अ०] [बहु० अन्साब] १. स्थापित करना। २. खड़ा करना, जैसे—खेमा नस्ब करना।

m. 1. act of establishing. 2. act of erecting.

नस्बुलऐन نصب العین पुं० [अ०] उद्देश्य।

m. an aim.

नस्र[1] نثر स्त्री० [अ०] गद्य।

fem. prose.

नस्र[2] نسر पुं० [अ०] गिद्ध।

m. a vulture.

नस्र[3] نصر स्त्री० [अ०] सहायता।

fem. help, assistance.

नस्रनिगार نثر نگار पुं० [अ०+फा०] गद्य-लेखक।

m. a prose-writer.

नस्रनिगारी نثر نگاری स्त्री० [अ०+फा०] १. गद्य-लेखन। २. गद्य-रचना।

m. 1. prose-writing. 2. a piece in prose, article.

नस्रान نصران पुं० [अ०] ईसाईयों की बस्ती।

m. a Christian colony.

नस्रानियत نصرانیت स्त्री० [अ०] 'ईसाइयत'।

m. a Christianity.

नस्रानी نصرانی पुं० [अ०] ईसाई।

m. a Christian.

नस्रीन نسرین पुं० [फा० नस्तरन] सेवती, जंगली गुलाब।

m. a wild rose flower and its plant.

नस्ल نسل स्त्री० [अ०] १. सन्तान। २. वंश, कुल। ३. प्रजाति।

पद नस्लन् बाद नस्लन्=पुश्त दर पुश्त, वंशानुक्रम से।
m. 1. progeny. 2. dynasty, family. 3. race.
ph. generation after generation, genealogically.

नस्लदार نسل دار वि० [अ०+फा०] [भाव० नस्लदारी] उत्तम वंश का।
adj. born in a high family.

नस्ली نسلی वि० [अ०] नस्ल या वंश-सम्बन्धी।
adj. of a particular race.

नस्साज نساج पुं० [अ०] जुलाहा।
m. a weaver.

नस्सार نثار पुं० [अ०] गद्य-लेखक।
m. one who writes in prose, prose-writer.

नहंग نہنگ पुं० [फा०] घड़ियाल।
m. an allegator.

नहज نہج पुं० [अ० नह्ज] १. सीधा रास्ता। २. तौर तरीका, रंग-ढंग।
m. 1. a straight way. 2. a method, way.

नहज़त نہضت स्त्री० [अ० नुह्ज़त] प्रस्थान, प्रयाण।
fem. act of marching.

नहर نہر स्त्री० [फा० नह्र] वह कृत्रिम जल-मार्ग जो खेतों की सिंचाई के लिए तैयार किया जाता है।
fem. a canal.

नहरी نہری वि० [फा० नह्री] नहर-सम्बन्धी, नहर का। स्त्री० वह भूमि जो नहर के जल से सींची जाती हो।
adj. of or pertaining to a canal.
fem. the land irrigated by canal water.

नहल نہل स्त्री० [अ० नह्ल] शहद की मक्खी, मधुमक्षिका।
fem. a honey-bee.

नहस نحس वि० [अ० नह्स] अशुभ, मनहूस।
adj. inauspicious, awkward.

नहाफ़त نہافت स्त्री० [अ० 'नहीफ़' का भाव०] दुर्बलता।
fem. weakness.

नहार[१] نہار पुं० [अ०] दिन, दिवस।
पद लैलो नहार=रात और दिन।
m. a day.
ph. day & night.

नहार[२] نہار वि० [फा० मि० सं० निराहार] जिसने सबेरे से कुछ खाया न हो, बासी मुँह।
मुहा० (i) नहार मुँह=बिना सवेरे से कुछ खाये हुए।
(ii) नहार तोड़ना=जलपान करना।
adj. having not taken a breakfast.
id. (i) having taken no food since morning. (ii) to take breakfast.

नहारी نہاری स्त्री० [फा०] १. जलपान। २. एक प्रकार की शोरबेदार तरकारी।
fem. 1. a breakfast, refreshment. 2. a kind of vegetable curry.

नही نہی स्त्री० [अ० नह्इ] निषेध, मनाही।
fem. forbiddance, prohibition.

नहीफ़ نحیف वि० [अ०] [भाव० नहाफ़त] दुबला-पतला।
adj. lean and thin.

नहीब نہیب पुं० [अ०] १. भय, डर। २. लूट-पाट।
m. 1. fear, fright. 2. loot, plunder.

नहुत्फा نہفتہ वि० [फा० नहुत्फ़:] छिपा हुआ, गुप्त।
adj. hidden, secret.

नहूसत نحوست स्त्री० [अ०] १. मनहूस होने का भाव, उदासीनता, मनहूसी। २. अशुभ लक्षण।
fem. 1. gloominess. 2. inauspicious sign.

नहो نحو स्त्री० [अ० नह्व] १. रंग-ढंग, तौर-तरीक़ा। २. व्याकरण।
fem. 1. conduct, behaviour. 2. Grammar.

नह्व نحو पुं० [अ०] पद्धति।
m. a method.

नह्स نحس वि० [अ०] अशुभ, अमांगलिक।
adj. inauspicious.

नह्सरू نحس رو वि० [अ०+फा०] मनहूस।
adj. gloomy, sad.

ना نا उप० [फा०] एक उपसर्ग जो शब्दों के आरम्भ में लगकर 'नहीं' या 'अभाव' आदि सूचित करता है। जैसे—ना-इत्तफ़ाक़ी, ना-पाक, ना-चीज़, ना-हक़ आदि।
prefix. used to denote not or lacking.

ना-अहल نااہل वि० [फा०+अ०] १. अयोग्य। २. असभ्य।
adj. 1. uncapable. 2. uncivilized.

ना-आगाह ناآگاہ वि० [फा०] जिसे जानकारी न हो।
adj. unfamiliar.

ना-आश्ना ناآشنا वि० [फा०] [भाव० ना-आश्नाई] जिससे आशनाई या जान-पहचान न हो, अनजान, अपरिचित, अनभिज्ञ।
adj. unfamiliar.

ना-इंसाफ़ ناانصاف वि० [फा०+अ०] अन्यायी।
adj. unjust.

ना-इंसाफ़ी ناانصافی स्त्री० [फा०+अ०] अन्याय।
fem. injustice.

ना-इत्तफ़ाक़ी نااتفاقی स्त्री० [फा०+अ०] इत्तफाक़ या एकता न होना, अनबन, बिगाड़।
fem. lack of unity, disunity.

नाइम نائم वि० [अ०] सोनेवाला।
adj. having a sleep, sleeping.

ना-उम्मीद نااُمید वि० [फा०] निराश।
adj. having lost all hope, disappointed.

ना-उम्मीदी نااُمیدی स्त्री० [फा०] निराशा।
fem. disappointment.

नाओ-नोश ناؤنوش पुं० [फा०] रंगरली।
m. revelry.

नाक ناک प्रत्य० [फा०] भरा हुआ, पूर्ण; जैसे—ग़मनाक, दर्दनाक।
suffix full, full of, complete.

ना-कतख़ुदा ناکتخدا वि० [फा०] अविवाहित, कुँआरा।
adj. unmarried.

ना-कतख़ुदाई ناکتخدائی स्त्री० [फा०] अविवाहित अवस्था, कौमार्य।
fem. the state of being unmarried.

नाकंद ناکند पुं० [फा०] १. दो साल से कम उमर का घोड़ा, बछेड़ा। २. वह जो कम उमर का हो, कमसिन, बच्चा।
वि० नासमझ, अनाड़ी, मूर्ख।
m. 1. a colt under two years. 2. a baby less than two years.
adj. foolish.

नाक़दर ناقدر वि० दे० 'नाक़द्र'।

नाक़दरी ناقدری स्त्री० दे० 'नाक़द्री'।

नाक़द्र ناقدر वि० [फा०+अ०] जो किसी की कद्र न समझे, जो दूसरों के गुणों का आदर न करे।
adj. not appreciative, paying no regard or heed, ungrateful.

नाक़द्री ناقدری स्त्री० [फा०+अ०] अवमान, तिरस्कार।
m. lack of respect, insult.

नाक़बूल ناقبول वि० [फा०+अ०] अस्वीकृत।
adj. unacceptable, not appealing.

नाकरदनी ناکردنی वि० [फा० ना-कर्दनी] न करने योग्य, नामुनासिब, अकरणीय।
adj. improper, fit to be rejected.

नाकरदा ناکردہ वि० [फा० ना-कर्दः] जो किया न हो, बिना किया। जैसे—ना-करदा जुर्म।
adj. not done or finished, undone.

नाकरदाकार ناکردہ کار वि० [फा० ना-कर्दःकार] जिसने कुछ किया न हो, जिसे अनुभव न हो, अनजान, अनाड़ी।
adj. having done nothing, unexperienced.

नाकस ناکس वि० [फा०] [भाव० नाकसी] १. नीच। २. तुच्छ।
adj. 1. mean. 2. worthless.

नाकसी ناکسی स्त्री० [फा०] १. नीचता। २. तुच्छता।
fem. 1. meaness. 2. worthlessness.

नाक़ा ناقہ स्त्री० [अ० नाक़ः] मादा ऊँट, ऊँटनी, साँड़नी।
fem. a she-camel.

नाक़ाबिल ناقابل वि० [फा०] [भाव० ना-क़ाबिलीयत] १. जो क़ाबिल या योग्य न हो। २. अशिक्षित।
***पद* नाक़ाबिले बरदाश्त** = असहनीय।
adj. 1. uncapable. 2. illiterate.
ph. unbearable, untolerable.

नाक़ाबिलियत ناقابلیت स्त्री० [फा०] अयोग्यता।
fem. lack of ability, incapability

नाकाम ناکام वि० [फा०] [भाव० नाकामी] १. जिसका उद्देश्य सिद्ध न हुआ हो, विफल-मनोरथ। २. निराश, नाउम्मीद।
adj. 1. unsuccessful, failed. 2. disappointed.

नाकामयाब ناکامیاب वि० [फा०] विफल, असफल।
adj. unsuccessful.

नाकामयाबी ناکامیابی स्त्री० [फा०] विफलता।
fem. failure.

नाकामी ناکامی स्त्री० [फा०] विफलता।
fem. lack of success, failure.

नाकारा ناکارہ वि० [फा० नाकारः] १. जो काम में न आ सके, निकम्मा, निरर्थक। २. नालायक, अयोग्य।
adj. 1. useless. 2. incapable, unworthy.

नाक़ासवार ناقہ سوار पुं० [अ० नाक़ः+फा०] १. वह जो ऊँटनी पर सवार हो। २. पत्र या सन्देश ले जानेवाला, हरकारा।
m. 1. a camel-rider. 2. a courier.

नाक़िल ناقل वि० [अ०] १. नक़ल या अनुकरण करनेवाला। २. प्रतिलिपि करनेवाला। ३. वर्णन करनेवाला।
adj. 1. imitating. 2. copying. 3. describing.

नाक़िला ناقلہ पुं० [अ० नाक़िलः] [बहु० नवाक़िल] १. इतिहास। २. कथा, कहानी।
m. 1. history. 2. a story.

नाक़िस ناقص वि० [अ०] १. जिसमें कुछ नुक़्स या त्रुटि हो, त्रुटिपूर्ण। २. अधूरा, अपूर्ण। ३. बुरा, निकम्मा।
adj. 1. faulty, defective. 2. incomplete. 3. bad, useless.

नाक़िस-उल्-अक़्ल ناقص العقل वि० [अ०] खराब अक़्लवाला, निष्कृष्ट बुद्धिवाला।
adj. having a little sense, foolish.

नाक़िस-उल्-ख़िल्क़त ناقص الخلقت वि० [अ०] जन्म से ही जिसका कोई अंग खराब हो, जन्म का विकलांग।
adj. crippled, disabled, handicapped.

नाक़ूस ناقوس वि० [अ०] शंख जो फूँककर बजाया जाता है।
m. a shell, conch.

नाख़लफ़ ناخلف वि० [फा०+अ०] [भाव० नाखलफ़ी] नालायक, अयोग्य।

adj. uncapable, unfit.

नाख़लफ़ी ناخلفی स्त्री० [फा०] नालायकी, अयोग्यता।
fem. uncapability, unworthiness.

नाख़ुदा ناخدا पुं० [फा०] मल्लाह, नाविक।
m. a boatman.

नाख़ुन ناخن पुं० [फा०] १. नाखून, नख। २. पशुओं का खुर, सुम।
मुहा० अक़्ल के नाख़ुन लेना=बुद्धि से काम लेना, बुद्धिमान बनना।
पद नाख़ुने-शमशेर=तलवार की धार।
m. 1. a nail. 2. a hoof.
id. to be wise.
ph. the sharpness of the edge of a sword.

नाख़ुनगीर ناخن گیر पुं० [फा०] नाखून काटने का औज़ार, नहरनी।
m. a nailcutter.

नाख़ुना ناخنہ पुं० [फा० नाख़ुनः] १. सितार बजाने का मिजराब। २. आँख का एक रोग जिसमें आँख की सफेदी में एक लाल झिल्ली-सी पैदा हो जाती है।
m. 1. a ring used in playing a star. 2. a disease of the eyes.

नाख़ुश ناخوش वि० [फा०] अप्रसन्न, नाराज़।
adj. unhappy, displeased, angry.

नाख़ुशी ناخوشی स्त्री० [फा०] अप्रसन्नता, नाराज़गी।
fem. unhappiness, annoyance, displeasure.

नाख़ून ناخن पुं० [फा० नाखुन] नाखून, नख।
m. a nail.

नाख़ूब ناخوب वि० [फा०] बुरा।
adj. bad, wretched.

नाख़्वाँदा ناخوانده वि० [फा० नाख़्वाँदः] १. बिना बुलाया हुआ। २. जो पढ़ा-लिखा न हो, अशिक्षित।
adj. 1. uninvited, 2. illiterate.

नागवार ناگوار वि० [फा०] १. जो हज़म न हो, जो न पचे। २. जो अच्छा न लगे, अप्रिय। ३. असह्य।
adj. 1. difficult to digest, indigestible. 2. unpleasant. 3. unbearable, untolerable.

नागवारा ناگوارا वि० दे० 'नागवार'।

नागहाँ ناگہاں वि०[फा०] अचानक होनेवाला, आकस्मिक।
पद मर्गे-नागहाँ=आकस्मिक मृत्यु।
adj. sudden, accidental, unexpected.
ph. sudden death.

नागहानी ناگہانی वि० [फा०] अचानक होनेवाला, जैसे—नागहानी मौत।
स्त्री० अचानक या सहसा होने का भाव।
adj. occurring unexpectedly, sudden.
fem. unexpectedness.

नाग़ा ناغہ पुं० [तु० नाग़ः] अनुपस्थिति।
m. absence from work.

नागाह ناگاه क्रि०वि०[फा०] सहसा, अचानक, एकाएक।
वि० आकस्मिक।
adv. all or a sudden abruptly, at once.
adj. sudden, unexpected.

नागुज़ीर ناگزیر वि० [फा०] १. परम आवश्यक। २. अनिवार्य।
adj. 1. very urgent. 2. unavoidable.

नागुफ़्ता ناگفتہ वि० [फा० नागुफ़्तः] जो कहा न गया हो, अकथित।
adj. unsaid, not said.

नाचाक़ ناچاق वि० [फा०+तु०] १. अस्वस्थ, बीमार। २. दुबला-पतला। ३. जिसमें कुछ मज़ा न हो, आनन्द-रहित।
adj. 1. unhealthy, ailing, suffering. 2. lean and thin. 3. giving no joy, not entertaining.

नाचाक़ी ناچاقی स्त्री० [फा०+तु०] १. अस्वस्थता, बीमारी। २. अनबन, बिगाड़, मनमुटाव।
fem. 1. unhealthiness, illness. 2. dissension, rift.

नाचार ناچار वि० [फा०] जिसके लिए कोई चारा न हो, विवश, मजबूर।
क्रि० वि० लाचारी की हालत में, विवश होकर।
adj. helpless.
adv. due to helplessness.

नाचारी ناچاری स्त्री० [फा०] १. लाचारी, विवशता, मजबूरी।
fem. helplessness, compulsion.

नाचीज़ ناچیز वि० [फा०] तुच्छ, निष्कृष्ट।
adj. worthless, wretched.

नाज़ ناز पुं० [फा०] १. हाव-भाव। २. नखरा, चोचला। ३. अभिमान, गर्व।
मुहा० नाज़ उठाना=चोचले सहना।
m. 1. airs, charming gestures, coquetry. 2. coquettish behaviour. 3. pride, conceit.
id. to endure someone's coquettish behaviour.

नाज़-नख़रा نازنخره पुं० [अ० फा०] चोचला।
m. coquettish behaviour, coquetry.

नाज़नीं نازنیں स्त्री० [फा०] सुंदरी।
fem. a beautiful woman, fascinating woman.

नाज़परवर्दा نازپرورده वि० [फा० नाज़पर्वर्दः] १. जिसे

नाज़ से पाला गया हो। २. सुकुमार।
adj. 1. brought up with atmost care. 2. tender.

नाज़बरदार ناز بردار पुं० [फा०] १. नाज़ उठानेवाला। २. आशिक।
fem. 1. one who dances to the tunes of another person. 2. a lover.

नाज़बरदारी ناز برداری स्त्री० [फा०] १. नाज़ उठाना। २. सेवा करना।
fem. 1. act of dancing to the tunes of another person. 2. act of serving, service.

नाज़बालिश ناز بالش पुं० [फा०] छोटा मुलायम तकिया।
m. a small soft pillar.

नाज़रीन ناظرین पुं० बहु० दे० 'नाज़िरीन'।

नाज़-व-नियाज़ ناز و نیاز पुं० [फा०] नाज़-नखरा, चोचला।
m. coquettish behaviour.

नाज़ाँ نازاں वि० [फा०] अभिमानी, घमंडी।
adj. proud, conceited.

नाजायज़ ناجائز वि० [फा०+अ० जाइज़] १. जो जायज़ न हो, जो नियम-विरुद्ध हो। २. अनुचित।
adj. 1. illegal, illegitimate. 2. improper.

नाज़िंदा نازندہ वि० [फा० नज़िन्द:] नाज़ करनेवाला।
adj. feeling pride, proud.

नाजिंस ناجنس वि० [फा०+अ०] १. दूसरे वर्ग या जाति का। २. अनमेल। ३. अयोग्य, नालायक। ४. कमीना। ५. अशिक्षित। ६. असभ्य।
adj. 1. not of the same community. 2. unmatching. 3. uncapable. 4. mean. 5. illiterate. 6. uncivilized.

नाज़िम ناظم पुं० [अ०] १. वह जो लड़ियाँ बनाता या पिरोता हो। २. इन्तज़ाम करनेवाला, व्यवस्थापक। ३. नज़्म या पद्य बनानेवाला, कवि। ४. मुसलमानी राज्यकाल में वह प्रधान कर्मचारी जो किसी देश का शासक और व्यवस्थापक होता था।
m. 1. one who threads beads etc. 2. a manager, organiser. 3. a poet. 4. an administrator-cum-ruler.

नाज़िर ناظر पुं० [अ०] १. देखनेवाला व्यक्ति, दर्शक। २. निरीक्षक। ३. अदालत या कार्यालय में लेखकों का प्रधान। ४. वेश्याओं का दलाल।
m. 1. a spectator. 2. an inspector. 3. a court-official. 4. a pimp.

नाज़िरा ناظرہ क्रि० वि० [अ० नाज़िर:] ग्रंथ आदि देखकर (पढ़ना)।
पुं० १. देखने की शक्ति, दृष्टि। २. आँख।
adv. by looking at words.
m. 1. eye-sight. 2. an eye.

नाज़िराख़्वाँ ناظرہ خواں वि०, पुं० [अ० नाज़िर:+फा०] [भाव० नाज़िराख़्वानी] जो कोई ग्रन्थ, विशेषत: कुरान, केवल देखकर पढ़ता हो।
m. one who reads the written words.

नाज़िरीन ناظرین पुं० बहु० [अ० 'नाज़िर' का बहु०] १. देखनेवाले लोग, दर्शकगण। २. पढ़नेवाले लोग, पाठक-वर्ग।
m. (plu.) 1. spectators. 2. readers.

नाज़िल نازل वि० [फा०] उतरने या नीचे आनेवाला, गिरनेवाला।
***मुहा०* नाज़िल होना**=(क) ऊपर से नीचे आना। (ख) आ पहुँचना या आ पड़ना; जैसे—बला नाज़िल होना।
adj. moving downwards, descending.
id. (a)to come down. (b) to drop in, to arrive quite unexpectedly.

नाज़िला نازلہ पुं० [अ० नाज़िल:] विपत्ति, संकट, मुसीबत।
m. a calamity, botheration, crisis.

नाज़िश نازش स्त्री० [फा०] १. नाज़ करना। २. घमंड या अभिमान, इतराहट।
fem. 1. snobery. 2. pride.

नाज़ुक نازک वि० [फा०] १. कोमल, सुकुमार। २. पतला, महीन, बारीक। ३. सूक्ष्म। ४. गूढ़। ५. ज़रा से झटके या धक्के से टूट-फूट जानेवाला। ६. जिसमें हानि या अनिष्ट की आशंका हो, जोखिम-भरा, जोखों का।
***पद* नाज़ुक मिज़ाज**=जो थोड़ा सा कष्ट भी न सह सके।
adj. 1. soft, tender. 2. thin, subtle. 3. minute. 4. recondite, abstruse. 5. fragile. 6. risky.
ph. touchy, peevish.

नाज़ुकअंदाम, नाज़ुकअन्दाम نازک اندام वि० [फा०] दुबले-पतले और नाज़ुक बदनवाला।
adj. of a delicate build.

नाज़ुककलाम نازک کلام वि० [फा०+अ०] [भाव० नाज़ुक-कलामी] सूक्ष्म और बढ़िया बातें कहनेवाला।
adj. telling fine things.

नाज़ुकख़्याल نازک خیال वि० [फा०+अ०] [भाव० नाज़ुक-ख़्याली] बहुत ही सूक्ष्म विचारोंवाला।
adj. telling or giving good ideas.

नाज़ुकजगह نازک جگہ स्त्री० [फा०] १. खतरनाक जगह। २. मर्म स्थल।
fem. 1. risky place. 2. vital spot.

नाज़ुकतबा نازک طبع वि० दे० 'नाज़ुकमिज़ाज'।

नाज़ुकदिमाग़ نازک دماغ वि० [फा०+अ०] [भाव०

नाजुकदिमाग़ी] १. ज़रा सी बात में जिसका दिमाग़ खराब हो जाए, चिड़चिड़ा। २. अभिमानी।
adj. 1. touchy, peevish. 2. proud, conceited.

नाजुकबदन نازک بدن वि० [भाव० नाजुकबदनी] दे० 'नाजुकअन्दाम'।

नाजुकमिज़ाज نازک مزاج वि० [फा०+अ०] [भाव० नाजुकमिज़ाजी] १. जो थोड़ा सा भी कष्ट न सह सके। २. जल्दी बिगड़ जानेवाला, चिड़चिड़ा। ३. घमंडी।
adj. 1. weak. 2. peevish. 3. proud.

नाजुकी نازکی स्त्री० [फा०] १. नाजुक होने का भाव, नज़ाकत। २. कोमलता, मुलामियत। ३. उत्तमता, खूबी। ४. घमंड, अभिमान।
fem. 1. state of being tender. 2. softness. 3. excellence, virtue. 4. pride, conceit.

नाजुरा نازرا पुं० [अ०] १. अधिकारी। २. सरदार, नेता।
m. 1. an official, officer. 2. a leader.

नाज़ेब نازیب वि० [फा०] १. जो देखने में ठीक न जान पड़े, भद्दा, बेमेल। २. अनुचित।
adj. 1. awkward, ugly. 2. improper.

नाज़ेबा نازیبا वि० [फा० नाज़ेब] १. दे० 'नाज़ेब'। २. अनुचित, ना-मुनासिब।
adj. 1. awkward, 2. improper, indecent.

नातजरुबाकार ناتجربہ کار वि० [फा० ना+अ० तजरुब: + फा० कार] [भाव० नातजरुबाकारी] जिसे तजरुबा या अनुभव न हो, अनुभवहीन, अननुभवी।
adj. having no experience, inexperienced.

नातमाम ناتمام वि० [फा०+अ०] अपूर्ण, अधूरा।
adj. incomplete.

नातराश ناتراش वि० [फा०] १. जो तराशा या छीला न गया हो, अनगढ़। २. असभ्य, उजड्ड।
adj. 1. unchiselled. 2. uncivilized, boorish.

नातराशीदा ناتراشیدا वि० दे० 'नातराश'।

नातवाँ ناتواں वि० [फा० नातुवाँ] कमज़ोर, दुर्बल, अशक्त।
adj. weak, feeble.

नातवानी ناتوانی स्त्री० [फा० नातुवानी] कमज़ोरी, दुर्बलता, अशक्तता।
fem. weakness, feebleness.

नाताक़त ناطاقت वि० [फा०+अ०] [भाव० नाताक़ती] दुर्बल, कमज़ोर।
adj. weak, feeble.

नातिक़ ناطق पुं० [अ०] १. जो दूसरे को बोलने न दे। २. बोलनेवाला। ३. बुद्धिमान व्यक्ति।
वि० १. स्थायी, दृढ़, पक्का। २. अन्तिम।
m. 1. one who stops someone from talking more. 2. one who speaks. 3. a wise person.
adj. 1. firm, stable. 2. last, final.

नातिक़ा ناطقہ पुं० [अ० नातिक़:] बोलने की शक्ति, वाक्-शक्ति।
m. power of speech.

नातुवाँ ناتواں वि० [फा०] निर्बल, कमज़ोर।
adj. weak, feeble.

नातुवानी ناتوانی स्त्री० [फा०] निर्बलता, कमज़ोरी।
fem. weakness, feebleness.

नाद-ए-अली نادعلی स्त्री० [अ०] बच्चों को पहनाने का तावीज़।
fem. an amulet believed to protect babies against evil.

नादहिंद نادہند वि० दे० 'नादिहंद'।

नादान نادان वि० [फा०] [भाव० नादानी] १. अनजान। २. मूर्ख।
adj. 1. ignorant. 2. foolish.

नादानिस्तगी نادانستگی स्त्री० [फा०] १. अनजानपन। २. मूर्खता।
fem. 1. ignorance. 2. foolishness.

नादानिस्ता نادانستہ क्रि० वि० [फा० नादानिस्त:] अनजान में।
adj. without knowing, unknowingly.

नादानी نادانی स्त्री० [फा०] १. नासमझी। २. मूर्खता।
fem. 1. ingnorance. 2. foolishness.

नादार نادار वि० [फा०] [भाव० नादारी] ग़रीब, दरिद्र, मुफ़लिस।
adj. poor, pauper.

नादारी ناداری स्त्री० [फा०] गरीबी।
fem. poverty.

नादिम نادم वि० [अ०] [भाव० नदामत] १. शर्मिन्दा, लज्जित। २. पश्चात्ताप करनेवाला।
adj. 1. shame-faced, blushing. 2. remorseful.

नादिर نادر वि० [अ०] [बहु० नादिरात, नवादिर] १. अनोखा, अद्भुत, विलक्षण। २. दुष्प्राप्य। ३. बहुत बढ़िया।
पुं० फारस का एक बादशाह जिसने मुहम्मद शाह के समय भारत पर चढ़ाई की थी और दिल्ली में बहुत मार-काट कराई थी, नादिरशाह।
adj. 1. unique, strange. 2. rare. 3. fine.
m. a Persian king who attacked India and ordered a general massacre in the middle age.

नादिरगरदी نادرگردی स्त्री० दे० 'नादिरशाही'।

नादिरशाही نادرشاہی स्त्री० [फा०] नादिरशाह का-सा

अत्याचार और कुप्रबन्ध।
वि० १. नादिर शाह का। २. अत्याचारपूर्ण।
fem. tyranny, high-handedness.
adj. 1. of Nadir Shaw. 2. tyrannous.

नादिरा نادره वि० दे० 'नादिर'।

नादिरी نادری स्त्री० [फा०] १. एक प्रकार की सदरी या कुरती। २. नादिरशाही।
fem. 1. a kind of jacket. 2. tyranny.

नादिहंद نادہند वि०, पुं० [फा० ना+अ० दहिन्द] [भाव० नादिहंदी] जो जल्दी रुपया पैसा न दे, देने में तरह-तरह के झगड़े निकालनेवाला।
adj. & m. failing to pay a debt, defaulter.

नादीदा نادیده वि० [फा० नादीद:] १. जो देखा न हो, बिना देखा हुआ। २. जिसने कुछ देखा न हो। ३. जो खाने-पीने की चीज़ पर नजर रखे, नदीदा।
पद **ख़िज़ाँ-नादीदा**=जिसने पतझड़ न देखा हो।
adj. 1. not seen, unseen. 2. have not seen anything, having seen nothing. 3. greedy.
ph. having not seen the fall.

नादुरुस्त نادرست वि० [फा०] [भाव० नादुरुस्ती] १. जो दुरुस्त या ठीक न हो। २. अनुचित, नामुनासिब।
adj. 1. not correct, incorrect. 2. not right or proper, improper.

नान نان स्त्री० [फा०] रोटी।
fem. a loaf of bread.

नानकार نانکار पुं० [फा०] राजा की ओर से वह धन या भूमि जो किसी के निर्वाह के लिए दी जाए।
m. money or piece of land given to someone by the king for maintainance.

नानकोर نانکور वि०, पुं० [फा०] विश्वासघात करनेवाला।
adj. & m. a betrayer.

नानख़ताई نان خطائی स्त्री० [फा०] टिकिया के आकार की एक प्रकार की सोंधी खस्ता मिठाई।
fem. a kind of biscuit like sweet.

नानपाव نان پاؤ स्त्री० [फा० नान+पुर्त० पाव=रोटी] एक प्रकार की मोटी बड़ी रोटी, पावरोटी।
m. a kind of bread.

नानबा نانبا पुं० [फा०] = नानबाई।

नानबाई نانبائی पुं० [फा० नानबा] रोटी पकाने या बेचनेवाला।
m. a baker.

नान-व-नफ़क़ा نان ونفقہ पुं० [फा० नान-व-नफ़क़:] रोटी-कपड़ा, खाने-पहनने और भरण-पोषण का व्यय।
m. household expenses.

नाना نانا पुं० [अ० नअनअ] पुदीना।
m. mint plant and its leaves.

नानेजवीं نان جویں स्त्री० [फा०] १. जौ की रोटी। २. गरीबों का रूखा-सूखा भोजन।
fem. 1. a loaf of bread of barley flour. 2. plain and simple food.

नापसंद ناپسند वि० [फा०] १. जो पसन्द न हो, जो अच्छा न लगे। २. अप्रिय।
adj. 1. not to one's liking. 2. unpleasant.

नापाक ناپاک वि० [फा०] [भाव० नापाकी]१. अपवित्र, अशुद्ध। २. मैला-कुचैला।
adj. 1. unholy, desecrate. 2. dirty.

नापाकी ناپاکی स्त्री० [फा०] अपवित्रता।
fem. desecration.

नापायदार ناپایدار वि० [फा०] [भाव० नापायदारी] १. जो मजबूत या टिकाऊ न हो, कमज़ोर। २. क्षणभंगुर।
adj. 1. not durable, weak. 2. fragile.

नापुख़्ता ناپختہ वि० [फा० नापुख़्त:] १. अशक्त, कमजोर। २. अपक्व।
adj. 1. weak. 2. unripe.

नापैद ناپید वि० [फा० ना+पैदा] १. जो अभी तक पैदा या उत्पन्न न हुआ हो। २. विनष्ट। ३. अप्राप्य।
adj. 1. not yet born. 2. destroyed. 3. unavailable.

नापैदा ناپیدا वि० [फा०] १. जो पैदा न हुआ हो। २. गुप्त, छिपा हुआ। ३. विनष्ट, बरबाद।
adj. 1. not yet born. 2. hidden, concealed. 3. destroyed.

नाफ़ ناف स्त्री० [फा० मि० सं० नाभि] १. जरायुज जन्तुओं के पेट के बीच का चिह्न या गड्ढा, नाभि, तोंदी, तुंदी। २. मध्यभाग।
fem. 1. a navel. 2. middle part, nucleus.

नाफ़रजाम نافرجام वि० [फा० नाफ़र्जाम] १. जिसका अन्त या परिणाम बुरा हो। २. अयोग्य, निकम्मा।
adj. 1. detrimental, damaging. 2. worthless, wretched.

नाफ़रमान نافرمان वि० [फा० नाफ़र्मान] आज्ञा न माननेवाला, उद्दण्ड।
adj. disobedient, unmanageable.

नाफ़रमानी نافرمانی स्त्री० [फा० नाफ़र्मानी] आज्ञा न मानना, अवज्ञा।
fem. disobedience, violation of an order.

नाफ़हम نافہم वि० [फा० नाफ़हम] जिसे फहम या समझ न हो, नासमझ।
adj. foolish, stupid.

नाफ़हमी نافہمی स्त्री० [फा० नाफ़हमी] नासमझी, मूर्खता।
fem. foolishness, stupidity.

नाफ़ा نافہ पुं० [फा० नाफ़:] कस्तूरी की थैली जो कस्तूरी-मृगों की नाभि से निकलती है।

वि० दे० 'नाफ़िअ'।
m. navel of a musk-deer.

नाफ़िअ نافع वि० [अ०] नफ़ा या लाभ पहुँचानेवाला, लाभदायक।
adj. profitable.

नाफ़िज़ نافذ वि० [अ०] जारी या प्रचलित।
adj. prevalent, current.

नाफ़िर نافر वि०,पुं० [अ०] नफ़रत या घृणा करनेवाला।
adj. & m. one who hates, hateful.

नाब[1] ناب वि० [फा०] १. खालिस, निर्मल। २. पवित्र। ३. अच्छी तरह भरा हुआ, लबालब, परिपूर्ण।
m. 1. pure, 2. holy. 3. full, filled to the brim.

नाब[2] ناب पुं० [अ०] साँप का जहरीला दाँत।
m. the poisonous tooth of a snake.

नाबकार نابکار वि० [फा०] १. व्यर्थ का, निरर्थक। २. अयोग्य, नालायक। ३. दुष्ट, पाजी। ४. अनुचित।
adj. 1. useless. 2. incapable. 3. naughty. 4. improper.

नाबदान نابدان पुं० [फा०] वह नाली जिससे मैला पानी बहता है, पनाला।
m. a gutter.

नाबलद نابلد वि० [फा०] [भाव० नाबलदी] १. गँवार, उजड्ड, मूर्ख, अनाड़ी। २. अपरिचित, अनजान।
adj. 1. rustic, stupid. 2. unfamiliar.

नाबलदी نابلدی स्त्री० [फा०] १. मूर्खता। २. अपरिचय।
fem. 1. stupidity. 2. unfamiliarity.

नाबालिग़ نابالغ वि० [फा०+अ०] [भाव० नाबालिग़ी] जो पूरा जवान न हुआ हो, अल्पवयस्क।
पुं० अल्पवयस्क व्यक्ति।
adj. underage.
m. a minor.

नाबालिग़ी نابالغی स्त्री० [फा०+अ०] अल्पवयस्कता, अवयस्कता।
fem. age of minority.

नाबीना نابینا वि० [फा०] अन्धा।
adj. blind.

नाबूद نابود वि० [फा०] १. जिसका अस्तित्व न रह गया हो, बरबाद। २. नष्ट होनेवाला, नश्वर।
adj. 1. non-existent. 2. liable to perish, destructible.

नामंज़ूर نامنظور [फा०+अ०] [भाव० नामंज़ूरी] जो मंज़ूर न हो, अस्वीकृत।
adj. unacceptable, rejected.

नामंज़ूरी نامنظوری [फा०+अ०] अस्वीकृति।
fem. rejection, non-acceptance.

नाम نام पुं० [फा० मि० सं० नाम] १. वह शब्द जिससे किसी वस्तु या व्यक्ति का बोध हो।
m. a name.

नामआवर نامآور वि० [फा०] प्रसिद्ध, नामवर।
adj. famous, renowned.

नामआवरी نامآوری स्त्री० [फा०] प्रसिद्धि, कीर्ति, यश।
fem. fame, renown.

नाम-ए-आमाल نامۂاعمال पुं० [फा०+अ०] वह पत्र जिसपर किसी के अच्छे और बुरे सब कार्यों का उल्लेख हो, आमालनामा।
m. a written description of one's good and bad deeds.

नामज़द نامزد वि० [फा०] १. नामांकित, मनोनीत। २. प्रसिद्ध, मशहूर।
adj. 1. nominated. 2. famous, celebrated.

नामज़दगी نامزدگی स्त्री० [फा०] नामांकन, मनोनयन।
fem. act of nominating, nomination.

नामदार نامدار वि० [फा०] प्रसिद्ध, नामवर, नामी।
adj. famous, celebrated.

नामर्द نامرد वि०, पुं० [फा०] [भाव० नामर्दी] १. नपुंसक। २. डरपोक, कायर।
adj. & m. 1. impotent. 2. cowardly, timid.

नामर्दी نامردی स्त्री० [फा०] १. नपुंसकता, क्लीवता। २. कायरता, बोदापन।
fem. 1. impotence. 2. cowardice, timidness.

नामर्दुम نامردم वि० [फा०] अधम, नीच।
adj. mean.

नामर्दुमी نامردمی स्त्री० [फा०] अधमता, नीचता।
fem. meanness.

नामवर نامور वि० [फा०] प्रसिद्ध, यशस्वी।
adj. famous.

नामवरी ناموری स्त्री० [फा०] प्रसिद्धि, यश।
fem. fame, renown.

नामहदूद نامحدود वि० [फा०+अ० महदूद] जिसकी हद न हो, असीम।
adj. limitless.

नामहरम نامحرم वि० [फा०+अ० महरम] अपरिचित, अजनबी, बाहरी।
पुं० मुसलमान स्त्रियों के लिए ऐसा पुरुष जिससे विवाह हो सकता हो।
adj. unfamiliar, outsider.
m. a person to whom a Muslim girl can get married.

नाम-व-निशान نام ونشان पुं० [फा०] १. नाम और चिह्न, नाम और लक्षण। २. नाम और पता।
m. 1. a mark, trace. 2. name and address.

नामा نامہ पुं० [फा० नामः] १. खत, पत्र। २. ग्रन्थ,

पुस्तक।
m. 1. a letter. 2. a book.

नामाक़ूल نامعقول वि० [फा० ना + अ० मअक़ूल] (नामाक़ूलियत) १. अयोग्य, नालायक। २. अयुक्त, अनुचित।
adj. 1. lacking in ability, incapable. 2. improper.

नामानिगार نامہ نگار पुं० [फा० नाम:+....] [भाव० नामानिगारी] १. समाचार लिखनेवाला, समाचार-लेखक। २. संवाददाता, रिपोर्टर।
m. 1. a newseditor. 2. a reporter, press-reporter.

नामानूस نامانوس वि० [फा०+अ०] अप्रिय, नापसंद।
adj. not to one's liking, unacceptable.

नामालूम نامعلوم वि० [फा०+अ० मअलूम] १. जिसे मालूम न हो, अनजान। २. अपरिचित, अजनबी। ३. अज्ञात। ४. अप्रसिद्ध।
adj. 1. having no knowledge of, knowing nothing. 2. unfamiliar. 3. unknown. 4. not famous.

नामाबर نامہ بر पुं० [फा० नाम:+बर] पत्रवाहक, हरकारा।
m. a courier, messenger.

नामिंदा, नामिन्दा نامندہ पुं० [फा० नामिन्द:] नाम रखनेवाला।
m. one who names.

नामिया نامیہ स्त्री० [अ० नामिय:] अंतर्निहित शक्ति।
fem. latent power, potentiality.

नामी نامی वि० [फा०] १. नामवाला, नामधारी, नामक। २. प्रसिद्ध, मशहूर।
पद नामी-गरामी=बहुत प्रसिद्ध।
adj. 1. having a name, named. 2. famous.
ph. well-known, celebrated.

नामीदन نامیدن पुं० [फा०] नाम रखना।
m. act of naming.

नामुअतबर نامعتبر वि० [फा० नामोअतबर] अविश्वसनीय।
adj. unbelievable or unreliable.

नामुआफ़िक़ ناموافق वि० [फा०+अ०] [भाव० नामुआफ़िक़त] १. जो मुआफिक या अनुकूल न हो। २. जो अच्छा न लगे।
adj. 1. unsuitable. 2. undesirable.

नामुकम्मल نامکمل वि० [फा० ना + अ० मुकम्मल] अपूर्ण, अधूरा।
adj. incomplete.

नामुक़िर نامقر वि० [फा०+अ०] जो इकरार या स्वीकार न करे।
adj. not ready to agree or commit.

नामुनासिब نامناسب वि० [फा०+अ०] अनुचित।
adj. improper, indecent.

नामुबारक نامبارک वि० [फा०+अ०] अमांगलिक, अशुभ।
adj. not auspicious, inauspicious.

नामुमकिन ناممکن वि० [फा०+अ० मुम्किन] असंभव।
adj. not feasible, utterly impossible.

नामुराद نامراد वि० [फा०] [भाव० नामुरादी] १. जिसकी कामना पूरी न हुई हो, विफल मनोरथ। २. अभागा, बदकिस्मत।
adj. 1. having failed to obtain a desired end. 2. unlucky, unfortunate.

नामुलायम ناملائم वि० [फा०] १. कठोर, कड़ा। २. अनुचित, नामुनासिब।
adj. 1. hard. 2. improper, indecent.

नामूस ناموس स्त्री० [फा०] १. प्रतिष्ठा, इज्जत। २. पातिव्रत, स्त्रियों का सदाचार। ३. लज्जा, ग़ैरत।
fem. 1. prestige. 2. modesty. 3. shyness, bashfulness.

नामूसी ناموسی स्त्री० [फा० नामूस] १. बेइज्जती, अपमान। २. बदनामी।
fem. 1. humiliation, insult. 2. ill-fame.

नामेख़ुदा نامِ خدا पद [फा०] ईश्वर कुदृष्टि से बचाए, ईश्वर करे कि नज़र न लगे; जैसे—वह चाँद-सा मुँह नामेखुदा और ही कुछ है।
ph. God, save us from evil-eye.

नामेहृबाँ نامہرباں वि० [फा०] निर्दय।
पद साक़ी-ए-नामेहृबाँ=निर्दय साक़ी।
adj. cruel.
ph. cruel wine-server.

नामौज़ूँ ناموزوں वि० [फा०] १. जो मौज़ूँ या उपयुक्त न हो, अनुपयुक्त। २. अनुचित।
adj. 1. inadequate. 2. improper.

नाय نائے स्त्री० [फा०] १. नरकट। २. बाँसुरी।
fem. 1. a grass plant, reed. 2. a flute.

नायज़ा نائزہ पुं० [फा० नाइज़:] पुरुष की इंद्रिय, लिंग।
m. the male-organ, penis.

नायब نائب पुं० [अ० नाइब] १. किसी की ओर से काम करनेवाला, मुनीम, मुख्तार। २. सहायक।
m. 1. one's deputy. 2. a helper, assistant.

नायबत نائبت स्त्री० [अ० नाइबत] नायब का कार्य या पद।
fem. rank and office of a deputy.

नायाब نایاب वि० [फा०] १. जो जल्दी न मिले, अप्राप्य। २. बहुत बढ़िया।
adj. 1. rare, unavailable. 2. fine, excellent.

नारंगी نارنگی स्त्री० [फा०] १. नीबू की जाति का एक मझोला पेड़ जिसमें मीठे, सुगन्धित और रसीले फल लगते हैं। २. नारंगी के छिलके का-सा रंग।

वि० लाली लिए पीले रंग का।
fem. 1. a large round citrus fruit. 2. a bright reddish yellow colour.
adj. reddish yellow.

नारंज نارنج पुं० [फा०] नारंगी, संतरा, कमला नीबू।
m. an orange.

नारंजी نارنجی वि० [फा०] नारंगी के रंग का, पीला।
adj. reddish yellow.

नार[1] نار स्त्री० [अ०] [बहु० नैरान] अग्नि, आग।
fem. fire.

नार[2] نار पुं० [फा० अनार] यौगिक में 'अनार' का संक्षिप्त रूप; जैसे—गुल-नार।
m. abbreviation of अनार।

नारजील نارجیل पुं० [फा०] नारियल, नारिकेल।
m. a coconut tree and its fruit.

नारवा ناروا वि० [फा० ना + रवा] १. अनुचित, ना-मुनासिब, ग़ैरवाजिब। २. नियम आदि के विरुद्ध। ३. अप्रचलित। ४. विफल-मनोरथ।
adj. 1. improper, indecent. 2. contrary to the law, illegal. 3. not current. 4. having failed to obtain a desired result.

नारसा نارسا वि० [फा०] [भाव० नारसाई] १. जो उद्दिष्ट स्थान तक न पहुँच सके। २. जिसका कुछ प्रभाव न हो।
adj. 1. unable to reach its destination. 2. not effective, uneffectual.

नारा نعرہ पुं० [अ० नअर:] १. पदबंध के रूप में होनेवाली कोई प्रचारात्मक उक्ति। २. विजय-घोष। ३. पीड़ा या कष्ट के समय चिल्लाने का शब्द।
m. 1. a slogan. 2. a triumphal slogan. 3. an exclamation used to express pain.

नाराज़ ناراض वि० [फा०+अ०] अप्रसन्न, रुष्ट, नाखुश, खफ़ा।
adj. unhappy, angry, displeased.

नाराज़गी ناراضگی स्त्री० [फा०] अप्रसन्नता, रोष।
fem. displeasure,anger, annoyance.

नाराज़न نارہ زن वि०, पुं० [अ० नार:+फा०] [भाव० नाराज़नी] नारा लगानेवाला, जोर से पुकारने या घोष करनेवाला।
adj. & m. one who calls a slogan.

नाराज़ी ناراضی स्त्री० = नाराज़गी।

नारास्त ناراست वि० [फा०] १. जो सीधा न हो, टेढ़ा। २. जो ठीक न हो।
adj. 1. not straight, crooked. 2. not correct or right.

नारी ناری वि० [अ०] १. अग्नि-सम्बन्धी, अग्नि का। २. दोज़ख की आग में जलनेवाला, दोज़खी, नारकीय।
adj. 1. of fire. 2. hellish.

नाल[1] نال पुं० [फा० मि० सं० नालक] १. सूत की तरह का रेशा जो किलिक की कलम से निकलता है। २. नरसल, नरकट।
m. 1. fibre of a reed. 2. reed.

नाल[2] نال पुं० [अ० नअल] १. लोहे का वह अर्धचन्द्राकार खंड जिसे घोड़े की टाप के नीचे या जूते की एड़ी के नीचे उसे रगड़ से बचाने के लिए जड़ते हैं। २. वह रुपया जो जुआरी जुए का अड्डा रखनेवाले को देते हैं। ३. लकड़ी के जूते।
m. 1. a horse-shoe. 2. charges paid by the gamblers to the owner of a gambling den. 3. a pair of wooden shoes.

नालबंद نالبند पुं० [अ०+फा०] [भाव० नालबन्दी] जूते की एड़ी या घोड़े की टाप में नाल जड़नेवाला।
m. one who makes metal plates for horses' feet.

नालबहा نالبہا पुं० [अ०+फा०] वह धन जो अपने से बड़े राजा या महाराजा को कोई छोटा राजा देता है, खिराज।
m. a sum given as a tax to the king by small rulers.

नालाँ نالاں वि० [फा०] १. जो रोता हो, रोनेवाला। २. रोकर फरियाद या नालिश करनेवाला।
adj. 1. weeping. 2. complaining.

नाला نالہ पुं० [फा० नाल:] १. रो-रोकर प्रार्थना करना, रोना-धोना। २. शोरगुल।
***मुहा०* नाला खींचना**=आह भरना।
m. 1. crying and wailing. 2. noise, hulla-baloo.
id. to sigh.

नालाकश نالہ کش वि० [फा० नाल:कश] प्रार्थना या फरियाद करनेवाला।
m. one who prays or complaints.

नालायक़ نالائق वि० [फा० ना+अ० लाइक़] अयोग्य, निकम्मा, मूर्ख।
adj. incapable, worthless, foolish.

नालायक़ी نالائقی स्त्री० [फा० ना+अ० लाइक़ी] अयोग्यता।
fem. lack of capability, incapability.

नालिश نالش स्त्री० [फा०] १. मुकदमा। २. फरियाद।
***पद* (i) नालिशे दीवानी**=दीवानी मुकदमा। **(ii) नालिशे फ़ौजदारी**=फौजदारी मुकदमा।
m. 1. a problem taken to a court of law. 2. a complaint.
ph. (i) a civil suit. (ii) a criminal suit.

नालिशी نالشی वि० [फा०] नालिश-सम्बन्धी।
पुं० नालिश करनेवाला।
adj. of a law-suit.
m. one who takes a problem to a law court.

नालैन نعلین पुं० [अ० नअलैन] जूतों का जोड़ा।
m. a pair of shoes.

नाव ناؤ स्त्री० [फ़ा० मि० सं० नौ] नौका, किश्ती।
fem. a boat.

नावक ناوک पुं० [फ़ा०] १. एक प्रकार का छोटा बाण। २. मधुमक्खी का डंक।
m. 1. a small arrow. 2. the sting of a bee.

नावक-अफ़गन ناوک افگن वि०, पुं० [फ़ा०] [भाव० नावक-अफ़गनी] तीर चलानेवाला।
adj. & m. one who shots from a bow.

नावक़्त ناوقت वि० [फ़ा०+अ०] [भाव० नावक़्ती] जो नामुनासिब वक़्त पर हो, बेवक़्त होनेवाला, कुसमय होनेवाला।
क्रि० वि० अनुचित अवसर पर, बेमौके।
पुं० देर।
adj. untimely.
adv. at a wrong time.
m. delay.

नावदान ناودان पुं० [फ़ा०] परनाला, मोरी।
m. a gutter.

नावनोश ناونوش स्त्री० [फ़ा०] रंगरली।
fem. revelry.

नावाक़िफ़ ناواقف वि० [फ़ा० + अ०] अपरिचित, अनजाना।
adj. unknown, unfamiliar.

नावाक़िफ़ीयत ناواقفیت स्त्री० [फ़ा०+अ०] वाक़फीयत या जानकारी का अभाव, अनजानपन।
fem. unfamiliarity.

नावाजिब ناواجب वि० [फ़ा०+अ०] अनुचित, ना-मुनासिब, ग़ैरवाजिब।
adj. improper.

नाश نعش स्त्री० [अ० नअश] १. मृतक की अरथी, ताबूत। २. मृत शरीर, लाश। ३. सप्तर्षि।
fem. 1. a coffin. 2. a deadbody. 3. the seven stars of the Great Bear.

नाशनास ناشناس वि० [फ़ा०] न पहचाननेवाला, अनजान।
adj. ignorant.

नाशपाती ناشپاتی स्त्री० [फ़ा०] मझोले डील-डौल का एक पेड़ जिसके फल मीठे होते हैं।
fem. a pear.

नाशाइस्ता ناشائستہ वि० [फ़ा० नाशाइस्त:] १. अनुचित, नामुनासिब। २. अनुपयुक्त। ३. असभ्य, उजड्ड।
adj. 1. improper. 2. inadequate. 3. uncivilized.

नाशाइस्तगी ناشائستگی स्त्री० [फ़ा०] १. अनौचित्य। २. अनुपयुक्तता। ३. असभ्यता, उजड्डपन।
fem. 1. impropriety, indecency. 2. in appropriateness. 3. uncivility, savageness.

नाशाद ناشاد वि० [फ़ा०] १. अप्रसन्न, दुखी, नाखुश, नाराज। २. अभागा, बद-क़िस्मत।
***पद* नाशाद व नामुराद**=अभागा और विफल-मनोरथ।
adj. 1. unhappy, angry. 2. unlucky, unfortunate.
ph. unlucky and unsuccessful.

नाशिकेब ناشکیب वि० [फ़ा०] १. आतुर, अधीर। २. विकल, बेचैन।
adj. 1.eager, lacking patience, 2. restless, confused.

नाशिकेबा ناشکیبا वि० दे० 'नाशिकेब'।

नाशिता ناشتہ पुं० [फ़ा० नाशित:] सबेरे का भोजन, नाश्ता, जलपान।
m. the first meal of the day, breakfast.

नाशिर ناشر पुं० [अ०] प्रकाशक।
m. a publisher.

नाशिरात ناشرات स्त्री० [अ०] आँधी।
fem. strong wind, squall.

नाशी ناشی वि० [अ०] नौजवान।
adj. young, youthful.

नाशुकरा ناشکرا वि० [फ़ा० नाशुक्र] कृतघ्न, नमकहराम।
adj. ingrate, ungrateful.

नाशुकरी ناشکری स्त्री० [फ़ा०] कृतघ्नता।
fem. ingratitude, ungratefulness.

नाशुक्र ناشکر वि० [फ़ा०] कृतघ्न।
adj. ungrateful.

नाशुक्रगुज़ार ناشکرگزار वि० [फ़ा०+अ०] कृतघ्न।
adj. ingrate, ungrateful.

नाशुक्रगुज़ारी ناشکرگزاری स्त्री० [फ़ा०+अ०] कृतघ्नता।
fem. ungratefulness.

नाशुदनी ناشدنی वि० [फ़ा०] १. जो न हो सके, नामुमकिन, असम्भव। २. जो होनहार न हो, अयोग्य, नालायक। ३. अभागा, कमबख़्त।
adj. 1. impossible. 2. incapable. 3. unlucky, unfortunate.

नाश्ता ناشتہ पुं० [फ़ा० नाशित:] जलपान, कलेवा।
m. a breakfast.

नासज़ा ناسزا वि० [फ़ा०] १. नामुनासिब, अनुचित। २. नीच।
adj. 1. improper. 2. mean.

नासज़ावार ناسزاوار वि० [फ़ा०] १. अनुचित। २. अनुपयुक्त, गैरवाजिब। ३. असभ्य, उजड्ड, गँवार।

adj. 1. improper. 2. inadequate. 3. uncivilized, boorish.

नासबूर ناصبور वि० [फा०] १. जिसे सब्र न हो, अधीर। २. बेचैन।
adj. 1. impatient. 2. restless.

नासमझ ناسمجھ वि० [फा० ना+हिं० समझ] जिसे समझ न हो, निर्बुद्धि, बेवकूफ।
adj. unintelligent, stupid, foolish.

नासमझी ناسمجھی स्त्री० [फा० ना+हिं० समझ] बेवकूफी।
fem. lack of understanding or intelligence.

नासह ناصح वि० पुं० [अ० नासिह] नसीहत या उपदेश देनेवाला, उपदेशक।
adj. & m. a preacher or instructor.

नासाज़ ناساز वि० [फा०] [भाव० नासाज़ी] १. विरोधी। २. जो उपयुक्त न हो। ३. अस्वस्थ, बीमार।
adj. 1. opposite. 2. inadequate. 3. unhealthy, ill.

नासाज़गार ناسازگار वि० पुं० [फा०] विरोधी।
adj. & m. an opponent.

नासाज़गारी ناسازگاری स्त्री० [फा०] विरोध।
fem. opposition.

नासाज़ी ناسازی स्त्री० [फा०] = नासाज़गारी।

नासाफ़ ناصاف वि० [फा०] गंदा।
adj. dirty, filthy.

नासिक ناسک वि० पुं० [अ०] उपासना करनेवाला।
adj. & m. a worshipper.

नासिख़ ناسخ पुं० [अ०] १. लिखनेवाला, लेखक। २. नष्ट या रद्द करनेवाला।
m. 1. a writer. 2. a destroyer.

नासिपास ناسپاس वि० [फा०] [भाव० नासिपासी] कृतघ्न, नमकहराम।
adj. ungrateful.

नासिपासी ناسپاسی स्त्री० [फा०] कृतघ्नता।
fem. ungratefulness.

नासिया ناصیہ पुं० [फा० नासियः] मस्तक, माथा।
पद **नासिया-साई**=जमीन पर माथा रगड़ना, चरम सीमा की दीनता दिखलाना।
m. forehead.
ph. manifestation of humility.

नासिर ناثر वि०, पुं० [अ०] [बहु० अन्सार] १. नसर या गद्य लिखनेवाला, गद्यलेखक। २. मदद करने-वाला, सहायक।
adj. & m. 1. a prose-writer. 2. an assistant, helper.

नासी ناسی वि० [अ०] भुलक्कड़।
adj. forgetful.

नासुफ़्ता ناسفتہ वि० [फा० नासुफ़्तः] अनबिंधा। स्त्री० अक्षतयोनि।
adj. unpierced.
fem. a virgin.

नासूत ناسوت पुं० [अ०] मर्त्यलोक।
m. this mortal world.

नासूर ناسور पुं० [अ०] घाव, फोड़े आदि के भीतर दूर तक गया हुआ छेद जिससे बराबर मवाद निकला करता है और जिसके कारण घाव जल्दी अच्छा नहीं होता, नाड़ी-व्रण।
m. a perpetuated wound.

नासेह ناصح पुं० [अ० नासह] धर्मोपदेशक।
m. a preacher.

नाहंजार ناہنجار वि० [फा०] १. दुश्चरित्र, बदचलन। २. दुष्ट, पाजी। ३. नालायक, अयोग्य। ४. कमीना।
adj. 1. of bad character. 2. wicked. 3. incapable, 4. mean.

नाहक़ ناحق क्रि० वि० [फा०+अ०] वृथा, व्यर्थ, बेफायदा।
adv. in vain, without success, uselessly.

नाहक़शनास ناحق شناس वि० [फा०+अ०] [भाव० नाहक़शनासी] जो औचित्य या न्याय का ध्यान न रखे, अन्यायी।
adj. unjust, tyrant.

नाहक़शनासी ناحق شناسی स्त्री० [फा०] अन्याय।
fem. injustice, tyranny.

नाहमवार ناہموار वि० [फा०] [भाव० नाहमवारी] १. जो हमवार या समतल न हो, ऊबड़-खाबड़, ऊँचा-नीचा। २. नालायक़।
adj. 1. uneaven, rough. 2. incapable.

नाहार ناہار वि० [फा०] जिसने सुबह से कुछ खाया न हो।
adj. have not taken anything since morning, hungry.

नाहिक ناہق पुं० [अ०] गधा।
m. an ass.

नाहिज ناہج पुं० [अ०] पथिक, यात्री।
m. a traveller.

नाहिद ناہد स्त्री० [अ०] युवती।
fem. a young girl.

नाहिब ناہب पुं० [अ०] डाकू।
m. a dacoit, bandit.

नाहीद ناہید पुं० [फा०] शुक्र ग्रह।
m. the planet, Venus.

निआमत نعامت स्त्री० दे० 'नियामत'।

निक़रिस نقرس पुं० [अ०] जोड़ों में होनेवाला एक प्रकार का दर्द तथा सूजन, गठिया।
m. painful swelling of the joints, gout.

निक़ात نقاط पुं० [अ० 'नुक्ता' का बहु०] विंदु।

निक़ाब نقاب स्त्री० [अ०] = नक़ाब।

निकाह نکاح पुं० [अ०] मुसलमानी पद्धति के अनुसार किया हुआ विवाह।
m. Muslim marriage.

निकाहनामा نکاح نامہ पुं० [अ०+फा० नाम:] वह पत्र जिसपर विवाह की शर्तें लिखी हों।
m. a marriage deed.

निकाही نکاحی स्त्री० [अ०] विवाहिता।
fem. a married woman.

निकाहे सानी نکاح ثانی पुं० [अ०] पुनर्विवाह।
m. second marriage.

निको نکو वि० [फा०] उत्तम, अच्छा, नेक।
पद (i) निकोनामी=नेकनामी। **(ii) निकोकारी**= अच्छे काम।
adj. good, nice.
ph. (i) good reputation. (ii) good deeds.

निकोई نکوئی स्त्री० [फा०] १. नेकी, भलाई, उपकार, उत्तमता, अच्छापन। ३. सद्व्यवहार।
fem. 1. goodness. 2, good conduct.

निकोकार نکوکار वि० [फा०] सदाचारी।
adj. having good character.

निकोहिश نکوہش स्त्री० [फा०] १. धिक्कार, लानत। २. डाँट-डपट। ३. धमकी।
fem. 1. reproach, 2. scolding. 3. threat.

निक्नत نکبت स्त्री० [अ०] १. कष्ट, पीड़ा। २. मनोमालिन्य, द्वेष।
fem. 1. pain. 2. malice.

निख़ालिस نخالص वि० [हिं० नि+अ० ख़ालिस] जो खालिस या शुद्ध हो, जिसमें मिलावट न हो।
adj. pure, unadulterated.

निगंदा نگندہ पुं० [फा० निगन्द:] एक प्रकार की बढ़िया सिलाई, बखिया। (लिहाफ, रजाई आदि में रुई को जमाए रखने के लिए की जानेवाली दूर-दूर की सिलाई।)
m. a sort of stiching.

निगर نگر प्रत्य० [फा०] देखनेवाला।
suffix one who sees, onlooker.

निगराँ نگراں वि०, पुं० [फा०] १. निगरानी या देख-रेख करनेवाला, रक्षक। २. प्रतीक्षा करनेवाला, प्रतीक्षक।
adj. & m. 1. a watchman. 2. one who is waiting.

निगरानी نگرانی स्त्री०[फा०] १. देख-रेख। २. निरीक्षण।
fem. 1. watch. 2. inspection.

निगह نگہ स्त्री० दे० 'निगाह'।

निगहबान نگہبان पुं० [फा०] निगरानी करनेवाला।
m. a watchman.

निगहबानी نگہبانی स्त्री० [फा०] निगाह रखने या देख-रेख करने की क्रिया, रक्षा, हिफाज़त।
fem. watchmanship, safe-guarding.

निगार نگار वि० [फा०] [भाव० निगारी] कलम आदि से लिखने या बेल-बूटे बनानेवाला।
पुं० १. चित्र, तसवीर। २. मूर्ति या प्रतीक। ३. प्रेयसी, प्रिया।
पद रुख़े-निगार=प्रेमी या प्रेयसी का चेहरा।
adj. doing embroidary.
m. 1. a picture. 2. an idol or symbol. 3. beloved.
ph. countenance of the beloved.

निगारिश نگارش स्त्री० [फा०] १. लिखना, लेखन। २. लेख। ३. लिपि। ४. बेल-बूटे बनाना।
fem. 1. act of writing. 2. an article. 3. script. 4. embroidary work.

निगारिस्तान نگارستان पुं० [फा०] चित्रशाला।
m. an art-gallery.

निगारीं نگاریں वि० [फा०] १. जिसने अपने हाथों और पैरों में मेहदी लगाई हो। २. प्रिय, प्यारा।
adj. 1. having applied myrtle to one's hands and feet. 2. dear, lovely.

निगारे-आलम نگارِ عالم पुं० [फा०+अ०] वह जो संसार में सबसे अधिक सुन्दर हो।
m. most beautiful person or thing in the world.

निगाह نگاہ स्त्री० [फा०] १. दृष्टि, नज़र। २. देखने की शक्ति। ३. चितवन। ४. कृपादृष्टि, मेहरबानी। ५. ध्यान, विचार। ६. परख, पहचान।
fem. 1. an eye. 2. eye-sight. 3. a brief or hurried look. 4. sympathetic outlook. 5. attention of mind, contemplation. 6. ability to judge correctly.

निगाहख़ाना نگاہ خانہ पुं० [फा०.... + खान:] चित्रशाला।
m. an art gallery.

निगाहबान نگاہبان पुं० दे० 'निगहबान'।

निगाहबानी نگاہبانی स्त्री० दे० 'निगहबानी'।

निगूँ نگوں वि० [फा०] १. झुका हुआ, नत; जैसे— सरनिगूँ=जो सिर झुकाए हो। २. टेढ़ा, वक्र। ३. रहित, हीन; जैसे—निगूँ-बख्त=कम्बख्त, अभागा; निगूँ-हिम्मत=कायर।
adj. 1. inclined, bent, bowed. 2. curved, crooked. 3. lacking, devoid of.

निज़दात نزدات स्त्री०[फा०] अमानत की रकम या मद।
fem. anything given or kept in trust.

निज़ाअ نزاع पुं० [अ०] १. झगड़ा, विवाद, लड़ाई।

२. शत्रुता, दुश्मनी, वैर। (कुछ कवियों ने इसे स्त्रीलिंग भी माना है।)
m. 1. a quarrel, rift. 2. enmity.

निज़ाअ-लफ़्ज़ी نزاع لفظی पुं० [अ०] लफ़्ज़ी झगड़ा, शब्दों का झगड़ा।
m. war of words.

निज़ाई نزاعی वि० [अ० निज़ाअ] १. निज़ाअ-सम्बन्धी, झगड़े का। २. जिसके सम्बन्ध में झगड़ा हो; विवादित; जैसे—निज़ाई ज़मीन।
adj. 1. contentious. 2. controversial, disputable.

निजाबत نجابت स्त्री० [अ० 'नजीब' का भाव] कुलीनता।
fem. the state of being noble, aristocratic ancestry.

निज़ाम نظام पुं० [अ०] १. इन्तज़ाम, बन्दोबस्त, व्यवस्था। २. हैदराबाद के शासकों का पदवी सूचक नाम। ३. मोतियों या रत्नों आदि की लड़ी। ४. बुनियाद। ५. क्रम, सिलसिला।
m. 1. management, orginazation. 2. the epithet of the rulers of Hydrabad. 3. a string of pearls. 4. foundation. 5. order, sequence.

निज़ामत نظامت स्त्री० [अ०] १. व्यवस्था, प्रबन्ध, २. नाज़िम का कार्य, पद या कार्यालय।
fem. 1. management, administration. 2. the official rank of an administrator.

निज़ामे-शम्सी نظام شمسی पुं० [अ०] सौरचक्र, सूर्य और ग्रहों आदि की गतिविधि क्रम या व्यवस्था।
m. the Sun and the group of planets which moved around it; the solar system.

निज़ार نزار वि० [अ०] १. दुबला, दुर्बल। २. कमज़ोर, निर्बल। ३. दरिद्र, ग़रीब। ४. असमर्थ।
adj. 1. lean and thin. 2. weak. 3. poor. 4. lacking ability.

निज़्द نزد क्रि० वि० [फा०] १. निकट, पास। २. सामने, आगे, दृष्टि में।
adv. 1. near, near by. 2. in front, before.

नितास نتاس वि० [फा०] प्रसन्न।
adj. happy.

निदा ندا स्त्री० [अ० मि० सं० नाद] १. पुकारने की आवाज या क्रिया, पुकार, हाँक। २. सम्बोधन का शब्द; जैसे—ऐ, ओ, हे आदि।
fem. 1. act of calling in loud voice in order to attract someone's attention, call. 2. a word used as vocative.

निफ़ाक़ نفاق पुं० [अ०] १. भीतरी वैर। २. छल-कपट। ३. शत्रुता, दुश्मनी। ४. विरोध; जैसे—निफाक़-राय=मतभेद।
m. 1. malice. 2. deceit, fraud, dishonesty. 3. enmity. 4. oppsition.

निफ़ाक़ता نفاقتا वि० [अ० निफ़ाक़ से उर्दू] [स्त्री० निफाक़ती] छल करनेवाला, कपटी।
adj. deceitful, dishonest, fraudulent

निफ़ाख़्ती نفاختی वि० [बोलचाल] गया-गुज़रा, तुच्छ।
adj. mean, wretched.

निफ़ाज़ نفاز पुं० दे० 'नफ़ाज़'।

निफ़ास نفاس पुं० दे० 'नफ़ास'।

निबख़्ता نبختا वि० [हिं० नि+फा० बख्त] [स्त्री० निबख़्ती] कम्बख्त, अभागा।
adj. unlucky, unfortunate.

नियाज़ نیاز पुं० [फा०] १. कामना, इच्छा। २. प्रेम-प्रदर्शन। ३. दीनता। ४. बड़ों का प्रसाद। ५. मृतक के उद्देश्य से दरिद्रों को भोजन आदि देना, फातिहा, दुरूद। ६. भेंट, उपहार। ७. बड़ों से होनेवाला परिचय।
मुहा० नियाज़ हासिल करना=किसी बड़े की सेवा में उपस्थित होना।
m. 1. a desire, wish. 2. expression of love. 3. humility. 4. grace of elders. 5. act of giving food to the poors. 6. a gift, present. 7. introduction with big guns.
id. to be present to serve someone.

नियाज़मंद نیازمند वि० [फा०] [भाव० नियाज़मंदी] १. इच्छा या कामना रखनेवाला। २. आज्ञाकारी।
adj. 1. desiring, desirous, 2. obedient.

नियाज़मंदी نیازمندی स्त्री० [फा०] आज्ञाकारिता।
fem. obedience.

नियाज़ी نیازی पुं० [फा०] १. प्रेमी। २. प्रिया। ३. मित्र।
m. 1. a lover. 2. a beloved. 3. a friend.

नियाबत نیابت स्त्री० [अ०] १. प्रतिनिधित्व। २. स्थानापन्न होना।
m. 1. representation. 2. the state of serving for someone else, substitution.

नियाम نیام पुं० [फा०] तलवार की म्यान।
m. the covering of a sword, sheath.

नियामत نیامت स्त्री० [अ० नेअमत] १. अलभ्य पदार्थ, दुर्लभ पदार्थ। २. उत्तम व्यंजन, स्वादिष्ट भोजन। ३. धन-दौलत।
fem. 1. a rare thing. 2. a delicious dish, delicious food. 3. wealth.

नियामतख़ाना نیامت خانہ पुं० [फा० नेअमतख़ान:] सम्पन्न गृह।
m. a very wealthy home.

नियामत-ग़ैर-मुतरक़्क़बा نیامت غیر مترقبہ पुं० [अ०+फा० मुतरक़्क़ब:] वह धन या उत्तम वस्तु जिसके मिलने की पहले से कोई आशा न हो।

m. huge amount of money or something unique received from someone unexpectedly, windfall.

नियामत-परवरदा نیامت پرورده वि० [अ०+फा० पर्वर्दा:] जिसका पालन-पोषण बहुत सुख से हुआ हो, दुलारा।
adj. darling, beloved.

निर्ख़ نرخ पुं० [फा०] भाव, दर।
m. the price of a thing, rate.

निर्ख़नामा نرخ نامہ पुं० [फा० निर्ख़नाम:] वह पत्र जिस पर सब चीज़ों का निर्ख या भाव लिखा हो।
m. a price-list.

निर्ख़बंदी نرخ بندی स्त्री० [फा०] भाव या दर निश्चित करना।
fem. fixing of price.

निवाला نوالہ स्त्री० [फा० निवाल:] ग्रास, कौर।
m. a mouthful, morsel.

निशस्त نشست स्त्री० [फा०] बैठने का भाव या क्रिया, बैठक।
***पद* निशस्त-व-बरख़ास्त**=सज्जनों की मंडली में रहने की कला या तौर-तरीका, उठना-बैठना।
fem. the state of being in sitting position.
ph. the way of behaving with gentlemen.

निशस्तगाह نشست گاہ स्त्री० [फा०] बैठने का स्थान, बैठक।
fem. a drawing room.

निशाख़ातिर نشاخاطر स्त्री० [फा० निशाँ + अ० ख़ातिर] तसल्ली, सन्तोष, दिलजमई।
fem. consolation, solace.

निशात نشاط स्त्री० [फा० नशात] १. सुख, आनन्द। २. आनन्द-मंगल, सुखभोग।
m. 1. happiness, joy. 2. happiness and welfare.

निशान نشان पुं० [फा०] १. लक्षण जिससे कोई चीज़ पहचानी जा सके, चिह्न। २. किसी पदार्थ से अंकित किया हुआ चिह्न। ३. शरीर अथवा और किसी पदार्थ का चिह्न, दाग़ या धब्बा। ४. समुद्र में या पहाड़ों आदि पर बना हुआ वह स्थान जहाँ लोगों को मार्ग आदि दिखाने के लिए कोई चिह्न लगाया गया हो। ५. ध्वजा, पताका, झंडा।
***मुहा०* (i) (किसी बात का) निशान उठाना या खड़ा करना**=किसी काम में अगुआ या नेता बनकर लोगों को अपना अनुयायी बनाना। **(ii) निशान देना**=आसामी को सम्मन आदि तामील करने के लिए पहचनवाना।
m. 1. a mark. 2. a sign. 3. a spot, stain. 4. a signpost. 5. a flag.
id. (i) to control and lead a group of people. (ii) to serve a notice, summons etc.

नशानची نشانچی पुं० [फा०] वह जो किसी राजा, सेना या दल आदि के आगे झंडा लेकर चलता हो, निशानबरदार।
m. a flag-bearer.

निशानदेही نشان دہی स्त्री० [फा०] आसामी को सम्मन आदि की तामील के लिए पहचनवाने की क्रिया।
fem. identification of a person or place.

निसानबरदार نشان بردار पुं० दे० 'निशानची'।

निशाना نشانہ पुं० [फा० निशान:] १. वह जिसपर ताककर किसी अस्त्र या शस्त्र आदि का वार किया जाए, लक्ष्य। २. किसी पदार्थ को लक्ष्य बनाकर उसकी ओर किसी प्रकार का वार करना। ३. वह जिसपर लक्ष्य करके कोई व्यंग्य या बात कही जाए।
***मुहा०* (i) निशाना बाँधना**=वार करने के लिए अस्त्र आदि को इस प्रकार साधना जिसमें ठीक लक्ष्य पर वार हो। **(ii) निशाना मारना या लगाना**=ताककर अस्त्र आदि का वार करना।
m. 1. a target, aim. 2. bull's eye. 3. an object of attack.
id. (i) to take aim. (ii) to shoot the target.

निशाना-अंदाज़ نشانہ انداز पुं० [फा०] [भाव० निशाना-अंदाज़ी] वह जो बहुत ठीक निशाना लगाता हो।
m. an expert at shooting on targets.

निशानी نشانی स्त्री० [फा०] १. स्मृति के उद्देश्य से दिया अथवा रखा हुआ पदार्थ, यादगार, स्मृतिचिह्न। २. वह चिह्न जिससे कोई चीज़ पहचानी जाए।
m. 1. a keepsake. 2. a mark of identification.

निशास्ता نشاستہ पुं० [फा० निशास्त:] गेहूँ को भिगोकर उसका निकाला या जमाया हुआ सत या गूदा।
m. essence of wheat.

निशेद نشید पुं० [फा०] १. गाने-बजाने की आवाज। २. संगीत।
m. 1. sounds made by musical instruments. 2. music.

निसबत نسبت स्त्री० [अ० निस्बत] १. सम्बन्ध, लगाव, ताल्लुक। २. मँगनी। ३. तुलना, मुक़ाबला।
fem. 1. relation. 2. betrothal. 3. comparison.

निसबती نسبتی वि० [अ० निस्बती] निसबत या सम्बन्ध रखनेवाला, सम्बन्धी।
***पद* निसबती भाई**=बहनोई या साला।
adj. related, connected.
ph. a brother-in-law.

निसवाँ نسواں स्त्री० (बहु०) [अ० निस्वाँ] स्त्रियाँ, महिलाएँ; जैसे—तालीमे निसवाँ=स्त्री-शिक्षा।
fem. (plu.) women, ladies.

निसा نسا स्त्री० (बहु०) [अ०] स्त्रियाँ।
fem. (plu.) women, ladies.

निसाब نصاب पुं० [अ०] १. मूल धन, पूँजी। २. सम्पत्ति, दौलत। ३. वह धन जिस पर ज़कात देना कर्तव्य हो।
m. 1. capital (amount of money). 2. wealth. 3. taxable income.

निसार نثار पुं० [अ०] निछावर करने की क्रिया, सदका, निछावर।
मुहा० निसार करना=निछावर करना।
वि० निछावर किया हुआ।
m. act of sacrificing, sacrifice.
id. to make a sacrifice.
adj. sacrificed.

निसियाँ نسیاں पुं० दे० 'निसियान'।

निसियान نسیان पुं० [अ०] १. भूलना, याद न रखना, स्मरण शक्ति का अभाव। २. भूल-चूक, ग़लती।
m. 1. forgetfulness, oblivion. 2. an error or omission, mistake.

निस्फ़ نصف वि० [अ०] आधा, अर्द्ध।
adj. half.

निस्फ़-उल्-नहार نصف النہار पुं० [अ०] शीर्ष-बिन्दु जहाँ सूर्य ठीक दोपहर के समय पहुँचता है।
m. zenith.

निस्फ़-निस्फ़ نصف نصف वि० [अ० निस्फ़] ठीक आधा-आधा, आधोआध।
adj. fifty-fifty, divided in two equal portions.

निस्बत نسبت स्त्री० दे० 'निसबत'।

निस्यान نسیان पुं० दे० 'निसियान'।

निस्वाँ نسواں स्त्री० दे० 'निसवाँ'।

निहंग نہنگ पुं० [फ़ा०] १. घड़ियाल या मगर नामक जलजन्तु। २. तलवार।
पद निहंगे अजल=यमदूत।
m. 1. a crocodile, alligator. 2. a sword.
ph. the messenger of Death.

निहाँ نہاں वि० [फ़ा०] छिपा हुआ।
पद दर्दे निहाँ=छिपा हुआ दर्द, आंतरिक पीड़ा।
adj. hidden.
ph. inner pain.

निहाद نہاد स्त्री० [फ़ा०] १. स्वभाव, जैसे—नेक निहाद=सुशील। २. मन, हृदय। ३. मूल, जड़। ४. बुनियाद।
fem. 1. disposition, nature. 2. mind or heart. 3. root. 4. foundation.

निहानी نہانی स्त्री० [फ़ा०] छिपाने की क्रिया।
वि० गुप्त, छिपा हुआ; जैसे—अन्दामे निहानी=स्त्री की योनि।
fem. act of hiding, concealment.
adj. hidden, concealed.

निहायत نہایت वि० [अ०] अत्यन्त, बहुत।
स्त्री० हद, सीमा।
adj. very much.
fem. limit, border.

निहाल نہال पुं० [फ़ा०] १. नया लगाया हुआ वृक्ष या पौधा। २. तोशक, गद्दा। ३. शिकार, आखेट।
वि० १. जो सब प्रकार से सन्तुष्ट और प्रसन्न हो गया हो, पूर्णकाम। २. समृद्ध।
m. 1. a freshly planted plant or tree. 2. a mattress. 3. a wild game
adj. 1. contended and happy. 2. prosperous.

निहालचा نہالچہ पुं० [फ़ा० निहालचः] तोशक, गद्दा।
m. a mattress.

निहाली نہالی स्त्री० [फ़ा०] तोशक, गद्दा।
fem. a mattress.

निहुफ़्ता نہفتہ वि० [फ़ा० निहुफ़्तः] गुप्त, छिपा हुआ।
adj. hidden, concealed.

नीको نیکو वि० [फ़ा०] १. अच्छा, बढ़िया, उत्तम। २. सुन्दर।
adj. 1. good, nice. 2. beautiful, charming.

नीकोई نیکوئی स्त्री० [फ़ा०] १. अच्छापन। २. उपकार, भलाई।
fem. 1. goodness. 2. the act of kindness, beneficence, the good.

नीकोकार نیکوکار वि० [फ़ा०] [भाव० नीकोकारी] अच्छे या शुभ कर्म करनेवाला।
adj. doing good work.

नीज़ نیز योज० [फ़ा०] और।
क्रि० वि० भी।
conj. and.
adv. also

नीम نیم वि० [फ़ा०] आधा, अर्द्ध।
पुं० बीच, मध्य।
adj. half.
m. the central point, middle, centre.

नीम-आस्तीन نیم آستین स्त्री० दे० 'नीमास्तीन'।

नीमकश نیم کش वि० [फ़ा०] (तलवार या तीर आदि) जो पूरा खींचा न गया हो, बल्कि आधा अन्दर और आधा बाहर हो।
adj. (said of an arrow or a sword) not fully drawn, half drawn.

नीमख़ुर्दा نیم خوردہ वि० [फ़ा० नीम+ख़ुर्दः] जूठा, उच्छिष्ट।
adj. (food) that has been left over while eating, impure or useless.

नीमचा نیمچہ पुं० [फ़ा० नीमचः] एक प्रकार की छोटी तलवार या कटारी।
m. a small sword, dragger.

नीमजाँ نیم جاں वि० [फा०] १. जिसकी आधी जान निकल चुकी हो, केवल आधी जान बाकी हो, अधमरा। २. मरणोन्मुख, मरणासन्न।
adj. 1. half-dead. 2. likely to die soon, dying.

नीमजोश نیم جوش वि० [फा०] आधा उबला हुआ।
adj. half-boiled.

नीमनिगाह نیم نگاہ स्त्री० [फा०] आधी या तिरछी नज़र, कनखी।
fem. side glance.

नीमबाज़ نیم باز वि० [फा०] आधा खुला और आधा बन्द; जैसे—नीमबाज़ आँखें।
adj. half-open and half-closed.

नीमबिस्मिल نیم بسمل वि० [फा०] १. जो आधा जबह किया गया हो, अधमरा किया हुआ। २. घायल।
adj. 1. half-dead. 2. injured.

नीमरंग نیم رنگ वि० [फा०] जिसका रंग उड़ गया हो।
adj. faded.

नीमरज़ा نیم رضا वि० [फा०] कुछ-कुछ राजी।
adj. not fully ready or agreed, half-willing.

नीमरस نیم رس वि० [फा०] अधपका।
adj. half-ripe.

नीमराज़ी نیم راضی वि० = नीमरज़ा।

नीमरोज़ نیم روز पुं० [फा०] दुपहर, मध्याह्न।
m. the middle of the day, noon.

नीमवहशी نیم وحشی वि० [फा०] अर्धसभ्य।
adj. semi-civilized.

नीमशब نیم شب स्त्री० [फा०] आधी रात।
fem. the midnight.

नीमा نیما पुं० [फा० नीम:] १. स्त्रियों के ओढ़ने का बुरका। २. एक प्रकार का ऊँचा जामा।
वि० आधा।
m. 1. Muslim Woman's dress, veil. 2. a kind of long coat.
adj. half.

नीमास्तीन نیم آستین स्त्री० [फा० नीम+आस्तीन] आधी आस्तीन की एक प्रकार की कुरती।
fem. a half-sleeved blouse.

नीयत نیت स्त्री० [अ०] इच्छा, मंशा।
***पद* नीयते बद**=बुरा इरादा।
***महा०* (i) नीयत डिगना या बद होना**=बुरा संकल्प होना। **(ii) नीयत बदल जाना**=संकल्प या विचार और का और हो जाना, अनुचित या बुरी बात की ओर प्रवृत होना। **(iii) नीयत बाँधना**=संकल्प करना, इरादा करना। **(iv) नीयत भरना**=जी भरना, इच्छा पूरी होना। **(v) नीयत में फ़र्क़ आना**=बेईमानी या बुराई सूझना। **(vi) नीयत लगी रहना**=इच्छा लगी रहना, जी ललचाया करना।
fem. intention, notive.
ph. bad intention, evil motive.
id. (i) to be inclined to do something wrong. (ii) to turn to something bad. (iii) to take a firm decision. (iv) to be fully contended. (v) to turn to do wrong. (vi) to have an eye upon something.

नील نیل पुं० [फा० मि० सं० नील] १. एक प्रसिद्ध पौधा जिससे नीला रंग निकलता है। २. गहरा नीला या आस्मानी रंग। ३. चोट का नीले या काले रंग का दाग़ जो शरीर पर पड़ जाता है।
m. 1. a plant which yields indigo. 2. a bluish purple colour. 3. a blue mark on the skin, scar.

नीलगर نیل گر पुं० [फा०] नील बनानेवाला।
m. one who makes indigo.

नीलगूँ نیل گوں वि० [फा०] नीले रंग का।
adj. of blue colour.

नीलफ़ाम نیل فام वि० [फा०] कृष्ण वर्ण, साँवला।
adj. bluish or blackish.

नीलम نیلم पुं० [फा० मि० सं० नीलमणि] नीले रंग का रत्न, नीलमणि।
m. a sapphire.

नीलाम نیلام पुं० [पुर्त० लीलाम] बिक्री का एक ढंग जिसमें माल उस आदमी को दिया जाता है जो सबसे अधिक दाम लगाता है, बोली बोलकर बेचना।
m. act of auctioning, auction.

नीलोफ़र نیلوفر पुं० [फा० मि० सं० नीलोत्पल] १. नील-कमल। २. कुईं, कुमुद।
m. 1. a blue lotus. 2. a lily flower.

नुकता نکتہ पुं० [अ० नुक़्त:] [बहु० नुक़्त] १. विचारणीय बिन्दु। २. चोज़-भरी बात, चुटकुला। ३. त्रुटि, दोष, ऐब।
m. 1. an opinion or fact that deserved to be discussed seriously. 2. a witty remark. 3. a defect, fault.

नुक़ता نقطہ पुं० [अ० नुक्त:] [बहु० नुक्त] बिंदु, बिन्दी।
m. a point.

नुकतागीर نکتہ گیر वि० दे० 'नुकताचीं'।

नुकताचीं نکتہ چیں वि० पुं० [अ० नुक़्त:+फा०] ऐब या

दोष निकालनेवाला।
adj. & m. a fault-finder, critic.

नुकताचीनी نکتہ چینی स्त्री० [फा०] छिद्रान्वेषणा, दोष निकालना।
fem. act of fault-finding.

नुकतादाँ نکتہ داں वि० दे० 'नुकता-शिनास'।

नुकतापरदाज़ نکتہ پرداز वि० पुं० [अ० नुक्त:पर्दाज़:] [भाव० नुकतापरदाज़ी] गूढ़ और उत्तम बातें कहनेवाला, सुवक्ता।
adj. & m. an orator.

नुकताबीं نکتہ بیں वि०, पुं० [अ० नुक्त:+फा०] [भाव० नुक़ताबीनी] ऐब या दोष ढूँढ़नेवाला।
adj. & m. a fault-finder, critic.

नुकतारस نکتہ رس वि० [अ० नुक्त:+फा०] [भाव० नुक़तारसी] सूक्ष्य बातों को समझनेवाला, बुद्धिमान।
adj. wise.

नुकताशिनास نکتہ شناس वि० [अ० नुक्त:+फा०] [भाव० नुक़ताशिनासी] गूढ़ बातें समझनेवाला, बुद्धिमान।
adj. wise.

नुकतासंज نکتہ سنج पुं० [अ० नुक्त:+फा०] [भाव० नुक़तासंजी] १. गूढ़ और अच्छी बातें कहनेवाला, सुवक्ता। २. कवि।
m. 1. an orator. 2. a poet.

नुक़रई نقرئی वि० [अ० नुक़्रई] १. चाँदी का, रुपहला। २. सफेद, श्वेत।
adj. 1. of the colour of silver. 2. white.

नुक़रा نقرہ पुं० [अ० नुक़्र:] १. चाँदी। २. घोड़ों का सफेद रंग।
वि० सफेद रंग का (घोड़ा)।
***पद* नुक़र-ए-ख़ाम**=शुद्ध चाँदी।
m. 1. silver. 2. white colour of horses.
ph. pure silver.
adj. white-coloured.

नुक़ल نقل पुं० दे० 'नुक़्ल'।

नुक़सान نقصان पुं० [अ० नुक़्सान] १. हानि, घाटा, क्षति। २. कमी, घटी, ह्रास, छीज।
***मुहा०* (i) नुक़सान उठाना**=हानि सहना, क्षतिग्रस्त होना। **(ii) नुक़सान करना**=स्वास्थ्य के प्रतिकूल होना। **(iii) नुकसान पहुँचाना**=हानि करना, क्षतिग्रस्त करना। **(iv) नुक़सान भरना**-हानि की पूर्ति करना, घाटा पूरा करना।
m. 1. loss, damage. 2. reduction, shortage.
id. (i) to suffer a loss. (ii) to harm. (iii) to compensate for the loss one has suffered. (iv) to harm.

नुक़सानदेह نقصاندہ वि० [अ० नुक़्सान+फा०] नुक़सान पहुँचानेवाला, हानिकर।
adj. harmful, damaging.

नुक़सानरसानी نقصان رسانی स्त्री० [अ० नुक़्सान+फा०] नुक़सान पहुँचाने की क्रिया।
fem. act of causing harm to someone.

नुकीला نکیلا वि० [फा० नोक+हिं० ईला] नोंकदार जिसमें नोक निकली हो।
adj. having a sharp tip, pointed.

नुक़ूल نقول स्त्री० [अ० 'नक़्ल' का बहु०] प्रतिलिपियाँ।
fem. (plu.) copies.

नुक़ूश نقوش पुं० [अ० 'नक़्श' का बहु०] रेखाएँ।
m. (plu.) lines.

नुकूस نکوس पुं० [अ०] पीछे लौटना।
m. act of retreating, retreat.

नुक़्त نقط पुं० [अ०] सूक्ष्म बात।
***मुहा०* बे-नुक़्त सुनाना**=खूब खरी-खोटी या अनुचित बातें कहना।
m. an important point.
id. to tell frankly, to tell something using harsh words.

नुक़्ता نقطہ पुं० दे० 'नुक़ता'।

नुक़्र: نقرہ पुं० [फा०] चाँदी।
m. silver.

नुक़्ल نقل पुं० [अ०] १. वह चीज़ जो अफ़ीम या शराब आदि के साथ खाई जाए, गजक। २. एक प्रकार की मिठाई। ३. वह मिठाई आदि जो भोजनोपरान्त खाई जाए।
***पद* नुक़्ले महफ़िल या नुक़्ले मजलिस**=महफ़िल को हँसानेवाला, मसखरा।
m. 1. snacks taken with a drink. 2. a kind of sweet. 3. the sweet taken after a meal.
ph. a jester.

नुक़्स نقص पुं० [अ०] [बहु० नुक़ायस] दोष, खराबी, बुराई, त्रुटि, कसर।
***मुहा०* नुक़्स निकालना**=दोष ढूँढ़ना।
m. a fault, defect.
id. to find faults.

नुक़्सान نقصان पुं० दे० 'नुक़सान'।

नुजबा نجبا पुं० [अ० 'नजीब' का बहु०] कुलीन लोग।
m. the nobility, high class people.

नुज़हत نزہت स्त्री० [अ० नुज़्हत] १. प्रसन्नता, खुशी। २. सुखभोग।
fem. 1. happiness. 2. easement, indulgence, enjoyment.

नुज़हतगाह نزہت گاہ स्त्री० [अ० नुज़्हत+फा०] आनन्द-

भोग या सैर का स्थान।
fem. the place of enjoyment.

नुजूम نجوم पुं० [अ० 'नज्म' का बहु०] १. सितारे, तारे। २. ज्योतिषशास्त्र।
m. (plu.) 1. stars. 2. astrology.

नुजूमी نجومی पुं० [अ०] ज्योतिषी।
m. an astrologer.

नुज़ूल نزول पुं० दे० 'नज़ूल'।

नुतफ़ा نطفه पुं० दे० 'नुत्फ़ा'।

नुत्क़ نطق पुं० [अ०] बोलने की शक्ति, वाक्-शक्ति।
m. power of speech.

नुत्फ़ा نطفه पुं० [अ० नुत्फ़ः] १. वीर्य, शुक्र। २. सन्तान, औलाद।
पद **(i) नुत्फ़ए-बे-तहक़ीक़**=वह जिसके सम्बन्ध में यह निश्चय न हो कि किसकी सन्तान है, दोग़ला, हरामी। **(ii) नुत्फ़ए-हराम**=दे० 'नुत्फ़ए-बे-तहक़ीक़'।
m. 1. semen. 2. children, progeny.
ph. (i) a bastard. (ii) a bastard.

नुदबा ندبہ पुं० [अ० नुदबः] १. किसी के मरने पर होनेवाला रोना-पीटना, मातम, शोक। २. मातम या शोक का सूचक शब्द; जैसे—हाय हाय।
m. 1. great sadness felt because someone has died, mourning. 2. the words used as an expression of sadness.

नुदमाअ ندماع पुं० [अ० नदीम का बहु०] मित्र, दोस्त।
m. (plu.) friends.

नुदरत ندرت स्त्री० [अ० नुद्रत] 'नादिर' का भाव, १. अनोखापन। २. नवीनता।
fem. 1. uniqueness. 2. newness, novelty.

नुफ़ूज़ نفوذ पुं० [अ०] १. प्रचलित होना। २. घुसना, बैठना।
m. 1. an act of issuing, coming into force. 2. act of entering or thrusting into.

नुफ़ूर نفور वि०, पुं० [अ०] १. नफ़रत या घृणा करनेवाला। २. भागने या दूर रहनेवाला।
adj. & m. 1. one who hates. 2. one who runs away or lives away.

नुफ़ूस نفوس पुं० [अ० 'नफ़्स' का बहु०] १. लोग। २. आत्माएँ।
m. (plu.) 1. people. 2. the spirits.

नुफ़्ज़ा نفضه पुं० [अ० नुफ़्ज़ः] वर्षा का छींटा।
m. a brief of rain, shower.

नुमा نما प्रत्य० [फ़ा०] १. दिखाई पड़नेवाला, जैसे—बदनुमा, खुशनुमा। २. दिखलाने या बतलानेवाला; जैसे—रहनुमा, जहाँनुमा। ३. सदृश, समान; जैसे—गुम्बदनुमा, मेहराबनुमा।
suffix. denoting (i) that seems or appears; (ii) that shows or leads. (iii) alike, like.

नुमाइंदगी نمائندگی स्त्री० [फ़ा०] प्रतिनिधित्व।
fem. representation.

नुमाइंदा نمائنده पुं० [फ़ा० नुमाइन्दः] १. दिखानेवाला। २. प्रतिनिधि।
m. 1. one who shows. 2. a representative.

नुमाइश نمائش स्त्री० [फ़ा०] १. दिखावट, दिखावा, प्रदर्शन। २. तड़क-भड़क, ठाठ-बाट, सज-धज। ३. नाना प्रकार की वस्तुओं का कुतूहल और परिचय के लिए एक स्थान पर दिखाया जाना, प्रदर्शनी।
fem. 1. show, display. 2. pomp and show. 3. exhibition.

नुमाइशगाह نمائش گاه स्त्री० [फ़ा०] नुमाइश की जगह, प्रदर्शनीस्थल, प्रदर्शनी।
fem. the venue of exhibiiton.

नुमाइशी نمائشی वि० [फ़ा०] जो केवल दिखावट के लिए हो, किसी प्रयोजन का न हो, दिखाऊ, दिखौआ।
adj. showy, ostentatious, vainglorious.

नुमाई نمائی प्रत्य० [फ़ा०] दिखलाने की क्रिया, प्रदर्शन; जैसे—खुदनुमाई।
suffix. denoting an act of showing or leading, show, display.

नुमायाँ نمایاں वि० [फ़ा०] जो स्पष्ट दिखाई पड़ता हो, प्रकट।
adj. apparant, obvious, visible.

नुमू نمو स्त्री० [अ०] उद्‌भव, विकास।
fem. origin, development.

नुमूद نمود स्त्री० [फ़ा०] १. आविर्भाव। २. प्रकटीकरण।
fem. 1. emergence. 2. appearance.

नुमूदार نمودار वि०[फ़ा०] १. आविर्भूत। २. प्रकट, व्यक्त।
adj. 1. emerged. 2. appeared, manifested.

नुशूर نشور पुं० [अ०] कयामत या हश्र के दिन सब मुरदों का फिर से जीवित होकर उठना।
m. the last day of the world when the dead will rise once again.

नुसख़ा نسخه पुं० दे० 'नुस्खा'।

नुसरत نصرت स्त्री० [अ० नुस्रत] १. सहायता, मदद। २. पक्ष का समर्थन। ३. विजय, जीत।
fem. 1. help, aid. 2. backing, seconding. 3. victory.

नुसार نثار पुं० [अ०] वह धन जो किसी पर से निसार या निछावर करके फेंका या बाँटा जाए।
m. money offered for warding off evil influences.

नुसेरी نثیری पुं० [अ०] १. अरब का एक मुसलमानी

सम्प्रदाय। २. परमनिष्ठ भक्त।
m. 1. a Muslim Sect. 2. a devout.

नुस्ख़ा نسخہ पुं० [अ० नुस्ख़:] १. लिखा हुआ काग़ज़। २. ग्रन्थ आदि की प्रति। ३. वह काग़ज़ जिसपर हकीम या चिकित्सक रोगी के लिए औषध और उसकी सेवनविधि लिखते हैं।
m. 1. a note or chit. 2. a copy of the book. 3. a prescription.

नुहुम نہم वि० [फा०] नवाँ, नवम।
adj. ninth, 9th.

नूर نور पुं० [अ०] [बहु० अनवार] १. ज्योति, प्रकाश। २. श्री, कान्ति, शोभा।
पद (i) **नूरेचश्म**=आँख की रोशनी, लड़का। (ii) **नूरेजहाँ**=संसार को रोशनी देनेवाला। (iii) **नूरे हक़ीक़त**=सत्य का प्रकाश।
मुहा० (i) **नूर का तड़का**=प्रात:काल। (ii) **नूर बरसना**=प्रभा का अधिकता से प्रकट होना।
m. 1. light. 2. splendour, luster, radiance.
ph. (i) the light of the eye i.e. son. (ii) giving light to the world. (iii) the light of truth.
id. (i) early morning. (ii) showering of light.

नूर-उल्-ऐन نورالعین पुं० [अ०] १. आँखों की रोशनी, नेत्रों की ज्योति। २. पुत्र, बेटा, लड़का।
m. 1. eye-sight. 2. one's son.

नूर-ऐन نورعین पुं० दे० 'नूर-उल्-ऐन'।

नूर-ज़हूर نورظہور पुं० [अ०] भोर, प्रभात।
m. the break of dawn.

नूर-फ़िशाँ نورفشاں वि० [अ०] प्रकाश फैलानेवाला।
adj. showering light.

नूरबाफ़ نورباف पुं० [अ०+फा०] [भाव० नूरबाफ़ी] कपड़ा बुननेवाला, जुलाहा।
m. a weaver.

नूरा نورہ पुं० [अ० नूर:] वह दवा जिसके लगाने से शरीर पर के बाल झड़ जाते हैं।
m. a medicine used for removing unwanted hair, depilatory.

नूरानी نورانی **वि०** [अ०] १. प्रकाशमान, चमकीला। २. रूपवान, सुन्दर।
adj. 1. shining, luminious. 2. beautiful, charming.

नूरी نوری वि० [अ०] नूर-सम्बन्धी।
adj. of or relating to the light.

नूरेचश्म نورچشم पुं० [अ०+फा०] १. नेत्रों का प्रकाश, आँखों की रोशनी। २. पुत्र, बेटा, लड़का।
m. 1. eye-sight. 2. one's son.

नूरेजहाँ نورجہاں पुं० [अ०+फा०] सारे संसार को प्रकाशित करनेवाला प्रकाश।
स्त्री० जहाँगीर बादशाह की सुप्रसिद्ध बेगम जो बहुत अधिक रूपवती थी।
m. one who gives light to the world.
fem. the name of the wife of emperor Jhangir.

नूरेदीदा نوردیدہ पुं० दे० 'नूरेचश्म'।

नूह نوح पुं० [अ०] १. नौहा करने या रोनेवाला। २. यहूदियों, ईसाइयों और मुसलमानों के अनुसार एक पैगम्बर जिनके समय में एक बहुत बड़ा तूफान और बाढ़ आई थी। उस समय इन्होंने एक किश्ती या नाव बनाकर सब प्रकार के जीवों का एक-एक जोड़ा उस पर रख लिया था। वही किश्ती बच रही थी और सारा संसार उस बाढ़ से डूब गया था। कहते हैं कि ये उम्र भर रोते रहे, इसी से इनका यह नाम पड़ा।
m. 1. one who weeps or wails. 2. the name of a prophet who pulled his boat through the deluge.

नेअम نعم स्त्री०[अ०'नेअमत' का बहुव०] धन, दौलत।
fem. wealth, riches.

नेअम-उल्-बदल نعم البدل पुं० [अ०] किसी चीज़ के बदले में मिलनेवाली दूसरी अच्छी चीज़।
m. an excellent thing received in exchange.

नेअमत نعمت स्त्री० दे० 'नियामत'।

नेक نیک वि० [फा०] १. भला, उत्तम। २. शिष्ट।
क्रि० वि० थोड़ा, जरा, तनिक।
adj. 1. gentle, excellent. 2. civilized.
adv. in a small quantity.

नेकक़दम نیک‌قدم वि० [फा०+अ०] जिसका आगमन शुभ हो।
adj. whose advent or arrival is auspicious.

नेकख़ू نیک‌خو वि० [फा०] [भाव० नेकख़ूई] अच्छे स्वभाववाला।
adj. good-tempered.

नेकख़्याल نیک‌خیال वि० [फा०] उत्तम विचारवाला।
adj. having good ideas.

नेकख़्वाह نیک‌خواہ वि० [फा०] शुभचिन्तक।
adj. well-wisher, benevolent.

नेकचलन نیک‌چلن वि० [फा० नेक+हिं० चलन] [भाव० नेकचलनी] अच्छे चाल-चलनवाला, सदाचारी।
adj. of good conduct.

नेकतरीन نیک‌ترین वि० [फा०] सबसे अच्छा।
adj. best.

नेकनाम نیک‌نام वि० [फा०] [भाव० नेकनामी] जिसका अच्छा नाम हो, यशस्वी।
adj. well-reputed.

नेकनामी نیک‌نامی स्त्री० [फा०] यश, कीर्ति।
fem. good reputation, fame.

नेकनिहाद نیک‌نہاد वि० [फा०] सुशील।
adj. of good disposition.

नेकनीयत نیک‌نیت वि० [फा० नेक+अ० नीयत] [भाव० नेकनीयती] १. अच्छे संकल्पवाला, शुभ संकल्प-वाला। २. उत्तम विचारवाला।
adj. 1. having an honest purpose. 2. having good ideas.

नेकबख़्त نیک‌بخت वि० [फा०] [भाव० नेकबख़्ती] १. भाग्यवान, किस्मतवर। २. सीधा, सच्चा और सुशील। ३. आज्ञाकारी और योग्य (पुत्र तथा पुत्री के लिए)।
adj. 1. fortunate. 2. gentle. 3. obedient.

नेकबीं نیک‌بیں वि०, पुं० [फा०] अच्छाई देखनेवाला।
adj. & m. one who can judge qualities.

नेकमंज़र نیک‌منظر वि० [अ०+फा०] सुन्दर, खूबसूरत।
adj. beautiful, charming.

नेकमर्द نیک‌مرد वि० पुं० [फा०] भला, सज्जन।
adj. & m. a gentleman.

नेकी نیکی स्त्री० [फा०] १. भलाई, उत्तम व्यवहार। २. सज्जनता, भलमनसाहत। ३. उपकार।
पद **नेकी-बदी**=भलाई-बुराई।
fem. 1. goodness, good conduct. 2. gentlemanliness. 3. benevolence.
ph. the good and the bad.

नेको نیکو वि० दे० 'नीको'।

नेज़ा نیزہ पुं० [फा० नेज़:] भाला, बरछा, साँग।
m. a spear, lance.

नेज़ादार نیزہ‌دار वि० दे० 'नेज़ाबरदार'।

नेज़ाबरदार نیزہ‌بردار वि० [फा० नेज़:बरदार] [भाव० नेज़ाबरदारी] नेज़ा या भाला रखनेवाला, बल्लमबरदार।
adj. a lance-bearer.

नेज़ाबाज़ نیزہ‌باز वि०, पुं० [फा० नेज़:बाज़] [भाव० नेज़ाबाज़ी] नेज़ा या भाला चलानेवाला, बरछैत।
adj. & m. one who is expert in attacking with a spear.

नेफ़ा نیفہ पुं० [फा० नेफ़:] पायजामे या लहँगे के घेरे में इज़ारबंद पिरोने का स्थान।
m. a long hole in a trouser etc. in which string is placed.

नेमत نعمت स्त्री० दे० 'नियामत'।

नेवाला نوالہ पुं० दे० 'निवाला'।

नेश نیش पुं० [फा०] १. नोक, अनी। २. ज़हरीले कीट-पतंगों का डंक। ३. काँटा, शूल।
m. 1. a point, tip. 2. the sting of a poisonous insect etc. 3. a thorn.

नेशकर نیشکر पुं० [फा०] गन्ना, ऊख, ईख।
m. a sugarcane.

नेशज़नी نیش‌زنی स्त्री० [फा०] १. डंक मारना। २. निन्दा या बुराई करना, चुगली खाना।
fem. 1. act of stinging. 2. back-bitting.

नेशतर نیشتر पुं० [फा० नेश्तर] ज़ख़्म चीरने का औज़ार, नश्तर।
m. a surgical knife.

नेशदुम نیش‌دم वि० [फा०] बिच्छू।
m. a scorpion.

नेस्त نیست वि० [फा०] नष्ट, ध्वस्त।
पद **नेस्त-नाबूद**=नष्ट-भ्रष्ट।
adj. destroyed, ruined, devastated.
ph. completely devasted.

नेस्ता نیستہ पुं० दे० 'नयस्ताँ'।

नेस्ती نیستی स्त्री० [फा०] १. न होना, अनस्तित्व। २. आलस्य। ३. नाश।
fem. 1. non-existence. 2. laziness, lethargy. 3. destruction, devastation.

नेस्तोनाबूद نیست‌ونابود वि० [फा०] नष्ट, विनष्ट, ध्वस्त, बर्बाद।
adj. completely destroyed.

नै نے स्त्री० [फा०] १. बाँस की नली। २. हुक्के की निगाली। ३. बाँसुरी।
fem. 1. a bamboo pipe. 2. the pipe of a hubble-bubble. 3. a flute.

नैचा نیچہ पुं० [फा० नैच:] हुक्के की निगाली, नै।
m. the pipe of a hubble-bubble.

नैचाबंद نیچہ‌بند पुं० [फा०] [भाव० नैचाबंदी] हुक्के का नैचा या निगाली बनानेवाला।
m. one who makes pipes of huble-bubbles.

नैयर نیّر पुं० [अ०] बहुत चमकनेवाला सितारा।
पद **(i) नैयरे असग़र**=चन्द्रमा। **(ii) नैयरे आज़म**=सूर्य।
m. a very shining star.
ph. (i) the moon. (ii) the Sun.

नैरंग نیرنگ पुं० [फा०] १. छल, कपट, धोखा। २. इन्द्रजाल, जादूगरी, विलक्षण वस्तु या बात। ४. चित्रों आदि की रूपरेखा।
m. 1. deceit, fraud. 2. a magical trick,

magic. 3. outlines of a painting.

नैरंगसाज़ نیرنگ‌ساز वि० [फा०] [भाव० नैरंगसाज़ी] धूर्त।
पुं० जादूगर।
adj. cunning, crafty.
m. a magician.

नैरंगी نیرنگی स्त्री० [फा०] १. धोखेबाज़ी, चालबाज़ी। २. जादूगरी।
पद **नैरंगी-ए-ज़माना**=संसार का उलट-फेर।
fem. 1. deceit, fraud. 2. magical act or trick.
ph. upheaval, great change or disruption.

नैशकर نیشکر पुं० [फा०] गन्ना।
m. a sugarcane.

नैसाँ نیساں पुं० [फा०] सीरिया देश का सातवाँ महीना जो बैसाख के लगभग होता है।
m. the month of बैसाख।

नैस्ताँ نیستاں पुं० दे० 'नयस्ताँ'।

नोक نوک स्त्री० [फा०] [वि० नुकीला] १. उस ओर का सिरा जिस ओर कोई वस्तु बराबर पतली पड़ती गई हो, सूक्ष्म अग्र भाग। २. किसी वस्तु के निकले हुए भाग का पतला सिरा। ३. निकला हुआ कोना।
m. 1. a point, tip. 2. sharp end of a thing. 3. a pointed part.

नोकदार نوک‌دار वि० [फा०] १. जिसमें नोक हो। २. चुभनेवाला, पैना। ३. चित्त में चुभनेवाला। ४. शानदार।
adj. 1. pointed. 2. pricking, pinching. 3. heart-rending. 4. grand.

नोक-झोंक نوک‌جھونک स्त्री० [फा० नोक+हिं० झोंक] उग्र वार्तालाप।
fem. violent argumentation.

नोक-पलक نوک‌پلک स्त्री० [फा० नोक+हिं० पलक] आँख, नाक आदि चेहरे का नकशा।
fem. a person's face, countenance.

नोकीला نوکیلا वि० दे० 'नुकीला'।

नोकेज़बाँ نوک‌زباں स्त्री० [फा० नोक+ज़बाँ] जीभ का अगला भाग।
वि० कंठस्थ, मुखाग्र।
fem. the tip of a tongue.
adj. learnt by heart, memorized.

नोमीदी نامیدی स्त्री०=नाउम्मेदी।

नोल نول स्त्री० [फा०] चोंच।
fem. a beak.

नोश نوش प्रत्य० [फा०] पीनेवाला; जैसे—मै-नोश= शराब पीनेवाला।
पुं० १. पीने की कोई बढ़िया चीज़। २. अमृत। ३. ज़हर-मोहरा। ४. शहद, मधु। ५. जीवन।
मुहा० **(i) नोश जाँ करना या फ़रमाना**=खाना, भोजन करना। (बड़ों के सम्बन्ध में आदरार्थ) **(ii) नोश-जाँ होना**=खाना-पीना शुभ सिद्ध होना।
suffix. denoting that drinks.
m. 1. a fine drink. 2. nectar. 3. a kind of stone. 4. honey. 5. life.
id. (i) to eat meal. (ii) proving of eating and drinking auspicious.

नोशदारू نوش‌دارو स्त्री० [फा०] १. सर्प का विष नाश करनेवाला ज़हर-मोहरा। २. शराब, मदिरा। ३. वह स्वादिष्ट भोजन या अवलेह जो बहुत पौष्टिक हो।
fem. 1. a piece of stone which negates the effect of poison. 2. alcohol, wine. 3. a nutritious diet.

नोशादुर نوشادر पुं० [फा०] नौसादर।
m. ammonium chloride.

नोशीं نوشیں वि० [फा०] मीठा, मधुर।
adj. sweet.

नोशी نوشی स्त्री० [फा०] पीने की क्रिया, पान; जैसे—मै-नोशी=मद्यपान।
fem. act of drinking.

नौ[1] نو वि० [फा० मि० सं० नव] नया, नवीन।
पद **सुबहे नौ**=नई सुबह।
adj. new.
ph. a new morning.

नौ[2] نو स्त्री० [अ० नौअ] १. भाँति, प्रकार, तरह। २. तौर-तरीका, रंग-ढंग। ३. जाति।
fem. 1. a kind, sort. 2. a way, method. 3. race, community.

नौआबाद نوآباد वि० [फा०] जो अभी हाल में बसा हो, नया बसा हुआ।
adj. newly inhabitated.

नौआमोज़ نوآموز वि०, पुं० [फा०] जिसने कोई काम हाल में सीखा हो, नौसिखुआ।
adj. & m. a novice.

नौईयत نوعیت स्त्री० [अ०] १. प्रकार, तरह। २. विशेषता।
fem. 1. a kind, sort. 2. a speciality.

नौउम्मीद نامید वि०[फा०] [भाव० नौउम्मीदी] निराश, नाउम्मीद।
adj. feeling despair. hopeless.

नौउम्र نوعمر वि० पुं० [फा०+अ०] १. अल्पवयस्क। २. किशोर।
adj. & m. 1. a minor. 2. a juvenile.

नौउम्री نوعمری स्त्री० [फा०+अ०] १. अल्पवयस्कता। २. किशोरावस्था।
fem. 1. age of minority. 2. adolescence.

नौकर نوکر पुं० [फा०] १. चाकर, टहलुआ। २. कोई

काम करने के लिए वेतन आदि पर नियुक्त व्यक्ति, वैतनिक कर्मचारी।
m. 1. a servant. 2. an employee.

नौकरशाह نوکرشاہ पुं० [फा०+अ०] वह अधिकारी जो कठोरतापूर्वक नियमों का पालन करता-कराता हो।
fem. a bureaucrat.

नौकरशाही نوکرشاہی स्त्री० [फा० नौकर+अ० शाही] वह शासन-प्रणाली जिसमें सारी राजसत्ता केवल बड़े-बड़े राज-कर्मचारियों के हाथ में रहती है।
fem. bureaucracy.

नौकरानी نوکرانی स्त्री० [फा० नौकर] घर का काम- धंधा करनेवाली स्त्री, दासी, मज़दूरनी।
fem. a maid-servant.

नौकरी نوکری स्त्री० [फा० नौकर] १. नौकर का काम, सेवा, टहल, ख़िदमत। २. कोई ऐसा काम जिसके लिए तनख़्वाह मिलती हो।
fem. 1. service. 2. a job.

नौकरी-पेशा نوکری پیشہ पुं० [फा०] जिसकी जीविका नौकरी से चलती हो।
m. someone doing a job, serviceman.

नौख़ास्ता نوخاستہ वि० [फा० नौख़ास्तः] नौजवान।
adj. youthful.

नौख़ेज نوخیز वि० [फा०] नवोदित।
adj. having recently came into the picture, newcomer, newfangled.

नौचंदा نوچندہ पुं० [फा० नौ+हिं० चन्दा] शुक्ल पक्ष में पहले-पहल चन्द्रमा दिखाई पड़ने के बाद दूसरा दिन।
m. second day of the bright lunar fortnight.

नौचा نوچہ पुं० [फा० नौचः] नवयुवक।
m. a youth.

नौची نوچی स्त्री० [फा०] नवयुवती।
fem. a young lady.

नौज نوج पद [अ० नऊज] ईश्वर न करे।
ph. God forbid.

नौजवान نوجوان वि० [फा०] नवयुवक, नया जवान।
adj. young, youthful.

नौजवानी نوجوانی स्त्री० [फा०] नवयौवन।
fem. the period between childhood and adultage, youth.

नौदामाद نوداماد पुं० [फा०] दूल्हा, वर।
m. a bridegroom.

नौदौलत نودولت वि० [फा+अ०] नया अमीर, नया धनिक।
adj. having recently acquired huge wealth.

नौनिहाल نونہال पुं० [फा०] १. नया पौधा। २. नौजवान।
m. 1. a newly implanted plant. 2. a young man.

नौबत نوبت स्त्री० [फा०] १. वैभव या मंगलसूचक वाद्य, विशेषत: शहनाई और नगाड़ा जो मंदिरों या बड़े आदमियों के द्वार पर बजते हैं। २. बारी, पारी। ३. दशा। ४. संयोग।
***मुहा०* नौबत बजना**=(अ) आनन्द उत्सव होना। (ब) सुख-सौभाग्य का समय होना।
m. 1. the clarionets and small drums played at auspicious occasions. 2. a turn, shift. 3. condition. 4. coincidence.
id. (a) beating of a drum on the auspicious occasion. (b) time to enjoy.

नौबतख़ाना نوبت خانہ पुं० [अ०+फा० ख़ानः] फाटक के ऊपर बना हुआ वह स्थान जहाँ बैठकर नौबत बजाई जाती है, नक्कारखाना।
m. a rostrum ment for ceremonial playing of instruments.

नौबत-ब-नौबत نوبت بہ نوبت क्रि० वि० [अ०] क्रम-क्रम से, एक के बाद एक, एक-एक करके।
adv. one by one.

नौबती نوبتی पुं० [फा०] १. नौबत बजानेवाला, नक्कारची। २. फाटक पर पहरा देनेवाला, पहरेदार। ३. बिना सवार का सजा हुआ घोड़ा। ४. बड़ा खेमा या तम्बू।
m. 1. one who plays on a small drum. 2. a watchman. 3. a decorated horse. 4. a large tent.

नौ-ब-नौ نو بہ نو वि० [फा०] बिल्कुल ताज़ा, नया।
adj. new, recent, fresh.

नौबहार نوبہار स्त्री० [फा०] नई आई हुई बसन्त ऋतु, बसन्त का आरम्भ।
fem. commencement of the spring.

नौमश्क़ نومشق वि० [फा०+अ०] जो अभी मश्क या अभ्यास करने लगा हो, नौसिखुआ।
adj. inexperienced, novice.

नौमुस्लिम نومسلم वि० [फा०+अ०] जो हाल में मुसलमान बना हो।
adj. having recently embrassed Islam, neo-Muslim.

नौरोज़ نوروز पुं० [फा०] १. पारसियों में नए वर्ष का पहला दिन। (इस दिन बहुत आनन्द-उत्सव मनाया जाता था।) २. त्योहार।
m. 1. first day of the Parsee's new year. 2. a festival.

नौरोज़ी نوروزی वि० [फा०] नौरोज़-सम्बन्धी, नौरोज़ का।
adj. of or pertainting to the first day of the year.

नौवारिद نووارد वि० पुं० [फा०] जो कहीं बाहर से अभी

हाल में आया हो।
m. a newcomer from abroad.

नौशहाना نوشہانہ वि० [फा० नौशाहान:] नौशा या दूल्हे का-सा, वर की तरह का।
adj. bridegroom-like.

नौशा نوشہ पुं० [फा० नौश:] दूल्हा।
m. a bridegroom.

नौशादर نوشادر पुं० दे० 'नौसादर'।

नौशाहाना نوشاہانہ वि० = नौशहाना।

नौसफ़र نوسفر वि० [फा०+अ०] पहले-पहल सफ़र पर निकला हुआ।
adj. journeying first time.

नौसादर نوسادر पुं० [फा० नौशदर] एक तीक्ष्ण झालदार क्षार या नमक।
m. ammonium chloride.

नौहा نوحہ पुं० [अ० नौह:] १. किसी के मरने पर किया जानेवाला शोक। २. रोना-पीटना, रुदन।
m. 1. mourning. 2. weeping, wailing.

नौहागर نوحہگر वि० पुं० [अ०+फा०] रो-पीटकर मातम करनेवाला, शोक मनानेवाला।
adj. & m. a (professional) mourner.

नौहागरी نوحہگری स्त्री० [अ०+फा०] रोना-पीटना।
fem. act of crying, wailing.

◆

प

पंज پنج वि० [फा० मि० सं० पंच] पाँच, चार और एक।
adj. five.

पंजगाना پنجگانہ वि० [फा० पंजगान:] पाँचों समय का, पंजवक्ती।
adj. done or happening five times in a day.

पंज-तन-पाक پنج تن پاک पुं० [फा०] मुसलमानों के अनुसार पाँच पवित्र आत्माएँ, यथा—मुहम्मद, अली, फातिमा, हसन और हुसेन।
m. five holy illuminaries of Islam.

पंजवक्ती پنجوقتی वि० दे० 'पंजगाना'।

पंजशंबा پنجشنبہ पुं० [फा० पंजशम्ब:] बृहस्पतिवार।
m. Thursday.

पंजशाखा پنجشاخہ पुं० [फा० पंजशाख:] पाँच शाखाओं वाली वस्तु।
m. a thing which has five parts.

पंजसाला پنجسالہ वि० [फा० पंजसाल:] पंचवर्षीय।
adj. five-year.

पंजा پنجہ पुं० [फा० पंज: मि० सं० पंचक] १. पाँच चीज़ों का समूह। २. हाथ या पैर की पाँचों उँगलियाँ। ३. पंजा लड़ाने की कसरत। ४. उँगलियों के सहित हथेली का संपुट, चंगुल। ५. ताश का वह पत्ता जिसमें पाँच बूटियाँ होती हैं।
***पद* पंजे में**=अधिकार में।
***मुहा०* (i) पंजे झाड़कर पीछे पड़ना**=हाथ धोकर या बुरी तरह पीछे पड़ना। **(ii) छक्का पंजा**=दाँव-पेच, छल-कपट।
m. 1. a set of five things. 2. five fingers of a hand or a foot. 3. trail of strength with holding each other hands. 4. a claw. 5. a playing card with five spots.
ph. under someone's way.
id. (i) to be after someone. (ii) deception.

पंजी پنجی स्त्री० [फा० पंज:] वह मशाल या लकड़ी जिसमें पाँच बत्तियाँ जलती हों, पंजशाखा।
fem. a torch with five wicks.

पंद پند स्त्री० [फा०] उपदेश, नसीहत।
m. 1. a sermon. 2. an advice.

पंबा پنبہ [फा० पम्ब:] रुई, कपास।
***पद* (i) पंबा-बागोश**=बहरा, बधिर। **(ii) पंबा-दहन**=कम बोलनेवाला।
m. cotton.
ph. (i) deaf. (ii) speaking as little as possible.

पख़ پخ स्त्री० [फा०] १. विष्टा, मल, गू। २. शोरगुल। ३. अशिष्टतापूर्ण बात। ४. कठिनता, दिक्कत। ५. खराबी। ६. व्यर्थ का छिद्रान्वेषण।
fem. 1. excrement, faeces. 2. noise. 3. a rough talk. 4. a difficulty. 5. a defect, fault. 6. useless fault-finding.

पख़िया پخیا वि० पुं० [फा० पख़:] [स्त्री० पख़नी] व्यर्थ छिद्रान्वेषण करनेवाला।
adj. & m. a fault-finder.

पख़्तरी پختری स्त्री० [फा०] अच्छा और स्वादिष्ट भोजन।
fem. a fine a delicious meal.

पगाह پگاہ स्त्री० [फा०] १. प्रभात, तड़का। २. सवेरा।
fem. 1. the dawn. 2. the morning.

पज़मुरदा پژمردہ वि० [फा० पज़मुर्द:] [भाव० पज़मुरदगी] १. कुम्हलाया हुआ, मुरझाया हुआ। २. उदास, दुखी।
adj. 1. withered, faded. 2. sad, unhappy.

पज़ावा پژاوہ पुं० [फा० पज़ाव:] ईटें पकाने का आँवाँ।
m. a kiln.

पज़ीर پذیر प्रत्य० [फा०] माननेवाला, ग्रहण या पालन करनेवाला (यौगिक में)।
***पद* इताअत-पज़ीर** = आज्ञा माननेवाला।
suffix. obeying.
ph. obeying the orders.

पज़ीरा پذیرہ वि० [फा० पज़ीर:] मानने योग्य।
adj. fit to be obeyed.

पज़ीराई پذیرائی स्त्री० [फा०] १. मानना। २. कबूलियत, स्वीकृति।
fem. 1. act of obeying. 2. acceptance.

पतील پتیل पुं० [फा०] चिराग की बत्ती।
m. the wick of a lamp.

पनाह پناہ स्त्री० [फा० पना:] १. रक्षा। २. शरण, रक्षा या आश्रय पाने का स्थान।
***मुहा०* पनाह माँगना**=रक्षा या परित्राण की प्रार्थना करना।
fem. 1. safety, defence. 2. shelter, refuse.
id. to make a plea for defence.

पनीर پنیر पुं० [फा०] १. दूध फाड़कर जमाया हुआ छेना। २. वह दही जिसका पानी निचोड़ दिया गया हो।
m. 1. cheese. 2. curd devoid of water.

पयादा پیادہ वि०, पुं० [फा० पयाद:] १. पैदल चलने-वाला व्यक्ति। २. पैदल सिपाही।
adj. & m. 1. going on foot. 2. a foot-soldier.

पयाम پیام पुं [फा०] सन्देश।

m. a message.

पयामबर پیامبر पुं० [फा०] पयाम या संदेश ले जाने-वाला, संदेशवाहक।
m. a messenger.

पयामी پیامی पुं० [फा०] संदेशवाहक।
m. a messenger.

परंदा پرندہ पुं० [फा० परंद:] पक्षी, चिड़िया।
m. a bird.

पर پر पुं० [फा०] चिड़ियों का डैना और उस पर के घूए या रोएँ, पंख, पक्ष।
मुहा० **(i) पर कट जाना**=शक्ति या बल का आधार न रह जाना, अशक्त हो जाना। **(ii) पर जमना**=(क) पर निकलना। (ख) जो पहले सीधा सादा रहा हो, उसे शरारत सूझना। **(iii) (कहीं जाते हुए) पर जलना**=(क) हिम्मत न होना, साहस न होना। (ख) गति न होना, पहुँच न होना। **(iv) पर न मारना**=पैर न रख सकना। **(v) बे-पर की उड़ाना**=बिना सिर-पैर की बातें करना, व्यर्थ डींग हाँकना।
m. a feather.
id. (i) to become weak or powerless. (ii) (a) growing of feathers. (b) to be up to a mischief. (iii) (a) to be without courage. (b) to have no access. (iv) to have no courage to enter some place. (v) to indulge in baseless talk.

परकार پرکار पुं० [फा० पर्कार] वृत्त या गोलाई खींचने का एक औज़ार।
m. a V-shaped device for drawing circles, compasses.

परकाला پرکالہ पुं० [फा० परकाल:] १. टुकड़ा, खंड। २. चिनगारी।
मुहा० **आफ़्त का परकाला**=शरारती।
m. 1. a piece or fragment. 2. a spark of fire.
id. a mischief-monger.

परख़ाश پرخاش स्त्री० [फा० पर्ख़ाश] लड़ाई, झगड़ा।
fem. a quarrel, rift.

परगना پرگنہ पुं० [फा० पर्गन:] वह भूभाग जिसके अन्तर्गत बहुत से ग्राम या गाँव हों।
m. a unit of several villages.

परचम پرچم पुं० [फा० पर्चम] १. झंडा। २. जुल्फ़, काकुल।
m. 1. a flag. 2. a lock of hair.

परचा پرچہ पुं० [फा० पर्च:] १. टुकड़ा, खंड। २. काग़ज़ का टुकड़ा। ३. पत्र, चिट्ठी।
m. 1. a piece or fragment. 2. a chit. 3. a letter.

परतौ پرتو पुं० [फा० पर्तौ] १. प्रकाश; जैसे—मेह्र का परतौ=सूरज का प्रकाश। २. रश्मि, किरण। ३. प्रतिच्छाया, अक्स।
m. 1. light. 2. a ray. 3. reflection.

परदगी پردگی स्त्री० [फा० पर्दगी] परदे में रहनेवाली स्त्री।
fem. a woman who draws a veil.

परदा پردہ पुं० [फा० पर्द:] १. आड़ करनेवाला कपड़ा, चिक आदि। २. लोगों की दृष्टि के सामने न होने की स्थिति, आड़, ओट, छिपाव। ३. स्त्रियों को बाहर निकलकर लोगों के सामने न होने देने की चाल।
मुहा० **(i) परदा उठाना**=भेद खोलना। **(ii) परदा डालना**=छिपाना।
m. 1. a curtain, veil. 2. a screen. 3. act of practising परदा, veiling system.
id. (i) to expose a secret. (ii) to cover up.

परदाख़्त پرداخت स्त्री० [फा० पर्दाख़्त] देख-रेख, सुरक्षा।
fem. look-after, protection.

परदाख़्ता پرداختہ वि० [फा० पर्दाख़्त:] सज्जित, सँवारा हुआ।
adj. decorated.

परदाज़ پرداز पुं० [फा० पर्दाज़] १. सजाना। २. सजावट।
m. 1. act of decorating. 2. decoration.

परदाज़ी پردازی स्त्री० [फा० पर्दाज़ी] सजाने की क्रिया।
fem. act of decorating.

परदादार پردہ دار वि० [फा० पर्द:दार] १. जो परदा करे। २. जिसमें परदा या परदे हों।
पुं० १. वह दीवार जो विभाग या ओट करने के लिए उठाई जाए। २. परत।
adj. 1. using a veil, veiled. 2. equipped with a curtain or curtains.
m. 1. a wall erected to hide something. 2. a layer.

परदादारी پردہ داری स्त्री० [फा० पर्द:दारी] परदे में रहना।
fem. veiling custom or system.

परदानशीन پردہ نشین वि० स्त्री० [फा० पर्द:नशीन] परदे में रहनेवाली (स्त्री)।
adj. (of a woman) who observes purdah.

परदापोश پردہ پوش वि०, पुं० [फा० पर्द:पोश] जो दूसरों के दोष ढकता हो।
adj. & m. one who conceals the fault of others.

परदापोशी پردہ پوشی स्त्री० [फा० पर्द:पोश] किसी के रहस्य या दोषों पर परदा डालना, ऐब छिपाना।
fem. act of concealing someone's faults or secrets.

परदार پردار वि० [फा०] जिसे पर हों, परोंवाला।
adj. having feathers, feathered.

परबस्ता پربستہ वि० [फा० परबस्त:] जिसके पर बँधे हों।
adj. whose feathers have been tied.

परवर پرور प्रत्य० [फा० पर्वर] पालन करनेवाला, पालक।

suffix. denoting one who keeps someone in good condition.

परवरदा پروردہ वि० [फा० पर्वर्द:] पाला हुआ, पालित।
adj. that has been nurtured and maintained.

परवरदिगार پروردگار पुं० [फा० पर्वरदिगार] पालन करनेवाला, ईश्वर।
m. the maintainer of all, God.

परवरिश پرورش स्त्री० [फा० पर्वरिश] पालन-पोषण।
fem. act of upbringing, maintenance.

परवा پروا स्त्री० [फा० पर्वा] १. चिन्ता। २. ध्यान, ख़याल। ३. आसरा।
fem. 1. worry. 2. care, heed. 3. support.

परवाज़ پرواز पुं० [फा० पर्वाज़] उड़ना।
वि० उड़नेवाला।
m. act of flying.
adj. that flies, flying.

परवाज़ी پروازی स्त्री० [फा० पर्वाज़ी] उड़ने की क्रिया या भाव।
fem. act of flying.

परवानगी پروانگی स्त्री० [फा० पर्वानगी] इजाज़त, आज्ञा, अनुमति।
fem. permission.

परवाना پروانہ पुं० [फा० पर्वान:] १. आज्ञापत्र। २. पतंगा, पंखी। ३. दीवाना, प्रेमी।
m. 1. a written order. 2. a moth. 3. an ardent lover.

परवीन پروین स्त्री० [फा० पर्वीं] गुच्छा।
fem. a bunch.

परवेज़ پرویز वि० [फा० पर्वेज़] १. सम्मानित, प्रतिष्ठित। २. विजयी।
पुं० खुसरो बादशाह जो नौशेरवाँ का पोता था।
adj. 1. respected, honourable. 2. victorious.
m. Khusro the king.

परस्त پرست प्रत्य० [फा०] परस्तिश या पूजा करनेवाला, पूजक। (यौगिक शब्दों के अन्त में; जैसे—अतिश-परस्त=अग्नि-पूजक।)
suffix. denoting one who worships.

परस्तान پرستان पुं० = परिस्तान।

परस्तार پرستار पुं० [फा०] १. पूजा या उपासना करनेवाला। २. दास, सेवक।
m. 1. a worshipper. 2. a slave or servant.

परस्तिश پرستش स्त्री० [फा०] पूजा, आराधना।
fem. worship.

परस्तिशगाह پرستشگاہ स्त्री० [फा०] पूजा या आराधना करने का स्थान।
fem. a place of worship.

परस्तीदा پرستیدہ वि० [फा० परस्तीद:] पूजित।
adj. worshipped.

परहुमा پرہما पुं० [फा० परेहुमा] कलगी।
m. a crest.

परहेज़ پرہیز पुं० [फा० पर्हेज़] १. स्वास्थ्य को हानि पहुँचानेवाली बातों से बचना, खाने-पीने आदि का संयम। २. दोषों और बुराइयों से दूर रहना।
m. 1. self-restraint, abstinence. 2. act of avoiding oneself from wrongs. avoidance.

परहेज़गार پرہیزگار वि० पुं० [फा० पर्हेज़गार] [भाव० परहेज़गारी] १. परहेज़ करनेवाला, संयमी। २. दोषों से दूर रहनेवाला।
adj. & m. 1. practising self-restraint. 2. one who keeps oneself away from bad deeds.

परा پرہ पुं० [फा० पर:] क़तार, पंक्ति।
m. a line.

परागंदा پراگندہ वि०[फा० परागन्द:] [भाव० परागंदगी] १. बिखरा हुआ, तितर-बितर। २. दुर्दशाग्रस्त, परेशान।
adj. 1. scattered. 2. harassed by adversities.

परिंदा پرندہ पुं० [फा० परन्द:] पक्षी, चिड़िया।
m. a bird.

परिस्तान پرستان पुं० [फा०] १. परियों के रहने का स्थान। २. वह स्थान जहाँ बहुत-सी सुन्दरियाँ एकत्र हों।
m. 1. a land of fairies, fairyland. 2. the place where many beautiful women are gathered.

परी پری स्त्री० [फा०] १. फारस की प्राचीन कथाओं के अनुसार क़ाफ नामक पहाड़ पर बसनेवाली कल्पित, सुन्दर और परवाली स्त्री। २. परम सुन्दरी।
fem. 1. an imaginary women with wings living at KAB mountain, fairy. 2. a very beautiful woman.

परीइज़ार پری ازار वि० स्त्री० [फा०+फा०] जिसके गाल परियों जैसे हों।
adj. having cheeks like fairies.

परीख़्वान پری خوان पुं० [फा०] वह जो मंत्रों के द्वारा परियों और देवों आदि को वश में करना जानता हो।
m. one who overwhelms control over fairies and semi-gods.

परीज़ादा پری زادہ पुं० [फा० परिज़ाद:] १. परी की सन्तान। २. बहुत अधिक सुन्दर व्यक्ति।
m. 1. a son of fairy. 2. a very beautiful person.

परीपैकर پری پیکر वि० [फा०] परी के समान सुन्दर चेहरेवाला (वाली)।
adj. having beaufitul face like a fairy's one.

परीरू پری رو वि० [फा०] जिसकी आकृति परी के समान सुन्दर हो।
adj. fairy-like.

परीवश پری وش वि० दे० 'परीरू'।

परीशाँ پریشاں वि० = परेशान।

परेशान پریشان वि० [फा०] व्यग्र, व्याकुल, उद्विग्न।
adj. vexed, harassed, worried.

परेशानी پریشانی स्त्री० [फा०] व्याकुलता, उद्विग्नता, व्यग्रता।
fem. harassment, worry.

पर्वेज़ پرویز वि० [फा०] दे० 'परवेज़'।

पलंग پلنگ पुं० [फा०] १. एक प्रकार का हिंसक पशु, तेंदुआ। २. शेर। ३. बड़ी चारपाई।
m. 1. a leopard. 2. a lion. 3. a large bedstead.

पलंगपोश پلنگ پوش पुं० [हिं०+फा०] पलंग के बिछौने पर बिछाने की चादर।
m. a bedsheet.

पलक پلک स्त्री० [फा०] आँखों के ऊपर का चमड़े का परदा, पपोटा और बरौनी।
***मुहा०* (i) किसी के लिए पलकें बिछाना**=अत्यंत प्रेम से स्वागत करना। **(ii) पलक लगना**=नींद आना।
fem. an eyelid.
id. (i) to wait (someone) humbly. (ii) to sleep.

पलाव پلاؤ पुं० [फा०] पुलाव।
m. a dish of rice.

पलास پلاس पुं० [फा०] सन का मोटा कपड़ा, टाट।
m. sackcloth, gunny.

पलीता پلیتہ पुं० [फा० पलीत:] १. बत्ती के आकार में लपेटा हुआ वह काग़ज़ जिसपर कोई यन्त्र लिखा हो। २. वह बत्ती जिससे बन्दूक या तोप के रंजक में आग लगाई जाती है।
m. 1. a wick. 2. a fuse.

पलीद پلید वि० [फा०] १. अपवित्र, अशुद्ध। २. दुष्ट और नीच।
पुं० दुष्टात्मा।
adj. 1. unclean, dirty, desecrated. 2. mean.

पलीदी پلیدی स्त्री० [फा०]१. अपवित्रता। २. मलिनता।
fem. 1. desecratedness. 2. dirtiness.

पल्ला پلہ पुं० [फा० पल्ल:] १. तराजू का पलड़ा। २. सीढ़ी का डंडा। ३. पद, दरजा।
***पद* हमपल्ला**=बराबरी का दरजा रखनेवाला।
m. 1. the pan of a pair of scales. 2. a step of a staircase. 3. a post, rank.
ph. one who corresponds to another, counterpart.

पशेमाँ, पशेमान پشیماں/پشیمان वि० [फा०] १. जिसे पश्चात्ताप हुआ हो, पछतानेवाला। २. लज्जित, शरमिंदा।
adj. 1. remorseful. 2. ashamed.

पशेमानी پشیمانی स्त्री० [फा०] १. पश्चाताप। २. लज्जा।
fem. 1. remorse. 2. shame.

पश्तो پشتو स्त्री० [फा० पश्तू] अफगानिस्तान की भाषा।
fem. the language of Afghanistan.

पश्म پشم स्त्री० [फा०] १. बढ़िया मुलायम ऊन जिससे दुशाले, पशमीने आदि बनते हैं। २. बहुत ही तुच्छ वस्तु।
fem. 1. a sort of fine wool. 2. a useless thing.

पश्मीना پشمینہ पुं० [फा० पश्मीन:] १. पश्म। २. पश्म का बना हुआ कपड़ा।
m. 1. a high quality wool. 2. a cloth made of पश्म।

पश्शा پشہ पुं० [फा० पश्श:] मच्छर।
m. a mosquito.

पसंद پسند स्त्री० [फा०] अच्छा लगने की वृत्ति, अभिरुचि।
fem. liking, choice.

पसंदा پسندہ पुं० [फा० पसन्द:] १. कीमा। २. एक प्रकार का कबाब।
m. 1. chopped meat, hash. 2. roasted meat.

पसंदीदगी پسندیدگی स्त्री० [फा०] पसंद।
fem. liking, choice.

पसंदीदा پسندیدہ वि० [फा० पसन्दीद:] १. पसन्द किया हुआ, चुना हुआ। २. अच्छा, बढ़िया।
adj. 1. selected. 2. good, fine.

पस پس क्रि० वि० [फा०] १. बाद। २. पीछे। ३. अन्त में, आखिर। ४. इसलिए।
***पद* (i) पसे-गुनाह**=गुनाह के बाद। **(ii) पसे-दीवार**=दीवार के पीछे।
adv. 1. after. 2. behind. 3. in the end. 4. therefore.
ph. (i) after committing a sin. (ii) behind the wall.

पसअंदाज़ پس انداز पुं० [फा०] वह धन जो वृद्धावस्था या संकटकाल के लिए बचाकर रखा गया हो।
m. mony saved for old age.

पसख़ुरदा پس خوردہ पुं० [फा० पसख़ुर्द:] १. खाने के बाद बचा हुआ अंश, जूठन। २. जूठन खानेवाला, टुकड़गदाई।
m. 1. food left over after eating. 2. very poor, parasite.

पसग़ैबत پس غیبت क्रि० वि० [फा० पस+अ० ग़ैबत] पीठ पीछे, अनुपस्थिति में।
adj. behind someone's back, in (someones') absence.

पसपा پس پا वि० [फा०] १. जिसने पीछे की ओर पैर हटाया हो, पीछे हटनेवाला। २. पराजित।
adj. 1. that retreats. 2. defeated.

पसमांदा پسماندہ वि० [फा० पसमांद:] १. जो पीछे रह गया हो। २. बाकी, बचा हुआ।
adj. 1. left behind, trailing. 2. remaining (part).

पसरौ پس رو वि०,पुं० [फा०] पीछे चलनेवाला, अनुयायी।
adj. & m. a follower.

पसोपेश پس وپیش पुं० [फा०] आगा-पीछा, असमंजस।
m. hesitation.

पस्त پست वि० [फा०] १. नीच, कमीना। २. निम्न कोटि का; जैसे—पस्त-खयाल। ३. हारा हुआ; जैसे—पस्त-हिम्मत।
adj. 1. mean. 2. of low quality. 3. exhausted.

पस्ताक़द پستہ قد वि० [फा० पस्त:कद] छोटे क़द का, नाटा।
adj. short-sized, short-statured, dwarfish.

पस्ती پستی स्त्री० [फा०] १. निचाई। २. नीचता, कमीनापन।
पद पस्ती-ए-ज़मीं=ज़मीन की निचाई।
fem. 1. lowness, depth. 2. meanness.
ph. lowness of the land.

पहनाई پہنائی स्त्री० [फा० पहनाई] १. विस्तार। २. विशालता।
fem. 1. expanse. 2. enormity.

पहलवान پہلوان पुं० [फा० पहलवान] १. कुश्ती लड़नेवाला बली पुरुष, कुश्तीबाज़, मल्ल। २. बलवान तथा डील-डौलवाला व्यक्ति।
m. 1. a wrestler. 2. a stout person, athlete.

पहलवी پہلوی स्त्री० [फा० पहलवी] ईरान की एक प्राचीन भाषा।
fem. an old language of Iran.

पहलू پہلو पुं० [फा० पह्लू] १. पक्ष। २. दायाँ अथवा बायाँ भाग, पार्श्वभाग, बाज़ू, बग़ल। ३. करवट, बल। ४. दिशा, तरफ।
m. 1. an aspect, facet. 2. side, flank. 3. the side on which the body rests while lying. 4. direction.

पहलूतिही پہلوتہی स्त्री० [फा० पहलूतिही] ध्यान न देना, बचा जाना।
fem. neglect, apathy.

पहलूदार پہلودار वि० [फा० पहलूदार] जिसमें पहलू या पार्श्व हों, पहलदार।
adj. having many facets or sides.

पहलूनशीन پہلونشین वि० [फा० पह्लूनशीन] पास बैठनेवाला।
adj. sitting nearby.

पह्लव پہلو पुं० [फा०] १. फारस देश का प्राचीन नाम। २. वीर। ३. पहलवान।
m. 1. Iran. 2. a warrior. 3. a wrestler.

पह्लवी پہلوی स्त्री० [फा०] एक प्राचीन भाषा।
fem. an old language of Iran.

पा پا पुं० [फा० मि० सं० पाद] पैर, पाँव।
प्रत्य० स्थित रहनेवाला; जैसे—देरपा=देर तक ठहरनेवाला।
m. a foot.
suffix. denoting stable.

पाअंदाज़ پاانداز पुं० [फा०] पैर पोंछने का बिछावन जो कमरों के दरवाजों पर रखा जाता है, पाँवपोश।
m. a foot-rug.

पाईन پائین वि० [फा०] १. पिछला। २. निचला।
पुं० पैताना।
adj. 1. previous, last. 2. of lower position, lower.
m. lower end of a cot.

पाएजानाँ پائے جاناں पुं० [फा०] प्रेमिका का पैर।
m. the foot of a beloved.

पाएजामा پائے جامہ पुं० [फा० पाएजाम:] पाजामा।
m. trousers.

पाएमाल پائے مال वि० [फा०] पैरों से रौंदा हुआ, पामाल।
adj. trampled, crushed.

पाक پاک वि० [फा०] १. स्वच्छ, निर्मल। २. पवित्र, शुद्ध। ३. जिसमें किसी प्रकार का मैल न हो, खालिस। ४. निर्दोष, निरपराध, निरीह। ५. जिसपर किसी प्रकार की देन न हो।
adj. 1. clean, pure. 2. sacred. 3. unadulterated. 4. faultless, not guilty, guiltless, innocent. 5. undebted.

पाकदामन پاک دامن वि० [फा०] [भाव० पाकदामनी] जिसमें किसी प्रकार का दोष न हो, सच्चरित्र। (विशेषत: स्त्रियों के लिए।)
adj. (of a woman) chaste, virtuous, pure.

पाकनफ़्स پاک نفس वि० [फा०+अ०] [भाव० पाकनफ़्सी] शुद्ध और पवित्र आचार-विचारवाला।

adj. of good moral conduct, virtuous.

पाकबाज़ پاک‌باز वि० [फ़ा०] सच्चरित्र।
adj. of good moral conduct, virtuous.

पाकी پاکی स्त्री० [फ़ा०] १. पवित्रता। २. शुद्धता। ३. उस्तरा।
fem. 1. sacredness. 2. purity. 3. a razor.

पाक़ीज़ा پاکیزہ वि०[फ़ा० पाक़ीज़ः] [भाव० पाक़ीज़गी] १. पाक। २. साफ़। ३. सुन्दर। ४. निर्दोष।
adj. 1. sacred, holy. 2. clean, pure. 3. beautiful. 4. faultless, guiltless.

पाख़ाना پاخانہ पुं० [फ़ा० पाख़ानः] १. मलत्याग करने का स्थान। २. मल, पुरीष, गू।
m. 1. a latrine, lavatory. 2. excreta.

पाचक پاچک पुं० [फ़ा०] उपला, कंडा।
m. a dried cowdung cake used as a fuel.

पाजामा پاجامہ पुं० [फ़ा० पाजामः] पैरों में पहनने का एक प्रकार का सिला हुआ वस्त्र जिससे टखने से कमर तक का भाग ढका रहता है।
m. trousers.

पाजी پاجی वि० [फ़ा०] [बहु० पवाज] दुष्ट, कमीना, बदमाश।
adj. wicked, naughty.

पाज़ेब پازیب स्त्री० [फ़ा०] स्त्रियों का एक गहना जो पैरों में पहना जाता है।
fem. an ornament worn in the ankles, anklet.

पाताबा پاتابہ पुं० [फ़ा० पाताबः] पैरों में पहनने का मोजा।
m. socks, stockings.

पातुराब پاتراب पुं० [फ़ा०] १. प्रस्थान। २. यात्रा, सफर।
m. 1. departure. 2. journey, travel.

पादशाह پادشاہ पुं० दे० 'बादशाह'।

पादाश پاداش स्त्री० [फ़ा०] परिणाम, फल।
fem. result, consequence.

पापियादा پاپیادہ वि० [फ़ा०] पैदल चलनेवाला।
adj. walking on foot.

पापोश پاپوش पुं० [फ़ा०] जूता, उपानह।
m. shoes.

पाबंद پابند वि० [फ़ा०] १. बँधा हुआ, बद्ध, क़ैद। २. किसी बात का नियमित रूप से अनुसरण करनेवाला। ३. नियम, प्रतिज्ञा, विधि, आदेश आदि का पालन करने के लिए विवश।
adj. 1. arrested, imprisoned. 2. abiding. 3. under obligation.

पाबंदी پابندی स्त्री० [फ़ा०] पाबंद होने का भाव।
fem. binding, restriction.

पाबंदेज़ंजीर پابندزنجیر वि० [फ़ा०] जिसके पैर में बेड़ियाँ हों।
adj. having fetters in his ankles, fettered.

पाबरिकाब پابرکاب वि० [फ़ा०] जिसके पैर रिकाब पर हों, चलने को तैयार।
adj. having the foot on the stirrup. ready, prepared.

पाबोस پابوس वि० [फ़ा०] पैर चूमनेवाला।
adj. kissing someone's feet.

पाबोसी پابوسی स्त्री० [फ़ा०] बड़ों के पैर चूमना।
fem. act of kissing the elders' feet.

पामर्द پامرد वि० [फ़ा०] १. साहसी। २. वीर।
adj. 1. courageous. 2. brave.

पामर्दी پامردی स्त्री० [फ़ा०] 1. साहस। 2. वीरता।
fem. 1. courage. 2. bravery.

पामाल پامال वि० [फ़ा० पाएमाल] [भाव० पामाली] १. पैरों से रौंदा या कुचला हुआ। २. दुर्दशाग्रस्त। ३. तबाह।
adj. 1. crushed. 2. down-trodden, harassed. 3. ruined.

पामोज़ پاموز पुं० [फ़ा०] एक प्रकार का कबूतर जिसके पैरों पर भी बाल होते हैं।
m. a pigeon having hair on its each foot.

पायँचा پائینچہ पुं० [फ़ा० पाएचः] पाजामे आदि का वह अंश जिसमें पैर रहते हैं।
m. the legs of a trousers.

पाय پائے पुं० [फ़ा० पाए, मि० सं० पाद] १. पैर, पाँव। २. आधार।
m. 1. a foot. 2. the base.

पायक پایک पुं० [फ़ा० मि० सं० पादिक] १. पैदल सिपाही। २. समाचार पहुँचानेवाला दूत। ३. कर उगाहनेवाला एक प्रकार का छोटा कर्मचारी।
m. 1. a foot-soldier. 2. a messenger. 3. a man who collects tax from the clients.

पायख़ाना پاخانہ पुं० दे० 'पाख़ाना'।

पायगाह پائےگاہ पुं० [फ़ा० पाएगाह] पद, ओहदा।
m. a post, rank.

पायजामा پائجامہ पुं० [फ़ा० पाएजामः] पाजामा।
m. trousers.

पायतख़्त پائےتخت पुं० [फ़ा०] राजधानी।
m. the capital of a country.

पायताबा پائےتابہ पुं० दे० 'पाताबा'।

पायतुराब پائےتراب पुं० [फ़ा०] मुहुर्त के अनुसार निश्चित समय से पहले होनेवाला प्रस्थान।

m. act of starting out for a journey before the fixed date for astrological reasons.

पायदार پائےدار वि० [फा० पाएदार] पक्का, मज़बूत, दृढ़।
adj. durable, firm.

पायदारी پائےداری स्त्री० [फा० पाएदारी] दृढ़ता।
fem. durability, firmness.

पायमाल پائمال वि० दे० 'पामाल'।

पायाँ پایاں पुं० [फा०] सीमा।
m. the border of a country.

पाया پایہ पुं० [फा० पाय:] १. पलंग, चौकी आदि में नीचे के वे डंडे जिनके सहारे उनका ढाँचा खड़ा रहता है, गोड़ा। २. खम्भा। ३. पद, दरजा, ओहदा। ४. सीढ़ी, ज़ीना।
m. 1. the leg of a cot, chair etc. 2. a post, pillar. 3. a post, rank. 4. a staircase.

पायान پایان पुं० [फा०] १. तट, किनारा। २. अन्त, समाप्ति।
m. 1. a bank, shore. 2. the end, finish, cessation.

पायानी پایانی स्त्री० दे० 'पायान'।

पायाब پایاب वि० [फा०] इतना कम गहरा (जल) कि पैदल चलकर पार किया जा सके, उथला।
adj. not deep, shallow.

पायाबी پایابی स्त्री० [फा०] उथलापन।
fem. shallowness.

पा-रक़ाब پارکاب पुं० [फा० पा+रिक़ाब] किसी बड़े आदमी के साथ चलनेवाला, सहचर।
क्रि० वि० चलने के लिए तैयार, उद्यत।
m. a companion.
adv. ready to start.

पारचा پارچہ पुं० [फा० पार्च:] १. कपड़ा। २. पोशाक। ३. टुकड़ा।
m. 1. a piece of cloth. 2. a dress. 3. a bit, smithereen, fragment.

पारस پارس पुं० [फा०] फारस देश।
m. old name of modern Iran.

पारसा پارسا वि०[फा० पार्सा] १. संयमी। २. सदाचारी।
adj. 1. temperate. 2. of good conduct, righteous.

पारसाई پارسائی स्त्री० [फा० पार्साई] १. संयम। २. सदाचार।
fem. 1. restraint, discipline. 2. good conduct, righteousness.

पारसाल پارسال पुं० [फा०] पिछला साल।
m. the last year.

पारा پارہ पुं० [अ० पार:] टुकड़ा।
***पद* पारा-ए-दिल**=दिल का टुकड़ा।
m. a bit, fragment.
ph. a fragment of the heart.

परार پارار पुं० [फा०] त्योरस।
m. last but one year.

पारीना پارینہ वि० [फा० पारीन:] पुराना, प्राचीन।
adj. old.

पालाइश پالائش स्त्री० [फा०] साफ करना, सफाई।
fem. act of cleansing.

पालान پالان पुं० [फा०] घोड़े की पीठ पर फैलाया जानेवाला वह कपड़ा जिस पर जीन रखी जाती है।
m. a piece of cloth spread over the back of a horse upon which the saddle is placed.

पालूदा پالودہ पुं० दे० 'फालूदा'।

पाश پاش पुं० [फा०] १. फटना, टुकड़े-टुकड़े होना। २. टुकड़ा, खंड।
m. 1. act of bursting. 2. a bit, fragment.

पाशाँ پاشاں वि० [फा०] १. छिड़कता हुआ। २. फैला हुआ।
adj. 1. scattering. 2. spreadover.

पाशा پاشا पुं० [तु०] १. प्रान्त का शासक। २. बहुत बड़ा अफसर।
m. 1. the ruler of a province. 2. a high official.

पाशी پاشی स्त्री० [फा०] जल छिड़कना, जल से तर करना।
***पद* आबपाशी**=पानी सींचना, सिंचाई।
fem. act of sprinkling.
ph. act of irrigating, irrigation.

पासंग پاسنگ पुं० [फा०] तराज़ू की डंडी को बराबर रखने के लिए उठे हुए पलड़े पर रखा हुआ बोझ, पसंगा।
***मुहा०* किसी का पासंग भी न होना**=किसी के मुकाबिले में कुछ भी न होना।
m. the weight attached to counter-balance the difference between weight of two pans of a scale.
id. to be not even a patch on someone.

पास پاس पुं० [फा०] १. लिहाज़, खयाल। २. पक्षपात, तरफदारी। ३. पालन। ४. पहरा, चौकी।
m. 1. care, consideration. 2. partility, partisanship. 3. observance. 4. guard, patrol.

पासदार پاسدار पुं० [फा०] १. रक्षक, रखवाला। २. पक्ष लेनेवाला।
m. 1. a protector. 2. a supporter.

पासदारी پاسداری स्त्री० [फा०] १. रक्षा, हिफ़ाज़त। २. तरफदारी, पक्षपात।
m. 1. protection. 2. partisanship.

पासबान پاسبان पुं० [फा०] चौकीदार, पहरेदार, रक्षक। स्त्री० रखी हुई स्त्री, रखेली, रखनी। [राजपूताना]
m. 1. a guard, watchman.
fem. a kept woman, concubine.

पासबानी پاسبانی स्त्री० [फा०] चौकीदारी, पहरेदारी।
fem. act of keeping watch, vigil.

पासुख پاسخ पुं० [फा०] उत्तर, जवाब।
m. an answer, reply.

पिंदारा پندارہ पुं० [फा० पिन्दारः] १. कल्पना। २. समझ, बुद्धि। ३. गर्व, अभिमान, घमंड।
पद पिंदारे तमन्ना=कामना का गर्व।
m. 1. imagination. 2. understanding, intellect. 3. pride, conceit.
ph. high opinion of one's idea.

पिज़ीर پذیر प्रत्य० [फा०] स्वीकार करनेवाला।
suffix. denoting one who accepts.

पिज़ीरा پذیرا वि० [फा०] स्वीकृत।
adj. accepted.

पिज़ीराई پذیرائی स्त्री० [फा०] स्वीकृति।
fem. acceptance.

पिदंदर پدندر पुं० [फा०] सौतेला बाप।
m. a step-father.

पिदर پدر पुं० [फा० मि० सं० पितृ] पिता, बाप।
m. a father.

पिदराना پدرانہ वि० [फा० पिदरानः] पिदर या बाप का-सा, बाप की तरह का।
m. fatherly.

पिदरी پدری वि० [फा०] पैतृक।
adj. ancestral, hereditary.

पिनहाँ پنہاں वि० [फा० पिन्हाँ] छिपा हुआ।
adj. hidding, concealed.

पिनहानी پنہانی वि० [फा० पिन्हानी] १. भीतरी। २. आध्यात्मिक।
adj. 1. internal. 2. spiritual.

पियाज़ پیاز स्त्री० [फा०] [वि० पियाज़ी] प्याज़।
fem. onion.

पियाज़ी پیازی वि० [फा०] प्याज के रंग का, हलका गुलाबी।
adj. of the colour of onion, rosy.

पियादा پیادہ पुं० दे० 'प्यादा'।

पियाला پیالہ पुं० दे० 'प्याला'।

पिशवाज़ پشواز स्त्री० [फा० पेशवाज़] एक प्रकार का घाघरा जो प्राय: नर्तकियाँ नाचने के समय पहनती हैं।
fem. a kind of petticoat worn by female dancers.

पिसर پسر पुं० [फा०] पुत्र, बेटा, लड़का।
m. a son.

पिस्त پست पुं० [फा०] आटा, बेसन या सत्तू।
m. powder made from flour, gram etc.

पिस्ताँ پستاں स्त्री० [फा०] स्तन, छाती।
fem. breast.

पिस्ता پستہ पुं० [फा० पिस्त:] एक प्रकार का प्रसिद्ध मेवा।
m. pistachio nut.

पी پی स्त्री० [फा०] चरबी।
fem. fat.

पीचीदगी پیچیدگی [फा०] = पेचीदगी।

पीचीदा پیچیدہ वि० [फा० पेचीद:] = पेचीदा।

पीनक پینک स्त्री० [फा०] अफीम के सेवन से होनेवाली ऊँघ।
fem. lethargy and dizziness due to eating opium.

पीनकी پینکی वि० [फा०] अफीम के सेवन से ऊँघनेवाला।
adj. an opium-addict.

पीर پیر पुं० [फा०] १. वृद्ध, बूढ़ा, बुज़ुर्ग। २. महात्मा, सिद्ध।
पद पीरे-मुग़ाँ=(अ) अग्नि का उपासक। (ब) प्रिय, प्रेमपात्र।
m. 1. an old man, elder person. 2. a saint.
ph. (a) a fire-worshipper. (b) a beloved one.

पीरज़न پیرزن स्त्री० [फा०] बूढ़ी स्त्री।
fem. an old woman.

पीरज़ादा پیرزادہ पुं० [फा० पीरज़ाद:] किसी पीर का वंशज।
m. the son of a saint.

पीरभुचड़ी پیربھوچڑی पुं० [फा० पीर+हिं० भुचड़ी] हिजड़ों के एक कल्पित पीर का नाम।
m. an imaginary saint worshipped by eunuchs.

पीराई پیرائی पुं० [फा० पीर] वह जो पीरों के गीत गाता हो।
m. one who sings the songs of saints.

पीराना پیرانہ वि० [फा० पीरान:] पीरों या बुज़ुर्गों का-सा।
adj. saints' like.

पीरी پیری स्त्री० [फा०] १. बुढ़ापा, वृद्धावस्था। २. गुरुआई। ३. इज़ारा, ठेका। ४. हुकूमत।
fem. 1. old age. 2. preceptorship. 3. contract. 4. reign, rule.

पील پیل पुं० [फा०] हाथी।
वि० बहुत बड़ा या भारी।
m. an elephant.
adj. heavy, elephantine.

पीलपा پیل پا पुं० [अ०] एक रोग जिसमें पैर फूलकर हाथी के पैर की तरह हो जाता है, फीलपा।
m. elephantiasis, filaria.

पीलपाया پیل پایہ पुं० [फा० पीलपाय:] १. हाथी का पैर। २. बहुत बड़ा खम्भा।
m. 1. the foot of an elephant. 2. a large pillar.

पीलवान پیل وان पुं० [फा०] हाथीवान, महावत।
m. an elephant-driver.

पीला پیلہ पुं० [फा० पील:] शतरंज का हाथी।
m. a pice of a chess, castle, rook.

पुख़्तगी پختگی स्त्री० [फा०] दृढ़ता, मजबूती।
fem. firmness, durability.

पुख़्ता پختہ वि० [फा० पुख़्त:] [भाव० पुख़्तगी] पक्का, दृढ़, मज़बूत।
adj. firm, strong, durable.

पुख़्ताकार پختہ کار वि० [फा० पुख़्त:कार] अनुभवी।
adj. experienced.

पुदीना پودینہ पुं० दे० 'पोदीना'।

पुर پر उप० [फा० मि० सं० पूर्ण] भरा हुआ, पूर्ण, यौगिक में; जैसे—पुरफिज़ा, पुरबहार।
prefix. denoting full of, completely full.

पुरअम्न پر امن वि० [फा०] शांतिपूर्ण।
adj. peaceful.

पुरआर्ज़ू پر آرزو वि० [फा०] जिसके मन में बहुत-सी कामनाएँ हों।
adj. full of desires, desiring a lot.

पुरज़ा پرزہ पुं० [फा० पुर्ज़:] १. टुकड़ा, खंड। २. कतरन, धज्जी, कटा हुआ टुकड़ा, कतल। ३. अवयव, अंग। ४. अंश, भाग।
***मुहा०* पुरज़े-पुरज़े करना या उड़ाना**=खंड-खंड करना, टूक-टूक करना।
***पद* चलता पुरज़ा**=चालाक आदमी।
m. 1. a bit, fragment, part. 2. a cutting, shred or slice. 3. an organ. 4. a part, portion.
id. to cut into pieces, to tear asunder.
ph. a cunning fellow, shrewd person.

पुरदर्द پر درد वि० [फा०] दर्दभरा, दर्दनाक।
adj. pathetic, awful, woeful.

पुरदलील پر دلیل वि० [फा०] तर्कपूर्ण।
adj. reasonable, logical.

पुरनम پر نم वि० [फा०] नम, गीला।
***पद* चश्मे-पुरनम**=सजल नेत्र।
adj. wet.
ph. tearful eyes, wet eyes.

पुरनूर پر نور वि० [फा०] प्रकाशमान, ज्योतिर्मय।
adj. shining, luminous.

पुरफ़न پر فن वि० [फा०] धूर्त।
adj. crafty, cunning.

पुरफ़िज़ा پر فضا वि० [फा०+अ०] १. खुला हुआ, हवादार। २. सुन्दर और शोभायुक्त (स्थान)।
adj. 1. open, airy. 2. beautiful.

पुरमज़ाक़ پر مذاق वि० [फा०] विनोदी, हँसोड़।
adj. fun-loving, funny, witty.

पुरसाँ پرساں वि० [फा० पुर्सां] पूछनेवाला।
adj. who asks or enquires about something.

पुरसा پرسہ पुं० [फा० पुर्स:] किसी के यहाँ शोक प्रकट करने के लिए जाना और उसे सान्त्वना देना।
m. act of offering condolences.

पुरसिश پرسش स्त्री० [फा० पुर्सिश] पूछ-ताछ।
fem. an act of asking for information, enquiry.

पुरसी پرسی प्रत्य० [फा० पुर्सी] पूछने की क्रिया (यौगिक शब्दों के अन्त में; जैसे—मिज़ाजपुरसी, मातमपुरसी।)
suffix. denoting enquiry.

पुरी پوری स्त्री० [फा०] १. पूरे या भरे होने की अवस्था, पूर्णता। २. भरने की क्रिया, भरना। (यौगिक शब्दों के अन्त में; जैसे—ख़ानापुरी।)
fem. 1. the state fo being full, completeness, 2. an act of filling.

पुर्स پرس वि० [फा०] पूछनेवाला, जैसे—हालपुर्स।
adj. (one) who enquires.

पुल پل पुं० [फा०] नदी, जलाशय आदि के आर-पार जाने का रास्ता जो नाव पाटकर या खम्भों पर पटरियाँ आदि बिछाकर बनाया जाए, सेतु।
***मुहा०* (i) तारीफ़ के पुल बाँधना**=अत्यधिक प्रशंसा करना। **(ii) पुल टूटना**=(अ) बहुतायत होना, अधिकता होना। (ब) अटाला या जमघट लगना।
m. a bridge.
id. (i) to laud to the skies. (ii) a. to be in abundance. b. to cluster together.

पुल-सरात پل صراط पुं० [फा०] मुसलमानों के विश्वास के अनुसार वह पुल जिस पर से अन्तिम निर्णय के दिन सच्चे आदमी तो स्वर्ग में चले जाएँगे और दुष्ट नरक में गिरेंगे।
m. according to Muslim mythology, the bridge which one has to cross in the way of heaven or hell.

पुलाव پلاؤ पुं० [फा० पलाव] एक व्यंजन जो मांस और

चावल को एक साथ पकाने से बनता है।
m. a dish of rice and meat.

पुश्त پشت स्त्री० [फा०] १. पीठ, पृष्ठ। २. सहारा, आसरा। ३. पीढ़ी।
***पद* पुश्त-दर-पुश्त**=पीढ़ी-दर-पीढ़ी।
fem. 1. a back. 2. support. 3. a generation.
ph. generation after generation.

पुश्तक پشتک पुं० [फा०] गधों, घोड़ों आदि का अपने पिछले पैरों से मारना। क्रि० अ० -झाड़ना, -मारना।
m. a violent attack of the hind legs of a ass or horse.

पुश्तख़ार پشت خار पुं० [फा०] एक प्रकार का पंजा या दस्ता जिससे पीठ खुजलाते हैं।
m. a stick to rub one's itching back.

पुश्तपनाह پشت پناہ पुं० [फा०] १. रक्षा करनेवाला, रक्षक। २. आश्रय का स्थान।
m. 1. a guard. 2. a shelter.

पुश्ता پشتہ पुं० [फा० पुश्त:] १. पानी की रोक या मज़बूती के लिए दीवार की तरह बनाया हुआ ढालुआँ टीला। २. बाँध, ऊँची मेड़। ३. किताब की ज़िल्द के पीछे का चमड़ा, पुट्ठा।
m. 1. an embankment. 2. a dam. 3. the spine of a book.

पुश्तारा پشتارہ पुं० [फा० पुश्तार:] उतना बोझ जो पीठ पर उठाया जा सके।
m. the load which one carries on one's back.

पुश्ती پشتی स्त्री० [फा०] १. समर्थन और सहायता। २. पालन-पोषण। ३. पुस्तक की जिल्द का पुट्ठा।
fem. 1. act of seconding and supporting. 2. up-bringing, maintenance. 3. the spine of a book.

पुश्तीबान پشتی بان वि० [फा०] [भाव० पुश्तीबानी] सहायक।
पुं० आड़।
adj. helpful.
m. a screen used as a wall.

पुश्तैनी پشتینی वि० [फा०] जो कई पुश्तों से चला आता हो, दादा-परदादा के समय का पुराना, आनुवंशिक, वंशानुगत।
adj. ancestral, hereditary.

पूच پوچ वि० [फा०] १. खाली, रिक्त। २. व्यर्थ का, फ़ज़ूल, वाहियात। ३. तुच्छ। ४. नीच, कमीना।
adj. 1. empty, vacant. 2. trifling. 3. of little value. 4. mean.

पूर پور पुं० [फा०] बेटा।
m. a son.

पेच پیچ पुं०[फा०] १. घुमाव, घिराव, चक्कर। २. उलझन, झंझट, बखेड़ा। ३. चालाकी, चालबाज़ी, धूर्तता। ४. पगड़ी की लपेट। ५. कल, यंत्र, मशीन। ६. मशीन का पुर्जा। ७. वह कील या काँटा या उसके नुकीले आधे भाग जिन पर चक्करदार गड़ारियाँ बनी होती हैं और जो घुमाकर जड़ा जाता है, स्क्रू। ८. कुश्ती में दूसरे को पछाड़ने की युक्ति। ९. तरक़ीब, युक्ति। १०. एक प्रकार का आभूषण जो कानों में पहना जाता है।
***मुहा०* पेच घुमाना**=ऐसी युक्ति करना जिससे किसी के विचार बदल जाएँ।
m. 1. a round, encirlement. 2. complication. 3. a cunning act. 4. a round in a turban. 5. a machine. 6. a part of a machine. 7. a screw. 8. a trick in wrestling. 9. a device, trick. 10. an ornament of the ear.
id. to change someone's mind or thinking.

पेचक پیچک स्त्री० [फा०] बटे हुए तागे की गोली या गुच्छी।
fem. a hank of cord.

पेच-दर-पेच پیچ در پیچ वि० [फा०] जिसमें पेच के अन्दर और भी पेच हों।
adj. very complicated, intricate.

पेचदार پیچدار वि० [फा०] १. जिसमें कोई पेच या कल हो। २. जो टेढ़ा-मेढ़ा और कठिन हो, मुश्किल।
adj. 1. (a screw) having a raised edge twisting round along its length. 2. very complicated, intricate.

पेचवान پیچوان पुं० [फा०+अ०] एक प्रकार का हुक्का।
m. a kind of hubble-bubble.

पेचाँ پیچاں वि० [फा०] घुमावदार, पेचीला।
adj. complicated, intricate.

पेचिश پیچش स्त्री० [फा०] पेट की वह पीड़ा जो आँव होने के कारण होती है, मरोड़।
fem. stomach pain, gripe.

पेचीदगी پیچیدگی स्त्री० [फा०] १. पेचीदा होने की अवस्था या भाव। २. जटिलता, गहनता।
fem. 1. complication, twist. 2. intricacy.

पेचीदा پیچیدہ वि० [फा० पेचीद:] १. जिसमें पेच या घुमाव हो। २. जल्द समझ में न आनेवाला, जटिल, गूढ़।
adj. 1. complicated, twisted. 2. intricate, hard to understand.

पेचोताब پیچ وتاب पुं० [फा०] १. कुढ़न। २. गुस्सा।
m. 1. jealousy. 2. anger, wrath.

पेश پیش पुं० [फा०] १. अगला भाग, आगे का हिस्सा। २. उकार का द्योतक चिह्न जो अक्षरों के ऊपर लगता है। क्रि० वि० आगे, सामने।
मुहा० **पेश आना**=(अ) आगे आना। (ब) व्यवहार करना, सलूक करना।
m. 1. the front part. 2. a mark denoting 'u' letter in Persian and Arabic Scripts.
id. a. to come forward. b. to treat.

पेशक़दमी پیش قدمی स्त्री० [फा०] १. किसी काम में आगे बढ़ना या चलना, नेतृत्व करना। २. नेतृत्व। ३. आक्रमण।
fem. 1. act of leading. 2. leadership. 3. an attack.

पेशक़ब्ज़ پیش قبض स्त्री० [फा०] छोटी कटार।
fem. a sort of dagger.

पेशकश پیش کش स्त्री० [फा०] १. बड़ों को दी जानेवाली भेंट। २. प्रस्ताव। ३. प्रार्थना।
fem. 1. a present offered to the elders. 2. a proposal. 3. a prayer.

पेशकार پیش کار पुं० [फा०] हाक़िम के सामने काग़ज़-पत्र पेश करनेवाला कर्मचारी।
m. a clerk of court, reader.

पेशकारी پیش کاری स्त्री० [फा०] पेशकार का कार्य या पद।
fem. the post and functions of a पेशकार।

पेश-ख़िदमत پیش خدمت स्त्री० [फा० पेश-ख़िद्मत] बेगम की नौकरानी।
fem. a maid servant of an aristocrate lady.

पेशख़ेमा پیش خیمہ पुं० [फा० पेशख़ैम:] १. फौज़ का वह सामान जो पहले से ही आगे भेज दिया जाए। २. फौज़ का अगला हिस्सा, हरावल। ३. हरकारा।
m. 1. tents and other goods i.e. provisions sent ahead at the time military expedition. 2. vanguard. 3. a messenger.

पेशख़्वाँ پیش خواں वि०, पुं० [फा०] गोष्ठी, सभा आदि के आरंभ में काव्यपाठ करनेवाला।
adj. & m. one who recites a poem at the start of a meet or meeting.

पेशख़्वानी پیش خوانی स्त्री० [फा०] गोष्ठी या सभा के आरंभ में कविता पढ़ने का कार्य।
fem. act of reciting a poem at the beginning of a meet or meeting.

पेशगाह پیش گاہ स्त्री० [फा०] मकान के आगे का खुला भाग, आँगन।
m. a courtyard.

पेशगी پیشگی स्त्री० [फा०] वह धन जो किसी को कोई काम करने के लिए पहले ही दे दिया जाए, अगाऊ, बयाना। वि० अग्रिम दिया हुआ।
fem. an amount of money advanced, advance.
adj. given in advance.

पेशगीर پیش گیر पुं० [फा०] मुँह पोछने का रूमाल।
m. a handkerchief for cleansing the mouth.

पेशगोई پیش گوئی स्त्री० [फा०] पहले से कही हुई बात, भविष्य-कथन।
fem. prediction, prophesy.

पेशदंदाँ پیش دنداں पुं० [फा०] सवेरे का जलपान, नाश्ता।
m. a breakfast.

पेशदस्ती پیش دستی स्त्री० [फा०+अ०] पहले से व्यवस्था करना, पेशबन्दी।
fem. pre-arrangement.

पेशनमाज़ پیش نماز पुं० [फा०] वह धार्मिक नेता जो नमाज़ पढ़ने के समय सबके आगे रहता है, इमाम।
m. a Muslim high priest.

पेशबंद پیش بند पुं० [फा०] घोड़े के चारजामे का वह बंद जो घोड़े की गरदन पर से लाकर दूसरी तरफ बाँधा जाता है और जिससे चारजामा खिसक नहीं सकता।
m. a leather belt or strap attached to a harness.

पेशबंदी پیش بندی स्त्री० [फा०] पहले से किया हुआ प्रबंध या बचाव की युक्ति।
fem. arrangement in advance, pre-arrangement.

पेशबीं پیش بیں वि० [फा०] आगे की बात पहले से देख या समझ लेनेवाला, दूरदर्शी।
adj. farsighted, forseeing.

पेशबीनी پیش بینی स्त्री० [फा०] पहले से कोई बात जान या समझ लेना, दूरदर्शिता।
fem. foresight, farsightedness.

पेशरौ پیش رو पुं० [फा०] १. सबसे आगे चलनेवाला। २. मार्गदर्शक।
fem. 1. a person that leads, leader. 2. a guide.

पेशवा پیشوا पुं० [फा०] १. नेता, सरदार, अगुआ। २. महाराष्ट्र साम्राज्य के प्रधान मन्त्रियों की उपाधि।
m. 1. a leader, chieftain. 2. the epithet of a Chief Minister of an old Maharashtrian States.

पेशवाई پیشوائی स्त्री० [फा०] १. किसी माननीय पुरुष के आने पर कुछ दूर आगे चलकर उसका स्वागत करना, अगवानी। २. पेशवाओं का शासन।

fem. 1. reception. 2. the reign of Peshwas.

पेशवाज़ پیشواز पुं० स्त्री० [फा०] नृत्य के समय पहना जानेवाला लहंगा।
m. a petticoat of a dancer.

पेशा پیشہ पुं० [फा० पेश:] वह कार्य जो जीविका उपार्जित करने के लिए किया जाए, कार्य, उद्यम, व्यवसाय।
m. a profession, calling, business.

पेशानी پیشانی स्त्री० [फा०] १. मस्तक, माथा। २. भाग्य, क़िस्मत। ३. अगला या ऊपरी भाग।
fem. 1. a forehead. 2. luck, fortune. 3. front or upper part.

पेशाब پیشاب पुं० [फा०] मूत, मूत्र।
m. urine.

पेशाबख़ाना پیشاب خانہ पुं० [फा० पेशाबख़ान:] वह स्थान जहाँ लोग मूत्र त्याग करते हों।
m. a urinal.

पेशावर پیشاور पुं० [फा० पेश:वर] किसी प्रकार का पेशा करनेवाला, व्यवसायी, उद्यमी।
m. a professional person, professional.

पेशी پیشی स्त्री० [फा०] १. हाक़िम के सामने किसी मुक़दमे के पेश होने की क्रिया या भाव। २. सामने होने की क्रिया या भाव।
fem. 1. hearing of law suit before a Magistrate on Judge. 2. act of presenting oneself before an authority.

पेशीन پیشین वि० [फा०] पुराना, प्राचीन।
adj. old, ancient.

पेशीनगोई پیشین گوئی स्त्री० [फा०] भविष्य-कथन, पेशगोई।
fem. prediction, prophesy.

पेशोपस پیش وپس पुं० [फा०] असमंजस, आगा-पीछा।
m. indecision, indecisiveness, hesitaiton.

पेश्तर, के پیشتر क्रि० वि० [फा०] के पहले, के पूर्व।
adv. before, ahead of time.

पैक پیک पुं० [फा०] समाचार ले जानेवाला, हरकारा।
m. a messenger, courier.

पैकर پیکر पुं० [फा०] १. चेहरा, मुख। २. शरीर।
पद परी-पैकर=जिसका मुख परियों के समान सुन्दर हो।
fem. 1. face, appearance. 2. body.
ph. having fairy like face.

पैकाँ پیکاں पुं० दे० 'पैकान'।

पैकान پیکان पुं० [फा०] तीर या बरछे का फल, गाँसी।
m. the tip of an arrow or spear.

पैकार[1] پیکار पुं० [फा०] युद्ध, लड़ाई।
m. a battle, war.

पैकार[2] پیکار पुं० [फा० पायकार] फुटकर सौदा बेचनेवाला।
m. a pedlar.

पैख़ाना پیخانہ पुं० [फा० पाख़ान:] १. वह स्थान जहाँ मलत्याग किया जाए। २. मल, गू।
m. 1. a lavatory, latrine. 2. excreta.

पैग़ंबर پیغمبر पुं० [फा०] मनुष्यों के पास ईश्वर का संदेशा लेकर आनेवाला; जैसे—ईसा, मुहम्मद।
m. a prophet.

पैग़ाम پیغام पुं० [फा०] वह बात जो कहला भेजी जाए, संदेशा, संदेश।
m. a message.

पैग़ामबर پیغامبر पुं० [फा०] संदेशवाहक।
m. a messenger.

पैग़ामे-ज़िंदग़ी پیغام زندگی पुं० [फा०] जीवन का संदेश।
m. the message of life.

पैज़ार پیزار स्त्री० [फा०] उपानह, जूता, जोड़ा।
fem. shoes.

पै پے पुं० [फा०] १. कदम, पैर। २. पैर का निशान।
m. 1. a foot. 2. a footprint.

पै-दर-पै پے درپے क्रि० वि० [फा०] १. क्रम-क्रम से, क्रमशः। २. लगातार।
adv. 1. gradually. 2. continuously.

पैदा پیدا वि० [फा०] १. उत्पन्न, प्रसूत। २. प्रकट, आविर्भूत, घटित। ३. अर्जित, कमाया हुआ।
adj. 1. existing as a result of birth, born. 2. happened, appeared. 3. earned.

पैदाइश پیدائش स्त्री० [फा०] १. उत्पत्ति। २. आरंभ।
fem. 1. birth. 2. beginning.

पैदाइशी پیدائشی वि० [फा०] जो पैदाइश या जन्म से हो, जन्मजात।
adj. existing from birth, inborn.

पैदावार پیداوار स्त्री० [फा०] १. उपज। २. फसल।
fem. 1. produce. 2. a crop.

पैदावारी پیداواری स्त्री० दे० 'पैदावार'।

पैमाँ پیماں पुं० १. =पैमाना। २. =पैमान।

पैमाइश پیمائش स्त्री० [फा०] ज़मीन आदि नापने की क्रिया या भाव, माप।
fem. act of measuring, measurement.

पैमान پیمان पुं० [फा०] १. वचन, वादा। २. प्रतिज्ञा।
m. 1. a promise. 2. a vow.

पैमाना پیمانہ पुं० [फा० पैमान:] मापने का औजार या साधन, मानदंड।
m. a standard unit for measuring size,

degree, amount etc. measure.

पैमानाकश پیمانہ کش पुं० [फा० पैमान:कश] शराबी, मद्यप।
m. a drunk.

पैमानाकशी پیمانہ کشی स्त्री० [फा०] शराब पीना, मद्यपान।
fem. act of drinking, alcoholism.

पैरवी پیروی स्त्री० [फा०] १. अनुगमन, अनुसरण। २. आज्ञापालन। ३. पक्ष का मंडन, पक्ष लेना। ४. कोशिश।
fem. 1. the act of following or pursuing. 2. obedience. 3. partisanship. 4. endeavour, attempt.

पैरहन پیرہن पुं० [फा०] लिबास।
m. a dress.

पैरास्ता پیراستہ वि० [फा० पैरास्त:] सजाया हुआ, सुसज्जित।
adj. decorated, ornamented.

पैराहन پیراہن पुं०=पैरहन।

पैरो پیرو वि०, पुं० [फा०] अनुयायी।
adj. & m. a follower.

पैरोकार پیروکار पुं० [फा०] मुक़दमे आदि की पैरवी करनेवाला।
m. one's backer.

पैवंद پیوند स्त्री० [फा०] १. छेद बंद करने का कपड़े आदि का छोटा टुकड़ा, चकती, थिगली, जोड़। २. किसी पेड़ की टहनी काटकर उसी जाति के दूसरे पेड़ की टहनी में जोड़कर बाँधना जिससे फल बढ़ जाएँ या उनमें नया स्वाद आ जाए। ३. किसी चीज़ में लगाया हुआ जोड़।
fem. 1. a patch. 2. a shoot from one plant inserted in another, graft. 3. a thing inserted in another thing.

पैवंदी پیوندی वि० [फा० पैबंदी] पैबंद लगाकर पैदा किया हुआ (फल आदि)।
adj. grafted.

पैवस्त پیوست वि० दे० 'पैवस्ता'।

पैवस्तगी پیوستگی स्त्री०[फा०] १. सम्बद्धता। २. निरंतरता।
fem. 1. relationship. 2. continuity.

पैवस्ता پیوستہ वि० [फा० पैवस्त:] [भाव० पैवस्तगी] १. मिला हुआ, सम्बद्ध। २. अच्छी तरह साथ में जोड़ा हुआ।
adj. 1. mixed, related to. 2. attached, joined.

पैहम پیہم क्रि० वि० [फा०] लगातार।
adv. continuously.

पोइया پویہ स्त्री० [फा० पोइय:] घोड़े की एक प्रकार की चाल, क़दम।
fem. a gait of a horse.

पोच پوچ वि० [फा०] १. तुच्छ, क्षुद्र। २. अशक्त, क्षीण। ३. निकम्मा।
adj. 1. mean. 2. weak. 3. useless.

पोता پوتا पुं० [फा० पोत:] १. भंडार। २. लगान।
m. 1. a store. 2. land revenue.

पोतादार پوتہ دار पुं०[फा० पोत:दार] खज़ानची, कोषाध्यक्ष।
m. a treasurer.

पोदीना پودینہ पुं० [फा०] एक प्रसिद्ध वनस्पति जिसकी हरी पत्तियाँ मसाले के काम आती हैं, पुदीना।
m. a mint plant and its leaves.

पोलाद پولاد पुं० दे० 'फ़ौलाद'।

पोश پوش प्रत्य० [फा०] वह जिससे कोई चीज़ ढकी जाए; जैसे—मेज़पोश, तख़्तपोश। २. पहननेवाला।
suffix. 1. that covers. 2. that wears.

पोशाक پوشاک स्त्री० [फा०] पहनने के कपड़े, वस्त्र, परिधान, पहनावा।
fem. a dress, uniform.

पोशानीदन پوشانیدن पुं० [फा०] पहनाना।
m. act of causing to wear.

पोशिश پوشش स्त्री० [फा०] पहनावा, पोशाक।
fem. a dress, uniform.

पोशीदगी پوشیدگی स्त्री० [फा०] १. पोशीदा होने का भाव। २. छिपावा, दुराव।
fem. 1. the state of being concealed. 2. act of concealing, concealment.

पोशीदा پوشیدہ वि० [फा० पोशीद:] छिपा हुआ।
adj. hidden, concealed, secret.

पोस्त پوست स्त्री० [फा०] १. छिलका, बकला। २. त्वचा, चमड़ी। ३. अफ़ीम के पौधे का डोडा। ४. अफ़ीम का पौधा, पोस्त। ५. चुगलखोरी।
fem. 1. peelings (of a fruit). 2. skin. 3. a popy flower. 4. a popy plant. 5. backbiting.

पोस्तकंदा پوست کندہ वि० [फा० पोस्तकन्द:] १. जिसके ऊपर का छिलका निकाल दिया गया हो। २. (बात) जिसमें बनावट न हो, साफ़-साफ़, स्पष्ट।
adj. 1. have been peeled of. 2. clear, obvious.

पोस्ती پوستی पुं० [फा०] १. वह जो नशे के लिए पोस्त के डोडे पीसकर पीता हो। २. आलसी आदमी।
m. 1. an opium-addict. 2. a slothful person.

पोस्तीन پوستین पुं० [फा०] १. गरम और मुलायम रोएँवाले समूर आदि कुछ जानवरों की खाल। २. खाल का बना हुआ कोट जिसमें नीचे की ओर

बाल होते हैं।
m. 1. hide of a hairy beast. 2. a coat made of the hide of a hairy beast.

पौलाद پولاد पुं० दे० 'फ़ौलाद'।

प्याज़ پیاز स्त्री० [फा० पियाज़] उग्र गंधवाला एक प्रसिद्ध कंद।
fem. onion.

प्याज़ी پیازی वि० [फा० पियाज़ी] १. प्याज का। २. प्याज़ के रंग का, हलका गुलाबी।
adj. 1. of or related to onion. 2. of the colour of onions, roasy.

प्यादा پیادہ पुं० [फा० पियादः] १. पदाति, पैदल। २. दूत, हरकारा।
m. 1. a footman, pedestrian. 2. a messenger.

प्याला پیالہ पुं० [फा० पियालः][स्त्री० अल्पा० प्याली] १. एक प्रकार का छोटा कटोरा, जाम। २. शराब पीने का पात्र।
***मुहा०* हम-प्याला व हम-निवाला** = एक साथ खाने-पीनेवाला व्यक्ति।
m. 1. a cup. 2. a drinking pot.
id. a companion.

फ

फंद فند पुं० [फा०] छल, कपट, फरेब।
पद फ़ंद व फ़रेब=छल-कपट।
m. 1. deceit, deception, fraud.
ph. craftiness.

फ़ंदक, फ़ंदुक़ فندق स्त्री० [अ० फुन्दुक़] १. एक प्रकार के लाल रंग का छोटा फल या मेवा जिसकी उपमा प्रेमिकाओं के होंठों या मेंहदी लगी उँगलियों से देते हैं।
fem. a kind of small redish fruit.

फ़क़ فق वि० [अ०] १. भय आदि के कारण जिसका रंग पीला पड़ गया हो; जैसे—चेहरा फक़ हो जाना। २. आश्चर्यचकित।
adj. 1. having lost one's colour due to fear or illness, pale. 2. astonished, flabberghasted.

फ़क़त فقط क्रि० वि० [अ०] केवल, मात्र, सिर्फ़।
वि० खत्म, समाप्त।
adv. only, simply.
adj. finished, ended.

फ़क़ाह فقاہ स्त्री० [अ०] बुद्धिमत्ता, मेधा।
fem. intellect, wisdom.

फ़क़ीअ فقیع स्त्री० [अ०] जौ की शराब।
fem. a drink made of barley.

फ़क़ीर فقیر पुं० [अ०] [बहु० फुक़रा] १. भीख माँगने-वाला, भिखमंगा, भिक्षुक। २. साधु, संसार-त्यागी। ३. निर्धन मनुष्य।
m. 1. a beggar. 2. a mendicant. 3. a poor fellow.

फ़क़ीराना فقیرانہ वि० [अ० फक़ीर + फा० आन:] फक़ीरों-जैसा।
adj. beggar-like, mendicant-like.

फ़क़ीरी فقیری स्त्री०[अ०] १. भिखमंगापन। २. साधुता। ३. निर्धनता।
fem. 1. beggary. 2. mendicancy. 3. poverty.

फ़क़ीह فقیہ पुं० [अ०] विद्वान।
m. a scholar.

फ़क़ीहाँ فقیہاں पुं० (बहु०) [अ०] विद्वान लोग।
m. (plu.) scholars.

फ़क्क-उल्-रेहन فک الرہن पुं० [अ०] रेहन रखी हुई चीज़ छुड़ाना।
m. the act of redeeming, redemption.

फ़क्र فقر पुं० [अ०] १. दरिद्रता। २. फक़ीर का भाव, फक़ीरी। ३. साधुता। ४. आवश्यकता से अधिक किसी वस्तु की कामना न करना।
m. 1. poverty. 2. beggary, mendicancy. 3. nighteousness. 4. the desire not to get more than enough.

फ़ख़र فخر पुं० दे० 'फ़ख़्र'।

फ़ख़ूर فخور वि० [अ०] घमंडी।
adj. conceited, proud.

फ़ख़्र فخر पुं०[अ०] १. अभिमान, घमंड, शेखी। २. वह वस्तु या बात जिसके कारण महत्त्व प्राप्त हो या अभिमान किया जा सके।
m. 1. pride, conceit. 2. a source of this.

फ़ख़्रेक़ौम فخرقوم पुं० [अ०] वह जिस पर कौम को फख्र हो।
m. the pride of a nation.

फ़ख़्रिया فخریہ क्रि० वि० [अ० फ़ख़्रिय:] फख्र या अभिमानपूर्वक।
adv. with pride, proudly.

फ़ग़फ़ूर فغفور पुं० [फा० फ़ग़फ़ूर] चीन के बादशाहों की उपाधि।
m. the epithet of Chinese Kings.

फ़ग़फ़ूरी فغفوری स्त्री० [फा० फ़ग़फ़ूरी] बादशाही, राजसिंहासन।
fem. kingship.

फ़ग़ाँ فغاں पुं० दे० 'फ़ुगाँ'।

फ़ज فج पुं० [अ०] चौड़ा पहाड़ी रास्ता।
m. a wide mountanious path.

फ़जर فجر स्त्री० [अ० फ़ज्र] १. प्रभात, तड़का, सबेरा, प्रातःकाल। २. सबेरे की नमाज़।
fem. 1. dawn. 2. the prayer done at dawn.

फ़ज़ल فضل पुं० दे० 'फ़ज़्ल'।

फ़ज़ा فضا स्त्री० [अ० बहु० फ़ज़ाएँ] १. वातावरण। २. खुला या हरा-भरा मैदान। ३. शोभा।
fem. 1. atmosphere. 2. a lawn. 3. beauty, splendour.

फ़ज़ाई فضائی वि० [अ०] फज़ा-सम्बन्धी, वातावरण-सम्बन्धी।
adj. relating to the atmosphere, atmospheric.

फ़ज़ाईया فضائیہ पुं० [अ०] आश्चर्य या खेदसूचक चिह्न जो इस प्रकार (!) लिखा जाता है।
m. the mark of exclamation.

फ़ज़ाज़ فظاظ पुं० [अ०] १. कठोरता। २. दुस्साहस का कार्य।

m. 1. hardness. 2. a daunting task.

फ़ज़ायल فضائل पुं० [अ० फ़ज़ाइल, 'फ़ज़ीलत' का बहु०] अच्छाइयाँ, खूबियाँ।
m. good things, virtues.

फ़ज़ीअत فضيحت स्त्री० [अ०] १. पीड़ा। २. दुर्दशा, दुर्गति। ३. मुसीबत।
m. 1. pain. 2. plight. 3. trouble.

फ़ज़ीलत فضيلت स्त्री० [अ०] १. प्रतिष्ठा, बड़प्पन, श्रेष्ठता। २. खूबी। ३. उत्तमता, अच्छापन।
मुहा० फ़ज़ीलत की पगड़ी बाँधना = बड़प्पन या श्रेष्ठता सम्पादित करना।
fem. 1. prestige, superiority. 2. a virtue. 3. goodness, excellence.
id. to do a majestic deed.

फ़ज़ीह فضيح वि० [अ०] १. बदनाम करने या नीचे गिरानेवाला। २. निंदित।
adj. 1. defaming. 2. censured.

फ़ज़ीहत فضيحت स्त्री० [अ०] १. अपमान, निन्दा, बदनामी। २. दुर्दशा।
fem. 1. insult, defame. 2. plight.

फ़ज़ीहती فضيحتی स्त्री० दे० 'फ़ज़ीहत'।
वि० लड़ाई-झगड़ा या फ़ज़ीहत करनेवाला।
fem. = फ़ज़ीहत।
adj. insulting, defaming.

फ़जूर فجور वि०, पुं० [अ०] दुराचारी, व्यभिचारी।
adj. & m. a lewd, adulterer.

फ़ज़ूल فضول वि० [अ० फ़ुज़ूल] १. आवश्यकता से अधिक, अतिरिक्त। २. व्यर्थ का, निकम्मा, निरर्थक।
adj. 1. extra, additional. 2. useless, unnecessary.

फ़ज़ूलख़र्च فضول خرچ वि० [अ०+फ़ा०] [भाव० फ़ज़ूल-ख़र्ची] अपव्ययी, बहुत खर्च करनेवाला।
adj. extravagant, lavish.

फ़ज़ूलगो فضول گو वि०, पुं० [अ०+फ़ा०] [भाव० फ़ज़ूलगोई] व्यर्थ की बातें कहनेवाला, बकवादी।
adj. & m. a prattler, talkative.

फ़ज्र فجر स्त्री० [अ०] सवेरा, प्रात:काल।
fem. the dawn, morning.

फ़ज़्ल فضل पुं० [अ०] १. अधिकता, ज्यादती। २. कृपा, दया, अनुग्रह; जैसे—फ़ज़्लेखुदा = ईश्वर की कृपा।
m. 1. abundance, excess. 2. kindness favour, grace.

फ़तन فتن पुं० [अ० फ़त्न] मुग्ध होने का भाव, मुग्धता।
m. infatuation.

फ़तवा فتویٰ पुं० [अ० फत्वः] मुसलमानों के धर्म-शास्त्रानुसार व्यवस्था जो मौलवी आदि किसी कर्म के अनुकूल या प्रतिकूल होने के विषय में देते हैं।
m. a ruling given by the Muslim religious authority.

फ़तह فتح स्त्री० [अ०. फ़त्ह] [बहु० फ़ुतूह] १. विजय। २. सफलता, कामयाबी।
fem. 1. victory. 2. success.

फ़तहखाँ فتح خاں वि० [अ० फ़त्हखाँ] बहादुर।
adj. brave.

फ़तहनामा فتح نامہ पुं० [अ० फ़त्ह+फ़ा० नामः] वह पत्र जिसपर किसी की विजय का वर्णन हो।
m. a written description of a victory.

फ़तहमंद فتح مند वि० [अ० फ़त्ह+फ़ा०] [भाव० फतहमंदी] विजयी, विजेता।
adj. victorious.

फ़तहयाब فتح یاب वि० [अ० फ़त्ह+फ़ा०][भाव० फतहयाबी] १. जिसने विजय प्राप्त की हो, विजयी। २. सफल।
adj. 1. victorious. 2. successful.

फ़ता فتیٰ पुं० [अ०] युवक, तरुण।
m. a youngman, youth.

फ़तात فتات स्त्री० [अ०] युवती, तरुणी।
fem. a young girl.

फ़तानत فطانت स्त्री० [अ०] चातुर्य।
fem. cleverness, shrewdness.

फ़तीन فطین वि० [अ०] चतुर, बुद्धिमान, सयाना।
adj. clever, shewd.

फ़तीर فطیر पुं० [अ०] ताज़ा गुँधा हुआ आटा, 'खमीर' का उलटा।
पद फ़तीरी-रोटी=ताज़े गुँधे हुए आटे की रोटी।
m. freshly kneaded flour.
ph. fresh loaf of bread.

फ़तीलसोज़ فتیل سوز पुं० [अ०+फ़ा०] दीयट।
m. a lamp-stand.

फ़तीला فتیلہ पुं० [अ० फ़तील:] १. बत्ती। २. घाव का फाहा।
त्रि० बहुत क्रुद्ध, आगबबूला।
m. 1. a wick. 2. a bit of medicated cotton.
adj. wrathful.

फ़तूर فتور पुं० [अ०] १. विकार, दोष। २. हानि, नुकसान। ३. विघ्न, बाधा। ४. उपद्रव, खुराफ़ात।
m. 1. a flaw, demerit. 2. loss. 3. an obstacle. 4. a mischief, naughtiness.

फ़तूरिया فتوریا वि० [अ० फ़तूर+हिं० इया] खुराफ़ात

करनेवाला, उपद्रवी।
adj. intended to cause trouble, mischievous.

फ़तूरी فتوری वि० दे० 'फ़तूरिया'।

फ़तूही فتوحی स्त्री० [अ०] जाकेट, सदरी।
fem. a waist-coat.

फ़त्ताँ فتّاں वि० [अ०] फ़ितना या आफत करनेवाला; जैसे—चश्मेफ़त्ताँ=आफत ढानेवाली आँख। २. दुष्ट, पाजी। पुं० १. शैतान। २. सुनार।
adj. 1. mischievious. 2. naughty.
m. 1. a devil. 2. a goldsmith.

फ़त्ता فتہ पुं० [अ०] युवा व्यक्ति।
m. a young man.

फ़त्ताह فتاح वि० [अ०] १. खोलनेवाला। २. आज्ञा देनेवाला। पुं० ईश्वर का एक विशेषण।
adj. 1. that opens. 2. that orders.
m. an epithet of the God.

फ़त्न فتن पुं० [अ०] दे० 'फ़तन'।

फ़त्वा فتویٰ पुं० = फ़तवा।

फ़न, फ़न्न فن पुं० [अ०] १. हुनर, गुण, खूबी। २. कला, विद्या। ३. दस्तकारी। ४. छलने का ढंग, मकर।
पद **फ़न्नेलतीफ़**=ललित कला।
m. 1. skill, virtue. 2. art, knowledge. 3. handicraft. 4. fraud, deceit.
ph. fine arts.

फ़नकार فنکار पुं० [अ०+फा०] कलाकार।
m. an artist.

फ़नकारी فنکاری स्त्री० [अ०+फा०] कलाकारी, कला।
fem. art, creative skill.

फ़नदाँ فنداں पुं० [अ०] कलाविज्ञ।
m. a connoisseur of some art.

फ़ना فنا स्त्री० [अ०] १. नाश, बरबादी। २. मृत्यु। वि० बरबाद।
fem. 1. destruction, ruination. 2. death.
adj. destructed, ruined.

फ़नाफ़ी अल्लाह فنافی اللہ पुं० [अ०] फकीरों के ध्यान की वह अवस्था जिसमें वे अपना और सारे संसार का अस्तित्व भूलकर ईश्वर चिन्तन में तन्मय हो जाते हैं।
m. self-realization. absorption in God.

फ़नून فنون पुं० [अ० फ़न का बहु०] कलाएँ।
m. (plu.) various arts.

फ़न्नी فنی वि० [अ०] कला-संबंधी।
adj. of or relating to some art.

फ़म, फ़म्म فم पुं० [अ०] मुख।
m. a face.

फ़रंग فرنگ पुं० दे० ''फ़िरंग''।

फ़र فر पुं० [फा०] १. सजावट, शोभा। २. चमक-दमक।
पद **कर्र व फ़र**=शान-शौकत, शोभा।
m. 1. decoration. 2. ostentation, show.
ph. pomp and show.

फ़रअ فرع स्त्री० [अ०] [बहु० फ़रूअ] शाखा, डाल, टहनी।
fem. a branch of a tree.

फ़रऊन فرعون पुं० [अ०] १. मगर या घड़ियाल नामक जलजन्तु। २. मिस्र के नास्तिक बादशाहों की उपाधि जो स्वयं अपने आपको ईश्वर कहा करते थे। वि० १. अत्याचारी, अन्यायी, ज़ालिम। २. घंमडी, अभिमानी।
मुहा० **फ़रऊन-बे-सामान**=अभिमानी और उद्दंड जिसमें सामर्थ्य कुछ भी न हो, झूठमूठ इतरानेवाला।
m. 1. a crocodile. 2. an epithet of atheistic kings of Egypt.
adj. 1. cruel, tyrannous. 2. proud, conceited.
id. a vainglorious person.

फ़रऊनी فرعونی स्त्री० [अ०] १. उद्दंडता। २. घमंड। ३. पाजीपन, शरारत।
fem. 1. rude behaviour. 2. pride, conceit. 3. wickedness.

फ़रक़ فرق पुं० [अ० फ़र्क़] १. पार्थक्य, अलगाव। २. बीच का अन्तर, दूरी। ३. भेद, अंतर। ४. दुराव, परायापन, अन्यता। ५. कमी, कसर।
m. 1. difference, distinciton. 2. distance. 3. shortcoming.

फ़रख़ुंदा فرخندہ वि० [फा० फर्खुन्दः] १. शुभ। २. उत्तम, नेक; जैसे—फ़रखुन्दा बख्त=भाग्यवान।
adj. 1. auspicious. 2. good, excellent.

फ़रगुल فرگل पुं० [अ०] रुईदार लबादा या पहनावा।
m. a long coat stuffed with cotton.

फ़रज़ فرض दे० ''फ़र्ज़''।

फ़रज़ंद فرزند पुं० [फा०] बेटा।
m. a son.

फ़रज़ानगी فرزانگی स्त्री० दे० ''फ़र्ज़ानगी''।

फ़रज़ाना فرزانہ वि० दे० ''फ़र्ज़ाना''।

फ़रजाम فرجام पुं० [फा० फ़र्जाम] १. अन्त, समाप्ति। २. परिणाम, फल।
m. 1. the end. 2. result, consequence.

फ़रज़ीं فرزیں पुं० [फा० फ़र्ज़ी] १. बुद्धिमान व्यक्ति। २. शतरंज में वज़ीर नाम का मोहरा।
पद **फ़रज़ीनवंद**=शतरंज में वह मात जो वजीर को आगे बढ़ाकर दी जाए।

m. 1. a wiseman. 2. a queen in the game of chess.
ph. checkmate delivered by advancing the queen.

फ़रतूत فرتوط वि० [फा० फ़र्तूत] १. बहुत वृद्ध, बहुत बुड्ढा। २. मूर्ख, बेवकूफ। ३. निकम्मा, निरर्थक।
adj. 1. very old. 2. stupid. 3. useless.

फ़रद فرد स्त्री० दे० "फ़र्द"।

फ़रदा فردا पुं० [फा० फ़र्दा] आगामी कल, आनेवाला दूसरा दिन।
पद **फ़रदाए क़यामत**=क़यामत या प्रलय का दिन।
m. a day to come, tomorrow.
ph. the day of judgement.

फ़रदौस فردوس पुं० [फा०] स्वर्ग।
m. the heaven.

फ़रफ़र فرفر क्रि० वि० [फा०] जल्दी-जल्दी।
adv. quickly, hastily.

फ़रबही فربہی स्त्री० [फा०] मोटाई, मोटापा, स्थूलता।
fem. fatness, obesity.

फ़रबा فربہ वि० [फा० फ़र्ब:] मोटा-ताज़ा, स्थूल शरीरवाला।
पद **फ़रबा अंजाम**=स्थूल शरीर।
adj. fat, obese, bulky.
ph. a bulky body.

फ़रमाँबरदार فرماں بردار वि० [फा०] हुकुम माननेवाला।
adj. obedient.

फ़रमाँबरदारी فرماں برداری स्त्री० [फा०] आज्ञापालन।
fem. obedience.

फ़रमाँरवा فرماں روا पुं० [फा० फ़र्मारवा] १. फरमान जारी करनेवाला, आज्ञा देनेवाला। २. बादशाह, शासक।
m. 1. one who gives orders. 2. a king or ruler.

फ़रमाँरवाई فرماں روائی स्त्री० [फा० फ़र्मारवाई] १. फरमान जारी करना। २. बादशाही।
fem. 1. issuing of an order. 2. kingship.

फरमा فرماں पुं० [फा० फ़र्मा] आज्ञा, आदेश।
m. an order, command.

फ़रमाइश فرمائش स्त्री० [फा० फ़र्माइश] आज्ञा विशेषत: कोई चीज लाने या बनाने आदि के लिए।
m. a specific request for something one likes most.

फ़रमाइशी فرمائشی वि० [फा० फ़र्माइशी] विशेष रूप से आज्ञा देकर मँगाया या तैयार कराया हुआ।
adj. made to order, specially requested to be brought or made.

फरमागुज़ार فرماگذار पुं० [फा० फ़र्मागुज़ार] १. राजा। २. शासक।
m. a king. 2. a ruler.

फ़रमान فرمان पुं [फा० फ़र्मान] [बहु० फ़रामीन] राजकीय आज्ञापत्र।
पद **फ़रमाने-ख़ुदा**=ईश्वर की आज्ञा।
m. an order, command, edict.
ph. the order of the God.

फ़रमाना فرمانا क्रि० स० [फा० फ़र्मान] कहना।
vt. to speak out.

फ़रयाद فریاد स्त्री० [फा० फ़र्याद] शिकायत के रूप में की जानेवाली प्रार्थना।
m. a complaint.

फ़रयादरसी فریادرسی स्त्री० [फा० फ़र्यादरसी] फरयाद की सुनवाई।
fem. hearing of a law-suit.

फ़रयादी فریادی वि० पुं० [फा० फ़र्यादी] फ़रयाद करनेवाला।
adj. & m. one who lodges a formal complaint, complainant.

फ़रश فرش पुं० [अ०] १. बैठने के लिए बिछाने का वस्त्र, बिछावन। २. धरातल, समतल भूमि। ३. पक्की बनी हुई ज़मीन, गच।
m. 1. a carpet. 2. a floor. 3. a hard floor.

फ़रशी فرشی स्त्री० [फा०] एक तरह का हुक्का।
m. a kind of hubble-bubble.

फ़रसंग فرسنگ पुं० [फा० फ़र्संग] तीन मील की दूरी।
m. distance of three miles.

फ़रस فرس पुं० [अ०] घोड़ा।
m. a horse.

फ़रसख़ فرسخ पुं० [फा० फ़र्सख] दूरी की नाप जो तीन मील के लगभग होती है।
m. a unit of measurement of three miles.

फ़रसूदा فرسودہ वि० [फा० फ़र्सूद:] १. बहुत पुराना और निकम्मा। २. थका हुआ, शिथिल। ३. दुर्दशाग्रस्त।
adj. 1. time-worn and useless. 2. tired, fatigued. 3. in plight.

फ़रहंग فرہنگ स्त्री० [फा० फ़र्हंग] १. बुद्धिमत्ता, समझ। २. शब्दकोश।
fem. 1. intellect, wisdom. 2. a dictionary.

फ़रह فرح स्त्री० [अ० फ़र्ह] १. आनन्द, प्रसन्नता, खुशी। वि० प्रसन्न, खुश।
fem. 1. pleasure, happiness, bliss.
adj. happy, joyous.

फ़रहत فرحت स्त्री० [अ० फ़र्हत] प्रसन्नता, आनन्द, खुशी।

fem. happiness, bliss, pleasure.

फ़रहतअफ़्ज़ा فرحت‌افزا वि० [अ० फ़र्हत+फ़ा० अफ़्ज़ा] आनन्द बढ़ानेवाला, सुखद।
adj. joyful.

फ़रहतबख़्श فرحت‌بخش वि० [फ़ा० फ़र्हत+बख़्श] आनन्द देनेवाला।
adj. joyful.

फ़रहमंद فرحمند वि० [अ० फ़र्ह+फ़ा०] आनन्दित, हर्षित।
adj. full of joy, joyous.

फ़रहाँ فرحاں वि० [फ़ा० फ़र्हाँ] प्रसन्न।
adj. happy.

फ़रहाद فرہاد पुं० [फ़ा० फ़र्हाद] १. संगतराश। २. फारस का एक प्रसिद्ध संगतराश जो शीरीं नामक राजकुमारी पर आसक्त था और उसी के लिए जिसने अपने प्राण दे दिए थे।
m. 1. a sculptor. 2. a legendary lover.

फ़राइज़ فرائض पुं० (बहु०) [अ०] = फ़रायज़।

फ़राख़ فراخ वि० [फ़ा०] [वि० फ़राख़ी] १. दूर तक फैला हुआ, विस्तृत। २. चौड़ा। ३. विशाल, बड़ा।
adj. 1. extended, extensive. 2. broad, wide. 3. huge, splendid.

फ़राग़ فراغ पुं० दे० "फ़राग़त"।

फ़राग़त فراغت स्त्री० [अ०] १. छुटकारा, मुक्ति, छुट्टी,। २. निश्चिन्तता, बेफ़िक्री। ३. मलत्याग, पाखाना फिरना।
fem. 1. riddance, freedom, relief. 2. freedom from worry, carelessness. 3. defecation.

फ़राग़बाली فراغ‌بالی स्त्री० [फ़ा०] निश्चिंत जीवन।
fem. carefree life.

फ़राज़ فراز वि० [वि०] ऊँचा, उच्च।
पुं० ऊँचाई।
adj. high.
m. height.

फ़रामीन فرامین पुं० (बहु०) [फ़ा० 'फ़र्मान' का बहु०] शाही या सरकारी आज्ञाएँ।
m. royal or official orders.

फ़रामोश فراموش वि० [फ़ा०] १. भूल जानेवाला। २. विस्मृत।
adj. 1. forgetful. 2. forgotten.

फ़रामोशी فراموشی स्त्री० [फ़ा०] भूलने की क्रिया या भाव, विस्मृति, विस्मरण।
fem. forgetfulness.

फ़रायज़ فرائض पुं० [अ० 'फ़र्ज़' का बहु०] १. वे कार्य जिनको करना कर्तव्य हो, कर्तव्य-समूह। २. उत्तराधिकार-सम्बन्धी विद्या या शास्त्र।
m. 1. duties. 2. the laws related to heritage.

फ़रार فرار पुं० [अ०] भागना, पलायन।
वि० भागा हुआ।
m. act of absconding or fleeting.
adj. absconding.

फ़रारी فراری वि० पुं० [अ० फ़रार] भागनेवाला, निकल जानेवाला, भागा हुआ।
adj. & m. an absconder.

फ़रासत فراست स्त्री० दे० "फ़िरासत"।

फ़राहत فراہت स्त्री० [अ०] चालाकी, होशियारी।
fem. cleverness.

फ़राहम فراہم वि० [फ़ा०] संग्रहीत, इकट्ठा।
adj. collected, gathered.

फ़राहमी فراہمی स्त्री० [फ़ा०] संग्रह।
fem. collection, compilation.

फ़रियाद فریاد स्त्री० = फ़रयाद।

फ़रियादरसी فریادرسی स्त्री० = फ़रयादरसी।

फ़रियादी فریادی वि० = फ़रयादी।

फ़रिश्ता فرشتہ पुं० [फ़ा० फ़िरिश्तः] १. ईश्वर का वह दूत जो उसकी आज्ञा के अनुसार कोई काम करता हो। २. देवता।
m. 1. a messenger of God, angel. 2. a deity.

फ़रिश्ताख़्वाँ فرشتہ‌خواں पुं० [फ़ा० फ़िरिश्तःख़्वाँ] अपना प्रभाव या प्रभुत्व दिखलानेवाला व्यक्ति।
m. an influential person.

फ़रिस्तादा فرستادہ वि० [फ़ा० फ़िरिस्तादः] भेजा हुआ, रवाना किया हुआ।
पुं० दूत।
adj. sent, despatched.
m. a messenger.

फ़रीक़ فریق पुं० [अ०] १. फ़र्क़ समझनेवाला, विवेकशील व्यक्ति। २. समूह, टोली, जत्था, झुंड। ३. कोई विवादी पक्ष।
m. 1. a discreet person, rational person. 2. a group, herd. 3. one of the contending parties in a law-suit.

फ़रीक़ेअव्वल فریق اول पुं० [अ०] १. पहला पक्ष। २. अभियोग उपस्थित करनेवाला पक्ष, मुदई, वादी।
m. 1. first party. 2 a plaintiff.

फ़रीक़ेसानी فریق ثانی पुं० [अ०] १. दूसरा पक्ष। २. वह पक्ष जिसपर अभियोग लगाया जाए, मुद्दालेह, प्रतिवादी।
m. 1. second party. 2. opposite party,

defendant.

फ़रीक़ैन فریقین पुं० [अ० "फ़रीक़" का बहु०] १. दोनों पक्ष। २. वादी और प्रतिवादी, मुद्दई और मुद्दालेह।
m. 1. both parties. 2. the plaintiff and defendant.

फ़रीद فرید वि० [अ०] अनुपम, बेजोड़।
adj. unique, matchless.

फ़रूग़ فروغ पुं० [फ़ा० फ़रोग़] १. ज्योति, प्रकाश। २. आसक्त होनेवाला, आशिक।
m. 1. light. 2. a lover.

फ़रेब فریب पुं० [फ़ा०] १. छल, कपट। २. चालाकी, धूर्तता।
m. 1. deception, fraud. 2. cleverness, cunningness.

फ़रेबकार فریب کار वि० [फ़ा०] कपटी, छली।
adj. treacherous, fradulent.

फ़रेबदादा فریب دادا वि० [फ़ा० फ़रेबदाद:] जिसके साथ फरेब किया गया हो, फरेब का शिकार।
adj. having been deceived or cheated.

फ़रेबदिही فریب دہی स्त्री० [फ़ा०] धोखा देना।
fem. act of deceiving.

फ़रेबी فریبی वि० [फ़ा०] कपटी, धोखेबाज़।
adj. treacherous, deceptive, fraudulent.

फ़रो فرو क्रि० वि० [फ़ा० फ़िरो] नीचे।
वि० १. नीच, तुच्छ, कमीना। २. दबा हुआ, शान्त; जैसे—गुस्सा फ़रो करना।
adv. beneath.
adj. 1. mean. 2. subdued, calm.

फ़रोकश فروکش वि० [फ़ा० फ़रो+कश] १. उतरा हुआ। २. ठहरा हुआ; फ़रोकश होना = उतरना या ठहरना; जैसे—बादशाह महल में फ़रोकश हुए।
adj. 1. that lands. 2. that stays.

फ़रोख़्त فروخت स्त्री० [फ़ा० फ़िरोख़्त] बेचने की क्रिया, बिक्री, विक्रय।
fem. act of selling, sale.

फ़रोग़ فروغ पुं० [फ़ा०] प्रकाश, रोशनी।
m. light.

फ़रोगुज़ाश्त فروگذاشت स्त्री० [फ़ा०] १. ध्यान न देना, उपेक्षा, लापरवाही। २. आगा-पीछा, आनाकानी, टाल-मटोल। ३. त्रुटि, कमी। ४. भूल-चूक।
fem. 1. neglect, overlook. 2. hesitation. 3. a shortcoming, deficiency. 4. error and mission.

फ़रोज़ فروز प्रत्य० [फ़ा०] प्रकाशित करनेवाला।
suffix. that lights.

फ़रोतन فروتن वि० [फ़ा० फ़िरोतन] [भाव० फ़रोतनी] १. दीन। २. ग़रीब।
adj. 1. humble. 2. poor.

फ़रोतनी فروتنی स्त्री० [फ़ा० फ़िरोतनी] १. दीनता। २. ग़रीबी।
fem. 1. humility. 2. poverty.

फ़रोद فرود क्रि० वि० [फ़ा० फ़िरोद] नीचे।
पुं० ठहरना, टिकना।
adv. beneath, under.
m. act of staying.

फ़रोदग़ाह فرودگاہ स्त्री० [फ़ा० फ़िरोदगाह] उतरने या ठहने की जगह।
fem. a place of temporary stay, lodge.

फ़रोमाँदगी فروماندگی स्त्री० [फ़ा० फ़िरोमाँदगी] १. दीनता। २. ग़रीबी। ३. थकावट। ४. लाचारी।
fem. 1. humility. 2. poverty. 3. tiredness. 4. helplessness.

फ़रोमाँदा فرومانده वि० [फ़ा० फ़िरोमाँद:] [भाव० फ़रोमाँदगी] १. दीन। २. ग़रीब। ३. थका हुआ। ४. लाचार।
adj. 1. humble. 2. poor. 3. tired. 4. helpless.

फ़रोमाया فرومایہ वि० [फ़ा० फ़िरोमाय:] नीच, कमीना, ओछा।
adj. mean, wretched.

फ़रोश فروش प्रत्य० [फ़ा० फ़िरोश] बेचनेवाला, विक्रेता; जैसे—मेवाफ़रोश।
suffix. one who sells, seller.

फ़रोशिंदा فروشنده वि० दे० 'फ़रोश'।

फ़रोशी فروشی स्त्री० [फ़ा० फ़िरोशीदन] बेचने की क्रिया, विक्रय; जैसे—मेवाफ़रोशी।
fem. act of selling, sale.

फ़र्क़ فرق पुं० दे० 'फ़रक'।

फर्ज़ंद فرزند पुं० [फ़ा०] १. पुत्र, बेटा, लड़का। २. सन्तान।
m. 1. a son. 2. progeny, offspring.

फर्ज़ंदी فرزندی स्त्री० [फ़ा०] 'फर्ज़न्द' का भाव, पुत्रत्व, लड़कापन।
मुहा० फ़र्ज़ंदी में लेना=(अ) किसी को अपना लड़का बनाना। (ब) गोद या दत्तक लेना। (स) अपना दामाद बनाना।
fem. sonship.
id. a. to take someone as own son. b. to adopt as a son legally. c. to accept someone as a son-in-law.

फ़र्ज فرج स्त्री० [अ०] १. दरार, सन्धि। २. स्त्री की योनि, भग।

fem. 1. a crack, crevice. 2. female organ, vagina.

फ़र्ज़ فرض पुं० [अ०] [बहु० फ़रायज़] १. कर्तव्य, कर्म। २. कल्पना, मान लेना।
***पद* बिल-फ़र्ज़**=मान लो कि।
m. 1. duty. 2. supposition.
ph. supposedly.

फ़र्ज़किफ़ाया فرض کفایہ पुं० [अ० फ़र्ज़किफ़ाय:] वह कर्तव्य जो परिवार के किसी व्यक्ति के पूरा करने पर उसके अन्य सम्बन्धियों के लिए आवश्यक न रह जाए; जैसे—किसी के मरने पर नमाज़ पढ़ना।
m. a duty or ritual which one can perform on family's behalf.

फ़र्ज़ंद فرزند पुं० [फा०] नाना।
m. a maternal grandfather.

फ़र्ज़न् فرضاً क्रि० वि० [अ० 'फर्ज़' से उर्दू] फर्ज़ करके, मान कर।
adv. supposedly.

फ़र्ज़ानगी فرزانگی स्त्री० [फा०] १. बुद्धिमत्ता, समझ-दारी, अक्लमन्दी। २. विद्या, शास्त्र। ३. गुण। ४. योग्यता।
fem. 1. wisdom, prudence. 2. an art or science. 3. a quality, virtue. 4. ability.

फ़र्ज़ाना فرزانہ वि० [फा० फ़र्ज़ान:] १. बुद्धिमान, अक्लमन्द, समझदार। २. विद्वान, पंडित।
adj. 1. wise, prudent. 2. learned.

फ़र्ज़ी فرضی वि० [अ० 'फ़र्ज़' से फा०] १. कल्पित, माना हुआ। २. नाम मात्र का, सत्ताहीन।
adj. 1. fictitious, assumed. 2. imaginary.

फ़र्त فرط स्त्री० [अ०] अधिकता, ज्यादती; जैसे—फ़र्ते शौक, फ़र्ते मुहब्बत।
fem. abundance, excess.

फ़र्द فرد स्त्री० [अ०] १. काग़ज़ या कपड़े आदि का अलग टुकड़ा। २. इस प्रकार के टुकड़े पर लिखा हुआ विवरण या सूची आदि; फ़र्दे जुर्म=आरोपपत्र। ३. रजाई, शाल आदि का एक या ऊपरी पल्ला। ४. कोई अकेला शेर या कविता का पद। ५. एक व्यक्ति। ६. एक प्रकार का पक्षी।
वि० १. अकेला। २. एक।
fem. 1. a piece of paper or cloth, cutting. 2. a list or description written on a piece of paper. 3. the upper part of a quilt. 4. a stanza. 5. one person. 6. a kind of bird.
adj. 1. alone, lonely. 2. one.

फ़र्दन् फ़र्दन् فرداً فرداً क्रि० वि० [अ०] एक-एक करके, अलग-अलग।
adv. one by one, separately.

फ़र्दबशर فردبشر पुं० [अ०] एक व्यक्ति, एक आदमी।
m. one person.

फ़र्दबातिल فردباطل वि० [अ०] १. निकम्मा। २. निरर्थक। ३. अयोग्य।
adj. 1. idle, inert. 2. useless. 3. unworthy, unfit.

फ़र्रार فرار वि०, पुं० [अ०] बहुत तेज़ भागने या दौड़नेवाला।
adj. & m. someone who runs very fast, fast runner.

फ़र्राश فراش पुं० [अ०] नौकर, खिदमतगार।
m. a servant.

फ़र्राशख़ाना فراش خانہ पुं० [अ०+फा० ख़ान:] वह स्थान जहाँ तोशक, तकिए व चाँदनियाँ आदि रखी जाती हैं, तोशकखाना।
m. a storeroom, specially a store for keeping tents, carpets, quilts, mattresses etc.

फ़र्राशी فراشی वि० [अ० 'फ़राश' से फा०] फर्श या फर्राश के कामों से संबंध रखनेवाला।
स्त्री० फर्राश का काम या पद।
adj. of or pertaining to the floor.
fem. the state of being employed as a servant.

फ़र्रुख़ فرخ वि० [फा०] १. कल्याणकारी, शुभ। २. उत्तम। ३. सुन्दर, मनोहर।
adj. 1. auspicious. 2. excellent. 3. beautiful.

फ़र्श فرش पुं० [अ०] १. ज़मीन, धरती। २. बिछाने की चीज, बिछावन।
m. 1. the floor. 2. a sheet specially to be spreaded on the floor.

फ़र्शी فرشی स्त्री० [अ०] एक प्रकार का बड़ा हुक्का।
वि० फर्श-संबंधी, फर्श का।
***मुहा०* फ़र्शी सलाम**=ज़मीन पर झुककर किया जानेवाला सलाम।
fem. a sort of large hubble-bubble.
id. deferential greeting.

फ़लक فلک पुं० [अ०] आकाश, आस्मान।
***मुहा०* फ़लक पर चढ़ाना**=दिमाग़ बहुत बढ़ा देना, बढ़ावा देना।
m. the sky.
id. to make someone swollen-headed, to encourage or instigate.

फ़लकबोस فلک بوس [अ०+फा०] गगनचुम्बी।
adj. very high, skyhigh.

फ़लकसैर فلک سیر वि० [अ०] फ़लक या आकाश की सैर करनेवाला।
adj. (one) who moves in the sky.

फ़लकीयान فلکی یان स्त्री० [अ०] अंतरिक्ष-यान।
fem. a vehicle used to travel in space, spaceship.

फ़लाँ فلاں वि० [अ० फुलाँ] अनिश्चित, अमुक।
adj. such and such.

फ़लाकत فلاکت स्त्री० [अ०] १. दरिद्रता, ग़रीबी। २. विपत्ति, कष्ट।
fem. 1. poverty. 2. calamity, trouble.

फ़लाकतज़दा فلاکت زدہ वि० [अ०+फ़ा० ज़द:] [भाव० फ़लाकतज़दगी] दुर्दशाग्रस्त, विपत्ति में पड़ा हुआ।
adj. poverty-tricken, in plight.

फ़लातूँ فلاتوں पुं० [अ०] अफ़लातून या प्लेटो नामक युनानी दार्शनिक।
m. a Greek philosopher, Plato.

फ़लान فلان पुं० [अ० फ़ुलाँ] १. लिंग। २. योनि।
m. 1. male organ, penis. 2. female organ, vagina.

फ़लाना فلانا = वि० = फलाँ।

फ़लासिफ़ा فلاسفہ पुं० [अ० फ़लासिफ़:; 'फ़ल्सफ़ी' का बहु०] दार्शनिकों का समूह।
m. philosophers.

फ़लाह فلاح स्त्री० [अ०] १. सफलता। २. विजय। ३. सुख। ४. परोपकार, भलाई। ५. उत्तमता।
fem. 1. success. 2. victory. 3. happiness. 4. benevolence. 5. excellence.

फ़लाहत فلاحت स्त्री० [अ०] कृषि-कर्म, खेती-बारी।
fem. agriculture.

फ़लीता فلیتہ पुं० [अ० फ़लीत:] १. बड़ आदि के रेशों से बटी हुई रस्सी जिसमें तोड़ेदार बंदूक दाग़ने के लिए आग लगा कर रखी जाती है, पलीता।
m. a wick, igniter.

फ़लूस فلوس पुं० [अ० फ़ुलूस] ताँबे का सिक्का।
m. a coin made of copper, copper coin.

फ़ल्सफ़ा فلسفہ पुं० [अ० फ़ल्सफ:] १. दर्शनशास्त्र। २. शास्त्र, विज्ञान।
m. 1. philosophy. 2. science.

फ़ल्सफ़ी فلسفی पुं० [अ०] फ़ल्सफ़ा या दर्शनशास्त्र जानने-वाला, दार्शनिक।
m. a philosopher.

फ़वायद فوائد पुं० [अ० 'फ़ायदा' का बहुवचन] फायदे, लाभ।
m. (plu.) plural form of फ़ायदा, gains.

फ़व्वारा فوارہ पुं० [अ० फ़व्वार:] 'फ़ौव्वारा'।
m. a shower.

फ़सल فصل स्त्री० दे० 'फ़स्ल'।

फ़सली فصلی वि० दे० 'फ़स्ली'।

फ़साँ فساں स्त्री० [फ़ा०] छुरी आदि पर सान रखने का पत्थर, सान, कुरुंड।
m. a whetstone.

फ़साद فساد पुं० [अ०] १. दंगा, बलवा। २. ऊधम, उपद्रव। ३. झगड़ा, लड़ाई।
m. 1. a roit. 2. an affray. 3. a quarrel.

फ़सादज़दा فسادزدہ वि० [अ०+फ़ा० ज़द:] दंगाग्रस्त, दंगापीड़ित।
adj. roit-stricken, roit-ridden.

फ़सादी فسادی वि०, पुं० [अ० 'फ़साद' से फ़ा०] १. फ़साद खड़ा करनेवाला, उपद्रवी। २. झगड़ालू।
adj. & m. 1. a rioter. 2. quarrelsome.

फ़साना فسانہ पुं० [फ़ा० फ़सान:] १. मन से गढ़ा हुआ किस्सा, कल्पित कहानी। २. विवरण, हाल।
m. 1. a fiction. 2. an account, narration.

फ़सानाख़्वाँ فسانہ خواں पुं० [फ़ा० फ़सान:+ख़्वाँ] कहानी कहनेवाला।
m. a story-teller.

फ़सानानवीस فسانہ نویس पुं० [फ़ा० फ़सान:+नवीस] उपन्यासकार।
m. a novelist.

फ़साहत فصاحت स्त्री० [अ०] १. किसी विषय का सुन्दर और मनोहर रूप से वर्णन करने की शैली या शक्ति। २. प्रवाह।
fem. 1. descriptive style or power. 2. flow.

फ़सील فصیل स्त्री० [अ०] नगर या बस्ती के चारो ओर की दीवार, शहरपनाह, परकोटा।
fem. the surrounding wall of a fort or city, rampart.

फ़सीह فصیح वि० [अ०] प्रांजल, मधुर तथा प्रवाहपूर्ण।
adj. simple, lucid.

फ़सुर्दगी فسردگی स्त्री० [फ़ा० अफ़्सुर्दगी] उदासी, खिन्नता।
fem. sadness, dejection.

फ़सुर्दा فسردہ वि० [फ़ा० अफ़्सुर्द:] उदास, खिन्न; फ़सुर्दा फ़ज़ा = उदास वातावरण।
adj. sad, gloomy, dejected.

फ़सूँ فسوں पुं० [अ०] जादू-टोना, टोटका।
m. black magic, sorcery.

फ़सूँगर فسوں گر पुं० [फ़ा०] [भाव० फसूँगरी] जादू-टोना करनेवाला।
वि० मंत्र-मुग्ध करनेवाला।
m. a sorcerer.
adj. spellbinding.

फ़सूँसाज़ فسوں ساز वि० दे० 'फ़सूँगर'।

फ़स्ख़ فسخ पुं० [अ०] १. (विचार आदि) बदलना, बदलाव, परिवर्तन। २. तोड़ना। ३. रद्द करना।
m. 1. act of changing, change, alteration.

2. the action of breaking. 3. act of cancelling, cancellation.

फ़स्द فصد स्त्री० [अ०] नस को छेदकर शरीर का दूषित रक्त निकालने की क्रिया।
मुहा० **फ़स्द खुलवाना या लेना** = (क) शरीर का दूषित रक्त निकलवाना। (ख) होश की दवा करना।
fem. an act of puncturing a vein in order to draw out polluted blood.
id. (a) to cause to draw out polluted blood. (b) to come to the senses.

फ़स्ल فصل स्त्री० [अ०] १. ऋतु, मौसिम। २. काल, समय। ३. खेत की उपज, पैदावार। ४. ग्रन्थ का अध्याय या प्रकरण। ५. पार्थक्य, जुदाई। ६. फ़र्क़। ७. धोखा, छल।
fem. 1. season. 2. time. 3. crop. 4. a chapter of a book. 5. separation. 6. difference. 7. deceit, fraud.

फ़स्ली فصلی वि० [अ० 'फ़स्ल' से फा०] फ़सल का, फ़स्ल-संबंधी।
पुं० हैज़ा नामक रोग, विशूचिका।
adj. or or relating to crops, seasonal.
m. cholera.

फ़स्ली सन् فصلی سن पुं० [फा०] अकबर का चलाया हुआ एक संवत् जिसका प्रचार उत्तरी भारत में कृषि-संबंधी कार्यों के लिए होता है।
m. agricultural year.

फ़स्ली साल فصلی سال पुं० दे० 'फ़स्ली सन्'।

फ़स्लेगुल فصلِ گل स्त्री० दे० 'फ़सलेबहार'।

फ़स्लेबहार فصلِ بہار स्त्री० [अ०+फा०] बसन्त ऋतु।
fem. the season between winter and summer, spring.

फ़स्साद فصاد स्त्री० [अ०] फ़स्द खोलने का काम, जर्राही।
fem. surgical operation, the profession of a surgical operator.

फ़स्सादी فصادی पुं० [अ०] फ़स्द खोलनेवाला, जर्राह।
m. one who performs surgical operation.

फ़हम فہم स्त्री० [अ० फ़ह्म] बुद्धि, समझ, ज्ञान, अक़्ल।
fem. intellect, wisdom.

फ़हमाइश فہمائش स्त्री० [फ़ा० फ़ह्माइश] समझाने या सतर्क करने की क्रिया, तंबीह, चेतावनी।
fem. a warning.

फ़हमीद فہمید स्त्री० [फा० फ़ह्मीद] समझ, बुद्धि, अक्ल।
fem. intellect, wisdom.

फ़हमीदा فہمیدہ वि० [फा० फ़ह्मीदः] समझदार।
adj. wise, intelligent.

फ़हवा فہوا पुं० [अ०] ढंग।
m. a way, manner.

फ़हरिस्त فہرست दे० 'फ़ेहरिस्त'।

फ़हश فحش वि० [अ० फ़ुहश] फूहड़, अश्लील।
adj. indecent, obscene.

फ़हीम فہیم वि० [अ०] समझदार।
adj. wise, intelligent.

फ़ाइज़ فائز वि० [अ०] कामयाब, सफल।
adj. successful.

फ़ाइदा فائدہ पुं० [अ० फ़ाइदः] फ़ायदा, लाभ।
m. profit, gain.

फ़ाइल فائل वि० दे० 'फ़ायल'।

फ़ाक़ा فاقہ पुं० [अ० फ़ाक़ः] १. निराहार रहना, उपवास। २. दरिद्रता, ग़रीबी।
m. 1. a fast, the period of fasting. 2. poverty.

फ़ाक़ाकश فاقہ کش वि० [अ० फ़ाक़ः+फा०] [भाव० फ़ाक़ाकशी] १. भूखा रहनेवाला, भूखा। २. निर्धन, कंगाल।
adj. 1. going without food or drink. 2. poor.

फाक़ाज़दा فاقہ زدہ वि० [अ० फ़ाक़ः+फा० ज़दः] भूख का मारा, भूखा।
adj. hungry, starved.

फ़ाक़ामस्त فاقہ مست वि०, पु० [अ० फ़ाक़ः+फा०] [भाव० फ़ाक़ामस्ती] जो भूखा-प्यासा रहने पर भी कुछ चिन्ता न करता हो।
adj. & m. one who remain cheerful even when starving.

फ़ाख़िर فاخر वि० [अ०] १. फ़ख़्र या घमंड करनेवाला, अभिमानी। २. बहुमूल्य, कीमती।
adj. 1. proud. 2. precious, expensive.

फ़ाख़िरा فاخرہ वि० स्त्री० [अ० फ़ाख़िरः] बहुत बढ़िया और बहुमूल्य।
adj. (fem) precious and expensive.

फ़ाख़्तई فاختئی स्त्री० [फा०] एक प्रकार का खाक़ी रंग।
वि० पंडुक के रंग का, खाकी।
fem. grey colour.
adj. grey, greyish brown.

फ़ाख़्ता فاختہ स्त्री० [फा० फ़ाख़्तः] पंडुक नामक पक्षी, पेंडुकी।
मुहा० **फ़ाख़्ता उड़ाना**=व्यर्थ काम करना।
fem. a dove.
id. to waste one's precious time in doing trivial things.

फ़ाज़िर فاجر पुं० [अ०] [स्त्री० फ़ाज़िरा] १. व्यभिचारी। २. पापी।
m. 1. one who commits adultary,

adulterer. 2. a sinner.

फ़ाज़िल فاضل वि० [अ०] आवश्यकता से अधिक, फालतू, बेकार।
पुं० विद्वान्, पंडित।
adj. more than enough, useless.
m. a scholar.

फ़ाज़िलबाक़ी فاضل باقی वि० [अ०] किसी के जिम्मे बाकी निकलनेवाला, बाकी बचा हुआ।
adj. outstanding, unpaid.

फ़ातिन فاطن वि० [अ०] लुभानेवाला।
adj. alluring.

फ़ातिमा فاطمہ स्त्री० [अ० फ़ातिम:] १. वह स्त्री जो बच्चे को स्तनपान कराना जल्दी बन्द कर दे। २. मुहम्मद साहब की कन्या जो हज़रत अली की पत्नी और हसन तथा हुसैन की माता थी।
fem. 1. a woman who early stops breast feeding. 2. the daughter of the Mohammad married to Ali.

फ़ातिहा فاتحہ पुं० स्त्री० [अ० फ़ातिह:] १. प्रार्थना। २. वह चढ़ावा जो मरे हुए लोगों के नाम पर दिया जाए।
m. 1. a prayer. 2. the donation given in the name of a dead one.

फ़ातेह فاتح वि० [अ० फ़ातिह] [स्त्री० फातिहा] १. आरम्भ करने या खोलनेवाला। २. फतह या विजय करनेवाला, विजयी।
adj. 1. (one) who starts or begins. 2. victorious.

फ़ानी فانی वि० [अ०] १. नष्ट हो जानेवाला, नश्वर। २. मरने या प्राण देनेवाला, मरणशील।
adj. 1. perishable, destructible. 2. mortal.

फ़ानूस فانوس पुं० [फा०] १. एक प्रकार की बड़ी कंदील। २. एक दंड में लगे हुए शीशे के गिलास आदि पात्र जिनमें बत्तियाँ जलाई जाती हैं।
m. 1. a large candle. 2. a chandelier.

फ़ानूसेख़याल فانوسِ خیال पुं० [फा०+अ०] काग़ज़ आदि की बनी हुई वह कन्दील जिसके अन्दर हाथी, घोड़े आदि के चित्र एक चक्कर में लगे रहते हैं और हवा या दीए के धूएँ से घूमते हैं।
m. a decorative lamp made of paper.

फ़ानूसेख़यायाली فانوسِ خیالی पुं० दे० 'फ़ानूसेख़याल'।

फ़ाम فام पुं० [फा०] वर्ण, रंग।
वि० १. रंगवाला; जैसे—सियह-फ़ाम=काले रंग-वाला। २. जैसा, समान।
m. colour.
adj. 1. coloured. 2. like, as.

फ़ायक़ فائق वि० [अ० फ़ाइक़] १. श्रेष्ठ। २. अच्छा।
adj. 1. excellent, superior. 2. good.

फ़ायज़ فائز वि० [अ० फ़ाइज़] १. सफल। २. विजयी।
adj. 1. successful. 2. victorious.

फ़ायदा فائدہ पुं० [अ० फ़ाइद:] १. लाभ, नफ़ा, प्राप्ति। २. प्रयोजन सिद्ध होना, मतलब पूरा होना। ३. अच्छा फल, भला परिणाम। ४. उत्तम प्रभाव।
m. 1. profit, gain. 2. an advantage. 3. good result. 4. good effect or impression.

फ़ायदामंद فائدہ مند वि० [अ० फ़ाइद:+फा०] [भाव० फ़ायदामन्दी] १. लाभदायक। २. उपयोगी।
adj. 1. profitable. 2. useful.

फ़ायल فاعل वि० [अ० फ़ाइल] १. कोई फेल या काम करनेवाला। २. बालकों के साथ प्रकृति-विरुद्ध संभोग करनेवाला।
पुं० व्याकरण में कर्ता।
adj. 1. doer. 2. committing unnatural copulation, sodomite.
m. the subject (grammar).

फ़ायली فاعلی वि० [अ०] क्रियाशील, जो अच्छी तरह कार्य कर सके।
adj. active, energetic.

फ़ायलेहक़ीक़ी فاعلِ حقیقی पुं० [अ०] सच्चा ईश्वर।
m. the truth as a God.

फ़ार فار पुं० [अ०] चूहा।
m. a rat.

फ़ारख़ती فارخطی स्त्री० [अ० फ़ारिग़+फा० ख़ती] १. वह रसीद जो इस बात की सबूत हो कि किसी के जिम्मे जो कुछ था, वह अदा हो गया, चुकती, बेबाकी। २. तलाकनामा।
fem. 1. a receipt of final payment. 2. a letter on which the conditions of divorce are mentioned.

फ़ारस فارس पुं० [फा० फ़ार्स] ईरान या पारस नामक देश।
m. modern Iran.

फ़ारसी فارسی स्त्री० [फा० फ़ार्सी] फ़ारस देश की भाषा।
वि० फ़ारस का, फ़ारस-संबंधी।
fem. Persian language.
adj. of or pertaining to Iran, Iranian.

फ़ारसीदाँ فارسی داں वि०, पुं० [फा० फ़ार्सीदाँ] फ़ारसी भाषा जाननेवाला।
adj. & m. knowing Persian.

फ़ारिग़ فارغ वि० [अ०] १. जो कोई काम करके निश्चिन्त हो गया हो, जिसने किसी काम से छुट्टी पा ली हो, बेफ़िक्र। २. जिसे छुटकारा मिल गया हो, मुक्त, स्वतन्त्र, आज़ाद।
adj. 1. relieved, having got relief from work. 2. free, independent.

फ़रिग़-उल्-बाल فارغ البال वि० [अ०] जो सब प्रकार

से निश्चिन्त और सुखी हो।
adj. completely happy and carefree.

फ़ारिग़ख़ती فارغ خطی स्त्री० [अ०+फा०] दे० 'फ़ारख़ती'।

फ़ारिस فارس पुं० दे० 'फ़ारस'।

फ़ारूक़ فاروق वि० [अ०] भले और बुरे का फर्क बतलाने या जाननेवाला, विवेकशील।
पुं० दूसरे ख़लीफ़ा हज़रत उमर की उपाधि।
adj. discreet, rational.
m. the epithet of prophet Ali.

फ़ारूक़ी فاروقی वि० [अ०] दूसरे ख़लीफ़ा उमर का वंशज।
adj. desended from the prophet Umer.

फ़ार्स فارس पुं० [फा०] फ़ारस।
m. modern Iran.

फ़ार्सी فارسی स्त्री० [फा०] फ़ारसी, ईरान।
fem. Pershian language.

फ़ाल فال स्त्री० [अ०] पाँसा आदि फेंककर शुभ-अशुभ फल बतलाने की क्रिया।
मुहा० **(i) फ़ाल खुलवाना** = रमल आदि की सहायता से शुभ-अशुभ का पता लगाना। **(ii) फ़ाल देखना**=उक्त क्रिया से शुभ-अशुभ बतलाना।
fem. act of knowing auspiciousness or inauspiciousness by throwing a dice.
id. (i) to know the auspicious or inauspiciousness by throwing a dice. (ii) to tell the result of abovementioned action.

फ़ालगो فال گو पुं० [अ०+फा०] शकुन बतानेवाला, ज्योतिषी।
m. an astrologer.

फ़ालतू فالتو वि० [उ०] व्यर्थ, फिजूल।
adj. useless, good for nothing.

फ़ालसई فالسئی वि० [फा० फ़ाल्सः] फ़ालसे के रंग का, ललाई लिए हुए हलका ऊदा।
adj. brownish red.

फ़ालसा فالسہ पुं० [फा० फ़ाल्सः मि० सं० परूषक] एक छोटा पेड़ जिसमें मोती के दाने के बराबर छोटे-छोटे खट्टे-मीठे फल लगते हैं।
m. a sort of tiny fruit.

फ़ालिज़ فالج पुं० [अ०] एक रोग जिसमें आधा अंग सुन्न हो जाता है, अधांग, पक्षाघात।
m. paralysis.

फ़ालीज़ فالیز स्त्री० [फा०] १. खेत। २. बाग, उपवन, वाटिका।
fem. 1. a cultivated field. 2. a garden.

फ़ालूदा فالودہ पुं० [फा० फ़ालूदः] गेहूँ के सत्त से बनाई हुई सेवइयाँ।
m. a food in the from of long thin strips made from the essence of wheat.

फ़ाश فاش वि० [फा०] खुला हुआ, प्रकट।
adj. open, exposed.

फ़ासला فاصلہ पुं० [अ० फ़ासिलः] दूरी, अन्तर।
m. distance.

फ़ासिक़ فاسق वि० [अ०] व्यभिचारी।
adj. lewd.

फ़ासिख़ فاسخ वि० [अ०] नाशक।
adj. that destroys, destroyer.

फ़ासिद فاسد वि० [अ०] १. फ़साद या झगड़ा करनेवाला, झगड़ालू। २. बिगड़ा हुआ, खराब; जैसे—फ़ासिद खून। ३. दुष्ट, पाजी।
adj. 1. quarrelsome. 2. polluted, bad. 3. wicked, naughty.

फ़ासिदा فاسدہ वि० दे० 'फ़ासिद'।

फ़ासिल فاصل वि० [अ०] फ़र्क या भेद करनेवाला।
adj. that discriminates or differentiates.

फ़ाहिश فاحش वि० [अ०] १. बहुत अधिक दुश्चरित्र या पाजी। २. गंदी बातें करने या गालियाँ बकनेवाला। ३. लज्जाजनक।
adj. 1. lewd, 2. showering abuses. 3. shameful.

फ़ाहिशा فاحشہ स्त्री० [अ० फ़ाहिशः] दुश्चरित्रा, पुंश्चली।
fem. a woman of easy morals.

फ़िक़रा فقرہ पुं० [अ० फ़िक्रः] १. वाक्य। २. झाँसा-पट्टी। ३. व्यंग्य।
m. 1. a sentence. 2. a dodge, trickery. 3. a sarcasm, taunt.

फ़िक़राबाज़ فقرہ باز वि०, पुं० [अ० फ़िक्रः+फा० बाज़] धोखेबाज।
adj. & m. treacherous, a cheat.

फ़िक़राबाज़ी فقرہ بازی स्त्री० [अ० फ़िक्रः+फा० बाज़ी] धोखेबाजी।
fem. deceit, deception, cheating.

फ़िक्क़ा فقہ स्त्री० [अ० फ़िक़्ह] इस्लामी धर्मशास्त्र।
m. Islamic religious book.

फ़िक्र فکر स्त्री० [अ०] १. चिन्ता, २. ध्यान।
fem. 1. anxiety, worry. 2. care.

फ़िक्रमंद فکرمند वि० [अ०+फा०] [भाव० फ़िक्रमन्दी] चिन्ताग्रस्त।
adj. worried, anxious.

फ़िगार فگار वि० [फा०] घायल, ज़ख़्मी।
adj. injured, wounded.

फ़िज़ा فزا प्रत्य० [अ० अफ़्ज़ा] बढ़ानेवाला।
suffix. that increases or raises.

फ़िज़ाइश فزائش स्त्री० [फा०] बढ़ती, बढ़ोत्तरी।
fem. increase, hike or increasement.

फ़ितनएजहाँ فتنۂ جہاں वि०, पुं० [अ०+फा०] १. सारे

संसार में आफ़त मचानेवाला। २. प्रेमिका का एक विशेषण।
adj. & m. 1. a great troublemaker. 2. one's beloved.

फ़ितनत فتنت स्त्री० [अ०] शरारत।
fem. a mischief, trouble.

फ़ितना فتنہ पुं० [अ० फ़ित्न:] १. पाप, अपराध। २. लड़ाई, झगड़ा। ३. एक प्रकार का इत्र।
वि० १. दुष्ट, पाजी। २. झगड़ालू। ३. उपद्रव या आफ़त करनेवाला।
m. 1. a sin, offence, 2. a quarrel. 3. a scent, perfune.
adj. 1. wicked. 2. quarrelsome. 3. causing trouble, troublemaker.

फ़ितनाअंगेज़ فتنہ انگیز वि० [अ० फ़ित्न:+फा०] [भाव० फितनाअंगेज़ी] १. फ़ितना या आफ़त खड़ी करने-वाला, उपद्रवी। २. प्रेमिका का एक विशेषण।
adj. 1. causing trouble, troublemaker. 2. one's beloved.

फ़ितनापरदाज़ فتنہ پرداز वि० [अ० फित्न:+फा० पर्दाज़] [भाव० फ़ितनापरदाज़ी] = फ़ितनाअंगेज़।

फ़ितर فطر पुं० [अ० फ़ित्र] रोजा खोलना।
m. act of breaking a fast.

फ़ितरत فطرت स्त्री० [अ० फ़ित्रत] १. प्रकृति। २. स्वभाव। ३. बुद्धिमत्ता, होशियारी, समझदारी। ४. धूर्तता।
fem. 1. nature. 2. temperament, disposition. 3. wisdom. 4. cunningness.

फ़ितरतन् فطرتاً क्रि० बि० [अ० फ़ित्रतन्] स्वभावत:।
adv. naturally.

फ़ितरती فطرتی वि० [अ० फ़ित्रती] १. प्राकृतिक। २. स्वाभाविक। ३. धूर्त।
adj. 1. natural, 2. pertaining to temperament. 3. cunning.

फ़ितरा فطرہ पुं० [अ० फ़ित्र:] वह अन्न जो ईद के दिन नमाज़ से पहले दान के लिए निकालकर रखा जाता है।
m. the grain given as a charity at the time of Id.

फ़ितराक़ فتراک पुं० [अ० फ़ित्राक़] चमड़े के वे तस्में जो घोड़े की ज़ीन के दोनो तरफ़ सामान बाँधने के लिए रहते हैं।
m. the straps of the saddle of a horse.

फ़ितरी فطری वि० [अ० फ़ित्री] प्राकृतिक।
adj. natural.

फ़ितानत فطانت स्त्री० [फा०] बुद्धिमत्ता, अकलमंदी।
fem. wisdom.

फ़ितीर فطیر पुं० दे० 'फ़तीर'।

फ़ितूर فتور पुं० दे० 'फ़तूर'।

फ़ित्र فطر पुं० [अ०] = फ़ितर।

फ़ित्रीन فطرین वि० [अ०] चालाक, धूर्त।
adj. clever, cunning.

फ़िदवी فدوی वि० [अ० फ़िद्वी] स्वामीभक्त, आज्ञाकारी। पुं० [स्त्री० फ़िदविया] दास।
adj. obedient.
m. a slave or servant.

फ़िदा فدا वि० [अ०] १. किसी के लिए प्राण देनेवाला। २. आसक्त, मुग्ध।
***पद* फ़िदाए क़ौम**=अपने को राष्ट्र के लिए क़ुर्बान करनेवाला।
adj. 1. sacrificing oneself for a cause or principle. 2. fascinated, infatuated.
ph. scrificing oneself for one's nation.

फ़िदाई فدائی पुं० [अ०] फ़िदा होने या जान देनेवाला, किसी के लिए प्राण निछावर करनेवाला।
m. one who sacrifices oneself.

फ़िदिया فدیہ पुं० [अ० फिद्य:] १. वह धन जिसके बदले में किसी अपराधी को कारागार से छुड़ाया जाए अथवा प्राणदंड से मुक्त कराया जाए। २. अर्थदंड, जुरमाना। ३. वह विशेष कर जो राजा की ओर से अन्य धर्मावलम्बियों पर लगता है।
m. 1. the money given to get released a prisoner. 2. penalty, fine. 3. tax realised from non-Muslims.

फ़िन्नार فی النار पद [अ०] नरक़ में जाए, नरक़ की अग्नि में जाए।
ph. Go to the hell.

फ़िरंग فرنگ पुं० [अ० 'फ़रांक' से फा० फ़रंग] १. यूरोप का एक देश, फ्रान्स, गोरों का मुल्क़, फिरंगिस्तान। २. गरमी, आतशक (रोग)।
m. 1. a European country, France. 2. gonorrhoea.

फ़िरंगिस्तान فرنگستان पुं० [फा० फ़रंगिस्तान] यूरोप महादेश।
m. the continent of Europe.

फ़िरंगी فرنگی पुं० [फा० फरंग] १. फिरंग देश का व्यक्ति। २. गोरा, अंग्रेज़।
m. 1. a Frenchman. 2. an Englishman.

फ़िरक़ा فرقہ पुं० [फा० फ़िर्क़:] १. जाति। २. जत्था। ३. पंथ, संप्रदाय।
m. 1. a tribe, clan. 2. a group, batch, gang. 3. a community, sect.

फ़िरक़ाआराई فرقہ آرائی स्त्री० = फ़िरक़ापरस्ती।

फ़िरक़ापरस्त فرقہ پرست वि० [अ० फ़िर्क़:+फा० परस्त] साम्प्रदायिक, साम्प्रदायिकतावादी।

adj. sectarian, communal.

फ़िरक़ापरस्ती فرقہ پرستی स्त्री० [अ० फ़िर्क़:+फ़ा०] अपने फिरके का हित-साधन।
fem. sectarianism, communalism.

फ़िरदौस فردوس पुं० [अ० फ़िर्दौस] १. वाटिका, बाग़। २. स्वर्ग, बहिश्त।
m. 1. a garden. 2. the heaven.

फ़िरदौसमंज़िलत فردوس منزلت वि० दे० 'फ़िरदौस-मकानी'।

फ़िरदौसमकानी فردوس مکانی वि० [अ० फ़िर्दौस+फ़ा०] १. स्वर्ग में रहनेवाला। २. स्वर्गीय।
adj. 1. living in the heaven. 2. heavenly.

फ़िरनी فرنی स्त्री० [फ़ा० फ़िर्नी] एक प्रकार की खीर जो पीसे हुए चावलों से पकाई जाती है।
fem. a sweet separation of milk, rice-flour, sugar etc.

फ़िराक़ فراق पुं० [अ०] १. वियोग, बिछोह। २. चिन्ता। ३. खोज।
m. 1. separation. 2. a worry. 3. search.

फ़िराग़ فراغ पुं० [अ०] १. मुक्ति, छुटकारा, रिहाई। २. फ़ुरसत, सुविधा। ३. आनन्द, खुशी। ४. अधिकता, बहुतायत। ५. सन्तोष, इत्मीनान।
m. 1. riddance, release. 2. leisure. 3. happiness. 4. abundance. 5. satisfaction.

फ़िरार فرار पुं० दे० 'फ़रार'।

फ़िरावाँ فراواں वि० [फ़ा०] [भाव० फ़िरावानी] बहुत अधिक, प्रचुर, ज़्यादा।
adj. too much, excessive.

फ़िरावानी فراوانی स्त्री० [फ़ा०] अधिकता, प्रचुरता।
fem. abundance, excess.

फ़िरासत فراست स्त्री० [अ०] १. दक्षता। २. बुद्धिमत्ता, अक्लमन्दी।
fem. 1. adroitness, skill. 2. wisdom.

फ़िरिश्तगान فرشتگان पुं० [फ़ा०] 'फ़िरिश्ता' का बहु०।
m. (plu.) angels, messengers of the God.

फ़िरिश्ता فرشتہ पुं० दे० 'फ़रिश्ता'।

फ़िरूद فرود क्रि० वि० दे० 'फ़रोद'।

फ़िरो فرو क्रि० वि० दे० 'फ़रो'।

फ़िरोख़्त فروخت स्त्री० दे० 'फ़रोख्त'।

फ़िलजुमला فی الجملہ पद [अ० फ़िलजुम्ल:] तात्पर्य यह कि, संक्षेप में।
ph. the idea is that, briefly, in short.

फ़िलफ़िल فلفل स्त्री० [अ०] काली मिर्च।
fem. black pepper.

फ़िलफ़ौर فی الفور क्रि० वि० [अ०] तुरन्त, तत्काल।
adv. instantly, just now.

फ़िलबदीह فی البدیہہ क्रि० वि० [अ०] बिना पहले से सोचे हुए, तुरन्त, तत्काल।
adv. all of a sudden, at once.

फ़िलमसल فی المثل क्रि० वि० [अ०] उदाहरणार्थ, उदाहरण-स्वरूप।
adv. as for example, as.

फ़िलवाक़ा فی الواقع क्रि० वि० [अ०] वास्तव में, वस्तुतः, दरहक़ीकत।
adv. actually, in reality.

फ़िलहक़ीक़त فی الحقیقت क्रि० वि० [अ०] वास्तव में, वस्तुतः।
adv. actually, in reality.

फ़िलहाल فی الحال क्रि० वि० [अ०] इस समय, इस अवसर पर।
adv. for the time being, for the present.

फ़िशाँ فشاں प्रत्य० वि० [फ़ा०] [भाव० फ़िशानी] छिड़कने या बिखेरनेवाला, बरसाने या झाड़नेवाला। **पद** **आतिश-फ़िशाँ**=आग बरसानेवाला।
suffix denoting a person that showers, sprinkles, scatters etc.
ph. that showers fire.

फ़िशार فشار पुं० [फ़ा०] १. मुसलमानों के अनुसार किसी के शव को कब्र के चारो ओर से खूब कसकर (दंडस्वरूप) दबाना। २. निचोड़ना।
m. 1. act of pushing hard the dead body after laying it in the grave. 2. act of squeezing.

फ़िसाद فساد पुं० दे० 'फ़साद'।

फ़िसाना فسانہ पुं० दे० 'फ़साना'।

फ़िसाल فسال पुं० [अ०] १. जुदाई, वियोग। २. दूध-छुड़ाई।
m. 1. separation. 2. act of stopping a baby feeding on its mother's milk, weaning.

फ़िस्क़ فسق पुं० [अ०] १. आज्ञा का उल्लंघन। २. सन्मार्ग से च्युत होना। ३. अपराध, कसूर, दोष। ४. पाप, गुनाह। **पद** **फ़िस्क़ व फ़ुजूर**=अपराध और कुकर्म।
m. 1. defiance of an order. 2. deviation from a right course. 3. an offence, guilt. 4. a sin.
ph. offences and misdeeds.

फ़िस्ख़ فسخ वि० दे० 'फ़स्ख'।

फ़िहरिसत فہرست स्त्री० दे० 'फ़ेहरिस्त'।

फ़ी فی वि० [अ०] प्रत्येक, हर एक।
adj. each, every.

फ़ीअमानअल्लाह فی امان اللہ पद [अ०] ईश्वर तुम्हारी रक्षा करे।
ph. God, protect you.

फ़ीज़मानिना فی زمانا क्रि० वि० [अ०+फा०] आज-कल के ज़माने में, इन दिनों।
adv. in these days, now-a-days.

फ़ीता فیتہ पुं० [फा० फ़ीत:] पतली धज्जी, सूत आदि जो किसी वस्तु को लपेटने या बाँधने के काम में आता है।
m. a tap, band.

फ़ीमाबैन فی مابین क्रि०वि० [अ०] दोनो पक्षों के बीच में।
adv. between the both parties.

फ़ीरनी فیرنی स्त्री० दे० 'फ़िरनी'।

फ़ीरोज़ فیروز वि० [फा०] १. विजयी। २. सफल। ३. सुखी और संपन्न।
adj. 1. victorious. 2. successful. 3. happy and prosperous.

फ़ीरोज़ा فیروزہ पुं० [फा० फ़िरोज़:] हरापन लिए नीले रंग का एक नग या बहुमूल्य पत्थर।
m. a kind of jewel.

फ़ील فیل पुं० [फा०] हाथी, हस्ती।
m. an elephant.

फ़ीलख़ाना فیل خانہ पुं० [फा० फ़ीलख़ान:] वह बाड़ा जहाँ हाथी बाँधा जाता हो, हस्तिशाला।
m. a stable for elephants.

फ़ीलपा فیل پا पुं० [फा०] एक रोग जिसमें पैर या कोई अंग फूलकर हाथी के पैर की तरह हो जाता है।
m. a elephantiasis.

फ़ीलपाया فیل پایہ पुं० [फा०] स्तम्भ, खम्भा।
m. a pillar, post.

फ़ीलबान فیل بان पुं० [फा०] हाथीवान।
m. an elephant-driver.

फ़ीलमुर्ग़ فیل مرغ पुं० [फा०] मोर की तरह का एक प्रकार का पक्षी।
m. a bird having its appearance like a peacock.

फ़ीला فیلہ पुं० [फा० फ़ील:] शतरंज का एक मोहरा जिसे हाथी, किश्ती और रुख भी कहते हैं।
m. the bishop (chess).

फ़ीसदी فی صدی क्रि० वि० [अ०+फा०] हर सैकड़े पर, प्रतिशत।
adv. percent.

फ़ी-सबील-अल्लाह فی سبیل اللہ क्रि०वि० [अ०] ईश्वर के लिए, खुदा की राह पर।
adv. for the sake of God.

फ़ुक़रा فقرا पुं० [अ०] 'फ़कीर' का बहु०।
m. (plu.) beggars, medicants.

फ़ुक़ाअ فقاع स्त्री० [अ०] १. चावल से बनी शराब। २. प्याला, चषक।
fem. 1. a drink made of rice. 2. a cup.

फ़ुग़ فغ पुं० [फा०] मूर्ति।
m. an idol, image.

फ़ुग़ाँ فغاں स्त्री० [फा०] आर्तनाद, दुहाई।
fem. act of crying, wailing.

फ़ुग़ानी فغانی वि० [फा०] आर्तनाद करनेवाला।
adj. crying.

फ़ुज़ला[१] فضلا पुं०[अ० 'फ़ाज़िल' (विद्वान) का बहु०] विद्वान लोग।
m. (plu.) scholars.

फ़ुज़ला[२] فضلہ पुं० [अ० फ़ुज़्ल:] १. बाकी बचा हुआ पदार्थ। २. जूठा या उच्छिष्ट पदार्थ। ३. शरीर से निकलने-वाले मल, जैसे-थूक, पसीना पेशाब, पाखाना आदि।
m. 1. residue. 2. pieces of leftover food. 3. waste discharged from the body.

फ़ुज़ूँ فزوں वि० [फा०] अधिक, ज्यादा।
adj. more, much more.

फ़ुजूर فجور पुं० [अ० 'फ़ाजिर' का बहु०] १. पाप। २. अपराध। ३. दुराचार।
m. 1. sins. 2. offences. 3. bad deeds, misdeeds.

फ़ुज़ूल فضول वि० दे० 'फ़जूल'।

फ़ुतूर فتور पुं० दे० 'फ़तूर'।

फ़ुतूह فتوح स्त्री० [अ० 'फ़तह' (विजय) का बहु०] १. ऊपर से होनेवाला लाभ, अतिरिक्त लाभ। २. लूट में मिला हुआ माल।
fem. 1. extra gain or profit. 2. valuable stolen goods, booty.

फ़ुतूहात فتوحات स्त्री० [अ०] 'फ़ुतूह' का बहु०।

फ़ुनून فنون पुं० [अ०] 'फ़न' का बहु०।

फ़ुरक़त فرقت स्त्री० [अ० फ़ुर्क़त] वियोग, जुदाई, बिछोह।
पद **शबे-फ़ुरक़त**=जुदाई की रात।
fem. separation, pains of separation.
ph. the night of separation.

फ़ुरक़ान فرقان स्त्री० [अ० फ़ुर्क़ान] क़ुरानशरीफ़, मुसलमानों का धर्मग्रन्थ।
fem. Quran, the main scripture of Muslims.

फ़ुरसत فرصت स्त्री० [अ० फ़ुर्सत] १. अवसर, समय। २. अवकाश, छुट्टी। ३. रोग से मुक्ति, आराम।

fem. 1. time. 2. spare time, leisure. 3. respite

फ़ुरुग فُرُوغ पुं० दे० 'फ़रूग'।

फ़ुरूश فُرُوش पुं० [अ० 'फ़र्श' का बहु०] फर्श।
m. (plu.) floors.

फ़ुरोग فُروغ पुं० [फा०] १. रोशनी, प्रकाश। २. रौनक।
m. 1. light. 2. hustle-bustle.

फ़ुरोज़ाँ فُروزاں वि० [फा०] चमका हुआ, प्रकाशमान।
adj. bright, lustrous.

फ़ुर्क़त فرقت स्त्री० [अ०] जुदाई, विरह।
fem. separation, pains of separation.

फ़ुर्ज़ فُرض स्त्री० दे० 'फ़र्ज़'।

फ़ुलाँ فلاں पुं० दे० 'फलाँ'।

फ़ुलूस فلوس पुं० (बहु०) [अ० फ़ल्स का बहु०] ताँबे के सिक्के, पैसे।
m. (plu.) copper coins.

फ़ुसूँ فسوں पुं० [फा०] जादू।
m. magic.

फ़ुसूँगर فسوں گر पुं० [फा०] जादूगर।
m. a magician.

फ़ुसूल فُصول पुं० [अ० 'फ़स्ल' का बहु०] १. ऋतुएँ। २. अध्याय।
m. 1. seasons. 2. chapters.

फ़ुसोस فسوس पुं० [फा०] = अफ़सोस।

फ़ुस्तक़ فستق पुं० [अ०] पिस्ता।
m. a dryfruit., pistachio.

फ़ुस्तक़ी فستقی वि० [अ०] पिस्तई।
adj. light green.

फ़ुस्ह فسح वि० [अ०] खुला हुआ।
adj. open.

फ़ुहश فحش वि० दे० 'फ़हश'।

फ़ेल فعل पुं० [अ० फ़ेअल] [बहु० अफ़ाल] १. कार्य, काम, कर्म। २. दुष्कर्म। ३. सम्भोग, विषय। ४. व्याकरण में क्रिया।
m. 1. a job, work or deed. 2. a misdeed. 3. cohabitation, sex. 4. (gram.) a verb.

फ़ेलज़ामिनी فعل ضامنی स्त्री० [अ० फ़ेल+ज़ामिन] नेक चलनी की जमानत।
fem. a guarantee for someone's good conduct.

फ़ेलन् فعلاً क्रि० वि० [अ० फ़ेअलन्] कार्य रूप में।
adv. in action.
पद फ़ेलन् व क़ौलन्=वाचाकर्मणा, कर्म और वचन से।
ph. by word and deed.

फ़ेलमुतअद्दी فعل متعدی पुं० [अ० फ़ेअलमुतअद्दी] व्याकरण में सकर्मक क्रिया।
m. a transitive verb.

फ़ेललाज़िमी فعل لازی पुं० [अ० फ़ेअललाज़िमी] व्याकरण में अकर्मक क्रिया।
m. an instransitive verb.

फ़ेलिया فعلیہ वि० दे० 'फ़ेली'।

फ़ेली فعلی वि० [उर्दू] १. धूर्त, चालाक। २. बदचलन, दुराचारी।
adj. 1. clever, cunning. 2. depraved, lewd.

फ़ेहरिस्त فہرست स्त्री० [फा० फ़ह्‌रिस्त] सूची, तालिका।
fem. a list, catalogue.

फ़ैज़ فَیض पुं० [अ०] १. परोपकार, उपकार, हित। २. फायदा, लाभ। ३. कीर्ति, यश।
m. 1. benevolence, beneficence. 2. profit, gain. 3. fame, repute.

फ़ैज़रसाँ فیض رساں वि० [अ०+फा०] [भाव० फैज़रसानी] १. दानी। २. यश देनेवाला।
adj. 1. charitable, munificent, 2. conferring glory.

फ़ैज़रसी فیض رسی स्त्री० [अ०+फा०] यश देना।
fem. act of praising, glorifying.

फ़ैज़ेआम فَیضِ عام पुं० [अ०] जन-साधारण का हित, लोकोपकार।
m. public welfare.

फ़ैयाज़ فَیّاض वि०, पुं० [अ०] १. बहुत बड़ा दाता, दानी। २. उदार।
adj. & m. giving money to help others, doner, munificent. 2. kind.

फ़ैयाज़ी فَیّاضی स्त्री० [अ०] १. दानशीलता। २. उदारता।
fem. 1. munificence. 2. kindness.

फ़ैलसूफ़ فَیلسوف वि०, पुं० [यू० से० फा०] १. विद्वान, विद्याप्रेमी। २. धोखेबाज़, चालबाज़। ३. अपव्ययी।
adj. & m. 1. a scholar. 2. a cheat. 3. an extravagant person.

फ़ैलसूफ़ी فَیلسوفی स्त्री० [यू० फ़लसफ़ा] १. विद्वत्ता। २. धूर्तता। ३. अपव्यय।
fem. 1. scholarship. 2. cunningness. 3. extravagance.

फ़ैसल فَیصل पुं॰ [अ॰] १. फ़ैसला करनेवाला हाकिम, न्यायकर्ता। २. न्याय, फ़ैसला।
वि॰ निर्णीत।
m. 1. one who decides cases, judge. 2. judgement, verdict.
adj. decided.

फ़ैसला فَیصلہ पुं॰ [अ॰ फ़ैस्ल:] १. निर्णय। २. किसी मुक़दमे में अदालत की आख़िरी राय।
m. 1. decision. 2. judgement.

फ़ोता فوطہ पुं॰ [फ़ा॰ फ़ोत:] १. भूमिकर, लगान। २. कोष। ३. अंडकोष।
m. 1. land revenue. 2. treasure. 3. testicle.

फ़ोताख़ाना فوطہ خانہ पुं॰ [फ़ा॰ फोत:ख़ान:] खज़ाना, कोष।
m. treasury.

फ़ोतेदार فوطہ دار पुं॰ [फ़ा॰ फ़ोत:दार] १. खज़ानची, कोषाध्यक्ष। २. रोकड़िया।
m. 1. a treasurer. 2. a cashier.

फ़ौक़ فَوق वि॰ [अ॰] १. उच्च। २. श्रेष्ठ, उत्तम।
पुं॰ १. उच्चता, ऊँचाई। २. उत्तमता, श्रेष्ठता। ३. बड़प्पन।
***मुहा॰* फ़ौक़ रखना या ले आना**= बढ़कर होना।
adj. 1. high. 2. excellent, great.
m. 1. hight. 2. excellence, greatness. 3. elderliness, generosity.
id. to surpass the other rivals.

फ़ौक़उल्भड़क فوق البھڑک वि॰ [अ॰ 'फ़ौक़' से उर्दू] भड़कीला, भड़कदार।
adj. showy, ostentatious.

फौक़ानी فوقانی वि॰ [अ॰] १. ऊपर का, ऊपरी। २. श्रेष्ठ, उत्तम।
पुं॰ वह अक्षर जिसके ऊपर नुकता लगा हो।
adj. 1. upper. 2. superior, excellent.
m. a letter marked with a point on upper side.

फ़ौक़ियत فَوقِیت स्त्री॰ [अ॰] श्रेष्ठता, उत्तमता। २. किसी से बढ़कर होने की अवस्था।
m. 1. greatness, excellence. 2. superiority.

फ़ौज فَوج स्त्री॰ [अ॰] १. जत्था, झुंड। २. सेना, लश्कर।
fem. 1. a batch, herd, flock. 2. an army.

फ़ौज़ فوز पुं॰ [अ॰] १. विजय, जीत। २. लाभ, फायदा। ३. मुक्ति।
m. 1. victory. 2. profit, gain. 3. riddance, release.

फ़ौजकशी فَوج کشی पुं॰ [अ॰+फ़ा॰] सैनिक आक्रमण, चढ़ाई, धावा।
m. an attack, assault.

फ़ौजदार فَوج دار पुं॰ [अ॰+फ़ा॰] सेनाध्यक्ष, सेनापति।
m. a commander in-chief.

फ़ौजदारी فَوج داری स्त्री॰ [अ॰+फ़ा॰] १. लड़ाई-झगड़ा, मार-पीट। २. वह अदालत जहाँ ऐसे मुक़दमों का निर्णय होता हो जिनमें अपराधी को दंड मिलता है।
fem. 1. a violent attack, assault, battery, 2. a law court which deals with criminal cases.

फ़ौजी فَوجی वि॰ [अ॰ फ़ौज] फौज-सम्बन्धी।
पुं॰ सैनिक।
adj. of or relating to the army.
m. a soldier.

फ़ौत فَوت स्त्री॰ [अ॰] मृत्यु, मौत।
वि॰ मरा हुआ, मृत।
fem. death.
adj. dead.

फ़ौती فَوتی स्त्री॰ [अ॰ फौत से फ़ा॰] मृत्यु।
वि॰ मरा हुआ, मृत।
fem. death.
adj. dead.

फ़ौतीनामा فَوتی نامہ पुं॰ [अ॰ फ़ौत+फ़ा॰ नाम:] किसी की मृत्यु की सूचना का पत्र।
m. a notice of the death of some person.

फ़ौफ़ल فَوفل स्त्री॰ [अ॰] सुपारी।
fem. betel nut.

फ़ौर فَور पुं॰ [अ॰] १. समय, वक्त। २. जल्दी, शीघ्रता।
m. 1. time. 2. urgency.

फ़ौरन् فوراً क्रि॰ वि॰ [अ॰] चटपट, तुरन्त।
adv. at once.

फ़ौरी فوری वि॰ [अ॰] तुरंती, अत्यावश्यक।
adj. most urgent.

फ़ौलाद فولاد पुं॰ [अ॰] एक प्रकार का कड़ा और अच्छा लोहा।
m. steel.

फ़ौलादी فولادی वि॰ [फ़ा॰] १. फौलाद नामक लोहे का बना हुआ। २. फौलाद-जैसा।
adj. 1. made of steel. 2. hard, stout, sturdy.

फ़ौव्वारा فوّارہ पुं॰ [अ॰ फ़व्वार:] १. जल का महीन-महीन छींटा। २. जल की वह टोंटी जिसमें से दबाव के कारण जल की महीन धाराएँ या छींटें वेग से ऊपर की ओर उड़कर गिरा करते हैं, जलयंत्र।
m. 1. drizle, shower. 2. a fountain.

ब

बंग بنگ स्त्री० [फा०] भंग, भाँग।
m. an intoxicating leafy drug.

बंद بند पुं० [फा०] १. बाँधने की रस्सी, डोरी, पट्टी आदि। २. बाँध। ३. शरीर का कोई जोड़। ४. कैद। वि० १. जो खुला न हो। २. रुका हुआ।
m. 1. a strap or string. 2. embankment. 3. a joint of the body. 4. a prison.
adj. 1. not open, closed, shut or locked. 2. still, not moving.

बंद-ए-ज़र بندہ زر वि० [फा०] धन का बंदा अर्थात् धन का लोभी, लालची।
adj. greedy.

बंद-ए-दरगाह بندہ درگاہ पुं० [फा०] दरगाह का सेवक।
m. one serving at a tomb (the place of worship).

बंद-ए-मुख़लिस بندہ مخلص पुं० [फा०] सच्चा आदमी।
m. a true person.

बंदख़ाना بندخانہ पुं० [फा० बंदख़ान:] कैदख़ाना।
m. a prison.

बंदगान بندگان पुं० (बहु०) [फा०] बंदे।
m. (plu.) human beings.

बंदगी بندگی स्त्री० [फा०] १. भक्तिपूर्वक ईश्वर की वन्दना। २. सेवा, ख़िदमत। ३. आदाब, प्रणाम, सलाम।
fem. 1. deep respect and devotion for the God. 2. service. 3. salutation, obeisance.

बंदर بندر पुं० [फा०] [बहु० बनादिर] समुद्र तट का वह स्थान जहाँ जहाज़ ठहरते हैं, बन्दरग़ाह।
m. a harbour, port.

बंदा بندہ पुं० [फा० बन्द:] १. मनुष्य, आदमी। २. सेवक, दास।
m. 1. a human being. 2. a servant, slave.

बंदानवाज़ بندہ نواز पुं० [फा० बंद:नवाज़] [भाव० बन्दानवाज़ी] वह जो अपने दासों या आश्रितों पर पूर्ण कृपा रखता हो, दीनदयाल।
m. one who protects human beings.

बंदापरवर بندہ پرور वि० [फा० बंद:पर्वर] [भाव० बन्दापरवरी] १. जो अपने सेवकों या आश्रितों का अच्छी तरह पालन करता हो, दीनबन्धु। २. प्रभु।
m. 1. one who protects human beings. 2. the God.

बंदिश بندش स्त्री० [फा०] १. बाँधने की क्रिया या भाव। २. गाँठ, गिरह। ३. छन्द, कविता, वाक्य आदि की रचना। ४. उपाय, तरक़ीब, योजना। ५. इलज़ाम, अभियोग।
fem. 1. act of fastening or tying. 2. a knot. 3. framework or system that is used to plan metre, poem, sentence etc. 4. a device, plan. 5. a charge, allegation.

बंदी[1] بندی पुं० [फा०] क़ैदी, बँधुआ।
प्रत्य० बाँधे जाने या लिपि-बद्ध करने की क्रिया; जैसे—जमाबन्दी, ज़बानबन्दी, जिल्दबन्दी।
m. a prisoner.
suffix denoting planning, performing etc.

बंदी[2] بندی स्त्री० [फा० बन्द:] १. दासी, सेविका। २. औरत।
fem. 1. a maid servant. 2. a woman.

बंदीख़ाना بندی خانہ पुं० [फा० बंदीख़ान:] कारागार, क़ैदखाना।
m. a prison.

बंदूक़ بندوق स्त्री० [अ०] एक प्रसिद्ध अस्त्र जिसमें गोली रखकर बारूद की सहायता से चलाई जाती है।
fem. a gun.

बंदूक़ची بندوقچی पुं० [अ०] बन्दूक चलानेवाला, निशानेबाज़।
m. a gunner.

बंदोबस्त بندوبست पुं० [फा०] १. प्रबन्ध, इन्तज़ाम। २. खेतों को नापकर उनका कर निश्चित करना। ३. वह विभाग जिसके सुपुर्द यह काम हो।
m. 1. management. 2. survey of land and fixation of revenue. 3. a department related to this.

ब ب उप० [फा०] एक उपसर्ग जो शब्दों के पहले लगकर 'के साथ', 'से', 'पर', 'में' आदि अर्थ देता है; जैसे—बशौक।
prefix denoting with, accompained by, in, on etc.

बअदब باادب क्रि० वि० [फा०+अ०] आदरपूर्वक।
adv. with respect, respectfully.

बअदालत بعدالت क्रि० वि० [फा०+अ०] अदालत में।
adv. in the court of law.

बअल्फ़ाज़-ए-दीगर بالفاظ دیگر क्रि० वि० [फा०+अ०] दूसरे शब्दों में।
adv. in other words.

बआज़ादी بہ آزادی क्रि० वि० [फा०] स्वतन्त्रतापूर्वक।
adv. independently, freely.

बआराम بہ آرام क्रि० वि० [फा०] आराम से।
adv. easily, without hurry.

बइफ़रात بہ افرات क्रि० वि० [फा०] अत्यधिक।
adv. very much, excessively.

बइवज़ بہ عوض क्रि० वि० [फा०+अ०] बदले में।
adv. in exchange.

बईद بعید पुं० [अ० बईद] ऊँट।

m. a camel.

बएहतियात باحتياط क्रि० वि० [फा०+अ०] सावधानी से।
adv. carefully.

बऐनी بعينى वि० [अ०] ठीक वही।
क्रि० वि० ठीक उसी तरह।
adj. exactly the same.
adv. in the same way.

बक़दर بقدر क्रि० वि० [फा० ब+अ० क़द्र] १. अमुक हिसाब या दर से। २. के अनुसार।
वि० इतना।
adv. 1. in that ratio. 2. accordingly.
adj. so much.

बक़र بقر पुं० [अ०] गौ या बैल।
m. a cow or ox.

बक़र-ईद بقرعيد स्त्री० [अ० बक़र+ईद] मुसलमानों का एक त्यौहार जो जिलहिज मास की १०वीं तारीख को होता है और जिसमें वे बकरों की बलि देते हैं।
fem. a Muslim festival in which goats are sacrified.

बकलमेख़ुद بقلم خود क्रि० वि० [फा०+अ०] अपनी कलम से, अपने हाथ की लिखावट से।
adv. in one own's handwriting, with ones' own pen.

बक़ा بقا स्त्री० [अ०] १. बाक़ी या बना रहना। २. शाश्वत या अमर होने का भाव, अमरता। ३. जीवन। ४. अस्तित्व।
पद आबे बक़ा=अमृत।
fem. 1. survival. 2. immortality. 3. life. 4. existence.
ph. nectar, ambrosia.

बक़ाया بقايا वि० [अ० बक़ाय:] बाक़ी बचा हुआ, अवशिष्ट।
पुं० बाकी बची हुई रकम।
adj. overdue, late.
m. arrears.

बकारत بكارت स्त्री० [अ०] कौमार्य।
fem. virginity.

बकावल بكاول पुं० [फा०] भोजन बनानेवाला, बावरची, रसोइया।
m. a cook.

बक़ौल بقول क्रि० वि० [अ०] किसी के कौल या कहने के मुताबिक, किसी के कथनानुसार।
adv. as stated by, according to.

बक़्क़ा بقه पुं० [अ० बक़्क़:] नृत्य।
m. dance.

बक़्क़ाल بقال पुं० [अ०] १. तरकारी आदि बेचनेवाला। २. बनिया।
m. 1. a vegetable-seller. 2. a person of business community.

बक्तर بكتر पुं० [फा०] कवच।
m. an armour.

बक़्ला بقله स्त्री० [अ० बक़्ल:] सब्जी।
fem. a vegetable.

बख़र بخر पुं० [अ०] मुँह की बास
m. mouth's smell particularly (strong and unpleasing).

बख़िदमत بخدمت क्रि० वि० [फा०+अ०] सेवा में।
adv. in the service (of someone).

बख़िया بخيه पुं० [फा० बख़्य:] कपड़े की एक प्रकार की मज़बूत सिलाई।
m. a type of stitching.

बख़ील بخيل वि० [अ०] [भाव० बख़ीली] कंजूस, कृपण, मक्खीचूस।
adj. extremely niggardly, miserly.

बख़ीली بخيلى स्त्री० [फा०] कंजूसी, कृपणता।
fem. miserliness.

बख़ुदा بخدا क्रि० वि० [फा०] खुदा के लिए।
adv. for the sake of the God.

बख़ुशी بخوشى क्रि० वि० [फा०] खुशी से।
adv. happily, gladly.

बख़ूबी بخوبى क्रि० वि० [फा०] खूबी के साथ अच्छी तरह, उचित रूप में।
adv. very well, beautifuly.

बख़ूर بخور पुं० [अ०] १. सुगंध, महक। २. धूनी।
m. 1. sweet smell. 2. incense.

बख़ैर بخير क्रि० वि० [फा०] ख़ैरियत के साथ, कुशल-पूर्वक, अच्छी तरह।
adv. very well, happily.

बख़्त بخت पुं० [फा०] भाग्य, किस्मत, तकदीर।
पद (i) बख़्ते-तीरा=बदकिस्मती। **(ii) बख़्ते-बुलंद**=सौभाग्य।
m. luck, fortune.
ph. (i) misfortune, (ii) good luck.

बख़्तयार بختيار वि० [फा०] = बख़्तावर।

बख़्तर بختر पुं० [फा०] एक प्रकार की ज़िरह या लोहे की तारों का कपड़ा जो सैनिक लोग लड़ाई के समय पहनते हैं, सन्नाह।
m. an armour.

बख़्तावर بختاور वि० [फा०] भाग्यवान, खुशकिस्मत, तकदीरवर।
adj. fortunate, lucky.

बख़्तावरी بختاورى स्त्री० [फा०] सौभाग्य, खुशकिस्मती।
fem. good fortune, good luck.

बख़्या بخیہ पुं० [फा० बख़्य:] एक प्रकार की सिलाई, बखिया।
m. a type of stitching.

बख़्श بخش प्रत्य० [फा०] १. बख्शने या माफ़ करने-वाला। २. प्रदान करनेवाला।
suffix 1. that forgives. 2. that gives.

बख़्शना بخشنا क्रि० स० [फा० बख़्शीदन] १. छोड़ना, जाने देना, क्षमा करना, माफ करना। २. प्रदान करना, देना।
m. 1. to forgive. 2. to give or donate.

बख़्शवाना بخشوانا क्रि० स० [फा० बख़्शीदन] बख्शने की प्रेरण करना, बख्शने में प्रवृत्त करना।
v.t. caustive of बख़्शना।

बख़्शिश بخشش स्त्री० [फा०] १. उपहार, भेंट। २. पुरस्कार, इनाम।
fem. 1. a gift. 2. a tip.

बख़्शिशनामा بخشش نامہ पुं० [फा० बख़्शिशनाम:] दानपत्र।
m. the deed of gift, gift-deed.

बख़्शी بخشی पुं० [फा०] १. वह कर्मचारी जो लोगों का वेतन बाँटता हो। २. कर वसूल करनेवाला कर्मचारी।
m. 1. one who distributes salaries among the employees. 2. a tax-collector.

बग़रज بغرض क्रि० वि० [फा०+अ०] १. के लिए। २. के उद्देश्य से।
adv. 1. for. 2. because.

बग़ल بغل स्त्री० [फा०] १. बाहुमूल के नीचे की ओर का गड्ढा, काँख। २. छाती के दोनों किनारों का भाग, पार्श्व।
***मुहा०* (i) बग़ल गरम करना**=साथ में सोना, संभोग करना। **(ii) बग़ल में दबाना या धरना**=अधिकार करना, ले लेना। **(iii) बग़ल में मुँह डालना**=लज्जित होना, सिर नीचा करना। **(iv) बग़लें बजाना**=बहुत प्रसन्नता प्रकट करना, खूब खुशी मनाना। **(v) बग़लें झाँकना**=लज्जित होकर इधर-उधर देखना, भागने का रास्ता ढूँढ़ना।
fem. 1. an armpit. 2. either side of the ribs, flank.
id. (i) to sleep along with someone. (ii) to take into possession. (iii) to be ashamed. (iv) to rejoice. (v) to try to get rid of.

बग़लगीर بغل گیر वि० [फा०] १. पार्श्ववर्ती। २. जो गले मिला हो।
adj. 1. seated by the side. 2. in the embrace.

बग़ली بغلی स्त्री० [फा०] १. वह थैली जिसमें दर्जी सुई, तागा आदि रखते हैं, तिलादानी। २. कुश्ती का एक पेंच। वि० बग़ल का, बग़ल-सम्बन्धी।
fem. 1. tailor's bag for keeping needles, thread etc. 2. a trick in wrestling.
adj. of or pertaining to the armpit.

बग़ावत بغاوت स्त्री० [अ०] किसी के विरुद्ध खड़े होना, विद्रोह।
fem. act of rebelling, insurgency, revolt, rebellion.

बग़ीचा بغیچہ पुं० [फा० बाग़च:] छोटा बाग़, वाटिका, फुलवारी।
m. a small garden.

बग़ैर بغیر क्रि० वि० [अ०] के बिना, छोड़कर, अलग रखते हुए।
adv. without.

बच्चगी بچگی स्त्री० [अ०] १. अवयस्कता। २. अबोधता।
fem. 1. minority. 2. unintelligibility.

बच्चा بچہ पुं० [फा० बच्च: मि० सं० वत्स] १. किसी प्राणी का शिशु। २. बालक, लड़का। ३. नाबालिग। वि० नासमझ।
m. 1. a young animal. 2. a kid, child. 3. a minor one.
adj. lacking understanding.

बच्चाकश بچہ کش स्त्री० [फा० बच्च:कश] वह स्त्री जिसके ढेरों बच्चे हों।
fem. a woman having many kids.

बच्चाकुशी بچہ کشی स्त्री० [फा० बच्च:कुशी] बच्चे की हत्या।
fem. infanticide.

बच्चादार بچہ دار वि० [फा० बच्च:दार] जिसे बच्चे हों।
adj. having kids.

बज़्ला بذلہ पुं० [अ० बज़्ल:] १. मज़ाक, विनोद, परिहास, ठट्ठा। २. मनोरंजन।
***पद* बज़्ला-संज**=ठठोल।
m. 1. a joke. 2. entertainment.
ph. a jester.

बजा بجا वि० [फा०] १. ठीक, दुरुस्त। २. वाज़िब, उचित।
***मुहा०* बजा लाना**=(क) पालन करना, पूरा करना। (ख) करना; जैसे—आदाब बजा लाना।
adj. 1. correct, right. 2. proper, upright.
id. a. to observe or comply. b. to do.

बजाआवरी بجا آوری स्त्री० [फा०] आज्ञा या कर्तव्य आदि का पालन, हुक्म के मुताबिक काम करना।
fem. act of complying accordance with a command or law.

बजाए بجائے क्रि० वि० [फा०] किसी की जगह पर, के बदले में; जैसे—आप कपड़ों के बजाय नक़द दे दीजिएगा।

adv. instead of, in place of.

बज़ाज़ بزاز पुं० दे० 'बज़्ज़ाज़'।

बज़ाहिर بظاہر क्रि० वि० [फ़ा०] ज़ाहिर में, ऊपर से देखने पर।
adv. obviously, apparently.

बज़िद بضد क्रि० वि० [फ़ा०+अ०] हठपूर्वक।
adv. through sheer obstinacy, forcibly.

बजिंस بجنس वि०, क्रि० वि० [फ़ा०] ठीक वैसे, वैसे ही, ज्यों-का-त्यों।
adj. & adv. exact the same, exactly like that.

बजुज़ بجز क्रि० वि० [फ़ा०] इसको छोड़कर, अतिरिक्त, सिवा।
adv. except, not including.

बज़ोर بزور क्रि० वि० [फ़ा०] बलपूर्वक, ज़बरदस्ती।
adv. forcibly.

बज़्ज़ بز पुं० [अ०] १. वस्त्र, कपड़ा। २. सामान।
m. 1. cloth. 2. goods.

बज़्ज़ाज़ بزاز पुं० [अ०] कपड़ा बेचनेवाला, वस्त्र का व्यवसायी, कपड़े का कारोबारी।
m. a cloth-merchant.

बज़्ज़ाज़ी بزازی स्त्री० [फ़ा०] कपड़े का व्यवसाय, कपड़े का रोज़गार।
fem. the calling of a cloth-merchant.

बज़्म بزم स्त्री० [फ़ा०] १. वह स्थान जहाँ बहुत से लोग एकत्र हों, सभा। २. वह स्थान जहाँ नृत्य, गीत या आमोद-प्रमोद हो, रंगस्थल।
fem. 1. a gathering or assembly. 2. a place where music is performed.

बज़्मग़ाह بزم گاہ स्त्री० [फ़ा०] वह स्थान जहाँ नृत्य, गीत और मद्यपान आदि हो, महफ़िल।
fem. a music house or hall.

बत بط स्त्री० [अ०] १. बत्तख। २. बत्तख के आकार की शराब रखने की सुराही।
fem. 1. a water bird with flat feet, duck. 2. a duck-shaped wine jar.

बतख़ بطخ स्त्री० दे० 'बत्तख़'।

बतदरीज بتدریج क्रि० वि० [फ़ा०+अ०] क्रम-क्रम से, क्रमशः।
adv. orderly, gradually.

बतर بطر वि० [फ़ा०] बदतर।
adj. worse.

बत्तख़ بطخ स्त्री० [अ० बत] हंस की जाति की पानी की एक प्रसिद्ध चिड़िया।
fem. a duck.

बत्न بطن पुं० [अ०] [बहु० बतून] १. पेट, उदर। २. गर्भ।
m. 1. stomach, belly. 2. womb.

बद بد वि० [फ़ा०] बुरा, खराब; प्रायः यौगिक में, जैसे—बदचलन, बदमाश।
adj. bad, deplorable, vile, unpleasant.

बदअमनी بدامنی स्त्री० [फ़ा०+अ० अम्नी] १. अशान्ति। २. अव्यवस्था।
fem. 1. absence of peace. 2. disorder, disturbance.

बदअमली بدعملی स्त्री० [फ़ा०] बुरा शासन या व्यवस्था, कुप्रबंध, अराजकता।
fem. state of lawlessness and disorder, anarchy.

बदइंतज़ामी بدانتظامی स्त्री० [फ़ा०] इंतज़ाम की खराबी, अव्यवस्था।
fem. mismanagement.

बदइख़लाक़ بداخلاق वि० [फ़ा०] [भाव० बदइख़लाक़ी] जिसका आचरण और व्यवहार अच्छा न हो।
adj. of bad conduct, depraved.

बदऐमाल بداعمال वि० [फ़ा०+अ०] [भाव० बदऐमाली] बदचलन, दुराचारी।
adj. depraved, lewd.

बदक़दम بدقدم वि० [फ़ा०+अ०] मनहूस।
adj. abominable.

बदकार بدکار वि० [फ़ा०] [भाव० बदकारी] बदचलन, दुराचारी।
adj. depraved, lewd.

बदकिरदार بدکردار वि० [फ़ा०] [भाव० बदकिरदारी] बुरे आचरणवाला, दुराचारी।
adj. depraved, lewd.

बदक़िस्मत بدقسمت वि० [फ़ा०+अ०] [भाव० बदक़िस्मती] अभाग, हतभाग्य।
adj. unlucky, unfortunate.

बदक़ौम بدقوم वि० [फ़ा०+अ०] कमीना।
adj. mean.

बदख़त بدخط वि० [फ़ा०+अ०] जिसकी लिखावट खराब हो।
adj. having a bad handwriting.

बदख़ू بدخو वि० [फ़ा०] [भाव० बदखूई] बुरे स्वभाव-वाला, रूखा या कड़वा।
adj. bad-tempered.

बदख़ूई بدخوئی स्त्री० [फ़ा०] रूखा या कड़वा स्वभाव।
fem. rough temperament.

बदख़्वाह بدخواہ वि० [फ़ा०] [भाव० बदख़्वाही] बुराई चाहनेवाला, अशुभचिंतक।
adj. not benevolent.

बदगुमान بدگمان वि० [फ़ा०] [भाव० बदगुमानी] जिसके

मन में किसी की ओर से सन्देह उत्पन्न हुआ हो, असन्तुष्ट।
adj. dissatisfied, discontended.

बदगुमानी بدگمانی स्त्री० [फा०] असंतुष्टि।
fem. dissatisfaction, discontentment.

बदगो بدگو वि० [फा०] [भाव० बदगोई] निन्दा करने-वाला, चुगलखोर।
adj. backbiter.

बदगोई بدگوئی स्त्री० [फा०] निंदा, चुगली।
fem. backbiting.

बदचलन بدچلن वि० [फा० बद+हिं० चलन] जिसका चाल-चलन अच्छा न हो, दुराचारी।
adj. of loose morals, depraved.

बदचलनी بدچلنی स्त्री० [फा०+हिं०] दुराचार।
fem. depravation.

बदज़न بدزن वि० [फा०+अ०] किसी के प्रति बुरी भावना रखनेवाला, द्वेषी।
adj. filled with ill-will, malicious.

बदज़नी بدزنی स्त्री० [फा०] द्वेष।
fem. malice.

बदज़बान بدزبان वि० [फा०] जो ज़बान सँभालकर न बोलता हो, गाली-गुफ्ता बकनेवाला।
adj. evil-tongued, foul-mouthed.

बदज़बानी بدزبانی स्त्री० [फा०] १. गंदी बातें कहना, गाली-गुफ्ता बकना। २. गाली-गुफ्ता।
fem. 1. act of vituperating. 2. vituperation.

बदज़ात بدذات वि० [फा०] १. कमीना, नीच। २. पाजी, दुष्ट।
adj. 1. mean. 2. wicked.

बदज़ाती بدذاتی स्त्री० [फा०] १. नीचता। २. दुष्टता।
fem. 1. meanness. 2. wickedness.

बदज़ेब بدزیب वि० [फा०] जो देखने में अच्छा न लगे, जो खिलता न हो, भद्दा।
adj. unsightly, ugly.

बदतमीज़ بدتمیز वि० [फा०+अ०] अशिष्ट, उजड्ड।
adj. rude, unmannerly.

बदतमीज़ी بدتمیزی स्त्री० [फा०] अशिष्टता, उजड्डुता।
fem. rudeness, unmannerliness.

बदतर بدتر वि० [फा०] किसी की तुलना में अधिक बुरा, ज्यादा खराब।
adj. worse.

बदतरी بدتری स्त्री० [फा०] बदतर होने की अवस्था या भाव।
fem. the state of being worse.

बदतरीन بدترین वि० [फा०] सबसे बुरा।
adj. worse.

बददिमाग़ بددماغ वि० [फा०+अ०] [भाव० बददिमाग़ी] घमण्डी।
adj. proud, conceited, swollen-headed.

बददिमाग़ी بددماغی स्त्री० [फा०] घमण्ड।
fem. the state of being swollen headed.

बददियानत بددیانت वि० [फा०] [भाव० बददियानती] जिसकी नीयत खराब हो, बेईमान।
adj. dishonest.

बददियानती بددیانتی स्त्री० [फा०] बेईमानी।
fem. dishonesty.

बददुआ بددعا स्त्री० [फा०+अ०] बुरी दुआ, शाप।
m. a curse.

बदन بدن पुं० [अ०] [वि० बदनी] १. तन, शरीर, जिस्म। २. गुप्त अंग, गुप्तांग।
m. 1. physical structure of a man or animal, body. 2. a person's genitals, private parts.

बदनसीब بدنصیب वि० [फा०+अ०] [भाव० बदनसीबी] अभागा, कम्बख्त।
adj. unlucky, unfortunate.

बदनसीबी بدنصیبی स्त्री० [फा०+अ०] दुर्भाग्य।
fem. bad luck, misfortune.

बदनाम بدنام वि० [फा०] जिसकी निंदा हो रही हो, कलंकित।
adj. ill-famed.

बदनामी بدنامی स्त्री० [फा०] लोकनिन्दा, अपवाद।
fem. ill-fame, defame.

बदनीयत بدنیت वि० [फा०+अ०] [भाव० बदनीयती] जिसकी नियत खराब हो।
adj. malevolent, ill-motivated.

बदनीयती بدنیتی स्त्री० [फा०+अ०] खराब नियत।
fem. malevolence, ill-intent.

बदनुमा بدنما वि० [फा०] [भाव० बदनुमाई] जो देखने में अच्छा न हो, कुरूप, भद्दा।
adj. ungraceful, ugly.

बदनुमाई بدنمائی स्त्री० [फा०] भद्दापन।
fem. ugliness.

बदपरहेज़ بدپرہیز वि० [फा०] [भाव० बदपरहेज़ी] जो ठीक तरह से परहेज़ न कर सके, असंयमी।
adj. intemperate in diet.

बदपरहेज़ी بدپرہیزی स्त्री० [फा०] परहेज न करने का भाव, असंयम।
fem. intemperance.

बदफ़ेल بدفعل वि० [फा०+अ०] बुरे काम करनेवाला,

कुकर्मी।
adj. depraved, lewd.

बदफ़ेली بدفعلی स्त्री० [फा०+अ०] कुकर्म।
fem. lewdness, depravity.

बदबख़्त بدبخت वि० [फा०+अ०] कम्बख्त, बदकिस्मत, अभागा।
adj. unfortunate, unlucky.

बदबख़्ती بدبختی स्त्री० [फा०+अ०] बदकिस्मती।
fem. misfortunte, bad luck.

बदबू بدبو स्त्री० [फा०] [वि० बदबूदार] खराब बू, दुर्गन्ध।
fem. foul smell, reck, stink.

बदबूदार بدبودار वि० [फा०] दुर्गंधयुक्त।
adj. foul smelling.

बदमआश بدمعاش पुं० दे० 'बदमाश'।

बदमज़गी بدمزگی स्त्री० [फा०] मनमुटाव, पारस्परिक विरोध।
fem. dissention, rift.

बदमज़ा بدمزہ वि० [फा० बदमज़:] १. खराब मज़े या स्वादवाला। २. खराब, बुरा। ३. गुस्से में आया हुआ, क्रुद्ध।
adj. 1. of a bad taste. 2. bad. 3. angry, wrathful.

बदमस्त بدمست वि० [फा०] [भाव० बदमस्ती] नशे में चूर, मस्त।
adj. dead-drunk.

बदमाश بدمعاش वि०, पुं० [फा० बदमआश] [भाव० बदमाशी] १. बुरे आचरणवाला, दुराचारी। २. लुच्चा, लफंगा।
adj. & m. 1. of no moral principles, scoundrel. 2. a hooligan, hoodlum.

बदमिज़ाज بدمزاج वि० [फा०+अ०] [भाव० बद-मिज़ाजी] दुष्ट स्वभाववाला।
adj. ill-tempered.

बदमुआमिला بدمعاملہ वि० [फा० बद+अ० मुआमिल:] [भाव० बदमुआमिलगी] जिसका व्यवहार या लेन-देन ठीक न हो, चालाक, बेईमान।
adj. dishonest.

बदरंग بدرنگ वि० [फा०] १. जिसका रंग उड़ गया हो, खराब रंगवाला। २. किसी दूसरे रंग का (ताश का पत्ता)।
adj. 1. discoloured or faint. 2. of a different colour.

बदरक़ा بدرقہ पुं० [फा० बद+रक़:] मार्गदर्शक।
m. a guide.

बदररौ بدررو स्त्री० [फा०] नाली, मोरी, पनाला।
fem. a drain or gutter.

बदराह بدراہ वि० [फा०] बुरी राह पर चलनेवाला, कुमार्गी।
adj. given to evil ways.

बदरौ بدرو वि० [फा०] बुरे रास्ते पर चलनेवाला, पथभ्रष्ट।
adj. given to evil ways.

बदरौर بدرور स्त्री० दे० 'बदररौ'।

बदल بدل पुं० [अ०] १. एक की जगह दूसरा रखना, बदलना। २. परिवर्तन, बदला। ३. एक चीज़ के बदले में दी हुई दूसरी चीज़।
m. 1. substitution. 2. change, 3. exchange.

बदलगाम بدلگام वि० [फा०] १. (घोड़ा) जो लगाम का संकेत या ज़ोर न माने। २. जो बोलते समय भले-बुरे का ध्यान न रखे।
adj. 1. unbriddled, 2. having no control over his tongue.

बदला بدلہ पुं० [अ० बदली] १. परस्पर लेने और देने का व्यवहार, विनिमय। २. एक वस्तु की हानि या स्थान की पूर्ति के लिए उपस्थित की हुई दूसरी वस्तु, पलटा, एवज। ३. एक पक्ष के किसी व्यवहार के उत्तर में दूसरे पक्ष का वैसा ही व्यवहार, पलटा, प्रतिकार।
मुहा० बदला लेना या चुकाना=किसी के बुराई करने पर उसके साथ बुराई करना।
m. 1. exchange. 2. substitution. 3. revenge.
id. to revenge.

बदली بدلی स्त्री० [अ०] १. एक के स्थान पर दूसरी वस्तु की उपस्थिति। २. एक स्थान से दूसरे स्थान पर नियुक्ति, तबदीली, तबादला।
fem. 1. substitution. 2. act of moving from one place or position to another, transfer.

बदशक्ल بدشکل वि० [फा०+अ०] कुरूप, भोंडा।
adj. ugly.

बदशुऊर بدشعور वि० [फा०+अ०] अशिष्ट, बदतमीज।
adj. rude, unmannerly.

बदसलूकी بدسلوکی स्त्री० [फा०] बुरा सलूक, अनुचित व्यवहार।
fem. misbehaviour, maltreatment.

बदसूरत بدصورت वि० [फा०] खराब सूरतवाला, बद-शक्ल, कुरूप।
adj. unpleasent or unattractive in appearance, ugly.

बदस्त بدست क्रि० वि० [फा०] हाथ से, के द्वारा, मारफत, हस्ते।
adv. by hand.

बदस्तूर بدستور क्रि० वि० [फा०] १. दस्तूर या क़ायदे के मुताबिक, नियमानुसार। २. जिस तरह होता आया हो, उसी तरह, पहले की तरह।
adv. 1. in the customary manner. 2. as usual.

बदहज़मी بدہضمی स्त्री० [फा०+अ०] हज़म न होना,

अनपच, अपच।
fem. indigestion.

बदहवास بدحواس वि० [फा०+अ०] [भाव० बदहवासी] जिसके होश-हवास ठिकाने न हों, बहुत घबराया हुआ।
adj. bewildered, perplexed.

बदहवासी بدحواسی स्त्री० [फा०+अ०] होश-हवास ठिकाने न होने की अवस्था या भाव।
fem. bewilderment, perplexity.

बदहाल بدحال वि० [फा०+अ०] [भाव० बदहाली] जिसका हाल बुरा हो, दुर्दशाग्रस्त।
adj. miserable, in plight.

बदी بدی स्त्री० [फा०] १. बद का भाव। २. बुराई, खराबी। ३. अपकार, अहित।
fem. 1. malevolence. 2. evil. 3. disservice, harm.

बदीअ بدیع वि० [अ०] अनुपम।
adj. unique.

बदीह بدیہہ वि० [अ०] स्पष्ट, प्रकट।
adj. apparant, obvious, manifest.

बदीही بدیہی स्त्री० [अ०] स्पष्टता, प्रकटता।
fem. clearness, clarity, manifestation.

बदौलत, की بدولت संबंधबोध० [फा० बदौलत] की कृपा से।
postposition by the grace or virtue of.

बदद्दू بدّو पुं० [फा० बद] १. लुच्चा, बदमाश। २. गँवार।
m. 1. a scoundrell, villain. 2. a rustic.

बद्र بدر पुं० [फा०] पूर्णिमा का चंद्रमा।
m. the full moon.

बनफ़शा بنفشہ पुं० [फा० बनफ़्शः] एक वनस्पति।
m. a medicinal herb.

बनात بنات स्त्री० [फा० बिन्त का बहु०] लड़कियाँ।
fem. (plu.) daughters.

बनाम بنام क्रि० वि० [फा०] के विरुद्ध।
adv. as opposed to, versus.

बनिस्बत, की بہ نسبت संबंधबोध० [फा० बनिस्बत] की तुलना में।
postposition in comparison with.

बपा بپا वि० [फा०] व्याप्त।
adj. pervaded, present through out.

बबर ببر पुं० [अ०] शेर, सिंह, केसरी।
m. a lion.

बमंज़िल بمنزل क्रि० वि० [फा०] हालत में।
adv. on such condition.

बम بم पुं० [फा०] थप्पड़।
m. a slap.

बमूजिब, के بموجب/کے सम्बन्धबोध० [फा० बमूजिब] के अनुसार।
postposition according to.

बमै بمے क्रि० वि० [फा०] सहित, साथ; जैसे—बमै कपड़ों के बक्स भेज दो।
adv. with, along with.

बयक वक्त بیک وقت क्रि० वि० [फा०+अ०] १. एक समय में। २. एक साथ।
adv. 1. at one time. 2. together with.

बयाज़ بیاض स्त्री० [अ०] सफेदी।
fem. whiteness.

बयान بیان पुं० [अ०] [बहु० बयानात] १. वर्णन। २. ज़िक्र, हाल। ३. कथन।
m. 1. description, account. 2. mention. 3. a statement.

बयाना بیعانہ पुं० [अ० बैआन:] निश्चित किए हुए मूल्य का वह अंश जो खरीदने की बातचीत करने के समय दिया जाता है, पेशगी, अगाऊ।
m. an earnest money.

बयाबान بیابان पुं० [फा० बियाबान] १. निर्जन स्थान। २. सहारा। ३. उजाड़ और सुनसान जगह।
m. 1. an inhabited place. 2. a desert. 3. a deserted place, wilderness.

बर[१] بر उप० [फा०] ऊपर, पर; जैसे—बर-वक्त=समय पर।
***मुहा०* बर आना**=मुक़ाबले में ठहरना।
वि० १. बढ़ा-चढ़ा, श्रेष्ठ। २. पूरा, पूर्ण (आशा आदि के सम्बन्ध में); जैसे—मुराद बर आना= मनोरथ पूर्ण होना।
प्रत्य० १. ले जानेवाला; जैसे—नामाबर=पत्रवाहक। २. लेनेवाला; जैसे—दिलबर।
prefix denoting on, at.
id. to stay in a competition.
adj. 1. superior, great. 2. full.
suffix denoting one who (i) carries, (ii) receives etc.

बर[२] بر पुं० [अ०] कपड़े की चौड़ाई।
m. the width of a cloth.

बरअंगेख़्ता برانگیختہ वि० [फा० बरअंगेख़्त:] क्रोध में आया हुआ, क्रुद्ध।
adj. angry, wrathful.

बरअक्स, के برعکس संबंधबो० [फा०+अ०] के विपरीत, के उलटा।
postposition instead of.

बरआबुर्द برآبرد पुं० [फा०] १. आँकने या जाँचने की क्रिया। २. वह पत्र जिसपर वेतन आदि का विवरण लिखा हो।
m. 1. assessment, evaluation. 2. pay-roll.

बरआबुर्दन برآبردن पुं० [फा०] १. बाहर निकालना। २. ऊपर करना।
m. 1. act of ousting. 2. act of uplifting.

बरआबुर्दा برآبرده वि० [फा० बरआबुर्द:] (रक़म) जिसे एक खाते से दूसरे खाते में डाला गया हो।
adj. (amount) that has been transfered from one account to another.

बरआमद برآمد वि० दे० 'बरामद'।

बरक़ंदाज़ برقنداز पुं० [अ० बर्क़+फा० अन्दाज़] बन्दूक रखनेवाला सिपाही।
m. a gunner.

बरक़ برق पुं० [अ० बर्क़] बिजली।
m. lightning.

बरकत برکت स्त्री० [अ०] [बहु० बरकात] १. किसी पदार्थ की बहुलता या आवश्यकता से अधिकता, बहुतायत। २. लाभ, फ़ायदा। ३. समाप्ति, अन्त। ४. एक की संख्या। ५. धन-दौलत। ६. प्रसाद, कृपा।
fem. 1. abundance. 2. profit, gain. 3. end. 4. one is number. 5. property. 6. grace, favour, kindness, blessing.

बरक़रार برقرار वि० [फा०] १. भली भाँति स्थापित किया हुआ, दृढ़। २. वर्तमान, उपस्थित।
adj. 1. established, firm. 2. present.

बरख़ास्त برخاست वि० [फा० बरख़्वास्त] [भाव० बरख्वास्तगी] १. जो उठ या बन्द हो गया हो (कार्यालय, न्यायालय आदि)। २. जो नौकरी से अलग कर दिया गया हो।
adj. 1. that has been shut or closed. 2. dismissed.

बरख़ास्तगी برخواستگی स्त्री० [फा०] १. उठना या बन्द होना। २. नौकरी से अलग किया जाना।
fem. 1. act of closing or the state of being closed. 2. dismissal.

बरख़िलाफ़ برخلاف वि० [फा०] उलटा, विपरीत।
adj. against, adverse.

बरख़िलाफ़, के برخلاف संबंधबो० के विरुद्ध।
postposition in opposition to

बरख़ुरदार برخوردار वि० [फा० बरख़ुर्दार] [भाव० बरख़ुरदारी] १. सौभाग्यशाली, सफल-मनोरथ। २. सुखी और संपन्न। पुं० लड़का, पुत्र, बेटा।
adj. 1. fortunate. 2. happy and prosperous.
m. a son.

बरगश्ता برگشتہ वि०[फा० बरगश्त:] [भाव० बरगश्तगी] १. पीछे की ओर मुड़ा या उलटा हुआ, फिरा हुआ। २. जो विरोध में खड़ा हो, विद्रोही।
adj. 1. turned, turned back, 2. opposing, rebellious.

बरगुज़ीदा برگزیدہ वि० [फा० बरगुज़ीद:] १. चुना हुआ। २. स्वीकृत।
adj. 1. selected. 2. accepted.

बरज़ख برزخ पुं० [अ०] १. मृत्यु और क़यामत के बीच का समय। २. दो बातों के बीच का समय।
m. 1. the time between one's death and the Judgement Day. 2. the time between the two events.

बरज़बान برزبان वि० [फा०] कंठस्थ।
adj. learnt by heart.

बरजस्ता برجستہ वि० [फा० बरजस्त:] बात पड़ने पर तुरन्त कहा हुआ, बिना पहले से सोचे कहा हुआ (उत्तर, व्याख्यान आदि)।
adj. done or said without advance preparation or thought, extempore.

बरजा برجا वि० [फा०] ठीक, उचित।
adj. right, appropriate.

बरतर برتر वि० [फा०] १. बहुत ऊँचा। २. श्रेष्ठ।
adj. 1. very high. 2. great, excellent.

बरतरफ़ برطرف वि० [फा०][भाव० बरतरफ़ी] १. एक तरफ किया हुआ। २. अलग किया हुआ, नौकरी आदि से अलग किया हुआ, पदच्युत।
adj. 1. sidelined. 2. dismissed.

बरतरफ़ी برطرفی स्त्री० [फा०] १. अलग किया जाना। २. पदच्युति।
fem. 1. act of sidelinning. 2. dismissal.

बरदा بردہ पुं० [तु० बर्द:] युद्ध में पकड़कर बनाया हुआ दास, गुलाम।
m. a slave.

बरदाफ़रोश بردہفروش वि० [फा० बर्द:फ़रोश] [भाव० बरदाफ़रोशी] जो दास खरीदने-बेचने का व्यापार करता हो, गुलामों को खरीदने और बेचनेवाला।
m. a slave-trader.

बरदाफ़रोशी بردہفروشی स्त्री० [फा० बर्द:फ़रोशी] दास खरीदने और बेचने का धंधा।
fem. slave-trade.

बरदार بردار वि० [फा० बर्दार] [भाव० बरदारी] उठाकर ले चलनेवाला; जैसे—आसाबरदार, हुक्का-बरदार।
adj. (one) who carries.

बरदाश्त برداشت स्त्री० [फा०] १. सहने की क्रिया या भाव, सहनशीलता। २. जाकड़ या उधार माल लेने की शक्ति।
fem. 1. power of endurance, forbearance, tolerance. 2. capacity to sell one's goods on credit.

बरपा برپا वि० [फा०] १. उपस्थित। २. अपने पैरों पर खड़ा हुआ। ३. दृढ़।
***मुहा०* बरपा करना**=खड़ा करना, ढाहना; जैसे—हश्र बरपा करना=भारी आफ़त खड़ी करना।
adj. 1. present. 2. standing on one's feet, self-dependent. 3. firm.
id. to use oppressive tactics.

बरफ़ برف पुं० दे० 'बर्फ़'।

बरफ़ी برفی स्त्री० [फा० बर्फ़] एक प्रकार की मिठाई।
fem. a sweetmeet.

बरबाद برباد वि० [फा०] १. नष्ट। २. चौपट।
adj. 1. destroyed. 2. wasted.

बरबादकुन بربادکن वि० [फा०] नष्ट या चौपट करनेवाला।
adj. that destroys, destroyer.

बरबादी بربادی स्त्री० [फा०] नाश।
fem. destruction, devastation, wastage.

बरबिना بربنا क्रि० वि० [फा०+अ०] के कारण।
adv. because of.

बरमला برملا क्रि०वि० [फा०] खुलेआम, सबके सामने।
adv. openly, publicly, frankly.

बरमहल برمحل वि० [फा०] जो ठीक स्थान या अवसर पर हो।
क्रि० वि० ठीक मौक़े पर, उपयुक्त अवसर पर।
adj. appropriate, adequate.
adv. on time, at the right time.

बररू بررو क्रि० वि० [फा०] मुँह पर, सामने।
adv. when confronted with, in the face of.

बरस برص पुं० [अ०] कोढ़ी।
m. a lepor.

बरसरे आम برسرعام क्रि० वि० [फा०+अ०] सबके सामने।
adv. openly.

बरहक़ برحق वि० [फा०] १. ठीक, उचित, सही। २. वास्तविक। ३. अनिवार्य।
adj. 1. appropriate, adequate, correct. 2. real. 3. compulsory, essential.

बरहना برہنہ वि० [फा० बरह्न:] [भाव० बरहनगी] नंगा, नग्न, विवस्त्र।
adj. naked, nude.

बरहम برہم वि० [फा० बरह्म] १. चकराया हुआ, चकित। २. गुस्से में आया हुआ, क्रुद्ध, नाराज़। ३. अस्त-व्यस्त।
***पद* वाइज़े बरहम**=क्रुद्ध धर्मोपदेशक।
adj. 1. amazed, astonished. 2. angry, wrathful. 2. scattered.
ph. a preacher in rage.

बरहमी برہمی स्त्री० [फा०] अप्रसन्नता, नाराजगी।
adj. displeasure.

बराए برائے क्रि० वि० [फा०] के वास्ते, के लिए।
adv. for.

बराज़ براز पुं० [अ०] मल, पाखाना, गू, मैला।
m. waste discharge from the body, excreta.

बरात برات स्त्री० [अ०] आदेश-पत्र।
fem. a command.

बरादर برادر पुं० [फा०] भाई।
m. a brother.

बरादरकुश برادرکش वि० [फा०] भाई का हत्यारा।
adv. (one) who kills one's brother.

बरादरज़ादा برادرزاده पुं० [फा० बरादरज़ाद:] भाई का लड़का, भतीजा।
m. brother's son, nephew.

बरादरज़ादी برادرزادی स्त्री० [फा०] भतीजी।
m. a niece.

बरादराना برادرانہ वि० [फा० बरादरान:] भाइयों-जैसा।
adv. brother-like.

बरादरी برادری स्त्री० [फा०] जाति के लोग।
fem. the persons of one's community.

बराबर برابر वि० [फा०] १. मात्रा, गुण, मूल्य आदि के विचार से समान, तुल्य, एक-सा। २. जिसकी सतह ऊँची-नीची न हो, समतल।
***मुहा०* बराबर करना** = (क) समतल करना। (ख) समाप्त कर देना।
क्रि० वि० लगातार, निरन्तर।
***पद* बराबर-बराबर** = (क) एक समान। (ख) आधा-आधा।
adj. 1. equal in size, value etc. 2. smooth.
id. a. to smooth or level. b. to end or destroy.
adv. continuously.
ph. a. equal. b. fifty-fifty.

बराबरी برابری स्त्री० [फा०] १. बराबर होने की क्रिया या भाव, समानता, तुल्यता। २. सादृश्य। ३. मुकाबला, सामना।
fem. 1. equality, parity. 2. resemblance. 3. confrontation.

बरामद برآمد वि० [फा० बर+आमद] १. बाहर या सामने आया हुआ। २. पकड़ा हुआ।
adj. 1. became apparant. 2. recovered, seized.

बरामदगी برآمدگی स्त्री० [फा०] १. बरामद होने का मान। २. बरामद वस्तुएँ।
fem. 1. recovery. 2. recovered things.

बरामदा برآمدہ पुं० [फा० बरआम्द:] १. मकानों के बाहर निकला हुआ छायादार अंश, बारजा, छज्जा। २. दालान।
m. 1. a verandah. 2. a coverd inside terrace facing the court-yard.

बराय برائے क्रि० वि० [फा० बराए] के लिए, के वास्ते; जैसे—बराय नाम=नाम मात्र को, केवल नाम के लिए।
adv. for.

बरार برار पुं० [फा०] १. कर, महसूल। २. सामने लाना। ३. पूरा करना।
m. 1. a tax. 2. act of presenting, presentation. 3. act of completing, completion.

बरारी برارى पुं० [अ०] जंगल।
m. a forest.

बरिंदा برنده पुं० [फ़ा० बरिन्दः] १. वह जो ले जाता हो, वाहक। २. गुप्त रूप से कोई वर्जित वस्तु लानेवाला।
m. 1. a carrier, courier. 2. a smuggler.

बरीं بریں वि० [फ़ा०] बहुत ऊपर या ऊँचा।
पद सिपहरे-बरीं=ऊँचा आकाश।
adj. very high.
ph. the high sky, lofty sky.

बरी برى वि० [अ०] मुक्त, छूटा हुआ, जो अलग हो गया हो; जैसे—इलज़ाम से बरी।
adj. acquitted, released.

बरीद بريد पुं० [अ०] पत्रवाहक, हरकारा।
m. a courier, messenger.

बरीयत بریت स्त्री० [अ०] बरी होने की अवस्था या भाव, छुटकारा, परित्राण, रिहाई।
fem. acquittal, release.

बर्क़ برق पुं० [अ०] विद्युत, बिजली।
fem. lightning.

बर्क़ज़दा برق زده वि० [अ०] बिजली का मारा।
adj. hit by the lightning.

बर्क़ी برقی वि० [अ०] बिजली का।
adj. electric.

बर्ग برگ पुं० [फ़ा०] १. वृक्ष का पत्ता या टहनी। २. सामग्री।
पद (i) बर्गे-नबात=मिसरी की डाली। **(ii) बर्गे-गुल**=फूल की पत्ती।
m. 1. a leaf or a branch of the tree. 2. goods.
ph. (i) a lump of candy. (ii) a petal.

बर्फ़ برف पुं० [फ़ा०] १. हवा में मिली हुई भाप के अत्यन्त सूक्ष्म अणुओं की तह जो वातावरण की ठंडक के कारण ज़मीन पर गिरती हैं। २. बहुत अधिक ठंडक के कारण जमा हुआ पानी जो ठोस और पारदर्शी होता है। ३. मशीनों आदि अथवा कृत्रिम उपायों से जमाया हुआ दूध या फलों का रस।
m. 1. snow. 2. ice. 3. ice candy.

बर्फ़ानी برفانی वि० [फ़ा०] बर्फ़ का, जिसमें या जिसपर बर्फ़ हो; जैसे—बर्फ़ानी पहाड़।
adj. snowy.

बर्र بر पुं० [अ०] १. सूखी ज़मीन, स्थल। २. जंगल, वन।
m. 1. a dry ground. 2. a forest.

बर्र-ए-आज़म برّ اعظم पुं० [अ०] महाद्वीप।
m. a continent.

बर्राक़ براق वि० [अ०] १. चमकता हुआ, चमकीला। २. हवा की तरह तेज, शीघ्रगामी। ३. बहुत अधिक स्वच्छ और सफेद।
adj. 1. bright. 2. fast, rapid. 3. clean and white.

बर्स برص पुं० [अ० बरस] कोढ़, कुष्ठ रोग।
m. leprosy.

बलंद بلند वि० [फ़ा०] १. ऊँचा, उच्च। २. श्रेष्ठ, बहुत अच्छा।
adj. 1. high, lofty. 2. superior, excellent.

बलंदी بلندی स्त्री० [फ़ा०] १. ऊँचाई, उच्चता। २. अभिमान, गर्व, शेखी।
fem. 1. height. 2. pride, bravado.

बलवा بلوی पुं० [अ० बल्वा] १. दंगा, विप्लव, हुल्लड़। २. विद्रोह, बग़ावत।
m. 1. a riot, disturbance. 2. rebellion, revolt.

बलवाई بلوائی पुं० [अ० बल्वा+हिं० आई] १. दंगा या उपद्रव करनेवाला। २. विद्रोही।
m. 1. a rioter. 2. a rebel.

बला بلا स्त्री० [अ०] [बहु० बलैयात] १. विपत्ति, आफ़त। २. दुख, कष्ट। ३. भूत-प्रेत या उसकी बाधा। ४. रोग, व्याधि।
पद बला का=घोर, अत्यन्त।
fem. 1. a calamity, trouble. 2. grief. 3. a disturbance or trouble caused by a spirit, poltergeist disturbance.
ph. very, supremely.

बलाए अज़ीम بلائے عظیم स्त्री० [अ०] बहुत बड़ी विपत्ति।
fem. a great disturbance, grave tradgy.

बलाग़त بلاغت स्त्री० [अ०] १. चमत्कारपूर्ण शैली। २. युवावस्था, जवानी।
fem. 1. a figurative style. 2. youth.

बलिहाज़ بلحاظ क्रि० वि० [फ़ा०+अ०] के विचार से।
adv. as per, according to.

बलीग़ بلیغ पुं० [अ०] वह जो उचित अवसर पर उपयुक्त भाषण करे, अच्छा वक्ता।
m. a good orator.

बलीयत بلیّت स्त्री० [अ०] विपत्ति।
fem. a calamity, trouble.

बलूग़ بلوغ पुं० दे० 'बुलूग़'।

बलूत بلوط पुं० [अ० बल्लूत] एक प्रकार का वृक्ष जिसकी छाल से चमड़ा रँगा जाता है।
m. the oak tree.

बले بلے निपा० [फ़ा०] हाँ, ठीक है।
adv. yes, alright.

बलैयात بلیات स्त्री० [अ०] 'बला' का बहु०।
fem. (plu.) calamities.

बल्कि بلکہ योज० [फ़ा०] १. अन्यथा, इसके विरुद्ध, प्रत्युत्। २. और अच्छा हो, बेहतर हो।
conj. 1. but, 2. rather.

बल्के بلکہ योज० दे० 'बल्कि'।

बल्ग़म بلغم स्त्री० [अ०] श्लेष्मा, कफ।
fem. phlegm.

बल्ग़मी بلغمی वि० [अ०] १. बल्ग़म-सम्बन्धी, बल्ग़म का। २. जिसकी प्रकृति में बल्ग़म की अधिकता हो।
adj. 1, 2. phlegmatic.

बल्दा بلدہ पुं० [अ० बल्द:] [बहु० बिलाद] नगर, शहर।
m. a city.

बल्दिया بلدیا स्त्री० [अ० बल्दिया:] नगरमहापालिका।
fem. city municipal board.

बल्लूत بلّوط पुं० दे० 'बलूत'।

बवक्त بوقت क्रि० वि० [फा०+अ०] समय पर।
adv. at the fixed or right time.

बवासीर بواسیر स्त्री० [अ०] गुदा का रोग।
fem. piles.

बशर بشر पुं० [अ०] [भाव० बशरियत] मनुष्य।
m. a human being.

बशरा بشرہ पुं० [अ० बशर:] त्वचा।
m. skin.

बशरियत بشریت स्त्री० [फा०] मनुष्यता।
fem. humanity.

बशर्ते कि بشرطیکہ योज० [फा०] शर्त यह है कि।
conj. provided that.

बशारत بشارت पुं० [अ० बुशारत] १. सुसमाचार, खुशखबरी। २. ईश्वरीय प्रेरणा या आभास।
m. 1. a good news. 2. godly inspiration or inkling.

बशाश بشاش वि० [अ० बश्शास] प्रसन्न, खुश।
adj. happy, joyous.

बशाशत بشاشت स्त्री० [अ०] प्रसन्नता, खुशी।
fem. happiness, joy.

बशीर بشیر वि०, पुं० [अ०] १. खुशखबरी लानेवाला, शुभ समाचार सुनानेवाला। २. सुन्दर, खूबसूरत।
adj. & m. 1. one who brings good news. 2. beautiful.

बश्काल بشکال स्त्री० [फा०] वर्षा ऋतु, बरसात।
fem. a rainy season.

बश्शाश بشاش वि० [अ०] = बशाश।
adj. happy, joyous.

बस بس वि० [फा०] १. यथेष्ट। २. समाप्त, खत्म।
पद बस हो गया = और अधिक नहीं।
मुहा० बस करना = समाप्त करना, खत्म करना।
adj. 1. enough, 2. finished, ended.
ph. more than enough.
id. to stop.

बसबब بسبب क्रि० वि० [फा० ब+अ० सबब] के कारण।
adv. because of, due to.

बसर[1] بصر स्त्री० [अ०] दृष्टि, नजर।
fem. eye-sight.

बसर[2] بسر स्त्री० [फा०] जीवन-निर्वाह, गुजारा।
fem. subsistence, maintenance.

बसराहत بصراحت स्त्री० [फा०] स्पष्टता।
क्रि०वि० स्पष्टतापूर्वक, स्पष्ट रूप से।
fem. clarity.
adv. clearly.

बसरी بصری वि० [अ०] दृष्टि-संबंधी।
adj. of or relating to eye-sight.

बसर-औक़ात بسراوقات स्त्री० [फा०+अ०] जीवन-यापन, जीवन-निर्वाह।
fem. subsistence, maintenance.

बसा بسا वि० [फा०] बहुत, अधिक।
क्रि० वि० अक्सर, प्राय:।
adj. too much.
adv. often, usually.

बसारत بصارت स्त्री० [अ०] १. देखने की शक्ति, दृष्टि। २. अनुभव करने या समझने की शक्ति, समझ।
पद चश्मे-बसारत=ज्ञानचक्षु।
fem. 1. eye-sight. 2. understanding.
ph. inner vision, insight.

बसालत بسالت स्त्री० [अ०] दिलेरी।
fem. bravery.

बसिलसिला بسلسلہ क्रि०वि० [फा० ब+अ० सिलसिल:] १. के क्रम में। २. के प्रसंग में।
adv. 1. in due order. 2. about the matter, on the subject of.

बसीत بسیط वि० [अ०] १. विस्तृत, चौड़ा। २. सरल। ३. सादा।
adj. 1. wide. 2. easy. 3. plain.

बसीरत بصیرت स्त्री० दे० 'बसारत'।

बस्तगी بستگی स्त्री० [फा०] १. बँधने या संलग्न होने की क्रिया; जैसे—दिल-बस्तगी। २. कब्ज़।
fem. 1. attachment. 2. constipation.

बस्ता بستہ पुं० [फा० बस्त:] क़ाग़ज-पत्र या पुस्तकें आदि बाँधने का कपड़ा।
क्रि० वि० हाथ जोड़कर, बँधे या बाँधे हुए; जैसे—दस्त-बस्ता=हाथ बाँधे हुए।
m. a piece of cloth used to tie up a bundle.
adv. jointly.

बहबूद بہبود पुं० दे० 'बहबूदी'।

बहबूदी بہبودی स्त्री० [फा० बेहबूदी] १. भलाई, उपकार। २. अच्छी बात, शुभ कार्य।
fem. 1. benevolence. 2. good deed.

बहम بہم क्रि० वि० [फा०] १. एक साथ। २. एक दूसरे के साथ या प्रति।
मुहा० बहम पहुँचाना=लाकर देना, मुहैया कराना।
adv. 1. with each other, together. 2. mutually.
id. to make ready or available.

बहमन بہمن पुं० [फा० बह्मन] पारसी वर्ष का ग्यारहवाँ महीना जो फागुन के लगभग पड़ता है।
m. the eleventh month of the Persian year.

बहर¹ بہر क्रि० वि० [फा० बह्] के वास्ते, के लिए।
मुहा० बहरे ख़ुदा=खुदा के वास्ते, ईश्वर के लिये।
adv. for.
id. for the sake of God.

बहर² بحر पुं० [अ० बह्] १. समुद्र। २. छन्द।
m. 1. sea. 2. metre of a poem.

बहर-कैफ़ بہر کیف क्रि० वि० [फा० बह्+अ०] १. चाहे जिस तरह हो, किसी हालत में। २. तो भी।
adv. 1. in any circumstance. 2. after all.

बहरहाल بہر حال क्रि० वि० [फा० बह्हाल] १. किसी भी हालत में, जिस तरह हो, जो हो; जैसे—बहरहाल आप वहाँ जाएँ तो सही।
adv. any how.

बहरा بہرہ पुं० [फा० बह्ः] १. हिस्सा, भाग। २. भाग्य, नसीब, तक़दीर।
m. 1. a part, portion. 2. luck, fate.

बहरामंद بہرہ مند वि० [फा० बह्ःमन्द] १. भाग्यवान। २. संपन्न। ३. प्रसन्न।
मुहा० बहरामंद होना=लाभ उठाना।
adj. 1. lucky, fortunate. 2. prosperous. 3. happy.
id. to gain milage or advantage.

बहराम بہرام पुं० [फा० बह्राम] मंगल ग्रह।
m. Mars.

बहरावर بہرہ ور वि० [फा० बह्ःवर] जिसका भाग्य अच्छा हो, भाग्यवान, नसीबवर।
adj. lucky, fortunate.

बहरी بحری वि० [अ० बह्री] १. समुद्र-संबंधी, सागर का। २. नदी-संबंधी।
adj. 1. of or relating to the sea. 2. of or relating to the river.

बहला بہلہ पुं० [फा० बहलः] १. रुपये-पैसे रखने का थैला। २. वह चमड़े का दस्ताना जिसे शिकारी हाथ में पहनते हैं।
m. 1. a small bag for keeping money. 2. a leather glove.

बहस بحث स्त्री० [अ० बह्स] १. तर्क, दलील। २. विवाद, झगड़ा। ३. होड़।
fem. 1. an argument. 2. a quarrel, dispute. 3. rivalry.

बहा بہا पुं० [फा०] १. मूल्य, दाम, क़ीमत। २. अच्छाई।
पद बेबहा=बहुमूल्य।
m. 1. value, price. 2. the good.
ph. precious.

बहादुर بہادر पुं० [फा०] १. योद्धा, वीर।
वि० बलवान, शक्तिशाली।
m. a warrior.
adj. brave, powerful.

बहादुरी بہادری स्त्री० [फा०] वीरता।
fem. bravery.

बहाना بہانہ पुं० [फा० बहानः] किसी बात से बचने या मतलब निकालने के लिए कही जानेवाली गढ़ी हुई बात, मिस, हीला।
मुहा० बहाना बनाना=झूठी दलील देना।
m. an excuse.
id. to make an excuse.

बहानाबाज़ بہانہ باز वि०, पुं० [फा० बहानःबाज़] बहाने बनानेवाला।
adj. & m. one who makes excuses.

बहानाबाज़ी بہانہ بازی स्त्री० [फा० बहानःबाज़ी] १. बहाने बनाने की क्रिया या भाव। २. बहाना।
fem. 1. act of making excuses. 2. an excuse.

बहार بہار स्त्री० [फा०] १. वसन्त ऋतु। २. मौज़, आनन्द। ३. रमणीयता, सुहावनापन, रौनक़।
fem. 1. spring season. 2. joy, bliss. 3. charm, beauty.

बहाल بحال वि० [फा०] १. पुनः अपने पद पर स्थापित, पुनर्स्थापित, कायम, बरक़रार। २. अच्छी या ठीक अवस्था में होनेवाला।
adj. 1. reinstated. 2. being in a good condition.

बहाली بحالی स्त्री० [फा०] बहाल होने की क्रिया या भाव, पुनर्स्थापना।
fem. act of giving back someone his job, reinstatement.

बहिश्त بہشت पुं० [फा०] स्वर्ग, बैकुण्ठ।
m. heaven.

बहिश्ती بہشتی वि० [फा०] १. बहिश्त-संबंधी। २. जो बहिश्त में रहता हो, स्वर्ग का निवासी।
पुं० मश्क में रखकर पानी पहुँचाने या पिलानेवाला, सक्का, भिश्ती, माश्क़ी।
adj. heavenly.
m. a water-carrier.

बहीर بہیر पुं० [फा०] सैनिक छावनी में रहनेवाला सामान्य व्यक्ति।
m. an ordinary person who resides in

the cantonment area.

बहुक्म بحکم क्रि० वि० [फा०+अ०] हुक्म से, आज्ञा से।
adv. by the order of.

बह्र بحر पुं० [अ०] [बहु० अबहार] १. समुद्र, सागर। २. छन्द।
m. 1. sea. 2. metre of a poem.

बह्री بحری वि० [अ०] समुद्र-संबंधी।
adj. of or relating to the sea, oceanic, marine.

बहेरवाँ بحرواں पुं० [फा०] जहाज़, बड़ी नाव।
m. a large boat or ship.

बाँग بانگ स्त्री० [फा०] १. शब्द, आवाज़। २. ज़ोर से पुकारने की क्रिया, पुकार। ३. मुर्ग़ आदि के बोलने का शब्द। क्रि० प्र०—देना।
fem. 1. sound. 2. a call. 3. the sound of a cock crowing, cock-a-doodle-doo.

बा با उप० [फा०] १. साथ, सहित। २. सामने, समक्ष।
prefix 1. together with. 2. in front of, before.

बाअख़्लाक़ بااخلاق वि० [फा०+अ०] भद्र, सुशील।
adj. of good disposition.

बाअसर بااثر वि० [फा०+अ०] असरवाला, प्रभावशाली।
adj. effective, impressive.

बाआबरू باآبرو वि० [फा०] प्रतिष्ठित।
adj. reputed, prestigious.

बाइख़्तियार بااختیار क्रि०वि०[फा०+अ०] १. अधिकार-पूर्वक, साधिकार।
adj. rightly, rightfully.

बाइस باعث पुं० [अ०] कारण, सबब, वजह।
***पद* बाइसे जल्वा**=शोभा का कारण।
m. a reason.
ph. the reason of beauty.

बाक باک पुं० [फा०] भय, डर।
***पद* बेबाक**=निडर, निर्भय।
m. fear, fright.
id. fearless.

बाक़र باقر वि०, पुं० [अ० बाक़िर] १. बहुत बड़ा विद्वान। २. बहुत बड़ा धनवान।
m. 1. a scholar. 2. a richman.

बाक़रख़ानी باقرخانی स्त्री० [अ०] एक प्रकार की बढ़िया रोटी।
fem. a kind of a loaf of bread.

बाक़ला باقلہ पुं० [अ० बाक़ल:] एक प्रकार की फली।
m. a kind of bean.

बाक़िर باقر वि०, पुं० [अ०] बहुत बड़ा पंडित, परम विद्वान।
adj. & m. one who studies a lot, scholar.

बाकिरा باکرہ स्त्री० [अ० बाकिर:] कुँआरी लड़की, कुमारी।
fem. a virgin.

बाक़ियात باقیات स्त्री० [अ०] 'बाक़ी' का बहुवचन, बाक़ी पड़ी हुई रकमें।
fem. the remainder, arrears.

बाक़ी باقی वि० [अ०] जो बचा हुआ हो, अवशिष्ट, शेष। स्त्री० १. गणित में दो संख्याओं का अन्तर निकालने की रीति। २. वह संख्या जो घटाने पर निकले।
adj. remaining outstanding, owed.
fem. 1. substraction. 2. balance.

बाक़ीदार باقی دار वि० [अ०+फा०] बाक़ी रखनेवाला, जिसके जिम्मे कुछ बाक़ी हो।
adj. owing money that should have paid, in arrears.

बाक़ी-साक़ी باقی ساقی वि० [अ०] बचा-खुचा।
adj. remaining.

बाख़बर باخبر वि० [फा०] १. खबर रखनेवाला। २. होशियार, सतर्क। ३. ज्ञाता, जानकार, जाननेवाला।
adj. 1. having information. 2. alert, caution, attentive. 2. knower, knowledgeable.

बाख़्ता باختہ वि० [फा० बाख़्त:] जो हार या गँवा चुका हो; जैसे—हवासबाख़्ता।
adj. having suffered a loss.

बाग़ باغ पुं० [अ०] [बहु० बाग़ात] उद्यान, उपवन, वाटिका।
***मुहा०* (i) बाग़ बाग़ होना**=बहुत अधिक प्रसन्न होना। **(ii) सब्ज़ बाग़ दिखलाना**= झूठ-मूठ बड़ी-बड़ी आशाएँ दिलाना।
m. a garden.
id. (i) to be very happy. (ii) to raise false hopes.

बाग़बान باغبان पुं० [अ०+फा०] बाग़ की रक्षा और व्यवस्था करनेवाला, माली।
m. a gardener.

बाग़बानी باغبانی स्त्री० [अ०+फा०] बाग़बान या माली का काम।
fem. act of working in a garden or gardens, gardening.

बाग़ात باغات पुं० [फा०] बगीचे।
m. (plu.) gardens.

बाग़ाती باغاتی स्त्री० [अ० 'बाग़' से फा०] वह भूमि जो बाग़ लगाने या खेती-बारी करने के योग्य हो।
m. a piece of land fit for the purpose of a garden.

बाग़ी¹ باغی वि० [अ० बाग़] बाग़-सम्बन्धी, बाग़ या उपवन का।

adj. or or relating to a garden.

बाग़ी[२] باغی वि०, पुं० [अ०] बग़ावत या विद्रोह करनेवाला, विद्रोही।
adj. rebelling, rebellious.
m. a rebel, insurgent, traitor.

बाग़ीचा باغیچہ पुं० [फा० बाग़चः] छोटा बाग़, उपवन।
m. a small garden.

बाज باج पुं० [फा०] कर, महसूल; जैसे—बाजगुज़ार=कर देनेवाला।
m. tax, duty.

बाज़[१] بعض वि० [अ० बआज़] कोई-कोई, कुछ, विशिष्ट।
adj. a few, some, particular.

बाज़[२] باز पुं० [फा०] एक प्रसिद्ध शिकारी पक्षी।
क्रि० वि० [फा०] पीछे, उलटे।
***मुहा०* (i) बाज़ आना**=(क) लौट आना, वापस आना। (ख) दूर रहना, अलग रहना, कुछ भी सम्बन्ध न रखना। (ग) छोड़ना, त्यागना। **(ii) बाज़ रखना**=रोकना, न करने देना।
प्रत्य० [फा०] एक प्रत्यय जो शब्दों के अन्त में लगकर कर्ता और शौकीन आदि का अर्थ देता है; जैसे—कबूतरबाज़, पतंगबाज़।
m. a hawk, falcon.
adv. back, backward.
id. (i) a. to return, to get back. b. to keep oneself aloof. c. to leave, abandon, desert. (ii) to stop, prevent.
suffix denoting doer.

बाज़औक़ात بعض اوقات क्रि० वि० [अ०] कभी-कभी।
adv. sometimes.

बाज़गश्त بازگشت स्त्री० [फा०] वापस आना, लौटना।
***मुहा०* आवाज़ बाज़गश्त**=प्रतिध्वनि, आवाज़ का लौटकर वापस आना।
fem. act of returning back.
id. a reflected sound, echo.

बाजगीर باج گیر पुं०[फा०] वह जो कर का संग्रह करता हो।
m. a tax-collector.

बाजगुज़ार باج گزار पुं० [फा०] कर या महसूल देनेवाला, करदाता।
m. a tax-payer.

बाजदार باج دار पुं० दे० 'बाज़गीर'।

बाज़दावा بازدعویٰ पुं० [अ०] दावे का त्याग।
m. desertion of a claim.

बाज़पस بعض پس क्रि० वि० [फा०] अन्तिम समय।
adv. at the last moment.

बाज़पुर्स بازپرس स्त्री० [फा०] १. किसी बात का पता लगाने के लिए पूछ-ताछ करना, जाँच-पड़ताल करना। २. कैफ़ियत लेना, कारण या हिसाब आदि पूछना।
fem. 1. act of enquiring, investigation. 2. act of demanding an explanation.

बाज़याफ़्त بازیافت वि० [फा०] वापस आया हुआ, फिर से मिला हुआ।
adj. returned, received back.

बाज़ाब्ता باضابطہ क्रि० वि० [अ० बाज़ाबितः] नियमानुसार।
adv. as per rule, according to the rules.

बाज़ार بازار पुं० [फा०] वह स्थान जहाँ अनेक प्रकार के पदार्थों की दुकानें हों।
***मुहा०* (i) बाज़ार करना**=चीजें खरीदने के लिए बाज़ार जाना। **(ii) बाज़ार गर्म होना**=बाज़ार में चीज़ों की अधिक माँग या ग्राहकों आदि की अधिकता होना। **(iii) बाज़ार तेज़ होना**=(क) बाज़ार में किसी चीज़ की माँग अधिक होना। (ख) किसी चीज़ का मूल्य वृद्धि पर होना। **(iv) बाज़ार उतरना या मंदा होना**=बाज़ार में किसी चीज़ की माँग कम होना।
m. a market, shopping area,
id. (i) to do shopping. (ii) The market is brisk. (iii) a. The demand (of a commodity) is brisk. b. rising of prices. (iv) falling of prices.

बाज़ारी بازاری वि० [फा०] १. बाज़ार-सम्बन्धी, बाज़ार का। २. मामूली, साधारण। ३. अशिष्ट।
adj. 1. of or pertaining to the market. 2. of low quality. 2. rude.

बाज़ारू بازارو वि० [फा० बाज़ार] = बाज़ारी।

बाज़िंदगी بازندگی स्त्री० [फा०] १. खेल, खिलवाड़। २. धूर्तता, चालाकी।
m. 1. a play, child's play. 2. cunningness, cleverness.

बाज़िंदा بازندہ पुं० [फा० बाज़िन्दः] १. खिलाड़ी, खेलनेवाला। २. लोटन कबूतर।
m. 1. a player. 2. a kind of pigeon.

बाज़ी بازی स्त्री० [फा०] १. ऐसी शर्त जिसमें हार-जीत के अनुसार कुछ लेन-देन भी हो, शर्त, दाँव, बदान। २. आदि से अन्त तक कोई ऐसा पूरा खेल जिसमें शर्त या दाँव लगा हो।
***मुहा०* बाज़ी मारना या मार लेना**=जीत होना, जीत जाना।
fem. 1. a bet, stake. 2. one hand in a play.
id. to win (a game).

बाज़ी-ए-मुहब्बत بازی محبت स्त्री० [फा०+अ०] मुहब्बत की बाज़ी।
fem. stake on love.

बाज़ीगर بازیگر पुं० [फा०] [स्त्री० बाज़ीगरनी] १. कसरत के खेल करनेवाला, नट। २. जादूगर।

m. 1. an acrobat. 2. a juggler.

बाज़ीगरी بازی گری स्त्री० [फा०] १. कसरत या जादू के खेल। २. जादूगरी।
fem. 1. acrobatics. 2. jugglery.

बाज़ीगाह بازی گاہ स्त्री० [फा०] खेल की जगह या मैदान, अखाड़ा।
fem. a playground, arena.

बाज़ीचा بازیچہ पुं० [फा० बाज़ीचः] १. खिलौना। २. खिलवाड़।
m. 1. a toy. 2. a child's play.

बाज़ुर्गान بازرگان पुं० [फा०] [भाव० बाज़ुर्गानी] व्यापारी, रोज़गारी।
m. a trader, businessman.

बाज़ू بازو पुं० [फा०] १. भुजा, बाहु, बाँह। २. बाजूबन्द नाम का गहना। ३. सेना का किसी ओर का एक पक्ष। ४. वह जो हर काम में बराबर साथ रहे और सहायता दे। ५. पक्षी का डैना। ६. पार्श्व, तरफ।
m. 1. an arm. 2. an armlet. 3. flank of an army. 4. a helpmate. 5. a wing of a bird, pinion. 6. side, facet.

बाज़ूशिकन بازوشکن वि० [फा०] बाँहें तोड़ने की शक्ति रखनेवाला, बलवान, ताकतवर, ज़बरदस्त।
adj. powerful, stout.

बातिन باطن पुं० [अ०] १. भीतरी भाग, अन्दर का हिस्सा। २. अन्त:करण, मन।
m. 1. the inner part, inside, 2. the heart.

बातिनी باطنی पुं० [अ०] १. भीतरी, अन्दर का। २. आन्तरिक, मन का।
adj. 1. inner, internal. 2. of or relating to the heart.

बातिल باطل वि० [अ०] १. गलत, मिथ्या, झूठा। २. निरर्थक, व्यर्थ। ३. जिसमें कुछ शक्ति या प्रभाव न हो। ४. रद्द किया हुआ।
adj. 1. wrong, false. 2. useless. 3. ineffectual, ineffective. 4. cancelled, rejected.

बाद بعد पुं० [फा०] हवा, वायु पवन।
पद **(i) बादेबहार**=बसन्त ऋतु। **(ii) बादे-सहर**=सुबह की हवा।
m. air.
ph. (i) spring. (ii) morning breeze.

बादअज़ा بعدازا क्रि० वि० [अ०] इसके बाद।
adv. afterwards.

बादकश بادکش पुं० [फा०] १. लटकनेवाला पंखा। २. हवा आने का झरोखा। ३. भाथी, धौंकनी।
m. 1. a hanging fan. 2. a ventilator. 3. a tool used to blow air, bellows.

बाद, के بعد संबंधबो० [अ० बाद] के अनंतर, के पीछे। वि० १. अलग किया या छोड़ा हुआ। २. के अतिरिक्त, के सिवाय।
adv. afterwards, after.
adj. 1. set aside or dropped. 2. more additional.

बादख्वाँ بادخوان वि०, पुं० [फा०] खुशामदी।
adj. & m. a flatterer.

बादगिर्द بادگرد पुं० [फा०] बवंडर, तूफान।
m. a whirlwind, cyclone, typhoon.

बादफ़रोश بادفروش पुं० [फा०] १. झूठी प्रशंसा करनेवाला, खुशामदी। २. व्यर्थ बकनेवाला, बकवादी, बक्की।
m. 1. a flatterer, sycophant. 2. a prattler.

बादफ़िरंग بادفرنگ स्त्री० [फा०] आतशक या गरमी नामक रोग, उपदंश।
m. gonorrhoea.

बादबान بادبان पुं० [फा०] जहाज़ का पाल।
m. the sail of a ship.

बादरफ़्तार بادرفتار वि० [फा०] हवा की तरह तेज़ चलनेवाला।
adj. as fast as air.

बादशाह بادشاہ पुं० [फा०] बहुत बड़ा राजा, महाराज, सम्राट।
m. a king, emperor.

बादशाहज़ादा بادشاہزادہ पुं० [फा०+ज़ाद:] बादशाह का लड़का, महाराजकुमार।
m. a prince.

बादशाहत بادشاہت स्त्री० [फा०] बादशाह का राज्य।
fem. a kingdom.

बादशाही بادشاہی वि० [फा०] बादशाहों या महाराजाओं का।
adj. kingly.

बादसख़्त بادسخت स्त्री० [फा०] १. तेज़ हवा, आँधी। २. भारी विपत्ति, बड़ी आफ़त।
fem. 1. a squall, storm. 2. a calamity.

बादा بادہ पुं० [फा० बाद:] शराब, मद्य।
पद **दौरबादा**=शराब का दौर।
m. wine, alcohol.
ph. a course of wine.

बादाख़्वार بادہ خوار पुं० [फा०] शराबी।
m. a drunk.

बादापरस्त بادہ پرست पुं० [फा० बाद:परस्त] [भाव० बादापरस्ती] शराबी, मद्यप।
m. a drunk.

बादापरस्ती بادہ پرستی स्त्री० [फा० बाद:परस्ती] शराबखोरी।
fem. alcoholism.

बादाम بادام पुं० [फा०] १. मझोले आकार का एक वृक्ष

जिसके छोटे फल मेवों में गिने जाते हैं, इसके फल के साथ प्राय: नेत्र की उपमा दी जाती है। २. उक्त का फल। ३. उक्त फल की गिरी।
m. 1. an almond tree. 2. a nut of above tree. 3. the kernel of the above nut.

बादामा بادامہ पुं० [फा० बादाम:] एक प्रकार का रेशमी कपड़ा।
m. a silken cloth.

बादामी بادامی वि० [फा०] १. बादाम-सम्बन्धी, बादाम का। २. बादाम के आकार का; जैसे—बादामी आँख। ३. बादाम के रंग का।
adj. 1. of or pertaining to almonds. 2. shaped like an almond. 3. of the colour of the almonds.

बादिया[१] بادیا पुं० [तु० बादिय:] ताँबे का एक प्रकार का कटोरा।
m. a bowl made of copper.

बादिया[२] بادیہ पुं० [अ० बादिय:] जंगल, बन।
m. a forest.

बादी بادی वि० [फा०] बाद या हवा-सम्बन्धी, हवाई।
m. airy.

बादी-उल्-नज़र بادی النظر क्रि० वि० [अ०] पहले-पहल देखने में, यों ही देखने में।
adv. at first glance, summarily.

बादेसबा بادصبا स्त्री० [फा०] सवेरे की पूर्व से आनेवाली हवा, पुरवा हवा।
fem. morning's eastern wind.

बादेसमूम بادسموم स्त्री० [फा०] बहुत गर्म हवा, लू।
fem. very hot wind, heatwave.

बान بان प्रत्य० [फा०] १. रखवाली करनेवाला, रक्षक; जैसे—दरबान। २. रखने और दिखलानेवाला। ३. हाँकने या चलानेवाला; जैसे—फीलबान=महावत।
suffix denoting (i) that watches. (ii) that keeps. (iii) that drives.

बानवा بانوا वि० [फा०] १. अच्छी आवाज़वाला, आवाज़-दार। २. सम्पन्न, धनवान। ३. समर्थ, शक्तिशाली।
adj. 1. having a sweet voice, melodious. 2. prosperous, rich. 3. competent, powerful.

बानसीब بانصیب वि० [फा०+अ०] भाग्यवान।
adj. fortunate.

बानात بانات स्त्री० [फा०] एक प्रकार का ऊनी कपड़ा।
fem. a type of woollen cloth.

बानी بانی पुं० [अ०] १. आरम्भ करने या बनानेवाला, तैयार करनेवाला। २. मूल साधन या उद्‌गम। ३. अधिकार करनेवाला। ४. नेता, प्रधान।
***पद* बानिए फ़साद**=झगड़ा शुरू करनेवाला।
m. 1. a beginner, starter. 2. a source. 3. an owner, possessor. 4. a leader, head.

बानीकार بانی کار वि० [फा०] बहुत तेज़ और चालाक, परम धूर्त।
adj. very clever, cunning.

बानीकारी بانی کاری स्त्री० [फा०] चालाकी, धूर्तता।
fem. cleverness, cunningness.

बानू بانو स्त्री० दे० 'बानो'।

बानो بانو स्त्री० [फा० बानू] भले घर की स्त्री, भद्र महिला।
fem. a lady.

बाफ़ باف प्रत्य० [फा०] १. बुननेवाला। २. बुना हुआ।
suffix 1. that weaves. 2. weaved.

बाफ़ी بافی स्त्री० [फा०] बुनने का काम, बुनाई।
fem. act of weaving.

बाफ़्ता بافتہ वि० [फा० बाफ़्त:] बुना हुआ।
पुं० एक प्रकार का रेशमी कपड़ा।
adj. weaved.
m. a kind of silken cloth.

बाब باب पुं० [अ०] १. दरवाज़ा, द्वार; फिरदौसों के बाब=स्वर्ग के द्वार। २. अध्याय, परिच्छेद, प्रकरण।
m. 1. a door, gate. 2. a chapter.

बाबत بابت स्त्री० [फा०] १. सम्बन्ध। २. विषय।
क्रि० वि० विषय में, बारे में।
***पद* बाबत इत्तिला**=सूचना के विषय में।
fem. 1. relation. 2. matter, subject.
adv. about, in respect of.
ph. about information.

बाबा بابا पुं० [फा०] वृद्ध और पूज्य व्यक्ति।
m. an old man.

बाबा-आदम باباآدم पुं० [फा०] मनुष्य जाति का मूल पुरुष।
m. Adam.

बाबुल بابل पुं० [उर्दू०] पिता।
m. a father.

बाबूना بابونہ पुं० [फा० बाबून:] एक पौधा जो दवा के काम आता है।
m. a medicinal plant.

बाम بام पुं० [फा०] १. घर की छत। २. अटारी।
m. 1. roof. 2. a room on the upper story.

बामुहावरा بامحاورہ वि० [अ० बामुहावर:] १. जो मुहावरे की दृष्टि से ठीक हो, मुहावरेदार। २. शुद्ध।
adj. 1. idiomatic. 2. correct.

बायद باید वि० [फा०] जैसा चाहिए, जैसा होना आवश्यक हो।
adj. as desired or required.

बायद व शायद بایدوشاید वि० [फा०] १. जैसा होना चाहिए वैसा, आदर्श, बहुत अच्छा। २. अनोखा।
adj. 1. the best possible, ideal, fine.

2. unique.

बाया بایع वि०, पुं० [अ० बाय:] बेचनेवाला, विक्रेता।
adj. & m. a seller, salesman.

बार بار स्त्री० [फा०] १. भार, बोझ। २. दफा, मर्तबा। ३. फल, परिणाम, नतीजा। ४. द्वार, दरवाज़ा।
प्रत्य० बरसानेवाला; जैसे अश्क़बार=आँसू बहानेवाला।
***पद* बारे मिज़्ा**=पलकों का बोझ।
fem. 1. weight, burden. 2. time, times. 3. result, consequence. 4. a door, gate.
suffix denoting that pours or showers.
ph. weight of eyelids.

बारआम بارعام पुं० [फा०] राजा की वह कचहरी जिसमें सब लोग जा सकें, सार्वजनिक राजसभा।
m. the king's court for general people.

बारकश بارکش पुं० [फा०] बोझ ढोने की गाड़ी।
m. a vehicle used for moving goods, luggage carrier.

बारख़ास بارخاص पुं० [फा०] राजा का वह दरबार जिसमें सिर्फ ख़ास आदमी जाते हैं।
m. the king's court for high gentry.

बारग़ह بارگہ स्त्री० दे० 'बारग़ाह'।

बारग़ाह بارگاہ स्त्री० [फा०] १. वह स्थान जहाँ लोग राजा की सेवा में उपस्थित होते हों, दरबार। २. शाही महल।
m. 1. a king's court. 2. a king's palace.

बारगी بارگی पुं० [फा०] घोड़ा।
m. a horse.

बारग़ीर بارگیر पुं० [फा०] १. बोझ ढोनेवाला पुरुष। २. वह सैनिक जो स्वामी के घोड़े पर रहता हो और निजी घोड़ा न रखता हो।
m. 1. one who carries luggage, burden-carrier, porter. 2. an armed gaurd moving on a owner's horse.

बारचा بارچا पुं० दे० 'बारजा'।

बारजा بارجا पुं० [फा० बारच:] १. मकान के सामने का बरामदा। २. कोठा, अटारी।
m. 1. a veranda. 2. a room on the top of a building.

बारदाना باردانہ पुं० [फा० बारदान:] १. सेना आदि की रसद। २. वह पात्र, सन्दूक आदि जिसमें कोई चीज़ भरकर कहीं भेजी जाए।
m. 1. army's provisions. 2. a box used as packing.

बारबर باربر पुं० = बारबरदार

बारबरदार باربردار पुं० [फा० बारबर्दार] वह जो बोझ ढोता हो, माल ढोनेवाला मजदूर, कुली।
m. a porter.

बारबरदारी باربرداری स्त्री० [फा० बारबर्दारी] १. बोझ ढोने की क्रिया। २. बोझ ढोने की मज़दूरी।
fem. 1. calling of a labourer. 2. charge's paid for carrying goods.

बारयाब بارياب वि० [फा०] (कहीं) पहुँचने में सफल।
adj. able to reach, having access.

बारयाबी باريابی स्त्री० [फा०] पहुँच।
fem. access.

बारवर بارور वि० [फा०] १. जिसमें फल लगते हों। २. सफल।
adj. 1. that bears fruit. 2. successful.

बारहदरी بارہ دری स्त्री० [हिं० बारह+फा० दर] वह कमरा या बैठक जिसके बारह या बहुत से दरवाज़े हों।
fem. a room having twelve or too many doors.

बारहवफ़ात بارہ وفات स्त्री० [फा०] मुहम्मद साहब के जीवन के वे अन्तिम बारह दिन जो उत्सव के रूप में मनाए जाते हैं।
fem. the last fifteen days of the Mohammad which are celebrated as festival.

बारहा بارہا क्रि० वि० [फा०] कई बार, अक्सर, प्राय:, बहुत दफ़ा, बार-बार।
adv. so many times, time and again.

बाराँ باراں पुं० [फा०] बरसात का पानी, वर्षाजल।
m. rain water.

बारानी بارانی वि० [फा०] (खेत आदि) जो वर्षा के जलपर निर्भर हो।
पुं० १. वह वस्त्र जिसपर वर्षा का प्रभाव न हो। २. बरसाती।
adj. (the land) irrigated by rain-water.
m. 1. waterproof cloth. 2. a raincoat.

बारिश بارش स्त्री० [फा०] वर्षा।
fem. rain.

बारी باری पुं० [फा०] ईश्वर, परमात्मा।
***पद* बारी-ताला**=सर्वशक्तिमान ईश्वर।
स्त्री० पारी
m. the God.
ph. God the Great.
fem. the time to do something, turn.

बारीक़ باریک वि० [फा०] १. महीन, पतला। २. सूक्ष्म। ३. जो जल्दी समझ में न आए, दुरूह।
adj. 1. thin. 2. minute. 3. difficult to comprehend.

बारीक़-बीं باریک بیں वि० [फा०] बारीकी समझने या देखनेवाला, सूक्ष्मदर्शी।
adj. having a keen insight.

बारीक़बीनी باریک بینی स्त्री० [फा०] किसी बात की बारीकी या गुण देखना, सूक्ष्मदर्शिता।

fem. keen insight.

बारीक़ी باریکی स्त्री० [फा०] १. बारीक होने का भाव, पतलापन। २. सूक्ष्मता। ३. कठिनता, दुरूहता।
fem. 1. thinness. 2. minuteness. 3. difficulty, abstruseness.

बारी-तआला باری‌تعالیٰ पुं० [अ०] ईश्वर सबसे बड़ा है।
m. God is the Great.

बारूत باروت स्त्री० दे० 'बारूद'।

बारूद بارود स्त्री० [तु० बारूत] १. एक प्रकार का चूर्ण या बुकनी जिसमें आग लगाने से तोप, बन्दूक आदि चलती है, दारू। २. आतिशबाजी का मसाला।
fem. 1. gunpowder. 2. the powder used in fireworks.

बारे بارے क्रि० वि० [फा०] १. एक बार। २. अन्त में।
adv. 1. once. 2. in the end.

बारे-ख़ास بارےخاص पुं० = दरबारे-ख़ास।

बारे में بارےمیں क्रि० वि० [फा० बार] विषय में, सम्बन्ध में।
adv. about.

बाल بال पुं० [फा०] डैना, पंख।
***मुहा०* बाल आना**=पतली दरार पड़ना।
m. a pinion.
id. to have a hair-width crack.

बालगीर بالگیر पुं० [फा०] साईस।
m. one whose job is to take care of horses, groom.

बाला بالا क्रि० वि० [फा०] ऊपर, पर।
वि० ऊँचा, ऊपर का।
adv. upon, on.
adj. high, above the ground.

बालाई بالائی वि० [फा०] ऊपरी, ऊपर का; जैसे—बालाई आमदनी।
स्त्री० दूध पर की साड़ी, मलाई।
adj. extra, additional.
fem. milk-cream.

बालाख़ाना بالاخانہ पुं० [फा० बालाख़ानः] मकान का ऊपरी, कमरा।
m. a room on the upper storey.

बालादस्त بالادست वि० [फा०] [भाव० बालादस्ती] १. प्रधान, उच्च। २. बलवान, जबरदस्त।
adj. 1. head, chief. 2. stout, forceful.

बालानशीन بالانشین पुं० [फा०] बैठने का सबसे ऊँचा या श्रेष्ठ स्थान।
वि० जो सबसे ऊपर या श्रेष्ठ स्थान पर बैठे।
m. 1. a highest post or place.
adj. sitting on the highest post or place.

बालापोश بالاپوش पुं० [फा०] वह कपड़ा जो किसी चीज़ को ढकने के लिए उसके उपर डाला जाए।
m. a piece of cloth used as a cover.

बालाबाला بالابالا क्रि० वि० [फा०] ऊपर ही ऊपर, अलग से, बाहर से; जैसे—तुमने बालाबाला सौ रुपए मार लिए।
adv. over and above.

बालिग़ بالغ वि०, पुं० [अ०] जो बाल्यावस्था को पार कर चुका हो, वयस्क।
adj. & m. adult, major.

बालिग़ा بالغہ स्त्री० [अ० बालिग:] युवा स्त्री।
fem. an adult woman.

बालिश بالش पुं० [फा०] सिर के नीचे रखने का तकिया।
m. a pillow.

बालिश्त بالشت पुं० [फा०] प्रायः १२ अंगुल की एक नाप जो हाथ के पंजे को पूरी तरह फैलाने पर अँगूठे के सिरे से छोटी ऊँगली के सिरे तक होती है, बित्ता।
m. a hand-span.

बालीं بالیں स्त्री० [फा०] तकिया।
fem. a pillow.

बालीदगी بالیدگی स्त्री० [फा०] १. प्रगति। २. विकास।
fem. 1. progress. 2. development.

बालीदा بالیدہ वि० [फा० बालीद:] विकसित, बढ़ा हुआ।
adj. developed, progressed.

बालूशाही بالوشاہی स्त्री० [हिं० बालू+फा० शाही] एक प्रकार की मिठाई।
fem. a kind of sweet.

बावजूद, के باوجود संबंधबो० [फा० बावजूद] इतना होने पर भी, तिसपर भी।
postposition despite, in spite of.

बावफ़ा باوفا वि० [फा०+अ०] स्वामीभक्त।
adj. loyal.

बावर باور पुं० [फा०] विश्वास, यक़ीन।
m. belief, faith, confidence.

बावरची باورچی पुं० [फा०] भोजन बनानेवाला, रसोईया।
m. a cook.

बावरचीख़ाना باورچی‌خانہ पुं० [फा०...+ ख़ान:] भोजन बनाने का स्थान, पाकशाला, रसोई-घर।
m. a kitchen.

बावरचीगीरी باورچی‌گیری स्त्री० [फा०] बावर्ची का काम या पद, रसोईदारी।
fem. the work and post of a cook.

बावस्फ़ باوصف क्रि० वि० [फा०] इतना होने पर भी।
वि० गुणवान, गुणी।
adv. despite, in spite of, though.
adj. virtuous, proficient.

बाश باش प्रत्य० [फा०] होने या रहनेवाला; जैसे—ख़ुशबाश=खुश रहनेवाला।
suffix denoting the position of a person having particular characteristics.

बाशद باشد क्रि० अ० [फा०] हो।
v. may be.

बाशा باشہ पुं० [फा० बाशः] एक शिकारी पक्षी।
m. a wild bird hunted for sport.

बाशिंदा باشندہ वि०, पुं० [फा० बाशिन्दः] रहनेवाला, निवासी, वासी।
adj. & m. an inhabitant, resident.

बासिरा باصرہ पुं० [अ० बासिरः] देखने की शक्ति, दृष्टि, नज़र, आँख।
m. eye-sight.

बाह باہ स्त्री० [अ०] संभोग की इच्छा या शक्ति।
fem. a desire or ability to perform sexual activity.

बाहम باہم क्रि० वि० [फा०] १. आपस में, परस्पर। २. मिलकर, साथ-साथ।
adv. 1. mutually. 2. jointly.

बाहमदिगर باہدگر क्रि० वि० [फा०] १. एक दूसरे के साथ, परस्पर। २. मिलकर।
adv. 1. mutually. 2. jointly.

बाहमी باہمی वि० [फा०] आपसी, पारस्परिक।
adj. mutual.

बाहलफ़ باحلف क्रि० वि० [अ० बाहल्फ़] शपथपूर्वक।
adv. under oath, on oath.

बाहवास باحواس वि० [फा०+अ०] सचेत, जागरूक।
adj. cautious, alert.

बाहिर باحر वि० [अ०] प्रकट, स्पष्ट।
adj. obvious, apparant.

बाहैसियत باحیثیت वि० [फा०+अ०] प्रतिष्ठित।
adj. respected, distinguished.

बाहोश باہوش वि० [फा०] १. सचेत। २. बुद्धिमान।
adj. 1. alert, awake. 2. wise.

बिक्र بکر स्त्री० [अ०] लड़की का कुँआरापन, कौमार्य।
मुहा० बिक्र तोड़ना=कुमारी कन्या का कौमार्य भंग करना, कुमारी से पहले-पहल संभोग करना।
fem. virginity.
id. act of robbing someone of virginity.

बिग़ाल بغال पुं० [अ०] खच्चर।
m. a mule.

बिचारा بچارا वि० दे० 'बेचारा'।

बिज़न بزن पुं० [फा०] बहुत से लोगों की एक साथ हत्या, कत्लेआम।
m. mass murder, general massacre.

बिज़ाअत بضاعت स्त्री० [अ०] मूलधन, पूँजी।
m. the amount of money used for producing more wealth, capital.

बिज़ातिहा بذاتہ क्रि० वि० [अ०] अपने दम से, स्वयं, खुद।
adv. by self, by oneself.

बिदअत بدعت स्त्री० [अ० बिद्अत] [कर्ता० बिअदती] १. इस्लाम धर्म में कोई ऐसी नई बात निकालना जो मुहम्मद साहब के समय में न रही हो, ऐसा आचरण धर्म-विरुद्ध समझा जाता है। २. अनीति, अन्याय। ३. लड़ाई, झगड़ा।
fem. 1. a new idea interpreted in Quran which is generally termed as nonsense by the religious authorities. 2. injustice. 3. a quarrel.

बिदून بدون क्रि० वि० [फा०] बग़ैर, बिना।
adv. without.

बिद्दत بدّت स्त्री० दे० 'बिदअत'।

बिन بن पुं० [अ०] लड़का, बेटा, पुत्र; जैसे—ज़ैद बिन बक़्र=ज़ैद, लड़का बक़्र का।
m. a son.

बिना بنا स्त्री० [अ०] १. मकान की नींव। २. जड़, मूल आधार। ३. कारण। ४. आरम्भ, शुरू।
***मुहा०* बिनाए-दावा** = दावा या नालिश करने का कारण।
fem. 1. the foundation of a house. 2. base, foundation. 3. a cause, 4. beginning.
id. the reason for filing a suit.

बिनाबर بنابر क्रि० वि० [फा०] १. इस कारण से, इस वजह से, इसलिए। २. अत:।
adv. 1. because. 2. hence.

बिन्त بنت स्त्री० [अ०] लड़की, पुत्री।
fem. a daughter.

बियाबान بیابان पुं० दे० 'बयाबान'।

बिरंज برنج पुं० [फा० बिरिंज] १. चावल। २. पीतल।
m. 1. rice. 2. copper.

बिरंजी برنجی वि० [फा० बिरिंजी] पीतल का।
adj. made of copper, coppery.

बिरयाँ بریاں वि० [फा० बिर्यां] भुना हुआ।
adj. parched, roasted.

बिरयानी بریانی स्त्री० [फा० बिर्यानी] एक प्रकार का नमकीन पुलाव जिसमें गोश्त मिला रहता है।
fem. rice mixed with meat.

बिरादर برادر पुं० [फा० बरादर] १. भाई। २. रिश्तेदार। ३. बिरादरी का आदमी।
m. 1. a brother. 2. a relative. 3. a kith and kin.

बिरादरज़ादा برادرزادہ पुं० [फा० बरादर+ज़ादः] भाई का

लड़का, भतीजा।
m. a nephew.

बिरादराना برادرانہ वि० [फा० बरादरान:] १. भाइयों का सा। २. बिरादरी या भाईचारे का।
adj. 1. brotherly. 2. mutual.

बिरादरी برادری स्त्री० [फा० बरादरी] १. भाईचारा। २. एक ही जाति के लोगों का समूह।
m. 1. social dealing between people. 2. a group of people of the some caste.

बिरियाँ بریاں वि० [फा० बिर्यां] १. भूना हुआ। २. तला हुआ।
adj. 1. roasted, parched. 2. fried.

बिरिश्ता برشتہ वि० [फा० बरिश्त:] भुना हुआ।
adj. roasted.

बिरियानी بریانی स्त्री० दे० 'बिरयानी'।

बिरेज़ بریز पद [फा०] रक्षा करो, त्राहि-त्राहि।
ph. Save me.

बिलअक्स بالعکس क्रि० वि० [अ० बिल्अक्स] इसके विपरीत, इसके विरुद्ध।
adv. against.

बिलइरादा بالارادہ क्रि० वि० [अ० बिल्इराद:] जान बूझकर।
adv. intentionly, knowingly.

बिलउमूम بالعموم क्रि०वि० [अ०] आमतौर पर, साधारणत:।
adv. generally, usually.

बिलकुल بالکل क्रि० वि० [अ०] नितांत, पूर्णत:।
adv. totally, fully.

बिलख़सूस بالخصوص क्रि० वि० [अ०] विशेषत:।
adv. specially, specifically.

बिलजब्र بالجبر क्रि० वि० [अ०] जब्र के साथ, जबरदस्ती, बलपूर्वक; जैसे—ज़िना बिल्जब्र।
adv. by force, forcefully.

बिलज़रूर بالضرور क्रि० वि० [अ०] ज़रूर, अवश्य, निश्चयपूर्वक।
adv. indeed, certainly.

बिलजुमला بالجملہ क्रि० वि० [अ० बिलजुम्ल:] कुल मिलाकर, सब मिलाकर।
adv. in short, in brief.

बिलफ़र्ज़ بالفرض क्रि० वि० [अ०] १. यह फर्ज़ करते हुए। २. यह मानकर।
adv. 1. supposedly. 2. supposing that.

बिलफ़ेल بالفعل क्रि० वि० [अ०] इस समय, इस काल में, इस अवसर पर।
adv. now, at this time.

बिलमुक़ाबिल بالمقابل क्रि० वि० [अ०] मुक़ाबले में, तुलना में।
adv. comperatively, in comparision.

बिलमुक़्ता بالمقطع वि० [अ० बिलमुक़्तअ] पूर्व निश्चय के अनुसार होनेवाला, निश्चित।
adj. as already agreed upon, decided.

बिला بلا क्रि० वि० [अ०] बग़ैर, बिना; जैसे—बिला-वज़ह=बिना किसी कारण के; बिलाशक निस्संदेह।
adv. not having, without.

बिलातवक़्क़ुफ़ بلا توقف क्रि० वि० [अ०] बिना देर किए, तुरंत, अविलम्ब।
adv. immediately, at once.

बिलाद بلاد पुं० [अ० 'बल्द' (नगर) का बहु०] बस्तियाँ।
m. (plu.) habitations, colonies.

बिलाशक بلاشک क्रि० वि० [अ०] निस्संदेह।
adv. undoubtedly, surely.

बिलाशुब्ह بلاشبہ क्रि० वि० [अ०] बिलाशक।
adj. undoubtedly.

बिल्लूर بلّور पुं० दे० 'बिल्लौर'।

बिल्लौर بلّور पुं० [फा० बिल्लूर] १. एक प्रकार का स्वच्छ, सफेद, पारदर्शक खनिज पदार्थ, स्फटिक। २. बहुत स्वच्छ शीशा।
m. 1. a quartz. 2. a fine looking glass.

बिल्लौरीं بلوریں वि० [फा०] बिल्लौर का।
adj. quartziferous.

बिसात بساط स्त्री० [अ०] १. बिछाने की चीज़; जैसे—बिछौना, चटाई आदि। २. वह क़ाग़ज या कपड़ा, जिस पर शतरंज या चौपड़ खेलने के लिए खाने बने होते हैं। ३. हैसियत, समर्थ, बित्त। ४. सामर्थ्य, शक्ति। ५. पूँजी, पास का धन।
m. 1. a cover, sheet or mat to be put on a bed, floor etc. 2. a chessboard usually a piece of cloth. 3. capacity. 4. capital, wealth.

बिसातख़ाना بساط خانہ पुं० [अ०+फा० ख़ान:] बिसाती की दुकान।
m. the shop of a general merchant.

बिसाती بساطی पुं० [अ० बिसात] सुई, तागा, चूड़ी, खिलौने इत्यादि वस्तुएँ बेचनेवाला।
m. a general merchant.

बिसियार بسیار वि० [फा० बिस्यार] बहुत, अधिक, ढेरों।
पद फ़ुर्सते-बिसियार=अत्यधिक फ़ुर्सत।
adj. too much, in heaps.
ph. a lot of free time.

बिस्तर بستر पुं० [फा०] १. बिछाने की चीज़, बिछौना। २. फर्श।

m. 1. bedding. 2. floor.

बिस्मिल بسمل वि० [अ०] १. क़ुर्बान किया हुआ। २. घायल, ज़ख़्मी (प्रायः प्रेमी के लिए प्रयुक्त होता है।) जैसे—नीम-बिस्मिल=आधा घायल, ज़ख़्मी।
adj. 1. sacrificed. 2. wounded, injured.

बिस्मिल्लाह بسم الله पद [अ०] ईश्वर के नाम से।
ph. in the name of God.

बिहिश्त بہشت पुं० दे० 'बहिश्त'।

बिही بہی पुं० [फा०] एक पेड़ जिसके फल अमरूद से मिलते-जुलते होते हैं।
m. a tree of guava family, quince.

बिहीदाना بہی دانہ पुं० [फा०] बिही नाम के फल का बीज जो दवा के काम आता है।
m. the seed of a quince fruit.

बीं بیں प्रत्य० [फा०] देखनेवाला, दर्शक। (यौगिक में) जैसे—बारीक-बीं=सूक्ष्मदर्शी।
suffix that sees or watches, seeing, watching.

बी بی स्त्री० [तु० बीबी] स्त्री, महिला, इसका प्रयोग प्रायः किसी नाम के साथ होता है; जैसे—बी सलीमा।
m. abbreviation of बीबी, a lady.

बीन بین वि० [फा०] जो देखता हो या जिससे देखने में सहायता ली जाए; जैसे—ख़ुर्दबीन, दूरबीन।
adj. seeing, watching.

बीना بینا वि० [फा०] जिसे दिखाई देता हो, सुझाखा।
adj. having eyesight, able to see.

बीनाई بینائی स्त्री० [फा०] देखने की शक्ति, दृष्टि।
fem. eyesight, vision.

बीनी بینی स्त्री० [फा०] नाक, नासिका।
fem. a nose.

बीबी بی بی स्त्री० [फा०] १. भले घर की स्त्री, कुलवधू। २. पत्नी, जोरू।
fem. 1. a lady. 2. a wife.

बीम بیم पुं० [फा०] डर, भय।
m. fear, fright.

बीमा بیمہ पुं० [फा० बीम:] किसी प्रकार की हानि की जिम्मेदारी जो कुछ धन लेकर उसके बदले में उठाई जाती है।
m. insurance.

बीमार بیمار वि० [फा०] रोगी, रोगग्रस्त।
adj. ill, sick.

बीमारदार بیماردار वि०, पुं० [फा०] रोगी की सेवा-शुश्रूषा करनेवाला।
adj. & m. one who attends a patient.

बीमारदारी بیمارداری स्त्री० [फा०] रोगी की सेवा-शुश्रूषा।
fem. attendance on a patient.

बीमारपुरसी بیمارپرسی स्त्री० [फा०] किसी बीमार या रोगी के पास जाकर उसके स्वास्थ्य के बारे में पूछना।
fem. asking about patient's health.

बीमारी بیماری स्त्री० [फा०] रोग, व्याधि, मर्ज़।
fem. illness, sickness.

बीवी بیوی स्त्री० दे० 'बीबी'।

बुक़चा بقچہ पुं० [बुक़्च:] कपड़ों आदि की छोटी गठरी, बड़ी पोटली।
m. a small bundle, specially of clothes.

बुख़ार بخار पुं० [अ०] १. ज्वर, ताप। २. शोक, क्रोध या दुःख आदि का आवेग। ३. वाष्प, भाप।
m. 1. fever. 2. excitement. 3. steam.

बुख़ारात بخارات पुं० [फा० 'बुख़ार' का बहुवचन] ज्वर।
m. (plu.) fevers.

बुख़्ल بخل स्त्री० [अ०] १. कंजूसी, कृपणता। २. हृदय की संकीर्णता।
fem. 1. stinginess, miserliness. 2. narrow-mindedness.

बुग़स بغث पुं० [फा०] एक प्रकार का बड़ा छुरा।
m. a type of knife.

बुग़ारह بغارہ पुं० [फा०] किसी चीज़ के बीच का बहुत बड़ा छेद।
m. a big hole.

बुग़्चा بغچہ पुं० [फा० बुग्च:] छोटी पोटली जिसे बगल में दबाया जा सके।
m. a small bundle.

बुग़्ज़ بغض पुं० [अ०] द्वेष, भीतरी दुश्मनी, वैर।
m. malice.

बुग़्दा بغدا पुं० [अ०] एक प्रकार का बड़ा छुरा।
m. a type of large knife.

बुज़ بز स्त्री० [फा०] बकरी।
fem. a goat.

बुज़दिल بزدل वि० [फा०] जिसका दिल बकरी की तरह हो, कच्चे दिल का, डरपोक, कायर।
adj. coward.

बुज़दिली بزدلی स्त्री० [फा०] डरपोकपन, कायरता।
fem. cowardness.

बुज़ुर्ग بزرگ पुं० [फा०] [भाव० बुज़ुर्गी] १. वृद्ध और पूज्य व्यक्ति, माननीय व्यक्ति। २. वृद्ध, बुड्ढा। ३. (बहु०) पूर्वज, पुरखा।
m. 1. an elderly person. 2. an old person. 3. (plu.) ancestors.

बुज़ुर्गवार بزرگوار वि० [फा०] [भाव० बुज़ुर्गवारी] पूज्य और वृद्ध, माननीय।
पुं० पूर्वज, पुरखा।

adj. elderly.
m. an ancestor.

बुज़ुर्गी بزرگی स्त्री० [फा०] १. बुज़ुर्ग का भाव। २. वृद्धावस्था, वार्द्धक्य। ३. बड़प्पन, बड़ाई, श्रेष्ठता।
fem. 1. elderliness. 2. old age. 3. prominance. primacy.

बुत بت पुं० [फा०; मिलाओ सं० 'बुद्ध'] १. मूर्ति, मूरत। २. प्रेमिका, प्रेयसी।
वि० १. वह जो कुछ न बोलता हो, चुप्पा। २. मूर्ति की तरह निश्चल। ३. मूर्ख, बेवकूफ़।
m. 1. an idol, icon. 2. one's beloved.
adj. 1. mum, saying nothing. 2. motion-less, stationary. 3. foolish, stupid.

बुतकदा بت کدہ पुं० [फा० बुतकद:] १. बुतखाना, मन्दिर। २. प्रेमिका के रहने का स्थान।
m. 1. a temple with an idol. 2. beloved's residence.

बुतख़ाना بت خانہ पुं० [फा० बुतख़ान:] १. वह स्थान जहाँ पूजा के लिए मूर्तियाँ रखी हों। २. प्रेमिका के रहने का स्थान।
m. 1. temple with an idol. 2. beloved's residence.

बुततराश بت تراش पुं० [फा०] मूर्तिकार।
m. a sculptor.

बुततराशी بت تراشی स्त्री० [फा०] मूर्तिकला।
fem. sculpture.

बुतपरस्त بت پرست वि० [फा०] मूर्ति की पूजा करने-वाला, मूर्तिपूजक।
m. an idolator.

बुतपरस्ती بت پرستی स्त्री० [फा०] मूर्तिपूजा।
fem. idolatry.

बुतशिकन بت شکن वि०, पुं० [फा०] [भाव० बुतशिकनी] मूर्तियों को तोड़नेवाला, मूर्तियाँ खंडित करनेवाला।
adj. & m. an iconoclast.

बुतान بطان पुं० [फा० 'बुत' का बहु०] मूर्तियाँ।
m. (plu.) idols, icons.

बुतून بطون पुं० [अ०] १. इरादा। २. रहस्य।
m. 1. intention, intent. 2. secret.

बुद بد पुं० [अ०] उपाय।
m. a method, means.

बुन بن पुं० [अ०] १. कहवे का बीज, कहवा। २. जड़, मूल। ३. नींव।
m. 1. coffee bean. 2. root. 3. foundation. 4. reality.

बुनियाद بنیاد स्त्री० [फा० बुन्याद] १. जड़, मूल, नींव। २. असलियत।
m. 1. foundation. 2. reality.

बुनियादी بنیادی वि० [फा० बुन्यादी] १. आधारभूत। २. असली।
adj. 1. basic fundamental. 2. real.

बुरक़ा برقع पुं० दे० 'बुर्क़ा'।

बुरहान برہان पुं० [अ०] १. तर्क, दलील। २. प्रमाण, सबूत।
m. 1. a reason, plea. 2. proof.

बुराक़ براق पुं० [अ०] स्वर्ग का एक कल्पित घोड़ा या खच्चर। [कहते हैं कि एक बार हज़रत मुहम्मद साहब इसी पर सवार होकर जरुसलम से स्वर्ग गए थे और वहाँ ईश्वर से मिलकर मक्के लौट आए थे।]
m. an imaginary horse or mule of heaven.

बुरादा برادہ पुं० [फा० बुराद:] लकड़ी का चूर्ण, चूरा।
m. saw-dust.

बुरीदा بریدہ वि० [फा० बुरीद:] काटा या तराशा हुआ।
adj. cut and chiselled.

बुरूज़ بروج पुं० [अ० 'बुर्ज़' का बहु०] मीनारें।
m. (plu.) turrets, towers.

बुरूदत برودت स्त्री० [अ० बुर्द=ठंडा] ठंडक, शीतलता।
fem. coolness.

बुर्क़ा برقع पुं० [अ० बुर्क़अ] एक प्रकार का आच्छादन या पहनावा जिससे मुसलमान स्त्रियाँ अपना बदन-सिर से पैर तक-ढक लेती हैं।
m. a woman's viel which covers all but the eyes.

बुर्क़ापोश برقع پوش वि० [अ०+फा०] जो बुर्क़ा ओढ़े हो।
adj. covered by a veil.

बुर्ज برج पुं० [अ०] [स्त्री० अल्पा० बुर्जी] [बहु० बुरूज] १. किले आदि की दीवार में उठा हुआ गोल भाग जिसके बीच में बैठने आदि के लिए स्थान होता है। २. मीनार का ऊपरी भाग अथवा उसके आकार की इमारत का कोई अंग। ३. गुंबद। ४. ज्योतिष में घर, राशि।
m. 1. a tower, turret. 2. upper part of a tower. 3. a dome. 4. the area in which a planet appears to move.

बुर्जी برجی स्त्री० [अ०] छोटा बुर्ज।
m. a small tower.

बुर्द برد पुं० [फा०] १. मुफ़्त में मिलनेवाली रक़म, लाभ। २. रिश्वत या नज़र में मिली हुई चीज़। ३. बाज़ी, शर्त। ४. शतरंज के खेल में वह अवस्था जब कि एक पक्ष में केवल बादशाह बचा रहे और बाज़ी मात न हो।
मुहा० **(i) बुर्द देना**=गँवाना, नष्ट करना। **(ii) बुर्द मारना**= मुफ़्त की रक़म पाना।
m. 1. profit, benefit. 2. money or present received for a dishonest deal, bribe. 3. competition. 4. the finale of a game of

chess in which one side loses all chess-men except the king.
id. (i) to be deprived of. (ii) to get lot of money.

बुर्दबार بردبار वि० [फा०] सहनेवाला, सहनशील।
adj. tolerant.

बुर्दबारी بردباری स्त्री० [फा०] सहनशीलता।
fem. tolerance.

बुर्राँ بران वि० [अ० बुर] बहुत तेज़ धारवाला, धारदार।
adj. sharp-edged.

बुर्राक़ براق वि० दे० = बुराक़।

बुलंद بلند वि० [फा०] [भाव० बुलंदी] ऊँचा।
adj. high, lofty.

बुलंदी بلندی स्त्री० [फा०] ऊँचाई।
fem. height.

बुलबुल بلبل स्त्री०, पुं० [अ० बुल्बुल] एक गानेवाली प्रसिद्ध काली छोटी चिड़िया।
fem. & m. a nightingale.

बुलहवस بوالہوس वि० [अ०+फा०] जिसको हवस या लोभ हो, लोभी, लालची।
adj. having or showing greed, greedy.

बुलाक़ بلاق स्त्री० [तु०] वह लम्बोतरा या सुराहीदार मोती जिसे स्त्रियाँ प्राय: नथ में पहनती हैं।
m. a longish pearl used as a nose-pendant.

बुलूग़ بلوغ पुं० [अ०] युवावस्था को प्राप्त होना, बालिग़ होना, जवान होना।
m. growing and developing as a youth.

बुलूग़त بلوغت स्त्री० [अ०] बालिग़ होने की अवस्था, युवावस्था।
fem. the state or period of being young, youth.

बुस्तान بستان पुं० [फा०] बाग़, बगीचा, उपवन।
m. a garden.

बुहतान بہتان पुं० दे० 'बोहतान'।

बुहीरा بحیرہ पुं० [अ०] छोटा समुद्र।
m. a small ocean.

बू بو स्त्री० [फा०] १. बास, गंध, महक। २. दुर्गन्ध, बदबू।
fem. 1. smell. 2. foul smell.

बूक़ بوق स्त्री० [अ०] बगल।
fem. an armpit.

बूक़लमूँ بوقلموں पुं० [अ०] १. गिरगिट। २. अवसरवादी।
m. 1. a chameleo, lizard. 2. an opportunist.

बूक़लमूनी بوقلمونی स्त्री० [फा०] १. रंग-बिरंगापन। २. विचित्रता।
fem. 1. the state of being multi-coloured. 2. strangeness.

बूग़दान بغدان पुं० [फा०] मदारी का थैला।
m. the bag of a juggler.

बूग़बंद بوغ بند पुं० [फा०] सामग्री रखने की थैली या कपड़ा।
m. a bag or piece of cloth.

बूज़ना بوزنہ पुं० [फा० बूज़िन:] बन्दर।
m. a monkey.

बूज़ा بوزہ पुं० [फा० बूज़:] जौ की शराब।
m. a sort of wine.

बूज़ाख़ाना بوزہ خانہ पुं० [फा० बूज़ा+ख़ान:] शराब-खाना, मधुशाला।
m. a bar, pub.

बूज़ीना بوزینہ पुं० [फा० बूज़ीन:] बंदर।
m. a monkey.

बूता بوتہ पुं० [अ० बूत:] सुनार की घरिया।
m. a small earthern cup in which gold-smith melts gold.

बूदगी بودگی स्त्री० [अ०] १. अस्तित्व। २. व्यक्तित्व।
fem. 1. existence. 2. personality.

बूदोबाश بودوباش स्त्री० [फा०] १. रहन-सहन। २. निवास।
fem. 1. the way or standard of living. 2. a residence, dwelling.

बूबक بوبک पुं० [तु०] बेवक़ूफ़।
m. a stupid person.

बूबू بوبو स्त्री० [फा०] बड़ी बहन।
fem. an elder sister.

बूम[1] بوم पुं० [अ०] उलूक पक्षी, उल्लू।
m. an owl.

बूम[2] بوم पुं० [फा०] भूमि।
m. the land, ground.

बूरानी بورانی स्त्री० [फा०] बैंगन का एक प्रकार का पकवान।
fem. a kind of dish.

बे بے उप० [फा०] एक उपसर्ग जो शब्दों के पहले लगकर प्राय: निषेध, अभाव आदि सूचित करता है; जैसे—बेअसर, बेईमान, बेख़ुद।
suffix without, lacking.

बेअक़्ल بے عقل वि० [फा०+अ०] जिसे अक्ल न हो, मूर्ख।
adj. foolish, stupid.

बेअदब بےادب वि० [फा० बे+अ० अदब] [भाव० बेअदबी] जो बड़ों का आदर-सम्मान न करे, अशिष्ट।
adj. rude, immodest, impertinent.

बेअदबी بےادبی स्त्री० [फा०+अ०] अशिष्टता।
fem. rudeness, immodesty, impertinence.

बेअसर بےاثر वि० [फा०] जिसका कोई असर न हो, प्रभावरहित।
adj. ineffective, useless.

बेअसल بےاصل वि० [फा० बे+अ० अस्ल] १. निराधार।

२. मिथ्या।
adj. 1. baseless. 2. false.

बेआबरू بےآبرو वि० [फा०] [भाव० बेआबरूई] अप्रतिष्ठित, बेइज़्ज़त।
adj. dishonoured, disgraced.

बेआबरूई بےآبروئی स्त्री० [फा०] बेइज्ज़ती।
fem. dishonour, disgrace, ignominy.

बेआरामी بےآرامی स्त्री० [फा०] कष्ट।
fem. suffering, distress, grievance.

बेइंतज़ामी بےانتظامی स्त्री० [फा०] इन्तज़ाम या व्यवस्था का अभाव।
fem. mismanagement.

बेइंतिहा بےانتہا वि० [फा०+अ०] जिसकी इन्तिहा या हद न हो, बेहद, असीम।
adj. without end, endless, limitless, too much.

बेइंसाफ़ بےانصاف वि० [फा०+अ०] [भाव० बेइन्साफ़ी] जो इंसाफ़ या न्याय न करे, अन्यायी।
adj. unjust.

बेइंसाफ़ी بےانصافی स्त्री० [फा०] अन्याय।
fem. injustice.

बेइख़्तियार بےاختیار वि० [फा०] [भाव० बेइख़्तियारी] १. जिसका अपने ऊपर कोई वश न हो। २. जिसके हाथ में कोई अधिकार न हो।
क्रि० वि० आप-से-आप।
adj. 1. helpless. 2. having no right.
adv. involuntarily.

बेइज़्ज़त بےعزت वि० [फा० बे+अ० इज़्ज़त] [भाव० बेइज़्ज़ती] १. जिसकी कोई प्रतिष्ठा न हो। २. अपमानित।
adj. 1. having no respect. 2. dishonoured, insulted.

बेइज़्ज़ती بےعزتی स्त्री० [फा० बे+अ० इज़्ज़त] अप्रतिष्ठा, अपमान।
fem. insult, disrespect, dishonour.

बेइम्तयाज़ بےامتیاز वि० [फा०] अशिष्ट।
adj. rude, impertinent.

बेइल्म بےعلم वि० दे० 'लाइल्म'।
adj. uneducated.

बेइल्मी بےعلمی स्त्री० दे० 'लाइल्मी'।
fem. lack of knowledge.

बेईमान بےایمان वि० [फा०+अ०] जो अन्याय, कपट या और किसी प्रकार का अनाचार करता हो, भ्रष्ट।
adj. dishonest, corrupt.

बेईमानी بےایمانی स्त्री० [फा०+अ०] १. बेईमान होने का भाव। २. भ्रष्ट आचरण।
fem. 1. dishonesty. 2. corruption.

बेउसूल بےاصول वि० [फा०+अ०] सिद्धांतहीन।
adj. unprincipled.

बेएतबार بےاعتبار वि० [फा०+अ०] [भाव० बेएतबारी] १. जिस पर एतबार या विश्वास न किया जा सके, अविश्वसनीय। २. जो किसी का विश्वास न करे, अविश्वासी।
adj. 1. unreliable. 2. distrustful.

बेएब بےعیب वि० [फा०] निर्दोष।
adj. faultless, virtuous.

बेऔलाद بےاولاد वि० [फा०+अ०] निस्संतान।
adj. issueless.

बेक़दर بےقدر वि० [फा० बे+अ० क़द्र] जो किसी की क़दर या आदर करना न जाने। २. जिसकी कुछ भी क़द्र न हो, तुच्छ।
adj. 1. unappreciative. 2. having no respect.

बेक़दरी بےقدری स्त्री० [फा० बे+अ० क़द्री] १. कदर या आदर न होना। २. अप्रतिष्ठा, अपमान।
fem. 1. lack of appreciation. 2. disrespect, insult.

बेकमोकास्त بےکم وکاست वि० [फा०] बिना कुछ भी घटाए-बढ़ाए, ज्यों-का-त्यों।
adj. exactly the same.

बेकराँ بیکراں वि० [फा०] १. असीम, अनंत। २. अथाह।
पद मुहीते-बेकराँ=अथाह सागर।
adj. 1. boundless, limitless. 2. depthless.
ph. deep ocean.

बेक़रार بےقرار वि० [फा०] [भाव० बेक़रारी] जिसे शान्ति या चैन न हो, व्याकुल, विकल।
adj. restless, impatient, uneasy.

बेकल بیکل वि० [फा० बे+हिं० कल] [भाव० बेकली] विकल, बेचैन।
adj. restless, impatient, uneasy.

बेकली بےکلی स्त्री० [फा० बेकल+हिं० ई (प्रत्य०)] बेचैनी।
fem. restlessness, impatience.

बेकस بیکس वि० [फा०] दुखी, पीड़ित।
adj. unhappy, grieved.

बेकसी بیکسی स्त्री० [फा०] दुख।
fem. grief, sorrow.

बेक़सूर بےقصور वि० [फा० बेकुसूर] निर्दोष।
adj. guiltness, blameless, innocent.

बेक़स्द بےقصد वि० [फा०+अ०] इच्छाहीन।

adj. desireless.

बेक़ाबू بےقابو वि० [फा०] अनियंत्रित।
adj. uncontrolled, uncontrollable.

बेक़ायदा بےقاعدہ वि० [फा०+अ० काइद:] १. क़ायदे या नियम के विरुद्ध, अनियमित। २. अशिष्ट।
adj. 1. irregular, illegal. 2. unmannerly.

बेकार بیکار वि० [फा०] १. जिसके पास कोई काम न हो। २. निकम्मा, निठल्ला। ३. जिसका कोई उपयोग न हो सके, निरर्थक, व्यर्थ। ४. जिसका कोई फल न हो, निष्फल।
क्रि० वि० बिना किसी उपयोग या फल आदि के, व्यर्थ।
adj. 1. unemployed. 2. idle. 3. useless, worthless. 4. good for nothing.
adv. to no purpose, unnecessarily.

बेकारी بیکاری स्त्री० [फा०] १. बेकार होने की अवस्था या भाव। २. निकम्मापन। ३. अनुपयोगिता, व्यर्थता।
fem. 1. unemployment. 2. idleness. 3. uselessness.

बेक़ियास بےقیاس वि० [फा०+अ०] बेहिसाब, अत्यधिक।
adj. incalculable, too much.

बेकुलाह بےکلاہ वि० [फा०] बिना टोपी का।
adj. without a cap.

बेकुलाही بےکلاہی स्त्री० [फा०] १. नंगे सिर होने की अवस्था या भाव। २. निर्धनता।
fem. 1. the state of being naked head. 2. poverty.

बेख़ بیخ स्त्री० [फा०] १. जड़, मूल। २. उद्‌गम।
fem. 1. root. 2. origin.

बेख़तर بےخطر वि० [फा०+अ०] निडर।
adj. fearless, dauntless.

बेख़तरी بےخطری स्त्री० [फा०+अ०] निर्भयता।
fem. fearlessness.

बेख़ता بےخطا वि० [फा०+अ०] अचूक।
adj. infalliable, unfailing.

बेख़बर بیخبر वि० [फा०+अ०] [भाव० बेख़बरी] १. अनजान, नावाक़िफ। २. बेहोश, बेसुध।
adj. 1 unaware. 2. unconscious, senseless.

बेख़बरी بےخبری स्त्री० [फा०+अ०] खबर न होना।
fem. unawareness.

बेख़ानोमाँ بےخان وماں वि० [फा०] बेघर।
adj. homeless.

बेख़ार بےخار वि० [फा०] बिना काँटों का, निष्कंटक।
adj. thornless.

बेख़िरद بےخرد वि० [फा०] मूर्ख।
adj. foolish.

बेख़ुद بےخود वि० [फा०] [भाव० बेख़ुदी] अचेत, बेहोश।
adj. unconscious.

बेख़ुदी بےخودی स्त्री० [फा०] अचेतता, बेहोशी।
fem. unconsciousness.

बेख़ौफ़ بےخوف वि० [फा०] निडर।
adj. fearless, dauntless.

बेग بیگ पुं० [तु०] [स्त्री० बेगम] १. सम्पन्न व्यक्ति, अमीर। २. कुलीन व्यक्ति।
m. 1. a rich person. 2. a noble.

बेगम بیگم स्त्री० [तु०] १. उच्च कुल की महिला। २. पत्नी।
fem. 1. a lady. 2. a wife.

बेगमात بیگمات स्त्री० [तु० बेगम का बहु०] बेगमें।
fem. ladies or wifes.

बेगानगी بیگانگی स्त्री० [फा०] बेगाना या पराया होने का भाव, परायापन।
fem. feeling of taking someone as different, otherness.

बेगाना بیگانہ वि० [फा० बेगान:] १. जो अपना न हो, पराया, ग़ैर, दूसरा। २. अजनबी, अपरिचित।
adj. 1. other, different, not own. 2. strange, unfamiliar.

बेगार بےگار स्त्री० [फा०] १. वह प्रथा जिसमें गरीबों आदि से जबरदस्ती और बिना मज़दूरी दिए काम लिया जाता है। २. वह काम जो बिना मन के या विवश होकर किया जाए।
fem. 1. forced labour. 2. careless work.

बेगारी بےگاری पुं० [फा०] वह जिससे मुफ़्त में और ज़बरदस्ती काम लिया जाए।
m. a forced labourer.

बेग़ायत بےغایت वि० [फा०+अ०] अत्यधिक।
adj. excessive, extreme.

बेगुनाह بےگناہ वि० [फा०] निरपराध, निर्दोष।
adj. faultless, innocent, guiltless.

बेग़ैरत بےغیرت वि० [फा०+अ०] [भाव० बेग़ैरती] निर्लज्ज, बेहया।
adj. shameless.

बेग़ैरती بےغیرتی स्त्री० [फा०+अ०] निर्लज्जता।
fem. shamelessness.

बेचारगी بیچارگی स्त्री० [फा०] १. विवशता। २. गरीबी।
fem. 1. helplessness, 2. poverty.

बेचारा بیچارہ वि० [फा० बेचार:] [भाव० बेचारगी] दीन और निस्सहाय, गरीब, दीन।
adj. helpless, poor.

बेचिराग بے چراغ वि० [फा०] निस्संतान।
adj. issueless.

बेचूँ بے چوں वि० [फा०] अनुपम, बेजोड़।
adj. matchless, peerless.

बेचैन بے چین वि० [फा०] [भाव० बेचैनी] जिसे चैन न पड़ता हो, विकल।
adj. restless, uneasy.

बेचैनी بے چینی स्त्री० [फा०] विकलता।
fem. restlessness, uneasiness.

बेचोबा بے چوبہ पुं० [फा० बेचोब:] एक प्रकार का खेमा जिसमें चोब या खम्भा नहीं लगता।
m. a tent without a prop.

बेज़बान بے زبان वि० [फा०] मूक।
adj. silent or mute.

बेज़र بے زر वि० [फा०] निर्धन।
adj. poor.

बेज़री بے زری स्त्री० [फा०] निर्धनता।
fem. poverty.

बेजा بے جا वि० [फा०] अनुचित।
adj. unjust, improper.

बेजान بے جان वि० [फा०] निष्प्राण, निर्जीव।
adj. lifeless.

बेज़ाब्ता بے ضابطہ वि० [फा० बेज़ाबित:] नियम-विरुद्ध, अनियमित।
adj. contrary to law, illegal, irregular.

बेज़ार بیزار वि० [फा०] [भाव० बेज़ारी] १. नाराज़, अप्रसन्न। २. दुखी।
adj. 1. displeased. 2. unhappy.

बेज़ारी بیزاری स्त्री० [फा०] १. अप्रसन्नता। २. दुःख।
fem. 1. displeasure. 2. grief.

बेतकल्लुफ़ بے تکلف वि० [फा०] निस्संकोच।
adj. observing no formality, unhesitating.

बेतकल्लुफ़ी بے تکلفی स्त्री० [फा०] अनौपचारिक व्यवहार।
fem. informal behaviour.

बेतरतीब بے ترتیب वि० [फा० बे+अ० तर्तीब] बिना क्रम का, अस्तव्यस्त।
adj. without any order, scattered, unsystematic.

बेतरह بے طرح क्रि० वि० [फा०] बुरी तरह से, बेढब तरीके से, कुछ भीषण या उग्र रूप से; जैसे—बेतरह फटकारना।
adj. badly.

बेतहाशा بے تحاشا क्रि० वि० [फा० बे+अ० तहाशा] १. बहुत ज़ोर से या उग्र रूप से। २. बहुत घबराकर। ३. बिना सोचे- समझे।
adv. 1. rashly, recklessly. 2. confusedly. 3. without thinking.

बेताक़त بے طاقت वि० [फा०+अ०] कमजोर, निर्बल।
adj. weak, feeble, infirm.

बेताब بیتاب वि० [फा०] [भाव० बेताबी] विकल, व्याकुल, बेचैन।
adj. restless, uneasy.

बेताबी بیتابی स्त्री० [फा०] विकलता, बेचैनी।
fem. restlessness, uneasiness.

बेद بید पुं० [फा०] बेंत।
m. a long hollow stem of a plant, cane.

बेदख़ल بے دخل वि० [फा० बे+अ० दख़्ल] जिसका दख़ल, कब्ज़ा या अधिकार न रह गया हो, अधिकारच्युत।
adj. ejected.

बेदख़ली بے دخلی स्त्री० [फा० बे+अ० दख़्ली] सम्पत्ति पर से दख़ल या कब्ज़े का हटाया जाना अथवा हट जाना।
fem. ejection, ejectment, eviction.

बेदम بے دم वि० [फा०] अशक्त, निर्बल।
adj. weak, feeble.

बेदर्द بے درد वि० [फा०] निर्मम, निर्दय।
adj. cruel, merciless.

बेदर्दी بے دردی स्त्री० [फा०] निर्ममता, निर्दयता।
fem. cruelty, mercilessness.

बेदाग़ بے داغ वि० [फा०] १. बिना दाग़ का। २. निर्दोष।
adj. 1. stainless, spotless. 2. not guity, blameless.

बेदाद بے داد स्त्री० [फा०] जुल्म, अत्याचार।
fem. cruelty, tyranny.

बेदादख़ू بے دادخو वि० [फा०] क्रूर, अत्याचारी।
adj. cruel, tyrannous.

बेदादी بے دادی स्त्री० [फा०] १. अन्याय। २. अत्याचार।
fem. 1. injustice. 2. cruelty.

बेदाना بے دانہ वि० [फा० बेदान:] बिना बीज का।
adj. seedless.

बेदार بیدار वि० [फा०] जागता हुआ, जागृत।
adj. awakened, awake.

बेदारी بیداری स्त्री० [फा०] जागने की अवस्था, जाग्रति।
fem. awakening, awareness.

बेदिरेग़ بے دریغ क्रि० वि० [फा०] बिना सोचे-समझे।
adv. without understanding properly, blindly.

बेदीन بے دین वि० [फा०+अ०] अधर्मी।
adj. irreligious.

बेनज़ीर بے نظیر वि० [फा०+अ०] जिसकी कोई नज़ीर या उपमा न हो, बेजोड़, अनुपम, अद्वितीय।
adj. unique, matchless, uncomparable.

बेनवा بےنوا वि० पुं० [फा०] [भाव० बेनवाई] १. दरिद्र। २. भिखमंगा।
adj. & m. 1. a poor. 2. a beggar.

बेनसीब بےنصیب वि० [फा०+अ०] अभागा।
adj. unfortunate, unlucky.

बेनाम بےنام वि० [फा०] बिना नाम का।
adj. nameless.

बेनियाज़ بےنیاز वि० [फा०] [भाव० बेनियाज़ी] १. सब प्रकार की आवश्यकताओं और बन्धनों आदि से रहित, परम स्वतन्त्र, स्वच्छन्द (प्राय: ईश्वर के सम्बन्ध में)। २. लापरवाह।
adj. 1. free, independent. 2. careless, neglectful.

बेनियाज़ी بےنیازی स्त्री० [फा०] १. स्वच्छंदता। २. लापरवाही।
fem. 1. freedom. 2. negligence, carelessness.

बेनूरी بےنوری स्त्री० [फा०+अ०] चमक-दमक का न होना।
fem. lack of luster.

बेपनाह بےپناہ वि० [फा०+अ०] शरणविहीन।
adj. without shelter.

बेपर्दगी بےپردگی स्त्री० [फा०] परदे का अभाव, परदा न होना।
fem. lifting of veil.

बेपर्दा بےپردہ वि० [फा० बे+पर्द:] १. जिसके आगे कोई परदा न हो, आगे से खुला हुआ। २. जो परदा या घूँघट न करे।
adj. 1. uncovered. 2. unveiled.

बेपीर بےپیر वि० [फा०] १. जिसका कोई पीर या गुरु न हो, निगुरा। २. स्वार्थी और अन्यायी।
adj. 1. without having a preceptor. 2. cruel and selfish.

बेफ़िक्र بےفکر वि० [फा०+अ०] [भाव० बेफ़िक्री] निश्चिंत।
adj. carefree.

बेफ़िक्री بےفکری स्त्री० [फा०+अ०] निश्चिंतता।
fem. the state of being carefree.

बेबदल بےبدل वि० [फा०] १. सदा एकरस रहनेवाला, जिसमें कोई परिवर्तन न हो। २. निश्चित, ध्रुव। ३. बेजोड़।
adj. 1. changeless. 2. fixed, firm. 2. matchless.

बेबस بےبس वि० [फा० बे+हिं० बस] [भाव० बेबसी] १. जिसका कुछ बस न चल सके, लाचार। २. निर्बल, असमर्थ।
adj. 1. helpless. 2. weak, uncapable.

बेबसर بےبصر वि० [फा०+अ०] अंधा।
adj. blind.

बेबसी بےبسی स्त्री० [फा०] विवशता, मजबूरी।
fem. helplessness.

बेबहरा بےبہرہ वि० [फा० बे+बह्र:] अभागा।
adj. unfortunate.

बेबहा بےبہا वि० [फा०] जिसका मूल्य न लग सके, बहुमूल्य।
adj. priceless, valuable.

बेबाक بےباک वि० [फा०] १. निडर। २. निर्लज्ज।
adj. 1. feerless. 2. shameless.

बेबाक़ بےباق वि० [अ०+फा०] [भाव० बेबाक़ी] चुकता किया हुआ, चुकाया हुआ (कर्ज़ या देन)।
adj. redeemed, fully paid up.

बेबाकाना بےباکانہ वि० [फा० बेबाकान:] निर्लज्जतापूर्ण, उद्दण्डतापूर्ण।
***पद* अज़्मे बेबाकाना**=उद्दण्डतापूर्ण संकल्प।
adj. shameless, rude.
ph. shameless intent.

बेबुनियाद بےبنیاد वि० [फा० बेबुन्याद] निराधार।
adj. baseless, unfounded.

बेमज़ा بےمزا वि० [फा०] १. आनन्दहीन। २. फीका।
adj. 1. joyless. 2. insipid.

बेमतलब بےمطلب क्रि० वि० [फा०+अ०] बिना मतलब के।
adv. without rhyme or reason.

बेमसरफ़ بےمصرف वि० [फा०+अ०] बेकार।
adj. useless.

बेमहल بےمحل वि० [फा०+अ०] १. जो उपयुक्त अवसर पर न हो, बेमौक़े होनेवाला। २. असंगत।
adj. 1. inopportune. 2. irrelevent.

बेमानिंद بےمانند वि० [फा०] अद्वितीय।
adj. unique, matchless.

बेमानी بےمعنی वि० [फा०] निरर्थक।
adj. meaningless, useless.

बेमिसाल بےمثال वि० [फा०+अ०] अनुपम, बेजोड़।
adj. unparalleled, unique.

बेमुहार بےمہار क्रि० वि० [फा० बेमिहार] बेरोक, बेलगाम।
adj. unobstructed, unhampered, unbridled.

बेमौक़ा بےموقع क्रि०वि० [फा० बे+अ० मौक़अ] असमय।
adv. at a wrong time.

बेरंग بےرنگ वि० [फा०] बदरंग।
adj. discoloured, faded.

बेरहम بےرحم वि० [फा०+अ० रहम] [भाव० बेरहमी]

निर्दय, निर्मम।
adj. cruel, merciless.

बेरहमी بےرحمی स्त्री० [फा० बे+अ० रह्मी] निर्दयता।
fem. cruelty, mercilessness.

बेरूनी بےرونی वि० [फा०] बाहरी।
adj. outside.

बेल بیل स्त्री० [फा०] फावड़ा, कुदाली।
fem. a spade.

बेलगाम بےلگام वि० [फा०+अ०] अनियंत्रित।
adj. uncontrolled, unbridled.

बेलचा بیلچہ पुं० [फा० बेलच:] छोटी कुदाली, छोटा फावड़ा।
m. a small spade.

बेलदार بیلدار पुं० [फा०] फावड़ा चलानेवाला मज़दूर।
m. one who digs with a spade.

बेला بیلا पुं० [फा०] वह थैली जिसमें दरिद्रों को बाँटने के लिए रुपए लेकर निकलते हैं।
m. a bag.

बेवकूफ़ بےوقوف वि० [फा०] मूर्ख, नासमझ।
adj. foolish, stupid.

बेवकूफ़ी بےوقوفی स्त्री० [फा०] मूर्खता, नासमझी।
fem. foolishness, stupidity.

बेवक्त بےوقت क्रि०वि० [फा०+अ०] असमय, बेमौक़े।
adv. at a wrong time.

बेवजह بےوجہ क्रि० वि० [फा०+अ०] अकारण।
adv. without any reason.

बेवफ़ा بےوفا वि० [फा०+अ०] कृतघ्न, विश्वासघाती, अनिष्ठावान।
adj. disloyal, unfaithful.

बेवफ़ाई بےوفائی स्त्री० [फा०+अ०] कृतघ्नता, विश्वास-घात, निष्ठाहीनता।
fem. disloyalty, unfaithfulness.

बेवा بیوہ स्त्री० [फा० बेव:] जिसका पति मर गया हो, विधवा, राँड।
fem. a widow.

बेश بیش वि० [फा०] १. अधिक, ज्यादा। २. बढ़िया, श्रेष्ठ, अच्छा।
adv. 1. more, much more. 2. nice.

बेशऊर بےشعور वि० [फा०+अ०] जिसे शऊर न हो, मूर्ख।
adj. unmannerly, stupid.

बेशऊरी بےشعوری स्त्री० [फा०+अ०] शऊर का न होना।
fem. unmannerliness, stupidity.

बेशक بیشک क्रि० वि० [फा०] बिना किसी शक के, निस्संदेह।
adv. surely, undoubtedly.

बेशक़ीमत بیش قیمت वि० [फा०+अ०] बहुमूल्य।
adj. valuable, priceless.

बेशर्म بےشرم वि० [फा०+अ०] [भाव० बेशर्मी] निर्लज्ज।
adj. shameless.

बेशर्मी بےشرمی स्त्री० [फा०+अ०] निर्लज्जता।
fem. shamelessness.

बेशी بیشی स्त्री० [फा०] १. अधिकता, ज्यादती। २. वृद्धि।
fem. 1. excess, abundance. 2. increase.

बेशुब्हा بےشبہ क्रि० वि० [फा०+अ० शुब्ह:] बेशक।
adv. undoubtedly.

बेशुमार بےشمار वि० [फा०+अ०] असंख्य, अनगिनत।
adj. too many to be counted, innumberable.

बेसबब بےسبب क्रि० वि० [फा०+अ०] बिना कारण।
adv. without any reason.

बेसब्र بےصبر वि० [फा०+अ०] [भाव० बेसब्री] अधीर, आतुर, उतावला।
adj. impatient.

बेसूद بےسود वि० [फा०] बेकार, व्यर्थ, निष्फल।
पद आतिशे-बेसूद=व्यर्थ की आग।
adj. useless.
ph. useless excitement.

बेहतर بہتر वि० [फा० बेह्तर] अपेक्षाकृत उत्तम, किसी के मुक़ाबले में अच्छा।
क्रि० वि० बहुत अच्छा, ठीक है, ऐसा ही होगा, ऐसा ही सही।
adj. better.
adv. very fine.

बेहतरी بہتری स्त्री० [फा० बेह्तरी] १. अच्छाई, उत्तमता। २. कल्याण, मंगल, भलाई।
fem. 1. betterment. 2. welfare.

बेहतरीन بہترین वि० [फा०] सबसे अच्छा।
adj. best.

बेहमीयत بےحمیت वि० [फा०] [भाव० बेहमीयती] बेशर्म, निर्लज्ज, बेहया।
adj. shameless.

बेहया بےحیا वि० [फा०+अ०] [भाव० बेहयाई] निर्लज्ज।
adj. shameless.

बेहयाई بےحیائی स्त्री० [फा०] निर्लज्जता।
fem. shamelessness.

बेहाल بےحال वि० [फा० बे+अ० हाल] [भाव० बेहाली] व्याकुल, विकल, बेचैन।
adj. restless, uneasy.

बेहाली بےحالی स्त्री० [फा० +अ०] बेचैनी।
fem. restlessness.

बेहिकमत بےحکمت वि० [फा० बेहिक्मत] मूर्ख।
adj. foolish.

बेहिकमती بےحکمتی स्त्री० [फा० बेहिक्मती] मूर्खता।
fem. foolishness.

बेहिजाबी بےحجابی स्त्री० [फा०+अ०] बेपरदगी।
fem. lifting of veil.

बेहिफ़ाज़त بےحفاظت वि० [फा०+अ०] अरक्षित।
adj. unsecured.

बेहिस بےحس वि० [अ०] दे० 'बेहोश'।

बेहिसाब بےحساب वि०, क्रि०वि० [फा० बे+अ० हिसाब] बहुत अधिक, बहुत ज्यादा, जिसकी गिनती या हिसाब न हो।
adj. & adv. incalculable, too much, very much.

बेहिसी بےحسی स्त्री० [अ०] दे० 'बेहोशी'।

बेहुज़ूर بےحضور वि० [फा०+अ०] अनुपस्थित।
adj. absent.

बेहुज़ूरी بےحضوری स्त्री० [फा०+अ०] अनुपस्थिति।
fem. absence.

बेहुरमत بےحرمت वि०[फा०+अ० हुर्मत] [भाव० बेहुरमती] बेइज़्ज़त, अपमानित।
adj. disrespected, humiliated.

बेहुरमती بےحرمتی स्त्री० [फा०+अ० हुर्मती] अपमान।
fem. insult, humiliation.

बेहूदगी بےہودگی स्त्री० [फा०] असभ्यता, अशिष्टता।
fem. absurdity.

बेहूदा بےہودہ वि० [फा० बेहूदः] बिना सिर-पैर का।
adj. absurd.

बेहैसियत بےحیثیت वि० [फा०+अ०] १. अप्रतिष्ठित। २. निर्धन।
adj. 1. disrespected. 2. poor.

बेहोश بےہوش वि० [फा०] मूर्छित, अचेत।
adj. unconscious.

बेहोशी بےہوشی स्त्री० [फा०] मूर्छा, अचेतता।
fem. unconsciousness, faintness.

बै بیع स्त्री० [अ० बैअ] १. बेचने की क्रिया, बिक्री, विक्रय। २. खरीदना और बेचना, क्रय-विक्रय।
fem. 1. act of selling. 2. sale and purchase.

बैआना بیعانہ पुं० [अ० बैआनः] बयाना, साई।
m. earnest money.

बैइयत بیعت स्त्री० [अ० बैअत] १. आज्ञाकारिता। २. किसी पीर आदि का शिष्य होना।
fem. 1. obedience. 2. discipleship.

बैज़ بیض पुं० (बहु०) [अ० 'बैज़ा' का बहु०] १. पक्षियों आदि के अंडे। २. अंडकोश।
m. (plu.) 1. eggs of birds. 2. scortum.

बैज़वी بیضوی वि० [फा०] अंडे के आकार का, अंडाकार।
adj. oval.

बैज़ा بیضا पुं० [फा०] अंडा।
m. an egg.

बैत بیت स्त्री० [अ०] १. कविता। २. छन्द। ३. मसनवी में का कोई एक शेर।
पुं० घर।
fem. 1. poetry. 2. a stanza.
m. a residence, dwelling.

बैत-उल्-खला بیت الخلاء पुं० [अ०] शौचालय, पाखाना, टट्टी।
m. a lavatory, toilet.

बैत-उल्-माल بیت المال पुं० [अ०] १. सरकारी खज़ाना। २. वह राजकोश जिसमें प्राचीन अरब और मुसलमान लूट का माल और लावारिस माल जमा करते थे। ३. वह सम्पत्ति जिसका कोई उत्तराधिकारी न हो, लावारिस माल।
m. 1. the treasury. 2. a store of looted valuable objects. 3. unclaimed luggage.

बैत-उल्-मुक़द्दस بیت المقدس पुं० [अ०] प्रसिद्ध धार्मिक स्थान, मक्का।
m. Makka.

बैत-उल्लाह بیت اللہ पुं० [अ०] ख़ुदा का घर, क़ाबा।
m. Kaba.

बैद-उल्-हरम بیت الحرم पुं० [अ०] मुसलमानों का पवित्र स्थान, मक्का।
m. Makka.

बैदक़ بیدق पुं० [अ०] शतरंज का प्यादा।
m. a pawn.

बैन بین क्रि० वि० [अ०] के मध्य, के बीच।
adv. between, among.

बैनामा بیع نامہ पुं० [अ० बैअनामः] वह पत्र जिसमें किसी वस्तु के बेचने का उल्लेख हो, विक्रय-पत्र।
m. a sale-deed.

बैरक़ بیرق पुं० [तु०] छोटा झंडा, पताका।
m. a small flag.

बैरम بیرم पुं० [फा०] समारोह, उत्सव।
m. a function, festival.

बैरूँ بیروں क्रि०वि० [फा० बेरून] १. बाहर। २. अलग।
पुं० आस-पास का या बाहरी प्रदेश।
adv. 1. outside, outward. 2. separately.
m. outer region.

बैरूनी بیرونی वि० [फा० बेरुनी] १. बाहरी, बाहर का।

२. विदेशी।
adj. 1. outside, outward. 2. foreign.

बोग़दान بوغدان पुं० [फा०] वह थैला जिसमें मदारी अपनी सामग्री रखते हैं।
m. the bag of a juggler.

बोता بوتہ पुं० [फा० बोत:] सोना-चाँदी गलाने की घरिया।
m. an earthen cup in which a goldsmith melts gold, silver etc.

बोरिया بوریا पुं० [फा०] ताड़ के पत्तों की बनी हुई चटाई।
m. a mat.

बोल بول पुं० [अ० बौल] मूत्र, पेशाब; जैसे—बोल व बराज=मूत्र और मल, पेशाब और पैखाना।
m. urine.

बोश بوش पुं० [अ० बौश] कमीना व्यक्ति।
m. a mean fellow.

बोस بوس प्रत्य० [फा०] चूमनेवाला।
suffix one who kisses.

बोसा بوسہ पुं० [फा० बोस:] चुम्बन।
m. a kiss.

बोसीदा بوسیدہ वि० [फा० बोसीद:] [भाव० बोसीदगी] फटा-पुराना, सड़ा-गला, बेदम।
adj. decayed, rotten.

बोसोकनार بوس‌وکنار पुं० [फा०] प्रेमिका का मुख चूमना और उसे गले लगाना, चुम्बन और आलिंगन।
m. act of kissing and embrassing one's beloved.

बोस्ताँ بوستاں पुं० [फा०] बाग़, पुष्प-वाटिका, उपवन।
m. a garden, flower-garden.

बोस्ताँपैरा بوستاں‌پیرا वि० [फा०] माली।
m. a gardener.

बोहतान بہتان पुं० [अ० बुहतान] मिथ्या अभियोग, झूठा इलज़ाम।
***मुहा०* बोहतान जोड़ना**=कलंक लगाना।
m. a false accusation.
id. to stigmatize.

बौल بَول पुं० [अ०] मूत्र, पेशाब।
m. urine.

बौलदान بَولدان पुं० [अ०+फा०] मूत्रपात्र।
m. a urine-pot.

म

मंज़र منظر पुं० [अ०] दृश्य।
m. a veiw or picture of a place, scene.

मंज़िल منزل स्त्री० [अ०] [बहु० मनाज़िल] १. यात्रा में ठहरने का स्थान, पड़ाव। २. मकान का खंड, मरातिब।
m. 1. destination. 2. a storey, floor.

मंज़िलत منزلت स्त्री० [अ०] १. पद, ओहदा। २. आदर, सत्कार।
fem. 1. rank, post. 2. respect, hospitality.

मंजूर منظور वि० [अ०] १. जो मान लिया गया हो, स्वीकृत। २. देखा हुआ।
adj. 1. approved, accepted. 2. seen.

मंजूरी منظوری स्त्री० [अ० मंजूर] स्वीकृति।
fem. approval, acceptance.

मंतिक منطق स्त्री० [अ०] तर्कशास्त्र।
m. the science of logic.

मंद مند प्रत्य० [फा०] वाला, रखनेवाला; जैसे–दौलतमन्द।
suffix denoting possessing.

मंदील مندیل स्त्री० [अ० मिंदील] १. रूमाल। २. पगड़ी। ३. कमर में बाँधने का पटका।
fem. 1. a handkerchief. 2. a turban. 3. a belt.

मंशा منشا स्त्री० दे० 'मनशा'।

मंसूख़ منسوخ वि० [अ०] रद्द किया हुआ, निरस्त।
adj. cancelled, rejected.

मंसूख़ी منسوخی स्त्री० [अ० मंसूख़] रद्द करने या निकम्मा ठहराने की क्रिया, निरसन।
fem. act of cancelling, cancellation, rejection.

मंसूब منصوب वि० [अ०] १. निसबत या सम्बन्ध रखने-वाला। २. जिसकी मँगनी किसी के साथ हुई हो।
adj. 1. related, having a relation. 2. betrothed.

मंसूबा منصوبا पुं० दे० 'मनसूबा'।

मंसूर منصور वि० [अ० मअदिन] विजयी।
adj. victorious.

मअदन معدن पुं० [अ०] [बहु० मअदिन] सोने या चाँदी की खान।
m. a gol'l or silver mine.

मअदनियात معدنیات स्त्री० (बहु०) [अ० मअदनियात] खान से निकले हुए द्रव्य, खनिज पदार्थ।
fem. (plu.) minerals.

मअदनी معدنی वि० [अ० मअदिनी] खान से निकला हुआ। पुं० खनिज।
adj. (a substance) dug from the earth.
m. a mineral.

मअदह معده पुं० [अ०] आमाशय।
m. a stomach.

मअदिलत معدلت स्त्री० [अ०] अदल, इंसाफ, न्याय।
m. justice.

मअदूद معدود वि० [अ०] १. गिना हुआ। २. परिमित।
adj. 1. counted. 2. limited.

मअदूम معدوم वि० दे० 'मादूम'।

मअनी معنی पु० [अ०] अर्थ।
m. meaning.

मअबद معبد पुं० [अ०] [बहु० मआबिद] ईश्वराधन करने का स्थान, मन्दिर, मस्जिद, गिरजा आदि।
m. a place of worship, temple.

मअबूद معبود पुं० [अ०] वह जिसकी इबादत या आराधना की जाय, ईश्वर, परमात्मा।
m. one who is worshipped, God.

मअमूर معمور वि० [अ०] पूर्ण, परिपूर्ण।
adj. full, completely full.

मअरका معرکہ पुं० [अ० मअरिक:] लड़ाई का मैदान।
m. a battle-field.

मअरूज़ معروض वि० [अ०] अर्ज़ किया गया, निवेदित। पुं० प्रार्थना, निवेदन।
adj. submitted.
m. a prayer, submission.

मअरूज़ा معروضہ पुं० [अ० मअरूज़:] १. प्रार्थना। २. आवेदन पत्र, प्रार्थना-पत्र।
m. 1. prayer. 2. an application. a

मअरूफ़ معروف वि० [अ०] प्रसिद्ध।
adj. famous.

मअलूम معلوم वि० [अ०] ज्ञात, विदित।
adj. known.

मअलूल معلول वि० [अ०] तर्क द्वारा सिद्ध किया हुआ। पुं० १. परिणाम २. निष्कर्ष।
adj. proved.
*m.1.*result 2. conclusion.

मअश معش पुं० [फा०] उरद, माष।
m. black gram.

मअशूक़ معشوق पुं० [अ० मअशूक़] प्रेमपात्र प्रियतम।
m. a lover.

मअशूक़ा معشوقہ स्त्री० [अ० मअशूक़:] प्रेमिका, प्रेयसी।
fem. a beloved.

मअसियत معصیت स्त्री० [अ०] पाप, गुनाह।
fem. a sin.

मआज़-अल्लाह معاذاللہ पद [अ०] ईश्वर रक्षा करे।
ph. God save.

मआद معاد स्त्री० [अ०] १. लौटकर आने का स्थान। २. परलोक। ३. होनेवाला जन्म।
fem. 1. the place of returning back. 2. the other world, heaven. 3. next birth.

मआनी معانی पुं० [अ० 'मअनी' का बहु०] १. माने, अर्थ। २. उद्देश्य।
m. (plu.) 1. meanings. 2. aims.

मआब معاب पुं० [अ०] आवास, घर; जैसे—इज़्ज़त मआब=प्रतिष्ठा का आगार, परम प्रतिष्ठित।
m.a residence.

मआल معال पुं० [अ०] १. अन्त। २. निष्कर्ष।
m. 1. end. 2. conclusion.

मआल-अंदेश معال اندیش वि० [अ०+फा०] [भाव० मआल-अन्देशी] जो परिणाम का ध्यान रखता हो, परिणामदर्शी।
adj. having an eye on the result.

मआश معاش स्त्री० [अ०] १. जीविका का साधन, आजीविका; जैसे—नेकमआश, बदमआश। २. जमींदारी।
fem. 1. means of livelihood. 2. landlordism.

मआशरत معاشرت स्त्री० बहु० [अ०] सामाजिक जीवन।
fem. social life.

मआशीयात معاشیات स्त्री० [अ०] अर्थशास्त्र।
m. Economics.

मआशी معاشی वि० [अ०] १. जीविका-सम्बन्धी। २. आर्थिक।
adj. 1. of livelihood. 2. economic.

मआसिर معاثر पुं० [अ० 'मासुर:' का बहु०] अच्छे काम।
m. (plu.) good deeds.

मईशत معیشت स्त्री० [अ०] १. जीविका। २. दैनिक भोजन। ३. आवश्यक वस्तुएँ।
fem. 1. livelihood. 2. daily bread. 3. a necessary item.

मकतब مکتب पुं० [अ० मक्तब] [बहु० मकातिब] वह स्थान जहाँ लिखना-पढ़ना सिखाया जाता हो, पाठशाला, विद्यालय।
m. a school.

मक़तल مقتل पुं० [अ० मक़्तल] १. वह स्थान जहाँ लोग क़तल किये जाते हों, वध-स्थान। २. प्रेमिका का क्रीड़ा-क्षेत्र।
m. 1. the place where people are slaughtered. 2. the realm of a beloved.

मक़ता مقطع पुं० [अ० मक़्त:] गज़ल का अन्तिम चरण जिसमें कवि का नाम भी रहता है।
m. the last stanza of a poem.

मक़तूब مقطوب वि० [अ० मक़्तूब] [बहु० मक़तूबात] लिखा हुआ, लिखित।
पुं० १. लेख। २. पत्र, चिट्ठी।
adj. written.
m. 1. an article. 2. a letter.

मक़तूबइलैह مقطوب علیہ पुं० [अ० मक़्तूबइलैह] वह जिसके नाम कोई पत्र लिखा गया हो, पत्र पानेवाला।
m. a person whose name and address is written on a letter, addressee.

मक़तूम مقتوم वि० [अ० मक़्तूम] छिपा हुआ, प्रच्छन्न, गुप्त।
adj. hidden, secret.

मक़तूल مقتول वि० [अ० मक़्तूल] [बहु० मक़तूलीन] १. जो क़तल कर डाला गया हो। २. प्रेमी।
adj. 1. slaughtered. 2. a beloved.

मक़दम مقدم पुं० [अ० मुक़द्दम] १. वापस आना, लौटना। २. पहुँचना।
m. 1. act of comming back, returning. 2. act of reaching.

मक़दूर مقدور पुं० [अ० मक़्दूर] सामर्थ्य, क्षमता।
m. capacity.

मक़ना مقنع पुं० [अ० मिक़्नअ] एक प्रकार की ओढ़नी या चादर।
m. a kind of a shawl.

मक़नातीस مقناطیس पुं० [अ० मक़्नातीस] [वि० मक़नातीसी] चुम्बक पत्थर।
m. a stone with a magnetic power.

मक़नून مقنون वि० [अ० मक़्नून] गुप्त, रहस्यमय।
adj. hidden, mysterious.

मकफ़ूल مکفول वि०[अ० मक्फूल][भाव० मक्फ़ूलियत] रेहन या बन्धक रखा हुआ।
adj. pledged.

मक़बरा مقبرہ पुं० [अ० मक़्बर:] [बहु० मक़ाबिर] वह इमारत जिसमें किसी की लाश गाड़ी गई हो, रौज़ा, मज़ार।
m. a tomb.

मक़बूज़ा مقبوضہ वि० [अ० मक़्बूज़:] जिस पर कब्जा किया गया हो, अधिकृत।
adj. under possession, occupied.

मक़बूल مقبول वि० [अ० मक़्बूल] [भाव० मक़्बूलियत] १. कबूल किया हुआ, २. पसन्द होने के लायक, अच्छा, बढ़िया। ३. चुना हुआ।
adj. 1. confessed. 2. nice. 3. selected, choosen.

मक़रुक़ مقروق वि० [अ० मक़्रूज़] कुर्क़ किया हुआ।
adj. confiscated, attached.

मक़रूज़ مقروض वि० पुं० [अ० मक़्रूज़] जिस पर कर्ज़ हो, ऋणी, कर्ज़दार।

adj. & m. a debtor.

मकरूह مکروہ वि० [अ० मक्रूह] [बहु० मक्रूहात] घृणित, बहुत बुरा, गंदा और खराब।
adj. abhoring, bad, dirty.

मक़लूब مقلوب वि० [अ० मक़्लूब] उलटा हुआ।
पुं० वह शब्द या पद जो सीधा और उलटा दोनों ओर से पढ़ने पर समान हो; जैसे—दरद।
adj. turned over.
m. a word having same letters from both sides.

मक़सद مقصد पुं० [अ० मक़्सिद] [बहु० मक़ासिद] १. उद्देश्य, अभिप्राय। २. कामना।
मुहा० मक़सद बर आना=कामना पूर्ण होना।
m. 1. an aim. 2 a desire, aspiration.
id. fulfilment of a desire.

मक़सूद مقصود वि० [अ० मक़्सूद] अभिप्रेत, इच्छित।
adj. aimed at, desired.

मक़सूम مقسوم वि० [अ० मक़्सूम] बाँटा हुआ, विभक्त।
पुं० १. भाग्य, किस्मत, तक़दीर। २. गणित में भाज्य।
adj. divided.
m. 1. fortune, luck. 2. a divisible.

मकसूर مکسور वि० [अ० मक्सूर] संक्षिप्त।
adj. abbreviated.

मकातिब مکاتب पुं० [अ०] ['मकतब' का बहु०] पाठशालाएँ।
m. (plu.) schools.

मकान مکان पुं० [अ०] रहने की जगह, घर, आलय।
m. a house, residence.

मकाफ़ात مکافات स्त्री० दे० 'मुकाफ़ात'।

मक़ाबिर مقابر पुं० [अ० 'मक़बरा' का बहु०] मकबरे।
m. (plu.) tombs.

मक़ाम مقام पुं० [अ०] १. ठहरने की जगह। २. स्थान, जगह।
m. 1. a place for staying. 2. a place.

मक़ामी مقامی वि० [अ०] १. ठहरा हुआ, स्थिर। २. स्थानीय।
adj. 1. steady, stable. 2. local.

मक़ाल مقال पुं० [अ०] वार्तालाप।
m. conversation, dialogue.

मक़ाला مقالہ पुं० [अ० मक़ाल:] १. कही हुई बात। २. निबन्ध।
m. 1. something said. 2. an essay.

मक़ासिद مقاصد पुं० [अ० 'मक़्सद' का बहु०] उद्देश्य।
m. (plu.) aims.

मक़ूला مقولہ पुं० [अ० मक़ूल:] [बहु० मक़ूलात] १. मसल, कहावत। २. उक्ति, क़ौल।
m. 1. an adage, proverb. 2. an utterance, remark, promise.

मक्का مکہ पुं० [अ० मक्क:] अरब का एक प्रसिद्ध नगर जो मुसलमानों का सबसे बड़ा तीर्थस्थान है।
m. Makka.

मक्कार مکار वि० [अ०] धोखा देनेवाला, छली।
adj. deceitful, cunning.

मक्कारा مکارہ स्त्री० [अ० मक्कार:] धूर्त स्त्री।
fem. a cunning woman.

मक्कारी مکاری स्त्री० [अ०] छल, फरेब, धोखा।
m. deceit, deception, fraud.

मक्र مکر पुं० [अ०] फरेब, दग़ा।
m. treachery, fraud.

मख़ज़न مخزن पुं० [अ० मख़्ज़न] १. ख़ज़ाना, कोश। २. शब्दों आदि का बड़ा संग्रह, शब्दकोश।
m. 1. a treasure. 2. a dictionary.

मख़दूम مخدوم पुं० [अ० मख़्दूम] [स्त्री० मख़दूमा] [बहु० मख़ादिम] १. वह जिसकी ख़िदमत या सेवा की जाए। २. मालिक, स्वामी।
m. 1. one who is served and respected by someone or people. 2. a boss, proprietor.

मख़दूश مخدوش वि० [अ० मख़्दूश] जिसे कोई अंदेशा या डर हो, जिसे विपत्ति या हानि की आशंका हो।
adj. feeling anxious about something, apprehensive.

मख़बूत مخبوط वि० [अ० मख़्बूत] सनकी, खब्ती।
पद मख़बूत-उल्-हवास=वह जिसका दिमाग़ खब्त हो, पागल, विक्षिप्त।
adj. whimsical, crazy.
ph. mad, lunatic

मख़मल مخمل स्त्री० [अ० मख़्मल] [वि० मख़मली] एक प्रकार का प्रसिद्ध कपड़ा जिसमें बहुत चिकने रोएँ होते हैं।
fem. velvet.

मख़मली مخملی वि० [अ०] मखमल-जैसा।
adj. velvety.

मख़मसा مخمصہ पुं० [अ० मख़्मस:] विकट प्रसंग या प्रश्न।
m. a difficult topic or question, problem.

मख़मूर مخمور वि० [अ० मख़्मूर] नशे में चूर, मतवाला।
adj. dead - drunk, intoxicated.

मख़रज مخرج पुं० [अ० मख़्रज] [बहु० मख़ारिज] १. मूल या उद्गम स्थान। २. शब्द की व्युत्पत्ति। ३. निकलने का रास्ता। ४. बोलने की इंद्रिय, मुँह।
m. 1. the origin of a word. 2. derivation. 3. a way out, exist. 4. the organ of speech, mouth.

मख़रूत مخروط वि० [अ० मख़्रूत] वह जो नीचे की ओर मोटा और ऊपर की ओर पतला होता गया हो,

गज़रडौल।
adj. shaped like a cone, conical.

मख़लूक़ مخلوق वि० [अ० मख़्लूक़] रचा या बनाया हुआ।
स्त्री० १. रची या बनाई हुई यह सृष्टि, दुनिया।
२. सृष्टि के जीव आदि।
adj. made.
fem. 1. the creation, world. 2. creatures.

मख़लूक़ात مخلوقات स्त्री० [अ० मख़्लूक़ात, 'मख़लूक' का बहु०] सृष्टि के पदार्थ तथा जीव आदि।
fem. objects and creatures of the world.

मख़लूत مخلوط वि० [अ० मख़्लूत] मिला-जुला, मिश्रित।
adj. mixed, mingled.

मख़फ़ी مخفی वि० [अ०] छिपा हुआ, गुप्त, पोशीदा।
adj. hidden, secret.

मख़्सूस مخصوص वि० [अ०] ख़ास तौर पर अलग किया हुआ, विशिष्ट।
पद मुक़ाममख़्सूस=स्त्री या पुरुष की गुप्त इन्द्रिय।
adj. selected or special.
ph. the sex organ of a person.

मग़फ़िरत مغفرت स्त्री० [अ० मग़्फ़िरत] अपराध क्षमा करना, माफ़ी।
fem. forgiveness, pardon.

मग़फ़ूर مغفور वि० [अ० मग़्फ़ूर] मृत, स्वर्गीय।
adj. dead, late.

मग़मूम مغموم वि० [अ० मग़्मूम] ग़म में डूबा हुआ, दुखी, रंजीदा।
adj. grief-stricken, sad.

मगर مگر योज० [अ०] पर, परन्तु, लेकिन।
conj. but.

मग़रिब مغرب पुं० [अ० मग़्रिब] पश्चिम दिशा।
पद मग़रिब की नमाज़=सूर्यास्त के समय पढ़ी जानेवाली नमाज़।
m. the west.
ph. evening prayer.

मग़रिबी مغربی वि० [अ० मग़्रिबी] मग़रिब या पश्चिम का, पश्चिमी।
adj. western.

मग़रूर مغرور वि० [अ० मग़्रूर] जिसे ग़रूर हो, अभिमानी, घमंडी।
adj. haughty, proud, arrogant.

मग़रूरी مغروری स्त्री० [अ० मग़्रूरी] ग़रूर, घमंड।
fem. haughtiness, pride, arrogance.

मग़लूब مغلوب वि० [अ० मग़्लूब] [भाव० मग़लूबियत] जिस पर कोई ग़ालिब आया हो, पराजित, परास्त।
adj. defeated, vanquished.

मग़ज़ مغز पुं० [अ०] [बहु० मग्ज़ियात] १. मस्तिष्क, दिमाग़, भेजा। २. गिरी, मींगी, गूदा।
m. 1. brain. 2. kernel, seed.

मग़ज़ी مغزی स्त्री० [अ० मग़्ज़] गोट, किनारा, हाशिया।
fem. hem, border.

मज़कूर مذکور वि० [अ० मज़्कूर] जिसका जिक्र हुआ हो, उक्त।
पुं० विवरण, विशेषतः लिखित विवरण।
पद मज़कूरा-बाला=जिसका जिक्र ऊपर हो चुका हो, उपर्युक्त, उल्लिखित।
adj. already said or mentioned.
m. written discription, details.
ph. aforementioned.

मज़कूरी مذکوری पुं० [अ० मज़्कूरी] चपरासी।
m. a peon.

मजज़ूब مجذوب वि० [अ० मज्ज़ूब] १. जो जज़्ब हो गया हो, जो सोख लिया गया हो। २. किसी विषय में डूबा हुआ, तन्मय, तल्लीन।
adj. 1. soaked. 2. engrossed, absorbed.

मज़दूर مزدور पुं० [फ़ा० मज़्दूर] १. बोझ ढोनेवाला, मजूर, कुली, भोटिया। २. कल-कारखानों में छोटा-मोटा काम करनेवाला।
m. 1. a labourer. 2. an unskilled or manual worker.

मज़दूरी مزدوری स्त्री० [फ़ा० मज़्दूरी] १. मज़दूर का काम। २. परिश्रम के बदले में मिला हुआ धन, उजरत।
m. wages. 2. labour charges.

मजनूँ مجنوں वि० पुं० [अ० मज्नूँ] १. जो प्रेम में पागल हो गया हो। २. बहुत ही दुबला-पतला, क्षीण शरीर।
adj. & m. 1. a love-lorn person. 2. a lean and thin person.

मजनूयित مجنونیت स्त्री० [अ० मज्नूयित] १. पागलपन। २. उन्माद।
fem. 1. madness. 2. mania.

मज़बह مذبح पुं० [अ० मज़्बह] ज़बह करने की जगह, वधस्थल।
m. a place where animals or killed for food, slaughterhouse.

मज़बूत مضبوط वि० [अ० मज़्बूत] १. दृढ़, पुष्ट, पक्का। २. बलवान, सबल।
adj. 1. firm, steady. 2. mighty, powerful.

मज़बूती مضبوطی स्त्री० [अ० मज़्बूती] १. मज़बूत होने का भाव, दृढ़ता, पुष्टता। २. ताक़त, बल। ३. साहस।
fem. 1. firmness, steadiness. 2. power, might. 3. courage.

मजबूर مجبور वि० [अ० मज्बूर] विवश, लाचार।
adj. helpless.

मजबूरन् مجبوراً क्रि० वि० [अ० मज्बूरन्] मजबूर होकर विवश होकर, लाचारी से।

adv. under compulsion.

मजबूरी مجبوری स्त्री० [अ० मज्बूरी] विवशता, लाचारी।
fem. helplessness, compulsion.

मजमा مجمع पुं० [अ० मज्मअ] [बहु० मजामआ] १. वह स्थान जहाँ बहुत से लोग एकत्र हों। २. बहुत से लोगों का समूह, भीड़।
m. 1. the place of gathering. 2. gathering, crowd.

मजमूआ مجموعہ पुं० [अ० मज्मूअ:] १. बहुत-सी चीज़ों का समूह। २. संग्रह।
वि० एकत्र किया हुआ।
m. 1. assemblage. 2. collection.
adj. gathered, collected.

मजमूई مجموعی वि० [अ० मज्मूई] १. एक में मिला हुआ, कुल, सब। २. सामूहिक।
adj. 1. total, all. 2. collective.

मज़मून مضمون पुं० [अ० मज़्मून] [बहु० मज़ामीन] १. वह विषय जिसपर कुछ कहा या लिखा जाए। २. लेख।
m. 1. subject. 2. an essay or article.

मज़मूननवीस مضمون نویس पुं० [अ०+फा०] लेखक, निबन्धकार।
m. a writer, essayist.

मज़मूम[१] مذموم वि० [अ० मज़्मूम] १. जिसकी मज़म्मत या बुराई की गई हो, खराब, बुरा। २. अश्लील।
adj. 1. bad. 2. obscene.

मज़मूम[२] مضموم वि० [अ० मज़्मूम] मिलाया हुआ, संबद्ध किया हुआ।
पुं० अक्षर जिस पर 'पेश' या उकार की मात्रा अथवा चिह्न लगा हो।
adj. connected, related.
m. a letter marked with 'u' sign.

मज़म्मत مذمّت स्त्री० [अ०] १. बुराई, निन्दा। २. निन्दात्मक लेख या कविता।
fem. 1. backbiting, censure. 2. sensorious article.

मज़रअ مزرع पुं० [अ० मज़्रअ:] १. खेत। २. छोटा गाँव।
m. 1. a field, farm. 2. a small village.

मज़रूअ مزروع वि० [अ० मज़्रूअ] जोता-बोया हुआ (खेत)।
adj. ploughed, tilled.

मज़रूब مضروب वि० [अ० मज़्रूब] जो पीटा गया हो, जिसपर ज़र्ब या चोट पड़ी हो।
पुं० वह संख्या जिसका गुणा किया जाए, गुणा।
adj. beaten, wounded, injured.
m. an amount or quantity which is to be multiplied by another.

मजरूर مجرور वि० [अ० मज्रूर] खिंचने या आकृष्ट होनेवाला।
adj. attracted.

मजरूह مجروح वि० [अ० मज्रूह] १. जिसे घाव या चोट लगी हो, घायल। २. प्रेम और विरह में विकल।
***पद* मजरूहे-उल्फ़त**=घायल प्रेमी।
adj. 1. wounded, injured. 2. love-sick.
ph. a wounded lover.

मज़र्रत مضرت स्त्री० [अ०] १. हानि, नुकसान। २. चोट, आघात।
m. 1. loss, damage. 2. an injury, wound.

मजलिस مجلس स्त्री० [अ० मज्लिस] [बहु० मजालिस] १. सभा। २. समाज। ३. जलसा। ४. नाच-रंग का स्थान, महफ़िल।
***पद* मीर मजलिस**=सभापति।
fem. 1. meeting, conference. 2. society. 3. function. 4. recreational assemblage.

मजलिसख़ाना مجلس خانہ पुं० [अ० मज्लिस+फा० ख़ान:] १. मजलिस या जलसा होने का स्थान। २. रंगशाला।
m. 1. a conference hall. 2. a theatre.

मजलिसी مجلسی वि० [अ० मज्लिसी] १. मजलिस-सम्बन्धी, मजलिस का। २. जो मजलिस में निमंत्रित हो।
adj. 1. relating to a meeting or conference. 2. invited in a meeting or conference, invitee.

मज़लूम مظلوم वि० [अ० मज़्लूम] जिस पर ज़ुल्म किया गया हो, त्रस्त, पीड़ित।
adj. distressed, oppressed.

मज़हका مضحکہ पुं० [अ० मज़्हक:] दिल्लगी, उपहास, मख़ौल।
***मुहा०* मज़हका उड़ाना**=उपहास करना।
m. a joke, ridicule.
id. to joke, ridicule.

मज़हब مذہب पुं० [अ० मज़्हब] [बहु० मज़ाहिब] १. सम्प्रदाय, पंथ, मत। २. धर्म।
m. 1. a sect. 2. a religion.

मज़हबी مذہبی वि० [अ० मज़्हबी] १. धर्म-सम्बन्धी धार्मिक। २. साम्प्रदायिक।
पुं० मेहतर या भंगी सिख।
m. 1. religious. 2. communal.
m. a low caste Sikh.

मजहूल مجہول वि० [अ० मज्हूल] [भाव० मजहूली] १. अज्ञात। २. सुस्त, निकम्मा। ३. थका हुआ, शिथिल।
adj. 1. unknown. 2. lazy. 3. tired.

मज़ा مزہ पुं० [फा० मज़:] १. स्वाद, लज़्ज़त। २. आनन्द, सुख। ३. दिल्लगी, हँसी।
***मुहा०* (i) मज़ा चखाना**=किए हुए अपराध का दंड

देना। **(ii) मज़ा आ जाना**=आनंद मिलना।
m. 1. taste, flavour. 2. happiness, bliss. 3. a joke, ridicule.
id. (i) to punish. (ii) to get pleased.

मज़ाक़ مذاق पुं० [अ०] परिहास, ठट्ठा, हँसी।
m. a joke, ridicule, jest or witticism.

मज़ाक़न् مذاقاً क्रि० वि० [अ०] मज़ाक से, हँसी या परिहास में।
adv. jokingly, ridiculously.

मज़ाक़िया مذاقیہ वि० [अ मज़ाक़िय:] मज़ाक-सम्बन्धी।
पुं० परिहासप्रिय, हँसोड़, ठठोल।
adj. relating to a joke, jolly, jocular.
m. a joker.

मजाज़ مجاز वि० [अ०] जिसे नियम या कानून आदि के अनुसार कोई काम करने का अधिकार मिला हो, नियमानुसार समर्थ।
पुं० नियमानुसार मिला हुआ अधिकार या सामर्थ्य।
adj. deserving or eligible.
m. a privilege, capacity.

मजाज़न् مجازاً क्रि० वि० [अ०] १. कानून या नियम के अनुसार। २. नियमित रूप में।
adv. 1. according to the rule. 2. regularly.

मजाज़ी مجازی वि० [अ०] १. कृत्रिम, नकली, झूठा। २. संसार या लोक-सम्बन्धी, सांसारिक, भौतिक, 'आध्यात्मिक' का उलटा।
adj. 1. artificial, fake. 2. worldly.

मज़ामीन مضامین पुं० [अ० 'मज़मून' का बहु०] लेख, निबंध।
m. (plu.) essays, articles.

मज़ामीर مضامیر पुं० [अ० मिज़मार (=बाँसुरी) का बहु०] अनेक प्रकार के बाजे, वाद्य।
m. (plu.) a large group of musical instruments.

मज़ार مزار स्त्री० [अ०] १. वह समाधि-स्थल जहाँ लोग ज़ियारत या दर्शन करने जाएँ। २. कब्र।
m. 1. a tomb. 2. a grave.

मजाल مجال स्त्री० [अ०] शक्ति, सामर्थ्य, योग्यता।
fem. power, capacity.

मज़ालिम مظالم पुं० [अ०] क्रूरता।
m. cruelty.

मज़ाहिब مذاہب पुं० [अ० 'मज़्हब' का बहु०] विभिन्न धर्म।
m. religions.

मज़ाहिरा مظاہرہ पुं० [अ० मज़ाहिर:] दिखावा, प्रदर्शन।
m. act of displaying, demonstration.

मजीद مجید वि० [अ०] १. पवित्र और पूज्य। २. बड़ा।
पुं० मुसलमानों का धर्मग्रंथ, कुरान।
adj. 1. sacred, venerable. 2. great, large.
m. Quran.

मज़ीद مزید पुं० [अ०] ज़्यादती, अधिकता।
वि० १. बढ़ाया हुआ, अतिरिक्त। २. अधिक, ज़्यादा।
m. a bundance, excess.
adj. 1. extra, superfluous. 2. much, more.

मजूस مجوس पुं० [फा०] जरदुश्त का अनुयायी, अग्नि-पूजक, पारसी।
m. a fire-worshipper, Parsee.

मज़ेदार مزہدار वि० [फा० मज़:दार] १. स्वादिष्ट, ज़ायकेदार। २. अच्छा, बढ़िया। ३. जिसमें आनन्द आता हो।
adj. 1. tasty, having a pleasant flavour. 2. good, fine. 3. pleasant.

मज़ेदारी مزہداری स्त्री० [फा० मज़:दारी] १. स्वाद, ज़ायका। २. आनन्द, लुत्फ़, मज़ा।
fem. 1. taste, flavour. 2. joy, mirth.

मतअ متاع पुं० [अ० मताअ] १. माल-असबाब। २. संपत्ति।
m. 1. luggage. 2. property.

मतन متن पुं० [अ० मत्न] १. मध्य भाग, बीच का हिस्सा। २. वह मूल ग्रन्थ जो टीका करने के योग्य हो। ३. पीठ, पृष्ठभाग।
वि० पक्का, दृढ़, मज़बूत।
m. 1. middle point or position. 2. a book worthy of a commentary. 3. back.
adj. firm, durable, steady.

मतबख़ مطبخ पुं० [अ० मत्बख़] रसोईघर, बावर्चीख़ाना।
m. a kitchen.

मतबख़ी مطبخی पुं० [अ० मत्बख़ी] रसोइया।
वि० रसोईघर-सम्बन्धी।
m. a cook.
adj. relating to a kitchen.

मतब مطب पुं० [अ०] वह स्थान जहाँ हक़ीम या चिकित्सक बैठकर रोगियों की चिकित्सा करता हो, औषधालय, दवाख़ाना।
m. a clinic.

मतबा مطبع पुं० [अ० मत्बअ] यंत्रालय, छापाखाना।
m. a printing press.

मतबूअ[1] متبوع वि० [अ० मत्बूअ] १. जो पसन्द किया गया हो। २. अनुकरणीय।
adj. 1. choosen, selected. 2. worth following, exemplary.

मतबूआ[2] مطبوع वि० [अ० मत्बूअ] छापा हुआ, मुद्रित।
adj. printed.

मतरूक متروک वि० [अ० मत्रूक] जो तर्क या अलग कर दिया गया हो, छोड़ा हुआ, त्यक्त, परित्यक्त।
adj. abandoned, deserted.

मतलब مطلب पुं० [अ० मत्लब] [बहु० मतालिब] १. तात्पर्य, अभिप्राय, आशय। २. अर्थ, मानी। ३. अपना हित, स्वार्थ। ४. उद्देश्य, विचार। ५. सम्बन्ध, वास्ता।
m. 1. import, purport. 2. meaning. 3. welfare, self-interest. 3. aim. 4. relation, dealing.

मतला مطلع पुं० [अ० मत्लअ] १. किसी तारे आदि के उदय होने की दिशा, पूर्व। २. ग़ज़ल का पहला चरण।
adj. 1. east. 2. first stanza of a poem.

मतलूब مطلوب वि० [अ० मत्लूब] १. जो तलब किया या माँगा गया हो। २. अभीष्ट, उद्दिष्ट।
adj. 1. ordered. 2. desired, cherished.

मताअ مطاع पुं० [अ०] १. माल, असबाब। २. सम्पत्ति। ३. पूँजी।
पद **(i) मता-ए-कारवाँ**=कारवाँ का माल-असबाब। **(ii) मता-ए-बाज़ार**=बाज़ार की पूँजी। **(iii) माल-मता**=धन-दौलत।
m. 1. luggage. 2. property. 3. capital.
ph. (i) travellers luggage. (ii) stock market. (iii) property.

मतानत متانت स्त्री० [अ०] परिक्रमा करने का फेरा।
m. a round.

मतालिब مطالب पुं० [अ० 'मत्लब' का बहु०] विभिन्न आशय।

मतीन متين वि० [अ०] दृढ़, पक्का।
adj. firm, steady.

मत्न متن पुं० दे० 'मतन'।

मद مد स्त्री० [अ०] १. विभाग। २. खाता।
fem. a head, item.

मदख़ूल مدخول वि० [अ० मद्ख़ूल] दाख़िल या जमा किया हुआ।
पुं० आमदनी।
adj. admitted or submitted.
m. income.

मदख़ूला مدخولہ स्त्री० [अ० मद्ख़ूलः] १. वह स्त्री जो यों ही घर में रख ली गई हो, उपपत्नी, रखेली। २. सुरैतिन।
fem. 1. a kept woman. 2. a co-wife.

मदद مدد स्त्री० [अ०] सहायता, सहारा।
fem. aid, help, assistance.

मददख़्वाह مددخواہ वि०, पुं० [अ०+फा०] सहायता माँगनेवाला।
adj. & m. who seeks help.

मददगार مددگار पुं० [अ०+फा०] [भाव० मददगारी] मदद करनेवाला, सहायक।
adj. & m. a helper, assistant.

मदफ़न مدفن पुं० [अ० मद्फ़न] वह स्थान जहाँ मुरदे दफ़न किए जाते हैं, शव गाड़ने की जगह, कब्रिस्तान।
m. a grave-yard.

मदफ़ून مدفون वि० [अ० मद्फ़ून] १. दफ़न किया हुआ, गाड़ा हुआ। २. छिपाकर रखा हुआ।
adj. 1. burried. 2. hidden.

मदयून مديون वि० पुं० [अ० मद्यून] जिस पर ऋण हो, कर्ज़दार।
adj. & m. a debtor.

मदरसा مدرسہ पुं० [अ० मद्रिसः] [बहु० मदारिस] पाठशाला, स्कूल।
m. a school.

मद व जज़्र مدوجزر पुं० [अ० मद व जज़्र] समुद्री ज्वार और भाटा।
m. the flow and ebb.

मदह مدح स्त्री० [अ० मद्ह] [बहु० मदायह] प्रशंसा।
पद **मदहे सहाबा**=मुहम्मद साहब के कतिपय घनिष्ठ मित्रों की प्रशंसा जो सुन्नी लोग करते हैं।
fem. priase.
ph. praise accorded to the friends of Mohammad.

मदहख़्वाँ مدح خواں वि०, पुं० [अ० मद्ह+फा०] तारीफ़ करनेवाला, प्रशंसक।
adj. & m. one who praises, admirer.

मदहोश مدہوش वि० [अ० मद्होश] [भाव० मदहोशी] १. नशे में मस्त, मत्त, मतवाला। २. हतबुद्धि।
adj. 1. dead drunk. 2. confounded.

मदहोशी مدہوشی वि० [अ० मद्होशी] १. नशे में चूर होना। २. बुद्धि का मारा जाना।
fem. 1. drunkenness. 2. state of being confounded.

मदाख़िल مداخل स्त्री० [अ०] १. दख़ल या प्रवेश करने का स्थान, प्रवेशद्वार। २. आय, आमदनी।
fem. 1. entrance, main gate. 2. income.

मदाख़िलत مداخلت स्त्री० [अ०] १. दख़ल देना। २. अधिकार जमाना।
fem. 1. interference, intervention. 2. sway.

मदाख़िलत बेजा مداخلت بیجا स्त्री० [अ०+फा०] अनुचित रूप से कहीं प्रवेश करना, अनधिकार प्रवेश।
fem. unlawful entry, intrusion.

मदार مدار पुं० [अ०] १. दौरा करने का रास्ता, भ्रमणमार्ग। २. आधार। ३. आश्रय। ४. निर्भरता।
m. 1. a route. 2. base. 3. shelter, refuge. 4. dependence.

मदार-उल्-महाम مدارالمہام पुं० [अ०] १. प्रधानमंत्री, अमात्य। २. प्रधान व्यवस्थापक।
m. 1. prime minister. 2. general manager.

मदारात مدارات स्त्री० [अ०] आदर-सत्कार, आवभगत।

fem. hospitality.

मदारिज مدارج पुं० बहु० [अ०] किसी काम के दरजे या श्रेणियाँ।
m. (plu.) grades.

मदारिस مدارس पुं० [अ० 'मद्रिस:' का बहुवचन] विभिन्न विद्यालय।
m. (plu.) schools.

मदारी مداری पुं० [अ० मदार] वह जो बंदर, भालू आदि नचाता या इंद्रजाल के खेल करता हो।
m. a juggler.

मदाल مدال पुं० [अ०] पदक।
m. a medal.

मदीऊन مدیعون पुं० [अ०] कर्जदार।
m. a debtor.

मदीद مدید वि० [अ०] १. लम्बा। २. विस्तृत।
adj. 1. tall, long. 2. wide.

मदीना مدینہ पुं० [अ० मदीन:] अरब का एक प्रसिद्ध नगर।
m. an Arabian city.

मद्दाह مدّاح वि० [अ०] मदह या प्रशंसा करनेवाला, प्रशंसक।
adj. & m. one who praises, admirer.

मद्दाही مدّاحی स्त्री० [अ०] प्रशंसा।
fem. praise, admiration.

मद्देनज़र مدّنظر वि० [अ०] जो नज़र के सामने हो।
adj. easy to see.

मद्रसा مدرسہ पुं० दे० 'मदरसा'।

मन من सर्व० [फा०] मैं।
पुं० १. ४० सेर का मान। २. मीठी रोटी।
pron. I
m. 1. Indian weight equal to 37 kg. 2. a sweet loaf.

मनक़ूत منقوط वि० = मनक़ूता।

मनक़ूता منقوطہ वि० [अ० मन्कूत:] वह वर्ण जिसपर बिंदी या बिन्दियाँ लगी हों, बिंदीयुक्त।
adj. (a letter) marked with a point or points.

मनक़ूब منقوب वि० [अ० मन्क़ूब] दरिद्र।
adj. poor.

मनक़ूल منقول वि० [अ० मन्क़ूल] १. एक स्थान से हटाकर दूसरे स्थान पर रखा हुआ। २. जिसकी प्रतिलिपि की गई हो, नक़ल किया या उतारा हुआ। ३. उद्धत, कहीं से लिया हुआ।
adj. 1. shifted from one place to another. 2. being an exact copy of something, duplicate. 3. quoted.

मनक़ूला منقولہ वि० [अ० मन्क़ूल:] [बहु० मनक़ूलात] स्थिर या स्थावर का उलटा, चल।
पद (i) ज़ायदाद मनक़ूला=चल संपत्ति। **(ii) ज़ायदाद ग़ैर-मनक़ूला**=स्थिर या स्थायी संपत्ति, स्थावर संपत्ति।
adj. movable.
ph. (i) movable property. (ii) immovable property.

मनक़ूश منقوش वि० [अ० मन्क़ूश] चित्रित किया हुआ, अंकित।
adj. portrayed, painted, depicted.

मनकूह منکوح वि० [अ० मन्कूह] विवाहित।
adj. married (man).

मनकूहा منکوحہ वि० [अ० मन्कूह:] विवाहिता।
adj. married (woman).

मनज़र منظر पुं० [अ० मन्ज़र] दृश्य, नज़ारा।
m. a scene, sight, spectacle.

मनज़ूम منظوم वि० [अ० मन्ज़ूम] नज़्म के रूप में छन्दोबद्ध।
adj. written into verse, metrical, versified.

मनफ़ी منفی वि० [अ० मन्फ़ी] घटाया या कम किया हुआ।
adj. taken away from a number or amount, subtracted.

मनवी منوی पुं० [अ० मन्वी] १. उद्देश्य। २. संकल्प।
m. 1. an aim. 2. a resolve, determination.

मनशा منشا स्त्री० [अ० मन्शा] १. उद्देश्य। २. अभिप्राय। ३. कामना।
fem. 1. a aim. 2. purport. 3. a desire.

मनसब منصب पुं० [अ० मन्सब] [बहु० मनासिब] १. पद, ओहदा। २. कर्म। ३. अधिकार।
m. 1. a post, rank. 2. a deed. 3. a right.

मनसबदार منصب‌دار पुं० [अ०+फा०] पदाधिकारी, अधिकारी।
m. an official.

मनसबी منصبی वि० [अ० मन्सबी] मनसब या पद-सम्बन्धी।
adj. of or relating to a post or rank.

मनसी منسی वि० [अ० मन्सी] भुलाया हुआ।
adj. forgotten.

मनसूख़ منسوخ वि० [अ० मन्सूख़] रद्द, निरस्त।
adj. rejected, cancelled.

मनसूख़ी منسوخی स्त्री० [अ० मन्सूख़ी] रद्दगी, निरसन।
fem. cancellation.

मनसूबा منصوبہ पुं० [अ० मन्सूब:] १. योजना, ढंग। २. इरादा, विचार।
मुहा० मनसूबा बाँधना=योजना बनाना।
m. 1. a scheme. 2. an intention,

intent.
id. to make plans.

मनही منہی वि० [अ० मन्ही] वर्जित, निषिद्ध।
adj. forbidden.

मनहूब منہوب वि० [अ० मन्हूब] लूटा हुआ।
adj. robbed, plundered.

मनहूस منحوس वि० [अ० मन्हूस] [भाव० मनहूसियत, मनहूसी] १. अशुभ, अमंगलकारी। २. अप्रिय दर्शन, देखने में बेरौनक।
adj. 1. inauspicious. 2. lacklustre, gloomy.

मनहूसी منحوسی स्त्री० [अ० मन्हूसी] १. अशुभ होना। २. बेरौनक होना।
m. 1. inauspiciousness. 2. the state of being lusterless.

मना منا वि० [अ० मन्ही] १. निषिद्ध, वर्जित। २. अनुचित, नामुनासिब।
adj. 1. forbidden, prohibited. 2. wrong, improper.

मनाज़िर مناظر पुं० [अ० 'मन्ज़र' (दृश्य) का बहु०] विभिन्न दृश्य।
m. (plu.) scenes.

मनात مناط पुं० [अ०] उद्देश्य।
m. an aim, goal.

मनार, मनारा منار/منارہ पुं० [अ० मनार/मनार:] मीनार, लाट, स्तंभ।
m. a tower.

मनाल منال पुं० [अ०] १. लाभ। २. संपत्ति।
m. 1. profit. 2. property.

मनासबत مناسبت स्त्री० दे० 'मुनासिबत'।

मनाही مناہی स्त्री० [अ०] न करने की आज्ञा, रोक, निषेध।
fem. forbiddance, prohibition.

मनी منی स्त्री० [अ०] वीर्य।
fem. the liquid containing sperms, semen.

मन्कूब منکوب वि० [अ०] ग़रीब, निर्धन।
adj. poor, pauper.

मन्तिक़ منطق पुं० [अ०] तर्कशास्त्र।
m. the science of reasoning, logic.

मन्तिक़ी منطقی पुं० [अ०] तर्कशास्त्र का ज्ञाता, तर्कशास्त्री, तार्किक।
m. a logician.

मन्हूत منحوت वि० [अ०] गढ़ा हुआ।
adj. coined.

मफ़ऊल مفعول पुं० [अ० मफ़्ऊल] [भाव० मफ़्ऊलियत] १. वह जिसके साथ कोई फेल या काम किया जाए, सहकर्मी। २. वह जिसके साथ संभोग किया जाए। ३. व्याकरण में कर्मकारक।
m. 1. a co-worker. 2. a spouse or sex-partner. 3. (gram) objective case.

मफ़क़ूद مفقود वि० [अ० मफ़्क़ूद] १. खोया हुआ, गुम। २. जिसका कुछ पता न लगे।
adj. 1. lost. 2. vanished.

मफ़रत مفرط वि० [अ०] अत्यधिक।
adj. excessive, overwhelming.

मफ़रूक़ مفروق वि० [अ० मफ़्रूक़] १. अलग किया हुआ। २. निकाला या घटाया हुआ।
adj. 1. separated. 2. subtracted.

मफ़रूज़ مفروض वि० [अ० मफ़्रूज़] फ़र्ज़ किया हुआ, माना हुआ, कल्पित।
adj. supposed, imagined.

मफ़रूर مفرور वि० [अ० मफ़्रूर] भागा हुआ, पलायित।
adj. absconding.

मफ़रूश مفروش वि० [अ० मफ़्रूश] बिछाया हुआ।
adj. spread-out.

मफ़लूक مفلوک वि० [अ० मफ़्लूक] १. दरिद्र। २. दुर्दशाग्रस्त।
adj. 1. poor. 2. in plight.

मफ़हूम مفہوم वि० [अ० मफ़्हूम] समझा हुआ। पुं० आशय, अर्थ।
पद मफ़हूमे-तमन्ना=कामना का अर्थ।
adj. understood.
m. meaning, purport.
ph. purport of the wish.

मफ़ासिद مفاسد वि० [अ०] 'फ़िसाद' का बहु०।

मफ़्तून مفتون वि० [अ०] अनुरक्त, आसक्त।
adj. fascinated, infatuated.

मफ़्तूह مفتوح वि० [अ०] फ़तह किया हुआ, जीता हुआ, विजित।
adj. conquered, vanquished.

मबज़ूल مبذول वि० [अ० मब्ज़ूल] १. खर्च किया हुआ। २. प्रदान किया हुआ।
adj. 1. spent. 2. given, donated.

मबनी مبنی वि० [अ० मब्नी] १. आधार पर ठहरा हुआ, आश्रित। २. निर्धारित।
adj. 1. dependent. 2. ascertained.

मब्दा مبدع पुं० [अ० मब्दिअ] १. मूल, उद्‌गम, उत्पत्ति स्थान। २. सृष्टि का मूल कारण, परमात्मा।
m. 1. root, origin. 2. the cause of the creation, the God.

ममदूह ممدوح वि० [अ० मम्दूह] १. जिसकी मदह या प्रशंसा की जाए। २. उल्लिखित, उक्त।
adj. 1. praiseworthy. 2. above-mentioned,

aforesaid.

ममनूअ ممنوع वि० [अ० मम्नूअ] जो मना किया गया हो, वर्जित।
adj. prohibited.

ममनून ممنون वि० [अ० मम्नून] अनुगृहीत, कृतज्ञ।
adj. grateful, thankful.

ममनूनीयत ممنونیت स्त्री० [अ० मम्नूनीयत] कृतज्ञता, शुक्रगुज़ारी।
fem. gratitude.

ममलूह مملوح वि० [अ० मम्लूह] नमकीन।
adj. salty, saltish.

ममात ممات स्त्री० [अ०] मृत्यु।
fem. death.

ममालिक ممالک पुं० [अ० 'मम्लुकत' का बहु०] विभिन्न राज्य, बहुत से राष्ट्र या सल्तनतें।
m. (plu.) states, nations.

ममालीक ممالیک पुं० [अ० 'मम्लूक' का बहु०] गुलाम लोग।
m. (plu.) slaves.

ममोला ممولا पुं० [अ०] एक छोटी चिड़िया।
m. a small bird.

मम्बा ممبع पुं० [अ० मम्बः] १. पानी का सोता, जलस्त्रोत, चश्मा। २. निकलने की जगह।
m. 1. a spring (of water). 2. a way out of building or room, exit.

मम्लू مملو वि० [अ०] भरा हुआ, पूर्ण।
adj. full, brimming, filled.

मम्लूक مملوک पुं० [अ०] गुलाम, दास।
m. a slave.

मम्लूह مملوح वि० [अ०] नमकीन।
adj. salty, saltish.

मयस्सर میسّر वि० [अ०] मिलता या मिला हुआ, प्राप्त, उपलब्ध।
adj. available.

मरकज़ مرکز पुं० [अ० मर्कज़] १. मध्य का स्थान, केन्द्र। २. धुरी।
m. 1. a centre. 2. an axis.

मरक़द مرقد पुं० [अ० मर्क़द] १. शयनागार। २. कब्र। ३. समाधि-स्थल।
m. 1. a bedroom. 2. a grave. 3. a tomb.

मरक़ूम مرقوم वि० [अ० मर्क़ूम] लिखा हुआ, लिखित।
adj. written.

मरक़ूमा مرقومہ वि० दे० 'मरक़ूम'।

मरग़ूब مرغوب वि० [अ० मर्ग़ूब] जिसकी तरफ़ रग़बत या रुचि हो, रुचिकर। १. प्रिय। २. सुन्दर, प्रियदर्शन।
adj. 1. interesting. 2. lovely, dear. 3. beautiful.

मरग़ूला مرغولہ पुं० [फा० मर्ग़ूलः] १. मुड़े हुए बालों का घूँघर। २. धुएँ का छल्ला।
m. 1. a curl. 2. a ring of smoke.

मरग़ोला مرغولہ पुं० दे० 'मरग़ूला'।

मरज مرج पुं० [अ०] तबाही।
m. destruction.

मरज़ مرض पुं० [अ०] १. रोग। २. व्यसन।
m. 1. a decease. 2. an adiction.

मरजान مرجان पुं० [फा० मर्जान] मूँगा।
m. a coral.

मरज़ी مرضی स्त्री० [अ० मर्ज़ी] [बहु० मरज़ियात] १. इच्छा, कामना, चाह। २. प्रसन्नता, खुशी। ३. आज्ञा। ४. स्वीकृति।
fem. 1. a desire, wish. 2. happiness, delight. 3. an order, command. 4. acceptance.

मरतूब مرطوب वि० [अ० मर्तूब] गीला, भीगा हुआ, नम, तर।
adj. wet, damp.

मरदानगी مردانگی स्त्री० [फा० मर्दानगी] १. वीरता, शूरता, शौर्य। २. साहस, हिम्मत। ३. काम-शक्ति।
fem. 1. bravery. 2. courage. 3. sexual energy.

मरदाना مردانہ वि० [फा० मर्दानः] १. पुरुष-सम्बन्धी। २. पुरुषों का-सा, पुरुषोचित। ३. वीरोचित।
adj. 1. manly. 2. mannish, brave. 3. heroic.

मरदी مردی स्त्री० दे० 'मरदानगी'।

मरदुआ مردوا पुं० [फा० मर्द] अपरिचित पुरुष के लिए तिरस्कार सूचक शब्द। (स्त्रियाँ)
m. a man. (disdainful)

मरदुम مردم पुं० [फा० मर्दुम] मनुष्य, आदमी।
***पद* (i) मरदुम-आज़ार**=मनुष्यों को कष्ट पहुँचानेवाला, ज़ालिम। **(ii) मरदुमशुमारी**=जनगणना।
m. a man.
ph. (i) cruel, inhuman. (ii) census.

मरदुमक مردمک स्त्री० [फा० मर्दुमक] आँख की पुतली।
fem. pupil of the eye.

मरदुमी مردمی स्त्री० दे० 'मरदानगी'।

मरदूद مردود वि० [अ० मर्दूद] अभागा।
पुं० एक प्रकार की गाली।
adj. unfortunate, unlcuky.
m. an abuse.

मरफ़ा مرفع पुं० [फा० मरफ़ः] ढोल।
m. a drum.

मरबूत مربوط वि० [अ० मर्बूत] १. क्रमबद्ध। २. संबद्ध, बँधा हुआ।

adj. 1. in due order, systematic. 2. related, bound.

मरमर مرمر पुं० [अ० मर्मर] एक प्रकार का बढ़िया सफेद और मुलायम पत्थर, संगमरमर।
m. a type of very hard and shiny rock, marble.

मरम्मत مرمّت स्त्री० [अ०] किसी वस्तु के टूटे-फूटे अंगों को ठीक करना, दुरुस्ती, जीर्णोद्धार।
fem. repair, mending.

मरम्मततलब مرمّت طلب वि० [अ०] जिसमें मरम्मत की आवश्यकता हो।
adj. repairable.

मरवारीद مروارید पुं० [फा० मर्वारीद] मोती।
m. a pearl.

मरसिया مرثیہ पुं० [अ० मर्सियः] १. किसी व्यक्ति के गुणों का कीर्तन। २. उर्दू भाषा में वह शोकसूचक कविता जो किसी की मृत्यु के सम्बन्ध में बनाई जाती है। ३. मरणशोक, रोना-पीटना।
m. 1. eulogy. 2. a sad poem, elegy. 3. bemoaming, wailing.

मरसियाख़्वाँ مرثیہ خواں पुं० [अ मर्सियः+फा०] १. मरसिया कहने या पढ़नेवाला। २. शोकगीत लिखनेवाला।
m. 1. an eulogist. 2. an elegy-writer.

मरसियाख़्वानी مرثیہ خوانی स्त्री० [अ० मर्सियः+फा०] मरसिया पढ़ने की क्रिया।
fem. act of eulogizing.

मरसियागो مرثیہ گو पुं० दे० 'मरसियाख़्वाँ'।

मरहबा مرحبا विस्म० [अ० मर्हबा] शाबाश, बहुत अच्छे। (बहुत प्रशंसा करने के लिए कहते हैं।)
conj. Well done! Bravo!

मरहम مرہم स्त्री० [अ० मर्हम] ओषधियों का वह गाढ़ा और चिकना लेप जो घाव या पीड़ित स्थानों पर लगाया जाता है।
fem. oinment.

मरहमत مرحمت स्त्री० [अ० मर्हमत] [बहु० मराहिम] १. दया। २. अनुग्रह। ३. दान। ४. क्षमा।
fem. 1. pity. 2. kindness, favour. 3. donation. 4. forgiveness.

मरहला مرحلہ पुं० [अ० मर्हलः] [बहु० मराहिल] १. ठिकाना, मंज़िल, पड़ाव। २. खंड, तल्ला, मरातिब। ३. विकट कार्य।
मुहा० मरहला तै करना=झमेला निबटाना, कठिन काम पूरा करना।
m. 1. halting palce, camp. 2. storey, floor. 3. hard work.
id. to solve a difficult problem.

मरहून مرہون वि० [अ० मर्हून] जो रेहन या बन्धक रखा गया हो।
adj. pledged.

मरहूम مرحوم वि० [अ० मर्हूम] [स्त्री० मरहूमा] स्वर्गीय, मृत, मरा हुआ।
adj. dead, deceased.

मरहूमा مرحومہ स्त्री० [अ० मर्हूमः] मृत स्त्री।
fem. a deceased woman.

मराकिज़ مراکز पुं० [अ० 'मर्कज़' का बहु०] केंद्र।
m. (plu.) centres.

मरात مرات स्त्री० [अ०] स्त्री।
fem. a woman, lady.

मरातिब مراتب पुं० [अ० 'मर्तबः' का बहु०] १. पद, रुतबा। २. मकान का खंड, मंज़िलें।
m. 1. a post, rank. 2. a storey, floor.

मरासिम مراسم पुं० [अ० 'रस्म' का बहु०] रस्में, रिवाज।
m. (plu.) customs.

मराहिल مراحل पुं० [अ० 'मर्हलः' का बहु०] मंजिलें।
m. (plu.) stories, floors.

मरियम مریم स्त्री० [अ०] १. कुमारी। २. ईसा मसीह की माता का नाम।
fem. 1. a virgin. 2. Mary, the mother of Christ.

मरीज़ مریض पुं० [अ०] [स्त्री० मरीज़ः] रोगी, मरीज।
m. a patient.

मर्ग مرگ पुं० [फा०] मृत्यु, मौत।
पद (i) उम्मीदे-मर्ग=मौत की आस। **(ii) मर्गे-नागहाँ**=अकाल मृत्यु। **(iii) मर्गे-नागहानी**=आकस्मिक मृत्यु। **(iv) मर्गे-शौक़**=प्रेम की मृत्यु। **(v) शबे-मर्ग**=मौत की रात।
m. death.
ph. (i) a longing for death. (ii) untimely death. (iii) untimely death. (iv) the death of love. (v) the night of death.

मर्ज़ مرز पुं० [अ०] १. खेती की भूमि। २. बाग, उद्यान।
m. 1. a piece of agricultural land. 2. garden.
पुं० = मरज़।

मर्ज़ज़ार مرززار पुं० [फा०] हरा-भरा मैदान।
m. a lawn.

मर्ज़ी مرضی स्त्री० [अ०] इच्छा।
fem. desire.

मर्जूह مرجوح वि० [अ०] पराजित।
adj. defeated.

मर्तबत مرتبت स्त्री० दे० 'मर्तबा'।

मर्तबा مرتبہ पुं० [अ० मर्तबः] १. पद, पदवी। २. बार, दफ़ा।
m. 1. a post, rank. 2. time, turn.

मर्तबान مرتبان पुं० [अ०] मिट्टी का रोग़नी बरतन,

जिसमें आचार वग़ैरह रखते हैं, अमृतबान।
m. a jar.

मर्द مرد पुं० [फा०] १. पुरुष। २. वीर या साहसी व्यक्ति। ३. पति।
m. 1. a man. 2. a brave person. 3. a husband.

मर्दक مردک पुं० [अ० 'मर्द' का अल्पा०] तिरस्कृत व्यक्ति।
m. a despised person.

मर्दी مردی स्त्री० [फा०] १. मनुष्यता। २. बहादुरी। ३. कामशक्ति।
fem. 1. humanity. 2. bravery. 3. ability to perform a sex act, potency, virility.

मर्दुम مردم पुं० [फा०] मनुष्य।
m. a man.

मर्दुमी مردمی स्त्री० [फा०] मनुष्यता।
fem. humanity.

मर्दूद مردود वि० [अ०] १. निष्कासित। २. तिरस्कृत। ३. अभागा।
adj. 1. expelled. 2. hated. 3. unfortunate.

मर्रा مرّہ क्रि० वि० [अ० मर्र:] एक बार।
पद रोज़मर्रा=हर रोज़।
adv. once.
ph. daily.

मर्हम مرہم पुं० [फा०] मलहम।
m. ointment.

मर्हला مرحلہ पुं० [अ० मर्हल:] = मरहला।

मर्हूम مرحوم वि० [अ०] = मरहूम।

मलंग ملنگ पुं० [फा०] निश्चिंत व्यक्ति।
m. a carefree person.

मलऊन ملعون वि० [अ० मल्ऊन] [बहु०] जिसपर लानत भेजी गई हो, निन्दनीय और शापित।
adj. despised, hated, cursed.

मलक ملک पुं० [अ०] [वि० मलकी] फ़रिश्ता, देवदूत।
m. a angel.

मलक-उल्-मौत ملک الموت पुं० [अ०] वह देवदूत जो जीवों के प्राण लेता है, यमदूत, इज़राईल।
m. God of Death.

मलका ملکہ पुं० [अ० मलक:] १. बुद्धि की विलक्षणता, प्रतिभा। २. दक्षता। ३. रुचि।
m. 1. talent. 2. dexterity. 3. interest.

मलग़ोबा ملغوبا पुं० [तु० मलग़ोबा] १. गन्दगी, गल। २. मवाद, पीब। ३. कूड़ा-करकट। ४. एक प्रकार की पकी हुई दाल जिसमें दही भी मिला होता है।
m. 1. dirt, filth. 2. pus. 3. rubbish. 4. a dish of cooked pulses mixed with curd.

मलज़ूम ملزوم वि० [अ० मल्ज़ूम] जो लाज़िम या जरूरी हो।
adj. compulsory.

मलफ़ूज़ ملفوظ पुं० [अ० मल्फ़ूज़] [बहु० मलफ़ूज़ात] किसी महात्मा या धार्मिक आचार्य का प्रवचन।
m. a saintly discourse.

मलफ़ूफ़ ملفوف वि० [अ० मल्फ़ूफ़] १. लपेटा हुआ। २. लिफ़ाफ़े में बन्द किया हुआ।
adj. 1. wrapped. 2. packed, enveloped.

मलबूस ملبوس पुं० [अ० मल्बूस] [बहु० मल्बूसात] पहनने के कपड़े, पोशाक।
वि० जिसने लिबास या कपड़े पहने हों।
m. a dress, uniform.
adj. dressed, having wearing a dress.

मलहूज़ ملحوظ वि० [अ० मल्हूज़] जिसका लिहाज़ या ध्यान रखा गया हो।
adj. cared and attended.

मलामत ملامت स्त्री० [अ०] [भाव० मलामती] १. भर्त्सना, डाँट-फटकार। २. गन्दगी।
fem. 1. reprimand, reproach. 2. filth.

मलायक ملایک पुं० [अ० 'मलक' का बहु०] फरिश्ते।
m. angels.

मलाल ملال पुं० [अ०] [भाव० मलालत] १. दुख, रंज। २. उदासीनता। ३. उदासी।
m. 1. grief, sorrow. 2. indifference. 3. sadness.

मलाहत ملاحت स्त्री० [अ०] १. साँवलापन। २. चेहरे पर का नमक, लावण्य, सौन्दर्य। ३. कोमलता, मुलामियत।
fem. 1. swarthiness. 2. beauty. 3. tenderness.

मलिक ملک पुं० [अ०] [बहु० मलूक] [स्त्री० मलिका] बादशाह, महाराज।
m. a king.

मलिका ملکہ स्त्री० [अ० मलिक:] बादशाह की पत्नी, महारानी।
fem. a queen.

मलीदा ملیدہ पुं० [अ० मलीद:] १. चूरमा। २. एक प्रकार का बहुत मुलायम ऊनी वस्त्र।
m. 1. a sweet dish. 2. a soft woollen cloth.

मलीह ملیح वि० [अ०] १. नमकीन। २. साँवला।
adj. 1. saltish. 2. swarthy.

मलूल ملول वि० [अ०] १. दुखी। २. चिन्तित। ३. उदास।
adj. 1. grieved. 2. worried. 3. sad.

मल्लाह ملاّح पुं० [अ०] नाव चलानेवाला, नाविक।
m. a boatman.

मल्लाही ملاّحی स्त्री० [अ०] १. मल्लाह का कार्य या पद। २. मल्लाह की मज़दूरी।
m. 1. a riot. 2. a war. 3. a battlefield.

fem. 1. boatmanship. 2. charges paid to a boatman.

मल्हमा ملحمہ पुं० [अ० मल्हम:] १. उपद्रव। २. लड़ाई। ३. लड़ाई का मैदान।
m. 1. a riot. 2. a war. 3. a battlefield.

मवाख़ज़ा مواخذہ पुं० [अ० मुआख़ज़:] जवाब तलब करना, कैफ़ियत माँगना।
m. calling for an explanation.

मवाज़ी موازی वि० [अ०] १. कुल, सब। २. प्राय: बराबर, लगभग।
पुं० जोड़, योग।
adj. 1. all, total. 2. almost.
m. total.

मवाज़े مواضع पुं० [अ० मवाज़ेअ, 'मौज़ा' का बहु०] गाँव-समूह।
m. (plu.) group of villages.

मवाद مواد पुं० [अ०] पीब।
m. pus.

मवालात موالات स्त्री० [फ़ा०] १. मित्रता, प्रेम। २. सहयोग।
पद तर्क मवालात=असहयोग।
fem. 1. friendship, love. 2. cooperation.
ph. non-cooperation.

मवेशी مویشی पुं० [अ०] पशु, ढोर।
m. cattle.

मशअल مشعل स्त्री० दे० 'मशाल'।

मशक़ مشق स्त्री० दे० 'मश्क़'।

मशकूक مشکوک वि० दे० 'मश्कूक'।

मशक़्क़त مشقت स्त्री० [अ०] १. मेहनत, परिश्रम। २. कष्ट।
fem. 1. hard work, toil. 2. a trouble, distress.

मशग़ला مشغلہ पुं० [अ० मश्ग़ल:] [बहु० मशाग़िल] दिल-बहलाव, मनोरंजन।
m. entertainment.

मशग़ूल مشغول वि० [अ० मश्ग़ूल] किसी शग़ल या काम में लगा हुआ, व्यस्त।
m. busy.

मशमूल مشمول वि० [अ० मश्मूल] सम्मिलित।
adj. mingled, combined.

मशरफ़ مشرف पुं० [अ० मश्रफ़] ऊँचा या प्रतिष्ठा का स्थान।
m. prestigious place or seat.

मशरब مشرب पुं० [अ०] झील।
m. a lake.

मशरिक़ مشرق पुं० [अ० मश्रिक] पूर्व दिशा।
m. The East.

मशरिक़ी مشرقی वि० [अ० मश्रिक़ी] पूरब का।
adj. eastern.

मशरूअ مشروع वि० [अ० मश्रूअ] जो शरअ या धार्मिक व्यवस्था के अनुकूल हो।
adj. according to a religious law, legal, valid.

मशरूत مشروط वि० [अ० मश्रूत] जिसके बारे में शर्तें रखी गई हों।
adj. conditional.

मशरूब مشروب पुं० [अ० मश्रूब] पेय पदार्थ।
m. a drink.

मशरूह مشروح वि० [अ०] जिसकी शरह या टीका की गई हो।
adj. (a text) having explantory notes.

मशवरत مشورت स्त्री० [अ० मश्वुरत] 'मशवरा'।

मशवरा مشورہ पुं० [अ० मश्वुर:] १. परामर्श, सलाह। २. षड्यन्त्र।
m. 1. a counsel, advice. 2. a plot, conspiracy.

मशहूर مشہور वि० [अ० मश्हूर] [बहु० मशाहीर] प्रख्यात, प्रसिद्ध।
adj. famous, well-known.

मशायरा مشاعرہ पुं० दे० 'मुशायरा'।

मशाल مشعل स्त्री० [अ० मश्अल] [बहु० मशाएल] एक प्रकार की मोटी बत्ती जो लकड़ी पर कपड़ा लपेटकर बनाई और अधिक प्रकाश के लिए जलाई जाती है।
fem. a piece of wood soaked in oil and ignited, torch.

मशालची مشعلچی पुं० [अ० मशअलची] मशाल दिखाने या जलानेवाला।
m. a torch-bearer.

मशाहीर مشاہیر पुं० बहु० [अ०] मशहूर या प्रसिद्ध लोग।
m. famous person.

मशीयत مشیت स्त्री० [अ०] १. ईश्वर की इच्छा। २. इच्छा। ३. खुशी।
पद मशीयत-ए-ज़दी=ईश्वर की इच्छा।
fem. 1. God's will. 2. a wish, desire. 3. happiness.
ph. God's will.

मशीर مشیر पुं० दे० 'मुशीर'।

मश्क مشک स्त्री० [फ़ा०] वह खाल जिसमें पानी भरकर रखते या ले जाते हैं, पखाल।
fem. a leather bag of water-carrier.

मश्क़ مشق स्त्री० [अ०] कोई कार्य बार-बार करना जिसमें वह पक्का हो जाए, अभ्यास।

fem. practice, exercise.

मश्कूक مشکوک वि० [अ०] जिसमें कुछ शक़ हो, संदिग्ध।
adj. suspicious, doubtful.

मश्कूर مشکور वि० [अ०] [भाव० मश्कूरी] जो शुक्रिया अदा करे, उपकृत, कृतज्ञ, शुक्रगुज़ार।
adj. thankful, grateful.

मश्मूल مشمول वि० [अ०] जो शामिल किया गया हो, सम्मिलित।
adj. included, combined, joined, joint.

मश्शाक़ مشاق वि० [अ०] १. जिसको खूब मश्क़ या अभ्यास हो, अभ्यस्त। २. दक्ष, कुशल।
adj. 1. experienced. 2. dexterous, skilful.

मश्शाक़ी مشاقی स्त्री० [अ०] १. मश्शाक़ होने की क्रिया या भाव, अभ्यास। २. दक्षता, कुशलता।
fem. 1. practice, exercise. 2. dexterity, skill.

मश्शातगी مشاطگی स्त्री० [अ०] शृंगार।
m. make-up, adornment.

मश्शाता مشاطہ स्त्री० [अ० मश्शात:] [बहु० मश्शातग़ी] १. वह स्त्री जो दूसरी स्त्रियों की कंघी-चोटी और शृंगार करती हो। २. कुटनी, दूती।
fem. 1. a lady beautician. 2. a procuress.

मस مس पुं० [अ०] १. छूना, स्पर्श करना। २. छूने या स्पर्श करने की शक्ति। ३. सम्भोग, स्त्री-गमन, प्रसंग।
m. 1. touch. 2. ability to feel with fingers. 3. cohabitation.

मसऊद مسعود पुं० [अ० मस्ऊद] १. भाग्यवान। २. प्रसन्न। ३. पवित्र।
adj. 1. fortunate. 2. happy. 3. sacred.

मसकन مسکن पुं० [अ० मस्कन] मकान, घर।
m. a house.

मसजिद مسجد स्त्री० [अ० मस्जिद] [बहु० मसाजिद] वह स्थान जहाँ मुसलमान एकत्र होकर सिज़दा करते और नमाज़ पढ़ते हैं।
m. a mosque.

मसतूर مستور वि० [अ० मस्तूर] छिपा हुआ, गुप्त।
adj. hidden, secret.

मसदर مصدر पुं० [अ० मस्दर] [बहु० मसादिर] १. मूल स्थान, उद्गम। २. सामान्य क्रिया।
m. 1. a place of origin. 2. normal activity.

मसदाक़ مصداق पुं० दे० 'मिसदाक़'।

मसदूद مسدود वि० [अ० मस्दूद] बन्द किया या रोका हुआ।
adj. not open or allowing access, closed, shut.

मसनद مسند स्त्री० [अ० मस्नद] १. बड़ा तकिया, गावतकिया। २. अमीरों के बैठने की गद्दी।
fem. 1. a large pillow. 2. a place reserved for sitting on in a shop, house etc. for the owner.

मसनवी مثنوی स्त्री० [अ० मस्नवी] एक प्रकार की कविता जिसमें दो-दो चरण एक साथ रहते हैं और दोनों में तुकान्त मिलाया जाता है।
fem. a sort of poetry.

मसनूअ مصنوع वि० [अ० मस्नूअ] १. बना हुआ, निर्मित। २. कृत्रिम। ३. जाली।
adj. 1. made, built, constructed. 2. artificial. 3. fake.

मसनूई مصنوعی वि० [अ० मस्नूई] १. बनावटी, कृत्रिम। २. नक़ली, जाली।
adj. 1. artificial. 2. fake.

मसमुआ مسموعا वि० [अ० मस्मुआ] सुना हुआ, श्रुत।
adj. perceived through the ear, heard.

मसरफ़ مصرف पुं० [अ० मस्रिफ़] [बहु० मसारिफ़] १. प्रयोजन। २. उपयोगिता।
m. 1. purpose. 2. utility.

मसरूक़, मसरूक़ा مسروق/مسروقہ वि० [अ० मस्रूक:] चोरी का, चुराया हुआ।
adj. stolen.

मसरूफ़ مصروف वि० [अ० मस्रूफ़] १. जो ख़र्च किया गया हो। २. काम में लगा हुआ, मशगूल।
adj. 1. that has been spent. 2. busy.

मसरूर مسرور वि० [अ० मस्रूर] प्रसन्न।
adj. happy, joyous.

मसर्रत مسرت स्त्री० [अ०] प्रसन्नता, उल्लास।
fem. happiness, joy.

मसल مثل स्त्री० [अ०] कहावत, लोकोक्ति।
fem. a proverb.

मसलक مسلک पुं० [अ० मस्लक] [बहु० मसालक] मार्ग, रास्ता।
m. a road, way.

मसलख़ مسلخ पुं० [अ० मस्लख़] वह स्थान जहाँ पशुओं की हत्या की जाती है, बूचड़खाना।
m. a slaughter-house.

मसलन् مثلاً क्रि० वि० [अ० मस्लन्] मिसाल के तौर पर, उदाहरणस्वरूप, उदाहरणार्थ।
adv. for example.

मसलहत مصلحت स्त्री० [अ० मस्लहत] १. परामर्श। २. रहस्य।
fem. 1. counsel. 2. secret, mystery.

मसलहतन् مصلحتاً क्रि० वि० [अ० मस्लहतन्] १. मसलहत के खयाल से। २. जान-बूझकर और किसी उद्देश्य से।

adv. 1. for the sake counselling. 2. attentionally or purposely.

मसला مسئلہ पुं० [अ० मस्अल:] [बहु० मसायल] १. कहावत, लोकोक्ति। २. विचारणीय विषय।
m. 1. a proverb. 2. a worth-considering matter.

मसलूक مسلوک वि० [अ० मस्लूक] जिसके साथ सलूक या उपकार किया जाए।
adj. obliged, grateful.

मसलूब[1] مسلوب वि० [फा० मस्लूब] १. पकड़ा हुआ। २. नष्ट-भ्रष्ट किया हुआ। ३. वंचित किया हुआ।
पद **मसलूब-उल्-हवास**=वृद्धावस्था के कारण जिसकी इंद्रियाँ शिथिल हो गई हों।
adj. 1. caught, arrested. 2. destroyed.
ph. eldery and infirm, decrepit.

मसलूब[2] مصلوب वि० [अ०] सूली पर चढ़ाया हुआ।
adj. executed by hanging.

मसलूल مسلول वि० [अ० मस्लूल] क्षयग्रस्त।
adj. patient of tuberculosis.

मसविदा مسوده पुं० [अ० मसवद:] १. काट-छाँट करने और साफ़ करने के उद्देश्य से पहली बार लिखा हुआ लेख, प्रारूप, ख़र्रा, मसौदा। २. उपाय, युक्ति, तरक़ीब।
m. 1. a preliminary version of a piece of writing, draft. 2. a way, plea, method.

मसह مسح पुं० [अ० मस्ह] १. हाथ से मलना। २. हाथ फेरना। ३. सम्भोग, प्रसंग। ४. नमाज़ पढ़ने से पहले मस्तक, कान और गरदन धोना (वुज़ू का एक अंग)।
m. 1. an act of rubbing. 2. act of touching or stroking gently with a hand. 3. sexual intercourse. 4. washing of hands, feet etc before prayer.

मसाइब مصائب पुं० [अ० 'मुसीबत' का बहु०] विपत्तियाँ, कठिनाइयाँ।
m. (plu.) troubles, calamities.

मसाइल مسائل पुं० = मसायल।

मसाकिन مساکن पुं० [अ० 'मसकन' (रहने का स्थान या घर) का बहु०] घर।
m. (plu.) houses, dwellings.

मसाकीन مساکین पुं० [अ० 'मिसकीन' (दरिद्र) का बहु०] गरीब लोग।
m. (plu.) the poor.

मसाजिद مساجد स्त्री० [अ० 'मस्जिद' का बहु०] मसजिदें।
fem. (plu.) mosques.

मसादिर مصادر पुं० [अ० 'मसदर' का बहु०] उद्गम स्थल।
m. (plu.) the places of origin.

मसाना مثانہ पुं० [अ० मसान:] पेट के अन्दर की वह थैली जिसमें पेशाब जमा रहता है, मूत्राशय।
m. urinary bladder.

मसाफ़ مصاف पुं० [अ०] १. युद्ध। २. युद्धक्षेत्र, लड़ाई का मैदान।
m. 1. a battle, war. 2. a battle-field.

मसाफ़त مسافت स्त्री० [अ०] १. अन्तर, दूरी, फ़ासला। २. श्रम। ३. थकावट।
fem. 1. distance. 2. labour. 3. tiredness.

मसाम مسام पुं० [अ०] [बहु० मसामात] रोमकूप।
m. a pore.

मसामात مسامات पुं० [अ० 'मसाम' का बहु०] शरीर के रोमकूप।
m. (plu.) the pores of the skin.

मसायब مصائب पुं० = मसाइब।

मसायल مسائل पुं० [अ० मसाइल; 'मस्अल:' का बहु०] १. विविध प्रश्न। २. समस्याएँ।
m. (plu.) 1. questions, queries. 2. problems.

मसारिफ़ مصارف पुं० [अ० 'मस्रफ़' का बहु०] अनेक प्रकार के व्यय या उनकी मदें।
m. (plu.) items of expenses.

मसालहत مصالحت स्त्री० [अ०] आपस में की जाने वाली संधि। २. मेल-जोल।
fem. 1. a treaty. 2. joining together, unison.

मसाला مسالہ पुं० दे० 'मसालेह'।

मसालेह[1] مصالح पुं० [अ० 'मसलहत' का बहु०] शुभ बातें, भलाइयाँ।
m. (plu.) auspicious things, good things.

मसालेह[2] مسالح पुं० [अ०] १. वे वस्तुएँ जिनसे कोई चीज़ प्रस्तुत होती है, सामग्री, उपकरण। २. ओषधियों अथवा रासायनिक द्रव्यों का योग या समूह। ३. तेल। ४. आतिशबाज़ी।
m. 1. requisities. 2. mixture, compound. 3. oil. 4. fireworks.

मसालेहत مصالحت स्त्री० दे० 'मसालहत'।

मसास مساس पुं० [अ०] १. मलना। २. संभोग या प्रसंग करना।
m. 1. act of rubbing, massage. 2. sexual intercourse.

मसाहत مساحت स्त्री० [अ०] १. नाप, माप। २. ज़मीनों की नाप-जोख।
fem. 1. measurement. 2. measurement of the plots of a land.

मसीह مسیح पुं० [अ०] १. मित्र, दोस्त। २. वह जिसने दूर-दूर के देशों में भ्रमण किया हो। ३. ईसाई धर्म के प्रवर्तक महात्मा ईसा की उपाधि। ४. प्रेमिका (जो उसी प्रकार अपने प्रेमियों को जीवनदान देती है जिस प्रकार ईसा मसीह रोगियों और मृतकों को देते थे)।
m. 1. a friend. 2. a person who has travelled abroad. 3. an epithet of Christ. 4. a beloved.

मसीहा مسیحا पुं० दे० 'मसीह'।

मसीहाई مسیحائی स्त्री० [अ० मसीह] १. मसीह का पद या कार्य। २. मसीह की तरह की करामात। ३. प्रेमिका का वह गुण जिससे वह प्रेमियों को जीवनदान देती है।
fem. 1. the act and post of Christ. 2. a miracle like that of Christ. 3. life giving qualities of a beloved.

मसौदा مسودا पुं० [अ० मसविद:] लेख आदि का आरंभिक रूप, प्रारूप।
मुहा० मसौदा गाँठना या बाँधना=कोई काम करने की युक्ति या उपाय सोचना।
m. a draft.
id. to try to think a plea or way.

मस्कन مسکن पुं० [अ०] [बहु० मसाकन] रहने की जगह, घर।
m. a house, dwelling.

मस्कनत مسکنت स्त्री० [अ०] १. नम्रता। २. ग़रीबी। ३. तुच्छता।
fem. 1. humility. 2. poverty. 3. meanness.

मस्का مسکہ पुं० [फा० मस्क:] मक्खन।
m. butter.

मस्कीन مسکین पुं० [अ०] निवासी।
m. a resident.

मस्कूना مسکونہ वि० [अ० मस्कून:] आबाद।
adj. inhabited.

मस्क़ूल مصقول वि० [अ०] प्रकाशमान।
adj. brilliant.

मसख़रा مسخرہ पुं० [अ० मसख़र:] बहुत हँसी-मज़ाक करनेवाला, हँसोड़, ठट्ठेबाज़, दिल्लगीबाज़।
m. a joker, jester, buffoon.

मसख़रापन مسخرہ پن पुं० दे० 'मसख़री'।

मसख़री مسخری स्त्री० [अ०+फा०] हँसी-ठट्ठा, मज़ाक।
fem. jesting, joke.

मस्जिद مسجد स्त्री० [अ०] मसजिद, मसीत।
fem. a mosque.

मस्जूद مسجود वि० [अ०] पूज्य।
adj. respected, revered.

मस्त مست वि० [फा० मि० सं० मत्त] १. जो नशे आदि के कारण मत्त हो, मतवाला, मदोन्मत्त, मत्त। २. सदा प्रसन्न और निश्चित रहनेवाला। ३. यौवनमद से भरा हुआ।
adj 1. intoxicated, drunk. 2. carefree and self-contained. 3. blooming with youth.

मस्तगी مستگی स्त्री० [अ०] एक वृक्ष का गोंद जो औषध के काम आता है।
fem. a kind of gum used in medicine.

मस्ताना مستانہ पुं० [अ० मस्तान:] वह जो मस्त हो।
क्रि० वि० मस्तों की तरह।
क्रि० अ० मस्त होना, मत्त होना।
m. a carefree and joyful person.
adv. carefreely.
v. to become carefree and joyful.

मस्ती مستی स्त्री० [फा०] मस्त होने की क्रिया या भाव, मत्तता, मतवालापन।
fem. state of being carefree and self-contained.

मस्तूर[1] مسطور वि० [अ० सतर= पंक्ति] १. लिखित। २. उल्लिखित, उक्त।
adj. 1. written. 2. aforementioned.

मस्तूर[2] مستور वि० [अ०] (परदे में) छिपा हुआ।
adj. hidden.

मस्तूरा مستورہ स्त्री० [अ० मस्तूर:] छिपी हुई वस्तु।
adj. a hidden thing.

मस्तूरात مستورات स्त्री० बहु० [अ० मस्तुर: का बहु०] १. स्त्रियाँ, औरतें। २. भले घर की स्त्रियाँ।
fem. (plu.) 1. women. 2. ladies.

मस्तूरी مستوری स्त्री० [अ०] दुराव, छिपाव।
fem. secrecy, concealment.

मस्तूल مستول पुं० [पुर्त० मस्टो] नावों के बीच में खड़ा किया हुआ वह शहतीर जिसमें पाल बाँधते हैं।
m. a mast.

मस्मूअ, मस्मूआ مسموع वि० [अ० मस्मूअ] सुना हुआ, श्रुत।
adj. heard.

मस्लख़ مسلخ पुं० [अ०] बूचड़खाना।
m. a slaughter-house.

मस्लूक مسلوک वि० [अ०] जिसके साथ उपकार किया गया हो।
adj. obliged.

मस्हूब مصحوب पुं० [अ०] साथी।
m. a companion.

मस्हूर مسحور वि० [अ०] मंत्रमुग्ध।
adj. spell-bound, enchanted.

महकमा محکمہ पुं० [अ० महकम:] किसी विशिष्ट कार्य के लिए अलग किया हुआ विभाग, सीग़ा।
m. a department.

महकूम محکوم वि० [अ० महकूम] जिसके ऊपर हुकुम चलाया जाए, अधीनस्थ, आश्रित।
adj. subjugated, governed.

महज़ محض वि० [अ० महज़] जिसमें और किसी वस्तु का मेल न हो, शुद्ध।
क्रि० वि० सिर्फ़, केवल।
***पद* महज़ क़ैद**=ऐसी सज़ा जिसमें मेहनत न करनी पड़े, सादी सज़ा।
adj. pure.
adv. only.
ph. ordinary punishment (not rigorous).

महजबीं مہ جبیں वि० दे० 'माहजबीं'।

महज़रनामा محضرنامہ पुं० [अ० महज़र+फ़ा० नाम:] १. घोषणापत्र। २. सूचनापत्र।
m. 1. a proclamation or manifesto. 2. a notice.

महजूँ محزوں वि० [अ० महज़ूँ] दुखी, व्यथित।
adj. grieved, disturbed.

महज़ूज़ محظوظ वि० [अ० महज़ूज़] प्रसन्न, खुश।
adj. happy.

महज़ूफ़ محذوف वि० [अ० महज़ूफ़] १. लिखने आदि के समय छोड़ा हुआ (अक्षर आदि) २. स्पष्ट उल्लेख न होने पर भी जिसका आशय निकलता हो।
adj. 1. omitted. 2. understood, implied.

महजूब محجوب वि० [अ० महजूब] [भाव० महजूबी] १. छिपा हुआ, गुप्त। २. (उत्तराधिकार आदि से) वंचित किया हुआ। ३. लज्जित।
adj. 1. hidden, secret. 2. deprived of property. 3. ashamed.

महजूबा محجوبہ पुं० [अ० महजूब:] परदा करनेवाली स्त्री।
m. a woman who observes परदा।

महजूबी محجوبی स्त्री० [अ० महजूबी] १. छिपाव। २. वंचन। ३. लाज।
fem. 1. secrecy.2. deprivation. 3. shame.

महजूर محجور वि० [अ० महजूर] [भाव० महजूरी] १. अलग किया हुआ। २. विभक्त। ३. छोड़ा हुआ, परित्यक्त। ४. दुखी और चिन्तित, संतप्त।
adj. 1. separated. 2. divided. 3. deserted. 4. grieved and worried.

महताब مہتاب पुं० [फ़ा० माहताब] १. चन्द्रमा, चाँद। २. चन्द्रमा की चाँदनी, चन्द्रिका।
m. 1. moon. 2. moonlight.

महताबी مہتابی स्त्री० [फ़ा० माहताबी] १. जलाशय के पास की वह छोटी इमारत जिसमें बैठकर चाँदनी रात का आनंद लेते हैं। २. एक प्रकार की आतिशबाज़ी। ३. चकोतरा नीबू।
fem. 1. a small building on the bank of a lake for enjoying moonlight. 2. a kind of fireworks. 3. a large lemon, shaddock.

महदी مہدی पुं० [अ० महदी] १. ठीक रास्ते पर चलनेवाला। २. बारहवें इमाम जिन्हें शिया मुसलमान अब तक जीवित मानते हैं।
m. 1. a person who treads on a right path. 2. the twelfth Imam who is believed to be alive yet.

महदूद محدود वि० [अ० महदूद] १. जिसकी हद बाँध दी गई हो, सीमित, परिमित। २. जिसकी ठीक-ठीक व्याख्या कर दी गई हो।
adj. 1. limited. 2. exactly explained.

महदूम مہدوم वि० [अ० महदूम] पूर्ण रूप से नष्ट किया हुआ, विनष्ट।
adj. destroyed, annhilated.

महफ़िल محفل स्त्री० [अ० महफ़िल] १. मजलिस, सभा, समाज, जलसा। २. नाच-गाना होने का स्थान।
fem. 1. an assemblage. 2. a recreational assemblage.

महफ़ूज़ محفوظ वि० [अ० महफ़ूज़] जिसकी अच्छी तरह हिफ़ाज़त की गई हो, भलीभाँति रक्षित, सुरक्षित।
***मुहा०* महफ़ूज़ रखना**=सब प्रकार की विपत्तियों आदि से रक्षा करना।
adj. well-protected, safe.
id. to safeguard.

महबस محبس पुं० [अ० महबस] कारागार, जेल।
m. a prison.

महबूब محبوب पुं० [अ० महबूब] [भाव० महबूबी] वह जिसके साथ प्रेम किया जाए, प्रिय, प्रेमपात्र।
m. one's beloved.

महबूबा محبوبہ स्त्री० [अ० महबूब:] प्रेमिका, प्रेयसी।
fem. one's beloved (woman).

महबूबियत محبوبیت स्त्री० [अ० महबूब+फ़ा० इयत (प्रत्य०)] महबूब होने का भाव, प्रेम, प्यार।
fem. love.

महबूबी محبوبی स्त्री० [अ० महबूबी] प्रेम, इश्क़।
fem. love.

महबूस محبوس वि०, पुं० [अ० महबूस] जो महबस अर्थात् जेल में बन्द किया गया हो, क़ैदी।
adj. & m. a prisoner.

महब्बत محبت स्त्री० [अ०] प्यार, प्रेम, स्नेह।
m. love.

महब्बतनामः محبت نامہ पुं० [अ०+फ़ा० नामः] प्रेमपत्र।
m. a love-letter.

महमिल محمل पुं० [अ० मह्‌मिल] [बहु० महामिल] १. आधार। २. ऊँट पर कसने का कजावा।
m. 1. base. 2. the seat on the back of a camel.

महमूज़ مہموز वि० [अ० मह्‌मूज़] दूषित, विकृत।
adj. defiled, polluted.

महमूद محمود वि० [अ० मह्‌मूद] प्रशंसित।
adj. admired, praised.

महमूदी محمودی स्त्री० [फ़ा० मह्‌दूदी] १. एक प्रकार की मलमल। २. महमूद के समय का एक सिक्का।
fem. 1. a kind of muslin. 2. a coin of the time of Mehmood.

महमूम محموم वि० [अ० मह्‌मूम] १. ज्वर से पीड़ित। २. संतप्त।
adj. 1. suffering from fever. 2. grieved.

महमेज़ مہمیز स्त्री० दे० 'मिहमीज़'।

महरम محرم पुं० [अ० मह्‌म] [बहु० महरमात] [भाव० महरमियत] १. वह जिसके साथ हार्दिक मित्रता हो, अंतरंग मित्र। २. वह जो ज़नानख़ाने में जा सकता हो या जिसके सामने स्त्रियाँ हो सकती हों। (मुसलमानों में कुछ विशिष्ट संबंधियों को ही यह अधिकार प्राप्त होता है।) ३. वह जिससे बहुत घनिष्टता हो, सुपरिचित।
स्त्री० स्त्रियों की कुरती या अँगिया आदि का वह अंश जिसमें स्तन रहते हैं, कटोरी।
m. 1. a close friend, chum. 2. one (a male person) who is allowed to enter into the harem. 3. a well-known person.
fem. part of a garment that supports, the breasts.

महराब محراب स्त्री० [अ०] द्वार आदि के ऊपर का अर्द्धमंडलाकार भाग।
m. an arch.

महराबदार محراب دار वि० [अ०+फ़ा०] जिसमें मेहराब हो, कमानीदार।
adj. forming an arch.

महरुख़ مہ رخ वि० [फ़ा० मह्‌रुख़] जिसका मुख चन्द्रमा के समान हो, चन्द्रमुखी।
adj. having face as lovely as moon.

महरूक़ محروق वि० [अ० मह्‌रूक़] जला हुआ।
adj. harmed by fire, burnt.

महरूम محروم वि० [अ० मह्‌रूम] १. जिसे कोई वस्तु प्राप्त न हुई हो, वंचित। २. अभागा, बदनसीब।
adj. 1. bereft of, deprived. 2. unfortunate, unlucky.

महरूमियत, महरूमी محرومیت، محرومی स्त्री० [अ० मह्‌रूमियत, मह्‌रूमी] १. महरूम होने का भाव, विफलता। २. अभाग्य।
पद **महरूमी-ए-तासीर**=प्रभाव की विफलता।
m. 1. deprivation. 2. misfortune.
ph. lack of influence.

महरूर مہرور वि० [अ० मह्‌रूर] १. गर्म, तप्त। २. गर्ममिजाज।
m. 1. hot. 2. hot-tempered.

महरूस محروس वि० [अ० मह्‌रूस] १. जिसकी देख-रेख होती हो। २. हिरासत में रखा हुआ।
adj. 1. attended, cared. 2. under custody.

महरूसा محروسہ पुं० [अ० मह्‌रूसः] अधीन प्रदेश।
m. subjugated territory.

महल, महल्ल محل पुं० [अ०] १. बहुत बड़ा और बढ़िया मकान, प्रासाद। २. पत्नी, बीवी।
m. 1. a palace. mansion. 2. wife.

महलक़ा مہلکہ पुं० [अ० मह्‌लकः] जान का जोखिम।
m. risk of life.

महलसरा محل سرا स्त्री० [अ०] अन्तःपुर, रनिवास।
fem. a harem.

महली محلی पुं० [अ० महल] अन्तःपुर का चौकीदार, हिजड़ा।
m. a gateman (eunuch) of a harem.

महलूक محلوک वि० [अ०] छीला हुआ।
adj. peeled of.

महल्ला محلّہ पुं० [अ० महल्लः] शहर का कोई विभाग या हिस्सा जिसमें बहुत से मकान हों, टोला, पुर।
m. a locality.

महल्लादार محلّہ دار पुं० [अ० महल्लः+फ़ा०] किसी महल्ले का प्रधान व्यक्ति, महल्ला-मुख़्तार, मीर-महल्ला।
m. the head of a locality.

महव محو वि० [अ० मह्‌व] निमग्न, तल्लीन।
adj. absorbed, engrossed.

महवीयत محویت स्त्री० [अ० मह्‌वीयत] तल्लीनता।
fem. engrossment.

महशर محشر पुं० [अ० मह्‌शर] मुसलमानी धर्म के अनुसार वह अन्तिम दिन जिसमें ईश्वर सब प्राणियों का न्याय करेगा, महाप्रलय।
मुहा० **महशर बरपा करना**=बहुत अधिक आन्दोलन करना, आकाश सिर पर उठा लेना।
m. the last day of the world's existence

doomsday.
id. to make turmoil/tumult.

महसूब محسوب वि० [अ० मह्सूब] १. जिसका हिसाब लगाया गया हो। २. जो हिसाब में लिखा गया हो।
adj. 1. calculated. 2. entered in the books.

महसूर محصور वि० [अ० मह्सूर] चारो ओर से घिरा हुआ, (नगर या किला आदि) जिसपर घेरा पड़ा हो।
adj. encircled, besieged.

महसूरीन محصورین पुं० बहु० [अ० मह्सूरीन] चारो ओर से घिरे हुए लोग।
m. (plu.) the people besieged.

महसूल محصول पुं० [अ० मह्सूल] १. वह धन जो राजा या कोई अधिकारी किसी विशिष्ट कार्य के लिए ले, कर। २. भाड़ा, किराया। ३. मालगुज़ारी।
m. 1. a tax. 2. fare, rent. 3. revenue.

महसूलदार محصول دار पुं० [अ० मह्सूल+फा०] वह जो किसी प्रकार का महसूल अदा करता हो, कर देनेवाला।
वि० जिस पर कोई महसूल या कर लगता हो।
m. 1. a tax-payer.
adj. taxable.

महसूली محصولی वि० [अ० मह्सूली] १. जिस पर किसी प्रकार का महसूल या कर लगता हो।
स्त्री० वह भूमि जिसका महसूल मिलता हो।
adj. taxable.
fem. the land on which tax is levied.

महसूस محسوس वि० [अ० मह्सूस] १. जिसका ज्ञान या अनुभव हुआ हो, जो मालूम किया गया हो। २. जिसका ज्ञान या अनुभव हो सके, जो मालूम किया जा सके।
adj. 1. experienced, felt. 2. that can be experienced.

महसूसात محسوسات स्त्री० बहु० [अ० मह्सूसात, 'मह्सूस' का बहु०] वे बातें या पदार्थ जिनका ज्ञान या अनुभव होता हो।
fem. (plu.) things that can be experienced.

महाज़ محاذ पुं० [अ०] लड़ाई का मैदान, रणक्षेत्र।
m. battle-field, arena.

महाबत مهابت पुं० [अ०] १. भय, डर। २. श्रेष्ठता।
m. 1. fear, fright. 2. superiority, prominence.

महाबा محابا वि० [अ० महाबः] भय, डर।
पद बेमहाबा=निर्भयतापूर्वक।
m. fear, fright.
ph. fearlessly.

महाम مهام वि० [अ०] कठिन, दुष्कर।
adj. difficult, hard.

महार مہار स्त्री० [फा०] ऊँट की नकेल।
पद बेमहार=अनियंत्रित।
fem. camel's bridle.
ph. uncontrolled.

महारत مہارت स्त्री० [अ०] १. दक्षता, निपुणता। २. अभ्यास।
fem. 1. dexterity. 2. exercise.

महाल محال पुं० [अ० 'महल' का बहु०] १. महल्ला, टोला। २. ज़मीन का वह विभाग जिसमें कई गाँव हों, हिस्सा।
m. 1. a locality. 2. a belt or area.

महाला محالہ पुं० [अ० महालः] १. इलाज। २. उपाय।
m. 1. treatment. 2. a way, device.

महासिल محاصل पुं० [अ०] १. आय, आमदनी। २. लगाव।
m. 1. income. 2. attachment.

महीज़ محیض स्त्री० [अ०] स्त्री के रजस्वला होने की अवस्था।
fem. a woman in her courses.

महीन مہین वि० [अ०] १. कमज़ोर या जीर्ण। २. तुच्छ।
adj. 1. feeble, worn-out. 2. mean.

महीना مہینہ पुं० [अ० माहीनः] माह, मास।
m. a month.

महीब مہیب वि० [अ०] भयानक, भीषण।
adj. dreadful, frightening.

महीबुल्ऐन مہیب العین वि० [अ०] भयानक आँखों-वाला।
adj. having awful eyes/looks.

मह्र مہر पुं० [अ०] वह धन जो स्त्री को विवाह के समय ससुराल से मिला हो।
m. the money or objects received by a bride from her in-laws.

मह्व محو वि० [अ०] १. तन्मय, तल्लीन। २. मिटाया हुआ।
adj. 1. absorbed, engrossed. 2. rubbed off, destroyed.

मह्वियत محویت स्त्री० [अ०] तन्मयता।
m. absorption, concentration.

माँ ماں स्त्री० [फा०] माता।
m. mother.

माँदगी ماندگی स्त्री० [फा० मान्दगी] १. बीमारी। २. रुग्नावस्था।
fem. 1. decease, sickness. 2. indisposition.

माँदा ماندہ वि० [फा० मान्दः] बीमार।
पद दरमाँदा = (क) दुखी। (ख) साधनहीन।
adj. sick.
ph. (i) grieved (ii) without means, without resources.

मा ما पुं० [अ०] १. जल, पानी। २. रस, तरल सार। उप० एक उपसर्ग जो शब्दों के आगे लगकर 'इसके.....' का सूचक होता है; जैसे—माबाद= इसके बाद, मासिवा=इसके सिवा।
m. 1. water. 2. juice.
prefix denoting that, which.

मा-उल्-लहम ماالہم पुं० [अ०] एक प्रकार का रस जो मांस और औषधों के योग से बनाया जाता है और बहुत पौष्टिक माना जाता है।
m. a kind of tonic.

माक़बल ماقبل वि० [अ० माक़ब्ल] पहलेवाला।
adj. former.

माकूल[1] ماکول वि० [अ०] खाया हुआ।
adj. eaten.

माक़ूल[2] معقول वि० [अ० मअक़ूल] [बहु० माकूलात] १. उचित, वाजिब। २. लायक़। ३. अच्छा, बढ़िया। ४. जिसने वाद-विवाद में प्रतिपक्षी की बात मान ली हो।
adj. 1. proper. 2. able. 3. good, fine. 4. agreed to someone's argument.

माकूलात ماکولات स्त्री० [अ० मअक़ूलात] खाने-पीने की चीजें।
fem. items of food and drink.

माक़ूलियत معقولیت स्त्री० [अ०] १. माकूल का भाव। २. सम्भावना।
fem. 1. appropriateness. propriety. 2. likelihood, possibility.

माकूस معکوس वि० [अ० मअकूस] औंधाया हुआ, उलटा, विपरीत।
adj. topsy-turvy, up-side down, reverse.

माख़ज़ ماخذ पुं० [फा०] मूल, उद्‌गम।
m. a root, origin.

माख़ूज़ ماخوذ वि० [अ०] जिस पर कोई अभियोग लगाया गयो हो, अभियुक्त।
adj. accused.

माख़ूज़ी ماخوذی पुं० [अ०] गिरफ़्तारी।
m. arrest.

माख़ूलिया ماخولیا पुं० दे० 'मालीख़ूलिया'।

माज ماج पुं० [फा०] चाँद।
m. moon.

माज़ ماز वि० [फा०] कामांध।
adj. lewd, lustful.

माजरा ماجرا पुं० [अ०] १. घटना। २. घटना का विवरण, हाल।
पद माजराए दिल=दिल का हाल, दिल की व्यथा।
m. 1. an event. 2. description of an event.
ph. heart's agony.

माजिद ماجد वि० [अ०] [स्त्री० माजिदा] पूज्य, मान्य; जैसे—वालिदमजिद।
adj. revered, respected.

माज़िया ماضیہ क्रि० वि० [अ० माज़िय:] इसके पहले, पूर्व में।
adv. before this.

माज़ी ماضی वि० [अ०] भूतपूर्व, पहले का, गत काल का। पुं० भूतकाल, बीता हुआ समय।
adj. & m. past.

माजू ماجو पुं० [फा०] एक प्रकार का वृक्ष और उसका फल, माजूफल।
m. a tree and its fruit.

माजून معجون स्त्री० [अ० मअजून] औषध के रूप में काम आनेवाला कोई मीठा अवलेह।
fem. sweetened tonic.

माज़ूर معزور वि० [अ० मअज़ूर] १. जिस पर उज्र हो। २. जो काम के योग्य न रह गया हो। ३. असमर्थ। ४. विवश।
adj. 1. objectionable. 2. useless. 3. uncapable. 4. helpless.

माज़ूरी معزوری स्त्री० [अ० मअज़ूरी] असमर्थता।
fem. incapability.

माज़ूल معزول वि० [अ० मअज़ूल] १. बेकार। २. अपने पद आदि से हटाया हुआ।
adj. 1. unemployed. 2. discharged, fired, dismissed.

माज़ूली معزولی स्त्री० [अ०] माज़ूल होने की क्रिया या भाव, पदच्युति।
fem. dismissal.

मात مات स्त्री० [अ०] पराजय, हार।
fem. defeat, checkmate.

मातदिल معتدل वि० [अ० मुअतदिल] १. जो न बहुत उग्र हो और न बहुत कोमल। २. जो न बहुत ठंडा हो और न गरम।
adj. 1. temperate. 2. moderate.

मातबर معتبر वि० [अ० मुअतबर] १. जिसका एतबार किया जाए, विश्वसनीय। २. सच्चा, ठीक।
adj. 1. that can be trusted, reliable. 2. true.

मातबरी معتبری स्त्री० [अ० मुअतबरी] मातबर होने का भाव, विश्वसनीयता।
fem. reliability, trustworthiness.

मातम ماتم पुं० [अ०] वह दुख जो किसी के मरने पर प्रकट किया जाता है, शोक, सोग।
m. mourning.

मातमकदा ماتم کدہ पुं० [अ०+फा० कदः] वह स्थान जहाँ लोग बैठकर मातम करते हों।
m. the place of mourning.

मातमख़ाना ماتم خانہ पुं० [अ०+फा० ख़ानः] वह स्थान जहाँ बैठकर लोग शोक करते हों।
m. the place of mourning.

मातमज़दा ماتم زدہ वि० [अ०+फा० ज़दः] जिसका कोई निकटस्थ सम्बन्धी मर गया हो, जो शोक कर रहा हो, शोकग्रस्त।
adj. bereaved.

मातमदारी ماتم داری स्त्री० [अ०+फा०] शोक मनाना।
fem. act of mourning.

मातमपुरसी ماتم پرسی स्त्री० [अ०+फा० पुर्सी] किसी के मरने पर उसके सम्बन्धियों के प्रति सहानुभूति या समवेदना प्रकट करना।
fem. an expression of sympathy, condolence.

मातमी ماتمی वि० [अ०] मातम या शोक प्रकट करने-वाला, शोकसूचक; जैसे—मातमी सूरत।
adj. bereaving.

मातहत ماتحت वि० [अ०] १. अधीन या आश्रय में रहने-वाला, अधीनस्थ। २. निम्न कोटि का, निम्न श्रेणी का।
adj. 1. dependent, subordinate. 2. of low grade.

मातहती ماتحتی स्त्री० [अ० मातहती] अधीनता।
fem. subordination, dependence.

मातूब معتوب वि० [अ० मअतूब] कोपभाजन।
adj. target of anger.

मादर مادر स्त्री० [फा०, मि० सं० मातृ] माता, जननी, माँ।
पद मादरे गेती=मातृभूमि।
fem. mother.
ph. motherland.

मादरख़्वाही مادرخواہی स्त्री० [फा०] माँ की गाली।
fem. an abuse relating to one's mother.

मादरज़न مادرزن स्त्री० [फा०] सास।
fem. mother-in-law.

मादरज़ाद مادرزاد वि० [फा०] जन्मजात, पैदाइशी; जैसे—मादरज़ाद नंगा।
adj. existing from birth, inborn.

मादर-बख़्ता مادربخطا वि० पुं० [फा०] १. अपनी माता के साथ भी अनुचित कर्म या बुरा काम करनेवाला। २. बहुत बड़ा दुष्ट और नीच।
adj. & m. 1. a rascal. 2. a miscreant.

मादरी مادری वि० [फा०] माता से सम्बन्ध रखनेवाला। माता का; जैसे—मादरी ज़बान।
adj. relating to a mother.

मादरी ज़बान مادری زبان स्त्री० [फा०] वह भाषा जो बालक अपनी माता से सीखता है, मातृभाषा।
fem. mother tongue, native language.

मादा مادہ वि० [फा० मादः] स्त्री जाति का प्राणी, 'नर' का उलटा।
पद (i) मादाए अस्प=घोड़ी। **(ii) मादाए ख़र**=गधी। **(iii) मादाए ख़ूक**=सुअरनी।
adj. feminine.
ph. (i) a mare. (ii) she-ass. (iii) she-pig.

मादियान مادیان स्त्री० [फा०] घोड़ी।
fem. a mare.

मादीन مادین स्त्री० [फा०] मादा पशु।
fem. a female animal.

मादूद معدود वि० दे० 'मअदूद'।

मादूम معدوم वि० [अ० मअदूम] १. जिसका अस्तित्व न रह गया हो। २. नष्ट।
adj. no longer in existence, extinct.

माद्दा مادہ पुं० [अ० माद्दः] १. मूल तत्त्व। २. योग्यता, काबिलीयत। ३. मवाद, पीब।
m. 1. essential element. 2. ability. 2. pus.

माद्दी مادی वि० [अ०] १. माद्दा या तत्त्व से सम्बन्ध रखनेवाला, तत्त्व-सम्बन्धी। २. स्वाभाविक, प्राकृतिक। ३. भौतिक।
adj. 1. of or pertaining to the essential element. 2. natural. 3. physical.

मानंद مانند वि० [फा० मानिंद] समान, तुल्य।
adj. equal, similar.

मानअ مانع पुं० [अ०] १. मनाही, रुकवट। २. आपत्ति, उज्र। ३. वह जो मना करे या रुकावट डाले।
m. 1. prohibition. 2. an objection. 3. one who prohibits or objects.

मानवी مانوی वि० [अ०] १. भीतरी, आन्तरिक। २. अभिप्रेत (अर्थ आदि)।
adj. 1. internal, interior. 2. intended, implied.

माना مانا वि० [फा०] समान, तुल्य।
m. akin, equal.

मानिंद مانند वि० [फा०] समान, तुल्य, ऐसा।
adj. equal, similar.

मानी معانی स्त्री० [अ० मआनी] १. अर्थ, मतलब। २. अभिप्राय, उद्देश्य।
पद बेमानी=जिसका कोई अर्थ न हो, व्यर्थ का, बेमतलब।
fem. 1. meaing. 2. purport, purpose.
ph. meaningless, useless.

मानूस مانوس वि० [अ०] १. जिसके साथ उन्स या प्रेम

हो गया हो, काफ़ी मेल-जोल में आया हुआ, हिला-मिला। २. परिचित।
adj. 1. friendly, close. 2. familiar.

माफ़ معاف वि० [अ० मुआफ़] जिसे क्षमा कर दिया गया हो।
adj. pardoned, forgiven.

माफ़ात مافات पुं० [अ०] जो गुजर चुका हो।
m. bygone, lapsed.

माफ़िक़ معافق वि० दे० 'मुआफ़िक'।

माफ़िक़त معافقت स्त्री० दे० 'मुआफ़िक़त'।

माफ़ी معافی स्त्री० [अ० मुआफ़ी] १. क्षमा। २. वह भूमि जिसका कर सरकार से माफ हो।
fem. 1. pardon, forgiveness. 2. freehold land.

माफ़ी-उल्-ज़मीर معافی الزمیر पुं० [अ०] विचार, इरादा।
m. a thought, intent.

माफ़ीदार معافی دار पुं० [अ०+फा०] वह जिसे ऐसी ज़मीन मिली हो जिसका उसे लगान न देना पड़े।
m. a freeholder.

माबअद مابعد वि० [अ०] पिछला।
adj. last, previous.

माबक़ा مابقا वि० [अ०] बाक़ी, बचा हुआ, अवशिष्ट, बकाया।
adj. remaining, residue.

माबाद مابعد क्रि० वि० [अ० माबअद] इसके बाद।
adv. after this, afterwards.

माबूद معبود पुं० [अ० मअबूद] परमात्मा।
m. the God.

माबैन مابین क्रि० वि० [अ०] इस बीच में, इतने समय के बीच में।
adv. in the mean time, during this period.

मामन مامن पुं० [अ०] १. सुरक्षित स्थान। २. आश्रय।
m. 1. a safe place. 2. a shelter.

मामला معاملہ पुं० [अ० मुआमलः] १. व्यापार, काम। २. पारस्परिक व्यवहार। ३. व्यवहार या व्यापार-सम्बन्धी विवादास्पद विषय। ४. झगड़ा, विवाद। ५. मुकदमा, अभियोग। ६. संभोग, विषय।
m. 1. business, job. 2. mutual dealings. 3. any controversial matter. 4. a quarrel, dispute. 5. sexual intercourse.

मामा ماما स्त्री० [फा०] दासी, नौकरानी, मजदूरनी।
fem. a maid-servant.

मामागरी ماماگری स्त्री० [फा०] दासी का काम या पद।
fem. work or profession of a maid-servant.

मामूर معمور वि० [अ० मअमूर] १. भरा हुआ, पूर्ण। २. नियुक्त किया हआ, मुकर्रर किया हुआ। ३. बसा हुआ।
adj. 1. filled, full. 2. appointed, posted. 3. inhabited.

मामूल معمول पुं० [अ० मअमूल] रीति, रिवाज, रस्म।
m. a custome, practice.

मामूली معمولی वि० [अ० मअमूली] साधरण, सामान्य।
adj. ordinary, usual.

मायल مائل वि० [अ० माइल] १. झुका हुआ। २. प्रवृत्त। ३. मिश्रित।
adj. 1. leaning downwards. 2. inclined. 3. mixed.

मायह مایہ स्त्री० [फा० मायः, मि० सं० माया] सम्पत्ति, धन, पूँजी।
fem. property, capital.

माया مایا पुं० दे० 'मायह'।

मायूब معیوب वि० [अ० मअयूब] १. जिसमें ऐब या दोष हो। २. बुरा, ख़राब। ३. निन्दनीय।
adj. 1. faulty, guilty. 2. bad. 3. censurable.

मायूस مایوس वि० [अ०] जिसकी आशा टूट गई हो, निराश, ना-उम्मीद।
adj. disappointed, dejected.

मायूसकुन مایوس کن वि० [अ०+फा०] निराशाजनक।
adj. disappointing, depressing.

मायूसी مایوسی स्त्री० [अ०] निराश होने की अवस्था या भाव, निराशा।
fem. disappointment.

मार مار पुं० [फा०] साँप, सर्प।
पद मारे आस्तीन=आस्तीन का साँप।
m. a snake.
ph. a treacherous associate.

मारका معرکہ पुं० [अ० मअरकः] युद्धक्षेत्र, रणभूमि।
***मुहा०* मारके का**=महत्त्वपूर्ण।
m. a battle-fied.
id. important, significant.

मारफ़त, के معرفت संबंधबोध० [अ० मअरिफ़त] के द्वारा, के ज़रिये से।
prep. care of, through.

मारूत ماروت पुं० [फा०] एक फ़रिश्ते का नाम।
m. name of an angel.

मारूफ़ معروف वि० [अ० मअरूफ़] प्रसिद्ध।
पुं० गणित में ज्ञात राशि।
adj. famous.
m. (math) a known quantity.

माल مال पुं० [अ०] [बहु० अमवाल] १. सम्पत्ति, धन, दौलत। २. कोई बढ़िया चीज़। ३. सुन्दरी।

पुं० दे० 'मआल'।
m. 1. property, wealth. 2. a fine thing. 3. a beautiful lady.

माल-ए-ग़नीमत مال غنیمت पुं० [अ०] लूट का माल, लूट कर एकत्र की हुई सम्पत्ति।
m. stolen goods, spoil.

माल-ए-ग़ैरमन्क़ूलह مال غیرمنقولہ पुं० [अ०] अचल-सम्पत्ति।
m. immoveable property.

माल-ए-मन्क़ूलह مال منقولہ पुं० [अ०] वह सम्पत्ति जो एक स्थान से हटाकर दूसरे स्थान पर रखी जा सके, चल-सम्पत्ति।
m. moveable property.

माल-ए-मुफ़्त مال مفت पुं० [अ०+फा०] मुफ़्त का माल, बिना परिश्रम के प्राप्त की हुई सम्पत्ति।
कहा० माल-ए-मुफ़्त, दिले-बे-रहम=बिना परिश्रम अर्जित की हुई सम्पत्ति बहुत लापरवाही से ख़र्च की जाती है।
m. a thing or property received for nothing.
id. the property received for nothing is lavishly spent.

माल-ए-लावारिस مال لاوارث पुं० [अ०] वह माल जिसका कोई वारिस न हो, वह सम्पत्ति जिसका कोई उत्तराधिकारी न हो।
m. unclaimed baggage or property.

माल-ए-वक़्फ़ مال وقف पुं० [अ०] किसी धार्मिक कार्य के लिए उत्सर्ग किया हुआ धन, धर्म-कार्य के लिए छोड़ा या दान किया हुआ माल।
m. charitable property.

मालकियत مالکیت स्त्री० [अ०] मालिक होने का भाव, स्वामित्व।
fem. ownership.

मालख़ाना مال خانہ पुं० [अ०+फा० ख़ान:] वह स्थान जहाँ माल-असबाब रहता है, भंडार, स्टोर।
m. a store-house, godown.

मालगुज़ार مال گذار पुं० [अ०+फा०] १. एक प्रकार के ज़मींदार। २. वह जो सरकार को मालगुज़ारी या लगान देता हो।
m. 1. a type of landlords. 2. one who pays land revenue.

मालगुज़ारी مال گذاری स्त्री० [अ०+फा०] सरकार को दिया जानेवाला भूमिकर।
fem. land revenue.

मालज़ब्ती مال ضبطی पुं० [अ०] कुर्क या ज़ब्त किया हुआ माल, वह सम्पत्ति जिसपर देना आदि न चुकाने के कारण अधिकार किया जाए।
m. attachment of property.

मालज़ादा مال زادہ पुं० [अ०+फा० ज़ाद:] [स्त्री० मालज़ादी] वेश्या का पुत्र, रंडी के गर्भ से उत्पन्न लड़का।
m. the son of a prostitute.

मालज़ामिन مال زامن पुं० [अ०] वह जो किसी के ऋण चुकाने का जिम्मा या भार ले।
m. a bailor.

मालज़ामिनी مال زامنی स्त्री० [अ०] किसी का ऋण आदि चुकाने का जिम्मा या भार अपने ऊपर लेना।
fem. act of providing a guarantee for someone's loan.

मालदार مال دار वि० [अ०+फा०] जिसके पास बहुत माल या संपत्ति हो, सम्पन्न, धनवान, अमीर।
adj. rich, wealthy.

मालदारी مال داری वि० [अ०+फा०] संपन्नता, दौलतमन्दी, अमीरी।
fem. wealthiness.

मालमक़रूक़ مال مقروق पुं० [अ०] कुर्क किया हुआ धन, वह धन जिस पर ऋण चुकाने के लिए अधिकार कर लिया गया हो।
m. attached or confiscated property.

मालमतरूक مال متروک पुं० [अ०+फा०] तरके या उत्तराधिकार में मिली हुई सम्पत्ति, विरासत में मिला हुआ माल।
m. inherited property, heritage.

मालमता مال متاع पुं० [अ० माल व मुताअ] धन-दौलत, सम्पत्ति।
m. wealth, effects, assets.

मालमस्त مال مست वि०[अ०+फा०] जो अपनी सम्पन्नता के कारण किसी की परवा न करे, धनवान होने के कारण सुखी, लापरवाह या मस्त रहनेवाला।
adj. carefree, careless or arrogant due to large assets.

मालमस्ती مال مستی स्त्री० [अ०+फा०] धन का घमंड, दौलतमन्द होने की शेख़ी या लापरवाही।
fem. state of being carefree, careless or arrogant due to large assets.

मालवर مال ور वि० दे० 'मालदार'।

मालशराकत مال شراکت पुं० [अ०] वह सम्पत्ति जिस पर सब लोगों का सम्मिलित अधिकार हो, अविभक्त सम्पत्ति, बिना बाँटी हुई जायदाद।

m. joint property.

मालसायर مال سائر पुं० [अ०] भूमिकर के अतिरिक्त अन्य साधनों से होनेवाली राजकीय आय।
m. government's income other than land revenue.

मालामाल مالامال वि० [अ० माल] बहुत सम्पन्न, अमीर।
adj. immensely rich, very affluent.

मालिक مالک पुं० [अ०] १. ईश्वर। २. स्वामी। ३. पति, शौहर।
m. 1. God. 2. owner, husband.

मालिकअराज़ी مالک آراضی पुं० [अ०] खेत या अराज़ी का मालिक, जमींदार।
m. a landlord.

मालिका مالکہ स्त्री० [अ० मालिक:] स्वामिनी।
fem. she-owner, proprietress.

मालिकाना مالکانہ वि० [अ० मालिकान:] मालिक का, स्वामी का।
पुं० मालिक को उसके स्वामित्व के बदले में मिलनेवाला धन।
adj. of or pertaining to an owner, proprietory.
m. money received against one's proprietary right.

मालिकी[1] مالکی पुं० [अ०] सुन्नी मुसलमानों का एक सम्प्रदाय।
m. a sect of Sunnis.

मालिकी[2] مالکی स्त्री० [अ० मालिक] मिलकियत, स्वामित्व।
fem. ownership.

मालियत مالیت स्त्री० [अ०] १. सम्पत्ति, धन, पूँजी। २. दाम, मूल्य।
fem. 1. property, wealth, capital. 2. price, value.

मालियात مالیات स्त्री० [अ० 'मालियत' का बहु०] सम्पत्तियाँ।
fem. (plu.) properties.

मालिश مالش स्त्री० [फ़ा०] १. शरीर के अंगों को बार-बार दबाने तथा तेल आदि मलने की क्रिया। २. रगड़कर चमकीला बनाना।
मुहा० जी मालिश करना=जी मिचलाना, क़ै या उलटी मालूम होना।
m. 1. massage. 2. act of rubbing and polishing.
id. to feel vomiting.

माली مالی वि० [अ०] १. माल-सम्बन्धी, धन का, आर्थिक; जैसे—माली हालत। २. राजकर-सम्बन्धी। ३. अर्थशास्त्र-सम्बन्धी।
adj. 1. financial, fiscal. 2. of or pertaining to a tax. 3. economic.

मालीख़ूलिया مالی خولیا पुं० [अ०] एक प्रकार का उन्माद जिसमें रोगी बहुत दुखी और चुपचाप रहता है।
m. a type of insanity, madness.

मालीदा مالیدہ वि० [फ़ा० मालीद:] मला हुआ, मर्दित।
पुं० मला या कुचला हुआ पदार्थ।
adj. rubbed, crushed.
m. crushed thing.

मालूफ़ مالوف वि० [अ०] १. सुपरिचित। २. परमप्रिय।
adj. 1. familiar. 2. dearly loved, very dear.

मालूम معلوم वि० [अ० मअलूम] जाना हुआ, ज्ञात।
adj. known, felt.

माश معاش पुं० [अ० मि० सं० माष] १. घर-गृहस्थी का सामान। २. मूँग। ३. उड़द।
m. 1. things used in a house. 2. green gram. 3. black gram.

माशा ماشہ पुं० [फ़ा० माश:] १. लोहारों की सँड़सी। २. आठ रत्ती की तौल।
m. 1. the pair of pincers. 2. an old measure of weight equivalent to one gm.

माशा-अल्लाह ماشاءاللہ पद [अ०] ईश्वर उसे बुरी नज़र से बचाए, ईश्वर कुदृष्टि से उसकी रक्षा करे। (किसी सुन्दर वस्तु या अच्छे कार्य को देखकर उसके कर्ता आदि के सम्बन्ध में बोलते हैं।)
ph. God save from the evil eye.

माशूक़ معشوق वि० [अ० मअशूक़] जिसके साथ इश्क़ या प्रेम किया जाए, प्रेमपात्र, प्रेमिका।
adj. & m. a beloved.

माशूक़ा معشوقہ स्त्री० [अ० मअशूक़:] प्रेयसी।
fem. one's beloved.

माशूक़ाना معشوقانہ वि० [अ० मअशूक़ान:] माशूक़ों का-सा, प्रेमपात्रों की तरह का।
adj. (indeclinable) of or like beloved.

माशूक़ी معشوقی स्त्री० [अ० मअशूक़ी] १. माशूक़ होने की अवस्था या भाव। २. सुन्दरता, सौन्दर्य।
fem. 1. the state of being a beloved one. 2. beauty, charm.

माश्की ماشکی पुं० [फ़ा० मश्क] मश्क में पानी भर कर ले जानेवाला, भिश्ती, सक्का।
m. a water-carrier.

मासबक़ ماسبق वि० [अ०] जिसका पहले उल्लेख हो चुका हो, पहले कहा हुआ, पूर्वकथित, पूर्वोक्त।
adj. aforementioned.

मासलफ़ ماسلف वि० [अ०] जो पूर्व काल में हो चुका हो, बीता हुआ, विगत।

adj. past, previous.

मासियत معصیت स्त्री० [अ० मअसियत] १. आज्ञा न मानना, अवज्ञा। २. अपराध, गुनाह।
fem. 1. defiance, disobedience. 2. a crime, offence.

मासिवा ماسوا यो० [अ०] १. इसके सिवा। २. इसके अतिरिक्त।
पद फ़ुर्सते-मासिवा=फ़ुर्सत के सिवा।
conj. 1. besides. 2. over and above.
ph. besides leisure.

मासूम معصوم वि० [अ० मअसूम] १. बेगुनाह, निरपराध। २. जो कुछ न जानता हो, निरीह।
adj. 1. faultless, guiltless. 2. innocent.

मासूमियत معصومیت स्त्री० [अ० मअसूमियत] १. निरीहता। २. भोलापन, सिधाई। ३. शैशव काल।
fem. 1. innocense. 2. simplicity, childhood.

माह ماہ पुं० [फ़ा०] १. चन्द्रमा, चाँद। २. मास, महीना।
पद माहे तमाम=पूर्णचन्द्र।
m. 1. the moon. 2. a month.
ph. full moon.

माह-ए-क़मरी ماہ قمری पुं० [फ़ा०] चान्द्रमास।
m. a lunar month.

माह-ए-शम्सी ماہ شمسی पुं० [फ़ा०] सौर मास।
m. a solar month.

माहजबीं ماہ جبیں वि० [फ़ा०] १. चन्द्रमा के समान मुख-वाला। २. बहुत सुन्दर। (प्रिय या नायिका आदि के लिए)
adj. 1. having moonlike face. 2. very beautiful.

माहज़र ماحضر वि० [अ०] उपस्थित, मौजूद, वर्तमान।
adj. present.

माहताब ماہتاب पुं० [फ़ा०] १. चाँद। २. चन्द्रमा की चाँदनी।
m. 1. moon. 2. moonlight.

माहताबी ماہتابی वि० [फ़ा०] चन्द्रमा की चाँदनी में रखकर तैयार किया हुआ (औषध आदि); जैसे—माहताबी गुलकन्द।
adj. prepared in the moonlight.

माहपारा ماہپارہ वि० [फ़ा०] चाँद का टुकड़ा अर्थात् चाँद जैसा सुंदर।
adj. very beautiful, having moon-like face.

माह-ब-माह ماہ بماہ क्रि० वि० [फ़ा०] महीने-महीने, हर महीने।
adv. every month, monthly.

माहर ماہر वि० दे० 'माहिर'।

माहरू ماہرو वि० दे० 'माहजबीं'।

माहवार ماہوار क्रि० वि० [फ़ा०] महीने-महीने, हर महीने, प्रतिमास।
adv. every month, monthly.

माहवारी ماہواری वि० [फ़ा०] हर मास का, मासिक। स्त्री० स्त्रियों का मासिक धर्म।
adj. happening or produced every month, monthly.
fem. period.

माहसल ماحصل पुं० [अ०] १. वह जो उत्पन्न और प्राप्त हो, उपज। २. प्राप्ति, लाभ। ३. परिणाम।
m. 1. crop. 2. income, profit. 3. result, consequence.

माहियत ماہیت स्त्री० [अ०] किसी वस्तु का वास्तविक तत्त्व, गुण या स्वरूप, असलियत।
fem. reality.

माहियाना ماہیانہ पुं० [फ़ा० माहियानः] मासिक वेतन।
m. monthly wages.

माहिर ماہر वि० [अ०] अच्छा जानकार।
adj. proficient, expert.

माही ماہی स्त्री० [फ़ा०] मछली।
fem. a fish.

माहीख़्वार ماہی خوار पुं० [फ़ा०] बगला।
m. a heron.

माहीगीर ماہی گیر पुं० [फ़ा०] मछली पकड़नेवाला, मछुआरा।
m. a fisherman.

माहीपुश्त ماہی پشت वि० [फ़ा०] जिसकी पीठ या तल ऊपर की ओर उभरा हुआ हो, उभारदार, उभरवाँ।
adj. humpbacked.

माहीफ़रोश ماہی فروش पुं० [फ़ा०] मछली बेचनेवाला, मछुआरा।
m. a fisherman, fish-dealer.

माहीमरातिब ماہی مراتب पुं० [फ़ा०] मुसलमान राजाओं के आगे हाथी पर चलनेवाले सात झण्डे जिन पर मछलियों और ग्रहों आदि की आकृतियाँ होती थीं।
m. a group of elephants with seven flags that walks ahead of the Muslim Kings.

मिंतक़ा منطقہ पुं० [अ० मिन्तक़ः] कमरबन्द, पटका।
m. a girdle, waistband.

मिंजल منجل स्त्री० [अ०] हँसिया।
fem. a sickle.

मिअयार معیار पुं० [अ०] १. कसौटी। २. सोना-चाँदी तौलने का काँटा।
m. 1. a touchstone. 2. a balance.

मिक़द مقعد स्त्री० [अ० मिक़अद] गुदा, मल-द्वार।

fem. anus.

मिक़दार مقدار स्त्री० [अ० मिक़्दार] परिमाण, मात्रा।
fem. quantity.

मिक़ना مقنع पुं० [अ० मिक़्नअ] एक प्रकार की ओढ़नी या चादर।
m. a kind of shawl.

मिक़नातीस مقناطیس पुं० [अ० मिक़्नातीस] चुंबक।

मिक़यास مقیاس पुं० [अ० मिक़्यास] १. अन्दाज़, अनुमान, क़यास। २. वह चीज़ जिससे अन्दाज़ या अनुमान किया जाय; जैसे—मिक़यास-उल्-हरारत=ताप मापक यन्त्र।
m. 1. a guess. 2. means of guessing.

मिक़राज़ مقراض स्त्री० [अ० मिक़्राज़] कैंची, कतरनी।
fem. a pair of scissors.

मिज़गाँ مژگاں स्त्री० [फा० 'मिज़्ह' का बहु०] आँखों की पलकें।
fem. (plu.) eyebrows.

मिज़मार[1] مزمار स्त्री० [अ० मिज़्मार] १. बाँसुरी, बंशी। २. बाजा, वाद्य।
m. 1. a flute. 2. a musical instrument.

मिज़मार[2] مضمار पुं० [अ० मिज़्मार] घुड़दौड़ का मैदान।
m. a race-course.

मिज़राब مضراب स्त्री० [अ० मिज़्राब] तार का वह नुकीला छल्ला जिससे सितार आदि बजाते हैं।
fem. a ring used in playing a sitar.

मिज़ह, मिज़ा مژہ स्त्री० [फा०] [बहु० मिज़गाँ] आँख की पलक।
fem. an eyebrow.

मिज़ाज مزاج पुं० [अ०] १. किसी पदार्थ का वह मूल गुण जो सदा बना रहे, तासीर। २. प्रवृत्ति, स्वभाव, प्रकृति। ३. शरीर या मन की दशा, तबीयत, दिल। ४. अभिमान, घमंड, शेखी।
***मुहा०* (i) मिज़ाज ख़राब होना**=मन में अप्रसन्नता आदि उत्पन्न होना, अस्वस्थ होना। **(ii) मिज़ाज न मिलना**=घमण्ड के कारण किसी से बात न करना। **(iii) मिज़ाज बिगाड़ना**=किसी के मन में क्रोध आदि मनोविकार उत्पन्न करना। **(iv) मिज़ाज पाना**=(क) किसी के स्वभाव से परिचित होना। (ख) किसी को अनुकूल या प्रसन्न देखना। **(v) मिज़ाज पूछना**=यह पूछना कि आपका स्वास्थ्य कैसा है।
m. 1. the property of a medicine etc. 2. disposition, nature. 3. mood.
id. (i) to go off one's mood. (ii) to be a high-brow. (iii) to go off one's mood. (iv) a. to be familiar with someone's mood. b. to feel someone in the mood. (v) to enquire about someone's health.

मिज़ाजदाँ مزاج داں वि० [अ०+फा०] मिज़ाज या प्रकृति पहचाननेवाला।
adj. familiar with someone's nature.

मिज़ाजन् مزاجاً क्रि० वि० [अ०] मिज़ाज या प्रकृति के विचार से।
adv. as per nature.

मिज़ाजी مزاجی वि०, स्त्री० [अ० मिज़ाज] बहुत अभिमान करनेवाली। (व्यंग और तिरस्कारसूचक)
adj. moody, proud.

मिनक़ार منقار पुं० [अ० मिन्क़ार] १. पक्षी की चोंच, चंचु। २. लकड़ी में छेद करने का बरमा।
m. 1. the beak of a bird. 2. a tool for making holes in the wood.

मिनजानिब منجانب क्रि०वि० [अ०] किसी की ओर से।
adv. from (one's or someone's) side.

मिनजुमला من جملہ क्रि० वि० [अ० मिनजुम्मल:] इन सबमें से।
adv. among these, from these.

मिनहा منہا वि० [अ० मिन्हा] घटाया या कम किया हुआ।
adv. subtracted, deducted.

मिनहाई منہائی स्त्री० [अ० मिन्हाई] घटाने या कम करने की क्रिया, कटौती।
fem. subtraction, deduction.

मिनार منار स्त्री० दे० 'मीनार'।

मिन्क़ार منقار स्त्री० [अ०] चोंच।
fem. a beak.

मिन्नत منت स्त्री० [अ०] १. चिरौरी, प्रार्थना। २. चाटुकारिता।
fem. 1. entreaty, prayer. 2. flattery.

मिफ़्ताह مفتاح स्त्री० [अ०] ताली, कुंजी।
m. a key.

मिम्बर ممبر पुं० [अ०] मसजिद में वह ऊँचा चबूतरा जिस पर बैठकर मुल्ला आदि उपदेश देते और खुतबा पढ़ते हैं।
m. a seat for a priest in the mosque while addressing the audience.

मियाँ میاں पुं० [फा०] १. स्वामी, मालिक। २. पति, खसम। ३. बड़ों के लिए सम्बोधन, महाशय। ४. मुसलमान।
m. 1. an owner, proprietor. 2. a husband. 3. a way of addressing old people. 4. a Muslim.

मियाद میعاد स्त्री० [अ० मीयाद] अवधि, सीमा।
fem. a length of time, period, limit.

मियादी میعادی वि० [अ० मीआद] अवधि-संबंधी,

आवधिक।
adj. periodic, for a fixed length of time.

मियान میان पुं० [फा०] १. किसी चीज़ का मध्य भाग। २. कमर। ३. तलवार का खाना, म्यान।
m. 1. the middle part. 2. the middle part of the body, waist. 3. the sheath of a sword.

मियाना میانہ वि० [फा० मियान:] मझोले आकार का, न बहुत बड़ा और न बहुत छोटा।
पुं० १. केन्द्र, मध्यभाग। २. एक प्रकार की पालकी।
adj. of average size.
m. 1. a centre. 2. a palanquine.

मियानी میانی स्त्री० [फा० मियान] पाजामे के बीच का भाग।
वि० बीच का।
fem. the gusset in a pyjama.
adj. middle.

मिरज़ा مرزا पुं०=मिर्ज़ा।

मिरात مرآت स्त्री० [अ०] दर्पण, शीशा।
m. a mirror.

मिर्ज़ा مرزا पुं० [फा०; शुद्ध रूप मीरज़ा या मीरज़ाद:] १. मीर या सरदार का लड़का। २. मुग़लों की एक उपाधि।
m. 1. a son of a nobleman. 2. a title of a nobleman in the Moghal period.

मिर्ज़ाई مرزائی स्त्री० [फा०] मिर्ज़ा का पद या उपाधि।
fem. office or rank of a Mirza.

मिर्रीख مریخ पुं० [अ०] मंगलग्रह।
m. Mars.

मिलाद میلاد पुं० [अ०] जन्मकाल।
m. the time of birth.

मिल्क ملک स्त्री० [अ०] भूसम्पत्ति, जमींदारी।
fem. the land used for farming.

मिल्कियत ملکیت स्त्री० [अ०] १. भूमि पर स्वामित्व का अधिकार। २. सम्पत्ति।
fem. 1. proprietary right. 2. property.

मिल्की ملکی पुं० [अ०] भूस्वामी, ज़मींदार।
वि० भूस्वामित्व-सम्बन्धी।
m. a landlord.
adj. proprietary.

मिल्लत ملت स्त्री० [अ०] मज़हब, धर्म।
fem. religion.

मिश्क مشک पुं० [फा० मुश्क] मुश्क, कस्तूरी।
m. musk.

मिस مس पुं० [फा०] [वि० मिसी] ताँबा, ताम्र।
m. copper.

मिसदाक़ مصداق पुं० [अ०] १. साक्ष्य। २. गवाह, साक्षी।
m. 1. evidence. 2. a witness.

मिसरा مصرع पुं० [अ० मिस्रअ] छन्द या पद की पहली पंक्ति।
m. the first line of a couplet.

मिसरी مصری पुं० [अ० मिस्री] मिस्र देश का निवासी।
स्त्री० १. मिस्र देश की भाषा। २. दोबारा बहुत साफ करके जमाई हुई दानेदार या रवेदार चीनी या खाँड़।
m. 1. the language of Egypt. 2. sugar candy.

मिसवाक مسواک स्त्री० [अ०] दातुन, दँतौन।
m. a piece of fibrous twig used as a tooth-brush.

मिसाल مثال स्त्री० [अ०] [बहु० अम्साल] १. उपमा, तुलना। २. उदाहरण, नमूना, नज़ीर। ३. कहावत।
पद अदीम-उल्-मिसाल = अनुपम, बेजोड़।
fem. 1. a simile, comparison. 2. an example. 3. a proverb.
ph. unique.

मिसालन् مثالاً क्रि० वि० [अ०] उदाहरणार्थ।
adv. as for example.

मिसाली مثالی वि० [अ०] उदाहरण के रूप में होनेवाला, आदर्श।
adj. exemplary, ideal.

मिसी مسی वि० [अ०] ताँबे का।
adj. of copper.

मिस्क مسک स्त्री० = मुश्क।

मिस्क़ल مصقل पुं० [अ०] एक प्रकार का औज़ार जिससे तलवारें साफ़ करके चमकाई जाती हैं।
m. a tool used to cleanse swords.

मिस्क़ला مسقلہ पुं० दे० 'मिस्क़ल'।

मिस्कीं مسکیں वि० दे० 'मिस्कीन'।

मिस्कीन مسکین वि० [अ०] [बहु० मसाकीन] दीन-दुखी।
adj. poor and helpless.

मिस्कीनी مسکینی स्त्री० [अ०] १. दीनता। २. दरिद्रता।
fem. 1. humility. 2. poverty.

मिस्तर مستر पुं० [अ०] पट्टी, रूल।
m. a rule.

मिस्बाह مصباح पुं० [अ०] दीपक, दीया।
m. a lamp.

मिस्मार مسمار वि० [अ०] [भाव० मिस्मारी] तोड़ा-फोड़ा और गिराया हुआ, ढाया हुआ (मकान आदि)।
adj. dismantled, demolished.

मिस्मारी مسماری स्त्री० [अ०] तोड़ा-फोड़ा या गिराया जाना।
fem. dismantlement, demolition.

मिस्त्र مصر पुं० [अ०] अफ़्रीका के उत्तर पूर्व का एक प्रसिद्ध देश।
m. Egypt.

मिस्त्री مصری वि० मिस्त्र देश का।
पुं० मिस्त्र देश का निवासी।
स्त्री० मिस्त्र देश की भाषा।
adj. Egyptian.
m. an inhabitant of Egypt.
fem. the Egyptian language.

मिस्ल مثل वि० [अ०] समान, तुल्य।
adj. equal, equivalent.

मिस्सी مسی स्त्री० [फा० मिसी=ताँबे का] एक प्रकार का काला दंत मंजन।
पद मिस्सी-काजल=शृंगार की सामग्री।
fem. a kind of tooth-powder.
ph. make-up material.

मिहतर مہتر पुं० [फा०] १. भंगी। २. नेता।
वि० सबसे बड़ा।
m. 1. a sweeper, scavenger. 2. a leader.
adj. eldest.

मिहमीज़ مہمیز स्त्री० [अ० मिह्मीज़] एक प्रकार की लोहे की नाल जो जूते में एड़ी के पास लगी रहती है और जिसकी सहायता से सवार घोड़े को एड़ लगाता है।
fem. a nail like instrument tied in the shoe of a horseman.

मीज़ान میزان पुं० [अ०] १. चीजें तौलने का तराजू। २. तुला राशि। ३. गणित में संख्याओं का जोड़।
m. 1. the scales, balance. 2. Libra, sign of a zodiac. 3. a total number or amount.

मीना مینا पुं० [फा०] १. रंगीन आबगीना या बहुमूल्य पत्थर जिससे सोने और चाँदी पर रंग-बिरंगा काम करते हैं। २. सोने या चाँदी पर किया जानेवाला रंग-बिरंगा काम। ३. मद्य रखने का शीशे का पात्र।
m. 1. enamel. 2. a paint on gold or silver ornaments etc. 3. a goblet of wine.

मीनाई مینائی वि० [फा०] शीशे के मद्यपात्र से सम्बद्ध।
adj. of or pertaining to a goblet.

मीनाकार میناکار पुं० [फा०] चाँदी और सोने पर मीना करनेवाला।
m. a enameller.

मीनाकारी میناکاری स्त्री० [फा०] चाँदी और सोने पर किया हुआ मीने का काम।
fem. act or art of enamelling.

मीनाबाज़ार مینابازار पुं० [फा०] सुन्दर और बढ़िया बाज़ार।
m. a fancy fair or market.

मीनार مینار स्त्री० [अ०] गोलाकार ऊँची इमारत, स्तम्भ।
m. a tower.

मीयाद میعاد स्त्री० [अ० मीआद] किसी कार्य की समाप्ति आदि के लिए नियत समय, अवधि।
fem. time-limit, validity period.

मीयादगाह میعادگاہ स्त्री० [अ०+फा०] मिलने का नियत स्थान।
fem. a meeting place, rendezvous.

मीयादी میعادی वि० [अ०] जिसके लिए कोई अवधि नियत हो, मीयादवाला, आवधिक।
adj. extending over a fixed period, periodic.

मीर میر पुं० [फा० 'अमीर' का संक्षिप्त रूप] १. सरदार, प्रधान, नेता। २. कुलीन व्यक्ति। ३. वह जो किसी प्रतियोगिता में पहला स्थान प्राप्त करे। ४. ताश के पत्तों में बादशाह।
m. 1. a head, chief, leader. 2. a nobleman. 3. a winner in a game or competition. 4. a playing card bearing a picture of a king.

मीरअदल میرعدل पुं० [फा० मीरअदल] प्रधान न्यायाधीश।
m. chief justice.

मीरआख़ोर میرآخور पुं० [फा०] घोड़ों का बड़ा अफ़सर, अस्तबल का दारोग़ा, अश्वपति।
m. the leader of horsemen.

मीरआतिश میرآتش पुं० [फा०] तोपख़ाने का प्रधान कर्मचारी।
m. the chief of artiltery.

मीरज़ा میرزا पुं० [फा०] = मिर्ज़ा।

मीरज़ादा میرزادہ पुं० [फा०] राजकुमार, शाहजादा।
m. a prince.

मीरतुज़क میرتزک पुं० [फा०] अभियान या जलूस आदि की व्यवस्था करनेवाला कर्मचारी।
m. an organiser.

मीरबख़्शी میربخشی पुं० [फा०] कर्मचारियों का वेतन बाँटनेवाला प्रधान कर्मचारी।
m. one who distributes salaries in an office.

मीरबहर میربحر पुं० [फा०] १. जहाज़ी बेड़ों का अफ़सर, नौ-सेनापति। २. वह प्रधान कर्मचारी जो किसी बन्दरगाह में आने और जानेवाले माल का महसूल वसूल करता था।
m. 1. a naval officer. 2. a tax-collector deputed at a harbour.

मीरमजलिस میرمجلس पुं० [फा० मीरमज्लिस] मजलिस

का प्रधान, सभापति, अध्यक्ष।
m. a chairman, president.

मीरमतबख میرمطبخ पुं० [फा० मीरमत्बख़] पाकशाला का प्रधान व्यवस्थापक।
m. a head cook.

मीरमहफ़िल میرمحفل पुं० [अ० मीर महफ़िल] सभापति।
m. a chairman.

मीरमहल्ला میرمحلّہ पुं० दे० 'महल्लेदार'।

मीरमुंशी میرمنشی पुं० [फा०] कार्यालय के मुंशियों का प्रधान, प्रधान लिपिक।
m. a head cleark.

मीरमैदाँ میرمیداں पुं० [अ०+फा०] १. विजयी योद्धा। २. रनबाँकुरा।
m. 1. a victorious warrior. 2. a warrior.

मीरशिकार میرشکار पुं० [फा०] शिकार की व्यवस्था करनेवाला प्रधान कर्मचारी।
m. one who organizes a hunting expidition.

मीरहाज میرحاج पुं० [फा०] हज करनेवालों या हाजियों का सरदार।
m. a head of Haj pilgrims.

मीरास میراث स्त्री० [अ०] उत्तराधिकार में प्राप्त होनेवाली सम्पत्ति।
fem. the property to be inherited, heritage.

मीरासी میراثی वि० [अ० मीरास] मीरास या उत्तराधिकार-सम्बन्धी।
पुं० एक प्रकार के मुसलमान गवैये जो प्राय: बहुत मसख़रे भी होते हैं।
adj. heritable.
m. a joker type musician.

मुंतक़िल منتقل वि० [अ०] एक जगह से हटाकर दूसरी जगह रखा या किया हुआ, स्थानान्तरित।
adj. shifted, transferred.

मुंतख़ाब منتخاب वि० [अ०] [बहु० मुन्तख़ाबात] १. चुनकर पसंद किया हुआ, अच्छा समझकर छाँटा हुआ। २. निर्वाचित।
adj. 1. choosen. 2. elected.

मुंतज़िम منتظم वि०, पुं० [अ०] इंतज़ाम करनेवाला, प्रबन्धकर्ता।
adj. & m. a manager, organizer.

मुंतज़िर منتظر वि० [अ०] इंतज़ार या प्रतीक्षा करनेवाला, प्रतीक्षारत।
adj. waiting, expecting.

मुंतशिर منتشر वि० [अ०] १. इधर-उधर फैला या बिखरा हुआ। २. दुर्दशाग्रस्त।
adj. 1. scattered. 2. in plight.

मुंतही منتہی वि० [अ०] १. इन्तहा या चरम सीमा तक पहुँचा हुआ। २. पूर्ण ज्ञाता, दक्ष।
adj. 1. reaching to a climax, highest. 2. proficient, skilled.

मुंदरिज مندرج वि० [अ०] १. दर्ज किया या लिखा हुआ। २. अन्तर्गत, सम्मिलित।
adj. 1. entered. 2. included in.

मुंबसित منبسط वि० [अ०] प्रसन्न।
adj. happy.

मुंशात منشعات पुं० [अ० मुंशआत] संकलन।
m. a group of things that have been collected, collection.

मुंशियाना منشیانہ वि० [अ०+फा०] मुंशियों के जैसा।
adj. befitig a मुंशी।

मुंशी منشی पुं० [अ०] लिपिक।
m. a clerk.

मुंशीगरी منشی گری स्त्री० [अ०+फा०] मुंशी का काम या पद।
fem. calling of a मुंशी।

मुंसरिम منصرم पुं० [अ०] प्रबंधक।
m. a record-keeper.

मुंसिफ़ منصف पुं० [अ०] न्यायकर्ता।
m. the presiding officer in a lower court.

मुंसिफ़ाना منصفانہ वि० [अ० मुंसिफ़+फा० आन:] न्यायोचित, न्यायपूर्ण।
adj. justifiable.

मुअइयन معین वि० [अ०] तैनात या मुकर्रर किया हुआ, नियुक्त।
adj. appointed.

मुअक़्क़र معقر वि० [अ०] प्रतिष्ठित।
adj. distinguished.

मुअजज़ा معجزہ पुं० दे० 'मोजज़ा'।

मुअजिज़ात معجزات 'मुअजज़ा' का बहु०।

मुअज़्ज़ज़ معزز वि० [अ०] [स्त्री० मुअज़्ज़मा] १. अति महत्त्वपूर्ण। २. परम माननीय या प्रतिष्ठित, बहुत बड़ा (व्यक्ति)।
adj. 1. most important. 2. revered, honoured, honourable.

मुअज़्ज़िज़ معزز वि०=मुअज़्ज़ज़।

मुअज़्ज़िन معزن पुं० [अ०] वह जो मसजिद में नमाज़ के समय अज़ान देता हो।

m. one who gives call to the devotees to attend the prayer.

मुअज़्ज़िब معزب वि० पुं० [अ०] घोर कष्ट देनेवाला, आततायी।
adj. & m. oppressor, tyrant.

मुअज्जिर معزر पुं० [अ०] आपत्तिकर्ता।
m. an objectioner.

मुअतक़िद معتقد वि० दे० 'मोतक़िद'।

मुअतदिल معتدل वि० दे० 'मातदिल'।

मुअतबर معتبر वि० दे० 'मातबर'।

मुअतबरी معتبری वि० 'मातबरी'।

मुअतमद معتمد वि० दे० 'मोतमिद'।

मुअतमिद معتمد वि० दे० 'मोतमिद'।

मुअतरिज़ معترض वि० दे० 'मोतरिज'।

मुअतरिफ़ معترف वि० पुं० [अ०] एतराफ़ या इकरार करनेवाला, माननेवाला।
adj. & m. one who agrees or enters into an agreement.

मुअताद معتاد स्त्री० दे० 'मोताद'।

मुअत्तर معطر वि० [अ०] जिसमें ख़ूब इत्र लगा हो, इत्र बसा हुआ, सुवासित।
adj. scented, perfumed.

मुअत्तल معطل वि० [अ०] [भाव० मुअत्तली] जो अपने काम से कुछ समय के लिए (प्राय: दंडस्वरूप) हटा दिया गया हो।
adj. suspended.

मुअद्दब معدب वि० [अ०] जो बड़ों का अदब करे, सुशील, विनम्र।
adj. (one) who respects others.

मुअद्दा موعدا वि० [अ०] अदा किया हुआ।
adj. paid, paid-up.

मुअन्नस مونث स्त्री० [अ०] स्त्रीलिंग, मादा।
fem. feminine gender.

मुअम्बर معبر वि० [अ०] जिसमें अंबर लगा हुआ हो, अंबर की सुगंधिवाला।
adj. scented, perfumed.

मुअम्मर معمر वि० [अ०] जिसकी उम्र ज़्यादा हो, वृद्ध, बुड्ढा।
adj. old.

मुअम्मा[१] موعمہ पुं० [अ०] प्रतियोगिता।
m. competition.

मुअम्मा[२] معمہ पुं० [अ० मुअम्म:] १. छिपी हुई चीज़। २. पहेली। ३. समस्या, कठिन और विचारणीय विषय।
m. 1. a hidden thing. 2. a puzzle. 3. a problem or ponderable theme.

मुअय्यन معین वि० [अ० मुअइयन] नियत, निश्चित।
adj. fixed, decided.

मुअर्रब معرب वि० [अ०] अरबी रूप में लाया हुआ, जो अरबी बनाया गया हो (शब्द आदि)।
adj. adapted into Arabic System.

मुअर्रा معرا वि० [अ०] १. रिक्त, खाली। २. शुद्ध, साफ़। ३. सीधा, सरल।
adj. 1. empty. 2. pure. 3. simple.

मुअर्रिख़ مورخ पुं० [अ०] [बहु० मुअर्रिनख़ीन] इतिहास-लेखक।
m. a historian.

मुअर्रिफ़ معرف वि० [अ०] तारीफ़ करने या लक्षण बतलानेवाला।
adj. (one) who praises or tells symptoms.

मुअल्लक़ معلق वि० [अ०] १. अधर में लटका हुआ। २. लगा हुआ, संलग्न।
adj. 1. hanging. 2. adjoined.

मुअल्ला معلیٰ वि० [अ०] [बहु० मआली] १. परम, उच्च और श्रेष्ठ। २. मान्य, प्रतिष्ठित।
adj. 1. supreme. 2. distinguished.

मुअल्लिफ़ مولف पुं० [अ०] ग्रन्थ का रचयिता या संकलनकर्ता, संपादक।
वि० संपादित।
m. an editor.
adj. edited.

मुअल्लिम معلم वि० पुं० [अ०] [स्त्री० मुअल्लिम:] इल्म या ज्ञान देनेवाला, शिक्षक, अध्यापक।
adj. & m. a teacher.

मुअल्लिमी معلّمی स्त्री० [अ०] मुअल्लिम का पद या कार्य, अध्यापकी।
fem. the work or profession of a teacher, teachership.

मुअस्सिर موثر वि० [अ०] तासीर या असर करनेवाला, प्रभावशाली।
adj. effective.

मुआइना معاینہ पुं० [अ० मुआयन:] निरीक्षण, जाँच।
m. inspection.

मुआक़बत معاقبت स्त्री० [आ०] दंड।
fem. fine, penality.

मुआफ़ معاف वि० [अ०] क्षमा-प्राप्त।
adj. pardoned.

मुआफ़क़त موافقت स्त्री० [अ० मुआफ़िक़] मुआफ़िक़ होने का भाव, अनुकूलता।
fem. favourableness, suitability.

मुआफ़िक़ موافق वि० [अ०] १. जो विरुद्ध न हो, अनुकूल। २. सदृश, समान। ३. मनोनुकूल।
adj. 1. agreeable, favourable. 2. like, equal. 3. according to one's wishes, desirable.

मुआफ़ी معافی स्त्री० दे० 'माफ़ी'।

मुआफ़ीदार معافی‌دار पुं० दे० 'माफ़ीदार'।

मुआमला معاملہ पुं० दे० 'मामला'।

मुआयना معاینہ पुं० [अ० मुआयन:] निरीक्षण।
m. inspection.

मुआलिज معالج पुं० [अ०] इलाज करनेवाला, चिकित्सक।
m. a physician.

मुआलिजा معالجہ पुं० [अ० मुआलिज:] इलाज, चिकित्सा।
m. medical treatment.

मुआवज़ा معاوضہ पुं० [अ० मुआवज़:] क्षतिपूर्ति।
m. compensation, damages.

मुआवदत معاودت स्त्री० [अ०] लौट आना, वापस आना।
fem. act of returning, coming back.

मुआवनत معاونت स्त्री० [अ०] सहायता, मदद।
fem. help, assistance.

मुआविन معاون पुं० [अ०] सहायक, मददगार।
m. a helper, assistant.

मुआहदा معاہدہ पुं० [अ० मुआहद:] १. दृढ़ निश्चय। २. करार, अनुबन्ध।
m. 1. a resolve. 2. an agreement.

मुआहिद معاہد वि० पुं० [अ०] अहद करनेवाला, वचन देनेवाला या कोई बात पक्की करनेवाला, अनुबंधकर्ता।
adj. & m. one who signs an agreement, the party of an agreement.

मुआहिदीन معاہدین पुं० [अ० मुहादि का बहु०] अनुबंध करनेवाले लोग।
m. those who are involved in some kind of action or business.

मुईन معین वि० पुं० [अ०] सहायक, मददगार।
adj. & m. helper, assistant.

मुऐयन معین वि० [अ०] नियत, मुकर्रर।
adj. fixed, appointed.

मुक़ई مقی वि० [अ०] जिसके खाने या पीने से कै या उलटी हो।
adj. that causes vomiting.

मुक़त्तर مقطر वि० [अ०] कतरा या बूँद-बूँद करके टपकाया हुआ।
adj. made by dripping.

मुक़त्ता مقطع वि० [अ० मुक़त्तअ] चारों ओर से काट-छाँटकर दुरुस्त किया हुआ।
adj. trimmed.

मुक़द्दम مقدم वि० [अ०] १. आगे या पहले आनेवाला। २. प्रधान, मुख्य। ३. सर्वोपरि।
adj. 1. leading. 2. chief. 3. supreme.

मुक़द्दमा مقدمہ पुं० [अ० मुक़द्दम:] अभियोग, दावा, नालिश।
m. a law-suit.

मुकद्दर مکدر वि० [अ०] १. गँदला, मैला, गंदा। २. क्षुब्ध, असन्तुष्ट।
adj. 1. dirty, filthy. 2. unhappy, perturbed.

मुक़द्दर مقدر पुं० [अ०] तक़दीर।
m. fate, luck, destiny.

मुक़द्दस مقدس वि० [अ०] पवित्र, पाक।
पद **किताब-ए-मुक़द्दस**=पवित्र धर्मग्रन्थ।
adj. sacred, holy.
ph. a sacred book, scripture.

मुक़फ़्फ़ल مقفل वि० [अ०] जिसमें कुफ़ल या ताला लगा हो, तालाबंद।
adj. locked.

मुक़फ़्फ़ा مقفیٰ वि० [अ० मुक़फ़्फ़:] क़ाफ़िए या अनुप्रास से युक्त।
adj. alliterative.

मुकम्मल مکمل वि० [अ०] पूरा किया हुआ, पूर्ण।
adj. completed, complete.

मुक़र्रब مقرب पुं० [अ०] घनिष्ट मित्र।
m. a close friend.

मुकर्रम مکرم वि० [अ०] विशिष्ट, प्रतिष्ठित।
adj. distinguished, respected.

मुकर्रर مکرر क्रि० वि० [अ०] दोबारा, फिर से।
adv. again, once more.

मुक़र्रर مقرر वि० [अ०] [भाव० मुक़र्ररी] १. इक़रार किया हुआ, निश्चित। २. तैनात, नियुक्त, नियत।
adj. 1. agreed, decided. 2. appointed.

मुक़र्ररी مقرری स्त्री० [अ०] १. निश्चित लगान, कर या वेतन आदि। २. नियुक्ति।
fem. 1. fixed revenue, tax, wage etc. 2. appointment

मुक़ल्लिद مقلد वि०, पुं० [अ०] तक़लीद या अनुकरण करनेवाला, अनुयायी।
adj. & m. a follower.

मुक़ल्लिब مقلب वि० [अ०] घुमाने या बदलनेवाला।
पद **मुकल्लिब-उल्-फ़लूब** = हृदय बदलनेवाला, ईश्वर।
adj. that changes or alters.

ph. one who changes hearts, God.

मुकल्लुफ़ مكلّف वि० [अ०] सजाया हुआ।
adj. decorated.

मुक़व्वी مقوی वि० [अ०] [बहु० मुकव्वियात] १. कूवत या ताक़त बढ़ानेवाला, बलवर्धक। २. पौष्टिक।
adj. 1. that makes one feel energetic and healthier. 2. nutritive.

मुक़श्शर مقشّر वि० [अ०] जिसका छिलका उतारा गया हो, छिला हुआ।
adj. peeled of.

मुकस्सर مكسّر वि० [अ०] १. दो बार गुणा किया हुआ, घन। २. समान लम्बाई, चौड़ाई और ऊँचाईवाला।
adj. 1. cubic. 2. of same length, width and height.

मुक़ाफ़ात مكافات स्त्री० [अ०] १. बुरे कामों का फल या सज़ा, पाप का परिणाम। २. बदला।
fem. 1. the result of bad deeds or sins. 2. revenge.

मुक़ाबला مقابلہ पुं०=मुक़ाबिला।

मुक़ाबा مقعبہ पुं० [अ० मुक़अब:] शृंगारदान।
m. a make-up table or almirah.

मुकाबिज़त مكابضت स्त्री० [अ०] कब्ज़ा, अधिकार।
m. possession, right.

मुक़ाबिल مقابل वि० [अ०] सामनेवाला, सम्मुख।
adj. facing, opposite.

मुक़ाबिला مقابلہ पुं० [अ० मुक़ाबिल:] १. आमना-सामना। २. मुठभेड़। ३. प्रतियोगिता। ४. समानता। ५. तुलना। ६. मिलन। ७. लड़ाई।
m. 1. meeting, face to face meeting. 2. encounter. 3. competition. 4. equality. 5. comparison. 6. union. 7. battle.

मुक़ाम[१] مقام पुं० [अ०] [बहु० मुक़ामात] १. ठहरने का स्थान, टिकान, पड़ाव। २. ठहरने की क्रिया, कूच का उलटा, विराम। ३. रहने का स्थान, घर। ४. अवसर।
m. a halt, camp. 2. act of staying, pause, temporary stop. 3. a residence, dwelling. 4. an opportunity.

मुक़ाम[२] مقام पुं० दे० 'मक़ाम'।
m. a place for staying.

मुक़ामी مقامی वि० [अ०] १. ठहरा हुआ। २. स्थानीय।
adj. 1. staying. 2. local.

मुक़िर مقر वि० [अ०] इक़रार करनेवाला, माननेवाला।
पद मुन मुक़िर=मैं इक़रार करनेवाला (दस्तावेजों आदि में)।
adj. (one) who gives a word.
ph. I who promise, signatory.

मुक़िल مقل पुं० [अ०] भिक्षुक।
m. a beggar.

मुक़ीम مقیم वि० [अ०] १. क़याम करने या ठहरने-वाला। २. ठहरा हुआ।
adj. 1. (one) who stays. 2. (one) who is staying.

मुक़ैयद مقید वि०, पुं० [अ०] क़ैद किया हुआ, बंदी।
adj. & m. a prisoner.

मुक़ैश مقیش पुं० [अ०] १. सोने या चाँदी का पतला तार। २. इन तारों से बुना हुआ कपड़ा।
m. 1. a very thin wire of gold or silver. 2. a cloth made of golden or silver wires.

मुक़्तज़ाअ مقتضا पुं० [अ०] १. तक़ाज़ा। २. ज़रूरत, आवश्यकता।
m. 1. a strong request. 2. necessity.

मुक़्तज़ी مقتضی वि०, पुं० [अ०] तक़ाजा करनेवाला, माँगनेवाला।
adj. & m. one who is deputed to strongly request the debtors to pay the debt.

मुक़्तदा مقتدا पुं० [अ०] १. नेता, अगुआ। २. धार्मिक आचार्य।
पद मुक़्तदा-ए-क़ौम=राष्ट्र का नेता।
m. 1. a leader. 2. a religious leader.
ph. a national leader.

मुक़्तदी مقتدی वि०, पुं० [अ०] अनुयायी।
adj. & m. a follower.

मुख़न्नस مخنث वि० [अ०] हिजड़ा, नपुंसक।
adj. impotent.

मुख़फ़्फ़फ़ مخفف वि० [अ०] घटाकर कम किया हुआ, संक्षिप्त।
पुं० घटाकर कम करने की क्रिया, संक्षेपण।
adj. abbreviated.
m. abbreviation.

मुख़बिर مخبر पुं० [अ० मुख़्बिर] छिपकर ख़बर पहुँचाने-वाला, भेदिया।
m. a secret agent, spy.

मुख़बिरी مخبری स्त्री० [अ० मुख़्बिरी] मुख़बिर का काम, गुप्त रूप से समाचार पहुँचाना, जासूसी।
fem. act of spying.

मुख़म्मस مخمس वि० [अ०] जिसमें पाँच कोण या अंग हों।
पुं० पाँच-पाँच चरणों की एक प्रकार की कविता।
adj. consisting of five angles or parts.
m. a poem consisting of stanzas of five lines.

मुख़लिस مخلص वि० [अ० मुख़्लिस] १. निष्ठ, सच्चा।

२. अकेला। ३. अविवाहित। ४. विशुद्ध।
adj. 1. honest. 2. alone. 3. unmarried. 4. pure.

मुख़लिसी مخلصی स्त्री० [अ० मुख़्लिसी] छुटकारा, मुक्ति, रिहाई।
fem. release, riddance.

मुख़ातिब مخاطب वि० [अ०] उन्मुख, प्रवृत्त।
***मुहा०* किसी की तरफ़ मुख़ातिब होना**=किसी से बात-चीत करने के लिए उसकी ओर प्रवृत्त होना।
adj. facing, looking towards.
id. to turn one's face towards someone to address.

मुख़ालिफ़ مخالف पुं० [अ०] मुख़ालिफ़त या विरोध करनेवाला, विरोधी।
वि० विरुद्ध, विपरीत।
m. one who opposes, opponent.
adj. opposite.

मुख़ालिफ़त مخالفت स्त्री० [अ०] मुख़ालिफ या विरोधी होने का भाव, शत्रुता, विरोध।
fem. opposition.

मुख़ासमत مخاصمت स्त्री० [अ० मुख़ासिमत] शत्रुता, दुश्मनी।
fem. enmity.

मुख़िल مخل वि० [अ०] ख़लल या बाधा डालनेवाला, बाधक।
adj. obstructive, impeding.

मुख़ैयर مخیر वि० [अ०] १. दानशील। २. उदार।
adj. 1. munificent. 2. liberal.

मुख़ैयला مخیلہ स्त्री० [अ० मुख़ैयल:] सोचने-विचारने की शक्ति, विचारशक्ति।
fem. thinking power, thoughtfulness.

मुख़्तलिफ़ مختلف वि० [अ०] भिन्न-भिन्न, विभिन्न, विविध।
adj. different.

मुख़्तसर مختصر वि० [अ०] थोड़े में कहा या किया हुआ, संक्षिप्त।
adj. brief.

मुख़्तसरन् مختصراً क्रि० वि० [अ०] संक्षेप में, संक्षेपतः।
adv. briefly.

मुख़्तार مختار पुं० [अ०] १. जिसे किसी ने अपना प्रतिनिधि बनाकर कोई काम करने का अधिकार दिया हो, अधिकार-प्राप्त प्रतिनिधि। २. एक प्रकार का कानूनी सलाहकार और काम करनेवाला।
m. 1. a representative, delegate. 2. a legal agent, attorney.

मुख़्तार-ए-आम مختارعام पुं० [अ०] वह मुख़्तार या कार्यकर्ता जिसे सब प्रकार के कार्य करने के अधिकार दिए गए हों।
m. a legal agent having full rights to perform all acts, fully authorised legal agent.

मुख़्तारकार مختارکار पुं० [अ०+फा०] प्रधान संचालक या अधिकारी।
m. a chief director or authority.

मुख़्तारकारी مختارکاری स्त्री० [अ०+फा०] १. मुख़्तार का काम या पद। २. मुख़्तार का काम या पद।
fem. the office or profession of a legal agent.

मुख़्तारख़ास مختارخاص पुं० [अ०+फा०] वह जिसे कोई विशेष कार्य करने का अधिकार दिया गया हो।
m. a legal agent having a right to perform a particular act.

मुख़्तारतन् مختاراً क्रि० वि० [अ०] मुख़्तार के द्वारा।
adv. through a legal agent.

मुख़्तारनामा مختارنامہ पुं० [अ०+फा० नाम:] वह पत्र जिसके अनुसार किसी को कोई कार्य करने का अधिकार सौंपा जाए।
m. the letter of attorney.

मुख़्तारी مختاری स्त्री० [अ०] मुख़्तार का काम, पद या पेशा।
fem. the office or profession of a legal agent.

मुख़्बिर مخبر पुं० [अ०] जासूस, भेदिया।
m. an informer, spy.

मुग़ مغ पुं० [अ०] वह जो अग्नि की उपासना या पूजा करता हो।
m. a fire-worshipper.

मुग़न्नी مغنی पुं० [अ०] [स्त्री० मुग़न्निया] गानेवाला, गायक।
m. a singer.

मुग़बचा مغ بچہ पुं० [फा० मुगबच:] साकी का बेटा।
m. the son of a wine-server.

मुग़य्यर مغیر वि० [अ०] परिवर्तित।
adj. changed.

मुग़र्रा مغرا वि० [अ०] अचंभित।
adj. flabbergasted, surprised.

मुग़ल مغل पुं० [अ०] १. मंगोल देश का निवासी। २. तुर्की का एक श्रेष्ठ वर्ग जो तातार देश का निवासी था। ३. मुसलमानों के चार वर्गों में से एक।
m. 1. an inhabitant of Mongolia. 2. a Turkish sect. 3. a sect of Muslim.

मुग़लक़ مغلق वि० [अ०] कठिन अर्थवाला (शब्द या वाक्य)।
adj. hard to understand, difficult, terse.

मुग़ाँ مغاں पुं० [अ० 'मुग़' का बहु०] अग्नि की उपासना

करनेवाले लोग।
m. (plu.) the fire-worshippers.

मुग़ाइर مغائر वि० [अ०] १. प्रतिकूल। २. दूसरा।
adj. 1. opposite, contrary. 2. other.

मुग़ायरत مغایرت स्त्री० [अ०] बेगानापन, परायापन।
fem. otherness.

मुग़ालता مغالطہ पुं० [अ० मुग़ालतः] १. धोखा, छल। २. भूल, भ्रम।
m. 1. delusion. 2. a mistake, error.

मुग़ील مغیل पुं० [अ०] बबूल।
m. an acacia tree.

मुग़ीलाँ مغیلاں [अ० 'मुग़ील' का बहु०] बबूल के वृक्षों का समूह।
m. a group of acacia trees.

मुग़ीस مغیث वि० [अ०] दावा या अभियोग उपस्थित करनेवाला, वादी।
m. an accuser, prosecutor.

मुग़ैयर مغیر वि० [अ० मुग़य्यर] बदला हुआ।
adj. changed.

मुचलका مچلکا पुं० [तु०] वह प्रतिज्ञापत्र जिसके द्वारा भविष्य में कोई अनुचित काम न करने अथवा किसी नियत समय पर अदालत में उपस्थित होने की प्रतिज्ञा हो।
m. a personal bond.

मुज़क्कर مذکر वि० [अ०] १. पुरुष जाति का। २. पुल्लिंग, नर।
adj. 1. having qualities associated with men, masculine. 2. (a word) treated as a male, masculine.

मुज़ख़रफ़ مزخرف पुं० [अ०] [बहु० मुज़ख़रफ़ात] व्यर्थ की बात, बक़वाद।
m. a foolish idea, non-sense.

मुज़गा مزگا पुं० [अ०] १. माँस का टुकड़ा। २. निवाला, लुकमा, कौर। ३. गर्भाशय। ४. बच्चेदानी।
m. 1. a piece of meat. 2. a mouthful, morsel. 3. a uterus. 4. an ovary.

मुजतबा مجتبیٰ वि० [अ० मुज्तबा] १. चुना हुआ। २. श्रेष्ठ।
adj. 1. selected. 2. fine, great.

मुजतमअ مجتمع वि० [अ० मुज्तमअ] जो जमा हुए हों, एकत्र।
adj. gathered, collected.

मुज़तर مضطر वि० [अ० मुज़्तर] बेचैन, विकल।
adj. restless, nervous.

मुज़तरिब مضطرب वि० [अ० मुज़्तरिब] [क्रि० वि० मुजतरिबाना] बेचैन।
adj. restless, nervous.

मुजतहिद مجتہد पुं० [अ० मुज्तहिद] [बहु० मुजतहिदीन] १. धार्मिक आचार्य। २. धर्माधिकारी।
m. 1. a religious teacher. 2. a high ranking Muslim priest.

मुज़दा مژدہ स्त्री० [फ़ा० मुज़्दः] शुभ समाचार, अच्छी खबर।
fem. a good or auspicious news.

मुजद्दिद مجدد पुं० [अ०] सुधारक।
m. a reformer.

मुजद्दिदन् مجدداً क्रि० वि० [अ०] नए सिरे से।
adv. in a new way, a new.

मुजफ़्फ़फ़ مجفف वि० [अ०] सुखाया हुआ।
adj. dried, not wet.

मुज़फ़्फ़र مظفر वि०[अ०] ज़फ़र या फ़तह पानेवाला, विजयी।
adj. victorious, conqueror.

मुज़फ़्फ़िफ़ مجفف वि० [अ०] सुखानेवाला।
adj. that causes to become dry.

मुज़बज़ब مذبذب वि० [अ०] १. जो कुछ निश्चय न कर सके, असमंजस में पड़ा हुआ। २. अनिश्चित।
adj. 1. hesitating, indecisive. 2. uncertain, undecided.

मुजमल مجمل वि० [अ० मुज्मल] १. एकत्र किया हुआ। २. संक्षिप्त।
adj. 1. collected, gathered. 2. brief, short.

मुजमलन् مجملاً क्रि० वि० [अ० मुज्मलन्] संक्षेप में, थोड़े में।
adv. briefly, in short.

मुज़महिल مضمحل वि० [अ० मुज़्महिल] १. बहुत थका हुआ, शिथिल। २. दुर्बल।
adj. 1. exhausted. 2. weak.

मुज़मिन مزمن वि० [अ० मुज़्मिन] पुराना।
adj. old, ancient.

मुज़मिर مضمر वि० [अ० मुज़्मिर] छिपानेवाला।
adj. that conceals.

मुज़म्मत مذمت स्त्री० [अ०] बुराई, निंदा।
fem. censure.

मुज़म्मा مذمہ पुं० [अ० मुज़म्मः] एड़।
मुहा० मुज़म्मा लेना=आड़े हाथों लेना, फटकारना।
m. a heel.
id. to scold or upbraid.

मुज़य्यन مزین वि० [अ०] सुसज्जित।
adj. made to look attractive, well decorated.

मुज़य्यब مزیب वि० [फ़ा०] सुंदर।
adj. beautiful, carming.

मुजरा مجرا पुं० [अ० मुज्रा] १. वह जो जारी किया गया हो। २. वह रक़म जो किसी रक़म में से काट ली

गई हो। ३. किसी बड़े धनवान के सामने जाकर उसे सलाम करना, अभिवादन। ४. वेश्या का बैठकर गाना।
m. 1. deduction, cut. 2. deducted amount, reduction. 2. salutation. 3. a musical sitting by a dancing girl.

मुजराई مجرائی पुं० [अ० मुज्राई] १. मुजरा होने या काटे जाने की क्रिया, बाद होना, काटा जाना, कटौती। २. वह जो सलाम करने या मुजरे के लिए सेवा में उपस्थित हो। ३. मरसिया पढ़नेवाला, मरसियागो।
m. 1. an act of deducting or something deducted. 2. who salutes or gives a dancing sitting. 3. one who reads an elegy.

मुजरिम مجرم वि०, पुं० [अ० मुज्रिम] जिसने कोई जुर्म या अपराध किया हो, अपराधी।
adj. & m. a person who has committed a crime, criminal.

मुजरिमाना مجرمانہ वि० [अ० मुज्रिम+फा० आन: (प्रत्य०)] आपराधिक।
adv. relating to a crime, criminal.

मुज़र्रत مضرت स्त्री० [अ०] हानि।
fem. loss.

मुजर्रद مجرد वि० [अ०] १. जिसका विवाह न हुआ हो, अविवाहित, कुँआरा। २. जिसके साथ और कोई न हो, अकेला, एकाकी।
adj. 1. unmarried. 2. alone, lonely.

मुजर्रदी مجردی स्त्री० [अ०] मुजर्रद रहने की अवस्था, अविवाहित या अकेला होने का भाव।
fem. the state of being unmarried, bachelorhood.

मुजर्रब مجرب वि० [अ०] तजरुबा किया हुआ, जाँचा हुआ, परीक्षित।
adj. tried, experienced.

मुजर्रबात مجربات पुं० [अ० 'मुजर्रब' का बहु०] रामबाण औषधों के नुस्खे।
m. (plu.) prescriptions of effective medicines.

मुजल्लद مجلد वि० [अ०] (ग्रन्थ) जिस पर जिल्द चढ़ी हो, जिल्ददार, सजिल्द।
adj. bound.

मुजल्लिद مجلد पुं० [अ०] वह जो किताबों की जिल्द बाँधता हो, जिल्दबन्द।
m. a binder.

मुजल्ली مجلی वि० [अ०] चमकीला।
adj. bright.

मुजव्वज़ा مجوزہ वि० [अ० मुजव्वज़:] १. निश्चित, तय किया हुआ। २. बतलाया हुआ, सुझाया हुआ। ३. प्रस्तावित।
adj. 1. agreed or already decided. 2. told or suggested. 3. proposed.

मुजव्वफ़ مجوف वि० [अ०] अन्दर से खाली, खोखला, पोला।
adj. hollow.

मुजव्विज़ مجوز वि० [अ०] १. जो तजवीज़ किया गया हो, प्रस्तावित। २. जिसकी तजवीज़ या निश्चय हो चुका हो, निश्चित।
adj. 1. proposed. 2. decided.

मुजस्सम مجسم वि० [अ०] १. शरीरधारी, शरीरी। २. शारीरिक, साकार, मूर्तिमान।
पद दर्दे मुजस्सम = शारीरिक पीड़ा।
क्रि० वि० सशरीर।
adj. 1. having a body. 2. having a body or relating to a body bodily.
ph. physical suffering, pain.
adv. bodily.

मुजस्सिम مجسم वि० दे० 'मुजस्सम'।

मुज़हिर مظہر पुं० [अ० मुज़्हिर] १. वह जो ज़ाहिर करे, प्रकट करनेवाला। २. साक्षी। ३. भेदिया, जासूस, गुप्तचर।
m. 1. one who opens a secret. 2. a witness. 3. a spy.

मुज़ाअफ़ مضاعف वि० [अ०] १. द्विगुण, दूना। २. गुणा किया हुआ, गुणित।
adj. 1. twofold. 2. multiplied.

मुजादला مجادلہ पुं० [अ० मुजादल:] १. लड़ाई-झगड़ा। २. विरोध।
m. 1. a quarrel. 2. opposition.

मुज़ाफ़ مضاف वि० [अ०] १. बढ़ाया या मिलाया हुआ। पुं० व्याकरण में, सम्बन्धसूचक कारक।
adj. extended or compounded.
m. (Gram.) possessive case.

मुज़ाफ़ात مضافات स्त्री० [अ० 'मुज़ाफ़त' का बहु०] १. बढ़ाई या मिलाई हुई चीज़। २. नगर के आस-पास के और आमने-सामने के स्थान।
m. 1. something added or compounded. 2. the outskirts.

मुजामअत مجامعت स्त्री० [अ०] स्त्री-प्रसंग, सम्भोग।
m. sexual intercourse.

मुज़ायक़ा مضایقہ पुं० [अ० मुज़ायक़:] १. आपत्ति। २. हानि।
m. 1. an objection. 2. loss.

मुज़ारा[१] مضارع वि० [अ० मुज़ारे] समान, तुल्य, बराबर का।
adj. equal, matched.

मुज़ारा[२] مزارع पुं० [अ० मुज़ारअ] कृषक, खेतिहर।
m. a farmer, agriculturist.

मुजारिया مجاریہ वि० [अ० मुजारिय:] १. जो जारी हो, चलता हुआ, प्रचलित। २. कानून या नियम के रूप में बनाया हुआ, नियमबद्ध।
adj. 1. ongoing, existing, current. 2. regularized, legalized.

मुजारी مجاری वि० दे० 'मुजारियह'।

मुज़ावजत مزاوجت स्त्री० [अ०] विवाह।
fem. the marriage, wedding.

मुजाविर مجاور पुं० [अ०] मज़ार या दरगाह आदि स्थानों पर रहनेवाला तथा जो वहाँ का चढ़ावा आदि लेता हो।
m. a tomb-server.

मुजाविरी مجاوری स्त्री० [अ०] मुजाविर का काम या पद।
fem. the rank or profession of a tomb-server.

मुजाहिद مجاہد पुं० [अ०] [बहु० मुजाहिदीन] धर्म की रक्षा के लिए युद्ध करनेवाला, धार्मिक योद्धा।
m. a religious warrior.

मुजाहिदीन مجاہدین पुं० [अ० 'मुजाहिद' का बहु०] धार्मिक योद्धाओं का समूह।
m. a group of religious warriors, crusaders.

मुज़ाहिम مزاحم वि० पुं० [अ०] १. कष्ट देनेवाला, पीड़क। २. बाधा डालने या रोकनेवाला, बाधक।
adj. & m. 1. an oppressor, tyrant. 2. (one) who obstructs, obstructive.

मुज़ाहिमत مزاحمت स्त्री० [अ०] १. यातना। २. रुकावट।
fem. 1. torture. 2. hinderance.

मुज़िर مضر वि० [अ०] १. हानिकारक, नुक़सान पहुँचाने-वाला। २. बुरा।
adj. 1. harmful, detrimental. 2. bad.

मुजीब مجیب वि० [अ०] जवाबदेह।
adj. responsible.

मुजौविज़ह مجوزہ वि० दे० 'मुजव्वजह' और 'मुजव्विज'।

मुज्तबा مجتبیٰ वि० [अ०] सम्मानित।
adj. respectful, esteemed.

मुज़्दूर مزدور पुं० [अ०] मजदूर, श्रमिक।
m. a labour.

मज़्दूरी مزدوری स्त्री० [अ०] १. श्रम। २. श्रमिक को किया जानेवाला भुगतान।
fem. 1. labour. 2. labour charges.

मुज्मल مجمل वि० [अ०] संक्षिप्त।
adj. short, brief.

मुतंजन متنجن पुं० [अ०] मांस के साथ एक विशेष प्रकार से पकाया हुआ चावल।
m. a dish of rice cooked with meat.

मुतअइयन متعین वि० [अ०] नियुक्त किया हुआ, मुकर्रर किया हुआ।
adj. appointed.

मुतअज्जिब متعجب वि० [अ०] जिसे ताज्जुब या आश्चर्य हुआ हो, चकित।
adj. surprised, astonished.

मुतअद्दिद متعدد वि० [अ०] कई, अनेक, बहुसंख्यक।
adj. many, numerous.

मुतअद्दी متعدی पुं० [अ०] सकर्मक क्रिया।
m. a transitive verb.

मुतअफ़्फ़िन متعفن वि० [अ०] बदबूदार, दुर्गंधित।
adj. having a strong unpleasant smell, stinky.

मुतअय्यन متعین वि० [अ०] १. नियुक्त। २. गठित।
adj. 1. appointed. 2. constituted.

मुतअरिज़ متعرض वि०, पुं० [अ०] एतराज़ या आपत्ति करनेवाला।
adj. & m. one who objects, one who raises an objecion.

मुतअल्लिक़ متعلق वि० [अ०] ताअल्लुक या सम्बन्ध रखनेवाला, सम्बद्ध।
adj. related, connected.

मुतअल्लिक़-ए-फ़ेल متعلق فعل पुं० [अ०] क्रिया विशेषण। (व्या०)
m. an adverb.

मुतअल्लिक़ात متعلقات पुं० बहु० दे० 'मुतअल्लिक़ीन'।

मुतअल्लिक़ीन متعلقین पुं० [अ० बहु०] १. सम्बन्ध रखनेवाले लोग, परिवार या नाते के लोग रिश्तेदार, सम्बन्धी। २. घर में रहनेवाले आश्रित लोग।
m. 1. one's relations, friends and relatives. 2. family members, dependents etc.

मुतअस्सर متاثر वि० [अ०] जिसपर असर या प्रभाव पड़ा हो, प्रभावित।
adj. influenced, impressed.

मुतअस्सिफ़ متعصف वि० [अ०] जिसे दुख या पश्चाताप हो।
adj. remorseful, repentant.

मुतअस्सिब متعصب वि० [अ०] १. पक्षपाती, तरफ़दार। २. कट्टर।
adj. 1. partial. 2. orthodox, conventional.

मुतअह متعہ पुं० दे० 'मुताह'।

मुतअहिद متعهد पुं० [अ०] १. ठेकेदार। २. इजारेदार।
m. 1. a contractor. 2. a lease-holder.

मुतआख़रीन متأخرین वि० (बहु०) [अ०] आज-कल के, इस ज़माने के, आधुनिक (व्यक्तियों के लिए)।
adj. of present time, modern.

मुतक़द्दिम متقدم पुं० [अ०] [बहु० मुतक़द्दिमीन] क़दीम या पुराने ज़माने का, प्राचीन काल का।
adj. ancient.

मुतकब्बिर متکبر वि० [अ०] [क्रि० वि० मुतकब्बिराना] १. घमण्डी, अभिमानी। २. शेख़ीबाज़।
adj. 1. proud. 2. boastful.

मुतकल्लिम متکلم पुं० [अ०] १. बोलने या कहनेवाला, वक्ता। २. व्याकरण में प्रथम पुरुष या उत्तम पुरुष।
m. 1. a speaker, spokesman. 2. (gram.) first person.

मुतक़ाज़ी متقاضی पुं० [अ०] माँग या तकाज़ा करने-वाला।
m. one who demands or pressing for arrears.

मुतक़ाबिल متقابل क्रि० वि० [अ०] आमने-सामने।
adv. facing each other.

मुतख़ल्लिल متخلل वि० [अ०] विघ्न डालनेवाला।
adj. obstructive.

मुतख़ल्लिस متخلص पुं० [अ०] १. नामधारी, नाम या उपनाम से युक्त। २. विशुद्ध।
adj. 1. alias. 2. pure.

मुतख़ासिम متخاصم पुं० [अ०] विरोधी।
m. an opponent.

मुतख़ासिमीन متخاصمین पुं० [अ० 'मुतख़ासिम' का बहु०] वादी तथा प्रतिवादी।
m. (plu.) plaintiff and defendant.

मुतख़ैयला متخیله पुं० [अ० मुतख़य्यल:] १. विचार-शक्ति। २. कल्पना।
m. 1. power of thinking. 2. imagination.

मुतग़ज़्ज़िल متغزل वि०, पुं० [अ०] केवल गज़लें गानेवाला।
adj. & m. who sings Gazals.

मुतग़ज़्ज़िलीन متغزلین पुं० [अ० 'मुतग़ज़्ज़िल' का बहु०] केवल गज़ले गानेवाले शायर।
m. (plu.) those poets who sings Gazals only.

मुतग़ैयर متغیر वि० [अ०] १. अस्थिर। २. परिवर्तित।
adj. 1. unstable. 2. changed.

मुतज़ब्ज़िब متذبذب वि० [अ०] दुविधाग्रस्त, असमंजस में पड़ा हुआ।
adj. in a fix.

मुतज़म्मिन متضمن वि० [अ०] मिला हुआ, संयुक्त, सम्मिलित।
adj. joint, collective.

मुतज़र्रर متضرر वि० [अ०] जिसे हानि पहुँचाई गई हो।
adj. harmed, hurted.

मुतज़र्रिर متضرر वि० [अ०] हानिकर, नुकसान पहुँचानेवाला।
adj. harmful, damaging, injurious.

मुतजल्ली متجلی वि० [अ०] प्रकाशमान।
adj. shining, luminous.

मुतज़ाद متضاد वि० [अ०] परस्पर-विरोधी।
adj. conflicting.

मुतज़िक्करह متذکره वि० [अ० मुतज़क्किर:] जिसका ज़िक्र या उल्लेख किया गया हो, चर्चित।
adj. already mentioned, talked of.

मुतदैयिन متدین वि० [अ०] १. दीन या धर्म पर विश्वास रखनेवाला धार्मिक, धर्मनिष्ठ। २. अच्छी नीयतवाला, ईमानदार।
adj. 1. religious, humble, god-fearing. 2. honest.

मुतनफ़्फ़िर متنفر वि० [अ०] जिसे देखकर नफ़रत हो, मन में घृणा उत्पन्न करनेवाला, घृणित।
adj. horrid, loathsome, obnoxious.

मुतनफ़्फ़िस متنفس पुं० [अ०] १. जीव। २. व्यक्ति।
m. 1. a living being. 2. a human being.

मुतनाइम متنعم वि० [अ० मुतनअइम] दुलारा, लाड़-प्यार में पला।
adj. darling, beloved.

मुतनाक़िज़ متناقض वि० [अ०] परस्पर-विरोधी।
adj. conflicting.

मुतनाक़िस متناقص वि० [अ०] जिसमें कोई नुक्स या ऐब हो, दोषयुक्त, दूषित।
adj. faulty, guilty.

मुतनाज़ा متنازع पुं० [अ० मुतनाज़अ] झगड़ा।
वि० जिसके विषय में झगड़ा हो, विवादास्पद।
m. a quarrel.
adj. contentious, controversial.

मुतनाज़िआ متنازعه वि० [अ० मुतनाज़िअ:] विवादास्पद।
adj. controversial, debatable.

मुतनासिब متناسب वि० [अ०] अनुपात के विचार से

ठीक या उपयुक्त।
adj. proportional, corresponding in size or amount to something else.

मुतनाही متناہی वि० [अ०] अत्यधिक।
adj. very much.

मुतफ़क्किर متفکر वि० [अ०] जिसके मन में फ़िक्र या चिन्ता हो।
adj. worried, anxious.

मुतफ़न्नी متفنی वि० [अ०] धूर्त, चालाक।
adj. crafty, clever.

मुतफ़र्रद متفرد वि० [अ०] अकेला, एकाकी।
adj. lonely, alone.

मुतफ़र्रिक़ متفرق वि० [अ०] [बहु० मुतफ़र्रिक़ात] १. भिन्न-भिन्न, तरह-तरह के, अनेक प्रकार के। २. बिखरा हुआ, अस्त-व्यस्त।
adj. 1. miscellaneous. 2. scattered.

मुतफ़र्रिक़ात متفرقات पुं० बहु० [अ०] १. तरह-तरह की या फुटकर चीजें। २. व्यय आदि के फुटकर मद या विभाग। ३. किसी ज़मींदारी या गाँव की फुटकर और इधर-उधर बिखरी हुई ज़मीनें।
m. 1. a collection of different things, miscellany. 2. miscellaneous items of expenses. 3. scattered pieces of land.

मुतबख़्ख़ी مطبخی पुं० [अ०] रसोइया, बावर्ची।
m. a cook.

मुतबन्ना متبنّٰی पुं० [अ० मुतबन्नअ] गोद लिया हुआ लड़का, दत्तक।
m. an adopted child.

मुतबन्नी متبنی पुं० [अ०] दत्तकग्राही।
m. an adoptive parent.

मुतबर्रक متبرک वि० [अ० मुतबर्रिक] १. मुबारक, शुभ। २. पवित्र, स्वर्ग या देवदूत-सम्बन्धी।
adj. 1. auspicious. 2. holy, sacred.

मुतबर्रिक متبرک वि० दे० 'मुतबर्रक़'।

मुतमैयन متمین वि० [अ०] १. तृप्त, सन्तुष्ट। २. शान्त। ३. निश्चिन्त।
adj. 1. satisfied. 2. calm. 3. carefree.

मुतमौवल متمول वि० [अ० मुतमव्वल] धनवान, सम्पन्न, अमीर।
adj. rich, wealthy.

मुतरज़्मा مترجمہ वि० [अ० मुतर्ज़मः] अनूदित, अनुवादित।
adj. translated.

मुतरज्जिम مترجم पुं० [अ० मुतर्जिम] १. तर्जुमा या अनुवाद करनेवाला, अनुवादक, रूपान्तरकार। २. दुभाषिया।
m. 1. a translator. 2. an interpreter.

मुतरद्दिद متردد वि० [अ०] जिसके मन में कोई तरद्दुद या फ़िक्र हो, चिंतित।
adj. worried, anxious.

मुतरादिफ़ مترادف वि० [अ०] पर्यायवाची।
adj. synonymous.

मुतरिब مطرب पुं० [अ० मुत्रिब] गायक।
m. a singer.

मुतरिबी مطربی स्त्री० [अ० मुत्रिबी] संगीत विद्या, गाना-बजाना।
fem. vocal or instrumental music.

मुतलक़ مطلق क्रि० वि० [अ० मुत्लक़] १. ज़रा भी, तनिक भी, रत्ती भर भी। २. बिल्कुल, निरा, निपट।
adv. 1. in a small quantity. 2. totally, completely.

मुतलक़-उल्-इनान مطلق العنان वि०[अ०] १. जिसकी बाग या लगाम छूटी हुई हो। २. परम स्वतंत्र, अबाध्य।
adj. 1. without reins. 2. at liberty, independent.

मुतला مطلع वि० [अ० मुतलअ] सूचित किया हुआ।
adj. informed.

मुतलातम متلاطم वि० [अ० मुतलातिम] जिसमें तरंगें उठ रही हों, तरंगित।
adj. full of waves, rippling, rolling.

मुतलाशी متلاشی पुं० [अ०] तलाश करनेवाला, ढूँढ़ने-वाला, अन्वेषक।
m. an investigator, researcher.

मुतल्लका مطلقہ स्त्री० [अ० मुतल्लकः] तलाक़शुदा औरत।
fem. a divorced woman, divorce.

मुतल्ला مطلا वि० [अ०] जिस पर सोने का मुलम्मा चढ़ा हो।
adj. veneered.

मुतल्लिक़ متعلق वि० [अ०] संबद्ध।
adj. related.

मुतवक्किल متوکل वि० [अ०] ईश्वर या भाग्य पर भरोसा रखनेवाला, सन्तोषी।
adj. having a full faith in God, contended, satisfied.

मुतवज्जा متوجہ वि० [अ० मुतवजः] १. किसी ओर पूरी तवज्जह या ध्यान देनेवाला। २. कृपालु।
adj. 1. (one) who pays proper attention. 2. kind.

मुतवज़्ज़ा متوزہ वि० [अ० मुतवज़्ज़ः] १. परेशान। २. अस्त-व्यस्त।
adj. disturbed, panicked. 2. scattered.

मुतवत्तिन متوطن पुं० [अ०] निवासी, साकिन।
m. a resident.

मुतवफ़्फ़ी متوفی वि० [अ०] मृत, स्वर्गीय।
adj. dead, deceased, late.

मुतवर्रा متورع वि० [अ० मुतवर्रअ] संयमी।
adj. temperate, disciplined.

मुतवल्लिद متولد वि० [अ०] उत्पन्न।
adj. born.

मुतवल्ली متولی पुं० [अ०] किसी वक़्फ़ या धार्मिक संस्था की संपत्ति का रक्षक और व्यस्थापक।
m. a guardian or trustee.

मुतवस्सित متوسط वि० [अ०] १. बीच का, मध्य का। २. औसत दरजे का। ३. साधारण, सामान्य, मामूली।
adj. 1. middle, intermediate. 2. average. 3. ordinary.

मुतवाज़ी متوازی वि० [अ०] समांतर।
adj. parallel.

मुतवातिर متواتر क्रि० वि० [अ०] एक के बाद एक, लगातार, निरन्तर।
adv. continuously, without break.

मुतवाली متوالی वि० [अ०] बार-बार होनेवाला।
adj. happening again and again.

मुतव्वल مطول वि० [अ०] दीर्घ, लंबा, विस्तृत।
adj. long, extensive.

मुतशक्कर متشکر वि० [अ०] कृतज्ञ।
adj. grateful, thankful.

मुतशक्की متشکی वि० [अ०] संदेह करनेवाला।
adj. (one) who doubts, suspicious.

मुतशाबा متشابہ वि० [अ० मुत्शाब:] शक्ल-सूरत में मिलता हुआ, समान आकृतिवाला, मिलता-जुलता।
m. alike, resembling, identical.

मुतसद्दी متصدی पुं० [अ०] १. कार्यालय आदि में लिखने-पढ़ने का काम करनेवाला, मुंशी, लेखक। २. गुमाश्ता।
m. 1. a clerk. 2. an agent.

मुतसद्दीगरी متصدی گری स्त्री० [अ०+फा०] मुतसद्दी का कार्य या पद।
fem. clerkship, clercial job.

मुतसल्ली متسلی वि० [अ०] प्रसन्न, संतुष्ट।
adj. happy, satisfied.

मुतसव्वर متصور वि० [अ० मुत्सव्वर] जिसका तसव्वर या कल्पना की गई हो, खयाल में लाया हुआ।
adj. imagined.

मुतसावी متساوی वि० [अ०] समान, बराबर, तुल्य।
adj. equal, similar.

मुतहक़्क़िक़ متحقق वि० [अ०] १. जिसकी तहक़ीक़ात या जाँच कर ली गई हो, जाँचा हुआ। २. परखने पर ठीक उतरा हो, प्रमाणित।
adj. 1. examined. 2. tested, proved, certified.

मुतहम्मिल متحمل वि० [अ०] जिसमें कष्ट, कठिनाई आदि सहने की यथेष्ट शक्ति हो, बरदाश्त करनेवाला, सहनशील।
adj. forbearing, tolerant.

मुतहर्रिक متحرک वि० [अ०] गति देनेवाला, चलानेवाला, गतिज।
adj. energetic and forceful, dynamic.

मुतहैयर متحیر वि० [अ०] जिसे हैरत या आश्चर्य हुआ हो, अचरज में आया हुआ, चकित।
adj. surprised, astonished, amazed.

मुताअ متاع पुं० दे० 'मुताह'।

मुताई متاعی वि० दे० 'मुताही'।

मुताख़रीन متاخرین वि० दे० 'मुतआख़रीन'।

मुताबिक़ مطابق क्रि०वि० [अ०] अनुसार।
adv. as stated by, in accordance with, accordingly.

मुताबिक़त مطابقت स्त्री० [अ०] मुताबिक़ होने की क्रिया या भाव, अनुकूलता।
fem. suitability, accordance.

मुतालबा مطالبہ पुं० [अ० मुतालब:] १. तलब करना, माँगना। २. वह रकम जो किसी के यहाँ बाक़ी हो, पावना।
m. 1. act of demanding. 2. dues.

मुताला مطالعہ पुं० [अ० मुतालअ:] पढ़ना, अध्ययन।
m. study, persual.

मुतासिब متعصب वि० [अ० मुतअसिब] १. कट्टर, धर्मांध। २. असहिष्णु।
adj. 1. orthodox, bigotted. 2. intolerant.

मुतास्सिर متاثر वि० दे० 'मुतअस्सिर'।

मुताह متاہ पुं० [अ० मुतआह] शीया मुसलमानों में होनेवाला एक प्रकार का अस्थायी विवाह।
m. a temporary marriage prevalent in Shia community.

मुताही متاہی वि०, पुं० [अ० मुतआही] जिसके साथ मुताह या कुछ समय के लिए अस्थायी विवाह हुआ हो।
adj. & m. a temporary spouse.

मुतीअ مطیع वि० [अ०] हुकुम माननेवाला, आज्ञाकारी।
adj. obedient.

मुत्तका متکی पुं० [अ०] सहारा, आश्रय।
m. support, shelter, refuge.

मुत्तक़ी متقی पुं० [अ०] वह जो दुष्कर्मों से बचकर रहता हो, सदाचारी, परहेज़गार, संयमी।
m. of good conduct, righteous.

मुत्तफ़िक़ متفق वि० [अ०] १. जिनमें आपस में इत्तफ़ाक़ या एका हो गया हो। २. एकमत। ३. सहमत।
adj. 1. united. 2. unanimous. 3. concurred.

मुत्तलअ مطلع वि० [अ०] जिसे सूचना दी गई हो, सूचित किया हुआ।
adj. informed, notified.

मुत्तसिल متصل वि० [अ०] १. साथ में मिला या जुड़ा हुआ, सम्बद्ध। २. पास या बग़ल में होने या रहनेवाला।
adj. 1. related. 2. neighbourig, adjoining, adjacent.

मुत्तहद متحد वि० [अ०] मिलाकर एक किए हुए, एक में लाए हुए।
adj. made one, united.

मुत्तहम متہم वि० [अ०] जिसपर तोहमत लगाई गई हो, अभियुक्त।
adj. accused.

मुत्सद्दी متصدی पुं० दे० 'मुतसद्दी'।

मुदख़ला مدخلہ वि० [अ० मुदख़लः] दाखिल किया हुआ।
adj. admitted.

मुदब्बिर مدبر पुं० [अ०] १. वह जो तदबीर या उपाय बतलाता हो, परामर्शदाता। २. मंत्री।
m. 1. a counsellor, advisor. 2. a minister.

मुदम्मिग़ مدمغ वि० [अ०] बहुत दिमाग़ रखनेवाला, अभिमानी, घमंडी।
adj. very proud, conceited.

मुदरिक مدرک वि० [अ०] बात को अच्छी तरह समझने-वाला, समझदार।
adj. wise, sensible.

मुदरिका مدرکہ स्त्री० [अ० मुदरिकः] समझने की शक्ति, विचारशक्ति।
fem. grasping power, thinking power.

मुदर्रस مدرس पुं० [अ०] विद्यार्थी।
m. a student.

मुदर्रिस مدرس पुं० [अ०] बालकों को पढ़ानेवाला, शिक्षक।
m. a teacher.

मुदर्रिसी مدرسی स्त्री० [अ० मुदर्रिस] मुदर्रिस का काम या पद।
fem. teachership.

मुदल्लत مدلت वि० [अ०] युक्ति-साध्य।
adj. logical, justifiable.

मुदल्लल مدلل वि० [अ० मुदल्लिल] युक्तिशील।
adj. reasonable, rational.

मुदल्लिल مدلل पुं० [अ०] दलील से कोई बात साबित करनेवाला, तार्किक।
m. a logician.

मुदव्वर مدور वि० [अ०] गोल।
adj. round, circular, oval.

मुदाख़िलत مداخلت स्त्री० [अ०] दख़ल, हस्तक्षेप।
fem. occupancy, interference.

मुदाफ़अत مدافعت स्त्री० [अ०] १. दफ़ा या दूर करने की क्रिया या भाव। २. आत्मरक्षा।
fem. 1. act of removing or dispelling. 2. self-protection.

मुदाम مدام क्रि० वि० [अ०] [वि० मुदामी] १. सदा, हमेशा, निरन्तर, लगातार। २. बराबर।
adv. 1. always, forever. 2. continuously.

मुदावा مداوا पुं० [अ०] इलाज।
m. treatment, cure.

मुदौवर مدور वि० दे० 'मुदव्वर'।

मुद्दआ مدعا पुं० [अ०] १. उद्देश्य। २. अभिप्राय।
m. 1. aim. 2. purport.

मुद्दआअलैह مدعاعلیہ पुं० दे० 'मुद्दालेह'।

मुद्दई مدعی पुं० [अ०] [स्त्री० मुद्दैया] वह जो किसी पर दावा करे, दावा करनेवाला।
m. a plaintiff, complainant.

मुद्दत مدت स्त्री० [अ०] १. अवधि। २. दीर्घकाल, अरसा।
fem. 1. a period, duration. 2. a long period.

मुद्दतउम्र مدت عمر वि० [अ०] जीवन भर का, आजीवन।
adj. life-long, during life.

मुद्दालेह مدعاعلیہ पुं० [अ० मुद्दआअलैह] वह जिस पर कोई दावा किया गया हो, मुद्दई का विपक्षी।
m. a defendant.

मुद्दैया مدعیہ स्त्री० [अ० मुदैयः] मुद्दई का स्त्रीलिंग रूप।
fem. an accused woman.

मुनअक़िद منعقد वि० [अ० मुन्-अक़िद] बैठकों में सम्मिलित होनेवाला।
adj. (one) who attends sittings or meetings.

मुनक़ज़ी منقضی वि० [अ० मुन्क़ज़ी] गुज़रा हुआ, बीता हुआ।
adj. past, gone by.

मुनक़ता منقطع [अ० मुन्क़तअ] १. खण्डित। २. चुकाया हुआ, चुकता।
adj. 1. broken, divided. 2. paid-up.

मुनकशिफ़ منکشف वि० [अ० मुन्क़शिफ़] प्रकट, व्यक्त।

adj. obvious, apparant.

मुनक़सिम منقسم वि० [अ० मन्क़सिम] बाँटा हुआ, विभक्त।

adj. divided, partitioned.

मुनकसिर منکسر वि० [अ० मुन्कसिर] १. भग्न। २. नम्र, विनीत।

पद मुनकसिर-उल्-मिज़ाज=नम्र स्वभाववाला।

adj. 1. broken. 2. humble.
ph. polite, submissive.

मुनक़ाद منقاد पुं० [अ०] आज्ञाकारी।

m. obedient.

मुनकिर منکر वि० [अ० मुन्किर] कृतघ्न।

पुं० नास्तिक।
adj. ungrateful.
m. an atheist.

मुनक़्क़श منقش वि० [अ०] १. चित्रित्त। २. नक्क़ाशी किया हुआ।

adj. 1. painted. 2. engraved.

मुनक़्क़ा منقیٰ पुं० [अ० मुनक़्क़:] एक प्रकार की बड़ी किशमिश।

m. a dried variety of grape, currant.

मुनक़्क़िद منقد वि० पुं० [अ०] पारखी।

adj. & m. a connoisseur.

मुनक़्क़िस منقص वि० [अ०] अपमानकारी।

adj. insulting.

मुनज़्ज़म منظم वि० [अ०] संगठित।

adj. organized.

मुनज्जिम منجم पुं० [अ०] ज्योतिषी।

m. an astrologer.

मुनफ़अत منفعت स्त्री० [अ०] नफ़ा, फ़ायदा, लाभ।

m. profit, gain.

मुनफ़इल منفعل व० [अ० मुन्फ़इल] लज्जित।

adj. ashamed.

मुनफ़सला منفصلہ वि० [अ० मुन्फ़सल:] जिसका फ़ैसला हुआ हो।

m. decided.

मुनब्बत منبت वि० [अ०] जिसमें उभरे हुए बेल-बूटे बने हों।

adj. having pictures in relief.

मुनब्बतकारी منبت کاری स्त्री० [अ०+फा०] उभारदार बेल-बूटे आदि बनाने का काम, नक्क़ाशी।

fem. relief, a method of engraving.

मुनव्वर منور वि० [अ०] १. प्रकाशमान। २. प्रज्वलित।

adj. 1. bright, radiant. 2. lighted, burning.

मुनशी منشی पुं० [अ० मुन्शी] १. लेख या निबन्ध आदि लिखनेवाला, लेखक। २. लिखा-पढ़ी करनेवाला, मुहर्रिर। ३. वह जो फारसी के बहुत सुन्दर अक्षर लिखता हो।

m. 1. a clerk, 2. a writer. 3. a calligrapher.

मुनश्शी منشی वि० [अ०] [बहु० मुनशिशयात] नशा लानेवाला, मादक।

adj. intoxicating.

मुनसरिम منسرم पुं० [अ० मुन्सरिम] १. इंसराम या व्यवस्था करनेवाला, व्यवस्थापक, प्रबन्धकर्ता। २. (अदालत का) प्रधान मुंशी। ३. प्रतिनिधि।

m. 1. a manager, organizer. 2. a head clerk. 3. a representative.

मुनसलिक منسلک वि० [अ० मुन्सलिक] १. पिरोया या गूँथा हुआ, किसी के साथ तागे में बँधा हुआ। २. सम्मिलित।

adj. 1. threaded. 2. combined.

मुनसिफ़ منصف पुं० [अ० मुन्सिफ़] इन्साफ़ या न्याय करनेवाला।

m. a presiding officer in a lower court.

मुनसिफ़ी منصفی स्त्री० [अ० मुन्सिफ़ी] मुन्सिफ का पद या कार्य।

fem. profession or work of a मुन्सिफ।

मुनहदिम منہدم वि० [अ० मुन्हदिम] गिराया हुआ, ढाया हुआ (भवन आदि), ध्वस्त।

पुं० खंडहर।
adj. raised to the ground, demolished.
m. ruins.

मुनहनी منحنی वि० [अ० मुन्हनी] १. झुका हुआ। २. टेढ़ा। ३. दुबला-पतला।

adj. 1. bent. 2. crooked. 3. lean and thin.

मुनहरिफ़ منحرف वि० [अ० मुन्हरिफ़] १. टेढ़ा, वक्र। २. विरोधी।

adj. 1. crooked. 2. opposing.

मुनहसर منحصر वि० [अ० मुन्हसिर] निर्भर, आश्रित।

adj. dependent.

मुनाज़रा مناظرہ पुं० [अ० मुनाज़र:] १. बहस। २. वाद-विवाद।

m. 1. debate. 2. controversy.

मुनाजात مناجات स्त्री० [अ०] १. प्रार्थना। २.स्तोत्र।

fem. 1. a prayer. 2. a hymn.

मुनादी منادی स्त्री० [अ०] वह घोषणा जो डुग्गी या ढोल आदि पीटते हुए सारे शहर में हो, ढिंढोरा, डुग्गी।

fem. announcement, proclamation.

मुनाफ़ा منافع पुं० [अ० मुनाफ़:] लाभ, फ़ायदा।

m. profit.

मुनाफ़िक़ منافق पुं० [अ०] १. द्वेष रखनेवाला। २. धर्मद्रोही।
adj. 1. a malicious person. 2. doing disservice to one's religion.

मुनाफ़ी منافی वि० [अ०] १. नष्ट करनेवाला। २. विरोधी।
adj. 1. destroyer. 2. opposing.

मुनासिब مناسب वि० [अ०] उचित, वाजिब, ठीक।
adj. right, just. fair.

मुनासिबत مناسبت स्त्री० [अ०] १. सम्बन्ध, लगाव। २. उपयुक्तता।
fem. 1. relation, attachment. 2. righteousness.

मुनीफ़ منیف वि० [अ०] पवित्र।
adj. holy, sacred.

मुनीब منیب पुं० [अ०] १. ईश्वर की ओर अनुरक्त। २. प्रतिनिधि। ३. बही-खाता लिखनेवाला कर्मचारी।
m. 1. a devotee. 2. a representative. 3. an accountant.

मुनीबी منیبی स्त्री० [अ० मुनीब] बही-खाता लिखने का काम या पद।
fem. accountancy.

मुनीम منیم पुं० दे० 'मुनीब'।

मुनीर منیر वि० [अ०] उज्ज्वल, दीप्त।
adj. bright, glittering.

मुन्कज़ी منقضی वि० [अ०] समाप्त, बीता हुआ।
adj. gone by, past.

मुन्क़लिब منقلب वि० [अ०] परिवर्तित।
adj. changed.

मुन्क़सिम منقسم वि० [अ०] विभक्त।
adj. divided, partionted.

मुन्कसिर منکسر वि० [अ०] विनम्र, विनीत।
adj. humble, meek.

मुन्किर منکر वि० [अ०] आज्ञा माननेवाला।
adj. obedient.

मुन्जमिद منجمد वि० [अ०] सरदी आदि से जमा हुआ।
adj. frozen.

मुन्फ़क منفک वि० [अ०] मुक्त।
adj. free.

मुन्फ़रिद منفرد वि० [अ०] अकेला।
adj. alone, lonely.

मुन्फ़रिदन् منفرداً क्रि० वि० [अ०] अकेले।
adv. alone, without the help of others.

मुन्शी منشی पुं० दे० 'मुनशी'।

मुफ़रद مفرد वि० [अ०] [बहु० मुफ़रदात] १. जो फर्द या अकेला हो, किसी के साथ न हो। २. अविवाहित।
adj. 1. single, alone, lonely. 2. unmarried.

मुफ़र्रह مفرح वि० [अ०] १. फ़रहत या आनन्द देनेवाला। २. स्वादिष्ट। ३. बलवर्धक (औषध आदि)।
adj. 1. delightful, 2. tasty. 3. tonic.

मुफ़लिस مفلس वि० [अ०] निर्धन, गरीब।
adj. poor, pauper.

मुफ़लिसी مفلسی स्त्री० [अ०] ग़रीबी, दरिद्रता।
fem. poverty.

मुफ़सदा مفسده पुं० [अ० मुफ़सदः] १. फ़िसाद, दंगा। २. बखेड़ा।
m. 1. a riot, disturbance. 2. mess, ado.

मुफ़सिद مفسد वि० [अ०] [क्रि० वि० मुफ़सिदान] फ़िसाद खड़ा करनेवाला, झगड़ालू, उपद्रवी।
adj. riotous, rowdy.

मुफ़स्सल مفصل वि० [अ०] [बहु० मुफ़स्सलात] १. तफ़सीलवार, ब्योरेवार। २. पूर्ण।
पुं० नगर के आस-पास के स्थान।
adj. detailed, in detail.
m. suburb.

मुफ़स्सिर مفسر वि० [अ०] [बहु० मुफ़स्सरीन] तफ़सील या विवरण बतलानेवाला।
पुं० कथावाचक।
adj. describing in detail.
m. a storyteller, preacher.

मुफ़ाख़रत مفاخرت स्त्री० [अ०] फ़ख्र या शेखी करना।
fem. bravado, pride, vanity.

मुफ़ाख़िर مفاخر वि० [अ०] [स्त्री० मुफ़ाख़िरा] फ़ख्र या अभिमान करनेवाला।
adj. proud, vain, arrogant.

मुफ़ाजात مفاجات वि० [अ०] अचानक, सहसा होनेवाला।
पद मर्ग-ए-मुफ़ाजात=अचानक होनेवाली मृत्यु।
adj. accidental, coincidental, unexpected.
ph. accidental or unforseen death.

मुफ़ारक़त مفارقت स्त्री० [अ०] जुदाई, वियोग, बिछोह।
fem. separation, parting.

मुफ़ीज़ مفیض वि० [अ०] फैज़ पहुँचानेवाला, उपकार या गुण करनेवाला।
adj. beneficial, useful.

मुफ़ीद مفید वि० [अ०] फ़ायदेमन्द।
adj. useful, profitable.

मुफ़्त مفت वि० [अ०] जिसमें कुछ मूल्य न लगे, बिना दाम का, सेंत का।
adj. free of charge.

मुफ़्तख़ोर مفت خور वि० [अ०] मुफ्त में खाने-पीने या रहनेवाला।
adj. boarding or lodging free of charge.

मुफ़्तर مفطر वि० [अ०] रोजा तोड़नेवाला।
adj. one who violates a fast.

मुफ़्तरी مفطری वि० [अ०] १. झूठा अभियोग लगानेवाला। २. धूर्त।
adj. 1. accusing falsely. 2. crafly.

मुफ़्ती مفتی पुं० [अ०] फ़तवा या धार्मिक व्यवस्था देनेवाला, न्यायकर्ता।
m. one who gives ruling on religious matters, jurist.

मुफ़्तूल مفتول वि० [अ०] बटा हुआ (तार या डोरी)।
adj. twisted.

मुबतला مبتلا वि० दे० 'मुब्तला'।

मुबद्दल مبدل वि० [अ०] बदला हुआ, परिवर्तित।
adj. changed.

मुबनी مبنی वि० दे० 'मबनी'।

मुबर्रा مبرا वि० [अ०] १. पाक, साफ़। २. निरपराध।
adj. 1. pure, holy, sacred. 2. not guilty.

मुबलिग़ مبلغ पुं० [अ०] धन की संख्या, रकम; जैसे—मुबलिग़ पचास रुपए।
m. amount.

मुबश्शिर مبشر पुं० [अ०] शुभ समाचार लानेवाला।
m. one who brings good news.

मुबस्सिर مبصر वि० [अ०] १. मर्मज्ञ। २. पारखी।
adj. 1. learned. 2. connoisseur.

मुबहम مبہم वि० [अ० मुब्हम] १. अस्पष्ट। २. संदिग्ध।
adj. 1. indistinct, ambiguous. 2. doubtful.

मुबही مبہی वि० [अ०] क़ामशक्ति बढ़ानेवाला।
adj. aphrodisiac.

मुबादरत مبادرت स्त्री० [अ०] फुर्ती।
fem. agility.

मुबादला مبادلہ पुं० [अ० मुबादल:] एक चीज़ लेकर दूसरी चीज़ देना।
m. exchange, barter.

मुबादा مبادا क्रि० वि० [फ़ा०] कहीं ऐसा न हो, यह न हो कि।
adv. lest, because of the possibility of.

मुबादी مبادی स्त्री० [अ०] आरम्भ, मूल।
वि० प्रकट या प्रकाशित करनेवाला।
fem. start, beginning, origin.
adj. showing or manifesting.

मुबायना مباینہ वि० [अ० मुबायन:] कहा जानेवाला, कथित।
adj. said, uttered.

मुबारक مبارک वि० [अ०] शुभ, मांगलिक, मंगलप्रद।
adj. auspicious.

मुबारकबाद مبارکباد स्त्री० [अ०+फा०] कोई शुभ बात होने पर यह कहना कि "मुबारक हो", बधाई, धन्यवाद।
fem. congratulations.

मुबारकबादी مبارکبادی स्त्री०[अ०+फा०] १. 'मुबारक' कहने की क्रिया, बधाई। २. शुभ अवसरों पर गाया जानेवाला बधाई का गीत।
fem. 1. congratulations. 2. a congratulatory song.

मुबारकी مبارکی स्त्री० दे० "मुबारकबाद"।

मुबालग़ा مبالغہ पुं० [अ० मुबालग:] बहुत बढ़ा-बढ़ाकर कही हुई बात, अत्युक्ति।
m. exaggeration.

मुबाशरत مباشرت स्त्री० [अ०] मैथुन, सम्भोग, प्रसंग।
fem. sexual intercourse.

मुबाह مباح वि० [अ०] विधिसम्मत, जिसके करने की आज्ञा हो।
adj. in accordance with law, legal.

मुबाहात مباہات स्त्री० [अ०] गर्व, घमंड, शेखी।
fem. pride, conceit.

मुबाहिसा مباحثہ पुं० [अ० मुबाहिस:] बहस, वाद-विवाद।
m. debate, controversy.

मुबाही مباہی वि० [अ०] १. अभिमानी। २. प्रतिष्ठित।
adj. 1. proud, vain. 2. respected.

मुबीन مبین वि० [अ०] १. स्पष्ट। २. चमकता हुआ, ज्योतिर्मय।
adj. 1. clear. 2. shining.

मुबैयन مبین वि० [अ०] जिसका बयान किया गया हो, वर्णित।
adj. described, narrated.

मुब्तदा مبتدا पुं० [अ०] व्याकरण में उद्देश्य या कर्ता।
m. (gram.) subject.

मुब्तदी مبتدی पुं० [अ०] वह जो अभी कोई काम सीखने लगा हो, नौसिखुआ।
m. an apprentice.

मुब्तला مبتلا वि० [अ०] (विपत्ति आदि में) फँसा हुआ, ग्रस्त।
adj. involved, -stricken, -ridden.

मुब्तसिम مبتسم वि० [अ०] मुस्कराता हुआ, मन्द-मन्द हँसता हुआ।
adj. smiling.

मुमकिन ممکن वि० [अ० मुम्किन] हो सकने के योग्य, जो हो सके, सम्भव।
adj. possible.

मुमकिनात ممکنات स्त्री० बहु० [अ० मुम्किनात] १. सम्भावनाएँ। २. हो सकने योग्य बातें।
fem. (plu.) 1. possibilities. 2. things that are possible.

मुमताज़ ممتاز वि० [अ० मुम्ताज़] माननीय, प्रतिष्ठित।
adj. respected, distinguished.

मुमलकत مملکت स्त्री० [अ०] राज्य, सल्तनत।
m. a state, kingdom.

ममलूक مملوک पुं० [अ०] गुलाम।
m. a slave.

मुमलूका مملوکہ वि० [अ० मुमलूक:] अधिकार या कब्जे में आया हुआ।
adj. under possession, subjugated.

मुमसिक ممسک वि० [अ० मुम्सिक] १. मना करने या रोकनेवाला। २. कृपण। ३. वीर्य का स्तम्भन करनेवाला।
adj. 1. who objects, forbids or stops. 2. stingy, miserly. 3. having the power of retention.

मुमानअत ممانعت स्त्री० [अ०] मनाही, तर्जन, निषेध।
fem. forbiddance, prohibition.

मुमालिक ممالک पुं० [अ०] अनेक देश।
m. (plu.) countries.

मुमासिल مماثل वि० [अ०] सदृश, समान।
adj. alike, similar.

मुमिद ممد वि०, पुं० [अ०] सहायक।
adj.& m. a helper.

मुम्तहन ممتحن वि० [अ०] जिसका इम्तहान या परीक्षा ली जाए।
पुं० परीक्षार्थी।
adj. being examined.
m. an examinee.

मुम्तहिन ممتحن पुं० [अ०] इम्तहान लेनेवाला, परीक्षक।
m. an examiner.

मुरक़्क़ब مرکب वि० [अ०] [बहु० मुरक्कबात] मिला हुआ, मिश्रित।
पुं० १. लिखने की स्याही, मसी। २. वह चीज़ जो कई चीज़ों के मेल से बनी हो।
adj. combined, mixed.
m. 1. ink. 2. compound, mixture.

मुरक़्क़ा مرقع पुं० [अ० मुरक्क़:] १. वह ग्रंथ जिसमें चित्र, लेख आदि संकलित हों, संकलन, संग्रह। २. फक़ीरों की गुदड़ी।
m. 1. a compilation. 2. a begger's bedding.

मुरग़ाबी مرغابی स्त्री० [फा० मुर्ग़+आबी) मुरगे की जाति का एक पक्षी, जल-कुक्कुट।
fem. a waterfowl.

मुरग़ी مرغی स्त्री० [फा० मुर्ग़] मुर्ग़ नामक प्रसिद्ध पक्षी की मादा।
fem. a hen.

मुरग़न مرغن वि० [अ०] तेल या घी से तर।
adj. soaked in oil or butter.

मुरज्जब مرجب वि० [अ०] प्रतिष्ठित।
m. distinguished, respected.

मुरतद مرتد पुं० [अ० मुर्तद] वह जो इस्लाम के विरुद्ध हो, काफ़िर।
m. an infidel.

मुरत्तब مرتب वि० [अ०] जो तरतीब या क्रम से लगाया गया हो, क्रमबद्ध, व्यवस्थित।
adj. orderly, methodical.

मुरत्तिब مرتب पुं० [अ०] तरतीब या क्रम लगानेवाला।
m. a methodologist.

मुरदन مردن पुं० [फा० मुर्दन] मृत्यु को प्राप्त होना, मरना।
m. act or fact of dying.

मुरदनी مردنی स्त्री० [फा० मुर्दन] १. मृत्यु के समय शरीर में होनेवाला विकार। २. शव के साथ उसकी अन्त्येष्टि के लिए लोगों का जाना।
m. 1. motionlessness, stillness. 2. the group of people who accompany a dead body to the cemetry.

मुरदा مردہ वि० [फा० मुर्द:] [बहु० मुर्दागान] १. मरा हुआ, मृत। २. जिसमें कुछ भी दम न हो। ३. मुरझाया हुआ।
adj. 1. no longer alive, dead. 2. lifeless, lacking energy. 3. faded, withered.

मुरदार مردار वि० [फा०] १. मृत, मरा हुआ। २. अपवित्र। ३. अस्पृश्य।
पुं० १. मृत शरीर, शव। २. एक प्रकार की गाली। (स्त्रियाँ)
adj. 1. dead. 2. unholy. 3. untouchable.
m. 1. a dead body, corpse. 3. a kind of abuse.

मुरद्दद مردد वि० [अ०] जिसका खण्डन किया गया हो।
adj. refuted, negated.

मुरद्दिद مردد वि० पुं० [अ०] खण्डन करनेवाला।
adj. & m. one who refutes or negates.

मुरफ़्फ़ा مرفہ वि० [अ० मुरफ़्फ़:] समृद्ध, सम्पन्न।

adj. prosperous, wealthy.

मुरब्बा² مربّع पुं० [अ० मुरब्ब:] चीनी या मिसरी आदि की चाशनी में रखा हुआ फलों या मेवों आदि का पाक।
m. a fruit jam.

मुरब्बा³ مربّع वि० [अ० मुब्बअ] चौकोर, चौखूँटा।
पुं० १. वर्ग। २. चार-चार चरणों की एक प्रकार की कविता।
adj. square.
m. 1. a square. 2. a stanza having four line.

मुरब्बी مربّی पुं० [अ०] १. संरक्षक, सरपरस्त। २. पालन-पोषण करनेवाला।
m. 1. a patron. 2. one who fosters or nourishes.

मुरव्वज مروّج वि० [अ०] जिसका रवाज या प्रचार हो, प्रचलित।
adj. popular at a particular time, current, fashionable.

मुरव्वत مروّت स्त्री० [अ०] १. शील, संकोच, लिहाज़। २. भलमनसत, आदमीयत।
fem. 1. obliging disposition. 2. humanity.

मुरशिद مرشد पुं० [अ० मुर्शिद] शिक्षक, गुरु।
m. a teacher sply. a spritual teacher.

मुरसल مرسل पुं० [अ० मुर्सल] १. दूत। २. पैगम्बर।
m. 1. an emissary, envoy or messenger. 2. an angel or prophet.

मुरसिल مرسل वि० पुं० [अ० मुर्सिल] भेजनेवाला।
adj. & m. a sender or despatcher.

मुरसिला مرسلہ पुं० [अ० मुर्सिल:] १. भेजा हुआ पत्र आदि। २. भेजनेवाला, प्रेषक।
वि० भेजा हुआ, प्रेषित।
m. 1. anything sent or dispatched. 2. a sender or despatcher.
adj. sent, despatched.

मुरस्सा مرصّع वि० [अ० मुरस्सअ] जिसमें नग आदि जड़े हों, जड़ाऊ।
adj. inset with jewels.

मुरस्साकार مرصّع کار वि० [अ० मुरस्सअ+फा०] [भाव० मुरस्साकारी] नगीने जड़नेवाला।
m. one who insets jewels in ornaments.

मुराक़बत مراقبت स्त्री० दे० ''मुराक़बा''।

मुराक़बा مراقبہ पुं० [अ० मुराक़ब:] ईश्वर का ध्यान, योग।
m. act of uniting with the God, divine contemplation, meditation.

मुराजअत مراجعت स्त्री० [अ०] वापस होना, लौटना, प्रत्यावर्तन।
fem. act of returning, back journey.

मुराद مراد स्त्री० [अ०] १. अभिलाषा, कामना। २. अभिप्राय, आशय, मतलब।
मुहा० **मुराद पाना**=मनोरथ पूर्ण होना। **मुराद माँगना**=मनोरथ पूरा होने की प्रार्थना करना।
fem. 1. a desire, ambition. 2. meaning.
id. (i) fulfilment of a desire. (ii) to pray for the fulfilment of a desire.

मुरादिफ़ مرادف वि० [अ०] पर्यायवाची।
adj. synonymous.

मुरादी مرادی वि० [अ०] १. अनुकूल, अपनी इच्छा या मुराद के अनुसार होनेवाला। २. लाक्षणिक (अर्थ)।
adj. 1. favourable. 2. figurative.

मुराफ़ा مرافعہ पुं० [अ० मुराफ़अ:] [बहु० मुराफ़आत] १. प्रार्थना-पत्र। २. दावा। ३. अपील।
m. 1. an application. 2. a claim. 3. an appeal.

मुरासला مراسلہ पुं० [अ० मुरासल:] [बहु० मुरासलात] पत्र, चिट्ठी।
m. a letter.

मुरासलात مراسلات पुं० [अ० 'मुरासल:' का बहु०] १. चिट्ठियाँ। २. पत्र-व्यवहार। ३. संदेश।
m. 1. letters. 2. correspondence. 3. a message.

मुरीद مرید पुं० [अ०] चेला, शिष्य।
m. a pupil, disciple.

मुरीदी مریدی स्त्री० [अ०] शागिर्दी, शिष्यता।
fem. pupilage, discipleship.

मुरौवत مروت स्त्री० दे० ''मुरव्वत''।

मुर्ग़ مرغ पुं० [फा०] [बहु० मुर्ग़ान] एक प्रसिद्ध पक्षी जो कई रंगों का होता है। इसके नर के सिर पर कलगी होती है।
m. a cock, fowl.

मुर्तकिब مرتکب वि० पुं० [अ०] १. पापी। २. दोषी; जैसे—जुर्म का मुर्तकिब।
adj. & m. 1. a sinner. 2. an offender.

मुर्तज़ा مرتضیٰ वि० [अ०] चुना हुआ, बढ़िया।
पुं० हज़रत अली की एक उपाधि।
adj. chosen, fine.
m. an epithet of Ali.

मुर्तहन مرتہن वि० [अ०] रेहन रखा हुआ।
adj. pledged, mortgaged.

मुर्तहिन مرتہن पुं० [अ०] वह जो दूसरों की चीज़ें अपने पास रेहन रखे, महाजन, बंधकी।

m. a mortgagee, banker.

मुर्दन مردن पुं० [फ़ा०] मृत्यु को प्राप्त होना, मरना।
m. an act or fact of dying, death.

मुर्दा مردا पुं० दे० ''मुरदा''।

मुर्सला مرسلہ वि० [अ० मुर्सल:] प्रेषित।
adj. sent, despatched.

मुल مل स्त्री० [अ०] शराब।
fem. alcohol, wine.

मुलक़्क़ब ملقب वि० [अ०] जिसको कोई लक़ब या नाम दिया गया हो, नाम या उपाधि से युक्त।
adj. named, epithet-holder.

मुलज़िम ملزم वि० पुं० [अ० मुल्ज़िम] [बहु० मुलज़िमान] जिस पर इलज़ाम या अभियोग लगा हो, अभियुक्त।
adj. & m. an accused.

मुलतवी ملتوی वि० दे० ''मुल्तवी''।

मुलब्बस ملبس वि० [अ०] १. मिला हुआ। २. जिसने लिबास या कपड़े पहने हों।
adj. 1. mingled, mixed. 2. wearing clothes.

मुलम्मा ملمع पुं० [अ० मुलम्म:] १. किसी चीज़ पर चढ़ाई हुई सोने या चाँदी की पतली तह, गिलट, कलई। २. ऊपरी और झूठी दिखावट।
m. 1. veneer, coating. 2. ostentation.

मुलहक़, मुल्हिक ملحق वि० [अ० मुल्हक़] १. पहुँचने वाला। २. पहुँचानेवाला। ३. लगा हुआ।
adj. 1. reaching or arriving. 2. conveying or carrying. 3. busy, engaged in some work.

मुलहिद ملحد वि० पुं० [अ० मुल्हिद] १. काफ़िर। २. अधर्मी।
adj. & m. 1. an infidel. 2. non-religious person.

मुलाक़ात ملاقات स्त्री० [अ०] १. आपस में मिलना, भेंट, मिलन। २. परिचय।
fem. 1. meeting. 2. acquaintance.

मुलाक़ाती ملاقاتی वि०, पुं० [अ०] १. जिससे मुलाक़ात हो। २. मित्र, परिचित।
adj. & m. 1. an acquaintance. 2. a friend, familiar person.

मुलाज़िम ملازم पुं० [अ०] [बहु० मुलाज़िमान] नौकर, सेवक।
m. a worker, serviceman, employee.

मुलाज़िमत ملازمت स्त्री० [अ०] नौकरी, सेवा।
fem. service, employment.

मुलाज़िमा ملازمہ स्त्री० [अ० मुलाज़िम:] सेविका, परिचारिका।
fem. a female worker.

मुलातफ़त ملاطفت स्त्री० [अ०] १. कृपा। २. सहृदयता।
fem. 1. kindness. 2. warm-heartedness.

मुलायम ملائم वि० [अ०] १. ''सख़्त'' का उलटा, जो कड़ा न हो। २. हलका। ३. मन्द, धीमा। ४. नाज़ुक, सुकुमार। ५. जिसमें किसी प्रकार की कठोरता या खिंचाव न हो।
adj. 1. not stiff, soft. 2. light. 3. slow. 4. tender, delicate. 5. without hardness or rigidity.

मुलायमत ملائمت स्त्री० [अ०] मुलायम होने का भाव, मुलायमपन।
fem. tenderness, softness.

मुलाहज़ा ملاحظہ पुं० [अ० मुलाहज़:] १. निरीक्षण। २. देख-भाल। ३. संकोच, लिहाज़। ४. रिआयत।
m. 1. supervision. 2. care. 3. consideration. 4. concession.

मुलूक ملوک पुं० [अ० 'मलिक' (बादशाह) का बहु०] राजा-महाराजा।
m. (plu.) kings.

मुलूल ملول वि० [अ०] दुखी, रंजीदा।
adj. grieved, distressed.

मुलैयन ملین वि० [अ०] पाख़ाना लानेवाला, दस्तावर, रेचक।
adj. purgative, laxative.

मुल्क ملک पुं० [अ०] १. राज्य। २. देश।
m. 1. a state, nation. 2. a country.

मुल्की ملکی वि० [अ०] मुल्क या देश-सम्बन्धी, देश का। पुं० नागरिक।
adj. national.
m. a citizen.

मुल्तजी ملتجی वि०, पुं० [अ०] १. शरण चाहनेवाला। २. इल्तजा या प्रार्थना करनेवाला, प्रार्थी।
adj. & m. 1. seeking refuge. 2. a petitioner, applicant.

मुल्तमिस ملتمس वि० पुं० [अ०] इल्तमास या प्रार्थना करनेवाला, प्रार्थी।
adj. & m. an applicant, petitioner.

मुल्तवी ملتوی वि० [अ०] जो कुछ समय के लिए रोक या टाल दिया गया हो, स्थगित।
adj. postponed, adjourned.

मुल्ला ملا पुं० [अ०] १. बहुत बड़ा विद्वान। २. शिक्षक।
m. 1. a great scholar. 2. a teacher.

मुवक्किल موکل पुं० [अ० मुवक्किल] वह जो किसी को अपना वकील बनाए।

m. a client.

मुवज़्ज़ा موجہ वि० [अ० मुवज्ज़:] उचित, ठीक।
adj. right, adequate.

मुवर्रिख़ مورخ पुं० [अ०] तवारीख़ या इतिहास लिखनेवाला, इतिहास-लेखक, इतिहासकार।
m. a historian.

मुवर्रिख़ा مورخہ वि० [अ० मुवर्रिख़:] १. लिखा हुआ, लिखित। २. अमुक तिथि को लिखित; जैसे—मुवर्रिख़ा २६ जून १९३५।
adj. 1. written. 2. written on such and such date.

मुवहिद موحد वि० [अ० मुवह्हिद] १. आस्तिक, ईश्वरवादी। २. एकेश्वरवादी।
adj. a theist. 2. a monotheist.

मुवाख़ज़ा مواخذہ पुं० [अ० मुवाख़ज़:] १. पकड़। २. क्षतिपूर्ति, हरजाना। ३. उत्तरदायित्व।
m. 1. a grip, hold. 2. compensation. 3. responsibility.

मुवाख़ज़ादार مواخذہ دار पुं० [अ० मुवाख़ज़:+फ़ा० दार] जवाबदेह, उत्तरदायी।
m. a responsible person.

मुवाजहा مواجہہ पुं० [अ० मुवाजह:] मौजूदगी।
m. presence.

मुवैयद موید वि०, पुं० [अ०] ताईद या समर्थन करनेवाला।
adj. & m. a supporter.

मुशकिल مشکل वि० दे० "मुश्किल"।

मुशख़्ख़स مشخص वि० [अ०] जाँचा हुआ, परीक्षित।
adj. tested, examined.

मुशज्जर مشجر वि० [अ०] जिस पर बेल-बूटे बने हों, बूटेदार।
adj. flowery.

मुशद्दद مشدد वि० [अ०] जिस पर तशदीद लगाई गई हो, द्वित्व किया हुआ।
adj. having a duplicated pronunciation.

मुशफ़िक़ مشفق पुं० [अ० मुश्फ़िक़] [वि० मुशफ़िक़ाना] १. दया करनेवाला, मेहरबान। २. प्रिय मित्र।
m. 1. a kind or magnanimous person. 2. a dear friend.

मुशफ़िक़ाना مشفقانہ वि० [अ० मुश्फ़िक़ान:] मुशफ़िक़ या मित्र का-सा।
adj. kind or friendly

मुशबक مشبک वि० [अ०] जालीदार।
adj. meshed.

मुशब्बा مشبہ वि०, पुं० [अ० मुशब्ब:] उपमेय।
adj. & m. a thing which is being compared by another.

मुशरिक مشرک वि० [अ० मुश्रिक] शरीक करनेवाला, सम्मिलित करनेवाला।
पुं० वह जो ईश्वर के अतिरिक्त और देवताओं को भी सृष्टि का कर्ता मानता हो, देवपूजक।
adj. (one) who includes.
m. one who worships many gods.

मुशरिफ़ مشرف वि० [अ० मुश्रिफ़] उच्च।
पुं० प्रधान, नेता।
adj. high.
m. a head, leader.

मुशरिब مشرب पुं० दे० "मिशरब"।

मुशर्रफ़ مشرف वि० [अ०] १. जिसे ऊँचा स्थान दिया गया हो, उच्च। २. प्रतिष्ठित, माननीय।
adj. 1. high, great. 2. distinguished, honourable.

मुशर्रह مشرح वि० [अ०] जिसकी शरह या व्याख्या की गई हो, टीकायुक्त।
adj. (a book or work) provided with explanatory notes.

मुशर्रिह مشرح पुं० [अ०] शरह या टीका करनेवाला।
m. a commentator.

मुशाअरा مشاعرہ पुं० [अ० मुशाअर:] कवि-सम्मेलन।
m. a poets' meet.

मुशाजरत مشاجرت स्त्री० [अ०] प्रतिकूलता, विरोध।
m. contrariety, opposition.

मुशाबहत مشابہت स्त्री० [अ०] मिलता-जुलता होने का भाव, रूप आदि की समानता, समरूपता।
fem. similarity, equality.

मुशाबा مشابہ वि० [अ० मुशाब:] मिलता-जुलता, समान रूप या आकारवाला, समान, तुल्य।
adj. alike, similar.

मुशायख़ مشائخ पुं० [अ० "शेख़" का बहु०] शेख लोग।
m. plu. of शेख़।

मुशायरा مشاعرہ पुं० [अ० मुशाअर:] वह स्थान जहाँ बहुत से लोग मिलकर शेर या ग़ज़लें पढ़ें, कवि-सम्मेलन।
m. a poets' meet.

मुशार مشار वि० [अ०] जिसकी ओर इशारा या संकेत किया गया हो।
adj. hinted.

मुशारक़त مشارکت स्त्री० दे० "शराक़त"।

मुशारुन इलैह مشارالیہ वि० [अ०] १. जिसकी ओर इशारा या संकेत किया गया हो, सांकेतिक। २. उल्लिखित, उक्त।
m. 1. hinted. 2. above-mentioned.

मुशावरत مشاورت स्त्री० दे० "मशवरत"।

मुशाहदा مشاہدہ पुं० [अ० मुशाहद:] अवलोकन।
m. perusal, observation.

मुशाहरा مشاہرہ पुं० [अ० मुशाहर:] वेतन, तनख़्वाह, महीना।
m. salary, wages.

मुशाहिद مشاہد वि० पुं० [अ०] देखनेवाला।
adj. & m. a beholder, seer.

मुशाहिदा مشاہدہ पुं० [अ० मुशाहिद:] १. दर्शन करना, देखना। २. अवलोकन।
m. 1. act of seeing or beholding. 2. perusal.

मुशीर مشیر पुं० [अ०] १. इशारा या संकेत करनेवाला। २. मशविरा या परामर्श देनेवाला। ३. राजा का मंत्री या अमात्य।
m. 1. one who hints. 2. a counsellor. 3. a minister of the king.

मुश्क مشک पुं० [फ़ा०] कस्तूरी।
m. musk.

मुश्क आहू مشک آہو पुं० [फ़ा०] कस्तूरी मृग।
m. a musk deer.

मुश्कबू مشک بو वि० [फ़ा०] जिसमें मुश्क (कस्तूरी) की सुगन्ध हो।
adj. musky.

मुश्कबेद مشک بید पुं० [अ०] एक प्रकार का पौधा जिसके फूल सुगन्धित होते हैं।
m. a plant and its flowers.

मुश्किल مشکل वि० [अ०] कठिन, दुष्कर।
स्त्री० [बहु० मुश्किलात] १. कठिनता, दिक्कत। २. मुसीबत, विपत्ति।
adj. difficult, abstruse.
fem. 1. hardship, difficulty. 2. a trouble, calamity.

मुश्किलकुशा مشکل کشا पुं० [अ०+फ़ा०] [भाव० मुश्कल-कुशाई] १. वह जो कठिनाइयाँ दूर करे। २. परमात्मा, परमेश्वर।
m. 1. one who saves from calamities. 2. the God.

मुश्कीं مشکیں वि० दे० "मुश्की"।

मुश्की مشکی वि० [फ़ा०] १. जिसमें मुश्क या कस्तूरी मिली हो। २. मुश्क या कस्तूरी के रंग का, बहुत काला।
पुं० एक प्रकार का घोड़ा।
adj. 1. musky. 2. of musky colour.
m. a kind of horse.

मुश्त مشت स्त्री० [फ़ा०] हाथ की बँधी हुई मुट्ठी।
fem. a fist.

मुश्तइल مشتعل वि० [अ०] जिसमें से लपटें निकल रही हों, भड़कनेवाला, प्रज्वलित।
adj. ablaze, aflame, fiery.

मुश्तक़ مشتق वि० [अ०] १. (वह शब्द) जो किसी दूसरे शब्द से निकाला या बनाया गया हो, व्युत्पन्न। २. बहुत क्रुद्ध।
adj. 1. derived. 2. very angry.

मुश्तबा مشتبہ वि० [अ० मुश्तबह] जिसमें किसी तरह का शुबहा या शक हो, संदिग्ध।
adj. doubtful, suspicious.

मुश्तमिल مشتمل वि० [अ०] जो शामिल हो, सम्मिलित, मिला हुआ।
adj. included in, combined.

मुश्तरक مشترک वि० [अ०] जिसमें किसी की शराकत या साझा हो, कई आदमियों का, सम्मिलित।
adj. shared by two or more people, common.

मुश्तरकन् مشترکاً क्रि० वि० [अ०] साझे में।
adv. jointly (owned).

मुश्तरका مشترکہ वि० [अ० मुश्तरक:] जिस पर कई आदमियों का समान अधिकार हो, साझे का।
adj. joint, collaborative.

मुश्तरिक مشترک पुं० [अ०] हिस्सेदार।
m. a sharer, shareholder.

मुश्तरी مشتری पुं० [अ०] १. ख़रीदनेवाला, मोल लेनेवाला, ग्राहक। २. बृहस्पति ग्रह।
m. 1. a customer. 2. the Jupiter.

मुश्तहर مشتہر वि० [अ०] १. जिसकी शोहरत या प्रसिद्धि की गई हो। २. प्रचारित।
adj. 1. famous, renowned. 2. publicised.

मुश्तहिर مشتہر पुं० [अ०] १. शोहरत या प्रसिद्ध करने-वाला। २. प्रकाशक।
m. 1. one who makes famous. 2. a publisher.

मुश्तही مشتہی वि० [अ०] १. इश्तहा या कामना बढ़ाने-वाला। २. क्षुधा और शक्ति बढ़ानेवाला।
adj. 1. stimulating. 2. stimulating the appetite, appetising.

मुश्ताक़ مشتاق वि० [अ०] उत्सुक, अभिलाषी।
adj. eager, desirous.

मुसक़्क़ल مسقل वि० [अ०] जिस पर सिकली की गई हो, जो साफ़ करके चमकाया गया हो। (प्राय:

हथियारों के सम्बन्ध में प्रयुक्त)
adj. polished.

मुसक्किन مسکن वि० [अ०] आरामदेह।
adj. comfortable.

मुसख़्ख़र مسخر वि० [अ०] जो तसख़ीर किया गया हो, वश में लाया हुआ, अधीन किया हुआ।
adj. subjugated, subdued, overpowered, vanquished.

मुसज्जअ مسجع वि० [अ०] १. जिसमें तुक या अनुप्रास हो।
पुं० एक प्रकार का अनुप्रास प्रधान गद्यकाव्य।
adj. alliterative, rhythmic.
m. a kind of poetic prose.

मुसत्तह مسطح वि० [अ०] जिसकी सतह बराबर हो, समतल।
adj. even, plane, level.

मुसद्दक़ مصدق वि० [अ०] जिसकी तसदीक़ हो गई हो, जिसकी शुद्धता की परीक्षा हो चुकी हो, प्रमाणित।
adj. certified, proved.

मुसद्दरा مصدره वि० [अ० मुसद्दर:] जारी किया हुआ, निर्गत।
adj. issued.

मुसद्दस مسدس वि० [अ०] जिसके छह पहलू या अंग हों, षट्कोण।
पुं० एक प्रकार की छह चरणोंवाली कविता।
adj. having six sides, hexagonal.
m. a stanza having six lines.

मुसद्दी مصدی पुं० दे० "मुतसद्दी"।

मुसन्नफ़ مصنف वि० [अ०] [बहु० मुसन्नफ़ात] १. बनाया या लिखा हुआ, रचित (ग्रन्थ)। २. सम्पादित।
adj. 1. formed, written or compiled. 2. edited.

मुसन्ना مثنی पुं० [अ०] लेख आदि की दूसरी नक़ल, प्रतिलिपि।
वि० कृत्रिम, नकली।
m. a duplicate copy or counterfile.
adj. artifical, fake.

मुसन्निफ़ مصنف पुं० [अ०] लेखक।
m. a writer, author.

मुसन्निफ़ा مصنفہ स्त्री० [अ० मुसन्निफ़:] लेखिका।
m. an authoress.

मुसफ़्फ़ा مصفا वि० [अ०] साफ़ किया हुआ, शुद्ध।
adj. cleaned, pure.

मुसफ़्फ़ी مصفی वि० [अ०] साफ़ करनेवाला।
पद मुसफ़्फ़ी-ए-ख़ून=रक्तशोधक।
adj. purifying.
ph. blood-purifying.

मुसब्बा مسبع पुं० [अ०] सप्तभुज।
m. a heptagon.

मुसब्बितह مثبتہ वि० [अ० मुसब्बित:] मोहर किया हुआ, मोहरबन्द।
adj. sealed.

मुसम्मत مسمت स्त्री० [अ०] एक प्रकार की कविता जिसमें एक ही छंद और तुकान्त के अलग-अलग कई बन्द होते हैं।
fem. a kind of peom.

मुसम्मन مثمن वि० [अ०] आठ कोणोंवाला, अठकोनिया।
स्त्री० आठ चरणों की कविता, अष्टपदी।
adj. having eight angles.
fem. a poem consisting of eight lines.

मुसम्मम مصمم वि० [अ०] १. पक्का, दृढ़। २. निश्चित।
adj. 1. firm, durable. 2. certain, definite.

मुसम्मा مسمی वि० [अ०] जिसका नाम रखा गया हो, नामी, नामक।
adj. bearing the name, called.

मुसम्मात مسمات स्त्री० [अ०] एक शब्द जो स्त्रियों के नाम के पहले लगाया जाता है।
fem. a woman, lady.

मुसम्मी مسمی वि० [अ०] नामवाला, नामक, नामधारी।
adj. having the name, called.

मुसरिफ़ مسرف वि० [अ० मुस्रिफ़] व्यर्थ और अधिक व्यय करनेवाला।
adj. extravagant.

मुसर्रत مسرت स्त्री० [अ०] खुशी, प्रसन्नता, आनन्द।
fem. happiness, delight, bliss.

मुसलमान مسلمان पुं० [अ०] वह जो मुहम्मद साहब के चलाए हुए मज़हब या सम्प्रदाय में हो, मुहम्मदी।
m. a follower of Mohammad, Muslim.

मुसलमानी مسلمانی वि० [अ० मुसलमान] मुसलमान-सम्बन्धी, मुसलमान का।
स्त्री० मुसलमानों की एक रसम जिसमें छोटे बालक की इंद्रिय पर का कुछ चमड़ा काट डाला जाता है, सुन्नत।
adj. of a Muslim, Muslim.
fem. circumcision.

मुसलमीन مسلمین पुं० [अ० 'मुसलिम' का बहु०] मुसलमान लोग।
m. (plu.) of the Muslim.

मुसलसल مسلسل वि० [अ० मुसल्सल] सिलसिलेवार, लगातार या क्रम से लगा हुआ।
adj. following a particular order, sequential, orderly.

मुसलिम مسلم पुं० [अ० मुस्लिम] मुसलमान।
m. a Muslim.

मुसलेह مصلح वि० पुं० [अ० मुस्लेह] इस्लाह या सुधार करनेवाला, सुधारक।
adj. & m. a reformer.

मुसल्लम مسلم वि० [अ०] १. तसलीम किया हुआ, माना हुआ। २. साबुत या पूरा। ३. संपूर्ण, कुल।
adj. 1. accepted, admitted. 2. whole, entire. 3. full, total.

मुसल्लस مسلس पुं० [अ०] १. वह जिसमें तीन कोण या भुजाएँ हो, त्रिभुज। २. तीन-तीन पंक्तियों या पदों की एक प्रकार की कविता।
m. 1. a triangle. 2. a stanza consisting of three lines.

मुसल्लसी مسلسی वि० [अ०] तिकोना।
adj. three-cornered, triangular.

मुसल्लह مسلح वि० [अ०] जिसके पास हथियार हो, हथियारबन्द।
adj. armed.

मुसल्ला مصلا पुं० [अ०] १. वह छोटी दरी आदि जिस पर बैठकर नमाज़ पढ़ते हैं। २. नमाज़ पढ़ने की जगह।
m. 1. Muslim prayer-mat. 2. the place or area reserved for performing prayer.

मुसल्सल مسلسل क्रि० वि० [अ०] निरंतर, लगातार। वि० क्रमबद्ध।
adv. continuously.
adj. well arranged, orderly.

मुसवद्दह مسوده पुं० दे० "मसवदा"।

मुसव्वर مصور वि० [अ०] १. अंकित किया हुआ, चित्रित। २. सचित्र।
adj. 1. painted. 2. illustrated, pictorial.

मुसव्विर مصوِر पुं० [अ०] तसवीर बनानेवाला, चित्रकार।
m. a painter.

मुसव्विरी مصوری स्त्री० [अ०] चित्र बनाने का काम, चित्रकला।
fem. art of painting.

मुसहफ़ مصحف पुं० [अ० मुस्हफ़] दस्त लानेवाली दवा, रेचक पदार्थ।
m. a purgative medicine.

मुसाफ़हा مسافحہ पुं० [अ० मुसाफ़ह:] भेंट होने के समय मित्र से हाथ मिलाना।
m. an act of shaking hand with a person.

मुसाफ़ात مسافات स्त्री० [अ०] मित्रता, दोस्ती।
fem. friendship.

मुसाफ़िर مسافر पुं० [अ०] सफ़र करनेवाला, यात्री।
m. a traveller, passenger.

मुसाफ़िरख़ाना مسافرخانہ पुं० [अ०+फा० ख़ान:] मुसाफ़िरों के ठहरने की जगह।
m. an inn, waiting room.

मुसाफ़िरत مسافرت स्त्री० [अ०] १. सफ़र करना। २. विदेश, परदेश।
fem. 1. an act of travelling. 2. a foreign country.

मुसाफ़िराना مسافرانہ वि० [अ० मुसाफ़िर से फा० मुसाफ़िरान:] मुसाफ़िरों का, यात्री-सम्बन्धी।
adj. of or like passengers.

मुसाफ़िरी مسافری स्त्री० दे० "मुसाफिरत"।

मुसाबरत مصابرت स्त्री० [अ०] संतोष, धैर्य।
fem. patience.

मुसारअत مصارعت स्त्री० [अ०] कुश्ती।
fem. wrestling.

मुसालमत مسالمت स्त्री० [अ०] मित्रता।
fem. friendship.

मुसालहत مصالحت स्त्री० [अ०] समझौता।
fem. compromise.

मुसावात مساوات स्त्री० [अ०] १. बराबरी, समानता। २. नित्यप्रति की सामान्य बातें या घटनाएँ। ३. लापरवाही, निश्चिन्तता। ४. गणित में समीकरण।
fem. 1. equality. 2. a sequence of actions or things regularly followed. 3. carelessness. 4. (math) equation.

मुसावी مساوی वि० [अ०] बराबर, तुल्य।
adj. equal, equivalent, similar.

मुसाहमत مساہمت स्त्री० [अ०] सहभागिता।
fem. partnership.

मुसाहलत مساہلت स्त्री० [अ०] आलस्य, शिथिलता।
fem. laziness, sloth.

मुसाहिब مصاحب पुं० [अ०] १. राजा आदि का परामर्श-दाता। २. ख़ुशामदी।
m. 1. a counsellor. 2. a sycophant.

मुसाहिबत مصاحبت स्त्री० [अ०] मुसाहिब का काम, किसी बड़े व्यक्ति के यहाँ उठना-बैठना।
fem. sycophancy.

मुसाहिबी مصاحبی स्त्री० दे० "मुसाहिबत"।

मुसिन, मुसिन्न مسن वि० [अ०] जिसका सिन या उम्र ज़्यादा हो, वृद्ध, बुड्ढा।
adj. old.

मुसिर, मुसिर्र مصر वि० [अ०] तत्पर, उतारू।
adj. ready, prepared, intent on.

मुसिह مصح वि० पुं० [अ०] सही या ठीक करनेवाला, भूल सुधारनेवाला।
adj. & m. one who improves, amends or reforms.

मुसीब مصیب वि० [अ०] तह तक पहुँचनेवाला।
adj. & m. one who gets into the bottom of something.

मुसीबत مصیبت स्त्री० [अ०] [बहु० मसायब] १. तकलीफ़, कष्ट। २. विपत्ति, संकट।
fem. 1. a difficulty, trouble. 2. an adversity, calamity.

मुसीबतज़दा مصیبت زدہ वि० [अ०+फ़ा० ज़द:] विपत्ति-ग्रस्त, संकटग्रस्त।
adj. harassed, beleaguered.

मुस्किर مسکر वि० [अ०] नशा पैदा करनेवाला, नशीला, मादक।
adj. intoxicating.

मुस्किरात مسکرات पुं० [अ० 'मुसकिर' का बहु०] नशा पैदा करनेवाली चीज़ें, मादक द्रव्य आदि।
m. (plu.) intoxicants.

मुस्तअद مستعد वि० दे० ''मुस्तैद''।

मुस्तअफ़ी مستعفی वि० पुं० [अ०] इस्तीफ़ा या त्यागपत्र देनेवाला।
adj. & m. one who resigns.

मुस्तअमल مستعمل वि० [अ०] १. जो अमल में लाया गया हो, प्रचलित। २. काम में लाया हुआ, इस्तेमाल किया हुआ।
adj. 1. put into use, current. 2. used, applied.

मुस्तआर مستعار वि० [अ०] उधार या मँगनी लिया हुआ।
adj. borrowed.

मुस्तक़बिल مستقبل पुं० [अ०] आनेवाला समय, भविष्यतकाल।
m. time to come, future.

मुस्तक़िल مستقل वि० [अ०] १. दृढ़तापूर्वक स्थापित किया हुआ। २. दृढ़, मजबूत। ३. स्थायी, चिरस्थायी।
पद मुस्तक़िल मिज़ाज=दृढ़ निश्चयी।
adj. 1. formly established. 2. firm, steady. 3. permanent.
ph. determined, resolved.

मुस्तक़ीम مستقیم वि० [अ०] १. सीधा खड़ा हुआ। २. सीधा।
adj. 1. standing aright. 2. simple.

मुस्तग़नी مستغنی वि० [अ०] १. स्वतंत्र, स्वच्छन्द, आज़ाद। २. बेपरवाह। ३. मनमौजी। ४. धनवान। ५. पूर्णकाम, सन्तुष्ट।
adj. 1. independent, free. 2. careless. 3. carefree. 4. rich, wealthy. 5. satisfied.

मुस्तग़फ़िर مستغفر पुं० [अ०] मोक्ष की प्रार्थना करनेवाला।
m. one who prays for salvation.

मुस्तग़रक़ مستغرق वि० [अ०] १. जो ग़र्क हो, डूबा हुआ। २. लीन।
adj. 1. destroyed, ruined. 2. engrossed, absorbed.

मुस्तग़ीस مستغیث पुं० [अ०] दावा करनेवाला, दावेदार।
m. a claimant.

मुस्तज़ाद مستزاد वि० [अ०] बढ़ाया हुआ, अधिक किया हुआ।
पुं० एक प्रकार का छन्द जिसके प्रत्येक चरण के अन्त में कोई और पद लगा रहता है।
adj. increased, enlarged.
m. a kind of metre in poetry.

मुस्तजाब مستجاب वि० [अ०] स्वीकृत, माना हुआ, कबूल (प्रार्थना आदि)।
adj. accepted, recognised.

मुस्तजार مستجار वि०, पुं० [अ०] रक्षक।
adj. & m. that protects, protector.

मुस्ततील مستطیل पुं० [अ०] वह चौकोर क्षेत्र जो लम्बा ज़्यादा और चौड़ा कम हो, समकोण, आयत।
m. a rectangle.

मुस्तदई مستدعی वि०, पुं० [अ०] १. प्रार्थना करनेवाला। २. निवेदक, प्रार्थी।
adj. & m. 1. one who prays. 2. an applicant.

मुस्तदीर مستدیر वि० [अ०] गोल, गोलाकार।
adj. round, circular.

मुस्तनद مستند वि० [अ०] १. जो सनद या प्रमाण के रूप में माना जाए। २. जिसने कोई सनद या प्रमाणपत्र प्राप्त किया हो।
adj. 1. used as a proof. 2. certificate-holder.

मुस्तफ़ा مصطفیٰ वि० [अ०] पवित्र।
पुं० वह जिसमें मनुष्यों का कोई दुर्गुण न हो। (प्राय: पैगम्बर के लिए प्रयुक्त)।
adj. holy, sacred.
m. a person without any vice i.e. Prophet Mohammad.

मुस्तफ़ीज़ مستفیض वि० [अ०] फ़ैज़ चाहनेवाला, लाभार्थी।
adj. desirous to make profit.

मुस्तफ़ीद مستفید वि० [अ०] फ़ायदा चाहनेवाला, लाभ का इच्छुक।

adj. desirous to make profit.

मुस्तरद مسترد वि० [अ०] १. वापस या रद्द किया हुआ। २. दोहराया हुआ।
adj. 1. returned or rejected. 2. repeatedly done.

मुस्तवी مستوی वि० [अ०] जिसकी सतह बराबर हो, समतल।
adj. plane, level.

मुस्तश्फ़ा مستشفیٰ पुं० [अ०] अस्पताल।
m. a hospital.

मुस्तस्ना مستثنیٰ वि० [अ०] १. विशेष रूप से अलग किया हुआ, पृथक् किया हुआ। २. मुक्त, विमुक्त।
adj. 1. separated. 2. free, exempted.

मुस्तहक़ مستحق वि० [अ०] १. जिसको हक़ हासिल हो। २. अधिकारी, पात्र।
adj. 1. having a rightful claim. 2. deserving, worthy.

मुस्तहकम مستحکم वि० [अ०] १. पक्का, दृढ़, मज़बूत। २. ठीक, वाजिब।
adj. 1. firm, steady. 2. right, adequate.

मुस्ताजिर مستاجر पुं० [अ०] १. इजारा या ठेका लेनेवाला, ठेकेदार। २. कृषक, खेतिहर।
m. 1. a contractor. 2. a farmer, agriculurist.

मुस्ताजिरी مستاجری स्त्री० [अ०] ठेकेदारी।
fem. the profession of a contractor.

मुस्तैद مستعد वि० [अ० मुस्तअद] [भाव० मुस्तैदी] १. तत्पर। २. चालाक।
m. 1. ready, prepared. 2. clever.

मुस्तैदी مستعدی स्त्री० [अ०] तत्परता।
fem. readiness, preparedness.

मुस्तौफ़ी مستوفی पुं० [अ०] १. प्रधान लेखाकार। २. आय-व्यय परीक्षक।
m. 1. a head-accountant. 2. an auditor.

मुस्बत مثبت वि० [अ०] १. लिखा हुआ, लिखित। २. प्रमाणित किया हुआ, सिद्ध।
पुं० जोड़ (गणित)।
adj. 1. written. 2. certified, proved.
m. total.

मुस्लिम مسلم पुं० [अ०] मुसलमान व्यक्ति।
m. a Muslim.

मुस्लिमा مسلمہ स्त्री० [अ० मुस्लिमः] मुसलमान औरत।
fem. a Muslim woman.

मुस्लिमात مسلمات स्त्री० (बहु०) [अ०] मुसलमान औरतें।
fem. Muslim women.

मुहंदिस مہندس पुं० [अ०] गणित और ज्यामिति का ज्ञाता।
m. a mathematician.

मुहकम محکم वि० [अ० मुह्कम] दृढ़, मज़बूत, पक्का, पुख्ता।
adj. firm, durable.

मुहकमा محکمہ पुं० दे० ''महकमा''।

मुहक़्क़क़ محقق वि० [अ०] १. जो जाँच करने पर ठीक निकला हो, परीक्षित, आज़माया हुआ। २. पूरी तरह से ठीक। ३. अन्वेषित, गवेषित।
adj. 1. tested, proved. 2. alright. 3. investigated.

मुहक़्क़र محقر वि० दे० ''हक़ीर''।

मुहक़्क़िक़ محقق पुं० [अ०] [बहु० मुहक़्क़क़ीन] वह जो सब बातों की हक़ीक़त या वास्तविकता की जाँच करता हो।
m. an investigator, scientist.

मुहज़्ज़ब مہذب वि० [अ०] तहज़ीबदार, शिष्ट, सभ्य।
adj. civilised, mannerly.

मुहतमिम مہتمم पुं० [अ०] प्रबन्धक, व्यवस्थापक।
m. an organiser, manager.

मुहतमल محتمل वि० [अ० मुह्तमल] १. अस्पष्ट। २. संदिग्ध। ३. हो सकने योग्य, संभव।
adj. 1. indistinct, illegible. 2. doubtful. 3. possible.

मुहतरम محترم वि० [अ० मुह्तरम] पूज्य, मान्य।
adj. respected, revered.

मुहतरमा محترمہ स्त्री० [अ० मुह्तरमः] श्रीमती।
fem. a lady.

मुहतशिम محتشم पुं० [अ० मुह्तशिम] वह जिसके पास बहुत धन और नौकर-चाकर हों।
m. a wealthy person.

मुहतसिब محتسب पुं० [अ० मुह्तसिब] वह कर्मचारी जो लोगों के आचरण आदि के निरीक्षण के लिए नियुक्त हो।
m. a proctor.

मुहताज محتاج वि० [अ०] १. जिसके पास कुछ न हो, दरिद्र, गरीब। २. जिसे किसी बात की अपेक्षा या आवश्यकता हो, निर्भर, आश्रित।
adj. 1. poor. 2. needy, dependent.

मुहताज़ख़ाना محتاج خانہ पुं० [अ०+फा० ख़ानः] वह स्थान जहाँ मुहताज और ग़रीब रहते हों, अनाथालय।
m. a home which cares for orphans, orphanage.

मुहताजी محتاجی स्त्री० [अ०] १. मुहताज होने का भाव, गरीबी। २. आश्रित होने का भाव।

मुहताजगी محتاجگی दे० "मुहताजी"।

मुहद्दिस محدث पुं० १. वह जो हदीस (धर्मशास्त्र) का ज्ञाता हो। २. आविष्कारक। ३. व्याख्याता।
m. 1. an expert in Muslim law. 2. an inventor. 3. a lecturer, exponent.

मुहब्बत محبت स्त्री० [अ०] १. प्रेम, प्यार। २. मित्रता, दोस्ती।
मुहा० **मुहब्बत का दम भरना**=स्पष्ट रूप से कहना कि मैं अमुक के साथ प्रेम करता हूँ।
fem. 1. love, affection. 2. friendship.
id. to make known one's love towards someone.

मुहब्बतआमेज़ محبت آمیز वि० [अ०+फा०] जिसमें मुहब्बत मिली हो, प्रेमपूर्ण।
adj. loving, showing a lot of affection.

मुहम्मद محمد वि० [अ०] जिसकी बहुत अधिक प्रशंसा हो। पुं० इस्लाम के प्रवर्तक अरब के प्रसिद्ध पैगम्बर।
adj. highly praised.
m. the founder of Islam.

मुहम्मदी محمدی पुं० [अ०] मुसलमान।
m. a Muslim.

मुहर مہر स्त्री० [अ० मुह्र] १. मुद्रिका। २. अशर्फी।
fem. 1. a ring. 2. a golden coin.

मुहर्रफ़ محرف वि० [अ०] बदला और बिगाड़ा हुआ।
adj. changed and spoiled.

मुहर्रम محرم पुं० [अ०] १. हिज्री वर्ष का पहला महीना जिसमें हुसेन की मृत्यु हुई थी और जिसमें मुसलमान लोग शोक मनाते हैं। २. शोक, मातम।
पद **मुहर्रम की पैदाइश**=वह जो परिहास आदि से दूर रहे, रोनी सूरतवाला।
m. 1. the first month of the Muslim year, a month of mourning. 2. mourning.
ph. a gloomy person, gloomy face.

मुहर्रमी محرمی वि० [अ०] मुहर्रम-सबंधी।
पद **मुहर्रमी सूरत**=हँसी मज़ाक से सदा दूर रहनेवाला।
adj. of mourning.
ph. a gloomy person.

मुहर्रिक محرک वि० [अ०] १. हरकत करने या हिलने-वाला। २. गति, उत्पन्न करनेवाला, संचालक। पुं० नेता, नायक, प्रधान।
adj. 1. causing movement or action, motive. 2. producing movement, kinetic.
m. a leader, head.

मुहर्रिर محرر पुं० [अ०] १. वह जो तहरीर करता या लिखता हो। २. लिखनेवाला, लेखक।
m. 1. a clerk. 2. a writer.

मुहर्रिरा محررہ वि० [अ०] लिखित।
adj. written.

मुहर्रिरी محرری स्त्री० [अ०] कलर्की।
fem. work or calling of a clerk, clercial work.

मुहलक مہلک वि० [अ०] घातक।
adj. deadly, fatal.

मुहलत مہلت स्त्री० [अ०] १. अवकाश। २. रियायत।
fem. 1. leisure, grace period. 2. concession.

मुहल्ला محلّہ पुं० दे० "महल्ला"।

मुहसिन محسن वि० दे० "मोहसिन"।

मुहाजरत مہاجرت स्त्री० [अ०] एक स्थान छोड़कर बसने के लिए दूसरी जगह जाना।
fem. emigration, expatriation, exile.

मुहाज़ात محاذات पुं० [अ०] सामना, मुकाबला।
m. confrontation.

मुहाजिर مہاجر पुं० [अ०] [बहु० मुहाजिरीन] १. हिजरत करनेवाला, अपना देश छोड़कर दूसरे देश में जा बसनेवाला। २. शरणार्थी।
m. 1. an expatriate. 2. a refugee.

मुहाजिरा مہاجرہ स्त्री० [अ० मुहाजिर:] शरणार्थी स्त्री।
fem. a refugee woman.

मुहाजिरात مہاجرات स्त्री० [अ०] शरणार्थी स्त्रियाँ।
fem. refugee woman.

मुहाजिरीन مہاجرین पुं० [अ० मुहाजिर का बहु०] शरणार्थी लोग।
m. (plu.) refugees.

मुहाज़ी محاذی पुं० [अ०] सामनेवाला भाग।
m. a frontal part, front.

मुहाफ़ज़त محافظت स्त्री० [अ०] हिफ़ाज़त, रक्षा।
fem. protection, defence.

मुहाफ़ा محافہ पुं० [अ० मुहाफ़:] स्त्रियों की सवारी की एक प्रकार की पालकी या डोली।
m. a palanquin.

मुहाफ़िज़ محافظ पुं० [अ०] १. हिफ़ाज़त या रक्षा करनेवाला, रक्षक।
m. a protector, defender.

मुहाफ़िज़ख़ाना محافظخانہ पुं० [अ०+फा० ख़ान:] वह स्थान जहाँ किसी कार्यालय या न्यायालय आदि के काग़ज़-पत्र रहते हों।
m. a place where things are kept for future use, store.

मुहाफ़िज़त محافظت स्त्री० [अ०] रक्षा, सुरक्षा।
fem. protection, saftee.

मुहाफ़िज़दफ़्तर محافظدفتر पुं० [अ०] किसी कार्यालय या न्यायालय आदि के काग़ज़-पत्र क्रम से रखनेवाला

अधिकारी।
m. one who keeps records of an office or court.

मुहाबा محابا पुं० [अ०] १. भय। २. चिंता। ३. संकोच।
m. 1. fear. 2. anxiety. 3. hesitation.

मुहार مہار स्त्री० दे० "महार"।

मुहारबा محاربہ पुं० [अ० मुहारब:] १. लड़ाई-झगड़ा। २. युद्ध।
m. 1. a quarrel. 2. a war.

मुहाल محال वि० [अ०] १. जो न हो सकता हो, असम्भव, नामुमकिन। २. कठिन, दुष्कर।
पुं० = महाल।
adj. 1. impossible. 2. difficult.

मुहावरा محاورہ पुं० [अ० मुहावर:] [बहु० मुहवरात] १. वह पद-समूह जिसका अर्थ लक्षणा या व्यंजना से सूचित होता हो। २. अभ्यास, आदत।

मुहाश्शा محشّی वि० [अ०] हाशिए पर लिखा हुआ।
adj. written in the margin.

मुहासबा محاسبہ पुं० [अ० मुहासब:] १. हिसाब। २. लेखा। ३. पूछ-ताछ।
m. 1. account. 2. calculation. 3. enquiry.

मुहासरा محاصرہ पुं० [अ० मुहासर:] १. क़िले या शत्रु की सेना को चारो ओर से घेरना। २. घेरा।
m. 1. siege. 2. encirclement.

मुहासिद محاسد वि० [अ०] ईर्ष्यालु।
adj. envious.

मुहासिदा محاسدہ पुं० [अ० मुहासिद:] ईर्ष्या।
m. envy.

मुहासिब محاسب पुं० [अ०] १. वह जो हिसाब-किताब रखता हो, आय-व्यय का लेखा रखनेवाला। २. वह जो हिसाब जाँचता हो, आय-व्यय परीक्षक।
m. 1. an accountant. 2. an auditor.

मुहासिल محاصل पुं० [अ०] कर या लगान आदि से वसूल होनेवाली रक़म, राजस्व, लगान।
m. revenue.

मुहिब محبّ पुं० [अ०] १. वह जो प्रेम करता हो, प्रेमी। २. मित्र।
m. 1. a lover. 2. a friend.

मुहिबुल्वतन محبّ الوطن पुं० [अ०] देशभक्त।
m. a patriot.

मुहिबुल्वतनी محبّ الوطنی स्त्री० [अ०] देशभक्ति।
fem. patriotism.

मुहिम مہم स्त्री० [अ०] १. कठिन या बड़ा काम। २. लड़ाई, युद्ध। ३. फ़ौज की चढ़ाई, आक्रमण।
fem. 1. a great task, campaign. 2. a war. 3. military expidition, assault.

मुहिम्मात مہمات स्त्री० [अ० 'मुहिम' का बहु०] १. बड़े-बड़े काम। २. युद्ध।
fem. (plu.) 1. great tasks. compaigns. 2. wars.

मुहीत محیط वि० [अ०] चारों ओर से घेरनेवाला।
पुं० १. घेरा। २. समुद्र जो पृथ्वी को चारो ओर से घेरे हुए हैं।
adj. encircling.
m. 1. circle, encirclement. 2. the ocean that encircles the land.

मुहीब مہیب वि० [अ० महीब] भयानक, डरावना।
adj. frightening.

मुहैया مہیا वि० [अ०] १. एकत्र। २. तैयार, मौजूद। ३. उपलब्ध।
adj. 1. collected, gathered. 2. ready, present. 3. available.

मुह्र مہر स्त्री० दे० "मोहर"।

मुह्रा مہرا पुं० [अ०] = मोहरा।

मू مو पुं० [फ़ा०] बाल, रोम।
पद मू-ब-मू= (क) बाल-बाल में। (ख) बिल्कुल ज्यों-का-त्यों।
m. hair, soft hair.
ph. a. in everything. b. exactly the same.

मूजिद موجد वि०, पुं० [अ०] ईजाद करनेवाला, आविष्कारक, आविष्कर्ता।
adj. & m. an inventor.

मूजिब موجب पुं० [अ०] [बहु० मूजिबात] कारण, हेतु।
m. a cause, reason or motive.

मूज़ी موزی वि० [अ०] १. ईज़ा या कष्ट पहुँचानेवाला, पीड़क। २. दुष्ट।
adj. 1. oppressor, tormentor. 2. wicked.

मूनिस مونس पुं० [अ०] १. मित्र, दोस्त। २. सहायक, मददगार।
m. 1. a friend. 2. an assistant, helper.

मूबाफ़ موباف पुं० [फ़ा०] बालों में बाँधने का फ़ीता या डोरा।
m. a ribbon to tie hair together.

मूरिस مورث पुं० [अ०] १. वह जो कुछ सम्पत्ति वारिस या उत्तराधिकारी के लिए छोड़ जाए। २. पूर्वज, पुरखा।
m. 1. one who has left some property for the heirs. 2. an ancestor.

मूश موش पुं० [फ़ा० मि० सं० मूषक] चूहा, मूसा।
m. a rat, mouse.

मूशिगाफ़ी موشگافی स्त्री० [अ०+फ़ा०] बाल की ख़ाल निकालना, बहुत तर्क करना, छिद्रान्वेषण।
fem. hair-splitting, unreasonable arguing, fault-finding.

मूसा[1] موسیٰ पुं० [अ०] एक पैगम्बर।
m. the name of a Prophet.

मूसा[2] موصیٰ वि० [अ०] वसीयत किया हुआ।
adj. bequeathed.

मूसा इलैह موصیٰ الیہ पुं० [अ०] वसीयत-भोगी।
m. one who receives property through a will.

मुसिया موصیہ स्त्री० [अ० मुसियः] वसीयतकर्त्री।
fem. a woman who has written a will, legator, tester.

मूसी موصی वि०, पुं० [अ०] [स्त्री० मूसियः] वसीयत करनेवाला।
adj. & m. one who has written a will, legator, tester.

मूसीक़ार موسیٰ کار पुं० [फ़ा०] संगीतज्ञ, संगीतकार।
m. a musician.

मूसीक़ी موسیقی स्त्री० [अ०] संगीत विद्या।
fem. musicology.

मेअराज معراج पुं० [अ०] १. ऊपर चढ़ने की सीढ़ी। २. मुहम्मद साहब का स्वर्ग में खुदा के पास जाना और वहाँ से लौटकर आना।
m. 1. a staircase that leads to the heaven. 2. journeying to the heaven and coming back by Mohammad.

मेख़ میخ स्त्री० [फ़ा०] १. कील। २. काँटा।
m. 1. a nail. 2. a thorn.

मेख़चू میخ چو पुं० [फ़ा०] हथौड़ा।
m. a hammer.

मेज़ میز स्त्री० [फ़ा०] वह लम्बी, चौड़ी और ऊँची चौकी जिस पर काग़ज़, किताब आदि रखकर लिखते-पढ़ते हैं, टेबुल।
fem. a table.

मेज़बान میزبان पुं० [फ़ा०] [भाव० मेज़बानी] वह जिसके यहाँ कोई मेहमान आए, आतिथ्य ग्रहण करनेवाला गृहस्थ, आतिथेय।
m. a host.

मेज़बानी میزبانی स्त्री० [फ़ा०] आतिथ्य, अतिथि-सत्कार।
fem. hospitality.

मेदा میدا पुं० [अ० मेअदः] पेट, उदर।
m. a stomach.

मेमार معمار पुं० [अ० मेअमार] मकान बनानेवाला, राज, थवई।
m. a mason.

मेमारी معماری स्त्री० [अ० मेअमार] मेमार या राज का काम।
fem. the work or calling of a mason, building or construction work.

मेयार معیار पुं० [अ०] स्तर।
m. a level, stage.

मेराज معراج पुं० दे० ''मेअराज''।

मेवा میوا पुं० [फ़ा० मेवः] किशमिश, बदाम, अखरोट आदि सुखाए हुए बढ़िया फल।
m. dry fruit.

मेवाफ़रोश میوافروش पुं० [फ़ा०] मेवे या सूखे फल बेचनेवाला।
m. a dealer in dry fruit.

मेश میش स्त्री० [फ़ा० मि० सं० मेष] भेड़, गाड़र।
m. a sheep.

मेहतर مہتر पुं० [फ़ा० मिहतर] १. बहुत बड़ा आदमी, महापुरुष। २. सरदार, नायक। ३. एक प्रकार के भंगी।
m. 1. a great person, dignitary. 2. a headman, chief. 3. a sweeper.

मेहनत محنت स्त्री० [अ० मिहनत] श्रम, प्रयास।
fem. labour, hard work.

मेहनताना محنتانہ पुं० [अ० मिहनतानः] वह धन जो मेहनत या परिश्रम के बदले में दिया जाए।
m. remuneration.

मेहनती محنتی वि० [अ० मिहनत] मेहनत या परिश्रम करनेवाला, परिश्रमी।
adj. laborious, hard worker.

मेहमाँ میہماں पुं० [फ़ा० मेह्मान्] अतिथि, पाहुना।
m. a guest.

मेहमान میہمان पुं० = मेहमाँ।

मेहमानखाना میہمان خانہ पुं० [फ़ा० मेह्मानख़ानः] मेहमानों के ठहरने की जगह, अतिथि गृह।
m. a guest-room.

मेहमानदार میہمان دار पुं० [फ़ा० मेह्मानदार] वह जिसके यहाँ मेहमान आए, आतिथ्येय।
m. a host.

मेहमानदारी میہمان داری स्त्री० [फ़ा० मेह्मानदारी] मेहमान की ख़ातिर, अतिथि-सत्कार।
m. generous treatment of guests, hospitality.

मेहमाननवाज़ میہمان نواز पुं० [फ़ा०] मेहमानों की ख़ातिर करनेवाला।
m. a host.

मेहमानी میہمانی स्त्री० [फ़ा० मेह्मानी] १. मेहमान होने की अवस्था या भाव। २. दावत, भोज।
fem. 1. act of staying as a guest. 2. banquet, feast.

मेहर مہر पुं० स्त्री० दे० ''मेह्र''।

मेहरबाँ مہرباں वि० [फ़ा० मेह्रबाँ] दयालु, कृपालु।

पुं० मित्र।
adj. kind, gracious.
m. a friend.

मेहरबान مہربان वि०, पुं० = मेहरबाँ।

मेहरबानी مہربانی स्त्री० [फा० मेह्रबानी] कृपा, दया, अनुग्रह।
fem. kindness, favour.

मेहराब مہراب स्त्री० दे० "महराब"।

मेह्र مہر स्त्री० [फा०] १. दया, कृपा, मेहरबानी। २. सहानुभूति, हमदर्दी। ३. सुख। ४. सम्पन्नता।
पुं० १. सूर्य, सूरज। २. एक सौर मास।
fem. 1. kindness. 2. sympathy. 3. happiness. 4. prosperity.
m. 1. the sun. 2. a solar month.

मै مے स्त्री० [फा०] शराब, मद्य।
fem. wine, alcohol.

मैकदा مےکدہ पुं० [फा० मैकदः] मैखाना, मधुशाला, कलवरिया।
m. a bar, pub.

मैकश مےکش वि० [फा०] शराब पीनेवाला, मद्यप।
adj. a drunk, toper.

मैकशी مےکشی स्त्री० [फा०] शराब पीना, मद्यपान।
fem. act of drinking alcohol.

मैख़ाना مےخانہ पुं० [फा० मैख़ानः] वह स्थान जहाँ शराब मिलती या बिकती हो।
m. a bar, pub.

मैख़ुश مےخوش वि० [फा०] खट-मीठा।
adj. bitter-sweet.

मैख़्वार مےخوار पुं० [फा०] शराब पीनेवाला, मद्यप।
m. a drunk, taker, boozer.

मैख़्वारी مےخواری स्त्री० [फा०] शराब पीना, मद्यपान।
fem. act of drinking alcohol.

मैगूँ مےگوں वि० [फा०] प्याज़ी।
adj. rosy, pink.

मैता میتہ वि० [अ० मैतः] मरा हुआ, मृतक।
adj. dead.

मैदा میدا पुं० [फा० मैदः] बहुत महीन आटा।
m. a fine flour.

मैदान میدان पुं० [फा०] १. लम्बा चौड़ा समतल स्थान जिसमें पहाड़ी या घाटी आदि न हो, सपाट भूमि। २. वह लम्बी चौड़ी भूमि जिसमें कोई खेल खेला जाए। ३. किसी प्रकार का क्षेत्र। ४. युद्ध।
m. 1. a large area of flat land, plain. 2. a play ground. 3. an area or region. 4. a war.

मैनोशी مےنوشی स्त्री० [फा०] शराब पीना, मद्यपान।
fem. act of drinking alcohol, boozing.

मैपरस्त مےپرست पुं० [फा०] मद्य का उपासक, मद्यप, शराबी।
m. a drunk, drunkard, boozer.

मैपरस्ती مےپرستی स्त्री० [फा०] मद्य की उपासना, मद्यपान।
fem. act of drinking alcohol, boozing.

मैफ़रोश مےفروش पुं० [फा०] शराब बेचनेवाला।
m. one who sells alcohol.

मैमंत میمنت स्त्री० [अ०] १. सम्पन्नता। २. सुख।
fem. 1. prosperity. 2. happiness.

मैमूँ میموں पुं० [फा०] बन्दर, वानर।
वि० १. भाग्यवान। २. शुभ।
m. a monkey.
adj. 1. lucky, fortunate. 2. auspicious.

मैयत میت स्त्री० [फा०] १. मृत्यु, मौत। २. मृत शरीर, शव।
fem. 1. death. 2. a corpse.

मैल میل पुं० [अ०] १. प्रवृत्ति, झुकाव। २. अनुराग, प्रेम, चाह। ३. सुरमा लगाने की सलाई।
m. 1. tendency, bent. 2. affection, love. 3. a pointed rod for applying collyrium in the eyes.

मैलान میلان पुं० [अ०] १. प्रवृत्ति। २. अनुराग, चाह।
m. 1. tendency. 2. affection.

मैसाज़ مےساز वि० [फा०] शराब बेचनेवाला।
m. one who sells alcohol.

मैसाज़ी مےسازی स्त्री० [फा०] शराब बनाने का काम।
fem. calling of a alcohol seller.

मोअस्सर میسر वि० दे० "मुअस्सिर"।

मोआयना معاینہ पुं० दे० "मुआयना"।

मोजज़ा معجزہ पुं० [अ० मोअजिज़ः] चमत्कार, करामात।
पद मोजज़ाए-दस्त=हाथ का चमत्कार।
m. a miracle.
ph. a trick of the hand.

मोज़ा موزہ पुं० [फा० मोज़ः] १. पैरों में पहनने का एक प्रकार का बुना हुआ कपड़ा, पायताबा, जुर्राब। २. पैर में पिंडली के नीचे का भाग।
m. 1. a pair of socks. 2. the lower part of a leg.

मोतक़द معتقد वि० पुं० [अ० मोअतक़द] १. एतिक़ाद या विश्वास करनेवाला। २. किसी धर्म का अनुयायी।
adj. & m. 1. one who trusts. 2. a believer.

मोतदिल معتدل वि० [अ०] समशीतोषण।
adj. temperate.

मोतबर معتبر [वि० मोअतबार] विश्वस्त।
adj. trustworthy, reliable.

मोतमद معتمد वि० [अ० मुअतमद] एतमाद या विश्वास के लायक, विश्वसनीय।

adj. reliable, trustworthy.

मोतरिज़ معترض वि० पुं० [अ० मुअतरिज़] एतराज़ या आपत्ति करनेवाला।
adj. & m. one who objects, objection-raiser.

मोताद معتاد स्त्री० [अ० मुअताद] औषध आदि की निश्चित मात्रा।
fem. a dose of medicine.

मोबिद معبد वि०, पुं० [अ० मुअबिद] इबादत या भजन करनेवाला, पूजक।
adj. & m. a worshipper.

मोम موم पुं० [फा०] [वि० मोमी] वह चिकना नरम पदार्थ जिससे शहद की मक्खियाँ छत्ता बनाती हैं।
m. wax.

मोमजामा موم جامہ पुं० [फा० मोमजाम:] मोमी कपड़ा।
m. a waxed cloth.

मोमिन مومن पुं० [अ०] १. इस्लाम और खुदा पर ईमान लानेवाला। २. धर्मनिष्ठ मुसलमान। ३. मुसलमान जुलाहा।
m. 1. an orthodox Muslim. 2. a pious Muslim. 3. a Muslim weaver.

मोमिना مومنہ स्त्री० [अ० मोमिन:] [बहु० मोमिनात] मुसलमान स्त्री।
fem. a Muslim woman.

मोमियाई مومیائی स्त्री० [फा०] शिलाजीत की जैसी एक औषधि।
fem. a kind of medicine.

मोमी مومی वि० [फा०] मोम का, मोम-सम्बन्धी।
adj. waxed.

मोर مور पुं० [फा०] च्यूँटी, पिपीलिका।
m. an ant.

मोरचा مورچہ पुं० [फा० मोरच:] १. वह गड्ढा जो गढ़ के चारो ओर रक्षा के लिए खोदा जाता है। २. वह स्थान जहाँ से सेना गढ़ या नगर आदि की रक्षा करती है।
***मुहा०* (i) मोरचा जीतना या मारना**=शत्रु के मोरचे पर अधिकार करना। **(ii) मोरचा बाँधना**=मोरचा-बन्दी करना। **(iii) मोरचा लेना**=युद्ध करना।
m. 1. a moat. 2. the battle-front.
id. (i) to score a victory. (ii) to put the army in position. (iii) to go to the war, to fight.

मोरचाबंदी مورچہ بندی स्त्री० [फा० मोरच:बंदी] मोरचा बनाना।
fem. act of putting the army in position, fortification.

मुहकम محکم वि० [अ० मुह्कम] मजबूत।
adj. strong, firm, durable.

मोहतमिम مہتمم पुं० [अ० मुहतमिम] प्रबन्धकर्ता, व्यवस्थापक।
m. an organiser, manager.

मोहतमिल محتمل वि० [अ० मुहतमिल] बरदाश्त करने-वाला, सहनशील।
adj. forbearing, patient.

मोहताज محتاج वि० दे० "मुहताज"। (मोहताज के पदों और मुहावरों के लिए दे० "मुहताज" के पद और मुहावरे)।

मोहमल مہمل वि० [अ०] १. जिसका कोई अर्थ न हो, निरर्थक। २. छोड़ा हुआ, त्यक्त।
adj. 1. meaningless, useless. 2. abandond, deserted, forsaken.

मोहमिला مہملہ स्त्री० [अ० मुह्मिल:] एक प्रकार का शब्दालंकार जिसमें केवल बिना बिंदी या नुक़्तेवाले अक्षरों का व्यवहार होता है।
fem. a type of alliteration.

मोहर مہر स्त्री० [फा० मुह्र] १. अक्षर, चिह्न आदि दबाकर अंकित करने का ठप्पा, मुद्रा। २. काग़ज़ आदि पर ली हुई उपयुक्त वस्तु की छाप। ३. अशरफ़ी, स्वर्ण मुद्रा।
fem. 1. a device for stamping or sealing. 2. a mark made by stamping or sealing. 3. a gold coin.

मोहरा مہرہ पुं० [फा० मुह्र:] १. किसी बरतन का मुँह या खुला भाग। २. किसी पदार्थ का ऊपरी या अगला भाग। ३. सेना की अगली पंक्ति। ४. हड्डी की गुरिया या दाना। ५. कौड़ी, घोंघा। ६. बड़ी कौड़ी जिससे रगड़कर कोई चीज़ चमकते हैं। ७. चमक, पालिश। ८. शतरंज खेलने की गोटी।
***मुहा०* मोहरा लेना**=सेना का मुक़ाबला करना।
m. 1. mouth like opening in some utensils. 2. upper or frontal part of a thing. 3. the vanguard. 4. a vertabra. 5. a courie. 6. a large courie used for polishing. 7. brightness, polish. 8. a chessman.
id. to face an army.

मोहलत مہلت स्त्री० [अ०] १. फ़ुरसत, छुट्टी। २. अवधि।
***मुहा०* मोहल देना**=समय देना।
fem. 1. leisure, free time. 2. a period, duration.
id. to allow time.

मोहलिक مہلک वि० [अ० मुह्लिक] १. हलाक करने या मार डालनेवाला। २. घातक (रोग)।
adj. 1. that kills. 2. fatal.

मोहसिन محسن वि० [अ० मुह्‌सिन] एहसान या उपकार करनेवाला।
adj. kind, gentle, benefactor.

मोहसिनकुश محسن کش वि० [अ०+फा०] वह जो एहसान या उपकार न माने, कृतघ्न।
adj. ungrateful.

मोह्‌र مہر स्त्री० दे० ''मोहर''।

मौइदत موعدت स्त्री० [अ०] वचन, वादा।
fem. a promise.

मौऊद موعود वि० [अ०] जिसके संबंध में वचन दिया गया हो।
adj. promised.

मौक़ा موقع पुं० [अ० मौक़अ] [बहु० मवाक़अ] १. घटना-स्थल। २. वारदात की जगह। ३. देश, स्थान, जगह। ४. अवसर, समय।
m. 1. a place of occurrence. 2. the place of accident. 3. a place, country. 4. an ocassion, proper time.

मौक़ूफ़ موقوف वि० [अ०] १. रोका हुआ, बन्द किया हुआ, उन्मूलित। २. नौकरी से अलग किया हुआ, बरख़ास्त। ३. रद किया हुआ। ४. अवलंबित, आश्रित। ५. स्थगित।
adj. 1. blocked, closed, abolished. 2. dismissed, discharged. 3. cancelled. 4. dependent. 5. postponed.

मौक़ूफ़ी موقوفی स्त्री० [अ०] १. मौकूफ़ होने क्रिया या भाव। २. बन्द किया जाना। ३. नौकरी से हटाया जाना।
fem. 1. blockade, blockage. 2. act of blocking or closing. 3. dismissal.

मौज موج स्त्री० [अ०] [बहु० अमवाज] १. पानी की लहर।
पद मौजे-नूर=प्रकाश की तरंग।
२. मन की उमंग, जोश।
fem. 1. a wave. 2. zeal, enthusiasm.
ph. a wave of light.

मौजज़न موج زن वि० [फा०] जिसमें मौजें उठ रही हों, तरंगित।
adj. rippling, full of waves.

मौज़ा موضع पुं० [अ० मौज़अ] [बहु० मवाजअ] १. जगह। २. खेत। ३. गाँव।
m. 1. a place. 2. a field. 3. a village.

मौज़ूँ موزوں वि० [अ०] [भाव० मौज़ूनियत] ठीक, उचित।
adj. correct, appropriate, suitable.

मौजूद موجود वि० [अ०] १. उपस्थित, हाज़िर। २. प्रस्तुत, तैयार।
adj. 1. present, existed. 2. ready.

मौजूदगी موجودگی स्त्री० [अ०] उपस्थिति, हाज़िरी।
fem. presence, existence.

मौजूदा موجودہ वि० [अ० मौजूद:] इस समय का, वर्तमान काल का।
adj. existing, current.

मौजूदात موجودات स्त्री० [अ०] १. सृष्टि की सब वस्तुएँ और प्राणी। २. पूरा विश्व।
fem. 1. all the things and creatures of the creation. 2. the universe.

मौत موت स्त्री० [अ०] [बहु० अमवात] मृत्यु।
fem. death.

मौताद معتاد स्त्री० [फा० मुअताद] दवा की मात्रा, ख़ुराक।
fem. a dose of medicine.

मौरूसी موروثی वि० [अ०] बाप-दादा से विरासत में मिला हुआ, पैतृक।
adj. having to do with the inheriting of something, hereditary, ancestral.

मौलवी مولوی पुं० [अ०] १. अरबी, फारसी आदि का पंडित। २. इस्लामी धर्मशास्त्र का ज्ञाता।
m. 1. a scholar of Arabic, Persian etc. 2. a scholar of Muslim law.

मौला مولا पुं० [अ०] १. मित्र, सहायक। २. स्वामी। ३. ईश्वर।
m. 1. a friend, helper. 2. a master. 3. the God.

मौलाना مولانا पुं० [अ०] बहुत बड़ा विद्वान, मौलवी।
m. a great scholar of Arabic, Persian etc.

मौलिद مولد पुं० [अ०] जन्मस्थान, जन्मभूमि।
m. the place of birth, birth-place.

मौलूद مولود पुं० [अ०] १. नवजात शिशु। २. मुहम्मद साहब के जन्म का उत्सव।
m. 1. a new-born baby. 2. birth ceremony of Mohammad.

मौसम, मौसिम موسم पुं० [अ०] १. उपयुक्त समय। २. ऋतु। ३. वातावरण।
पद (i) मौसमे ख़ज़ाँ=पतझड़। **(ii) मौसमे गर्मा**=ग्रीष्म ऋतु। **(iii) मौसमे बहार**=वसंत ऋतु। **(iv) मौसमे बाराँ**=वर्षा ऋतु। **(v) मौसमे समा**=शीत ऋतु।
m. 1. suitable period. 2. season. 3. weather, atmosphere.
ph. (i) fall. (ii) summer season. (iii) spring. (iv) rainy season. (v) winter season.

मौसमी, मौसिमी موسمی वि० [अ०] मौसिम या ऋतु-सम्बन्धी।
adj. seasonal.

मौसूफ़ موصوف वि० [अ०] १. प्रशंसित। २. उल्लिखित, उक्त, कथित।

adj. 1. praised, admired. 2. above-mentioned.

मौसूम موسوم वि० [अ०] नामधारी, नामक।

adj. named, bearing the name of.

मौसूल موصول वि० [अ०] १. मिला हुआ। २. सम्बद्ध। ३. प्राप्त।

adj. 1. mixed, combined. 2. related. 3. obtained.

मौहिब موهب पुं० [अ०] दान।

m. act of giving or something given.

मौहूबा موهوبہ वि० [अ० मौहूब:] दान में दिया हुआ।

adj. given, donated.

मौहूबलह موهوبلہ पुं० [अ०] दान ग्रहण करनेवाला।

m. one who receives donations, receiver.

मौहूम موهوم वि० [अ०] कल्पित।

adj. imaginary, imagined.

◆

य

यंगा یِنگا स्त्री० [फा०] १. भाई की पत्नी, भाभी। २. चाची। ३. नाइन।
fem. 1. brother's wife. 2. an aunt. 2. wife of a barber.

यक یک वि० [फा०, मि० सं० एक] एक।
पद यक न शुद दो शुद=एक नहीं बल्कि दो।
adj. one.
ph. two not one.

यकक़लम یک قلم वि०[फा०+अ०] एक सिरे से सब, पूरा। क्रि० वि० एक बारगी, फौरन।
adj. entire, whole.
adv. suddenly, all at once.

यकचश्म یک چشم वि० [फा०] काना।
adj. one-eyed.

यकज़बाँ یک زباں वि० [फा०] [भाव० यकज़बानी] बात का पक्का, सच्चा।
adj. true to one's word.

यकजहत یکجہت वि० [फा०] [भाव० यकजहती] एकमत, सहमत।
adj. agreed, unanimous, concurred.

यकजा یکجا वि०[फा०] एक ही स्थान में इकट्ठा, एकत्र।
adj. assembled, gathered.

यकजाई یکجائی स्त्री० [फा०] एकत्र होने की अवस्था या भाव।
fem. assembly, togetherness.

यकतर्फ़ा یک طرفہ वि० [फा० यकतर्फ़:] एकपक्षीय।
adj. one-sided, unilateral.

यकता یکتا वि० [फा०] जिसके जोड़ का और कोई न हो, अनुपम, अद्वितीय।
adj. unique, matchless.

यकताई یکتائی स्त्री० [फा०] १. यकता या एक होने का भाव, अनुपमता, अनोखापन। २. अकेलापन।
पद लज़्ज़ते-यकताई=अनुपम होने का आनन्द।
fem. 1. uniqueness. 2. loneliness.
ph. the bliss of uniqueness.

यकदस्त یک دست वि० [फा०] एक-सा, बराबर।
adj. similar, same, equal.

यकदिगर یک دگر क्रि०वि० [फा०] आपस में, परस्पर।
adv. mutually.

यकदिल یک دل वि० [फा०] घनिष्ठ।
adj. close, intimate.

यकबयक یک بیک क्रि० वि० दे० ''यकबारगी''।

यकबारगी یک بارگی क्रि० वि० [फा०] एकबारगी, अचानक, सहसा।
adv. suddenly, all at once.

यकमुश्त یک مشت क्रि० वि० [फा०] एक ही बार में, एक साथ (रुपया आदि चुकाना)।
adv. in one installment.

यकरंग یک رنگ वि० [फा०] [भाव० यकरंगी] १. अन्दर और बाहर एक-सा। २. निष्कपट।
adj. the same in all cases, uniform. 2. guileless, honest.

यकरू یک رو वि० [फा०] घनिष्ट।
adj. fast.

यकलख़्त یک لخت वि० दे० ''यकक़लम''।

यकशंबा یکشنبہ पुं० [फा० यकशंबः] रविवार, इतवार।
m. Sunday.

यकसर یکسر क्रि० वि० [फा०] निपट, नितान्त, बिल्कुल।
adv. totally, all.

यकसाँ یکساں वि० [फा०] १. एक-सा, एक ही तरह का। २. समान।
adj. 1. uniform. 2. similar.

यकसानियत یکسانیت स्त्री० [अ०] समानता।
fem. similarity.

यकसू یکسو वि० [फा०] [भाव० यकसूई] १. जो एक ही तरफ़ हो। २. ठहरा हुआ, स्थिर।
adj. 1. one-sided. 2. stable, fixed.

यकायक یکایک क्रि० वि० [फा०] अचानक, सहसा, एकबारगी।
adv. suddenly, all of a sudden.

यक़ीन یقین पुं० [अ०] विश्वास, एतबार।
मुहा० यक़ीन लाना=विश्वास करना, मानना।
m. faith, trust, confidence.
id. to trust.

यक़ीनन् یقیناً क्रि० वि० [अ०] १. निश्चित रूप से। २. अवश्य।
adv. 1. surely. 2. certainly.

यक़ीनी یقینی वि०[अ०] बिल्कुल निश्चित, अवश्यम्भावी, ध्रुव।
adj. certain, sure.

यके बाद दीगरे یک بعد دیگرے क्रि० वि० [फा०] एक दूसरे के बाद।
adv. one after another.

यक्का یکہ वि० [फा० यक्क:] १. एक से संबध रखने-वाला। २. अकेला, एकाकी। ३. अनुपम, बेजोड़।
पुं० एक प्रकार की एक घोड़े की सवारी, एक्का।
adj. 1. having relationship with one and only one. 2. alone, lonely. 3. unique, matchless.
m. a carriage driven by a single horse.

यक्काताज یکہ تاز वि० [फा० यक्क:ताज] जो अकेला ही शत्रुओं का सामना करने को तैय्यार हो।
adj. fighting single-handedly against one's foes.

यक्कुम یکم वि० [फा०] प्रथम, पहला।
स्त्री० महीने की पहली तारीख।
adj. first.
fem. the first day of the month.

यख़ یخ पुं० [फा०] जमा हुआ पाला या बरफ।
वि० बर्फ़ की तरह ठंडा, बहुत ठंडा।
m. frost or ice.
adj. very cold.

यख़नी یخنی स्त्री० [फा०] उबले हुए मांस का रसा, शोरबा।
fem. meat soup.

यग़मा یغما पुं० [फा० यग़म:] १. लूट, डाका।
m. pillage, loot, robbery.

यग़माई یغمائی स्त्री० [फा० यग़माई] डाकू, लुटेरा।
m. a dacoit, robber.

यग़मान یغمان पुं० दे० ''यग़मा''।

यगाँ یگاں क्रि० वि० [फा०] अकेले।
adv. single-handedly, without taking the help of anyone.

यगानगत یگانگت स्त्री० [फा०] १. रिश्तेदारी, आपस-दारी, सम्बन्ध। २. अनोखापन, अनुपमता। ३. एक होने का भाव, एकता। ४. मेल-जोल, एका।
fem. 1. relationship. 2. unity. 3. intimacy, closeness.

यगानगी یگانگی दे० ''यगानगत''।

यगाना یگانہ वि० [फा० यगान:] १. पास का रिश्तेदार, सम्बन्धी, अपना। २. अनुपम, बेजोड़।
स्त्री० वह स्त्री जो किसी स्त्री के साथ चपटी लड़ाना चाहती हो।
adj. 1. relative, own. 2. unique.
fem. a homosexual woman, lesbian.

यज़दान یزدان पुं० [फा० यज़्दान] ईश्वर का एक नाम।
***पद* यज़दान-परस्ती**=ईश्वर की उपासना।
m. an epithet of the God.
ph. worship of the God.

यज़दानी یزدانی वि० [फा० यज़्दानी] ईश्वर-सम्बन्धी, ईश्वरीय।
पुं० अग्निपूजक, पारसी।
adj. godly, divine.
m. a fire-worshipper.

यज़ीद یزید पुं० [अ०] एक प्रसिद्ध व्यक्ति जो खलीफ़ा बनना चाहता था और जिसने करबला में हज़रत इमाम हुसैन की हत्या कराई थी।
m. the murderer of Imam Hussain.

यज़्द یزد पुं० [फा०] १. ईरान का एक प्रसिद्ध नगर। २. ईश्वर।
m. 1. a famous city of Iran. 2. the God.

यज़्दान یزدان पुं० दे० ''यज़दान''।

यतीम یتیم पुं० [अ०] १. वह बालक जिसका पिता मर गया हो। २. अनाथ।
m. 1. a boy who has lost his father. 2. an orphan.

यमीमख़ाना یتیم خانہ पुं० [अ०+फा० ख़ान:] यतीमों के रहने की जगह, अनाथालय।
m. an orphanage.

यतीमी یتیمی स्त्री० [अ०] यतीम या अनथ होने की दशा या भाव, अनाथपन।
fem. the state of being an orphan.

यद ید पुं० [अ०] हाथ, हस्त।
m. a hand.

यदेतूला یدطولی पुं० [अ०] दक्षता, प्रवीणता।
m. versatility, skill.

यदैन یدین पुं० [अ० 'यद' का बहु०] दोनों हाथ।
m. (plu.) both hands.

यब یب वि० [फा०] बूढ़ा।
adj. old.

यबाब یباب वि० [अ०] ध्वस्त।
adj. annihilated, destroyed.

यम یم पुं० [फा०] नदी, दरिया।
m. a river.

यमन یمن पुं०[अ०] अरब के एक प्रसिद्ध देश का नाम।
m. the name of an Arabian country, Yemen.

यमनी یمنی वि० [अ०] यमन देश का, यमन-सम्बन्धी।
adj. Yemeni.

यमान یمان वि० [अ०] यमन देश का, यमन-सम्बन्धी।

adj. Yemeni.

यमानी یمانی पुं० [अ०] यमन देश का निवासी।
स्त्री० यमन देश की भाषा।
वि० यमन देश का।
m. an inhabitant of Yemen.
fem. the language of Yemen.
adj. of Yemen, Yemeni.

यमाम یمام पुं० [अ०] जंगली कबूतर।
m. a wild pigeon.

यमीन یمین पुं० [अ०] १. दाहिना हाथ। २. शपथ, कसम, सौगन्ध। ३. बल, शक्ति, ताक़त।
वि० दाहिना, दायाँ।
m. 1. a right hand. 2. a vow. 3. power, might.
adj. right, right-hand.

यरक़ान یرقان पुं० [अ०] कमल या पाण्डु नामक रोग, पीलिया।
m. jaundice.

यरक़ानी یرقانی वि० [अ०] पीलिया से पीड़ित।
adj. suffering from jaundice.

यरग़माल یرغمال पुं० [फा० यर्ग़माल] १. किसी व्यक्ति या वस्तु को किसी दूसरे के पास उस समय तक ज़मानत में रखना जब तक उस व्यक्ति को कुछ रुपया न दिया जाए या उसकी कोई शर्त न पूरी की जाए, ओल, ज़मानत। २. वह व्यक्ति या वस्तु जो किसी के पास इस प्रकार रखी जाए।
m. 1. act of pledging something or someone as a sign to keep one's promise. 2. something or some-one pledged as a sign to keep one's promise.

यर्ग़माल یرغمال पुं० दे० "यरग़माल"।

यल یل पुं० [फा०] पहलवान।
m. a wrestler.

यला یلا वि० [फा०] मुक्त।
adj. released, free.

यल्ग़ार یلغار स्त्री० [तु०] आक्रमण, चढ़ाई, धावा।
fem. an assault, attack.

यल्दा یلدا स्त्री० [फा०] अँधेरी और लम्बी रात।
fem. a dark and long night.

यशब یشب पुं० [फा० यश्ब] एक प्रकार का हरा पत्थर जिसकी नादली बनती है।
m. a kind of green stone.

यशम یشم पुं० दे० "यशब"।

यसार یسار पुं० [अ०] १. बायाँ हाथ। २. सम्पन्नता, अमीरी।
वि० अभागा।
m. 1. a left hand. 2. prosperity, richness.
adj. unlucky, unfortunate.

यसिर, यसीर یسیر वि० [अ०] सुगम, सरल।
adj. easy, simple.

यहिया یحیٰ पुं० [अ० यह्या] एक पैगम्बर।
m. the name of a prophet.

यहूद یہود पुं० [इब्रा०] १. "यहूदी" का बहु०। २. वह देश जहाँ हज़रत ईसा पैदा हुए थे।
m. 1. Jews. 2. name of country in which Christ was born.

यहूदी یہودی पुं० [इब्रा०] १. यहूद देश का निवासी। २. धनपिशाच।
m. 1. a Jew. 2. a over-greedy person.

याँ یاں क्रि० वि० हि० "यहाँ" का संक्षिप्त रूप।
adv. here.

या[1] یا योज० [फा०] अथवा, वा।
con. or

या[2] विस्मय० [अ०] एक प्रकार का सम्बोधन, हे; या रब, या ख़ुदा।
interj. O God.

याक़ूत یاقوت पुं० [अ०] लाल नामक रत्न।
m. a bright red gem, carbuncle.

याक़ूती یاقوتی वि० [अ०] याकूत या लाल-सम्बन्धी।
स्त्री० १. एक प्रकार की बहुत पौष्टिक औषध, नोशदारू। २. खीर की तरह का एक व्यंजन।
adj. of or relating to a carbuncle.
fem. 1. a tonic. 2. a recipe.

याग़ یاغ पुं० [तु० याग़] घी, तेल।
m. oil.

याग़ी یاغی पुं० [तु०] देशद्रोही।
m. a traitor.

याजूज یاجوج पुं० [अ०] १. उपद्रवी, शरारती, फसादी।
m. 1. a mischievious or naughty person. 2. a rioter.

याद یاد स्त्री० [फा०] स्मरण-शक्ति, स्मृति।
वि० स्मरण किया हुआ।
fem. memory.
adj. learnt by rot, remembered.

यादआवरी یادآوری स्त्री० [फा०] १. याद आना, स्मरण होना। २. किसी को स्मरण करके उससे मिलना या कुशल-मंगल पूछना; जैसे—मैं आपकी यादआवरी का बहुत शुक्रगुज़ार हूँ।
m. 1. act of remembering. 2. rememberance.

यादगार یادگار स्त्री० [फा०] स्मृति-चिह्न, स्मारिका,

स्मारक आदि।
fem. a keepsake, memento, memorial etc.

यादगारी یادگاری स्त्री० [फा०] याद।
fem. rememberance.

यादगारे ज़माना یادگارِزمانہ पुं० [फा० यादगारे ज़मान:] ऐसी चीज़ या व्यक्ति जो लोगों को बहुत दिनों तक याद रहे।
m. a thing to be remembered.

याददाश्त یادداشت स्त्री० [फा०] १. स्मरण-शक्ति, स्मृति। २. स्मरण रखने के लिए लिखी हुई कोई बात।
fem. 1. memory. 2. anything noted for rememberance.

याददिहानी یاددہانی स्त्री० [फा०] याद दिलाना, स्मरण करना।
fem. act of reminding.

याददिही یاددہی स्त्री० [फा०] स्मरण रखना।
fem. act of keeping in memory.

यादफ़रामोश یادفراموش वि० [फा०] जिसकी याद्दाश्त कमजोर हो, भुलक्कड़।
adj. having the habit of forgetting, forgetful.

यादशबख़ैर یادشب خیر पद [फा०+अ०] एक पद जिसका व्यवहार किसी अनुपस्थित मित्र या सम्बन्धी का उल्लेख करते समय होता है और जिसका अर्थ है—जिसको याद करते हैं, वह सकुशल रहे।
ph. God save him.

याद्दाश्त یادداشت दे० "याददाश्त"।

यानी یعنی क्रि०वि० [अ० यअनी] अर्थात्, मतलब यह कि।
adv. that is, i.e.

याने یعنے क्रि० वि० दे० "यानी"।

याफ़्त یافت स्त्री० [फा०] १. पाने की क्रिया, पाना। २. आय।
fem. 1. act of receiving. 2. income.

याफ़्तनी یافتنی स्त्री० [फा०] किसी के जिम्मे बाक़ी रक़म, प्राप्य धन।
fem. arrears.

याब یاب प्रत्य० [फा०] पानेवाला (यौगिक शब्दों में अन्त में; जैसे—कामयाब, फतहयाब)।
suffix receiving or obtaining.

याबिंदा یابندہ वि० [फा० याबिन्द:] पानेवाला।
adj. receiving or obtaining.

याबी یابی स्त्री० [फा०] पाने की क्रिया, पाना (यौगिक शब्दों के अन्त में; जैसे—कामयाबी, फ़तहयाबी)।
fem. act of receiving or obtaining.

याबू یابو पुं० [फा०] छोटा घोड़ा, टट्टू।
m. a pony.

यार یار पुं० [फा०] १. सहायक, साथी, मददगार। २. मित्र, दोस्त। ३. उपपति, जार। ४. प्रिय, प्रेमी या प्रेमिका।
m. 1. a helper, assistant. 2. a friend. 3. a paramour. 4. a lover or beloved.

यारबाज़ یارباز स्त्री० [फा०] [भाव० यारबाज़ी] दुश्चरित्रा, पुंश्चली।
पुं० यार दोस्तों में ही अपना अधिकांश समय व्यतीत करनेवाला।
fem. a woman of low morals.
m. a sociable person.

यारफ़रोश یارفروش पुं० [फा०] [भाव० यारफ़रोशी] ख़ुशामदी, चापलूस।
m. a flatterer, sycophant.

यारमंद یارمند वि० [फा०] दोस्ती निभानेवाला।
adj. of sociable nature.

यारमार یارمار वि० [फा० यार+हिं० मारना] [भाव० यारमारी] मित्रों के साथ विश्वासघात करनेवाला।
m. a treacherous friend.

याराँ یاراں पुं० [फा० यार का बहु०] मित्र लोग, मित्र-मंडली।
m. a group of friends, friend circle.

यारा یارا पुं० [फा०] सामर्थ्य।
m. capacity.

यारान یاران पुं० [फा०] "यार" का बहु०।

याराना یارانہ वि० [फा० यारान:] मित्रों का-सा।
पुं० १. मित्रता। २. स्नेह, प्रेम।
m. friendly.
m. 1. friendship. 2. affection, love.

यारी یاری स्त्री० [फा०] १. मित्रता। २. स्त्री और पुरुष का अनुचित प्रेम।
fem. 1. friendship. 2. adultery.

यारेग़ार یارِغار पुं० [फा०+अ०] सच्चा मित्र।
m. a true friend.

यारेजानी یارِجانی वि० [फा०] परम प्रिय, प्राणप्रिय, दिली।
adj. as dearly as life.

याल یال स्त्री० [तु०] १. गरदन। २. घोड़े, शेर आदि की गरदन पर के बाल, अयाल, केसर।
fem. 1. the neck. 2. the hair on the neck of a horse, lion etc., mane.

यावर یاور पुं० [फा०] सहायक।
m. a helper.

यावरी یاوری स्त्री० [फा०] सहायता।
fem. help, assistance.

यावा یاوہ वि० [फा० याव:] बेसिर-पैर का या ऊटपटाँग।
adj. absurd.

यावागो یاوہ گو वि०, पुं० [फा०] [भाव० यावागोई] व्यर्थ की और ऊटपटाँग बातें बकनेवाला, बकवादी।
adj. & m. a talkative.

यास یاس स्त्री० [अ०] निराशा।
fem. despair.

यासमन یاسمن स्त्री० [अ०] = यासमीं।

यासमीं یاسمیں स्त्री० [अ०] चमेली।
fem. jasmine.

यासीन یاسین स्त्री० [अ०] कुरान की एक आयत या मन्त्र जो पढ़कर सुनाया जाता है कि उसका परलोक सुधर जाए।
fem. a particular sentence of Quran.

याहू یاہو पद [अ०] हे ईश्वर।
पुं० एक प्रकार का कबूतर जिसका शब्द ''याहू'' के समान होता है।
ph. O God!
m. a type of pigeon.

युमन یمن पुं० [अ०] १. सौभाग्य, ख़ुश-किस्मती। २. सफलता।
m. 1. good luck. 2. success.

यूज़ یوز पुं० [फा०] चीता नामक जंगली पशु।
वि० सौ, शत।
m. a cheeta.
adj. hundred.

यूनस یونس पुं० [इब्रा०] १. स्तम्भ, खम्भा। २. एक पैगम्बर का नाम।
m. 1. a pillar column. 2. the name of a prophet.

यूनान یونان पुं० [फा०] युरोप का एक देश, युनान।
m. Greece.

यूनानी یونانی पुं० [फा०] युनान का निवासी।
स्त्री० यूनान की भाषा।
वि० युनान-सम्बन्धी।
m. a person from Greece, Greek.
fem. the language of Greece.
adj. relating to Greece, Greek.

यूनुस یونس पुं० दे० ''यूनस''।

यूरिश یورش स्त्री० [तु०] आक्रमण, चढ़ाई, धावा।
fem. an assault, attack.

यूसुफ़ یوسف पुं० [इब्रा०] हज़रत याकूब के पुत्र [जो परम सुन्दर थे और जिन्हें भाइयों ने ईर्ष्यावश बेच डाला था। आगे चलकर इन पर मिस्र की जुलखा आसक्त हो गई थी। इन्होंने बहुत दिनों तक मिस्र पर राज्य किया था।]
m. the name of a son of prophet Yakoob.

यूह یوح पुं० [अ०] सूर्य।
m. the sun.

यूहा یوہا पुं० [अ०] एक प्रकार का कल्पित साँप। [कहते हैं कि जब यह हज़ार बरस का हो जाता है, तब इसमें एक ऐसी शक्ति आ जाती है कि यह जो रूप चाहे, वह धारण कर ले।]
m. an imaginary snake.

येलाक़ ییلاق पुं० [तु० यीलाक़] वह स्थान जहाँ गरमी के दिनों में भी ठंडक रहती हो, ग्रीष्म निवास।
m. a summer residence.

योम یوم पुं० दे० ''यौम''।

यौम یوم पुं० [अ०] [बहु० ऐयाम] दिवस, दिन।
m. a day.

यौमउल्‌हिसाब یوم الحساب पुं० [अ०] मुसलमानों आदि के अनुसार वह अन्तिम दिन जब प्रत्येक मनुष्य से उसके कामों का हिसाब माँगा जाएगा।
m. the Doom's day.

यौमिया یومیہ पुं० [अ० यौमिय:] एक दिन की मज़दूरी।
वि० प्रतिदिन का, दैनिक।
m. daily wages.
adj. daily.

यौमे आज़ादी یوم آزادی पुं० [अ०+फा०] स्वतंत्रता दिवस।
m. the Independent Day.

◆

र

रंग رنگ पुं० [फा० मि० सं० रंग] १. आकार से भिन्न किसी दृश्य पदार्थ का वह गुण जिसका अनुभव केवल आँखों से होता है, वर्ण, जैसे—लाल, काला। २. वह पदार्थ जिसका व्यवहार किसी चीज़ को रँगने के लिए होता है। ३. बदन और चेहरे की रंगत, वर्ण। ४. जवानी, युवावस्था। ५. शोभा, सौन्दर्य। ६. प्रभाव, असर। ७. गुण या महत्त्व का प्रभाव, धाक। ८. क्रीड़ा, उत्सव। ९. मन की उमंग या तरंग, मौज़। १०. आनन्द, मज़ा। ११. दशा, हालत। १२. प्रेम, अनुराग। १३. ढंग, चाल, तर्ज़।

***मुहा०* (i) रंग उड़ना या उतरना**=भय या लज्जा से (चेहरे की) रौनक का जाता रहना, कान्तिहीन होना। **(ii) रंग चूना या टपकना**=युवावस्था का पूर्ण विकास होना, यौवन उमड़ना। **(iii) रंग जमना**=प्रभाव या असर पड़ना। **(iv) रंग जमाना या बाँधना**=प्रभाव या गुण दिखलाना। **(v) रंग निखरना**=चेहरा साफ़ और चमकदार होना। **(vi) रंग बदलना**=क्रुद्ध होना, नाराज होना। **(vii) रंग में भंग पड़ना**=आनन्द में विघ्न पड़ना।

***पद* रंगे-जहाँ**=संसार के रंग-ढंग।

m. 1. colour. 2. a substance used to colour, dye. 3. shade of a skin or face. 4. youth. 5. beauty. 6. impression, influence. 7. predominance. 8. a frolic, festive activity. 9. a fun. 10. joy, merriment. 11. state, situation. 12. love, affection. 13. method, manner.
id. (i) fading of colour. (ii) to be in full bloom. (iii) establishing of one's image. (iv) to exert influence on. (v) brightening of colour. (vi) to change colour. (vii) spoiling of the game.
ph. the vicissitudes of the world.

रंगत رنگت स्त्री० [फा० रंग+हिं० त प्रत्य०] १. रंग विशेषत: हल्का रंग। २. मज़ा, आनन्द। ३. हालत, दशा।
fem. 1. colour, tinge. 2. joy, merriment. 3. condition.

रंगमहल رنگ محل पुं० [फा०+अ०] भोग-विलास करने का स्थान।
m. a place or building for enjoyment.

रंगरली رنگ رلی स्त्री० [फा० रंग+हिं० रलना=मिलना] आमोद-प्रमोद, आनन्द-क्रीड़ा।
fem. revelry.

रंगरेज़ رنگ ریز पुं० [फा०] वह जो कपड़े रँगने का काम करता हो।
m. a dyer.

रंगरेली رنگ ریلی स्त्री० दे० ''रंगरली''।

रंगसाज़ رنگ ساز वि० [फा०] [भाव० रंगसाज़ी] १. वह जो चीज़ों पर रंग चढ़ाता हो। २. रंग बनानेवाला।
m. 1. a dyer or painter. 2. one who prepares dyes.

रंगारंग رنگارنگ वि० [फा०] तरह-तरह का, रंग-बिरंगा।
adj. colourful, variegated.

रंगीन رنگین वि० [फा०] [भाव० रंगीनी] १. रँगा हुआ, रंगदार। २. विलास-प्रिय, मज़ेदार।
adj. 1. coloured. 2. gay, jolly, fun-loving.

रंगीनी رنگینی स्त्री० [सं०] रंग-बिरंगापन।
fem. colourfulness.

रंज رنج पुं० [फा०] १. दुख। २. मनमुटाव। ३. शत्रुता।
m. 1. grief, sorrow. 2. estrangement. 3. enmity.

रंजिश رنجش स्त्री० [फा०] १. वैमनस्य। २. नाराज़गी।
fem. 1. malice. 2. displeasure.

रंजीदगी رنجیدگی स्त्री० दे० ''रंजिश''।

रंजीदा رنجیدہ वि० [फा० रंजीद:] [भाव० रंजीदगी] १. जिसे रंज हो, दु:खित। २. नाराज़।
adj. 1. grieved, sorrowful. 2. displeased.

रंजीदाख़ातिर رنجیدہ خاطر वि० [फा० रंजीद: + अ०] जिसका मन अप्रसन्न या दुखी हो गया हो।
adj. unhappy, sorrowful.

रंजोग़म رنج و غم पुं० [फा०] व्यथा और दुख।
m. troubles and grief.

रंदा رندہ पुं० [फा० रन्द: मि० सं० रदन] एक औज़ार जिससे लकड़ी की सतह छीलकर चिकनी की जाती है।
m. a planer.

रअद رعد पुं० [अ०] मेघों का गर्जन, बादलों की गड़गड़ाहट।
m. thunder, thundering sound.

रअना رعنا पुं० [अ०] १. बनाव-सिंगार करके रहने-वाला। २. एक प्रकार का फूल जो अन्दर से लाल और बाहर से पीला होता है।
वि० १. बहुत सुन्दर। २. दुरुखा, दुरंगा।
m. 1. a fop. 2. a kind of flower.
adj. 1. very beautiful. 2. double-faced, by-colour.

रअनाई رعنائی स्त्री० [अ०] १. बनाव-सिंगार। २. सुन्दरता। ३. दुरुखापन।
fem. 1. make-up. 2. beauty. 3. double-facedness.

रअय्यत رعیت स्त्री० [अ०] रिआया, प्रजा।
fem. persons living in a particular state, subjects.

रअशा رعشہ पुं० [अ० रअशः] १. काँपने या थरथराने की क्रिया, कम्प। २. एक प्रकार का रोग जिसमें हाथ-पैर काँपते रहते हैं।
m. 1. vibration. 2. a disease in which hands and feet usually tremble, Parkinson's disease.

रईस رئیس पुं० [अ०] १. जिसके पास रियासत या इलाका हो, तअल्लुकेदार। २. अमीर, धनी।
m. 1. an owner of an estate. 2. a rich person, wealthy person.

रईसी رئیسی स्त्री० [अ० रईस] रईस का भाव, रईसपन।
fem. wealthiness.

रऊनत رعونت स्त्री० [अ०] अभिमान, घमंड।
fem. pride, conceit.

रऊफ़ رؤف वि० [अ०] दयालु।
adj. kind.

रऊसा رؤسہ स्त्री० [अ० 'रईस' का बहु०]

रकअत رکعت स्त्री० [अ० रक्अत] १. वक्रता, टेढ़ापन, झुकाव। २. नमाज़ का आधा, तिहाई या चौथाई भाग। ३. प्रसिद्धि।
fem. 1. bent, inclination. 2. one-half, one-third or one-fourth part of the Namaz. 3. fame.

रक़बा رقبہ पुं० [अ० रक़्बः] भूमि आदि का क्षेत्रफल।
पद रक़बए अराज़ी=भूमि का क्षेत्रफल।
m. area.
ph. the area of a piece of land.

रक़म رقم स्त्री० [अ०] १. लिखने की क्रिया या भाव। २. छाप, मोहर। ३. धन, सम्पत्ति, दौलत। ४. गहना, ज़ेवर।
fem. 1. act of writing. 2. a stamp. 3. wealth. 4. an ornament.

रक़मवार رقم وار वि० [अ०+फा०] विवरणयुक्त, ब्योरेवार।
adj. in detail, detailed.

रक़मी رقمی वि० [अ०] १. लिखा हुआ। २. चिह्नित किया हुआ।
adj. 1. written. 2. marked.

रक़ाइम رقائم पुं० [अ०] लिखित पत्र।
m. a written letter.

रकान رکان स्त्री० [देश०] युक्ति, तरीक़ा, ढंग।
fem. a device, trick.

रकाब رکاب स्त्री० [अ० रिकाब] घोड़ों की काठी का पावदान जिससे बैठने में सहारा लेते हैं।
मुहा० रकाब में पैर रखना=चलने के लिए बिल्कुल तैयार होना।
fem. a pair of stirrups.
id. to be ready to proceed.

रक़ाबत رقابت स्त्री० [अ०] रक़ीब या प्रतिद्वन्द्वी होने का भाव।
fem. rivalry, competitiveness.

रकाबदार رکاب دار पुं० [अ०+फा०] १. हलवाई। २. ख़ानसामाँ। ३. साईस।
m. 1. a confectioner. 2. a cook or steward. 3. a person employed to take care of horses, groom.

रकाबी رکابی स्त्री० [फा० रिकाबी] एक प्रकार की छिछली छोटी थाली, तश्तरी।
m. a plate.

रक़ाबी मज़हब رکابی مذہب पुं० [फा०+अ०] बेपेंदी का लोटा।
m. an unscrupulous person.

रकीक رکیک वि० [अ०] १. दुर्बल। २. तुच्छ।
adj. 1. weak, feeble. 2. inferior.

रक़ीक़ رقیق वि० [अ०] १. पानी की तरह पतला। २. कोमल, नरम। ३. दयालु, दयार्द्र।
adj. 1. thin, watery. 2. tender. 3. kind, full of passion.

रक़ीक़-उल्-क़ल्ब رقیق القلب वि० [अ०] कोमल हृदय।
adj. kind-hearted.

रक़ीब رقیب पुं० [अ०] प्रेमिका का दूसरा प्रेमी।
m. a rival, challenger, competitor.

रक़ीम رقیم वि० [अ० रक़ीम] लिखित।
adj. written.

रक़ीमा رقیمہ पुं० [अ० रक़ीमः] चिट्ठी, पत्र, पुरजा।
m. a letter.

रक़्क़ास رقاص पुं० [अ०] [स्त्री० रक़्क़ासा] नाचनेवाला, नर्तक।
m. a dancer.

रक़्क़ासा رقاصہ स्त्री० [अ० रक़्क़ासः] नर्तकी।
fem. a dancing girl.

रक़्स رقص पुं० [अ०] नृत्य।
पद रक़्से तऊस=मोर की तरह का नाच।
m. a dance.

ph. dance like that of a peacock.

रक़्साँ رقصاں वि० [अ०] नाचता हुआ।
adj. dancing.

रख़्ना رخنہ पुं० [फा० रख़्नः] १. दीवार में का मोखा, आदि, दरीचा, छोटी खिड़की। २. बाधा, खलल। ३. दोष ढूँढ़ना, छिन्द्रान्वेषण। ४. ऐब, त्रुटि।
m. 1. an opening in the wall. 2. an obstruction, obstacle. 3. fault-finding. 4. a fault, shortcoming.

रख़्ना-अंदाज़ رخنہ انداز वि० [फा० रख़्नः-अंदाज़] [भाव० रख़्ना-अंदाज़ी] १. बाधा डालनेवाला। २. ख़राबी पैदा करनेवाला।
adj. 1. obstructing. 2. causing a fault.

रख़्त رخت पुं० [फा०] १. माल, असबाब। २. पोशाक। ३. जूते का चमड़ा। ४. सज-धज, ठाठ-बाट।
m. 1. luggage. 2. uniform, dress. 3. leather used in shoe-making. 4. decoration. 5. pomp and show.

रग رگ स्त्री० [फा०] १. नस, नाड़ी। २. पत्तों में दिखाई पड़नेवाली कोई नस।
मुहा० (i) रग दबना=(किसी के) दबाव या प्रभाव में होना। **(ii) रग फड़कना**=शरीर में बहुत अधिक उत्साह या आवेश के लक्षण प्रकट होना।
***पद* रग रग में**=सारे शरीर में।
m. 1. a nerve. 2. a very thin rib running through a leaf.
id. (i) to be under pressure. (ii) throbbing of nerves.
ph. in entire body.

रगबंद رگ بند पुं० [फा०] घाव पर बाँधने की पट्टी।
m. a bandage.

रगज़न رگزن पुं० [फा०] [भाव० रगज़नी] जर्राह।
m. a surgeon.

रगज़नी رگزنی स्त्री [फा०] शल्य-क्रिया।
fem. surgical operation.

रगदार رگ دار वि० [फा०] जिसमें रगें या रेशे हों।
adj. having nerves, ribs or fibers.

रग़बत رغبت स्त्री० [अ० रग़्बत] १. प्रवृत्ति। २. रुचि। ३. अनुराग। ४. चाह।
fem. 1. a tendency. 2. interest. 3. affection. 4. a desire.

रगेजान رگ جان स्त्री० [फा०] मुख्य रक्तवाहिनी नस, शाह रस।
fem. an artery.

रज़ رز स्त्री० [फा०] अंगूर।
***पद* दुख़्तरे रज़**=अंगूर की बेटी, अंगूरी शराब।
fem. grapes.
ph. wine.

रजअत رجعت स्त्री० [अ० रज्अत] १. वापस आना, वापसी, लौटना। २. तलाक दी हुई स्त्री को फिर ग्रहण करना।
fem. 1. act of returning, return journey. 2. act of embracing again the woman once divorced.

रज़ब رجب पुं० [अ०] अरबी चान्द्र वर्ष का सातवाँ महीना जो आश्विन के लगभग पड़ता है।
m. the seventh month of the Arabic year.

रजा رجا स्त्री० [अ०] १. आशा। २. डर।
fem. 1. a feeling of expectation, hope. 2. fear.

रज़ा رضا स्त्री० [अ० रिज़ा] १. मरज़ी, इच्छा, २. आज्ञा। ३. स्वीकृति।
fem. 1. a wish, desire. 2. an order. 3. acceptance.

रज़ाअत رضاعت स्त्री० [अ०] बच्चों को स्तनपान कराना।
m. breast-sucking.

रजाई رجائی स्त्री० [सं० रजक=कपड़ा] एक प्रकार का रुईदार ओढ़ना, लिहाफ़।
fem. a quilt.

रज़ाई رضائی वि० [अ० रिज़ाई] जिसके साथ दूध का सम्बन्ध हो; जैसे—रज़ाई भाई=उन लड़कों का पारस्परिक सम्बन्ध जो एक ही दाई का दूध पीकर पले हों।
adj. relating to milk.

रज़ाकार رضاکار पुं० [अ० + फा०] स्वयंसेवक।
m. a volunteer, scout.

रज़ामंद رضامند वि० [अ०+फा०] [भाव० रज़ामन्दी] जो प्रसन्न या राज़ी हो गया हो।
adj. agreed, willing or satisfied.

रज़ामंदी رضامندی स्त्री० [अ०+फा०] स्वीकृति।
fem. consent, approval.

रज़ील رزیل वि० [अ०] १. नीच, कमीना। २. छोटी जाति का।
adj. 1. mean, low. 2. of low caste.

रज़्ज़ाक़ رزاق पुं० [अ०] १. रिज़्क या रोज़ी देनेवाला। २. ईश्वर।
m. 1. one who earns or provides money that the family needs. 2. the God.

रज़्ज़ाक़ी رزاقی स्त्री० [अ०] १. रिज़्क़ या रोज़ी देना। २. पालन-पोषण की क्रिया।
fem. 1. sustenance. 2. act of fostering.

रज़्म رزم स्त्री० [फा०] युद्ध।
***पद* रज़्मे-ख़ैर-ओ-शर**=अच्छाई और बुराई की लड़ाई।
m. a war, battle.

ph. the war between the good and the bad.

रज़्मगाह رزم گاہ स्त्री० [फा०] युद्धक्षेत्र, लड़ाई का मैदान।
fem. a battlefield.

रज़्मिया رزمیہ वि० [फा० रज़्मिय:] रज़्म या युद्ध-सम्बन्धी।
adj. of or pertaining to a war.

रतल رطل स्त्री० [अ० रत्ल] १. शराब का प्याला। २. एक तौल।
m. 1. a wine-cup. 2. a weight.

रतूबत رطوبت स्त्री० [अ०] नमी, तरी।
fem. dampness.

रत्ब رطب वि० [अ०] १. तर, नम। २. बुरा, ख़राब।
***पद* रत्ब-ओ-याबिस**=(क) भला और बुरा, अच्छा और खराब। (ख) सब।
adj. 1. damp, wet. 2. bad.
ph. (a) good or bad. (b) all.

रद رد वि० दे० 'रद्द'।

रदीफ़ ردیف स्त्री० [अ०] १. वह जो घोड़े पर किसी सवार के पीछे बैठे। २. ग़ज़ल आदि में वह शब्द जो हर शेर के अन्त में काफ़िए के बाद बार-बार आता है। जैसे—"अच्छे बुरे का हाल खुले क्या नक़ाब में" में 'नकाब' 'काफ़िया' और 'में' 'रदीफ़' है।
fem. a word that follows the final alliteration in the stanzas.

रदीफ़वार ردیف وار वि० [अ०+फा०] अक्षर-क्रम से लगा हुआ।
adj. in alphabetical order.

रद्द رد वि० [अ०] १. जो निरस्त कर दिया गया हो। २. ख़राब या निकम्मा हो गया हो।
स्त्री० क़ै, वमन।
adj. 1. cancelled. 2. spoiled.
fem. act of vomiting or matter vomited.

रद्दोबदल ردوبدل पुं० [अ०] १. परिवर्तन। २. उलट-फेर।
m. 1. change, alteration. 2. a complete change.

रद्दी ردی वि० [अ० रदी] निकम्मा, निष्प्रयोजन, बेकार।
adj. useless, purposeless.

रफ़अत رفعت स्त्री० [फा०] बुलंदी।
fem. height, altitude.

रफ़रफ़ رفرف पुं० [अ०] वह सवारी जिसपर बैठकर मुहम्मद साहब ईश्वर के पास गए और वहाँ से वापस आए थे।
m. Mohammad's conveyance that took him to the heaven and vice versa.

रफ़ा رفع वि० [अ० रफ़अ] १. दूर किया हुआ। २. निवृत्त, शान्त।
adj. 1. dispelled, shunted away. 2. relieved, calm.

रफ़ाक़त رفاقت स्त्री० [अ० रिफाक़त] १. रफ़ीक़ या साथी होने का भाव। २. संग-साथ, मेल-जोल। ३. निष्ठा।
m. friendliness. 2. companionship. 2. loyalty.

रफ़ा-दफ़ा رفادفع वि० दे० 'रफ़ा'।

रफ़ाह رفاہ स्त्री० [अ० रिफ़ाह] १. सुख, आराम। २. दूसरों को सुखी करनेवाला काम, परोपकार।
पद रफ़ाहे आम=जन-साधारण के उपकार का काम।
fem. 1. happiness, relief. 2. benevolence.
ph. welfare.

रफ़ाहियत رفاہیت स्त्री० [अ० रिफ़ाहीयत] आराम, सुख।
fem. relief, happiness.

रफ़ीअ رفیع वि० [अ०] श्रेष्ठ, उच्च।
adj. best, excellent.

रफ़ीक़ رفیق पुं० [अ०] [बहु० रुफ़क़ा] १. मित्र, साथी, संगी। २. सहायक, मददगार।
***पद* रफ़ीक़े-जुर्म**=सह-अपराधी।
m. 1. a friend. 2. a helper.
ph. an accomplice.

रफ़ीक़ा رفیقہ स्त्री० [अ० रफ़ीक़:] सखी, सहेली।
fem. a girl-friend.

रफ़ू رفو पुं० [अ०] फटे हुए कपड़े के छेद में तागे भरकर उसे बराबर करना।
m. act of darning, darn.

रफ़ूगर رفوگر पुं० [अ०+फा०] [भाव० रफ़ूगरी] रफ़ू करने का व्यवसाय करनेवाला, रफ़ू बनानेवाला।
m. a darner.

रफ़ू-चक्कर رفوچکر वि० [अ०+हिं०] चंपत, गायब।
adj. disappearing suddenly, going suddenly.

रफ़्त رفت वि० [फा०] गया हुआ, गत।
***पद* रफ़्त-व-गुजश्त** = गया-बीता, जिसकी ओर कुछ ध्यान न दिया जाए।
adj. bygone, past.
ph. finished and forgotten.

रफ़्तगाँ رفتگاں वि० [फा०] बीता हुआ, पुराना।
adj. past, previous.

रफ़्तगी رفتگی स्त्री० [फा०] १. जाने की क्रिया, गमन।
***मुहा०* रफ़्तगी निकालना**=आगे जाने का सिलसिला शुरू करना।
fem. embarkation, departure.
id. to pick a way to go ahead.

रफ़्तनी رفتنی स्त्री० [फा०] १. जाने की क्रिया या भाव। २. माल का बाहर जाना, निर्यात।
fem. 1. act of going or proceeding ahead. 2. the business of sending goods to an other country in order to sell them there, export.

रफ़्तार رفتار स्त्री० [फा०] चलने की क्रिया या भाव, गति, चाल।
***पद* रफ़्तार व गुफ़्तार**=चाल-ढाल और बात-चीत।
fem. 1. speed, pace, momentum.
ph. behaviour and conversation.

रफ़्ता-रफ़्ता رفتہ رفتہ क्रि० वि० [फा० रफ़्त: रफ़त:] धीरे-धीरे, क्रम-क्रम से।
adv. gradually, slowly & slowly.

रब رب पुं० [अ०] वह जो पालन-पोषण करता हो, ईश्वर।
***पद* रब्बुल-आलमीन**=सारे संसार का पालन-पोषण करनेवाला, ईश्वर।
m. the God.
ph. one who maintains the whole world.

रबाब رباب पुं० [अ०] सारंगी की तरह का एक प्रकार का बाजा।
m. a kind of stringed musical instrument.

रबाबी ربابی पुं० [अ०] वह जो रबाब बजाता हो।
m. one who plays on a रबाब।

रबी ربی स्त्री० [अ०] १. वसंत ऋतु। २. वह फ़सल जो वसंत ऋतु में काटी जाती है।
fem. 1. the spring. 2. the spring crop.

रबीअ ربیع स्त्री० दे० 'रबी'।

रबी-उल्-अव्वल ربیع الاول पुं० [अ०] हिज्री वर्ष का तीसरा महीना।
m. the third month of an Arabic year.

रबी-उल्-आख़िर ربیع الآخر पुं० [अ०] हिज्री, वर्ष का चौथा महीना।
m. the fourth month of an Arabic year.

रबी-उस्सानी ربیع الثانی पुं० दे० 'रबी-उल्-आख़िर'।

रबीब ربیب पुं० [अ०] [स्त्री० रबीबा] १. पाला-पोसा हुआ दूसरे का लड़का। २. स्त्री के पहले पति का लड़का।
m. 1. an adopted son. 2. one's step son.

रब्त ربط पुं० [अ०] १. अभ्यास, मश्क। २. मुहावरा। ३. सम्बन्ध, मेल।
***पद* रब्त-ज़ब्त**=मेल-जोल।
m. 1. exercise, practice. 2. an idiom. 3. relation.
ph. close association.

रब्ब رب पुं० दे० 'रब'।

रब्बानी ربانی वि० [अ०] ईश्वरीय या दैवी।
adj. divine.

रम رم पुं० [फा०] दूर रहने या बचने की प्रवृत्ति, भागना।
m. act of running away, escaping.

रमक़ رمق स्त्री० [अ०] १. अन्तिम श्वास। २. हलका प्रभाव, पुट।
वि० थोड़ा-सा।
fem. 1. last breath. 2. flavour.
adj. in small quantity.

रमज़ान رمضان पुं० [अ०] हिज्री वर्ष का एक महीना जिसमें मुसलमान रोज़ा रखते हैं।
m. the month of fasting in Arabic Calendar.

रमज़ानी رمضانی वि० [अ०] १. रमज़ान-सम्बन्धी। २. रमज़ान में उत्पन्न। ३. अकाल का मारा। ४. भुक्खड़। ५. पेटू।
adj. 1. of or pertaining to the Ramdan. 2. born in the month of Ramdan. 3. famine-stricken. 4. famished. 5. gluttonous.

रमल رمل पुं० [अ०] एक प्रकार का फलित ज्योतिष जिसमें पाँसे फेंककर शुभाशुभ फल जाना जाता है।
m. a sort of astrology.

रमीदगी رمیدگی स्त्री० [फा०] बचने और हटे रहने की प्रवृत्ति, घृणा।
fem. disgust, abhorrence.

रमीम رمیم वि० [अ०] पुराना और सड़ा-गला।
adj. old & rotten, decomposed.

रमूज़ رموز स्त्री० [अ० 'रम्ज़' का बहु०] संकेत।

रम्ज़ رمز स्त्री० [अ०] [बहु० रुमूज़] १. आँख आदि का संकेत, इशारा। २. ऐसी पेचीली बात जो जल्दी समझ में न आए, सूक्ष्म बात। ३. रहस्य। ४. व्यंग्य। ४. आवाज़।
m. 1. a wink. 2. a precise or minute thing. 3. mystery. 4. irony, sarcasm. 5. sound.

रम्माज़ رماز वि०, पुं० [अ०] १. रम्ज़ या संकेत से बात करनेवाला। २. छायावादी।
m. 1. one who hints, pointer. 2. a romanticist.

रम्माल رمال पुं० [अ०] रमल फेंकनेवाला।
m. an astrologer.

रवाँ رواں वि० [अ०] [भाव० रवानी] १. बहता हुआ। २. चलता हुआ, जारी। ३. जिसका अच्छा अभ्यास

हो। ४. प्रचलित।
पुं० तेज़ी के साथ पढ़ने की क्रिया।
adj. 1. floating, drifting. 2. ongoing, prevaling. 3. well-practised. 4. current, existing.
m. act of reading fluently.

रवा روا वि० [फा०] उचित, वाज़िब।
adj. adequate, proper.

रवाज رواج स्त्री० [अ० रिवाज] परिपाटी, चाल, प्रथा, रस्म।
m. a long continued practice, custom.

रवाजी رواجی वि० [अ० रिवाजी] जिसकी रवाज हो, प्रचलित।
m. established by custom, customary.

रवादार روادار पुं० [फा०] [भाव० रवादारी] १. साथी, संगी। २. उदारचेता, शुभ-चिन्तक।
वि० सम्बन्ध रखनेवाला।
m. 1. a companion. 2. a well-wisher.
adj. related.

रवानगी روانگی स्त्री० [फा०] रवाना होने की क्रिया या भाव, प्रस्थान।
***पद* रवानगीए माल**=माल का प्रेषण।
fem. departure.
ph. despaching of goods.

रवाना روانہ वि० [फा० रवान:] १. जो (कहीं से) चल पड़ा हो। २. भेजा हुआ।
adj. 1. set out, departed. 2. sent, despatched.

रवानी روانی स्त्री० [फा०] १. बहाव, प्रवाह। २. तेज़ी।
fem. 1. flow, drift. 2. swiftness, sharpness.

रवायत روایت स्त्री० [अ०] १. दूसरे की कही हुई बात जो उद्धृत की जाए। २. कथानक। ३. मसल, कहावत।
m. 1. a piece of citation, quotation. 2. a plot of a story. 3. an idiom.

रविश روش स्त्री० [फा०] १. गति। २. रंग-ढंग, चाल-ढाल। ३. विधि, ढंग। ४. बाग की क्यारियों के बीच का छोटा मार्ग।
fem. 1. speed. 2. manners, conduct. 3. a way, method. 4. a footpath.

रवीया رویہ पुं० [अ० रवीय:] १. नियम। २. आचार-व्यवहार।
m. 1. a rule. 2. behaviour, conduct.

रवैयत رویت स्त्री० [अ०] दिखाई देना, दर्शन।
fem. coming into view, visibility, audience.

रवैया رویہ पुं० [फा० रवैय:] १. चाल-चलन, तौर-तरीक़ा। २. रंग-ढंग।
m. 1. a way, manners. 2. conduct, behaviour.

रशीद رشید वि० [अ०] १. जो उपदेश देकर सीधे मार्ग पर लगाया गया हो। २. शिक्षित और सभ्य।
adj. 1. upright, righteous. 2. educated and civilized.

रश्क رشک पुं० [फा०] १. ईर्ष्या, डाह। २. शत्रुता। ३. प्रेमिका के दूसरे प्रेमी से होनेवाली ईर्ष्या।
m. 1. jealousy envy. 2. enmity. 3. rivalry.

रश्केपरी رشک پری वि० स्त्री० [फा०+अ०] जिसका रूप देखकर परी भी ईर्ष्या करे, परम सुन्दरी।
adj. very beautiful.

रस رس प्रत्य० [फा०] पहुँचनेवाला।
suffix reaching.

रसद[1] رسد स्त्री० [फा०] १. हिस्सा। २. कच्चा अनाज जो पकाया न गया हो।
***मुहा०* हिस्सा-रसद**=बँटने पर अपने-अपने हिस्से के अनुसार लाभ।
fem. 1. a part, partion. 2. food material, provisions.
id. one's share of profit.

रसद[2] رصد पुं० [अ०] नक्षत्रों की गति आदि देखने की क्रिया या यंत्र।
रसद *m.* equipments of an observatory.
गाह رصدگاہ स्त्री० [अ०+फा०] नक्षत्रों की गति आदि देखने का स्थान, वेधशाला।
fem. observatory.

रसद-रसानी رسدرسانی स्त्री० [फा०] सेना, आदि में रसद पहुँचाना।
fem. act of providing provisions.

रसदी رسدی वि० [अ०] हिस्से के अनुसार होनेवाला।
adj. according to one's share.

रसन رسن स्त्री० [फा०] रस्सी।
***पद* हल्काए रसन**=रस्सी का घेरा।
fem. a cord, string.
ph. act of surrounding by a rope.

रसम رسم स्त्री० दे० 'रस्म'।

रसाँ رساں प्रत्य० [फा०] पहुँचानेवाला; जैसे—चिट्ठी-रसाँ=डाकिया।
suffix conveying or delivering.

रसा رسا वि० [फा०] १. पहुँचनेवाला। २. ऊँचा होने या दूर जानेवाला।
adj. 1. reaching. 2. far-reaching.

रसाई رسائی स्त्री० [फा०] पहुँचने की क्रिया या भाव, पहुँच।
fem. access.

रसीद رسید स्त्री० [फा०] [भाव० रसीदगी] १. किसी चीज़ के पहुँचने या प्राप्त होने की क्रिया, पहुँच। २. किसी चीज़ के पहुँचने के प्रमाण रूप में लिखा हुआ पत्र।

fem. 1. act of receiving something. 2. a receipt.

रसीदा رسیدہ वि० [फा० रसीदः] पहुँचा हुआ; जैसे—सिन रसीदा=बड़ी उम्र तक पहुँचा हुआ, वृद्ध।
adj. reached, arrived.

रसीदी رسیدی वि० [फा० रसीद] रसीद-सम्बन्धी, रसीद का; जैसे—रसीदी-टिकट।
adj. of or pertaining to a receipt.

रसूख़ رسوخ पुं० दे० 'रुसूख'।

रसूम رسوم पुं० [अ०] [रस्म का बहु०] १. नियम, क़ानून। २. वह धन जो किसी प्रचलित प्रथा के अनुसार दिया जाता हो, नेग, लाग। ३. कर, शुल्क।
m. 1. a rule, law. 2. ceremonial tip or present. 3. tax, fee.

रसूल رسول पुं० [अ०] १. किसी की ओर से कहीं भेजा हुआ व्यक्ति, दूत। २. ईश्वर की ओर से आया हुआ दूत, पैगम्बर। ३. मुहम्मद साहब की उपाधि। ४. मार्गदर्शक।
m. 1. an angel. 2. a prophet. 3. epithet of Mohammad. 4. a guide.

रस्तगार رستگار वि० [फा०] बंधनमुक्त।
adj. liberated, free.

रस्तगारी رستگاری स्त्री० [फा०] मुक्ति।
fem. freedom, liberty.

रस्ता رستہ पुं० [फा० रस्तः] 'रास्ता' का संक्षिप्त रूप।

रस्म[1] رسم स्त्री० [अ०] [बहु० रस्मियात, मरासिम] १. रीति, परिपाटी, परम्परा। २. मेल-जोल।
पद (i) रस्म व रिवाज=रीति-रस्म। **(ii) रस्मे-हिजाब**=पर्दा-प्रथा।
fem. 1. a custom, tradition. 2. close friendship.
ph. (i) rites and rituals. (ii) system of observing पर्दा।

रस्म[2] رسم स्त्री० [फा०] वेतन, तनख्वाह।
fem. pay, salary.

रस्मी رسمی वि० [अ०] १. साधारण, मामूली। २. रस्म-सम्बन्धी।
adj. 1. ordinary. 2. customary.

रह رہ स्त्री० [फा०] 'राह' का संक्षिप्त रूप।
पद रहे-मंज़िल=मंज़िल की राह।
fem. a way.
ph. the way to the destination.

रहगीर رہ گیر पुं० [फा०] पथिक।
m. a wayfarer.

रहन رہن पुं० दे० 'रेहन'।

रहनुमा رہنما वि० [फा०] [भाव० रहनुमाई] पथ-प्रदर्शक, मार्गदर्शक।
m. a guide, mentor.

रहनुमाई رہنمائی स्त्री० [फा०] मार्गदर्शन।
fem. guidance.

रहबर رہبر पुं० [फा० 'राहबर' का अल्प०] [भाव० रहबरी] रास्ता दिखलानेवाला, पथप्रदर्शक।
m. a guide, leader or mentor.

रहबरी رہبری स्त्री० [फा०] मार्गदर्शक।
fem. guidance.

रहबानियत رہبانیت स्त्री० [अ० रह्बानियत] १. संयम। २. ब्रह्मचर्य।
fem. 1. restraint, discipline. 2. celibacy.

रहम[1] رحم पुं० [अ० रह्म] १. दया, कृपा, अनुग्रह। २. क्षमा, माफ़ी। ३. करुणा, अनुकम्पा।
m. 1. pity, kindness or favour. 2. pardon. 2. compassion.

रहम[2] رحم पुं० [अ० रिहम] १. स्त्री का गर्भाशय। २. बच्चेदानी।
m. 1. a womb. 2. an ovary.

रहमत رحمت स्त्री० [अ० रह्मत] १. दया, मेहरबानी। २. वर्षा, वृष्टि।
fem. 1. kindness, favour. 2. rain.

रहमदिल رحم دل वि० [अ० रह्म+फा० दिल] [भाव० रहमदिली] दयालु।
adj. kind.

रहमदिली رحم دلی स्त्री० [अ० रह्म+फा०] दयालुता।
fem. kindness.

रहमान رحمٰن वि० [अ० रह्मान] दया करनेवाला।
पुं० ईश्वर का एक नाम।
adj. kind.
m. the God.

रहमानी رحمانی वि० [अ० रह्मानी] ईश्वर-सम्बन्धी, ईश्वरीय।
adv. godly, divine.

रहरी رہری पुं० [फा० राह] पथिक।
m. a wayfarer.

रहरौ رہرو वि० [फा० राहरौ] = रहरी (पथिक)।

रहल رحل स्त्री० दे० 'रिहल'।

रहवार رہوار पुं० [फा०] घोड़ा।
m. horse.

रहाइश, रहायश رہائش स्त्री० [फा०] १. रहने-सहने का ढंग। २. रहने का स्थान।
fem. 1. way of living. 2. a residence.

रहीक़ رحیق स्त्री० [अ०] मदिरा।
fem. alcohol.

रहीब رحیب पुं० [अ०] पेटू।
m. glutton.

रहीम رحیم वि० [अ०] रहम या दया करनेवाला, दयालु।
पुं० ईश्वर का एक नाम।
adj. kind.
m. the God.

रहे-रास्त رہ راست स्त्री० दे० 'राहेरास्त'।

राँदा راں داں वि० [फा० राँद:] १. निकाला हुआ, त्यक्त। २. बहिष्कृत।
adj. 1. forsaken, deserted. 2. excommunicated.

राइज رائج वि० [अ०] प्रचलित, चालू।
adj. prevalent, current.

राए رائے स्त्री० [अ०] १. परामर्श। २. विचार, राय। ३. मत, वोट।
fem. 1. a counsel, advice. 2. an opinion. 3. a vote.

राएशुमारी رائے شماری स्त्री० [अ०+फा०] मतगणना।
fem. counting of votes.

राकिब راکب पुं० [अ०] सवार।
m. a rider.

राक़िब راقب पुं० [अ०] प्रतीक्षा करनेवाला।
m. one who is waiting.

राक़िम راقم पुं० [अ०] लिखनेवाला, लेखक।
m. a writer.

राग़ راغ पुं० [फा०] १. वन। २. घाटी।
m. 1. a jungle, forest. 2. a valley.

राग़िब راغب वि० [अ०] इच्छुक।
adj. willing, desirous.

राज़ راز पुं० [फा०] रहस्य, भेद।
पद राज़ व नियाज़=प्रेमी और प्रेमिका के नखरे-चोंचले।
m. a secret, mystery.
ph. coquettish behaviour of lovers.

राजदाँ رازداں पुं० [फा०] राजदार (दे०)।

राजदार رازدار पुं० [फा०] १. रहस्य या भेद की बात जाननेवाला, भेदी। २. साथी, संगी।
m. 1. one who shares the secret of someone. 2. a companion.

राज़दारी رازداری स्त्री० [फा०] १. रहस्य या भेद जानना। २. रहस्य या भेद प्रकट न होने देना।
fem. 1. kowledge of the secret of someone. 2. concealmet of the secret.

राज़िक़ رازق पुं० [अ०] १. रिज़्क़ या रोज़ी देनेवाला, जीविका लगानेवाला। २. ईश्वर।
m. 1. one who provides livelihood. 2. the God.

राज़ी راضی वि० [अ०] १. कही हुई बात मानने को तैयार, सम्मत। २. नीरोग, चंगा। ३. ख़ुश, प्रसन्न। ४. सुखी।
पद राज़ी-ख़ुशी=स्वस्थ और प्रसन्न, सही-सलामत।
स्त्री० १. रज़ामन्दी। २. अनुकूलता।
adj. 1. willing, agreed. 2. sound and healthy. 3. cheerful. 4. happy.
ph. healthy and happy, safe and unscathed.
fem. 1. willingness. 2. favourableness.

राज़ीनामा راضی نامہ पुं० [फा० राज़ीनाम:] वह लेख जिसके द्वारा वादी और प्रतिवादी परस्पर मेल कर लें।
m. a pact between two opposite parties agreement, deal, truce.

रातिब راتب पुं० [अ०] १. नित्यप्रति का साधारण और और बँधा हुआ भोजन। २. पशुओं का भोजन।
m. 1. one days' fixed food. 2. the food for a animal.

रातिबा راتبہ पुं० [अ० रातिब:] वेतन, भत्ता आदि।
m. the salary, allowances etc.

रान ران स्त्री० [फा०] जंघा, जाँघ।
fem. the part of the leg between the hip and the knee, thigh.

राना رعنا पुं० दे० 'रअना'।

रानाई رعنائی स्त्री० दे० 'रअनाई'।

रानी رانی स्त्री० [फा०] चलाने का काम; जैसे—जहाज-रानी, हुक्मरानी।
fem. act of operating, conducting etc.

राबता رابطہ पुं० [अ० राबित:] १. मेल-जोल, रब्त-जब्त। २. रिश्तेदारी, सम्बन्ध।
m. 1. familiarity. 2. relationship.

राबित رابط पुं० [अ०] संयोजक।
m. a convener.

राम رام वि०, पुं० [फा०] १. सेवक, अनुचर। २. आज्ञाकारी सेवक।
adj. & m. 1. a servant. 2. an obedient servant.

रामिश رامش पुं० [फा०] १. आनन्द। २. संगीत। ३. गवैया।
m. 1. joy, bliss. 2. music. 3. a singer.

राय رائے स्त्री० [अ०] १. मत। २. परामर्श।
fem. 1. opinion. 2. advice.

रायगाँ رائگاں वि० [फा०] व्यर्थ, निकम्मा, बेकार।
adj. useless, worthless.

रायज رائج वि० [अ०] जिसका रिवाज हो, प्रचलित, चलनसार।

पद रायज-उल्-वक्त=वर्तमान काल में प्रचलित।
adj. prevalent.
ph. being used now, current.

रावी راوی पुं० [अ०] वक्ता, प्रवक्ता।
m. a speaker, spokesman.

राशा رعشا पुं० दे० 'रअशा'।

राशिद راشد वि० [अ०] ठीक मार्ग पर चलनेवाला धार्मिक।
adj. & m. righteous, god-fearing.

राशी راشی वि०,पुं० [अ०] १. रिश्वत देनेवाला। २. रिश्वत लेनेवाला, घूसखोर। (अशुद्ध)
adj. & m. 1. a briber. 2. one who takes bribes.

रास[1] راس पुं० [अ०] १. ऊपरी भाग, सिरा। २. पशुओं की संख्या का सूचक शब्द; जैसे—दो रास बैल। ३. स्थल का वह कोना जो जल में दूर तक चला गया हो, अन्तरीप; जैसे—रास-कुमारी।
m. 1. upper part. 2. one as number, unit. 3. a cape.

रास[2] راس स्त्री० [फा०] १. रास्ता। २. घोड़े की बाग। ३. राहु ग्रह।
fem. 1. a way, road. 2. reins, used to control a horse. 3. the mythical monester who swallows up the Moon and the Sun.

रासिख़ راسخ वि० [अ०] दृढ़, पक्का।
adj. firm, stable.

रास्त راست वि० [फा०] १. दुरुस्त, सही, ठीक। २. सत्य, उचित। ३. दाहिना, दायाँ। ४. अनुकूल।
मुहा० रास्त आना=अनुकूल रहना, विरोध छोड़ना।
adj. 1. right. 2. true. 3. right hand. 4. favourable.
id. to be favourable, to forsake or abandon opposition.

रास्तगो راست گو वि०, पुं० [फा०] [भाव० रास्तगोई] सच या वाजिब बात कहनेवाला, सत्यवादी।
adj. & m. one who never tells a lie.

रास्तबाज़ راست باز वि० [फा०] [भाव० रास्तबाज़ी] सच्चा, ईमानदार।
adj. righteous, honest.

रास्तबाज़ी راست بازی स्त्री० [फा०] सच्चाई।
fem. truth, honesty.

रास्तरवी راست روی स्त्री० [फा०] १. सीधा रास्ता, सन्मार्ग। २. सदाचार।
fem. 1. the right path. 2. good conduct.

रास्ता راستہ स्त्री० [फा० रास्तः] १. मार्ग। २. उपाय, तरकीब।
fem. 1. a way. 2. a method.

रास्ती راستی स्त्री० [फा०] १. सच्चाई। २. ईमानदारी।
fem. 1. truth. 2. honesty.

राह راہ स्त्री० [फा०] १. रास्ता, मार्ग। २. मेल-जोल, संग-साथ। ३. ढंग, तरीक़ा। ४. प्रथा, चाल। ५. नियम, क़ायदा।
पद (i) ख़ारे राह=राह का काँटा। **(ii) राहे शौक़**=प्रेम का मार्ग।
m. 1. a way, road. 2. companionship. 3. a method. 4. a custom. 5. a rule.
id. (i) a thron in the way. (ii) the road of love.

राहख़र्च راہ خرچ पुं० [फा०] रास्ते में होनेवाला खर्च, मार्गव्यय।
m. travelling expenses.

राहगीर راہ گیر पुं० [फा०] रास्ता चलनेवाला, मुसाफ़िर, यात्री।
m. a wayfarer.

राह-गुज़र راہ گزر पुं० [फा०] रास्ता, मार्ग, सड़क।
m. a road, path.

राहज़न راہ زن पुं० [फा०] डाकू, लुटेरा, बटमार।
m. a highwayman, robber.

राहज़नी راہ زنی स्त्री० [फा०] डाका, बटमारी।
fem. highway robbery.

राहत راحت स्त्री० [अ०] सुख, आराम।
पद राहते जान=मन को प्रसन्न करनेवाली वस्तु।
fem. relief, respite.
ph. something very dear to the heart.

राहतकदा راحت کدا पुं० [अ०+फा०] सुख का स्थान, सुखालय।
m. a delightful place.

राहदार راہ دار पुं० [फा०] वह जो किसी रास्ते की रक्षा करता या आगे-जानेवालों से महसूल वसूल करता हो।
m. a toll-tax collector.

राहदारी راہ داری स्त्री० [फा०] १. वह महसूल जो किसी रास्ते से होकर जाने के बदले में देना पड़ता है। २. चुंगी, महसूल। ३. मेल-मिलाप।
पद परवाना राहदारी=वह आज्ञा-पत्र जिसके अनुसार किसी मार्ग से होकर जाने या माल ले जाने का अधिकार प्राप्त होता है।
fem. 1. toll tax. 2. octroi. 3. close familiarity, association.
ph. the right to collect toll tax.

राहनुमा راہ نما वि० [फा०] [भाव० राहनुमाई] रास्ता दिखलानेवाला।
m. a guide.

राहनुमाई راہ نمائی स्त्री० [फा०] मार्गदर्शन, पथप्रदर्शन।
fem. guidance.

राहबर راہبر वि० [फा०] = रहनुमा।

राहबरी راہبری स्त्री० [फा०] = रहनुमाई।

राह-रविश راہ روش स्त्री० [फा०] रंग-ढंग, तौर-तरीका, चाल-चलन।
fem. conduct, demeanour.

राहरास्त راہ راست स्त्री० [फा०] सीधा मार्ग।
fem. a straight way.

राह-रौ راہ رو पुं० [फा०] रास्ता चलनेवाला, यात्री, बटोही।
m. a wayfarer.

राह-व-रब्त راہ و ربط पुं० [फा०+अ०] = रोहबत।
m. familiarity, close association.

राहिन راہن पुं० [अ०] रेहन या गिरवी रखनेवाला।
m. a mortgagee.

राहिब راہب पुं० [अ०] संसार को छोड़कर एकान्त में रहनेवाला।
m. one who lives in the solitude, recluse.

राहिम راحم वि० [अ०] रहम करनेवाला।
adj. kind, kind-hearted, benign.

राहिला راحلہ पुं० [अ० राहिल:] यात्रियों का गिरोह, काफ़िला।
m. a carvan.

राही راہی पुं० [फा०] रास्ता चलनेवाला, मुसाफ़िर, यात्री।
m. a wayfarer.

राहेरब्त راہ ربط स्त्री० [फा० + अ०] १. मेल-जोल। २. पारस्परिक व्यवहार।
m. 1. familiarity. 2. mutual dealings.

राहेशौक راہ شوق पुं० [फा०] प्रेम का मार्ग।
m. the path of love.

रिंद رند पुं० [फा०] १. धार्मिक बन्धनों को न माननेवाला पुरुष। २. मनमौजी आदमी, स्वच्छन्द पुरुष।
वि० १. मतवाला, मस्त। २. लुच्चा।
m. 1. a non-conformist. 2. an easy-going person.
adj. 1. carefree and self-contained. 2. rogue.

रिंदपेशा رند پیشہ वि० [फा०] बेहूदा और बेढब, वाहियात और शरारती।
adj. absurd and naughty.

रिंदा رندہ पुं० [फा०] वाहियात व्यक्ति, लुच्चा, शोहदा।
m. an absurd or wicked person.

रिंदाना رندانہ वि० [फा० रिन्दान:] रिन्दों का-सा, रिन्दों से साबन्ध रखनेवाला।
adj. of or pertaining to the non conformists.

रिंदी رندی स्त्री० [फा०] १. लुच्चापन, शोहदापन। २. धूर्तता।
fem. 1. wickedness. 2. roguery.

रिआयत رعایت स्त्री० [अ०] १. कोमल और दयापूर्ण व्यवहार, नरमी। २. न्यूनता, कमी। ३. ख़याल, विचार।
fem. 1. leniency. 2. concession, rebate. 3. consideration.

रिआयती رعایتی वि० [अ०] रिआयत-सम्बन्धी, जिसमें कुछ रिआयत हो।
adj. concessionary.

रिआया رعایا स्त्री० [अ०] प्रजा।
fem. a person who lives in a particular country ruled by a king or queen, subject.

रिकाब رکاب स्त्री० दे० 'रकाब'।

रिकाबी رکابی स्त्री० दे० 'रकाबी'।

रिक्कत رقت स्त्री० [अ०] १. कोमलता। मुलायमियत। २. रोना-धोना, रुदन। ३. दया, अनुकम्पा। ४. आनन्द या प्रेम आदि के कारण विभोर होना, दिल भर आना।
fem. 1. tenderness. 2. wailing. 3. kindness, compassion. 4. state of being overwhelmed with joy.

रिज़क رزق पुं० दे० 'रिज़्क'।

रिज़वाँ رضواں पुं० [अ० रिज़्वाँ] मुसलमानों के अनुसार एक देवदूत जो फ़िरदौस या स्वर्ग का स्वामी है।
m. the king of the heaven.

रिज़ाला رضالہ पुं० [अ० रिज़ाल:] १. कमीना, नीच, तुच्छ। २. दुष्ट, पाजी।
adj. 1. mean, wretched. 2. naughty, wicked.

रिज़्क़ رزق पुं० [अ०] १. नित्य का भोजन। २. रोज़ी, जीविका। ३. सम्पत्ति।
m. 1. daily food, meal. 2. livelihood. 3. property.

रिफ़अत رفعت स्त्री० [अ०] १. ऊँचाई। २. उन्नत अवस्था की प्राप्ति। ३. महत्त्व, बड़प्पन।
पद रिफ़अते-फ़लक = आकाश की ऊँचाई।
fem. 1. height. 2. higher state. 3. importance.
ph. the height of the sky.

रिफ़ाकत رفاقت स्त्री० दे० 'रफ़ाकत'।

रिफ़ाह رفاہ स्त्री० दे० 'रफ़ाह'।

रिफ़्ज़ رفض पुं० [अ० रफ़्ज़] धर्मद्रोह, अधार्मिकता।
m. revolt against one's religion.

रियह ریہ पुं० [अ०] फेफड़ा, फुफ्फुस।
m. a lung.

रिया ریا स्त्री० [अ०] धोखा, छल, कपट।
fem. deceit, cunningness.

रियाई ریائی वि० [अ० रिया] धूर्त।
adj. cunning.

रियाकार ریاکار वि० [अ०+फा०] [भाव० रियाकारी]

धोखा देनेवाला।
adj. deceitful.

रियाज़[1] رياض पुं० [अ० 'रौज़ा' का बहु०] वाटिकाएँ, बाग़।
m. (plu.) gardens.

रियाज़[2] رياض पुं० [अ० रियाज़त] १. वह परिश्रम जो किसी प्रकार का अभ्यास या बारीक काम करने में होता है, अभ्यास, मश्क। २. तपस्या, तप।
m. 1. practice, exercise, hard work. 2. penance.

रियाज़त رياضت स्त्री० [अ०] १. परिश्रम। २. कष्ट-सहन। ३. तपस्या। ४. कसरत, अभ्यास।
fem. 1. hard work, toil, labour. 2. tolerance, forebearance. 3. penance. 4. physical exercise.

रियाज़तकश رياضت کش वि० [अ०+फा०] परिश्रम करने-वाला, मेहनती।
adj. hardworker, laborious.

रियाज़ती رياضتی वि० दे० 'रियाज़तकश'।

रियाज़ी رياضی स्त्री० [अ०] विज्ञान के तीन विभागों में से एक जिसमें सब प्रकार के गणित, ज्योतिष, संगीत आदि विद्याएँ सम्मिलित हैं।
fem. a division of sciences in which math, astrology, music etc. are included.

रियाज़ी-दाँ رياضی داں वि० [अ०+फा०] रियाज़ी का ज्ञाता।
m. an expert of above sciences.

रियासत رياست स्त्री० [अ०] १. राज्य, अमलदारी। २. वैभव।
fem. 1. a state. 2. grandeur, glory.

रियाह رياح स्त्री० [अ० 'रीह' का बहु०] शरीर के अन्दर की वायु, बाई।
fem. the gas generated in the stomach.

रिवाज رواج स्त्री० दे० 'रवाज'।

रिवायत روايت स्त्री० [अ०] पुनर्कथन।
fem. repitition.

रिश्ता رشتہ पुं० [फा० रिश्त:] नाता, सम्बन्ध।
m. relation, relationship.

रिश्तेदार رشتہ دار पुं० [फा० रिश्त:दार] नातेदार, संबंधी।
m. a relative.

रिश्तेदारी رشتہ داری स्त्री० [फा० रिश्त:+दारी] सम्बन्ध, नाता।
m. relationship.

रिश्वत رشوت स्त्री० [अ०] घूस, उत्कोच।
fem. bribe.

रिश्वतख़ोर رشوت خور वि०, पुं० [अ०+फा०] [भाव० रिश्वतख़ोरी] रिश्वत या घूस खानेवाला।
adj. & m. one who takes bribe, bribee.

रिश्वतदिहिंदा رشوت دہندہ वि०, पुं० [अ०+फा० दिहिन्द:] रिश्वत देनेवाला।
adj. & m. one who gives bribe, briber.

रिश्वतदिही رشوت دہی स्त्री० [अ०+फा०] रिश्वत देने का काम।
fem. act of giving of bribes, bribery.

रिश्वतसतानी رشوت ستانی स्त्री० [अ०+फा०] रिश्वत खाना, घूस लेना।
fem. act of taking bribes. bribery.

रिसालत رسالت स्त्री० [अ०] १. रसूल होने का भाव, पैगम्बरी। २. दूतत्व, एलचीगरी।
पद रिसालत-पनाह=मुहम्मद साहब का एक नाम।
fem. 1. the state or function of being a prophet, prophetship. 2. the office or duty of an envoy.
ph. name of Mohammed.

रिसालदार رسالدار पुं० [फा० रिसाल:दार] घुड़सवार सेना का एक अफ़सर।
m. an officer of army on horseback.

रिसाला رسالہ पुं० [अ० रिसाल:] १. पत्र, ख़त। २. पत्रिका। ३. घुड़सवारों की सेना, अश्वारोही सेना।
m. 1. a letter. 2. a magazine. 3. army on horseback.

रिहल رحل स्त्री० [अ० रिहिल] काठ की वह चौकी जिसपर रखकर पुस्तक पढ़ते हैं।
m. a small desk.

रिहलत رحلت स्त्री० [अ०] १. प्रस्थान, कूच, रवानगी। २. मृत्यु, मौत, परलोक-गमन।
fem. 1. departure, march. 2. death, journey to the heaven.

रिहा رہا वि० [फा० रहा] [भाव० रिहाई] बन्धन या बाधा आदि से मुक्त।
adj. released, acquitted.

रिहाइश رہائش स्त्री० दे० 'रहाइश'।

रिहाई رہائی स्त्री० [फा०] छुटकारा, मुक्ति।
fem. release, acquittal.

रीख़ ریخ स्त्री० [फा०] १. चूल। २. बुनियाद।
fem. 1. a hinge. 2. foundation.

रीम ریم स्त्री० [फा०] मवाद, पीब।
fem. pus.

रीश ریش स्त्री० [फा०] ठोढ़ी पर के बाल, दाढ़ी।
fem. hair on the chin and lower cheeks. beard.

रीशख़ंद ریش خند पुं० [फा०] १. मुस्कराहट। २. परि-हास, ठट्ठा, हँसी, मज़ाक।
fem. 1. smile. 2. a joke, fun.

रीह ریح स्त्री० [अ०] १. वायु, हवा। २. अपान वायु, पाद। ३. शरीर के अन्दर की वायु।
fem. 1. air. 2. wind from bowls. 3. wind inside the bodoy.

रीही ریحی वि० [अ०] पाद-संबंधी।
adj. relating to the wind from bowls.

रुअनत رعونت स्त्री० [अ०] घमंड।
fem. conceit, pride.

रुकन رکن पुं० [अ० रुक्न] [बहु० अरकान] १. स्तम्भ, खम्भा। २. प्रधान कार्यकर्ता; जैसे—रुक्ने-सलतनत = साम्राज्य का प्रधान कार्यकर्ता या स्तम्भ।
m. 1. a pillar, collumn. 2. a main agent.

रुकूअ رکوع पुं० [अ०] १. नम्रतापूर्वक झुकना। २. नमाज़ में घुटनों पर हाथ रखकर झुकना। ३. कुरान का एक प्रकरण।
m. 1. act of bending humbly. 2. act of placing hands on one's knees while bending at the time of prayer. 3. a chapter of Quran.

रुक़्क़ा رقعہ पुं० [अ० रुक़्अ:] [बहु० रुक़्क़आत] १. छोटा पत्र या चिट्ठी, पुरज़ा, परचा। २. पत्र, चिट्ठी।
m. 1. a slip or letter. 2. a letter.

रुक़्क़ात رقعات पुं० [अ० रुक़्क़ा का बहु०] पत्र-संग्रह।
m. collection of letters.

रुख़ رخ पुं० [फा०] १. कपोल, गाल। २. मुख, मुँह। ३. आकृति, चेष्टा। ४. मन की इच्छा जो मुख की आकृति से प्रकट हो। ५. कृपादृष्टि, मेहरबानी की नज़र। ६. सामने या आगे का भाग। ७. शतरंज का एक मोहरा।
क्रि० वि० १. तरफ़, ओर। २. सामने।
m. 1. a cheek. 2. a face. 3. an apperance. 4. an attitude. 5. sympathetic outlook. 6. frontal portion, front. 7. a castle in the game of chess.
adv. 1. in the direction of. 2. in front, before.

रुख़सत رخصت स्त्री० [अ० रुख़्सत] १. आज्ञा, परवानगी। २. रवानगी, कूच, प्रस्थान। ३. काम से छुट्टी। ४. अवकाश।
वि० जो कहीं से चल पड़ा हो।
m. 1. permission. 2. departure. 3. leisure. 4. leave.
adj. having left the place departed.

रुखसताना رخصتانہ पुं० [अ०+फा० आन:] वह धन जो किसी को रुख़सत होने के समय दिया जाए।
m. money given at the time of departure.

रुख़सती رخصتی स्त्री० [अ०] विदाई, विशेषत: दुलहिन की।
fem. the time of saying good by to someone sply. the bride.

रुख़सार رخسار पुं० [फा० रुख़्सार] कपोल, गाल।
पद रुख़सारे-हूर=परी के गाल।
m. a check.
ph. the cheeks of a fairy.

रुख़सारा رخسارہ पुं० [फा० रुख़्सार:] कपोल, गाल।
m. a cheek.

रुख़ाम رخام पुं० [फा०] संगमरमर।
m. a marble.

रुजहान رجحان पुं० [अ० रुज्हान] झुकाव।
m. inclination, tendency.

रुजू رجوع वि० [अ० रुजूअ] जिसका मन किसी ओर लगा हो, प्रवृत्त।
स्त्री० १. प्रवृत्ति। २. लौटना, वापस आना। ३. ऊँची अदालत में होनेवाला पुनर्विचार।
adj. inclined.
fem. 1. tentendy, inclination. 2. coming back or returning. 3. revision, review.

रुजूआत رجوعات स्त्री० [अ०] प्रवृत्ति।
fem. inclination, tendency.

रुजूलियत رجولیت स्त्री० [अ०] विषय या सम्भोग की शक्ति, पुंसत्व।
m. manliness, virility.

रुतबा رتبہ पुं० [अ० रुत्ब:] १. ओहदा, पद। २. इज़्ज़त।
m. 1. rank, post. 2. respect, honour, esteem.

रुब روب पुं० [अ०] शरबत।
m. a syrup or fruit juice.

रुबा[१] ربع वि० [अ०] चौथाई, चतुर्थांश।
adj. one-fourth.

रुबा[२] ربا वि० [फा०] चुरानेवाला; जैसे—दिलरुबा।
adj. (one) who steals or takes away quickly.

रुबाई رباعی स्त्री० [अ०] चार चरणों का पद्य, चौबोला।
m. a four-foot poem, quatrain.

रुब्ब رب पुं० [अ०] = रुब।

रुमूज رموز स्त्री० [अ० 'रम्ज' का बहु०] इशारे।
fem. winks.

रुसवा رسوا वि० [फा० रुस्वा] १. अपमानित। २. बदनाम।
adj. 1. insulted, disgraced. 2. infamous.

रुसवाई رسوائی स्त्री० [फा० रुस्वाई] १. अप्रतिष्ठा। २. बदनामी, कलंक।
fem. 1. insult, disgrace. 2. infamy, stigma.

रुसूख़ رسوخ पुं० [अ०] १. दृढ़ता, मज़बूती। २. धैर्य, अध्यवसाय। ३. पहुँच, मेल-जोल। ४. विश्वास, एतबार।
m. 1. firmness. 2. patience. 3. access.

4. belief, faith.

रुसूख़ियत رسوخیت पुं० दे० 'रसूख़'।

रुसूम رسوم पुं० दे० 'रसूम'।

रुस्तम رستم पुं० [फा०] १. फारस का एक प्रसिद्ध प्राचीन पहलवान। २. भारी वीर।
पद छिपा रुस्तम=वह जो देखने में सीधी-सादा, पर वास्तव में बहुत वीर हो।
m. 1. name of a famous Persian wrestler. 2. a great warrior.
ph. a dark horse.

रुस्तमी رستمی स्त्री० [फा० रुस्तम] १. बहादुरी, वीरता। २. जबरदस्ती, बल-प्रयोग।
fem. 1. bravery. 2. high-handedness.

रू رو पुं० [फा०] मुख, चेहरा, आकृति।
स्त्री० १. कारण, सबब। २. तल, सतह। ३. अगला भाग। ४. आशा।
m. face, countenance, apperance.
fem. 1. a cause. 2. surface. 3. a frontal part or portion. 4. hope.

रूईदगी روئیدگی स्त्री० [फा०] वनस्पति।
fem. a vegetable, vegetation.

रूए روئے स्त्री० [फा०] १. रू, चेहरा, आकृति। २. कारण।
fem. 1. a face, countenance. 2. a cause.

रूएदाद روئداد स्त्री० दे० 'रूदाद'।

रूकश روکش वि०, पुं० [फा०] [भाव० रूकशी] १. सामने आनेवाला, सम्मुख होनेवाला। २. प्रतिद्वंद्वी। ३. लज्जित।
adj. & m. 1. coming before, facing. 2. opposing, rival. 3. ashamed.

रूकशी روکشی स्त्री० [फा०] १. सामना, सम्मुखता। २. प्रतिद्वंद्विता। ३. लज्जा।
fem. 1. act of meeting or confronting. 2. rivalry. 3. shame.

रूगरदाँ روگرداں वि० [फा०] पीछे की तरफ़ मुड़ा या उलटा हुआ।
adj. turned backward.

रूदबार رودبار पुं० [फा०] १. बड़ा और चौड़ा जलडमरूमध्य। २. बड़ी झील। ३. जलपूर्ण प्रदेश।
m. 1. a large isthmus. 2. a large lake. 3. land submerged in water.

रू-दर-रू رودررو क्रि० वि० [फा०] मुँह पर।
adv. in the presence of (someone), face to face.

रूदाद روداد स्त्री० [फा० रुएदाद] १. समाचार, वृत्तान्त। २. दशा। ३. विवरण, कैफ़ियत। ४. अदालत की कार्रवाई।
fem. 1. a news, account. 2. condition. 3. description. 4. a legal action.

रूदारी روداری स्त्री० [फा०] ध्यान, ख्याल।
fem. consideration.

रूनुमाई رونمائی स्त्री० [फा०] १. मुँह दिखलाने या देखने की रसम। २. मुँह-दिखाई।
fem. act of seeing the face of the bride formally. 2. the present given to the bride at this ocassion.

रूपोश روپوش वि० [फा०] [भाव० रूपोशी] १. जिसने अपना मुँह ढक या छिपा लिया हो। २. भागा हुआ।
adj. 1. having covered his face. 2. fledaway.

रूबंद روبند पुं० [फा०] मुँह ढकने का वस्त्र, घूँघट, बुर्का।
m. a mask, veil.

रूबकार روبکار पुं० [फा०] अदालत का हुक्म, आज्ञापत्र।
m. the order of the court.

रूबकारी روبکاری स्त्री० [फा०] मुक़दमे की पेशी या सुनवाई।
fem. hearing in the court.

रूबराह روبراہ वि० [फा०] १. प्रस्तुत, तैयार। २. दुरुस्त या ठीक किया हुआ।
adj. 1. ready, prepared. 2. rectified, corrected.

रूबरू روبرو क्रि० वि० [फा०] आमने-सामने, सम्मुख।
adv. face to face.

रूबाह روباہ स्त्री० [फा०] लोमड़ी।
fem. she fox.

रूबाहबाज़ी روباہبازی स्त्री० [फा०] धूर्तता, चालाकी।
fem. cunningness.

रूम روم पुं० [फा०] तुर्की देश का नाम।
m. Turkey (old name).

रूमाल رومال पुं० [फा०] १. कपड़े का वह चौकोर टुकड़ा जिससे हाथ-मुँह पोछते हैं। २. चौकोना शाल या दुपट्टा।
m. 1. a handkerchief. 2. a shawl.

रूमी رومی वि० [फा०] रूम देश-सम्बन्धी।
पुं० रूम देश का निवासी।
adj. Turkish.
m. an inhabitant of Turkey.

रू-रिआयत رورعایت स्त्री० [फा०+अ०] पक्षपात, तरफ़दारी।
fem. favouritism, partiality.

रूशनास روشناس वि० [फा०] [भाव० रूशनासी] जान-पहचान का।

adj. familiarity.

रूशनासी روشناسی स्त्री० [फा०] जान-पहचान।
adj. familiar.

रूसफ़ेद روسفید वि० [फा०] यशस्वी, कीर्तिशाली।
adj. famous, renowned.

रूसियाह روسیاہ वि०, पुं० [फा०] [भाव० रूसियाही] १. काले मुँहवाला। २. पापी। ३. अपराधी। ४. अपमानित, ज़लील।
adj. & m. 1. black-faced. 2. a sinner. 3. an offender. 4. disgraced, insulted.

रूह روح स्त्री० [अ०] १. आत्मा, जीवात्मा। २. सत्त, सार। ३. इत्र का एक भेद।
fem. 1. the soul. 2. essence. 3. perfume.

रूह-अफ़ज़ा روح افزا वि० [अ०] चित्त को प्रसन्न करनेवाला।
adj. gladdening.

रूहानियात روحانیات स्त्री० [अ०+फा०] अध्यात्मवाद।
fem. spirituality.

रूहानी روحانی वि० [अ०] रूह या आत्मा-सम्बन्धी, आत्मिक, आध्यात्मिक।
adj. spiritual.

रेख़्ता ریختہ वि० [फा० रेख़्त:] १. गिरा या टपका हुआ। २. अस्त-व्यस्त।
पुं० १. पक्की दीवार। २. दिल्ली की ठेठ उर्दू भाषा।
adj. 1. fallen or oozed. 2. scattered.
m. 1. a concrete wall. 2. local urdu of Delhites.

रेख़्ती ریختی स्त्री० [फा०] स्त्रियों की बोली उर्दू जबान।
fem. Urdu as spoken by women.

रेग ریگ स्त्री० [फा०] रेत।
fem. sand.

रेगज़ार ریگزار सं० पुं० दे० 'रेगिस्तान'।

रेगिस्तान ریگستان पुं० [फा०] बालू का बहुत बड़ा मैदान, मरुदेश।
m. a desert.

रेगे-रवाँ ریگ رواں वि० [फा०] रेत की तरह चमकता हुआ।
adj. shining like sand.

रेज़ ریز स्त्री० [फा०] पक्षियों का चहचहाना, कलरव।
वि० गिराने या बहानेवाला; जैसे—अश्करेज़।
fem. chripings.
adj. that drops or sheds.

रेज़गारी ریزگاری स्त्री० [फा०] छोटे सिक्के।
fem. small coins.

रेज़गी ریزگی स्त्री० दे० 'रेज़गारी'।

रेज़ा ریزہ पुं० [फा० रेज़:] १. बहुत छोटा टुकड़ा, सूक्ष्म खंड। २. नग,थान, अदद।
m. 1. a small piece. 2. an item.

रेज़िश ریزش स्त्री० [फा०] सरदी, ज़ुक़ाम, नज़ला (रोग)।
fem. catarrh.

रेब ریب पुं० [अ०] सन्देह, शक।
m. doubt, suspicion.

रेवंद ریوند पुं० [फा०] एक पहाड़ी पेड़ जिसकी जड़ और लकड़ी रेवन्दचीनी के नाम से बिकती और औषध के काम में आती है।
m. an mountainous tree.

रेवंद-चीनी ریوندچینی पुं० दे० 'रेवन्द'।

रेव ریو पुं० [फा०] कपट, छल।
m. deceit, fraud.

रेश ریش पुं० [फा०] ज़ख़्म, घाव।
m. a wound.

रेशम ریشم पुं० [फा०] 'अबरेशम' का संक्षिप्त रूप, एक प्रकार का महीन चमकीला और दृढ़ तन्तु जिसे कोश में रहनेवाले एक प्रकार के कीड़े तैयार करते हैं।
m. silk.

रेशमी ریشمی वि० [फा०] रेशम का बना हुआ।
adj. silken, silky.

रेशा ریشہ पुं० [फा० रेश:] तन्तु या महीन सूत जो पौधों की छालों आदि से निकलता है।
m. a fibre.

रेशादार ریشہ دار वि० [फा० रेश:दार] जिसमें छोटे-छोटे सूत या रेशे हों।
adj. fibrous.

रेहन رہن पुं० [फा० रह्न] महाजन से क़र्ज लेकर उसके पास अपनी जायदाद इस शर्त पर रखना कि जब रुपया अदा हो जाएगा तब वह माल या जायदाद वापस कर देगा, बन्धक, गिरवी।
m. mortgage, hypothecateon, pledge.

रेहनदार رہندار पुं० [फा० रह्नदार] वह जिसके पास कोई जायदाद रेहन रखी हो।
m. a mortgagee.

रेहननामा رہن نامہ पुं० [अ० रह्न+फा० नाम:] वह काग़ज़ जिसपर रेहन की शर्तें लिखी हों।
m. mortgage deed.

रेहान ریحان पुं० [अ०] १. तुलसी की तरह का एक सुगन्धित पौधा। २. एक प्रकार की सुगंधित घास। ३. एक प्रकार की अरबी लेखन-प्रणाली।
m. 1. name of a plant. 2. name of a sweet. 3. smelling grass. 4. an Arabic writing system.

रो رو वि० [फा०] उगनेवाला; जैसे—खुद-रो=आपसे आप उगनेवाला, जंगली।

adj. growing.

रोग़न روغن पुं० [फा० रौग़न] १. तेल, चिकनाई। २. वह पतला लेप जिसे किसी वस्तु पर पोतने से चमक आए, पालिश, वारनिश। ३. वह मसाला जिसे बरतनों आदि पर चढ़ाते हैं।
m. 1. oil, fat. 2. varnish. 3. polish, paint or lacquer.

रोग़नी روغنی वि० [फा० रौग़नी] रोग़न किया हुआ।
adj. lacquered.

रोग़ने-ज़र्द روغن زرد पुं० [फा०] घी, घृत।
m. ghee, purified butter.

रोग़ने-तल्ख़ روغن تلخ पुं० [फा०] कड़ुआ तेल।
m. mustured oil.

रोगने-सियाह روغن سیاہ पुं० [फा०] जलाने का तेल।
m. oil, used as a fuel, black oil.

रोज़ روز पुं० [फा०] १. दिन, दिवस। २. एक दिन की मज़दूरी। ३. मृत्यु की तिथि।
पद **(i) रोज़े-हिसाब**=हिसाब का दिन, प्रलय का दिन। **(ii) रोज़ो-शब**=दिन और रात।
m. 1. a day. 2. daily wages. 3. the date of death.
ph. (i) doomsday. (ii) day and night.

रोज़-अफ़ज़ूँ روزافزوں वि० [फा०] नित्य बढ़नेवाला।
adj. rising or growing daily.

रोज़गार روزگار पुं० [फा०] व्यवसाय, धंधा, पेशा, कारबार।
m. employment, business, trade or profession.

रोज़गारी روزگاری पुं० [फा०] व्यवसायी, व्यापारी।
m. a businessman, trader.

रोज़नामचा روزنامچہ पुं० [फा० रोजनामच:] वह किताब जिसपर रोज़ का किया हुआ काम लिखा जाता है।
m. a dairy.

रोज़बरोज़ روز بہ روز क्रि०वि० [फा०] नित्य, प्रतिदिन।
adj. happening on every day, daily.

रोज़मर्रा روزمرہ क्रि० वि० [फा० रोज़मर्र:] प्रतिदिन, नित्य।
पुं० नित्य के व्यवहार में आनेवाली भाषा, बोलचाल, चलती बोली।
adv. daily, everyday.
m. a dialect.

रोज़ा روزہ पुं० [फा० रोज़:] १. व्रत, उपवास। २. उपवास का दिन।
पुं० दे० 'रौज़ा'।
m. a fast. 2. a day of fasting.

रोज़ा-कुशाई روزہ کشائی स्त्री० [फा० रोज़:+] दिन भर रोज़ा रखने के बाद कुछ खाकर रोज़ा खोलना या तोड़ना।
fem. act of breaking a fast.

रोज़ाख़ोर روزہ خور पुं० [फा० रोज़:] वह जो रोज़ा न रखता हो।
m. one who does not keep on the fasts.

रोज़ादार روزہ دار पुं० [फा० रोज़:] वह जो रोजा रखता हो, उपवास करनेवाला।
m. one who keeps on the fasts.

रोज़ाना روزانہ क्रि० वि० [फा० रोज़ान:] नित्य, प्रतिदिन।
adj. daily.

रोज़ी روزی स्त्री० [फा०] १. नित्य का भोजन। २. जीवन-निर्वाह का अवलंब, जीविका।
पद **सियाह-रोज़ी**=दुर्भाग्य।
fem. 1. daily bread. 2. livelihood.
ph. misfortune.

रोज़ीना روزینہ पुं० [फा० रोज़ीन:] १. एक दिन की मज़दूरी। २. मासिक वेतन या वृत्ति आदि।
m. 1. a day's wage. 2. pay or salary.

रोज़ीनादार روزینہ دار वि०, पुं० [फा० रोज़ीन:दार] [भाव० रोज़ीनादारी] रोज़ीना या वृत्ति आदि पानेवाला।
adj. & m. daily wage-earner.

रोज़ीरसाँ روزی رساں पुं० [फा०] १. रोज़ी पहुँचाने वाला, जीविका की व्यवस्था करनेवाला। २. ईश्वर।
m. 1. one who provides daily provisions. 2. the God.

रोज़े-जज़ा روزجزا पुं० [फा०+अ०] क़यामत का दिन जब जीवों को उनके शुभ और अशुभ कर्मों का फल मिलेगा।
m. the Doom's Day.

रोज़े-दाद روزداد पुं० दे० 'रोज़े-जज़ा'।

रोज़े-रौशन روزروشن पुं० [फा०] १. प्रात:काल, सबेरा। २. दिन का समय।
m. 1. early morning, dawn. 2. day's time.

रोज़े-शुमार روزشمار पुं० दे० 'रोज़े-जज़ा'।

रोज़े-सियह روزسیہ पुं० [फा०] विपत्ति या दुर्भाग्य का दिन।
m. the day of misfortune.

रोब رعب पुं० [अ० रुअब] बड़प्पन की धाक, आतंक, दबदबा।
मुहा० **(i) रोब जमाना**=आतंक उत्पन्न करना। **(ii) रोब में आना**=(क) आतंक के कारण कोई ऐसी बात कर डालना जो यों न की जाती हो। (ख) भय मानना।
m. commanding influence sway.
id. (i) to hold one's sway. (ii) a. to be under one's influence. b. scared, terrified.

रोबदाब رعب داب पुं० [अ० रुअब+दाब] आतंक और

दबाव।
m. influence and pressure, awe.

रोबदार رعب‌دار वि० [अ० रुअब+फा०] रोबदाबवाला, प्रभावशाली।
adj. highly influential, awe-inspiring.

रोया رویا पुं० [अ०] स्वप्न।
m. a dream.

रोशन روشن वि० [फा०] १. जलता हुआ, प्रकाशित। २. प्रकाशमान, चमकदार। ३. प्रसिद्ध। ४. प्रकट, ज़ाहिर।
adj. 1. lit up. 2. bright, shining. 3. famous. 4. evident, obvious.

रोशन-ज़मीर روشن‌ضمیر वि० [फा०+अ०] बुद्धिमान, समझदार।
adj. wise, intelligent.

रोशनदान روشن‌دان पुं० [फा०] प्रकाश आने का छिद्र, गवाक्ष, मोखा।
m. a ventilator.

रोशन-दिमाग़ روشن‌دماغ पुं० [फा०] १. वह जिसका दिमाग़ बहुत अच्छा और ऊँचा हो। २. सुँघनी, नस्य।
m. 1. a person having great ability and natural skill. 2. snuff.

रोशनाई روشنائی स्त्री० [फा०] १. लिखने की स्याही, मसि। २. प्रकाश, रोशनी।
fem. 1. ink. 2. light.

रोशनी روشنی स्त्री० [फा०] १. उजाला। २. दीपक, चिराग़। ३. दीपमाला का प्रकाश। ४. ज्ञान का प्रकाश।
fem. 1. light. 2. a lamp. 3. the light of knowledge.

रोसपी روسپی स्त्री० [फा०] कुलटा।
fem. an unchaste woman.

रौ رو स्त्री० [फा०] १. गति, चाल। २. प्रवाह, बहाव। ३. वेग, झोंका। ४. चाल, ढंग। ५. किसी बात की धुन। वि० [फा०] चलनेवाला; जैसे—पेश-रौ=आगे चलनेवाला, नेता।
fem. 1. movement. 2. flow. 3. speed. 4. impulse or craze.
adj. moving

रौग़न روغن पुं० [फा०] १. तेल। २. वारनिश।
m. 1. oil. 2. vanish.

रौग़नी روغنی वि० [फा०] रोगन किया हुआ।
adj. painted, lacquered.

रौज़ा روضہ पुं० [अ० रौज़:] १. वाटिका, बाग़। २. किसी महात्मा या बड़े आदमी की कब्र, मक़बरा।
m. 1. a garden. 2. a tomb.

रौज़ाख़्वाँ روضہ‌خواں पुं० [अ०+फा०] मरसिया पढ़नेवाला।
m. an eulogist.

रौज़े-रिज़वाँ روضۂ‌رضواں पुं० [अ०] स्वर्ग की वाटिका।
m. the garden of the Heaven.

रौनक़ رونق स्त्री० [अ०] १. वर्ण और आकृति। २. रूप, चमक-दमक, दीप्ति, कांति। ३. प्रफुल्लता, विकास। ४. शोभा, छटा, सुहावनापन।
fem. 1. brightness, lustre. 2. joy, happiness. 3. beauty, loveliness.

रौनक़-अफ़ज़ा رونق‌افزاں वि० [अ०+फा० अफ़्ज़ा] [भाव० रौनक़-अफ़ज़ाई] रौनक़ या शोभा बढ़ानेवाला।
adj. charming, glamorous.

रौनक़-अफ़रोज़ رونق‌افروز वि० [अ०+फा०] किसी स्थान पर उपस्थित होकर वहाँ की शोभा बढ़ानेवाला।
adj. (one) who enhances joy with his presence.

रौनक़दार رونق‌دار वि० [अ०+फा०] [भाव० रौनक़-दारी] रौनक़ या शोभावाला, सुन्दर और सजा हुआ।
adj. beautiful, charming, decorated.

रौशन روشن वि० दे० 'रोशन'।

◆

ल

लंग لنگ वि० [फा०] जिसका पैर टूटा हो, लँगड़ा।
adj. lame.

लंगर لنگر पुं० [फा०] १. लोहे का एक प्रकार का बड़ा काँटा जिसकी सहायता से जहाज़ या नाव को जल में एक स्थान पर स्थित रखते हैं। २. कोई लटकने और हिलनेवाली भारी चीज़। ३. बड़ा रस्सा या लोहे की भारी जंज़ीर। ४. पहलवानों का लँगोट। ५. कपड़े की कच्ची सिलाई या दूर-दूर पर पड़े हुए बड़े टाँके। ६. वह स्थान जहाँ दरिद्रों को भोजन बँटता है।
m. 1. an anchor. 2. any heavy thing swinging like a pendulum. 3. a heavy rope or chain. 4. an underwear of a wrestler. 5. long stiches. 6. an alms house.

लंगरगाह لنگرگاه स्त्री० [फा०] वह स्थान जहाँ जहाज़ लंगर डालकर खड़े किए जाते हैं।
fem. a harbour.

लंतरानी لن‌ترانی स्त्री० [अ०] बहुत बढ़-बढ़कर की जानेवाली बातें, शेखी, डींग।
fem. an empty boast, braggadocio.

लअन لعن स्त्री० [अ०] फटकार, झिड़की।
fem. reprimand, damnation.

लअन-तअन لعن طعن स्त्री० [अ०] लानत-मलामत।
fem. resproach, reproof.

लअब لعب पुं० [अ०] खेल।
पद लहो-लअब=खिलवाड़।
m. sports, play.
ph. child's play.

लईन لعین वि० [अ०] जिसकी भर्त्सना की जाए, शापित।
adj. reproved.

लऊक़ لعوق पुं० [अ०] चाटकर खाई जानेवाली ओषधि, अवलेह, चटनी।
m. jelly.

लकनत لکنت स्त्री० दे० 'लुकनत'।

लक़ब لقب पुं० [अ०] १. उपनाम। २. उपाधि, खिताब।
m. 1. alias. 2. title, epithet.

लक़लक़ لقلق पुं० [अ०] सारस पक्षी, धनेस।
वि० बहुत दुबला-पतला, क्षीण।
m. a long-necked bird, crane.
adj. lean and thin.

लक़लक़ा لقلقہ पुं० [अ० लक़लक़:] १. सारस की बोली। २. साँपों आदि के बार-बार जीभ हिलाने की क्रिया। ३. उच्चाकांक्षा। ४. प्रभाव, दबदबा, रोब।
m. 1. the sound made by cranes. 2. snake's waving of its tongue. 3. high ambition. 4. influence, sway.

लक़वा لقوہ पुं० [अ० लक़्व:] एक प्रकार का वातरोग, पक्षाघात, फ़ालिज।
m. paralysis.

लक़ा لقا पुं० [अ० लक़अ] १. चेहरा, आकृति, शक्ल। २. एक प्रकार का कबूतर जिसकी दुम मोर की दुम की तरह होती है।
पद माहे लक़ा=जिसका मुख चन्द्रमा के समान हो (प्रिय या प्रेमिका का वाचक)।
m. 1. a face, countinance. 2. a sort of pigeon heaving peacock-like tail.
ph. having a face as beautiful as the moon.

लक़्क़ व दक़्क़ لق ودق वि० [अ०] १. उजाड़, सुनसान (मैदान आदि)। २. जिसमें बहुत आडंबर और शान-शौक़त हो।
adj. 1. deserted. 2. ostentatious.

लक़्क़ा لقا पुं०=लक़ा।

लक्वा لقوہ पुं० [अ० लक़्व:] पक्षाघात।
m. parelysis.

लख़लख़ा لخلخہ पुं० [फा० लख़लख़:] कोई सुगंधित द्रव्य जिसका व्यवहार मूर्च्छा दूर करने के लिए होता हो।
m. a fragrant substance ment to restore consciousness.

लख़्त لخت पुं० [फा०] टुकड़ा, खंड।
पद (i) लख़्ते ज़िगर या लख़्ते दिल=दिल या कलेजे का टुकड़ा, सन्तान, औलाद। **(ii) यकलख़्त**=एकदम से।
m. a piece, bit, part.
ph. (i) an off spring of a person. (ii) at once.

लख़्तर لختر पुं० [फा०] जमे हुए खून का लोथड़ा।
m. a piece of thickened blood.

लग़ज़िश لغزش स्त्री० [फा० लग़्ज़िश] १. फिसलन। २. भूल, ग़लती। ३. ज़बान का लड़खड़ाना।
fem. 1. slipperiness. 2. a mistake, error. 3. faltering of the tongue.

लगन لگن पुं० [फा०] ताँबे की एक प्रकार की बड़ी थाली या परात।
m. a large plate.

लगाम لگام स्त्री० [फा०] १. रास, बाग। २. नियन्त्रण में रखनेवाली चीज़।
***मुहा०* मुँह में लगाम न होना**=बदज़बान होना; जो मुँह में आए, वह बकने की आदत होना।
fem. 1. briddle, rein. 2. check.
id. to have no control over one's tongue.

लगायत لغایت क्रि० वि० [अ०] १. साथ में लिए हुए, सहित। २. (अमुक के) अन्त तक, वहाँ तक, पर्यन्त।
adv. 1. in the company of. 2. till the end.

लग़ो لغو स्त्री० [अ० लग़्व] व्यर्थ की या वाहियात बात।
fem. non-sense, useless talk.

लग़्वियत لغویت स्त्री० [अ०] १. व्यर्थ की बात, २. असत्यता। ३. शरारत।
fem. 1. a matter of little importance. 2. falsehood. 3. a mischief.

लग़्वियात لغویات स्त्री० [अ० 'लग़्वियत' का बहु०] व्यर्थ की, वाहियात या झूठी बातें।
fem. (plu.) trifling things, trifles.

लजाजत لجاجت स्त्री० [अ०] १. लड़ाई, झगड़ा। २. अत्युक्ति। ३. खुशामद।
fem. 1. a quarrel. 2. exaggeration. 3. flattery.

लज़ीज़ لذیذ वि० [अ०] जिसमें लज़्ज़त हो, बढ़िया स्वादवाला, स्वादिष्ट।
adj. tasteful, tasty, delicious.

लज़ूम لزوم पुं० [अ०] लाजिम या आवश्यक होना।
m. urgency.

लज़्ज़त لذت स्त्री० [अ०] १. स्वाद, ज़ायका। २. आनन्द।
fem. 1. taste, flavour. 2. joy.

लताफ़त لطافت स्त्री० [अ०] १. लतीफ़ का भाव, सूक्ष्मता, कोमलता। २. स्वाद, ज़ायका। ३. बढ़ियापन, उत्तमता।
fem. 1. tenderness. 2. taste. 3. excellence.

लतायफ़ لطائف पुं० [अ० 'लतीफ़ा' का बहु०] लतीफे, चुटकुले।
m. (plu.) humorous remarks, witticisms, tit-bits.

लतीफ़ لطیف वि० [अ०] १. मज़ेदार, स्वादिष्ट, ज़ायकेदार। २. अच्छा। ३. सूक्ष्म। ४. कोमल।
पद फ़नूने-लतीफ़=ललित कलाएँ।
adj. 1. delicious, tasty. 2. good, fine. 3. tender.
ph. the Fine Arts.

लतीफ़ा لطیفہ पुं० [अ० लतीफ़:] [बहु० लतायफ़] चुटकुला।
m. a humorous remark, writticism.

लतीफ़ागो لطیفہ گو पुं० [अ० लतीफ़:+फा० गो] लतीफ़ा या चुटकुला कहनेवाला।
m. one who tells witticisms.

लतीफ़ाबाज़ لطیفہ باز दे० 'लतीफ़ागो'।

लनतरानी لن ترانی स्त्री० [अ०] डींग, शेखी।
fem. an act of bragging, brag.

लफ़ंग لفنگ पुं० [फा०] दुश्चरित्र, बदमाश, लुच्चा, लफंगा।
m. a loafer, rogue.

लफ़्ज़ لفظ पुं० [अ०] शब्द।
पद लफ़्ज़ ब लफ़्ज़=शब्दश:।
m. a word.
ph. word by word, literally.

लफ़्ज़ी لفظی वि० [अ०] केवल लफ़्ज़ या शब्द से सम्बन्ध रखनेवाला, शाब्दिक।
पद लफ़्ज़ी मानी=शब्दार्थ, शब्द का सामान्य अर्थ।
adj. literal.
ph. literal meaning, word-meaning.

लफ़्फ़ाज़ لفاظ वि० [अ०] बहुत बढ़-बढ़कर बातें करनेवाला, शेख़ी या डींग हाँकनेवाला।
adj. verbose.

लफ़्फ़ाज़ी لفاظی स्त्री० [अ० लफ़्फ़ाज़] बहुत बढ़-बढ़कर बातें करना, डींग हाँकना।
fem. verbosity.

लब لب पुं० [फा०] १. होंठ, ओष्ठ। २. किनारा, पार्श्व, तट; जैसे—लबे जाम, लबे सड़क।
m. 1. a lip. 2. a bank.

लबबंद لب بند वि० [फा०] जिसके होंठ बंद हों; जो कुछ कह या बोल न सके।
adj. mum, keeping silence.

लबरेज़ لبریز वि० [फा०] ऊपर या मुँह तक भरा हुआ, लबालब।
adj. full to the brim.

लब-व-लहजा لب ولہجہ पुं० [फा०] बोलने का ढंग या प्रकार।
m. the way of speaking, articulation.

लबादा لبادہ पुं० [फा० लबाद:] सबके ऊपर ओढ़ने या पहनने का एक प्रकार का वस्त्र।
m. an overgarment, cloak.

लबालब لبالب वि० [फा०] बिल्कुल ऊपर या मुँह तक भरा हुआ; जैसे—गिलास में पानी लबालब है।
adj. filled to the brain.

लबेग़ोर لب گور वि० [फा०] ग़ोर या कब्र के किनारे तक पहुँचा हुआ, मरने के किनारे, जिसके मरने में अधिक विलम्ब न हो, मरणासन्न।

adj. likely to die soon, dying.

लबेदरिया لب دریا पुं० [फा०] नदी का किनारा, नदी का तट।
m. the bank of a river.

लबेशीरीं لب شیریں पुं० [फा०] मधुर होंठ।
m. a sweet lip.

लम्स لمس पुं० [अ०] १. स्पर्श, छूना। २. सहवास।
m. 1. touch. 2. sexual intercourse.

लम्हा لمحہ पुं० [अ० लम्ह:] पल, क्षण।
m. a moment, minute.

लम्हात لمحات पुं० [अ० लम्हे] 'लम्हा' का बहु०।
m. (plu.) moments.

लरज़ना لرزنا क्रि०अ० [फा० लरज़:] काँपना, थरथराना।
vi. to tremble.

लरज़ाँ لرزاں वि० [फा० लर्ज़ां] काँपता हुआ।
adj. trembling.

लरज़ा لرزہ पुं० [फा० लर्ज़:] १. काँपने या थरथराने की क्रिया, कंप। २. भूकम्प, भूडोल, भूचाल।
पद तपे लरज़ा=जाड़ा देकर आनेवाला बुख़ार, जूड़ी।
m. 1. a trembling feeling or movement. 2. an earthquake.
ph. malaria.

लरज़िश لرزش स्त्री० [फा: लर्ज़िश] कँपकपी।
fem. trembling movement or feeling.

लवाज़िम لوازم पुं० [अ०] साथ में रहनेवाली आवश्यक सामग्री।
m. necessary luggage.

लवातत لواطت स्त्री० [अ०] गुदामैथुन।
fem. sodomy.

लवाहक़ لواحق पुं० [अ० लवाहिक़] १. सम्बन्धी, भाई-बंधु, रिश्तेदार। २. साथ रहनेवाले लोग या सामग्री। ३. प्रत्यय।
m. 1. relation, kith and kins. 2. retinue or accompanying luggage. 3. a suffix.

लश्कर لشکر पुं० [फा०] १. सेना, फ़ौज। २. चढ़ाई, आक्रमण, धावा। ३. सेना का पड़ाव, फौज़ के ठहरने या रहने की जगह।
m. 1. an army. 2. an attack, assault. 3. halting place, camp.

लश्करकशी لشکرکشی स्त्री० [फा०] १. आक्रमण। २. सेना जुटाना।
m. 1. an attack. 2. marshalling of troops.

लश्करगाह لشکرگاہ स्त्री० [फा०] लश्कर या सेना के ठहरने की जगह, छावनी।
fem. a military station, cantonment.

लश्करी لشکری वि० [फा०] लश्कर या सेना से सम्बन्ध रखनेवाला, सैनिक।
स्त्री० १. सैनिकों की बोली। २. उर्दू भाषा।
adj. of or belonging to an army.
fem. 1. the language of the soldiers. 2. Urdu language.

लस्सान لسان पुं० [अ०] अच्छा वक्ता।
m. a skilful speaker, orator.

लहज़ा لہجہ पुं० [अ० लहज़:] १. बोलने में स्वरों का उतार-चढ़ाव या ढंग। २. स्वर।
पद लब-व-लहज़ा=बोलने का ढंग।
m. 1. intonation. 2. tone.
ph. way of speaking.

लहद لحد स्त्री० [अ०] वह गड्ढा जिसमें लाश गाड़ी जाती है, कब्र।
fem. a hole dug in the ground for a corpse, grave.

लहन لحن स्त्री० [अ०] १. प्रतिभा। २. होशियारी। ३. स्वर, आवाज़।
fem. 1. talent. 2. cleverness. 3. sound, tone.

लहम لحم पुं० [अ०] गोश्त।
m. meat.

लहीम لحیم वि० [अ०] मोटा, स्थूल।
adj. fat, bulky.

ला لا उप० [अ०] एक अव्यय जो शब्दों के आरम्भ में लगकर निषेध या अभाव सूचित करता है; जैसे—ला-चार = जिसका वश न चले, ला-जवाब = जिसका जवाब या जोड़ न हो।
prefix un-, dis-.

लाइलाज لاعلاج वि० [अ०] १. जिसका कोई इलाज या चिकित्सा न हो सके। २. जिसका कोई प्रतिकार या उपाय न रह गया हो।
adj. 1. not able to be cured, incurable. 2. irremediable.

लाइल्म لاعلم वि० [अ०] १. जिसको इल्म या ज्ञान न हो, जिसको जानकारी न हो। २. अज्ञानी।
adj. 1. uneducated. 2. without knowledge, ignorant.

लाइल्मी لاعلمی स्त्री० [अ०] अज्ञान या अनजान होने की अवस्था।
fem. the state of being uneducated.

लाउम्मती لاامتی पुं० [अ०] वह जो किसी धर्म को न मानता हो, नास्तिक।

m. an athiest.

लाओलश्कर لاؤلشکر पुं० [अ० लाव-लश्कर] १. सेना और उसके साथ के लोग। २. संगी-साथी और अनुचर।
m. 1. an army and people around them. 2. associates and attendents.

लाकलाम لاکلام वि० [अ०] १. जिसमें कुछ भी कहने-सुनने की जगह बाकी न रह गई हो। २. बिल्कुल ठीक, निश्चित, ध्रुव।
adj. 1. allowing no further doubt or dispute. 2. ultimate, definite.

लाख़ لاخ पुं० [फा०] स्थान, जगह; जैसे—संग-लाख, देव-लाख।
m. a place.

लाख़िराज لاخراج वि० [अ०] (ज़मीन) जिसपर ख़िराज या लगान न लगता हो, कररहित, माफ़ी।
adj. freehold (land)

लाग़र لاغر वि० [फा०] दुबला-पतला।
adj. lean and thin.

लाग़री لاغری स्त्री० [फा०] दुबलापन, क्षीणता, कृशता।
fem. leaness.

लाग़ी لاغی वि०, पुं० [अ०] १. झूठा। २. शेख़ीबाज़।
adj. & m. 1. a lier. 2. a braggart.

लाचार لاچار वि० [अ०] १. जिसका कुछ वश न चले, असमर्थ, असहाय। २. दीन, दुखी। ३. जिसके लिए और कोई उपाय न रह गया हो।
adj. & m. 1. helpless. 2. poor, distressed, grief-stricken. 3. having no other means.

लाचारी لاچاری स्त्री० [अ०] १. लाचार होने की अवस्था या भाव, विवशता। २. असमर्थता। ३. दीनावस्था।
fem. 1. helplessness. 2. inability. 3. wretched condition.

लाज़बान لازبان वि० [अ० ला+फा० ज़बान] जो कुछ बोल न सकता हो।
स्त्री० गाली।
adj. mute.
fem. rude and offensive words, abuse.

लाजवर्द لاجورد वि० [फा०] एक प्रकार का प्रसिद्ध रत्न या क़ीमती पत्थर।
m. a blue-coloured jewel.

लाजवर्दी لاجوردی वि० [फा०] आसमानी।
adj. sky-blue.

लाजवाब لاجواب वि० [अ०] १. जिसका जवाब या जोड़ न हो, अनुपम, बेजोड़। २. जो उत्तर न दे सके।
adj. 1. matchless, unique. 2. unable to give a reply, at a loss to answer.

लाज़वाल لازوال वि० [अ०] १. जिसका ज़वाल न हो। २. अमर।
adj. 1. that never decays. 2. immortal.

लाज़िम لازم वि० [अ०] आवश्यक।
पद लाज़िम व मलज़ूम=जो आपस में इस प्रकार सम्बद्ध हों कि अलग न किए जा सकें।
adj. necessary, urgent.
ph. that cannot be separated inseparable.

लाज़िमन لازمن क्रि० वि० [अ०] निश्चित रूप से।
adv. decidedly, finally.

लाज़िमी لازمی वि० [अ०] जिसका होना आवश्यक हो, अनिवार्य, ज़रूरी।
adj. unavoidable, necessary.

लादवा لادوا वि० [अ०] जिसकी कोई दवा या इलाज न हो।
adj. incurable.

लादावा لادعویٰ वि० [अ०] जिसका कोई दावा, स्वत्व या अधिकार न रह गया हो।
पुं० १. वह जिसने किसी पदार्थ से अपना दावा या स्वत्व हटा लिया हो। २. वह पत्र या लेख जिसके अनुसार किसी पदार्थ पर से अपना दावा या स्वत्व हटा लिया जाए।
adj. not claimed for.
m. a person who has taken back his claim. 2. a letter to do away with one's claim.

लानत لعنت स्त्री० [अ०] [वि० लानती] धिक्कार, फटकार।
fem. reproach, damnation.

लानत-मलामत لعنت ملامت स्त्री० [अ०] फटकार और धिक्कार।
fem. reproach and damnation.

लाफ़ لاف स्त्री० [फा०] बढ़-बढ़कर बातें करना, शेख़ी बघारना।
fem. act of boasting or bragging.

लाफ़ज़नी لافزنی स्त्री० [फा०] शेखी हाँकना, अपने सम्बन्ध में बहुत बढ़-बढ़कर बातें करना।
fem. act of boasting or bragging

लाफ़-व-गिज़ाफ़ لاف وگزاف पुं० [फा०] गाली-गलौज, दुर्वचन, अपशब्द।
m. abuses.

लाफ़ानी لافانی वि० [अ०] अनश्वर, अमर, शाश्वत।
adj. immortal, eternal.

लाबुद لابد वि० [अ०] १. ज़रूरी, आवश्यक। २. निश्चित।
adj. 1. urgent, necessary. 2. decided, certain.

लामकान لامکان वि० [अ०] जिसके कोई मकान या

रहने की जगह न हो।
adj. homeless, writhout shelter.

लामकाफ़ لامکاف पुं॰ [फा॰ वर्णमाला के अक्षर लाम और काफ़] गाली-गलौज, दुर्वचन।
m. abuses.

लामज़हब لامذہب वि॰, पुं॰ [अ॰] जो धर्म को न मानता हो, धर्मभ्रष्ट।
adj. & m. a heretic.

लामहदूद لامحدود वि॰ [अ॰ लामहदूद] जो सीमित न हो, असीम, अपरिमित।
adj. unlimited, limitless, immense.

लायक़ لائق वि॰ [अ॰] १. योग्य, क़ाबिल। २. उपयुक्त; जैसे—लायके-सज़ा=दण्ड पाने के योग्य।
adj. 1. able, capable. 2. adequate.

लायक़मंद لائق مند वि॰ [अ॰] योग्य, क़ाबिल, अच्छे गुणोंवाला।
adj. able, competent.

लायज़ाल لایزال वि॰ [अ॰] शाश्वत, स्थायी।
adj. permanent, everlasting, eternal.

लायमूत لایموت वि॰ [अ॰] जो कभी न मरे, अमर।
adj. immortal.

लारेब لاریب क्रि॰ वि॰ [अ॰ ला+रेब] बिना किसी शक के, निस्सन्देह।
adv. certainly, undoubtedly.

लाल لعل पुं॰ [फा॰] लाल रंग का सुप्रसिद्ध रत्न, माणिक।
***मुहा॰* लाल उगलना**=मुँह से बहुत अच्छी बातें कहना। (व्यंग्य)
***पद* लाले-बेबहा**=बहुमूल्य रत्न।
m. 1. a carbuncle (gem)
id. to say good things.
ph. a costly gem.

लालबेग لال بیگ पुं॰ [फा॰] एक पीर का नाम।
m. a Muslim Saint.

लाला لالہ पुं॰ [फा॰ लाल:] १. पोस्ते का फूल जो लाल रंग का होता है। २. एक प्रकार के पौधे का लाल फूल।
m. 1. a popy flower. 2. a kind of red flower.

लालागूँ لالہ گوں वि॰ [फा॰ लाल:गूँ] लाला (पोस्ते के फूल) के रंग का, लाला।
adj. red.

लालाफ़ाम لالہ فام वि॰ [फा॰ लाल:फ़ाम] लाल रंग का, रक्तवर्ण।
adj. blood-red.

लालारुख़ لالہ رخ वि॰ [फा॰ लाल:रुख़] १. जिसका मुख लाला फूल के रंग के समान लाल हो। २. बहुत सुन्दर।
adj. 1. having reddish face. 2. very beautiful.

लालासाँ لالہ ساں वि॰=लालागूँ।

लाले لالے पुं॰ बहु॰ [सं॰ लालसा] अभाव, कमी।
***मुहा॰* (i) किसी चीज़ के लाले पड़ना**=किसी चीज़ का बहुत अप्राप्य होना। **(ii) जान के लाले पड़ना**= प्राणों पर संकट आना, प्राण बचना कठिन होना।
m. (plu.) lack, shortage.
id. (i) to be lacking of something. (ii) to be in a very difficult position, to be at cross roads.

ला-वबाली لاوبالی स्त्री॰ [अ॰] १. विचारशीलता का अभाव, अविचार। २. लापरवाही, उपेक्षा।
fem. 1. thoughtlessness. 2. neglect. negligence.

लाव-लश्कर لاؤلشکر पुं॰ [फा॰] १. सेना और उसके साथ रहनेवाले लोग। २. साथी और अनुचर।
m. 1. an army and people around them. 2. associates and attendents.

लावल्द لاولد वि॰ [अ॰] जिसकी कोई औलाद न हो, निस्सन्तान।
adj. isueless, childless.

लावारिस لاوارث वि॰ [अ॰] जिसका कोई वारिस या उत्तराधिकारी न हो।
adj. heirless.

लावारिसी لاوارثی स्त्री॰ [अ॰] वह सम्पत्ति जिसका कोई वारिस या उत्तराधिकारी न हो।
fem. unclaimed property.

लाश لاش स्त्री॰ [तु॰] शव।
fem. a cropse.

लाशा لاشہ पुं॰ दे॰ 'लाश'।

लासानी لاثانی वि॰ [अ॰] जिसका सानी या जोड़ न हो, अनुपम।
adj. matchless, unique.

लासुख़न لاسخن वि॰ [अ॰] बदज़बान।
adj. foul-mouthed.

लाह لاہ पुं॰ [अ॰] अल्लाह।
m. the God.

लाहक़ لاحق वि॰ [अ॰] १. मिला हुआ। २. सम्बद्ध, आश्रित, निर्भर।
adj. 1. mixed, combined. 2. related, depended.

लाहल لاحل वि॰ [अ॰] १. जो हल न हो सके। २. जिसका हल न निकला हो।

adj. 1. unsolvable. 2. unsolved.

लाहासिल لاحاصل वि० [अ०] १. निरर्थक। २. अनावश्यक।

adj. 1. useless. 2. unnecessary.

लाहिक़ لاحق पुं० [अ०] [बहु० लवाहिक़] १. रिश्तेदार। २. आश्रित व्यक्ति।

m. 1. a relative. 2. a dependent person.

लाही لاہی वि० [अ०] अचेत, बेसुध।

adj. unconscious.

लाहूत لاہوت पुं० [अ०] संसार।

m. the world.

लाहूता لاہوتا पुं० [अ०] संसार में रहनेवाला, प्राणी।

m. a living being.

ला-हौल لاحول पद [अ०] 'लाहौल वला कूवत इल्ला व इल्लाह' का संक्षिप्त रूप जिसका अर्थ है—ईश्वर के सिवा और कोई शक्ति नहीं। इसका प्रयोग प्राय: घृणा या तिरस्कार सूचित करने अथवा भूत, प्रेत आदि दुष्ट आत्माओं को भगाने के लिए किया जाता है।

मुहा० लाहौल पढ़ना या भेजना=घृणा आदि सूचित करने अथवा दुष्ट आत्माओं को भगाने के लिए उक्त पद का पाठ करना।

ph. a phrase used to express despite, hate or damnation.
id. to dispel or drive off evil spirits.

लिफ़ाफ़ा لفافہ पुं० [अ० लिफ़ाफ़:] १. काग़ज़ का वह चौकोर आवरण या थैली जिसके अन्दर रखकर पत्र आदि भेजे जाते हैं। २. ऊपरी आडंबर, दिखावटी शोभा या साज़-सामान। ३. जल्द ख़राब होनेवाली चीज़।

m. 1. an envelop. 2. ostentation, outer covering. 3. any perishable thing.

लिफ़ाफ़िया لفافیہ वि० [अ० लिफ़ाफ़:] केवल ऊपरी आडंबर रखनेवाला।

adj. ostentatious, showy.

लिबास لباس पुं० [अ०] १. पहनने के कपड़े, वस्त्र, भेस, वेश।

m. dress.

लिबासी لباسی वि० [अ०] १. भीतरी रूप छिपाने के लिए जिस पर कोई आवरण पड़ा हो। २. नक़ली।

adj. 1. covered. 2. fake.

लियाक़त لیاقت स्त्री० [अ०] १. कार्य करने की योग्यता। २. लायक़ होने का भाव। ३. किसी विषय का अच्छा ज्ञान, विज्ञता।

fem. 1. ability. 2. intelligence. 3. expertise.

लिल्लाह للہ क्रि० वि० [अ०] अल्लाह या ख़ुदा के नाम पर, ईश्वर के लिए।

adv. in the name of Allah.

लिसान لسان स्त्री० [अ०] १. ज़बान, जिह्वा, जीभ। २. भाषा, ज़बान, बोली; जैसे—लिसान-उल्-ग़ैब=आकाशवाणी।

fem. 1. a tongue. 2. a language.

लिहाज़ لحاظ पुं० [अ०] १. व्यवहार या बरताव में किसी बात का ध्यान, मुरव्वत। २. मेहरबानी का ख़याल, कृपादृष्टि। ३. सम्मान या मर्यादा का ध्यान। ४. पक्षपात, तरफ़दारी। ५. लज्जा, शर्म, हया।

मुहा० बलिहाज़=लिहाज़ या मुलाहज़े के साथ।

m. 1. thoughtfulness for other person, consideration. 2. kindness. 3. respect. 4. partiality. 5. shame.
id. with due consideration, respectfully.

लिहाज़ा لہٰذا क्रि० वि० [अ०] अत:, इसलिए।

adv. therefore, hence.

लिहाफ़ لحاف पुं० [अ०] जाड़े में रात को ओढ़ने का रुईदार ओढ़ना, रज़ाई।

m. a quilt.

लुंग لنگ पुं० [फ़ा०] लुंगी।

m. a loincloth.

लुंगी لنگی स्त्री० [फ़ा०] अंगोछे की तरह का एक कपड़ा जो प्राय: कमर में धोती की जगह लपेटा जाता है, तहमत।

fem. an Indian type of loincloth.

लुंजा لنجا वि० [फ़ा०] लुंज।

adj. crippled.

लुआब لعاب पुं० [अ०] १. थूक, लार। २. लस, लसी, लेप।

m. 1. spit, spittle. 2. saliva.

लुआबदार لعاب دار वि० [अ० लुआब+फ़ा० दार] जिसमें लुआब या लस हो, लसदार, चिपचिपा।

adj. sticky, adhesive.

लुकनत لکنت स्त्री० [अ० लुक्नत] रुक-रुककर बोलना, हकलापन।

fem. act of stammering, stammer.

लुक़्मा لقمہ पुं० [अ० लुक़्म:] उतना भोजन जितना एक बार मुँह में डाला जाए, ग्रास, कौर।

मुहा० लुक़्मा करना=खा जाना।

m. a mouthful, morsal.
id. to devour.

लुक़्मान لقمان पुं० [अ० लुक़्मान] एक प्रसिद्ध विद्वान और दार्शनिक।

m. a reputed philosopher.

लुग़त لغت स्त्री० [अ०] १. भाषा, ज़बान। २. ऐसा शब्द जिसका अर्थ स्पष्ट या प्रसिद्ध हो। ३. शब्दकोश, अभिधान।

fem. 1. language. 2. a common word.

3. a dictionary.

लुग़ात لغات स्त्री० [अ० लुग़त का बहु०] शब्दों और उनके अर्थों का संग्रह, शब्दकोश।
m. a dictionary.

लुग़्ज़ لغز पुं० [अ०] १. पहेली। २. समस्या।
m. 1. a puzzle. 2. a problem.

लुग़्वी لغوی वि० [अ०] शाब्दिक, शब्दों का; जैसे— लुग़्वी मानी=शब्दों का पहला या सामान्य अर्थ।
adj. literal.

लुच لچ वि० [तु०] १. नंगा। २. लंपट।
adj. 1. naked. 2. depraved.

लुचन لچن स्त्री० [फा०] व्यभिचारिणी।
m. an unchaste woman.

लुतरा لطرہ पुं० [फा० लुत्र:] झगड़ा करनेवाला, शिकायती टट्टू।
m. a telltale.

लुत्फ़ لطف पुं० [अ०] १. मज़ा, आनन्द। २. स्वाद, ज़ायका। ३. कृपा, दया, अनुग्रह। ४. खूबी, उत्तमता।
m. 1. joy. 2. taste. 3. kindness, favour 4. goodness.

लुत्फ़ी لطفی पुं० [अ०] दत्तक पुत्र।
m. an adopted son.

लुब لب पुं० [अ०] १. सार, तत्त्व। २. गिरी, मग्ज़। ३. आत्मा।
m. 1. essence. 2. the kernel of a nut. 3. a soul.

लुबूब لبوب पुं० [अ०] १. 'लुब' का बहुवचन, सार, तत्त्व। २. एक प्रकार का अवलेह या माजून।
m. 1. essence. 2. a jelly.

लुब्बे-लुबाब لب لباب पुं० [अ०] सार, तत्त्व।
m. essence, gist.

लुर لر वि० [फा०] बेवकूफ़, मूर्ख।
adj. foolish, stupid.

लूती لوطی पुं० [अ०] लौंडेबाज़।
m. a sodomite.

लूलू لولو पुं० [फा०] १. बच्चों को डराने के लिए एक जीव का नाम, हौवा, जूजू। २. मूर्ख, बेवकूफ़, गावदी। ३. पागल।
m. 1. a bugbear. 2. a stupid fellow. 3. a mad person.

लेकिन لیکن योज० [अ०] परन्तु, पर।
conj. but.

लेज़म لیزم स्त्री० [फा०] एक प्रकार की कमान जिसमें लोहे की जंजीर और झाँझें लगी रहती हैं और जिसका व्यवहार व्यायाम के लिए होता है।
fem. a bow type equipment used in pysical exercises.

लैत-व-लअल्ल لیت ولعل पुं० [अ०] टाल-मटोल, बहाना, आज-कल करना।
m. procrastination.

लैमून لیمون पुं० [अ०] नींबू।
m. a lemon.

लैमूनी لیمونی वि० [अ०] नींबू-सम्बन्धी।
adj. lemony.

लैल لیل पुं० [अ०] रात।
m. a night.

लैला لیلی स्त्री० [अ०] १ क़ैस की प्रेयसी। २. प्रेयसी।
fem. 1. the beloved of Kais. 2. a beloved.

लोबान لوبان पुं० [अ०] एक प्रकार का सुगन्धित गोंद जो प्राय: जलाने या औषध आदि के काम में आता है।
m. a type of gum.

लोबिया لوبیا पुं० [फा०] एक प्रकार की फली जिसकी तरकारी बनती है।
m. a type of vegetable.

लोल لول वि० [फा०] चंचल, चपल।
adj. agile, brisk.

लोस لوس पुं० [फा०] चापलूसी।
m. flattery.

लौज़ لوز पुं० [अ०] १. बादाम। २. एक प्रकार की मिठाई।
m. 1. an almond. 2. a sweetmeat.

लौन لون पुं० [अ०] रंग, वर्ण।
m. colour.

लौमत لومت स्त्री० [अ०] भर्त्सना।
fem. reproach, reprimand.

लौस لوث पुं० [अ०] १. मिलावट, मेल। २. सम्पर्क, सम्बन्ध।
m. 1. adulteration. 2. relation, contact.

लौह لوح स्त्री० [अ०] १. लकड़ी का तख्ता। २. काठ की वह तख्ती जिस पर लिखते हैं। ३. पुस्तक का मुख्य पृष्ठ।
fem. 1. a plank. 2. the title page of a book.

व

वंद وند पुं० [फा०] स्वामी।
m. a boss, proprietor, lord.

वल्लाह واللہ क्रि० वि० [अ०] नहीं तो, वरना।
adv. otherwise.

वईद وعید स्त्री० [अ०] १. बुरा-भला कहना। २. धमकी।
fem. 1. reproach. 2. a threat.

वक़अत وقعت स्त्री० [अ०] १. शक्ति, बल, ताक़त। २. ऊँचाई। ३. एतबार, साख। ४. महत्त्व। ५. इज़्ज़त।
fem. 1. power, strength. 2. height. 3. faith. 4. importance. 5. respect.

वक़फ़ियत وقفیت स्त्री० दे० 'वाक़फ़ीयत'।

वक़र وقر पुं० [अ० वक़्र] १. भार, बोझ। २. उत्तम स्वभाव, शील। ३. बड़प्पन, महत्त्व। ४. ठाट-बाट, वैभव।
m. 1. burden. 2. disposition. 3. importance. 4. splendour, glory.

वक़ाया وقائع पुं० [अ० 'वक़िया' का बहु०] घटनाएँ या उनके समाचार।
m. (plu.) occurrences or news about them.

वक़ायानिगार وقائع نگار पुं० [अ०+फा०] [भाव० वक़ाया-निग़ारी] समाचार आदि लिखनेवाला, संवाददाता।
m. a reporter.

वक़ार وقار पुं० [अ०] १. उत्तम स्वभाव, शील। २. विचारों की स्थिरता, स्थिरचित्तता। ३. शान-शौक़त, वैभव। ४. गंभीरता।
m. 1. disposition. 2. steady temperament. 3. glory, splendour. 4. gravity, depth.

वकालत وکالت स्त्री० [अ०] १. दूतकर्म। २. किसी की ओर से उसके अनुकूल बातचीत करना। ३. मुक़दमे में किसी फरीक़ की तरफ़ से बहस करने का पेशा, वकील का काम।
fem. 1. office or duty of an envoy. 2. act of pleading. 3. legal practice.

वकालतन् وکالتاً क्रि० वि० [अ०] वकील के द्वारा, 'असालतन' का उलटा।
adv. through an advocate.

वकालतनामा وکالت نامہ पुं० [अ०+फा० नाम:] वह अधिकार-पत्र जिसके द्वारा कोई वकील को मुकदमे में बहस करने के लिए मुक़र्रर करता है।
m. power of attorny.

वक़ाहत وقاحت स्त्री० [अ०] १. निर्लज्जता, बेहयाई। २. उद्दण्डता।
fem. 1. shamelessness. 2. a brazen act.

वक़ीअ وقیع वि० [अ०] १. मज़बूत, पक्का। २. प्रतिष्ठित।
adj. 1. durable, firm. 2. distinguished.

वकील وکیل पुं० [अ०] [बहु० वुकला] १. दूसरे का पक्ष मंडन करनेवाला, एडवोकेट, अधिवक्ता। २. राजदूत, एलची। ३. प्रतिनिधि।
m. 1. one who pleads someone's cause, vakil, advocate. 2. an envoy. 3. a representative.

वक़ीह وقیح वि० [अ०] बेहया।
adj. shameless.

वक़ूआ وقوعہ पुं० [अ० वुक़ूअ] वारदात।
m. an accident, mishap.

वक़ूफ़ وقوف पुं० [अ० वुक़ूफ़] १. ज्ञान, जानकारी। २. अक़्ल। ३. शऊर।
पद बेवक़ूफ़=निर्बुद्धि।
m. 1. knowledge. 2. intelligence. 3. mannerliness.
ph. foolish, stupid.

वक़्त وقت पुं० [अ०] [बहु० औक़ात] १. समय। २. अवसर। ३. अवकाश, फ़ुरसत।
पद वक़्ते-ख़ुश=अच्छा समय।
m. 1. time. 2. an occasion. 3. leisure.
ph. enjoyable or pleasant time.

वक़्तन्-फ़वक़्तन् وقتاً فوقتاً क्रि० वि० [अ० वक़्त से] कभी-कभी, बीच-बीच में, समय-समय पर।
adv. sometimes.

वक़्त-ब-वक़्त وقت بوقت वि० [अ०] सदा, हर समय।
adv. always.

वक़्त-बे-वक़्त وقت بے وقت क्रि० वि० [अ०] समय-असमय।
adv. without considering the proper time.

वक़्फ़ وقف पुं० [अ०] १. वह संपत्ति जो धर्मार्थ दान कर दी गई हो। २. किसी के लिए कोई चीज़ छोड़ देना।
m. 1. charitable, endowment. 2. act of endowing something for someone.

वक़्फ़नामा وقف نامہ पुं० [अ०+फा० नाम:] वह पत्र जो कोई संपत्ति वक़्फ़ करने के सम्बन्ध में लिख देता है।
m. an endowment deed.

वक़्फ़ा وقفہ पुं० [अ० वक़्फ़:] १. ठहराव। २. थोड़ी-सी देर।
m. 1. a pause. 2. some delay.

वक़्फ़ी وقفی वि० [अ०] वक़्फ़ या धर्मार्थ दान किया हुआ।
adj. endowed.

वक़्र وقر पुं० दे० 'वक़र'।

वगर وگر योज० दे० 'अगर'।
conj. but.

वगरना وگرنہ योज० [फा०] नहीं तो।
conj. otherwise.

वग़ा وغا स्त्री० [अ०] लड़ाई, युद्ध।
fem. a battle, war.

वग़ैरह وغیرہ क्रि० वि० [अ० वग़ैर:] इत्यादि।
adv. etcetera, etc.

वज़अ وضع स्त्री० [अ० वज़्अ] १. बनावट। २. सज-धज। ३. रंग-ढंग। ४. रीति। ५. मुजरा। ६. प्रसव।
fem. 1. formation, structure. 2. make-up. 3. manners. 4. a method. 5. a musical sitting by a dancing girl. 6. the process of giving birth, delivery.

वज़न وزن पुं० [अ० वज़्न] [बहु० औज़ान] १. भार, बोझ, तौल। २. मान, मर्यादा।
m. 1. weight. 2. prestige, respect.

वज़नकश وزن کش पुं० [अ० वज़्न+फा०] तौलनेवाला।
m. one who weighs.

वज़नकशी وزن کشی स्त्री० [अ० वज़्न+फा०] तौलाई।
fem. act of weighting.

वज़नदार وزن دار वि० दे० 'वज़नी'।

वज़नी وزنی वि० [अ० वज़्नी] जिसका बहुत बोझ हो, भारी।
adj. heavy.

वजह وجہ स्त्री० [अ० वज्ह] कारण, हेतु।
fem. a reason, cause.

वजह-तस्मियह وجہ تسمیہ स्त्री० [अ० वज्ह तस्मिय:] नामकरण का कारण।
fem. the reason for naming.

वजा وجا पुं० [अ०] भय, खौफ।
m. fear.

वज़ाइफ़ وظائف पुं० दे० 'वज़ायफ़'।

वज़ादार وضع دار वि० [अ०+फा०] [भाव० वज़ादारी] १. जिसकी बनावट या सजावट अच्छी हो, तरहदार। २. सिद्धान्तों और प्रतिज्ञाओं का पालन करनेवाला।
adj. 1. having fine appearance. 2. upholder of principles.

वज़ायफ़ وضع دار पुं० [अ० वजाइफ़] 'वज़ीफ़ा' का बहु०।

वज़ारत وزارت स्त्री० [अ० विज़ारत] १. वज़ीर का भाव, पद या कार्य, मंत्रित्व। २. वज़ीर का कार्यालय। ३. मंत्रिमंडल।
fem. 1. ministership. 2. the office of a minister. 3. the cabinet.

वजाहत وجاہت स्त्री० [अ०] १. सुन्दरता, सौन्दर्य। २. चेहरे का रोब। ३. प्रतिष्ठा।
fem. 1. beauty. 2. overpowering influence of the face. 3. prestige. 3. the cabinet.

वज़ीअ وضیع वि० [अ०] कमीना, नीच।
adj. mean, low.

वज़ीफ़ा وظیفہ पुं० [अ० वज़ीफ़:] [बहु० वज़ायफ़] १. वह वृत्ति या आर्थिक सहायता जो विद्वानों, छात्रों या त्यागियों आदि को दी जाती है। २. जाप, जप, पाठ।
m. 1. scholarship. stipend. 2. habitual worship.

वज़ीफ़ादार وظیفہ دار पुं० [अ०+फा० वज़ीफ़:दार] वृत्तिधारी।
m. a scholarship-holder.

वज़ीर وزیر पुं० [अ०] [बहु० वुज़रा] १. मंत्री, अमात्य। २. शतरंज की एक गोटी।
m. 1. a minister. 2. a chessman, queen.

वज़ीर-आज़म وزیر اعظم पुं० [अ०] राज्य का प्रधानमन्त्री, प्रधान अमात्य।
m. the Prime Minister.

वज़ीरी وزیری स्त्री० [अ० वज़ीर] वज़ीर का काम या पद। पुं० घोड़े की एक जाति।
fem. the officer or state of being a minister.
m. a race of horses.

वजीह وجیہ वि० [अ०] सुन्दर।
adj. beautiful, charming.

वज़ू وضو पुं० [अ० वुज़ू] नमाज पढ़ने के पूर्व शुद्धि के लिए हाथ, पाँव आदि धोना।
m. washing of hands and feet before the prayer.

वजूद وجود पुं० [अ० वुजूद] १. अस्तित्व। २. मौजूदगी। *मुहा०* **वजूद में आना**=अस्तित्व ग्रहण करना।
m. 1. existence. 2. presence.
id. to come into existence.

वजूब وجوب पुं० [अ०] वाजिब होना, औचित्य।
m. appropriateness, propriety.

वजूह وجوہ स्त्री० दे० 'वजूहात'।

वजूहात وجوہات स्त्री० [अ० वजह का बहु०] वजहें, कारण।
fem. (plu.) causes.

वज़्अ وضع पुं० = वज़अ।

वज्द وجد पुं० [अ०] १. आत्म-विस्मृति। २. अंत:प्रेरणा। ३. आनन्दातिरेक।
m. 1. self-forgetfulness. 2. inner urge. 3. boundless joy.

वज्दानी وجدانی वि० [अ० वज्द] १. आत्म-विस्मृति-संबंधी। २. अंत:प्रेरणा-संबंधी। ३. आनंद-संबंधी।

adj. of or relating to self-forgetfulness, inner urge or, boundless joy.

वतन وطن पुं० [अ०] जन्मभूमि।
m. motherland.

वतनकुश وطن کش पुं० [अ० + फा०] देशद्रोही।
m. a traitor.

वतनी وطنی वि० [अ० वतन से फा०] अपने वतन या जन्म-भूमि का रहनेवाला।
पुं० देशभाई।
adj. pertaining to one's motherland.
m. a fellow countryman.

वतनीयत وطنیت स्त्री० [अ०] देशप्रेम।
fem. love for one's country.

वतर وتر पुं० [अ०] १. कमान का चिल्ला। २. बाजे का तार।
m. 1. the string of a low. 2. the wire of a musical instrument.

वती وتی स्त्री० [अ०] सम्भोग।
fem. cohabitation.

वतीरा وتیرہ पुं० [अ० वतीर:] रंग-ढंग, तौर-तरीका।
m. bearing, behaviour.

वदीयत ودیت स्त्री० [अ०] धरोहर, अमानत।
m. something kept as a trust.

वदूद ودود पुं० [अ०] मित्र।
m. a friend.

वफ़ा وفا स्त्री० [अ०] १. वादा पूरा करना, बात निबाहना। २. पूर्णनिष्ठा। ३. मुरौवत।
fem. 1. fulfilment of one's word. 2. loyalty. 3. consideration.

वफ़ात وفات स्त्री० [अ०] मृत्यु।
fem. death.

वफ़ादार وفادار वि० [अ०+फा०] [भाव० वफ़ादारी] वचन या कर्तव्य का पालन करनेवाला।
adj. loyal, faithful.

वफ़ादारी وفاداری स्त्री० [अ०+फा०] वफादार होने की अवस्था या भाव।
fem. loyalty.

वफ़ापरस्त وفاپرست वि० [अ०+फा०] [भाव० वफ़ा-परस्ती] = वफ़ादार।

वफ़ापोश وفاپوش पुं० [अ०+फा०] प्रेमी।
m. a lover.

वफ़ी وفی वि० [अ०] समस्त, संपूर्ण।
adj. entire, all.

वफ़्क़ وفق वि० [अ०] अनुकूल।
adj. favourable.

वफ़्द وفد पुं० [अ०] प्रतिनिधि-मंडल।
m. a delegation.

वबा وبا स्त्री० [अ०] भंयकर संक्रामक रोग; जैसे—हैज़ा, प्लेग आदि।
fem. an epidemic.

वबाल وبال पुं० [अ०] १. बोझ, भार। २. विपत्ति, विपदा। ३. कर्मफल।
m. 1. burden, weight. 2. a calamity. 3. fruit of actions.

वर ور प्रत्य० [फा०] एक प्रत्यय जो शब्दों के अन्त में लगकर 'वाला' का अर्थ देता है; जैसे—हुनरवर, जानवर, बख़्तवर, ताजवर।
वि० श्रेष्ठ, बढ़कर।
suffix- er, doer.
adj excellent.

वरअ ورع स्त्री० [अ०] सदाचार।
fem. righteousness.

वरक़ ورق पुं० [अ०] [बहु० औराक़] १. पत्र। २. पुस्तकों का पन्ना। ३. सोने, चाँदी आदि के पतले पत्तर।
m. 1. a leaf. 2. a page. 3. a silver or golden leaf.

वरक़ा ورقہ पुं० [अ० वर्क़:] १. काग़ज। २. पत्र, चिट्ठी। ३. पृष्ठ।
m. 1. a piece or sheet of paper. 2. a letter. 3. a page.

वरज़िश ورزش स्त्री०[फा० वर्ज़िश] शारीरिक व्यायाम, कसरत।
fem. physical exercise.

वरज़िशी ورزشی वि० [फा० वर्ज़िशी] वर्ज़िश या व्यायाम-सम्बन्धी।
adj. of or relating to the physical exercise.

वरद ورد पुं० [अ० वर्द] गुलाब का फूल।
m. a rose-flower.

वरदी وردی स्त्री० [अ० वर्दी] १. वह पहनावा जो किसी विभाग के सब कर्मचारियों के लिए मुकर्रर होता है। २. वे बाजे जो राजाओं आदि के यहाँ निश्चित समय पर बजा करते हैं, नौबत।
वि० गुलाब के जैसा।
fem. 1. a uniform. 2. playing of musical instruments in the palaces at appointed times.
adj. like a rose, rosy.

वरना ورنہ योज० [फा० वर्न:] यदि ऐसा न हुआ तो, नहीं तो।
conj. otherwise.

वरम ورم पुं० [अ०] शरीर के किसी अंग का फूल या सूज जाना, सूजन, सोज़िश।
m. swelling.

वरसा¹ ورثہ पुं० [अ० वर्स:] उत्तराधिकार से प्राप्त धन, मीरास, तरका।
m. property inherited.

वरसा² ورثہ पुं० [अ० वरस; 'वारिस' का बहु०] उत्तराधिकारी लोग।
m. the heirs.

वरासत وراثت स्त्री० [अ० विरासत] १. वारिस या उत्तराधिकारी होने का भाव, उत्तराधिकार। २. उत्तराधिकार से मिला हुआ धन या सम्पत्ति, तरका।
fem. 1. legacy, heritage. 2. property inherited.

वरासतन् وراثتاً क्रि० वि० [अ० विरासतन्] वरासत या उत्तराधिकार के रूप में।
adv. as a legacy.

वरासतनामा وراثت نامہ पुं० [अ०+विरासत+फा० नाम:] उत्तराधिकार-पत्र।
m. a written will.

वरूद ورود पुं० दे० 'वुरूद'।

वर्क़ ورق स्त्री० दे० 'वरक़'।

वर्ज़िश ورزش स्त्री० दे० 'वरज़िश'।

वर्द ورد पुं० [अ०] गुलाब का फूल।
m. a rose-flower.

वर्दी وردی वि० स्त्री० दे० 'वरदी'।

वर्ना ورنہ योज० दे० 'वरना'।

वलद ولد पुं० [अ०] पुत्र, बेटा, लड़का; जैसे—मोहन वलद सोहन=सोहन का लड़का मोहन।
m. a son.

वलद-उल्-ज़िना ولدالزنا वि०, पुं० [अ०] हराम का पैदा, हरामी, वर्णसंकर, दोग़ला।
adj. & m. a bastard.

वलद-उल्-हराम ولدالحرام वि०, पुं० [अ०] हराम का पैदा, हरामी, दोग़ला।
adj. & m. a bastard.

वलद-उल्-हलाल ولدالحلال वि०, पुं० [अ०] विवाहिता स्त्री से उत्पन्न, औरस।
adj. & m. a legitimate child.

वलदीयत ولدیت स्त्री० [अ०] पिता के नाम का परिचय।
fem. fatherhood.

वलवला ولولہ पुं० [अ० वल्वल:] १. शोर-गुल। २. उमंग, आवेश। क्रि० प्र०—उठना।
m. 1. a noise, clamour, commotion. 2. enthusiasm, zeal.

वलादत ولادت स्त्री० [अ० विलादत] १. जन्म। २. उत्पत्ति।
m. 1. birth. 2. again.

वली ولی पुं० [अ०] [स्त्री० वलीया] १. उत्तराधिकारी। २. शासक, हाकिम। ३. साधु।
m. 1. an heir. 2. a ruler. 3. a saint or mendicant.

वली-अल्लाह ولی اللہ पुं० [अ०] ईश्वर तक पहुँचा हुआ साधु।
m. a great saint.

वली-अहद ولی عہد पुं० [अ०] राज्य का उत्तराधिकारी, युवराज।
m. a crown prince, heir apparant.

वली-नेमत ولی نعمت पुं० [अ०] मालिक।
m. a master.

वलीमा ولیمہ पुं० [अ० वलीम:] विवाह-सम्बन्धी भोज।
m. a wedding-dinner.

वले ولے योज० [फा० 'वलेकिन' का अल्पा०] लेकिन, मगर।
conj. but.

वलेक ولیک योज० दे० 'वलेकिन'।

वलेकिन ولیکن योज० [फा०] लेकिन, परन्तु, पर।
conj. but.

वल्लाह واللہ पद [अ०] ईश्वर की शपथ है कि।
ph. to say under oath.

वल्लाह-आलम واللہ عالم पद [अ०] १. ईश्वर अच्छी तरह जानता है। २. ईश्वर जाने, मैं नहीं जानता।
ph. 1. the God knows adequately that. 2. the God knows.

वल्लाह विल्लाह واللہ باللہ पद [अ०] दे० 'वल्लाह'।

वल्वला ولولہ पुं० [अ० वल्वल:] उमंग, उत्साह।
m. enthusiasm, zeal.

वश وش प्रत्य० [फा०] एक प्रत्यय जो शब्दों के अन्त में लगकर समान या तुल्य का अर्थ देता है; जैसे—परीवश=परी के समान।
suffix meaning like or equal.

वसअ وسع स्त्री० दे० 'वसअत'।

वसअत وسعت स्त्री० [अ० वुसअत] १. विस्तार, लम्बाई-चौड़ाई, फैलाव, प्रसार। २. क्षेत्रफल, रक़बा। ३. सामर्थ्य, शक्ति। ४. गुंजाइश।
fem. 1. extention, extent. 2. measurement of surface, area. 3. capacity, power. 4. room for allowance.

वसन وثن पुं० [अ०] मूर्ति, प्रतिमा।
m. an idol, statue.

वसमा وسمہ पुं० दे० 'वस्मा'।

वसली وصلی स्त्री० दे० 'वस्ली'।

वसवसा وسوسہ पुं० दे० 'वसवास'।

वसवास وسواس पुं० [अ०] १. सन्देह, शक। २. आशंका,

डर, भय। ३. आगा-पीछा। ४. आनाकानी।
m. 1. doubt, suspicion. 2. apprehension, fright. 3. hesitation. 4. act of making excuses.

वसवासी وسواسی वि० [अ०] १. जो जल्दी कुछ निश्चय न कर सके। २. शक्की।
adj. 1. doubtful, hesitant. 2. sceptical, whimsical.

वसातत وساطت स्त्री० [अ०] माध्यम, साधन।
m. means, resource.

वसामत وسامت स्त्री० [अ०] विशेषता।
fem. speciality.

वसायत وصایت स्त्री० [अ०] अभिभावकता।
fem. guardianship.

वसायल وسائل पुं० [अ० 'वसाइल:', 'वसीला' का बहु०] साधन।
m. means.

वसिख़ وسخ वि० [अ०] गंदा।
adj. dirty.

वसी وصی पुं० [अ०] वह जिसके नाम कोई वसीयत की गई हो।
m. beneficiary.

वसीअ وسیع वि० [अ०] लम्बा-चौड़ा, विस्तृत, विशाल।
adj. extensive.

वसीअत وصیت स्त्री० दे० 'वसीयत'।

वसीक़ وثیق वि० [अ०] दृढ़, पक्का।
adj. firm, stable.

वसीक़ा وثیقہ पुं० [अ० वसीक़:] १. दस्तावेज। २. पेन्शन या वृत्ति।
m. 1. a document. 2. pension or stipend.

वसीक़ादार وثیقہ دار पुं० [अ०+फा०] जिसे किसी तरह का वसीक़ा मिलता हो।
m. a pensioner or stipend-holder.

वसीम وسیم वि० [अ०] सुन्दर, मनोहर।
adj. beautiful, charming.

वसीयत وصیت स्त्री० [अ० नाम:] [बहु० वसाया] अपनी सम्पत्ति के विभाग और प्रबंध आदि के संबंध में की हुई वह व्यवस्था, जो मरने के समय कोई मनुष्य लिख जाता है।
m. a document containing instructions for what will be done with one's money and property after one's death, will.

वसीयतनामा وصیت نامہ पुं० [अ०+फा०] वह लेख जिसके द्वारा कोई मनुष्य यह व्यवस्था करता है कि मेरी सम्पत्ति का विभाग और प्रबंध मेरे मरने के पीछे किस प्रकार हो।
m. a written will.

वसीला وسیلہ पुं० [अ० वसील:] १. सम्बन्ध। २. आश्रय, सहायता। ३. जरिया।
m. 1. relationship. 2. support, help. 3. means.

वसूफ़ وصوف पुं० [अ० वुसूफ़] १. दृढ़ता, मजबूती। २. विश्वास, भरोसा, एतबार। ३. अध्यवसाय।
m. 1. firmness. 2. faith, trust. 3. perseverence.

वसूल وصول पुं० [अ० वुसूल] प्राप्ति।
वि० जो पहुँच या मिल गया हो, प्राप्त।
m. realization, recovery.
adj. realized, rocovered.

वसूल-बाक़ी وصول باقی वि० [अ०] प्राप्त और प्राप्य।
adj. realized and unrealized, recovered and unrecovered.

वसूली وصولی स्त्री० [अ०] १. वसूल होने या मिलने की क्रिया या भाव, प्राप्ति। २. वह धन जो वसूल होने को हो।
fem. 1. recovery, realization. 2. the money yet to be realized.

वस्क़ وثق पुं० [अ०] १. विश्वास, भरोसा।
m. faith, trust.

वस्त وسط पुं० [अ०] बीच का भाग, मध्य।
m. middle portion or part.

वस्ती وسطی वि० [अ०] बीच का, मध्य का।
adj. middle, central.

वस्न وثن पुं० [अ०] मूर्ति।
m. an idol, statue.

वस्नी وسنی स्त्री० [फा०] सौत।
fem. a co-wife.

वस्फ़ وصف पुं० [अ०] [बहु० औसाफ़] गुण, विशेषता, खूबी।
m. a virtue.

वस्फ़ी وصفی वि० [अ०] जिसमें वस्फ या गुण हों।
adj. virtuous.

वस्मा وسمہ पुं० [अ० वस्म:] नील के पत्तों का ख़िजाब जो प्राय: मुसलमान बालों में लगाते हैं।
m. a hair dye prepared from the leaves.

वस्ल وصل पुं० [अ०] १. दो चीजों का मेल, मिलन। २. मृत्यु।
m. 1. meeting, union. 2. death.

वस्लचा وصلچہ पुं० [अ० वस्ल+फा० च: (प्रत्य०)] कपड़े या काग़ज़ आदि का छोटा टुकड़ा।
m. a slip or cutting.

वस्लत وصلت स्त्री० दे० 'वस्ल'।

वस्ली وصلی स्त्री० [अ०] वह दोहरा या मोटा काग़ज़ जिसपर सुन्दर अक्षर लिखने का अभ्यास किया जाता है। क्रि० प्र०—लिखना।

m. a kind of thick paper.

वस्साफ़ وصاف वि०, पुं० [अ०] बहुत अधिक वस्फ़ या गुण बतलानेवाला, प्रशंसक।

adj. & m. an adminer.

वसिख़ وسخ वि० [अ०] गंदा, मैला।

adj. dirty, firthy.

वहदत وحدت स्त्री० [अ० वहदत] वाहिद या एक होने का भाव, एकत्व।

पद वहदत-उल्-वजूद=यह सिद्धान्त कि संसार की सब वस्तुओं का कर्ता एक ईश्वर ही है।

fem. oneness, unity.

ph. the God is the creator.

वहदानियत وحدانیت स्त्री० [अ० वहदानियत] १. वाहिद या एक होने का भाव, एकत्व। २. अनुपमता।

fem. 1. unity. 2. uniquiness.

वहब وهب पुं० [अ० वहब] ईश्वर की देन।

m. a gift of God.

वहबी وهبی वि० [अ० वह्बी] १. प्रदत्त, दिया हुआ। २. ईश्वरदत्त।

adj. 1. given. 2. God-given.

वहम وہم पुं० [अ० वह्म] १. मिथ्या धारणा, झूठा ख़याल, भ्रम। २. व्यर्थ की शंका।

m. 1. misconception, delusion. 2. undesired apprehension.

वहमी وہمی वि० [अ० वह्मी] वहम करनेवाला, जो व्यर्थ संदेह में पड़े।

adj. prone to delusion.

वहश وحش पुं० [अ० वह्श] [बहु० वहूश] जंगली जानवर।

m. a wild animal.

वहशत وحشت पुं० [अ० वहशत] १. वहशी होने का भाव, जंगलीपन, पागलपन। ३. दीवानगी। ३. विकरालता।

m. 1. wildness. 2. madness, craziness. 3. monstrosity.

वहशत-अंगेज़ وحشت انگیز वि० [अ० वहशत+फा०] भयानक, भीषण, विकट।

adj. dreadful, formidable.

वहशतज़दा وحشت زدہ वि० [अ० वहशत+फा० ज़दः] जिसपर वहशत सवार हो, बहुत घबराया हुआ।

adj. vexed, harassed.

वहशतनाक وحشت ناک वि० [अ० वहशत+फा०] भीषण, भयानक।

adj. dreadful, frightening.

वहशियाना وحشیانہ क्रि० वि० [अ०+फा० वहशियानः] वहशियों की तरह।

adj. wild, savage.

वहशी وحشی वि० [अ० वहशी] १. जंगली। २. बहुत घबराया हुआ और चंचल।

adj. 1. wild. 2. vexed and restless.

वहाब وہاب वि० [अ० वह्हाब] बहुत क्षमा करनेवाला। पुं० ईश्वर।

adj. inclined to forgive.

m. the God.

वहाबी وہابی पुं० [अ० वह्हाबी] १. अब्दुल वहाब नज्दी का चलाया हुआ मुसलमानों का एक संप्रदाय। २. इस संप्रदाय का अनुयायी।

m. 1. a Muslim Sect. 2. a follower of this sect.

वही وحی स्त्री० [अ०] ईश्वर की वह आज्ञा जो उसके किसी दूत या पैग़म्बर के पास पहुँचे।

fem. God's message for the prophet.

वहीद وحید वि० [अ०] अनुपम, बेजोड़, निराला।

adj. unique, matchless.

वहीदुलअसर وحیدالاثر वि० [अ० वहीदुलअस्र] अद्वितीय।

adj. unique, matchless.

वा وا वि० [फा०] खुला या फैला हुआ।

adj. open or extended.

वाइज़ واعظ पुं० [अ०] १. वाज़ या धर्मोपदेश करनेवाला। २. अच्छी बातों की नसीहत या शिक्षा देनेवाला।

m. 1. a religious preacher. 2. a good councellor.

वाइद واعد वि०, पुं० [अ०] वादा करनेवाला।

adj. & m. one who give a word.

वाक़ई واقعی क्रि०वि० [अ० वाक़िई] सचमुच, यथार्थ में।

adv. really.

वाक़फ़ीयत واقفیت स्त्री० [अ० वाक़िफ़ियत] १. जानकारी, ज्ञान। २. जान-पहचान।

fem. 1. knowledge. 2. acquaintance.

वाक़िफ़ واقف वि० [अ०] जाननेवाला, सब बातों से परिचित

पद वाक़िफ़-उल्-हाल=सारा हाल जाननेवाला।

adj. familiar.

ph. knowledgeable about.

वाक़िफ़कार واقف کار वि० [अ०+फा०] [भाव० वाक़िफ़-कारी] सब कामों से वाक़िफ़, अनुभवी, तजरुबेकार।

adj. experienced.

वाक़िया واقعہ पुं० [अ० वाक़िअः] १. घटना। २. वृत्तांत, समाचार।

m. 1. a happening, event. 2. news, narration.

वाक़िया-नवीस واقعہ نویس पुं० [अ० वाक़िअ:+फ़ा०] वह जो घटनाओं आदि के समाचार लिखकर कहीं भेजता हो, संवाददाता।
m. a reporter.

वाक़ियात واقعات स्त्री० [अ० वाक़िआत, 'वाक़िअ:' का बहु०] घटनाएँ।
fem. (plu.) events, happenings.

वागुज़ाश्त واگزاشت स्त्री० [फ़ा०] मुक्ति।
fem. release, riddance.

वागुज़ाश्ता واگزاشتہ वि० [फ़ा० वागुज़ाश्त:] मुक्त, छूटा हुआ।
adj. releazed, discharged.

वाज़[1] واعظ पुं० [अ० वअज़] १. उपदेश, शिक्षा। २. धार्मिक उपदेश, कथा।
m. 1. an advice. 2. a sermon.

वाज़[2] واز क्रि० वि० [फ़ा०] खुला हुआ।
adv. open.

वाज़ा[1] واضح वि० [अ० वाज़ेह] १. प्रकट, जाहिर। २. स्पष्ट, खुला हुआ। ३. विस्तृत, ब्योरेवार।
adj. 1. obvious, evident, clear. 2. clearly stated. 3. detailed.

वाज़ा[2] واضع वि० [अ० वाज़िअ] वज़अ करने वाला, बनानेवाला; जैसे—वाज़ा-कानून=कानून बनानेवाला।
adj. doer or maker.

वाज़िद واجد वि० [अ०] १. प्रासकर्ता। २. आविष्कारक।
m. 1. a receiver. 2. an inventor.

वाजिब واجب वि० [अ०] १. मुनासिब, उचित। २. आवश्यक। ३. योग्य।
adj. 1. proper, adequate, right. 2. necessary. 3. able, capable.

वाजिब-उल्-अदा واجب الادا वि० [अ०] (धन आदि) जिसे अदा करना या देना वाजिब हो।
adj. payable.

वाजिब-उल्-अर्ज़ واجب العرض वि० [अ०] अर्ज़ या निवेदन करने के योग्य, कथनीय।
m. worth saying.

वाजिब-उल्-इज़हार واجب الاظہار वि० [अ०] ज़ाहिर या प्रकट करने के योग्य।
adj. to be reveald or made kown.

वाजिब-उल्-तस्लीम واجب التسلیم वि० [अ०] तस्लीम करने या मानने के योग्य।
adj. acceptable.

वाजिब-उल्-ताज़ीर واجب التعزیر वि० [अ०] ताज़ीर या दण्ड के योग्य।
adj. punishable.

वाजिब-उल्-रहम واجب الرحم वि० [अ०] रहम या दया के योग्य।
adj. pitiable.

वाजिब-उल्-वुजूद واجب الوجود वि० [अ०] जो अपने अस्तित्व के लिए किसी दूसरे पर निर्भर न हो, स्वयंभू।
adj. self-existant.

वाज़िबात واجبات स्त्री० बहु० [अ० 'वाजिब' का बहु०] १. आवश्यक कार्यक्रम या कर्तव्य आदि। २. वे रकमें जो वसूल होने को बाकी हों।
fem. 1. necessary programme or duties. 2. the amounts to be realized.

वाजिबी واجبی वि० [अ०] १. उचित, मुनासिब, ठीक। २. आवश्यक, ज़रूरी। ३. योग्य।
पुं० नित्य या प्रतिमास मिलनेवाला वेतन या वृत्ति आदि।
adj. 1. proper. 2. necessary. 3. capable.
m. daily or monthly allowance, wages, stipend etc.

वाज़ेह واضح वि० [अ०] स्पष्ट, ज़ाहिर।
adj. obvious, apparant.

वादा وعدہ पुं० [अ० वअद:] वचन, प्रतिज्ञा, इक़रार।
मुहा० वादा करना=वचन देना।
m. a promise, vow, agreement.
id. to promise, vow.

वादाख़िलाफ़ी وعدہ خلافی स्त्री० [अ० वअद:+फ़ा० ख़िलाफ़ी] वचनभंग।
fem. breach of promise.

वादाफ़रामोश وعدہ فراموش वि०, पुं० [अ० वअद:+फ़ा० फ़रामोश] वादा भूल जानेवाला।
adj. & m. one who forgets about his word.

वादाफ़रामोशी وعدہ فراموشی स्त्री० [अ० वअद:+फ़ा० फ़रामोशी] वादा भूल जाना।
m. forgetting one's promise.

वादाशिकन وعدہ شکن वि०, पुं० [अ० वअद:+फ़ा०] वचन भंग करनेवाला।
adj. & m. one who breaks ones promise.

वादी وادی स्त्री० [अ०] १. पहाड़ की घाटी। २. पहाड़ों के पास की नीची भूमि। ३. वन, जंगल।
मुहा० वादी पर आना=अपनी बात या हठ पर आना।
fem. 1. a valley. 2. low area near the hills.

3. a forest.
id. to show determined obstinacy.

वापस واپس वि० [फा०] लौटा हुआ।
क्रि० वि० उलटी दिशा में।
adj. gone-back, returned.
adv. towards the direction which is opposite, backwards.

वापसी واپسی वि० [फा०] लौटा हुआ या फेरा हुआ, वापस होने के सम्बन्ध का।
स्त्री० १. लौटने की क्रिया या भाव, प्रत्यावर्तन। २. लौटाने की क्रिया या भाव, प्रत्यावर्तन।
adj. returned.
fem. 1. coming back to a place where one was before, act of returning. 2. act of returning something borrowed or purchased.

वापसीन واپسین वि० [फा०] अन्तिम, आख़िरी; जैसे—दमे-वापसीन=अंतिम साँस।
adj. last.

वाफ़िर وافر वि० [अ०] बहुत अधिक।
adj. abundant, plenty.

वाफ़ी وافی वि० [अ०] १. यथेष्ट, पूरा। २. सच्चा, निष्ठ।
adj. 1. enough sufficient. 2. honest, loyal.

वाबस्तगान وابستگان पुं० [अ० 'वाबस्त:' का बहु०] बँधे हुए या सम्बद्ध लोग।
m. the people belonging to a same group or family.

वाबस्ता وابستہ वि० [फा० बावस्त:] [भाव० बावस्तगी] सम्बद्ध।
पुं० रिश्तेदार, सम्बन्धी।
adj. related.
m. a relative.

वाम وام पुं० [फा०] उधार, ऋण।
m. a some of borrowed money, debt, loan.

वामांदगी واماندگی स्त्री० [फा०] थकावट, शिथिलता।
fem. fatigue, tiredness, exhaustion.

वामांदा وامانده वि० [फा० वामाँद:] [बहु० वामाँदगान] १. बाकी, बचा हुआ। २. जो थककर पीछे रह गया हो। ३. जूठा, उच्छिष्ट।
adj. 1. remaining. 2. remained behind. 3. rendered unworthy for eating or drinking.

वामिक़ وامق पुं० [अ०] १. मित्र, दोस्त। २. चाहने वाला, आशिक़।
m. 1. a friend. 2. a lover.

वाय وائے विस्मय० [फा०] दुःख, चिन्ता और कष्ट आदि का सूचक अव्यय; जैसे—वाय क़िस्मत।
interj. a word expressing grief, worry etc.

वार[1] وار वि० [फा०] १. समान, तुल्य। (यौ० शब्दों के अन्त में) जैसे—मजनूँवार=मजनूँ की तरह। २. रखनेवाला। जैसे—उम्मीदवार।
प्रत्य० एक प्रत्यय जो शब्दों के अंत में लगाकर 'के अनुसार' का अर्थ देता है; जैसे—माहवार।
adj. 1. equal, akin, like. 2 having or keeping.
suffix according to.

वार[2] وار पुं० [अ०] आघात, प्रहार।
m. a blow, attack.

वारदात واردات स्त्री० [अ० वारिदात] १. कोई भीषण कांड, दुर्घटना। २. मारपीट। ३. दंगा-फ़साद।
fem. 1. an accident, disaster. 2. a scuffle. 3. a riot, disturbance.

वारफ़्तगी وارفتگی स्त्री० [फा०] १. आपे से बाहर होने की अवस्था। २. तल्लीनता। ३. रास्ता भूलना, भटकना। ४. मार्ग से भ्रष्ट होना।
m. 1. losing of one's temper, the state of being quick-tempered. 2. engrossment. 3. act of going astray. 4. the act of deviating.

वारफ़्ता وارفتہ वि० [फा० वारफ़्त:] १. आपे से बाहर। २. तल्लीन। ३. भटका हुआ। ४. पथभ्रष्ट।
adj. 1. having lost ones' temper. 2. engrossed. 3. going astray. 4. deviated from the right path.

वारस्तगी وارستگی स्त्री० [फा०] १. मुक्ति, छुटकारा। २. स्वतंत्रता, स्वच्छन्दता, स्वेच्छाचारिता।
fem. 1. reliase, riddance. 2. full liberty.

वारस्ता وارستہ वि० [फा० वारस्त:] [बहु० वारस्तगान] स्वच्छंद, स्वेच्छाचारी, स्वतंत्र; जैसे—वारस्ता-मिज़ाज=स्वतंत्र विचारोंवाला।
adj. self-willed, at liberty.

वारिद وارد वि० [अ०] आनेवाला, आगन्तुक।
पुं० १. अतिथि, मेहमान। २. पत्रवाहक, दूत।
adj. coming, arriving.
m. 1. a guest. 2. a messenger.

वारिदात واردات दे० 'वारदात'।

वारिस وارث पुं० [अ०] [बहु० वारिसान, वुरसा] वह पुरुष जो किसी के मरने के पीछे उसकी संपत्ति आदि का स्वामी हो, उत्तराधिकारी।
m. an heir.

वारिसी وارثی स्त्री० दे० 'वरासत'।

वाला والا वि० [फा०] १. उच्च, ऊँचा। २. श्रेष्ठ, महान; जैसे—जनाबेवाला।
adj. 1. high, elevated. 2. great in status

or morally good.
वालाक़द्र والاقدر वि० [फा०] उच्चपदस्थ।
adj. high-ranked.
वालाजाह والاجاه वि० [फा०] उच्च पदवाला।
adj. high-ranking.
वालाशान والاشان वि० [फा०] गौरवशाली।
adj. glorious, magnificent.
वालिद والد पुं० [अ०] पिता।
पद वालिदे माजिद=पूज्य पिताजी।
m. father.
ph. respected father.
वालिदा والده स्त्री० [अ० वालिद:] माता, माँ।
fem. mother.
वालिदैन والدین पुं०बहु० [अ०] माता-पिता, माँ-बाप।
m. (plu.) parents.
वाली والی पुं० [अ०] १. मालिक, स्वामी। २. बादशाह, राजा। ३. सहायक, मददगार। ४. संरक्षक।
पद वाली-वारिस=स्वामी, रक्षक और सहायक।
m. 1. a master, lord. 2. a king. 3. a helper, assistant. 4. a patron.
ph. a master, protector and helper.
वावेला واویلا पुं० दे० 'वावैला'।
वावैला واویلا पुं० [अ०] १. विलाप, रोना-पीटना। २. शोर-गुल।
m. 1. wailing. 2. noise.
वाशी واشی वि०, पुं० [अ०] १. झूठा। २. निंदक।
adj. & m. 1. a lier. 2. a backbiter, slanderer.
वाशुद واشد स्त्री० [फा०] प्रसन्नता, प्रफुल्लता।
fem. joy, delight.
वासिक़ واثق वि० [अ०] पक्का, दृढ़।
adj. firm, stable.
वासित واسط पुं० [अ०] १. मध्य भाग। २. मध्यस्थ, बिचवई।
m. 1. middle part. 2. a meditator.
वासिफ़ واصف वि०, पुं० [अ०] प्रशंसक।
adj. & m. an admirer.
वासिल واصل वि० [अ०] [बहु० वासिलात] १. मिलनेवाला। २. वसूल या प्राप्त होनेवाला। ३. शामिल होनेवाला।
पद वासिल-बाक़ी=वसूल और बाकी रकम।
adj. attainable, procurable. 2. that can be recovered or realized. 3. participating.
ph. the money yet to be realized or recovered.
वासिलात واصلات स्त्री० [अ० 'वासिल' का बहु०] रियासत या जमींदारी आदि की वसूल होनेवाली रकमें।
fem. an amount of money collected from several people, collection.

वासोख़्त واسوخت पुं० [फा०] १. घृणा, नफ़रत। २. वह कविता जो प्रेमिका के दुर्व्यवहारों से दुखी होकर प्रेम आदि की निन्दा के सम्बन्ध में की जाए।
m. 1. strong dislike, hatred. 2. a type of poetry in wich beloved's atrocities are narrated.
वासोख़्तगी واسوختگی स्त्री० [फा०] दिल की जलन, कुढ़न, मनस्ताप।
fem. envy, jealousy.
वासोज़ واسوز पुं० [फा०] १. जलन, ज्वाला। २. आवेश।
m. 1. burning sensation. 2. flurry of excitement.
वास्ता واسطہ पुं० [अ० वासित:=मध्यस्थ या दूत] १. सम्बन्ध, लगाव, ताल्लुक़। २. सरोकार, पाला; जैसे—ईश्वर तुमसे वास्ता न डाले। ३. दोस्ती, आशनाई। ४. सम्भोग।
m. 1. relation. 2. dealings. 3. friedship. 4. sexual intercourse.
वास्ते, के واسطےکے संबंधबो० [अ० वासित:] १. के लिए, के निमित्त। २. के हेतु, के सबब।
prep. 1. for. 2. in order to get or achieve.
वाह واہ विस्मय० [फा०] १. एक प्रशंसासूचक, आश्चर्यसूचक या घृणाद्योतक शब्द।
interj. a word expressing admiration, astonishment or hatred.
वाहिद واحد वि० [अ०] १. एक। २. अकेला। पुं० ईश्वर।
पद वाहिद शाहिद=ईश्वर साक्षी है।
adj. 1. one. 2. alone.
m. the God.
ph. The God is the witness.
वाहिब واہب वि०, पुं० [अ०] १. दाता, दानी। २. उदार।
adj. & m. 1. a doner. 2. liberal.
वाहिबा واہبہ स्त्री० [अ० वाहिब:] दानकर्त्री।
fem. a she-doner.
वाहिमा واہمہ स्त्री० [अ० वाहिम:] वह शक्ति जिससे सूक्ष्म बातों का ज्ञान होता है, कल्पना-शक्ति।
fem. the ability to form fine ideas, imagination.
वाहियात واہیات वि० [अ० वाही+फा० इयात (प्रत्य०)] १. व्यर्थ। २. बुरा।
adj. 1. useless. 2. bad vagabond, vagrant.
वाही واہی वि० [अ०] १. सुस्त। २. निकम्मा। ३. मूर्ख। ४. आवारा।
adj. 1. lazy. 2. idle. 3. foolish. 4. vagrant.
वाही-तबाही واہی تباہی स्त्री० [अ०+फा०] अंडबंड बातें, गाली-गलौज।
fem. absured language, trash, non-sense.

विक़ार وقار स्त्री० दे० 'वक़ार'।

विज़ारत وزارت स्त्री० दे० 'वज़ारत'।

विदा وداع स्त्री० [अ० विदाअ] १. प्रस्थान, रवाना होना। २. कहीं से चलने की अनुमति।
fem. 1. act of leaving, departure. 2. farewell, consent for leaving.

विदाई وداعی वि० [अ०] विदा या प्रस्थान-सम्बन्धी।
adj. of or pertaining to the farewell.

विरासत وراثت स्त्री० [अ०] उत्तराधिकार, दायाधिकार।
fem. legacy.

विरासतन् وراثتاً क्रि० वि० [अ०] उत्तराधिकार में।
adv. in the form of legacy.

विर्द ورد स्त्री० [अ०] [बहु० औराद] १. नित्य का कार्य, दैनिक कृत्य। २. कुरान आदि का पाठ।
मुहा० **विर्दे ज़बान होना**=ज़बान पर बार-बार आना।
fem. 1. daily routine. 2. act of reading holy scriptures.
id. coming on the tip of one's tongue again and again.

विर्सा ورثہ पुं० [अ० विर्सः; 'वारिस' का बहु०]

विलादत ولادت स्त्री० दे० 'वलादत'।

विलायत ولايت स्त्री० [अ०] १. पराया देश। २. दूर का देश।
fem. 1. a foreign country. 2. a far away country.

विलायती ولايتى वि० [अ०] १. विलायत का, विदेशी। २. दूसरे देश में बना हुआ।
adj. 1. foreign. 2. made in a foreign country.

विसाल وصال पुं० [अ०] १. मिलाप, मिलना। २. प्रेमिका और प्रेमी का मिलाप, संयोग। ३. मृत्यु।
m. 1. union. 2. union of lovers. 3. death.

वीराँ ويراں वि० = वीरान।

वीरान ويران वि० [फा०] १. उजड़ा हुआ, जिसमें आबादी न रह गई हो। २. श्रीहीन।
adj. 1. ruined, deserted. 2. lusterless, lacking glory.

वीराना ويرانہ पुं० [फा० वीरानः] १. उजाड़, बस्ती का उलटा। २. जंगल।
m. 1. a desert. 2. a forest.

वीरानी ويرانى स्त्री० [फा०] वीरान होने का भाव, उजाड़पन।
fem. the state of being ruined.

वुज़रा وزرا पुं० [अ० 'वज़ीर' का बहु०] मंत्रीगण।
m. (plu.) ministers.

वुज़ू وضو पुं० दे० 'वज़ू'।

वुजूद وجود पुं० दे० 'वजूद'।

वुफ़ूद وفود पुं० [अ०] प्रतिनिधिमंडल।
m. a delegation.

वुरूद ورود पुं० [अ०] १. ऊपर से नीचे आना। २. आगमन। ३. दाखिला।
m. 1. act of descending or landing. 2. arrival, advent. 3. admission.

वुलूअ ولوع पुं० [अ०] लालच, लोभ।
m. greed.

वुसूल وصول वि० [अ०] प्राप्त।
पुं० प्राप्ति।
adj. collected, recovered.
m. collection, recovery.

वुसूली وصولى स्त्री० [अ०] प्राप्ति।
fem. collection, recovery.

वुसअ وسع स्त्री० [अ०] विस्तार।
fem. extention, extent.

श

शंग شنگ पुं० [फा०] बटमार।
m. a robber.

शंजरफ़ شنجرف पुं० [फा०] [वि० शंजरफ़ी] शिंगरफ, ईंगुर।
m. red pigment, vermilion.

शअबान شعبان पुं० दे० 'शाबान'।

शआर شعار पुं० [अ०] = शिआर।

शऊर شعور पुं० [अ०] १. काम करने की योग्यता तथा ढंग। २. बुद्धि।
m. 1. manners, behaviour. 2. intellect.

शऊरदार شعوردار वि० [अ०+फा०] [भाव० शऊरदारी] जिसे शऊर या अक़्ल हो।
adj. mannerly.

शक شک पुं० [अ०] संदेह, शंका।
m. an idea that something may be true, suspicion, doubt.

शकर شکر स्त्री० दे० 'शक्कर'।

शकरक़ंद شکرقند पुं० [फा० शकर+हिं० कंद] एक प्रकार का प्रसिद्ध कंद।
m. sweet potato.

शकरख़ोर شکرخور पुं० [फा०] मिठाई का शौकीन।
m. a lover of sweets.

शकरख़ोरा شکرخوره दे० 'शकरख़ोर'।

शकरतरी شکرتری स्त्री० [फा० शकर] चीनी, शर्करा।
fem. sugar.

शकरपारा شکرپاره पुं० [फा० शकर + पार:] १. एक प्रकार का फल जो नींबू से कुछ बड़ा होता है। २. चौकोर कटा हुआ एक प्रकार का प्रसिद्ध पकवान। ३. शकरपारे के आकार की चौकोर सिलाई।
m. 1. a type of lemon. 2. a rectangular sized sweet. 3. a way of stitching.

शकररंजी شکررنجی स्त्री० [फा०] मित्रों में होनेवाला मन-मुटाव।
fem. estrangement, strained relations.

शकरलब شکرلب वि० [फा०] मीठी बातें कहनेवाला, मिष्टभाषी।
adj. speaking sweetly, sweet-tongued.

शकराना شکرانہ पुं० [फा० शकर] चीनी मिला हुआ भात।
m. a dish of rice and sugar.

शकरी شکری स्त्री० [फा०] एक प्रकार का मीठा फालसा (फल)।
fem. a type of a tiny fruit of the summer season.

शकल شکل स्त्री० [अ० शक्ल] १. मुख की बनावट, आकृति, चेहरा, रूप। २. मुख का भाव, चेष्टा। ३. बनावट, गढ़न, ढाँचा। ४. उपाय, तरक़ीब, ढब।
fem. 1. appearance, looks, countenance. 2. facial expression. 3. structure. 4. a way, method.

शकील شکیل वि० [अ० 'शक्ल' से] [स्त्री० शकीला] अच्छी शक्लवाला, सुन्दर।
adj. having good appearance, beautiful.

शकीला شکیلہ स्त्री० [अ०] रूपवती।
fem. a beautiful lady.

शकूर شکور वि० [अ०] कृतज्ञ।
adj. grateful.

शकोह شکوه पुं० [फा०] १. महत्त्व, बड़प्पन। २. रोब-दाब, आतंक।
m. 1. importance. 2. sway, terror.

शक़्क़ شق वि० [अ०] जिसमें दरार हो।
adj. having a crack or crevice.

शक्कर شکر स्त्री० [फा०, मि० सं० शर्करा] १. चीनी। २. कच्ची चीनी।
fem. 1. sugar. 2. unrefined sugar.

शक्की شکی वि० [अ०] शक या सन्देह करनेवाला।
adj. doubting that something is true or useful, suspicious, sceptical.

शक़्क़ी شقی वि० [अ०] अभागा।
adj. unlucky.

शक्ल شکل स्त्री० दे० 'शकल'।

शख़्स شخص पुं० [अ०] १. मनुष्य का शरीर, बदन। २. व्यक्ति, जन।
पद शख़्से नादार=दिवालिया व्यक्ति।
m. 1. a human body. 2. a person.
ph. a bankrupt.

शख़्सियत شخصیت स्त्री० [अ०] व्यक्तित्व।
fem. personality.

शख़्सी شخصی वि० [अ०] शख़्स या व्यक्ति-सम्बन्धी, व्यक्तिगत।
adj. personal, private.

शग़फ़ شغف पुं० [अ०] दिलचस्पी।

m. interest.

शग़ब شغب पुं० [अ०] शोर।

m. noise.

शग़ल شغل पुं० [अ० शग़्ल] १. व्यापार, काम-धंधा। २. मनोविनोद।

m. 1. business, occupation. 2. a pastime.

शग़ाल شغال पुं० [अ० मि० सं० शृगाल] गीदड़, सियार।

m. a jackal.

शगुन شگن पुं० दे० 'शगून'।

शगुफ़्तगी شگفتگی स्त्री० [फा० शिगुफ़्तगी] १. शगुफ़्ता या खिले होने का भाव। २. प्रफुल्लता।

m. 1. act of blossoming or blooming. 2. delight, joy.

शगुफ़्ता شگفتہ वि० [फा० शिगुफ़्तः] १. खिला हुआ, विकसित। २. प्रफुल्लित, प्रसन्न; जैसे—शगुफ़्ता-रु=हँसमुख।

adj. 1. blossomed, bloomed. 2. delighted, joyous, happy.

शगून شگون पुं० [सं० 'शकुन' से फा०] १. किसी काम के समय दिखाई पड़नेवाला वह लक्षण जो उस काम के सम्बन्ध में शुभ या अशुभ माना जाता है। २. शुभ मुहूर्त या उसमें होनेवाला कार्य।

मुहा० शगून लेना=लक्षणों से शुभाशुभ का विचार करना।

m. 1. a symptom. 2. an omen.
id. interpretation of omens.

शगूनिया شگونیہ पुं० [फा० शगून] शकुनों का विचार करनेवाला ज्योतिषी।

m. one who interprets omens, diviner.

शगूफ़ा شگوفہ पुं० [फा० शिगूफ़ः] १. बिना खिला हुआ फूल, कली। २. पुष्प, फूल। ३. कोई नई और विलक्षण बात।

m. 1. a bud. 2. a flower. 3. a new point or theme.

शग़ल شغل पुं० दे० 'शग़ल'।

शजर شجر पुं० [अ०] वृक्ष।

m. a tree.

शजरदार شجردار वि० [फा०] जिसपर बेल-बूटे बने हों।

adj. embroidered.

शजरा شجرہ पुं० [अ० शज्रः] १. वृक्ष या पेड़। २. वंशवृक्ष। ३. पटवारी का खेतों का नक़्शा।

m. 1. a tree. 2. geneological table. 3. a map of rural holdings.

शजरा-व-कुल्ला شجرہ وکلا पुं० [फा०] बोरिया-बिस्तर।

m. all the material belongings, luggage.

शतरंज شطرنج स्त्री० [अ०] एक प्रकार का प्रसिद्ध खेल जो चौंसठ ख़ानों की बिसात पर खेला जाता है।

fem. the game of chess.

शतरंजबाज़ شطرنج باز पुं० [अ०+फा०] [भाव० शतरंज-बाज़ी] शतरंज खेलनेवाला।

m. a chess player.

शतरंजी شطرنجی स्त्री० [फा०] १. वह दरी जो कई प्रकार के रंगबिरंगे सूतों से बनी हो। २. शतरंज खेलने की बिसात। ३. शतरंज का अच्छा खिलाड़ी।

fem. 1. a small carpet. 2. a chess-board. 3. a fine chess-player.

शत्ताह شطاح वि० [अ०] निर्लज्ज, बेहया।

adj. shameless.

शत्ताही شطاحی स्त्री० [अ०] निर्लज्जता, बेहयाई।

fem. shamelessness.

शदीद شدید वि० [अ०] १. कठिन, मुश्किल। २. दृढ़, पक्का। ३. कठोर। ४. घोर; जैसे—ज़रब-शदीद=भारी चोट।

adj. 1. difficult. 2. firm. 3. hard. 4. heavy, acute or vast.

शद्द شدّ स्त्री० [अ०] १. दृढ़ता, मज़बूती। २. सख़्ती, कठोरता।

पद शद्द व मद=धूम-धाम, ठाट-बाट।

fem. 1. firmness, stability. 2. hardness, strictness.
ph. pomp and show.

शद्दा شدہ पुं० [अ० शद्दः] १. आक्रमण, चढ़ाई। २. वह झंडा जो मुहर्रम में ताजियों के साथ निकलता है।

m. 1. an attack, assault. 2. a flag hoisted in Muharram procession.

शद्दाद شداد पुं० [अ०] मिस्र का एक काफ़िर बादशाह जो अपने आपको ईश्वर कहता था और जिसने बहिश्त या स्वर्ग के जोड़ का कृत्रिम बाग़ बनवाया था।

m. an infidel king of Egypt.

शनाख़्त شناخت स्त्री० [फा०] पहचान।

fem. identity.

शनास شناس प्रत्य० [फा०] पहचाननेवाला। (यौगिक शब्दों के अन्त में) जैसे—मर्दुम-शनास=मनुष्यों को पहचाननेवाला।

suffix one who identifies someone or something.

शनासा شناسا वि० [फा०] १. परिचित। २. जानकार।

adj. 1. familiar. 2. knowledgeable.

शनासाई شناسائی स्त्री० [फा०] १. जान-पहचान। २. परिचय। ३. जानकारी।
fem. 1. familiarity. 2. acquaintance. 3. knowledge.

शनीअ شنیع वि० [अ०] १. बुरा। २. दुष्ट।
adj. 1. bad. 2. wicked.

शनीआ شنیعہ पुं० [अ० शनीअः] खराब काम या बात।
m. a bad thing, misdeed.

शनीदनी شنیدنی वि० [फा०] सुनने के क़ाबिल, सुनने योग्य।
adj. fit for hearing or listening.

शनीदा شنیدہ वि० [अ० शनीदः] सुना हुआ, श्रुत।
adj. heard.

शप्पर شپر पुं० [फा०] चमगादड़।
m. a vampire.

शफ़क़ شفق स्त्री० [अ०] प्रातःकाल अथवा सन्ध्या के समय की आकाश की लाली।
मुहा० **शफ़क़ खिलना या फूलना**=लालिमा का प्रकट होना।
वि० बहुत सुन्दर।
fem. the redness of the sky after the Sun has set or before the Sun has risen, glow.
id. ensuing of the glow.
adj. very beautiful.

शफ़क़त شفقت स्त्री० [अ०] कृपा, दया, मेहरबानी।
fem. kindness, favour.

शफ़त شفت पुं० [अ०] होंठ।
m. a lip.

शफ़तालू شفتالو पुं० दे० 'शफ़्तालू'।

शफ़ा شفا स्त्री० [अ०] आरोग्य, तन्दुरुस्ती।
fem. health.

शफ़ाअत شفاعت स्त्री० [अ०] १. कामना, इच्छा। २. किसी के लिए की जानेवाली सिफ़ारिश।
fem. 1. a desire, wish. 2. recommendation.

शफ़ाख़ाना شفاخانہ पुं० [अ०+फा० ख़ानः] चिकित्सालय, औषधालय।
m. a clinic, pharmacy.

शफ़ी, शफ़ीअ شفیع वि०, पुं० [अ० शफ़ीअ] १. शफ़ाअत या सिफ़ारिश करनेवाला। २. सिफ़ारिशी।
adj. & m. 1. one who recommends. 2. recommendatory.

शफ़ीक़ شفیق वि० [अ०] शफ़क़त या मेहरबानी करनेवाला, दयालु।
adj. kind, benevolent.

शफ़ूक़ा شفوقہ पुं० दे० 'शगूफ़ा'।

शफ़्तल شفتل वि० (स्त्री०) [अ०] दुष्ट, वाहियात, पाजी।
adj.(fem.) wicked, naughty.

शफ़्तालू شفتالو पुं० [फा०] एक प्रकार का बड़ा आड़ू, सतालू।
m. a peach.

शफ़्फ़ाफ़ شفاف वि० [अ०] [भाव० शफ़्फ़ाफ़ी] १. स्वच्छ। २. पारदर्शी।
adj. 1. clean. 2. transparent.

शफ़्फ़ाफ़ी स्त्री० [अ०] १. स्वच्छता। २. पारदर्शिता।
fem. 1. cleanliness. 2. transparency.

शब شب स्त्री० [फा०] रात्रि।
fem. night.

शबका شبکا पुं० [अ० शब्कः] [बहु० शबकात] जाल।
m. a net

शबकोर شب کور वि० [फा०] [भाव० शबकोरी] जिसे रात को दिखाई न दे, रतौंधी का रोगी।
adj. suffering from night blindness.

शबकोरी شب کوری स्त्री० [अ०] रतौंधी।
fem. night blindness.

शबख़ेज़ شب خیز वि० दे० 'शबबेदार'।

शबख़ूँ شب خوں पुं० [फा०] रात के समय शत्रु पर छापा मारना।
m. a night raid on the enmy.

शबख़्वाबी شب خوابی स्त्री० [फा०] १. रात को सोना। २. रात को सोने के समय पहनने के वस्त्र।
fem. 1. night sleep. 2. night dress.

शबगीर شب گیر पुं० [फा०] १. रात के समय गानेवाला पक्षी। २. बुलबुल। ३. तड़का, प्रभात।
m. 1. a bird that sings at night. 2. a nightingale. 3. dawn.

शबगूँ شب گوں वि० [फा०] रात की तरह अँधेरा या काला।
adj. dark as night.

शब-चिराग شب چراغ पुं० [फा०] एक प्रकार का लाल (रत्न)। कहते हैं कि रात के समय बहुत चमकता है।
m. a kind of jewel which gives light at night.

शबदेग شب دیگ स्त्री० [फा०] वह मांस जो किसी विशिष्ट क्रियाओं से रात-भर पकाकर तैयार किया जाता है।
fem. a dish of meat which has been

cooked all the night.

शबदेज़ شب دیز पुं० [फा०] मुश्की रंग का या काला घोड़ा।
m. a black horse.

शब-देजूर شب دیجور स्त्री० [फा०] अंधेरी रात।
fem. a dark night.

शबनम شبنم स्त्री० [फा०] १. ओस। २. एक प्रकार का बहुत महीन कपड़ा।
fem. 1. dew. 2. a kind of fine cloth.

शबनमी شبنمی स्त्री० [फा०] मसहरी।
fem. a mosquito net.

शब-बरात شب برات स्त्री० [फा०] मुसलमानों का एक त्योहार जिसमें आतिशबाज़ी छोड़ी और मिठाई आदि बाँटी जाती है। कहते हैं कि इस रोज़ रात को देवदूत लोगों को जीविका और आयु देते हैं।
fem. a Muslim festival of lights.

शबबाश شب باش वि०, पुं० [फा०] [भाव० शबबाशी] रात को ठहरकर विश्राम करनेवाला।
adj. & m. one who is staying for a night.

शबबेदार شب بیدار वि० [फा०] [भा० शबबेदारी] रातभर जागने तथा भजन करनेवाला।
adj. & m. one who goes on devotional singing all through the night.

शबरंग شب رنگ दे० 'शबदेज़'।

शबरौ شب رو वि० [फा०] रात्रिचर।
adj. active at night, nocturnal.

शबह شبہ पुं० [अ०] शरीर, देह।
m. the physical body.

शबान شبان पुं० [फा०] चरवाहा।
m. a shepherd.

शबाना شبانہ वि० [फा० शबान:] रात का।
adj. nightly.

शबानी شبانی स्त्री० [फा०] चरवाहे का काम, चरवाही।
fem. the profession of a shepherd.

शबाब شباب पुं० [अ०] १. यौवनकाल, युवावस्था, जवानी। २. सौन्दर्य। ३. आरम्भ।
m. 1. yough. 2. beauty. 3. beginning, start.

शबारोज़ شب روز वि० [फा०] दिन-रात।
adj. day and night.

शबाशब شباشب क्रि० वि० [फा०] रातों-रात।
adv. during the night.

शबाहत شباہت स्त्री० [अ०] १. आकृति, सूरत, शक्ल। २. सौन्दर्य।
fem. 1. figure, appearance. 2. beauty.

शबिस्ताँ شبستاں पुं० [फा०] १. रात को रहने का स्थान। २. शयनागार।
m. 1. a night-shelter. 2. a bedroom.

शबीना شبینہ वि० [फा० शबीन:] १. रात का, रात सम्बन्धी। २. रात का बचा हुआ, बासी।
पुं० वह काम जो रात भर कराया जाए।
adj. 1. of a night, nightly. 2. stale.
m. night-work.

शबीह شبیہ स्त्री० [अ०] तस्वीर, चित्र।
fem. a picture.

शबे-अलम شب الم स्त्री० [फा०+अ०] दुःख की रात।
fem. night of sorrow.

शबेक़द्र شب قدر स्त्री० [फा०+अ०] रमज़ान महीने की २७वीं तारीख की रात। कहते हैं इस रोज आसमान की खिड़की खुलती है और अल्लाह मियाँ आकर देखते हैं कि कौन-कौन लोग मेरी उपासना करते हैं।
fem. the twenty seventh night of Ramadan.

शबे-ज़िफ़ाफ़ شبِ زفاف स्त्री० [फा०] वर और वधू के प्रथम मिलन की रात, सुहागरात।
fem. the first night of meeting of newly married persons.

शबेतार شبِ تار स्त्री० [फा०] अंधेरी रात।
fem. a dark night.

शबेतारीक شبِ تاریک दे० 'शबेतार'।

शबेमाह شبِ ماہ स्त्री० [फा०] चाँदनी रात।
fem. a moonlit night.

शबे-माहताब شبِ ماہتاب स्त्री० दे० 'शबेमाह'।

शबे-यल्दार شبِ یلدار स्त्री० [फा०] अंधेरी और मनहूस रात।
fem. dark and ugly night.

शब्बीर شبیر पुं० [अ०] इमाम हुसैन के बड़े भाई का नाम।
m. the elder brother of Imam Hussain.

शब्बो شبّو स्त्री० [फा०] रजनीगंधा नामक पौधा या उसका फूल, गुलशब्बो।
fem. a plant and its flowers that give sweet smell at night.

शमर شمر वि० [अ०] अत्याचारी।
adj. cruel, tyranical.

शमला شملہ पुं० [अ० शम्ल:] पगड़ी या दुपट्टे का कामदार पल्ला।
m. the crest like part of a turban.

शमशाद شمشاد पुं० [फा० शम्शाद] एक प्रकार का वृक्ष

जिससे प्रेमिका या माशूक़ के क़द की उपमा दी जाती है, सरो।
m. a kind of a tree, cypress tree.

शमशीर شمشیر स्त्री० [फ़ा० शम्शीर] तलवार, खाँड़ा।
fem. a sword.

शमस شمس पुं० दे० 'शम्स'।

शमा شمع स्त्री० [अ० शमअ] १. मोम। २. मोमबत्ती। ३. चिराग।
fem. 1. wax. 2. a candle. 3. a lamp.

शमादान شمعدان पुं० [फ़ा०] वह आधार जिसमें मोमबत्ती लगाकर जलाते हैं।
m. a candle-stand.

शमा-महफ़िल شمع محفل वि० [अ०+फ़ा०] महफिल की शोभा बढ़ानेवाला।
adj. that enhances the glory of assembly.

शमायल شمائل पुं० [अ० 'शमाल' का बहु०] आदतें।
m. (plu.) habits.

शमा-रू شمع رو वि० [अ०+फ़ा०] जिसका चेहरा शमा की तरह प्रकाशमान हो।
adj. having a face lit like a candle.

शमी شمی वि० [अ० शम्‌अी] मोमी।
adj. of wax.

शमीम شمیم स्त्री० [अ०] सुगंध।
fem. smell, odour.

शम्बा شمبہ पुं० [फ़ा० शम्ब:] शनिवार।
m. Saturday.

शम्मा شمہ पुं० [अ० शम्म:] थोड़ी या हल्की सुगन्ध। वि० बहुत थोड़ा, तनिक।
m. light smell.
adj. of a small quantity.

शम्मास شماس पुं० [अ०] शम्स या सूर्य का उपासक, सूर्योपासक।
m. one who worships the Sun.

शम्स شمس पुं० [अ०] सूर्य।
m. the Sun.

शम्सा شمسہ पुं० [अ० शम्स:] कलाबत्तू आदि का वह फुँदना जो माला या तसबीह के बीच में लगा रहता है।
m. the tassel of a rosary.

शम्सी شمسی वि० [अ०] शम्स या सूर्य-सम्बन्धी, सौर।
adj. solar.

शयातीन شیاطین पुं० [अ० 'शैतान' का बहु०] शैतानों का समूह।
m. (plu.) devils.

शर شر पुं० [अ०] शरारत, दुष्टता।
m. a mischief, naughtiness.

शरअ شرع स्त्री० [अ०] [वि० शरई] १. क़ुरान में हुई आज्ञा। २. मज़हब। ३. दस्तूर, तौर-तरीक़ा। ४. मुसलमानों का धर्मशास्त्र।
मुहा० शरअ पर चलना = इस्लाम के नियमों का अनुसरण करना।
fem. 1. Quran's ruling. 2. religion. 3. a custom, practice.
id. to follow the Islamic laws.

शरअन् شرعاً क्रि० वि० [अ०] शरअ या इस्लाम के क़ानूनों के अनुसार।
adv. according to the Islamic laws.

शरअ-मुहम्मदी شرع محمدی स्त्री० [अ०] इस्लाम का नियम या क़ानून।
fem. Islamic law.

शरई شرعی वि० [अ०] जो शरअ या इस्लाम के क़ानून के अनुसार हो; जैसे—शरई दाढ़ी=खूब लम्बी दाढ़ी, शरई पाजामा=टखनों तक का पाजामा।
adj. Islamic, according to Islamic laws.

शरक़ी شرقی वि० दे० 'शर्क़ी'।

शरत شرط स्त्री० दे० 'शर्त'।

शरफ़ شرف पु० [अ० शर्फ़] १. महत्त्व। २. उत्तमता, खूबी। ३. सौभाग्य; जैसे—मैं आपकी ख़िदमत का शरफ़ हासिल करना चाहता हूँ।
मुहा० शरफ़ ले जाना = आगे बढ़ जाना।
m. 1. importance. 2. excellence. speciality. 3. good-luck.
id. to excel to peform exceptionally well.

शरफ़याब شرفیاب वि० [अ० शर्फ़+फ़ा०] [भाव० शरफ़याबी] १. प्रतिष्ठित, मान्य। २. शरफ़ (बड़प्पन या सौभाग्य) प्राप्त करनेवाला।
adj. 1. respected, distinguished. 2. fortunate, lucky.

शरबत شربت पुं० [अ० शर्बत] चीनी आदि में पका हुआ किसी औषध का अर्क़।
m. a thick sweet liquid, syrup.

शरबती شربتی वि० [अ० शर्बती] १. शरबत के रंग का, हलका पीला। २. रसदार, रस-भरा।
पुं० १. एक प्रकार का हल्का पीला रंग। २. एक प्रकार का नींबू। ३. मलमल की तरह का एक प्रकार का बढ़िया कपड़ा।

adj. 1. light yellow. 2. juicy.
m. 1. light yellow colour. 2. a kind of lemon. 3. a type of fine cloth.

शरम شرم स्त्री० [फा० शर्म] १. लज्जा, हया। २. लिहाज़, संकोच। ३. प्रतिष्ठा।
मुहा० **शरम से गड़ जाना या पानी पानी हो जाना**=बहुत लज्जित होना।
fem. 1. shame. 2. consideration. 3. prestige.
id. to be thoroughly ashamed of.

शरमगाह شرمگاہ स्त्री० [फा० शर्म+गाह] स्त्री की जननेन्द्रिय, योनि।
fem. the female organ of procreation, vagina.

शरमनाक شرمناک वि० [फा० शर्मनाक] १. लज्जाशील। २. लज्जाजनक।
adj. 1. shy, bashful. 2. shameless.

शरमसार شرمسار वि० [फा० शर्मसार] [भाव० शरमसारी] लज्जित, शरमिन्दा।
adj. ashamed.

शरम-हुज़ूरी شرم حضوری स्त्री० [फा० शर्महुज़ूरी] किसी के सामने रहने पर उत्पन्न होनेवाली लज्जा, मुँह-देखे की लाज या शरम।
fem. feeling of shyness.

शरमाऊ شرماؤ वि० दे० 'शरमीला'।

शरमाना شرمانا क्रि० अ० [फा० शर्म] शर्मिन्दा होना, लज्जित होना।
adv. to shy.

शरमालू شرمالو वि० दे० 'शरमीला'।

शरमाशरमी شرماشرمی क्रि० वि० [फा० शर्म] मारे शर्म के, लज्जावश।
adv. out of shyness, out of bashfulness.

शरमिंदगी شرمندگی स्त्री० [फा० शर्मिंदगी] शरमिन्दा होने की अवस्था या भाव।
fem. shamefulness.

शरमिंदा شرمندہ वि० [फा० शर्मिंदः] लज्जित।
adj. ashamed.

शरमीला شرمیلا वि० [फा० शर्म+हिं० ईला (प्रत्य०) ईला] [स्त्री० शरमीली] जिसे जल्दी शरम या लज्जा आए, लज्जालु, लज्जाशील।
adj. shy.

शरमोहया شرم وحیا स्त्री० [फा० शर्म+अ० हया] लाज और शर्म।
fem. shyness and shame.

शरर شرر पुं० [अ०] आग की चिनगारी।
m. very small bit of fire, spark.

शरह شرح स्त्री० [अ०] १. टीका। २. भाष्य, व्याख्या। ३. दर, भाव।
fem. 1. commentary. 2. explanation. 3. rate.

शरहबंदी شرح بندی स्त्री० [अ० शरह+फा० बन्दी] दर या भाव की सूची।
fem. rate-list.

शरहे-ह्यात شرح حیات स्त्री० [अ०] जीवन की व्याख्या।
fem. explanation of life.

शराकत شراکت स्त्री० [अ०] १. शरीक होने का भाव। २. साझा, हिस्सेदारी।
fem. 1. participation. 2. partnership.

शराकतनामा شراکت نامہ पुं० [अ०+फा० नामः] वह पत्र जिसपर शराकत या साझे की शर्तें लिखी रहती हैं।
m. a partnership deed.

शराफ़त شرافت स्त्री० [अ०] शरीफ़ होने का भाव, सज्जनता।
fem. gentlemanliness, nobility.

शराब شراب स्त्री० [अ०] मदिरा।
fem. a drink, alcohol.

शराबख़ाना شراب خانہ पुं० [अ०+फा० ख़ानः] वह स्थान जहाँ शराब मिलती हो।
m. a pub, bar.

शराबख़्वार شراب خوار वि०, पुं० [अ०+फा०] [भाव० शराबख़्वारी] शराब पीनेवाला।
adj. & m. a drunkard.

शराबी شرابی पुं० [अ०] वह जो शराब पीता हो, मद्यप।
m. a drunkard.

शराबे-तहूर شراب طہور स्त्री० [अ०] वह पवित्र शराब जो लोगों को बहिश्त में मिलती है।
fem. the holy wine served in the Heaven.

शराबोर شرابور वि० [देश०] जल आदि से बिल्कुल भींगा हुआ, लथ-पथ, तर-बतर।
adj. drenched, soaked.

शरायत شرائط स्त्री० [अ० 'शर्त' का बहु०] शर्तें।
fem. (plu.) conditions.

शरार شرار पुं० [अ०] अग्निकण, चिनगारी।
m. a spark.

शरारत شرارت स्त्री० [अ०] पाजीपन, दुष्टता।
fem. a mischief, wickedness.

शरारतन् شرارتاً क्रि० वि० [अ०] शरारत या पाजीपन से।
adv. by way of a mischief, maliciously.

शरारा شرارہ पुं० [अ० शरार:] चिनगारी, स्फुलिंग।
m. a spark.

शरीअत شریعت स्त्री० [अ०] १. ईश्वरीय मार्ग। २. मनुष्यों के लिए बनाए हुए ईश्वरीय नियम। ३. मुसलमानों का धर्मशास्त्र।
fem. 1. the divine path. 2. the divine rules. 3. Islamic law.

शरीक شریک वि० [अ०] शामिल, सम्मिलित, मिला हुआ। पुं० १. साथी। २. साझी, हिस्सेदार। ३. सहायक।
adj. participating.
m. 1. a companion. 2. a partner. 3. an assistant.

शरीक-जुर्म شریک جرم वि० [अ०] सह-अपराधी।
m. an accomplice.

शरीफ़ شریف वि० [अ०] [बहु० शुरफ़ा] १. कुलीन। २. सभ्य, भलामानुस।
adj. 1. noble. 2. gentle, civilised.

शरीयत شریعت स्त्री० दे० 'शरीअत'।

शरीर شریر वि० [अ०] [भाव० शरारत] दुष्ट, पाजी, नटखट।
adj. naughty, mischief-monger.

शर्क़ شرق पुं० [अ०] १. पूरब, पूर्व दिशा। २. सूर्योदय।
मुहा० शर्क़ से ग़र्ब तक = पूरब से पश्चिम तक।
m. 1. the East. 2. sunrise.
id. from east to west.

शर्क़ी شرقی वि० [अ०] पूरब का, पूरबी।
adj. eastern.

शर्त شرط स्त्री० [अ०] [बहु० शरायत] १. वह बाज़ी जिसमें हार-जीत के अनुसार कुछ लेन-देन भी हो, दाँव, बदान। २. किसी कार्य की सिद्धि के लिए आवश्यक या अपेक्षित बात या कार्य।
पद बशर्ते कि = शर्त यह है कि।
fem. 1. bet, wager. 2. condition.
ph. on the condition of.

शर्तिया شرطیہ क्रि० वि० [अ० शर्तिय:] १. शर्त बदकर। २. बहुत ही निश्चय या दृढ़तापूर्वक।
adv. 1. definitely. 2. surely.

शर्ती شرطی वि० [अ० शर्त] जिसमें कोई शर्त हो। शर्त-सम्बन्धी।
adj. conditional.

शर्फ़ شرف पुं० दे० 'शरफ़'।

शर्बत شربت पुं० [अ०] शरबत।
m. a syrup.

शर्म شرم स्त्री० दे० 'शरम'।

शर्मगाह شرمگاہ स्त्री० [फा०] योनि।
fem. vagina.

शर्मसार شرمسار वि० [फा०] [भाव० शर्मसारी] लज्जित, शरमिन्दा।
adj. ashamed.

शलग़म شلغم पुं० दे० 'शलजम'।

शलजम شلجم पुं० [फा० शल्जम] गाजर की तरह का एक कंद।
m. a turnip.

शलवार شلوار पुं० [पा० शल्वार] १. पायजामे के नीचे पहनने का जाँघिया। २. एक प्रकार का पेशावरी पायजामा।
m. 1. an underwear, 2. a variety of trousers.

शलीता شلیتہ पुं० [देश०] १. टाट का वह बड़ा थैला जिसमें ख़ेमा आदि तह करके रखा जाता है। २. एक प्रकार का मोटा कपड़ा।
m. 1. a large bag of jute. 2. a kind of rough cloth.

शलूका شلوکہ पुं० [फा० शलूक:] आधी बाँह की एक प्रकार की कुरती।
m. a type of half-sleeved blouse.

शल्ल شل वि० [अ०] १. शिथिल। २. सुन्न।
adj. 1. weak, flaccid. 2. benumbed.

शल्लक شلک स्त्री० [तु०] १. बन्दूकों या तोपों की दी जानेवाली सलामी।
मुहा० शल्लक उड़ाना = गप्प हाँकना।
fem. firing of large guns at the time salutation.
id. to gossip.

शव्वाल شوال पुं० [अ०] इस्लामी वर्ष का दसवाँ महीना।
m. the tenth month of Arabic year.

शश شش वि० [फा० मि० सं० षष्ठ] छह; जैसे—शश-पहलू = छह पहलुओंवाला, षट्कोण।
adj. six.

शशजिहत شش جہت स्त्री० [फा०+अ०] १. उत्तर, दक्खिन, पूरब, पश्चिम, ऊपर और नीचे की छह दिशाएँ। २. सारा संसार।
fem. 1. the six directions. 2. the whole world.

शशदर ششدر वि० [फा०] चकित, हक्का-बक्का।
adj. astonished, amazed.

शशदरा ششدره पुं० [फा०] छह दरवाज़ों वाली इमारत।
adj. a house having six doors.

शशदाँग شش دانگ वि० [फा०] कुल, समस्त, पूरा।
adj. all, whole, entire.

शशपहलू شش پہلو वि०, पुं० [फा०] छह पहलुओं या पक्षोंवाला, षट्कोण।
adj. & m. having six sides, hexagon.

शशमाही ششماہی वि० [फा०] छमाही।
adj. six-monthly.

शशसरी شش سری पुं० [फा०] शुद्ध सोना, कुंदन।
m. pure gold.

शशोपंज شش وپنج पुं० [फा०] दुविधा।
m. hesitation.

शस्त شسط स्त्री० [फा०] १. अंगुष्ठ, अँगूठा। २. वह छल्ला जो तीर चलानेवाले अपने अँगूठे में रखते हैं। ३. मछली पकड़ने का काँटा। ४. सितार आदि बजाने की मिज़राब। ५. दूरबीन की तरह का वह यंत्र जिससे ज़मीन की पैमाइश में सीध देखते हैं। ६. वह चीज़ जिस पर निशाना लगाया जाए, निशाना, लक्ष्य।
fem. 1. a thumb. 2. a small metal cap worn by a archer in his finger. 3. a fishing tackle. 4. a ring used in playing a sitar. 5. a kind of binocular. 6. a target.

शह شہ पुं० [फा० 'शाह' का संक्षिप्त रूप] १. बादशाह। २. वर, दूल्हा।
स्त्री० १. शतरंज के खेल में कोई मुहरा किसी ऐसे स्थान पर रखना जहाँ से बादशाह उसकी घात में पड़ता हो, क़िस्त। २. गुप्त रूप से किसी को भड़काने या उभारने की क्रिया या भाव।
वि० बढ़ा-चढ़ा, श्रेष्ठतर।
m. 1. a king. 2. bridegroom.
fem. 1. checkmate. 2. provocation, incitement.
adj. most excellent.

शहकार شہکار पुं० [अ०] महानतम कृति।
m. a super composition.

शहज़ादा شہزادہ दे० 'शाहज़ादा'।

शहज़ोर شہزور वि० [फा०] बलवान, शक्तिशाली।
adj. powerful, mighty.

शहज़ोरी شہزوری स्त्री० [फा०] १. शक्ति-प्रदर्शन। २. बलप्रयोग।
fem. 1. display of power. 2. use of force.

शहतीर شہتیر पुं० [फा०] लकड़ी का बहुत बड़ा और लम्बा लट्ठा।
m. a beam.

शहतूत شہتوت पुं० [फा०] १. एक प्रकार का वृक्ष जिसमें फलियों की तरह के मीठे फल लगते हैं। २. इस वृक्ष का फल।
m. 1. a mulberry tree. 2. its fruit.

शहद شہد पुं० [अ० शहद] शीरे की तरह का एक प्रसिद्ध मीठा, तरल पदार्थ, जिसे मधु-मक्खियाँ फूलों के मकरन्द से संग्रह करके अपने छत्तों में रखती हैं।
मुहा० शहद लगाकर चाटना=किसी निरर्थक पदार्थ को व्यर्थ के लिए रखना। (व्यंग्य)
m. honey.
id. to be of no use.

शहनशाह شہنشاہ पुं० दे० 'शाहन्शाह'।

शहनशीं شہنشیں स्त्री० [फा०] बैठने के लिए बनी हुई पक्की ऊँची जगह।
fem. a raised platform.

शहना شحنہ पुं० [अ० शिह्नः] १. शासक। २. कोतवाल। ३. चौकीदार। ४. कर-संग्रह करनेवाला।
m. 1. a ruler. 2. a police inspector. 3. a watchman. 4. a tax-collector.

शहनाई شہنائی पुं० [फा०] नफ़ीरी बाजा।
m. an Indian clarinet, aboe.

शहनाज़ شہناز स्त्री० [फा०] दुल्हन, नवविवाहिता।
fem. a newly married woman.

शहबाज़ شہباز पुं०[फा०] एक प्रकार का बड़ा बाज़ (पक्षी)।
m. a large hawk.

शहबाला شہ بالا पुं० [फा० शाह+बाला] वह छोटा बालक जो विवाह के समय दूल्हे के साथ जाता है।
m. a young boy who accompanies the bridegroom.

शहम شحم स्त्री० [अ० शह्म] १. चरबी। २. मोटाई, स्थूलता। ३. फल का गुदा, मग़ज़।
fem. 1. fat. 2. fatness. 3. the pulp of a fruit.

शह-मात شہمات स्त्री० [फा०] शतरंज के खेल में एक प्रकार की मात।
fem. checkmate.

शहर شہر पुं० [फा० शह्र] मनुष्यों की बड़ी बस्ती, नगर, पुर।
m. a city or town.

शहर-दर-शहर شہر در شہر क्रि० वि० [फा० शह्र दर शह्र] हर नगर में, नगर-नगर में।

adv. in every city.

शहरपनाह شہرپناہ स्त्री० [फा० शह्रपनाह] शहर की चारदीवारी, नगरकोट।
fem. city's boundary wall.

शहरबदर شہربدر वि० [फा० शह्रबदर] निर्वासित।
adj. deported, exiled.

शहरयार شہریار पुं० [फा० शह्रयार] अपने समय का बहुत बड़ा बादशाह।
m. a great king.

शहरयारी شہریاری स्त्री० [फा० शह्रयारी] शासन।
fem. government, administration.

शहरी شہری वि० [फा० शह्री] १. शहर-संबंधी, शहर का। २. शहर में रहनेवाला।
adj. 1. of or pertaining to the city. 2. living in a city.

शहरीयत شہریت स्त्री० [फा० शह्रीयत] नागरिकता।
fem. citizenship.

शहरेख़ामोशाँ شہرخاموشاں पुं० [फा० शह्रेख़ामोशाँ] मौन रहनेवालों की बस्ती, क़ब्रिस्तान।
m. a graveyard.

शहला شہلا स्त्री० [अ० शह्ला] १. वह स्त्री जिसकी आँखें भेड़ की तरह काली या भूरी हों। २. एक प्रकार की नरगिस जिसके फूल से आँखों की उपमा दी जाती है।
fem. 1. a woman having black or grey eyes like that of a sheep. 2. narcissus, daffodil.

शहवत شہوت स्त्री० [अ० शह्वत] संभोग या प्रसंग की इच्छा, कामवासना।
fem. sexual desire.

शहवतअंगेज़ شہوت انگیز वि० [अ०शह्वत+फा०] काम-वासना बढ़ानेवाला।
adj. that arouses sexual desire, aphrodisiac.

शहवतपरस्त شہوت پرست वि० [अ० शह्वत +फा०] [भाव० शहवतपरस्ती] कामुक।
adj. armorous, lustful.

शहसवार شہسوار पुं० [फा०] अच्छा घुड़सवार।
m. an efficient rider.

शहादत شہادت स्त्री० [अ०] १. गवाही। २. प्रमाण। ३. शहीद होना।
fem. 1. witness, evidence. 2. proof. 3. martyrdom.

शहाना شہانہ वि० [फा० शहानः] १. शाही, राजसी। बहुत बढ़िया, उत्तम।
adj. 1. royal, regal. 2. excellent.

शहाब شہاب पुं० [फा०] एक प्रकार का गहरा लाल रंग।
m. a red dye.

शहाबी شہابی वि० [फा०] गहरालाल, सुर्ख।
adj. blood red.

शहामत شہامت स्त्री० [अ०] १. बड़प्पन, महत्त्व। २. वीरता।
fem. 1. importance. 2. bravery.

शहीद شہید वि०, पुं० [अ०] १. ईश्वर या धर्म के लिए प्राण देनेवाला। २. निहत, मारा गया।
adj. & m. 1. a martyr. 2. killed, murdered.

शाइर شاعر पुं० [अ०] शायर।
m. a poet.

शाइरा شاعرہ स्त्री० [अ० शाइरः] कवयित्री।
fem. a poetess.

शाइस्तगी شائستگی स्त्री० [फा०] १. शिष्टता, सभ्यता। २. भलमनसत।
fem. 1. civility. 2. gentlemanliness.

शाइस्ता شائستہ वि० [फा० शाइस्तः] १. शिष्ट, सभ्य, तहज़ीबवाला। २. विनीत, नम्र।
adj. 1. civilized. 2. humble.

शाए شائع वि० [अ० शाइअ] १. प्रकट। २. प्रमाणित।
adj. 1. evident, apparrant. 2. certified.

शाक़ شاق वि० [अ०] १. मुश्किल, कठिन। २. असह्य, दूभर। ३. दुखी या अप्रसन्न करनेवाला, अप्रिय।
adj. 1. difficult. 2. unbearable. 3. dis-pleasing or hurtful.

शाक़िर شاکر वि० [अ०] शुक्र करने या धन्यवाद देनेवाला, उपकार माननेवाला।
adj. feeling or showing gratefulness, grateful.

शाक़ी شاکی वि० [अ०] १. शिकायत करनेवाला। २. चुगली खानेवाला, चुगलख़ोर।
m. 1. one who complains, complainant. 2. a backbiter.

शाकूल شاکول पुं० [फा०] मेमारों का साहुल नामक औज़ार जिससे दीवार की सीध नापी जाती है।
m. a plumb.

शाक़्क़ा شاقّہ वि० [अ० शाक़्क़ः] कठिन, मुश्किल, कठोर; जैसे—मेहनत शाक़्क़ा।
adj. difficult, abstruse.

शाख़ شاخ स्त्री० [फा० मि० सं० शाखा] १. टहनी, डाल, शाखा। २. कटा हुआ टुकड़ा, खंड, फाँक। ३. किसी मूल वस्तु से निकला हुआ भेद, प्रकार।

४. सहायक नदी। ५. सींग, श्रृंग। ६. हाथ, पैर आदि अंग। ७. विलक्षण या अनोखी बात। ८. एक प्रकार का पकवान, सुहाल। ९. सन्तान।
fem. 1. branch of a tree. 2. a piece, portion or slice. 3. anything that develops from something else. 4. a part of the body. 7. anything surprising. 8. an Indian type of cookie. 9. progeny.

शाख़चा شاخچہ पुं० [फा० शाख़च:] छोटी शाखा, टहनी।
m. a twig.

शाख़शाना شاخشانہ पुं० [फा० शाख़+शान:] १. लड़ाई, हुज्जत। २. कलंक। ३. अभियोग। ४. सन्देह, शक। ५. ढकोसला, छलने की बात।
m. 1. a quarrel. 2. a stigma. 3. an accusation, charge. 4. doubt, suspicion. 5. a hypocritical act.

शाख़सार شاخسار पुं० [फा०] वाटिका।
m. a garden.

शाखे-आहु شاخ آہو पुं० दे०='शाख़े ग़ज़ाल'।

शाखे ग़ज़ाल شاخِ غزال स्त्री० [फा०] १. हिरन का सींग। २. धनुष, कमान। ३. द्वितीया का चन्द्रमा।
fem. 1. the horn of a deer. 2. a bow. 3. the new moon.

शाख़े ज़ाफ़रान شاخِ زعفران वि० [फा०+अ०] विलक्षण, अद्‌भुत, अनोखा।
adj. strange, peculiar.

शागिर्द شاگرد पुं० [फा०] १. शिष्य, चेला। २. सेवक, टहलुआ।
m. 1. a disciple, pupil. 2. an attendant.

शागिर्दपेशा شاگردپیشہ पुं० [फा०+अ० पेश:] १. दफ़्तर में काम करनेवाला, अहलकार। २. नौकरों-चाकरों के रहने का स्थान।
m. 1. a worker, employee. 2. servant quarters.

शागिर्दी شاگردی स्त्री० [फा०] १. शिष्यता, चेलापन। २. सेवा।
fem. 1. discipleship, pupilage. 2. service.

शाग़िल شاغل वि०, पुं० [अ०] जो किसी शग़ल या काम में लगा हो। २. सदा ईश्वर-चिन्तन करनेवाला।
adj. & m. 1. busy. 2. a devotee.

शाज़ شاذ वि० [अ०] १. अकेला, एकाकी। २. अनुपम, बेजोड़। ३. नियम-विरुद्ध। ४. असाधारण, अनोखा। क्रि० वि० कभी-कभी।
adj. 1. alone, lone. 2. unique, matchless. 3. against the law, illegal. 4. extraordinary, unique.
adv. sometimes.

शाज़ोनादिर شاذونادر क्रि० वि० [अ०] कभी-कभी।
adv. sometimes.

शातिर شاطر पुं० [अ०] १. शतरंज का खिलाड़ी। २. धूर्त या चालाक व्यक्ति। ३. पत्रवाहक, दूत।
m. a chess-player. 2. a cunning fellow. 3. a messenger.

शातिराना شاطرانہ वि० [अ०+फा० आन:] शातिरों के जैसा, धूर्ततापूर्ण।
adj. cunning, wily, tricky.

शाद شاد वि० [फा०] १. प्रसन्न, सुखी। २. भरा हुआ, पूर्ण।
पद शादो-नाशाद=प्रसन्न-अप्रसन्न।
m. 1. happy. 2. full.
ph. happy and unhappy.

शादबाश شادباش विस्मय० [फा०] १. प्रसन्न रहो। २. शाबाश।
interj. 1. Be happy. 2. Bravo!

शादमान شادمان वि० [फा०] प्रसन्न, हर्षित।
adj. happy, delighted.

शादमानी شادمانی स्त्री० [फा०] प्रसन्नता, हर्ष।
fem. happiness, delight.

शादान شادان वि० फा० 'शादमान' का संक्षिप्त रूप।

शादाब شاداب वि० [फा०] [भाव० शादाबी] हरा-भरा।
adj. green, lush with greenery.

शादियाना شادیانہ पुं० [फा० शादियान:] १. प्रसन्नता के समय मंगलवाद्य का बजना। २. बधाई, मुबारकवाद। ३. वह उपहार जो जमींदार के घर शादी-ब्याह होने के समय किसान लोग देते हैं।
m. 1. playing of musical instruments as a sign of happy occassion. 2. congratulations. 3. a thing given to someone as a gift at the time of marriage ceremony.

शादी شادی स्त्री० [फा०] १. ख़ुशी। २. आनन्दोत्सव। ३. विवाह।
fem. 1. happiness. 2. a festive occasion. 3. a wedding, marriage.

शादीमर्ग شادی مرگ वि० [फा० शादी+मर्ग] जो मारे आनंद के मर गया हो।
स्त्री० ऐसी मृत्यु जो आनन्द के आधिक्य के कारण हो।
adj. died due to overjoy.
fem. death due to overjoy.

शादीशुदा شادی شدہ वि० [फा० शादीशुद:] विवाहित।
adj. married.

शान شان स्त्री० [अ०] १. तड़क-भड़क, ठाट-बाट, सजावट। २. गर्वीली चेष्टा, ठसक। ३. भव्यता, विशालता।

४. शक्ति, करामात, विभूति। ५. प्रतिष्ठा, इज्जत।
पद किसी की शान में=किसी बड़े के सम्बन्ध में।
fem. 1. pomp and show. 2. vainglory. 3. grandeur. 4. power, miracle, feat. 5. respect, prestige.
ph. about someone.

शानदार شاندار वि० [अ०+फा०] जिसमें शान या शोभा हो, शानवाला।
adj. grand, splendid.

शाना شانہ पुं० [फा० शान:] १. कंघी, कंघा। २. कन्धा, भुजमूल।
***मुहा०* शाने से शाना छिलना**=इतनी भीड़ होना कि कंधों से कंधे रगड़ खाएँ।
m. 1. a comb. 2. a shoulder.
id. rubbing of shoulders in a crowd.

शानाबीं شانہ بیں वि० पुं० [फा० शान:बीं] फ़ाल देखने या शकुन बतलानेवाला।
adj. & m. a soothsayer.

शानेख़त شان خط स्त्री० [फा०] लिखने का ढंग।
fem. style of writing.

शानेख़ुदा شان خدا स्त्री० [फा०] ईश्वर की लीला।
fem. the God's creation.

शानोशौकत شان وشوکت स्त्री० [अ०] तड़क-भड़क, ठाट-बाट, सजावट।
fem. pomp and show, vain display of glory.

शाफ़ई شافعی पुं० [अ०] सुन्नी सम्प्रदाय के चार इमामों में से एक।
m. one of the Imam (preacher) of Sunny Sect.

शाफ़ा شافہ पुं० [अ० शाफ़:] दवा की वह बत्ती जो ज़ख्म या गुदा आदि में रखी जाती है।
m. a piece of cloh soaked in a medicine to be placed in the wound or anus.

शाफ़ी شافی वि० पुं [अ०] १. शफ़ा या नीरोग करनेवाला। २. सीधा, साफ़, पूरा (उत्तर आदि)।
adj. & m. 1. that cures. 2. direct and clearly stated.

शाब شاب पुं० [अ०] २४ से ४० वर्ष तक की अवस्था का पुरुष, युवा।
m. a person between 20 to 40 age group, youth.

शाबा شابہ स्त्री० [अ० शाब:] नवयुवती।
fem. a young girl, damsel.

शाबान شابان पुं० [अ० शअबान] मुस्लिम वर्ष का आठवाँ चांद्र मास जो रजब के बाद पड़ता है।
m. the eight month of Arabic lunar year.

शाबाश شاباش विस्मय० [अ०] एक प्रशंसासूचक शब्द, खुश रहो, वाह-वाह।
interj. an expression of praise, Bravo! Well done!

शाबाशी شاباشی स्त्री० [फा० शाबाश] प्रशंसा, वाह-वाही।
fem. cry of praise, plaudits.

शाम شام स्त्री० [फा०] १. सूर्यास्त का समय, सन्ध्या। २. अंतिम समय।
पद शामे-ब-सहर=ऐसी शाम जिसकी सुबह न हो।
***मुहा०* शाम फूलना**=सन्ध्या की लाली प्रकट होना।
पुं० एक देश का नाम।
fem. 1. evening. 2. last moment.
ph. the evening having no-dawn.
id. advent of evening glow.
m. the name of a country.

शामत شامت स्त्री० [अ०] १. दुर्भाग्य। २. विपत्ति, आफ़त। ३. दुर्दशा, दुरवस्था।
***मुहा०* (i) शामत का घेरा या मारा**=दुर्दशाग्रस्त। **(ii) शामत सवार होना या सिर पर खेलना**=मुसीबत आना।
fem. 1. a misfortune, ill-luck. 2. a calamity. 3. plight, bad condition.
id. (i) in plight, victim of ill luck. (ii) to be in trouble.

शामतज़दा شامت زدہ वि० [अ०+फा० ज़द:] शामत का मारा, विपत्तिग्रस्त।
adj. victim of ill-luck.

शामती شامتی वि० [अ०] अभागा।
adj. unfortunate.

शामतेऐमाल شامت اعمال स्त्री० [अ०] किए हुए कुकृत्यों का फल।
m. the result of misdeeds.

शामियाना شامیانہ पुं० [फा० शामियान:] एक प्रकार का बड़ा तम्बू।
m. a tent, canopy.

शामिल شامل वि० [अ०] १. जो साथ में हो। २. मिला हुआ, सम्मिलित।
adj. 1. accompanying, participating. 2. mixed, included.

शामिल-हाल شامل حال वि० [अ०] सब अवस्थाओं में साथ रहनेवाला।
क्रि० वि० मिलकर, एक साथ।
adj. a companion in sorrow and in joy.
adv. unitedly.

शामिलात شاملات स्त्री० [अ० 'शामिल' का बहु०] हिस्सेदारी, साझा।

fem. partnership.

शामी شامی वि० [अ०] १. शाम देश-सम्बन्धी; जैसे—शामी कबाब।
पुं० शाम देश का निवासी।
स्त्री० शाम देश की भाषा।
adj. of or relating to Sham.
m. an inhabiant of Sham.
fem. the language of Sham.

शामे-ग़रीबाँ شامِ غریباں स्त्री० [फा०] यात्रियों की सन्ध्या जो प्राय: निर्जन और भीषण स्थानों में पड़ती है, ग़रीबों की संध्या।
fem. the poor's evening.

शामे-जुल्मात شامِ ظلمات स्त्री० [फा०+अ०] जुल्मों की शाम।
fem. the evening of atrocities.

शामोसहर شام و سحر क्रि० वि० [फा०+अ०] दिन-रात, हर समय।
adv. day and night, all the time.

शाम्मा شامّہ पुं० [अ० शाम्म:] सूँघने की शक्ति, घ्राणशक्ति।
m. the power of smelling.

शायक شائق वि० [अ०] [बहु० शायक़ीन] इश्तियाक़ या शौक़ रखनेवाला, शौकीन, प्रेमी।
adj. inclined, tending.

शायद شاید क्रि० वि० [फा०] कदाचित्, सम्भव है कि।
adv. perhaps.

शायर شاعر पुं० [अ० शाइर] वह जो शेर या उर्दू-फारसी की कविता लिखता हो, कवि।
m. a poet.

शायरा شاعرہ स्त्री० [अ० शाइर:] स्त्री-कवि, कवयित्री।
fem. a poetess.

शायरी شاعری स्त्री० [अ० शाइरी] कविताएँ तैयार करना, काव्य-रचना।
fem. poetry.

शायाँ شایاں वि० [फा०] १. उपयुक्त। २. अभीष्ट।
adj. 1. adequate. 2. desired.

शाया شائع वि० [अ० शाइअ] १. प्रकट, ज़ाहिर। २. छपा हुआ, प्रकाशित।
adj. 1. obvious, apparant. 2. published.

शारअ شارع पुं० [अ० शारिअ] १. बड़ी सड़क, राजमार्ग। २. लोगों को धर्म का मार्ग बतलानेवाला, धर्मज्ञ।
पद शारअ आम=आम सड़क।
m. 1. a high way. 2. a preacher.
ph. a thoroughfare.

शारक شارک स्त्री० [फा० मि० सं० सारिका] मैना (पक्षी)।
fem. a sweet singing bird.

शारह شارح पुं० [अ० शारिह] शरह या टीका लिखनेवाला।
m. an exponent, commentator.

शारिक شارق वि० [अ०] भागनेवाला।
adj. that flees.

शाल شال स्त्री० [फा०] बढ़िया ऊनी चादर, दुशाला।
fem. a shawl.

शालदोज़ شال دوز वि०, पुं० [फा०] [भाव० शालदोज़ी] शाल या दुशाले पर बेल-बूटे बनानेवाला।
adj. & m. one who embroiders shawls.

शालबाफ़ شال باف वि०, पुं० [फा०] [भाव० शालबाफ़ी] १. शाल या दुशाले बनानेवाला। २. एक प्रकार का लाल रेशमी कपड़ा।
adj. & m. 1. one who manufactures shawls. 2. a kind of silken cloth.

शाली شالی वि० [फा०] शाल का; जैसे—शाली रूमाल।
adj. of or relating to a shawl or shawls.

शाशा شاشہ पुं० [फा० शाश:] पेशाब, मूत्र।
m. urine.

शाहंशाह شاہنشاہ पुं० [फा०] बादशाहों का बादशाह, सम्राट।
m. an emperor.

शाहंशाही شاہنشاہی स्त्री० [फा०] शाहंशाह का पद, भाव या कार्य।
m. the rank or function of an emperor.

शाह شاہ पुं० [फा०] १. ईश्वर। २. स्वामी, मालिक। ३. बादशाह। ४. मुसलमान फ़क़ीरों की उपाधि। ५. दूल्हा, वर।
वि० बड़ा, महान।
m. 1. the God. 2. the proprietor, owner. 3. a king. 4. an epithet of a Muslim mendicant. 5. a bridegroom.
adj. great.

शाहज़ादगी شاہزادگی स्त्री० [फा०] राजकुमार होने की अवस्था या भाव।
fem. the state of being a prince.

शाहज़ादा شاہزادہ पुं० [फा० शाहज़ाद:] [स्त्री० शाहज़ादी] बादशाह का लड़का, महाराज-कुमार।
m. a prince.

शाहज़ादी شاہزادی स्त्री० [फा०] राजकुमारी।
fem. a princess.

शाहतरा شاہترا पुं० [फा० शाहतर:] एक बूटी।
m. a herb.

शाहदरा شاہدرا पुं० [फा० शाहदर:] राजमार्ग।
m. the highway, main road.

शाह-दरिया شاہ دریا पुं० [फा०] एक कल्पित भूत या प्रेत।
m. a ghost or evil spirit.

शाहनामा شاہنامہ पुं० [फा० शाहनाम:] १. राजाओं का इतिहास। २. एक प्रसिद्ध ऐतिहासिक ग्रन्थ जिसमें फारस के बादशाहों का इतिहास है।
m. 1. the history of the kings. 2. the name of an ancient book of the Persian history.

शाहबलूत شاہ بلوط पुं० [फा०+अ०] माजूफल की तरह का एक बड़ा वृक्ष, सीता सुपारी।
m. the name of a tree.

शाहबाज़ شاہباز पुं० [फा०] बड़ा बाज़ (पक्षी)।
m. a large hawk.

शाहबाला شاہبالا दे० 'शहबाला'।

शाहराह شاہراہ स्त्री० [फा०] राजमार्ग, बड़ी सड़क।
fem. a highway, royal road.

शाहवार شاہوار वि० [फा०] बादशाहों या राजाओं के योग्य।
adj. kingly, imperial.

शाहसवार شاہسوار वि० [फा०] घुड़सवार।
m. a horse-rider.

शाहाना شاہانہ वि० [फा० शाहान:] १. बादशाही, राजकीय। २. राजाओं के योग्य। ३. बहुत बढ़िया।
पुं० १. वे कपड़े जो वर को विवाह के समय पहनाते हैं। २. एक प्रकार का राग।
adj. 1. royal, regal. 2. kingly. 3. excellent.
m. 1. bridegroom's dress. 2. melody, tune.

शाहिद[१] شاہد पुं० [अ०] [बहु० शाहिदान] साक्षी, गवाह।
***पद* शाहिदे हाल**=प्रत्यक्ष साक्षी।
m. a witness.
ph. an eye-witness.
adj. very beautiful.

शाहिद[२] شاہد वि० [फा०] १. उत्तम। २. बहुत सुन्दर।
adj. 1. excellent. 2. very beautiful.

शाहिदबाज़ شاہد باز वि०, पुं० [अ०+फा०] [भाव० शाहिदबाज़ी] सौन्दर्य का प्रेमी या उपासक।
m. one who appreciates beauty, an aesthete.

शाहिदी شاہدی स्त्री० [अ०] शहादत, गवाही।
fem. evidence, testimony.

शाही شاہی वि० [फा०] १. बादशाहों का-सा, शाह-सम्बन्धी। २. राजकीय, सरकारी।
स्त्री० शासन, राज्य; जैसे—निज़ामशाही।
adj. 1. kingly. 2. official.
fem. governance.

शाहीन شاہین पुं० [फा०] १. सफ़ेद बाज़। २. तराजू का काँटा।
m. 1. a white hawk. 2. a balance, scale.

शिंगरफ़ شنگرف पुं० [फा०] ईंगुर।
m. vermilion.

शिआर شعار पुं० [अ०] १. वह कपड़ा जो अन्दर या नीचे पहना जाता है। २. पोशाक, कपड़ा, वस्त्र। ३. दे० शआर।
m. 1. the underwear. 2. a dress.

शिकंजा شکنجہ पुं० [फा० शिकंज:] दबाने, कसने या निचोड़ने का यन्त्र।
***मुहा०* शिकंजे में खिंचवाना**=घोर यंत्रणा दिलाना, साँसत करना।
m. a clamp, clasp.
id. to clamp down, to torture.

शिक़ شق स्त्री० [अ०] १. आधा भाग। २. ओर, तरफ़।
fem. 1. one-half part or portion. 2. direction.

शिकन شکن स्त्री० [फा०] सिकुड़ने से पड़ी हुई धारी, सिलवट, बल।
वि० तोड़नेवाला; जैसे—अहद-शिकन।
fem. a crease, wrinkle.
adj. that breaks, breaker.

शिकनी شکنی पुं० [फा०] तोड़ने या भंग करने की क्रिया।
m. act of breaking.

शिकम شکم पुं० [फा०] पेट, उदर।
m. the stomach.

शिकम-परवर شکم پرور वि० [फा०] [भाव० शिकम-परवरी] १. स्वार्थी। २. पेटू।
adj. 1. selfish. 2. glutton.

शिकम-बंदा شکم بندہ वि० दे० 'शिकम-परवर'।

शिकम-सेर شکم سیر वि० [फा०] १. जिसका पेट अच्छी तरह भर गया हो। २. संपन्न।
adj. 1. having eaten lavishly. 2. prosperous.

शिकमी شکمی वि० [फा०] १. शिकम या पेट-सम्बन्धी। २. जन्म-सम्बन्धी, पैदाइशी। ३. भीतरी, अन्तर्गत।
adj. 1. of or pertaining to the stomach. 2. possessed from birth, inborn. 3. inner, internal.

शिकमी काश्तकार شکمی کاشتکار पुं० [फा०] वह काश्तकार जिसे दूसरे काश्तकार से जोतने के लिए खेत मिला हो।
m. a sub-tenant.

शिकरा شکرہ पुं० [फा० शिकर:] एक प्रकार का बाज़ पक्षी।
m. a variety of hawks.

शिकवा شکوہ पुं० [फा० शिकव:] शिकायत, गिला।
m. a complaint.

शिकवा-गुज़ार شکوہ گذار वि०, पुं० [फा०] [भाव० शिकवा-गुज़ारी] शिकवा या शिकायत करनेवाला।
adj. & m. a complainant.

शिकस्त شکست स्त्री० [फा०] १. पराजय, हार। २. टूटने-फूटने की क्रिया या भाव।
पद **शिकस्ते फ़ाश**=बहुत बड़ी या गहरी हार।
fem. 1. a defeat. 2. knockdown.
ph. a horrible defeat.

शिकस्तगी شکستگی स्त्री० [फा०] टूटने की क्रिया या भाव।
fem. breakage.

शिकस्ता شکستہ वि० [फा० शिकस्त:] १. टूटा-फूटा; जैसे- शिकस्ता हाल=दुर्दशाग्रस्त। २. घसीट (लिखावट)।
adj. 1. broken. 2. hurried, careless (hand writing, scrawl).

शिकायत شکایت स्त्री० [अ०] [वि० शिकायती, बहु० शिकायात] १. बुराई, गिला, चुग़ली। २. कष्ट। ३. रोग, बीमारी।
fem. 1. a complaint, backbiting. 2. grievance. 3. illness, disease.

शिकार شکار पुं० [फा०] १. जंगली पशुओं को मारने का कार्य या क्रीड़ा, आखेट, मृगया। २. वह जानवर जो मारा गया हो। ३. गोश्त, मांस। ४. आहार, भक्ष्य। ५. कोई ऐसा आदमी जिसके फाँसने से बहुत ही लाभ हो, आसामी।
मुहा० **(i) शिकार खेलना**=शिकार करना। **(ii) किसी का शिकार होना**=(क) किसी के द्वारा मारा जाना। (ख) वश में आना, फँसना।
m. 1. an act of hunting. 2. a game. 3. meat. 4. food, meal. 4. a victim, prey.
id. (i) to hunt. (ii) a. to be a victim of; b. to be under someone's control.

शिकारगाह شکارگاہ स्त्री० [फा०] शिकार खेलने का स्थान।
fem. the hunting ground.

शिकारबंद شکاربند पुं० [फा०] तस्मा जो घोड़े की पीठ पर पीछे की ओर इसलिए बँधा रहता है कि उसमें शिकार किया हुआ जानवर या इसी तरह की और कोई चीज़ लटकाई जा सके।
m. a horse's strap for tying a game.

शिकारी شکاری पुं० [फा०] शिकार करनेवाला।
वि० शिकार में काम आनेवाला।
m. a hunter.
adj. of or used in hunting.

शिकेब شکیب पुं० [फा०] १. संतोष। २. धैर्य। ३. सहनशीलता।
m. 1. contentment, satisfaction. 2. patience. 3. forbearance.

शिकेबा شکیبا वि० [फा०] १. संतोषी। २. धैर्यवान। ३. सहनशील।
adj. 1. contended. 2. having patience. 3. forbearing.

शिकेबाई شکیبائی स्त्री० दे० 'शिकेब'।

शिकोह شکوہ पुं० दे० 'शकोह'।

शिगाफ़ شگاف पुं० [फा०] १. चीरा, नश्तर। २. दरार, दर्ज। ३. छेद।
m. 1. a surgical operation or cut. 2. a crevice. 3. a hole.

शिगाल شگال पुं० [फा० मि० सं० शृगाल] गीदड़, सियार।
m. a jackal.

शिगुफ़्ता شگفتہ वि० दे० 'शगुफ़्ता'।

शिगूफ़ा شگوفہ पुं० दे० 'शगूफ़ा'।

शिताब شتاب क्रि० वि० [फा०] जल्दी से।
adv. quickly, instantly.

शिताबकार شتاب کار वि०, पुं० [फा०] [भाव० शिताब-कारी] १. जल्दी काम करनेवाला। २. जल्दबाज़।
adj. & m. 1. one who do his work swiftly. 2. rash, hasty.

शिताबी شتابی स्त्री० [फा०] शीघ्रता।
fem. quickness, rapidity.

शिद्दत شدت स्त्री० [अ०] १. तेज़ी। २. सख़्ती, उग्रता। ३. अधिकता। ४. बलप्रयोग।
fem. 1. quickness, rapidity. 2. strictness, severity. 3. abundance. 4. use of force.

शिना شنا पुं० [फा०] तैरना।
m. act of swimming.

शिनाख़्त شناخت स्त्री० दे० 'शनाख़्त'।

शिनावर شناور पुं० [फा०] तैराक।
m. a swimmer.

शिनाश شناس वि० [फा०] [भाव० शिनासी] पहचानने-वाला, जैसे—हक़शिनास।
adj. that identifies.

शिनासा شناسہ वि० [फा० शनास:] पहचाननेवाला।
adj. that identifies.

शिनासाई شناسائی स्त्री० [फा० शनासाई] पहचान, परिचय।
fem. identification.

शिफ़ा شفا स्त्री० दे० 'शफ़ा'।

शिफ़ाअत شفاعت दे० 'शफ़ाअत'।

शिमाल شمال पुं० दे० 'शुमाल'।

शिरकत شرکت स्त्री० [अ० शिर्कत] १. शरीक होना। २. सहयोग।
fem. 1. participation. 2. co-operation.

शिरयान شریان स्त्री० [अ०, मि० सं० शिरा] छोटी नस, नाड़ी, रग।
fem. a vein.

शिराकत شراکت स्त्री० दे० 'शराकत'।

शिर्क شرک पुं० [अ०] किसी और (देवी-देवताओं) को भी ईश्वर के साथ सृष्टि आदि का कर्ता मानना जो इस्लाम की दृष्टि से कुफ़्र (अर्धम) हैं।
m. a henious crime to accept any deity the creating agency other than the Allah.

शिर्यान شریان स्त्री० [अ०] धमनी, शिरा।
fem. a blood-vessel, vein.

शिलंग شلنگ पुं० [फा०] १. डग, कदम। २. उछलने या कूदने की क्रिया भाव। ३. छलांग।
क्रि० प्र० भरना, मारना।
m. 1. a step. 2. act of jumping. 3. a long jump.

शिलांग شلانگ पुं० [देश०] दूर-दूर की जानेवाली मोटी सिलाई।
m. a type of long stiching.

शिस्त شست स्त्री० दे० 'शस्त'।

शिहना شحنا पुं० दे० 'शहना'।

शिहाब شہاب पुं० [अ०] १. आग की लपट। २. आकाश से टूटनेवाला तारा।
m. 1. a flame, blaze. 2. a fallen star.

शीआ شیعہ पुं० [अ० शीअ:] १. सहायक, मददगार। २. वह दल जिसने हज़रत अली और उनके वंशजों का बराबर साथ दिया था। ३. इस दल के अनुयायी जिनका मुसलमानों में एक स्वतन्त्र सम्प्रदाय है, राफ़िज़ी।
m. 1. a helper, assisant. 2. a sect among Muslims that believes Ali as a true religious leader.

शीन شین पुं० [अ०] अरबी वर्णमाला का तेरहवाँ अक्षर और उर्दू लिपि का अठारहवाँ अक्षर।
***मुहा०* शीन काफ़ दुरुस्त होना**=बोलने में फ़ारसी, अरबी आदि के शब्दों का उच्चारण ठीक होना।
m. the eighteenth letter of the Urdu alphabet.
id. The pronunciation is correct.

शीर شیر पुं० [फा०, मि० सं० क्षीर] दूध, दुग्ध।
m. milk.

शीर-ख़िश्त شیرخشت स्त्री० [फा०] एक प्रकार की दस्तावर दवा जो वृक्षों और पत्थरों पर दूध की तरह जमी हुई मिलती है।
fem. a kind purgative medicine.

शीर-गर्म شیرگرم वि० [फा०] साधारण गरम, कुनकुना।
adj. lukewarm.

शीरदान شیردان पुं० [फा०] दुग्धपात्र, दूध का बर्तन।
m. a milk-vessel.

शीरनी شیرنی स्त्री० दे० 'शीरीनी'।

शीरबिरंज شیربرنج स्त्री० [फा०] दूध में पके हुए चावल, खीर।
fem. a sweet dish of milk, rice and sugar.

शीरमाल شیرمال स्त्री० [फा०] एक प्रकार की मैदे की खमीरी रोटी।
fem. a type of leavened bread.

शीर-व-शकर شیروشکر वि० [फा०] दूध और चीनी की तरह आपस में बहुत मिले हुए, घनिष्ट।
adj. amalgamated, compounded, close.

शीरा شیرہ पुं० [फा० शीर:] १. रक्त की छोटी नाड़ी। २. पानी का सोता या धारा। ३. चीनी आदि को पकाकर गाढ़ा किया हुआ रस, चाशनी।
m. 1. a vein. 2. a spring of water. 3. treacle, molasses.

शीराज़ شیراز पुं० [फा०] ईरान का एक प्रसिद्ध नगर।
m. An Iranian city.

शीराज़ा شیرازہ पुं० [फा० शीराज़:] १. पुस्तकों की सिलाई में वह डोरा या फ़ीता जो जिल्द के पुट्ठों से सटा रहता है। २. व्यवस्था।
m. 1. a raised band in bookbinding. 2. arrangement, management.

शीराज़ी شیرازی वि० [फा०] शीराज़ नगर का।
पुं० एक प्रकार का कबूतर।
adj. of or pertaining to Sheeraj.
m. a variety of pigeons.

शीरीं شیریں वि० [फा०] १. मीठा, मधुर। २. प्रिय, प्यारा।
adj. 1. sweet. 2. lovely.

शीरीनी شیرینی स्त्री० [फा०] १. मिठास, मीठापन। २. मिठाई।
fem. 1. sweetness. 2. a sweet.

शीशए साइत شیشۂ ساعت पुं० [फा०+अ०] पुराने ढंग

की वह घड़ी जिसमें बालू भर दिया जाता था और कुछ निश्चित समय में वह बालू नीचे के छेद से गिरता जाता था।
m. an old type of machine for measuring time.

शीशा شیشہ पुं० [फा० शीशः] १. दर्पण। २. झाड़, फ़ानूस आदि काँच का बना हुआ सामान।
m. 1. a mirror. 2. the ornamental chandeliers and other glass items.

शीशागर شیشہ گر पुं० [फा० शीशःगर] [भाव० शीशा-गरी] शीशा या उसकी चीजें बनानेवाला।
m. one who makes glass items.

शीशाबाज़ شیشہ باز वि०, पुं० [फा० शीशःबाज़] धूर्त।
adj. & m. a cunning fellow.

शीशाबाज़ी شیشہ بازی स्त्री० [फा० शीशःबाज़ी] धूर्तता।
fem. cunningness.

शीशी شیشی स्त्री० [फा० शीशः] शीशे का छोटा पात्र जिसमें तेल, दवा आदि रखते हैं।
मुहा० शीशी सुँघाना=दवा सुँघाकर बेहोश करना (अस्त्र-चिकित्सा आदि में)।
fem. a small bottle.
id. to put someone under anaesthesia.

शुअबा شعبہ पुं० दे० 'शोबा'।

शुआअ شعاع स्त्री० [अ०] [वि० शुआई] सूर्य की किरण, रश्मि।
fem. a sunbeam.

शुआई شعائی वि० [अ०] किरणों का, किरण-सम्बन्धी।
adj. of or relating to the sunbeams.

शुआर شعار पुं० दे० 'शिआर'।

शुऊर شعور पुं० [अ०] शिष्टता, तमीज।
m. civility, etiquette.

शुकराना شکرانہ पुं० [फा० शुक्रानः] १. शुक्रिया, कृतज्ञता। २. वह धन जो कार्य हो जाने पर धन्यवाद के रूप में दिया जाए।
m. 1. gratitude. 2. a tip.

शुक्का شقہ पुं० [अ० शुक्कः] वह पत्र जो बादशाह की ओर से किसी अमीर या सरदार के नाम लिखा जाए।
m. a letter written to a nobleman by the king.

शुक्र شکر पुं० [अ०] १. कृतज्ञता। २. धन्यवाद।
मुहा० शुक्र बजा लाना=कृतज्ञता प्रकट करना।
m. 1. gratitude. 2. thanks.
id. to express gratitude.

शुक्रगुज़ार شکرگزار वि० [अ०+फा०] [भाव० शुक्र-गुज़ारी]। एहसान माननेवाला, आभारी, कृतज्ञ।
adj. grateful, thankful.

शुक्रगुज़ारी شکرگزاری स्त्री० [अ०+फा०] आभार, कृतज्ञता।
fem. thankfulness.

शुग़्ल شغل पुं० दे० 'शग़ल'।

शुजाअ شجاع वि० [अ०] वीर, बहादुर।
adj. brave, bold.

शुजाअत شجاعت स्त्री० [अ०] वीरता।
fem. bravery, boldness.

शुतुर شتر पुं० [फा० शुत्र मि० सं० उष्ट्र] ऊँट नामक पशु। २. प्रशंसा।
पद शुतुर-बे-महार=(क) बिना नकेल का ऊँट। (ख) बिना सोचे-समझे किसी तरफ़ चल पड़नेवाला।
m. a camel.
ph. (a) a camel without briddle. (b) a thoughtless fellow.

शुतुर-कीना شترکینہ पुं० [फा० शुतुरकीनः] वह जिसके मन में वैर का भाव सदा बना रहे।
m. a malicious person.

शुतुर-ग़मज़ा شترغمزہ पुं० [फा०+अ० ग़म्ज़ः] १. छल, धोखा, चालाकी। २. नामुनासिब नखरा।
m. 1. deceit, fraud. 2. inappropriate flirtatious behaviour.

शुतुर-गाव شترگاو पुं० [फा०] जिराफ नामक पशु।
m. a giraffe.

शुतुरी شتری वि० [फा०] १. शुतुर या ऊँट के रंग का। २. ऊँट के बालों का बना हुआ।
पुं० ऊँट की पीठ पर रखकर बजाया जानेवाला नक़्क़ारा या धौंसा।
adj. 1. of the colour of a camel. 2. made from camel's hair.
m. a drum played on the back of a camel.

शुतुरदिल شتردل वि० [फा०] डरपोक, कायर।
adj. timid, cowardly.

शुतुरनाल شترنال स्त्री० [फा०] ऊँट पर रखकर चलाई जानेवाली तोप।
fem. a cannon placed on the camel's back.

शुतुरबान شتربان पुं० [फा०] ऊँट पालनेवाला।
m. one who keeps camels.

शुतुरमुर्ग़ شترمرغ पुं०[फा०] एक प्रकार का बहुत बड़ा पक्षी जिसकी गरदन ऊँट की तरह बहुत लंबी होती है।
m. a bird having a neck like that of a camel.

शुद شد वि० [फा०] गया-बीता।

पुं० किसी कार्य का आरम्भ।
पद शुद-बुद=किसी विषय का बहुत सामान्य या अल्प ज्ञान।
adj. dead, past, passed.
m. commencement, start.
ph. abc of the subject.

शुदनी شدنی स्त्री० [फ़ा०] होनेवाली बात, भावी, होनहार। वि० होने या हो सकने योग्य, संभाव्य।
fem. fate, destiny.
adj. probable.

शुद-आमद شدامد स्त्री० [अ०] परंपरा, प्रथा।
fem. a tradition, custom.

शुदा-शुदा شدہ شدہ क्रि० वि० [फ़ा०+शुद: शुद:] धीरे-धीरे।
adv. slowly, gradually.

शुफ़ा شفعہ पुं० [अ० शूफ़्अ:] पड़ोस, पार्श्ववर्ती घर।
पद हक़्क़े शुफ़ा=किसी मकान या ज़मीन को खरीदने का वह हक़ जो उसके पड़ोस में रहने से हासिल होता है।
m. neighbourhood.
ph. the right of pre-emption.

शुबहा شبہہ पुं० [अ० शुब्ह:] १. संदेह, शक। २. धोखा। ३. वहम।
m. 1. doubt, suspicion. 2. deceit. 3. delusion.

शुबान شبان पुं० [अ०] गड़ेरिया।
m. a cowherd.

शुभा شبہہ पुं० दे० 'शुबहा'।

शुमार شمار पुं० [फ़ा०] १. संख्या। २. गिनती। ३. लेखा, हिसाब।
m. 1. number. 2. counting. 3. account.

शुमार-कुनिंदा شمارکنندہ वि०, पुं० [फ़ा०] शुमार या गिनती करनेवाला।
adj. & m. one who counts.

शुमारी شماری स्त्री० [फ़ा०] गिनने की क्रिया, गिनती; जैसे—मर्दुम-शुमारी।
fem. act of counting, count.

शुमाल شمال स्त्री० पुं० [अ०] उत्तर दिशा।
fem. the north direction.

शुमाली شمالی वि० [अ०] उत्तरी।
adj. northern.

शुमूल شمول वि० [अ०] पूरा, सब, कुल।
adj. all, entire.

शुरका شرکا पुं० [अ० 'शरीक' का बहु०] शरीक लोग।
m. the participants.

शुरफ़ा شرفا पुं० [अ० 'शरीफ़' का बहु०] शरीफ़ लोग।
m. (plu.) the noblemen.

शुरूअ, शुरू شروع पुं० [अ० शुरूअ] १. आरंभ। २. उद्गम।
m. 1. start, beginning, commencement. 2. the place of origin.

शुरूआत شروعات स्त्री० [अ०] आरंभ, प्रारंभ।
fem. beginning, start, commencement.

शुरूक़ شروق पुं० [अ०] सूर्योदय।
m. the sunrise.

शुरूत شروط स्त्री० [अ० 'शर्त' का बहु०] शर्तें।
fem. (plu.) conditions.

शुर्ब شرب पुं० [अ०] पीना।
m. act of drinking.

शुरूह شروح स्त्री० [अ० 'शरह' का बहु०] टीकाएँ।
fem. (plu.) commentaries.

शुवात شوات पुं० [फ़ा०] चकवा।
m. a male ruddy goose.

शुस्तगी شستگی स्त्री० [फ़ा०] १. शुद्धता। २. सज्जनता।
fem. 1. purity. 2. gentlemanliness.

शुस्त-ब-शू شست بہ شو स्त्री० [फ़ा०] १. नहाना-धोना। २. धोकर पवित्र और शुद्ध करना।
fem. 1. bathing and washing. 2. consecration.

शुस्ता شستہ वि० [फ़ा० शुस्त:] १. धोया हुआ। २. साफ़, स्वच्छ। ३. शुद्ध; जैसे—शुस्ता ज़बान।
adj. 1. washed. 2. clean, neat. 3. pure, unaldultrated.

शुहरा شہرہ पुं० [अ० शुह्र:] प्रसिद्धि, ख्याति।
m. fame, renown.

शुहूद شہود पुं० [अ० 'शाहिद' का बहु०] १. उपस्थिति। २. मन की वह अवस्था जिसमें संसार की सब चीज़ों में ईश्वर ही ईश्वर दिखाई देता है। ३. गवाह लोग।
m. 1. presence. 2. the state of mind in which the God seems manifesting in each and everything. 3. the witnesses.

शूम شوم वि० [फ़ा०] [वि० शूमी, भाव० शूमियत] १. मनहूस। २. अभागा। ३. कंजूस।
adj. 1. ominous. 2. unfortunate. 3. stingy, miserly.

शूमक़दम شوم قدم वि०, पुं० [फ़ा०+अ०] जिसका आगमन अशुभ हो।
m. & adj. one whose arrival is inauspicious.

शूरा شوریٰ पुं० [अ०] परामर्श, मंत्रणा।
m. consultation, advice.

शेख़ شیخ पुं० [अ० शैख़] [बहु० मशायख़] १. पैगम्बर मुहम्मद के वंशजों की उपाधि। २. मुसलमानों के चार वर्गों में से सबसे पहला वर्ग। ३. इस्लाम धर्म का आचार्य।
m. 1. the epithet of Mohammad's descendants. 2. one of the sect of Muslims. 3. a Muslim religious teacher.

शेख़-उल्-इस्लाम شیخ الاسلام पुं० [अ० शैख़+फा०] अपने समय का इस्लाम का सबसे बड़ा नेता और धर्माधिकारी।
m. the supreme authority on Muslim law.

शेख़ चिल्ली شیخ چلی पुं० [अ० शैख़+फा०] १. कल्पित मूर्ख व्यक्ति। २. बड़े-बड़े मंसूबे बाँधनेवाला व्यक्ति।
m. 1. an imaginary and legendary foolish person. 2. one who builds castles in the air.

शेख़ी شیخی स्त्री० [अ०] डींग।
***मुहा०* शेख़ी बघारना, हाँकना या मारना**=बढ़-चढ़कर बातें करना, डींग मारना।
m. a boast, brag.
id. to talk about oneself with excessive pride.

शेफ़्तगी شیفتگی स्त्री० [फा०] शेफ़्ता या आशिक होने का भाव, आसक्ति।
fem. attachment.

शेफ़्ता شیفتہ वि० [फा० शेफ़्त] आसक्त, मुग्ध।
adj. infatuated, deeply attached.

शेर[1] شیر पुं० [फा०] १. बिल्ली की जाति का एक भयंकर प्रसिद्ध हिंसक पशु, व्याघ्र, नाहर। २. अत्यन्त वीर और साहसी पुरुष।
***मुहा०* शेर होना**=निर्भय और धृष्ट होना।
m. 1. a tiger, lion. 2. a brave person.
id. to be bold.

शेर[2] شعر पुं० [अ० शेअर] दो पंक्तियों की उर्दू कविता।
m. a two line stanza.

शेर-अफ़गन شیرافگن वि० [फा०] दिलेर, साहसी।
adj. bold, courageous.

शेरआबी شیرآبی स्त्री० [फा०] घड़ियाल, मगर।
fem. a crocodile.

शेर-ख़्वानी شعرخوانی स्त्री० [अ० शेअर+फा० ख़्वानी] शेर या कविता पढ़ना।
fem. recitation of a poem.

शेरगो شعرگو पुं० [अ० शेअर+फा०] कवि।
m. a poet.

शेरगोई شعرگوئی स्त्री० दे० 'शेरख़्वानी'।

शेरदही شیردہی वि० [फा०] १. जिसका मुँह शेर का-सा हो। २. जिसके दोनों छोरों पर शेर का मुँह बना हो। पुं० वह मकान जो आगे चौड़ा और पीछे सँकरा हो।
adj. 1. lion-shaped. 2. having a figure of lion on both sides.
m. a lion-shaped house said to be inuaspicious for its owner.

शेरदिल شیردل वि० [फा०] निडर।
adj. lioned-hearted, fearless.

शेरपंजा شیرپنجہ पुं० [फा० शेर+पंजः] शेर के पंजे के आकार का एक अस्त्र, बघनहा।
m. a weapon having a shape like that of a tiger's claw.

शेरबचा شیربچہ पुं० [फा० शेरबचः] शेर का बच्चा।
m. the young of a tiger cub.

शेर-बबर شیرببر पुं० [फा०] सिंह।
m. a lion.

शेरमर्द شیرمرد वि० [फा०] [भाव० शेरमर्दी] बहुत बड़ा बहादुर।
adj. brave, heroic.

शेवन شیون पुं० [फा०] १. रोना-चिल्लाना। २. रोकर दुख प्रकट करना।
m. 1. act of wailing. 2. act of lamenting, lamentetion.

शेवा شیوا वि० [फा०] वाक्पटु, बोलने में पटु।
adj. eloquent, speaking fluently.

शै شے स्त्री०[अ०] १. वस्तु, पदार्थ, चीज। २. भूत-प्रेत।
fem. 1. a thing, commodity. 2. an evil spirit.

शैतनत شیطنت स्त्री० [अ०] १. शैतानी, शैतानपन। २. दुष्टता।
fem. 1. wickedness. 2. a mischief.

शैतान شیطان पुं० [अ०] [बहु० शयातीन] १. तमोगुणमय देवता जो मनुष्य को बहकाकर धर्म के मार्ग से भ्रष्ट करता है। २. दुष्ट व्यक्ति।
***मुहा०* शैतान की आँत**=बहुत लम्बी वस्तु या बात।
m. 1. an evil spirit. 2. a wicked person.
id. an unending affair.

शैतानी شیطانی स्त्री० [अ० शैतान] १. नटखटी, दुष्टतापूर्ण कार्य। २. दुष्टता।
वि० शैतान-सम्बधी, शैतान का।
fem. 1. wickedness. 2. a mischief.
adj. of a devil or evil spirit.

शैदा شیدا वि० [फा०] आसक्त, मुग्ध।
adj. infatuated, deeply attached.

शैदाई شیدائی पुं० [फा०] वह जो किसी पर शैदा या आसक्त हो।
m. a lover.

शोअरा شعراء पुं० [अ० 'शाइर' का बहु०] शायर लोग।
m. (plu.) poets.

शोख़ شوخ वि० [फा०] [भाव० शोख़ी] १. ढीठ, धृष्ट। २. शरीर, नटखट। ३. चंचल, चपल। ४. गहरा और चमकदार (रंग)।
adj. 1. impertinent. 2. naughty. 3. restless. 4. deep and fast.

शोख़-चश्म شوخ چشم वि० [फा०] [भाव० शोख़-चश्मी] १. धृष्ट। २. निर्लज्ज, बेहया।
adj. 1. obstinate. 2. shameless.

शोख़ी شوخی स्त्री० [फा०] १. धृष्टता, ढिठाई। २. दुष्टता, शरारत। ३. चंचलता। ४. रंग आदि की चमक।
fem. 1. obstinacy. 2. wickedness. 3. restlessness. 4. the shine of a colour.

शोब شوب पुं० [फा०] धोने की क्रिया या भाव, धुलाई।
m. act of washing.

शोबदा شعبده पुं० [अ० शुअबद:] १. जादू, इंद्रजाल। २. धोखा।
m. 1. magic. 2. a deceit, fraud.

शोबदागर شعبده گر पुं० दे० 'शोबदाबाज'।

शोबदाबाज़ شعبده باز पुं० दे० [फा० शुअबद:बाज़] [भाव० शोबदाबाज़ी] १. जादूगर। २. धोखेबाज।
m. 1. a magician. 2. a person intending to deceive, fraud.

शोबदाबाज़ी شعبده بازی स्त्री० दे० [फा० शोबद:बाज़ी] १. जादूगरी। २. धोखेबाजी।
m. 1. sorcery wizardry. 2. deceit, deception.

शोबा شعبه पुं० [अ० शोअब:] १. समूह, झुंड। २. शाखा, विभाग। ३. नहर।
m. 1. a group, gang, horde. 2. a branch, department. 3. a canal.

शोर شور पुं० [फा०] १. हो-हल्ला, हल्ला। २. भूम। ३. नमक। ४. बंजर।
m. 1. noise, furore. 2. subject of talk or speakabout. 3. salt. 4. barren land.

शोरअंगेज شورانگیز वि० [फा०] शोर मचानेवाला।
adj. making a lot of noise, noisy.

शोरचश्म شورچشم वि० [फा०] बुरी निगाहवाला।
adj. evil-eyed.

शोरपुश्त شورپشت वि० दे० 'शोरापुश्त'।

शोरबख़्त شوربخت वि० [फा०] अभागा, कम्बख्त।
adj. unlucky, unfortunate.

शोरबा شوربا पुं० [फा०] किसी उबली हुई वस्तु का जूस, रसा।
m. soup, broth.

शोरा شوره पुं० [फा० शोर:] एक प्रकार का क्षार जो मिट्टी से निकलता है।
m. sodium nitrate, saltpetre.

शोरापुश्त شوره پشت वि० [फा० शोर:पुश्त] [भाव० शोरापुश्ती] १. उद्दंड। २. झगड़ालू।
adj. 1. obstinate. 2. quarrelsome.

शोराबा شورابہ पुं० [फा० शोराब:] खारा पानी।
m. salt water.

शोरियत شوریت स्त्री० [फा०] खारापन।
fem. alkalimity, salinity.

शोरिश شورش स्त्री० [फा०] १. शोरगुल, हुल्लड़। २. झगड़ा, फसाद। ३. खलबली, हलचल।
fem. 1. tumult, furore. 2. quarrel, roit. 3. disturbance, stir.

शोरीदनी شوریدنی स्त्री० [फा०] आतुरता, व्याकुलता, विकलता।
fem. eagerness, perturbation.

शोरीदा شوریده वि० [फा० शोरीद:] आतुर, व्याकुल, विकल।
adj. eager, perturbed.

शोरीदा-सरी شوریده سری वि० [फा०] [भाव० शोरीदा-सरी] पागल, विक्षिप्त।
adj. mad, insane.

शोला شعلہ पुं० [अ० शोअल:] आग की लपट।
m. a flame of fire.

शोला-ख़ू شعلہ خو वि० [अ० शोअल:+फा०] उग्र स्वभाववाला।
adj. aggressive, hot-tempered.

शोलाज़बाँ شعلہ زباں वि० [अ० शोअल:+फा० ज़बाँ] आग उगलनेवाला।
adj. speaking is a very way.

शोला-रू شعلہ رو वि० [अ० शोअल:+फा०] बहुत ही सुन्दर, रूपवान।
adj. very beautiful.

शोशा شوشہ पुं० [फा० शोश:] १. निकली हुई नोक। २. अद्भुत या अनोखी बात।

m. 1. a projected point. 2. an unusual thing.

शोहदा شہدا पुं० [फा० शुहदा] १. व्याभिचारी, लम्पट। २. गुंडा।

m. 1. an adulterer, libertine. 2. a seoundrel, rogue.

शोहरत شہرت स्त्री० [अ० शुह्‌रत] प्रसिद्धि, ख्याति।

fem. fame, renown.

शोहरा شہرہ पुं० [अ० शुह्‌र:] प्रसिद्धि, ख्याति।

***पद* शोहर-ए आफ़ाक़**=जगत्-प्रसिद्धि।

fem. fame, renown.
ph. world-wide fame.

शौक़ شوق पुं० [अ०] किसी वस्तु की प्राप्ति या भोग के लिए होनेवाली तीव्र अभिलाषा, प्रबल लालसा।

***मुहा०* शौक़ करना**=किसी वस्तु या पदार्थ का भोग करना।

***पद* शौक़ से**=प्रसन्नतापूर्वक।

m. a hobby, pastime.
id. to enjoy.
ph. delightfully, happily.

शौकत شوکت स्त्री० [अ०] १. बल, ताकत। २. रोब, आतंक। ३. ठाठ, शान।

***पद* शान-शौकत**=ठाठ-बाट।

fem. 1. strength, vigour. 2. sway, terror. 3. glory, pomp and show.
ph. pomp and show.

शौका شوکہ पुं० [अ० शौक:] काँटा।

m. a thorn.

शौक़िया شوقیہ वि० [अ० शौक़िय:] शौक से भरा हुआ, शौकवाला।

क्रि० वि० शौक से।

adj. who does something as a hobby.
adv. as a hobby.

शौक़ीन شوقین वि० [अ०] १. वह जिसे किसी बात का बहुत शौक हो, शौक करनेवाला। २. सदा बना-ठना रहनेवाला।

adj. 1. who has a great liking for something. 2. foppish.

शौक़ीनी شوقینی स्त्री० [अ०] १. किसी काम या बात का अत्यधिक शौक। २. शौक़ीन होने का भाव या काम।

fem. 1. a great liking. 2. foppishness.

शौरा شعرا पुं० बहु० [अ० शुअरा] कविगण।

m. (plu.) the poets.

शौहर شوہر पुं० [फा०] स्त्री का पति, स्वामी, मालिक।

m. one's husband.

शौहरकुश شوہرکش वि० [फा०] जिसने पति का वध किया हो।

adj. having murdered her husband.

शौहरख्वाह شوہرخواہ वि० [फा०] जिसे पति की चाह हो।

adj. having a liking for the husband.

शौहरपरस्त شوہرپرست स्त्री० [फा०] पतिव्रता, साध्वी।

fem. a faithful wife.

शौहरा شوہرا पुं० [फा० शौहर:] वर के सिर पर बाँधा जानेवाला सेहरा।

m. bridegroom's chaplet.

शौहरी شوہری वि० [फा०] शौहर-संबंधी।

adj. of or pertaining ιo the husband.

स

संग سنگ पुं० [फ़ा०] १. पत्थर, प्रस्तर। २. भार, बोझ, वजन।
m. 1. a stone, piece of stone. 2. weight, burden.

संगज़दा سنگ زده वि० [फ़ा० संगज़द:] जिसे पत्थर से मारा गया हो।
adj. killed by pelting stones.

संगजाँ سنگ جاں वि० [फ़ा०] [भाव० संगजानी] १. जिसकी जान बहुत कठिनाई से निकले। २. निर्दय।
adj. 1. not dying easily. 2. cruel.

संगज़ार سنگ زار वि० [फ़ा०] पथरीला।
adj. full of stones, stony.

संगतरा سنگ تره पुं० [फ़ा० संगतर:] संतरा।
m. an orange.

संगतराश سنگ تراش पुं० [फ़ा०] वह जो पत्थर की चीजें काट-छाँटकर बनाता हो।
m. a sculptor.

संगतराशी سنگ تراشی स्त्री० [फ़ा०] संगतराश का काम, पत्थर को काट-छाँटकर चीज़ें बनाना।
fem. sculpture.

संगदाना سنگ دانہ पुं० [फ़ा० संगदान:] पक्षी का पेट जिसमें से प्राय: कंकड़-पत्थर भी निकलते हैं।
m. the stomach of a bird.

संगदिल سنگ دل वि० [फ़ा०] [भाव० संगदिली] जिसका दिल पत्थर की तरह हो, कठोर-हृदय।
adj. hard-hearted, cruel.

संगदिली سنگ دلی स्त्री० [फ़ा०] हृदय की कठोरता।
fem. hard-heartedness, cruelty.

संगपारस سنگ پارس पुं० [फ़ा०+हिं०] पारस पत्थर, स्पर्शमणि।
m. the philosopher's stone.

संगपुश्त سنگ پشت पुं० [फ़ा०] कछुआ।
m. a tortoise, turtle.

संगबसरी سنگ بصری पुं० [अ०+फ़ा०] एक प्रकार का सफ़ेद पत्थर जो दवा के काम आता है।
m. a type of white stone used in medicines.

संगमरमर سنگ مرمر पुं० [फ़ा० संगमर्मर] एक प्रकार का मुलायम बढ़िया पत्थर।
m. a kind of marble used in sculpture.

संगमूसा سنگ موسیٰ पुं० [फ़ा०] एक प्रकार का काला मुलायम बढ़िया पत्थर।
m. a type of black stone.

संगरेज़ा سنگ ریزه पुं० [फ़ा० संगरेज़:] कंकड़, रोड़ा।
m. a piece of brick or stone.

संगलाख़ سنگ لاخ पुं० [फ़ा०] पथरीला या पहाड़ी स्थान। वि० कड़ा, कठोर।
m. a hilly or mountainous place.
adj. hard, rocky, solid.

संगसाज़ سنگ ساز वि० [फ़ा०] [भाव० संगसाज़ी] वह जो लीथो या पत्थर की छपाई में पत्थर पर के अक्षर आदि बनाकर अशुद्धियाँ दूर करता है।
m. one who makes corrections in litho graphic printing.

संगसार سنگ سار पुं० [फ़ा०] इस्लामी धर्मशास्त्र के अनुसार एक प्रकार का दंड जिसमें व्यभिचारी को ज़मीन में कमर तक गाड़ देते थे और उसके सिर पर पत्थरों की वर्षा करके उसके प्राण हर लेते थे।
m. killing someone as legal punishment according to Islamic law by pelting stones.

संगीन سنگین पुं० [फ़ा०] लोहे का एक नुकीला अस्त्र जो बंदूक़ के सिरे पर लगाया जाता है।
वि० १. पत्थर का बना हुआ। २. मोटा। ३. टिकाऊ। ४. विकट।
m. a type of iron weapon that is placed and fitted on a gun.
adj. 1. stony. 2. thick, 3. durable. 4. difficult, formidable.

संगीनदिल سنگین دل वि० [फ़ा०] कठोर-हृदय, संगदिल।
adj. hard-hearted.

संगीनी سنگینی स्त्री० [फ़ा०] १. मज़बूती। २. गुरुता, भारीपन।
fem. 1. firmness. 2. gravity, weightiness.

संगेअसवद سنگ اسود पुं० [फ़ा०+अ० अस्वद] काबे में रखा हुआ वह काला पत्थर जिसे मुसलमान पवित्र समझते और हज करते समय चूमते हैं।
m. the black stone of Kaba which Muslims worship and kiss.

संगेआस्ताँ سنگ آستاں पुं० [फ़ा०] देहलीज का पत्थर।
m. a piece stone forming the bottom of a doorway, threshold.

संगेख़ारा سنگ خارا पुं० [फ़ा०] एक प्रकार का नीला पत्थर।
m. a type of blue stone.

संगेमक़्नातीस سنگ مقناطیس पुं० [फ़ा०+अ०] चुम्बक

पत्थर।
m. magnetic stone.

संगेमज़ार سنگ مزار पुं० [फा०+अ०] क़ब्र पर लगा हुआ वह पत्थर जिसपर मृतक का नाम और मृत्युकाल आदि लिखा होता है।
m. an epitaph.

संगेमसाना سنگ مثانہ पुं० [फा० + अ० मसान:] वह पत्थर जो पथरी नामक रोग में मनुष्य के मूत्राशय में होता है।
m. a bladder-stone.

संगेमाही سنگ ماہی पुं० [फा०] एक प्रकार का सफेद पत्थर, कहते हैं कि यह मछली के सिर में से निकलता है।
m. a piece of white stone obtained from the head of a fish.

संगेयशब سنگ یشب पुं० [फा०] हरे रंग का एक प्रकार का पत्थर जिसके टुकड़े गले में हृदय सम्बन्धी रोग दूर करने के लिए पहनते हैं, हौल-दिली।
m. a type of green stone.

संगेराह سنگ راہ पुं० [फा०] १. रास्ते में पड़ा हुआ पत्थर जिससे ठोकर लगे। २. बाधा, विघ्न।
m. 1. an obstruction on the way, blockage. 2. an obstacle.

संगेलरजाँ سنگ لرزاں पुं० [फा०] एक प्रकार का लचीला पत्थर जो हिलाने से लचकता है।
m. a type of elastic stone.

संगेलौह سنگ لوح पुं० [अ०+फा०] कब्र पर लगा हुआ पत्थर जिस पर किसी मृतक की मरण-तिथि या नाम आदि लिखा होता है।
m. an epitaph.

संगेशजर سنگ شجر पुं० [फा०+अ०] नदियों या समुद्र में से निकलनेवाला एक प्रकार का सफ़ेद पत्थर।
m. a kind of white stone found in some rivers.

संगेशजरी سنگ شجری पुं० दे० 'संगेशजर'।

संगेसमाक़ سنگ سماق पुं० [फा०+अ०] एक प्रकार का सफेद पत्थर।
m. a type of white stone.

संगेसीना سنگ سینہ पुं० [फा० संगेसीन:] १. छाती पर का पत्थर। २. अप्रिय वस्तु या बात।
m. 1. a stone on the chest. 2. an unpleasant thing.

संगेसुरमा سنگ سرمہ पुं० [फा० संगेसुर्म:] सुरमे का पत्थर।
m. a stone used as collyrium.

संगेसुर्ख़ سنگ سرخ पुं० [फा०] लाल रंग का पत्थर।
m. a type of red stone.

संगेसुलेमानी سنگ سلیمانی पुं० [फा०+अ०] एक प्रकार का दोरंगा पत्थर जिसकी मुसलमान फ़कीर माला बनाकर गले में पहनते हैं।
m. a type of bi-colour stone.

संज سنج वि० [फा०] समझने या जाननेवाला; जैसे—नग़्मा-संज=गवैया; सख़ुन-संज=वक्ता या कवि।
adj. having ability to know and understand.

संजाफ़ سنجاف स्त्री० [फा०] [वि० संजाफ़ी] १. गोट, किनारा। २. हाशिया।
fem. 1. a border, hem. 2. a margin.

संजीदगी سنجیدگی स्त्री० [फा०] गुरुता, गंभीरता।
fem. gravity, seriousness.

संजीदा سنجیدہ वि० [फा० संजीद:] [भाव० संजीदगी] धीर, गम्भीर।
adj. serious, thoughtful.

संजीदामिज़ाज سنجیدہ مزاج वि० [फा० संजीद:+अ० मिज़ाज] गंभीर प्रकृतिवाला।
adj. pensive, sober.

संदल صندل पुं० [अ०, मि० सं० चन्दन] चन्दन।
m. sandal wood.

संदली صندلی वि० [फा०] १. चन्दन का बना हुआ। २. चन्दन के रंग का लाली लिए हुए पीला।
स्त्री० [फा०] चौकी, कुर्सी।
adj. 1. made of sandalwood. 2. yellow with a reddish tinge.
fem. a chair.

संदूक़ صندوق पुं० [अ०] [अल्पा० सन्दूकचा] लकड़ी, टीन आदि का बना हुआ चौकोर पिटारा, पेटी, बक्स।
m. a box.

संदूक़चा صندوقچہ पुं० [फा० संदूकच:] छोटा संदूक।
m. a small box.

संदूक़ी صندوقی वि० [अ० सन्दूक़] सन्दूक़ की तरह या आकार का।
adj. box-like.

सअद سعد पुं० [अ०] १. सौभाग्य, खुशकिस्मती। २. ग्रहों आदि का शुभ-प्रभाव।
वि० शुभ, मुबारक।
m. 1. goodluck. 2. auspicious affect.
adj. auspicious.

सअब صعب वि० [अ०] १. कठिन, कठोर। २. अप्रिय।
adj. 1. difficult. 2. unpleasant.

सआदत سعادت स्त्री० [अ०] १. सौभाग्य, ख़ुश-किस्मती।

२. नेकी, भलाई।
fem. 1. goodluck. 2. benevolence.

सआदतमंद سعادت‌مند वि० [अ०+फा०] [भाव० सआदतमंदी] १. भाग्यवान। २. आज्ञाकारी और सुयोग्य (प्राय: पुत्र के लिए)।
adj. 1. fortunate. 2. obedient and capable.

सई سعی स्त्री० [अ०] १. दौड़-धूप। २. परिश्रम, प्रयत्न, कोशिश। ३. सिफ़ारिश।
पद सई-ए-नातमाम=अधूरा प्रयत्न।
fem. 1. a hectic activity. 2. an attempt, endeavour. 3. recomendation.
ph. a half-hearted attempt.

सईद سعید वि० [अ०] १. शुभ, मुबारक। २. भाग्यवान।
adj. 1. auspicious. 2. fortunate.

सईस سائیس पुं० दे० 'साईस'।

सऊबत صعوبت स्त्री० [अ०] १. दिक्क़त। २. आफ़त।
fem. 1. a hardship. 2. a calamity.

सकता سکتہ पुं० [अ० सक्त:] १. एक प्रकार का मूर्च्छा रोग, मिरगी। २. चकित या स्तम्भित होने की अवस्था। ३. कविता में यति। ४. यति-भंग का दोष।
m. 1. epilepsy. 2. amazement. 3. a pause in the poetry. 4. the pause taken at a wrong place.

सकना سکنہ पुं० [अ० सकन:, 'साकिन' का बहु०] निवासी।
m. (plu.) inhabitants, residents.

सकमूनिया سکمونیا पुं० [यू०] एक प्रकार की यूनानी दवा।
m. a Greek medicine.

सक़र سقر स्त्री० [अ०] जहन्नुम, दोज़ख़, नरक।
fem. the hell.

सकालत ثقالت स्त्री० [अ०] १. भार, बोझा। २. गरिष्ठता।
fem. 1. weight, burden. 2. heaviness.

सकीनत سکینت स्त्री० [अ०] चैन, आराम।
fem. respite, rest.

सक़ीम سقیم पुं० [अ०] बीमार, रोगी।
वि० दूषित, ऐबदार।
m. a patient.
adj. polluted, faulty.

सक़ील ثقیل वि० [अ०] [भाव० सक़ालत] १. भारी, वज़नी। २. गरिष्ठ, जल्दी न पचनेवाला।
adj. 1. weighty, burdesome. 2. not easily digestible, heavy.

सकूत سکوت पुं० [अ० सुकूत] चुप्पी, सन्नाटा।
m. silence, reticence.

सकून سکون पुं० [अ० सुकून] १. ठहरना। २. मन की शान्ति।
m. 1. act of staying. 2. peace of mind.

सकूनत سکونت स्त्री० [अ० सुकूनत] रहने की जगह, निवासस्थान।
fem. residence.

सक़्क़ा سقا पुं० [अ०] मशक में पानी भरकर लानेवाला, भिश्ती।
m. a water-carrier.

सक़्क़ाई سقائی स्त्री० [अ०] भिश्ती का काम।
fem. water-carrier's profession or function.

सक़्क़ावा سقاوہ पुं० [अ० सक़्क़ा] पानी रखने का हौज़ या टंकी।
m. a water tank.

सक़्फ़ سقف पुं० [अ०] मकान की छत या ऊपरी भाग, कोठा।
m. upper portion of the building.

सख़त سخت पुं० [अ०] क्रोध।
m. anger, wrath.

सख़ा سخا स्त्री० [अ०] उदारता, दानशीलता।
fem. generosity, charity.

सख़ावत سخاوت स्त्री० [अ०] ओछापन।
fem. meanness.

सख़ी سخی वि० [अ०] दानी, उदार।
adj. generous, charitable.

सख़ीफ़ سخیف वि० [अ०] हलका।
adj. light.

सख़ुन سخن पुं० [फा०] १. कथन, उक्ति। २. वचन, कौल, वादा। ३. बात-चीत। ४. कविता। ५. कहावत।
m. 1. a saying, remark. 2. a promise. 3. conversatioin. 4. poetry. 5. a proverb.

सख़ुनचीन سخن‌چین वि०, पुं० [फा०] [भाव० सख़ुन-चीनी] चुग़लख़ोर।
adj. & m. a backbiter.

सख़ुन-तकिया سخن‌تکیہ पुं० [फा० सुख़न-तकीय:] वह निरर्थक शब्द या वाक्यांश जो कुछ लोगों के मुँह से प्राय: यों ही निकला करता है, तकियाकलाम।
m. an irrelevant word or phrase used habitually by a person.

सख़ुनदाँ سخن‌داں वि० पुं० [फा०] [भाव० सख़ुनदानी] १. उक्तियों का मर्म समझनेवाला। २. कवि।
adj. & m. 1. one who understands the meaning of the sayings or statements. 2. a poet.

सख़ुनपरवर سخن‌پرور वि०, पुं० [फा० सुख़नपर्वर] [भाव०

सख़ुनपरवरी] १. अपने वचन का पालन या निर्वाह करनेवाला। २. हठी।
adj. & m. 1. one who keeps up one's promise. 2. an obstinate person.

सख़ुनपरवाज़ سخن پرواز पुं० [फा०] कवि।
m. a poet.

सख़ुनफ़हम سخن فہم वि०, पुं० [फा०] [भाव० सख़ुन-फ़हमी] काव्यमर्मज्ञ।
adj. & m. a connoisseur of poetry.

सख़ुनरस سخن رس पुं० दे० 'सखुनफ़हम'।

सख़ुनवर سخن ور वि० दे० 'सखुनदाँ'।

सख़ुन-शिनास سخن شناس वि०, पुं० [फा०] [भाव० सख़ुन-शिनासी] बातों का तत्त्व या रहस्य समझनेवाला।
adj. & m. one who knows the quintessence of things, connoisseur.

सख़ुनसंज سخن سنج वि० दे० 'सखुनदाँ'।

सख़ुनसाज़ سخن ساز वि०, पुं० [फा०] [भाव० सख़ुन-साज़ी] १. बातों को अच्छी तरह बनाकर या सुन्दर रूप में कहनेवाला, सुवक्ता। २. झूठी बातें बनानेवाला।
adj. & m. 1. an orator. 2. a lier.

सख़्त سخت वि० [फा०] १. कठोर, कड़ा, 'मुलायम' का उलटा। २. भारी, वजनी। ३. मुश्किल, कठिन। ४. कठोर-हृदय, निर्दय।
क्रि० वि० बहुत अधिक।
adj. 1. hard, hardened, stiff. 2. weighty, burdensome. 3. difficult. 4. crude, harsh.
adv. very much.

सख़्तजान سخت جان वि० [फा०] [भाव० सख़्तजानी] १. कठोर-हृदय, निर्दय। २. जिसके प्राण बहुत कठिनता से निकलें। ३. कष्ट-सहिष्णु। ४. परिश्रमी।
adj. 1. hard-heartened, cruel. 2. not dying easily. 3. tolerant. 4. laborious.

सख़्तजानी سخت جانی स्त्री० [फा०] १. निर्लज्जतापूर्ण जीवन। २. घोर परिश्रम।
fem. 1. shameful life. 2. endeavour, toil.

सख़्तदिल سخت دل वि० [फा०] [भाव० सख़्तदिली] कठोर-हृदय, निर्दय।
adj. hard-hearted, harsh, cruel.

सख़्ती سختی स्त्री० [फा०] १. कठोरता, कड़ापन, 'नरमी' का उलटा। २. दृढ़ता। ३. कठोर व्यवहार। ४. तीव्रता, तेजी। ५. डाँट-डपट। ६. कष्ट।
fem. 1. hardness, strictness. 2. firmness. 3. harsh treatment. 4. intensity, sharpness. 5. rebuke, reproach. 6. hardship.

सग سگ पुं० [फा०] कुत्ता।
m. a dog.

सग़ीर صغیر वि० [अ०] [बहु० सिग़ार] लघु, छोटा।
adj. small, minor.

सग़ीर-सिन صغیرسن वि० [अ०] अल्पवयस्क।
adj. adolescent, minor.

सग़ीर-सिनी صغیرسنی स्त्री० [अ०] अल्पवयस्कता।
fem. adolescence minority.

सग़ीरा صغیرہ वि० स्त्री० [अ०] छोटी।
adj. (fem.) small.

सग्र صغر पुं० [अ०] छोटापन।
m. smallness.

सजदा سجدہ पुं० [फा० सज्द:] माथा टेकना, सिर झुकाना।
m. obeisance to the God.

सजा سجع पुं० [अ० सजअ] १. पक्षियों का मनोहर कलरव। २. अनुप्रास।
m. 1. chirping of birds. 2. alliteration.

सज़ा سزا स्त्री० [फा०] १. दंड। २. कारागार में रखने का दंड।
fem. 1. punishment, penalty. 2. imprisonment.

सज़ाएक़त्ल سزائے قتل स्त्री० [फा०+अ०] प्राण-दंड।
fem. death-sentence, capital punishment.

सज़ाएमौत سزائے موت स्त्री० दे० 'सज़ाएक़त्ल'।

सज़ायाफ़ता سزایافتہ वि०, पुं० [फा० सज़ायाफ़्त:] वह जो सज़ा पा चुका हो, जो कारागार में रह चुका हो।
adj. & m. a convict, convicted.

सज़ायाब سزایاب वि० [फा०] सजायाफता।
adj. convicted.

सज़ावार سزاوار वि० [फा०] दंड का पात्र।
adj. punishable

सजावुल سجاول पुं० [तु०] सरकारी रुपए वसूल करने-वाला, तहसीलदार।
m. a collector.

सज्जाद سجاد वि०, पुं० [अ०] सिजदा करनेवाला, आराधक।
adj. & m. paying obeisance to the God.

सज्जादा سجادہ पुं० [अ० सजाद:] १. वह कपड़ा जिसपर बैठकर नमाज़ पढ़ते हैं, जा-नमाज़, मुसल्ला। २. पीर या फ़कीर की गद्दी।
m. 1. the carpet used by someone who prays. 2. the place or seat of a mendicant.

सज्जादानशीन سجادہ نشین पुं० [अ०+फा०] वह जो किसी

पीर या फ़कीर की गद्दी पर बैठा हो।
m. a person having taken up the position of his mentor.

सतर¹ سطر स्त्री० [अ०] [बहु० सतूर] १. लकीर, रेखा। २. पंक्ति, अवली, कतार।
वि० १. टेढ़ा, वक्र। २. कुपित, क्रुद्ध।
fem. 1. a line. 2. a row.
adj. 1. bent, crooked, 2. angry.

सतर² ستر पुं० [अ०] १. मनुष्य की गुह्य इंद्रिय। २. ओट, आड़, परदा।
fem. 1. male's sexual organ. 2. a screen.

सतह سطح स्त्री० [अ० सत्ह] १. किसी वस्तु का ऊपरी भाग, तल। २. विस्तार, फैलाव।
fem. 1. surface. 2. extention, extent.

सतह-ज़मीन سطح زمین स्त्री० [अ०+फा०] १. पृथ्वीतल। २. मैदान।
fem. 1. surface of the earth. 2. ground.

सताइश ستائش स्त्री० [फा० सिताइश] प्रशंसा, तारीफ़।
fem. praise, admiration.

सताइशगर ستائش گر वि०, पुं० [फा०] प्रशंसक।
adj. & m. an admirer.

सतून ستون पुं० [फा० सुतून] स्तम्भ, खम्भा।
***पद* सतूने दार**=फाँसी का खंभा।
m. a pillar.
ph. the pillar on which someone is hanged.

सतूवत سطوت स्त्री० [अ०] दबदबा, आतंक।
fem. sway, terror.

सत्तार ستار वि० [अ०] दूसरों के दोष ढकनेवाला।
adj. who conceals others flaws.

सद¹ سد स्त्री० [अ०] १. परदा, आड़, ओट। २. दीवार। ३. बाधा।
***मुहा०* सद्दे राह होना**=किसी के मार्ग में कंटक या बाधक होना।
fem. 1. a screen. 2. a wall. 3. an obstacle.
id. to be an obstacle in someone's way

सद² صد वि० [फा० मि० सं० शत] सौ, शत।
***पद* सद-आफ़रीन या सद-रहमत**=बहुत बहुत शाबाशी या अति अनुकंपा, धन्यवाद।
adj. hundred.
ph. Bravo, thanks a lot.

सदक़ा صدقہ पुं० [अ० सद्क़:] १. ख़ैरात। २. निछावर, उतारा।
m. 1. an alms. 2. an offering or sacrifice.

सदचाक صدچاک वि० [फा०] फटा हुआ, विदीर्ण।
***पद* दिले-सदचाक**=विदीर्ण हृदय।
adj. torn at many places.
ph. broken-hearted.

सदफ़ صدف स्त्री० [अ०] वह सीपी जिसमें से मोती निकलता है, शुक्ति, सीप।
fem. the shell of an oyster.

सदमा صدمہ पुं० [अ० सद्म:] १. आघात, धक्का, चोट। २. रंज। ३. हानि।
m. 1. a shock. 2. sorrow, grief. 3. loss.

सदर صدر पुं० [अ० सद्र] १. छाती, कलेजा। २. सामने या आगे का भाग। ३. आँगन, सहन। ४. प्रधान, मुख्य। ५. प्रधान, मुख्य या सभापति आदि के बैठने या रहने का स्थान। ६. छावनी। ७. लश्कर।
वि० १. ख़ास, विशिष्ट। २. बड़ा, श्रेष्ठ। ३. मुख्य; जैसे—सदर मुक़ाम=मुख्यालय।
m. 1. the chest, heart. 2. the front portion. 3. a courtyard. 4. the head or chief. 5. the seat of the head person. 6. cantonement. 7. an army.
adj. 1. special. 2. great. 3. main or chief.

सदर-आज़म صدراعظم पुं० [अ० सद्रेआज़म] प्रधानमंत्री या प्रधान अमात्य।
m. the Prime Minister.

सदर-आला صدراعلیٰ पुं० [अ० सद्रे आला] अदालत का वह हाकिम जो जज के नीचे का हो, छोटा जज।
m. a sub-judge.

सदर-जहान् صدرجہاں पुं० [अ०+फा०] एक कल्पित जिन या प्रेत जिसे स्त्रियाँ पूजती हैं।
m. an imaginary spirit.

सदरनशीन صدرنشین पुं० [अ०+फा०] सभापति, प्रधान।
m. the chairman.

सदरनशीनी صدرنشینی स्त्री० [अ०+फा०] सभापतित्व।
fem. chairmanship.

सदर-सदूर صدرصدور पुं० [अ० सद्रे-सदूर] प्रधान न्यायकर्ता।
m. the Chief Justice.

सदरी صدری स्त्री० [अ०] बिना आस्तीन की एक प्रकार की कुरती।
fem. a kind of sleeveless jacket.

सदहा صدہا वि० [फा०] गिनती में बहुत अधिक, असंख्य।
adj. numerous, too many.

सदा صدا स्त्री० [अ०] १. गूँजनेवाली आवाज़, प्रतिध्वनि। २. आवाज़, शब्द। ३. माँगने या पुकारने की आवाज़।
fem. 1. echo. 2. sound. 3. mendicant's cry.

सदाक़त صداقت स्त्री० [अ०] १. सत्यता, सचाई। २. गवाही।

fem. 1. truth. 2. evidence.

सदारत صدارت स्त्री० [अ०] १. सदर या प्रधान का भाव, पद या कार्य। २. सभापतित्व।
fem. 1. presidency. 2. chairperson.

सदारती صدارتی वि० [अ०] सभापति-संबंधी।
adj. of or pertaining to the chairperson.

सदी[1] صدی स्त्री० [फा०] सौ वर्ष, शती, शताब्दी।
fem. a period of one hundred years, century.

सदी[2] ثدی स्त्री० [अ०] स्तन।
fem. female breast.

सदीद سدید पुं० [अ०] मवाद।
m. pus.

सद्दे-याजूज سدیاجوج स्त्री० [अ०] दे० 'सद्दे-सिकंदर'।

सद्दे-सिकंदर سدسکندر स्त्री० [अ०+फा०] चीन की प्रसिद्ध दीवार जो सिकन्दर बादशाह की बनवाई हुई मानी जाती है।
fem. the great China's Wall.

सद्र صدر पुं० दे० 'सदर'।

सन سن पुं० [अ०] साल, वर्ष।
m. a year.

सनअत صنعت स्त्री० [अ० सन्अत] [वि० सनअती] १. कारीगरी। २. शिल्प-कौशल।
fem. 1. workmanship. 2. craftsmanship.

सनअतगर صنعت گر पुं० [अ० सन्अत+फा०] शिल्पकार।
m. a craftsman.

सनअतगरी صنعت گری स्त्री० [अ० सन्अत+फा०] शिल्प, शिल्पकारी।
fem. craftsmanship.

सन-जुलूस سن جلوس पुं० [अ०] राज्यारोहण का संवत्।
m. the year of enthronement.

सनद سند स्त्री० [अ०] १. बड़ा तकिया, गाव-तकिया। २. वह बात जिसपर भरोसा या विश्वास किया जा सके, प्रामाणिक बात। ३. आदर्श। ४. प्रमाणपत्र; जैसे—सनदे मुआफी, सनदे लियाकत।
m. 1. a large pillow. 2. reliable information. 3. an ideal. 4. an official document regarding a particular fact or achievement, certificate.

सनदन् سنداً क्रि० वि० [अ०] सनद के तौर पर, प्रमाण-रूप में।
adv. as a certificate.

सनदयाफ़्ता سندیافتہ वि० [अ०+फा० याफ़्त:] उपाधिधारी।
adj. having a certificate, i.e. degree-holder.

सनम صنم पुं० [अ०] १. मूर्ति। २. प्रियतम। ३. प्रेयसी।
m. 1. an idol. 2. one's lover. 3. one's beloved.

सनमकदा صنم کدہ पुं० दे० 'सनमख़ाना'।

सनमख़ाना صنم خانہ पुं० [अ०+फा० ख़ान:] १. मन्दिर। २. प्रिय या प्रेमिका के रहने का स्थान।
m. 1. a place of worship, temple. 2. the residence of one's lover or beloved.

सनमपरस्त صنم پرست पुं० [अ०+फा०] मूर्तिपूजक।
m. an idolater.

सना ثنا स्त्री० [अ०] १. प्रशंसा, तारीफ़। २. स्तुति। ३. एक प्रकार का पौधा जिसकी पत्तियाँ रेचक होती हैं, सनाय।
fem. 1. praise, admiration. 2. eulogy. 3. a plant (leaves of which serve as a purgative), senna.

सनागर ثناگر पुं० [अ०+फा०] प्रशंसा या स्तुति करनेवाला।
m. an admirer.

सनाया صنائع पुं० [अ० सनायअ] १. कला-कौशल। २. कारीगरी।
m. 1. art and craft. 2. workmanship.

सनोबर صنوبر पुं० [अ०] एक पेड़, चीड़ का वृक्ष।
m. a pine tree.

सन्नाअ صناع पुं० [अ०] बहुत बड़ा कारीगर।
m. a great artisan or craftsman.

सन्नाई صنائی स्त्री० [अ०] शिल्प, शिल्पकर्म।
fem. craftsmanship.

सपिस्ताँ سپستاں पुं० दे० 'सिपस्ताँ'।

सपुर्द سپرد वि० [फा० सिपुर्द] दिया या सौंपा हुआ।
adj. delivered or entrusted.

सपुर्दगी سپردگی स्त्री० [फा० सिपुर्दगी] सौंपे जाने की क्रिया; जैसे—सब चीजें उन्हीं की सपुर्दगी में हैं।
fem. act of entrusting, charge, custody.

सपुर्दा سپردا वि० [फा० सिपुर्दा] सौंपा हुआ।
adj. entrusted.

सपेद سپید वि० [फा० मि० सं० श्वेत] १. श्वेत, सफ़ेद, उज्ज्वल। २. गोरा। ३. कोरा, सादा।
adj. 1. white. 2. white-skined, fair-complexioned. 3. blank.

सपेदी سپیدی स्त्री० [फा०] सफ़ेदी।
fem. whiteness.

सफ़ صف स्त्री० [अ०] [बहु० सफ़ूफ़] १. पंक्ति, क़तार। २. लंबी सीतलपाटी।
fem. 1. a line. 2. a straw-mate.

सफ़आरा صف آرا पुं० [अ०+फा०] [भाव० सफ़-आराई] युद्ध के लिए सेनाओं की पंक्तियाँ या स्थान निर्धारित करनेवाला।

m. an army officer.

सफ़जंग صف جنگ स्त्री० [अ०+फा०] युद्ध के लिए सैनिकों की स्थापना, व्यूह-रचना।
fem. strategic placement of forces.

सफ़दर صفدر पुं० [अ०+फा०] वीर, योद्धा।
m. a brave soldier, warrior.

सफ़र سفر पुं० [अ०] यात्रा।
m. journey.

सफ़रख़र्च سفرخرچ पुं० [अ०+फा०] मार्ग-व्यय।
m. travelling expenses.

सफ़रनामा سفرنامہ पुं० [अ०+फा० नामः] यात्रा-विवरण।
m. travelling account, journey's description.

सफ़रा سفرہ पुं० [अ० सफ़्रः] दस्तरख़ान।
m. dining cloth.

सफ़री سفری वि० [फा०] सफ़र का, सफर में काम आनेवाला। पुं० १. यात्री। २. राह-खर्च। ३. अमरूद।
adj. of or pertaining to a journey.
m. 1. a traveller. 2. travelling expenses. 3. guava fruit.

सफ़वी صفوی पुं० [अ०] फ़ारस या ईरान का एक राजवंश जो शाह सफ़ी नामक एक फकीर से चला था।
m. an old dynasty of Iran.

सफ़हा صفحہ पुं० [अ० सफ़्हः] १. पृष्ठ, पन्ना। २. ऊपर या सामने पड़नेवाला अंश; जैसे—सफ़हए हस्ती= पृथ्वी तल, संसार, दुनिया। ३. विस्तार।
m. 1. a page. 2. upper or front portion. 3 extention, extent.

सफ़ा صفا वि० [अ०] १. पवित्र, शुद्ध। २. साफ़, स्वच्छ। ३. चमकीला।
adj. 1. holy, sacred. 2. clean. 3. bright.
पुं० दे० 'सफ़हा'।

सफ़ाई صفائی स्त्री० [अ०] १. स्वच्छता, निर्मलता। २. मैल या कूड़ा-करकट आदि हटाने की क्रिया। ३. मन में मैल न रहना, स्पष्टता। ४. कपट या कुटिलता का अभाव। ५. दोषारोप का हटना, निर्दोशता। ६. मामले का निपटारा।
m. 1. cleanliness. 2. act of cleansing, sanitation. 3. negation of maliciousness. 4. lack of crookedness. 5. faultlessness. 6. settlement.

सफाचट صفاچٹ वि० [अ०+हिं०] एकदम स्वच्छ, बिल्कुल साफ़।
adj. perfectly clean, absolutely clean.

सफ़ाया صفایا पुं० [अ० सफ़ा] १. पूरी सफाई। २. पूर्ण विनाश।
m. 1. complete removal, elimination. 2. complete devastation.

सफ़ाहत سفاہت स्त्री० [अ०] १. कमीनापन। २. मूर्खता।
fem. 1. meanness. 2. foolishness.

सफ़ी صفی वि० [अ०] १. शुद्ध, पवित्र। २. साफ़, स्वच्छ। पुं० फ़ारस के एक प्रसिद्ध फ़कीर का नाम जिससे वहाँ का सफ़वी नामक राजवंश चला था।
adj. 1. pure, sacred. 2. clean.
m. the name of a mendicant.

सफ़ीना سفینہ पुं० [अ० सफ़ीनः] १. किश्ती, नाव। २. वह काग़ज जिसपर स्मरण रखने के लिए कोई बात लिखी जाए। ३. अदालती परवाना, इत्तिलानामा, समन।
m. 1. a boat. 2. a piece of paper on which something has been written for remembrance slip. 3. summons.

सफ़ीर¹ سفیر पुं० [अ०] एलची, राजदूत।
m. an ambassador.

सफ़ीर² صفیر स्त्री० [अ०] १. पक्षियों का कलरव। २. वह सीटी जो पक्षियों को बुलाने आदि के लिए बजाई जाती है।
fem. 1. chirping sound. 2. a whistle to summon the birds.

सफ़ूफ़ سفوف पुं० [अ० सुफ़ूफ़] पीसी या कूटी हुई सूखी चीज़, चूर्ण।
m. a mass of fine dry particles, powder.

सफ़ेद سفید वि० [फा०] १. चूने के रंग का, धौला, श्वेत, चिट्टा। २. जिस पर कुछ लिखा न हो, कोरा, सादा।
पद स्याह-सफेद=भला-बुरा, इष्ट-अनिष्ट।
adj. 1. white. 2. blank.
ph. the pros and cons, the good and bad.

सफ़ेदपोश سفیدپوش वि० [फा०] [भाव० सफ़ेदपोशी] १. साफ़ कपड़े पहननेवाला। २. भलामानस, शिष्ट।
adj. 1. dressed in white robes. 2. civilized, good-mannered.

सफ़ेदा سفیدہ पुं० [फा० सफ़ेदः] १. जस्ते का चूर्ण या भस्म जो दवा तथा रँगाई के काम आता है। २. आम का एक भेद। ३. खरबूजे का एक भेद।
m. 1. white lead. 2. a variety of mango. 3. a variety of melon.

सफ़ेदी سفیدی स्त्री० [फा०] १. सफ़ेद होने का भाव, उजलापन, श्वेतता, धवलता। २. दीवार आदि पर सफ़ेद रंग या चूने की पोताई, चूनाकारी।
मुहा० सफ़ेदी आना=बुढ़ापा आना।
fem. 1. whiteness. 2. act of white-washing.
id. to become grey with age, to become old.

सफ़ेमातम صف ماتم स्त्री० [अ०+फा०] वह चटाई या फ़र्श जिस पर मातम करने के लिए बैठते हैं।
fem. a mat on which the mourners take seat.

सफ़्फ़ा صفّا वि० [अ० सफ़ा] १. साफ़। २. विनष्ट, बरबाद।
adj. 1. clean. 2. destructed, devastated.

सफ़्फ़ाक سفّاک वि० [अ०] [भाव० सफ़्फ़ाकी] १. कातिल, ख़ूनी। २. निर्दय।
क्रि० वि० स्पष्ट रूप से, स्पष्टत:।
adj. 1 murderous, bloody. 2. cruel.
adv. clearly.

सबक़ سبق पुं० [अ०] १. ग्रंथ का उतना अंश जितना एक बार पढ़ा जाए, पाठ। २. नसीहत, उपदेश। ३. दंड।
m. 1. a lesson. 2. an advice, sermon. 3. punishment.

सबक़त سبقت स्त्री० [अ०] किसी काम में किसी से आगे बढ़ जाना।
fem. act of going forward, marching ahead.

सबद سبد स्त्री० [फा०] टोकरी, डलिया।
***पद* सबदे गुल**=फूलों की डलिया।
fem. a basket.
ph. a basket containing flowers.

सबब سبب पुं० [अ०] १. कारण, वजह, हेतु। २. साधन।
m. 1. a reason. 2. means.

सबल سبل पुं० [अ०] आँखों का एक रोग।
m. a disease of eyes.

सबह سبحہ पुं० [अ० सब:] माला के दाने या मनके।
m. the beads of a rosary.

सबा صبا वि० [अ०] सात, सत्त।
***पद* सबा सैयारा**=सप्तर्षि।
स्त्री० प्रभात के समय चलनेवाली पूरब की हवा।
adj. seven.
ph. the seven stars of Great Bear.
fem. morning eastern wind, breeze.

सबात ثبات पुं० [अ०] १. स्थिरता, ठहराव। २. दृढ़ता, मजबूती।
m. 1. stability. 2. firmness.

सबाह صباح स्त्री० [अ०] १. प्रात:काल, सबेरा। २. प्रभात, तड़का।
वि० गोरा।
m. 1. morning. 2. dawn.
adj. white skinned, beautiful.

सबाहत صباحت स्त्री० [अ०] १. गोरापन, गोराई। २. सौन्दर्य।
fem. fairness of the colour. 2. beauty.

सबील سبیل स्त्री० [अ०] १. मार्ग, सड़क। २. उपाय। ३. प्याऊ।
fem. 1. a path, way. 2. a device, trick. 3. a water-booth.

सबीह صبیح वि० [अ०] १. गौरवर्ण, गोरा। २. सुन्दर, ख़ूबसूरत।
adj. 1. fair-complexioned. 2. beautiful.

सबुक سبک वि० [फा०] १. फुर्तीला, चुस्त। २. हलका।
***पद* सबुकदस्त**=हाथ का काम करने में कुशल।
adj. 1. agile, suift. 2. light.
ph. adriot, deft.

सबू سبو पुं० [फा०] घड़ा, मटका।
m. an earthen water-pot.

सबूचा سبوچہ पुं० [फा० सबूच:] सबू का अल्पार्थक रूप, छोटा घड़ा, मटकी।
m. a small earthen water-pot.

सबूत ثبوت पुं० [अ०] १. प्रमाण। २. स्थिरता, ठहराव। ३. दृढ़ता।
m. 1. proof. 2. stability. 3. firmness.

सबूरा سبورا पुं० [अ० सब्र] गुह्य इन्द्रिय के आकार का कपड़े का बनाया हुआ उपकरण जिससे कुछ स्त्रियाँ अपनी कामवासना तृप्त करती हैं।
m. an artifical penis like device.

सबूरी صبوری स्त्री० दे० 'सब्र'।

सबूस سبوس स्त्री० [फा०] १. चोकर। २. भूसी।
m. 1. bran. 2. husk.

सबूह صبوح स्त्री० [अ०] १. सबेरे के समय पी जानेवाली शराब।
fem. a drink taken usually in the morning.

सबूही صبوحی स्त्री० [अ०] १. सबेरे के समय शराब पीना। २. दे० 'सबूह'।
fem. 1. act of taking drink in the morning. 2. a morning drink.

सब्ज़ سبز वि० [फा०] १. कच्चा और ताज़ा। २. हरा, हरित (रंग)। ३. शुभ, उत्तम।
***मुहा०* सब्ज़ बाग़ दिखलाना**=काम निकालने के लिए बड़ी बड़ी आशाएँ दिलाना।
adj. 1. fresh, green. 2. green (colour). 3. excellent.
id. to raise false hopes.

सब्ज़क़दम سبزقدم पुं० [फा०+अ०] वह जिसका आगमन अशुभ समझा जाए, मनहूस।
m. a person whose arrival is inauspicious.

सब्ज़पोश سبزپوش वि०, पुं० [फा०] [भाव० सब्ज़पोशी]

हरे रंग के कपड़े पहननेवाला। (मुसलमानों में हरे रंग के कपड़े सोग या मातम के सूचक होते हैं।)
adj. & m. wearing green clothes (sign of breavement).

सब्ज़बख़्त سبز بخت वि० [फा०] भाग्यवान, क़िस्मतवर।
adj. fortunate, lucky.

सब्ज़ा سبزه पुं० [फा० सब्ज़:] १. हरियाली। २. भंग, भाँग। ३. पौसला। ४. पन्ना नामक रत्न। ५. सफेद रंग का घोड़ा।
m. 1. greenery. 2. an intoxicating leafy drug. 3. a free water-booth. 4. an emerald. 5. a white horse.

सब्ज़ाज़ार سبزه زار वि० [फा० सब्ज़: जार] हरियाली।
m. green leaves and plants, greenery.

सब्ज़ी سبزی स्त्री० [फा०] १. वनस्पति आदि, हरियाली। २. हरी तरकारी। ३. भाँग।
fem. 1. greenery. 2. vegetable. 3. an intoxicating leafy drug.

सब्त ثبت पुं० [अ०] १. लिखावट, लेख। २. मोहर जो लेखों आदि पर लगाई जाती है। ३. खुले हुए बाल।
m. 1. act of writing, handwriting. 2. a stamp. 3. untied hair.

सब्बाग़ صباغ पुं० [अ०] रँगरेज़।
m. a dyer.

सब्बी صبی पुं० [अ० सबी] दूध-पीता बच्चा।
m. an infant.

सब्र صبر पुं० [अ०] १. धैर्य्य। २. सहनशीलता।
मुहा० किसी का सब्र पड़ना=किसी के सहन किए हुए कष्ट का बुरा प्रतिफल होना।
m. 1. patience. 2. tolerance.
id. the eventual outcome caused by someone's patience.

समंद سمند पुं० [फा०] १. बादामी रंग का घोड़ा। २. घोड़ा।
m. 1. an almond colour horse. 2. a horse.

समंदर سمندر पुं० [फा०] समुद्र।
m. an ocean.

सम سمّ पुं० [अ० सम्म] ज़हर, विष।
m. a poison.

समअ سمع पुं० [अ०] कान।
m. an ear.

समअ-ख़राशी سمع خراشی स्त्री० [अ०+फा०] दिमाग चाटना, व्यर्थ की बातें करके सिर खाना।
fem. act of racking someone's brains.

समद صمد पुं० [अ०] ईश्वर।
वि० १. नित्य। २. अनश्वर।
m. the God.
adj. 1. daily. 2. indestructible.

समन[१] ثمن पुं० [अ०] १. मूल्य, दाम। २. अदालत का वह आज्ञापत्र जिसमें किसी को हाजिर होने के लिए बुलाया जाता है। (इस अर्थ में यह शब्द अंग्रेज़ी से लिया गया है।)
m. 1. price, value. 2. summons.

समन[२] سمن स्त्री० [फा०] चमेली।
fem. jasmine.

समन-अंदाम سمن اندام वि० [फा०] जिसका शरीर चमेली के समान गोरा हो।
adj. white-skinned as that of jasmine.

समर ثمر पुं० [अ०] १. फल, नतीजा। २. लाभ। ३. धन-सम्पत्ति। ४. सन्तान, औलाद।
m. 1. result, consequence, outcome. 2. profit. 3. wealth & property. 4. progeny, offspring.

समरा ثمره पुं० [अ० समर:] १. फल, परिणाम। २. लाभ। ३. बदला।
m. 1. result, outcome. 2. profit. 3. revenge.

समसाम صمصام स्त्री० [अ० सम्साम] नंगी तलवार।
fem. a bare sword.

समाँ سماں पुं० [अ०] दृश्य।
m. a sight, scenery, scene.

समा سما पुं० [अ०] आकाश।
m. the sky.

समाअ سماع पुं० [अ०] १. सुनना। २. गीत आदि श्रवण करना।
m. 1. an act of hearing. 2. hearing of a song, music etc.

समाअत سماعت स्त्री० [अ०] १. सुनने की क्रिया, सुनवाई। २. सुनने की शक्ति, श्रवणशक्ति।
fem. 1. an act of listening to evidence. 2. power or ability of hearing.

समाई سماعی वि० [अ०] सुना हुआ, दूसरों का कहा हुआ।
adj. having heard of, being told of.

समाक़ سماق पुं० [अ०] एक प्रकार का संग-मरमर (पत्थर)।
m. a type of marbel.

समाजत سماجت स्त्री० [अ०] १. शरमिन्दगी, लज्जा। २. विनय। ३. खुशामद, लल्लो-चप्पो।
fem. 1. shame. 2. humility. 3. flattery.

समावी سماوی वि० [अ०] १. ऊपर से आया हुआ, आकाशीय। २. दैवी; जैसे—समावी आफ़त।
adj. 1. coming from the sky. 2. divine.

समीम صمیم वि० [अ०] १. सच्चा। २. शुद्ध।
adj. 1. honest. 2. pure.

समूम سموم स्त्री० [अ०] १. ज़हरीली हवा। २. गरम हवा, लू।
fem. 1. poisonous air. 2. heatwave.

समूर سمور पुं० [अ०] लोमड़ी की तरह का एक पशु जिसकी ख़ाल से पहनने के वस्त्र आदि भी बनाते हैं।
m. a fox-like animal known for its fur.

समोसा سموسا वि० [फा०] तिकोना।
adj. three cornered, triangular.

सम्त سمت स्त्री० [अ०] १. ओर, तरफ़। २. दिशा।
पद (i) चहार सम्त=चारो ओर। **(ii) सम्त-उल्-रास**=(क) शीर्ष बिन्दु। (ख) उन्नति की चरम सीमा।
fem. 1. side. 2. direction.
ph. (i) on all sides, in all directions. (ii) (a) zenith. (b) limit of progress.

सम्बुल سمبل पुं० [अ० सुम्बुल] एक प्रकार की सुगंधित वनस्पति, बालछड़, जटामांसी। (उर्दू के कवि इसकी उपमा ज़ुल्फ़ या बालों की लट से देते हैं।)
m. a type of herb with long hair.

सम्म سمّ पुं० [अ०] ज़हर, विष।
पद सम्मे क़ातिल=घातक विष।
m. a poison.
ph. deadly poison.

सम्मी سمّی वि० [अ०] विषाक्त, जहरीला।
adj. poisonous.

सय्यार سیّار वि० [अ०] घूमनेवाला।
पुं० ग्रह।
adj. that roams or roves.
m. a planet.

सर سر पुं० [फा०] १. सिर, शीर्ष। २. ऊपरी या अगला भाग। ३. सरदार, नेता। ४. आरम्भ, शुरू। ५. शक्ति, बल। ६. ताश के खेल में जीता हुआ हाथ।
मुहा० सर पर कफ़न बाँधना=मरने के लिए तैयार होना।
वि० १. दमन किया हुआ। २. जीता हुआ।
क्रि० वि० १. सामने। २. ऊपर।
m. 1. the head. 2. the upper or front portion or part. 3. a leader, chief. 4. beginning, start. 5. might, force. 6. a hand won in the game of cards.
id. to be ready to sacrifice one's life.
adj. 1. suppressed, subjugated. 2. won.
adv. 1. before in front of. 2. above.

सर-अंजाम سرانجام पुं० [फा०] १. कार्य की समाप्ति। २. सामग्री, सामान। ३. व्यवस्था, प्रबन्ध।
m. 1. an end or finish of a work. 2. requisities. 3. management.

सर-आमद سرآمد वि० [फा०] १. श्रेष्ठ, बड़ा, अच्छा। २. प्रमुख।
adj. 1. best, excellent. 2. chief, main.

सरकश سرکش वि०पुं०[फा०][भाव० सरकशी] १. विद्रोही, बागी। २. उद्दंड, अवज्ञाकारी, घमंडी।
adj. & m. 1. rebellious, insurgent, rebel. 2. disobedient.

सरकशी سرکشی स्त्री० [फा०] १. विद्रोह। २. अवज्ञा।
fem. 1. rebellion. 2. disobedience defiance.

सरक़ा سرقہ पुं० [अ० सारिक़: या सर्क़:] चोरी।
पद सरक़ए बिलजब्र=डाका।
m. act of stealing, theft.
ph. banditry, dacoity.

सरकार سرکار स्त्री० [फा०] [वि० सरकारी] १. पालक, प्रभु। २. शासन, सत्ता।
fem. 1. one who maintains and preserves. 2. government.

सरकारी سرکاری वि० [फा०] राज्य का, राजकीय।
पद सरकारी काग़ज़=(क) राज्य के दफ़्तर का काग़ज़। (ख) प्रामिसरी नोट।
adj. of the government, official.
ph. (a) an official letter. (b) a promissory note.

सरकोबी سرکوبی स्त्री० [फा० सर+फा०] १. सिर कुचलना। २. दंड देना।
fem. 1. act of pounding or smashing someone's head. 2. act of punishing.

सरख़त سرخط पुं० [फा०+अ०] १. वह दस्तावेज़ जिसपर मकान आदि किराए पर दिए जाने की शर्तें लिखी होती हैं। २. दिए और चुकाए हुए ऋण आदि का ब्योरा। ३. आज्ञापत्र, परवाना।
m. 1. a rent-deed. 2. detailed account of payments of a loan. 3. a written order.

सरख़ुश سرخوش वि० [फा०] १. सब प्रकार की सुख-सामग्री से सम्पन्न, सुखी। २. मस्त।
adj. 1. prosperous and happy. 2. carefree.

सरख़ैल سرخیل पुं० [फा०] वंश या जाति का प्रधान, सरगना।
m. a leader of a clan, chieftain.

सरग़ना سرغنہ पुं० [फा० सरग़न:] सरदार, नेता, मुखिया।
m. a leader, chieftain.

सरगरदाँ سرگرداں वि० [फा०] १. घबराया हुआ और स्तंभित। २. निछावर।

adj. 1. puzzled, flabberghasted. 2. sacrificed.

सरगरम سرگرم वि० [फा० सरगर्म] [भाव० सरगरमी] तत्पर, सन्नद्ध।
adj. ready, prepared.

सरगरमी سرگرمی स्त्री० [फा०] १. कोशिश। २. चालाकी। ३. तन्मयता।
fem. 1. an attempt. 2. cleverness. 3. concentration.

सरगश्ता سرگشتہ वि० [फा० सरगश्त:] [भाव० सरगश्तगी] दुर्दशाग्रस्त और घबराया हुआ, विकल, हैरान।
adj. in plight, puzzled.

सरगिराँ سرگراں वि० [फा०] [भाव० सरगिरानी] १. जिसका सिर नशे आदि के कारण भारी हो। २. अप्रसन्न, नाराज़।
adj. 1. intoxicated. 2. unhappy, displeased.

सरगिरोह سرگروہ पुं० [फा०] जाति या समूह का प्रधान नेता, मुखिया।
m. a chieftain, leader.

सरगुज़श्त سرگزشت स्त्री० [फा०] १. आपबीती। २. हाल, वर्णन। ३. जीवन-चरित्र।
fem. 1. a tale of one's own sufferings. 2.description. 3. biography.

सरगोशी سرگوشی स्त्री० [फा०] १. कान में कुछ बात कहना, कानाफूसी करना। २. चुगली, निन्दा।
fem. 1. an act of whispering. 2. a whispered utterance, whispher. 3. backbiting.

सरचंग سرچنگ पुं० [फा०] थप्पड़।
m. a slap.

सरचश्मा سرچشمہ पुं० [फा० सरेचश्म:] १. नदी आदि का उद्‌गम। २. जलस्रोत, पानी का चश्मा।
m. 1. a source of a fountain. 2. a fountain.

सर-चोट سرچوٹ वि० [फा० सर+हिं० चोट] जो सिर पर चोट के समान लगे, अप्रिय, नागवार।
adj. displeasing.

सरजंग سرجنگ पुं० [फा०] सेनापति।
m. the commander in-chief.

सरज़द سرزد वि० [फा० सरज़दन से] १. प्रकट, ज़ाहिर। २. कृत।
adj. 1. apparant, obvious. 2. done, performed.

सरज़निश سرزنش स्त्री० [फा०] डाँट-फटकार।
fem. rebuke, reproach.

सरज़नी سرزنی स्त्री० [फा०] अवज्ञा।
fem. disobedience, defiance.

सरज़मीं سرزمیں स्त्री० [फा०] १. देश, मुल्क। २. भूमि, जमीन।
fem. 1. a country, state. 2. land.

सरज़ोर سرزور वि० [फा०] [भाव० सरज़ोरी] १. बलवान, ताकतवर। २. प्रबल, प्रभावी। ३. दुष्ट, नटखट, उद्दंड। ४. विद्रोही।
adj. 1. powerful, mighty. 2. strong, influential. 3. wicked, disrespectful, naughty. 4. rebellious.

सरडूब سرڈوب वि० [फा० सर+हिं० डूबना] १. सिर से पैर तक डूबा हुआ, सराबोर, लथपथ। २. जल आदि इतना गहरा जिसमें सिर तक आदमी डूब जाए।
adj. 1. totally drowned, fully drenched. 2. profound deep.

सरतराश سرتراش वि० [फा०] नाई।
m. a barber.

सरताज سرتاج पुं० [फा०+अ०] स्वामी, मालिक।
m. a master, lord.

सरतान سرتان पुं० [अ०] १. केंकड़ा या कर्कट नामक जलजन्तु। २. कर्क राशि। ३. एक प्रकार का फोड़ा जो बहुत कड़ा होता और बहुत शीघ्रता से बढ़ता है।
m. 1. a crab. 2. the Cancer (the sign of Zodiac), 3. a malign tumour.

सर-ता-पा سرتاپا क्रि० वि० [फा०] १. सिर से पैर तक। २. आदि से अन्त तक।
adv. 1. from head to bottom. 2. from beginning to end.

सरताब سرتاب वि० [फा०] उद्दंड।
adj. rude, impertinent.

सरताबी سرتابی स्त्री० [फा०] उद्‌दंडता।
fem. rudeness, impertinence.

सरदफ़्तर سردفتر पुं० [फा०] बड़ा बाबू।
m. a head cleark.

सरदर्द سردرد पुं० [फा०] १. सिर का दर्द। २. समस्या, झमेला।
m. 1. headache. 2. a problem, complicated affiar.

सरदवाल سردوال स्त्री० [फा०] घोड़े के मुँह पर का वह साज़ जिसमें लगाम अटकी रहती है, मोहरी, नुक़्ता।
fem. the head equipment used for a horse.

सरदस्त سردست स्त्री० [फा०] फकीर की छड़ी।
fem. the stick of a mendicant.

सरदा سردہ पुं० [फा० सर्द:] एक प्रकार का बहुत बढ़िया ख़रबूजा।
m. a kind of melon.

सरदाबा سرآبہ पुं० [फा० सर्दआब:] १. ठंडे जल का स्नान। २. पानी ठंडा रखने का स्थान। ३. ज़मीन के नीचे बना हुआ गड्ढा।
m. 1. cold water bath. 2. a place for cooling water. 3. a pit.

सरदार سردار पुं० [फा०] १. नायक, अगुआ। २. शासक। ३. अमीर, रईस।
m. 1. a leader, chief. 2. a ruler. 3. a noble or rich man.

सरदारी سرداری स्त्री० [फा०] सरदार का पद या भाव।
fem. leadership.

सरदी سردی स्त्री० दे० 'सर्दी'।

सरनविश्त سرنوشت स्त्री० [फा०] १. भाग्य का लेख। २. भाग्य।
fem. 1. destiny. 2. luck.

सरनाम سرنام वि० [फा०] प्रसिद्ध।
adj. well-known, famous.

सरनामा سرنامہ पुं० [फा० सरनाम:] लिफ़ाफ़े या पत्र के ऊपर लिखा हुआ पता।
m. the address written on an envelop or letter.

सरनिगूँ سرنگوں वि० [फा०] १. जिसका मुँह नीचे की ओर हो, औंधा। २. लज्जित, शरमिन्दा।
adj. 1. up-side-down. 2. ashamed.

सरपंच سرپنچ पुं० [फा०+अ०] बड़ा पंच।
m. a chief arbiter.

सरपरस्त سرپرست पुं० [फा०] संरक्षक।
m. a guardian patron.

सरपरस्ती سرپرستی स्त्री० [फा०] संरक्षण।
fem. guardianship, patronage, auspices.

सरपेच سرپیچ पुं० [फा०] पगड़ी के ऊपर लगाने का एक जड़ाऊ गहना।
m. a jewel-embeded ornament fastened on the turban.

सरपोश سرپوش पुं० [फा०] ढक्कन।
m. a cover.

सरफ़राज़ سرفراز वि० [फा०] [भाव० सरफ़राज़ी] प्रतिष्ठित, माननीय।
adl. distinguished, honourable.

सरफ़रोश سرفروش वि० [फा०] जान की बाज़ी लगा देनेवाला।
adj. bold, daring.

सरफ़रोशी سرفروشی स्त्री० [फा०] जान की बाज़ी लगा देना।
fem. boldness.

सरफ़ा سرفہ पुं० दे० 'सर्फ़ा'।

सर-बकफ़ سربکف वि० [फा०] जान देने को तैयार।
adj. risking life.

सर-ब-गरेबाँ سربہ گریباں वि० [फा०] शर्मिन्दा।
adj. ashamed.

सर-ब-मुहर سربہ مہر वि० [फा०] १. जिस पर मोहर लगी हो, बन्द। २. पूरा-पूरा, कुल।
adj. 1. stamped, sealed. 2. total, entire, whole.

सर-बराह سربراہ पुं० [फा०] १. प्रबन्धकर्ता, कारिन्दा। २. मजदूरों आदि का सरदार।
m. 1. an organizer. 2. a group leader, gang leader.

सरबराहकार سربراہکار पुं० [फा०] [सरबराह+कार] किसी कार्य का प्रबन्ध करनेवाला, कारिंदा।
m. an organizer, convener.

सरबराही سربراہی स्त्री० [फा०] १. सरबराह का कार्य या पद। २. प्रबन्ध, व्यवस्था, बन्दोबस्त।
fem. 1. act of organizing. 2. management.

सरबलंद سربلند वि० [फा०] प्रतिष्ठित।
adj. distinguished, respectful.

सर-ब-सर سربسر क्रि० वि० [फा०] १. एक सिरे से। २. बिल्कुल, सरासर।
adv. 1. from one end. 2. totally, fully.

सरबस्ता سربستہ वि० [फा० सरबस्त:] गुप्त।
adj. hidden, secret.

सरमग़ज़न سرمغزن पुं० [फा०] १. माथापच्ची, सिर-खपाई। २. चिन्ता, फ़िक्र। ३. कठिन परिश्रम।
m. 1. taxing of brains. 2. worry, anxiety. 3. perserverance, hard labour, toil.

सरमद سرمد वि० [अ०] १. मिला हुआ, सम्बद्ध। २. शाश्वत और अनन्त। ३. ईश्वर के प्रेम में मग्न। ४. मस्त।
adj. 1. combined, related. 2. infinite. 3. engrossed in God's love. 4. carefree.

सरमस्त سرمست वि० [फा०] [भाव० सरमस्ती] मदोन्मत्त, मतवाला, मत्त।
adj. intoxicated, drunk.

सरमा سرما पुं० [फा० सर्मा] जाड़े के दिन, शीतकाल।

m. winter, the coldest season of the year.

सरमाई سرمائی स्त्री० [फा० सर्माई] जाड़े में पहनने के कपड़े, जड़ावर।
वि० जाड़े का, शीतकाल-संबंधी।
adj. used in winter, wintry.

सरमाया سرمایہ पुं० [फा० सरमाय:] १. मूलधन, पूँजी। २. धन-दौलत, सम्पत्ति। ३. कारण।
m. 1. capital. 2. wealth. 3. a reason.

सरमायादार سرمایہدار पुं० [फा० सरमाय:दार] पूँजीपति।
m. a capitalist.

समरमायादारी سرمایہداری स्त्री० [फा० सरमाय:दारी] पूँजीवाद।
fem. capitalism.

सरमुख سرمکھ क्रि० वि० [फा० सर+हिं० मुख या सं० सन्मुख] सामने।
adv. in front of, before.

सररिश्ता سررشتہ पुं० [फा० सररिश्त:] विभाग, महकमा।
m. a department.

सरलश्कर سرلشکر पुं० [फा०] फौज का सरदार, सेनापति।
m. a commander of an army.

सर्वत سروت स्त्री० [अ० सर्वत] २. सम्पन्नता। २. वैभव।
fem. 1. prosperity. 2. glory.

सरवर سرور पुं० [फा०] नेता, नायक।
m. a leader.

सरवरी سروری स्त्री० [फा०] नायकत्व।
fem. leadership.

सरवरे-कायनात سرورکائنات पुं० [फा०+अ०] १. मुहम्मद साहब की एक उपाधि। २. सारी सृष्टि का प्रधान या नेता।
m. the epithet of Mohammad. 2. the head of the universe.

सरशार سرشار वि० [फा०] १. ऊपर तक भरा हुआ। २. छलकता हुआ। ३. मस्त।
adj. 1. filled to the brim. 2. spilling over. 3. carefree.

सरशीर سرشیر स्त्री० [फा०] दूध की मलाई।
fem. cream.

सरसब्ज़ سرسبز वि० [फा०] [भाव० सरसब्जी] १. हरा-भरा, लहलहाता हुआ। २. सफल-मनोरथ। ३. प्रसन्न और सन्तुष्ट।
adj. 1. green, verdant. 2. accomplishing an aim, successful. 3. happy and contented.

सरसर سرسر स्त्री० [अ०] आँधी, तेज़ हवा।
fem. a storm.

सरसरी سرسری क्रि० वि० [फा०] १. जमकर या अच्छी तरह नहीं, जल्दी में। २. स्थूल रूप में, मोटे तौर पर।
adv. 1. hastely. 2. roughly.

सरसाम سرسام पुं० [फा०] सन्निपात नामक रोग।
m. disorder of the three humours.

सरहंग سرہنگ पुं० [फा०] १. सेनानायक। २. पहलवान, मल। ३. चोबदार। ४. कोतवाल। ५. सिपाही।
m. 1. a commander-in-chief. 2. a wrestler. 3. a watchman. 4. a police officer. 5. a policeman.

सरहतन् صراحتاً क्रि०वि० [अ० सराहतन्] स्पष्ट रूप से, खुल्लमखुला।
adv. in a clear way, without any doubt.

सरहद سرحد स्त्री० [फा० सर+अ० हद] १. सीमा। २. किसी भूमि की चौहद्दी निर्धारित करनेवाली रेखा।
fem. 1. a boundary, frontier. 2. a boundary line.

सरहदी سرحدی वि० [फा०+अ०] सीमान्त।
adj. pertaining to the frontier.

सरा ثریٰ पुं० [अ०] ज़मीन के नीचे की मिट्टी।
पद तहत उस्सरा=पाताल (लोक)।
स्त्री० दे० 'सराय'।
m. the soil beneath the earth.
ph. the Netherworld.
fem. an inn.

सराई سرائی स्त्री० [फा०] गाने की क्रिया, गान, यौगिक के अन्त में; जैसे—मदह-सराई = गुणगान।
m. act of singing.

सरापा سراپا क्रि० वि० [फा०] १. सिर से पैर तक। २. आदि से अन्त तक।
पुं० वह कविता जिसमें किसी के सिर से पैर तक के अंगों का वर्णन हो, नख-शिख वर्णन।
adv. 1. from head to foot. 2. from beginning to the end.
m. the poetry in which all the bodily portions are described.

सराफ़ صراف पुं० [अ०] १. सोने-चाँदी का व्यापारी। २. मुद्रा बदलने के लिए रुपए-पैसे रखकर बैठनेवाला दुकानदार।
m. 1. a bullion merchant. 2. a money-changer.

सराफ़ा صرافہ पुं० [अ० सराफ़:] १. सराफ़ी का काम, रुपए-पैसे या सोने-चाँदी के लेन-देन का काम। २. वह बाजार जिसमें सराफों की दुकानें हों।
m. 1. the profession of a bullion merchant. 2. a bullion market.

सराफ़ी صرافی स्त्री० [अ० सराफ़ी] चाँदी-सोने या रुपए-पैसे के लेन-देन का रोज़गार।
fem. calling of a bullion merchant.

सराब سراب पुं० [अ०] १. मरीचिका, मृग-तृष्णा। २. धोखा, छल।
fem. 1. mirage. 2. a fraud, deceit.

सरामत صرامت स्त्री० [अ०] १. श्रेष्ठता। २. वीरता। ३. फुर्ती।
fem. 1. excellence. 2. bravery. 3. swiftness, agility.

सरामद سرامد वि० [अ०] सर्वश्रेष्ठ।
adj. best, excellent.

सराय سرائے स्त्री० [अ०] १. यात्रियों के ठहरने का स्थान, मुसाफ़िरख़ाना। २. घर, मकान।
fem. 1. an inn. 2. a house, residence.

सरायत سرایت स्त्री० [फा०] १. प्रवेश करना, घुसना। २. प्रभाव, असर।
fem. 1. entry. 2. effect.

सरासर سراسر क्रि० वि० [फा०] १. एक सिरे से दूसरे सिरे तक। २. बिल्कुल। ३. प्रत्यक्षत:।
adv. 1. from end to end. 2. totally, wholly. 3. evidently.

सरासरी سراسری स्त्री० [फा०] १. तेजी, फुरती। २. शीघ्रता। ३. जल्दी। ४. मोटा अंदाज।
क्रि०वि० १ जल्दी में, हड़बड़ी में। २. मोटे तौर पर।
fem. 1. swiftness, agility. 2. haste. 3. hurry. 4. rough guess.
adv. 1. in haste, hurriedly. 2. roughly.

सरासीमा سراسیمہ वि० [फा० सरासीम:] [भाव० सरासीमगी] १. चकित, भौंचक्का। २. परेशान, विकल।
adj. 1. amazed. 2. perplexed.

सराहत صراحت स्त्री० [अ०] १. व्याख्या, टीका। २. स्पष्टता। ३. विशुद्धता।
fem. 1. an explanation, commentary. 2. clarity. 3. purity.

सराहतन् صراحتاً क्रि० वि० [अ०] खुल्लमखुल्ला।
adv. in a clear way.

सरिश्त سرشت स्त्री०[फा०] १. प्रकृति, स्वभाव। २. गुण।
वि० मिला हुआ, मिश्रित।
fem. nature.
adj. mixed, mingled.

सरिश्ता سرشتہ पुं० [फा० सररिश्त:] १. रस्सी, डोरी। २. अदालत, कचहरी। ३. कार्यालय का विभाग, महकमा, दफ़्तर। ४. नौकर-चाकर, अहलदार। ५. सम्बन्ध, ताल्लुक। ६. मेल-जोल।
m. 1. a cord, rope. 2. a court. 3. a department. 4. attendents. 5. relation. 6. familiarity, close association.

सरिश्तादार سرشتہدار पुं० [फा० सररिश्त:दार] १. किसी विभाग का कर्मचारी, सरिश्तेदार। २. पेशकार।
m. 1. a worker of some department. 2. a clerk of court.

सरिश्तादारी سرشتہداری स्त्री०[फा० सरिश्त:दारी] सरिश्तेदार का पद या काम।
fem. the office or profession of a पेशकार।

सरी سری पुं० [अ०] जमीन के नीचे की मिट्टी।
m. the soil beneath the surface.

सरीअ سریع वि० [अ०] जल्दी या शीघ्रता करनेवाला।
पुं० एक प्रकार का छन्द।
adj. hasty, acting with haste.
m. a metre.

सरीअ-उत्तासीर سریع التاثیر वि० [अ०] जल्दी तासीर दिखानेवाला, शीघ्र प्रभाव दिखलानेवाला।
adj. instantly effective.

सरीर[१] سریر पुं० [अ०] राज-सिंहासन।
m. the throne.

सरीर[२] صریر स्त्री० [अ०] लिखते समय कलम से होने या निकलनेवाला शब्द।
fem. the sound produced by a pen while writing.

सरीर-आरा سریرآرا वि० [अ०+फा०] राजसिंहासन की शोभा बढ़ानेवाला।
adj. sitting on the throne.

सरीह صریح वि० [अ०] प्रकट, स्पष्ट।
adj. clear, obvious.

सरीहन् صریحاً क्रि० वि० [अ०] स्पष्ट रूप से, साफ़-साफ़, जाहिरा।
adv. clearly.

सरूर سرور पुं० दे० 'सुरूर'।

सरे-इजलास سراجلاس क्रि० वि० [फा०] भरी कचहरी में।
adv. before the people present in the court.

सरेदस्त سردست क्रि० वि० [फा०] १. इस समय। २. तुरन्त।
adv. 1. now. 2. at once, immediately.

सरेनौ سرنو क्रि० वि० [फा०] नये सिरे से, बिल्कुल आरम्भ से।
adv. again from the beginning, in a new or different way, afresh.

सरेबज़ार سربزار क्रि० वि० [फा०] सबके सामने।
adv. before the public, publicly.

सरेमू سرمو वि० [फा०] बाल की नोक के बराबर, ज़रा-

सा, बहुत थोड़ा।
adj. a little.

सरे-राह سرراہ क्रि० वि० [फा०] रास्ते में।
adv. in the way.

सरे-रिश्ता سررشتہ पुं० दे० 'सरिश्ता'।

सरेश سریش पुं० दे० 'सरेस'।

सरे-शाम سرشام स्त्री० [फा०] सन्ध्या।
क्रि० वि० सन्ध्या होते ही।
fem. evening.
adv. at the end of the day.

सरेस سریس पुं० [फा० सरेश] एक लसदार वस्तु जो ऊँट, भैंस आदि के चमड़े या मछली के पोटे को पकाकर निकालते हैं, सहरेस।
m. gelatine.

सरो سرو पुं० [फा०] एक सीधा पेड़ जो बग़ीचों में शोभा के लिए लगाया जाता है, झाऊ।
m. a cypress tree.

सरो-आज़ाद سروآزاد पुं० [फा०] एक प्रकार का सरो जिसकी शाखाएँ बिल्कुल सीधी होती हैं और जो कभी फलता नहीं।
m. a sort of cypress tree.

सरोक़द سروقد वि० [फा०+अ०] जिसका कद या आकार सरो के समान सुन्दर हो। (प्रायः प्रेमिका के लिए प्रयुक्त)
adj. of the size of a cypress.

सरोकामत سروکامت वि० दे० 'सरोक़द'।

सरोकार سروکار पुं० [फा०] १. प्रयोजन। २. लगाव।
m. 1. purpose. 2. attachment.

सरो-चिरागाँ سروچراغاں पुं० [फा०] शीशे का एक प्रकार का झाड़ जिसमें बहुत-सी बत्तियाँ जलती हैं।
m. a sort of chandelier.

सरोद سرود पुं० [फा० सुरोद या सुरूद] १. एक प्रकार का बाजा जिसमें बजाने के लिए तार लगे रहते हैं। २. गीत, राग। ३. उक्ति, कथन। ४. गाना-बजाना।
m. 1. a musical instrument resembling a guitar. 2. a song or tune. 3. a saying, statement. 4. musical merry-making.

सरोश سروش पुं० [फा० सुरोश] शुभ संदेश लानेवाला देवदूत।
m. a messenger who brings auspicious news.

सरो-सामान سروسامان पुं० [फा० सर व सामान] आवश्यक सामग्री, ज़रूरी चीज़ें या असबाब।
m. necessary baggage or luggage.

सर्द سرد वि० [फा०] १. ठंडा। २. सुस्त, काहिल, ढीला। ३. मंद, धीमा। ४. नपुंसक, नामर्द।
adj. 1. cool, cold. 2. lazy, idle, sluggish. 3. slow. 4. impotent.

सर्दतर سردتر वि० [फा०] बहुत अधिक ठंडा।
adj. too cold.

सर्दमिज़ाज سردمزاج वि० [फा०] [भाव० सर्दमिज़ाजी] १. जिसका मन मुरझाया हुआ हो। २. कठोर-हृदय।
adj. 1. sad, dejected. 2. hard-hearted, cruel.

सर्दमिज़ाजी سردمزاجی स्त्री० [फा०] १. अवसाद। २. क्रूरता।
fem. 1. dejection. 2. cruelty.

सर्दमेहर سردمہر वि० [फा० सर्दमेह्र] [भाव० सर्दमेहरी] निर्दय, कठोर-हृदय।
adj. cruel.

सर्दी سردی स्त्री० [फा०] १. जाड़ा। २. जुकाम।
fem. 1. the coldest season of the year, winter, 2. catarrh.

सर्फ़ صرف पुं० [अ०] १. व्यय, ख़र्च। २. व्यर्थ का और अधिक व्यय, अपव्यय। ३. व्याकरण।
m. 1. the amount of money spent, expense. 2. extravagance. 3. grammar.

सर्फ़ा صرفہ पुं० [अ० सर्फ़ः] १. लाभ, नफा। २. मितव्यय, कम-खर्ची। ३. ज्यादती।
m. 1. profit. 2. thrift, frugality. 3. excess.

सर्राफ़ صرّاف पुं० दे० 'सराफ़'।

सलतनत سلطنت स्त्री० [अ० सल्तनत] १. राज्य, बादशाहत। २. साम्राज्य। ३. इंतज़ाम, प्रबन्ध। ४. सुविधा, आराम।
fem. 1. a state, kingdom. 2. an empire. 3. management. 4. convenience, rest.

सलफ़ سلف वि० [अ०] [बहु० असलफ़] गुज़रा हुआ, बीता हुआ।
पुं० पुराने ज़माने के लोग, पूर्वज।
adj. past, by-gone.
m. the ancient people, forefathers.

सलस-उल्-बोल سلس البول पुं० [अ०] मधुमेह नामक रोग।
m. diabetes.

सला صلا स्त्री० [अ०] निमंत्रण, आवाहन।
fem. an invitation, call.

सलाए आम سلائے عام स्त्री० [अ०] सबको दिया जानेवाला निमन्त्रण।
fem. the invitation to each and everybody.

सलाक سلاک स्त्री० [तु० सलाख़] सलाख, सीख।
fem. a long metallic bar.

सलातीन سلاطین पुं० [अ० 'सुल्तान' का बहु०] राजा-महराजा।
m. (plu.) kings.

सलाबत صلابت स्त्री० [अ०] १. दृढ़ता, मज़बूती। २. आतंक।
fem. 1. firmness, strictness. 2. terror.

सलाम سلام पुं० [अ०] प्रणाम करने की क्रिया, प्रणाम, बंदगी, आदाब।
***मुहा०* (i) दूर से सलाम करना**=किसी बुरी वस्तु के पास न जाना। **(ii) सलाम लेना**=सलाम का जवाब देना। **(iii) सलाम देना**=सलाम करना।
m. saluation.
id. (i) to remain aloof. (ii) to greet. (iii) to salute.

सलाम-अलैकुम سلام علیکم स्त्री० [अ०] सलाम, बंदगी।
fem. salutation.

सलामत سلامت वि० [अ०] १. सब प्रकार की विपत्तियों से बचा हुआ, रक्षित। २. जीवित और स्वस्थ, तन्दुरुस्त और ज़िन्दा। ३. कायम, बरकरार।
adj. 1. safe, protected. 2. alive, living. 3. established.

सलामत-रवी سلامت روی स्त्री० [अ०+फा०] मेल-जोल।
fem. close association.

सलामती سلامتی स्त्री० [अ० सलामत] १. रक्षा, बचाव। २. कुशल-क्षेम। ३. अस्तित्व, अवस्थिति। ४. एक प्रकार का मोटा कपड़ा।
fem. 1. safety, protection. 2. well-being. 3. existence. 4. a kind of rough cloth.

सलामी سلامی स्त्री० [अ० सलाम+हिं० ई (प्रत्य०)] १. प्रणाम करने की क्रिया, सलाम करना। २. तोपों या बन्दूकों की बाढ़ जो किसी बड़े अधिकारी या माननीय व्यक्ति के आने पर दागी जाती है।
***मुहा०* सलामी उतारना**=किसी के स्वागतार्थ बन्दूकों या तोपों की बाढ़ दागना।
fem. 1. act of saluting. 2. guard of honour.
id. to give guard of honour.

सलासत سلاست स्त्री० [अ०] १. सलीस होने का भाव। २. समतल होने का भाव। ३. कोमलता, नरमी। ४. सहूलियत।
fem. 1. simplicity. 2. eveness of surface. 3. tenderness. 4. convenience.

सलासिल سلاسل स्त्री० [अ० 'सिलसिला' का बहु०] १. शृंखलाएँ। २. बेड़ियाँ। ३. जंजीरें।
fem. (plu.) 1. series. 2. fetters. 3. chains.

सलासी ثلاثی वि० [अ०] तिकोना।

सलाह صلاح स्त्री० [अ०] १. राय, परामर्श। २. नेकी, भलाई, अच्छापन। ३. नीतिपूर्ण आचरण।
fem. 1. an advice, consultation. 2. goodness. 3. moral conduct.

सलाहकार صلاح کار पुं० [अ०+फा०] १. परामर्श देनेवाला। २. नीतिपूर्ण आचरण करनेवाला।
m. 1. an adviser, consultant. 2. morally sound person.

सलाहियत صلاحیت स्त्री० [अ०] १. भलाई, अच्छापन। २. समाचार। ३. समझदारी। ४. मुलामियत। ५. क्षमता, सामर्थ्य।
fem. 1. goodness, benevolence. 2. news. 3. understanding. 4. tenderness. 5. capability, competence.

सलीक़ा سلیقہ पुं० [अ० सलीक़:] १. काम करने का अच्छा ढंग, शऊर, तमीज़। २. हुनर, लियाक़त। ३. चाल-चलन, बरताव। ४. तहज़ीब, सभ्यता।
m. 1. manners. 2. art, artistry, skitfulness. 3. conduct, behaviour. 4. mannerliness, civility.

सलीक़ामंद سلیقہ مند वि०[अ० सलीक़:+फा० मंद (प्रत्य०)] १. शऊरदार, तमीज़दार। २. हुनरमंद। ३. सभ्य।
adj. 1. well-mannered. 2. skilled. 3. polite, civilized.

सलीब صلیب स्त्री० [अ०] १. सूली। २. ईसाइयत का सूचक प्रतीक।
fem. 1. an ancient form of capital punishment. 2. the cross, the symbol of Christianity.

सलीम سلیم वि० [अ०] १. ठीक, दुरुस्त। २. साफ़ दिल का, शुद्ध-हृदय। ३. तन्दुरुस्त। ४. गम्भीर, शांत। ५. सहनशील।
fem. 1. correct, right. 2. pure-hearted, gentle. 3. healthy. 4. calm, peaceful. 5. tolerant.

सलीम-उल्तबा سلیم الطبع वि० [अ० सलीम-उल्तबअ] १. कोमल-हृदय। २. धीर और गम्भीर। ३. बुद्धिमान।
adj. 1. tender-hearted. 2. patient and serious. 3. intelligent.

सलीस سلیس वि० [अ०] १. सहज, सुगम। २. मुहावरेदार और चलती हुई (भाषा)।
adj. 1. simple, easy. 2. idomatic.

सलूक سلوک पुं० [अ० सुलूक] १. बरताव, व्यवहार, आचरण। २. भलाई, नेकी, उपकार।
m. 1. behaviour. 2. benevolence, goodness.

सल्ख़ سلخ स्त्री० [अ०] १. ख़ाल खींचने की क्रिया। २. अमावस्या।

m. 1. act of stripping the skin from the body, flaying. 2. the last day of a dark fortnight.

सल्तनत سلطنت स्त्री० [अ०] १. राज्य, साम्राज्य। २. प्रबंध।
fem. 1. kingdom. 2. management.

सल्ब سلب वि० [अ०] नष्ट, बरबाद।
पुं० नाश।
adj. ruined, destroyed.
m. destruction.

सल्ले-अला صلّے علی स्त्री० [अ०] एक दुरूद या मंत्र, कुरान में एक वाक्य का पहला शब्द जिसका प्रयोग किसी उत्तम वस्तु को देखकर किया जाता है और जिसका अर्थ है—हम अपने पैगम्बर साहब की प्रशंसा करते हैं, क्योंकि संसार की सारी उत्तमताएँ उन्हीं की दया से प्राप्त होती हैं।
fem. a phrase used to thank the prophet for the excellent things he graciously created.

सवाद سواد पुं० [अ०] १. काली स्याही। २. नगर के आस-पास के स्थान। ३. समझदारी, बुद्धिमत्ता।
m. 1. black ink. 2. outskirts of a city. 3. understanding, intellect.

सवानह سوانح पुं० [अ० सानहा का बहु०] घटनाएँ।
m. (plu.) the events, incidents.

सवानह-उमरी سوانح عمری स्त्री० [अ०] जीवन-चरित्र, जीवनी।
fem. a biography.

सवानह-निगार سوانح نگار पुं०[अ०+फा०][भाव० सवानह-निगारी] घटनाएँ या विवरण आदि लिखकर किसी बड़े के पास भेजनेवाला, संवाददाता।
m. a reporter, correspondent.

सवाब ثواب पुं० [अ०] १. सत्यता, उत्तमता। २. शुभ कृत्य का फल, पुण्य। ३. भलाई।
वि० ठीक, उत्तम।
m. 1. truth, excellence. 2. the spiritual reward of the auspicious deeds. 3. goodness.
adj. proper, excellent.

सवाब अंदेश ثواب اندیش वि० [अ०+फा०] [भाव० सवाब-अंदेशी] ठीक और वाजिब बात सोचनेवाला, परोपकारी।
adj. benevolent.

सवाबित ثوابت पुं० बहु० [अ०, 'साबित' का बहु०] आकाश के वे पिंड जो सदा एक ही स्थान पर स्थित रहते हैं, स्थिर तारे।
m. (plu.) the fixed stars.

सवार سوار पुं० [फा०] १. वह जो घोड़े पर चढ़ा हो, अश्वारोही। २. अश्वारोही सैनिक। ३. वह जो किसी चीज़ पर चढ़ा हो।
वि० किसी चीज़ पर चढ़ा या बैठा हुआ।
m. 1. a horserider. 2. a soldier riding on the back of a horse. 3. one who has mounted on something.
adj. mounted or sitting on something.

सवारी سواری स्त्री० [फा०] १. किसी चीज़ पर विशेषत: चलने के लिए चढ़ने की क्रिया। २. सवार होने की वस्तु, चढ़ने की चीज़। ३. वह व्यक्ति जो सवार हो। ४. जुलूस।
fem. 1. an act of riding. 2. a thing on which one rides. 3. a rider. 4. a procession.

सवाल سوال पुं० [अ० सुआल, सवाल] १. पूछने की क्रिया। २. वह जो कुछ पूछा जाए, प्रश्न। ३. दरखास्त, माँग। ४. निवेदन, प्रार्थना। ५. गणितीय प्रश्न जो उत्तर निकालने के लिए दिया जाता है।
m. 1. an act of questioning. 2. a question. 3. a demand. 4. submission, prayer. 5. a mathematical problem.

सवालात سوالات पुं० [अ० 'सवाल' का बहु०] प्रश्न-समूह।
m. (plu.) questions.

सवाली سوالی पुं० [अ०] माँगनेवाला, भिक्षुक।
m. a beggar.

सहन صحن पुं० [अ० सह्न] १. मकान के बीच या सामने का मैदान, आँगन। २. एक प्रकार का बढ़िया रेशमी कपड़ा।
m. 1. a courtyard. 2. a fine silken cloth.

सहनक صحنک स्त्री० [अ० सह्नक] १. छोटा सहन। २. छोटी रकाबी। ३. मुहम्मद साहब की कन्या बीबी फ़ातिमा के नाम से दिया जानेवाला खाद्य पदार्थ।
fem. 1. a small courtyard. 2. a small plate. 3. the food offered in the name of Mohammad's daughter Fatima.

सहनची صحنچی स्त्री० [फा० सह्नची] दालान के इधर-उधरवाली छोटी कोठरी।
fem. a small room near the courtyard.

सहनदार صحندار वि० [अ० सह्न+फा०] (मकान) जिसमें सहन या आँगन हो।
adj. having a courtyard.

सहबा صہبا स्त्री० [अ० सह्बा] अंगूरी शराब।
fem. a variety of wine.

सहबाई صہبائی पुं० [अ० सह्बा+फा० आई] शराबी,

मद्यप।
m. a drunkard.

सहम[1] سہم पुं० [फा० सह्म] भय, डर, ख़ौफ़।
मुहा० सहम जाना=डर जाना।
m. fear, fright.
id. to get frightened.

सहम[2] سہم पुं० [अ०] १. तीर। २. भाग, अंश।
m. 1. an arrow. 2. a part or portion.

सहर سحر स्त्री० [अ० सह्र] [वि० सहरी] १. प्रातः-काल। २. तड़का।
m. 1. an early morning. 2. a daybreak.

सहरख़ेज़ سحرخیز वि०,पुं० [अ०+फा०] तड़के उठनेवाला।
adj. & m. an early riser.

सहरगही سحرگہی स्त्री० [अ० सह्र+फा० गह] वह भोजन जो निर्जल व्रत करने के दिन बहुत तड़के किया जाता है, सहरी।
m. the breakfast taken early in the morning.

सहरा صحرا पुं० [अ० सह्रा] जंगल, वन।
m. a forest.

सहराई صحرائی वि० [फा० सह्राई] जंगली।
adj. wild, savage.

सहरागर्द صحراگرد वि० [फा० सह्रागर्द] जंगल में घूमनेवाला।
adj. roaming in the forest.

सहल سہل वि० [अ० सह्ल] सहज, आसान।
adj. simple, easy.

सहल-अंकार سہل انکار वि० [अ० सहल+फा०] [भाव० सहल-अंकारी] १. सुस्त, आलसी। २. आरामतलब।
adj. 1. lazy. 2. comfort-seeking.

सहाब سحاب पुं० [अ०] मेघ, बादल।
m. cloud.

सहाबत صحابت स्त्री० [अ०] मित्रता, मैत्री।
fem. friendship.

सहाबा صحابہ पुं० बहु० [अ० सहाबः] १. मित्रगण। २. मुहम्मद साहब के घनिष्ठ मित्र।
m. (plu.) 1. a friends. 2. the friends of Mohammad.

सहाबी صحابی पुं० [अ०] मुहम्मद साहब के घनिष्ठ मित्र और उनके वंशज।
m. Mohammad's friends and their heirs, progeny.

सहाम سہام पुं० [अ०] १. भाग, खंड, टुकड़ा। २. तीर।
m. 1. a part or portion. 2. an arrow.

सहायफ़ صحائف पुं० [अ० सहाइफ़, 'सहीफ़:' का बहु०] ग्रन्थ या उनके पृष्ठ।
m. (plu.) books or their pages.

सहारा صحارا पुं० [अ० 'सह्रा' का बहु०] बड़े-बड़े जंगल।
m. (plu.) forests.

सही[1] صحیح वि० [उर्दू] १. शुद्ध, ठीक। २. सत्य, सच। ३. प्रामाणिक, यथार्थ।
मुहा० सही भरना=मान लेना।
पुं० हस्ताक्षर, दस्तख़त।
adj. 1. correct, right. 2. true. 3. standard, real.
id. to admit, accede, accept.
m. signature.

सही[2] سہی वि० [फा०] (संयुक्त पदों में ही) सीधा।
adj. (in compound words only) straight.

सहीफ़ा صحیفہ पुं० [अ० सहीफ़ः] १. पुस्तक। २. पृष्ठ, पेज।
m. 1. a book. 2. a page.

सही-सलामत صحیح سلامت वि० [अ०] १. भला-चंगा, तन्दुरुस्त। २. जिसमें कोई दोष या न्यूनता न आई हो।
adj. 1. safe and sound. 2. unscathed.

सही-सालिम صحیح سالم वि० [अ०] ठीक और पूरा, ज्यों-का-त्यों।
adj. fine and solid, exactly as it is.

सहूलत سہولت स्त्री० [अ०] १. आसानी। २. अदब-कायदा।
fem. 1. facility. 2. etiquette.

सहूलियत سہولیت स्त्री० दे० 'सहूलत'।

सहो سہو पुं० [अ० सह्व] भूल-चूक, ग़लती।
m. an error, mistake.

सहो-क़लम سہوقلم पुं० [अ० सह्व-क़लम] भूल से और का और लिखा जाना।
m. a mistake in writing.

सहो-क़ातिब سہوکاتب पुं० [अ० सह्व-क़ातिब] लेखक की वह भूल जो प्रतिलिपि करनेवाले से हो जाए।
m. a mistake in copying.

सह्न صحن पुं० [अ०] आँगन।
m. a courtyard.

सह्म سہم पुं० [फा०] डर, भय।
m. fear, fright.

सह्रा صحرا पुं० [अ०] जंगल, वन।
m. a forest.

सह्राई صحرائی वि० [अ० सह्रा+फा० आई] जंगली।
adj. wild, savage.

सहागर्द صحراگرد वि० [अ०+फ़ा०] जंगलों में मारा-मारा फिरनेवाला।
adj. roaming in the forests.

सहल سہل वि० [अ०] सरल।
adj. easy, simple.

सह्व سہو पुं० [अ०] भूल।
m. a mistake.

साअत ساعت स्त्री०[अ०] १. मुहूर्त। २. क्षण। ३. समय।
m. 1. auspicious time. 2. a moment. 3. time.

साआत ساعات स्त्री० बहु० [अ० 'साअत' का बहु०] साइत, मुहूर्त।
fem. (plu.) auspicious time.

साइक़ा صاعقہ स्त्री० [अ० साइक़:] तड़ित, विद्युत, बिजली।
fem. lightening.

साइत ساعت स्त्री० [अ० साअत] १. मुहूर्त, शुभ लग्न। २. पल, लहमा।
fem. 1. auspicious time. 2. a moment.

साइद ساعد पुं० [अ०] १. बाहु, बाँह। २. कलाई, पहुँचा।
m. 1. an arm. 2. a wrist.

साइब صائب वि० [अ०] १. पहुँचनेवाला। २. दुरुस्त, ठीक।
adj. 1. who brings or delivers. 2. correct, right.

साई[1] سائی पुं० [अ०] प्रयत्न करनेवाला, उद्योग करनेवाला।
m one who attempts or undertakes.

साई[2] سائی स्त्री० [अ० साअत] पेशगी, बयाना।
fem. the money given in advance.

साईस سائس पुं० [फ़ा० सईस] घोड़ों की ख़बरदारी करनेवाला नौकर।
m. a groom.

साक़ ساق स्त्री० [अ०] घुटने के नीचे का भाग, पिंडली।
fem. calf of the leg.

साकन ساکن स्त्री० दे० 'साकिन'।

साकित ساکت वि० [अ०] १. चुप, मौन। २. चुपचाप एक स्थान पर ठहरा हुआ, गतिरहित।
adj. 1. silent, quiet. 2. sitting silently.

साक़ित ساقط वि० [अ०] १. गिरा हुआ, पतित। २. त्यक्त। ३. निरर्थक।
adj. 1. fallen, degraded. 2. forsaken. 3. useless.

साकिन ساکن वि० [अ०] १. एक स्थान पर चुपचाप ठहरा हुआ। २. रहनेवाला, निवासी। ३. (अक्षर) जिसके आगे स्वर न हो, हलन्त।
adj. 1. sitting silently. 2. residing at a place, resident. 3. (a letter) denoting the absence of a vowel.

साक़िन ساقن स्त्री० [अ० साक़ी] वह दुश्चरित्र स्त्री जो लोगों को भंग और हुक्का आदि पिलाकर जीविका चलाती हो।
fem. a woman of loose morals usually serving tobacco, drink etc. to the people.

साकिनान ساکنان पुं० बहु० [अ० 'साकिन' का बहु०] निवासीगण।
m. (plu.) residents.

साक़िब ثاقب वि० [अ०] प्रकाशमान, चमकता हुआ।
adj. bright, shining.

साक़ी ساقی पुं० [अ०] १. वह जो दूसरों को शराब पिलाता हो। २. वह जो हुक्का पिलाता हो। ३. प्रेमिका या प्रिय के लिए प्रयुक्त होनेवाला एक शब्द।
m. 1. one who serves drinks. 2. one who serves tobacco for smoking. 3. a word used for a lover or beloved.

साक़ूल ساقول पुं० [अ० शाक़ूल] दीवार की सीध नापने का साहुल नामक यंत्र।
m. a plumb.

साख़्त ساخت स्त्री० [फ़ा०] १. गढ़ने या बनाने की क्रिया या भाव, बनावट। २. मनगढ़न्त बात।
fem. 1. act of chiselling. 2. a fabricated or concocted story.

साख़्ता ساختہ वि० [फ़ा० साख़्त:] १. बनाया या गढ़ा हुआ। २. किया हुआ।
पद साख़्ता-परदाख़्ता=किया-धरा।
adj. 1. chiselled. 2. done.
ph. work done.

साग़र ساغر पुं० [अ०] १. प्याला, कटोरा। २. शराब पीने का कटोरा या पात्र।
मुहा० साग़र चलना=मद्यपान होना।
m. 1. a cup. 2. a wine-cup.
id. the round of drinks is in swing etc.

साग़री ساغری स्त्री० [अ०] गुदा।
fem. the anus.

साचक ساچک स्त्री० [तु० साचिक] मुसलमानों में विवाह की एक रस्म जिसमें विवाह के एक दिन पहले वधू के यहाँ मेंहदी, फूल और सुगंधित द्रव्य भेजे जाते हैं।
fem. the practice of sending myrtle for the bride before the marriage ceremony.

साचिक ساچک स्त्री० दे० 'साचक़'।

साज़ ساز पुं० [फ़ा०, मि० सं० सज्जा] १. सजावट का काम। २. ठाठ-बाट या सजावट का सामान, उपकरण, सामग्री; जैसे—घोड़े का साज़। ३. वाद्य,

बाजा। ४. लड़ाई में काम आनेवाले हथियार। ५. मेल-जोल।
प्रत्य० मरम्मत करने या तैयार करनेवाला, बनानेवाला (यैगिक शब्दों के अंत में; जैसे—घड़ीसाज़, जिल्दसाज़)।
m. 1. act of decorating, decoration. 2. items of equipments, accoutrements. 3. set of musical instruments. 4. weapons, arms. 5. close association.
suffix denoting a person who does, makes or repairs.

साज़गार سازگار वि०, पुं० [फा०] बाजा बजानेवाला।
adj. & m. a musician.

साज़गारी سازگاری स्त्री० [फा०] बाजा बजाना।
fem. musicality.

साज़-बाज़ سازباز पुं० [फा० साज़+बाज़ (अनु०)] १. तैयारी। २. मेल-जोल।
m. 1. preparation. 2. close association.

साज़-सामान سازسامان पुं० [फा० साजोसमान] १. सामग्री, असबाब। २. ठाट-बाट।
m. 1. paraphernalia. 2. pomp and show.

साज़िंदा سازندہ पुं० [फा० साज़िन्द:] साज़ या बाजा बजानेवाला, सपरदाई।
m. one who accompanies a musician, accompanyist.

साज़िंदी سازندی स्त्री० [फा०] साज़ बजाने का काम।
fem. act of playing on musical instruments.

साजिद ساجد वि०, पुं० [अ०] सिजदा या प्रणाम करनेवाला।
adj. & m. one who salutes.

साज़िश سازش स्त्री० [फा०] षड्यंत्र।
fem. a conspiracy, plot.

साज़िशी سازشی वि०, पुं० [फा०] षड्यंत्री, कुचक्री।
adj. & m. a conspirator.

सातूर ساتور पुं० [अ०] खंजर।
m. a dagger.

साद صاد पुं० [अ०] १. अरबी लिपि का चौदहवाँ और उर्दू का उन्नीसवाँ अक्षर। २. ठीक या स्वीकृत होने का चिह्न। ३. आँख, नेत्र।
m. 1. the fourteenth letter of Urdu Alphabate. 2. a mark used to show that something is correct, tic. 3. an eye.

सादगी سادگی स्त्री० [फा०] १. सादापन। २. निष्कपटता।
पद इंतहाए सादगी=अत्यन्त भोलापन या पूर्ण निश्छलता।
fem. 1. simplicity. 2. straight forwardness, ingenuity.
ph. the height of simplicity or straightforwardness.

सादा سادہ वि० [फा० साद:] १. जिसकी बनावट आदि बहुत संक्षिप्त हो। २. जिसके ऊपर कोई अतिरिक्त काम न बना हो। ३. बिना मिलावट का, ख़ालिस। ४. जिसके ऊपर कुछ अंकित न हो। ५. जो कुछ छल-कपट न जानता हो, सरल-हृदय, सीधा। ६. मूर्ख।
adj. 1. simple, ordinary. 2. plain. 3. pure. 4. blank. 5. ingenuous, guileless, straightforward. 6. foolish, stupid.

सादाकार سادہ کار पुं० [फा०+अ०] [भाव० सादाकारी] सुनार।
m. a goldsmith.

सादात سادات स्त्री० [अ० 'सादत' का बहु०] सैयद जाति (जिसकी उत्पत्ति हजरत अली और बीबी फातिमा से हुई थी)।
fem. the progeny of Hazrat Ali and Fatima.

सादा-दिल سادہ دل वि० [फा०] [भाव० सादा-दिली] शुद्ध हृदय का।
adj. of pure heart.

सादापन سادہ پن पुं० [फा०+हिं०] सादा होने का भाव, सादगी, सरलता।
m. simplicity, guilelessness, innocense.

सादा-मिज़ाज سادہ مزاج वि० [फा०] [भाव० सादा-मिज़ाजी] शुद्ध और सादे स्वभाववाला।
adj. simple-minded, pure, righteous.

सादा-रू سادہ رو वि० [फा०] जिसके चेहरे पर दाढ़ी मूँछें न हों।
adj. having no beard and moustache or clean-saved.

सादा-लौह سادہ لوح वि० [फा०+अ०] [भाव० सादा-लौही] १. सीधा-सादा, भला। २. मूर्ख।
adj. 1. simple, gentle. 2. foolish.

सादिक़ صادق वि० [अ०] [भाव० सादिक़ी] १. सच्चा। २. सत्यनिष्ठ। ३. उपयुक्त, ठीक।
adj. 1. truthful. 2. honest. 3. proper, adequate.

सादिक़-उल्-एतक़ाद صادق الاعتقاد वि०, पुं० [अ०] धर्म आदि पर सच्चा और पूरा विश्वास रखनेवाला।
adj. & m. a true devotee.

सादिर صادر वि० [अ०] १. निकलनेवाला। २. जारी होनेवाला; जैसे—हुक्म सादिर होना।
adj. 1. coming out. 2. being issued.

सान سان वि० [फा०] समान, तुल्य।
पुं० छुरी पर धार लगाने का पत्थर।
adj. identical, similar, equivalent.
m. a whetstone.

सानह سانحہ पुं० [अ० सान:] १. घटना। २. हादसा।

m. 1. an event. 2. an accident.

साना صانع पुं० दे० 'सानिअ'।

सानिअ صانع पुं० [अ०] १. बनानेवाला, रचयिता। २. कारीगर।

***पद* सानिअ क़ुदरत या सानिअ मुतलक़**=सृष्टिकर्त्ता, ईश्वर।

m. 1. a maker, creator. 2. an artisan, craftsman or mason.

ph. the Creator.

सानियन् ثانیاً क्रि० वि० [अ०] दुबारा।

adv. once again.

सानिया ثانیہ पुं० [अ० सानियः] पल, क्षण।

m. a moment.

सानिहा سانحہ पुं० [अ० सानिहः] दुर्घटना।

m. an accident.

सानी ثانی वि० [अ०] १. दूसरा। २. जोड़ का, मुकाबले का।

***पद* अपीले सानी**=दूसरी अपील।

adj. 1. other. 2. matching.

ph. second appeal.

साफ़ صاف वि० [अ०] १. जिसमें किसी प्रकार का मल आदि न हो, स्वच्छ, निर्मल। २. शुद्ध, खालिस। ३. निर्दोष, बेएब। ४. स्पष्ट। ५. उज्ज्वल। ६. जिसमें कोई बखेड़ा या झंझट न हो। ७. जिसमें छल-कपट न हो, निष्कपट। ८. समतल, हमवार। ९. सादा, कोरा। १०. जिसमें से अनावश्यक या रद्दी अंश निकाल दिया गया हो। ११. जिसमें कुछ तत्त्व न रह गया हो। १२. लेन-देन आदि के विचार से बराबर, चुकता।

***मुहा०* साफ़ करना**=(क) मार डालना, हत्या करना। (ख) नष्ट करना, बरबाद करना।

क्रि० वि० १. बिना किसी प्रकार के दोष, कलंक या अपवाद आदि के। २. बिना किसी प्रकार की हानि या कष्ट उठाए हुए। ३. इस प्रकार जिसमें किसी को पता न लगे, चुपके-चुपके। ४. बिल्कुल।

adj. 1. clean. 2. pure, unadulterated. 3. blameless, faultless. 4. clear. 5. bright. 6. uncomplicated. 7. ingenuous. 8. plane, even, flat. 9. blank. 10. cleansed. 11. essenceless, unsubstantial. 12. paid up, settled.

id. (a) to kill. (b) to destroy, ruin.

adv. 1. without any blame, stigma or exception. 2. effortlessly. 3. silently, stealthly. 4. totally.

साफ़ा صافہ पुं० [अ० साफ़ः] १. पगड़ी, मुरेठा, मुँड़ासा। २. नित्य पहनने के वस्त्रों को साबुन लगाकर साफ़ करना, कपड़े धोना।

m. 1. a turban. 2. washing of clothes.

साफ़ी صافی वि० [अ०] साफ करनेवाला।

adj. purifying.

साबिक़ سابق वि० [अ०] पूर्व का, पहले का।

***पद* साबिक़ दस्तूर**=पहले की तरह, जैसा पहले था वैसे ही।

adj. previous, former, prior.

ph. as before.

साबिक़ा سابقہ पुं० [अ० साबिक़ः] १. मुलाकात, भेंट। २. संबंध।

वि० पहले का, साबिक़।

m. 1. meeting. 2. relation.

adj. previous, prior.

साबित ثابت वि० [अ०] १. साबूत, पूरा, कुल। २. दुरुस्त, ठीक। ३. दृढ़, मजबूत; जैसे—साबित कदम। ४. जिसका सबूत मिल चुका हो, प्रामाणिक। ५. एक ही स्थान पर रहनेवाला, स्थिर।

पुं० तारा।

adj. 1. whole, full, all. 2. right, correct. 3. firm, strong. 4. proved, standard. 5. stable.

m. a star.

साबिर صابر वि० [अ०] १. सब्र करनेवाला, संतोषी, धीरजवाला। २. सहनशील।

adj. 1. satisfied, patient. 2. tolerant.

साबुन صابن पुं० [अ० साबून] रासायनिक क्रिया से प्रस्तुत एक प्रसिद्ध पदार्थ जिससे शरीर और वस्त्रादि साफ़ किए जाते हैं।

m. soap.

साबून صابون पुं० दे० 'साबुन'।

सामा سامع पुं० [अ० सामिअ] सुननेवाला, श्रोता।

m. a listener.

सामान سامان पुं० [फा०] १. किसी कार्य के साधन की आवश्यक वस्तुएँ, उपकरण, सामग्री। २. माल, असबाब। ३. बंदोबस्त।

m. 1. paraphernalia equipment. 2. luggage, baggage. 3. settlement.

सामिआ سامعہ स्त्री० [अ० सामिअः] सुनने की शक्ति।

fem. power of hearing.

सामिरी سامری पुं० [अ०] सामरा नगर का एक प्रसिद्ध जादूगर।

m. the name of a magician of Samara.

सामी سامی वि० [फा०] १. ऊँचा। २. श्रेष्ठ।

adj. 1. tall, high. 2. excellent, best.

सायबान سائبان पुं० [फा० साय:बान] मकान के आगे की वह छाजन जो छाया के लिए बनाई गई हो।

m. a shed.

सायर سائر वि० [अ० साइर] १. पूरा, सब। २. बाकी

बचा हुआ।
पुं० १. वह जो खूब सैर करता हो। २. व्यर्थ मारा-मारा फिरनेवाला, आवारा। ३. बाहर से आनेवाले माल का नगर में लिया जानेवाला महसूल, चुंगी।
adj. 1. complete, whole. 2. remaining, residue.
m. 1. a roamer. 2. a vagabond. 3. octroi, local tax.

सायल سائل पुं० [अ० साइल] १. सवाल करनेवाला, प्रश्नकर्ता। २. माँगनेवाला। ३. भिखारी, फ़क़ीर। ४. प्रार्थना करनेवाला, आकांक्षी।
m. 1. a questioner. 2. one who demands. 3. a beggar. 4. one who prays, prayerer.

साया[1] سایہ पुं० [फा० साय:, मि० सं० छाया] १. छाया। २. परछाईं। ३. जिन, भूत, प्रेत, परी आदि। ४. असर, प्रभाव। ५. शरण, संरक्षण।
***मुहा०* साये में रहना**=शरण में रहना।
m. 1. shade. 2. shadow. 3. an evil spirit, ghost. 3. influence. 4. effect. 5. patronage.
id. to take a refuge.

साया[2] سایہ पुं० [अ० सेमीज] घाघरे की तरह का एक जनाना पहनावा।
m. a sort of petticoat.

सायादार سایہ دار वि० [फा० साय:दार] छायादार; जैसे—सायादार पेड़।
adj. giving shade, shady.

सार سار पुं० [फा०] ऊँट।
प्रत्य० एक प्रत्यय जो शब्दों के अन्त में लगकर वाला, समान, पूर्ण साधन आदि का अर्थ देता है; जैसे—शर्मसार, खाकसार, शाख़सार और कोहसार।
m. a camel.
suffix denoting doer, similar, full etc.

सारबान ساربان पुं० [फा०] १. ऊँट हाँकनेवाला। २. ऊँट पर सवारी करनेवाला।
m. 1. a camel-driver. 2. a camel-rider.

सारिक़ سارق पुं० [अ०] चोर, तस्कर।
m. a thief, smugglar.

साल سال पुं० [अ०] वर्ष, बरस।
***पद* साल-ब-साल**=हर साल।
m. a year.
ph. every year, yearly.

सालख़ुर्दा سال خوردہ वि० [फा० सालख़ुर्द:] पुराना या बुड्ढा।
adj. old or elderly.

सालगिरह سال گرہ स्त्री० [फा०] जन्म-दिवस, बरस-गाँठ।
fem. a birthday.

साल-गुज़श्ता سال گذشتہ पुं० [फा० गुज़श्त:] गतवर्ष।
m. last year, previous year.

सालतमाम سال تمام पुं० [फा०] वर्ष का अन्तिम भाग, वर्ष की समाप्ति।
m. the year-ending.

सालन سالن पुं० [उर्दू] पका हुआ गोश्त, तरकारी।
m. meat curry.

सालनामा سال نامہ पुं० [फा० सालनाम:] पत्रिका का वार्षिक अंक।
m. an annual issue of a journal.

सालब-मिसरी ثعلب مصری स्त्री० [अ० सअलब मिस्री] एक प्रकार के पौधे का कन्द जो पौष्टिक होता और दवा के काम में आता है, सुधा-मूली, वीरकन्दा।
fem. name of a medicinal plant.

सालम-मिसरी ثعلم مصری स्त्री० दे० 'सालब-मिसरी'।

सालहा-साल سال ہا سال क्रि० वि० [फा०] बहुत वर्षों तक, बरसों बाद।
adv. years after years.

साला سالہ वि० [फा० साल:] साल या वर्ष का, वर्षीय; जैसे—दोसाला=दो वर्ष का।
adj. yearly.

सालाना سالانہ वि० [फा० सालान:] प्रति वर्ष होनेवाला, हर साल होनेवाला, वार्षिक।
adj. yearly.

सालार سالار पुं० [फा०] १. मार्गदर्शक, प्रधान नेता। २. सेनापति।
m. 1. a guide, main leader. 2. an army chief, commander.

सालारजंग سالار جنگ पुं० [फा०] १. सेनापति। २. स्त्री का भाई, साला। (परिहास)
m. 1. a commander. 2. a brother-in-law.

सालिक سالک पुं० [अ०] १. यात्री, बटोही। २. धर्म और नीतिपूर्वक आचरण करनेवाला।
m. a traveller. 2. religious person.

सालिम سالم वि० [अ०] १. सम्पूर्ण, पूरा, सब। २. नीरोग, तन्दुरुस्त।
adj. 1. whole, entire, all. 2. healthy.

सालिमन् سالماً क्रि० वि० [अ०] १. पूरी तरह। २. सुरक्षापूर्वक।
adv. 1. entirely. 2. safely.

सालियाना سالیانہ वि० दे० 'सालाना'।

सालिस ثالث वि० [अ०] [भाव० सालिसी] तीसरा, तृतीय।

पुं० दो पक्षों में समझौता आदि करानेवाला तीसरा व्यक्ति, पंच।
adj. third.
m. a mediator or arbitrator.

सालिसनामा سالس نامہ पुं० [अ०+फा० नामः] पंचनामा।
m. a written award.

सालिसी سالسی स्त्री० [अ०] दो पक्षों में समझौता कराने का काम, पंचायत।
fem. act of mediating, conciliation, mediation.

साले-कबीसा سال کبیسہ पुं० [फा० साले-कबीसः] वह वर्ष जिसमें अधिक मास पड़े, लौंद का साल।
m. a year with a leap month.

साले-पैवस्ता سال پیوستہ पुं० [फा० साले पैवस्तः] दे० 'साले-हाल'।

साले-रवाँ سال رواں पुं० दे० 'साले-हाल'।

सालेह صالح वि० [अ० सालिह] [स्त्री० सालेहा]
१. नेक, भला, अच्छा। २. सदाचारी। ३. भाग्यवान।
adj. 1. gentle, good. 2. having good conduct. 3. fortunate.

साले-हाल سال حال पुं० [फा०+अ०] प्रचलित वर्ष, वर्तमान वर्ष।
m. the running year.

साहब صاحب प्रत्य० [अ० साहिब] [बहु० साहबान]
१. वाला, रखनेवाला; जैसे—साहबे-इकबाल, साहबे-जमाल, साहबे-हैसियत। २. स्वामी, मालिक; जैसे—साहबे-तख़्त।
पुं० [स्त्री० साहिबा] १. मित्र, दोस्त। २. मालिक, स्वामी। ३. परमेश्वर। ४. एक सम्मानसूचक शब्द। महाशय। ५. गोरी जाति का कोई व्यक्ति।
pre. used as a prefix denoting. 1. a door-keeper. 2. a lord, boss.
m. 1. a friend. 2. an owner, lord or officer. 3. the God. 4. a form of address, gentleman. 5. an Englishman or European.

साहबज़ादा صاحب زادہ पुं० [अ० साहिब+फा० ज़ादः] [स्त्री० साहबज़ादी] १. भले आदमी का लड़का। २. पुत्र, बेटा।
m. 1. a son of a साहब। 2. a son.

साहबज़ादी صاحب زادی स्त्री० [अ० साहिब+फा०]
१. भले आदमी की बेटी। २. बेटी।
fem. 1. a daughter of a साहिब। 2. a daughter.

साहब-सलामत صاحب سلامت स्त्री० [अ० साहिब-सलामत] परस्पर अभिवादन, बंदगी।
fem. an act of saluting each other on meeting.

साहबा صاحبہ स्त्री० [अ० साहिबः] महोदया।
fem. a lady, madam.

साहबान صاحبان पुं० [अ० साहिबान, 'साहब' का फा० बहु०] साहब लोग।
m. (plu.) people.

साहबाना صاحبانہ वि० [अ० साहिबानः] साहबों का-सा, साहबों की तरह का।
adj. gentlemanly.

साहबी صاحبی वि० [अ० साहिबी] साहब का।
स्त्री० १. साहब होने का भाव। २. प्रभुता। ३. बड़ाई, बड़प्पन।
adj. gentlemanly.
fem. 1. the state of being an officer. 2. officialdom. 3. greatness.

साहबे-आलम صاحب عالم पुं० [अ०] दिल्ली के मुग़ल शाहज़ादों की उपाधि।
m. an epithet of Mugal princes of Delhi.

साहबे-क़िरान صاحب قران पुं० [अ० साहिबे-क़िरान]
१. तैमूर लंग और शाहजहाँ की एक उपाधि। २. भाग्यवान व्यक्ति।
m. 1. a epithet of Changaze Khan and Shahjahan. 2. a fortunate person.

साहबे-ख़ाना صاحب خانہ पुं० [अ० साहिबे+फा० ख़ानः] घर का मालिक, गृहस्वामी।
m. a householder.

साहिब صاحب पुं० दे० 'साहब'।

साहिबा صاحبہ स्त्री० [अ०] 'साहबा'।

साहिबी صاحبی वि०, स्त्री० दे० 'साहबी'।

साहिर ساحر पुं० [अ०] [स्त्री० साहिरा] [भाव० साहिरी] जादूगर।
m. a magician.

साहिरा ساحرا स्त्री० [अ०] जादूगरनी।
fem. a lady magician.

साहिरी ساحری स्त्री० [अ०] जादूगरी।
fem. magic or magical act.

साहिल ساحل पुं० [अ०] समुद्र, नदी आदि का तट, किनारा।
m. a shore or bank.

सिंजाफ़ سنجاف पुं० [फा० सिजाफ़] १. कपड़ों पर का हाशिया, गोट, किनारा। २. एक तरह का घोड़ा।
m. 1. a border. 2. a sort of horse.

सिंजाब سنجاب पुं० [फा०] एक प्रकार का पशु जिसकी खाल की पोस्तीन बनती है।

m. a small animal whose leather is used in book-binding.

सिंदान سندان पुं० [फा०] निहाई।
m. an evil.

सिकंजबीन سکنجبین स्त्री० [फा०] सिरके या नीबू के रस में पका हुआ शरबत।
fem. a sweet lemon water.

सिकंदर سکندر पुं० [फा०] यूनान का एक प्रसिद्ध राजा।
m. Alexander the Great.

सिकंदरी سکندری वि० [फा०] सिकन्दर का।
adj. of or pertaining to Alexander the Great.

सिक़ा ثقہ पुं० [अ० सिक़:] विश्वसनीय व्यक्ति, मातबर आदमी।
m. a trusted person.

सिक्का سکہ पुं० [अ० सिक्क:] १. मुहर, छाप, ठप्पा। २. टकसाल में ढला हुआ धातु का वह टुकडा जो निर्दिष्ट मूल्य का धन माना जाता है, रुपया, पैसा आदि, मुद्रा।
मुहा० सिक्का बैठना या जमना=(क) अधिकार स्थापित होना। (ख) आतंक जमना। (ग) रोब जमना।
पद सिक्कए क़ल्ब=जाली या नक़ली सिक्का।
m. 1. a seal or stamp. 2. a coin.
id. (a) to take under control. (b) to terrorize. (b) to hold sway.
ph. a fake coin.

सिक्का-रायज-उल्-वक़्त سکہ رائج الوقت पुं० [अ०] वह सिक्का जो इस समय प्रचलित हो, प्रचलित सिक्का।
m. a coin in circulation.

सिक़्त سقط पुं० [अ०] बच्चा जो पैदा होने से पहले ही पेट में मर गया हो।
m. the still birth.

सिग़र صغر पुं० [अ०] छोटाई, छोटापन।
पद सिग़र-सिन=छोटी उम्र का, नाबालिग़।
m. smallness, shortness.
ph. a minor.

सिजदा سجدہ पुं० [अ० सज्द:] प्रणाम, दंडवत, नमस्कार।
पद सिजदए शुक्र=ईश्वर को धन्यवाद देने के लिए उसे नमस्कार करना।
m. salutation, obeisance.
ph. thanks to the God.

सिजदागाह سجدہ گاہ स्त्री० [अ० सज्द:+फा०] सिजदा या दण्डवत करने का स्थान।
fem. the place of obeisance.

सितम ستم पुं० [फा०] १. ग़ज़ब। २. अनर्थ। ३. जुल्म, अत्याचार।
m. 1. wonder. 2. a natural catastrophe, disaster. 3. oppression, tyranny, cruelty.

सितमगर ستمگر वि०, पुं० [फा०] अत्याचारी, ज़ालिम, अन्यायी।
adj. & m. oppressive, unjust, cruel.

सितमज़दा ستم زدہ वि० [फा० सितमज़द:] जिस पर सितम हुआ हो, उत्पीड़ित, अत्याचार-पीड़ित।
adj. oppressed, perrecuted.

सितमज़रीफ़ ستم ظریف वि० [फा०+अ०] [सितमज़रीफ़ी] हँसी-हँसी में ही भारी अत्याचार करनेवाला।
adj. doing cruel deeds while joking.

सितमरसीदा ستم رسیدہ दे० 'सितमज़दा'।

सितमशआर ستم شعار वि०, पुं० [फा०+अ०] बराबर सितम करनेवाला, अत्याचारी।
adj. & m. a hibtual oppressor or unjust fellow.

सितार ستار पुं० [फा० सेह+तार सं० सप्त+तार] एक प्रकार का प्रसिद्ध बाजा जो तारों को उँगली से झनकारने से बजता है।
m. an Indian lute.

सितारा ستارہ पुं० [फा० सितार:] १. तारा, नक्षत्र। २. भाग्य, प्रारब्ध, नसीब। ३. चाँदी या सोने के पत्तर की बनी हुई छोटी गोल बिंदी जो शोभा के लिए चीज़ों पर लगाई जाती है, चमकी।
मुहा० सितारा चमकना या बुलंद होना=भाग्योदय होना, अच्छी क़िस्मत होना।
m. 1. a star. 2. fate, fortune. 3. star-like tiny metallic objects.
id. to have stars spening.

सितारा-शनास ستارہ شناس पुं० [फा०] तारे पहचानने-वाला, ज्योतिषी।
m. an astrologer.

सितारे-हिंद ستارہند पुं० [फा० सितार-ए-हिन्द] एक उपाधि जो ब्रतानवी सरकार की ओर से दी जाती थी।
m. an epithet denoting the state of India.

सिदक़ صدق पुं० [अ०] सत्यता।
m. truth.

सिद्दीक़ صدیق वि० [अ०] बहुत ही सच्चा, परम सत्यनिष्ठ।
adj. truthful.

सिन سن पुं० [अ०] उमर, अवस्था, वयस।
m. age.

सिनान سنان स्त्री० [फा०] तीर या बरछी आदि की नोक।
fem. the tip or point of an arrow or spear.

सिने-बुलूग़ سن بلوغ पुं० [अ०] १. वयस्क होने की

अवस्था, बालिग़ होने की उम्र। २. यौवन, जवानी।
m. 1. the age when a person becomes an adult, majority. 2. youth.

सिने-रसीदा سن رسیدہ वि० [अ०+फा०] बुड्ढा, वृद्ध, बुजुर्ग।
adj. old, elderly.

सिने-शऊर سن شعور पुं० दे० 'सिन-बुलूग़'।

सिन्फ़ سنف स्त्री० [अ०] जाति, नस्ल।
fem. caste, race.

सिपंद سپند पुं० दे० 'अस्पन्द'।

सिपर سپر स्त्री० [फा०] १. ढाल। २. रक्षा करनेवाली वस्तु, आड़।
fem. 1. a shield. 2. a screen.

सिपस्ताँ سپستان पुं० [फा०] लिसोड़ा नामक वृक्ष और उसका फल।
m. a tree and its fruit.

सिपह سپہ स्त्री० [फा० सिपाह का अल्पा० रूप] सेना।
fem. army.

सिपहगरी سپہ گری स्त्री० [फा०] १. सैनिक का काम या पेशा। २. वीरता।
fem. 1. the profession or function of a soldier. 2. bravery.

सिपहर سپہر पुं० [फा०] १. गोला। २. आकाश।
m. 1. a grenade. 2. the sky.

सिपहसालार سپہ سالار पुं० [फा०] सेनापति।
m. the commander-in-chief.

सिपारा سپارہ पुं० [फा० सीपार:] कुरान के तीस विभागों या अध्यायों में से कोई एक विभाग या अध्याय।
m. any one of the chapter of the Quran.

सिपारिश سپارش स्त्री० [फा०] सिफारिश।
fem. recommendation.

सिपारी سپاری स्त्री० [फा०] सुपारी।
fem. a betel nut.

सिपास سپاس स्त्री० [फा०] १. कृतज्ञता, धन्यवाद। २. प्रशंसा।
fem. 1. gratitude, thanks. 2. admiration, praise.

सिपास-गुज़ारी سپاس گذاری स्त्री० [फा०] कृतज्ञता प्रकट करना, धन्यवाद देना, धन्यवाद-प्रकाश, कृतज्ञता-प्रकाश।
fem. act of giving thanks, expression of gratitude.

सिपाहनामा سپاہ نامہ पुं० [फा० सिपाहनाम:] अभिनन्दन-पत्र।
m. a felicitous address.

सिपाह سپاہ स्त्री० [फा०] सेना।
fem. an army.

सिपाहगरी سپاہ گری स्त्री० [फा०] १. सिपाही का काम या पेशा। २. वीरता।
fem. 1. the function or profession of policeman or soldier. 2. bravery.

सिपाहियाना سپاہیانہ वि० [फा० सिपाहियान:] सिपाहियों की तरह का।
adj. of or pertaining to the policemen.

सिपाही سپاہی पुं० [फा०] १. सैनिक, शूर। २. पुलिस का आदमी।
m. 1. a soldier. 2. a constable.

सिपुर्द سپرد वि० दे० 'सपुर्द'।

सिफ़त صفت स्त्री० [अ०] [बहु० सिफ़ात] १. विशेषता, गुण। २. लक्षण। ३. स्वभाव। ४. प्रशंसा।
fem. 1. a virtue, speciality. 2. a characteristic. 3. disposition. 4. praise.

सिफ़र صفر पुं० [अ०] शून्य, सुन्ना, बिन्दी।
m. zero, cypher.

सिफ़ला صفلہ वि० [अ० सिफ़्ल:] नीच, कमीना, पाजी।
adj. mean, low.

सिफ़ली صفلی वि० [अ० सिफ़्ली] घटिया, छोटे दरजे का।
adj. of low grade, inferior.

सिफ़ात صفات स्त्री० [अ० सिफ़त या बहु०] विशेषताएँ।
fem. (plu.) specialities, qualities.

सिफ़ाती صفاتی वि० [फा०] सिफ़त या गुण-संबंधी।
adj. of or pertaining to a virtue.

सिफ़ारत سفارت स्त्री० [फा०] १. सफ़ीर या दूत का पद, भाव या कार्य। २. वे राजदूत आदि जो सन्धि अथवा किसी विषय को निर्णीत करने के लिए एक राज्य की ओर से दूसरे राज्य में भेजे जाएँ।
fem. 1. the office or post of an envoy. 2. an ambassdor.

सिफ़ारिश سفارش स्त्री० [फा० सुफ़ारिश] किसी की भलाई के लिए किसी से कुछ कहना, किसी के पक्ष या हित में किसी अधिकारी को दिया जानेवाला सुझाव।
fem. recommendation.

सिफ़ारिशी سفارشی वि० [फा०] १. जिसमें सिफ़ारिश हो। २. जिसकी सिफ़ारिश की गई हो।
adj. 1. recommendatory. 2. recommended.

सिफ़ाह سفاہ स्त्री० [अ०] व्यभिचार।
fem. adultery.

सिफ़्ल سفل पुं० [अ०] निम्नता।
fem. the state of being low grade.

सिब्त سبط पुं० [अ०] १. वंशज, सन्तान, औलाद। २. पौत्र।
m. 1. an offspring, progeny. 2. a grandson.

सिमाअ سماع पुं० [अ०] गाना सुनाना।
m. act of giving a recital.

सिम्त سمت स्त्री० दे० 'सम्त'।

सियह سیہ वि० [फा०] १. सियाह का संक्षिप्त रूप, काला, कृष्ण। २. अशुभ, बुरा, खराब। सियह के यौगिक शब्दों के लिये दे० सियाह के यौगिक।
adj. 1. black, dark. 2. inauspicious, evil.

सियाक़ سیاق पुं० [अ०] १. गणित, हिसाब। २. लिखने या बोलने आदि का ढंग।
m. 1. calculation, account. 2. a style of speaking or writing.

सियादत سیادت स्त्री० [अ०] १. नेतृत्व, सरदारी। २. शासन, हुकूमत। ३. बीबी फ़ातिमा के वंशज, सैयदों की जाति। ४. प्रतिष्ठा।
fem. 1. leadership. 2. administration. 3. the descendants of Fatima. 4. prestige.

सियासत سیاست स्त्री० [अ०] १. राजनीति। २. देश का प्रशासन। ३. शासन, प्रबन्ध। ४. धमकी आदि देकर सचेत करना, तंबीह। ५. आतंक। ६. छल।
fem. 1. politics. 2. the activities of government, administration. 3. rule. 4. threat. 5. sway. 6. deception.

सियासतदान سیاست‌دان पुं० [अ०+फा०] राजनीतिज्ञ।
m. a politician.

सियासतदानी سیاست‌دانی स्त्री० [अ०+फा०] राजनीति।
fem. politics.

सियासती سیاستی पुं० [अ०+फा०] राजनीतिज्ञ।
m. a politician.

सियासी سیاسی वि० [अ०+फा०] राजनीति-संबंधी, राजनीतिक।
adj. political.

सियाह سیاہ वि० [फा०] १. काला, कृष्ण। २. अशुभ।
adj. 1. black, dark. 2. inauspicious.

सियाहकार سیاہ‌کار वि०, पुं० [फा०] [भाव० सियाहकारी] पाप या दुष्कर्म करनेवाला।
adj. & m. an evil-doer, ill-doer.

सियाहगोश سیاہ‌گوش पुं० [फा०] चीते की तरह का एक छोटा जानवर जिसकी सहायता से शिकार करते हैं, बन-बिलाव।
m. a wild cat.

सियाहज़बाँ سیاہ‌زباں वि० [फा०] वह जिसके मुँह से निकली हुई अशुभ बात शीघ्र फलीभूत हो, कलजिह्वा।
adj. evil-tongued.

सियाहत سیاحت स्त्री० [अ०] १. भ्रमण। २. यात्रा।
fem. 1. an act of roaming. 2. a journey.

सियाहदिल سیاہ‌دل वि०, पुं० [फा०] पापी।
adj. & m. a sinner.

सियाहपोश سیاہ‌پوش वि० [फा०] जो सोग या मातम के काले कपड़े पहने हो।
adj. wearing black dress as a mark of bereavement.

सियाहफ़ाम سیاہ‌فام वि० [फा०] साँवला, कृष्णवर्ण।
adj. black-skined.

सियाहबख़्त سیاہ‌بخت वि० [फा०] [भाव० सियाहबख़्ती] अभागा, कम्बख़्त।
adj. unfortunate, unlucky.

सियाहबख़्ती سیاہ‌بختی स्त्री० [फा०] अभागापन, दुर्भाग्य।
fem. misfortune, bad luck.

सियाह-बातिन سیاہ‌باطن वि० [फा०+अ०] जिसका दिल साफ़ न हो, कलुषित-हृदय।
adj. malevolent, ill-natured.

सियाहमस्त سیاہ‌مست वि० [फा०] [भाव० सियाहमस्ती] बहुत अधिक मत्त, बहुत मतवाला, नशे में चूर।
adj. dead-drunk.

सियाहा سیاہہ पुं० [फा० सियाह:] १. आय-व्यय की बही, रोज़नामचा। २. सरकारी खज़ाने का वह रजिस्टर जिसमें ज़मींदारों से प्राप्त मालगुज़ारी लिखी जाती है।
m. 1. a cashbook, 2. an account book recording revenue.

सियाही سیاہی स्त्री० [फा०] १. काली स्याही। २. अँधेरा, अन्धकार। ३. काजल। ४. कलंक, बदनामी।
fem. 1. (black) ink. 2. darkness. 3. lamp black. 4. a stigma.

सिरकंजबीन سرکنجبین स्त्री० [फा०] सिरके का बनाया हुआ शरबत, शिकंजबीन।
fem. a sweet lemon drink.

सिरका سرکہ पुं० [फा० सिर्क:] धूप में पकाकर या सड़ाकर खट्टा किया हुआ ईख, जामुन आदि का रस।
m. vinegar.

सिराज سراج पुं० [अ०] दीपक, चिराग।
m. a lamp.

सिरात صراط स्त्री० [अ०] १. सीधी सड़क। २. मार्ग, पथ।
fem. 1. a straight path. 2. a path, road.

सिरिश्क سرشک पुं० [फ़ा०] आँसू।
m. tears.

सिर्फ़ صرف क्रि० वि० [अ०] केवल।
adv. only.

सिल سل स्त्री० [अ०] क्षय नामक रोग, तपेदिक।
fem. tuberculosis.

सिलफ़ची سلفچی स्त्री० दे० 'सिलबची'।

सिलबची سلبچی स्त्री० [फ़ा०] हाथ-मुँह धोने का एक प्रकार का बरतन, चिलमची।
m. a basin for washing purposes.

सिलसिला سلسلہ पुं० [अ० सिल्सिल:] १. बँधा हुआ तार, क्रम। २. परंपरा। ३. श्रेणी, पंक्ति। ४. शृंखला, जंजीर, लड़ी। ५. व्यवस्था। ६. तरकीब।
m. 1. a definite or specific order. 2. a tradition. 3. a class, queue. 4. a chain, series. 5. management. 6. a device.

सिलसिलाबंदी سلسلہ بندی स्त्री० [अ० सिल्सिल:+फ़ा०] सिलसिला लगाने की क्रिया।
fem. act of serializing, serialization.

सिलसिलावार سلسلہ وار क्रि० वि० [अ० सिल्सिल:+फ़ा० वार] तरतीबवार, क्रमानुसार।
adj. serially.

सिलह سلح पुं० [अ०] १. हथियार, अस्त्र-शस्त्र। २. औज़ार।
m. 1. an arm, weapon. 2. a tool, equipment.

सिलहख़ाना سلح خانہ पुं० [अ०+फ़ा० ख़ान:] शस्त्रगार।
m. an arsenal, armoury.

सिलहपोश سلح پوش वि०, पुं० [अ०+फ़ा०] शस्त्रधारी, हथियारबन्द।
adj. & m. an armed person.

सिलहसाज़ سلح ساز पुं० [अ०+फ़ा०] अस्त्र-शस्त्र बनानेवाला।
m. a manufacturer of weapons.

सिला صلہ पुं० [अ० सिल:] १. पारितोषिक, इनाम। २. बुराई का बदला, प्रतिकार। ३. शुभ कार्य का फल या पुरस्कार।
m. 1. a prize. 2. revenge, vengeance. 3. auspicious resultant effect.

सिलाह[1] سلاح पुं० [अ०] १. युद्ध करने के अस्त्र-शस्त्र। २. कारीगरी के औज़ार।
m. 1. weapons. 2. tools.

सिलाह[2] صلاح पुं० [अ०] मेल-मिलाप।
m. union, close association.

सिलाहख़ाना سلاح خانہ पुं० = सिलहख़ाना।

सिलाहबंद سلاح بند वि० = सिलहबंद।

सिलाहसाज़ سلاح ساز वि० = सिलहसाज़।

सिल्क سلک पुं० [अ०] १. मोतियों आदि की लड़ी, हार। २. वह तागा जिसमें लड़ी पिरोई रहती है। ३. पंक्ति। ४. सिलसिला।
m. 1. a necklace of pearls. 2. the thread of a rosary or garland. 3. a line, queue. 4. an order, sequence.

सिवा, के, سوا، کے संबंध० [अ०] के अतिरिक्त। वि० अधिक, ज़्यादा, फ़ालतू।
preposition besides.
adj. much, more, extra.

सिवाय سوائے संबंध० दे० 'सिवा'।

सिहत صحت स्त्री० [अ०] सेहत, स्वास्थ।
fem. health.

सिहर سحر [अ०] १. मंत्र-मंत्र, अभिचार। २. टोना-टोटका।
m. 1. magic spell. 2. black magic.

सी سی वि० [फ़ा०] तीस।
adj. thirty.

सीख़ سیخ स्त्री०[फ़ा०] लोहे का लम्बा पतला छड़, तीली।
m. a thin metal rod, spit.

सीख़चा سیخچہ पुं० [फ़ा० सीख़च:] १. लोहे की वह सींक जिसपर मांस लपेटकर भूनते हैं। २. लोहे का छड़।
fem. 1. a spit of roasting meat. 2. an iron rod.

सीग़ा صیغہ पुं० [अ० सीग़:] १. साँचे में ढालने की क्रिया। २. विभाग, महकमा। ३. व्याकरण में कारक, पुरुष, लिंग और वचन-संबंधी विकार।
मुहा० सीग़ा गरदानना=किसी क्रिया के भिन्न-भिन्न रूप कहना। (व्या०)
m. 1. act of moulding. 2. a department. 3. (Grammar) consideration of case, person, gender and number.
id. to relate the different forms of a verb.

सीदी سیدی पुं० [अ०] हबशी।
m. a Negro.

सीना سینہ पुं० [फ़ा० सीन:] १. छाती, वक्षस्थल। २. स्तन।
m. 1. chest. 2. breast.

सीनाकावी سینہ کاوی स्त्री० [फ़ा० सीन:कावी] बहुत कठोर परिश्रम।
fem. hard work, toil.

सीनाकोबी سینہ کوبی स्त्री० [फ़ा० सीन:कोबी] छाती पीटकर मातम करना या शोक मनाना।
fem. act of beating one's breast in breavement or agony.

सीनाज़न سینہ زن पुं० [फ़ा० सीन:ज़न] वह जो मुहर्रम में छाती पीटता हो।
m. one who beats his chest in Muharram.

सीनाज़नी سینہ زنی स्त्री० दे० 'सीनाकोबी'।

सीनाज़ोर سینہ زور वि० [फ़ा० सीन:ज़ोर] [भाव० सीनाज़ोरी] ज़बरदस्त, अत्याचारी।
adj. high-handed, cruel.

सीनाबंद سینہ بند पुं० [फा० सीनःबंद] १. स्त्रियों के पहनने की चोली, अँगिया। २. घोड़े की पेटी या तंग।
m. 1. a bra or blouse. 2. a horse's strap.

सीना-सिपर سینہ سپر क्रि० वि० [फा० सीनःसिपर] सीना सामने करके, मुकाबले में।
adv. boldly, dauntlessly.

सीनी سینی स्त्री० [फा०] १. एक प्रकार की थाली। २. किश्ती।
fem. 1. a type of large plate. 2. a boat.

सीपारा سیپارہ पुं० = सिपारा।

सीम سیم स्त्री०[फा०] १. चाँदी, रूपा। २. सम्पत्ति, दौलत।
fem. 1. silver. 2. property, wealth.

सीमतन سیمتن वि० [फा०] जिसका रंग चाँदी की तरह सफ़ेद या गोरा हो (प्रेमिका के लिए प्रयुक्त)।
adj. fair-coloured.

सीमाब سیماب पुं० [फा०] पारा।
m. mercury, quick silver.

सीमाबी سیمابی पुं० [फा०] एक प्रकार का कबूतर।
m. a variety of pigeon.

सीमी سیمی वि० [फा०] चाँदी का।
adj. of or pertaining to silver.

सीमुर्ग़ سیمرغ पुं० [फा०] एक प्रकार का कल्पित पक्षी।
m. an imaginary bird.

सीरत سیرت स्त्री० [अ०] १. स्वभाव, आदत। २. गुण, विशेषता।
fem. 1. disposition, nature. 2. a virtue.

सुकूत سکوت पुं० [अ०] मौन, खामोशी।
m. silence.

सुक़ूत سقوط पुं० [अ०] १. गिरना, च्युत होना। २. किसी शब्द का छन्द की लय में ठीक न बैठना।
m. 1. act of dropping to lower level. 2. a reduction in the level of something.

सुकून سکون पुं० [अ०] १. स्थिरता। २. मन की शान्ति। ३. संतोष।
m. 1. stability. 2. peace of mind. 3. satisfaction.

सुकूनत سکونت स्त्री० दे० ''सकूनत।''

सुकूरा سکورا पुं० [फा०] मिट्टी का छोटा प्याला, सकोरा, कटोरा।
m. an earthen cup.

सुक्कान سکان पुं० [अ०] १. निवासी। २. नाव की पतवार।
m. 1. a resident, inhabitant. 2. a rudder, helm.

सुख़न سخن पुं० दे० ''सख़ुन।''

सुख़ून سخون पुं० दे० ''सख़ुन।''

सुग़रा صغریٰ स्त्री० [अ०] १. छोटी कन्या। २. छोटी वस्तु।
fem. 1. a small girl. 2. a small thing.

सुज़ाक سوزاک पुं० [फा०] जननेंद्रिय संबंधी एक रोग।
m. gonorrhoea.

सुजूद سجود पुं० [अ०] नमन, सिजदा।
m. obeisance.

सुतून ستون पुं० [फा०] स्तम्भ।
m. a pillar.

सुदूर صدور पुं० [फा० ''सद्र'' का बहु०] जारी या प्रचलित होना।
m. the state of being current, prevalence.

सुद्दा سدہ पुं० [अ० सुद्दः] जमा हुआ सूखा मल।
m. a pice of dry faces.

सुन्नत سنت स्त्री० [अ०] १. मुसलमानों की वह प्रथा जिसमें बालक की इन्द्रिय का ऊपरी चमड़ा काटा जाता है, मुसलमानी, ख़तना। २. प्रथा, प्रणाली। ३. वह बात या कार्य जो मुहम्मद साहब ने किया हो।
fem. 1. circumcision. 2. a practice, system. 3. a tradition established by Mohammad.

सुन्नी سنی पुं० [अ०] मुसलमानों का एक भेद जो चारो ख़लीफ़ाओं को प्रधान मानता है, चारयारी।
m. a Muslim Sect who abide by the four caliphs.

सुपुर्द سپرد वि० दे० 'सपुर्द'।

सुपेदा سپیدہ पुं० [फा० सपेदाः] जस्ते या राँगे का फूँका हुआ चूर्ण जो प्रायः दवा और रँगाई के काम आता है, सफ़ेदा।
m. white lead used in medicine and paints.

सुपेदी سپیدی स्त्री० [फा०] सफ़ेदी।
fem. whiteness.

सुफ़रा[1] سفرہ पुं० [अ० सुफ्रः] १. दस्तरख़्वान। २. वह पात्र जिसमें खाद्य-पदार्थ रखे जाते हैं।
m. 1. a dining cloth. 2. a dining vessel.

सुफ़रा[2] سفرہ पुं० [अ०] 'सफ़ीर' का बहु०।
m. (plu.) envoys.

सुफ़ूफ़ سفوف पुं० [अ० 'सफ़' का बहु०] दे० 'सफ़ूफ़'।

सुबह صبح स्त्री० [अ० सुब्ह] प्रातःकाल, सबेरा।
fem. early morning.

सुबहकाज़िब صبح کاذب स्त्री० [अ० सुब्हकाज़िब] प्रभात या सुबह का वह समय, जब कुछ प्रकाश होने के बाद कुछ देर के लिए फिर अँधेरा होता और फिर उजाला हो जाता है।
m. the early light of the morning.

सुबहख़ेज़ صبح خیز वि०, पुं० [अ० सुब्ह+फ़ा०] १. जो बहुत सबेरे उठता हो। २. जो सुबह उठकर यात्रियों का माल चुरा ले जाता हो।
adj. & m. 1. an early riser. 2. a thief who steals early in the morning.

सुबहदम صبح دم क्रि० वि० [अ० सुब्ह+फ़ा०] बहुत सबेरे, तड़के।
adv. at dawn.

सुबह-सादिक़ صبح صادق स्त्री० [अ० सुब्हसादिक़] प्रभात जिसके बाद सूर्य निकलता है, उषाकाल।
fem. the dawn.

सुबहा سبحہ स्त्री० [अ० सुब्हः] छोटी जप-माला, सुमिरनी, तस्बीह।
fem. a rosary.

सुबहान سبحان वि० [अ०] १. पवित्र। २. स्वतन्त्र।
***पद* सुबहान अल्ला**=पवित्र भाव से ईश्वर का स्मरण करता हूँ।
विस्मय० हर्ष या आश्चर्य प्रकट करनेवाला अव्यय।
adj. 1. sacred, holy. 2. independent.
ph. I remember the God genuinely.
inter. a word denoting surprise or joy.

सुबुक سبک वि० [फ़ा०] १. हलका, 'भारी' का उलटा। २. सुंदर।
adj. 1. light. 2. beautiful.

सुबुकदस्त سبک دست वि० [फा०] [भाव० सुबुकदस्ती] बहुत जल्दी काम करनेवाला, फुरतीला।
adj. agile, nimble.

सुबुकपोश سبک پوش वि० [फा०] [भाव० सुबुकपोशी] जिस पर कोई भार न हो।
adj. without burden or liability.

सुबुकबार سبک وار वि० [फा०] [भाव० सुबुकबारी] १. जिसके ऊपर कोई भार आदि न हो। २. निश्चिंत।
adj. 1. having no liability. 2. carefree.

सुबुकसर سبکسر वि० [फा०] [भाव० सुबुकसरी] ओछा, तुच्छ, नीच।
adj. mean, low.

सुबुकी سبکی स्त्री० [फा०] १. हलकापन। २. अप्रतिष्ठा, अपमान।
fem. 1.lightness. 2. disrespect, insult.

सुबूत ثبوت पुं० [अ०] प्रमाण।
m. a proof.

सुबूह سبوح वि० [अ०] अत्यंत पवित्र, पावन।
adj. very holy, sacred.

सुभान سبحان वि० दे० "सुबहान"

सुम سم पुं० [फा०] पशु का खुर।
m. a hoof.

सुम्बा سمبہ पुं० [फा० सुम्बः] १. बढ़इयों का छेद करने का बरमा। २. तोप में बारूद भरने का गज़।
m. 1. a boring gadget. 2. a rod used in filling ammunition in a cannon.

सुम्बुला سمبلہ पुं० [अ० सुम्बुलः] १. गेहूँ या जौ अदि की बाल। २. कन्या राशि।
m. 1. an ear of wheat or barley. 2. a zodiac sign, Virgo.

सुम्म-बुकुम سم بکم वि० [अ०] जो किसी बात का जवाब ही न दे, चुप्पा।
adj. reticent.

सुरअत سرعت स्त्री० [अ०] १. शीघ्रता। २. तेज़ी, फुरती।
fem. 1. haste. 2. swiftness.

सुरख़ा سرخہ पुं० [फा० सुर्ख़ः] १. वह सफ़ेद घोड़ा जिसकी दुम लाल हो। २. लाल रंग का कबूतर। ३. मद्य, शराब।
m. 1. a white horse having a red tail. 2. a red-colour pigeon. 3. alcohol.

सुरख़ाब سرخاب पुं० [फा०] चकवा।
***मुहा०* सुरख़ाब का पर लगना** = कोई विलक्षणता या विशेषता होना, अनोखापन होना।
m. a bird of heron family.
id. to be blessed with some unusual features.

सुरना سرنا स्त्री० [फा०] नफीरी।
fem. a clairnet.

सुरनाई سرنائی पुं० [फा०] सुरना या नफ़री बजनेवाला।
m. one who plays on a clairnet.

सुरफ़ा سرفہ पुं० [फा० सुर्फ़ः] खाँसी, कास रोग।
m. an illness of the throat or lungs causing coughing, cough.

सुरमई سرمئی वि० [फा०] सुरमे के रंग का।
पुं० एक प्रकार का नीला रंग।
adj. of the colour of collyrium.
m. blue colour.

सुरमगीं سرمگیں वि० [फा०] (आँखें) जिसमें सुरमा लगा हो।
adj. having applied collyrium.

सुरमा سرمہ पुं० [फा० सुर्मः] नीले रंग का एक प्रसिद्ध खनिज पदार्थ जिसका महीन चूर्णा आँखों में लगाया जाता है।
m. collyrium.

सुराख़ سوراخ पुं० [फा०] छेद, छिद्र।

m. a hole.

सुराग़ سراغ पुं० [तु०] १. टोह, पता । २. ढूँढ़ने की क्रिया, तलाश।
m. 1. a clue. 2. search.

सुराग़रसाँ سراغ رساں वि०, पुं० [तु०+फा०] [भाव० सुरागरसानी] टोह या पता लगानेवाला।
adj. & m. a searcher, spy.

सुराग़ी سراغی वि० दे० "सुरागरसाँ।"

सुराही صراحی स्त्री० [अ०] जल रखने का एक प्रसिद्ध पात्र।
fem. an earthen jar.

सुराहीदार صراحی دار वि० [अ० +फा०] सुराही की तरह का गोल और लम्बोतरा।
adj. long-necked.

सुरीन سرین पुं० [फा०] चूतड़, नितम्ब।
m. buttocks.

सुरूर سرور पुं० [फा०] १. आनंद, प्रसन्नता। २. हलका नशा।
m. 1. joy, happiness. 2. sligh inebriation.

सुरैया ثریا पुं० [अ०] १. छह नक्षत्रों का समूह। २. झुमका। ३. फानूस।
m. 1. a group of six constellations. 2. an earring. 3. a chandelier.

सरोद سرود पुं० [फा०] १. गीत। २. राग।
m. 1. a song. 2. a tune.

सुरोश سروش पुं० [फा०] १. शुभ समाचार लानेवाला देवदूत। २. हज़रत जिबरईल का एक नाम।
m. 1. an angel who brings good news. 2. the name of an angel.

सुर्ख़ سرخ वि० [अ०] लाल।
पुं० गहरा लाल रंग।
adj. red.
m. red colour.

सुर्ख़रू سرخ رو वि० [फा०] [भाव० सुर्खरूई] १. तेजस्वी, कांतिवान। २. प्रतिष्ठित। ३. सफलता प्राप्त करने के कारण जिसके मुँह की लाली रह गई हो।
adj. 1. radiant, brilliant. 2. distinguished. 3. glorified.

सुर्ख़ी سرخی स्त्री० [फा०] १. लाली, अरुणता। २. लेख आदि का शीर्षक। ३. रक्त, लहू, खून। ४. दे० 'सुरखी।'
fem. 1. redness. 2. the heading of an article. 3. blood. 4. powder of bricks.

सुर्रा سره पुं० [अ० सुर्रः] रुपए रखने की थैली, तोड़ा।
m. a small bag for keeping money.

सुलतान سلطان पुं० [अ० सुल्तान] बादशाह।
m. a king.

सुलताना سلطانہ स्त्री० [अ० सुल्तानः] सुलतान की पत्नी, सम्राज्ञी।
fem. a queen.

सुलतानी سلطانی वि० [अ० सुल्तानी] सुलतान-सम्बन्धी, सुलतान का।
adj. kingly.

सुलफ़ा سلفہ पुं० [फा० सुल्फ़ः] एक प्रकार का तमाखू।
m. a kind of tobacco.

सुलह صلح स्त्री० [अ० सुल्ह] वह मेल जो किसी प्रकार की लड़ाई या झगड़ा समाप्त होने पर हो, समझौता।
fem. a compromise.

सुलहकुल صلح کل स्त्री० [अ० सुल्हकुल] यह सिद्धान्त कि सब धर्मों का एक ही उद्देश्य ईश्वर-प्राप्ति है। किसी धर्म के अनुयायी से शत्रुता या विरोध न करना चाहिए।
पुं० १. उक्त सिद्धान्त को माननेवाला आदमी। २. वह जो सबसे मेल-मिलाप रखता हो।
fem. the principle that advocates one and the same aim of all the religions. Therefore there should not be enmity between the followers of the different religions.
m. 1. the follower of the above principle. 2. one who keeps close association with all.

सुलहनामा صلح نامہ पुं० [अ० सुल्ह+फा० नामः] वह काग़ज़ जिसपर परस्पर संघर्षरत राजाओं, राष्ट्रों, दलों या व्यक्तियों की ओर से मेल की शर्तें लिखी रहती हैं, संधि-पत्र।
m. a treaty.

सुलूक سلوک पुं० [अ०] बरताव, व्यवहार।
m. behaviour.

सुलेमान سلیمان पुं० [अ०] १. यहूदियों का एक प्रसिद्ध बादशाह जो पैग़म्बर माना जाता है। २. एक पहाड़ जो बलोचिस्तान और पंजाब के बीच में है।
m. 1. a king of jews acknowleged as a prophet by his followers. 2. name of a mountain.

सुलेमानी سلیمانی पुं० [अ०] १. वह घोड़ा जिसकी आँखें सफ़ेद हों। २. एक प्रकार का दोरंगा पत्थर।
वि० सुलेमान का, सुलेमान-संबंधी।
m. 1. a horse having white eyes. 2. a bi-coloured stone.
adj. of or pertaining to सुलेमान।

सुल्तान سلطان पुं० दे० "सुलतान"।

सुल्ब صلب पुं० [अ०] १. रीढ़ की हड्डी। २. कुलीनता। ३. सन्तान। ४. वंश।
m. 1. the backbone, spine. 2. nobility. 3. an offspring. 4. dynasty.

सुवैदा سویدا पुं० [अ०] एक प्रकार का कल्पित काला बिन्दु जो हृदय या दिल पर माना जाता है।
m. a black imaginary spot on the heart.

सुस्त سست वि० [फा०] १. दुर्बल, कमज़ोर। २. चिन्ता आदि के कारण निस्तेज, उदास, हतप्रभ। ३. जिसमें तत्परता न हो, आलसी। ४. धीमा।
adj. 1. weak. 2. sad. 3. lazy, idle, lethargic. 4. slow.

सुस्ती سستی स्त्री० [फा०] सुस्त होने का भाव, आलस्य।
fem. idleness, laziness.

सुहूलत سہولت स्त्री० [अ०] सुगमता, सरलता।
fem. convenience.

सुहेल سہیل पुं० [अ० सुहैल] एक कल्पित तारा, जिसके विषय में प्रसिद्ध है कि यह यमन देश में दिखाई देता है और उसके उदित होने पर जीव मर जाते हैं।
m. an imaginary star which appears in Yeman and beckons the end of life.

सू[1] سوء वि० [अ०] बुरा, खराब।
स्त्री० १. बुराई, खराबी, दोष। २. विपत्ति, आफ़त।
adj. bad, evil.
fem. 1. an evil, fault. 2. a calamity.

सू[2] سو स्त्री० [फा०] १. दिशा। २. ओर, तरफ़।
fem. 1. direction. 2. side.

सूए-ज़न سوئے ظن पुं० [अ०] किसी के सम्बन्ध में मन में होनेवाला द्वेष या बुरा विचार।
m. malice.

सूए-मिज़ाजी سوئے مزاجی स्त्री० [अ०] रुग्णावस्था, बीमारी।
fem. illness.

सूए-हज़्मी سوئے ہضمی स्त्री० [अ०] बदहज़मी, अनपच।
fem. indigestion.

सूची سوچی पुं० [तु०] शराब बेचनेवाला।
m. an alcohol dealer.

सूचीख़ाना سوچی خانہ पुं० [तु० सूची+फा० ख़ान:] शराबख़ाना, मदिरालय।
m. a pub, bar.

सूज़ाक سوزاک पुं० [फा०] मूत्रेन्द्रिय का एक प्रदाह-युक्त रोग, प्रमेह।
m. gonorrhoea.

सूद سود पुं० [फा०] १. ब्याज, वृद्धि। २. फ़ायदा, लाभ। ३. भलाई, ख़ूबी।
m. 1. interest (on money lent). 2. profit. 3. benovelance. 4. speciality.

सूदख़ोर سودخور पुं० [फा०] सूद खानेवाला।
m. one who lends money on high rates of interest, usurer.

सूदख़ोरी سودخوری स्त्री० [फा०] सूद खाना।
fem. a practice of lending money at high rates of interest, usury.

सूदी سودی वि० [फा०] सूद पर लिया या दिया जानेवाला (रुपया)।
adj. (money) given or taken on interest.

सूफ़ صوف पुं० [अ०] १. ऊन। २. ऊनी कपड़ा।
m. 1. wool. 2. woollen cloth.

सूफ़पोश صوف پوش पुं० [अ०+फा०] एक प्रकार के फ़कीर जो कंबल ओढ़े रहते हैं।
m. a class of mendicants who wear blankets.

सूफ़ार سوفار पुं० [फा०] १. तीर में का वह छेद जो पीछे की ओर होता है, तीर की चुटकी। २. सुई का छेद या नाका।
m. 1. the hole in an arrow at the rear. 2. the hole in a needle.

सूफ़ियाना صوفیانہ वि० [अ० 'सूफ़ी' से फा० सूफ़ियान:] १. सूफ़ियों का-सा। २. हलका, बढ़िया और सुन्दर।
adj. 1. like or of the Suffies. 2. sophisticated.

सूफ़ी صوفی पुं० [अ०] १. वह जो कम्बल या पशमीना ओढ़ता हो। २. बहुत उदार विचारोंवाले मुसलमानों का एक सम्प्रदाय।
m. 1. one who wears a blanket. 2. a sect of mendicants.

सूबा صوبہ पुं० [अ० सूब:] किसी देश का कोई भाग, प्रान्त, प्रदेश।
m. a region, province or state.

सूबादार صوبہ دار पुं० [अ० सूब:+फा० दार] १. किसी सूबे या प्रान्त का शासक सूबेदार। २. एक छोटा फ़ौजी ओहदा।
m. 1. a ruler of a province or state. 2. a non-commissioned army officer.

सूबादारी صوبہ داری स्त्री० [अ० सूब:+फा० दारी] सूबेदार का ओहदा या पद।
fem. the state, office or tenure of a सूबेदार।

सूरंजान سورنجان पुं० [फा०] एक प्रकार की जड़ी, जंगली सिंघाड़ा।
m. a sort of herb.

सूर[1] صور पुं० [अ०] १. नरसिंहा नामक बाजा जो फूँककर बजाया जाता है, करनाई। २. मुसलमानों के अनुसार वह नरसिंहा जो हज़रत इस्राफ़ील प्रलय या

क़यामत के दिन सब मुरदों को जिलाने के वास्ते बजाएँगे।
m. 1. a trumpet. 2. the trumpet that will be blown on the Dooms days to awaken the dead bodies.

सूर२ سور पुं० [फा०] १. ख़ुशी, आनन्द, प्रसन्नता। २. लाल रंग। ३. घोड़े, ऊँट आदि का वह खाक़ी रंग जो कुछ कालापन लिए होता है।
m. 1. joy, mirth. 2. the grey colour.

सूरए-इख़लास سورۂ اخلاص पुं० [अ० सूरे-इख़्लास] कुरान का ११वाँ सूरा या अध्याय।
m. the eleventh chapter of the holy Quran.

सूरए-यासीन سورۂ یاسین पुं० [अ०] कुरान का एक अध्याय जो उस समय पढ़ा जाता है जब किसी को मरने के समय विशेष कष्ट होता है।
m. that part or portion of Quran which is read at the time when a dying person is suffering extremely.

सूरत صورت स्त्री० [अ०] १. रूप, आकृति, शक्ल। २. छबि, शोभा। ३. उपाय, युक्ति, ढंग। ४. अवस्था, दशा।
मुहा० **(i) सूरत बिगड़ना**=चेहरे की रंगत फीकी पड़ना। **(ii) सूरत बनाना**=(क) रूप सँवारना। (ख) भेष बदलना। (ग) मुँह बनाना, नाक-भौं सिकोड़ना। **(iii) सूरत दिखाना**=सामने आना।
fem. 1. appearance, countenance. 2. beauty. 3. a device, means. 4. condition, state.
id. (i) act of spoiling the face. (ii) a. to make-up. b. to sisguise. c. to sneer. (iii) to appear.

सूरत-आशना صورت آشنا वि० [फा०] जान पहचान-वाला।
adj. familiar.

सूरत-आशनाई صورت آشنائی स्त्री० [फा०] जान-पहचान।
fem. familiarity.

सूरतदार صورت دار वि० [अ०+फा०] सुन्दर, खूबसूरत।
adj. beautiful, charming.

सूरतन् صورتاً क्रि० वि० [अ०] देखने में, ऊपर से।
adv. outwardly.

सूरतपरस्त صورت پرست वि० [अ०+फा०] [भाव० सूरतपरस्ती] रूप का पुजारी।
adj. admirer of beauty.

सूरतहराम صورت حرام वि० [अ०+फा०] १. जो देखने में तो अच्छा पर हो धोखेबाज। २. बिल्कुल बेकार।
adj. 1. outwardly beautiful inwardly malicious. 2. totally useless.

सूरा سورہ पुं० [अ० सूर:] कुरान का कोई अध्याय।
m. any chapter of the Quran.

सूराख़ سوراخ पुं० [फा०] छेद।
m. a hole.

सूस سوس स्त्री० [अ०] मुलेठी।
fem. liquorice.

सेब سیب पुं० [फा०] एक प्रसिद्ध बढ़िया फल जो देखने में अमरूद की तरह पर उससे बहुत बढ़िया होता है।
m. an apple.

सेबे-ज़नख़दाँ سیب زنخداں पुं० [फा०] सेब की तरह छोटी और सुन्दर ठोढ़ी।
m. small and beautiful chin like an apple.

सेर سیر वि० [फा०] १. जिसका पेट भरा हो। २. जिसकी इच्छा पूरी हो गई हो।
adj. 1. satiated. 2. satisfied.

सेरचश्म سیرچشم वि० [फा०] [भाव० सेरचश्मी] १. जिसे और कुछ देखने की अभिलाषा न हो। २. जो सब-कुछ देख चुका हो। ३. उदार, दाता।
adj. 1. not anxious to see anything more. 2. having seen everything. 3. liberal. philanthropic.

सेरहासिल سیرحاصل वि० [अ०+फा०] उपजाऊ, उर्वरा।
adj. fertile.

सेराब سیراب वि० [फा०] [भाव० सेराबी] १. पानी से सींचा हुआ। २. हरा-भरा। ३. फूला-फला।
adj. 1. irrigated. 2. lush green. 3. bearing flowers and fruit.

सेरी سیری स्त्री० [फा०] १. तृप्ति, तुष्टि। २. धैर्य, तसल्ली। ३. इतमीनान, विश्वास।
fem. 1. satiety, satisfaction. 2. patience. 3. confidence.

सेह سہ वि० [फा० सिह] तीन।
adj. three.

सेहत صحت स्त्री० [अ० सिहत] १. आरोग्य, तन्दुरुस्ती। २. भूलों आदि की शुद्धि, सही करना।
fem. 1. health. 2. modification, correction.

सेहतख़ाना صحت خانہ पुं० [अ० सिहत+फा० ख़ान:] पाख़ाना, शौचागार।
m. a lavotary, toilet.

सेहतनामा صحت نامہ पुं० [अ० सिहत+फा० नाम:] १. आरोग्य-सूचक प्रमाणपत्र। २. वह पत्र जिसमें भूलें ठीक की गई हों, शुद्धि-पत्र।
m. 1. a health certificate. 2. an errata, corrigendum.

सेहतबख़्श صحت بخش वि० [अ० सिहत+फा०] आरोग्यप्रद।
adj. conducive to health, health-giving.

सेहतमंद صحت مند वि० [अ० सिहत+फा०] स्वस्थ,

तन्दुरुस्त।
adj. having good health. healthy.

सेहबंदी سہ بندی स्त्री० [फा० सिहबन्दी] वह किस्तबन्दी जिसमें प्रति तीसरे मास कुछ नियत धन दिया जाए। पुं० वह कर्मचारी जो उक्त प्रकार की किस्त वसूल करे।
fem. third monthly instalment.
m. one who collects above instalments.

सेहबरगा سہ برگہ संज्ञा पुं० [फा० सिहबर्ग:] वह फूल जिसमें तीन पत्तियाँ या पँखड़ियाँ हों।
m. a flower with three petals.

सेह-मंज़िला سہ منزلہ वि० [फा० सिह-मंज़िल:] तीन खंड का (मकान)।
adj. three-storied.

सेहमाही سہ ماہی वि० [फा०] हर तीसरे महीने होनेवाला, त्रैमासिक।
adj. quarterly.

सेहर سحر पुं० [अ० सिहर] जादू-टोना, इंद्रजाल।
m. black magic.

सेहरबयाँ سحر بیاں वि० [अ०+फा०] [भाव० सेहर-बयानी] जिसकी बातों में जादू का-सा असर हो।
adj. having enchanting spell in his words.

सेहशंबा سہ شنبہ पुं० [फा० सिहशंब:] मंगलवार।
m. Tuesday.

सैक़ल صیقل पुं० [अ०] हथियारों को साफ़ करने और उनपर सान चढ़ाने का काम।
m. act of cleansing and sharpening the weapons.

सैक़लगर صیقل گر वि०, पुं० [अ०+फा०] [भाव० सैक़ल-गरी] १. तलवार, छुरी आदि पर बाढ़ रखनेवाला, सिकलीगर। २. कलई करनेवाला।
adj. & m. 1. one who sharpens the weapons. 2. a tinman.

सैद صید पुं० [अ०] शिकार, आखेट।
m. an animal or bird hunted for sport.

सैदानी سیدانی स्त्री० [अ० सैयद] सैयद जाति की स्त्री।
fem. a woman of the सैयद sect.

सैदी صیدی पुं० [अ० सैद] १. वह कबूतरबाज़ जो दूसरे के कबूतरों को पकड़कर अपने यहाँ बन्द कर रखता हो। २. शत्रु।
m. 1. one who locks up other's pigeons. 2. an enemy.

सैफ़ سیف स्त्री० [अ०] तलवार।
fem. a sword.

सैफ़ज़बाँ سیف زباں वि०, पुं० [अ०+फा०] १. जिसकी बातों में विशेष प्रभाव हो। २. व्यर्थ की बातें बकनेवाला।
adj. & m. 1. an influential speaker. 2. speaking roughly.

सैफ़ा سیفہ पुं० [फा० सैफ़:] एक प्रकार का बड़ा चाकू।
m. a large knife.

सैफ़ी سیفی वि० [अ०] ग्रीष्मकालीन।
adj. or or pertaining to the summer season.

सैयद سید पुं० [अ० सय्यिद] १. नेता, सरदार। २. मुहम्मद साहब के नाती हुसैन का वंशज। ३. मुसलमानों के चार वर्गों में से एक।
m. 1. a leader, chief. 2. a descendant of Hussain. 3. one of the Muslim sect.

सैयदज़ादा سیدزادہ पुं० [अ० सय्यिद+फा० ज़ाद:] हुसैन का वंशज, सैयद।
m. a descendant of Hussain.

सैयदानी سیدانی स्त्री० [अ० सय्यिद] सैयद जाति की स्त्री।
fem. a woman of the सैयद sect.

सैयाद صیاد पुं० [अ० सय्याद] [भाव० सैयादी] १. शिकारी, अहेरी। २. कविता में प्रेमी या प्रेमिका के लिए प्रयुक्त होनेवाला शब्द।
m. 1. a hunter. 2. in poetry, a lover or beloved.

सैयादी صیادی स्त्री० [अ० सय्यिदी] १. शिकार, मृगया। २. बेरहमी, निर्दयता।
fem. 1. act of hunting. 2. cruelty.

सैयार سیار पुं० [अ० सय्यार] वह जो ख़ूब सैर करता हो, सैर करने या घूमने-फिरनेवाला।
m. a roamer, long walker.

सैयारा سیارہ पुं० [अ० सय्यार:] [बहु० सैयारात] चलने-वाला तारा या नक्षत्र।
m. a roaming star or constellation.

सैयाल سیال वि० [अ० सय्याल] १. बहनेवाला। २. पानी की तरह, तरल, पतला।
adj. 1. flowing. 2. fluid, watery.

सैयाह سیاح वि०, पुं० [अ० सय्याह] यात्रा करनेवाला, यात्री।
adj. & m. a traveller.

सैयाही سیاحی स्त्री० [अ० सय्याही] यात्रा।
fem. journey.

सैर سیر स्त्री० [अ०] १. मन बहलाने के लिए घूमना-फिरना। २. बहार, मौज, आनन्द। ३. मित्र-मंडली का कहीं विशेषत: बाग-बगीचे आदि में होनेवाला खान-पान और नाच-रंग। ४. मनोरंजक दृश्य, तमाशा।
fem. 1. a short trip taken for pleaure, outing. 2. joy, delight. 3. joyful celebrations. 4. an entertaing scene.

सैरगाह سیرگاہ स्त्री० [अ०+फा०] सैर करने का स्थान, सुन्दर और दर्शनीय स्थान।
m. a place visited for recreation, resort.

सैल سیل पुं० [अ०] पानी का बहाव, प्रवाह।
m. the flow of water.

सैलानी سیلانی पुं० [अ०] वह जो भ्रमण करता (रहता) हो, पर्यटक।
m. a roamer or tourist.

सैलाब سیلاب पुं० [अ०+फा०] १. नदी की बाढ़। २. जल-प्लावन।
m. 1. the flood. 2. the inundation.

सैलाबची سیلابچی स्त्री० दे० "चिलमची"।

सैलाबी سیلابی वि० [फा०] बाढ़-संबंधी।
adj. of or pertaining to the flood.

सोख़्त سوخت पुं० [फा०] १. सूजन, शोथ। २. ताश या गंजीफ़े का एक प्रकार का खेल या जुआ।
वि० १. नष्ट। २. निकम्मा।
m. 1. swelling, inflammation. 2. a type of gambling.
adj. 1. destroyed. 2. useless.

सोख़्तगी سوختگی स्त्री० [फा०] १. सूजन, शोथ। २. कष्ट, पीड़ा। ३. रंज, खेद, दुख।
fem. 1. swelling, inflammation. 2. burning sensation, pain. 3. grief, sorrow.

सोख़्तनी سوختنی स्त्री० [फा०] जलने या जलाने के योग्य।
adj. fit for burning.

सोख़्ता سوختہ वि० [फा० सोख़्त:] १. जला हुआ, दग्ध। २. जिसका जी जला हो, बहुत दुखी।
पुं० एक प्रकार का खुरदरा काग़ज जो स्याही सोख लेता है।
adj. 1. burnt. 2. grieved.
m. blotting paper.

सोख़्ती سوختی स्त्री० दे० 'सोख़्तगी'।

सोग سوگ पुं० [फा०; मि० सं० शोक] १. किसी के मरने का दुख, शोक। २. मानसिक कष्ट, रंज।
m. 1. great sorrow, mourning. 2. grief.

सोगवार سوگوار वि० [फा०] दुखी।
adj. grief-stricken.

सोगवारी سوگواری स्त्री० [फा०] किसी के मरने का शोक, मातम।
fem. mourning.

सोगी سوگی वि०, पुं० [फा०] शोक मनानेवाला, शोकाकुल, मातम मनानेवाला।
adj. & m. a mourner.

सोज़ سوز पुं० [फा०] १. जलन, तपिश। २. कष्ट, दुख, रंज। ३. वे पद्य जो मरसिया आरम्भ होने से पहले पढ़े जाते हैं। ४. मरसिया पढ़ने का एक ढंग।
पद (i) **सोज़ख़्वाँ**=इस ढंग से मरसिया पढ़नेवाला। (ii) **सोज़-ए-वतन**=वतन का दर्द।
m. 1. burning sensation, heat. 2. sorrow, grief. 3. a type of stanza. 4. a style of reciting an elegy.
ph. (i) one who reads an elegy. (ii) the pangs of the country.

सोज़न سوزن स्त्री० [फा०] कपड़ा सीने की सुई।
fem. a needle.

सोज़नकारी سوزن کاری स्त्री० [फा०] सुई का काम।
fem. needle-work.

सोज़नाक سوزناک वि० [फा०] जलता हुआ।
adj. burning.

सोज़नी سوزنی स्त्री० [फा०] वह कपड़ा जिसपर सुई का बारीक काम किया गया हो।
fem. an embroidered sheet.

सोज़ाँ سوزاں वि० [फा०] जलता हुआ।
adj. burning.

सोज़ाक سوزاک पुं० [फा०] लिंगेन्द्रिय-संबंधी एक रोग।
m. gonorrhoea.

सोज़िश سوزش स्त्री० [फा०] १. जलन, प्रदाह। २. मानसिक कष्ट।
fem. 1. burning sensation. 2. anguish.

सोसन سوسن पुं० [फा० सौसन] फ़ारस की ओर का एक प्रसिद्ध फूल का पौधा।
m. a flower plant.

सोसनी سوسنی वि० [फा० सौसनी] सोसन के फूल के रंग का, लाली लिए नीला।
adj. reddish blue.

सोहन سوہن पुं० दे० "सोहान"।

सोहबत صحبت स्त्री० [अ० सुह्बत] संग, साथ।
मुहा० सोहबत उठाना=अच्छे लोगों की संगति में रहकर कुछ सीखना।
fem. a company.
id. to have a company of good people.

सोहबतदारी صحبت داری स्त्री० [अ० सुह्बत+फा०] स्त्री-प्रसंग, सम्भोग।
fem. sexual intercourse.

सोहबतयाफ़्ता صحبت یافتہ वि०[अ० सुह्बत+फा० याफ़्त:] १. जो अच्छे लोगों की सोहबत में बैठ चुका हो, समाजशील, सभ्य। २. शिक्षित और अनुभवी।
adj. 1. sociable, civilized, refined. 2. educated and experienced.

सोहबती صحبتی वि०, पुं० [अ० सुह्बत] साथी।
adj. & m. a companion.

सोहान سوہان पुं० [फा०] रेती नामक औज़ार।
m. a tool used for smoothing or sharping, file.

सौगंद سوگند स्त्री० [फा०] शपथ, कसम।
fem. an oath.

सौग़ात سوغات स्त्री० [तु०] वह वस्तु जो परदेश से इष्ट-मित्रों के लिए लाई जाए, भेंट, उपहार।
fem. something special brought from outside offered as a present to someone.

सौग़ाती سوغاتی वि० [तु० सौग़ात] सौग़ात या उपहार के रूप में भेजने योग्य, बहुत बढ़िया।
adj. of or pertaining to a सौगात, presentational.

सौदा سودا पुं० [अ०] १. पागलपन का रोग, उन्माद। २. प्रेम, प्रीति, इश्क़। ३. खयाल। ४. क्रय-विक्रय की चीज़। ५. लेन-देन, व्यवहार। ६. क्रय-विक्रय। ७. व्यापार।
पद सौदा-सुल्फ़=खरीदने की या खरीदी हुई चीज़ें।
m. 1. madness, mania. 2. love, affection. 3. a thought. 4. a commodity. 5. bargain, transaction. 6. sale-purchase. 7. business.
ph. items purchased or to be purchased.

सौदाई سودائی वि० [अ०] पागल, बावला।
adj. mad, maniac.

सौदागर سوداگر स्त्री० [फा०] व्यापारी, व्यवसायी, तिजारत करनेवाला।
m. a businessman or trader.

सौदागरी سوداگری स्त्री० [फा०] १. व्यापार, व्यवसाय, तिज़ारत, रोज़गार। २. सौदागर होने की अवस्था या भाव।
fem. 1. business, trade. 2. tradesmanship.

सौदाज़दा سوداز دا वि० [फा०] = सौदाई।
adj. mad, maniac.

सौदावी سوداوی वि० [अ०] १. जिसके मिज़ाज में सौदा नामक रोग बहुत बढ़ गया हो, पागल। २. दुखी।
adj. 1. maniac. 2. grieved, sorrowful.

सौर سور पुं० [अ०] १. बैल या साँड़। २. वृषराशि।
m. 1. an ox or bullock. 2. a zodiac sign, Taurus.

सौलत صولت स्त्री० [अ०] आतंक।
fem. terror.

सौसन سوسن पुं० दे० ''सोसन''।

सौसनी سوسنی वि० दे० ''सोसनी''।

स्तान ستان पुं० [फा०; मि० सं० स्थान] स्थान, जगह, यौगिक शब्दों के अन्त में; जैसे—हिन्दोस्तान, बोस्तान, बलोचिस्तान।
m. a place, region.

स्याह سیاہ वि० दे० ''सियाह''।

स्याही سیاہی स्त्री० दे० ''सियाही''।

ह

हंग ہنگ पुं० [फा०] १. गुरुत्व, भारीपन। २. विचार, इरादा। ३. शक्ति, बल, ताक़त। ४. बुद्धिमत्ता, समझदारी। ५. सेना।
m. 1. heaviness, weightiness. 2. an idea or intent. 3. power, force. 4. wisdom, understanding. 5. an army.

हंगाम ہنگام पुं० [फा०] १. समय, काल। २. ऋतु, मौसिम। ३. दे० "हंगामा"।
m. 1. time. 2. a season. 3. tumult, uproar.

हंगामा ہنگامہ पुं० [फा० हंगाम:] १. जन-समूह, भीड़-भाड़। २. वह स्थान जहाँ बाजीगर आदि इकट्ठे होकर अपना करतब दिखलाते हैं, दंगल। ३. हो-हल्ला।
m. 1. crowd. 2. a place where jugglers, acrobats etc. meet and show their tricks. 4. tumult, uproar.

हंगामा-आरा ہنگامہ آرا वि०, पुं० [फा०] [भाव० हंगामा-आराई] हंगामा करनेवाला।
adj. & m. one who creates uproar.

हंगामा-परदाज़ ہنگامہ پرداز वि०, पुं० दे० 'हंगामा-आरा'।

हंजार ہنجار पुं० [फा०] १. रास्ता। २. रंग-ढंग। ३. हरकत, गति।
m. 1. a path, road. 2. behaviour, conduct. 3. motion, movement.

हइअत ہیئت स्त्री० [अ०] १. बनाया जाना, तैयार किया जाना। २. आकृति। ३. बनावट। ४. ज्योतिष।
fem. 1. act of making or preparing. 2. appearance, shape. 3. structure. 4. astrology.

हक حک पुं० [अ०] खुरचना, छीलना।
m. act of scratching, peeling etc.

हक़ حق पुं० [अ०, बहु० हुक़ूक़] १. किसी वस्तु को अपने कब्ज़े में रखने, काम में लाने या लेने का अधिकार, स्वत्व। २. कोई काम करने या कराने का विशेष अधिकार, इख़्तियार। ३. कर्तव्य।
m. 1. a claim. 2. a special right, privilege. 3. duty.

हक़उल्लाह حق اللہ वि० [अ०] ठीक, सत्य; न्यायसंगत।
adj. righteous, true, justified.

हक़तलफ़ी حق تلفی स्त्री० [अ०] हक़ का मारा जाना, अन्याय।
fem. transgression of one's right.

हक़ताला حق تعالیٰ पुं० [अ० हक़तअला] ईश्वर।
m. the God.

हक़दार حقدار वि०, पुं० [अ०+फा०] १. अधिकारी। २. सुपात्र।
adj. & m. 1. a claimant, rightful claimant. 2. a deserving person.

हक़ना حقنہ पुं० दे० 'हुकना'।

हक़-नाशनास حق ناشناس वि० [फा०] कृतघ्न।
adj. ungrateful, thankless.

हक़-नाहक़ حق ناحق क्रि० वि० [अ०] अकारण, यों ही, व्यर्थ।
adv. without purpose, without any rhyme or reason.

हक़परस्त حق پرست वि०, पुं० [अ०+फा०] [भाव० हकपरस्ती] ईश्वर को माननेवाला, आस्तिक।
adj. & m. a theist.

हकबात حق بات स्त्री० [अ०+हिं०] सही या उचित बात।
fem. the correct position or statement.

हकम حکم पुं० [अ०] मध्यस्थ, न्यायकर्ता।
m. an arbiter, judge.

हक़रसी حق رسی स्त्री० [अ०+फा०] न्याय, इन्साफ़।
fem. justice.

हक़-शनास حق شناس वि० [अ०+फा०] [भाव० हक़-शनासी] १. गुणग्राहक। २. न्यायशील। ३. आस्तिक।
adj. 1. appreciative. 2. just, fair, equitable. 3. theistic.

हक़शफ़ा حق شفاء पुं० [अ० हकशफ़अ] किसी मकान या जायदाद को खरीदने का वह अधिकार जो उसके पड़ोसी होने के कारण औरों से पहले प्राप्त होता है।
m. the right of pre-emption.

हक़ायक حقائق पुं० [अ० 'हक़ीक़त' का बहु०] तथ्य।
m. facts.

हक़ारत حقارت स्त्री० [अ०] १. घृणा। २. अप्रतिष्ठा, बेइज़्ज़ती।
fem. 1. abhorrence. 2. disrespect, disgrace, ignominy.

हक़ीक़त حقیقت स्त्री० [अ०] १. असलियत, सच्चाई। २. तथ्य, ठीक बात।
***पद* हक़ीक़त में**=वास्तव में।
***मुहा०* हक़ीक़त खुलना**=असल बात का पता लगना।
fem. 1. the state of being real, reality, truth. 2. a fact.
ph. really, in fact.
id. revealing of the truth.

हक़ीक़तन् حقیقتاً क्रि०वि० [अ०] हकीकत में, वास्तव में।
adv. in reality.

हक़ीक़ी حقیقی वि० [अ०] १. असली। २. सगा, अपना; जैसे—हक़ीकी भाई=सगा भाई।
adj. 1. real. 2. born of the same parents.

हकीम حکیم पुं० [अ०] १. चिकित्सा करनेवाला, चिकित्सक। २. दार्शनिक। ३. वैज्ञानिक।
m. 1. a physician. 2. a philosopher. 3. a scientist.

हकीमी حکیمی स्त्री० [अ०] हकीम का पेशा, वैद्यगी, चिकित्सा।
fem. the profession of a physician.

हक़ीयत حقیت स्त्री० [अ०] हक़दार या अधिकारी होने का भाव।
fem. the state of being the rightful claimant eligibility.

हक़ीर حقیر वि० [अ०] १. दुबला-पतला, दुर्बल। २. तुच्छ, हीन, घृणित।
adj. 1. lean and thin, weak. 2. mean, low.

हकूमत حکومت स्त्री० दे० 'हुकूमत'।

हक़्क़ा حقا पद [अ०] ईश्वर की सौगन्ध है, परमेश्वर की शपथ है।
ph. on oath.

हक्काक حکّاک पुं० [अ०] नग जड़नेवाला।
m. one who embeds jewels.

हक़्क़ियत حقیت स्त्री० [अ०] = हक़ीयत।

हक़्क़े-तस्नीफ़ حق تصنیف पुं० [अ०+फा०] लेखक का वह अधिकार जो उसकी लिखित पुस्तक या लेख आदि पर होता है।
fem. the right to produce and sell a book, copyright.

हक़्क़े-चहारुम حق چہارم पुं० [अ०+फा०] चौथाई हिस्सा जो प्राप्य अंश।
m. one-fourth share.

हज حج पुं० [अ०] मुसलमानों का काबे के दर्शन के लिए मक्का जाना।
m. the pilgrimage to Mecca.

हज़ حظ पुं० [अ०] १. सौभाग्य, ख़ुश-क़िस्मती। २. आनन्द, ख़ुशी। ३. स्वाद।
m. 1. good fortune. 2. joy, mirth. 3. taste, flavour.

हज़फ़ حذف पुं० [अ०] दूर करना, निकालना या हटाना।
m. act of dispelling or driving away.

हज़म ہضم पुं० दे० 'हज़्म'।

हजर حجر पुं० [अ०] पत्थर, प्रस्तर, संग।
m. a piece of stone.

हज़र حضر पुं० [अ०] किसी बात से बचना, परहेज़।
m. avoidance, abstinence.

हजर-उल्-यहूद حجرالیہود पुं० [अ०] एक प्रकार का पत्थर जो प्राय: दवा के काम में आता है।
m. a sort of stone used in medicine.

हज़रत حضرت पुं० [अ० हज़्रत] १. बादशाहों और महात्माओं आदि के लिए सम्बोधन। २. दुष्ट व्यक्ति। वि० दुष्ट, पाजी। (व्यंग्य)
m. 1. a reverential form of address. 2. a wicked fellow.
adj. wicked, naughty.

हज़रत-सलामत حضرت سلامت पुं० [अ० हज़्रत+] श्रीमान, हुज़ुर।
m. Sir, a form of address.

हज़रात حضرات पुं० [अ० 'हज़्रत' का बहु०] सज्जनवृंद।
m. (plu.) gentlemen.

हज़ल ہزل पुं० [अ० हज़्ल] भद्दा परिहास, फूहड़ दिल्लगी।
m. an ugly joke.

हज़ा ہذا सर्व०, वि० [अ०] यह, जैसे—ख़ते हज़ा=यह ख़त।
pron. adj. this.

हज़ाब حجاب पुं० दे० 'हिज़ाब'।

हजामत حجامت स्त्री० [अ०] १. हज्जाम का काम, बाल बनाने का काम, क्षौर। २. बाल बनाने की मजदूरी। ३. सिर या दाढ़ी के बड़े हुए बाल जिन्हें कटाना या मुँड़ाना हो।
मुहा० हजामत बनाना=(क) दाढ़ी या सिर के बाल साफ़ करना या काटना। (ख) लूटना, धन हरण करना। (ग) मारना-पीटना।
fem. 1. act of cutting someone's hair. 2. charges paid for haircut. 3. the hair to be cut or shaved.
id. (a) to shave. (b) to rob or plunder. (c) to beat.

हज़ार ہزار वि० [फा०] १. जो गिनती में दस सौ हो, सहस्त्र। २. बहुत से, अनेक।
पुं० १. दस सौ की संख्या या अंक जो इस प्रकार लिखा जाता है-१०००। २. असंख्य राशि।
adj. 1. one thousand. 2. very many.
m. 1. one thousand. 2. an unspecified large number.

हज़ार-चंद ہزارچند वि० [फा०] हज़ारगुना।
adj. thousand times.

हज़ार-चश्म ہزارچشم पुं० [फा०] कर्कट , केकड़ा।
m. a crab.

हज़ार-चश्मा ہزارچشمہ पुं० [फा० हज़ार-चश्म:] पीठ पर होनेवाला एक प्रकार का बड़ा और भीषण फोड़ा।
m. a severe abscess on the back.

हज़ार-दास्ताँ ہزارداستاں पुं० [फा०] १. एक प्रकार की बढ़िया बुलबुल। २. अच्छी और बढ़िया बातें कहनेवाला।
m. 1. a type of nightingale. 2. a fine speaker.

हज़ार-पा ہزارپا पुं० [फा०] कनखजूरा।
m. a centipede.

हज़ारहा ہزارہا वि० [फा०] हज़ारों।
adj. many a thousand.

हज़ारा ہزارہ पुं० [फा० हज़ार:] १. एक प्रकार का बड़ा गेंदा (फूल)। २. सीमा प्रान्त की एक जाति का नाम।
m. 1. a kind of marigold. 2. a tribe of North-West Frontier.

हज़ारी ہزاری पुं० [फा०] एक हज़ार सैनिकों का सेनापति।
m. a commander of one thousand soldiers.

हज़ारी-रोज़ा ہزاری روزہ पुं० [फा०] रज्जब मास की सत्ताइसवीं तारीख का रोज़ा।
m. the twenty seventh fast of Rajjab (month).

हज़ीन حزین वि० [अ०] १. दुखी। २. चिन्तित।
adj. 1. sorrowful, grieved. 2. worried.

हज़ीमत ہزیمت स्त्री० [अ०] १. पराजय, हार। २. भाग-दौड़।
fem. 1. defeat. 2. stampede.

हज़ीरा ہزیرہ पुं० [अ० हज़ीर:] १. कब्रिस्तान की चहारदीवारी। २. मकबरे का गुम्बज। ३. अस्तबल।
m. 1. the boundary wall of the cemetery. 2. the dome of a tomb. 3. stable.

हजूम ہجوم पुं० दे० 'हुजूम'।

हजूर حضور पुं० दे० 'हुज़ूर'।

हजो ہجو स्त्री० [अ०] निन्दा, शिकायत, बुराई।
fem. censure, strong criticism.

हज्ज حج पुं० दे० 'हज'।

हज्ज़ حظ पुं० दे० 'हज़'।

हज्जाम حجّام पुं० [अ०] हजामत बनानेवाला, नाई, नापित।
m. a barber.

हज्जामी حجّامی स्त्री० [अ० हज्जाम] हज्जाम का काम या पेशा।
m. the calling of a barber.

हज्जे-अकबर حجِ اکبر पुं० [अ०] वह हज जो शुक्रवार को पड़ने के कारण बड़ा माना जाता है।
m. the Great Friday is the day of Haj Pilgrimage.

हज्जे-असग़र حجِ اصغر पुं० [अ०] छोटा या मामूली हज जो शुक्रवार को छोड़कर किसी और दिन पड़े।
m. the day of Haj Pilgrimage other than the Friday.

हज्ब حجب पुं० [अ०] उत्तराधिकार से वंचित करने की क्रिया या भाव।
m. act of debarring someone from inheritance.

हज्म حجم पुं० [अ०] मोटापा, मोटाई।
m. obesity, fatness.

हज़्म ہضم वि० [अ०] १. पेट में पचा हुआ। २. बेईमानी या अनुचित रीति से अधिकार किया हुआ।
adj. 1. digested. 2. grabbed.

हतक ہتک स्त्री० [अ०] हेठी, बेइज़्ज़ती।
fem. disgrace, insult.

हतक-इज़्ज़त ہتک عزت स्त्री० [अ०] मानहानि, अप्रतिष्ठा।
fem. defamation.

हत्ता حتیٰ योज० [अ०] यहाँ तक कि।
conj. upto, until.

हत्तल-इम्कान حتی الامکان क्रि०वि० [अ०] यथा-साध्य।
adv. as for as practicable.

हद حد स्त्री० [अ० हद्द] [बहु० हुदूद] १. किसी चीज़ की लम्बाई, चौड़ाई, ऊँचाई या गहराई की सबसे अधिक पहुँच, सीमा, मर्यादा। २. किसी वस्तु या बात का सबसे अधिक परिमाण जो ठहराया गया हो।
पद (i) अज़हद=हद से ज्यादा। **(ii) हद से ज़्यादा**=बहुत अधिक, अत्यन्त। **(iii) हद व हिसाब नहीं**=बहुत ज़्यादा, अत्यन्त।
मुहा० हद बाँधना=सीमा निर्धारित करना।
fem. 1. a boundary. 2. a limit, verge.
ph. (i) beyond limits or bounds. (ii) to much. (iii) too much.
id. to demarcate.

हदफ़ ہدف पुं० [अ०] तीर का निशाना, चोट।
m. act of hitting the thing aimed at.

हदबंदी حدبندی स्त्री० [अ०] सीमा-निर्धारण।
fem. demarcation.

हदशिकनी حدشکنی स्त्री० [अ०] सीमा का उल्लंघन।
fem. transgression.

हदाया ہدایا पुं० [अ० 'हदिय:' का बहु०]

हदीया ہدیہ पुं० [फा० हदीय:] [बहु० हदाया] १. भेंट, उपहार, नज़र। २. वह उत्सव जो किसी विद्यार्थी के

कुरान का अध्ययन समाप्त करने पर अर्थात् शैक्षणिक सत्र समाप्त करने पर होता है और जिसमें उस्ताद को पीले कपड़े आदि भेंट किए जाते हैं।
m. 1. a present, gift. 2. a ceremony performed at the end of an academic session.

हदीस حدیث स्त्री० [अ०] [बहु० अहादीस] १. नई बात। २. मुसलमानों के लिए मुहम्मद साहब के वचन और कार्य।
***मुहा०* हदीस खींचना**=शपथ लेना।
fem. 1. a new thing. 2. Mohammad's sermons and acts.
id. to take a vow.

हदूद حدود स्त्री० [अ० हुदूद] 'हद' का बहु०।
fem. (plu.) limits.

हनोज़ ہنوز क्रि० वि० [फा०] अभी तक, अब तक, इस समय तक।
adv. as yet.

हफ़-नज़र حف نظر पद [फा० नज़र] ईश्वर करे कि नज़र न लगे, ईश्वर नज़र या कुदृष्टि से बचाए।
ph. the God save from the evil eye.

हफ़्त ہفت वि० [फा०; मि० सं० सप्त] छह और एक, सात।
adj. seven.

हफ़्त-इकलीम ہفت اقلیم स्त्री० [फा०+अ०] १. सातों महादेश। २. सारा संसार।
fem. 1. all the seven continents. 2. the whole world.

हफ़्त-इमाम ہفت امام पुं० [फा०+अ०] इस्लाम के सात बड़े इमाम।
m. the seven great Imams of Islam.

हफ़्त-क़लम ہفت قلم पुं० [अ०+फा०] १. अरबी की सात प्रकार की लेख-प्रणालियाँ। २. सातों प्रकार की लेख-प्रणालियाँ बनानेवाला।
m. 1. the seven scripts of Arabic. 2. the person who invented the above seven scripts.

हफ़्त-ज़बान ہفت زبان वि०, पुं० [फा०] सात ज़बानें या भाषाएँ जाननेवाला, सप्तभाषाविज्ञ।
adj. & m. one who knows seven languages.

हफ़्त-दोज़ख़ ہفت دوزخ पुं० [फा०+अ०] मुसलमानों के अनुसार सात दोज़ख़ या नरक।
m. the seven hells according to Islam.

हफ़्तम ہفتم वि० [फा०; मि० सं० सप्तम] गिनती में सात के स्थान पर पड़नेवाला, सातवाँ।
adj. seventh.

हफ़्ता ہفتہ पुं० [फा० हफ़्तः, मि० सं० सप्ताह] सप्ताह।
m. a period of seven days, week.

हफ़्ता-अशरह ہفتہ عشرہ पुं० [अ० हफ़्तः अशरः] अठवारा।
m. the period of eight days.

हफ़्ताद ہفتاد वि० [फा०] सत्तर, साठ और दस।
adj. seventy.

हफ़्तावार ہفتہ وار वि० [फा० हफ्तःवार] साप्ताहिक।
adj. weekly.

हफ़्तावारी ہفتہ واری वि०=हफ़्तावार।

हब حب पुं० [अ०] दाना, बीज।
m. grain, seed.

हबन्नक़ ہبنق वि० [अ०] मूर्ख, बेवकूफ़।
adj. foolish, stupid.

हबल ہبل पुं० [अ०] मक्के की एक प्राचीन मूर्ति का नाम।
m. an ancient idol at Mecca.

हबश حبش पुं० [अ०] हबशियों का देश।
m. the land of Negros.

हबशी حبشی पुं० [अ०] हबश देश का निवासी जो बहुत काला होता है।
m. a Negro.

हबाब حباب पुं० दे० 'हुबाब'।

हबीब حبیب पुं० [अ०] १. मित्र, दोस्त। २. प्रेम-पात्र, प्यारा।
m. 1. a friend. 2. a dear one.

हबूब ہبوب पुं० [अ०] हवा का चलना, वायु-प्रवाह।
m. a movement of air, current of air.

हब्बबूत ہبوط पुं० [अ०] १. ऊपर से नीचे आना। अवतरण, अवरोह। २. नीची भूमि। ३. रोग के कारण होनेवाली दुर्बलता। ४. हानि।
m. 1. a descent. 2. the low land. 3. weakness, feebleness. 4. loss.

हब्बा حبہ पुं० [अ० हब्बः] १. अन्न का दाना। २. बहुत ही अल्प अंश।
m. 1. a grain. 2. a small portion.

हब्शी حبشی पुं० दे० 'हबशी'।
m. a Negro.

हब्स حبس पुं० [अ०] १. बन्द या क़ैद रहने की अवस्था। २. क़ैदखाना, कारागार। ३. वह गरमी जो हवा न चलने के कारण होती है, उमस।
m. 1. imprisonment. 2. a prison. 3. sultriness, humidity.

हब्सदम حبس دم पुं० [अ०+फा०] १. दमा या श्वास नामक रोग। २. प्राणायाम।

m. 1. asthma. 2. a breathing exercise.

हब्सबेजा حبس بے جا पुं० [अ०+फा०] अनुचित रूप से किसी को कहीं बन्द कर रखना।
m. forced imprisonment.

हम ہم क्रि० वि० [फा०] १. भी। २. आपस में, परस्पर।
उप० [फा०; मि० सं० सम] एक उपसर्ग जो शब्दों के साथ लगकर साथी या शरीक़ का अर्थ देता है; जैसे—हमदर्द=दर्द या विपत्ति में साथ देनेवाला; हमसफ़र = सहयात्री।
adv. 1. also. 2. mutually.
prefix together with.

हमअसर ہم عصر वि० [फा०+अ० अस्र] एक ही समय का, समकालीन।
adj. contemporary.

हमअहद ہم عہد वि० [फा०+अ०] समकालीन।
adj. contemporary.

हम-आग़ोश ہم آغوش वि० [फा०] [भाव० हम-आग़ोशी] गले से लगा हुआ।
adj. tightly hold with both arms to express love.

हम-आवर्द ہم آورد वि०, पुं० [फा०] १. प्रतिपक्षी। २. प्रतिद्वन्द्वी।
adj. & m. 1. an opponent. 2. a rival.

हम-आवाज़ ہم آواز वि० [फा०] एकमत।
adj. unanimous.

हम-आहंग ہم آہنگ वि० दे० 'हम-आवाज़'।

हमउम्र ہم عمر वि० [फा०+अ०] समवयस्क।
adj. of the same age, equal in age.

हमक़द ہم قد वि० [फा०+अ०] कद में बराबर।
adj. of same size or height.

हमक़दम ہم قدم पुं० [फा०] सहचर।
m. a companion.

हमक़दह ہم قدہ वि० [फा०+अ०] एक प्याले में शराब पीनेवाले, साथी।
adj. drinking together

हमकनार ہم کنار वि० [फा० हमकिनार] बगलगीर।
adj. seated by the side.

हमकलाम ہم کلام वि० [फा०+अ०] साथ में बातें करनेवाला।
adj. talking together.

हमकलामी ہم کلامی स्त्री० [फा०+अ०] बात-चीत।
fem. conversaton.

हमकासा ہم کاسہ वि० दे० 'हम-प्याला'।
adj. drinking together.

हमक़ीमत ہم قیمت वि० [फा०+अ०] जिनकी कीमत समान हो।
adj. having the same price.

हमक़ौम ہم قوم वि० [फा०+अ०] सजातीय।
adj. of the same class or caste.

हमख़ाना ہم خانہ वि० [फा० हम+ख़ान:] घर में साथ रहनेवाला, एक ही घर में किसी के साथ रहनेवाला।
adj. living in the same house.

हमख़्वाबा ہم خوابہ स्त्री० [फा० हमख़्वाब:] पत्नी।
fem. the wife.

हमचश्म ہم چشم वि० [फा०] [भाव० हमचश्मी] बराबरी का दरजा रखनेवाला।
adj. of the same rank.

हमज़बान ہم زبان वि० [फा०] १. एकभाषी। २. सहमत।
adj. 1. speaking the same language. 2. agreed.

हम जमाअत ہم جماعت वि०, पुं० [फा०] सहपाठी।
adj. & m. a class-fellow.

हमजलीस ہم جلیس वि०, पुं० [फा०+अ०] सब कामों में साथ उठने-बैठनेवाला, घनिष्ठ मित्र।
adj. & m. a fast friend.

हमज़ात ہم ذات वि० [फा०+अ०] एक ही जाति का, सजातीय।
adj. of the same class or caste.

हमज़ाद ہمزاد वि० [फा०] साथ उत्पन्न होनेवाला।
adj. born together.

हमज़ानू ہم زانو वि० [फा०] बराबरी का।
adj. equal.

हमजिन्स ہم جنس वि० [फा०+अ०] एक ही जाति या प्रकार का।
adj. of the same class or caste.

हमज़ुल्फ ہم زلف पुं० [फा०] साली का पति, साढ़ू।
m. a brother-in-law.

हमज़ोर ہم زور वि० [फा०] ताकत में बराबर।
adj. equal in power or strength.

हमजोली ہم جولی वि० [फा० हम+हिं० जोली] समवयस्क।
adj. of the same age.

हमता ہمتا वि० [फा०] [भाव० हमताई] समान, तुल्य।
adj. equal.

हमदम ہمدم पुं० [फा०] दम या प्राण रहने तक साथ

देनेवाला।
m. a true companion.

हमदर्द ہمدرد वि०, पुं० [फा०] [भाव० हमदर्दी] दर्द या विपत्ति में साथ देनेवाला, सहानुभूति रखनेवाला।
adj. & m. one who sympathises, sympathizer.

हमदर्दी ہمدردی स्त्री० [फा०] सहानुभूति।
fem. sympathy.

हमदस्त ہمدست वि० [फा०] १. साथ रहने या काम करनेवाला। २. बराबरी का।
adj. 1. working together. 2. equal.

हमदिगर ہمدگر क्रि० वि० [फा०] परस्पर, आपस में।
adv. mutually.

हमदीवार ہمدیوار पुं० [फा०] पड़ोसी।
m. a neighbour.

हमदोश ہمدوش वि०, पुं० [फा०] कन्धे से कन्धा मिलाकर साथ चलनेवाला, साथी।
adj. & m. a companion.

हमनफ़्स ہمنفس वि०, पुं० [फा०+अ०] साथी, मित्र।
adj. & m. a friend.

हमनशीन ہمنشین वि०, पुं० [फा०] [भाव० हमनशीनी] साथ में उठने-बैठनेवाला।
adj. & m. a friend.

हमनस्ल ہمنسل वि० [फा०+अ०] एक ही नस्ल या खानदान का।
adj. of the same race or kind.

हमनाम ہمنام वि० [फा०] एक ही-सा नाम रखनेवाला।
adj. of the same name.

हमनिवाला ہمنوالہ वि०, पुं० [फा०+अ०] साथ खानेवाला।
adj. & m. eating together.

हमपल्ला ہمپلّہ वि० [फा० हमपल्ल:] १. बराबरी का। २. जोड़ का।
adj. 1. equal. 2. matching.

हमपहलू ہمپہلو वि० [फा०] पहलू में या बराबर बैठा हुआ।
पुं० साथी।
adj. sitting by the side.
m. a friend.

हमपा ہمپا वि०, पुं० [फा०] साथ चलनेवाला, साथी।
adj. & m. co-traveller.

हमपाया ہمپایہ वि० [फा० हमपाय:] बराबरी का पाया रखनेवाला या समान पद पर होनेवाला।
adj. of the same rank.

हमपेशा ہمپیشہ वि० [फा० हमपेश:] बराबरी का पेशा करनेवाला, सहव्यवसायी।
adj. related to the same profession of the same occupation.

हमप्याला ہمپیالہ वि० [फा० हमप्याल:] एक ही प्याले में साथ पीनेवाला।
पद हमप्याला व हमनिवाला=(क) साथ बैठकर खाने-पीनेवाला। (ख) घनिष्ठ मित्र।
adj. drinking together.
ph. (a) drinking and eating together. (b) a close friend.

हमबिस्तर ہمبستر पुं० [फा०] [भाव० हमबिस्तरी] एक ही बिस्तर पर साथ में सोनेवाला, सम्भोग करनेवाला।
m. a bed-fellow.

हमबिस्तरी ہمبستری स्त्री० [फा०] १. एक ही बिस्तर पर किसी के साथ में सोना। २. सहवास करना।
fem. 1. act of sleeping with another person. 2. cohabitation.

हमम ہمم वि० [अ० हिमम] ''हिम्मत'' का बहु०।

हम-मकतब ہممکتب वि०, पुं० [फा०+अ०] सहपाठी।
adj. & m. a classmate.

हम-मज़हब ہممذہب वि०, पुं० [फा०+अ०] सहधर्मी।
adj. & m. a co-religious.

हमरंग ہمرنگ वि० [फा०] समान रंग-रूपवाला।
adj. of the same colour.

हमराज़ ہمراز वि० [फा०] राज़ या रहस्य जाननेवाला, (ऐसा घनिष्ठ मित्र) जो सब रहस्य जानता हो।
adj. knowing someone's secrets.

हमराय ہمرائے वि० [फा०] एक ही रायवाले।
adj. having the some opinion.

हमराह ہمراہ वि०, पुं० [फा०] [भाव० हमराही] राह या रास्ते में साथ चलनेवाला, सहयात्री।
adj. & m. a co-traveller.

हमराही ہمراہی पुं० [फा०] सहयात्री, सहपंथी।
m. a co-traveller.

हमल حمل पुं० [अ० हम्ल] १. गर्भ। २. भार, बोझ।
पद इस्काते हमल=गर्भपात।
m. 1. pregnancy. 2. burden, weight.
ph. abortion.

हमला حملہ पुं० [अ० हम्ल:] १. आक्रमण, चढ़ाई, धावा। २. आघात। ३. चोट।
m. 1. an attack. 2. an assault. 3. an injury or blow.

हमला-आवर حملہ آور वि०, पुं० [अ० हम्ल:+फा०]

[भाव० हमला-आवरी] आक्रमणकारी, चढ़ाई करनेवाला।
adj. & m. one who attacks, invader.

हमवतन ہم وطن वि० [फा०+अ०] अपने देश का निवासी, देशभाई।
adj. of the same country, belonging to the same nation.

हमवार ہموار वि० [फा०] समतल, चौरस।
क्रि० वि० सदा, नित्य।
मुहा० हमवार कर लेना=राजी कर लेना।
adj. even, level.
adv. always.
id. to make favourable.

हमवारा ہموارا क्रि० वि० [फा० हमवार:] १. सदा, हमेशा। २. निरन्तर, लगातार।
adv. 1. always. 2. continuously.

हमशक्ल ہم شکل वि० [फा०+अ०] समान आकृति या रूपवाला।
adj. similar in looks.

हमशीर ہمشیر स्त्री० दे० 'हमशीरा'।

हमशीरा ہمشیرہ स्त्री० [फा० हम+शीर:] बहन, भगिनी।
fem. a sister.

हमसंग ہم سنگ वि० [फा०] तौल या वज़न में बराबर।
adj. equal in weight.

हमसदा ہمصدا वि० [फा०+अ०] साथ मिलकर सदा या आवाज़ देनेवाला।
adj. calling together.

हमसफ़र ہم سفر वि०, पुं० [फा०+अ०] सफ़र में साथ देनेवाला, सहयात्री।
adj. & m. a co-traveller.

हमसफ़ीर ہم صفیر वि० [फा०+अ०] एक ही प्रकार की बोली बोलनेवाले (पक्षी आदि)।
adj. (the birds) making the same sound.

हमसबक़ ہم سبق वि०, पुं० [फा०+अ०] साथ में सबक या पाठ पढ़नेवाला।
adj. & m. a classmate.

हमसबाब ہم ثواب वि० [फा०] पुण्य में बराबर।
adj. equal in virtues.

हमसर ہمسر वि० [फा०] [भाव० हमसरी] बराबर का, टक्कर का।
adj. matching, equal.

हमसाज़ ہمساز पुं० [फा०] मित्र।
m. a friend.

हमसायगी ہمسائگی स्त्री० [फा०] पड़ोसी होने का भाव।
fem. neighbourhood.

हमसाया ہمسایہ पुं० [फा० हमसाय:] [स्त्री० हमसाई] पड़ोसी।
m. a neighbour.

हमसिन ہمسن वि० [फा०+अ०] बराबरी की उमरवाला, समवयस्क।
adj. of the same age.

हम-सिल्क ہم سلک पुं० [फा०] समधी।
m. father-in-law of one's son or daughter.

हम-सोहबत ہم صحبت वि० [फा०+अ० सुहबत] दे० 'हमबिस्तर'।

हमा ہمہ वि० [फा० हम:] कुल, सब।
adj. all, entire.

हमा-औक़ात ہمہ اوقات क्रि० वि० [फा०+अ०] हर समय।
adv. every moment.

हमाकत حماقت स्त्री० [अ०] मूर्खता, मूढ़ता।
fem. stupidity.

हमाकतआगीं حماقت آگیں वि० [अ०+फा०] मूर्खतापूर्ण।
adj. foolish.

हमाकतमआब حماقت مآب वि० [अ०] बहुत बड़ा मूर्ख।
adj. very foolish.

हमातन ہمہ تن क्रि० वि० [फा० हम:तन] बिलकुल।
adv. totally.

हमादाँ ہمہ داں वि० [फा० हम:दाँ] [भाव० हमादानी] सब बातें जाननेवाला, सर्वज्ञ।
adj. knowing everything.

हमाम حمام पुं० [अ०] कबूर।
m. a pigeon.

हमाम-दस्ता حمام دستہ पुं० [फा०] खरल।
m. a mortar.

हमामा حمامہ वि० [अ०] जिसके गले में कंठी हो।
adj. having a circular mark around one's neck.

हम-शुमा ہم شما पुं० [हिं० हम+फा० शुमा] हमारे-तुम्हारे जैसे सामान्य लोग।
m. ordinary people just like ourselves.

हमशौहर ہم شوہر वि०, स्त्री० [फा०] एक ही पतिवाली, सौत।
adj. & fem. having the same husband, co-wife.

हमायल حمائل स्त्री० [अ० हमाइल] १. वह परतला जो गले में पहना जाता है और जिसमें तलवार लटकती है। २. यज्ञोपवीत या इसी प्रकार की और कोई वस्तु जो गले में पहनी जाए। ३. बहुत छोटे आकार का वह कुरान जो गले में ताबीज़ की तरह पहना जाए।

fem. 1. a shoulder belt. 2. a sacred thread. 3. a small Quran worn as an amulet.

हमीद حمید वि० [अ० हमीद] १. सदाचारी। २. प्रशंसनीय।
adj. 1. pious. 2. praisworthy.

हमीदा حمیدہ वि० स्त्री० [अ० हमीद:] सदाचारिणी।
adj. (fem.) (a woman) of good character.

हमीम حمیم वि० [अ०] गर्म।
adj. warm, hot.

हमीयत حمیت स्त्री० [अ०] १. स्वाभिमान। २. इज़्ज़त। ३. लज्जा, शर्म।
fem. 1. self-pride. 2. respect. 3. shame, modesty.

हमीर حمیر पुं० [अ० 'हिमार' का बहु०] गधे।
m. (plu.) asses.

हमेशगी ہمیشگی स्त्री० [फा०] हमेशा बने रहने का भाव।
fem. perpetuity.

हमेशा ہمیشہ क्रि० वि० [फा० हमेश:] सदा, नित्य।
adv. always.

हम्द حمد स्त्री० [अ०] १. ईश्वर की स्तुति। २. तारीफ़।
fem. 1. eulogy. 2. praise.

हम्माम حمّام पुं० [अ०] नहाने का स्थान, स्नानागार।
m. a bathroom.

हम्मामी حمّامی पुं० [अ०] वह जो हम्माम में लोगों को स्नान कराता हो।
m. one who helps others in a bath.

हम्माल حمّال पुं० [अ०] [भाव० हम्माली] बोझ ढोनेवाला, मज़दूर, कुली।
m. a labourer, coolie.

हया حیا स्त्री० [अ०] लज्जा।
fem. modesty, shame.

हयात حیات स्त्री० [अ०] जीवन।
fem. life.

हयादार حیادار वि० [अ०+फा०] [भाव० हयादारी] लज्जाशील, शर्मवाला।
adj. modest, bashful.

हयामंद حیامند वि० दे० 'हयादार'।

हयारफ़्ता حیارفتہ वि० [अ०+फा० रफ़्त:] बेहया।
adj. shameless.

हय्या حیہ पुं० [अ० हय्य:] साँप।
m. a snake.

हर ہر वि० [फा०] प्रत्येक।
adj. each and every.

हर-आईना ہرآئینہ क्रि० वि० [फा० आईन:] अवश्य।
adv. surely, definitely, certainly.

हरकत حرکت स्त्री० [अ०] [बहु० हरकात] १. गति, चाल, हिलना-डोलना। २. चेष्टा, क्रिया। ३. दुष्ट व्यवहार, नटखटपन।
m. 1. a movement, motion. 2. an act, action. 3. maltreatment, naughtiness.

हरकारा ہرکارہ पुं० [फा० हरकार:] १. चिट्ठी-पत्री ले जानेवाला। २. चिट्ठीरसाँ, डाकिया।
m. 1. a courier or messenger. 2. a postman.

हरगाह ہرگاہ क्रि० वि० [फा०] हर समय।
adv. at all times, always.

हरगिज़ ہرگز क्रि० वि० [फा०] कदापि।
adv. in any situation (never).

हरचंद ہرچند क्रि० वि० [फा०] जितना अधिक से अधिक हो सके, हर तरह से।
adv. however, utmost.

हरज حرج पुं० [अ०] हानि।
m. loss.

हर जा ہرجا क्रि० वि० [फा०] हर जगह।
adv. every where.

हरजा حرجہ पुं० दे० 'हर्ज'।

हरज़ा ہرزہ वि० [फा० हरज़:] निरर्थक, व्यर्थ का, वाहियात, खराब।
adj. useless, worthles, vain.

हरजाई ہرجائی वि० [फा०] जो कभी किसी से और कभी किसी से प्रेम करे।
स्त्री० दुश्चरित्र स्त्री।
adj. having many brief sexual relationships, promiscuous.
fem. a woman of bad character.

हरज़ागर्द ہرزہ گرد वि०, पुं० [फा०] [भाव० हरज़ागर्दी] व्यर्थ इधर-उधर घूमनेवाला।
adj. & m. a vagabond, vagrant.

हरज़ागो ہرزہ گو वि० दे० "हरज़ासरा"।

हरजाना ہرجانہ पुं० [अ० हर्ज+फा० आन: (प्रत्य०)] १. हानि का बदला। २. क्षतिपूर्ति।
m. 1. damages. 2. compensation.

हरज़ासरा ہرزہ سرا वि० [फा० हरज़+सरा] [भाव० हरज़ासराई] व्यर्थ की बातें करनेवाला।
adj. talkative.

हरदम ہردم क्रि० वि० [फा०] हर समय।
adv. at all times, always.

हरदिल-अज़ीज़ ہردل عزیز वि० [फा०] [भाव० हर-दिल-अज़ीज़ी] जिसे सब लोग अच्छा समझें, सर्वप्रिय।
adj. loved by all, popular.

हरनफ़स ہرنفس क्रि० वि० [फा०+अ०] हर दम।

adv. at all times.

हरफ़ حرف पुं० [अ० हर्फ़] १. वर्णमाला का अक्षर। २. हाथ की लिखावट। ३. दोष, कलंक।
मुहा० **हरफ़ आना**=दोष लगना।
m. 1. a symbol of an alphabet. 2. handwriting. 3. a fault, stigma.
id. to be stigmatized.

हरफ़गीर حرف گیر पुं० [अ० हर्फ़+फा०] [भाव० हरफ़गीरी] दोष निकालने या आलोचना करनेवाला।
m. a faultfinder.

हरफ़त ہرفت स्त्री० [अ० हर्फ़त] कला-कौशल।
fem. arts and crafts.

हरबा حربہ पुं० [अ० हर्बः] १. लड़ाई का हथियार, अस्त्र-शस्त्र। २. आक्रमण, चढ़ाई, धावा। ३. पुरुष की इंद्रिय। (बाज़ारू)
m. 1. an arm or weapon. 2. an attack. 3. the male organ, penis.

हरबाबी ہرباوی वि० [अ०] सर्वज्ञ।
adj. knowing everything, omniscient.

हरबार ہربار क्रि० वि० [फा०] हर एक बार।
adv. at all times.

हरम حرم पुं० [अ०] १. खुदा का घर। २. मकान के अन्दर स्त्रियों के रहने का स्थान, अन्त:पुर। ३. रखेली स्त्री।
m. 1. the God's dwelling. 2. a harem. 3. a kept-woman.

हरमज़ी ہرمزی स्त्री० [अ० हिरमिज़ी] एक प्रकार की लाल मिट्टी जो कपड़े आदि रँगने के काम में आती है।
fem. a kind of red soil used as a dye.

हरमसरा حرم سرا स्त्री० [अ०] अन्त:पुर, जनानखाना।
fem. the separate part of Muslim household reserved for women, harem.

हरयक ہریک वि० [फा०] हर एक।
adj. each and every.

हररोज़ ہرروز वि० [फा०] प्रतिदिन।
adj. daily.

हररोज़ा ہرروزہ वि० [फा० हर रोज़ः] हर रोज़ होनेवाला।
adj. occurring or happening daily.

हरवक़्त ہروقت क्रि० वि० [फा०] हर समय।
adv. at all times, always.

हरशबा ہرشبہ वि० [फा० हरशबः] हर रात होनेवाला।
adj. occurring or happening every night.

हरसाला ہرسالہ वि० [फा० हरसालः] वार्षिक।
adj. yearly.

हरसू ہرسو क्रि० वि० [फा०] चारो तरफ़।
adv. in or on all sides.

हरहफ़्त ہرہفت स्त्री० [फा०] औरतों के शृंगार की मेंहदी, काजल, मिस्सी आदि सात वस्तुएँ।
fem. the seven articles of woman's make-up.

हराम حرام वि० [अ०] १. निषिद्ध, विधिविरुद्ध। २. बुरा, अनुचित, दूषित। ३. स्त्री-पुरुष के अनुचित सम्बन्ध का सूचक।
पुं० १. वह वस्तु या बात जिसका धर्मशास्त्र में निषेध हो। २. सुअर। (मुसल०) ३. बेईमानी, अधर्म।
पद हराम का=(क) जो बेईमानी से प्राप्त हो। (ख) मुफ़्त का।
मुहा० (i) (कोई बात) हराम करना= किसी बात का करना मुश्किल कर देना। **(ii) (कोई बात) हराम होना**=किसी बात का मुश्किल हो जाना।
adj. 1. forbidden, illegal. 2. improper, bad. 3. of adultery, adulterous.
m. 1. a forbidden fruit. 2. a pig. 3. dishonesty.
ph. (a) ill-gotten. (b) free of cost, at no cash.
id. (i) to make difficult to perform. (ii) to become difficult to be performed.

हरामकार حرامکار वि०, पुं० [अ०+फा०] [भाव० हरामकारी] व्यभिचारी।
adj. & m. an adulterer.

हरामकारी حرامکاری स्त्री० [अ०+फा०] व्यभिचार।
fem. adultery.

हरामख़ोर حرامخور वि०, पुं० [अ०+फा०] [भाव० हरामख़ोरी] १. पाप की कमाई खानेवाला। २. मुफ़तख़ोर। ३. आलसी, निकम्मा।
adj. & m. 1. earning by dishonest means. 2. a parasite. 3. lazy, idle.

हरामज़दगी حرامزدگی स्त्री० [अ० हराम + फा०] दुष्टता, पाजीपन।
fem. wickedness.

हरामज़ादा حرامزادہ वि०, पुं० [अ०+फा० ज़ादः] [स्त्री० हरामज़ादी] १. दोग़ला, वर्णसंकर। २. दुष्ट, पाजी।
adj. & m. 1. a bastard, hybrid. 2. wicked.

हराममग्ज़ حراممغز पुं० [अ०+फा०] रीढ़ की हड्डी के अन्दर का गूदा जिसका खाना वर्जित है।
m. bone-marrow.

हरामी حرامی वि० [अ०] १. व्यभिचार से उत्पन्न, दोगला। २. दुष्ट, पाजी।
adj. 1. illegitimate, bastard, 2. wicked.

हरामीपन حرامی پن पुं० [अ०+हिं०] दुष्टता, पाजीपन।
m. wickedness, naughtiness.

हरारत حرارت स्त्री० [अ०] १. हलका ज्वर। २. गर्मी, ताप।
fem. 1. fever. 2. heat.

हरारा حرارہ पुं० [अ० हरार:] १. आवेश, जोश। २. तीव्रता।
m. 1. flurry of excitement. 2. intensity.

हरावल ہراول पुं० [तु० हरावुल] १. वह थोड़ी-सी सेना जो लश्कर के आगे चलती है। २. इस प्रकार आगे चलनेवाली सेना के सेनापति।
m. 1. a vanguard. 2. the commander of a vanguard.

हरास ہراس स्त्री० दे० ''हिरास''।

हरासत حراست स्त्री० दे० ''हिरासत''।

हरासाँ ہراساں वि० दे० ''हिरासाँ''।

हरीफ़ حریف पुं० [अ०] विरोधी, प्रतिस्पर्धी या प्रतिद्वन्द्वी।
m. an opponent, competetor or rival.

हरीर حریر पुं० [अ०] १. रेशम। २. रेशमी कपड़ा।
m. 1. silk. 2. silken cloth.

हरीरा حریرہ पुं० [अ० हरीर:] एक प्रकार का पतला हलुआ।
m. a type of sweet pudding.

हरीरी حریری वि० [अ०] रेशमी।
पद हरीरी काग़ज़=एक प्रकार का बहुत पतला काग़ज़।
adj. silken.
ph. a type of very thin paper.

हरीस حریص वि०, पुं० [अ०] १. हिर्स या लालच करने-वाला, लोभी, लालची। २. ईर्ष्या करनेवाला, ईर्ष्यालु। ३. पेटू, भुक्खड़। पुं० प्रतिद्वंद्वी।
adj. 1. greedy. 2. envious. 3. gluttonous.
m. a rival.

हरूफ़ حروف पुं० [अ० ''हर्फ़'' का बहु०] अक्षर।
m. the symbols in writing, characters.

हर्ज حرج पुं०=हरज
m. 1. loss. 2. obstruction. 3. an obstacle.

हर्ज़ाना ہرجانہ पुं० दे० ''हरजाना''।

हर्फ़ حرف पुं० [अ०] दे० ''हरफ़''।

हर्फ़गीर حرف گیر वि० पुं० [अ०+फा०] [भाव० हर्फ़-गीरी] दोषदर्शी।
adj. & m. a faultfinder.

हर्फ़न्-हर्फ़न् حرفاً حرفاً क्रि० वि० [अ०] अक्षरशः।
adv. word by word, literally.

हर्फ़-ब-हर्फ़ حرف بحرف क्रि० वि० [अ०] अक्षरशः।
adv. literally.

हर्फ़े-इख़्तसास حرف اختصاص पुं० [अ०] वह अक्षर जो शब्दों में किसी प्रकार की विशेषता उत्पन्न करने के लिए लगाया जाए।
m. a letter of alphabet that brings significance.

हर्फ़े-इज़ाफ़त حرف اضافت पुं० [अ०] वह अक्षर जिससे एक संज्ञा का दूसरी संज्ञा के साथ संबंध सूचित हो, संबंधसूचक।
m. a letter of alphabet that connects two nouns, possessive preposition.

हर्फ़े-नफ़ी حرف نفی पुं० [अ०] वह अक्षर या शब्द जिसका प्रयोग अस्वीकृति या इन्कार के लिए हो।
m. a word expressing denial.

हर्फ़े-निदा حرف ندا पुं० [अ०] वह अक्षर या शब्द जिसका प्रयोग किसी को बुलाने या पुकारने के लिए हो, सम्बोधन!
m. a vocative word.

हर्ब حرب पुं० [अ०] युद्ध।
m. a battle, war.

हर्राफ़ حرّاف वि० [अ०] [स्त्री० हर्राफ़:] धूर्त, चालाक।
adj. cunning, clever.

हल حل पुं० [अ०] १. समस्या की मीमांसा या निराकरण। २. कठिन कार्य को सरल करना। ३. अच्छी तरह मिलना, घुलना। ४. गणित का प्रश्न निकालने की क्रिया।
m. 1. the solution of a problem. 2. making a difficult work easy. 3. the process of disolving. 4. act of solving a mathe-matical question.

हलक़ حلق पुं० [अ० हल्क़] १. गला। २. गले की नली, कंठ।
m. 1. a throat. 2. the windpipe.

हलक़ा حلقہ पुं० [अ० हल्क़:] १. वृत्त, घेरा। २. परिधि। ३. मंडली, झुण्ड, दल। ४. हाथियों का झुण्ड। ५. गाँवों या क़सबों का समूह। ६. कुंडल।
m. 1. a circle. 2. circumference. 3. a batch or herd. 3. a group of elephants. 5. a group of villages or towns. 6. an earring.

हलकान ہلکان वि० [अ० हल्कान] १. थका हुआ, शिथिल। २. हैरान, परेशान। ३. अधमरा।
adj. 1. tired. 2. puzzled. 3. half-dead.

हलक़ा-ब-गोश حلقہ بگوش पुं० [अ०+फा०] वह जिसके कानों में गुलामी का हलक़ा या दासता का कुंडल पड़ा हो, दास, गुलाम।
m. a slave.

हलफ़ حلف पुं० [अ० हल्फ़] शपथ, सौगन्ध, कसम।
***मुहा०* (i) हलफ़ उठाना**=शपथ खाना। **(ii) हलफ़ देना**=शपथ खिलाना।
m. a vow.
id. (i) to take a vow. (ii) to administer a vow.

हलफ़न् حلفاً क्रि० वि० [अ० हल्फ़न्] शपथपूर्वक, हलफ़ से।
adv. on oath, under oath.

हलवा حلوا पुं० [अ० हल्वा] १. एक प्रकार का प्रसिद्ध

मीठा और मुलायम व्यंजन। २. आसानी से प्राप्त होनेवाली वस्तु।
m. 1. a sweet pudding. 2. a thing easy to obtain.

हलवाई حلوائی पुं० [अ० हल्वाई] मिठाई बनाने और बेचनेवाला।
m. a confectioner.

हलवाए-मग़्ज़ी حلوائے مغزی पुं० [अ० हल्वा+फा०] एक प्रकार का हलवा जिसमें बहुत अधिक मेवे पड़ते हैं।
m. a kind of sweet pudding blended with dry fruit.

हलवाए-मर्ग حلوائے مرگ पुं० [अ० हल्वा+फा०] वह भोजन जो किसी के मरने पर लोगों को कराया जाता है, भत्ती, कड़वी खिचड़ी।
m. the meal served after someone's death.

हलवाए-मिक़राज़ी حلوائے مقراضی पुं० [अ० हल्वाए मिक़राज़ी] एक प्रकार का हलवा जिसमें मेवे के बहुत बारीक कटे हुए टुकड़े डाले जाते हैं।
m. a sweet pudding blended with dry fruits.

हलवान حلوان पुं० [अ० हल्वान] १. बकरी या भेड़ का छोटा बच्चा। २. ऐसे बच्चे का मुलायम गोश्त।
m. 1. young goat or young sheep. 2. its tender flesh as food.

हलाक ہلاک वि० [अ०] १. मारा हुआ, हत। २. मरा हुआ, मृत। ३. थका हुआ।
adj. 1. killed. 2. dead. 3. tired.

हलाकत ہلاکت स्त्री० [अ०] १. नष्ट करना। २. विनाश। ३. मृत्यु।
fem. 1. act of destroying. 2. destruction. 3. death.

हलाकी ہلاکی स्त्री० दे० ''हलाकत''।

हलाकू ہلاکو पुं० [तु०] १. चंगेज़ खाँ के पोते एक बादशाह का नाम जो बहुत बड़ा अत्याचारी था। २. अत्याचारी। ३. हत्यारा।
m. 1. the name of the grand son of Changazekhan. 2. a cruel person. 3. a killer.

हलाल حلال वि० [अ०] जो शरअ या मुसलमानी धर्म-पुस्तक के अनुकूल हो, जायज़।
पुं० वह पशु जिसका मांस खाने की मुसलमानी धर्म-पुस्तक में आज्ञा हो।
मुहा० हलाल करना=खाने के लिए पशुओं को मुसलमानी शरअ के मुताबिक (धीरे-धीरे गला रेतकर) मारना, ज़बह करना।
पद हलाल का= ईमानदारी से पाया हुआ।
adj. 1. acceptable to and allowed by the Muslim religious scriptures, lawful, legitimate.
m. the animal whose flesh is allowed to be taken as food by Muslim scriptures.
ph. well begotten, earned honestly.

हलालख़ोर حلال خور पुं० [अ०+फा०] भंगी, मेहतर।
m. a scavanger.

हलावत حلاوت स्त्री० [अ०] १. मधुरता, मिठास। २. स्वाद, ज़ायका। ३. सुख-चैन। ४. आराम
fem. 1. sweetness. 2. taste, flavour. 3. happiness. 4. rest.

हलाहिल ہلاہل पुं० [फा० मि० सं० हलाहिल] घातक विष, ज़हर।
m. deadly poison.

हलीम[१] حلیم वि० [अ०] १. जिसमें हिल्म या सहन-शीलता हो, सहनशील। २. गम्भीर और कोमल स्वभाववाला, विनम्र।
adj. 1. tolerant. 2. sober, dignified, humble.

हलीम[२] حلیم पुं० [अ० लहीम] एक प्रकार का मांस जो हसन और हुसेन के वास्ते पकाया जाता है।
m. a sort of meat curry.

हलुआ حلوا पुं० दे० ''हलवा''।

हलूका حلوکا स्त्री० [देश०] वमन या क़ै का उतना अंश जितना एक बार मुँह से निकले।
fem. the portion of the matter omitted from the stomach at one time.

हलूफ़ा حلوفا पुं० दे० ''अलूफ़ा''।

हलेला ہلیلہ पुं० [फा० हलेल:] हर्रे, हड़।

हल्क़ حلق पुं० दे० ''हलक़''।

हल्वा حلوا पुं० दे० ''हलवा''।

हवन्नक ہونق वि० दे० ''हबन्नक''।

हवल ہول पुं० [अ०] भेंगापन।
m. squint.

हवलदार حولدار पुं० [फा०] एक प्रकार का छोटा सैनिक अफ़सर।
m. a non-commissioned officer in the army.

हवस ہوس स्त्री० [अ०] १. कामना, इच्छा। २. लोभ। ३. कामवासना। ४. सनक।
fem. 1. an ambition. 2. greed. 3. insatiable lust. 4. craze.

हवसनाक ہوسناک वि० [अ०+फा०] १. लालची, लोभी। २. कामुक।
adj. 1. greedy. 2. filled with strong sexual desire, lustful.

हवसपरस्त ہوس پرست वि० [अ०+फा०] लालची, लोभी।
adj. greedy.

हवा ہوا स्त्री० [अ०] १. वायु। २. इन्द्रियों को तृप्त करने की वासना। ३. इच्छा, कामना, चाह। ४. भूत-प्रेत। ५. अच्छा नाम, प्रसिद्धि, ख्याति। ६. बड़प्पन या उत्तम व्यवहार का विश्वास, साख।
मुहा० **(i) हवा उड़ना**=ख़बर फैलना। **(ii) हवा के घोड़े पर सवार होना**=बहुत उतावली में होना, बहुत जल्दी में होना। **(iii) हवा खाना**=(क) शुद्ध वायु के सेवन के लिए बाहर निकलना, टहलना। (ख) प्रयोजन सिद्धि तक न पहुँचना, अकृत कार्य होना। **(iv) हवा बताना**=किसी वस्तु से वंचित रखना, टाल देना। **(v) हवा बँधना**=(क) अच्छा नाम हो जाना। (ख) बाज़ार में साख होना। (ग) किसी बात की सनक चढ़ना। **(vi) हवा बाँधना**=(क) लम्बी चौड़ी बातें कहना, शेख़ी हाँकना। (ख) डींग हाँकना। **(vii) हवा पलटना, फिरना या बदलना**= दूसरी स्थिति या अवस्था होना, हालत बदलना। **(viii) हवा बिगड़ना**= (क) संक्रामक रोग फैलना। (ख) रीति या चाल बिगड़ना, बुरे विचार फैलाना। **(ix) हवा से बातें करना**=(क) बहुत तेज़ दौड़ना या चलना। (ख) आप ही आप या व्यर्थ बहुत बोलना। **(x) किसी की हवा लगना**=किसी की संगति का प्रभाव पड़ना। **(xi) हवा हो जाना**= (क) झटपट चल देना, भाग जाना। (ख) न रह जाना। (ग) एकबारगी ग़ायब हो जाना।
fem. 1. air. 2. lust. 3. a desire. 4. an evil spirit. 5. fame. 6.credit.
id. (i) spreading of news. (ii) to be in hot haste. (iii) (a) to take a walk for exercise or enjoyment. (b) to have efforts to no purpose. (iv) to put off on some pretext or other. (v) (a) to be in limelight. (b) to have due credit. (c) to become crazy. (vi) to brag. (vii) the reversal of a situation. (viii) (a) spreading of an epidemic. (b) spreading of a bad custome. (ix) (a) to run fast. (b) to talk to oneself or talk too much. (x) to catch the ways of someone else. (xi) (a) to disappear or vanish. (b) to come to nought. (c) to disappear suddenly.

हवाई ہوائی वि० [फा०] १. हवा-सम्बन्धी, हवा का, हवा में उड़नेवाला; जैसे—हवाई जहाज़। २. तेज़, चपल। ३. कल्पित।
स्त्री० १. एक प्रकार की आतिशबाज़ी। २. वह कतरा हुआ मेवा जो शरबत या मिठाई के ऊपर डाला जाता है।
मुहा० **(मुँह पर) हवाइयाँ उड़ना**=चेहरे का रंग फीका पड़ जाना, विवर्णता होना।
adj. 1. of or pertaining to air. 2. fast, agile. 3. imaginary.
fem. 1. a kind of cracker. 2. small pieces of dry fruit.
id. to be terror-struck i.e. extremely frightened.

हवाख़्वाह ہواخواہ वि० [अ०+फा०] [भाव० हवा-ख़्वाही] शुभचिन्तक, भला चाहनेवाला।
adj. well-wisher.

हवाज़दगी ہوازدگی स्त्री० [अ०+फा०] जुकाम, सरदी।
fem. catarrh.

हवादार ہوادار वि० [अ०+फा०] १. चाहनेवाला, इच्छुक। २. प्रेमी, आसक्त। ३. जिसमें हवा आती हो, खुला हुआ। पुं० एक प्रकार की सवारी जिसे कहार उठाकर ले चलते हैं।
adj. 1. desirous. 2. infatuated. 3. airy, well-ventilated, open.
m. a palanquin.

हवादारी ہواداری स्त्री० [अ०+फा०] शुभचिन्तना, ख़ैरख़्वाही।
fem. act of wishing well.

हवादिस ہوادث पुं० [अ० हादिसः का बहु०] दुर्घटनाएँ।
m. (plu.) accidents.

हवान ہوان स्त्री० [अ०] अपमान।
fem. insult, disgrace.

हवापरस्त ہواپرست वि० [अ०+फा०] [भाव० हवा-परस्ती] केवल इन्द्रियों का सुख-भोग चाहनेवाला, इन्द्रिय-लोलुप।
adl. given to sensual pleasures, sensual.

हवाबाज़ ہواباز पुं० [फा०] १. हवाई जहाज़। २. हवाई जहाज़ चलानेवाला।
m. 1. an aircraft. 2. a pilot, aviator.

हवाबाज़ी ہوابازی स्त्री० [अ०+फा०] १. हवा में उड़ना। २. वायुयान चलाने का काम।
fem. 1. act of flying. 2. aviation.

हवाम ہوام पुं० [अ०] जमीन के अन्दर रहनेवाला जीव।
m. a creature living under the soil.

हवारी حواری पुं० [अ०] हज़रत ईसामसीह के मित्र और साथी।
m. the friends of the Christ.

हवालगी حوالگی स्त्री० [अ०] सुपुर्दगी।
fem. charge, custody.

हवाला حوالہ पुं० [अ० हवाल:] १. सन्दर्भ। २. सुपुर्दगी, हस्तांतरण। ३. अवैध धन का हस्तांतरण।

मुहा० (i) (किसी के) हवाले करना= किसी के सुपुर्द करना, सौंपना। **(ii) बड़े बुत के हवाले करना**=मृत्यु के हाथ सौंप देना, किसी को मरा हुआ समझना या मानना।
m. 1. reference. 2. handing over, transference. 3. act of laundering.
id. (i) to hand over. (ii) to take as dead.

हवालात حوالات स्त्री० [अ० हवाल: का बहु०] १. पहरे के अन्दर रखे जाने की क्रिया या भाव, नजरबन्दी। २. अभियुक्त की वह साधारण कैद जो मुकदमे के फैसले के पहले उसे भागने से रोकने के लिए दी जाती है, हाजत। ३. वह मकान जिसमें ऐसे अभियुक्त रखे जाते हैं।
fem. 1. a prison, lock-up. 2. detention. 3. the building used as a lock-up.

हवालाती حوالاتی वि० [अ०] हवालात-सम्बन्धी।
पुं० वह जो हवालात में रखा गया हो।
adj. of or pertaining to a prison.
m. a detenue.

हवालदार حوالدار पुं० [अ०+फा०] सैनिकों का वह छोटा अफसर जिसकी अधीनता में कुछ सैनिक हों।
m. a sergeant.

हवाली حوالی स्त्री० [अ०] १. आस-पास के स्थान। २. उपनगर।
fem. 1. surrounding places. 2. a suburb.

हवास حواس पुं० [अ०] १. पाँच ज्ञानेन्द्रियाँ और पाँच कर्मेन्द्रियाँ। २. होश। ३. ज्ञान।
m. 1. organs of action and perception. 2. consciousness. 3. knowledge.

हवासिल حواصل स्त्री० [अ० 'हौसला' का बहु०] हौसले।
fem. (plu.) courage.

हवेली حویلی स्त्री० [अ० हवाली] १. पक्का बड़ा मकान। २. पत्नी।
fem. 1. a palatial building. 2. a wife.

हवैदा هویدا वि० दे० 'हुवैदा'।

हव्वा حوا स्त्री० [अ०] बाबा आदम की पत्नी का नाम जो मनुष्य जाति की माता मानी जाती हैं।
पुं० भीषण आकार का एक कल्पित व्यक्ति जिसका नाम बच्चों को डराने के लिए लिया जाता है, हौआ।
fem. the first woman, eve.
m. a bugbear.

हशमत حشمت स्त्री० [अ०] १. सेवकों का समूह, नौकर-चाकर। २. सम्पत्ति। ३. शान-शौकत, वैभव।
fem. 1. the group of servants and attendents. 2. property. 3. pomp and show, glory.

हशरात حشرات पुं० [अ० 'हशर:' का बहु०] छोटे-छोटे कीड़े-मकोड़े।
पद हशरात-उल्-अर्ज़=पृथ्वी पर रहनेवाले कीड़े-मकोड़े।
m. (plu.) insects.
ph. the insects living on the earth's surface.

हश्त هشت वि० [फा० मि० सं० अष्ट] आठ, सात और एक।
adj. eight.

हश्त-पहलू هشت پہلو वि० [फा०+अ०] अष्टफलक, अठपहला।
adj. eight-faced.

हश्त-बहिश्त هشت بہشت पुं० [फा० हश्त-बिहिश्त] मुसलमानों के अनुसार आठों बहिश्त।
m. the eight heavens, according to Muslims.

हश्तुम ہشتم वि० [फा० मि० सं० अष्टम] गिनती में आठ के स्थान पर पड़नेवाला, आठवाँ।
adj. eighth.

हश्मत حشمت स्त्री० दे० 'हशमत'।

हश्र حشر पुं० [अ०] १. कयामत, जब कि सब मुरदे उठकर खड़े होंगे और उनके शुभ तथा अशुभ कामों का हिसाब होगा। २. शोक-विलाप। ३. बहुत बड़ा शोर। ४. परिणाम।
मुहा० (i) हश्र बरपा करना=आफत मचाना। **(ii) हश्र-टूटना**=आफ़त आना।
m. the day of judgement, Doom's Day. 2. sorrow and mourning. 3. tumult, commotion. 4. outcome, result.
id. (i) to create a furore, to display anger. (ii) to get into trouble.

हश्शाश ہشاش वि० [अ०] बहुत ही प्रसन्न और हँसता हुआ।
पद हश्शाश-बश्शास=परम प्रसन्न।
adj. cheerful, joyous, laughing.
ph. very happy.

हसद حسد पुं० [अ०] ईर्ष्या, डाह, रश्क।
m. envy, jealousy.

हसन حسن वि० [अ०] अच्छा, भला, उत्तम।
पुं० १. उत्तमता, भलाई, खूबी। २. सौन्दर्य, ख़ूबसूरती। ३. मुसलमानों के दूसरे इमाम का नाम जिनकी हत्या ज़हर मिला हुआ पानी देकर की गई थी।
adj. good, fine, excellent.
m. 1. excellence, goodness. 2. beauty. 3. the second Imam.

हसनी حسنی वि० [अ०] इमाम हसन-संबंधी।
adj. of or pertaining to the Imam Hasan.

हसनैन حسنین पुं० [अ०] हसन और हुसैन।
m. Hasan and Husain.

हसब حسب पुं० [अ०] १. अनुमान। २. गणना।
m. 1. act of guessing. 2. act of counting.

हसरत حسرت स्त्री० [अ० हस्रत] १. किसी वस्तु के न मिलने पर होनेवाला दुख। २. कामना।
fem. 1. the pang of a failure to get or procure something. 2. a desire.

हसीन حسین वि० [अ०] सुन्दर, ख़ूबसूरत।
adj. beautiful, handsome.

हसीना حسینہ स्त्री० [अ० हसीन:] ख़ूबसूरत स्त्री।
fem. a beautiful lady, beauty.

हसीर[1] حصیر स्त्री० [अ०] चटाई।
fem. a mat.

हसीर[2] حسیر वि० [अ०] दुखी।
adj. grieved, sorrowful.

हसूक حسوک वि० [अ०] १. काँटेदार। २. उपद्रवी।
adj. 1. thorny. 2. mischievous.

हसूद حسود वि० [अ०] ईर्ष्यालु।
adj. envious.

हसून حصون वि० [अ०] संयमी।
adj. temperate.

हसूर حصور वि० [अ०] जो स्त्री की ओर आकृष्ट न हो।
adj. having no attraction for a woman.

हसूल حصول पुं० दे० 'हुसूल'।

हस्त ہست स्त्री० [फा० मि० सं० अस्ति] १. वर्तमान होने की अवस्था, अस्तित्व। २. जीवन, ज़िन्दगी। ३. विद्यमानता।
पद हस्त-ब-ममात=जीवन और मृत्यु।
fem. 1. existence. 2. life. 3. presence.
ph. life and death.

हस्ती ہستی स्त्री० [फा०] १. अस्तित्व। २. व्यक्तित्व। ३. सम्पत्ति।
fem. 1. existence. 2. personality. 3. property.

हस्तोनेस्त ہست نیست पुं० [फा०] १. उत्पत्ति और विनाश। २. जनमना और मरना, जन्म और मृत्यु।
m. 1. origin and destruction. 2. birth and death.

हस्ब حسب क्रि० वि० [अ०] अनुसार, मुताबिक।
पद (i) हस्बे अक़्ल=अक्ल के अनुसार। **(ii) हस्बे आदत**=आदत के अनुसार। **(iii) हस्बे इंसाफ**=न्यायानुसार। **(iv) हस्बे इजाज़त**=आज्ञानुसार। **(v) हस्बे ज़ैल**=निम्नलिखित। **(vi) हस्बे दस्तूर**=यथारीति। **(vii) हस्बे हैसियत**=सामर्थ्यानुसार।
adv. accordingly, according to.
ph. (i) according to one's knowledge. (ii) according to one's habit. (iii) according to justice. (iv) as per pemission. (v) undermentioned. (vi) according to practice or rule. (vii) according to capacity or capability.

हस्रत حسرت स्त्री० दे० 'हसरत'।

हस्सान حسان वि० [अ०] १. अत्यन्त सुन्दर। २. बहुत अच्छा।
adj. 1. very beautiful. 2. very good.

हस्सास حساس वि० [अ०] स्वाभिमानी।
adj. self-respecting.

हा ہا प्रत्य० [फा०] एक प्रत्यय जो शब्दों के अन्त में लगाकर बहुवचन का सूचक होता है; जैसे—मुर्ग़ से मुर्ग़हा, दरख़्त से दरख़्तहा।
विस्मय० कष्ट या दुखसूचक शब्द।
suffix denoting plurality.
interj. denoting grief, sorrow etc.

हाक़्रा حاقہ स्त्री० [अ०] कियामत।
fem. the Doom's Day.

हाकिम حاکم पुं० [अ०] [बहु० हुक्काम] १. हुकूमत करनेवाला, शासक। २. बड़ा अफसर, पदाधिकारी।
m. 1. a ruler. 2. a high offical.

हाकिमाना حاکمانہ वि० [अ०+फा० मान:] हाकिमों के जैसा।
adj. official.

हाकिमी حاکمی स्त्री० [अ० हाकिम] हाकिम का काम, हुकूमत।
fem. rule, government, governance.

हाज حاج स्त्री० [अ० 'हाजत' का बहु०] इच्छाएँ।
fem. (plu.) desires.

हाजत حاجت स्त्री० [अ०] [बहु० हाज] १. इच्छा, ख्वाहिश। २. आवश्यकता।
मुहा० हाजत रफ़ा करना=(क) आवश्यकता पूरी करना। (ख) मलत्याग करना।
fem. 1. a desire, wish. 2. need.
id. (a) to fulfil the demand. (b) to defecate.

हाजतमंद حاجت مند वि० [अ०+फा०] १. हाजत या इच्छा रखनेवाला, ख्वाहिशमन्द। २. दरिद्र, गरीब।
adj. 1. desirous. 2. poor, needy.

हाजती حاجتی स्त्री० [अ० हाजत] वह बर्तन जिसमें रोगी चारपाई पर पड़ा मल-मूत्र आदि का त्याग करता है।
वि० दे० 'हाजतमन्द'।
fem. a pot used for defecation by a bed-ridden person.
adj. desirous or needy.

हाज़मा ہاضمہ पुं० [अ० हाज़िम:] पाचनशक्ति, पचाने की ताकत।
m. digestive capacity, digestion.

हाजर ہاجر पुं० [अ० हाजिर] शरणार्थी।
m. a refugee.

हाजरा هاجره स्त्री० [अ० हाजिर:] शरणार्थी स्त्री।
fem. a female refugee.

हाज़ा هذا सर्व० [अ०] यह; जैसे—खतेहाज़ा=यह खत।
pron. this.

हाज़िक़ حاذق वि० [अ०] प्रवीण, विचक्षण, दक्ष, (प्राय: हकीम के लिए प्रयुक्त होता है)।
adj. adroit, skilled.

हाज़िम हاضم वि० [अ०] हजम करने या पचानेवाला, पाचक।
adj. having (great) digestive capacity.

हाज़िमा هاضمه पुं० दे० 'हाज़मा'।

हाजिर ہاجر वि० [अ०] १. हिजरत करनेवाला, अपना देश छोड़कर दूसरे में जा बसनेवाला। २. मक्के में जाकर निवास करनेवाला।
adj. 1. migrated to another country, migrant. 2. emigrated to Macca.

हाज़िर حاضر वि० [अ०] [बहु० हाज़िरीन] १. उपस्थित। २. मौजूद, विद्यमान।
adj. 1. present. 2. existing, contemporary.

हाज़िरजवाब حاضرجواب वि० [अ०] [भाव० हाजिर-जवाबी] बात का चटपट अच्छा जवाब देने में होशियार, प्रत्युत्पन्न-मति।
adj. ready-witted.

हाज़िरबाश حاضرباش वि० [अ०+फा०] [भाव० हाज़िर-बाशी] किसी बड़े आदमी के पास उठने-बैठने या उपस्थित रहनेवाला।
adj. ready to serve or attend someone great.

हाज़िरात حاضرات स्त्री० [अ०] वह क्रिया जिससे भूत-प्रेत या जिन आदि कुछ प्रश्नों के उत्तर देने के लिए बुलाए जाते हैं।
fem. act of calling and having interview with the spirits.

हाज़िरी حاضری स्त्री० [अ०] १. हाज़िर रहने की क्रिया या भाव, उपस्थिति। २. अंग्रेज़ों का दोपहर के समय का भोजन।
fem. 1. presence. 2. the meal taken at noon by Englishmen.

हाज़िरीन حاضرین पुं० [अ० 'हाज़िर' का बहु०] उपस्थित लोग।
m. the audience.

हाजी[1] حاجی पुं० [अ०] वह जो हज कर आया हो।
m. one who has been to Mecca on pilgrimage.

हाजी[2] ہاجی पुं० [अ०] १. हिजो या निन्दा करनेवाला, निन्दक। २. दूसरों की नकल उतारकर उन्हें हास्यास्पद बनानेवाला नक्काल, भाँड़।
m. 1. a backbiter. 2. an imitator.

हाज्जा حاجه स्त्री० [अ० हाज्ज:] हज करनेवाली स्त्री।
fem. a woman who has been to Mecca on pilgrimage.

हातिफ़ ہاتف पुं० [अ०] १. आवाज़ देने या पुकारने-वाला। २. आकाशवाणी। ३. फ़रिश्ता, देवदूत।
m. 1. a caller. 2. voice from heaven. 3. an angel.

हातिम حاتم पुं० [अ०] १. न्यायाधीश। २. अरब का एक बहुत प्रसिद्ध दाता और परोपकारी।
मुहा० हातिम की क़ब्र पर लात मारना=बहुत बड़ी उदारता या परोपकार का काम करना। (व्यंग्य)
वि० दाता, उदार।
m. 1. a justice. 2. a munificent of Arab.
id. to offer charity lavishly. (ironical)
adj. generous, liberal.

हादसा حادثه पुं० [अ० हादिस:] वारदात, दुर्घटना।
m. an occurance, accident.

हादिम ہادم वि० पुं० [अ०] गिरने, तोड़ने या नष्ट करनेवाला, नाशक।
adj. & m. one who destroys, destroyer.

हादिस حادث वि० [अ०] १. नया, नवीन। २. नश्वर।
adj. 1. new. 2. perishable, transitory.

हादिसा حادثه पुं० दे० 'हादसा'।

हादी ہادی पुं० [अ०] १. हिदायत करनेवाला। २. मार्ग-दर्शक। ३. मुखिया, नेता।
m. 1. a preacher. 2. a guide. 3. a leader, chief.

हाफ़िज़ حافظ पुं० [अ०] १. वह धार्मिक मुसलमान जिसे कुरान कंठ हो। २. रक्षक।
m. 1. one who has memorized the Quran. 2. one who protects, protector.

हाफ़िज़ा حافظه पुं० [अ० हाफ़िज़:] स्मरण-शक्ति।
m. memory.

हाबील ہابیل पुं० [अ०] हजरत आदम के पुत्र का नाम।
m. the son of Adam.

हामिद حامد वि०, पुं० [अ०] हम्द या प्रशंसा करनेवाला।
adj. & m. an admirer.

हामिल حامل वि० [अ०] भार या बोझ ढोनेवाला।
पुं० कोई चीज़ ले जानेवाला।
adj. who carries a luggage.
m. a carrier, courier or messenger.

हामिला حامله वि० स्त्री० [अ० हामिल:] जिसे हमल या गर्भ हो, गर्भवती।
adj. pregnant.

हामी حامی वि० [अ०] हिमायत करनेवाला, सहायक।
स्त्री० हाँ करने की क्रिया, स्वीकारोक्ति।
मुहा० हामी भरना=कोई काम करना मंजूर करना।

adj. giving assistance, assistant.
fem. approval or assent.
id. to give assent.

हामीकार حامی کار वि० [अ०+फा०] हिमायती, मददगार।
adj. giving assistance, helper.

हामूँ ہاموں पुं० [अ०] १. रेगिस्तान। २. जंगल।
m. 1. a desert. 2. a forest.

हामूँगर्द ہاموں گرد वि० [अ०+फा०] [भाव० हामूँगर्दी] जंगलों और उजाड़ जगहों में मारा-मारा फिरनेवाला।
adj. roaming in deserts.

हामून ہامون पुं० [अ०] १. रेगिस्तान। २. जंगल।
m. 1. a desert. 2. a forest.

हायल ہائل वि० [अ० हाइल] १. भयानक, भीषण। २. कठोर, कठिन। ३. बाधा उत्पन्न करनेवाला, बाधक। ४. बीच में आड़ करनेवाला।
adj. 1. dreadful, dangerous. 2. difficult, hard. 3. obstructive. 4. providing partition.

हार[1] حار वि० [अ०] गर्म, तप्त।
adj. hot, heated.

हार[2] ہار पुं० [फा०] माला, पुष्पमाला।
m. a garland.

हारिज حارج वि० [अ०] हानिकर।
adj. harmful.

हारिब ہارب पुं० [अ०] भगोड़ा।
m. an absconder, fugitive.

हारिस[1] حارس पुं० [अ०] व्याघ्र।
m. a tiger.

हारिस[2] حارث पुं० [अ०] संरक्षक
m. a patron.

हारिस[3] حارص वि० [अ०] लालची।
adj. greedy.

हारूँ ہاروں पुं० [अ०] १. दुष्ट और उद्दण्ड घोड़ा। २. किसी फ़िरके का सरदार या नेता। ३. एक पैगम्बर जो हजरत मूसा के बड़े भाई थे। ४. बगदाद का एक खलीफ़ा जो हारूँ-रशीद के नाम से प्रसिद्ध था। ५. दूत, हरकारा। ६. रक्षक, पासबान।
m. 1. a wicked horse. 2. a chieftain. 3. an elder brother of Moosa. 4. a chief Muslim ruler of Bagdad. 4. a messenger. 5. a patron.

हारूँ-रशीद ہارون رشید पुं० दे० 'हारूँ'।

हारूत ہاروت पुं० [अ०] एक फरिश्ता।
m. the name of an angel.

हारूत-फ़न ہاروت فن पुं० [अ०] जादूगर, इंद्रजालिक।
m. a magician.

हारूती ہاروتی स्त्री० [अ०] जादू, इंद्रजाल।
fem. magic.

हारून ہارون पुं० [अ०] दूत।
m. an emissary.

हाल حال पुं०[अ०] [बहु० हालात] १. दशा, अवस्था। २. परिस्थिति। ३. समाचार। ४. वृत्तान्त। ५. ब्योरा, विवरण, कैफ़ियत।
***पद* (i) हाल में**=थोड़े दिन हुए, कुछ दिन पहले। **(ii) हाल का**=नया ताज़ा।
क्रि० वि० इस समय, अभी।
m. 1. state, condition. 2. circumstance. 3. news. 4. account. 5. description, particulars.
ph. (i) short time ago, recently. (ii) recent.
adv. now, just now.

हालत حالت स्त्री० [अ०] १. दशा, अवस्था। २. आर्थिक परिस्थिति।
fem. 1. state, condition. 2. financial condition.

हालतेनज़अ حالت نزع स्त्री० [अ०] मृत्यु के समय की दशा।
fem. the dying condition.

हालाँकि حالانکہ क्रि० वि० [अ० हाल+फा० कि] यद्यपि, अगरचे।
adv. though.

हाला ہالہ पुं० [अ० हाल:] १. सूर्य या चन्द्रमा के चारो ओर दिखाई पड़नेवाला मंडल।
m. a halo.

हालात حالات पुं० [अ० 'हालत' का बहु०] स्थितियाँ।
m. (plu.) conditions.

हालिक ہالک वि० [अ०] घातक।
adj. fatal.

हावन ہاون स्त्री० [फा०] ऊखली की तरह का लोहे का वह पात्र जिसमें दवा आदि कूटते हैं।
***पद* हावन दस्ता**=हावन या ऊखली और उसमें कूटने का दस्ता या लोढ़ा।
fem. a mortar.
ph. a mortar and pestle.

हाविया ہاویہ पुं० [अ० हाविय:] दोज़ख का सबसे नीचे का और सातवाँ तल।
m. the name of the one of the hell.

हावी حاوی वि० [अ०] १. चारों ओर से घेरने या वश में रखनेवाला। २. प्रवीण, कुशल, दक्ष।
adj. 1. domineering. 2. skilled, adroit.

हाशा حاشا क्रि० वि० [अ०] १. कदापि। २. मगर, सिवा।
***पद* (i) हाशा लिल्लाह** या **हाशा रहमान** (क) ईश्वर न करे। (ख) मैं कुछ नहीं जानता।

(ii) **हाशा व कल्ला**=न ऐसा कुछ है नहीं और न होगा, कदापि नहीं।
adv. 1. (never) at all. 2. but, besides.
ph. (i) a. God forbid. b. I know nothing.
(ii) never.

हाशिम ہاشم पुं० [अ०] हजरत मुहम्मद के दादा का नाम।
m. the name of the grandfather of Mohammad.

हाशिमी ہاشمی पुं० [अ०] हाशिम का वंशज।
m. Hashim's descendant.

हाशिया حاشیہ पुं० [अ० हाशिय:] १. किनारा। २. गोट, मगजी। ३. हाशिए या किनारे पर का लेख, नोट।
पद हाशिए का गवाह= वह गवाह जिसका नाम किसी दस्तावेज के किनारे दर्ज हो।
मुहा० हाशिया चढ़ाना= गोट लगाना।
m. 1. the margin. 2. the hem, border. 3. a marginal state.
ph. one who has put signature as a witness on the margin of a document.
id. to sew a hem.

हासिद حاسد वि० [अ०] १. हसद या डाह करनेवाला, ईर्ष्यालु। २. अशुभचिन्तक, विरोधी।
adj. 1. envious. 2. hostile.

हासिल حاصل पुं० [अ०] १. गणित करने में किसी संख्या का वह भाग या अंक जो शेष भाग के कहीं रखे जाने पर बच रहे। २. उपज, पैदावार। ३. लाभ, नफ़ा। ४. फल। ५. योग। ६. लगान।
m. 1. remainder. 2. yield, produce. 3. profit. 4. result. 5. total. 6. revenue.

हासिल-कलाम حاصل کلام क्रि० वि० [अ०] १. तात्पर्य यह कि। २. सारांश यह कि।
adv. 1. in other words, to explain again in a simpler way. 2. in a nutshell.

हालिस-जमा حاصل جمع पुं० [अ० हासिल-जम्अ] जोड़, योग, मीजान, कुल।
m. total.

हासिल-ज़र्ब حاصل ضرب पुं० [अ०] वह संख्या जो ज़र्ब देने या गुणा करने से निकले, गुणनफल।
m. the product of multiplication.

हासिलात حاصلات स्त्री० [अ० 'हासिल' का बहु०] प्राप्तियाँ।
fem. (plu.) receipts.

हिंद ہند पुं० [फा०] भारतवर्ष।
m. India.

हिंदसा ہندسہ पुं० [अ० हिंदस:] १. गणित। २. रेखा-गणित। ३. अंक।
m. 1. mathematics. 2. geometry. 2. a figure.

हिंदसा-दाँ ہندسہ داں वि० [फा० हिंदस:दां] गणितज्ञ।
m. a mathematician.

हिंदी ہندی वि० [फा०] हिन्द का, भारतीय।
स्त्री० हिन्दुस्तान की भाषा।
adj. Indian.
fem. the language of India, Hindi.

हिंदुआना ہندوآنہ पुं० [फा० हिंदुआन:] तरबूज।
m. a watermelon.

हिकमत حکمت स्त्री० [अ० हिक्मत] १. हकीम का काम या पेशा, हकीमी, वैद्यक। २. तत्त्वज्ञान। ३. कला-कौशल, निर्माण की बुद्धि। ४. युक्ति, तदबीर। ५. चतुराई का ढंग, चाल।
fem. 1. Greek system of medicine. 2. true knowledge, metaphysics. 3. skill, tact. 4. a device. 5. cleverness.

हिकमत-अमली حکمت عملی स्त्री० [अ०] १. चालाकी, होशियारी। २. कूटनीति।
fem. 1. cleverness, cunningness. 2. diplomacy.

हिकमती حکمتی वि० [अ० हिकमत] चतुर, चालाक।
adj. clever.

हिमते इलाही حکمت الٰہی स्त्री० [अ०] खुदा की मर्ज़ी, ईश्वर की इच्छा।
fem. God's will.

हिकायत حکایت स्त्री० [अ०] १. कहानी, किस्सा। २. दलील।
fem. 1. a story. 2. an argument.

हिकारत حقارت स्त्री० दे० 'हकारत'।

हिक्का حکّہ स्त्री० [अ०] खुजली।
fem. itch.

हिक़्द حقد पुं० [अ०] द्वेष।
m. malice.

हिजरत ہجرت स्त्री० [अ० हिज्रत] अपना देश छोड़कर दूसरे देश में जा बसना।
fem. act of migrating, migration.

हिजराँ ہجراں पुं० [अ० 'हिज्र' से फा०] वियोग, जुदाई।
m. separation.

हिजराँ-नसीब ہجراں نصیب वि० [फा०+अ०] जिसके भाग्य में सदा अपने प्रिय से अलग रहना लिखा हो।
adj. separated from his/her loved-one due to bad luck.

हिजरी ہجری स्त्री० [अ०] १. हजरत मुहम्मद का मक्का छोड़कर मदीने जाना। २. वह सन् जो हजरत मुहम्मद के मक्का छोड़ने की तिथी से चला था।
fem. 1. Mohammad's migration from Mecca to Madina. 2. the Muslim era.

हिजाब حجاب पुं० [अ०] १. परदा, ओट। २. लज्जा,

शरम, लिहाज।
m. 1. a screen. 2. shyness.

हिज्जे ہجے पुं [अ०] किसी शब्द में प्रयुक्त वर्णों का क्रमिक कथन या उच्चारण।
m. spelling.

हिज्र ہجر पुं० [अ०] विछोह, जुदाई।
m. separation.

हिज्रत ہجرت स्त्री० दे० 'हिजरत'।

हिदायत ہدایت स्त्री० [अ०] १. मार्गदर्शन। २. यह बतलाना कि आगे यह काम इस तरह होना चाहिए अथवा ऐसा काम न होना चाहिए, निदेश।
m. 1. guidance. 2. an instruction.

हिदायतनामा ہدایت نامہ पुं० [अ०+फा० नाम:] वह पत्र या पुस्तक जिसमें किसी काम के बारे में हिदायतें लिखी हों।
m. a letter or book which gives instructions how to do or use something.

हिना حنا स्त्री० [अ०] मेंहदी।
fem. myrtle.

हिनाई حنائی वि० [अ० हिना] १. मेंहदी का-सा लाल (रंग)। २. जिसमें मेंहदी लगी हो।
adj. 1. of the colour of myrtle. 2. provided with myrtle.

हिनाबंदी حنابندی स्त्री० [अ०+फा०] मुसलमानों में ब्याह से पहले की एक रसम, मेंहदी।
fem. a custom according to which myrtle is applied to the bride or bridegroom.

हिफ़ाज़त حفاظت स्त्री० [अ०] १. किसी वस्तु को इस प्रकार रखना कि वह नष्ट न होने पाए, रक्षा। २. देख-रेख, ख़बरदारी।
fem. 1. safety, protection. 2. care, supervision, safeguard.

हिफ़ाज़ती حفاظتی वि० हिफ़ाज़त या रक्षा करनेवाला।
adj. that safeguards.

हिफ़्ज़ حفظ वि० [अ०] कंठस्थ, मुखाग्र।
पुं० १. हिफाज़त। २. अदब, लिहाज़।
adj. memorized.
m. 1. safety. 2. respect.

हिफ़्ज़े-मरातिब حفظ مراتب पुं० [अ०] बड़े की मर्यादा का ध्यान।
m. the regard of an elderly person.

हिफ़्ज़े-मातक़द्दम حفظ ما تقدم पुं० [अ०] विपत्ति आदि से बचने के लिए पहले मे किया जानेवाला बचाव।
m. preplanned protection.

हिफ़्ज़े-सेहत حفظ صحت पुं० [अ०] सेहत या स्वास्थ्य की रक्षा।
m. safeguard of health.

हिब्बा ہبہ पुं [अ० हिब्ब:] १. पुरस्कार, इनाम। २. दान।
m. 1. a prize. 2. donation, charity.

हिब्बानामा ہبہ نامہ पुं० [अ० हिब्ब:+फा०नाम:] दानपत्र।
m. a deed of gift.

हिमयानी ہمیانی स्त्री० [अ० हिमयान] एक प्रकार की पतली थैली जो कमर में बाँधी जाती है, बसनी।
fem. a small bag or pouch for keeping money.

हिमाकत حماقت स्त्री० [अ०] मूर्खता, बेवकूफ़ी।
fem. stupidity.

हिमायत حمایت स्त्री० [अ०] १. मदद। २. पक्षपात। ३. शरण। ४. रक्षा।
fem. 1. aid. 2. partiality. 3. shelter. 4. safeguard.

हिमायतगर حمایت گر वि० [अ०+फा०] १. हिमायत करने-वाला। २. पक्षपाती।
adj. 1. helper, assistant. 2. partial.

हिमायती حمایتی स्त्री० [अ०] १. हिमायत या तरफ़दारी करनेवाला। २. पक्षपाती। ३. रक्षक, निगहबान।
adj. 1. helper. 2. partial. 3. protector.

हिम्मत ہمت स्त्री० [अ०] १. कठिन या कष्ट-साध्य कर्म करने की मानसिक दृढ़ता, साहस। २. बहादुरी, पराक्रम।
मुहा० हिम्मत हारना= साहस छोड़ना।
fem. 1. courage. 2. bravery, valour.
id. to lose courage.

हिम्मत अफ़ज़ा ہمت افزا वि० [अ०+फा० अफ़्ज़ा] हिम्मत बढ़ानेवाला।
adj. encouraging, boosting.

हिम्मतवर ہمت ور वि० [अ० +फा०] साहसी, वीर।
adj. courageous, brave.

हिरफ़त حرفت स्त्री० [अ०] १. हस्त-कौशल, कारीगरी। २. विद्या, हुनर। ३. धूर्तता।
fem. 1. manual skill. 2. dexterity. 3. cunningness.

हिरफ़ा حرفہ पुं० [अ० हरफ़:] कारीगरी, हस्तकौशल, शिल्प।
m. skilfulness, artistry, craftsmanship.

हिरमिजी ہرمزی स्त्री० [अ०] १. एक प्रकार की लाल मिट्टी। २. इस मिट्टी की तरह का लाल-सा रंग।
fem. 1. a sort of red soil. 2. red colour.

हिरास ہراس स्त्री० [फा०] १. भय, डर। २. निराशा, नाउम्मेदी।
fem. 1. fear, dread. 2. despair, disappointment.

हिरासत حراست स्त्री० [अ०] १. पहरा, चौकी। २. कैद, नज़रबंदी।
fem. 1. patrol, guard. 2. legal custody.

हिरासाँ هراساں वि० [फा०] १. भयभीत, डरा हुआ। २. निराश।
adj. 1. frightened. 2. disappointed.

हिर्ज़ حرز पुं० [अ०] १. शरण लेने का स्थान। २. यंत्र, तावीज।
m. 1. a shelter, refuge. 2. a talisman.

हिर्फ़त حرفت स्त्री० [अ०] १. व्यवसाय। २. उद्यम।
fem. 1. business. 2. enterprise.

हिर्स حرص स्त्री० [अ०] १. लालच। २. तृष्णा, लोभ। ३. इच्छा का वेग।
fem. 1. greed. 2. craving. 3. passion.

हिलाल ہلال पुं० [अ०] नवचंद्र, द्वितीया का चन्द्रमा। (इसकी उपमा नायिका के नाख़ूनों और भौंहों से दी जाती है।)
m. the new moon.

हिलाली ہلالی वि० [अ०] हिलाल या द्वितीय के चन्द्रमा से सम्बन्ध रखनेवाला।
पुं० एक प्रकार का तीर।
adj. of a new moon.
m. a type of arrow.

हिल्म حلم पुं० [अ०] १. सहनशीलता, सहिष्णुता। २. स्वभाव की कोमलता।
m. 1. tolerance. 2. tenderness.

हिल्लत حلت स्त्री० [अ०] औचित्य।
fem. appropriateness.

हिस حس स्त्री० [अ०] १. इन्द्रिय के द्वारा अनुभव करना, संवेदन। २. गति, हरकत।
fem. 1. feeling of physical sensation. 2. movement, motion.

हिसाब حساب पुं० [अ०] १. गिनती। २. गणित। ३. लेन-देन या आमदनी-ख़र्च आदि का लिखा हुआ ब्योरा, लेखा।
मुहा० **(i) हिसाब चुकाना** या **चुकता करना**=जो कुछ जिम्मे निकलता हो, वह दे देना। **(ii) हिसाब देना**=जमा-ख़र्च का ब्योरा बताना। **(iii) हिसाब बैठना** (क) ठीक-ठीक जैसा चाहिए वैसा प्रबन्ध होना। (ख) जुगाड़ बैठना।
पद हिसाब से=(क) परिमाण, क्रम या गति के अनुसार। (ख) विचार से, ध्यान से।
m. 1. act of counting. 2. mathematics. 3. account.
id. (i) to clear the account, to pay all dues. (ii) to render account. (iii) a. the adjustment of the account. b. to succeed in planning resources.
ph. a. systematically, methodically. b. carefully.

हिसाबी حسابی वि० [अ० हिसाब] १. हिसाब जानने-वाला, गणितज्ञ। २. जो नियम के अनुसार हो, कायदे का, ठीक।
adj. 1. knowing mathematics. 2. according to the rule, proper, lawful.

हिसाबो किताब حساب کتاب पुं० [अ०] लेन-देन का हिसाब, लिखा-पढ़ी।
m. a record of money spent and received, account.

हिसार حصار पुं० [अ०] १. परिधि। २. नगर का परकोटा, शहरपनाह। ३. किला, कोट, गढ़।
m. 1. circumference. 2. the wall built to defend a town or castle, rampart. 3. a fort.

हिस्सा حصہ पुं० [अ० हिस्सः] १. भाग, अंश। २. टुकड़ा, खंड। ३. उतना अंश जितना प्रत्येक को विभाग करने पर मिले, बखरा। ४. विभाग, तक़सीम। ५. अंग, अवयव। ६. साझा।
m. 1. a part or portion. 2. a piece or segment. 3. a share. 4. division. 5. an organ. 6. partnership.

हिस्साकशी حصہ کشی स्त्री० [अ० हिस्सः +फा० कशी] हिस्से लगाना, हिस्सों में बाँटना।
fem. act of dividing into shares.

हिस्साख़्वाह حصہ خواہ वि० [अ० हिस्सः + फा०] अपना हिस्सा चाहनेवाला।
adj. (one) who seeks or demands one's own share.

हिस्सा-रसद حصہ رسد क्रि० वि० [अ०+फा०] हिस्से के मुताबिक, अंश या भाग के अनुसार।
adv. proportionally, proportionately.

हिस्सा-रसदी حصہ رسدی क्रि० वि० दे० 'हिस्सा-रसद'।

हिस्सेदार حصہ دار पुं० [अ० हिस्सः+फा०] किसी हिस्से का मालिक, जो अंश या भाग पाने का अधिकारी हो।
m. a partner, co-sharer.

हिस्सेदारी حصہ داری स्त्री० [अ० हिस्सः+फा०] साझा।
fem. partnership.

हिस्से-मुश्तरक حصہ مشترک स्त्री० [अ०] वह भीतरी शक्ति जो इंद्रियों के अनुभव का ज्ञान करती हैं।
fem. the ability of organs and senses.

हीज़ ہیز वि०, पुं० [अ० + फा०] हिजड़ा।
adj. & m. an impotant person.

हीता حیطہ पुं० [अ० हीतः] परिधि।
m. circumference.

हीन حین पुं० [अ०] समय, काल।
पद हीन-हयात=(क) सारी उमर, उम्रभर। (ख) आजन्म।
m. time.
ph. a. throughout life. b. since birth.

हीलतन् حيلتاً क्रि० वि० [अ०] हीले से, छलपूर्वक।
adv. on some pretext, deceitfully.

हीला حيلہ पुं० [अ० हील:] १. बहाना, मिस। २. रोजगार।
m. 1. an excuse or pretext. 2. an occupation.

हीलागर حيلہ گر वि०, पुं० [अ० हील:+फा०] हीलाबाज़।
adj. & m. one who makes excuses.

हीलाबाज़ حيلہ باز वि० [अ० हील:+फा०] [भाव० हीलाबाज़ी] = बहानाबाज़।

हीलासाज़ حيلہ ساز वि० [अ०+फा०] दे० 'हीलाबाज़'।

हीला-हवाला حيلہ حوالہ पुं० [अ०] = बहाना।

हुक़ना حقنہ पुं० [अ० हुक़न:] दस्त लाने के लिए गुदा के मार्ग से पिचकारी आदि के द्वारा कोई दवा चढ़ाना, वस्ति-कर्म।
m. cleaning of the bowels, anema.

हुकुम حكم पुं० दे० 'हुक्म'।

हुक़ूक़ حقوق पुं० [अ० 'हक़' का बहु०] अधिकार।
m. (plu.) rights.

हुकूमत حكومت स्त्री० [अ०] १. प्रभुत्व। २. शासन। ३. राजनीतिक आधिपत्य।
fem. 1. suzerainty. 2. government. 3. political dominance.

हुक़्क़ा حقہ पुं० [अ० हुक़्क़:] तम्बाकू का धुआँ या तम्बाकू पीने के लिए विशेष रूप से बना हुआ एक प्रकार का उपकरण, गड़गड़ा, फ़रशी।
m. a hubble-bubble.

हुक़्क़ाबरदार حقہ بردار पुं० [अ०+फा०] हुक़्क़ा-बरदारी] हुक़्क़ा भरने या हुक़्क़ा साथ लेकर चलनेवाला सेवक।
m. an attendant who prepares a hubble-bubble.

हुक्काम حكام पुं० [अ० 'हाकिम' का बहु०] अधिकारी वर्ग।
m. (plu.) officers, officials.

हुक्म حكم पुं० [अ०] १. बड़े या अधिकारी का वचन जिसका पालन कर्तव्य हो, आज्ञा, आदेश। २. स्वीकृति, अनुमति, इज़ाजत। ३. अधिकार। ४. ताश के पत्तों का एक रंग।
पद **हुक्म की तामील**=आज्ञा का पालन।
मुहा० **(i) हुक्म चलाना या जारी करना**=आज्ञा देना। **(ii) हुक्म तोड़ना**=आज्ञा भंग करना। **(iii) हुक्म मानना**=आज्ञा पालन करना।
m. 1. an order, command. 2. permission. 3. a right. 4. one of the four suits in a set of playing cards, spades.
ph. execution of an order.
id. (i) to give an order. (ii) to disobey, violate an order. (iii) to carryout an order.

हुक्म-अंदाज़ حكم انداز वि० [अ०+फा०] [भाव० हुक्म-अन्दाज़ी] अचूक निशाना लगानेवाला।
adj. hitting the target.

हुक्मनामा حكم نامہ पुं० [अ०+फा० नाम:] वह पत्र जिसमें कोई हुक्म या आज्ञा लिखी हो, लिखित आदेश।
m. a written order.

हुक्मबरदार حكم بردار वि० [अ०+फा०] [भाव० हुक्म-बरदारी] हुक्म माननेवाला आज्ञाकारी।
adj. obedient.

हुक्मराँ حكمراں पुं० [अ०+फा०] शासक, राजा।
m. a ruler, king.

हुक्मरानी حكمرانی स्त्री० [अ०+फा०] शासन, हुकूमत।
fem. government, administration.

हुक्मी حكمی वि० [अ०] १. आज्ञा-संबंधी। २. हुक्म मानने-वाला, आज्ञाकारी; जैसे—हुक्मी बन्दा।
क्रि० वि० सदा, हमेशा।
adj. 1. imperative. 2. obedient.
adv. always.

हुक्मे-गश्ती حكم گشتی पुं० [अ० + फा०] गश्ती चिट्ठी, परिपत्र।
m. a circular.

हुज़्न حزن पुं० [अ० हुज़्न] रंज, दुख।
m. grief, sorrow.

हुजरा حجرہ पुं० [अ० हुजर:] १. कोठरी, छोटा कमरा। २. मसजिद की वह कोठरी जिसमें लोग एकान्त में बैठकर ईश्वर का आराधन करते हैं।
m. 1. a small room. 2. a solitary place for a prayer.

हुज़ाल ہزال पुं० [अ०] कमजोरी, दुर्बलता।
m. weakness.

हुज़ीं حزیں वि० [अ०] दुखद।
adj. painful.

हुजूम ہجوم पुं० [अ०] जनसमूह, भीड़-भाड़।
m. a crowd, mass.

हुज़ूर حضور पुं० [अ०] १. किसी बड़े का सामीप्य, समक्षता। २. बादशाह या हाक़िम का दरबार, कचहरी। ३. बहुत बड़े लोगों के सम्बोधन का शब्द।
m. 1. presence. 2. royal court. 3. Sir, a form of an address.

हुज़ूरवाला حضوروالا पुं० [अ०+हिं०] जनाबआली, श्रीमान।
m. Sir.

हुज़ूरी حضوری स्त्री० [अ०] १. सामीप्य, निकटता, नज़दीकी। २. बादशाही दरबार।

fem. 1. presence, nearness. 2. a royal court.

हुज्जत حجت स्त्री० [अ०] व्यर्थ का तर्क करने की क्रिया।
fem. wrangling.

हुज्जती حجتی वि० [अ०] हुज्जत या झगड़ा करनेवाला।
adj. given to wrangling, wrangler.

हुदहुद ہدہد पुं० [अ०] कठफोड़वा नाम का पक्षी, खुट-बढ़ई।
m. a wood-pecker.

हुदा ہدا पुं० [अ०] १. सीधा रास्ता। २. मोक्ष का मार्ग।
m. 1. a straight path. 2. a way of salvation.

हुदूद حدود स्त्री० [अ० 'हद' का बहु०] सीमाएँ।
fem. (plu.) boundaries.

हुदूद-अरबा حدوداربعہ स्त्री० [अ० हुदूद-अर्बअ:] चारो ओर की हदें।
fem. the boundaries of all sides.

हुनर ہنر पुं० [फा०] १. कला, कारीगरी। २. कौशल, युक्ति, चतुराई।
m. 1. an art. 2. the skill.

हुनरमंद ہنرمند वि० [फा०] [भाव० हुनरमन्दी] हुनर जाननेवाला।
adj. skilful.

हुनूद ہنود पुं० [अ० 'हिंदू' का बहु०] हिंदू लोग।
m. (plu.) Hindus.

हुब, हुब्ब حب पुं० [अ०] १. प्रेम, प्रीति, मुहब्बत। २. दोस्ती, मित्रता। ३. इच्छा, चाह। ४. मरजी।
***पद* हुब का अमल**=वह क्रिया या यंत्र-मंत्र जिसकी सहायता से किसी के मन में अपने प्रति प्रेम उत्पन्न किया जाए।
m. 1. love. 2. friendship. 3. a desire. 4. an intent or intention.
ph. act of charming someone greatly.

हुबल, हुब्बल ہبل पुं० [अ०] मक्के की एक प्राचीन मूर्ति जो वहाँ इस्लाम का प्रचार होने के पहले पूजी जाती थी।
m. an idol in Mecca before Islam came into existance.

हुबाब, हुब्बाब حباب पुं० [अ०] १. पानी का बुलबुला, बुदबुदा। २. हाथ में पहनने का एक प्रकार का गहना। ३. शीशे का वह गोला जो सजावट के लिए छत में लटकाया जाता है। ४. मित्रता।
m. 1. a bubble. 2. an ornament of the hand. 3. a decorative glass ball which hangs from the ceiling. 4. friendship.

हुब्ब-उल्-वतन حب الوطن पुं० [अ०] देश-प्रेम।
m. patriotism.

हुमक़ حمق पुं० [अ० हुमुक़] मूर्खता।
m. stupidity.

हुमा ہما पुं० [फा०] एक प्रसिद्ध कल्पित पक्षी। कहते हैं कि यह केवल हड्डियाँ खाता है और जिसके सिर पर इसकी छाया पड़ जाती है, वह राजा हो जाता है।
m. an imaginary bird whose shadow showers blessings.

हुमायूँ ہمایوں वि० [फा०] १. शुभ, मुबारक। २. सफल। पुं० एक प्रसिद्ध मुगल सम्राट जो बाबर का पुत्र और अकबर का पिता था।
adj. 1. auspicious. 2. successful.
m. a Mogal emperor.

हुम्मा حما पुं० [अ०] ज्वर, ताप।
m. fever.

हुरमत حرمت स्त्री० [अ० हुर्मत] प्रतिष्ठा, इज्जत, आबरू।
fem. prestige, esteem.

हुरमुज़ ہرمز पुं० [फा०] सौर मास का प्रथम दिन। इस दिन यात्रा करना और नए वस्त्र पहना शुभ समझा जाता है।
m. the first day of a solar month regarded as auspicious for journeying.

हुरूफ़ حروف पुं० दे० 'हरूफ़'।

हुलिया حلیہ पुं० [अ० हुल्य:] १. आभूषण, गहना। २. वह बढ़िया वस्त्र जो राजाओं आदि के दरबार में लोगों को पहनने के लिए मिलते हैं, खलअत। ३. रूपरेखा, चेहरे की बनावट।
***मुहा०* (i) हुलिया लिखाना**=भागे हुए अपराधी या खोए हुए व्यक्ति की रूप-रेखा पुलिस में लिखाना। **(ii) हुलिया होना**=सेना में नाम लिखा जाना।
m. 1. an ornament. 2. the robe of honour awarded by a ruler. 3. physial features, shape.
id. (i) to lodge FIR. (ii) to be recruited in the army.

हुवैदा ہویدا वि० [फा०] प्रकट, स्पष्ट।
adj. clear.

हुशियार ہوشیار वि० दे० 'होशियार'।

हुशियारी ہوشیاری स्त्री० दे० 'होशियारी'।

हुसूल حصول पुं० [अ०] फ़ायदा, लाभ।
m. profit.

हुसेन حسین पुं० दे० 'हुसैन'।

हुसैन حسین पुं० [अ०] मुसलमानों के तीसरे इमाम का नाम जो सुलतान यज़ीद की आज्ञा से मारे गए थे। मुहर्रम इन्हीं की मृत्यु के शोक में मनाया जाता है।
m. the third Imam whose martyrdom is celebrated in Muharram.

हुसैन-बंद حسین بند पुं० [अ०+फा०] चाँदी की जंजीर से बँधी दो अँगूठियाँ जो शीया लोग अपने बच्चों के हाथों में पहनाते हैं।

m. a set of two silver rings joind by a chain worn by Shia Children.

हुस्न¹ حسن पुं० [अ०] १. सौन्दर्य, शोभा। २. उत्तमता।
m. 1. beaury. 2. excellence.

हुस्न² حصن स्त्री० [अ०] सतीत्व।
fem. chastity.

हुस्न अफ़्ज़ा حسن افزا वि० [अ०+फा०] सौन्दर्यवर्धक।
adj. that enhances beauty.

हुस्नआरा حسن آرا वि० [अ०+फा०] सुंदर और सजीला।
adj. beautiful and glamorous.

हुस्नतदबीर حسن تدبیر स्त्री० [अ०] सुंदर युक्ति।
fem. an excellent plea.

हुस्नदान حسن دان पुं० [अ०+फा०] एक प्रकार का छोटा पानदान।
m. a small box for keeping betel leaves.

हुस्नपरस्त حسن پرست वि०, पुं० [अ०+फा०] [भाव० हुस्न-परस्ती] हुस्न या सौन्दर्य की उपासना करनेवाला।
adj. & *m.* a worshipper of beauty.

हुस्नपरस्ती حسن پرستی स्त्री० [अ०+फा०] सौंदर्य की पूजा।
fem. worship of beauty.

हुस्नफ़रोश حسن فروش स्त्री० [अ०+फा०] वेश्या।
fem. a prostitute.

हुस्ना حسنہ स्त्री० [अ० हुस्नः] अत्यन्त सुन्दर स्त्री।
fem. a beautiful lady, beauty.

हुस्नियात حسنیات स्त्री० [अ० 'हुस्ना' का बहु०] सुन्दर स्त्रियाँ।
fem. (plu.) beautiful ladies.

हुस्ने अक़ीदत حسن عقیدت पुं० [अ०] अत्यधिक श्रद्धा।
m. great reverence.

हुस्ने अख़लाक़ حسن اخلاق पुं० [अ० हुस्ने अख़्लाक़] सद्‌वृत्ति, सुशीलता।
m. good disposition.

हुस्नेअदा حسن ادا पुं० [अ०+फा०] बात करने का उत्तम ढंग।
m. excellent behaviour.

हुस्ने इत्तिफ़ाक़ حسن اتفاق पुं० [अ०+फा०] उत्तम अवसर।
m. a good opportunity.

हुस्ने ख़ुदादाद حسن خداداد पुं० [अ०+फा०] ईश्वर प्रदत्त सौंदर्य।
m. god-given beauty.

हुस्ने गुफ़्तार حسن گفتار पुं० [अ०।फा०] बातचीत करने का सुंदर ढंग।
m. excellent way of talking.

हुस्ने तलब حسن طلب पुं० [अ०] माँगने का उत्तम ढंग।
m. excellent way of requesting.

हुस्ने नज़र حسن نظر पुं० [अ०] परख।
m. the ability to judge correctly.

हुस्ने नमकीं حسن نمکیں पुं० [अ०+फा०] साँवरा-सलोना।
m. a person with a dark complexion.

हुस्ने-मतला حسن مطلع पुं० [अ० हुस्ने मतल्अ] १. ग़ज़ल में मतले या पहले शेर के बाद दूसरा ऐसा शेर जो मतले की तरह हो और जिसके दोनों चरणों में अनुप्रास हो।
m. the second stanza of a poem.

हुस्ने-महफ़िल حسن محفل पुं० [अ०] एक प्रकार का हुक्का।
m. a kind of a hubble-bubble.

हू ہو पुं० [अ०] १. अल्लाहहू का संक्षिप्त रूप, ईश्वर, ब्रह्म। २. डर, भय।
पद हू का आलम=ऐसा उजाड़ जहाँ कहीं कुछ भी न दिखाई दे।
m. 1. the God. 2. fear, dread.
ph. ruins.

हूत حوت स्त्री० [अ०] १. मछली, मत्स्य। २. मीन राशि।
fem. 1. fish. 2. the Pisces. a sign of zodiac.

हूदा ہودہ वि० [अ० हूदः] ठीक, दुरुस्त।
पद बेहूदा=(क) जो ठीक न हो। (ख) वाहियात, उजड्ड।
adj. correct, right.
ph. (a) incorrect. (b) silly, rude.

हूर حور स्त्री० [अ०] १. गौरवर्ण की वह स्त्री जिसकी आँखों की पुतलियाँ और सिर के बाल बहुत काले हों। २. स्वर्ग में रहनेवाली सुन्दरी, अप्सरा।
वि० बहुत अधिक सुन्दर।
fem. 1. a beautiful woman with black eyes and hair. 2. a fairy, nymph.
adj. very beautiful.

हूश ہوش वि० [फा०] गँवार।
adj. rustic.

हू-हक़ ہوحق पुं० [अ०] १. शोरगुल। २. चहल-पहल।
m. 1. tumult, noise. 2. hustle.

हेच ہیچ वि० [फा०] १. तुच्छ, हीन। २. बहुत थोड़ा। ३. निरर्थक, निकम्मा। ४. घृणित।
adj. 1. mean, trifling, insignificant. 2. in small quantity. 3. useless. 4. hated, abhorred.

हेचकस ہیچ کس वि० [फा०] १. निकम्मा। २. निरर्थक। ३. अयोग्य, तुच्छ।
adj. 1. idle. 2. useless. 3. unworthy.

हेचकारा ہیچ کارہ वि० [फा०] दे० 'हेचकस'।

हेचमदाँ ہیچمداں वि० [फा०] [भाव० हेचमदानी] १. जो कुछ न जानता हो, अनभिज्ञ, अज्ञान। २. मूर्ख।
adj. 1. having a little knowledge, igno-

rant. 2. stupid.

हेम ہیم स्त्री० [फा० हेमिय:] जलाने की लकड़ी, कोयला आदि; ईंधन।
fem. wood, coal etc. that is burned to produce heat, fuel.

हैकल ہیکل स्त्री० [अ०] १. भवन। २. मन्दिर। ३. शोभा। ४. यन्त्र, ताबीज़। ५. गले में पहनने का एक गहना। ६. डील-डौल। ७. चिह्न, लक्षण।
fem. 1. a mansion. 2. a temple. 3. beauty. 4. a talisman. 5. a sort of necklace. 6. the massive structure of the body. 7. a mark, symptom.

हैज़ حیض पुं० [अ०] स्त्रियों का मासिकधर्म।
m. a menstrual period.

हैजा ہیجا स्त्री० [अ० हैज:] युद्ध।
fem. a war.

हैज़ा ہیضہ पुं० [हैज़:] दस्त और कै की बीमारी, विसूचिका।
m. cholera.

हैजान ہیجان पुं० [अ०] १. आवेश, जोश। २. तेज़ी, वेग।
m. 1. flurry of excitement. 2. swiftness.

हैज़ी حیضی वि० [अ० हैज़] १. हरामी, दोगला, वर्णसंकर। २. दुष्ट।
adj. 1. cross, cross-bread. 2. wicked.

हैज़ुम ہیزم स्त्री० [फा०] जलाने की सूखी लकड़ी, ईंधन।
fem. dry wood used as a fuel.

हैफ़ حیف पुं० [अ०] १. अफ़सोस, दुख। २. अत्याचार, जुल्म।
m. 1. grief, sorrow. 2. tyranny.

हैबत ہیبت स्त्री० [अ०] १. डर, भय। २. आतंक। ३. रोब, धाक।
fem. 1. fear, dread. 2. terror. 3. sway.

हैबतज़दा ہیبت زدہ वि० [अ०+फा०] भयभीत, डरा हुआ।
adj. frightened.

हैबतनाक ہیبت ناک वि० [अ०+फा०] भयानक, भीषण, डरावना।
adj. dreadful, frightening.

हैयत ہیت स्त्री० दे० 'हइयत'।

हैरत حیرت स्त्री० [अ०] आश्चर्य।
fem. surprise, astonishment.

हैरतज़दा حیرت زدہ वि० [अ०+फा० ज़द:] चकित, विस्मित।
adj. surprised, astonished.

हैरान حیران वि० [अ०] [भाव० हैरानी] १. आश्चर्य से स्तब्ध, चकित, भौंचक्का। २. परेशान, व्यग्र।
adj. 1. surprised and perplexed, flabbergasted. 2. harassed, vexed, puzzled.

हैरानी حیرانی स्त्री० [अ०] हैरान होने की क्रिया या भाव।
fem. surprise, perplexity.

हैवान حیوان पुं० [अ०] १. पशु, जानवर। २. मूर्ख व्यक्ति।
m. 1. an animal. 2. a stupid person.

हैवानात حیوانات पुं० [अ० 'हैवान' का बहु०] चौपाए, पशु।
m. (plu.) beasts.

हैवानियत حیوانیت स्त्री० [अ०] १. पशुता, पशुत्व, जानवरपन। २. मूर्खता, बेवक़ूफ़ी। ३. नृशंसता।
fem. 1. beastliness. 2. stupidity. 3. brutality.

हैवानी حیوانی वि० [अ०] हैवानों का-सा, पशुओं-जैसा।
adj. beastly, barbaric.

हैवाने-नातिक़ حیوان ناطق पुं० [अ०] बोलनेवाला पशु अर्थात् मनुष्य।
m. a human being.

हैवाने-मुतलक حیوان مطلق पुं० [अ०] बहुत बड़ा मूर्ख।
m. very foolish person.

हैस-बैस حیص بیص स्त्री० [अ०] लड़ाई-झगड़ा, तकरार।
fem. a quarrel.

हैसियत حیثیت स्त्री० [अ०] १. योग्यता, सामर्थ्य, शक्ति। २. वित्त, बिसात, आर्थिक दशा। ३. श्रेणी, दर्जा। ४. धन-दौलत।
fem. 1. capacity. 2. status. 3. rank. 4. wealth.

हैसियत-उरफ़ी حیثیت عرفی स्त्री० [अ०] बाहरी और बनी हुई प्रतिष्ठा।
fem. reputatin, esteem.

हैहात ہیہات विस्मय० [अ०] हाय, अफ़सोस।
interj. alas!

होश ہوش पुं० [फा०] बोध या ज्ञान की वृत्ति, चेतना, सुध, चेत।
मुहा० **(i) होश उड़ना या जाता रहना**=भय या आशंका से चित्त व्याकुल होना, सुध-बुध भूल जाना। **(ii) होश करना**=सचेत होना, बुद्धि ठीक करना। **(iii) होश दंग होना**=चित्त चकित होना, आश्चर्य से स्तब्ध होना। **(iv) होश सँभालना**=अवस्था बढ़ने पर सब बातें समझने-बूझने लगना, सयाना होना। **(v) होश में आना**=चेतना प्राप्त करना, बोध या ज्ञान की वृत्ति फिर प्राप्त करना। **(vi) होश की दवा करो**=बुद्धि ठीक करो, समझ-बूझकर बोलो। **(vii) होश ठिकाने न होना**=बहुत अधिक परेशान होना।
m. sense, consciousness.

id. (i) to be non-plussed. (ii) to be alert and heedful. (iii) to get flabberghasted. (iv) to be sensible. (v) to regain consciousness. (vi) to be understandable. (vii) to be vexed or perplexd.

होशियार ہوشیار वि० [फा०] १. चतुर, समझदार। २. बुद्धिमान। ३. दक्ष, निपुण। ४. सचेत, सावधान। ५. जिसने होश सँभाला हो, सयाना। ६. चालाक, धूर्त।
adj. 1. clever. 2. wise. 3. skilled, adroit. 4. alert. 5. grown up. 6. cunning.

होशियारी ہوشیاری स्त्री० [फा०] १. समझदारी, चतुराई। २. निपुणता, कौशल। ३. सावधानी।
fem. 1. cleverness. 2. adroitness. 3. alertness.

होशोहवास ہوش وحواس पुं० [फा०] चेतना, सुधि।
m. consciousness, sense.

हौआ ہوا स्त्री० दे० 'हव्वा'।

हौज़ حوض पुं० [अ०] पानी जमा रहने का चहबच्चा, कुंड।
m. 1. a water-tank. 2. a reservoir.

हौदज ہودج पुं० [अ०] = हौदा।

हौदा ہودہ पुं० [अ० हौदज] १. हाथी की पीठ पर रखी जानेवाली अम्भारी। २. ऊँट की पीठ पर रखा जानेवाला कजावा।
m. 1. a contrivance for seating placed on an elephant. 2. a contrivance for seating placed on a camel.

हौल ہول पुं० [अ०] १. डर, भय। २. विकलता घबराहट।
m. 1. fear, dread. 2. nervousness.

हौलज़दा ہول زدہ वि० [अ०+फा० ज़द:] १. डरा हुआ। २. घबराया हुआ।
adj. 1. frightened. 2. nervous.

हौलदिल ہول دل पुं० [अ०+फा०] कलेजे की धड़कन का रोग।
m. palpitation, rapid heartbeat.

हौलदिला ہول دلا वि० [अ० हौल+फा० दिल] डरपोक, कायर।
adj. timid, cowardly.

हौलनाक ہولناک वि० [अ०+फा०] भयानक, भीषण, डरावना।
adj. dangerous, frightening.

हौवा حوا पुं० दे० 'हव्वा'।

हौसला حوصلہ पुं० [अ० हौसल:] १. पक्षी का पेट। २. साहस, हिम्मत। ३. समाई, सामर्थ्य। ४. कामना, आकांक्षा।
m. 1. bird's stomach. 2. courage. 3. capability. 4. an ambition.

हौसला-अफ्ज़ा حوصلہ افزا वि० [अ०+फा०] उत्साह-वर्धक।
adj. encourging.

हौसलामंद حوصلہ مند वि० [अ० हौसल:+फा० मन्द] १. साहसी। २. धैर्यवान।
adj. 1. courageous. 2. patient.